重庆顾地

湖北顾地

北京顾地

广东顺德顾地

广东高明顾地

烟台天润包装材料有限公司

Yantai Tianrun Packing Material Co.,Ltd

烟台天润包装材料有限公司是研究开发新材料的高科技企业。产品主要有：光降解母料、淀粉降解母料、环保型改性母料、高透光改性母料。

上述母料特点：

一、替代了部分石油聚乙烯。

二、大幅度降低成本，为企业营利。

三、具有高透光性能，具有环保性能。

四、工艺：可用于工业、农业、林业生活日用品、吹塑、吸塑、注塑。

五、用途：吹塑（可以用于地膜、棚膜、包装膜。可生产洗发水瓶、浴液瓶）。吸塑（可出片材、生产食品包装盒及托盘）。注塑（可注盆、桶、杯、盒，刀、叉、勺）。可拉丝，做编织袋。

六、添加量：根据制品用途要求可添加10%-20%-30%-40%-50%。

上述产品现已广泛被应用，欢迎大家使用。

SJSH-60E

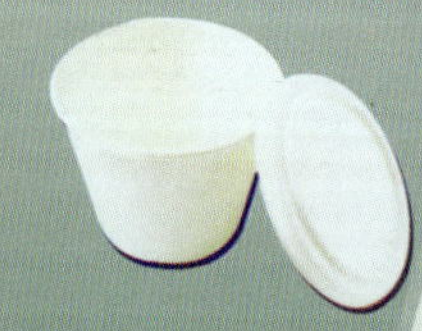

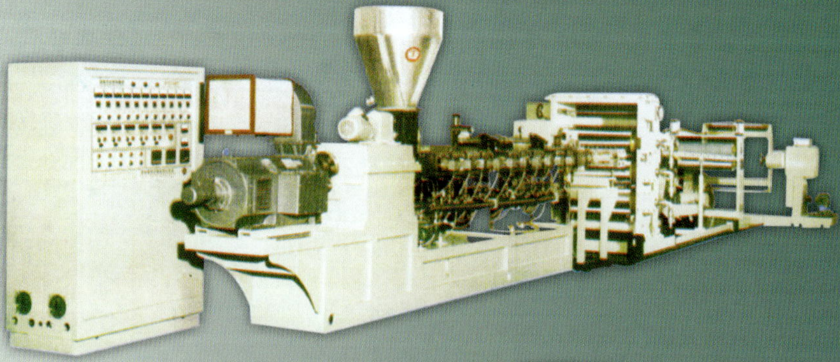

SJP双螺杆挤出片材机系列

SJP Series Twin Screw Sheet Extruder

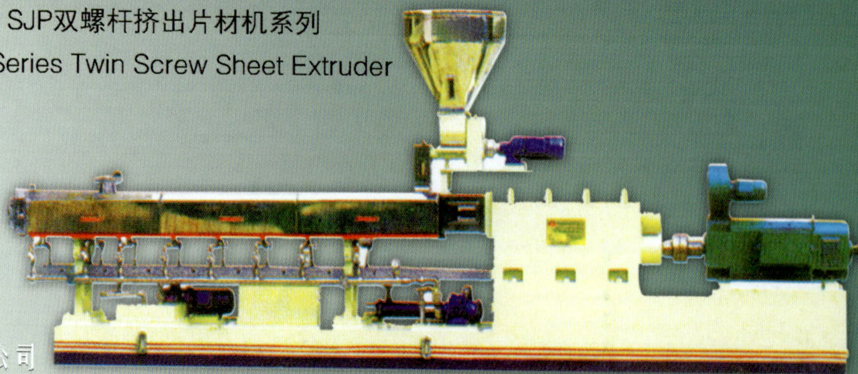

SJSH-72

公司名称：烟台天润包装材料有限公司

地　　址：牟平经济开发区九发工业园

电　　话：0535-4261037 4261030

传　　真：0535-4261030

亚通科技
ATON TECH
国家免检产品
国家质量监督检验检疫总局
AQSIQ
证书编号：（2004）国免字（056350390）号
有效期：：2004年9月至2007年9月
ISO9001、ISO14000、OHSAS18001认证
丝丝入扣 滴水不漏
建设部新技术塑料管道产业化示范基地
国家免检产品
国家重点高新技术企业
全国百家明星侨资企业
中国塑料加工工业协会塑料管道制品专业委员会理事长单位
中国塑料加工工业协会节水器材专业委员会副理事长单位
全国化学建材先进集体单位
国家级博士后科研工作站
福建亚通新材料科技股份有限公司
电话：0591-85311061 85311062
地址：福建省福清市镜洋工业开发区
http://www.atontech.com.cn

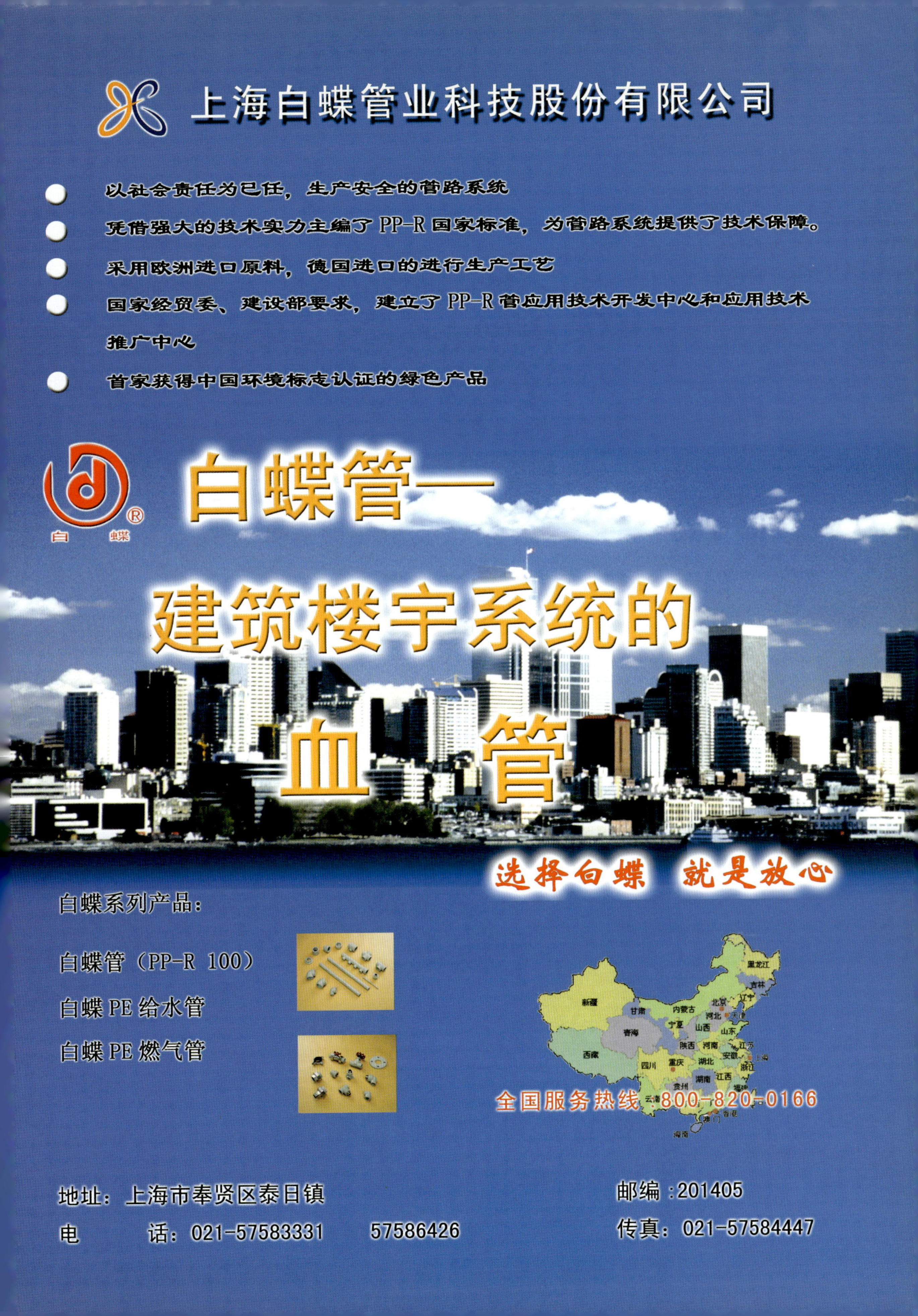

上海白蝶管业科技股份有限公司
以社会责任为己任，生产安全的管路系统
凭借强大的技术实力主编了PP-R国家标准，为管路系统提供了技术保障。
采用欧洲进口原料，德国进口的进行生产工艺
国家经贸委、建设部要求，建立了PP-R管应用技术开发中心和应用技术推广中心
首家获得中国环境标志认证的绿色产品
白蝶®
白蝶管——
建筑楼宇系统的
血管
选择白蝶 就是放心
白蝶系列产品：
白蝶管（PP-R 100）
白蝶PE给水管
白蝶PE燃气管
全国服务热线：800-820-0166
地址：上海市奉贤区泰日镇
邮编：201405
电 话：021-57583331 57586426
传真：021-57584447

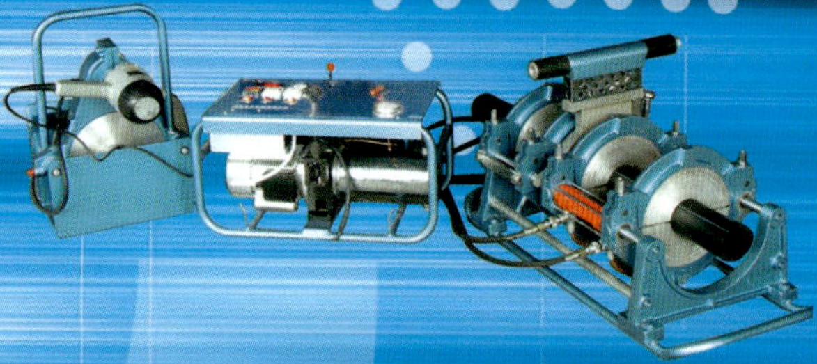

FANGLI

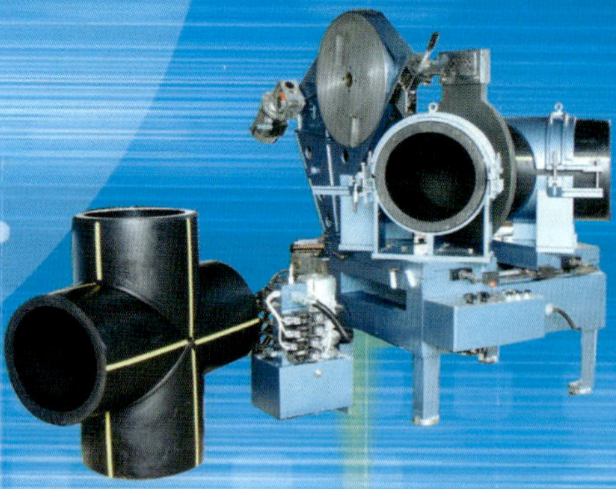

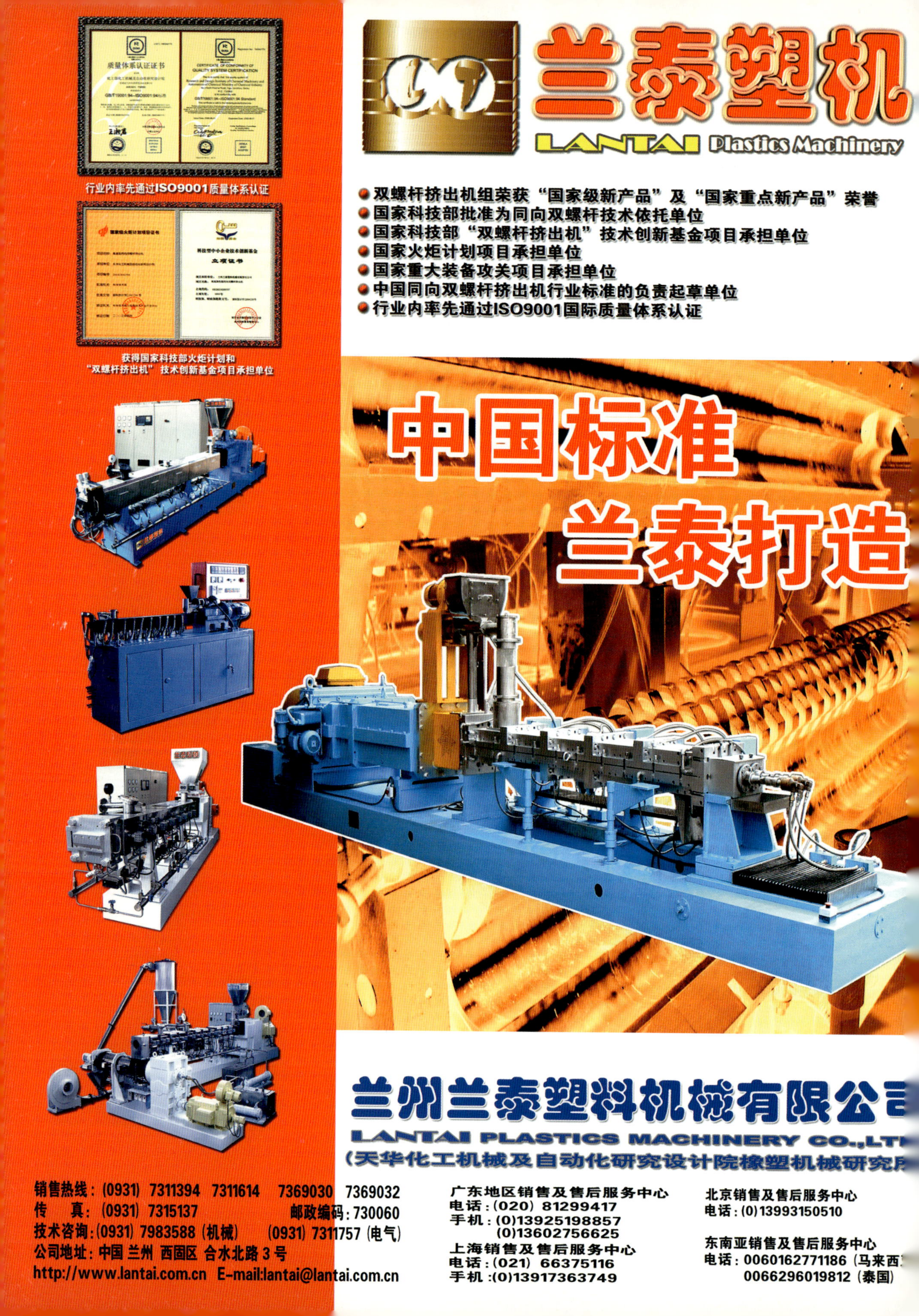
兰泰塑机
LANTAI Plastics Machinery
行业内率先通过ISO9001质量体系认证
获得国家科技部火炬计划和
"双螺杆挤出机"技术创新基金项目承担单位
双螺杆挤出机组荣获"国家级新产品"及"国家重点新产品"荣誉
国家科技部批准为同向双螺杆技术依托单位
国家科技部"双螺杆挤出机"技术创新基金项目承担单位
国家火炬计划项目承担单位
国家重大装备攻关项目承担单位
中国同向双螺杆挤出机行业标准的负责起草单位
行业内率先通过ISO9001国际质量体系认证
中国标准
兰泰打造
兰州兰泰塑料机械有限公司
LANTAI PLASTICS MACHINERY CO.,LTD
(天华化工机械及自动化研究设计院橡塑机械研究所
销售热线：(0931) 7311394 7311614 7369030 7369032
传 真：(0931) 7315137 邮政编码：730060
技术咨询：(0931) 7983588 (机械) (0931) 7311757 (电气)
公司地址：中国 兰州 西固区 合水北路 3 号
http://www.lantai.com.cn E-mail:lantai@lantai.com.cn
广东地区销售及售后服务中心
电话：(020) 81299417
手机：(0)13925198857
(0)13602756625
上海销售及售后服务中心
电话：(021) 66375116
手机：(0)13917363749
北京销售及售后服务中心
电话：(0)13993150510
东南亚销售及售后服务中心
电话：0060162771186 (马来西
0066296019812 (泰国)

中国塑料工业年鉴

China Plastics Industry Yearbook

2005

中国塑料加工工业协会主办

化学工业出版社

·北京·

（京）新登字 039 号

图书在版编目（CIP）数据

中国塑料工业年鉴．2005/中国塑料加工工业协会主办．
北京：化学工业出版社，2005.5
ISBN 7-5025-7129-9

Ⅰ．中…　Ⅱ．中…　Ⅲ．塑料工业-中国-2005-年鉴
Ⅳ．F426.7-54

中国版本图书馆 CIP 数据核字（2005）第 051540 号

中国塑料工业年鉴
China Plastics Industry Yearbook
2005
中国塑料加工工业协会主办
责任编辑：白艳云　杜春阳
责任校对：李　林
*
化学工业出版社出版发行
（北京市朝阳区惠新里 3 号　邮政编码 100029）
发行电话：(010) 64982530
http://www.cip.com.cn
*
新华书店北京发行所经销
北京永鑫印刷有限责任公司印刷
三河市东柳装订厂装订
开本 787mm×1092mm　1/16　印张 32¾　字数 1004 千字
2005 年 6 月第 1 版　2005 年 6 月北京第 1 次印刷
ISBN 7-5025-7129-9
定　价：260.00 元

《中国塑料工业年鉴》（2005）编委会名单

马占峰　中国塑协废弃塑料再生利用专业委员会　秘书长

王存吉　中国塑协异型材及门窗制品专业委员会　秘书长

王德禧　中国科学院化学所　研究员

包建成　中国塑协全国塑料研究所技术信息协作组　理事长

朱义华　中国塑协中空制品专业委员会　理事长

朱复华　北京化工大学塑料机械及工程研究所　所长

庄　甦　中国塑协氟塑料加工专业委员会　理事长

刘　姝　中国塑料加工工业协会　统计师

刘均科　全国塑料加工工业信息中心　常务副主任

刘英俊　中国塑协改性塑料专业委员会　秘书长

刘嘉藩　中国塑协降解塑料专业委员会　理事长

许　琳　中国塑料加工工业协会　高级工程师

许政仓　中国轻工机械总公司　原副总工程师

芮品刚　中国塑协编织制品专业委员会　理事长

严　庆　中国塑协工程塑料专业委员会　理事长

何嘉松　中国科学院化学研究所　研究员

沈士华　中国塑协人造革专业委员会　理事长

张玉川　北京市塑料工业协会　理事长

张真和　全国农业技术推广服务中心　处长

张福培　中国塑协双向拉伸聚酯薄膜专业委员会　理事长

陆惠琴　中国塑协注塑制品专业委员会　理事长

陈　宇　北京市化学工业研究院　副院长

陈　杰　中国石化集团经济技术研究院　副处长

陈力辉　中国塑协塑料管道专业委员会　理事长

陈从公　中国塑协复合薄膜制品专业委员会　理事长

金日光　北京化工大学　学术委员会主任

周永泰　中国模具工业协会　副秘书长

周延龄　中国塑料加工工业协会　副秘书长

周理水　浙江省塑料行业协会　秘书长

郑　恺　中国工程塑料工业协会　秘书长

房　琳　中国石油化工股份有限公司化工事业部市场营销处　副处长

赵安赤　中国塑协改性塑料专业委员会　理事长

主　　编　廖正品

副 主 编　刘均科　许　琳

年鉴撰稿人名单（按姓氏笔画为序）

丁言行　马占峰　王　岩　王　晶　王卫群　王占杰
王存吉　王克智　王德禧　王燕冬　文秀松　孔德海
史立科　冯庶君　华　晔　刘　畅　刘　姝　刘均科
刘英俊　江　波　许　琳　许　榕　许澎华　杨明锦
杨忠民　杨洪献　肖传文　邹　奇　宋云鹤　张玉黄
张金斌　张振綦　张家琪　张涌涛　张惠芳　陆长征
陈　生　陈　倩　武志军　金洪波　周理水　郑　恺
赵启辉　侯树亭　祝　昉　贾润礼　柴国樑　黄小薇
隋佩侠　傅永斌　富　岩　蔡明池　廖正品　潘　颖
魏若奇

出 版 说 明

《中国塑料工业年鉴》由中国塑料加工工业协会主办，中国塑料加工工业协会和全国塑料加工工业信息中心承担组稿工作。本年鉴为第4卷，与前几卷在时间和内容上保持了连续性，全面反映了2004年中国塑料工业的发展状况。

《中国塑料工业年鉴》坚持为全国塑料行业服务的宗旨；努力为合成树脂、助剂、塑料机械、模具和制品生产企业沟通信息、相互了解架起桥梁；为从事和涉及塑料工业的研究、生产、销售的各界人士提供全方位的行业动态、市场和技术信息。

《中国塑料工业年鉴》(2005) 设有专论、大事记、政策法规、全国塑料工业生产经营情况统计、进出口统计、综述、各地区塑料工业情况、主要制品行业概况、上市公司、专利技术、塑料行业《国家标准》及《行业标准》、重点企业介绍、人物风采等栏目。

在本卷年鉴的组稿、编辑和出版工作中，得到了中国轻工业联合会和各有关上级部门，各兄弟部门，各省、市、自治区塑料协会、塑料公司及塑料行业管理部门，中国塑料加工工业协会所属各专业委员会，中国轻工业信息中心、中国机械工业塑料机械科技信息网、化学工业出版社、全国近百家科研院所和高等院校、轻工业塑料加工应用研究所和全国塑料加工工业信息中心等单位的领导与专家的关心、支持，参与年鉴的撰稿、组织、筹划、宣传和出版等工作。《中国塑料工业年鉴》编委会向所有关心、支持和参与年鉴各项工作的领导、专家和朋友们表示衷心的感谢。恳请广大读者对《中国塑料工业年鉴》的不足之处给予批评和指正。

《中国塑料工业年鉴》编辑委员会

2005. 5. 15

目　　录

专　论

大　事　记

政 策 法 规

全国塑料工业生产、经营情况统计

进出口统计

综　　述

各地区塑料工业

主要制品行业概况

Contents

专　　论

2004’中国塑料工业发展现状与未来

廖正品

中国塑料工业是以塑料加工为核心，包括合成树脂、助剂、塑料加工机械与模具在内的一个整体。五十多年以来从无到有、从小到大、从弱到强健康发展。

合成树脂、合成橡胶与合成纤维三大类合成高分子材料已成为人类不可缺少的新型材料，已与钢铁、木材、水泥一起构成现代社会中的四大基础材料，而且是支撑现代高科技发展的基础材料之一，是信息、能源、工业、农业、交通运输乃至宇宙空间和海洋开发等国民经济各领域不可缺少的材料。塑料原、辅材料的生产、塑料加工装备与技术的整体水平、塑料制品的研制开发及应用的深度和广度，都已步入世界先进大国行列。改革开放20多年来，塑料工业作为国民经济的重要行业之一，其年平均增长速度高于国民经济总的增长速度，达到10%以上。进入21世纪以来，中国塑料工业取得了令世人瞩目的成就，实现了历史性的跨越。蓬勃发展的中国塑料工业，在中国现代化经济建设中发挥着越来越大的作用。

一、中国塑料制品行业基本情况

塑料制品行业是轻工业中近几年发展速度较快的行业之一，增长速度一直保持在10%以上。据中国轻工业信息中心统计，2004年全国塑料制品全部国有和年产品销售收入500万元及以上非国有独立核算工业企业（以下简称规模以上企业）9 473家，比上年增长了11%；塑料制品产量达到1 846.61万吨，比上年增长11.98%；工业总产值（现价）3 803.15亿元，比上年同期增长25.00%，占轻工行业总产值的10.14%，产值总额在轻工19个主要行业中位居第三，占国内生产总值136 515亿元的2.78%；实现产品销售率98.03%，高于轻工行业平均水平。产品销售收入3 681.13亿元，同比增长25.68%；实现利税231.02亿元，同比增长了20.93亿元；利润总额为141.67亿元，同比增长了10.64%，占轻工利润总额1 566.66亿元的9.04%。

1.塑料加工行业持续快速健康发展

建国前夕，中国只有上海、广州、武汉、重庆等一些大城市有作坊式的塑料制品加工厂，生产酚醛和赛璐珞等塑料制品。据统计，1949年全国总产量仅为200余吨。1958年中国第一套聚氯乙烯树脂生产装置在锦西化工厂建成，标志着中国塑料工业步入快速发展时期。1958年国内塑料制品产量为2.4万吨，1965年为13万吨，1979年为94.8万吨，1988年则猛增到354.2万吨，1996年达1 534万吨。2004年已接近2 000万吨，总加工能力已经超过2 000万吨，在世界各国塑料制品产量排名中稳居第二位。

塑料制品在满足国内各方面经济建设和人民日常生活需要的同时，还大批进入国际市场，出口也保持了快速增长。据海关统计，2004年塑料制品累计出口达1 078.43万吨，比上年增长了22.77%；出口额127.74亿美元，比上年增长了31.21%，占轻工出口总额的8.1%，居轻工行业第五位；塑料制品累计进口量为178.13万吨，比上年增长8.65%；进口额70.72亿美元，比上年增长29.39%，实现贸易顺差57.02亿美元。出口逐年在增加，且出口远大于进口。近两年来，塑料丝及异型材出口增长迅猛，2004年的出口量比去年同期增长了一半以上，达到53.6%，出口额更是增长了66.15%；另外，塑料板、片材的出口在2004年也有大幅增长，出口量比2003年同期增长51.49%，出口额增长70.42%。在进口方面，塑料丝及异型材进口呈下降趋势，进口量比2003年同期减少22.78%，进口额则减少了3.85%；人造革、合成革虽然进口量略有下降，同比减少了3.17%，但进口金额却有上升，同比增长9.44%，达到5.5亿美元。

总体来讲，我国出口的塑料制品大多是低附加值的低端产品，或者是一些国外设计并且使用其加工工艺的委托加工产品，与进口的同类产品相比，在技术含量、工艺设计等方面都有较大的差距。而且，由于国内企业缺乏对国外市场、政策的了解，出口的塑料产品甚至连安全、环保等重要标准都达不到，从而在国外遭禁，2004年俄罗斯禁售从中国进口的部分塑料玩具就属于这种情况。因此，国内企业的眼光不能只局限于国内，而是要放眼世界，增加产品的技术含量和工艺水平，包括设计水平的提高。只有这样，才能改变我国轻工产品出口“以量取胜”的现状。

2. 塑料制品产量与产品结构浅析

（1）塑料制品产量逐年递增　2004年塑料制品产量1 846.61万吨，比去年同期增长11.98%。从2002年至2004年连续三年均不断递增。

（2）塑料制品子行业产量分布　据2004年统计结果，塑料薄膜累计生产365.89万吨，比去年同期增长12.60%，占塑料制品总产量的19.8%；塑料板片材168.81万吨，同比增长10.57%，占塑料制品总产量的9.1%，塑料棒管材197.00万吨，增长18.68%，占塑料制品总产量的10.7%；塑料丝及编织品202.39万吨，增长11.05%，占塑料制品总产量的11.0%；塑料人造革65.99万吨，增长27.16%，占塑料制品总产量的3.6%；塑料合成革34.55万吨，增长16.23%，占塑料制品总产量的1.9%；泡沫塑料85.95万吨，减少0.22%，占塑料制品总产量的4.7%；塑料包装箱及容器84.54万吨，增长8.44%，占塑料制品总产量的4.6%；日用塑料制品224.78万吨，增长13.19%，占塑料制品总产量的12.2%；其他塑料制品415.71万吨，占塑料制品总产量的22.5%。

2004年农用薄膜的产量比2003年有所下降，1～12月份累计生产72.87万吨，比去年同期下降3.28%，全年产量的下降主要是受到第四季度的大幅减产所影响；10月、11月、12月的农用薄膜产量分别比2003年同期减少了7.56%、28.8%和20.49%，12月份的产量为6.20万吨。由于2004年第四季度的减产，从12月份开始，农用薄膜市场已经开始出现需求旺盛的势头，农膜的价格也处于上升趋势，因此从发展趋势上来看，2005年农膜的产量应该有所回升。

3. 塑料加工行业地区分布

从塑料制品产量的地区分布上看，广东、浙江、江苏三省位居全国之首列，三省塑料制品产量合计为1 041.8万吨，占塑料制品产量总计的56.4%。

从各省塑料制品分品种产量占全国同类产品产量的比重看：广东省的塑料薄膜、塑料包装箱及容器、日用塑料制品、其他塑料制品产量居全国首位；浙江省的塑料棒管材、塑料人造革、塑料合成革位居全国之首，江苏省的泡沫塑料产量为全国第一。同2003年相比，辽宁省的塑料板片材产量超过了安徽省，跃居全国榜首；山东省的塑料丝及编织品超过了浙江省而居全国之首。2004年塑料制品分品种产量前三位的地区。

我国塑料制品行业的集约程度较高，而且具有明显的地域性，其主要生产地区基本上都集中在我国东南部沿海地区，但与去年相比，我们可以看出，一些产品前三位的生产地区所占全国的比例已经有所下降，这是由于我国目前的经济政策，东南沿海地区劳动力成本较高的原因所造成。随着西部大开发的进行，西部内陆地区所生产的塑料制品的比重将有所加大，但由于西部地区交通状况的局限性，目前这种地域分布状况在短时间内很难改变。

4. 行业重点企业概况

2004 年塑料制品行业规模以上企业共计 9 473 个，实现产品销售收入 3 681.13 亿元，比去年同期增长 25.68%。其中销售收入亿元以上企业 704 个，占企业总数的 7.43%；产品销售收入 1 913.98 亿元，占行业总销售收入的 51.99%。销售收入超过 10 亿元的企业共有 24 家，居塑料制品企业的前列。企业销售收入最高值为 41.45 亿元。其中位列前 10 名的是：佛山塑料集团股份有限公司、浙江大东南集团有限公司、常州塑料集团、申达集团有限公司、烟台万华合成革集团有限公司、无锡市兴达泡塑新材料有限公司、芜湖海螺型材科技股份有限公司、新疆天业股份有限公司、安徽国风集团有限公司、河北宝硕集团有限公司。

随着塑料制品应用越来越广泛，社会对塑料制品的需求量的不断扩大，未来将不断会有新的企业加入到塑料制品行业中来，同时，又将有大批落后的塑料制品企业被淘汰，我们预计，未来两三年内，塑料制品行业将完成这一轮的洗牌，形成新的市场格局，产业集约度进一步增强，市场竞争程度会越来越激烈，这种状况将不断的上演。诸如佛山塑料集团股份有限公司、河北宝硕集团有限公司、浙江大东南集团有限公司、常州塑料集团等等这些龙头企业，无论是在资金、技术、工艺水平、市场营销等等各方面都有着较大优势，他们将在今后的发展中不断研发新的产品、提高产品质量、扩大市场份额，以继续保持在行业内的领先地位。而相对于其他塑料制品企业来说，也应找准在行业、市场中的定位，充分发挥自身的特点与优势，不断提高自身的综合素质，调整产品结构，以适应市场的发展。

5. 产品品种显著增加满足各领域需求

从 20 世纪 60 年代起塑料这个新生事物显示出强大的生命力以来，先是围绕着聚氯乙烯树脂，加工出了薄膜、硬管、软管、鞋底、全塑凉鞋、板材和人造革等制品，接着随聚乙烯、尼龙、聚苯乙烯等树脂在中国问世或从国外进口，以及塑料加工用的一些重要助剂如有机锡、钙锌复合稳定剂、稀土热稳定剂和硬脂酸盐等稳定剂和增塑剂、发泡剂、润滑剂等投入生产，生产的塑料制品的品种也大大增加。从 1979 年开始，国家发展轻工业的“六优先”和“对内改革、对外开放”方针为全国塑料制品工业开创了前所未有的机遇，呈现出可持续发展的大好时期，塑料制品的花色品种数量增加到数以千万计，几乎所有现存于世界上的各种用途的塑料制品在中国都能够生产，基本上可满足国民经济各个领域和人民日常生活对塑料制品需求。

(1) 包装器材是行业发展最快的领域　塑料包装一举改变了传统铁、木、纸、玻璃材料包装的格局，改变了社会生活的面貌，提高了人们生活的质量。很多新的包装材料、包装方法出现，包装效果也大为改观。例如作为许多包装材料基材的双向拉伸聚丙烯薄膜（BOPP）、双向拉伸聚酯薄膜（BOPET）、双向拉伸聚苯乙烯薄膜（BOPS）、CPP 薄膜、热收缩薄膜、三层及五层甚至七层、九层共挤薄膜、真空镀铝或其他各种复合薄膜、高阻隔性 PVDC 肠衣膜和涂覆膜等多功能和特色各异的包装用薄膜均已能够生产，多种规格和各种工艺生产的饮料瓶、中空容器各种规格品种（包括特种用途的容器）已无所不在，泡沫塑料和挤出网、挤出发泡片材、真空吸塑制品也得到广泛使用。目前塑料包装材料 2003 年已达 540 万吨，预计 2005 年可达到 625 万吨，是塑料制品行业发展最快的领域。

(2) 塑料建材发展前景十分广阔　20 世纪 80 年代引进生产技术并工业化生产的建筑用给排水管材、异型材门窗等制品现已被广泛采用，并成为国家鼓励使用、积极组织推广的新型建材。目前塑料管材和异型材在建筑用管材及门窗中使用比例已分别达到30%和15%，今后的需求总数量将有较大幅度的增长，产品的产量、品种、数量和质量有新的变化，特别是高品质的产品是一新亮点，质量低劣的产品必然逐步被市场淘汰。其他塑料制品如装饰材料、地板革、地板块、地毯、各种涂料、外墙 EPS 板材和防水卷材等土工材料也在成为现代建筑材料中不可缺少的品种。

（3）工业领域应用塑料种类繁多且数量大幅增长　电缆、光缆的绝缘材料和护套材料均已从橡胶、铅、纸等材料转为全塑材料；计算机、洗衣机、电冰箱、电风扇、空调器、吸尘器、电视机以及众多的家用电器使塑料材料真正找到用武之地；汽车工业发展的一个重要标志就是使用塑料材料的数量不断增加，目前几大汽车企业所使用的各种塑料材料和零部件在国内均可以生产。各种工程塑料成倍增长，有力地支持了汽车工业对塑料制品的需求，加快了汽车零部件生产国产化的步伐。

（4）健康理念驱动抗菌塑料需求日渐旺盛　抗菌塑料制品在国外已广泛应用，美国、日本、英国等国已大量使用抗菌塑料生产冰箱、洗衣机、饮水机、洗碗机、卫生洁具、塑料水管、玩具、电脑键盘、鼠标、各类遥控器、食品器皿、周转箱和医用卫生材料等。中国抗菌塑料制品起步较晚，20 世纪 90 年代中后期，工程塑料国家工程研究中心与海尔集团的“产、学、研”联合，取得了抗菌塑料产业化研究的重大突破。塑料是抗菌剂应用最广的领域，抗菌塑料在家电和日用品中应用后，还将应用于建材和室内装饰，以及轿车的内饰件等方方面面。据专家预测，抗菌塑料制品在中国市场前景看好。

6. 塑料加工行业的整体素质明显提高

对外开放不仅带来了先进的技术和装备，还带来了先进的管理经验和现代化的生产手段，一批骨干企业集团，发挥集团整体优势，拓展高新产品市场，促进了塑料工业的发展。面对市场激烈竞争、国际原油价格的不断上涨、水电煤等与之相关的各种能源及原材料供应紧张的情况下，企业积极采取应对措施，进一步加强市场观念和销售力度，提高业务人员素质；调整优化产品结构，大力开发高新技术产品；拓展国际市场、扩大出口，从而使一大批企业在重重困难条件下仍保持了较好的业绩。有不少企业在参与国际市场竞争中，站稳了脚跟，已立于不败之地。塑料行业已有十多家企业上市，形成了一批规模化、集团化生产的企业，包括乡镇企业、民营企业和三资企业等。中国塑料制品加工业已形成大中型国有企业为骨干，三资企业、国有或集体公有制和民营、股份制等多种经济成分共存的企业大军。

7. 积极推行 ISO 9000 族标准和采用先进技术与产品标准

1984 年 6 月，全国塑料制品标准化技术委员会（SAC/TC48）成立。国家质量监督检验检疫总局（原国家质量技术监督局 CSBTS）授权全国塑料制品标准化技术委员会（SAC/TC48）归口有关塑料制品的国家标准、行业标准的制订、修订工作，并与国际标准化组织 ISO/TC61/SC10、SC11 和 TC138 对口联系，负责参与相关 ISO 塑料制品标准工作。SAC/TC48 下设 SC1 塑料制品，SC2 泡沫塑料，SC3 塑料管材、管件及阀门三个分技术委员会。

2004 年底，全国塑料制品标准化委员会（SAC/TC48）已逐步地将国际标准和国外先进标准中最精华的部分转化为中国标准，已制订了塑料制品国家标准、行业标准 244 项，其中国家标准共 156 项（其中强制性标准 9 项，采用 ISO 标准的为 78 项，占 50%；采用国际标准和国际先进标准的为 111 项，占 71%）；行业标准共 88 项（其中强制性标准 8 项，采用国际标准和国外先进标准的共 22 项，占 25%）。采用国际标准和国外先进标准的比例在 50% 以上，有力地促进了中国塑料工业的发展，并为中国融入全球经济一体化做了积极而有效的工作。

中国的质量体系认证工作从1993年开始起步，1998年橡胶和塑料行业获证书296张（占全国行业证书总数3.59%）、1999年获证书642张（占全国行业证书总数4.25%）、2000年获证书1 231张（占全国行业证书总数4.80%）。据2005年1月份统计结果，一共颁发质量管理体系认证证书132 926份。其中环境管理体系认证证书8 862份；职业健康安全管理体系认证证书3 603份；橡胶和塑料行业获证书7 925份（占总数的5.78%），实际上塑料机械、助剂尚未统计在之中。获得认证的企业主要集中在广东、浙江、江苏、山东、上海等省市东南沿海发达地区。

产品质量标准管理的强化和质量体系认证工作的开展，为塑料制品企业提高国内外市场竞争力和进入国际市场参与竞争创造了必要条件，起到了积极而又有效的作用。

二、塑料原辅材料生产、机械设备及模具制造和塑料制品加工协同发展

塑料制品加工业的迅猛发展，得益于塑料制品生产所用的合成树脂、助剂生产行业以及加工机械设备及模具制造行业的快速发展，同时塑料制品加工业的快速发展也极大地促进了相关行业的发展。以塑料制品加工行业为核心的合成树脂、助剂生产及加工机械设备及模具制造等行业相互促进协同发展，使中国塑料工业成为国民经济中重要的支柱产业之一。

1. 合成树脂

中国合成树脂工业于1958年锦州建成第一套聚氯乙烯树脂生产装置起步，同样走过了从无到有、从小到大的快速发展历程。1975年中国合成树脂产量仅为33万吨，1990年增加到226.8万吨，占当年全世界合成树脂产量的2.29%；1990年至1999年10年间，合成树脂的年平均增长率高达15.34%，为世界年平均增长率的3倍。在合成树脂品种上，目前五大通用树脂仍占据绝对主导地位，聚乙烯、聚丙烯、聚氯乙烯、聚苯乙烯和ABS的总产量约占全部合成树脂总产量的94.5%，聚醚、聚甲醛、聚四氟乙烯、聚酰胺等各种工程塑料共计5%左右。2004年合成树脂产量1 791万吨，同比增长10.1%，其中聚乙烯441.3万吨，同比增长5.2%，聚丙烯474.9万吨，同比增长6.6%，聚氯乙烯503.2万吨，同比增长18.6%。合成树脂的种类与牌号基本上都符合加工业的要求，而且极大地缓减了始自20世纪80年代塑料制品加工原料奇缺的局面，为塑料制品加工业的发展创造了有利条件。

2. 塑料助剂

塑料助剂是加工和生产具有预期性能的塑料制品的必需材料，正是塑料助剂的快速发展才为塑料制品的生产提供了必要条件，极大地丰富了塑料制品的种类和功能性，塑料制品应用的广度与深度才达到空前程度。塑料品种的增加和塑料制品多方位实用性的要求，使塑料助剂与添加剂的研制、开发和生产取得了重大进展，不仅在种类和功能上已能满足各种塑料材料及制品的加工，而且产量的增长远远高于4%的全世界年平均增长率，达到10%以上。例如用于填充改性的无机非金属矿物粉体材料，如轻（重）质碳酸钙、滑石粉、高岭土等，年消费量已超过250万吨，增塑剂的年产能力已超过100万吨，约占塑料助剂总量的60%。除通用的邻苯二甲酸酯类（DOP、DBP）外，耐寒型、阻燃型、耐迁移型等各种用途的增塑剂均可以生产，如聚氯乙烯型材和管材生产所需的抗冲击改性剂氯化聚乙烯（CPE）及比其性能更为优异的ACR、MBS等品种也已能够生产。还有高分子量受阻胺类光稳定剂（622、944、GW-540等）可以大大提高聚乙烯薄膜光稳定性，将使用寿命从几个月延长至1.5～2年，中国自行研制的无毒受阻胺光稳定剂6911，不仅在长期光稳定性方面超过进口产品622和944，而且可有效地防止塑料大棚骨架处出现“背板效益”，达到国际先进水平。其他功能农膜所需的流滴剂、红外线阻隔保温剂、将植物光合作用效率提高的转光剂等都已能够大批量的生产，为农业的高产和稳产做出了重大的贡献。

3. 塑料机械设备与模具

20世纪70年代以前，中国塑料加工机械设备制造整体水平很低，很多制品加工企业使用的是橡胶加工设备，或结构简单的挤出机及模压成型设备，仅有的几台大型的压延成型设备也是全套从国外进口的。“六五”、“七五”期间，为配合国家化工、石化等行业的技术改造，塑料原辅材料等供应量得到较大提高，塑料制品加工业花费大量外汇从国外大批引进先进的加工机械设备和模具与之配套生产。同时，塑料机械制造行业也引进先进的制造技术进行改造和更新。这些装备技术的引进不仅直接将塑料制品加工的水平提高到新的高度，而且极大地促进国产塑机制造行业的技术进步。

目前，中国塑料加工机械设备制造企业已达500多家，从业人数10万多人，年生产各种成型机械设备10万多台套。在注塑、挤出、吹塑等主要成型加工设备方面已能满足国内生产一般塑料制品的要求。随着塑料加工机械本身的技术含量提高和制造水平的进步和飞跃，不仅结束了简单仿制的历史，而且在某些方面已有自主开发，具有独立知识产权的新型加工设备制造技术。如华南理工大学研制发明的电磁动态挤出、注塑、吹塑成型设备及技术，在全世界12个国家和地区注册了专利，取得了从聚合物加工到实际制造应用方面的重大突破。又如广东秦川恒力塑机有限公司开发成功的四缸直锁二板式注塑机，在精密注射成型技术上创出了中国自己的特色，已在欧洲、美国、日本等8个国家和地区注册了专利。

塑料成型加工模具的设计和制造起步晚、发展快。目前随着国内塑料机械设备、原料、加工工艺的多方面的发展，几乎全部中、低档次的成型模具和60%的高档次、大型、复杂、精密的模具都可以在国内解决。

三、塑料行业存在的问题与差距

中国塑料工业在过去的50多年来取得了辉煌的成就，有了长足的进步和惊人的发展，但和发达国家相比，还存在差距，有的方面差距还比较大，我们要冷静地进行反思，认真寻找差距，对存在的问题和不足一定要认真对待，抱有危机感的态度采取措施加以解决。

1. 总体装备水平低，产品结构不合理，中低档产品偏多

几十年来，我国塑料工业加快了技术改造的步伐，不断更新设备，从国外引进了许多先进设备，开始注重采用先进的技术和管理，兴建起了一批三资企业。新建和扩建的一大批骨干企业，拥有先进的设备和较先进的技术和管理水平，这些企业仅占全行业企业的四分之一左右。就全行业来说，由于引进的设备产能仅占20%～30%，而且存在备件不足、消化吸收能力有限，且引进的设备和技术往往并不是当时最先进的，因此较之发达国家，中国塑料制品工业仍然存在着装备水平低、工艺技术相对落后的问题。如BOPP、BOPET、BOPA生产设备以及宽幅四辊压延机等几乎全靠从国外成套引进，滚塑、气体辅助注塑等技术仅有少数企业掌握。除几十个大型国有塑料企业集团公司拥有先进设备以外，绝大多数塑料加工企业仍然以国产塑料设备为主，正在使用的设备中大约20%属高能耗、低产能的设备，本应淘汰，但因种种原因至今还在使用。同时由于宏观调控力度不够，一些企业只在简单再生产上重复扩大，盲目上生产线和项目，不进行产品的研究与开发，中低档产品偏多，高档与缺门配套产品少；通用技术产品多，高技术、高附加值产品少；部分产品生产能力相对过剩、产品结构不合理等问题。

2. 具有自主知识产权自行研究开发的塑料制品不多

多年来，中国培养了大批塑料加工专业技术人才，也涌现出一批具有开拓、革新精神的优秀的企业家和管理人才，他们在塑料制品工业发展中起着不可低估的重要作用。但迄今为止我

们依靠自己的力量研究成功的加工工艺或研制出的塑料制品并不多。同时当我们在已引进的技术和装备上停步不前时，更加先进的技术又出现或者成熟了，致使我们与发达国家始终存在着一定的差距。这首先是由于就整个行业来说科技投入不足。如大家熟知的例子：美国的科技投入占国民经济总产值的2.61%，日本为3%，而我们目前的科技投入极微，且认识上也严重落后于发展变化的新形势。长期存在困扰行业企业发展的问题是科技成果转化为生产力的比例低，仅20%左右。有的企业把技术进步的希望寄托在不断购买和引进上，长期未能立足于自主研究开发。

3. 大中型塑料企业（集团）少，产品未能形成集约化规模经营

塑料加工企业由于可单机生产，许多产品适合于分散、小批量、多品种生产，出现众多小规模的加工企业是不可避免的。据统计显示，全国塑料加工企业达6.3万家，其中中小企业，特别是未形成稳定生产的企业居多。由于小企业存在着信息不灵，产品技术含量低，只能简单重复生产等弊端，致使一些企业因盲目上马，产品不能适销对路，出现一边匆忙建厂，一边落马倒闭的现象。目前虽然行业内出现了一大批年产万吨以上的大、中型制品加工企业，而且有少数企业的产品代表了行业最高水平，占领了国内市场相当的份额，并获得名牌产品的称号。但这些大中型制品加工企业就其规模来看，与国外同行业企业相比仍明显偏小。2004年塑料管道企业3 000家以上，年产能400万吨左右，产量200万吨。其中年产能10万吨级以上企业有亚通、宝硕、明珠、金德、公元、枫叶、中财、国通、南亚、华林、凯乐、联塑、顾地、雄塑、南塑、川路、青龙等17家。农地膜生产企业数万吨级以上的也仅有河北宝硕、山东清源、济南三塑、吉林喜丰和北京华盾等几家企业。

4. 塑料工业区域发展不平衡，差距不断扩大

中国塑料工业平均发展速度高于同期国民经济的增长速度，但就地区而论，塑料工业的发展很不平衡，东南沿海与西南、西北地区的差距在不断扩大，南方地区比北方地区发达，沿海地区比内地发展快。特别是我国西部欠发达地区，人均产量和消费量远远落后于全国平均水平。除了历史原因外，还有自然地理环境和当地经济发展水平等因素的制约。广东、浙江、江苏、山东四省是中国塑料工业发达的省份，这些地区塑料制品加工企业无论在数量上，还是在制品产量上都位居全国前列。

5. 国产原料供不应求，必须大量进口

中国自产塑料原料——合成树脂的产量、品种、质量在改革开放以来得到飞速增长，但仍无法满足全国塑料制品行业迅猛发展的要求。国内塑料用合成树脂国产部分由1985年的123.4万吨增加到1995年的489.3万吨，增长了2.74倍，但1995年进口树脂的数量多于国产163万吨。2000年中国合成树脂产量1 080万吨，比上一年（842万吨）增长22%。而2000年合成树脂表观消费量为2 196万吨，比上一年增长15%。2004年合成树脂产量1 791万吨，同比增长10.1%，其中聚乙烯441.3万吨，同比增长5.2%，聚丙烯474.9万吨，同比增长6.6%，聚氯乙烯503.2万吨，同比增长18.6%。进口量为2 131万吨，同比增长11.7%，出口量108.7万吨，同比增长18.4%，表观消费量3 813.3万吨，同比增长10.8%，进口量为表观需要量的55.88%（即国产量占表观消费量为44.12%）。在工程塑料制品生产方面，所用的合成树脂原料更多地依赖进口。2000年中国通用工程塑料消费量为32万吨，是塑料制品总产量的1.1%，其市场需求潜力巨大。即使是通用树脂聚乙烯、聚丙烯、聚氯乙烯、聚苯乙烯和ABS等许多牌号也必须大量进口，例如燃气管专用PE80、PE100、PP-R管专用原料，BOPP薄膜使用的PP专用料以及ABS树脂等，均依赖大量的进口解决。

四、塑料工业发展基本思路及发展趋势

中国是拥有13亿人口的大国，塑料制品人均消费水平还不高，因此无论从“十一·五”期间国民经济持续快速发展上看，还是从2020年远景规划的潜在市场上看，塑料制品的生产和消费都将保持较高增长速度。

1. 发展指导思想

在“十一·五”期间，塑料工业要保持平稳快速发展态势，就必须坚持树立和落实科学发展观，加快推进经济结构调整和增长方式转变，走可持续发展的道路；依靠科技进步，技术创新，加强对新技术、新设备、新材料、新工艺、新产品的研究开发；培育大型企业集团，打造中国名牌，积极参与国际市场竞争；注重能源资源节约和合理利用，在能耗降低、废弃塑料回收处置和环境保护等方面发挥其独特作用，为我国和谐社会建设做出新贡献。

2. 发展基本思路

（1）农用塑料（农地膜、节水农用器材等）及土工合成材料重要生产建设资料要更进一步高性能化；

（2）包装材料和塑料建材快速增长，要严格按产品标准、生产施工规程推广应用；

（3）高科技高附加值的工程塑料制品及复合材料应用领域随国民经济发展不断拓展；

（4）大宗塑料制品（管材、异型材、压延制品、双向拉伸材料、薄膜等）生产逐步向高科技水平经济规模方向发展；

（5）增加塑料制品品种、提高产品档次须重视塑料机械和模具的设计与制造，提升装备整体素质；

（6）健身器材、医用塑料、家庭日用塑料等产品应达到合乎安全卫生环保要求，让人们放心使用；

（7）减少环境污染应加强废弃塑料回收处置及降解塑料的研究开发；

（8）保护臭氧层淘汰消耗臭氧层物质对泡沫塑料生产实行无氟技术改造。

3. 塑料制品发展趋势浅析

（1）农用塑料、节水器材、土工合成材料等制品　中国是世界上人口最多而农业资源相对不足的发展中国家，农业的发展极大地促进了农用塑料行业的发展。大力推广应用具有增温保墒功能的农用覆盖材料，对于防灾、减灾，建设高产、优质、高效农业，促进农业的持续发展，保证农产品的有效供应，增加农民收入，保持社会稳定都具有十分重要的意义。农用塑料（棚膜、地膜、青饲膜、遮阳网等）是当前及今后一个时期应用和发展的重要农用覆盖材料。

中国更是严重缺水的国家，人均量仅为世界的1/4，位于世界的109位。而在全国总用水量中，灌溉用水占70%，所以节水灌溉在节水工作中占举足轻重的地位。节水灌溉是要通过兴修水利，减少从水源到田间输水过程中水量损失。采用渠道防渗、低压管道输水、喷灌与滴灌等措施，不但能减少输水损失而且能减少田间灌水损失。这些措施均需要大量塑料节水灌溉器材，因此输水用塑料管、喷灌、微灌、膜下滴灌用配套管材和管件，质轻而刚度大的塑料井管等将会得到更大的推广应用。

水利建设、公路建设、铁路建设、城市建设和机场建设用各种土工合成材料，如土工膜、土工编织布及复合材料、土工膜与无纺布复合材料、土工单向及双向拉伸材料等，也将得到广泛的应用。

（2）塑料包装制品　包装至今仍是塑料制品应用中的最大领域，其发展仍大大超过其他传统包装材料。近几年统计塑料包装材料总产量约占包装材料总产量的1/3，居各种包装材料

之首。

中国水泥、化肥产量均居世界首位，目前水泥包装30%以上使用复合编织袋，还有矿产品、化工产品、合成树脂、原盐、食糖、棉花和羊毛等包装，由于中国纸张和黄麻资源缺乏，塑料包装作为主要包装材料是必然趋势。

中国是粮食生产大国，需要大量包装材料，同时随着市场经济逐步形成，人民生活水平和生活方式包括饮食结构也有了很大变化，对于粮食包装提出了改进要求。在发达国家粮食小包装占的比例很高，如美国、法国、德国、意大利等商品粮中，小包装占80%，大包装占20%。粮食的小包装在一些大中城市中已起步并取得了进展。若粮食销售小包装的比例如若要达到国际上先进国家的水平，还需要大幅度增加各种塑料包装材料的品种和质量。

食品、饮料、药品、洗涤用品、化妆品、化工产品等在中国迅速发展，它们对复合膜、包装膜、容器、周转箱等包装制品有很大的需求。

(3) 塑料建材制品　化学建材是继钢材、木材、水泥之后新兴的第四代新型建筑材料。塑料建材是化学建材的主要组成部分，主要包括塑料管、塑料门窗、建筑防水材料、隔热保温材料、装饰装修材料等，塑料建材在建筑工程、市政工程、村镇建设以及工业建设中用途十分广泛。

建筑业是国民经济的支柱产业，今后5～15年中国建筑业将会有较大的发展，国家已明确住宅将成为新的消费热点和新的经济增长点，国家化学建材领导小组相继制订和出台了有关化学建材生产和推广应用若干意见、纲要和办法，为塑料建材的稳定发展提供了保证。现在塑料建筑排水管、输水管、排污管已得到普遍的应用；塑料门窗等行业已进入产业化的发展阶段；新型防水材料发展迅速，产量逐渐增长，在工业和民用建筑中得到广泛应用。

随着塑料建筑制品的品种逐步系列化、配套化和标准化，产品质量进一步提高，工程应用技术标准与规范进一步完善以及推广应用的力度加大，所需要的各种塑料管、高分子防水材料、装饰装修材料、保温材料及其他建筑用塑料制品将有较大幅度增加。

(4) 汽车、电子、电器、信息产业用工程塑料制品　汽车工业特别是轿车工业在发达国家的经济起飞时期，都作为支柱产业，在21世纪汽车将成为重点产业得到较大发展。发达国家中汽车工业用塑料占塑料消费量的7%～10%，中国约占2%左右，每辆轿车用塑料量占车身的自重中国也低于发达国家的7%～11%，所以汽车用塑料将有较大增长。PP/EPDM在汽车保险杠、仪表板等方面的应用越来越广泛；PA11是汽车行业中有发展潜力的工程塑料，预计未来10年间中国将发展成为世界第三大汽车生产大国，汽车用塑料制品不论在数量、用途、质量、性能等方面将有飞速提高。

中国对聚碳酸酯（PC）的需求主要在电子电器、信息存储类产品、办公设施、交通工具等。随着我国电子、邮电、信息等现代化高科技产业的发展，各类通讯用、国防军工用等工程塑料件也将随着产业结构的调整有较大幅度增长。

(5) 人工革（塑料人造革、合成革、PU革）制品　随着国民经济的快速增长和市场国际化的进展加快，服装革、箱包革和家具与室内装饰用革等各种人造革合成革产量将保持稳定增长。中高档、高附加值的超细纤维鞋类合成革和透气服装类合成革将随其开发应用领域的不断拓展而快速增长。轿车工业配套车用内装饰材料也将得到长足发展。高技术含量的湿法PU透气革和超细纤维基材是今后PU革、合成革发展的方向，以适应本行业结构调整的需求，并为高新技术改造传统产业提供了有效的途径。透气透湿PU革、超细纤维薄型合成革用于服装，耐水解的PU合成革用于制鞋，市场前景都很好。还有用于汽车内饰件、文体用品用的人造革、PU 革与合成革的市场空间均相当大。

（6）医用塑料制品　医用塑料制品主要分为塑料人体器官和塑料医疗器具，为高附加值、高科技产品，在国内外发展较快，应用范围广，消费量大。中国对医用塑料制品的应用和研制虽有 20 多年的历史，但主要依赖于进口。随着医疗技术和人民生活水平的提高，塑料人体器官、塑料医疗器具等作为高新材料领域重要塑料制品的生产和使用范围也将大幅度提高。

（7）日用塑料制品　日用塑料制品涉及面更广，与人类生活的关系十分密切，因其花色种类繁多、轻捷方便、卫生舒适等优点，在越来越多的领域代替了传统的铁、木、竹等传统材料。塑料鞋、塑料箱、包、印花薄膜、家庭及个人生活用品等均已成为人类生活不可缺少的组成部分，在全新的领域服务于人类社会。今后的主要任务仍然是努力增加花色品种，开拓更多的功能并尽可能做到物美价廉。

（8）电、热、光、磁、阻燃等功能性塑料制品　多数塑料在电、热、光、磁、阻燃等方面并不一定具备人们使用时所需的性能，通过添加某些物质或者改变聚合物的结构，使塑料材料具备导电性、电磁屏蔽性、磁性、导热性、透光、感光性及阻燃性，是今后相当一段时期内的重要发展方向。近年来塑料光导纤维得到迅速发展，以聚苯乙烯塑料为芯、聚甲基丙烯酸甲酯为外皮的最简单的一种塑料光导纤维即比石英光导纤维显示出巨大优越性，如质轻、柔软、易加工、价廉等。在把电、磁、光、热等方面的性能赋予塑料以后，可进一步扩大塑料的应用领域，同时也能大大增强人类扩大活动范围、征服自然的能力，具有极为重要的意义。

（9）填充、共混、增强改性塑料材料　填充、共混、增强改性塑料是对通用塑料材料性能某些方面不能满足使用要求的重要补充。随着人们对塑料制品性能、功能、使用范围等多方面要求的增多，填充、共混、增强改性塑料材料的需求将会迅速增加，符合各种性能要求的改性塑料材料经过不断的研究更新，无论从数量还是品种上将会取得长足发展，达到一个新水平。

综上所述，中国塑料工业 50 多年的发展历程和取得了辉煌的成就，为中国乃至世界经济的发展起到了应有的作用。2005 年国家制定的第“十一·五”计划，阐明了发展重点与方向，要求我们要根据国民经济各部门发展对塑料制品的需求，采取行之有效的政策和措施加快塑料工业的发展。为适应我国现代化快速发展要求和积极参与国际竞争，我们要加倍重视人力资源开发，提高全行业整体素质；要依靠科技进步，加快产业升级和技术创新；要不断调整产业结构，提高装备技术水平；要大力打造中国名牌产品，争取使更多的产品能够成为国家免检产品，提高我国塑料制品的竞争实力，在激烈的国内外市场竞争中立于不败之地。

（作者为中国塑料加工工业协会会长）

中国聚氯乙烯制品市场需求状况浅析

——在“2004 全国 PVC 塑料加工工业技术年会”上的讲话

廖正品

中国塑料工业已形成门类较完整的工业体系，成为与钢材、水泥、木材并驾齐驱的基础材料产业，作为一种新型材料其使用领域已远远超越上述三种材料，是农业、工业、能源、交通运输、信息产业乃至宇宙空间和海洋开发等国民经济各领域不可缺少的重要材料之一。中国已步入世界塑料制品大国行列，中国的塑料企业已具备一定的实力参与国际竞争，面向未来，形势喜人。

进入 21 世纪以来，中国塑料工业取得了令世人瞩目的成就，实现了历史性的跨越。塑料树脂表观消费量由 2000 年的 2 300 万吨增至 2003 年的 3 106.94 万吨，年均增长率达 11.8%。塑料制品产量全部国有和销售收入 500 万元及以上非国有独立核算企业（以下简称规模以上企业）由 2000 年的 1 035.76 万吨增至 2003 年的 1 650.53 万吨，年均增长率达 20%；工业产值由 2001 年的 2 043.9 亿元增至 2003 年的 2 936.2 亿元，年均增长 21.8%。预计到 2005 年，中国塑料表观消费量将达到 3 800 万吨；规模以上企业的塑料制品产量将达 2 300 多万吨。

一、2003 年中国塑料工业基本现状

过去的一年，中国塑料工业迈出历史性的一步，塑料原料表观消费量突破 3 000 万吨；塑料机械制造业其数量和质量都得以显著提高。塑料行业作为轻工行业支柱产业之一，近几年增长速度一直保持在 10%以上，在保持较快发展速度的同时，经济效益也有新的提高。塑料制品行业全部国有和销售收入 500 万元及以上非国有独立核算企业产值达 2 936.2 亿元，比上年同期增长 21.2%，占轻工行业总产值的 10.5%，产值总额在轻工 19 个主要行业中位居第三，实现产品销售率 97.8%，高于轻工行业平均水平。塑料制品产量累计完成1 650.5万吨，比 2002 年同期增长 16.7%；产品销售收入 2 867.5 亿元，同比增长 21.8%；实现利税 207.5 亿元，同比增长 12.2%；利润总额为 126.2 亿元，同比增长 11.8%。总之，从合成树脂、塑料机械和塑料制品生产都显示了中国塑料工业强劲的发展势头。

1. 2003 年中国塑料原材料表观需用量突破 3 000 万吨

从表 1～表 4 中看出，2003 年中国五大合成树脂表观消费量为 2 680.19 万吨，进口量为 1 307.12 万吨，占总量的 48.8%；塑料助剂表观消费量为 146.3 万吨；还进口废塑料

表 1　2003 年我国合成树脂供需状况　　单位：万吨

品　种	生产能力	产　量	进口量	出口量
PE	429.48	412.96	469.01	2.59
PP	443.89	426.82	273.43	1.19
PVC	510	400.65	229.24	4.53
PS	104.96	100.92	156.43	5.39
ABS	49.46	47.56	179.01	2.14
合　计	1 537.79	1 388.91	1 307.12	15.84

表 2　2003 年我国合成树脂表观消费量状况　　单位：万吨

品　种	产　量	进口量	出口量	表观消费量	进口量/表观消费量/%
PE	412.96	469.01	2.59	879.38	53.3
PP	426.82	273.43	1.19	699.06	39.1
PVC	400.65	229.24	4.53	625.36	36.7
PS	100.92	156.43	5.39	251.96	62.1
ABS	47.56	179.01	2.14	224.43	79.8
合　计	1 388.91	1 307.12	15.84	2 680.19	48.8

表 3　2000～2003 废塑料进口审批与进口统计数据　　单位：万吨

年　份	审 批 量	实际进口量	进口同比增长/%
2003 年	543.40	302.39	23.0
2002 年	387	245.8	10.3
2001 年	458	222.76	11.0
2000 年	323.8	200.7	44.6

表 4　中国塑料助剂 2002～2003 年产能表　　单位：万吨

塑料助剂	企业数	生产能力		产量		表观消费量	
		2002	2003	2002	2003	2002	2003
增塑剂	50	150.0	150.0	65.0	55	100.0	95.0
热稳定剂	90	20.0	21.0	8.0	7.8	10.0	10.5
阻燃剂	70	15.0	17.0	7.0	8.0	8.0	9.0
冲击改型剂	60	10.0	12.0	7.0	7.5	8.0	9.0
发泡剂	45	8.0	8.0	6.0	6.0	5.0	5.0
润滑剂	60	7.0	7.5	4.3	4.5	5.0	5.5
抗氧剂	45	2.0	2.2	1.8	2.0	3.0	3.3
光稳定剂	30	0.9	1.0	0.15	0.2	0.45	0.5
其他	80	8.0	9.0	6.5	7.0	8.0	8.5
合　计	530	220.9	227.7	105.75	98	147.45	146.3

注：表中有 85％是用于塑料加工的。

302.39 万吨。由此可见，2003 年中国塑料原材料表观消费量为 3 106.94 万吨，进口量的比例占 51.6％。

2. 2003 年塑料制品海关进口、出口统计

2003 年塑料制品出口仍继续保持快速增长的势头。据最新统计，2003 年塑料制品累计出口 879.3 万吨，同比增长 22.07％；出口额 97.4 亿美元，同比增长 23.16％；出口额占轻工产品出口总额的 8.6％，居轻工行业第四位；塑料制品累计进口 164.1 万吨，同比增长 1.26％；进口额 55.2 亿美元，同比增长 22.04％；贸易顺差 44.2 亿美元。其中：出口方面，塑料丝及异型材出口量增长 154.1％；进口方面，塑料铺地制品增长 35.6％；近几年，人造革、合成革进口呈下降趋势，2003 年又比去年同期下降 11.9％；从单位产品平均单价上看（出口：平均 1 097.4美元/吨；进口：平均 2 789.2 美元/吨），中国目前塑料制品出口品种多数为一些低端产品，产品附加值较低，产品工艺、技术含量等方面较同类进口产品均有较大差距（详见表 5、表 6）。

表 5　2003 年 1～12 月份塑料制品海关出口统计

产品名称	出口量/吨		出口额/万美元	
	累　计	同比增长/％	累　计	同比增长/％
塑料制品	8 792 683.6	22.07	973 996.1	23.16
1. 塑料丝及异型材	16 817.7	154.08	2 402.7	106.35
2. 塑料管材	87 233.4	28.24	14 514.4	43.70
3. 塑料板、片材	464 479.7	27.57	72 886.5	34.49
4. 人造革、合成革	157 394.7	29.84	38 174.8	24.88
5. 塑料铺地制品	282 098.6	25.07	22 657.7	27.39
6. 其他塑料制品	7 784 659.5	21.30	823 359.9	21.61

总体上看，塑料制品进出口贸易存在较大顺差，但这种顺差主要靠塑料制品出口总量的增长来实现的。目前，出口产品中高附加值和高科技含量的产品仍然较少，出口市场仅集中于少数国家和地区，“走出去”的形式也相对单一，不少企业缺乏真正的跨国经营战略和标准化操作方式。为此，2004 年塑料行业将进一步加快走向世界的步伐，逐步实现由产品输出到资本输出、品牌输出，调整产品结构，提高产品质量和档次，增加产品的附加值，进一步拓展国际市场。

表6　2003年1～12月份塑料制品海关进口统计

产品名称	进口量/吨		进口额/万美元	
	累计	同比增长/%	累计	同比增长/%
塑料制品	1 640 790.9	1.26	551 617.8	22.04
1. 塑料丝及异型材	11 088.9	－5.49	2 823.7	12.56
2. 塑料管材	31 214.7	16.74	17 696.2	25.90
3. 塑料板、片材	870 246.8	1.80	242 574.0	19.18
4. 人造革、合成革	118 395.9	－11.88	50 358.6	－2.49
5. 塑料铺地制品	32 663.4	35.56	5 114.0	26.80

注：数据来源——海关总署。

3. 行业重点企业简况

据统计，2003年1～12月份，中国塑料制品行业规模以上企业共计8 237家，其中大中型企业约占10%，产品销售收入亿元以上企业527家，共完成产品销售收入1 368.4亿元，即占行业企业总数的6.3%的企业，完成塑料制品行业总销售收入的47.7%。2003年塑料制品行业有15家企业集团公司产品销售收入超过10亿元，6家超过20亿元；3家超过30亿元。塑料制品行业的高速发展使产业集约度有进一步集中的趋势，但集约度还不高。

4. 中国塑料制品工业发展总趋势

(1) 农用塑料（包括农地膜、节水农业器械和土工合成材料）仍占着重要的地位，将得到更进一步发展；

(2) 包装材料和塑料建材将是塑料工业快速增长的主要领域；

(3) 高科技、高附加值的工程塑料制品及复合材料，生产与应用领域将随着市场经济的发展，不断扩展；

(4) 管材、异型材、压延制品、双向拉伸材料、薄膜等的生产将逐步向经济规模方向发展；

(5) 为保护臭氧层，泡沫塑料生产进行无氟技术改造；

(6) 为减少环境污染，加强废弃塑料回收利用及降解塑料的研制开发等；

(7) 为发展塑料制品的品种和提高档次，塑料机械和模具的开发和生产将得到重视。

二、中国PVC树脂价格异常波动对PVC制品业影响巨大

1. 中国PVC树脂市场浅析

据预测，到2005年全球PVC产能将达3 912万吨，消费量约3 200万吨，供应量约3 500万吨，开工率90%。受中国扩能、需求增长的影响，未来几年全球PVC需求年均增长率约3.78%，产能年均增长约2.60%。

到2003年底，中国内地有聚氯乙烯生产厂家约80家，合计生产能力510多万吨。2003年中国成为世界PVC主要生产大国之一，仅次于美国居世界第二位；生产量同比增长18.1%，约为国民经济增长率（9.1%）的2倍，在五大通用合成树脂中高于聚乙烯的16.7%和聚丙烯的13.5%的增长率，排第一位。预计未来两年至2010年前，PVC的年均增长率将以10%以上的速度增长，2005年中国PVC需求量将超过美国，成为世界最大的PVC消费国。2005年和2010年中国的PVC需求量将分别达到780万吨和1 000万吨。为此国内外厂商纷纷加大投资，扩充PVC产能，实现规模化生产。届时，西方发达国家PVC市场格局在中国出现，将使产品性能和生产成本颇具竞争优势，抗风险能力明显增强；集约度差、布局分散、生产成本居高不下的中小型装置产品市场的时代将结束；到2005年中国PVC进口量将一改

2003年以前PVC进口量呈现的增长趋势而有所下降，中国国内的PVC市场也将出现产大于需的状况，竞争会远远大于目前；由此PVC原料市场价格变化将趋于稳定，给下游的制品企业带来稳定的制造环境，有利于制品行业整合和规模化发展。

PVC需求增长的主要原因是建筑行业的发展。建筑行业对PVC的需求量将占全球总量的60%以上。除了基础设施建设外，发展中国家居民住宅的建设和持续的工业化进程都将极大地推动PVC树脂工业及其加工业的发展。

2. 国产塑料原料价格大幅上涨，PVC加工行业面临严峻考验

2003年9月份，国家商务部公布了对进口PVC树脂反倾销调查的裁定，PVC树脂价格由2003年年初的6 500元/吨升至2004年5月份的9 000元/吨，其他品种塑料原料的价格也有不同程度的上涨。由于反倾销措施实施期限为5年，国际原油价格一直居高不下，因此预测塑料原料价格还将在未来较长的时间内保持其较高价位。

与此同时，由于竞争的加剧，塑料异型材及门窗、塑料管道价格受市场的制约涨价的空间很小，各厂家已不堪重负，许多企业经营步履维艰。据了解，目前塑料异型材、塑料管道生产厂家仅受原材料涨价就将增加成本20%（2 000元/吨）以上。目前国内相关企业一半以上已处于亏损或亏损的边缘，大量的订货合同难以执行。从长远来看，此情况可能导致多方面的不利影响：

（1）行业大型企业很难在短期内通过扩大生产规模来降低成本以适应其变化，从而造成行业性亏损；

（2）个别中小生产企业为了生存只能靠多加低廉的填充物、减小型材壁厚、使用质次价低的原辅材料等等手段来降低成本，这将会严重损害用户利益，影响产品质量和化学建材行业声誉，可能会造成塑料异型材及门窗、塑料管道行业的快速衰落，PVC原料价格飙升导致一些企业的短期行为和不正当竞争，尔后再想树起良好形象将会难上加难；

（3）PVC树脂行业和塑料异型材及门窗、塑料管道行业是一个紧密的产业链关系。树脂价格涨幅过大，而塑料异型材及门窗、塑料管道行业无法以提高产品价格来消化原材料涨价引起的成本上升，必将造成下游企业对塑料市场需求的减弱而最终会影响到树脂的应用量，将会违反反倾销、促进民族经济发展的本意，使国家政策倡导的推广应用工作受挫。

化学建材产业具有环保、节能等诸多优越性能，一直是国家非常重视的一个新兴产业。在房地产业拉动下，短短的十几年中，塑料型材门窗、塑料管材产业得到了长足发展。《国家化学建材产业十五计划和2010年发展规划纲要》中提出，到2005年，塑料管道的推广应用主要以UPVC和PE塑料管道为主，在全国各类管道中市场占有率要达到50%以上；塑料门窗在全国的建筑门窗市场占有率达到20%，2015年达到40%。我们认为塑料原料大幅涨价将制约国内经济建设中大量需求的化学建材产品（包括塑料管道、塑料型材门窗行业）的发展。

目前上游的树脂生产企业和下游的塑料加工行业企业的利润结构情况严重不合理，二者生产成本增加的差别是巨大的，考虑到上下游产业链关系，给下游企业留有生存和合理的效益空间才能使塑料加工行业走上持续、快速、协调、健康的发展道路。

我们已要求PVC制品加工行业企业不要因PVC树脂上涨而有降低质量的行为，避免低价竞争，提倡合理竞争，与应用者共同营造一个生产、使用合格产品的市场环境，以利促进塑料加工行业健康发展。我们希望，国家有关部委应对上述情况引起高度重视，采取必要的措施，促进我们行业的健康发展。

另外，为保护合格管材生产企业会员单位的合理效益，维护使用者的合法权益，保护先

进，打击落后，打击市场上的假冒伪劣产品，保证塑料管材产品质量，促进塑料管道行业的健康发展，中国塑料加工工业协会塑料管道专业委员会决定从2004年10月起由专家组及部分相关生产企业共同制定管材产品行业指导价格，并根据原材料等方面的变化定期发布，供生产者、应用者以及相关部门在生产、销售、采购、制定招标文件及政策等方面参考。

三、中国PVC制品需求浅析

1. 高性能PVC专用树脂供不应求

目前，正在发展的是大口径管材，家用耐热制品（如车防锈涂料、计算机外壳、护墙板、窗型材），纤维增强的制品（如管材、机箱等阻燃PVC制品）以及用于包装的硬片膜制品。其发展重点大都集中在通用树脂市场，但是PVC应用领域的不断扩大则取决于是否能进一步提高PVC树脂的物理性能，随着各种复合增塑剂、复合阻燃剂、耐热改性剂、冲击改性剂的发展，将为PVC制品打开更大的市场。

为了使PVC制品能及时满足市场的需求，加工厂家正在研制一系列新产品，一些树脂生产厂家推出了一系列高性能的PVC合金专用粒料和粉料，如耐冲击的PVC瓶料、耐热电子电器专用料、鞋用PVC合金，医用PVC合金，阻燃抑烟无铅-钙PVC电线电缆复合料，耐辐射、抗静电PVC合金纤维增强PVC合金等专用料，以推动PVC市场的发展。

另外，具有特殊使用性能的特种PVC树脂在市场上逐渐得到广泛应用。如PVC糊用及掺混树脂；特种糊用PVC树脂；氯乙烯-醋酸乙烯共聚树脂；粉末涂料用PVC专用树脂；超高分子量PVC专用树脂；超高吸收PVC专用树脂；消光专用树脂；溶液聚合型共聚树脂；弹性体专用PVC树脂等。

2. PVC制品生产品种门类繁多，应用范围广阔，市场需求强劲

目前，全球聚氯乙烯消费以硬制品为主，占总消费量的59.83%，软制品占32.88%，其他只占7.29%；

目前我国PVC消费分以下两大部分。

(1) 软制品。主要包括电线电缆、各种用途的膜（根据厚度不同可分为压延膜、防水卷材、可折叠门等）、铺地材料、织物涂层、人造革、各类软管、手套、玩具、塑料鞋以及一些专用涂料和密封剂等。

(2) 硬制品。主要包括门窗、各种型材和管材、硬片、瓶等。

近几年，随着建筑业的发展，我国PVC消费构成变化较大，硬制品比例不断提高，现在我国硬制品比例已近60%。据不完全统计，各种PVC制品消费构成比例见表7。

表7　PVC制品消费构成比例

PVC制品名称		消费比例/%	合计/%	PVC制品名称		消费比例/%	合计/%
软制品	鞋及鞋底材料	5.2	40.8	硬制品	管材	13.3	59.2
	人造革	6.0			管件	2.3	
	薄膜	12.0			型材、门窗	22.9	
	电缆料	7.0			硬片、板材及其他型材	9.0	
	地板革、壁纸、发泡材料	2.1			其他	11.7	
	其他	8.5					

2003年塑料制品产量总计中，与PVC相关联的制品行业的增长非常强劲：塑料板片材89.7万吨，增长13.02%，占5.4%；塑料棒管材189.9万吨，增长23.1%，占11.5%；塑料人造革55.2万吨，增长22.4%；塑料包装箱及容器72.4万吨，增长14.2%，占4.4%；塑料

鞋 21.5 万吨；增长 5.97%，占 1.3%；日用塑料制品 188.8 万吨，增长 11.8%，占 11.4%；其他塑料制品 424.5 万吨，增长 16.4%，占 25.7%（详见图 1）。

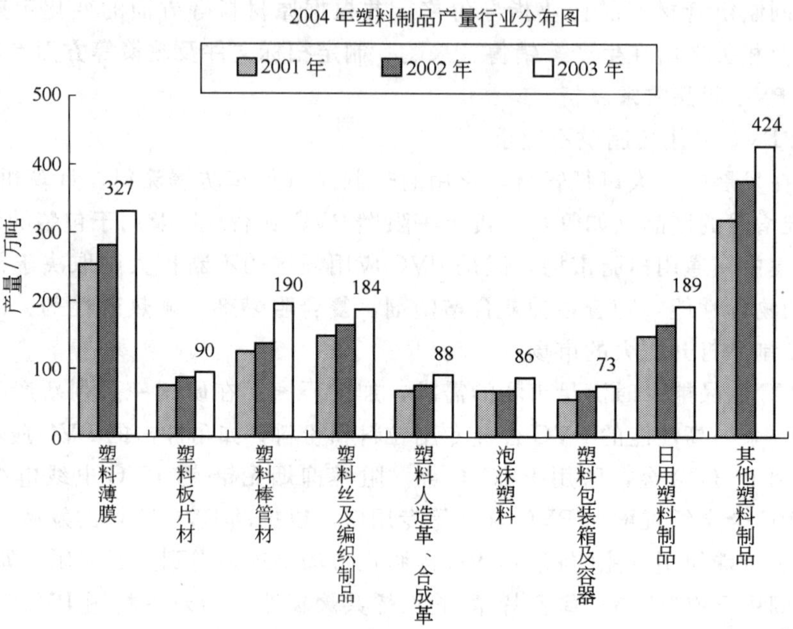

图 1　2003 年中国塑料制品产量行业分布

3. 塑料建材持续快速发展

“十五”前三年，塑料管道和塑料门窗的生产设备已由引进国外先进设备发展到自选研制开发，国产设备已达到或接近国际 20 世纪 90 年代初期先进水平，部分产品已经批量出口国际市场。塑料管道、塑料门窗、新型防水材料、建筑涂料装饰装修材料等几大类塑料建材产品的生产能力能基本满足建筑市场的需求。目前塑料管材和异型材在建筑用管材及门窗中平均使用比例已分别超过 30%和 15%，2003 年塑料管材和型材总产量已达 280 万吨以上。

（1）PVC 管材消费量最大，市场前景好　塑料管道是化学建材重要的门类之一，种类多，增长幅度大，市场前景看好，发展空间广阔。在众多的 PVC 制品中，PVC 管道是各种塑料管道中消费量最大的品种。目前，各种塑料管道生产企业近 1 000 家，生产线已达3 000多条，生产能力初步估计达 350 万吨，生产量为 150 万吨以上，占全国各类管道应用量的 50%以上，在城镇建筑业、水利建设和农牧业生产等领域大量应用，成为国民经济可持续发展不可缺少的新型管道，越来越显示出无可比拟的优越性。近几年，我国塑料管道产业发展很快，品种规格在不断增加，产品质量在不断提高，企业规模在扩大。其中万吨级产能的生产企业超过 70 家，10 万吨级的企业也有 10 家左右，其中 UPVC 管材生产企业年生产规模超过 1 万吨的企业 60 多家。随着国家对环境保护的日益重视，未来 5 年内国家将在排水管网建设方面投入巨资，这意味着塑料埋地排水管的发展市场空间加大。去年塑料管道增长幅度超过 23%，高于塑料制品增幅 8 个百分点，也高于塑料制造业中主要品种的增幅。今年一季度销售收入 500 万元以上的规模企业塑料管材增幅仍创新高，超过上年同期增幅的 34.5%，为塑料制造业各品种增幅之冠。未来 5 年内国家将在排水管网建设方面投入巨资，这意味着塑料埋地排水管的发展市场空间加大。

在“十五”期间，塑料管的推广应用主要以 UPVC 和 PE 塑料管为主，并大力发展其他新型塑料管。到 2010 年，塑料管道在全国新建、改建、扩建工程中，建筑排水管道 80%采用塑料管，建筑雨水排水管道 70%采用塑料管，城市排水管道的塑料管使用量达到 30%，建筑给水、热水供应和供暖管道 80%采用塑料管，城市供水管道 70%采用塑料管，城市燃气塑料管（中低压管）的应用量达到 60%，建筑电线穿线护套管 90%采用塑料管。

（2）PVC 型材门窗向大规模化、高品质方向发展　PVC 门窗作为新型建筑材料被世界誉为 20 世纪乃至 21 世纪继木门窗、钢门窗、铝合金门窗之后的第 4 代门窗。塑料型材与门窗应用量在全国范围内仍有较大幅度增长。到 2003 年底全国型材生产线 4000 余条，总能力为 300 万吨，型材产量 140 万吨。塑料门窗生产企业近万家，生产能力超过 3.3 亿平方米，塑料门窗产量超过 1.54 亿平方米。采用双色共挤出型材或喷涂着色工艺彩色塑料门窗在国内已试推广。2003 年全国最大的型材与门窗生产企业大连实德生产能已达到 48 万吨，芜湖海螺达到 40 万吨，两家企业已成为世界上型材生产企业的第一名和第二名；2003 年大连实德公司销售超过 28 万吨，芜湖海螺公司销售超过 30 万吨。到 2004 年底，两家要进一步扩产，产能将分别超过 70 万吨、50 万吨。

在发达国家，塑料门窗的市场占有率也是高居首位，如德国为 50%，法国为 56%，美国为 45%，比居第二位的木窗的占有率平均高出约十个百分点。

“十五”期间塑料门窗仍以推广 UPVC 塑料为主。到 2005 年，塑料门窗在全国的建筑门窗市场占有率达到 25%以上，其中执行建筑节能设计标准的地区和建筑物市场占有率不低于 35%。到 2010 年塑料门窗在全国的建筑门窗市场占有率达到 30%以上。

（3）塑料防水材料发展势头强劲　原国家建设部等五部委领导小组决定：重点发展改性沥青油毡，积极发展高分子防水卷材，适当发展防水涂料，努力开发密封材料和堵漏材料。到 2005 年新型防水材料在全国防水工程市场的占有率将达到 50%以上。

在高分子防水卷材中，重点推广三元乙丙和 PVC 等新型高分子防水卷材。到 2005 年，新型高分子防水卷材在全国防水工程市场的占有率达到 11%，用量约为 4 500 万平方米/年。到 2010 年，新型防水材料在全国防水工程市场占主导地位，达到 70%以上。塑料（PVC、PE、PU 等）高分子防水卷材，将占有相当的市场占有率，发展势头强劲，仅农膜骨干企业改造设备、既能生产宽幅大棚膜又能生产土工膜、已形成规模的企业就有近十家。

4. 农用塑料制品

据农业部门推测，到 2005 年，随着我国园艺设施栽培面积、地膜覆盖面积的不断增加，PVC 农膜的需求量会较目前有近两倍的增长。目前，除东北三省和山东部分地区外，其他地区几乎都使用 PE 膜。PVC 农膜发展受限的主要原因：一是相对密度大，1kg 的 PVC 农膜比 1 kg 同等厚度的 PE 农膜少覆盖面积为 25%左右；二是 PVC 农膜价格比 PE 农膜高；三是 PVC 农膜生产工艺复杂，仅添加剂就达 12 种；四是 PVC 农膜作地膜效果不如 PE 好，由于 PVC 膜强度高、保温性好，对气候寒冷、风沙大的地区较适用，所以在应用市场方面也受到限制，使用 PVC 农膜主要集中在东北地区（吉林等省）。

今后几年在农膜的功能性上要着重解决耐老化与防雾滴同步、防滴又消雾的问题，同时要大力宣传推广高保温、高光效薄膜制造技术，使棚膜集耐老化、防雾滴、高保温、高光效等多种功能于一体。在棚膜规格上，聚氯乙烯薄膜幅宽将达到 4m 以上。

5. PVC 制品在其他领域的应用

（1）包装材料　包装材料是塑料应用中用量最大的领域，也一直是 PVC 较大的消费市场。PVC 作为包装材料主要用于礼品及各类日用品和各类家具的包装。随着我国经济的快速发展和人们消费水平的提高所带来购物习惯的变化，对包装业将起到较大的拉动作用。

（2）日用塑料制品　塑料鞋、运动鞋、人造革等一直是PVC消费较大的市场。“十五”期间鞋类、箱包类、玩具类、日用杂品类的需求量还将不断增长。

（3）工业及工程塑料　在电子工业中，PVC消费最大的电缆、电线料和电子电器连接件以及仪器设备壳体等的用量在不断增加。

（4）PVC电子、电器制品多样化　在电子电器市场，PVC产品主要用于低压电线电缆护套，其中电气市场PVC可用于1～5kV电网明布电缆和10～30kV动力地下电缆护套、接线盒、复合化的工业器具、设备、仪表附件等产品。

（5）PVC在汽车工业上的应用　目前，我国汽车工业在内饰件上应用塑料已形成能力，PVC内装制品是我国汽车工业用量最大的塑料品种之一，仅次于PP和PU，居第3位，主要用途是车顶内衬、地毯、车内蒙皮、绝缘软管、加油口漏斗、车门饰条、波纹管、密封条、座椅、仪表板表皮等制品。从汽车用PVC产品品种看，PVC汽车内部装饰材料基本上是与ABS、MBS和NBR、EVA等材料的共混料。根据汽车工业的特点，加强PVC共混改性、增强、填充阻燃的研究，研制出适于各种配件的合金和改性原料，扩大PVC在汽车工业中的应用领域是今后PVC科研工作的一个课题。

（6）PVC医用制品市场前景广阔　PVC在消费品和公共设施方面的应用包括医用制品，在医用这一领域使用的PVC制品有各种医院设施和健康护理设施，保健护理用品，PVC血袋、透明塑料管、手术室的辅助设备、试验室测试仪器，以及专用共挤出制品，其产品的应用领域正迅速增长，有着许多潜在的市场，随着各种塑料医疗用品的增多，要求提供的制品结构合理，有适当的柔韧性，价格低廉。由于PVC的柔韧性好，成本低，现已广泛用于医用产品，尤其一次医用制品市场在日益扩大。

总之，从以上PVC主要制品需求和发展情况来看，相关行业对PVC需求量仍将保持较高的增长速度。有关部门根据各应用领域的发展计划和其消费量的增长预测，到2005年我国PVC需求量将达到800万吨以上，增长速度最快的仍将是化学建材的塑料管道、管件和塑料门窗异型材。

6．PVC制品发展呈现三大热点

（1）专用料研发趋深趋广　随着塑料制品要求的提高，对PVC的性能也提出了更高的要求，许多塑料产品都要求使用针对该产品的专用原料，以满足其性能要求，而国产PVC树脂产品远远不能与之相适应，质量与国外产品相差很大，在每年我国进口的PVC中，各种专用料占50%以上。因此研制开发表面光洁、色泽均匀、外观整洁美观，又能耐紫外光照、耐老化、不易变色、长时间维持高抗冲性能的优质PVC专用料，成为当今PVC研究领域的热点。国内企业也正积极开发各类PVC专用料，并且对专用料的研发工作日益趋深趋广，在某些项目上已取得了可喜的成绩。

（2）合金化研究成果显著　随着市场上对高性能化学建材需求的日益增长，单纯的PVC原料已不能满足生产需求，经合金化处理的PVC性能更优良，受到市场欢迎。而我国PVC生产中存在加工过程中粉料易“架桥”、流动性差、产品易变黄、“鱼眼”多、性能差等现象，粉粒质量差使PVC合金化难以实现，严重影响了我国PVC行业的生存和发展。北京化工大学的课题组通过对国内外厂家几百种PVC样品的复杂多层次结构进行研究，发现国产PVC树脂的聚合配方、工艺不能实现对多层次结构的最佳控制。课题组历经10余年攻关，终于实现了氯乙烯可控聚合及PVC合金材料的高性能化，攻克了我国PVC生产的系列关键技术，所完成的

“氯乙烯可控聚合专用料及PVC合金材料的高性能化和应用研究”项目获得2002年国家科技进步二等奖。

氯乙烯可控聚合技术目前已在国内多家主要PVC树脂生产厂得到应用，生产的专用料已用于塑钢建材、埋地双壁波纹螺旋管材及多孔超薄装饰板材生产，高性能合金技术也得到推广应用。这一系列关键技术成功地用于河南锦捷集团、北京化工二厂、天津化工厂、齐鲁石化氯碱厂、上海天原等多家企业的生产中，使国产PVC质量得到大幅度提高，性能指标已达到国际先进水平。

(3) 环保型产品受到重视　经过多年的发展，在PVC专用料、合金化研发的同时，面对国际市场环保呼声的高涨，我国PVC研发正向环保型产品迈进。目前在PVC给水管等与人体有直接接触的PVC产品领域，各国纷纷发布标准，对有毒塑料添加剂予以限制或禁用，要求使用不含铅类、溴类等有毒助剂的塑料产品。

四、PVC加工业面临的环境问题

1. 履行国际公约抓环保

根据国民经济和社会发展“十五”规划，PVC工业在21世纪开始的第一个5年里，会有很大的发展。PVC行业生产、使用、处置整个生命周期对环境影响已引起各级政府和环保部门的重视，要采取措施，在生产发展的同时，保护环境和人体健康。

我国是废弃塑料的进口大国，境外的PVC废塑料以及PVC电线电缆随着废电线电缆、废五金电器的进口，也大量进入我国，在回收利用过程中，有的企业采用焚烧方式回收电线电缆中的铜材料，对环境造成了危害。我们希望废塑料的出口国要与进口国共同遵守巴塞尔公约制定的技术导则，在环境无害条件下对废弃塑料进行回收再利用，切实保护好发展中国家的环境。

除巴塞尔公约外，PVC行业所面临的环境挑战还要履行“减少和消除持久性有机污染物”环境公约。二噁英是目前公约中受控的12种物质之一。国际公约对于二噁英排放的要求，已使PVC行业有识之士深感面对环境的压力，如何调整战略，实现经济效益与环境效益的共同发展，值得高度重视。

2. 提高人们环保意识刻不容缓

在我国，人们使用塑料制品报废后随意丢弃，由于其自身以及所含有害化学物质的持久性、难降解性，将对环境造成一定的危害。

据国家环境保护部门提供的材料，由于PVC塑料含有稳定剂及增塑剂等有害成分，它的生产、使用以及废弃后处置对环境和人体健康的影响，已成为近年来人们普遍关心的问题，PVC的废物管理政策、其替代品的开发、研制等已日益受到政府、工业界、群众团体的关注。

3. 依法治理污染

我国政府高度重视对“白色污染”的治理，国家环保总局等有关部门颁发了《关于加强重点交通干线、江湖流域及旅游景区包装废物管理的若干意见》、《关于维持铁路旅客列车、车站及铁路沿线环境卫生的规定》、《防止船舶垃圾及长江沿岸固体废物污染长江水域的规定》等。这些政策和措施的出台，有效地防止了“白色污染”在我国的蔓延。但是废PVC塑料对环境和人体的危害，在发展中国家还没有引起足够的重视。

4. PVC制品对环境并不构成危害

根据国家环境保护总局有关专家的材料，充分证明PVC制品对环境并不构成危害。从1973年以来，由于观察到PVC对环境和健康的危害，它一直受到世界性的非议。丹麦政府的研究指出：在城市焚烧物中，PVC产生了有毒的二噁英。废弃的PVC制品在燃烧时会产生氯化氢和游离氯原子。氯化氢是形成酸雨的成分，氯原子形成二噁英的飞灰和炉底尘埃。针对这些对PVC的指责，PVC树脂生产商及加工者，包括一些环境学家做了大量的调查工作。他们引用数据来驳斥这些指责，认为多用途、低能耗、低成本的PVC比其他替代物对环境更无害、更好。

欧洲乙烯制品委员会的实验研究证明，废弃PVC制品不容易分解，即便有一定数量的增塑剂和稳定剂能释放到土壤中，但其释放量极有限，对环境不会造成危害。研究结果证明：在土壤中发现的氯乙烯不是由PVC分解产生的。因此，难分解的废弃PVC制品完全可以和其他固体垃圾一起进行掩埋处理而无害于环境。

一些环境学家正在以新的眼光去看待PVC，即生产和加工PVC的能耗比其替代物要低40％左右，有利于降低“温室效应”。伦敦的学者约翰·爱克尔顿说“节约能源的新影响，意味着21世纪将会看到PVC有可能成为有利于环境的新材料再度兴起”。

PVC树脂是我国五大基础树脂之一，其制品已广泛应用于人类生活、工业、农业和国防尖端等各个领域。在“十五”期间随着我国国民经济的发展、西部大开发都给PVC行业的发展带来了新的机遇。发展建筑业、农业和信息业，加快城市化进程和市政工程建设，保护生态环境、改善生存环境和提高人民生活质量，走可持续发展的道路，都需要大量的PVC制品，加速发展PVC工业适逢其时，势在必行。

（作者为中国塑料加工工业协会会长）

加快我国氯化聚氯乙烯、氯化聚乙烯制品的发展

廖正品

近年来，在我国，氯化聚氯乙烯（CPVC）、氯化聚乙烯（CPE）发展很快，应用越来越广泛，在塑料制品行业多种塑料制造发挥着越来越大的作用。

一、我国氯化聚乙烯（CPE）制品现有生产能力和产量已居世界首位

据《中国氯碱》2004年第8期报道，氯化聚合物作为重要的合成材料在国民经济的许多领域得到应用，我国是世界上少数几个对氯化聚合物研究和开发较为深入的国家之一，在氯化聚合物的某些品种的生产和开发上已居世界前列，如氯化聚乙烯已是第一生产大国。随着CPE产品推广力度的加大和国家产业政策的促进，CPE制品产业发展迅速，市场容量迅速增大，客观上具备了使CPE生产向集约化发展的可能。

CPE树脂优良综合性能和加工性能使之应用大有可为。CPE是由高密度聚乙烯氯化而成的一种综合性能优良的高分子材料，具有优良的耐候性、耐低温性能及电气性能；以及较好的耐臭氧性、耐化学药品性、耐油性、阻燃性，还具有良好的加工流动性和与其他塑料、橡胶良好的相容性。主要用于塑料改性剂、橡胶改性剂、弹性橡胶制品、涂料及其他制品等。如PVC改性剂；PP、PE、PS、ABS等的增韧剂和阻燃剂。产品有电冰箱磁性胶条、耐寒电线电缆护套、防水卷材、阻燃输送带、塑料异型材、彩色自行车带等。

我国是世界上最大的CPE生产国，随着CPE产品推广力度的加大和国家产业政策的促进，CPE制品产业发展迅速，市场容量迅速增大，客观上具备了使CPE生产向集约化发展的

可能。

目前，CPE产品的系列化问题是我国与国外CPE厂商最主要的差距。虽然我国现有生产能力和产量已居世界首位，但产品品种仍显单一，除CPE在化学建材领域中发展较快外，与国外相比在以下领域进展不大，亟待开发：

(1) 电线电缆用低门尼值CPE橡胶和特种CPE树脂；

(2) 汽车工业用CPE（用于耐热、耐油用输油管、密封件的制造）；

(3) 改性ABS用特种CPE；

(4) 以CPE为基材的热塑性弹性体开发，用于减振材料、体育用品、汽车配件等。

目前美国杜邦-道化学公司、日本大曹公司和昭和电工公司等国外公司均有相应的CPE品种生产，以上品种的CPE消耗量约占国外CPE总消耗量的40%～50%，国内应加紧以上领域的研发和推广，在原料选择、生产技术及市场推广方面多下工夫。

二、我国氯化聚氯乙烯（CPVC）发展迅速

CPVC是重要的塑料原料，具有优异的耐老化、耐腐蚀、高阻燃性能，主要用于管材、板材、注塑件、泡沫材料、防腐涂料产品。CPVC树脂是一种具有一定市场潜力的新型塑料材料，而提高CPVC树脂的性能已成为其产品开发的必要条件，同时也是CPVC成型加工企业的迫切需要。

高性能CPVC塑料用于生产各种挤出产品，包括管材、板材、型材、片材等。应用领域为化学工业、具有消防要求的场所及有耐温要求的场所等，目前市场上主要产品有以下几种。

(1) 工业用氯化聚氯乙烯管材　可应用于化工行业中输送带有一定温度的腐蚀性介质。主要性能符合国际标准ISO/DIS 15493-1，维卡软化点温度≥110℃。

(2) 工业用氯化聚氯乙烯管件　配套工业用CPVC管材，主要性能符合国际标准ISO/DIS 15493-1，维卡软化点温度≥103℃。

(3) 冷热水用氯化聚氯乙烯管材　可应用于建筑行业中输送生活用冷热水、采暖等，主要性能符合国际标准ISO/DIS 15877-2.2，维卡软化点温度≥110℃。

(4) 冷热水用氯化聚氯乙烯管件　配套冷热水用CPVC管材，主要性能符合国际标准ISO/DIS 15877-2.2，维卡软化点温度≥103℃。

(5) 埋地式高压电力电缆用氯化聚氯乙烯套管　可应用于电力工业中埋地高压电力电缆的保护管，主要性能符合国家标准QB/T 2479—2000，维卡软化点温度≥93℃。

上述品种的生产与应用有较好的效果，但质量问题参差不齐，有的质量问题与PPR管类似，不是使用合格的树脂生产，产品质量低下应引起各界人士关注。

三、CPVC生产中亟待解决的问题和对策

在我国要发展CPVC制品，必须重视其加工技术问题。目前国内CPVC树脂较少，且未能提供CPVC树脂专用牌号，国产CPVC的性能还达不到现有高氯含量（70%～75%）又适合加工要求品位。氯化聚氯乙烯的生产和加工技术尚存在一些薄弱环节，造成国内氯化聚氯乙烯生产发展较慢，CPVC产品在我国仍处于起步阶段，由于市场导向还未到位，对这一具有强大市场活力的产品的认识还不够，市场推广进展不大。但是可以预见，一旦市场启动前景看好。我国业内专家认为亟须加强以下几方面的工作。

1. 加强对加工配套助剂的研发和应用

CPVC在加工配套的耐热抗冲改性剂、耐热流动改性剂、CPVC专用稳定剂的开发十分重要。国外CPVC专业生产企业如Goodrich B. F. 公司、日本钟渊化学、积水化学、日本碳化物公司等多年来都进行了深入研究，形成了各自的配套加工体系，并不断予以完善，较好地解决了 CPVC 的加工问题。目前国内从事该方面研究的人员和机构较薄弱，有待予以提升，使之促进我国 CPVC 制品的发展。

2. 加强对加工工艺研究和市场推广

由于 CPVC 加工的特殊性，对加工设备、配合技术、加工工艺条件均有相应的要求，CPVC 加工技术与工艺的研究对其推广十分重要。我国进行过一些研究，但由于受配套助剂和加工设备的影响，难以进行深入工作，直接影响到该行业的快速发展。

3. 加强对原辅材料的质量与检测

目前我国 CPVC 生产企业多为非 CPVC 专业生产企业，应注意加强 PVC 与 CPVC 生产企业之间的沟通与交流。PVC 与 CPVC 虽然在加工、应用领域等方面具有一定的相似性，但在产品的性能要求上其着眼点又有较大差异。在国外，由 PVC 生产企业来生产 CPVC 在原料的配套开发上有优势，成功经验值得借鉴。

4. 加强对产品的系列化和标准化工作

加快 CPVC 的推广，应尽快提高 CPVC 产品的品种系列化水平，积极采用国际标准和先进国家的标准组织生产，以适应市场对 CPVC 的不断增长需求。

为了能使 CPVC 具有巨大市场潜力的产品健康发展，我认为还应重视以下几个现实问题。一是市场竞争规范化，有市场就有竞争但市场不能混乱。在国内，用国产 CPVC 树脂生产“高压埋地电力电缆管”的市场开发已有几年了，随着电力工业的发展及大中城市的电网改造，市场用量很大。但低价位的竞争，迫使几乎所有生产 CPVC 电力管的企业在使用高填充的 PVC 管替代 CPVC 管，埋下了严重的隐患。二是标准的科学性及执行的标准的严肃性；对新材料的认识还不全面或深刻的情况下，拟套用已经实施的国际标准，不宜匆忙制定行业标准或国家标准，尤其是 CPVC 制品的标准。还有不但生产企业要严格执行标准，质量检验单位、用户单位也应具有执行标准的严肃性。

目前，我国 CPE、CPVC 制品行业方兴未艾，发展空间还很大，前景光明。

（作者为中国塑料加工工业协会会长）

打造建塑航母　创立中国名牌

——在顺德实施名牌发展战略暨涂料、建筑塑材等行业争创中国名牌研讨会上的讲话

廖正品

一、建塑行业的基本概况与发展前景

1. 塑料建材生产迅猛发展

近几年来，我国建塑行业（化学建材又称塑料建材）从研究开发，到推广应用，行业生产规模不断扩大，技术水平稳步提高，基本形成了相对完整的生产体系；推广应用成效显著，初步确立了第四大建筑材料的地位。例如，2003 年全国塑料管道加工企业 5000 余家，生产能力超过了 350 万吨，产量达到 150 万吨以上，约合长度 200 万千米以上。各种塑料管道已颇具规模，其应用普及到建筑给、排水，市政给、排水，建筑供暖，城市燃气输送，农村人畜饮水改

造和农业灌、排水，电力、通信，化工、医药等许多场合，塑料管道在国民经济中已无处不在，被誉为城市乡镇的“血管”。

目前，各省区尚有新增生产能力的企业，建塑产能将有新的增加。如安徽国通、福建亚通等已在广东省建新厂，规模为几万吨的管材。最近，浙江枫叶集团在花都区新建广州枫叶管道厂，一期工程产能为 3 万吨，将于 2005 年 3 月份投产。

2. 塑料建材应用大面积拓展

目前，全国 30%以上的地区应用了新型塑料管材，发展快的一些省市已经达到了 90%。东北三省、内蒙等地的一些城镇，40%以上的新建住宅使用了塑料门窗，青岛、大连 80%以上的新建住宅使用了塑料窗。建筑涂料的使用量逐年上升，其优越性逐渐为用户所认识。尤其是外墙涂料的应用，近年来发展较快，许多城市使用后，收到了很好的效果。以北京为例，住宅小区 90%以上的外墙采用乳胶涂料进行装修，居民普遍反映良好。

3. 塑料建材产业化是重要的经济增长点

据我国建塑行业发展的实际情况，结合国家制定“十五”计划和 2015 年发展规划纲要的思路，“十五”以及今后一个时期我国化学建材发展的指导思想是：全国贯彻落实《关于加强技术创新，推进化学建材产业化的若干意见》和《建设部推广应用和限制禁止使用技术》第 218 号公告，明确目标、突出重点，实现跨行业、跨部门的合作，加大政策引导和技术创新力度，加快推广应用步伐，使化学建材走上布局合理、规模适度、规范有序的产业化发展道路。又据中国建材工业经济研究会提供的报告，未来 10 年甚至更长一段时期内，建材工业发展速度将高于国民经济发展速度 3 到 4 个百分点，到 2010 年，建材工业产值预计达到 1 万多亿元，成为国民经济的重要增长点。

二、建塑行业为何要创建中国名牌

从企业经营的角度来看，自商品经济以来经历了产品经营型、资本经营型和品牌经营型三个阶段。发达的资本主义国家正处在品牌经营型阶段，大力以名牌推进世界各国市场，并以横扫千军、锐不可当之势不断扩大市场份额，以求达到垄断竞争的目的。这对于尚处于产品经营型向资本经营型飞跃阶段的发展中国家来说，无疑是一场严峻的挑战，如果不能迅速完成“二级跳”，树立起品牌的旗帜，民族工业就可能到了“最危险的时候”。

从塑料行业面临的国际环境看：一是经济全球化实质是物资、人员、资金在世界范围内的流动，国内市场国际化，发达国家的大公司纷纷进入我国市场，世界性的竞争加剧，国内外企业间的竞争日渐激烈；二是科技迅猛发展需研究高新技术给塑料行业带来新的经济增长点；三是面对现存的问题，市场经济步伐不断加快，如何适应市场经济的要求。

相比 IT 业、家电业而言，建塑行业的竞争尚不充分，许多厂家还没有打硬仗的准备，还有大量小企业的无名品牌！行业里产品质量良莠不齐，产品竞争混乱无序，低价产品充斥，知名的名牌还不多。种种现状表明，建塑行业整体名牌意识还不高。如前面所讲，如果大量企业不能快速成长起来，不能涌现一批名牌产品，那么几年之内，若外资产品全面涌入时，我国建塑民族工业企业将受到较严重的冲击。

由此，我国建塑行业创建中国名牌是顺应客观经济规律发展的必然走势。

三、建塑行业争创中国名牌优势

同其他行业相比，建塑行业争创中国名牌还有一定的优势。

首先，品牌建设工作得到了很多企业的日益重视。随着这十几年来我国塑料工业的高速发展，新型建塑行业从小到大，由弱到强高速发展起来。全国的塑料行业有 6 万多家，其中规模企业 9100 家，全国塑料管道年出口额 1.4 亿美元，占全塑行业的 40%以上。国外有的品种我们都有了，其中相当部分的企业已具备向国外大公司叫板的实力，如我国塑料行业中佛山塑料集团中外闻名，主要经济技术指标多年处于领先地位，佛山的日丰已进入全球铝塑管行业的三甲。当然，我们还应该清醒地看到，目前我国百花齐放的繁荣景象，是在外资企业还没有大举进军建塑行业，外来冲击并不明显的情况下取得的。如果不能抓住时机，创建属于企业自己的中国名牌，一旦外资企业大规模涌入，建塑行业必将面临洗牌，届时，在和海外巨鳄同台竞技的条件下，要创造名牌，不论是在难度上，还是在投入上，都将大幅度增加。因此，对广大建塑企业而言，创建中国名牌，首先就要和时间赛跑！

第二，国内部分建塑企业生产技术、产业规模，已具备一定的国际竞争能力。塑料行业中已涌现了几十个地方性名牌、地方性著名商标等名优产品。2004 年福建亚通、广东联塑、广东顾地、佛山日丰、沈阳金德、浙江中财、临海伟星等 11 家管道生产企业又喜获“产品质量国家免检”资格。

创建中国名牌的时机已基本成熟。创建中国名牌，必须是那些产品在市场上有相当占有率、消费者口碑好、产品质量稳定、研发力量雄厚的大企业。目前国内建塑行业，已经有这么一批各自行业的龙头企业。塑料型材与门窗是在塑料建材管道之后第二大子行业，同样拥有一大批颇具规模的大型企业。如型材与门窗行业的大连实德、芜湖海螺，UPVC 管道行业的宝硕、联塑、顾地，铝塑管行业的日丰，涂料行业的华润等等。

第三，建塑行业是符合国家产业政策的行业，是政府大力扶持的行业。在各级政府和协会组织的大力扶持下，已有一部分先行的企业开始意识到品牌的重要性，并且从创建品牌中尝到了甜头。2004 年全国共有 11 家企业成为塑料管道行业的首批国家免检产品，广东省的 4 家全部集中在佛山市，而咱们顺德区就有 3 家，说明顺德这一片沃土上有很强的质量竞争和品牌竞争意识，这片沃土已培育了大量名牌产品，希望还有更多的建塑企业一起加入到创名牌的大潮中来。

名牌源于创新，我国建塑行业目前有实力的企业大多具有一定的创新能力，企业申请的专利数逐年增加。企业有区、市、省一级工程研发中心，有的还建有企业博士后流动站，这就为我们争创中国名牌打下坚实的基础。

第四，塑料行业的发展需要中国名牌。我国塑料制品产量达 2 000 多万吨，消费量已居世界第二位；规模以上企业总产值近 3 000 亿元，占轻工 44 个行业的 10%，在 19 个重点行业中位居第三；销售率高于轻工行业的平均水平；出口额占轻工产品出口总额的 8.6%，居轻工行业第四位。

自“九五”计划以来我国塑料制品产量一直保持两位数增长。近两年年均增长幅度达 15%以上，已步入世界大国行列，是生产大国、销售大国、进口大国、出口大国。但不是强国，尤其是出口产品多为低端产品，换汇率仅占进口塑料制品的二分之一的比例，为提高塑料出口产品的附加值，必须要有自己的名牌产品才能多出口创汇。因此，我国塑料行业要尽快成为先进的生产技术强国，争创中国名牌是必由之路。

就塑料制品加工企业来说，除了在塑料建材中塑料管道、型材与门窗、涂料等大类品种有条件争创中国名牌外，还有塑料包装材料（BOPP、BOPET 等）、合成革、农用薄膜（PE 功能大棚膜已有四家中国名牌）等大类品种也有条件争创中国名牌。

四、建塑行业如何争创中国名牌

企业是实施名牌战略的主体。中国名牌事业最终落脚点是企业实施名牌战略要靠企业不懈努力，要靠企业“干劲”和“创新”精神。创建中国名牌，要从思想和行动两方面着手，要加大力度培育。

1. 在思想上，要向企业员工灌输以下观念

(1) 企业领导要树立名牌意识　需认识到品牌代表企业产品质量、管理水平、员工素质和商业信用，是企业市场竞争能力的综合体现，名牌就是财富、就是无形资产；

(2) 企业要有力争第一的精神　要有赶超世界先进水平，敢与国际名牌争高低的精神；

(3) 创名牌关键是人　企业更要培养一支具有高素质的“名牌队伍”；

(4) 要树立“质量第一，以质取胜”的经营理念　产品质量是创造名牌的基石，名牌产品要靠高质量的产品、高质量的服务在广大用户中建立起来信誉的，没有高质量也就没有了名牌。

2. 在具体举措上，要将创建中国名牌放到营销的高度，着重做好以下几方面工作

(1) 市场定位是实施名牌战略的前提条件　所谓市场定位，就是指根据顾客对于某种产品属性的重视程度，给本企业的产品确定一个市场位置，让它在特定的时间、地点，对某一阶层的消费者出售，以利于与其他厂家的产品竞争。定位的目的就是在目标消费者的心中将自己的产品和其他产品区分开来，创造和培养自己独特的、鲜明的个性，从而吸引目标消费者的亲睐。一个没有明确、独特定位的品牌是成不了名牌的。如联塑之所以能成为名牌，是因为它已经在人们心中形成了“市政管道专家”的形象，消费者一旦对市政管道有需求，第一反应就是购买联塑管；日丰管也是如此，“管用五十年”鲜明的卖点迎合了广大消费者对水管安全、耐用的心理需求，所以很快能成为名牌产品。产品定位，就是给消费者一个想你的理由！

(2) 产品价格是拓展名牌战略的基础　在市场经济体制下，产品价格是拓展名牌战略的基础。尤其在中国这样一个发展中国家，产品价格很大程度上影响着消费者购买的决定。影响产品价格的因素多种多样，包括原料、生产工艺、规模、产品功能、竞争形势等等。制定产品的价格既要考虑到企业自身的要求（成本补偿、利润水平等），又要考虑市场接受能力。怎样的产品价格才能适应拓展名牌的需要呢？销售商品实际是销售产品的使用价值，价格是衡量价值的标尺，价格高不高，归根结底是消费者认为“值不值”。如果值，价格再高都不是问题；反之，再便宜人们也不敢光顾。产品价格高或低，主要应该和产品定位结合起来。如华润涂料的定位就是国货精品，定价自然要比普通的涂料稍高。在地摊夜市买不到高档服装，百货商场也没有马路价钱，就是这个道理。

(3) 产品组合是推进名牌战略的制胜法宝　在激烈竞争的市场中，企业需要提供各种各样的产品，以适应和满足不同消费者的需求。这种组合的差异，包括功能、外观、价格等上的不同。多品种、多产品的营销成为现代企业发展的共同趋势。其好处在于：一是可以分散风险。因为市场变化莫测，消费者需求不断改变，一种产品很难保证畅销不衰，长时期为消费者所接受。如果实行多品种、多产品营销，就能够取长补短，适应瞬息万变和激烈竞争的市场，生产上也具有较大灵活性，从而降低和分散营销风险。二是可扩大市场，特别是把产品的适销对路放在产品组成因素的差异上，从而占领更多更细小的细分市场，增加企业综合竞争实力，最终达到创造名牌和保护名牌。产品组合要求企业结合市场和自身的特点，在资源许可的情况下灵活制定。

(4) 广告宣传是强化名牌战略的锐利武器　名牌，顾名思义，就是“知名”品牌！要想“知名”，就必须得宣传。市场经济下，“酒香也怕巷子深”！成功的广告宣传活动会产生“轰动效应”，将名牌推向大众，使销量节节上升，品牌的知名度、美誉度、市场占有率会不断扩大。

谁的广告宣传活动搞得好，品牌形象佳，谁的产品就拥有较高的市场份额。相反，谁自恃名牌，忽视广告宣传，到头来就可能“名牌不名”，在竞争中败北。

3. 争创中国名牌需要加大力度培育

创名牌的主体是企业。争创名牌需要培育，而名牌的培育工作需要政府倡导，需要行业协会为企业服务，通过实施推进名牌战略来培育名牌。企业要创名牌，标准要先行，必须瞄准世界先进水平制定自己的产品标准，要建立健全质量保证体系，加强技术创新、人才队伍建设。以质量求生存、求发展，源源不断地推出高质量的产品。在这过程中，各级政府、协会和企业都在为共同推进我国名牌战略而不懈努力。

五、建塑行业争创中国名牌，需要社会各方配合

质量是名牌的基础。没有质量就没有真正的名牌，争创名牌产品质量是关键，推进名牌战略要从产品质量入手。当然一个产品是否是名牌，主要靠市场、靠消费者来检验和评判。广泛深入开展名牌活动需要全社会的多方面的工作，上下各有关部门的通力合作，创造名牌、宣传名牌、保护名牌、发展名牌，不仅有利于提高企业国际竞争力，而且必然带动地方经济快速健康地发展，提升整个国民经济的竞争力。

我认为，我国塑料制品加工行业企业要争创更多的省市名牌和中国名牌，至关重要的问题是提高产品的质量和档次。现在，提高塑料产品质量已经成为我国塑料工业从消费大国、进口大国、生产大国迈向先进的塑料强国的主攻方向。改变中国命运的邓小平总设计师一再强调我们要中国名牌，为的是要通过中国名牌带动中国经济质量水平的提高，才能真正实现全面发展方向和发展目标。争创中国名牌将会极大地增强塑料行业职工的产品质量意识，提高产品质量，加快科技创新的步伐，对面向世界的中国塑料工业可持续发展具有十分重要的深远意义。

结束语

同志们，国民经济的快速发展为建塑产业的发展创造了良好的环境，我相信，在各级政府部门、中国质量监督检验检疫总局、中国名牌战略推进委员会的领导与关怀下，以及各行业协会和广大企业的共同努力下，认真贯彻落实1996年国务院颁布的《质量振兴纲要》、《实施名牌战略、振兴民族工业》，建塑行业一定会涌现出大批中国名牌，为促进国民经济增长、推动行业的进步做出应有的贡献。

（作者为中国塑料加工工业协会会长）

坚持诚信　加强自律　保持行业持续快速稳定健康发展

——在“中国塑协塑料管道专业委员会2004年年会”上的讲话

廖正品

一、塑料制品及管道行业的基本情况

2003年，中国经济战胜了非典疫情和多种自然灾害等不利的影响，继续保持高速增长。作为轻工行业支柱产业之一的塑料行业近几年呈稳速增长，一直保持在10%以上的态势。据统计，2003年塑料制品行业累计完成工业总产值2 936.2亿元，比上年同期增长21.1%；产量累计完成1 650.53万吨，比2002年同期增长16.7%；产品销售收入2 867.5亿元，同比增长21.8%；实现利税207.5亿元，同比增长12.2%；利润总额为126.2亿元，同比增长

11.8%。其中塑料管材150万吨以上，增长18%左右，占塑料制品总量的10%左右。

塑料制品出口仍继续保持快速增长的势头，但品种多数为一些低端产品，产品附加值较低，产品工艺、技术含量等方面较同类进口产品均有较大差距。2003年塑料制品累计出口8 792 683.6吨，合973 996.1万美元，分别同期增长22.07%和23.16%，其中塑料管材87 233.4吨，14 514.4万美元，分别同期增长28.24%和43.70%。

中国是世界合成树脂生产大国之一，到2002年，中国五大合成树脂的总生产能力突破1 394.40万吨/年。2003年1～9月份塑料树脂及共聚产量累计达1 165.25万吨，同比增长17.30%；聚氯乙烯树脂产量累计达304.35万吨，同比增长19.99%；聚乙烯树脂产量累计达302.32万吨，同比增长18.29%；聚丙烯树脂产量累计达310.12万吨，同比增长14.55%；塑料助剂产量累计达77.14万吨，同比增长15.39%。

2003年，我国塑料机械工业总产值128.21亿元，同比增长21.4%；利润10.82亿元，同比增长19.03%；销售122.1亿元，同比增长20.01%；出口创汇5.829亿美元，同比增长33.4%，占总产值的37.6%。注射机、挤出机和吹塑机三大主导产品合计产量为69 219台，其中注射机占73.77%，挤出机21.32%。

2003年我国塑料机械市场容量按销售金额计算为405.51亿元，较2002年增加了44.87%，其中进口设备325.51亿元，占国内市场容量的80.27%。值得我们关注的是进口金额中的55.78%即21.96亿美元的设备是外商作为投资进口的。进口设备（按金额计）中的71.44%流向三资企业。这说明国内市场容量的增长、外资的投入是一个重要因素，同时也意味着国产塑料机械难以进入三资企业。塑料机械在国内市场容量中，按台数或产能计，国产设备占75%左右；按金额计，进口设备占75%左右，差距十分明显。

20世纪80年代引进技术并工业化生产的建筑用给排水管材等制品现已被广泛采用，并成为国家鼓励使用、积极组织推广的新型建材之一。目前塑料管材在建筑用管材使用比例已达到30%。

近几年来，中国塑料管材发展很快，品种规格在不断丰富，产量在不断增加，质量在不断提高。截止2003年底，行业生产能力已达到350万吨，其中万吨级产能的生产企业超过70家，10万吨级的企业也有10家左右，其中UPVC管材生产企业年生产规模超过万吨的企业60多家；PE管生产企业万吨级的也超过10余家。随着国家对环境保护的日益重视，未来5年内国家将在排水管网建设方面投入巨资，这意味着塑料埋地排水管的发展市场空间加大。其他塑料管等也在成为现代建筑材料中不可缺少的品类。

在中国，为提高居住舒适性和生活质量，居民装修越来越普遍，而且从城市扩展到一些中等以上发达地区的农村。城镇化的发展和小城镇建设、既有建筑节能改造、居民装修这三个市场特点是总量巨大，品种规格繁多，应引起人们普遍关注。

二、寻找行业差距，认真分析对待

1. 产品结构不合理，中低档产品偏多

中国塑料工业总体水平与发达国家相比还有一定差距。部分产品生产能力相对过剩、产品结构不合理的矛盾十分突出，主要表现为中低档产品偏多，高档与缺门配套产品少；通用技术产品多，高技术、高附加值产品少等问题。由于宏观调控力度不够，致使企业盲目上生产线，扩大生产能力，造成供过于求。有的企业开工不足，中低档长线产品生产过剩；一些高档产品仍在大量进口。

2. 科技投入不足、开发能力薄弱、自主知识产权的塑料制品少多年来，中国塑料制品行业依靠自己的力量研究成功的加工工艺或研制出的塑料制品不多。这首先是就整个行业来说科技投入不足。美国的科技投入占国民经济总产值的2.61%，日本为3%，而我们目前的科技投入极微，而且认识上严重落后于发展变化的新形势。长期存在的另一个问题是科技成果转化为生产力的比例较低，仅在20%左右。有的企业把技术进步的希望寄托在不断购买和引进上，长期未能立足于自主研制与开发。

3. 大中型企业少，一些产品尚未形成集约化规模经营

塑料加工企业由于可以单机生产，许多产品适合于分散、小批量、多品种生产，出现众多小规模的加工企业是不可避免的。但小企业存在着信息不灵，产品技术含量低，只能维持简单重复生产等弊端。目前虽然出现了一大批年产万吨以上的大、中型制品加工企业，而且有少数企业的产品代表了行业最高水平，占领了国内市场相当的份额，并获得名牌产品的称号，但这些大中型制品加工企业就其规模来看，与国外同行业企业相比仍明显偏小。如塑料管材，经过多年的努力，目前我们60%的生产能力及产量集中在70家左右的重点企业中，并且前十名企业的生产能力达到近100万吨，占塑料管道总能力的30%左右。而日本聚氯乙烯塑料管材产量约为55万吨，其中积水化学与三菱化学两家产量之和就达到24万吨，占总产量的43.6%。

4. 区域发展不平衡，差距不断拉大

塑料工业的发展很不平衡。就地区而论，东南沿海与西南、西北地区的差距在不断扩大，南方地区比北方地区发达，沿海地区比内地发展快。特别是中国西部地区相对欠发达，人均产量和消费量远远低于全国平均水平。沿海塑料工业快速发展的经验表明塑料工业发展快慢与本地区的石化原辅材料工业和塑料加工机械制造工业的发展、以及周边经济环境、外贸进出口、人力资源、资源条件等制约经济发展的诸方面因素都有关。

塑料制品行业沿海省市发展势头非常强劲，西部大开发步伐加快，虽总体水平都在逐步提高，然而东西部差距继续拉大。

5. 国产原料供不应求，必须依赖大量进口

2003年中国五大合成树脂生产量达1 388.91万吨，进口量为1 307.12万吨，出口量仅15.84万吨。国内合成树脂供需状况呈两位数增长的态势。五大通用树脂PE、PP、PVC、PS、ABS等许多牌号也必须大量进口。

6. 发展中存在盲目上马现象，总体生产能力供大于求

目前全国塑料管道发展势头很猛，主流是好的，同时我们也要看到存在盲目发展的一面，有的品种国内听见看见他人上项目，听说市场好，我也不进行市场调研论证就上新项目，造成有的企业设备闲置，同质产品增加，无序竞争的局面将难以避免，会对行业造成更大的影响。据了解2003年的能力近350万吨了，但产量150多万吨，还有很多能力没有得到发挥，在应用量没有很大拓展的情况下，能力的继续增加，只能加剧竞争的更加激烈。

7. 有些产品的质量令人担忧，影响着行业的健康发展

三、目前质量状况不容乐观，应引起足够的重视

下面重点谈一下产品质量这个老问题。

《中国塑协通讯》转载一媒体的文章，介绍质量监督部门在西安建材市场上抽检时，UPVC管材的合格率仅为76.5%，而UPVC管件的合格率却只为50%，令人尴尬。

据了解，最近一期由国家质检总局部署，由国家塑料制品质量监督检验中心承担，对给、排水用硬聚氯乙烯管材进行的产品质量国家监督抽查中，排水管、给水管产品抽查合格率仅分别为65.0%和62.5%。

还有一些媒体对不同地域市场中的塑料管道的质量状况也有相似的报道，抽检结果不容乐观。尽管不合格产品绝大部分是一些本意就是想造假的不法之徒所为，我们绝大部分正规企业的产品质量是好的，但好事不出门，恶事传千里，带来的行业影响是很大的，需要许多企业不断努力才可能弥补。

有个别企业购买便宜的设备，产品本身质量根本保证不少，送样的产品使用正规厂的东西，但大批量生产用在工程上埋在地下的管材人们看不见，有的管材根本不合格，还存在连接等这样那样的问题，真令人担心，不讲50年，恐怕5年、10年质量也难以保证。

分析这些现象的发生，主要有以下原因造成。

(1) 行业进入的技术、资金门槛不高，个别企业、个人投入较低就可以生产，设备简陋，不懂技术、不懂工艺，只要出来产品就好，还有的企业管理不善，忽视对生产工艺的过程控制，不能保证生产连续稳定，存在先天不足。

(2) 塑料管道的原材料大幅度涨价，使好多企业的利润空间降低，有的企业“高填充”问题突出。2003年9月份，国家商务部公布了对进口PVC树脂反倾销调查的最终裁定，阻止了一些原料进口，但也导致了供应能力严重不足，国内塑料管道主要原料的各种树脂价格一路上涨。如聚氯乙烯树脂由原来的5 000多元/吨上涨到最高时接近9 000元/吨，而产品的价格基本维持在原有价位，使一些生产企业处于无利润可言。个别企业就打起了所谓“节约原材料”的算盘，减薄壁厚注明企标，甚至还有的根本就不注明；有的UPVC制品中$CaCO_3$的添加量高达几十份；有的品种不使用合格的原料，如有的PPR管采用PPB原料；有的燃气用PE管不使用PE80以上原料；有的铝塑复合管的铝带不合格等，成本是降下来了，但产品根本就不可能过关。

(3) 生产能力增加速度过快，出现供大于求的现象，竞争加剧。我们行业也出现了投资过热的情况，在一些品种上近几年的能力增加很集中，同质的相似产品过量增长，在市场容量还有限的情况下，供大于求，带来了竞争的进一步加剧。为了生存，很多企业把“价格战”作为参与竞争的杀手锏，长期低价的无序竞争必然带来质量的下降。

(4) 市场不规范，劣质、低价的产品还有应用市场。塑料管道市场的一个特点是一般的购买者并不是使用者，最终的用户并不清楚塑料管道质量的好坏。一些开发商、承包者在建材市场上购买产品时，并不是主要挑选品牌和质量，而是看重的是价格，因此有时低价管材反而更有市场。甚至有的政府部门的正规招标项目也是以最低价格中标，也无论是否低于产品成本。有的招标活动中，参与竞标的公司的产品报价竟明显低于同期的原材料的价格，其产品质量可想而知。这样带来的后果是竞争不是以质取胜，而是以低价取胜。有个别正规的大型企业为了生存也不得不这样做，迎合这种不当需求，给人的感觉是劣质产品充斥着整个市场。

其实塑料管道行业整体形势是好的，除去个别的企业，绝大部分正规企业的产品还是符合国家标准的。并且国家相关部门、各地的建材质检机构已加大了监测力度，我们的塑料管道专业委员会也专门做了这方面的工作，进行了行业产品自检，这是我国塑料加工行业首次由协会提出的，自行检查行业内的产品质量而开展的活动。2003年自检品种为给水用硬质聚氯乙烯管材，合格率为82%，复检合格率达到100%，说明专委会会员中的产品质量优于社会上的产品质量。希望这个活动今后将一直进行下去，它的开展必将会更加促进行业的自律，促进塑料管材产品质量的提高，并将会得到广大用户的认可与好评。

上届年会的主题是“促进塑料管道行业健康发展”，本届年会的主题是“诚信——企业发展的生命”，从中可以看到我们抓质量工作的决心。塑料管道系统如出现质量问题，则会有造成重大损失的风险，每个企业都应该清楚地知道产品质量不仅是企业生存的基础，而且是行业健康发展的保证。

同时也希望专委会将此工作不间断地进行下去，并落到实处，形成每个企业、每一个企业家都真正重视质量的风气。希望不再听到市场上塑料管道劣质产品横行的声音。

四、各类用途塑料制品发展重点和预期目标

1. 指导思想

根据塑料制造业“十五”发展规划，塑料制品发展重点的总趋势是：农用塑料（包括农地膜、节水农用器材）、塑料建材将是塑料工业快速增长的主要领域；高科技、高附加值的工程塑料制品及复合材料，生产与应用领域将随着市场经济的发展不断扩展；几大类制品如管材、异型材等的生产将逐步向经济规模方向发展；据预测，今后几年塑料制品总产量增速，而且在产品品种、功能、质量和应用领域等多方面将发生显著变化。

2. 与塑料管道相关的发展重点和预期目标

（1）农用塑料节水器材　我国是一个水资源十分短缺的农业大国。目前我国水资源人均占有量仅为世界平均水平的1/4，居世界第109位。农业用水量占全国总用水量的70%以上，而且长期以来农田灌溉水的有效利用率很低，只有30%～40%，每年都要白白损失掉大量的宝贵水资源。

节水灌溉技术具有明显的节水、增产和低能耗等特点。国家要建设好数百个高标准节水增效示范区和上百个大型灌区的节水增效为中心的续建配套和更新改造，这对塑料节水器材数量、品种、规格、质量有更高的要求。为减少从水源地到田间输水过程中水量损失的措施有低压管道输水、喷灌与滴灌等，均需要大量塑料节水灌溉器材，因此输水用塑料管、喷灌、微灌、膜下滴灌用配套管材和管件等将会得到更大的推广应用。

据农业部统计中国农作物地膜覆盖面积已达2.19亿亩，塑料节水灌溉工程面积达到2.8亿亩，其他农用塑料应用技术也得到越来越广泛的应用，为促进农业持续发展和提高农民的收入做出了巨大贡献。“十五”期间，突出发展无公害农产品，促进生态农业产业化，到“十五”末，生态农业覆盖耕地将达到3亿亩。

针对中国塑料节水器材发展现状及推广应用实际，我们要以市场需求为导向，以科技进步为依托，在引进和消化吸收国外先进技术的基础上进行开发创新，提高产品质量，增加品种规格，加大开发研制适应我国农业特点及城市园林化需要的农用塑料节水器材的力度，生产出优质的系列化产品，更好地为现代化农业提供有效服务。

（2）建筑塑料制品　塑料建材主要包括塑料管、塑料门窗、建筑防水材料、隔热保温材料、装饰装修材料等，塑料建材在建筑工程、市政工程、村镇建设以及工业建设中用途十分广泛。塑料建材不仅能大量代钢代木，替代传统建材，而且还具有节能节材、保护生态、改善居住环境、提高建筑功能与质量、降低建筑自重、施工便捷等优越性。已迈向产业化发展阶段的建筑塑料制品仍将保持快速增长的势头。

据世界卫生组织（WHO）的一项调查结果显示：因为水源污染，全世界80%的疾病、50%的癌症与饮用不洁净饮水有关。因此管道直饮水是高档次的生活饮用水。但镀锌管存在锈蚀、洁具结垢、水质变浊黄、寿命短等诸多弊端，1999年国家建设部等委局已联合发文件，要求在全国城市新建住宅中，全面禁止使用给水镀锌管。

中国是世界上人口最多的国家，也是世界上最大的发展中国家。关爱人民健康，提高人民生活水平的饮水质量是未来城市饮水的必然趋势。在新建的住宅建设中使用合乎国际的塑料饮水管，是摆在建设者、开发商和有关各级领导面前的重大问题。

按照国家化学建材推广应用发展规划纲要，到2010年，塑料管的推广应用在全国平均市场占有率分别达到50%以上。

(3) 汽车行业用工程塑料制品　按照中国机械工业“十五”计划和2010年规划，到2005年和2010年汽车产量将分别达300万～320万辆和460万～480万辆。中国汽车用塑料的比例将逐步提高，到2005年中国轿车的塑料使用量将达到90千克/辆，其中PP用量约32.2千克/辆，客车、轻型车和卡车等对塑料的需求量不断增长，其汽车生产总需求量将达35.0万吨，到2010年将达41.3万吨。此外，中国私人汽车保有量1999年已为534万辆，汽车总保有量平均每年增长19.4%，所需各种塑料汽车备品备件为数也不少。

其中在轿车生产中，50%的欧洲轿车和20%的美国轿车都采用PA11做燃油管，如美国年产汽车燃油管约2 000～2 500吨。未来10年间中国将发展成为世界第三大汽车生产大国，预计每年仅汽车工业就将消费PA11 2万吨。

(4) 工业、交通、运输业、信息产业用工程塑料　到2005年预计工业、交通、运输业用工程塑料总需求量约为450万吨。其中邮电通讯用各种穿线管、铁路公路建设用各种工程塑料件也将有较大幅度增长。

(5) 医用塑料制品　中国的医用塑料发展起步较晚，医用塑料产品中还是以批量大、技术含量低、附加值小的医用产品为主，而高技术含量的膜式氧合器、血液净化器及各类导管、插管与国外上千种产品相比，相差甚远。且应用范围小、品种少，主要依赖进口。

医用塑料产业，许多产品有待立足国内生产，争取多出口。如塑料人造食管、人造血管、输血管、气管、插管、导气管、血管内插管、穿刺套管等。2000年，医用塑料制品年产量已超过10万吨，其中PVC制品已达到4万～5万吨。今后医用塑料将大幅增长，是高新材料领域重要的角色。

近年我国的塑料管道行业进步很大，增长速度排在世界前列，形成了一批具有规模效益的企业。专业委员会的作用也越来越大，为行业的发展做出了很多有益的工作。面对更加激烈的市场竞争，我们要认真分析研究目前的有利条件和存在的问题，充分发挥专业委员会的作用，自己研究自己质量存在的问题，自己管好自己的市场，发挥自己的行业组织的作用，来寻求共同发展，实现行业健康发展。

我们要抓住机遇，迎接挑战，克服困难，解决问题。依靠广大会员单位的通力合作，坚持诚信，加强自律工作，共同促进行业持续快速稳定健康发展！

相信在大家的共同努力下，塑料管道行业的明天一定会更加美好！

（作者为中国塑料加工工业协会会长）

中国塑料制造业产需状况和展望

——在中国塑协异型材门窗专委会2004年会上的讲话

廖正品

一、中国塑料行业基本状况

进入21世纪以来，中国塑料工业取得了令世人瞩目的成就，实现了历史性的跨越。塑料树脂表观消费量由 2000 年的 2 300 万吨增至 2003 年的 3 116.94 万吨，年均增长率达 11.8%。塑料制品产量全部国有和销售收入 500 万元及以上非国有独立核算企业（以下简称规模以上企业）由 2000 年的 1 035.76 万吨增至 2003 年的 1 650.53 万吨，年均增长率达 20%；工业产值由 2001 年的 2 043.9 亿元增至 2003 年的 2 936.2 亿元，年均增长 21.8% 。预计到 2005 年，中国塑料表观消费量将达到 3 800 万吨；规模以上企业的塑料制品产量将达 2 300 多万吨。

1. 海关进口、出口统计

总体上看，塑料制品进出口贸易存在较大顺差，但这种顺差主要靠塑料制品出口总量的增长来实现的。目前，出口产品中高附加值和高科技含量的产品仍然较少，出口市场仅集中于少数国家和地区，“走出去”的形式也相对单一，不少企业缺乏真正的跨国经营战略和标准化操作方式。

2. 行业重点企业简况

据统计，2003 年 1～12 月份，中国塑料制品行业规模以上企业共计 8 237 家，其中大中型企业约占 10%，产品销售收入亿元以上企业 527 家，共完成产品销售收入 1 368.4 亿元，即占行业企业总数的 6.3%的企业，完成塑料制品行业总销售收入的 47.7%。2003 年塑料制品行业有 15 家企业集团公司产品销售收入超过 10 亿元，3 家超过 30 亿元；6 家超过 20 亿元。塑料制品行业的高速发展使产业集约度有进一步集中的趋势，但集约度还不高。

3. 2004 年上半年情况

2004 年 1～6 月份，规模以上企业的塑料制品主要品种产量为 873.8 万吨，同比增长 14.2%，见表 1。

表 1　2004 年 1～6 月份各类塑料制品产量及增长情况

产品名称	产量/万吨	同比增长/%	产品名称	产量/万吨	同比增长/%
塑料薄膜	175.1	13.7	合成革	16.0	22.2
其中农用薄膜	37.9	0.77	泡沫塑料	42.3	2.1
塑料型材(含板片材)	78.3	19.5	塑料包装箱及容器	41.7	5.9
塑料管材(含棒材)	92	23.1	日用塑料制品	104.5	14.0
塑料丝及编织制品	94.2	11.6	其他塑料制品	199.5	12.2
人造革	30.2	31.5			

2004 年 1～6 月份塑料工业发展情况。

(1) 塑料制品行业总产值为 1 741.7 亿元，同比增长 25.06%；销售收入为 1 673.6 亿元，同比增长 26.75%；利税总额为 105.15 亿元，同比增长 16.58%；利润总额为 63.83 亿元，同比增长 15.94%。

(2) 塑料制品海关出口量为 494.56 万吨，同比增长 20.14%；出口值 57.77 亿美元，同比增长 26.9%；进口量 78.54 万吨，同比增长－1.37%，进口值 31.46 亿美元，同比增长 22.65%。

(3) 塑料树脂及共聚物产量为 891.2 万吨，同比增长 14.2%；其中聚氯乙烯（PVC）树脂 243.2 万吨，同比增长 20.4%；聚乙烯（PE）树脂 224.2 万吨，同比增长 11.4%；聚丙烯（PP）树脂 237.5 万吨，同比增长 10.6%；塑料机械设备 23.24 万吨，同比增长 21.63%。

综上所述，2004 年 1～6 月份中国塑料制品行业继续呈现蓬勃发展之势。塑料制品行业规模以上企业达到 8 981 个，比去年的 8 237 增加了 700 多个。塑料人造革同比增长 31.51%，为最高；其次为塑料棒管材增长 23.12%；塑料合成革，增长 22.2%；塑料板片材增长

19.54%；其他品种平均以两位数的速度在增长。上半年有10家公司的销售收入超过10亿元，产品品种数量继续在增加，产业化集中度也在增加。塑料合成树脂、塑料机械设备分别以两位数快速增长。

二、建筑用塑料制品

“十五”期间，建筑业增加值预计每年在5 000亿元以上，占国内生产总值的6%以上，2005年，城市化水平达到35%以上，城镇新建住宅每年仍将以5亿平方米左右的规模发展。各种建筑塑料管和塑料门窗的市场占有率将达到45%和20%，需要各种塑料管与门窗型材约300万吨，再加上高分子防水材料、装饰装修材料、各种保温材料以及其他建筑用塑料制品，总需求量约为400万吨。

目前塑料管材和异型材在建筑用管材及门窗中平均使用比例已分别超过30%和15%，2003年塑料管材和型材产量已达280万吨以上。2004年上半年塑料管材和异型材产量都有新的增长，增幅较大的仍然是管材及相配套的管件，为23%。

PVC型材门窗将向大规模化、高品质方向发展。PVC门窗作为新型建筑材料被世界誉为20至21世纪继木门窗、钢门窗、铝合金门窗之后的第四代门窗。塑料型材与门窗应用量在全国范围内有较大幅度增长。到2003年底全国型材生产线4 000余条，总能力为300万吨，型材产量140万吨。塑料门窗生产企业近万家，生产能力超过3.3亿平方米，塑料门窗产量超过1.54亿平方米。采用双色共挤出型材或喷涂着色工艺彩色塑料门窗在国内已试推广。2003年全国最大的型材与门窗生产企业大连实德生产能力已达到48万吨，芜湖海螺达到40万吨，两家企业已成为世界上型材生产企业的第一名和第二名；2003年大连实德公司销售超过28万吨，芜湖海螺公司销售超过30万吨。到2004年年底，两家要进一步扩产，产能将分别超过70万吨、50万吨。

在发达国家，塑料门窗的市场占有率也是高居首位，如德国为50%，法国为56%，美国为45%，比居第二位的木窗的占有率平均高出约十个百分点。

“十五”期间塑料门窗，以推广UPVC塑料为主。到2005年，塑料门窗在全国的建筑门窗市场占有率达到25%以上，其中执行建筑节能设计标准的地区和建筑物市场占有率不低于35%。到2010年塑料门窗在全国的建筑门窗市场占有率达到30%以上。

塑料异型材门窗企业应在产品品种规格、质量和市场开拓上下功夫，坚决执行新的国家标准，与国际接轨，不断进行资产重组和技术创新，参与国际竞争。塑料异型材门窗要以适度规模地发展，同时必须在添加碳酸钙等填料的问题上要研究工艺技术配方是否使产品质量符合国家标准，这一点不少企业的产品已是信得过的，但有的企业有质量问题，协调好产品性能价格比应高度重视，切不可片面追求经济效益，在产品质量上出现不按国标的倾向。

（作者为中国塑料加工工业协会会长）

中国塑料埋地管市场发展前景

廖正品

一、中国塑料管道行业基本情况

中国自上世纪80年代以来引进国外先进技术并工业化生产的建筑用给排水管材等制品现

已被广泛采用，并成为国家鼓励使用、积极组织推广的新型建材之一。塑料管材在建筑用管材使用比例在逐年增加。

塑料管道是化学建材重要的门类之一，种类多，增长幅度大，市场前景看好，发展空间广阔。在众多的 PVC 制品中，PVC 管道是各种塑料管道中消费量最大的品种。目前，全国各种塑料管道生产企业近 1 000 家，生产线已达 3 000 多条，生产能力初步估计达 350 万吨，生产量为 150 万吨以上，占全国各类管道应用量的 50%以上，在城镇建筑业、水利建设和农牧业生产等领域大量应用，成为国民经济可持续发展不可缺少的新型管道，越来越显示出无可比拟的优越性。近几年，我国塑料管道产业发展很快，品种规格在不断增加，产品质量在不断提高，企业规模在扩大。其中万吨级产能的生产企业超过 70 家，10 万吨级的企业也有 10 家左右，其中 UPVC 管材生产企业年生产规模超过 1 万吨的企业 60 多家；PE 管生产企业万吨级的也超过 10 余家。随着国家对环境保护的日益重视，未来 5 年内国家将在排水管网建设方面投入巨资，这意味着塑料埋地排水管的发展市场空间加大。

去年塑料管道增长幅度超过 23%，高于塑料制品行业增幅 8 个百分点，也高于塑料制造业中主要品种的增幅。今年 1～7 月份全部国有及销售收入 500 万元以上的非国有企业塑料管材产量为 108 万吨，同比增长 22.67%，仅低于同期人造革增幅 35.36%，居第二位。

在“十五”期间，塑料管的推广应用主要以 UPVC 和 PE 塑料管为主，并大力发展其他新型塑料管。建设部于 2004 年 3 月 18 日发布的第 218 号公告中推广应用使用技术的塑料管道有：城乡供水塑料管道系统；城镇排水塑料管道系统；聚乙烯燃气管道系统；建筑生活热水塑料管道系统；建筑给水塑料管道系统；建筑排水塑料管道系统；建筑地面辐射采暖塑料管道系统等。到 2010 年，塑料管道在全国新建、改建、扩建工程中，建筑排水管道 80%采用塑料管，建筑雨水排水管道 70%采用塑料管，城市排水管道的塑料管使用量达到 30%，建筑给水、热水供应和供暖管道 80%采用塑料管，城市供水管道 70%采用塑料管，城市燃气塑料管（中低压管）的应用量达到 60%，建筑电线穿线护套管 90%采用塑料管。其他塑料管等也在成为现代建筑材料中不可缺少的品类。按照国家化学建材推广应用发展规划纲要，到 2010 年，塑料管的推广应用在全国平均市场占有率分别达到 50%以上。

二、塑料埋地管国内外动态

1. 欧洲塑料管道行业情况

据 BP -Solvay 公司的 Michel Raynaud 先生提供的资料显示，塑料管材在欧洲管材市场上已经占有重要的位置。1998 年全球塑料管材的用量仅占所有管材用量的 44%，而如今塑料管材在全世界已经占有管材市场的 54%。经历了 2003 年塑料管材市场的微量缩减之后，由于水管的使用寿命到期或管网出现开裂等原因，欧洲市场上的管材需要大量更换。预期 PE100 的用量近年内每年持续增长率将达到 8%～10%，与此同时，PVC 和 PP 在无压管材的应用方面将获得稳定增长。但是，由于受到上游原料价格的居高不下和管材行业激烈竞争的双重挤压，管材市场仍将维持在低利润水平下运行。但是，随着材料和技术的不断创新，管材发展正面临着新的商机。

在欧洲，2003 年塑料管材总计用量为 250 万吨，其中 PVC 管材用量约占 62%，PE 占 33.5%，主要用于埋地排污或冷热水输送系统的 PP 管材约占 4.5%。PE 约占塑料管中的压力管用量的 57%，占主导地位，主要是燃气和供水管材；而 PVC 和 PP 主要在排水和排污领域形成市场的主导产品。但是决定塑料管材的应用范围的主要是性能而不是经济上的原因，所以塑料管材用于非压力管材的量更大，这部分用量约占总用量的 2/3。

由于PE薄壁管材（波纹管）的发展，其应用在欧洲接近PE管材用量的10%，而在美国这一用量接近PE管材用量的40%。由于优良的性价比其增长率预期每年将达到5%。在PE管材当中，PE100以每年8%～10%的比例持续增长。由于PE100的增长速度高于全球PE市场的增长速度，PE100取代了部分PE80的市场份额，这种情况实际上鼓励供需双方都采用更高的质量标准选择管材。PVC在非压力管材领域的用量正在增加，而PP管材在这个领域的应用则增长迅速。

塑料管材产业的巨大挑战和机遇源于全球市场需求，特别是与水有关的应用领域。在全球范围内，水变得越来越宝贵，甚至有了“蓝色黄金”之称。其商业价值为8 000亿美元，水在市政服务方面的价值为2 000亿美元。但对于全球众多的人口来说，未来水的供应将对人类形成更严峻地挑战。据联合国预测：今后十年，在供应城市用水和清洁饮用水方面每年需要花费900亿美元。这对于塑料管材的发展，是一个难得的机遇。有关数据显示，资金已经投向了与水有关的领域。随着投资在非承压管材领域的增加，PVC和PP的用量也会增加。在今后6～7年内，全球PVC的增加将达到350万吨，PE的增加将达到100万吨。

目前欧洲使用的管道还有40%采用的是传统材料，这部分管线终将会被塑料管材取代。未来几年塑料管材在欧洲将保持稳定增长态势。塑料工业的巨大挑战来自于全球的应用市场。由于塑料管线所提供的优质服务和耐腐蚀性，提升了管网作为资产的价值。

海水淡化将成为一个目前发展迅速的产业。隔膜技术、水和能源技术的发展使得海水淡化的成本大大降低，其成本接近使用地下水或井水的成本。这使得海水淡化这个产业依靠价格的导向作用已经可以吸引巨额投资。在过去，对于海湾的富国来说，海水淡化是不得已的选择。现在对以色列、阿尔及利亚、突尼斯甚至意大利、西班牙以及地中海国家来说海水淡化是经济性合理的产业。海水淡化产业的发展预示着该产业需要大口径的塑料管材抽提和排放海水，这为塑料管材特别是HDPE管材的发展提供了重要的契机。

欧洲已经形成了统一的市场，新材料的引入并不能改变全球的情况。机遇的创造需要材料供应商、管材制造商、安装公司、设计工程师以及最终用户的合作和共同参与。我们可以发现从管道安装中获利要比管材生产中的获利要高，但对全球的市场不会产生很大的影响。相对于传统材料来说，在许多应用领域中塑料管材已经具有相当强的竞争力，甚至开始进入金属材料尚处于强势的大口径管材领域。在东欧、亚洲和非洲，管材市场增长的机遇主要还是在水和能源等基础服务方面。全球水和气的市场也基本上按照这个模式发展。

2. 国内塑料埋地管道行业发展前景

在中国，塑料埋地管道主要有以下几大类：住宅、市政给水、排水排污工程；通信护套、电力电缆护套等。这些管道主要是以PVC、PE原料生产的，规格品种齐全，已广泛应用到建筑、市政工程、通信等领域。但使用量最大的仍在住宅、市政给排水排污工程方面。

随着我国住宅产业化的快速发展，有关预测显示，2010年我国新住宅室内80%将采用塑料管，城市供水50%采用塑料管。在给排水管网中，PVC管道的用量占绝对优势，但在近几年，发达国家的管材应用实践表明，无论在给水管道、还是排水管道，聚烯烃管材的发展速度均大大超过PVC管材的发展。可以预见，聚烯烃特别是聚乙烯管道将占有越来越大的份额。

近几年来，我国塑料埋地排水管的市场开始启动。一方面是因为我国越来越重视环境保护。另一方面是因为塑料埋地排水管的研究试验和标准及规范制定工作也逐步有了进展。通过实际应用，塑料埋地排水管的优点正在逐步被认识，其优良的安装、环保性能及低廉的价格，备受政府部门重视。1998年上海市建委首先下文“淘汰水泥管、铸铁管，推广使用大口径塑料管”，使塑料管作为城市排污管道逐渐发展起来。

中国是水资源严重短缺的国家，全国660个城市中有400多个供水不足。造成水危机的一个重要原因是水资源被无节制地浪费、水污染没有得到有效地控制。在这样的形势下，在排水设施工程中排水管网是其核心部分。塑料埋地排水排污管已成为新的投资热点，而大口径结构壁管更成为其中的首选。

与此同时，市政排水管的更新改造也逐渐进入高峰期。全国城市市政公用设施普查结果表明，我国在运行的城市排污管网总长度约为18万公里左右，其中有60%以上的是20世纪80年代以前铺设的，材质主要为混凝土管、铸铁管、陶制管以及暗渠等，大部分年久失修，管道腐烂、接头渗漏严重，管道破损、塌陷、堵塞时有发生，造成城市地下水不符合饮用水标准。另一方面由于过去城市排水管网设计的口径普遍较小，相对于日益增多的城市人口，显然不能满足其排水要求。这种现状已引起国家各级政府的高度重视，对落后的城市排水、排污管道的改造已列入议事日程。

当前，我国塑料埋地排水管已进入市场的增长期，尤其高密度聚乙烯埋地排水管发展更为迅猛，2003年我国高密度聚乙烯埋地排水管生产能力达到10万吨以上，面对发展迅速的历史机遇，生产企业必须要有诚信和责任感，必须切实把握产品质量，才能保证市场的良性循环和顺利地向前发展。

在塑料埋地管中，通信及电力电缆护套用塑料管经过市场更新换代，越来越显出旺盛的生命力。如地下通信用多孔管材，有人叫它梅花管，采用特选组合成分的聚乙烯与橡胶经共混挤塑加工而成（具有良好的低温回弹性、抗曲性、抗压和抗冲击性能），适用于通信光缆的穿导、隔离和保护。产品采用多孔一体的结构，受力均匀、结构紧凑，其各项性能指标达到邮电部标准，具有提高管孔利用率、降低工程造价、提高工效和投资效益，已被电信部门广泛认识并使用。

通信电力电缆和电缆的护套管主要用聚氯乙烯管，而聚乙烯管则主要用于通信电缆（光缆）护套管。现在，我国有不少企业生产护套用双壁波纹管，年产量在8万吨左右，其中约30%是聚乙烯的双壁波纹管。

光缆护套中有种被称为“硅芯管”的新产品，我国在通信建设中已大量应用。今后几乎每年为此配套的硅芯管用量要超过4万吨。预计到2005年该领域聚乙烯管的市场用量将达6万吨。

三、目前质量状况不容乐观，应引起全社会重视

最近，一些媒体报道质量监督部门在西安建材市场上抽检时，UPVC管材的合格率仅为76.5%，而UPVC管件的合格率却只为50%。另据了解，最近一期由国家质检总局部署，由国家塑料制品质量监督检验中心承担，对给、排水用硬聚氯乙烯管材进行的产品质量国家监督抽查中，排水管、给水管产品抽查合格率仅分别为65.0%和62.5%。还有一些媒体对不同地域市场中的塑料管道的质量状况也有相似的报道，抽检结果不容乐观。

分析这些现象的发生，主要有以下原因造成：

（1）有的企业进入本行业的技术、资金门槛不高；还有的企业管理不善，忽视对生产工艺的过程控制，存在先天不足；

（2）塑料管道的原材料大幅度涨价，使好多企业的利润空间降低，有的企业“高填充”问题突出；

（3）生产能力增加速度过快，出现供大于求的现象，竞争加剧；

(4) 市场不规范，劣质、低价的产品还有应用市场。

其实塑料管道行业整体形势是好的，绝大部分正规企业的产品还是符合国家标准的。并且国家相关部门、各地的建材质检机构已加大了监测力度，中国塑协塑料管道专业委员会也专门做了这方面的工作，进行了行业产品自检，这是我国塑料加工行业首次由协会提出的，自行检查行业内的产品质量而开展的活动。2003 年自检品种为给水用硬聚氯乙烯管材，合格率为 82%，复检合格率达到 100%，说明专委会会员中的产品质量优于社会上的产品质量。它的开展必将会更加促进行业的自律，促进塑料管材产品质量的提高，并将会得到广大用户的认可与好评。

近年我国的塑料管道行业进步很大，增长速度世界排在前列，已经不是十多年前的落后状态，形成了一批具有规模效益的企业。专业委员会的作用也越来越大，为行业的发展做了很多有益的工作。面对更加激烈的市场竞争，我们要认真分析研究目前的有利条件和存在的问题，充分发挥专业委员会的作用，自己研究自己质量存在的问题，自己管好自己的市场，发挥自己的行业组织的作用，来寻求共同发展，实现行业健康发展。

我们要抓住机遇，迎接挑战，克服困难，解决问题。依靠广大会员单位的通力合作，坚持诚信，加强自律工作，共同促进行业持续、快速、稳定、健康发展！

我相信在大家的共同努力下，塑料管道行业的明天一定会更加美好！

（作者为中国塑料加工工业协会会长）

为争创我国人造革合成革国际品牌而努力奋斗

——在温州合成革商会 2004 年年度大会上的演讲

廖正品

一、温州人造革合成革的地位作用与蓬勃发展越来越被中外关注

温州的人造革合成革是中国人造革合成革行业发展的重要组成部分。我记得“温州合成革之都”授牌时，举行过隆重的仪式。当时曾有人并不认为温州合成革档次有多高、环境治理有多好，但实践证明经过几年的努力，温州人造革合成革行业不仅改变了这些观点，而且正在走一条健康发展的新型工业化道路。温州人造革合成革制品产销量在全国占有很高的份额，在全球也产生影响，其产业是旭日东升。

温州合成革商会自成立以来，在行业管理方面始终开展富有成效的、创造性的地区行业工作，为全国行业管理提供了新鲜经验。在为企业服务工作的基础上，开展了商会的组织领导工作。商会和企业的同志们以市场意识、服务意识、行业意识为己任，积极热情的开展工作。商会在工作上有以下几项创新。

1. 组织开展了人造革合成革行业职称评定。培育了一批温州地区自己的人造革合成革专家，这在全国以行业协会出面组织评审是没有先例。

2. 与环保部门共同组织全面考察人造革合成革环境治理和两项环保标准起草审核工作。为本地区的环境治理方面，发展经济，推动温州地区人造革合成革经济持续发展做了前瞻性工作。

3. 根据企业发展需要组织业务技术培训工作。引导全员学技术，建立学习型企业、学习

型商会。

4. 积极组织各企业参加人造革合成革专业展览活动。

5. 积极应对反倾销。在国际贸易摩擦中，在应诉人造革合成革反倾销工作方面摸索经验，推动了企业走向国际市场。

6. 重视商会的内部自身建设，为商会发展的壮大打下很重要的组织基础。商会不但加强自身建设，制定了行业自律以及商会内部管理制度，还开办了全国第一份人造革合成革专业报纸，不断树立和打造温州合成革品牌。

温州合成革商会创造的成功经验，为全国人造革合成革行业加强管理，促进整个行业持续快速稳定健康发展，提供了宝贵的经验和树立了很好的榜样。

二、温州地区人造革合成革10年来蓬勃发展已经形成了具有特色的地方工业基础

突出的有以下几点。

1. 人造革合成革的聚集度在中国、亚洲乃至世界范围是最高。一个中等城市聚集100多家大中型人造革合成革工业企业，100多亿的工业产值与销售，已经成为中国人造革合成革工业经济发展重要的力量，同时是中国在世界上形成人造革合成革大国地位的骨干力量。去年全国有人造革合成革产量88万吨。浙江省的合成革总量在9.5万吨，占全国合成革32万吨的29.6%，温州地区人造革合成革100多个亿的销售占了全国的近一半，值得指出的是根据《中国塑料工业年鉴（2004）》塑料行业销售上亿排名中，500家企业温州人造革合成革企业就有十几家，温州人造革合成革企业占全国同类企业进入这个排名名单的30%，我们对这样一个排序感到欣慰，当然不止这么多，一个是有些企业没有报数字，再一个就是统计口径问题。

2. 温州地区人造革合成革的市场产业链，构建了特色基地的形成与发展。围绕服装市场、制鞋市场、箱包市场，人造革合成革的上游原料制造供应市场也在逐步形成和增长。几千多家制鞋与服装企业和大型聚氨酯等化工企业以及设备制造企业，成为本地区人造革合成革工业的市场与资源基础。

3. 温州地区的人造革合成革企业非常重视科技工作与高科技产品的开发。据不完全掌握，目前有的企业已与华东大学、清华大学、四川大学、服装学院等十几所院校研究机构的合作，逐步形成了新的生产力。当前市场的竞争是人才的竞争、技术的竞争与管理的竞争，温州地区的资本运作与技术竞争应该是成功的，符合时代与改革开放的社会主义市场经济发展规律。

三、加快人造革合成革的高端产品开发，不断促进产业升级

中国人造革合成革是一个新兴的、正在蓬勃发展的产业，特别是温州地区的人造革合成革的工业基础以及发展进入到一个前所未有的发展新阶段。从全球范围来看，中国人造革合成革行业在改革开放以来快速发展的增长速度，已经超越西方和临近地区经济发达的国家和地区，在25年的时间里中国的人造革合成革业已经跻身于世界大国行列，跃居亚洲之首。无论是政府部门还是社会机构、无论是国内投资商还是国际实业家，都对中国人造革合成革产业的发展产生了浓厚的兴趣。国内的发达地区与地方政府将人造革合成革产业确定为经济新的增长点，一些地方政府把本行业确定为当地重要产业甚至支柱产业。世界有关人士对中国人造革合成革产业在未来20年间的发展做出了令人振奋的预测：中国将成为世界人造革合成革第一强大国家。

在上世纪，人造革合成革工业的科技发展不仅推进了人类的消费形态与物质形态的改变，更重要的是极大地推动了人类社会物质文明进步。在步入伟大的21世纪的四年以来，人造革合成革行业正在调整产业布局、企业结构与产品结构，已形成具有规模的从原材料加工到人造革合成革制造及专业市场的产业链体系，企业的科研开发、生产制造、开拓国外市场已经不断形成自己的特色。我国的人造革合成革已经拥有国际最先进的生产技术和自己的科研力量，不仅在国际上是生产大国，更重要的是正迈向高档人造革合成革产品强国之路。其特征如下。

1. 体现在超纤、透气等合成革高端技术的迅速发展带来了产品升级换代。从烟台万华第一条生产线发展起来之后，仅几年的功夫，全国的二十多家公司的企业家已经投资几十个亿，开发生产超细纤维合成革。以湖南安塑为代表的透气革、以温州人造革有限公司为代表的多样服装革已经全面进入国际市场。高端产品的快速发展，再次带动了全行业向集约经济、规模经济、科技经济方向发展，不断提升的产业核心竞争力为我国人造革合成革由生产制造大国、消费大国向生产制造强国的快速发展奠定了雄厚的物质基础。

2. 人造革合成革现代化的新材料新工艺制造水平不断升级。特种功能人造革合成革和绚丽多彩文化革的性能、外观、质感已向时尚化方向发展，人造革合成革的制造过程充分运用化工、化纤、涂饰、助剂等行业的先进技术，同时也不断开发适应市场需要的具有新功能的原辅材料，这是近年来人造革合成革发展重要的材料基础。现在我们看到国内的人造革合成革装备制造业也在不断创新发展，从成套的机器制造到专用检测仪器仪表、从设备多功能到控制技术以达到先进国家水平，特别是人造革合成革的后处理加工设备技术成为重要支撑。从总体水平讲与服装业、鞋业、箱包业等同步发展引领时代。

3. 产业集约度有进一步集中的趋势。企业规模在近几年存在差距也越来越大，中小型企业固定资产投入在几百万元，而大型企业基本上都在上亿元以上，预计今后5年投资总额还将大幅度提高。今后超大规模的人造革合成革企业在国内将会产生。多区域专业市场、多数量品种规格、多种形式的企业、多应用领域，面向着更多的国家已成发展趋势。人造革合成革企业对外、对西部地区的投资建设也将在近年形成经济增长的亮点。

4. 要进一步培育具有生机活力的原料基地、生产型基地、科研基地、专业市场基地相结合的产业体系。自2002年中国轻工业联合会、中国塑料加工工业协会在温州向世界宣布温州市为“中国合成革之都”之后，仅两年时间，不仅温州地区人造革合成革做大做强，而又有一批人造革合成革工业园区发展起来，如广东高明地区形成了以人造革合成革原料、机器制造和革制品特色的生产基地，有二十多家塑料人造革合成革企业，年销售额达四十多亿，形成以出口为主的生产基地；江阴地区聚集的二十多家压延革企业形成生产基地，年工业总产值超过三十多亿；最近浙江丽水人造革合成革工业园区已经形成密集生产。客观实际告诉我们，人造革合成革已经实现快速增长的良好局面。中国塑协将要进一步培育具有行业特色的具有生机活力的原料基地、生产型基地、科研基地、专业市场基地相结合的产业体系。

四、强化人造革合成革生态与绿色产品的发展

人造革合成革行业的未来将是什么状况？未来中国人造革合成革行业发展的国内外环境、知识产权、环境保护、生态制品、清洁生产、技术贸易壁垒、财力积淀、市场机制等重大问题，将影响未来人造革合成革发展面临的格局性变化。目前国内人造革合成革企业面临：一个是应诉倾销和间接受到国外终端产品反倾销的影响，再一个就是PVC和PU树脂的供求关系产生了巨大的变化，形成原料疯涨的局面，而终端用户不肯接受人造革合成革产品的提价，另外出现人造革合成革非环保产品过剩的情况之下，业内企业积极明智的注重开发符合环保要求的人造革合成革技术，追求绿色环保产品，有的已着手生态人造革合成革制造。

1. 人造革合成革行业要清洁生产持续发展。随着全球环保和健康意识逐渐加强，人造革合成革行业近年来对生态与绿色研究开发快速进入一个新的历史时期，我们高兴的看到：一是水溶性 PU 浆料、环保 DOP、环保 PVC、环保型低毒无污染复合型助剂、清洁化纤、无毒塑料已广泛应用于人造革合成革生产，在行业内产品的重金属和苯的含量已经得到控制；二是全行业高度重视清洁生产，大气污染、污水排放、固体废料的回收处理技术已经完全得到解决，大多企业不再是污染生产企业，而是向清洁生产方向发展，已经达到了由末端治理向生产全过程的环保控制。

2. 全行业要在 2005 年实施 ISO 14020 认证体系。重点推进“Ⅲ型环境标志”和清洁生产技术审核制度，真正实现持续健康发展的道路。环境标志的认证工作是一项非常严肃、严格、严谨的科学体系，不是任何机构都可以搞的，我们联合中国消费者保护基金会、中国清洁生产中心和环境研究机构、环保部门等有关部门组织认证，完全出以行业建设、行业健康发展的需要和为了维护行业自律，同时发挥行业优势，减少大家的麻烦。通过开展环境标志认证工作，最终要提高企业自身的管理水平，达到提高企业经济效益的目的。今年 10 月 12 日我们中国塑协人造革合成革专业委员会与中国清洁生产中心和温州合成革商会共同组织召开了“人造革合成革Ⅲ型环境标志技术标准”审定会，下一步要以此为依据开展全行业的“Ⅲ型环境标志”的认证工作。专委会的主要任务是要组织专家组，负责审核工作组与政府、企业及认证机构的协调工作，计划 2005 年上半年完成目前正在申报此项认证的温州人造革有限公司等几家单位的审核确认工作，这些单位将是中国第一批获得“人造革合成革Ⅲ型环境标志证书”的单位，同时争取与“生态人工皮革”的审核、中国清洁生产审核同步进行，以提高效率，为申报企业的绿色产品尽快打造名牌，促进好产品走向国际市场，作好服务与基础工作。

3. 人造革合成革行业要形成企业核心竞争力。我们将要推出的“生态人工皮革”就是引导企业，形成自己独特的核心技术、发明、创造。从今年花都会议上发布的《人造革合成革专利汇编》看，确实有许多新发明新创造，企业多年积累开发了新工艺新材料新花式，创造了丰厚的社会效益。从我国人造革合成革行业发展的历史趋势看，随着人造革合成革产业的蓬勃发展和国际贸易的增长，人造革合成革知识产权与生态标志问题逐步显现，加强人造革合成革企业知识产权保护与生态人工皮革标志的推进，促进企业技术创新，加快研究开发有自主知识产权的产品，增强竞争力，已经成为企业面前的紧迫任务。

4. 人造革合成革的中小企业所处的时代仍然是全球经济与民族工业并存的时代。人造革合成革行业要走合作发展与专业分工之路，同行之间或合作伙伴要保持良好的合作，整个供应链要相互协调发展，发挥自己的优势，走自己的道路。从贸易上讲；人造革合成革厂家为了有效地培育市场，要加大对终端客户的直销力度，同时对各级渠道的代理施展营销，大卖场、大超市、大集散地的模式仍将是人造革合成革商业活动附加值体现之所在。从产品同质与品牌个性分析：随着人造革合成革产品同类、同价位、不同品牌的产品在技术含量、品种结构、质量及功能上的趋同化，提高产品附加值是人造革合成革生产厂家生存与发展的关键。业内要组织培育团队精神与进一步开发人力资源，走以人为本，建立学习型的人造革合成革企业的发展道路，成为刚性框架的柔性组织，以实现自我发展和自我完善。

在座的温州人造革合成革企业家们，还有一个问题要请大家统一思想，同时也要依靠各位企业家来改变我国人造革合成革行业存在的一些问题。如人造革合成革行业国内的行业交流、与世界经济接轨的研究开发相对滞后，建立完善的有机的连接政府与业界的桥梁尚需要做更多的工作。随着行业的快速发展，实践中涌现出来的大量的新问题、新现象、新趋势，需要进行深入的调查，用科学的方法去理性思考。目前全行业的发展在中国掀起了热潮，国际同行更关心中国的人造革合成革现状和发展进程，一方面越来越多的国际集团和投资商看重中国人造革合成革发展所带来的商机；另一方面，他们也非常关注中国这个潜力巨大的市场。由于多种原因，我们虽然在广东、上海成功地举办了三届次的人造革合成革国际论坛，但在国际学术刊物和论坛上，难得看到中国人造革合成革研究人员的声音，虽然有些文章从不同的视角分析了中国人造革合成革行业发展，但由于信息来源、文化差异、语言表述等多方面的原因，及时地向社会传达真实可靠、准确的信息和学者的观点，还有一定的差距，还需要认真对待。同志们、朋友们，让我们携起手来，团结进取，为争创我们人造革和成革国际品牌而努力奋斗！

（作者为中国塑料加工工业协会会长）

大　事　记

2004年塑料行业大事记

【1月】

PVC原料的涨价将制约塑料管道行业发展

2003年9月份，国家商务部公布了对进口PVC树脂反倾销调查的最终裁定，塑料管道的主要原料随之出现大幅上升，如PVC树脂由年初的6 500元/吨升至8 000元/吨左右，其他品种塑料原料也有不同程度的上涨。由于反倾销措施实施期限为5年，因此预测塑料原料价格还将在未来相当长的时间内保持在较高价位。反倾销初裁后，对生产PVC树脂的上游企业的业绩产生了极大的促进作用，利润率大幅度增加。这其中除了原材料价格的回复性上升和需求扩大等原因外，价格被人为抬升到较高水平，也是一个重要因素。

与此同时，PVC塑料管道出厂价格（含运费）一般在9 000元/吨以下，跌落到近年来的较低点，售价在成本线上下徘徊，各厂家已不堪重负，难以为继。反倾销措施的实施虽然保护了上游企业利益，却加重了下游企业的负担。在PVC等原材料价格大幅度上涨的情况下，塑料管道加工企业受到空前挤压，行业利润率明显下降，原本已经很低的利润，通过原料提价被转移到上游企业，更使其雪上加霜。据了解，2003年以来，塑料管道生产厂家仅受原材料涨价就将增加成本10%以上。由于原材料涨价，已使国内塑料管道行业遭受重创。目前国内塑料管道企业一半以上已处于亏损或亏损的边缘。许多企业经营步履维艰，大量的订货合同难以执行。从长远来看，此情况可能导致多方面的不利影响。据了解，2005年可能会增加能力150万吨以上。国外企业也会有各种进入的方式，将来能力的可能过剩有可能导致PVC树脂行业也走进低价恶性竞争的圈子。

目前上游的PVC树脂生产企业和下游的塑料管道加工行业企业的利润情况确严重不合理，二者生产成本增加的差别是巨大的，我们呼吁国家政策应兼顾PVC管道生产行业利益，宏观决策时应该考虑到上下游产业链关系，给塑料管道企业留有生存和合理的效益空间，使PVC管道行业尽快走上健康、稳定的发展道路，实现整个国民经济的可持续发展。

中国塑协已要求会员企业不要因PVC树脂原料上涨而有降低质量的行为，避免低价竞争，提倡合理竞争。行业将组织专家和塑料管道生产企业对合格的塑料管的合理价格进行评议，并定期向社会和广大用户发布。使合格的塑料管道的价格公开化、透明化，以正确引导用户理性消费。

“ϕ800（内径）塑料双壁波纹管生产线”通过鉴定

大连市经贸委组织专家召开了由高新园区企业大连三垒塑料机械工程有限公司研制的“ϕ800（内径）塑料双壁波纹管生产线”新产品投产技术鉴定会。以陶学恒为主任、中国塑协廖正品会长等专家组成的鉴定委员会审查了有关该产品的各项技术文件，考察了生产现场，经讨论形成主要意见如下。

1. 该机组生产出的双壁塑料波纹管外形美观、质量好、符合相关的行业标准。该机组经大连市产品质量监督检验所检测，产品各项性能指标符合Q/DSL·003—2003“塑料双壁波纹管成型机”企业标准。

2. 该产品在成型模块梭式运动设计、正负压联合冷却水循环供水系统、集成PCC控制系统、在线制造双层管接口技术等方面有较大创新。其主要性能指标接近或达到了国际上同类产品水平，部分技术超过国际同类产品的技术水平。机器性能稳定、布局合理、自动化程度高、操作维护方便，产品可以替代进口，填补了国内空白，具有显著的经济效益和社会效益。

3. 产品生产工艺合理，具备必要的检测手段和质量保证体系。安全、卫生、环保等方面符合国家有关规定，具备了批量生产的条件。

我国PU泡沫行业相关标准修订工作任务繁重

由轻工业塑料加工应用研究所承担的PU泡沫行业相关标准修订的前期工作在技术援助项目的第二次交流会商会议上，PU泡沫相关行业的专家们汇聚一堂，研讨了我国PU泡沫相关行业相关标准的现状和修订、制订方案。研讨结果表明，未来几年我国PU泡沫行业相关标准修订工作任务紧迫而繁重。

该技术援助项目使用蒙特利尔多边基金赠款支持。轻工业塑料加工应用研究所在国家环保总局对外经济合作领导小组办公室的招标中一举中标成为项目承担单位，项目的目的是为修订和新制订PU泡沫行业标准进行先期准备工作。

轻工业塑料加工应用研究所通过对我国PU泡沫行业现行标准研究和对比国外标准后发现，PU泡沫行业现行标准存在的一些问题亟待改进。

一是由于PU泡沫塑料是一个跨行业多用途的产品和过去计划经济形成的条块分割的管理体制，我国

PU泡沫行业标准由多个部门管理，已经对PU泡沫企业的发展造成一些不良影响，也给标准的制定、修订增加了难度。

二是标准构成存在缺陷。有些产品已经有相当的产量或在国外已经相当普及，国内尚没有产品行业标准，但同时有的标准又存在着重复现象。

三是标准制定修订不及时。如个别标准已经使用了10年左右，还有个别标准是5年以前制定的，这些标准都应根据使用情况及时修订。积极采用ISO标准是我国的标准制定策略，我国PU泡沫行业采用ISO标准的比例虽然较高，但我们未能及时更新ISO标准已经修订的标准，即采用ISO现行标准的比例较低。

四是专家建议在新标准制定修订过程中，应考虑PU泡沫行业进行CFCs替代技术改造后的产品情况。

【2月】

多层反射塑料复合彩虹膜研究及产业化通过鉴定

中国轻工业联合会于2月2日在义乌对北京工商大学塑料研究所与浙江省（义乌）万鹤包装材料有限公司联合研发的“多层反射塑料复合彩虹膜研究及产业化”科技成果召开了鉴定会。

该项目全部采用国产设备和自己设计加工的关键部件，在复合模头增层结构设计、流变学加工工艺条件控制、材料配方优化设计方面具有创新性，申请了两项发明专利，填补了国内彩虹膜产品生产技术空白，达到国际同类产品的先进水平。

该项目生产工艺过程中不使用有毒、有害化学品，无废水、废气排放。并且对新产生的边角料进行了回收利用，具有显著的经济效益、社会效益和环境效益。符合国家产业政策和环保效果。

《国外塑料》杂志由中国塑协管理

《国外塑料》推出了一项新举措：把创办多年的《国外塑料》杂志纳入中国塑协的日常管理范围。这标志着中国塑协的信息支持系统进一步完善。办好这个刊物，对整个塑料行业的技术进步和创新将起极大的推动作用。

全国塑料制品标准化技术委员会归口九项标准已获国家批准

2004年2月全国塑料制品标准化技术委员会归口《土工合成材料塑料土工格室》共九项已获国家标准委批准，具体如下。

国家试用标准：

GB/T 19274—2003《土工合成材料塑料土工格室》；

GB/T 19276.1—2003/ISO 14851：1999《水性培养液中材料最终需氧生物能力的测定——采用测定密闭呼吸计中需氧量的方法》；

GB/T 19276.2—2003/ISO 14851：1999《水性培养液中材料最终需氧生物能力的测定——采用测定释放的二氧化碳的方法》；

GB/T 19277—2003/ISO 14855：1999《受控堆肥条件下材料最终需氧生物和崩解能力的测定——采用测定释放的二氧化碳的方法》；

GB/T 19275—2003《材料在特定微生物作用下潜在生物分解和崩解能力的评价》；

GB/T 19278—2003《热塑性塑料管材、管件及阀门通用术语及其定义》；

GB/T 19279—2003《聚乙烯管材——耐慢速裂纹增长锥体试验方法》；

GB/T 19280—2003《流体输送用热塑性塑料管材耐快速裂纹扩展（RCP）的测定小尺寸稳态试验（S4试验）》；

行业标准QB/T 2591—2003《抗菌塑料——抗菌性能试验方法和抗菌效果》。

中国塑协7家企业获中国轻工业联合会“2002～2003年度全国轻工业质量效益型先进企业”

2002～2003年度全国轻工战线上广大企业为了适应我国加入世贸组织后经济迅猛发展的形势，在深入开展质量效益型活动中积极探索，勇于创新，锐意进取，涌现出一批在产品质量、服务质量、经营质量和综合效益全面发展的先进企业。为了广泛宣传和推广先进企业的成功经验，树立质量效益卓越绩效的标杆企业，扩大其社会影响，激励和引导广大轻工企业努力追求具有国际竞争力的质量管理，促进企业综合效益的提高，推动轻工业经济的持续发展，中国轻工业联合会在各有关协会及部分省市行业组织推荐的基础上，经专家委员会审核，决定授予150家企业2002～2003年度全国轻工业质量效益型先进企业。经中国塑料加工工业协会推荐，塑料行业中被评为轻工业质量效益型先进企业的有：河北宝硕集团有限公司、佛山塑料集团有限公司、安徽国风集团有限公司、湖南安塑股份有限公司、浙江大东南集团、烟台万华聚氨酯股份有限公司、福建亚通新材料科技股份有限公司。

中国塑协塑料管道专委会第六届三次理事会召开

中国塑协塑料管道专委会第六届三次理事会议于2月20～21日在上海召开，专委会理事单位及列席会议的专家组成员、会员单位和行业相关企业计 59 个单位的 77 名代表参加了会议，会议分别由杨洪献秘书长、马骋元副秘书长、褚泽副秘书长主持。

中国塑协廖正品会长、专委会陈力辉理事长做了重要讲话。专委会秘书处王占杰向参会代表汇报了塑料管道主要原料价格大幅上升后，秘书处代表行业所做的工作：向中国塑协、国家相关管理部门汇报、反映行业的困难，与中国氯碱协会对此问题进行交流，组织部分企业借助媒体进行专题讨论并发表文章，反映行业因塑料原料的涨价而面临的困难、潜在的危险，行业健康发展需要调整价格等方面的呼声。

参会代表交流了各地目前塑料原料的市场情况和走势，各企业目前成本、市场价格、经营运行等困难情况，讨论了行业的对策和措施。会议认为，原料价格的持续上涨已严重影响了塑料管道行业的发展，有些企业已经停产了，行业应进一步采取办法，加强呼吁力度，反对暴利。根据实际情况合理调整销售价格，以争取行业的生存空间。在管理上内部自身挖潜，降低费用，但一定要保证产品质量，促进行业的健康发展。

会议还讨论通过了拟向国家相关管理部门、相关协会、相关企业及媒体发布的"塑料原料价格大幅上涨，塑料管道加工行业发展受到制约的情况反映"，希望能引起相关单位的注意，使塑料管道行业走上持续、快速、协调、健康的发展道路。

专委会杨洪献秘书长汇报了 2003 年秘书处的工作情况。

会议讨论了制定管材产品行业指导价格，定期公布及成立相关工作小组事宜；理事会议讨论了目前会费收缴情况及会员应相应调整的方案；会议还专门邀请了中国氯碱协会张国民秘书长参会，向大家介绍了 PVC 树脂行业的相关情况，并约定建立联系机制，采取会议等方式进一步交流情况，研究措施促进上下游共同发展。

【3 月】

嘉维化工年产 12 万吨纳米碳酸钙项目动工

3 月 1 日上午，全球最大的纳米碳酸钙生产企业——广东嘉维化工 12 万吨生产基地，在广东省罗定市船步镇正式动工兴建，来自国家省市有关领导及社会各界人士千余人参加了奠基庆典，中国塑协廖正品会长参加了庆典活动。

嘉维化工是 1999 年成立的广东省高新技术企业，主要生产"白樱华"牌纳米（活性）碳酸钙系列产品。自成立以来，始终坚持"领先创造价值"的经营理念，以科技为动力，市场为导向，向管理要效益。同年 10 月份，第一条生产线正式投产以来，以超常规的速度实现跨越式发展，主导产品从年产 3 万吨、4.5 万吨增长至 9 万吨，产品远销国内外，形成以珠江三角洲、长江三角洲为支点的全国营销网络，生产规模及市场占有率居国内外首位。经过几年快速发展，嘉维已建成纳米粉体研发中心、质检中心，拥有一支高素质的技术研发力量，已通过 ISO 9001：2000 国际质量体系认证，与国内多所著名高等院校、科研院所建立紧密的"产学研"合作关系。根据企业自身特点与市场环境的变化，为满足广大用户产品结构升级的需要，独立研发具国际先进水平的"硅橡胶专用纳米碳酸钙"、"涂料专用纳米碳酸钙"等系列产品。

嘉维化工罗定基地产量为 12 万吨/年，预计 2005 年 5 月 1 日前形成产能。届时，将以 21 万吨/年的生产规模位居全球首位。业内人士认为，随着中国正成为"世界工厂"，世界制造业向中国转移，市场对高端碳酸钙的需求将日益增长，我国纳米级碳酸钙企业发展将面临着前所未有的发展机遇，为以嘉维化工为领军的中国纳米碳酸钙巨头们提供了更广阔的发展空间。

2004'全国软包装复合膜加工技术交流大会暨中国塑协复合膜专委会第四届一次理事会召开

为了加强中外软包装复合膜加工技术交流，展示软包装复合膜加工技术的最新进展，促进我国复合膜加工技术进步，2004'全国软包装复合膜加工技术交流大会暨中国塑协复合膜制品专委会第四届一次理事会于 3 月 7～10 日在深圳市举行。

十三家理事单位出席了第四届一次理事会，理事会分别对专委会章程、增补理事单位事宜和秘书处的设立进行了研讨。

3 月 8～10 日召开了 2004'全国软包装复合膜加工技术交流大会，中国塑协廖正品会长出席了会议并致辞。会议吸引了来自全国各地的从事复合膜软包装加工及相关企业、科研院所的代表共计一百五十余人到会交流，轻工业塑料加工应用研究所《中国塑料》杂志社也派代表参加了本次会议。会议期间还安排了参观活动：3 月 9 日代表参观了第五届华南国际塑料工业展览会；3 月 10 日部分代表赴汕头参观了广东金明塑胶设备有限公司。

2004 年中国塑协 PVC 低发泡板材专委会年会召开

中国塑协 PVC 低发泡板材专业委员年会于 3 月

9～10 日在广东省深圳市召开。本次会议对专委会进行了换届改选，产生了新一届理事会、推选了新一届理事长和副理事长、秘书长；研究部署了专委会今年的工作计划和具体工作安排；会议通过新一届理事长单位、秘书长。

大会首先由上届理事长王佑军先生做理事会一年来的工作回顾与总结。中国塑协会长兼秘书长廖正品亲临会议并做了重要讲话，广东省塑料工业协会理事长符岸也做了发言。与会代表畅所欲言，对行业的健康发展提出了各种意见和建议，会议通过了对专委会章程的修改。

大会闭幕后召开了新一届理事会第一次工作会议。会议讨论并确定了今年理事会的工作重点为：(1) 加强行业自律，避免产品价格战及市场的恶性竞争，行业联合抵制低劣产品进入市场，理事会单位应做出表率；(2) 为进一步规范市场，有必要对现行的板材行业标准进行修正。

第五届华南国际塑料工业展览会举行

由中国塑协、广东省塑料工业协会和深圳塑胶行业等协会共同主办的，由深圳高交会展览中心华商国际展览有限公司承办的第五届华南塑料工业展览会于 3 月 9～12 日在深圳高交会展览中心隆重举行。中国塑协廖正品会长、中国塑料机械协会梁洪印副秘书长、广东省塑料工业协会符岸理事长、深圳市塑胶行业协会应诗洽会长等出席了开幕式并剪彩。中国塑协廖正品会长为开幕式致辞。

经过五年的发展，华南国际塑料工业展览会得到了业界的广泛支持和认同，展览范围包括塑料加工机械及配套设备、塑料原辅料、模具加工设备、塑料制品等四大类，展览面积近万平方米，每年都有来自家用电器、通讯、电子、玩具、文具、汽车配件、包装等多个行业的专业买家数万人次到访展会，同时也吸引了越来越多的海外相关行业协会及企业的关注并参加展会。本届展会尽管受到禽流感等不利条件的影响，仍吸引了近二百家来自中国内地、台湾、香港以及美国、德国、俄罗斯等地区和国家的各类塑料机械、原辅料及贸易企业参展，展会面积超过 8000 平方米，有 3 万人次的各行业专业买家到会洽谈及进行技术交流。

与展览会同时举办的“华南塑料工业应用技术论坛”每年都吸引了数千名来自科研院校、企业的专家和技术人员。在本届展会上 LG 公司重点推出它的最新产品——“环保无毒增塑剂产品（EBN/BET)”并举行现场推介会。中国塑协复合膜专委会还同期举办了全国软包装复合膜加工技术交流大会暨第四届一次理事会，杜邦、陶氏、三井物产、康普顿和美国 MOCON/USIA 等公司在会上介绍了最新的产品和技术，大会吸引了全国各地从事复合软包装加工及相关企业代表一百多人。

中国塑协异型材及门窗制品专委会召开第五届一次理事会

中国塑协异型材及门窗制品专委会五届一次理事会议，于 3 月 15～17 日在保定市召开。型材生产厂家的理事们对通过市场方式平抑 PVC 虚高价格的问题进行了座谈；对加大研发力度，开辟新领域、新市场、新产品、新原料问题进行一些前瞻性多方面探讨。

会议一致通过了秘书处提交的与塑料管道专委会联合向协会呈报并抄报国家相关部门的情况反映方案；专委会向业内、相关行业以及社会各界发出预警通告的方案；向会员企业发出维护产业健康发展紧急倡议的方案；《为了适用“新标准”，对各配方体系用助剂、添加剂的评价活动》的议案。

会议号召会员单位都要以大局为重，以共赢为目标，同上下游行业企业加强对话沟通，保持产业生态链的平衡发展。同行业内的兄弟企业合作共进，联手联合。严格按照国家标准进行生产，不搞价格竞争，以成本、质量合理定价。每一个企业都要从自身做起，实行严格的自律，努力维护行业企业、产品形象，抵制不正之风，同生产销售伪劣产品的行为作斗争。

塑料异型材及门窗行业发出预警通告

目前，PVC 树脂供求关系产生了巨大的变化，形成了 PVC 树脂价格疯涨的局面。为此，中国塑协异型材及门窗制品专委会向行业内、相关行业及社会各界通告如下。

1. 现有规模的塑料异型材及门窗生产厂要妥善经营，做好参与激烈竞争的准备。

2. 业内企业扩大产能规模要慎之又慎，减少低水平重复建设投资，不要使竞争更加激烈。

3. 业内要注意企业合理布局，分散建厂，多品种，差异化，注重和加大高科技含量的投入，发展自主知识产权的产品。

4. 业内企业一定要经住考验，保住质量，在特殊时期内，勿注重销量忽视了质量。

5. PVC 建材产品企业要合理制定自身产品的价格。

6. 业外人士欲进入本行业应慎之更慎，进入超饱和基本无利的行业不是明智之举。

7. 化学建材产业是朝阳产业，但也是一个系统工程。上下游应共同维护产业平衡，上游应提供高质量、价格合理的原料产品，相互关照；终端用户应本着实事求是的原则选择产品，一味追求低价格可能受损的是自己。

中国塑协异型材及门窗制品专委会维护塑料异型材及门窗行业健康发展的紧急倡议

1. 求大同存小异。在市场上是竞争对手，在行业发展上是朋友是合作伙伴，走联合发展之路；

2. 不制造和销售低于国家标准要求的产品；

3. 团结起来共同抵制“非标产品”；

4. 合理制定自身产品价格，不搞所谓“参照”，实行科学合理的出售报价方式；

5. 充分利用现有装备，探讨发展新的化建产品和其他相关相近产品；

6. 改造现有产品单一情况，扩大产品适用范围；根据消费需求，产品划分适当的等级；研制经济、适用、耐用产品，向中小城镇和广大农村拓展市场；

7. 为了保护行业，保护企业利益，要求异型材生产企业带头先走“联合采购”之路，降低生产成本，平抑原料虚高的供应价格；

8. 加大企业自身的研发力度，走科技竞争之路；

9. 不搞垄断性发展经营，重视合营、并购，利用品牌优势，实行代加工方式，充分利用现有资源；

10. 利用行业内外媒体和企业自身的宣传，呼吁社会各界给予支持与帮助。

“燃气用埋地聚乙烯管材、管件”和“给水用聚乙烯管材、管件”产品通过鉴定

国家建设部科技发展促进中心组织的科技成果评估委员会对河南安彩华林化学建材有限责任公司开发生产的“燃气用埋地聚乙烯管材、管件”和“给水用聚乙烯管材、管件”产品进行科技成果评估鉴定。3月19日，评估鉴定委员会一行十人认真听取了河南安彩华林化学建材有限责任公司的技术研究报告，审查了有关技术文件，实地查看了产品生产与质量控制过程。认为该公司生产的管材、管件原材料采用全封闭负压输送，并进行分子筛强力除湿干燥，有效保证了原料的干燥和洁净。引进了欧洲先进、高效的管材专用挤出生产线，消化吸收了先进挤出技术。管材生产线配备有重力计量加料、高效挤出螺杆、融压测量、融体过滤、管壁测厚等工艺装备，实现了挤出工艺过程闭环反馈控制；电熔管件生产采用双工位三步法嵌式布线技术，热熔管件采用注塑和全自动多角度焊制机制作。管材、管件原料使用北欧化工的PE80及PE100级原料，能有效保证产品质量稳定、可靠。

评估委员会在实地观察产品检测过程后认为，该公司生产的PE管材、管件质量保证体系完善，检测设备齐全、先进、配备有静液压检测系统及差热分析仪、耐快速裂纹扩展仪、耐慢速裂纹增长仪等国际水平的检测设备，保证了从原材料进厂到产品出厂每个环节的质量监控，确保了产品质量。中国塑协会长、全国塑料制品标准化技术委员会主任廖正品出席评估鉴定会并对华林集团的产品做了高度评价。

中国聚氨酯泡沫行业CFC-11整体淘汰计划项目培训会召开

为履行中国政府在国际社会保护地球大气臭氧层活动中对国际社会的承诺、确保人类免遭紫外线增强对机体的损害、顺利实施国家方案的各项目标任务，中国塑协和国家环保总局外经办于3月24～26日在浙江绍兴联合举办了中国聚氨酯泡沫行业CFC-11整体淘汰计划项目培训会。参加会议的人员有：中国塑协廖正品会长、环保总局外经办财务处余立风处长、外经办项目三处代表李永红、外经办采购处项目官员苏岩、外经办泡沫组组长付永彬、副组长王旭及泡沫组其他人员、行业专家、6个已签署合同的项目企业负责人和项目总包商代表等30余名行业内各界人士。

会议由泡沫工作组副组长王旭主持。中国塑协会长廖正品简单介绍了中国塑料行业当前蓬勃发展的大好形势，强调泡沫行业CFC替代工作是塑料行业今后一段时间的重要工作。通过讨论交流，项目企业和总包商明确了下一步的工作任务，双方将以倒计时的方式排序，列出下一步的工作计划。

福建亚通公司喜获“全国就业和社会保障先进民营企业”

3月26日，劳动和社会保障部及中华全国工商业联合会组织在北京人民大会堂召开表彰大会，授予福建亚通新材料科技股份有限公司“全国就业和社会保障先进民营企业”称号。福建亚通新材料科技股份有限公司是全国塑料加工行业中惟一获得此称号的单位。

福建亚通公司是全国塑料管道行业的龙头企业，该公司在生产规模、技术水平、营销业绩等方面不断增大的同时，重视社会就业和社会保障工作。亚通公司是在党的改革开放政策指引下发展起来的民营企业，由十年前默默无闻的小厂发展成为目前整个行业的骨干企业，有责任和义务为解决就业和社会保障问题多出力，为国分忧，为民尽力，这同时也是企业的内在需求。

【4月】

齐鲁武峰“ϕ300～3 000大口径UPVC缠绕管项目”通过鉴定

4月11日，由山东省科技厅委托淄博市科技局主持召开了山东齐鲁武峰塑料制品有限公司“ϕ300～3 000大口径UPVC缠绕管项目”技术鉴定会，中国塑协廖正品会长参加了鉴定会。

该公司自主开发的大口径UPVC缠绕管整套技术，包括材料配方、管材结构及挤出模具设计，缠绕设备及工艺黏合等技术。其中产品采用独特的迷宫式连接形式，使管道的密闭性良好；尤其采用了双平壁方孔型材结构，既克服单壁型的缺点，又吸收了PE双壁缠绕管的优点。其工艺新颖先进、合理，设备配套适用。该产品生产投资费用低，可节省大量安装施工费用，且现场缠绕，运输费用大大节省，综合性价比高。

该公司的产品经山东省产品质量监督检验所检测，各项质量指标符合Q/QWS 003—2003标准要求。经用户应用，表明该产品抗外载荷能力强，施工方便，性能完全满足工程设计要求。可用作排污、排水管道，也可用于农业灌溉，市场广阔，经济效益、社会效益显著。目前该公司已应用到ϕ2 000的管道，并可达到生产ϕ3 000管道的要求。

中国塑协氟塑料加工专委会第四届会员代表大会召开

中国塑协氟塑料加工专委会第四届会员代表大会于4月15日在浙江省杭州市举行。中国塑协氟塑料加工专委会的98家会员单位的140余名代表以及国家发展与改革委员会经济运行局、中国轻工业联合会综合处、中国塑协的有关领导出席了会议。

会议由庄理事长主持，与会代表认真听取并讨论了陈生秘书长做的中国塑协氟塑料加工专业委员会第三届委员会工作报告和专委会章程和工作细则（讨论稿），代表们充分肯定了三届委员会所做的工作，并就新章程和工作细则进行了认真地讨论。最后，与会代表一致通过了三届工作报告、章程和工作细则。大会选举产生了第四届理事会，北京市塑料研究所等29家会员单位当选为本届理事单位。

大会结束后，召开了中国塑协氟塑料加工专业委员会第四届一次理事会，选举产生了常务理事单位、理事长和秘书长以及个人常务理事和专家理事。

“2004·中外氟塑料成型加工技术交流会”举行

4月15日，由中国塑协氟塑料加工专业委员会主办的“2004·中外氟塑料成型加工技术交流会”在杭州举行。与会中外代表200余人参加了会议。

此次交流会吸引了外资公司的关注，会上，Solvay Solexis公司、大金工业株式会社、日本旭硝子株式会社、杜邦集团中国有限公司、3M中国有限公司、麦凯洋行、上品综合工业股份有限公司等外资公司分别介绍了各自公司的情况，并从氟塑料原料、加工、加工设备以及应用等领域进行了较详细的交流，对今后在中国的发展进行了展望。中方共有19篇论文参加了本次交流会，会上介绍了4篇，主要涉及氟聚合物管材开发和应用现状、含氟材料在通用机械产品中的应用、聚四氟乙烯导轨软带整形工艺研究、新型PTFE电线电缆包覆薄膜等方面。

此次交流会规模空前，能容纳200余人的会议厅内座无虚席，与会代表们认真听取各大公司的介绍，并积极参加提问，争相发表自己的见解，会议气氛热烈而有秩序。会后代表们一致认为这次大会非常成功，无论从规模还是会议内容方面都超过了历届氟塑料成型加工技术交流会，收获颇丰。此次会议还特设了会外展览，专委会在展览现场为会员单位特设会员自由交流展区，许多会员在此交流、发放资料，展览气氛热烈。

2004年中国轻工业产品博览会举行

4月18日，陈士能会长在中山市出席了2004年中国轻工业产品博览会（中山·小榄）开幕式并致辞。本届轻博会由中国轻工业联合会与广东省政府共同批准，中山市政府主办，中山市小榄镇政府与中轻联展览办承办，中国商业联合会、中国五金制品协会、中国塑协、中国饮料工业协会等八个单位共同协办。本次博览会将与每年秋季在温州举办的中国轻工业产品博览会形成相互呼应的局面，成为中国两个重要轻工业产品综合贸易平台。

出席开幕式的领导还有全国人大常委、中华全国工商业联合会副主席王以铭，广东省常务副省长汤炳权，博鳌亚洲论坛秘书长龙永图，中国轻工业联合会副会长王世成，中国商业联合会副会长安惠民和广东省有关领导以及中山市领导。广东省常务副省长汤炳权和中山市陈根楷市长也在开幕式上致辞。

这次轻博会参展企业654家，落实展位1 538个，展会面积达3万平方米。本届展会以“把握CEPA，推动世贸，促进合作，共创双赢”为主题，借助国家级专业生产镇和专业生产基地的发展平台，创造名牌、树立品牌，全面提升中国轻工产品专业水平。通过轻博会进一步确立专业镇和专业生产基地的地位，拓展国际、国内市场，提高中国轻工产品国际知名度，推动珠江三角洲地区轻工业的发展，促进国内外轻工业的合作交流与发展。

聚合物纳米复合材料产业研讨会召开

4 月 24～25 日，由中国塑协全国塑料研究所技术信息协作网主办、石油大学（北京）承办的聚合物纳米复合材料产业化研讨会在北京铁道大厦召开。这次大会正值国家“十一·五”计划制定以及聚合物纳米复合材料产业化发展的关键时期。塑料加工工业协会常务副会长李国俊代表廖正品会长出席了会议，石油大学（北京）副校长柳贡慧、中石油炼化中心副处长李振宇、科技部基础司韩苍穹博士、原轻工业部科技司司长徐蓓蕾教授级高工出席了开幕式并致辞。国内许多知名的专家、学者出席了这次会议，来自各地的代表围绕报告内容，就聚合物纳米复合材料的国际国内的研究水平现状和进展、聚合物纳米材料的制备技术和方法、产业化进展、涉及的表征和标准评价方法等进行了深入、充分的研讨，得到以下几点共识：

① 目前，中国聚合物纳米复合材料的研究开发和产业化水平与国外已经产生较大差距，同时正面临国外新兴公司的强大竞争；

② 中国聚合物纳米复合材料的开发正进入一个产业化的关键时刻；

③ 当务之急之一是尽快制订统一的定义和评价测试方法；另外，为促进产业化进展，制定开发较早、社会上应用较多的聚合物纳米材料用蒙脱土的标准，时机基本成熟；

④ 应该建立包括从事树脂合成、塑料加工、塑料机械、标准化以及理论研究和国防安全方面的产、学、研紧密联系的产业化团队，共同攻关，推进中国聚合物纳米复合材料的产业化；

⑤ 会议按照上述原则，确定了 6 个产业界部门，7 个高校和 3 个中科院的研究所作为首批产业化建议书起草团队。

在充分研讨的基础上，会议也组织了大专院校、研究院所和企业的代表分头根据所在单位的实际需求收集资料，撰写有关建议报告，并预计在会后 1 个月内形成正式报告，递交有关部门。

本年度四类塑料制品国家免检

国家质检总局日前公布了 2004 年度开展免检工作的产品类别目录，26 类产品被列入，其中包括建筑防水卷材、塑料管材、PVC 型材、塑料薄膜等塑料制品。

由于近年来我国基础建设以及房地产业迅速发展，与之配套塑料建材制品凭借其优异的性能和低廉的价格竞争力呈现产销两旺的局面，产业快速壮大，产品从数量到质量都有了大幅度提升。同时，近两年塑料在包装产品中用量越来越多，已成为包装材料的首选。

产品质量免检工作国家每年进行一次，获得免检资格的产品在有效期内免于各级政府部门的质量监督检查。获得免检证书的企业在免检有效期内可以自愿在免检产品或者其包装上使用规定的免检标志。到目前为止，全国已经有 1 184 家企业的产品获得国家免检资格。

【5 月】

福建省箱包原辅材料行业协会成立

福建省箱包原辅材料行业协会成立，泉州市人民政府廖小军副市长、中国塑协廖正品会长到会并致词。福建省箱包原辅材料行业协会的成立，将有利于福建省箱包生产、经营企业建设专业市场，并带动相关产业的发展，形成区域效应，塑造区域品牌，把福建省的箱包原辅材料行业做大做强。行业协会的成立的目的，一是要加强协调和协作，反映会员单位的愿望和要求，保护会员的正当利益和合法权益，成为会员之家；二是协会成立只是工作的开始，协会的工作应当为企业服务，当好政府参谋助手，发挥桥梁和纽带作用；三是协会会员单位应当从各方面支持行业协会履行职责，做好协会各项工作，把协会办成一个团结进取、务实高效的现代行业协会！

加拿大塑料工业协会魁北克代表团应邀来华考察

应中国塑协的邀请，5 月 9 日加拿大塑料工业协会魁北克分会负责人 Pierre G. Fillion 率领的代表团一行 10 人抵达北京，开始为期 12 天的中国访问。

10 日，中国塑协常务副会长李国俊先生、《中国塑料》主编杨惠娣女士等与该代表团举行了座谈。会议由加拿大使馆商务一等秘书张安隆主持，他介绍了该代表团此行的目的以及近几年来两国之间的商业合作和交流日渐增多，对两国的经贸合作的前景表示乐观，并希望该代表团在中国的访问达到预期的目的。他还说今年 6 月加拿大会有一个大型的代表团来华参加在上海举行的第十八届国际橡塑展览会，届时将举行一个大型的宴会邀请中国塑料界的人士参加，增加与中国企业交流和合作的机会，这将是双方塑料界企业精英的一次大聚会。

Pierre G. Fillion 先生首先感谢中国塑协为这次访问提供的方便和给予的帮助，并表示出今后加强双方的交流和合作的意向。他介绍说塑料工业是加拿大魁北克省的第二大工业，而中国是当前世界上经济发展最快的地区，加拿大希望在挤出成型（特别是吹塑饮料瓶或医用瓶）、注射成型、塑料包装、塑料门窗、模具制造等多方面进行合作，也可以在一些高技术领域如纳米技术方面进行合作，还可以通过合资、独资和收购的方式在中国投资，与中国企业合作经营，增进双方的经贸往来和技术交流。

李国俊副会长向客人介绍了中国塑料工业现状和中国塑协的相关情况，就双方感兴趣的话题进行了交流，回答了代表团成员提出的问题。对加拿大使馆与中国塑协的越来越密切的关系表示赞赏，表示中国塑协将进一步在信息和沟通渠道上与加拿大方面建立长期稳定的联系，增进两国的友谊和交流，推动两国塑料经贸和技术合作。加拿大塑料专家考察的中国北方的几个城市，是中国政府现阶段的经济工作重点区域之一，这对振兴东北经济和进一步的互利合作无疑具有现实意义，并表示将鼓励中国企业到加拿大考察和投资，推动双方互动式、双赢的合作和交流，座谈会结束后全体人员在加拿大使馆合影留念。

全国塑料制品标准化技术委员会 SAC/TC48 会议召开

全国塑料制品标准化技术委员会 SAC/TC48 2003 年 TC 年会、全国塑料制品标准化技术委员会泡沫塑料分技术委员会 SAC/TC48/SC2 2003 年年会及泡沫塑料六项标准审查会于 5 月 10～13 日在江苏省无锡市召开。

全国塑料制品标准化技术委员会主任廖正品、轻工业塑料加工应用研究所所长刘万蝉、全国塑料制品标准化技术委员会副主任兼泡沫塑料分技术委员会 SC2 主任钱汉英、副主任兼 TC 秘书长陈家琪等共 35 位代表参加了会议。年会由陈家琪秘书长主持，廖正品主任、刘万蝉所长在年会上讲了话。

年会上传达第一次全国专业标准化技术委员会秘书长工作会议关于国家标准全面清理整顿的精神。清理工作分为标准归口确认、评价清理、专家评审、数据汇总整理、网上公示和公布最终清理结果六个阶段。清理工作包括 2004 年 3 月底已经批准发布的推荐性、强制性国家标准和已经批准的国家标准修订计划项目，1998 年以前的计划项目一律终止。标委会正在进行标准归口确认工作，于 2004 年 5 月 31 日前将确认结果报国家标准委。

年会传达了国家标准化管理委员会关于调整国家标准计划项目编制方式的通知，从 2004 年开始，国家标准计划项目全部实行网上申报，随时接受标准计划项目申报，全国专业标准化技术委员会可接申报国家标准项目，其他单位和个人可提出国家标准项目提案。国家标准委每一季度下达一次计划项目。

年会讨论了国家标准化组织 ISO/TC61 将于 10 月在中国召开年会，我委员会参加中国代表团等事宜。

年会还着重研讨了我标委会 20 周年庆祝纪念活动事宜，决定编辑《塑料制品标准化 20 年》（名称暂定）纪念册。还讨论了庆祝纪念活动筹备工作机构、活动经费来源及企业同贺方式等事宜。

泡沫塑料六项标准审查会审查通过了国家标准《喷涂硬质聚氨酯泡沫塑料》、《软质泡沫聚合塑料——恒定负荷反复压陷耐疲劳性能的测定》、《高聚物多孔弹性材料撕裂强度的测定》、《软质泡沫聚合材料硬的测定（压陷法）》、《硬质泡沫塑料吸水率的测定》及行业标准《泡沫塑料吸水性试验方法》。

无机粉体改性塑料环境友好材料研发、应用及技术标准研讨会召开

全国无机粉体改性塑料环境友好材料研发、应用及技术标准研讨会于 5 月 22～24 日在湖南省长沙市举办。

中国塑协廖正品会长在开幕式上做了重要讲话，湖南省政协阳宝华副主席、长沙市人民政府曾慧明副秘书长以及湖南省塑料行业协会、湖南省工商银行、湖南省质量技术监督局、省、市环保局、科技局等地方部门领导也到会对会议在长沙举办也表示欢迎和祝贺。这次会议是一次针对性很强的专题研讨会，会议主题明确，内容丰富，时间紧凑，收效很大。参会人员踊跃，到会人数 170 多人。会议采取大会专家报告与专题讨论相结合的形式，为代表提供了广泛交流的机会。

通过讨论和协商，大家达成以下共识。

1. 无机粉体改性塑料是一种新型环境友好材料，它既不同于纯树脂制成的塑料，又不同于已往的降解塑料，我们倡导的是用更好性能价格比的材料，用更符合时代特征的技术与方法，为社会提供功能性、经济性和环保性有机统一的新型材料。

2. 无机粉体改性塑料作为新型环境友好材料目前还不能承担令“白色污染”彻底消失的神圣使命，但比起行政手段禁产、禁用、经济手段收费收税、技术手段降解等收效甚微的办法和措施来，这种材料的研制与应用，特别是在不易回收利用的塑料包装制品方面的应用，将起到极其重要的、又有可靠的实际效果的作用。

3. 从社会上最关心而又最无奈的聚乙烯薄膜及袋着手，从最能显示无机粉体改性塑料材料的环保优势的产品做起。为了更好地维护行业的形象和对社会、对消费者负责，起草制定有关的产品标准势在必行。专委会根据形势的要求和众多企业的愿望，决定

成立“光钙型环境友好材料无机粉体改性聚乙烯薄膜（袋）标准起草小组”。

4. 在听取了国家环境保护总局环境认证中心领导关于环境产品认证的意义和必要性后，很多改性塑料企业表示出申请认证的积极性。专委会为了积极引导会员单位和改性塑料企业从事环境产品认证，已与国家环境保护总局环境认证中心达成原则协议，承担有关环境标志产品认证的咨询工作，为此专委会决定成立“中国改性塑料企业环境标志产品认证（咨询）工作委员会”，承担对会员单位和企业申请产品环境标志认证的有关程序进行指导和咨询的任务。

此次会议吸引了众多从事无机粉体材料和改性塑料生产的企业，一大批首次与会的企业在会上正式加入了改性塑料专业委员会，专委会为这些单位办理了理事单位证书和个人理事证书，并给部分新会员颁发了铭牌。为了更好地发挥龙头骨干企业在所在地区的带头和示范作用，也为改性塑料行业的技术进步继续做出贡献，专委会还在会上宣布了分别将湖南科汛环保塑料有限公司、广西煤炭科学研究所和上海林达塑胶化工有限公司三个单位设立为“中国塑料加工工业协会改性塑料专业委员会科研试验开发生产基地”的决定，并在大会上颁发了基地铭牌。为了更好地利用电子媒介促进行业交流、宣传企业业务、产品和树立企业形象，专委会经过几个月的筹备，委托北京逸心庭文化发展有限公司建立了“中国改性塑料网”，并在此次大会开幕式举行了“开网仪式”，由专委会赵安赤理事长亲自按下了开网电钮。专委会相信通过这一符合时代特征的新的媒介形势，专委会的凝聚将得到进一步加强，为会员单位服务的武器和形式也得到进一步提高。第一批成为中国改性塑料网普通网员和黄金网员都已在网上亮相。

专委会会前编辑出版了《无机粉体改性塑料环境友好材料研发、应用及技术标准研讨会论文资料集》，对收入论文资料集的二十多位论文作者颁发了“第十七届塑料改性技术及应用学术交流会”优秀论文证书，并对到会的论文作者颁发了奖励。

【6 月】

“TPU 双面高低温热熔粘接功能薄膜”项目可行性研究报告获专家论证

2004 年 6 月 3 日山东科特乐股份有限公司召开了“TPU 双面高低温功能性薄膜”项目可行性研究报告专家论证会，中国塑协廖正品以专家组鉴定委员会副主任委员参加了论证会议。

1. 热塑性聚氨酯（TPU）双面高低温热熔粘接功能薄膜是利用两种不同熔点的热塑性聚氨酯（TPU），经共挤流延得到的一种供户外活动用品复合材料黏合用的膜材料，由于膜的两面熔融温度不同（高温面在 170℃左右、低温面 130℃左右），可以分别热熔黏合布基材料和泡沫材料，较之其他的粘接方法和粘接材料具有粘接牢固、加工方便、气密性好等特点。TPU 本身是一种环保型新材料，因其具有良好的抗菌性、耐水解性、抗紫外线、防火透湿性、耐低温、耐老化，且分子结构单纯（碳 C、氢 H、氧 O、氮 N），在焚化炉燃烧室中燃烧处理时不产生有毒气体，材料埋于土壤中时受湿度和微生物作用，3～5 年可自行分解，体现出该种材料良好的环保功能，是当前符合时代发展潮流的新型环境友好材料，符合国家产业政策，属自主创新项目，应给予大力支持。

2. 该产品采用先进的共挤流延生产线及合理的加工工艺制造，能达到结合力极强的目标，并经共挤流延工艺生产一体化的薄膜，技术路线正确、合理，科学性和创新性明显。

3. 项目投资预算基本合理，在产销平衡的前提下应注意边角余料的回收与利用，进一步降低成本，提高产品的竞争力。

4. 该产品已从研究试验阶段转入中试生产阶段，并具备批量生产条件。试产品的性能达到了国外产品性能指标为参考的企业标准 Q/AFT 001—2004 的要求，经用户使用表明可以满足加工和使用要求，且价格便宜，与进口产品相比具有较强的市场竞争力。该产品不仅填补了国内空白，而且可替代进口产品或直接进入国际市场，具有良好的经济效益和社会效益。

5. 试生产情况表明，该产品生产工艺合理、设备运行稳定、技术水平先进、质量保证体系完善，已具备产业化生产的基础条件。

“第十八届中国国际塑料橡胶工业展览会”召开新闻发布会

“第十八届中国国际塑料橡胶工业展览会”新闻发布会于 6 月 8 日在北京举行，雅式展览服务有限公司朱裕伦董事长、中国塑协廖正品会长及兄弟协会的领导、嘉宾、企业、新闻界的朋友们出席了新闻发布会。朱裕伦董事长在发布会上指出：于 6 月 29 日～7 月 2 日重临中国上海新国际博览中心，规模为历届之冠。今届展会将有 8 个国家及地区组织庞大展团参展，来自 23 个国家及地区逾 800 家参展商，将展出多元化的化工原材料及近 500 台先进的机械及设备，令“2004 国际橡塑展”稳占全中国以及亚太区最具规模国际橡塑展的地位。展会现场将设有七个产品专区，除此，现场将增设中国出口展品馆，专门展示中国制造的最新机械及物料，相信对海外观众具有极大的吸引力，并且已有来自 70 多个国家/地区的观众已预先登记，此外，大会将同期举行“塑料与橡胶建材生产-新趋势与新技术”研讨会、“塑料于汽车配件生产中之应用：如何提高生产效率及竞争力”研讨会以及“2004 食品、饮料塑料包装国际论坛”，令参展商、业内人士以及买家有更直接的交流机会。

中国国际塑料橡胶工业展览会自 1983 年以来已成功举办了十七届，分别在北京、上海、广州轮流举办，为促进各省市区塑料工业的发展，推动塑料行业提升整体水平，主办各方始终坚持打造国际塑料橡胶驰名品牌，促进中外信息交流，引进国外先进技术，增进中外技术合作，难忘的第十七届国际橡塑展已在全国乃至全球产生了深远的影响。它已成为中国塑料橡胶行业及相关行业颇具规模、中外人士反响最佳的塑胶博览会，是国内塑料橡胶用户与国内外厂家进行业务洽谈机技术交流的“双赢”盛会。在展会期间除举办多个专题研讨会外，还举办中国塑协理事会议等大型活动。

中国塑协农用薄膜专委会第三届二次理事会召开

中国塑协农用薄膜专委会第三届二次理事会于 6 月 10～12日在河北省保定市召开。31 家理事单位及相关单位、新闻媒体共计 58 位代表到会。中国塑协会长兼秘书长廖正品、副秘书长丁言行、保定市市长王昆山、河北宝硕集团有限公司董事长兼总经理周山应邀参加会议并指导工作。

农膜专委会理事长韩连贵做了本届理事会上半年的工作报告，并对今后重点工作指出思路，同时向理事会提交了九项审议议题，秘书长金洪波做了财务报告。

代表们认真审议并通过了“工作报告”和“财务报告”，对会议提交审议的九项议题进行了充分的讨论，一致同意对理事会进行适当的调整，在原 41 家理事单位基础上，因转产、破产退出理事单位 7 家，新增补理事单位 8 家，现有理事单位为 42 家；一致同意关于制作专委会会标、铜牌、创办会刊、理事单位会费收缴由每次交齐四年改为每次交齐两年的会费；同意设立专职副秘书长及 2004 年第三届二次会员代表大会年底前在北京召开等有关事宜。代表们特别强调要强调行业自律。

中国塑协召开第四届第一次理事会

中国塑料加工工业协会第四届第一次理事会于 6 月 28 日在上海召开，中国塑协廖正品会长和近 100 多位理事出席了会议。会议由周延龄副秘书长主持，周副秘书长首先介绍了会议议程并请廖会长讲话，廖会长首先对各位理事们为我国的塑料事业的发展及进步和为中国塑协的各项工作做出的努力和辛勤的工作表示崇高的敬意，向各位理事介绍了我国塑料制品工业的近期发展概况和协会工作情况，通报了筹建协会专家委员会的有关情况，最后希望各理事今后继续支持协会各项工作，预祝理事们在参观“第十八届中国国际橡塑展”中有所收获、有所启发。李国俊常务副会长代表秘书处做了“第一次理事会工作报告”、“关于修改协会章程部分条款的议案”、“关于选举产生第四届理事会常务理事的说明”和“关于收取会费的说明”以及将理事长改称为会长。对这些报告、议案和说明，理事们进行了表决，基本同意秘书处的意见，有的尚需通过会员代表大会表决。会议安排了中国塑协异型材和门窗制品专委会、农用薄膜专委会、聚氨酯专委会、人造革专委会和改性塑料专委会的代表向理事们工作汇报。各位理事们热情、诚恳地对秘书处的工作提了许多建设性的意见和建议：如对协会工作，和国外协会相比差距很大，要研究自身发展和行业发展问题，要对行业有引导作用；对协会与下属专委会的关系，提出管理和服务的建议，提醒要关注专委会在不断发展壮大，而协会本身发展缓慢的问题；对专家委员会的设立，建立不要搞成名人俱乐部，希望最终服务于企业，增强协会吸引力，使会员有收益等等。会后，秘书处向出席会议的理事们发放了“中国塑料加工工业协会第四届理事”证书和向专委会发放了民政部的“社团分支机构”证书。

晚上，全国人大常委、轻工业联合会会长陈士能看望了参加会议的理事们，在廖会长陪同下与理事们共进晚餐。部分代表利用这个机会简略地汇报了本地区、本企业塑料事业的情况及问题。晚餐后陈会长和理事们合影留念。

6 月 29 日上午会议组织理事们到上海浦东新国际博览中心参加了“第十八届中国国际塑料橡胶展览会”的开幕式并参观了展览。部分理事还参加了国内外一些展团或企业的产品介绍会、招待会或酒会。

第十八届中国国际塑料橡胶工业展览会在上海隆重召开

6 月 29 日～7 月 2 日由雅式展览服务有限公司、中国塑协、上海塑料行业协会、上海外经贸商务展览公司共同主/协办，欧洲塑料和橡胶工业机械制造商协会独家赞助的“第十八届中国国际塑料橡胶工业展览会”在上海浦东新国际博览中心隆重开幕。全国人大常委、中国轻工业联合会会长陈士能出席了开幕式并剪彩。中国塑协会长廖正品、雅式展览服务有限公司董事长朱裕伦出席了开幕式并致辞。

本届展览会总展出面积达 60 000 平方米，共有

26个国家和地区的937个单位参展，包括中国、德国、意大利、奥地利、韩国、加拿大、美国、英国、日本等。在四天的展期内共有57 700多观众参观展览，其中7 000多名观众来自中国大陆以外的50个国家和地区。本次展览比2002年在上海举行的“国际橡塑展”增长65%，是自1983年举行首届以来最具规模的一届。

国际橡塑展同期举行了多场专题研讨会活动，借此促进技术交流。展会期间，除举办多个专题研讨会外，中国塑协还举办了中国塑料管道专委会会员大会、中国塑协理事会议等大型活动。

【7月】

中国塑协复合膜专委会第四届二次理事会召开

中国塑协复合膜专委会第四届二次理事会于7月6日在上海召开。中国塑协廖正品会长出席了会议并讲话。中国塑协复合膜专委会有21个理事单位出席了本次会议。

本次会议重点讨论了以下几个议题：①修改并审定通过专委会章程；②通过无记名投票选举产生了四个副理事长单位；③专委会秘书处设在北京，并推选了两名副秘书长；④制定了本年度工作计划；⑤讨论并通过了2004年会费收取标准；⑥确定于9月下旬在安徽黄山召开第四届三次理事会。

“2004年中国国际软包装设备及新型材料工业展览会”举办

由中国科协新技术开发中心、上海励华国际展览有限公司主办，中国塑协复合膜制品专委会作为支持单位的“2004中国国际软包展”(Sino-Flexpack 2004)，于7月7～9日在上海光大会展中心举办。励展博览集团亚太总裁马日豪、上海励华国际展览有限公司董事总经理贺文雄、中国塑协会长廖正品为开幕式剪彩并致词。

此次展览会是2004年度国内最具规模、最具影响力的一次软包装领域的专业盛会，是以软包装为主题的专业展览会。展出面积达8 000平方米，标准展位450余个，展品覆盖软包装工业制版、印刷、复合及后加工全部过程。本次展览会邀请了众多知名的软包装设备、原料及服务供应商共同集中展示当今最为领先的软包装设备、原料及相关配套服务。

多层共挤中空成型机通过鉴定

受广东省科技厅委托，由汕头市科技局主持，鉴定委员会主任廖正品会长等专家，于7月13～14日在广东金明塑胶设备有限公司对2SPZADV-1双模头五层共挤双工位中空成型机进行了技术成果鉴定。鉴定委员会听取了项目的研制、技术经济分析、检测和科技查新等报告和用户意见，对样机和生产现场进行了考察并审查了技术文件，经讨论鉴定意见如下。

1. 技术文件资料完整、统一，符合国家有关标准要求，可以指导生产。

2. 经广东省汕头市产品质量监督检验所检验，该产品各项技术指标符合广东省企业产品标准QB/GDJM1—2003《塑料中空成型机》（备案号QB/44050025982—2003）。

3. 该产品采用“一种非圆塑料挤出螺杆”、“一种塑料多层共挤机头装置”、“一种中空塑料器具成型装置”的自有专利技术；采用五层共挤双模头、型坯壁厚自动控制、管坯自动封切、双工位移模和锁模、余坯切除、制品在线自动测漏以及计算机集中控制等高新技术，有明显的创新性。

4. 该产品结构设计合理，自动化程度高，适用于PA、EVOH等多种树脂生产具有高阻隔功能的五层共挤塑料中空成型制品，制品层间不混料，厚薄均匀，是一种新型的多层共挤中空成型设备。该产品具有良好的性能价格比，用户评价高，市场前景广阔，可以替代进口的同类产品，具有显著的经济效益和社会效益。

【8月】

生物降解塑料产业化鉴定会召开

由中国科学院广州化学研究所研制的以二氧化碳、环氧乙（丙）烷为原料，在高分子负载双金属氰化络合物（PBM）催化作用下，通过调节聚合制备聚碳酸亚乙（丙）酯树脂和以此树脂为原料生产生物降解型聚氨酯泡沫塑料的技术。该所与泰兴金龙大厦公司共同组建了江苏玉华金龙科技集团金龙绿色有限公司，将该项目进行了产业化。8月14日国家环保总局在泰兴主持了该产业化项目的鉴定会。

1. 完成了40吨/年PBM催化剂和2000吨/年脂肪族聚碳酸酯示范生产线设计和建设，并成功进行了试生产，工艺合理，产品质量稳定，重现性好。

2. 利用泰兴CO_2气田资源，生产开发出环保型具有生物降解功能的聚氨酯泡沫塑料，对消除白色污染有重要的环境意义和社会意义，具有巨大的市场开发前景。

3. 所生产的PBM催化剂催化效率较高，脂肪族聚碳酸酯多元醇树脂分子量在2 000～8 000之间，环状碳酸酯含量为8%～12%。经中国环科院测定其30

天需氧生物降解率为 32.7%，超过国家标准 45 天需氧降解率大于 20%的要求，为生物降解型泡沫塑料。

4. 该项目为具有自主知识产权的创新性工作，在 CO_2 催化活化技术、聚合物分子量调控技术、聚氨酯泡沫塑料的高生物降解性等方面达到了国际先进水平。

出席鉴定会的专家有中国科学院程镕时院士、中国工程院张懿院士和清华大学袁乃驹教授、轻工业塑料加工应用研究所刘万蝉所长、中国塑协副会长李国俊等。

该项目生产的聚氨酯泡沫塑料可用于出口包装，符合西方国家的环保要求，可以解决我国目前产品因包装不符合要求的问题，不仅可替代进口，为国家节约外汇，而且可出口，具有广阔的市场前景。

聚氨酯泡沫行业加速淘汰 ODS 研讨会召开

8 月 17 日，聚氨酯泡沫行业加速淘汰 ODS 研讨会在新疆乌鲁木齐市举行。此次研讨会由国家环保总局外经办泡沫行业淘汰 ODS 特别工作组主办。旨在通过本届研讨会，分析聚氨酯行业加速淘汰所面临的问题，解决当前的突出矛盾，以确保加速淘汰活动的如期实现。

国家环保总局外经办主任刘亿、中国塑协会长兼秘书长廖正品、新疆轻工业行业管理办公室主任郑建民等领导出席了研讨会并讲话。来自全国聚氨酯泡沫行业的专家、学者、企业家代表共计 70 多人参加了此次会议。

刘亿主任指出，如果泡沫行业在 2007 年 7 月完成了淘汰任务，即不再使用 CFC-11 作为发泡剂，就标志着中国整个消费行业完成了履约任务。因为其他的 CFC 消费行业，已在 2005 年和 2006 年完成，消费行业实际上只有泡沫行业需要提前。

中国提前 2～3 年拆除 CFC 生产线，有利于打击 CFC 的非法生产和非法消费。加速淘汰对履约目标的实现至关重要。为了实现加速淘汰，我们必须明确当前的任务：向企业宣传加速淘汰政策、发布申报项目的截止日期、做好项目评估审计等。

在 2007 年 7 月行业 CFC-11 的消费量达到零的时候，我们还只完成了第一步的目标，而第二步的目标还包括做好后续工作，如监控非法生产和使用等问题；继续开发并完善替代品，以及制定相应的行业标准等。中国是《蒙特利尔议定书》的缔约方。按照议定书的要求，中国已在 1997 年冻结了哈龙和 CFC 的生产和消费，即不再增加这些破坏臭氧层物质的生产和消费量。而那时，使用这些物质的行业还没有合适的替代品可应用，或是价格太高，或是技术不稳定。现在，中国将面临的是在 2016 年冻结 HCFC 的目标，企业和行业都有更多的时间准备，而且很多行业也具备了替代品的开发和生产的能力，因此，企业在选择替代技术和替代品的时候一定要考虑到环境因素，特别是保护臭氧层的需要。

中国塑协副秘书长、泡沫行业淘汰 ODS 特别工作组组长付永彬在会上表示，中国聚氨酯泡沫行业提前淘汰 ODS 意味着要实现两个主要目标：一是参与行业机制的项目要求在 2006 年年底要基本完成；二是尽量减少或不产生对行业的负面影响，同时使行业具有可持续发展的能力。

会议还设立了题为“加速淘汰计划对聚氨酯泡沫行业 CFC-11 替代的影响”的专题研讨，烟台万华北京研究院院长霍澎涛向来宾介绍了国内外泡沫行业 ODS 替代技术发展方向及零 ODP 发泡剂的应用现状和趋势，行业专家分析了软、硬泡行业在加速淘汰活动中面临的挑战及对策，而企业界代表也从未来市场的角度分析了加速淘汰活动的优势所在。

芜湖天华塑业“环保型无黏合剂食品包装膜”项目通过鉴定

8 月 25 日，由安徽省科技厅组织中国塑协廖正品等专家，在合肥召开了芜湖市天华塑业有限责任公司承担的芜湖市科研开发计划项目“环保型无黏合剂食品包装膜”成果鉴定会。

该项目技术创新点新颖：一是在引进先进设备的基础上，自行开发进行了重大技术改进，利用特殊的静态混炼器使原料在模腔中进行二次塑化，达到了特殊的质量效果；二是在生产工艺上，对各辊筒之间相互压力、张力和模具各加热段温度进行了优化，提高了无黏合剂复合薄膜的剥离强度；三是对主要部件硅胶辊的结构及其与冷却钢辊夹角进行了改进，使薄膜在高温状态下与基材接触时间充分，提高了薄膜复合牢度。

通过其技术和设备的改进，实现了无黏合剂复合膜工艺，从根本上解决了溶剂残留的难题，产品经安徽省产品监督检验所和安徽省化工产品质量监督检验站检测，各项技术指标均优于国家标准 GB/T 10005—1998 要求，该新型包装材料符合国家重点鼓励发展的产业、产品和技术目录的规定，经用户使用反映良好。

【9 月】

中国名牌暨质量管理先进表彰大会隆重召开

9 月 1 日中国名牌暨质量管理先进表彰大会在北

京隆重召开，国家质检总局葛志荣副局长宣读了“关于表彰2004年中国名牌产品生产企业的决定”，北京电视台主持人宣读了2004年中名牌产品名单，大会为荣获2004年中国名牌产品企业代表颁发了奖牌，中国工业经济联合会名誉会长、中国名牌战略推进委员会主任林宗堂同志到会并讲了话。由中国塑料加工工业协会推荐并荣获此项殊荣的有：佛山塑料集团股份有限公司的“双象”牌、北京华盾雪花塑料集团有限责任公司的“华盾”牌、河北宝硕股份有限公司创业塑料分公司的“宝硕”牌、山东清源集团有限公司的“清田”牌。据悉此次参评的产品中，农资产品较少，在今年入选的225家企业生产的48大类272个产品中首次出现了4个农膜产品（聚乙烯大棚膜）。

2004第三届人造革合成革行业国际论坛暨标准审查会议召开

9月3～4日，中国人造革合成革行业“第三届人造革合成革行业国际论坛暨标准审查会”于上海召开。参加会议的有：中国塑协会长廖正品，中国塑协人造革专委会理事长沈士华、副理事长冯庶君，温州合成商会会长孙福荣、秘书长郑笃权，中国合成皮革网总经理李涛，烟台万华超纤股份有限公司总经理曹培利等。

中国塑协人造革专委会理事长沈士华致欢迎辞，中国塑协会长廖正品就行业现状及发展趋势发言，在大会报告、发言的国内、外领导、专家、教授共18位。

论坛重要课题主要有：水基聚氨酯的发展及应用、中国及亚太区合成皮革产业的现状和发展、行业调查报告、05/06秋冬服装鞋类箱包国际流行趋势、如何避免及应对欧盟的反倾销等贸易保护措施、合成革工业污染及排放标准、超细尼龙纤维聚氨酯合成染色技术、无纺布技术在人工皮革上的应用等。

会议对行业标准进行了审查，通过部分行业标准，随着标准的逐步完善，中国人造革合成革行业的发展将更加系统和规范化。我国《合成革工业污染及排放标准》将于2005年上半年制定。温州市环境监测中心站受国家环保总局委托，作为组长单位负责组织起草合成革污染排放标准。

中国塑协复合膜制品专委会召开第四届三次理事会议

中国塑协复合膜专委会第四届三次理事会于9月11日在黄山召开。

“专委会”17个理事单位出席了本次会议，九个理事单位因故缺席。中国塑协会长廖正品出席会议并做了重要讲话。理事长单位上海人民塑料印刷厂副厂长包燕敏主持了本次会议，理事认真讨论了如下议题：

1. 由无锡国泰彩印有限公司起草的“组织建设及会员发展计划”；

2. 由上海紫江彩印包装有限公司起草的“标准中心方案”；

3. 由江苏彩华包装集团和北京德宝商三包装印刷有限公司共同起草的“信息中心及网站方案”；

4. 中国包协塑料包装委员会第20号文件。

经会议充分讨论最终形成12项决议；会议期间到会理事参观了黄山永新股份有限公司。

汕头市塑胶商会举行换届大会

汕头市塑胶商会于9月16日召开第四届一次会员大会。到会会员及嘉宾160多人，中国塑协会长兼秘书长廖正品到会并讲了话，广东省塑协理事长符岸在会上致贺词，汕头市领导欧阳志鸿、谢惠鹏到会祝贺。

汕头市塑胶商会有企业会员150多家，已形成塑料原辅材料生产、制品加工、机械及模具制造、具有一定技术优势和生产规模的工业体系，成为汕头的重要工业支柱之一。作为改革开放以来汕头市最早成立的行业商会，成立13年来，积极发挥桥梁、纽带和助手作用，以邓小平理论和“三个代表”重要思想引导广大会员爱国、敬业、诚信、守法，开展技术创新、管理创新，使企业上规模、上档次、创名牌、争先进，使汕头的塑胶产业跻身于全国先进行列。

会上选举产生了新一届领导班子。汕头塑胶商会的创始人张鹏瑜先生荣任荣誉会长，广东南洋电缆集团董事长郑钟南先生当选会长。

意大利塑料管道加工技术交流会举行

“意大利塑料管道加工技术交流会”在沈阳召开。廖正品会长代表中国塑协及中国塑协塑料管道专委会对会议的召开表示热烈的祝贺。

意大利对外贸易委员会罗马总部官员Francq Morti（伊娜莫拉蒂）女士、意大利塑料橡胶机械和模具制造厂商协会Mario Maggiani（马扎尼）副理事长先生、意大利欧洲标准委员会顾问Ennio Sorta（索塔）先生、意大利Amut公司远东技术商务经理Andrea Crespi（克莱斯皮）先生、意大利GECO集团地区经理Giorgio Bartoli Petroni（派特鲁尼）先生专程来到中国做了报告。

中国塑协与意大利对外贸易委员会、意大利塑料橡胶机械和模具制造厂商协会等单位的合作已有很久时间了，从1986年开始几乎每年都有活动。在2003年的11月初中国塑协塑料管道专业委员会组织了11名会员单位的代表，参加了在意大利米兰举办的“塑料管道企业管理人员培训班”，学习之余还参观考察了6家意大利的塑料管道加工企业和设备生产企业。通过这些活动，大家感到获益匪浅，在生产、技术、质量、管理、创新和市场监控等方面都有很大的收获。

中国塑协24个专委会获国家民政部批准登记

中国塑协自2001年起按照民政部的要求对分支机构进行重新复查登记工作以来，已经有24个专委会经民政部审查，符合有关规定，准予登记。现将民政部批准登记的我协会所属24个专业委员会名单公布如下：

- 农用薄膜专业委员会
- 改性塑料专业委员会
- 中空制品专业委员会
- 人造革专业委员会
- 异型材及门窗制品专业委员会
- 注塑制品专业委员会
- 复合薄膜制品专业委员会
- 聚氨酯制品专业委员会
- 聚氯乙烯硬板制品专业委员会
- 编织制品专业委员会
- 多功能母料专业委员会
- 泡沫塑料EPS专业委员会
- 工程塑料专业委员会
- 氟塑料加工专业委员会
- 降解塑料专业委员会
- 医用塑料专业委员会
- 废弃塑料再生利用专业委员会
- 塑料节水器材专业委员会
- 塑料技术协作委员会
- 滚塑专业委员会
- 硬质PVC低发泡板材专业委员会
- 塑料管道专业委员会
- 双向拉伸聚酯薄膜专业委员会
- 双向拉伸聚丙烯薄膜专业委员会

【10月】

11家塑料管道生产企业喜获“产品质量国家免检”资格

10月10日，国家质检总局在北京召开了2004年度国家免检产品颁证大会，26类489家企业的产品被授予免检资格，其中福建亚通新材料科技股份有限公司、广东联塑科技实业有限公司、广东顾地塑胶股份有限公司、佛山市日丰企业有限公司、浙江永高塑业发展有限公司、浙江中财管道科技股份有限公司、临海市伟星新型建材有限公司、金德管业集团有限公司、四川泰鑫实业发展有限责任公司和佛山市顺德区雄塑实业有限公司、四川康乐塑胶制品有限公司生产的塑料管材榜上有名。

2000年开始的中国产品质量国家免检项目一直受到行业的高度重视，中国塑协塑料管道专业委员会也一直进行跟踪，经过多方不懈的努力，终于使塑料管材成为目录中的一项。今年获得免检资格的11家企业是该目录的第一批企业产品，将在三年有效期内免于各级政府部门的质量监督检查。到目前为止，已经获得国家免检产品的1 489家企业的66类产品，涉及日用品、食品、工农业生产资料、建材等行业。

这11家塑料管道生产企业喜获“产品质量国家免检”资格，将会带动塑料管道行业总体质量水平的提高，形成重视产品质量、提高服务水平、加大开发力度的良好氛围，会极大地促进塑料管道行业的健康发展。

2004中国（乐从）塑料经贸洽谈会召开

2004中国（乐从）塑料经贸洽谈会10月12～14日于佛山市顺德区乐从德富展览中心隆重召开。本届展会由中国石油化工股份有限公司、中国塑协、广东省塑料工业协会和佛山市顺德区人民政府共同主办，佛山市顺德区乐从镇等单位承办。中国轻工业联合会副会长兼秘书长王世成出席了开幕式并致辞剪彩。中国塑协会长廖正品出席了开幕式并剪彩。广东、上海、江西、湖南、福建、云南、深圳等塑料行业协会领导出席了开幕式。

本届展览会展位数增加到340余个，比去年增幅近20%。中国石化及其下属燕山石化、齐鲁石化、上海石化、扬子石化、茂名石化、广州石化等子公司和中国石油均参展。

人造革合成革ISO 14025产品环境声明技术要求论证会召开

由中国塑协、中国轻工业清洁生产中心、中国塑协人造革专委会和温州合成革商会于10月13日在温州举办了“人造革合成革ISO 14025环境声明技术要求”论证会。参加此次会议的有温州人造革有限公司、烟台万华超纤股份有限公司、温州五洲人造革有限公司、温州正大利人造革有限公司等有关领导及专家共计13人。会议由中国轻工业清洁生产中心李卓丹主任对人造革合成革 ISO 14025 环境声明技术要求进行了宣讲，对 ISO 14025 环境声明即“Ⅲ型环境声明”的具体内容进行了详细的介绍，与会代表对人造革合成革 ISO 14025 环境声明技术要求进行了认真而热烈的讨论并制定了具体方案。

我国于 2002 年开始开展以 ISO/TR 14025 为基础的产品环境声明计划，目前已经有 19 种产品 200 多家企业通过了 ISO 14025 产品环境声明国际标准认证。同时，国家重大科技专项《重要技术标准研究》已经将“Ⅲ型环境声明”纳入该项目当中，并已取得了很大的进展。

ISO 14025 产品环境声明主要是通过对产品的设计、生产、使用和废弃等整个生命周期进行全过程分析，通过文件审核、现场监测、产品检测和计算，获得关于企业生产状况和产品的质量环境信息，并通过数据表的方式将这些信息向社会公布，例如，汽车内装饰用革可以公布其阻燃性、挥发性、耐磨性、雾度及其生产过程中 DMF 的回收等指标信息，这样企业家的社会责任，公众的消费权利等在有关信息公告上给予反映、企业家得到公平竞争的机会、消费者能够更加放心地购买所需要的产品。

中国农用塑料应用技术学会举行成立 20 周年庆典活动

10 月 13 日中国农用塑料应用技术学会成立 20 周年庆典暨农用塑料制品分会 2004 年年会在安徽合肥举行，中国塑协廖正品会长参加庆典活动，对多年来关心、支持塑料学会、协会的各级政府、各级领导以及中外塑料界同仁和朋友们特别是日本米可多株式会社、安徽国风集团等国内外公司表示了最诚挚的敬意和衷心的感谢。20 年来，中国农用塑料应用技术学会在推动我国农用塑料制品研制及其农业应用技术开发与推广方面，开展了大量富有成效的工作，为我国农用塑料产业的发展和农业科技进步做出了重要贡献。面向 21 世纪，在“十五”计划末和“十一·五”计划着手制订之际，作为兄弟协会的中国塑协将一如既往地与中国农用塑料应用技术学会紧密团结、同舟共济，积极倡导重点农膜生产企业多生产高品质知名品牌的农地膜，为农用塑料行业服好务，为本行业企业服好务。

第一届生物分解材料技术与应用国际研讨会召开

10 月 14 日我国首届生物分解材料技术与应用国际研讨会在四川成都召开，中国塑协会长廖正品应邀出席了会议，并发表讲话。

为使该行业能健康有序地发展，我国在完善检验和标准体系方面已开展各项工作。到目前为止，已经制定了 13 个国家标准，其中 10 个是由 BMG 完成的，并着手完成生物降解材料标志的认证工作。显而易见，这标志着中国降解塑料行业进入了一个新的理性的发展阶段。

2004 年全国塑料异型材及门窗制品行业年会召开

10 月 15～18 日，“2004 年全国塑料异型材及门窗制品行业年会”及“塑料门窗企业大型学习、培训班”在天津市召开。国家发展改革委员会、商务部、中国轻工业联合会、中国塑协、天津市建委、天津建材协会领导莅会并做了重要讲话。来自全国各地的异型材及门窗制品行业及相关的原料、助剂、设备、模具、型材、门窗、配件等生产企业的代表出席了会议，京、津、冀部分房产建筑业代表以及中国化工报、中国氯碱网、中国建材报、中华建筑报等多家媒体列席了会议。

本届年会以“提高行业素质、融入全球经济”为主题，以“行业保护”、“名牌培育”、“行业自律”、“新国标贯彻”为主要内容。

中国轻工业联合会张善梅副会长向与会人员介绍了轻工系统近年来发展情况和对国家所做的贡献，以及进出口方面经常遇到的问题等。国家发展改革委经济运行局柴开平处长向与会代表介绍了国际、国内石油的供需状况，发展情况分析以及今后石油价格走势，谈论了与石油产品相关产业如何应对的看法等。商务部产业损害调查局刘永平处长较详细地介绍了我国对外贸易的法律、法规、商务部在对外贸易中的部分职能和作用，以及我国部分涉外企业中存在的一些带有共性的问题，并提出了一些应对策略、办法供参考；中国轻工业联合会杨立司长向大家介绍了中国名牌培育工作过程中，名牌培育、名牌产品评定工作程序，名牌产品必须具备的条件等。中国塑协廖正品会长概括地介绍了塑料加工行业近年来的发展情况和各种产品产业近年来所面临的市场形势变化情况。天津市建委建材办李翔主任向大会介绍了该市城市建设简况，分析预测了建材产品的需求品种和数量。

中国塑协异型材及门窗制品专业委员会秘书长王存吉向大会报告了一年来的工作，分析了产业面临的形势指出了业内存在的问题，提出了走出困境、健康发展的一些具体措施和办法，展望了产业的前景。最后大会通过了专委会秘书处的财务报告。会上针对产业发展问题，部分企业高层领导也以书面形式做了发言。

大会期间，召开了专委会五届二次理事会扩大会议，会议表决通过了秘书处提交的“行业近期主要工作内容”。通过的近期十二项工作内容：①贯彻 GB/T 8814—2004 型材标准，做好产品转型工作；②准备编制“彩色型材”行业标准；③组织编写“行业自律”、“行业行为准则”，以及实施方式、方法等；④开展行业内“价格违法举报”活动，维护、建立行业内正常的市场竞争秩序；⑤依靠、协助国家相关执法部门打击“劣质产品”、“假冒产品”行动，净化市场环境；⑥加强与政府相关部门的联系，在产业保护、产业政策、外贸出口相关政策方面寻求支持和帮助；⑦开展“中国名牌产品”培育工作，争取早日诞生塑料异型材中国名牌产品；⑧为行业的健康发展，为国际化大市场竞争做好准备，培育“产业支撑骨干企业”群体；⑨讨论组织成立专委会的“专业工作组”，如“行业统计工作组”、“专家技术组”、“外贸事务组”、“行业工作商议会”、“产业保护工作组”等；⑩组织成立“中国塑协异型材门窗专委会沿海地区塑料门窗技术研发中心”；⑪组织成立“中国塑协异型材门窗专委会木塑挤出制品联合研制开发中心”；⑫提请申报上级主管协会修改章程中有关“理事长”更名为“会长”，“副理事长”更名为“副会长”的提案。

会议召开期间，还举办了型材门窗产品供需信息发布、业务洽谈活动；举办了门窗技术学习培训活动；还辟出充分的场地进行了企业宣展。

会议统一了以下思路。

1. 从 2003 年下半年以来，行业面临的形势越来越严峻，主要表现在三个方面：原料 PVC 和各种化学助剂价格一路高扬，企业生产成本增大；产能发展过快，供需差距巨大，市场上演绎的价格竞争严重影响了行业内企业的正常经营状态，更多的企业生存受到威胁；具有短期行为的企业逐年增多，劣质产品的影响范围正在全面逐步扩大，严重影响了塑料门窗的产品形象，市场环境被污染。

2. 塑料型材门窗产业目前面对的局面，是大多数产业发展过程中都难以避免的，是从发展到成熟的一个转折阶段。化学建材是节能材料、环保材料、可重复利用材料，化学建材产业顺应了可持续发展的时代要求，受国家产业政策鼓励和支持，尽管一时会遇到这样或那样的问题和波折，但其前景依然是十分光明的。

3. 目前的形势正在加快促进产业结构的调整，将逐渐形成以大企业为主导，中型企业为支撑，小型企业为辅助的产业结构格局。

会议号召如下。

1. 加强行业自律、建立行业行为准则、维护正常的市场竞争秩序、公平竞争，实现真正意义上的优胜劣汰、适者生存。

2. 依法维护企业的合法权益不受侵害，对“价格违法”、“质量违法”等违法现象进行举报，打击各种违法事件。

3. 在这一变革时期，产业内各企业要与时俱进，积极探讨进行集约整合，结构调整和企业转型。走规模化、系列化、专业化发展之路，实现由大变强。

4. 各企业积极行动起来，拓展国内的应用市场；走出去，开辟国外产品市场，参与国际市场竞争。伴随行业的发展、时间的推移，现在的单体企业竞争逐渐转向群体企业间的竞争，国内局部的不完整竞争将逐渐转变为国际化的、全方位竞争，行业也将从规模经济化而逐步走向国际化。行业内企业应积极做好适应国际市场竞争环境、参与国际化市场竞争的各方面准备工作。

5. 企业的产品应该在改善和提高居民的居住水平，满足个性化需求方面多下工夫，坚持“毫不妥协的足量标准”，建立良好的产品市场形象。

会议期间，促成了企业间数笔商贸合作、达成了许多商贸意向，通过展示、交流，许多优秀产品得到业内外众多人士的关注和赞扬。

第 53 届 ISO/TC61 年会召开

第 53 届 ISO/TC61（国际标准化组织 61 技术委员会）年会于 10 月 16～23 日在中国成都召开，来自世界 20 个国家和地区的 264 名代表参加了会议。得地利之便，中国代表团是人数最多的代表团，达到 88 人；其次是日本代表团，70 人；以下依次是美国 22 人、德国 20 人、英国 15 人、法国 9 人、意大利 7 人、韩国 6 人、捷克和马来西亚各 4 人，加拿大、泰国、瑞士、印度、荷兰各 3 人，西班牙和瑞典各 2 人，芬兰、比利时和中国香港各 1 人。另外，还有多名中国代表列席了会议。

ISO/TC61 的工作主要包括塑料领域产品和材料的应用规范、命名和测试方法的标准化。其工作目的是及时发展与质量、市场相关的塑料材料和半成品的测试方法，以及维护全球塑料行业标准。

ISO/TC61 下属的 10 个分会分别是 SC1、SC2、SC4、SC5、SC6、SC9、SC10、SC11、SC12、SC13 和两个 TC 直属的工作组 WG1 和 WG2。其中，SC1 负责名词术语，SC2、SC4、SC5 和 SC6 负责各种测试方法，SC9、SC12 和 SC13 负责与材料相关的标准，SC10、SC11 负责半成品标准，WG1 专门制定对消费者安全的香烟打火机标准，WG2 为环境工作组。

成都年会各分会就各自分管的标准反馈意见、制修订情况、进展，以及今后的工作任务共召开了大大小小89个会议。商业计划讨论会主要内容是关于塑料回收利用，会上派发了相关的白皮书。商业计划是ISO技术委员会工作的重要组成部分，目的是使ISO标准适应当前市场的急需，将标准与快速的商业环境要求和趋势相结合，评估不同的标准项目，以求更加充分地利用资源，充分发挥国际标准的作用。

多功能TPU复合织物的研发项目通过验收

山东科特乐股份有限公司多功能热塑性聚氨酯（TPU）复合织物的研制与开发项目于10月19日在北京通过专家验收。中国塑协廖正品会长参加了本次鉴定会。

该项目利用TPU的亲水性透湿原理，采用螺旋多层挤出膜生产工艺，选用了环保型热固式黏合工艺制成的复合结构面料，具有良好的阻挡病毒和透湿性能的同时，还具有阻燃、抗紫外线和抑病毒等性能，填补了国内空白，特别适合高危环境，户外环境人员使用。产品综合性能良好，生产工艺先进。

产品经中国人民解放军特种功能防护服装质量检测中心等单位检测，其技术达到了国家科技攻关计划任务的各项要求。2003年非典型肺炎和2004年禽流感爆发以来，开发出了新型医用一次性和多次性防护服，面料生产了近千万平方米；经北京、山西、河北、内蒙古等地使用，用户反应良好。

中国塑协改性塑料专委会年会召开

中国塑协改性塑料专委会2004年年会暨中国改性塑料高新技术成果与产业发展论坛于10月27～30日在浙江省台州市召开，来自全国20多个省市170多位代表出席了本届年会。中国塑协廖正品会长发表重要讲话。台州市路桥区叶勤华副区长介绍台州塑料制品工业的盛况，并提出即将打造占地400亩的“华东塑料城”的宏伟蓝图。专委会赵安赤理事长致开幕词。

本届年会依照专委会章程增补了11个单位为常务理事单位，增补上海申威达机械有限公司为副理事长单位，并由廖正品会长亲自颁发“副理事长单位”铭牌，大会进行了技术及业务交流。

28日下午全体代表参观了中国吉利汽车集团公司和三友控股集团有限公司。

29日中国第四届塑料交易会开幕。29日下午“中国改性塑料高新技术成果与产业发展论坛”开幕，中国科学院化学研究所王德禧研究员等四位专家分别就汽车、家电用改性塑料、纳米PET材料、稀土多功能助剂在塑料改性中应用、纳米聚烯烃塑料等高新技术成果做了报告。

30日在两个会场继续进行专家报告。四川大学黄锐教授、清华大学赵安赤教授、清华大学胡平教授就塑料的增强、增韧技术、木塑复合材料以及生物医用高分子材料等方面的内容做了报告；在另一个会场北京工商大学王锡臣教授、轻工业塑料加工应用研究所刘英俊教授级高工和福建师范大学化学与材料学院陈庆华副院长就塑料与环境、废弃塑料再生利用以及无机粉体材料改性塑料技术等方面的问题发表看法并与大家进行探讨，并进一步推进了光钙型环境友好聚乙烯薄膜（袋）技术标准的起草工作。

第四届中国塑料交易会开幕

10月29日第四届中国塑料交易会暨2004中国（台州）科技成果专利技术展览会在浙江台州开幕。国家有关部门领导、主办和协办单位领导、大会组委会负责人、参展企业代表、市有关部门领导、路桥区四套班子有关领导、各级新闻记者出席了开幕式。

第四届中国塑料交易会是塑料制品、原料、机械、模具、技术的全方位展示。台州素有“塑料制品王国”的美誉，拥有塑料企业近万家，去年实现销售收入270亿，每年塑料原料消耗量占全国的八分之一。塑料产业已成为台州最具发展潜力的支柱产业之一。经过历年积累和提升，中国塑料交易会已发展成为全国最具影响力的专业展会之一。

中国塑协召开与部分省市塑料协会工作座谈会

10月29日下午，中国塑协廖正品会长在中国塑料交易会期间与部分省市塑料协会领导就协会建设、发展和塑料行业“十一·五”规划的制订思路方面做了座谈。

各省市塑料协会领导畅所欲言，纷纷介绍了自己省市塑料行业发展情况，交流了协会工作的特色、经验和心得，探讨了今后协会工作的发展方向，以促进今后协会工作的顺利开展，进一步推动中国塑料工业的发展。会议还就“十一·五”规划制定的精神、思路交流了看法，在今年年底之前，要做出中国塑料行业“十一·五”规划草稿。各地方协会关于“十一·五”规划的建议，也将作为中国塑料行业“十一·五”规划的重要组成部分予以重视。

目前中国塑料工业发展在地域分布上极不平衡，各省市在市场经济发展程度和塑料加工技术水平、产业结构、投资环境等许多方面具有不同特点，各省市塑料协会发展情况和面临的问题也各不相同，各位代表表示针对当前发展状况，各协会应发挥地区优势，紧密联系企业，为企业服好务，积极搞好在新时期面临的新任务、新工作。

鉴于塑料工业在促进区域经济发展、就业、致富等方面越来越被地方政府重视，各地方为了协调和促进当地经济发展依托或组建塑料协会，通过章程来组织、协调和管理，使塑料加工业发展与当地经济发展协调化、合理化、有序化。为此，各省市塑料协会工作越来越多，挑战与机遇并存，为各地经济发展将起着不可忽视的推动作用。在各自定位不同情况下为本地区塑料行业发展所做的大量工作，会极大地促进塑料行业发展。所有这些都为我国塑料行业的发展做出了贡献，也极大地提升了塑料协会在企业中的威信，增强了企业凝聚力，为进一步推动各项工作开展打下了坚实的基础。

【11 月】

中国塑协人造革专委会理事扩大会议召开

中国协人造革合成革专委会理事扩大会议于 11 月 9～10 日在广州市花都区召开。参加会议的有来自全国各省市的 37 名代表。其中常务理事、理事代表 30 名，理事长、副理事长 8 名，秘书长、协会顾问等 7 名。中国塑协常务副会长李国俊出席了会议并做了重要讲话。冯庶君副理事长做了“中国人造革合成革专业委员会 2004 年度工作报告”，对国内外人造革合成革工业的现状和发展趋势做了分析和预测，并对专业委员会现在的工作以及今后如何开展工作做了安排。

会上，对专业委员会近两年来的工作给予了肯定，并对人造革合成革行业发展和专委会今后工作的开展提出了许多宝贵意见和建议，如希望专业委员会对中国人造革合成革可持续发展做好调查、研究和分析，充分了解产业政策及时发布这方面的信息，对人造革合成革行业和企业起到指导作用，在行业自律、对外交流、对于反倾销和在国际贸易争端方面要发挥应有的作用。专业委员会工作今后的设想如下。

1. 在加强人造革合成革行业技术交流与合作方面，专业委员会将积极加强组织国际交流和上下游及相关行业的沟通与合作。

2. 在完善壮大人造革合成革专业委员会组织与功能方面，将引进人才，建立健全职能化、专业化相关机构，并尽快组建新的北京秘书处、中国人造革合成革专业委员会工作网站。

3. 在推动行业发展方面，专业委员会将采取各种措施，为企业服务，帮助行业中的优势企业做战略、创名牌，协助困难企业走出困境。

4. 尽快推动尚未开展的工作，帮助企业培训各类人员，为促进科研成果产业化做好桥梁工作，帮助企业捕捉商机。

5. 协助企业加强规范化建设，包括“Ⅲ型环境标志”和推广“生态人工皮革”，推广高新技术，加强行业监督和自律，维护行业整体利益。

2004 中国（狮岭）国际人造革合成革知识产权和绿色产品标志论坛暨广东省人造革合成革原辅材料与机械设备研讨会召开

11 月 9～10 日由中国塑协、中国塑协人造革专委会和广东省塑料皮革工业协会主办的 2004 中国（狮岭）国际人造革合成革知识产权和绿色产品标志论坛暨广东省人造革合成革原辅材料与机械设备研讨会在广州市召开。本次会议是 2004 中国（狮岭）第四届皮革皮具节重要活动内容之一，是继去年成功举办的“2004 中国（狮岭）国际人造革合成革企业家高峰会”之后的又一次行业盛会，参加会议的有来自全国各地 80 个单位 107 名代表。大会主题是“知识·绿色”。会议就中国加入 WTO 后，人造革合成革经济在融入世界经济的形势下，以知识产权战略、名牌战略和环保战略推动行业发展为核心内容，进行了广泛的交流。

会议由李国俊、冯庶君主持。论坛大会首先由广州市花都区区长向大会致辞，同时还做了“广东花都皮革皮具形势与发展”的报告。中国塑协廖正品会长做了重要讲话，中国名牌战略推进委员会荣剑英副秘书长做了演讲。中国塑协常务副会长李国俊进行会议总结，并要求代表们回到各自单位后及时和各地科技人员进行交流，以尽快提高我国人造革合成革行业的专业技术水平，为全行业的清洁生产、环境标志、专利战略、名牌推进携手同步奋斗，收获“绿色的硕果”。

本次论坛大会为代表准备了“中国人造革合成革”、“国内外人造革合成革专利汇编”等具有学术性、专业性的技术资料和文件，主要是专利汇编工作是行业资料的价值性充分体现。

中国塑协塑料管道专委会召开新闻发布会

中国塑协塑料管道专委会召开新闻发布会，将 UPVC 给水管的真实情况向大家做了一番说明，希望能因此消除业内外对 UPVC 给水管的疑虑。

1. 给水用硬聚氯乙烯（UPVC）管材简况。

2. 在加工 PVC 制品的时候，必须加入热稳定剂才能生产，聚氯乙烯（PVC）属热敏性塑料，加工温度高时极易降解，因此必须在混合料中加入称之为热稳定剂的辅助材料才能生产制品。

3. 符合标准的使用铅盐类稳定剂的 UPVC 管道，卫生性能不会对人体健康构成威胁。在 PVC 塑料中添加少量含有铅盐的稳定剂，伴随着 PVC 塑料的问世已有近一个世纪的历史了，事实是合理的配方条件下，人们使用的含有铅盐的 UPVC 管道并不会导致铅中毒。

4. PVC 加工业逐渐禁铅是大势所趋。

5. 热稳定剂的品种不只有铅盐类稳定剂。

6. 建设部仍在推荐包括 PVC 材料在内的塑料管道。

北京建委和规划委联合发布的“关于公布第四批禁止和限制使用建材产品目录的通知”中，提出限制（并没有完全禁止）用铅盐作为稳定剂的 PVC 饮用水管材、管件，根本没有限制非铅盐稳定剂的 PVC 管用于给水，也没有提出限制和禁止 PVC 管材、管件用于建筑等领域。

建设部发布的《关于发布〈建设部推广应用和限制禁止使用技术〉的公告》（建设部第 218 号）中，仍提出城乡供水塑料管系统、建筑给水塑料管道系统中推荐采用包括非铅盐稳定剂的 UPVC 管在内的一些塑料管道，而其他应用领域也并没有非铅盐稳定剂的限制。

UPVC 塑料管道以其相对低廉的价格和良好的性能，而具有较高的性价比。这也是 PVC 得到广泛应用的重要原因，使得其在世界各地给水管网、建材、工业等方面成为理想的材料而被广泛应用。所有这些充分说明了今后 UPVC 管我国仍将具有十分广阔的市场前景，有很大的发展空间。

正因为如此，我们希望全社会正确看待 PVC 管道产品，不要因为某些过激议论和失实传言而对国家文件精神产生误解，以致完全排斥其在给水领域的应用；希望相关 PVC 及其他管材生产企业、销售商、媒体等方面能了解真实情况，正确地舆论引导消费，不发表夸大和偏颇的言论，消除人们对 UPVC 管道制品铅问题的可能恐惧和疑虑，促进中国塑料管道行业健康有序发展。

塑料管道专委会发布产品行业指导价格

目前塑料管材的原材料价格增幅很大，市场比较混乱，产品质量水平、市场价格相差较大，而有的用户并不了解真实的情况、合理的成本组成和市场价格。

中国塑协塑料管道专业委员会决定从 2004 年 10 月起由专家组及部分相关生产企业共同制定管材产品行业指导价格，并根据原材料等方面的变化定期发布，供生产者、应用者以及相关部门在生产、销售、采购、制定招标文件及政策等方面参考。以期共同营造一个生产、使用合格产品，拒绝不合格产品的市场环境。本次发布 6 个品种的行业指导价格，其他品种今后将陆续补齐 。

1. 给水用硬聚氯乙烯（UPVC）管材（非铅盐稳定剂）；

2. 排水用 UPVC 管材；

3. 燃气用埋地聚乙烯（PE）管材；

4. 给水用 PE 管材；

5. 埋地排水用 UPVC 双壁波纹管材；

6. 埋地排水用 PE 双壁波纹管材。

《中国塑料工业年鉴（2004）》出版

由中国塑协主办，中国塑协和全国塑料加工工业信息中心组稿、编辑的《中国塑料工业年鉴（2004）》出版。

《中国塑料工业年鉴（2004）》为第 3 卷，在时间和内容上与 2001 版、2002/2003 版保持连续，全面反映了中国塑料工业的最新发展状况，是了解中国合成树脂、塑料助剂、塑料模具、塑料机械和塑料制品行业的权威和综合性文献。

年鉴分为专论（中国塑料工业基本现状与发展重点、蓬勃发展的中国塑料管道行业、根据市场需求开发聚丙烯树脂牌号、近几年我国塑料制品出口状况分析等）、大事记（塑料行业大事记、塑料行业反倾销大事记等）、全国塑料工业生产经营情况统计、500 家全国塑料制品业销售收入亿元以上企业、我国塑料制品进出口统计、国家与塑料行业相关的政策法规、合成树脂及塑料制品海关关税税则税率、各地区塑料工业、主要制品行业（农用薄膜、塑料管道、塑料异型材和塑料门窗、包装材料、复合软包装、可发性聚苯乙烯、聚酯薄膜、双向拉伸聚丙烯薄膜、人造革合成革、注塑制品、工程塑料、医用塑料、氟塑料、降解塑料、色母粒等）概况、标准化工作及最新颁布的国家标准目录，塑料行业上市公司情况、化工行业上市公司情况、专利技术、科研院所、高等院校、重点企业、人物风采、中国聚氨酯泡沫行业整体淘汰 ODS 计划及实施情况等。

陈文瑛同志被授予“全国老干部先进个人”荣誉称号

11 月 11 日中国共产党国务院国有资产监督管理委员会做出“国资委轻工离退休干部局党委关于向陈文瑛同志学习的决定”，2004 年 10 月 22 日，中央组织部隆重召开全国老干部先进个人和先进离退休干部党支部表彰大会陈文瑛同志受到表彰。

陈文瑛同志是湖北省浠水人，1918 年 11 月出生。1949 年 5 月参加工作，1985 年 10 月 21 日加入中国共产党，1986 年 12 月退休。退休前任国家轻工业部塑料工业局总工程师。

陈文瑛同志忠诚党的事业，心系祖国轻工业的前途和发展，认真学习马列主义、毛泽东思想、邓小平理论和“三个代表”重要思想，他刻苦钻研，身残志坚，不懈追求，乐于奉献，活到老、学到老、奋斗到老的革命精神是我们每一个同志学习的榜样。

党委号召局全体党员和干部职工向陈文瑛同志学习，以陈文瑛同志为榜样，学习他坚定的共产主义理想，讲党性、讲原则、讲大局、守纪律的政治品格；学习他牢记党的宗旨、全心全意为人民服务的无私奉献精神；学习他关心党的事业，为了祖国的塑料事业发展身残志坚，生命不息、学习不止、奋斗不止的革命精神；学习他乐观向上、笑对人生的革命乐观主义精神。

【12 月】

全国行业协会成就汇报展览会开幕

12 月 9 日上午，杨志海副会长、王世成副会长、李玉娟副会长参观了“全国行业协会成就汇报展览会”，此次展览会由民政部、国家发改委、国资委主办，教育部、科技部等 28 家业务主管单位和各省、自治区、直辖市民政厅（局），计划单列市民政局、新疆建设兵团民政局协办。中轻联有关部室的负责同志及有关行业协会的理事长、秘书长随同参观了展会。

本届展览会围绕“展览、促进、发展、成就”的主题，全面系统地展示改革开放以来我国行业协会的发展历程和经验成就，探讨新形势下行业协会的发展方向，进行全方位和多层次的交流与合作。共有来自 456 家行业协会参展，其中全国性行业协会 229 个，地方行业协会 227 个，展出面积近 20 000 平方米。中轻联组织代管协会组织并参加了本次展览会，中国塑协在本次站会上也展现了自己的形象。从展出规模（225 平方米）、展出内容、展出形象等方面充分展现中轻联及代管协会在社会主义市场经济中整体实力和发挥出的主要作用。

“成核透明剂 ZC-3”项目通过鉴定

12 月 19 日，受山东省科技厅委托，烟台市科技局组织中国塑协等有关专家对烟台只楚合成化学有限公司研制开发的“成核透明剂 ZC-3”项目进行了鉴定。

项目产品以邻二甲苯为起始原料，采用一氧化碳实现甲酰化，合成了关键中间体 3,4-二甲基苯甲醛，再与山梨糖醇脱水缩合，得到了成核剂 ZC-3。经应用实验结果证明，该产品能显著提高聚丙烯（PP）的透明度，光泽度和热变形温度等物理化学性能，有效缩短了产品的成型周期。其产品经检验部门检测，各项指标均符合企业标准。

项目产品采用清洁制造工艺生产，过程规范可靠，检测手段完备，质量保证体系完善，具备批量生产能力。中间体合成工艺填补国内空白，最终产品综合指标达到了国际同类产品先进水平。其产品经国内部分石化企业和塑料改性企业使用，表明应用效果良好。

中国塑料管道创建名牌高峰论坛会召开

为更好的提高行业的质量意识、品牌意识，搭建企业与相关部门的沟通平台，行业能涌现更多的名牌产品、免检产品，提升行业的知名度，配合即将进行的中国名牌产品目录的工作，中国塑协塑料管道专委会组织举办的“中国塑料管道创建名牌高峰论坛”于 12 月 24 日在北京召开。

中国轻工业联合会、中国名牌战略推进委员会、国家质量监督检验检疫总局产品质量监督司综合处、中国塑协、广东省佛山市顺德区质量技术监督局的领导，行业规模大、质量好、管理佳的一些重要企业、15 家会员单位和主管单位的主要领导，以及 8 家媒体的记者，总计 33 个单位的 45 名代表参加了会议。会议分别由中国塑协塑料管道专委会杨洪献秘书长、王占杰副秘书长主持。

中国轻工业联合会综合部杨立副主任、中国名牌战略推进委员会荣剑英常务副秘书长做了专题报告。国家质量监督检验检疫总局产品质量监督司综合处王海东副处长和中国塑协廖正品会长讲了话；中国塑协塑料管道专业委员会陈力辉理事长做了“争创名牌是塑料管道行业健康发展的必经之路”的专题发言。

参会的企业代表介绍了各自企业在质量管理、体系建设等相关方面的情况。大家重点交流了品牌建设工作的经验、做法和效果。各企业还一致表达了申报中国名牌产品和“产品质量国家免检”资格的强烈愿望。

关于如何创建中国名牌产品和获得“产品质量国家免检”资格的讨论中，讨论了具体的目录申请品种，内容如下：

1. 首先要千方百计争取将塑料管道分别列入相关目录；

2. 各企业加强与当地质量技术监督检验部门的联系，汇报情况，取得当地相关政府部门的支持；

3. 专委会秘书处负责与在京相关部门的联系与沟通，加大宣传和影响力度；

4. 秘书处尽早了解进入目录的基本条件、要求和申报程序，并用杂志等方式公布；

5. 建立联系人制度，加强联系，多方发挥资源优胜，促进工作。

实施名牌发展战略暨涂料、建筑塑材等行业争创中国名牌研讨会召开

“顺德实施名牌发展战略暨涂料、建筑塑材等行业争创中国名牌研讨会”召开，中国塑协廖正品会长应邀参加会议并讲话 。

在各级政府和协会组织的大力扶持下，已有一部分先行的企业开始意识到品牌的重要性，从创建品牌中尝到了甜头。2004 年全国共有 11 家企业成为塑料管道行业的首批国家免检产品企业，广东省的 4 家全部集中在佛山市，顺德区就有 3 家。目前，顺德已有 10 个中国名牌产品、36 个省级名牌产品、39 个中国免检产品，这足以说明顺德这一片沃土上有很强的质量竞争和品牌竞争意识，这片沃土已培育了大量名牌产品，还有更多的建塑企业一起加入到创名牌的大潮中来。名牌源于创新，我国建筑塑材行业目前有实力的企业大多具有一定的创新能力，企业申请的专利数逐年增加。企业有区、市、省一级工程研发中心，有的还建有企业博士后流动站，这就为争创中国名牌打下坚实的基础。在各级政府部门、中国质量监督检疫总局、中国名牌战略推进委员会及科技创新名牌培育委员会的领导与关怀下，以及各行业协会和广大企业的共同努力下，认真贯彻落实 1996 年国务院颁布的《质量振兴纲要》、《实施名牌战略、振兴民族工业》，建塑行业一定会涌现出大批中国名牌，为促进国民经济增长、推动行业的进步做出应有的贡献。

（中国塑料加工工业协会副秘书长
丁言行）

2004 年塑料行业反倾销大事记

2004 年，十届全国人大常委会第八次会议通过了新修订的《中华人民共和国对外贸易法》，国家主席胡锦涛签署第 15 号主席令，公布了修订后的对外贸易法。这部新修订的法律在依法维护贸易秩序、促进贸易发展、维护产业权益方面做了更加具体的规定。

此外，在总结两年来“入世”经验的基础上，对中国加入世贸组织时颁布的《中华人民共和国反倾销条例》、《中华人民共和国反补贴条例》、《中华人民共和国保障措施条例》进行了修改。

据有关专家介绍，《中华人民共和国反倾销条例》针对的情况是：进口产品以倾销方式进入中国市场并对已经建立的国内产业造成实质性损害或者产生实质性损害威胁、以及对建立国内产业造成实质性阻碍的。

《中华人民共和国反补贴条例》针对的情况是：进口产品存在补贴，并对已经建立的国内产业造成实质性损害或者产生实质性损害威胁、以及对建立国内产业造成实质性阻碍的。

《中华人民共和国保障措施条例》针对的情况是：进口产品数量增加，并对生产同类产品或者直接竞争产品的国内产业造成严重损害或者严重损害威胁的。

三个条例的制定，曾经为中国顺利适应“后世贸组织时代”，保证经济的公平、有序发展发挥了巨大作用。经过两年多的实践，在总结经验的基础上，2004 年对三个条例的修改将更加有利地维护中国对外贸易秩序和公平竞争，更好地维护中国企业的利益，并使其可以公平地参与国际竞争。

2004 年是我国进入“入世”关键过渡期的重要转折年。随着关税减让、市场准入等“入世”承诺的进一步兑现，国内塑料市场将更加开放，市场竞争更加激烈，塑料企业面临着巨大的市场竞争压力。

加入 WTO 后，中国的关税总水平由 1992 年的 42.7%降至 2004 年的 10.4%。“入世”使我国经济在更大的范围内、更深的层次上参与经济全球化和市场国际化竞争，这既为我国经济发展提供了新的机遇，也提出了严峻挑战。由于世界经济总体复苏缓慢和全球传统产业生产能力继续过剩，一些国家贸易保护主义抬头，与我国的贸易摩擦不断增多。在塑料行业外贸额快速增长的同时，大量进口产品不断冲击国内市场，对国内塑料企业的发展形成一定程度的损害或损害威胁。

据《中国化工报》报道，在对进口产品反倾销方面，截至 2004 年 6 月 30 日，我国先后发起反倾销立案涉及塑料行业 73 起，涉案金额近 31 亿美元，约占同期进口反倾销案件总数和涉案总金额的 76%和 46%。

据商务部有关负责人介绍，与国外已经整整 100 年的反倾销历史相比，中国的反倾销起步很晚，直到 1997 年，才颁布了第一部有关反倾销的条例。正因为如此，中国的塑料企业反倾销意识还很淡薄。其实，反倾销是企业保护自身不受倾销侵害和维护塑料产业利益的重要手段，甚至能挽救陷入困境的企业。

从目前的形势来看，我国塑料企业应最大限度地利用世贸组织规则，充分发挥反倾销等贸易救济手段的作用，提升我国塑料行业应对贸易摩擦的筹码和反制裁能力；从而确保企业能够更主动地维护国内产业的合法利益，改善产业发展环境，使国内塑料行业在更为公平的市场环境中开拓生存空间。塑料行业应该做到以下几个方面。

一要努力提高运用贸易救济措施的水平和能力，充分发挥其依法保护国内塑料产业的作用。要学习和掌握世贸组织的有关法律和我国的入世承诺，不断增强我国化工产品在国内外市场的竞争力和占有率。塑料行业不但要积极主动运用贸易规则，反对其他成员贸易歧视和贸易保护主义，还要学会运用作为世贸组织成员的各项权利，维护行业的正当利益。

二要努力提高塑料产业的国际竞争力，把提高产业国际竞争力作为应对贸易摩擦的根本性工作来抓。我国一些塑料企业在国际市场上已经有了不凡的表现，但是与国际知名公司相比，还有一些差距。塑料行业应当通过大力推广技术创新、实施名牌战略，提升产品档次和质量，提高企业防范风险能力；还要培育具有国际竞争力的大公司、大集团，重视科研开发、强化企业内部管理、增强企业市场营销竞争能力；同时，加强环保意识，顺应潮流，将环保纳入塑料化工产品对外贸易发展战略。

三要继续完善产业损害预警机制，提高预警监测分析的广度和深度。“入世”后，我国产品原有的国际市场份额受到严峻挑战，甚至遭到更多的反倾销乃至反补贴起诉。2002 年 11 月，我国开始实施《对外贸易壁垒调查暂行规则》，标志着中国初步建立了贸易壁垒调查制度，塑料行业应当逐步完善产业损害预警机制。

四要充分发挥中国塑料加工工业协会等行业组织在维护产业安全工作中的作用。行业组织的一个重要作用是积极协调会员企业的关系，制定行业自律规范，维护行业公平竞争，促进行业有序发展。实践证明，行业自律是减少贸易摩擦的重要手段。同时，还要经常了解国外进口产品的种类、价格变化以及对本行业的影响情况，当发现进口产品对塑料化工产业冲击大、有倾销嫌疑时，及时向政府主管部门提出反倾销立案调查建议。

展望 2005 年，中国关税总水平将从 10.4%降至 9.9%，我国塑料行业将有 99 个税目的进口关税同比下调，并使塑料行业的平均税率降至 6.9%；我国将高密度聚乙烯和低密度聚乙烯的进口税下调 1.3%，降至 10.3%；此外，有 6 个税目的进口关税将降至零，包括磁带或磁盘等塑料制品（数据摘自《中国石油化工》），由此可见，贸易摩擦还会继续加剧。针对全球贸易保护主义抬头、对我国产业造成严重损害或者严重损害威胁增多的情况，塑料行业应遵循世贸组织规则，合理运用有关权利，妥善解决贸易摩擦，加强全行业维护产业安全的法律意识和自我保护意识，动员社会各方面力量共同保护塑料化工行业的产业安全。本文中的多种资料摘自中华人民共和国商务部，在此表示感谢！

下面将 2004 年部分塑料化工行业反倾销情况进行简单摘录。

1. 美国商务部对原产于中国聚乙烯零售包装袋做出反倾销初裁

2004 年 1 月 26 日，美国商务部发布公告，对原产于中国的聚乙烯零售包装袋做出反倾销初裁。本调查是应美国包装袋生产商组成的临时性组织——聚乙烯零售包装袋委员会 2003 年 6 月 20 日提交的申诉请求而启动的。涉案产品海关编码为 39232100.90。

由于中国被视为“非市场经济国家”，因而在本案调查和裁决中以印度作为替代国。

美国商务部对中国聚乙烯零售包装袋的初裁结果如表 1 所示。

表 1 美国商务部对中国聚乙烯零售包装袋的初裁结果

生产商/出口商	倾销幅度/%
Hang Lung 公司	0.12
United Wah 公司	16.55
Nantong 公司	12.71
Rally 塑料制品公司	9.01
Glopack 公司	4.45
Ming Pak 公司	32.19
Zhongshan 公司	57.09
北京 Lianbin 公司	12.71
东莞 Zhongqiao 公司	12.71
Good-in 控股公司	12.71
广东 Esquel 公司	12.71
Nan Sing 公司	12.71
宁波繁荣公司(Ningbo Fanrong)	12.71
宁波环森公司(Ningbo Huansen)	12.71
雨陆公司(Rain Continent)	12.71
上海大志公司(Shanghai Dazhi)	12.71
上海方胜公司(Shanghai Fangsheng)	12.71
上海京泰公司(Shanghai Jingtai)	12.71
上海轻工公司(Shanghai Light Industrial)	12.71
上海五矿公司(Shanghai Minmetals)	12.71
上海新爱兰公司(Shanghai New Ai Lian)	12.71
上海海外公司(Shanghai Overseas)	12.71
上海 Yafu 公司	12.71
威海 Weiquan 公司	12.71
厦门 Xingyatai 公司	12.71
新汇恒龙公司(Xinhui Henglong)	12.71
中国其他公司	80.52

注：公司名称为音译。

2. 我国对原产于日本、韩国、美国和台湾地区的苯酚做出反倾销终裁

中华人民共和国商务部公告2004年第2号

根据《中华人民共和国反倾销条例》的规定，经商原国家经济贸易委员会，原对外贸易经济合作部于2002年8月1日公告立案，决定对原产于日本、韩国、美国和台湾地区的进口苯酚（以下称“被调查产品”）进行反倾销调查。

一、终裁决定

经过调查，商务部终裁决定原产于日本、韩国、美国和台湾地区的进口苯酚存在倾销，中国大陆苯酚产业遭受了实质损害，同时，商务部认定倾销和实质损害之间存在因果关系。有关裁定的具体内容见本公告附件《中华人民共和国商务部关于对原产于日本、韩国、美国和台湾地区的进口苯酚反倾销调查的终裁决定》。

二、征收反倾销税

依据《中华人民共和国反倾销条例》的有关规定，国务院关税税则委员会决定，自2004年2月1日起，对原产于日本、韩国、美国和台湾地区进口到中华人民共和国境内的苯酚征收反倾销税。

应征收反倾销税的产品为在中华人民共和国海关进口税则号中列为：29071110。

对该产品的描述如下：

产品名称：苯酚

英文通用名称为：Phenol。

产品分子式：（略）

产品特征和用途：苯酚，俗名石炭酸，常温下为无色针状或白色块状晶体，是重要的有机化工原料之一，在工业上用途广泛，主要用于制备酚醛树脂、双酚A、己内酰胺、烷基酚、水杨酸等工业原料，还可以用作溶剂、试剂和消毒剂，在合成纤维、塑料、医药、农药、香料、染料、涂料和炼油工业等领域中也有应用。

对各公司征收的反倾销税税率如下：

（一）日本公司

1. 日本三井化学株式会社（Mitsui Chemicals, Inc. Japan）：6%

2. 其他日本公司：144%

（二）韩国公司

1. 锦湖P&B化学株式会社（Kumho P&B Chemicals，Inc.）：5%

2. 其他韩国公司：16%

（三）美国公司：36%

（四）中国台湾地区

1. 台湾化学纤维股份有限公司（Formosa ChemicalsS&Fibre Corporation）：3%

2. 台湾信昌化学工业股份有限公司（Taiwan Prosperity Chemical Corporation）：5%

3. 其他台湾地区公司：19%

三、征收反倾销税的方法

进口经营者自2004年2月1日起，进口原产于日本、韩国、美国和台湾地区的被调查产品时，应向中华人民共和国海关缴纳相应的反倾销税。反倾销税以海关审定的成交价格为基础的到岸价格作为计税价格从价计征，计算公式为：反倾销税额＝海关完税价格×反倾销税税率。进口环节增值税以海关审定的成交价格为基础的到岸价格加上关税和反倾销税作为计税价格从价计征。

四、反倾销税的追溯征收

对自2003年6月9日起至本裁定公告之日止有关进口经营者依初裁决定向中华人民共和国海关所提供的现金保证金，按终裁定所确定的征收反倾销税的商品范围和反倾销税税率计征并转为反倾销税，与之同时提供的进口环节增值税现金保证金一并转为进口环节增值税。对在此期间有关进口经营者所提供的现金保证金超出反倾销税和与之相应的进口环节增值税的部分，海关予以退还，少征部分则不再补征。

对实施临时反倾销措施决定公告之日前日本、韩国、美国和台湾地区的进口苯酚不再追溯征收反倾销税。

五、征收反倾销税的期限

对原产于日本、韩国、美国和台湾地区的进口苯酚征收反倾销税，实施期限自2004年2月1日起5年。

六、新出口商复审

对于上述国家和地区在调查期内未向中华人民共和国出口被调查产品的新出口经营者，符合条件的，可依据《中华人民共和国反倾销条例》第四十七条的规定，向商务部书面申请新出口商复审。

七、期中复审

在征收反倾销税期间，有关利害关系方可根据《中华人民共和国反倾销条例》第四十九条的规定，向商务部书面申请期中复审。

八、行政复议和行政诉讼

对本案终裁决定及征收反倾销税的决定不服的，根据《中华人民共和国反倾销条例》第五十三条的规定，可以依法申请行政复议，也可以依法向人民法院提起诉讼。

附件：中华人民共和国商务部关于对原产于日本、韩国、美国和台湾地区的进口苯酚反倾销调查的

终裁决定（略）

中华人民共和国商务部

二OO四年二月一日

3. 欧盟终止对原产于中国等国的聚乙烯袋和聚丙烯袋的反倾销复审调查

2004年2月10日，欧盟委员会发布公告，决定终止对原产于中国、印度、印尼和泰国的聚乙烯袋和聚丙烯袋的反倾销日落复审调查程序。涉案产品海关编码为63053281、63053391、39232100、39232910、39232990。

欧盟委员会曾对原产于中国、印度、印尼和泰国的上述产品征收反倾销税，并在该项反倾销措施到期前，接到欧盟聚烯烃类纺织物协会提起的日落复审申请。基于该协会的申请，欧盟委员会启动了对原产于中国等国的聚乙烯袋和聚丙烯袋的反倾销日落复审程序。

2003年10月22日，欧盟聚烯烃类纺织物协会致函欧盟委员会，要求撤回其对中国、印度、印尼和泰国出口欧盟市场的聚乙烯袋和聚丙烯袋反倾销日落复审的请求。根据欧盟理事会［384/96］规则的相关条款，欧盟委员会决定终止对原产于上述四国的聚乙烯袋和聚丙烯袋的反倾销日落复审程序。

4. 欧盟对原产于澳大利亚、中国和巴基斯坦的对苯二甲酸二乙基酯做出倾销初裁

2004年2月19日，欧盟委员会发布公告，对原产于澳大利亚、中国和巴基斯坦的对苯二甲酸二乙基酯做出倾销初裁，决定对澳大利亚、中国和巴基斯坦的对苯二甲酸二乙基酯（PET）征收临时性反倾销税。涉案产品海关编码为39076020。

对各公司征收的反倾销税税率如下：

常州华源蕾迪斯有限公司（Changzhou World-best Radici Co., Ltd.）：17.4%

远纺工业（上海）有限公司（Far Eastern Industries Shanghai Ltd）：12.6%

江阴兴业塑料制品有限公司（Jiangyin Xingye Plastic Co. Ltd）：21.0%

江阴成升包装材料有限公司（Jianggyin Cheng-sheng New Packing Material Co. Ltd）：29.5%

湖北长风化纤有限公司（Hubei Changfeng Chemical Fibres Industry Co. Ltd）：18.1%

5. 美国商务部对原产于印度、印尼、中国台湾地区和泰国的瓶级聚对苯二甲酸乙烯酯做出反倾销和反补贴终裁

2004年4月20日，应美国聚对苯二甲酸乙烯酯生产者联盟、美国瓶级聚对苯二甲酸乙烯酯生产者特别联盟、DAK Americas，LLC(PA)公司、Nan Ya Plastics Corporation America(SC)、Voridian(TN)公司和Wellman有限公司的申请，美国商务部对原产于印度、印尼、中国台湾地区和泰国的瓶级聚对苯二甲酸乙烯酯进行反倾销立案调查，并对原产于印度和泰国的瓶级聚对苯二甲酸乙烯酯进行反补贴立案调查；2004年8月30日，美国商务部对原产于印度和泰国的瓶级聚对苯二甲酸乙烯酯做出反补贴初裁；2004年10月28日，美国商务部对原产于印度、印尼、中国台湾地区和泰国的瓶级聚对苯二甲酸乙烯酯做出反倾销初裁，如表2、表3所示。

表2　美国商务部对原产于中国台湾地区的瓶级聚对苯二甲酸乙烯酯做出的反倾销终裁结果

国家/地区	企业名称	倾销幅度/%
中国台湾地区	Far Eastern Textile	0.10(微量)
	其他台湾公司	0.10(微量)

表3　中国台湾地区涉案产品的进口统计

年　份	2001年	2002年	2003年
进口量/千克	1 612 689	4 783 272	29 241 870
进口额/美元	1 457 736	3 754 600	26 013 155

6.《中华人民共和国反倾销条例》重新修订并发布

据新华社报道，2004年4月6日，新华社授权发布修订后的《中华人民共和国反倾销条例》。修订后的条例共6章59条，内容包括总则、倾销与损害、反倾销调查、反倾销措施、反倾销税和价格承诺的期限与复审以及附则。

修订后的反倾销条例规定，商务部认为出口经营者做出的价格承诺能够接受并符合公共利益的，可以决定中止或者终止反倾销调查，不采取临时反倾销措施或者征收反倾销税。中止或者终止反倾销调查的决定由商务部予以公告。依有关规定中止或者终止反倾销调查后，应出口经营者请求，商务部应当对倾销和损害继续进行调查；或者商务部认为有必要的，可以对倾销和损害继续进行调查。终裁决定确定倾销成立，并由此对国内产业造成损害的，可以征收反倾销税。征收反倾销税应当符合公共利益。

7. 美国国际贸易委员会对原产于中国的塑料制食品容器启动知识产权调查

应美国新泽西州Newspring工业公司2004年5月17日提交的申请，2004年6月16日，美国国际贸易委员会发布公告，决定对原产于中国的塑料制食品容器启动侵害知识产权调查。涉案产品为用于出售给餐馆等最终消费者和食品加工企业用于包装食品的塑料制容器。

申诉企业称，根据《美国1930关税法案》第337条款，原产于中国的上述产品侵害了其所拥有的知识产权。2004年6月3日，Newspring工业公司提交了补充申诉材料。

该公司请求美国国际贸易委员会针对原产于中国的塑料制食品容器下达永久性禁止令。

美国国际贸易委员会现已确认的本案被告为：泰州Huasen日用品有限公司；江苏Sainty有限公司。

美国国际贸易委员会将在启动调查后45日内设定完成调查的目标期限，根据337条款下达的救济令将在下达之日生效并于60日后正式生效，除非在此60天的期限内由总统以否决。

8. 关于对原产于韩国的进口聚酯薄膜反倾销措施即将到期的公告

商务部公告2004年第31号

中华人民共和国原对外贸易经济合作部2000年第7号公告公布，中华人民共和国对原产于韩国的进口聚酯薄膜征收反倾销税。反倾销税的实施期限为自1999年12月29日起五年，即到2004年12月29日该反倾销措施终止实施。

《中华人民共和国反倾销条例》第四十八条规定，经复审确定终止征收反倾销税有可能导致倾销和损害的继续或者再度发生的，反倾销税的征收期限可以适当延长。

2003年3月，经中华人民共和国第十届全国人民代表大会第一次会议批准，反倾销调查职能由新组建的商务部承担。

自本公告发布之日起，国内产业或者代表国内产业的自然人、法人或者有关组织可在该反倾销措施终止日60天前，以书面形式向商务部提出期终复审申请。申请书应包含终止征收反倾销税将可能导致倾销和损害的继续或再度发生的充分证据。

如国内产业或者代表国内产业的自然人、法人或者有关组织未按本公告规定提出书面复审申请，在该反倾销措施终止前商务部也未决定主动进行期终复审的，对原产于韩国的进口聚酯薄膜所适用的反倾销措施将于2004年12月29日起终止实施。

商务部的联系方式：（略）

特此公告

中华人民共和国商务部

二OO四年六月二十九日

9. 美国国际贸易委员会对原产于中国等三国的聚乙烯零售包装袋做出产业损害终裁

2004年7月15日，美国国际贸易委员会发布公告，对原产于中国、马来西亚和泰国的聚乙烯零售包装袋做出产业损害终裁。终裁认定，上述三国以低于正常价值的价格出口至美国市场的涉案产品对其国内相关产业构成了实质性损害。涉案产品主要包括超市免费向消费者提供的聚乙烯零售包装袋、T恤包装袋、杂物袋等。涉案产品海关编码为39232100.90。

基于美国国际贸易委员会的上述裁决，近期，美国商务部将下达针对原产于上述三国的涉案产品的反倾销税征收令。

2004年6月10日，美国商务部发布公告，对原产于中国、马来西亚和泰国的聚乙烯零售包装袋做出倾销终裁。终裁认定中国产品的倾销幅度为0.2%～77.33%，马来西亚为0.91%～101.74%，泰国为0.62%～122.88%。

本案诉讼程序如下：

1. 调查类型：反倾销终裁
2. 申诉方：美国聚乙烯零售包装袋委员会
3. 美国国际贸易委员会调查启动日期：2003年6月20日
4. 听证日期：2004年6月10日
5. 美国国际贸易委员会表决日期：2004年7月15日
6. 向美国商务部提交裁决结果日期：2004年8月2日

10. 印度对原产于中国的聚四氟乙烯进行反倾销立案调查

2004年7月27日，印度商工部决定对原产于中国的聚四氟乙烯进行反倾销立案调查。该产品英文名称为Polytetrafluroethylene（PTEE），涉案产品海关编码为39046100。调查期从2004年1月1日～6月30日。

11. 欧盟暂停征收100多种产品的进口关税

据香港贸易发展局消息，近日，欧盟委员会颁布第1241/2004号条例，暂停征收合并品目编号第28～90章下的100多种产品的关税，其中包括化学品，均为香港地区经常出口欧盟的产品。

欧盟理事会表示，由于所公布的100多种产品欧盟产量不足或没有生产，不能满足欧盟内有关行业的需要，因此，欧盟决定暂停征收上述产品的进口关税，免税期限至另行通告时止。

此外，新条例的附录二也剔除了部分之前已免税的产品，出口商应查看其产品是否仍然享有免税优惠（部分免税产品见表4）。

12. 欧盟对原产于中国、澳大利亚和巴基斯坦的聚对苯二甲酸乙二醇酯做出反倾销终裁

2004年8月19日，欧盟委员会发布公告，对原产于中国、澳大利亚和巴基斯坦的聚对苯二甲酸乙二醇酯（俗称PET）做出反倾销终裁（见表5、表6）。涉案产品海关编码为39076020。

表 4　新条例下的免税产品选录（摘自欧盟委员会第 1241/2004 号条例附录一）

合并品目编号	欧盟综合税则	产品描述	税率/%
ex3215110010	10	液体印刷油墨，含有氯乙烯-乙酸乙烯酯共聚物分散体及异链烷烃色素；氯乙烯-乙酸乙烯酯共聚物及色素占总质量不超过 13%	0
ex3215190010	10		
ex3707903020	20	粉状着色剂，以多元醇树脂为主	0
ex3916909010	10	玻璃纤维强化复合材料，以拉挤方式生产，用以制造窗框	0
ex7019909920	20	经橡胶或塑料浸渍的玻璃线，取自扭曲玻璃纱线，有乳胶涂层（含有最少 1 种间苯二酚-甲醛-乙烯吡啶树脂及丁腈橡胶）	0

表 5　欧盟对原产于中国的聚对苯二甲酸乙二醇酯的反倾销终裁结果

公司名称	反倾销税/%
中国石化仪征化纤股份有限公司	184
常州华源蕾迪斯有限公司	0
江阴市 Xingye 塑料有限公司	157
远东工业（上海）有限公司	22
珠海 Yuhua 塑料有限公司	184
广东省开平市开平涤纶企业集团	
广东省开平市春晖股份有限公司	184
四川省宜宾五粮液集团普什有限公司	
四川省五粮液进出口公司	184
湖北省 Changfeng 化纤公司	151
其他中国公司	184

表 6　欧盟对原产于中国的聚对苯二甲酸乙二醇酯的临时反倾销税的修正

生产商/出口商	修正前临时反倾销税/%	修正后临时反倾销税/%
珠海 Yuhua 塑料有限公司	188	183
广东省开平市开平涤纶企业集团 广东省开平市春晖股份有限公司	191	183

注：单位名称为译音。

在公告中，欧盟对原产于中国的聚对苯二甲酸乙二醇酯的临时反倾销税进行了修正，接受了澳大利亚 Leading Synthetics Pty 有限公司的价格承诺，并取消了对原产于巴基斯坦的聚对苯二甲酸乙二醇酯的反倾销调查。

2003 年 5 月 22 日，应欧洲塑料制造商联合会的申请，欧盟对原产于中国、澳大利亚和巴基斯坦的聚对苯二甲酸乙二醇酯进行反倾销立案调查；2004 年 2 月 21 日，欧盟做出该案的初裁。

13. 欧盟拟对原产于中国的聚四氟乙烯进行反倾销调查

据中国五矿化工进出口商会消息，2004 年 8 月 26 日，欧盟委员会照会我国驻欧盟使团经商参赞处，称其已收到欧盟内部有关利益方的申诉，要求对原产于中国的颗粒状聚四氟乙烯树脂（英文名称为 Granular Polytetrafluoroethylene Resin-PTFE）进行反倾销调查，涉诉产品海关编码为 39046100，调查期为 2003 年 7 月 1 日～2004 年 6 月 30 日。欧盟委员会将于近日决定是否对此立案。

14. 我国对原产于台澎金马单独关税区的进口锦纶 6、锦纶 66 长丝反倾销调查的初裁决定

中华人民共和国商务部公告 2004 年第 43 号

根据《中华人民共和国反倾销条例》的规定，中华人民共和国商务部于 2003 年 10 月 31 日发布立案公告，决定对原产于台澎金马单独关税区（以下简称“台湾地区”）的进口锦纶 6、66 长丝产品（以下称“被调查产品”）进行反倾销调查。

商务部对倾销和倾销幅度、损害及损害程度进行了调查。根据调查结果和《中华人民共和国反倾销条例》第二十四条的规定，商务部做出初裁决定（见附件）。现将有关事项公告如下：

一、初裁决定

商务部初裁决定原产于台湾地区的进口锦纶 6、66 长丝产品存在倾销，中国大陆锦纶 6、66 长丝产业遭受了实质损害，而且倾销与实质损害之间存在因果关系。

二、征收保证金

根据《中华人民共和国反倾销条例》第二十八条和二十九条的规定，商务部决定采用保证金形式实施临时反倾销措施。自2004年8月20日起，进口经营者在进口原产于台湾地区的被调查产品时，应依据本初裁决定所确定的各公司的倾销幅度向中华人民共和国海关提供相应的保证金。

被调查产品在《中华人民共和国进出口税则》(2002年版和2003年版）中的进口税则号为54023111、54023112、54024110、54024120。该四个税则号项下的空气变形丝、锦纶未牵伸丝（UDY)、锦纶未牵伸丝（UDY）经牵伸加工生产出的锦纶无捻长丝（DY）和锦纶有捻长丝（DT)、以及每根单纱细度超过50特的锦纶6、66长丝不在本案调查范围之内。

对该产品的描述如下：

产品种类：化学纤维长丝

化学分子式：锦纶6长丝分子结构式为 $[NH(CH_2)_5CO]_n$；锦纶66长丝分子结构式为 $[HN(CH_2)_6NHCO(CH_2)_4CO]_n$

物理及化学特征：锦纶6、66长丝有较高的强度，其断裂强度一般为4.4～5.7cN/dtex；断裂伸长为25%～40%；在使用过程中容易变形。锦纶6、66长丝具有光学各向异性，有双折射现象，双折射数值随拉伸比变化很大，充分拉伸后，66长丝的纵向折射率约为1.582，横向折射率约为1.519；6长丝的纵向折射率约为1.580，横向折射率约为1.530。锦纶6、66长丝具有较高的表面光泽度，比重较小。

锦纶6、66长丝具有较好的耐磨性和较高的吸湿性，其耐磨性分别为棉花的10倍、羊毛的20倍和粘胶纤维的50倍。锦纶6、66长丝较容易染色，一般可用酸性染料、分散染料及其他染料染色。它的耐光性较差，在长时间的日光和紫外光照射下，强度下降，颜色发黄；其耐热性能也不够好，在150℃下，经历5小时即变黄，强度和延伸度显著下降，收缩率增加。锦纶6、66长丝具有良好的耐低温性能，在零下70℃以下时，其回弹性变化也不大。它的直流电导率很低，在加工过程中容易因摩擦而产生静电，其导电率随吸湿率增加而增加，并随湿度增加而按指数函数规律增加。锦纶6、66长丝具有较强的耐微生物作用的能力，其在淤泥水或碱中耐微生物作用的能力仅次于氯纶。在化学性能方面，锦纶6、66长丝具有耐碱性和耐还原剂作用，但在耐酸性和耐氧化剂作用上性能较差。

主要用途：被调查产品是针织和机织的原料，其织物可做服装面料、里料、床上用品、妇女贴身内衣、泳装、运动服装面料、各类袜子、蚊帐织物等。

对各公司征收的保证金比率如下：

1. 台湾化学纤维股份有限公司：6%
2. 台湾聚隆纤维股份有限公司：13%
3. 台湾胜隆纤维股份有限公司：6%
4. 远东杜邦股份有限公司：5%
5. 中兴纺织厂股份有限公司：0
6. 力鹏企业股份有限公司、首利实业股份有限公司、力丽企业股份有限公司：16%
7. 展颂股份有限公司：7%
8. 集盛实业股份有限公司：7%
9. 华染股份有限公司：7%
10. 华隆股份有限公司：7%
11. 东隆兴业股份有限公司：7%
12. 其他台湾公司：29%

三、征收保证金的方法

自2004年8月20日起，进口经营者在进口原产于台湾地区的被调查产品时，应依据本初裁决定所确定的各公司的倾销幅度向中华人民共和国海关提供相应的保证金。保证金以海关审定的成交价格为基础的到岸价格作为计算价格从价计征，计算公式为：保证金金额＝(关税完税价格×保证金征收比率)×(1＋进口环节增值税税率)。

四、评论

各利害关系方在本公告发布之日起20天内，可向商务部提出书面评论并附相关证据，商务部将依法予以考虑。

特此公告。

附件：中华人民共和国商务部关于对原产于台澎金马单独关税区的进口锦纶6、66长丝反倾销调查的初裁决定。

中华人民共和国商务部

二OO四年八月二十七日

15. 欧盟对原产于中国和俄罗斯的颗粒状聚四氟乙烯树脂进行反倾销立案调查

2004年9月9日，应欧洲化学工业理事会的申请，欧盟委员会发布公告，决定对原产于中国和俄罗斯的颗粒状聚四氟乙烯树脂进行反倾销立案调查。涉案产品海关编码为39046100。有关当事人应在该公告发布之日起10日内向欧盟委员会索要调查表；如果没有特殊情况，有关当事人应在该公告发布之日起40日内提交调查表。

2004年7月26日，欧洲化学工业理事会向欧盟理事会提交申请，要求对原产于中国和俄罗斯的颗粒状聚四氟乙烯树脂进行反倾销调查。欧洲化学工业理事会所属企业颗粒状聚四氟乙烯树脂的产量占欧盟总生产量的50%以上。

16. 印度对原产于中国的三聚酰胺做出反倾销终裁

2004年9月3日，印度商工部对原产于中国的三聚酰胺做出反倾销终裁。终裁认定中国应诉企业存在倾销，建议征收反倾销税，征税标准为最低限价1 284.38美元/吨与到岸价之间的差额。其他企业征税标准为最低限价1 456.78美元/吨与到岸价之间的差额。

2003年9月10日，印度商工部对原产于中国的三聚酰胺进行反倾销立案调查，涉案金额为237万美元；2004年2月27日做出初裁，我国应诉企业未获得市场经济地位，倾销幅度为21.9%；建议最低限价1 294.09美元/吨；未应诉企业倾销幅度50.3%，建议最低限价1 464.64美元/吨。

17. 美国对原产于中国、泰国、马来西亚的聚乙烯零售包装袋征收反倾销税

美国国际贸易委员裁决认定原产于中国、泰国和马来西亚的聚乙烯零售包装袋以低于正常价值的价格出口至美国，对美国生产商的利益造成了实质损害。因此，美国商务通知美国海关及边境保护署对涉案产品按其低于进口产品标准价格的部分征收反倾销税。

同时，美国海关及边境保护署还收到了对原产于上述三国的聚乙烯零售包装袋征收与加权平均倾销幅度相等的进口预缴押金的通知。中国公司的倾销幅度为0.24%～77.57%、马来西亚为84.94%～101.74%、泰国为2.26%～5.35%。

2003年8月4日，美国商务部初裁认定原产于中国、泰国和马来西亚的聚乙烯零售包装袋以低于正常价值的价位销售，其倾销幅度为0.12%～122.88%。

18. 产业损害调查局进行重点产业反倾销效果调研

2004年9月1日～10月15日，产业损害调查局组成三个调研组分别对聚酯切片、涤纶短纤、丙烯酸酯、聚酯薄膜、邻苯二酚等重点产业反倾销措施实施后的恢复和发展情况进行了调研。调研发现，反倾销措施的实施，遏制了来自国外产品的倾销行为，维护了市场公平竞争秩序，为受损害产业的恢复和发展赢得了时间。但也存在突出问题：反倾销措施实施后，各涉案产业重复建设现象较普遍；同时由于涉案产品价格普遍上涨，给下游企业带来了相当大的负担。产业损害调查局正在研究提出应对措施。

19. 美国国际贸易委员会对原产于中国台湾地区的聚乙烯醇做出无损害初裁

2004年10月21日，美国国际贸易委员会对原产于中国台湾地区的聚乙烯醇做出无损害初裁。涉案产品海关编码为39053000。

2004年9月7日，应美国得克萨斯州Celanese化工产品有限公司的申请，美国国际贸易委员会对原产于中国台湾地区的聚乙烯醇进行反倾销立案调查。

20. 美国商务部对原产于印度、印尼、中国台湾地区和泰国的瓶级聚对苯二甲酸乙二醇酯做出反倾销初裁

2004年10月21日，美国商务部对原产于印度、印尼、中国台湾地区和泰国的瓶级聚对苯二甲酸乙二醇酯做出反倾销初裁，结果见表7～表9。涉案产品海关编码为39076000.10、39076000.50。

2004年3月24日，美国聚对苯二甲酸乙二醇酯生产商联盟向美国商务部递交申请，要求对原产于印度、印尼、中国台湾地区和泰国的瓶级聚对苯二甲酸乙二醇酯进行反倾销立案调查。

表7 美国商务部对原产于印度、印尼、中国台湾地区和泰国的瓶级聚对苯二甲酸乙二醇酯的初裁结果

国家/地区	企业名称	倾销幅度/%
中国台湾地区	远东纺织公司	0.09(微量)
	其他台湾公司	0.09(微量)

表8 日程表

程序	时间
提出申请	2004年3月24日
立案	2004年4月13日
美国国际贸易委员会初裁	2004年5月10日
美国商务部初裁	2004年10月20日
美国商务部终裁	印尼：2005年1月3日 印度、中国台湾地区、泰国：2005年3月11日
美国国际贸易委员会终裁	印尼：待定 印度、中国台湾地区、泰国：2005年4月25日
发布征税令	印尼：待定 印度、中国台湾地区、泰国：2005年5月2日

表9 涉案产品的进口统计

年 份	2000年	2001年	2002年	2003年
中国台湾地区				
进口量/千克	394 405	1 612 689	4 783 272	29 241 870
进口额/美元	399 650	1 457 736	3 754 600	26 013 155

21. 我国发布聚酯薄膜反倾销期终复审立案公告

中华人民共和国商务部公告2004年第84号

中华人民共和国原对外贸易经济合作部于2000年8月25日发布公告，根据1997年3月颁布的《中华人民共和国反倾销和反补贴条例》的规定，原对外贸易经济合作部与原国家经济贸易委员会对原产于韩国的进口聚酯薄膜反倾销调查做出最终裁定（原对外贸易经济合作部公告2000年第7号及附件），对原产于韩国的进口聚酯薄膜征收反倾销税，实施期限为自1999年12月29日起5年。2003年1月3日原对外贸易经济合作部发布2003年第1号公告，对原产于韩国、由韩国东丽世韩公司生产的部分聚酯薄膜产品的反倾销税税率做出调整。

2003年3月，经中华人民共和国第十届全国人民代表大会第一次会议批准，由新组建的商务部承担反倾销调查职能。

2004年6月29日，商务部发布2004年第31号公告，根据2001年11月颁布的《中华人民共和国反倾销条例》规定，经复审确定终止征收反倾销税有可能导致倾销和损害的继续或者再度发生的，反倾销税的征收期限可以适当延长；自该公告发布之日起，国内产业可在原反倾销措施终止日60天前，向商务部提出书面复审申请。

2004年10月28日，中华人民共和国商务部收到佛山杜邦鸿基薄膜有限公司、天津万华股份有限公司、上海紫东化工塑料有限公司、潍坊富维塑胶有限公司四家企业代表中国聚酯薄膜产业正式递交的反倾销期终复审调查申请，申请人请求商务部对原产于韩国的进口聚酯薄膜所适用的反倾销措施进行期终复审并裁定继续按照原反倾销调查最终裁定所确定的反倾销税率征收反倾销税。申请人的理由为如果终止反倾销措施，原产于韩国的进口聚酯薄膜对中国的倾销行为可能继续或再度发生，倾销行为给中国聚酯薄膜产业造成的实质损害可能将再度发生。

商务部依据《中华人民共和国反倾销条例》的有关规定对申请人的资格、被调查产品和国内同类产品的有关情况、在反倾销措施实施期间被调查产品的进口情况、倾销的继续或再度发生的可能性情况、损害的继续或再度发生的可能性情况及相关证据等进行了审查。申请人提出的初步证据表明，申请的4家企业2003年聚酯薄膜产量之和占同期全国总产量的50%以上，符合《中华人民共和国反倾销条例》第11条、第13条和第17条规定，有资格代表国内产业提出申请；申请书中包含了《中华人民共和国反倾销条例》第14条、第48条、第49条规定的反倾销复审调查立案所要求的内容及有关的证据。

根据上述审查结果及《中华人民共和国反倾销条例》第16条、第48条、第49条、第51条规定，商务部决定，自2004年12月28日起，对原产于韩国的进口聚酯薄膜所适用的反倾销措施进行期终复审调查。现将有关事项公告如下：

一、复审立案调查及继续征收反倾销税

自本公告发布之日起，商务部对原产于韩国的进口聚酯薄膜所适用的反倾销措施进行期终复审调查。

依据《中华人民共和国反倾销条例》第52条规定，商务部向国务院关税税则委员会建议，在复审期间，对原产于韩国的进口聚酯薄膜继续征收反倾销税。根据国务院关税税则委员会的决定，在反倾销复审立案后调查期间内，对原产于韩国的进口聚酯薄膜仍然按照中华人民共和国原对外贸易经济合作部2000年第7号公告和2003年第1号公告公布的征税范围和反倾销税税率，继续征收反倾销税。

二、复审调查期：

本次复审的倾销调查期为2004年1月1日至2004年12月31日，产业损害调查期为2000年1月1日至2004年12月31日。

三、复审调查产品范围

复审产品范围是原反倾销措施所适用于的产品，与原对外贸易经济合作部2000年第7号公告规定的产品范围一致，即原产于韩国的聚酯薄膜，列在中华人民共和国海关进口税则号“39206200”项下。对该被调查产品的描述如下：

化学名称：聚对苯二甲酸乙二醇酯薄膜

英文名称：Bioriented Stretching Polyester Film (BOPET)

该产品主要以聚酯切片为原料，经双轴向拉伸后产出的一种性能优良的高档塑料薄膜，具有透明度高、无毒无味、抗拉伸强度大、挺度佳、抗烧裂、不易破损、电气和光学性能优良、阻氧性和阻湿性好、耐寒（－70℃）、耐热（200℃），且具耐化学腐蚀性及收缩性稳定等优良特性。

主要用途：该产品主要用于电气、绝缘、包装、磁体容器、胶片、像带、软盘、电影、录像及娱乐用软件等，其应用范围非常广泛，如烫金膜、镀铝膜、印刷膜、包装膜、包装材料、复合材料、激光防伪商标、绘图纸、电气绝缘塑料及电容器等。

四、复审程序

（一）登记应诉

就倾销调查，任何利害关系方可于本公告发布之日起20天内，向商务部进出口公平贸易局申请参加应诉，同时被调查国家和地区的有关出口商或生产商应提供2004年1月至2004年12月对中国及其他市场出口该产品的数量及金额。

就产业损害调查，任何利害关系方可自本公告发布之日起20天内向商务部产业损害调查局申请参加应诉，同时应提供产业损害调查期内的生产能力、产量、库存以及在建和扩建的计划、向中国及其他市场出口该产品的数量及金额。

（二）不登记应诉

如果利害关系方未在本公告规定的时间内向商务部登记应诉，则商务部有权拒绝接受其递交的有关材料，并有权根据掌握的现有材料做出裁定。

（三）利害关系方的权利

利害关系方对本次调查的产品范围、申请人资格、被调查国家和地区及其他相关问题如有异议，可以于本公告发布之日起20天内将意见书面提交商务部。

利害关系方可以到商务部反倾销公开信息查阅室查阅申请人提交的申请书的非保密文本。

（四）问卷发放

商务部为获得其认为调查所需的信息，将根据需要发送调查问卷给相关利害关系方。对调查问卷所作的答卷应当按照调查问卷规定的时间和方式提交。

（五）听证会

利害关系方可以按照商务部《反倾销调查听证会暂行规则》规定提出举行听证会的书面请求，商务部认为必要时也可主动举行听证会。

（六）实地核查

商务部在必要时将派出工作人员赴有关国家进行实地核查；利害关系方提交的任何材料均应包括同意接受核查的声明；核查前，商务部将提前通知有关国家和企业。

（七）调查时限

本次调查自2004年12月28日起开始，通常应在2005年12月28日前结束调查。

五、不合作

依据《中华人民共和国反倾销条例》第二十一条规定，调查机关进行调查时，利害关系方应当如实反映情况，提供有关资料。利害关系方不如实反映情况、提供有关资料的，或者没有在合理时间内提供必要信息的，或者以其他方式严重妨碍调查的，调查机关可以根据已经获得的事实和可获得的最佳信息做出裁定。

六、商务部联系方式：（略）

附件：聚酯薄膜反倾销措施期终复审应诉登记表（略）

特此公告。

中华人民共和国商务部

二OO四年十二月二十八日

（中国塑料加工工业协会　史立科）

政策法规

2004年国家与塑料行业相关的政策法规

一、国家发布2004年出口许可证管理商品目录及有关事项

商务部、海关总署共同发布2003年第64号公告，公布《2004年出口许可证管理商品目录》，并就有关问题通知如下。

一、2004年实行出口许可证管理的50种商品(319个8位商品编码)，分别实行出口配额许可证、出口配额招标、出口配额有偿使用、出口配额无偿招标和出口许可证管理。

(一) 实行出口配额许可证管理的商品是：玉米、大米、小麦、棉花、茶叶、锯材、活牛(对港澳)、活猪(对港澳)、活鸡(对港澳)、蚕丝类、坯绸、煤炭、焦炭、原油、成品油、稀土、锑砂、锑(包括锑合金)及锑制品、氧化锑、钨砂、仲钨酸铵及偏钨酸铵、三氧化钨及蓝色氧化钨、钨酸及其盐类、钨粉及其制品、锌矿砂、锌及锌基合金、锡矿砂、锡及锡基合金、白银、石蜡。

(二) 实行出口配额招标的商品是：蔺草及蔺草制品、碳化硅、氟石块(粉)、滑石块(粉)、轻(重)烧镁。

(三) 实行出口配额有偿使用的商品是：矾土、人造刚玉、甘草及甘草制品。

(四) 实行出口配额无偿招标管理的商品是：电风扇、自行车、摩托车及摩托车发动机。

(五) 实行出口许可证管理的商品是：活牛(对港澳以外市场)、活猪(对港澳以外市场)、活鸡(对港澳以外市场)、牛肉、猪肉、鸡肉、重水、消耗臭氧层物质、监控化学品、易制毒化学品、铂金(以加工贸易方式出口)、电子计算机。

二、除有以下特殊规定者外，出口许可证管理商品目录所列出口商品均实行全球出口许可证管理。

对港澳出口的活牛、活猪、活鸡实行全球许可证下的国别(地区)配额许可证管理。

三、对玉米、大米、煤炭、原油、成品油、棉花、锑砂、锑(包括锑合金)及锑制品、氧化锑、钨砂、仲钨酸铵及偏钨酸铵、三氧化钨及蓝色氧化钨、钨酸及其盐类、钨粉及其制品、白银、蚕丝类实行国营贸易管理。对茶叶(绿茶、乌龙茶)实行指定经营管理。

四、实行出口配额招标的商品和出口配额有偿使用的商品，无论何种贸易方式，各授权发证机构均凭商务部下发的中标企业名单及其中标数量和招标办公室出具的《申领配额招标商品出口许可证证明书》、《申领配额有偿使用商品出口许可证证明书》签发出口许可证。

五、自2004年1月1日起，取消定尺碳素钢板(对美国)的出口配额许可证管理；取消大蒜的出口许可证管理。

自2004年1月1日起，增列2种消耗臭氧层物质实行出口许可证管理。

六、以加工贸易方式出口下列商品，按以下规定办理

(一) 以加工贸易方式出口属出口配额许可证管理的商品[但本条第(二)、(三)款规定的除外]，发证机构凭出口配额、《加工贸易业务批准证》及出口合同(正本复印件)核发出口许可证。

(二) 进口用于生产铂金的原料加工复出口铂金(铂或白金)，发证机构凭经营企业注册地商务主管部门的《加工贸易业务批准证》、海关加工贸易进口报关单、出口合同(正本复印件)核发出口许可证。

(三) 进口原油加工复出口石蜡，进口含白银商品(银粉、未锻造银等及银的半制成品除外)加工复出口白银，以加工贸易方式出口锌及锌基合金，发证机构凭经营企业注册地省级商务主管部门的《加工贸易业务批准证》、海关加工贸易进口报关单、出口合同(正本复印件)核发出口许可证。其中，白银《加工贸易业务批准证》凭商务部批件核发，发证部门加验商务部批件。

(四) 本条第(二)、(三)项所述出口许可证的有效期，按《加工贸易业务批准证》核定的出口期限核发。《加工贸易业务批准证》核定的出口期限超过次年2月底的，出口许可证有效期核发至次年2月底，企业应于2月底前申请办理延期手续，发证机构按《加工贸易业务批准证》的出口期限核发出口许可证。

七、根据国务院《关于边境贸易有关问题的通知》(国发[1996]2号)精神，边境小额贸易企业凡出口配额招标及配额有偿使用的商品、消耗臭氧层物质、监控化学品、易制毒化学品和摩托车及其发动机，仍按现行有关规定，在商务部授权的发证机构办理出口许可证。边境小额贸易企业出口国家重点管理的边境小额贸易出口商品(目录见附件2)，由商务部授权的边境省、自治区商务主管部门根据商务部下达的边境小额贸易出口配额签发出口许可证。边境小额贸易企业出口除本条所述以外的其余列入《2004年出口许可证管理商品目录》的商品，一律免领出口许可证。

八、为保证进出口许可证联网核销的实施，对不实行“一批一证”管理的商品，发证机构在签发出口

许可证时必须在许可证“备注”栏内填注“非一批一证”。实行“非一批一证”管理的商品为：

（一）外商投资企业出口商品；

（二）加工贸易方式出口商品；

（三）补偿贸易项下出口商品；

（四）大米、玉米、活牛、活猪、活鸡、牛肉、猪肉、鸡肉、茶叶、原油、成品油、煤炭。“非一批一证”的出口许可证，可在同一口岸多次报关，但不得超过十二次。当十二次报关后，出口许可证虽有余额，海关停止接受报关。

九、重水、监控化学品、易制毒化学品和消耗臭氧层物质的货样广告品须凭出口许可证出口。

本目录自2004年1月1日起执行。《2003年出口许可证管理商品目录》同时废止。

二、企业国有产权转让暂行办法出台2月1日起施行

《企业国有产权转让管理暂行办法》由国务院国资委和财政部联合公布，该办法自2004年2月1日起施行。

此前，国办转发的国务院国资委《关于规范国有企业改制工作意见》中提出：“非上市企业国有产权转让要进入产权交易市场，不受地区、行业、出资和隶属关系的限制，并按照《企业国有产权转让管理暂行办法》的规定，公开信息，竞价转让。具体转让方式可以采取拍卖、招投标、协议转让以及国家法律法规规定的其他方式。”此次公布的《企业国有产权转让管理暂行办法》施行后，国有资产监督管理机构、持有国有资本的企业将所持有的企业国有产权有偿转让给境内外法人、自然人或者其他组织的活动，将适用该办法。而金融类企业国有产权转让和上市公司的国有股权转让，仍按照国家有关规定执行。

该办法规定，国有资产监督管理机构负责企业国有产权转让的监督管理工作。国有资产监督管理机构对企业国有产权转让所履行的监管职责、所出资企业对企业国有产权转让所履行的职责、选择产权交易机构的基本条件等，在该办法中均做出了详细规定。

1. 转让全过程有了操作规范

根据该办法的规定，企业国有产权转让的程序包括：企业可行性研究和内部决策，清产核资和审计，资产评估，通过信息披露征集受让方，组织实施产权交易，按合同约定支付转让价款，办理相关产权登记手续等。该办法对企业国有产权转让程序进行了全面规范，并对转让过程中所涉及的相关问题做出了明确规定。

在转让价格方面，该办法规定，评估报告经核准或者备案后，作为确定企业国有产权转让价格的参考依据。此外，该办法还特别规定，在产权交易过程中，当交易价格低于评估结果的90%时，应当暂停交易，在获得相关产权转让批准机构同意后方可继续进行。

该办法要求，转让方应当公开披露有关企业国有产权转让信息，广泛征集受让方。

2. 三类审批程序得到明确

该办法明确了企业国有产权转让的批准程序。首先，国有资产监督管理机构决定所出资企业的国有产权转让。转让企业国有产权致使国家不再拥有控股地位的，应当报本级人民政府批准。

三、国企改制十大规则

国务院办公厅转发国资委《关于规范国有企业改制工作的意见》，为国企改制重申或制定了十大规则。

规则一：方案报批

国有企业改制必须制订改制方案。

改制方案由改制企业国有产权持有单位制订，也可由其委托中介机构或者改制企业制订。

国有企业改制方案履行决定或批准程序，未经决定或批准不得实施。

规则二：清产核资

国有企业改制必须对其资产和负债进行全面清产核资。

国有企业借贷资金形成的净资产必须界定为国有产权。

企业改制中资产损失认定与处理的，必须履行批准程序。

改制企业法定代表人和财务负责人对清产核资结果的真实性、准确性负责。

规则三：财务审计

国企改制必须进行财务审计，会计事务所由直接持有该国有产权的单位决定。

改制为非国有的企业，必须对企业法定代表人进行离任审计。

规则四：资产评估

国企改制必须进行资产和土地使用权评估。

向非国有投资者转让国有产权的，由直接持有该国有产权的单位决定聘请资产评估事务所。

企业的专利权、非专利技术、商标权、商誉等无形资产必须纳入评估范围。

评估结果由依照有关规定批准国有企业改制和转让国有产权的单位核准。

规则五：交易管理

非上市企业国有产权转让要进入产权交易市场，不受地区、行业、出资和隶属关系的限制。

国有产权交易要公开信息，竞价转让。

转让方式可以采取拍卖、招投标、协议转让以及国家法律法规规定的其他方式。

规则六：定价管理

向非国有投资者转让国有产权的底价，或者以存量国有资产吸收非国有投资者投资时国有产权的折股价格，由依照有关规定批准国有企业改制和转让国有产权的单位决定。

底价的确定主要依据资产评估的结果，同时要考虑产权交易市场的供求状况、同类资产的市场价格、职工安置、引进先进技术等因素。

上市公司国有股转让价格在不低于每股净资产的基础上，参考上市公司盈利能力和市场表现合理定价。

规则七：转让价款管理

原则上应当一次结清。

一次结清确有困难的，经依照有关规定批准国有企业改制和转让国有产权的单位批准，可采取分期付款的方式。

分期付款时，首期付款不得低于总价款的30%，其余价款应当由受让方提供合法担保，并在首期付款之日起一年内支付完毕。

转让国有产权的价款优先用于支付解除劳动合同职工的经济补偿金和移交社会保障机构管理职工的社会保险费，以及偿还拖欠职工的债务和企业欠缴的社会保险费，剩余价款按照有关规定处理。

规则八：依法保护债权人利益

国有企业改制要征得债权金融机构同意。

金融债务未落实的企业不得进行改制。

规则九：维护职工合法权益

改制方案须提交职代会或职工大会审议。

职工安置方案需经职代会或职工大会审议通过后方可实施改制。改制为非国有的企业，要按照有关政策处理好改制企业与职工的劳动关系。

改制企业拖欠职工的工资、医疗费和挪用的职工住房公积金以及企业欠缴的社会保险费等要按有关规定予以解决。

改制后的企业要按照有关规定按时足额交纳社会保险费，及时为职工接续养老、失业、医疗、工伤、生育等各项社会保险关系。

规则十：管理层收购

向本企业经营管理者转让国有产权必须按照有关规定履行审批程序。

向本企业经营管理者转让国有产权方案的制订，由直接持有该企业国有产权的单位负责或其委托中介机构进行。

经营管理者不得参与转让国有产权的决策，财务审计、离任审计、清产核资、资产评估、底价确定等重大事项，严禁自卖自买国有产权。

经营管理者的收购资金，不得向包括本企业在内的国有及国有控股企业借款，不得以这些企业的国有产权或实物资产作标的物为融资提供保证、抵押、质押、贴现等。

经营管理者对企业经营业绩下降负有责任的，不得参与收购本企业国有产权。

四、2004年化工产品进口关税降低简况

为了完成对世界贸易组织有关降低贸易壁垒的承诺，2004年，国内大部分化工产品的进口关税降低了0.5%～3.5%。从2004年1月1日起全部主要的芳香化合物（苯乙烯、甲苯、芳香酸类产品、对二甲苯和邻二甲苯）的税率规定为3%，比2003年的进口税率降低1%～1.8%。苯的进口税率降低到2.7%，主要聚合物（聚氯乙烯和聚苯乙烯）的进口税率降低到10.7%，聚乙烯的进口税率降低到11.6%。

五、国家发展改革委明确2004年发展改革工作任务

全国发展和改革工作会议明确了2004年的发展改革工作任务。温家宝总理做了重要批示，要求在新的形势下，发展改革委要把保持国民经济持续快速协调健康发展，解决经济社会发展中的突出问题，防止经济大起大落，保护好、引导好、发挥好各方面的积极性，作为工作的主要目标。国家发展改革委主任马凯提出2004年促进经济持续快速协调健康发展和社会全面进步的十项主要任务：加强和改善宏观调控，充分发挥国债资金促进结构调整、协调发展的作用；千方百计增加农民收入，保护和提高粮食综合生产能力；加快产业结构优化升级，提高国际竞争力；有效遏制盲目投资和低水平扩张，保持经济平稳运行；加强监测预警，缓解经济发展中的瓶颈制约；实行积极的就业政策，把经济发展与扩大就业紧密结合起来；进一步增加居民收入，增强消费需求对经济增长的拉动作用；推进西部大开发和东北地区等老工业基地调整改造，促进区域经济协调发展；做好外贸外资工作，更好地利用两个市场、两种资源；坚持实施科教兴国和可持续发展战略，全面发展科技、教育、文化、广播影视、卫生、体育等社会事业。

六、九大部委联手整顿建材市场

为保证建筑工程质量，打击假冒伪劣建材产品，建设部、国家质检总局、国家发改委、国家工商局、公安部等九部委联合下发了《关于开展建材市场专项整治的通知》，通知要求在全国范围内对建材市场进行整理检查。联合行动到2004年4月份结束，这是迄今为止建材市场中规模最大的一次联合整治行动。

建设部门在这次联合整治行动中主要负责查处建筑工地和装修装饰中违法违规采购和使用不合格建筑材料的问题。建设主管部门将设专人负责这次整治行动。通过加大对采购和使用假冒伪劣产品的查处力度，力争从根源上杜绝假冒伪劣建材的生产和销售。无论任何单位，只要采用了不合格建材，都将受到严厉惩处。目前，大规模的联合整治行动已迅速在全国各地展开。

七、外商在华投资新规出台，办投资性公司门槛提高

商务部出台了《关于外商投资举办投资性公司的规定》，其中对外商在“申请设立投资性公司”方面设立以下条件。一是“外国投资者资信良好，拥有举办投资性公司所必需的经济实力，申请前一年该投资者的资产总额不低于4亿美元，且该投资者在中国境内已设立了外商投资企业，其实际缴付的注册资本的出资额超过1 000万美元，并有3个以上拟投资项目；或者外国投资者资信良好，拥有举办投资性公司所必需的经济实力，该投资者在中国境内已设立了10个以上外商投资企业，其实际缴付的注册资本的出资额超过3 000万美元”；二是“以合资方式设立投资性公司的，中国投资者应为资信良好，拥有举办投资性公司所必需的经济实力，申请前一年该投资者的资产总额不低于1亿元人民币”；三是“投资性公司的注册资本不低于3 000万美元。”

商务部有关负责人表示，这是自1995年首次发布《关于外商投资举办投资性公司的暂行规定》以来第五次修改规定。所谓外商投资性公司，是指外国投资者在中国以独资或与中国投资者合资的形式设立的从事直接投资的有限责任公司，也就是通常所说的“控股公司”。

尽管与历次的暂行规定相比，这次规定有一些修改，但是希望在中国设立投资性公司的外商仍普遍认为，这道“门槛”还是很高。

八、我国2004年出口退税有新安排

国家税务总局日前下发了《关于做好2004年生产企业出口货物“免抵”税额调库工作有关问题的紧急通知》，对今年的调库工作做了明确安排。

2003年10月，国务院决定对现行出口退税机制进行改革。根据出口退税机制改革相关文件的规定，对2003年12月31日前报关出口货物发生的“免抵”增值税税额，截至2003年12月31日尚未办理调库的，一律不再办理调库。因此，今年能够办理“免抵”调库的，都是今年1月1日以后报关出口货物新发生的“免抵”增值税税额。

国家税务总局副局长崔俊慧强调，一是不能毫无根据地乱调库，办理调库的前提必须是货物实际出口后，先发生“免抵”再办理调库。二是不得随意调库，各地当月实际办理的“免抵”调库税额，应小于或等于本地区生产企业上月出口货物发生的免抵税额。三是对应办理的“免抵”调库，各地应及时办理调库手续。当月发生的“免抵”调库税额，须在次月25日前办理完毕“免抵”调库手续，并按规定认真做好“免抵”税的审核工作。

就出口退税进度问题，崔俊慧指出，当前既要做好陈欠退税的审核、审批工作，也要做好今年新发生出口货物退（免）税申报的受理、审核、审批工作。

九、国家标准委鼓励企业参与制定国家标准

国家标准化管理委员会从今年起将逐步建立面向社会、面向市场的开放型计划立项管理模式，鼓励企业参与国家标准制定工作，每季度批准一批项目，如有急需，随时提出，随时批准立项，并及时在国家标准委网上公布立项项目。

标准化工作对国民经济和社会发展起着重要的技术支撑作用。据国家标准委介绍，此前我国国家标准制订修订一直实行层层报批、集中协调的计划立项管理模式。为使标准化工作实现新的突破，国家标准委将取消一年一度的集中计划会议，鼓励技术先进的企业、企业组成的联合工作组或地方质量技术监督局组织企业承担国家标准的起草工作，发挥企业的标准化工作积极性，以提高标准的适用性。

在标准制订修订经费的分配办法上，国家标准委将把原来的根据立项分配经费，改革为根据标准报批情况分配经费，确保按时高质量完成项目，以提高经费的使用效率，改变只考虑面上需要、经费分散使用的做法。国家标准委将在分析各产业技术状况和标准适用情况的基础上，突出数个重点行业，连续2～3年成块地更新标准，提高国民经济重要行业相关标准的水平，支撑和促进产品更新和产业升级的实现。

十、《建设部推广和限制禁止使用技术》的公告

序号	技术类别	技术名称	推广	主要技术性能	生效时间
25	市政给水管	城乡供水塑料管系统	√	符合卫生要求，流体阻力小，能耗低，耐腐性，寿命长，品种：HDPE，UPVC(非铅盐稳定剂)	自本公告发布之日起至下期公告发布本类技术之日止

续表

序号	技术类别	技术名称	推广	主要技术性能	生效时间
26	市政排水管	城镇排水塑料管道系统	√	质量轻,耐腐蚀性、接口密封好,不渗漏可防止地下水污染。包括:HDPE 双壁波纹管,UPVC 双壁波纹管 UPVC 环形肋管,HDPE 缠绕结构壁管,(适用污水雨水管道)	自本公告发布之日起至下期公告发布本类技术之日止
28	市政燃气管	聚乙烯燃气管道系统	√	耐化学稳定性好,耐环境低温性能好,质量轻,连接简便可靠,抗震性强。包括:HDPE,MDPE	
89	管道系统	建筑生活热水塑料管道系统	√	卫生、节能、环保,安装方便,耐腐,寿命长。包括:交联铝塑复合管,交联聚乙烯管,无规共聚 PP 管,耐热聚乙烯管等	
90	管道系统	建筑给水塑料管道系统	√	卫生、节能、环保;安装方便,耐腐蚀,寿命长。品种包括:铝塑复合管、PE 管、PEX 管、PP-R 管、UPVC 管(无铅盐稳定剂)	
91	管道系统	建筑排水塑料管道系统	√	品种包括:硬聚氯乙烯建筑排水管、UPVC 芯层发泡排水管、UPVC 雨管水管	
92	管道系统	建筑地面辐射采暖塑料管道系统	√	安装方便,耐腐性,使用寿命长。包括:交联铝塑复合管,交联聚乙烯管,无规共聚 PP 管,耐热聚乙烯管等	
129	采暖节能技术	地面辐射采暖系统	√	以水为介质的采暖系统,使用的塑料管材质量应符合国家标准	

十一、国家发改委:我国加快发展城市节水海水利用产业

为解决我国水资源不足、用水效率不高等问题,国家发展和改革委员会将开展高技术产业化专项工作,加快城市节水和海水(苦咸水)利用产业发展。

发展改革委有关负责人说,目前全国 600 多个城市中,400 多个供水不足,其中 110 个严重缺水。我国城市节水和海水利用技术已经具有一定的基础,但还存在着认识不足、规模不大、技术水平不高等问题。开展城市节水和海水利用高技术产业化专项工作,对于实现我国水资源优化配置、合理使用、有效保护与安全供给等具有重大的战略意义。在城市节水领域,发展改革委将重点开展新型节水技术及废水资源化技术产业化示范,以使有限的水资源得到最大限度的利用;在海水利用领域,重点开展海水淡化、海水直接利用等技术的产业化示范,推动海水资源的开发利用,缓解我国水资源的供需矛盾,实现经济和社会的可持续发展。

这位负责人说,城市节水和海水利用高技术产业化专项工作从今年起在 3 年内分年度滚动实施,每年集中受理一次专项申请。2004 年项目申报截止日期为 6 月 30 日。

十二、反倾销条例正式实施,主要内容有三大修订

为适应新修订的《中华人民共和国对外贸易法》,国务院 2004 年 3 月 31 日做出关于修订《中华人民共和国反倾销条例》的决定,对 2002 年 1 月 1 日开始实施的该条例进行修订,2004 年 4 月 15 日颁布的新的反倾销条例于 6 月 1 日起正式实施。

此前,中国曾于 1997 年颁布《中华人民共和国反倾销或反补贴条例》,加入世贸组织后不久中国即对该条例进行了修订,并于 2001 年 11 月颁布了修订后的反倾销条例。2004 年 6 月 1 日起实施的新的反倾销条例是对以往条例的再次修订,商务部有关人士指出,新条例建立在外贸法的基础上,符合世贸组织有关规则,它的颁布实施,将为维护公平竞争的贸易环境和国内产业合法权益提供有力的法律保障。新条例主要对以下内容进行了修订。

一是统一了反倾销调查机关。新条例体现了国家行政机构职能的变化,反倾销调查由过去原外经贸部和经贸委负责统一为由商务部负责。

二是增加"征收反倾销税应当符合公共利益"的规定"终裁决定确定倾销成立,并由此对国内产业造成损害的,可以征收反倾销税,征收反倾销税应当符合公共利益。"这一条款为此次反倾销条例修订的一大特色。

三是增加有利于追溯征税的措施。对实施临时反倾销措施之日前 90 天内进口的产品追溯征收反倾销税时,可以对有关进口产品采取进口登记等必要措施,以便追溯征收反倾销税。修订后的条款使追溯征税更具有可操作性，对初裁前的突击进口更具威慑力。

十三、2004 年四类塑料制品国家免检

国家质检总局公布了 2004 年开展免检工作的产品类别目录，26 类产品被列入，其中包括建筑防水卷材、塑料管材、PVC 型材、塑料薄膜等四类塑料制品。

近年来我国基础建设以及房地产业迅速发展，与之配套塑料建材制品凭借其优异的性能和低廉的价格竞争力呈现产销两旺的局面，产业快速壮大，产品从数量到质量都有了大幅度提升。同时，近两年塑料在包装产品中用量越来越多，已成为包装材料的首选。

产品质量国家免检工作每年进行一次，获得免检资格的产品在有效期内免于各级政府部门的质量监督检查。获得免检证书的企业在免检有效期内可以自愿在免检产品或者其包装上使用规定的免检标志。到目前为止，全国已经有 1 184 家企业的产品获得国家免检资格。

十四、北京限制使用铅盐做稳定剂的 PVC 管材

北京市场建委和北京市规划委联合下发的“京建材［2004］16 号”文件（以下简称“文件”），3 类给排水管材 4 月 1 日起在北京被限制使用。这 3 类被限生使用管材产品是：（1）直径≤600mm 平口混凝土排水管（含钢筋混凝土管）和直径≤600mm 刚性接口的灰口铸铁管，替代产品为各种符合国家和行业标准的其他排水管材；（2）承插式刚性接口铸铁排水管。其替代产品为符合国家标准的机制柔性接口（A 型和 W 型）铸铁排水管和符合国家及行业标准的塑料排水管；（3）用铅盐做稳定剂的 PVC 饮用水管材、管件，其替代产品为符合国家和行业标准的其他塑料管材、管件。

按照“文件”要求，上述被限制使用的管材产品，自 2004 年 10 月 1 起，将在“文件”规定的范围内停止使用。

十五、《直接接触药品的包装材料和容器管理办法》公布并实施

国家食品药品监督管理局局长郑筱萸 7 月 20 日签发第 13 号局令，发布《直接接触药品的包装材料和容器管理办法》（以下简称《办法》）。该《办法》自公布之日起施行。

据了解，原国家药品监管局曾于 2000 年 4 月发布《药品包装用材料、容器管理办法》（暂行），然而，根据《药品管理法实施条例》，《药品包装用材料、容器管理办法》（暂行）已与其不相适应。国家食品药品监督管理局药品注册司负责人介绍，《办法》对《药品包装用材料、容器管理办法》（暂行）做了较大的修改，强化了对药包材标准的管理，加强了对审批部门和检验机构及工作人员的制约，明确了药包材注册审批的时限，加大了对药包材监督管理的力度。

《办法》共分九章七十条，主要加强了对药包材标准的管理。《办法》明确了国家将对药品质量和药品安全影响较大的药包材品种制定目录，明确在我国生产、进口和使用的药包材必须符合国家食品药品监督管理局制定的药包材国家标准，改革了原来国家食品药品监管局和省、自治区、直辖市（食品）药品监督管理部门两级均可制定药包材标准而容易造成标准执行中的误差的状况。

《办法》还强化了药包材国家注册，缩小了药包材注册的范围。《药品包装用材料、容器管理办法》（暂行）对需要审批的药包材品种目录列有三大类 22 个品种，分国家局和省局两级审批。这次《办法》的药包材品种目录只收入 11 个品种，主要有输液瓶（袋、膜及配件）、安瓿、药用（注射剂、口服或者外用剂型）瓶（管、盖）、药用胶塞、药用预灌封注射器、药用滴眼（鼻、耳）剂瓶（管）、药用硬片（膜）、药用铝箔、药用软膏管（盒）、药用喷（气）雾剂泵（阀门、罐、筒）、药用干燥剂，由国家食品药品监督管理局审批，较原来相比，大大缩小了要注册的药包材品种的范围。

十六、国家发改委、科技部、商务部联合发布 2004 年度《当前优先发展的高技术产业化重点领域指南》

为贯彻落实科学发展观，加强宏观调控，促进结构调整，转变增长方式，提高经济增长质量和效益，党中央、国务院及时、果断地采取了一系列宏观调控措施，已经取得了明显成效。按照中央提出的“果断有力、适时适度、区别对待、注重实效”的原则，针对我国高技术产业发展和结构升级的需要，国家发展和改革委员会、科学技术部、商务部近日联合发布 2004 年度《当前优先发展的高技术产业化重点领域指南》，引导社会投资，促进高技术产业加快发展。这是在我国进入新的发展时期后，国家鼓励发展高技术产业、促进结构升级的又一重要措施。

1998 年以来，国家积极推进经济结构的战略性调整，加大了对高技术产业发展的引导和支持。一是提出了我国历史上第一个高技术产业发展规划，明确了我国“十五”期间高技术产业发展的方针、指导思想、目标和主要任务。先后组织实施了移动通信、数字电视、下一代互联网、支线飞机、生物技术、高性能船舶等 12 项高新技术工程，目前已取得重大进展，并对我国高技术产业的发展产生了重要的带动作用；

组织实施了软件、集成电路、电动汽车、生物与新医药、现代中药、工业自动化、新材料、新型元器件、网络、卫星导航、现代农业、节水农业、西部高技术和重要技术标准等一批高技术产业化重大专项，积极引导全社会对高技术产业的投入，大大加快了高技术产业化的进程，一大批制约经济发展的技术瓶颈问题已取得重大突破，一批具有自主知识产权的高新技术产业群蓬勃发展，有力地促进了我国高技术产业发展和整个产业结构的优化升级。

二是发布相关政策，引导社会资金投向高技术产业，国家提出了“关于加强技术创新、发展高科技、实现产业化的决定”，印发了“鼓励软件产业和集成电路产业发展的若干政策”、“关于国有高新技术企业开展股权激励试点工作指导意见”，制订了《鼓励外商投资高新技术产品目录》、《当前国家重点发展的产业、产品和技术目录》、《中国高新技术产品目录》等，促进了资金、人才等要素向高技术产业的流动。

三是进一步加强对高技术研究开发的支持力度，中央预算内科研经费连年增加，基础研究、高技术研究发展取得重大进展，使我国在高能物理、生命科学、新材料、新能源、纳米科技、信息科学等领域取得了长足进步，在一些科学和技术领域已经进入国际学科前沿，特别是国家组织实施的高技术研究发展计划（863计划），以信息技术、生物技术和现代农业技术、新材料、先进制造与自动化技术、能源技术、资源环境技术等6个高技术领域的19个主题和若干重大专项作为发展重点，对解决事关国家中长期发展和安全的战略性、前沿性和前瞻性高技术问题，发展具有自主知识产权的高技术，培育高技术产业生长点起到了重要作用。

四是进一步推进“科技兴贸”战略，加快高新技术产品出口促进体系建设，进一步开拓国际市场。重点支持电子信息技术、生物医药、新材料和环保型的高新技术产品出口，鼓励出口基地加快在海外建立科技园，建立和完善高新技术产品出口管理网络系统和信息服务系统。

国家宏观政策的引导，产生了良好的效果。据统计，我国高技术产业规模从1999年的1.09万亿元人民币增长到2003年的2.7万亿元人民币，高技术产品出口从247亿美元增长到1 100亿美元，年均增长率分别为25.5%和45.3%。2004年1～5月，规模以上高技术产业实现销售收入9 729亿元、增加值2 394亿元，同比分别增长了39.5%和24.7%。其中电子信息产品制造业实现销售收入8 791亿元，增加值1 869亿元，同比分别增长了44.5%和46.8%，为近年来最好水平。微型计算机、半导体集成电路产量增幅均达44%，移动电话生产达1.02亿部，同比增长50%。高技术产业已成为推进国民经济持续快速协调健康发展的重要力量。

2004年度《指南》是在1999年度和2001年度《指南》基础上，经过近200位专家综合国内外相关领域产业技术发展趋势、我国高技术产业化发展状况、国内外产业和市场状况、国民经济和社会发展需要，并广泛征求有关部门和各地方意见后研究提出的。涉及信息、生物及新医药、新材料、先进制造、先进能源、环保和资源综合利用、航空航天、农业、现代交通等十大门类的134项高技术产业化重点领域。信息产业将优先发展新一代高速宽带等信息网络设备、计算机及其操作系统和嵌入式软件、线宽0.18微米以下集成电路及新型电子元器件、电子政务与电子商务等领域；生物及新医药将重点发展新型高效人用和兽用疫苗、基因工程多肽及基因治疗药物、生物医学工程、治疗肿瘤和免疫功能性疾病的重要制品、发酵工程等领域；新材料重点包括纳米材料、环境友好材料、储氢合金等特种功能材料、功能高分子膜材料、特种纤维复合材料等领域；先进制造的重点是大型复杂生产和连续过程自动化系统、光谱仪等现代科学仪器、数字化新型传感器、激光精密加工技术、工业机器人等领域；先进能源的产业化重点包括燃料电池等氢能技术、风能等再生能源技术、煤炭清洁燃烧、压水堆等核电技术、天然气利用等领域；环保技术和资源综合利用方面重点包括工业和城市节水、海水利用、废水及工业和生活固体废弃物处理、清洁生产和环境监测等领域；航空航天技术的产业化重点方向包括支线飞机、民用直升机和通用飞机、新型运载火箭、卫星以及卫星导航和遥感系统等领域；农业的产业化重点包括动植物新品种繁育、绿色农业投入品、农产品深加工装备等领域；现代交通的相关产业化重点包括高速铁路、城市轨道交通、高速客船和高附加值船、清洁能源汽车和智能运输系统等领域。这些领域代表了我国当前高技术产业发展和传统产业技术升级的主要技术方向，具有比较明确的产业化前景。发布《指南》将对促进国民经济和社会发展以及优化产业结构产生积极的指导作用，也是实现宏观调控中区别对待、有保有压的具体体现。

国家发改委、科技部、商务部还将根据2004年度《指南》，分别制定近期促进高技术研究开发、产业化和进出口等项工作的政策措施。同时，将根据国民经济和社会发展的情况、产业技术的发展状况以及国内外市场变化，继续适时地对《指南》进行调整和修订。各地方将根据《指南》，落实本地区重点支持的高技术产业化领域，促进本地区经济的发展。

十七、发改委出台《当前部分行业制止低水平重复建设目录》

为贯彻落实中央确定的宏观调控的政策措施，国家发改委、中央人民银行、中央银行业监督管理委员会联合下发了《关于进一步加强产业政策和信贷政策协调配合，控制信贷风险有关问题的通知》并随通知下发了《当前部分行业制止低水平重复建设目录》（以下简称《目录》），明确了低水平重复建设的领域、落后和淘汰的生产工艺技术装备、产品，对于指导信贷投向，遏制低水平重复建设具有重要的现实意义。

《目录》分为禁止类目录和限制类目录两类，主要涉及钢铁、有色金属、机械、建材、石化、轻工纺织、医药、印刷等行业。列入禁止类目录的原则是：严重危及生产安全；环境污染严重；质量不符合国家标准；原材料和能源消耗高及国家法律、法规规定的禁止投资的项目。列入限制类目录的原则是：生产能力严重过剩，新上项目对生产结构没有改善；工艺技术落后，已有先进、成熟工艺技术代替；不利于节约资源和保护生态环境及法律、法规规定的限制投资的项目。《目录》中的石油和化工行业的部分如下。

（一）禁止类

（1）没有取得国家矿权登记许可的油气田，不符合国家油气资源整体开发规划的油气田；（2）产品质量低劣、安全环保达不到国家标准的成品油生产装置；（3）100万吨/年及以下生产汽煤柴油的小炼油厂（2005年）；（4）年生产能力小于4万吨的硫铁矿制酸（2005年）；（5）年生产能力50万条及以下的斜交轮胎，或以天然棉帘子布为骨架的轮胎；（6）年生产能力1万吨及以下的干法造粒炭黑生产装置；（7）土法炼油；（8）汞法烧碱；（9）年产1万吨以下及开放式电石炉；（10）排放不达标的电石炉（2005年）；（11）铁粉还原法工艺；（12）年产1000吨以下黄磷生产线；（13）生产氰化钠的氨钠法及氰熔体工艺；（14）高中温钠法百草枯农药工艺；（15）农药产品手工包（灌）装设备；（16）石墨阳极隔膜法烧碱（2004年）；（17）KDON-6000/6600型蓄冷器流程空分设备；（18）多氯联苯（农药）；（19）除草醚（农药）；（20）杀虫脒（农药）；（21）氯丹（农药）；（22）七氯（农药）；（23）毒鼠强（农药）；（24）氟乙酰胺（农药）；（25）氟乙酸钠（农药）；（26）二溴氯丙烷（农药）；（27）治螟磷（苏化203）（农药）；（28）磷胺（农药）；（29）甘氟、毒鼠硅（农药）；（30）107涂料；（31）改性淀粉涂料；（32）改性纤维涂料；（33）挥发性有机物含量超过200克/升或游离甲醛含量超过0.1克/千克的用于室内装修装饰用涂料（含建筑物、木器家具用）；（34）可溶性金属铅含量超过90毫克/千克、或镉含量超过75毫克/千克、或铬含量超过60毫克/千克、或汞含量超过60毫克/千克的室内装修装饰用涂料（含建筑物、木器家具用）；（35）游离异氰酸酯含量超过0.7%的室内装修装饰用木器家具涂料；（36）聚乙烯醇水玻璃内墙涂料（106内墙涂料）；（37）多彩内墙涂料（树脂以硝化纤维素为主，溶剂以二甲苯为主的O/W型涂料）；（38）氯乙烯-偏氯乙烯共聚乳液外墙涂料；（39）焦油型聚氨酯防水涂料；（40）水性聚氯乙烯焦油防水涂料；（41）聚乙烯醇及其缩醛类内外墙涂料；（42）聚醋酸乙烯乳液类（含EVA乳液）外墙涂料；（43）聚氯乙烯建筑防水接缝材料（焦油型）；（44）联苯胺和联苯胺型偶氮染料；（45）软边结构自行车胎。

（二）限制类

1. 新建DMT法聚酯装置；

2. 新建7万吨/年以下聚丙烯装置（连续法及间歇法）；

3. 新建10万吨/年以下丙烯腈装置；

4. 新建10万吨/年以下ABS树脂装置（本体连续法除外）；

5. 新建60万吨/年以下乙烯装置；

6. 新建800万吨/年、扩建500万吨/年以下常减压炼油装置；

7. 新建50万吨/年以下催化裂化装置、新建40万吨/年以下连续重整装置、新建80万吨/年以下加氢裂化装置、新建80万吨/年以下延迟焦化装置；

8. 新建20万吨/年以下聚乙烯装置；

9. 新建20万吨/年以下氧氯化法聚氯乙烯装置、电石法聚氯乙烯8万吨以下装置；

10. 新建20万吨/年以下苯乙烯装置（干气制乙苯工艺除外）；

11. 新建10万吨/年以下聚苯乙烯装置；

12. 新建22.5万吨/年以下精对苯二甲酸装置（单套）；

13. 新建10万吨/年以下聚酯装置；

14. 新建年产60万吨以下氨碱装置；

15. 新建20万吨以下联碱装置；

16. 新建20万吨/年以下硫磺制酸装置、10万吨/年硫铁矿制酸装置；

17. 常压法及综合法硝酸装置；

18. 新建硫酸法钛白粉生产线；

19. 高毒农药（甲胺磷、对硫磷、甲基对硫磷、久效磷、氧化乐果、水胺硫磷、甲基异、柳磷、甲拌磷、甲基硫环磷、乙基硫环磷、特丁磷、杀扑磷、溴甲烷、灭多威、涕灭威、克百威、磷化锌、敌鼠钠、敌鼠酮、杀鼠灵、杀鼠醚、溴敌隆、溴鼠灵)；

20. 电石生产装置；

21. 四氯化碳项目；

22. 力车胎项目（手推车胎)；

23. 新建20万吨/年以下环氧乙烷/乙二醇装置；

24. 新建10万吨/年以下己内酰胺装置；

25. 新建20万吨/年以下乙烯法醋酸装置、15万吨/年以下甲醇羰基法醋酸装置；

26. 汽车斜交轮胎项目；

27. 新建生产能力5000吨/年以下电解二氧化锰生产线；

28. 新建10万吨/年以下烧碱装置；

29. 新建2万吨/年以下氢氧化钾装置；

30. 新建单套1万吨/年以下无水氟化氢（HF）生产装置（配套自用和电子高纯氟化氢的除外）；

31. 新建单套反应釜6 000吨/年以下、后处理3万吨/年以下的F22生产装置（作为原料进行深加工除外)；

32. 新建2万吨/年以下的（甲基）有机硅单体生产装置；

33. 新建1 000吨/年以下铅铬黄生产线；

34. 新建5 000吨/年氧化铁红颜料装置。

注：1. 禁止类条目后括号内数字为淘汰期限，淘汰期限为2005年是指应用于2005年底前淘汰，其余类推；未标淘汰期限的条目，为立即淘汰；

2. 生产规模大于限制类条目规定，但环保指标不达标的项目，均禁止投资。

十八、北京市自10月起限用推拉塑窗

《第四批禁止和限制使用建材产品目录》的通知要求，自2004年4月1日起，北京市行政区域内新建和改建工程按通知中禁止和限制使用建材产品的规定进行设计；而从2004年10月1日起，通知限制使用的9类建材产品目录中建筑用普通单层玻璃、简易双层玻璃外窗、80系列以下（含80系列）普通三轨推拉塑料外窗将被禁止使用。

为保证北京市工程建设质量，进一步提高建筑物的使用功能，节约能源，保护环境，推动北京市建材产品整体水平的提高，并根据国家、北京市有关质量、安全、节能、环保和提高建筑工程质量的政策，结合北京市的实际情况，北京市建设委员会、北京市规划委员会于今年4月联合印发了关于公布《第四批禁止和限制使用建材产品目录》的通知。通知规定禁止和限制使用的建材产品，在通知下达前已经设计，将在本通知规定生效后用于建设工程的，由建设单位负责与设计、施工单位协商修改设计。

据了解，限制使用的建筑用普通单层玻璃和简易双层玻璃外窗的原因是单玻保温性能差，普通双玻不能有效密封，易结露、过尘土、进水，不易清理，其限制使用范围为新建、改建住宅工程外窗，其替代产品为镶中空玻璃及其他节能玻璃的建筑外窗。限制使用80系列以下（含80系列）普通三轨推拉塑料外窗的原因是强度低、密封性能差，五金件使用寿命短，其限制使用范围为新建、改建住宅工程外窗，其替代产品为其他各类节能保温平开窗以及达到保温要求的其他系列推拉窗。

十九、发改委征求意见，经销商有义务回收废旧家电

我国是家电及电子产品的生产、消费大国，家电和其他商品一样都有使用寿命。目前我国对空调、电冰箱、洗衣机的设计使用寿命年限为7年，彩电、微波炉等平均使用年限为10年。这就是说，消费者在20世纪90年代购买的上述家电，如今已到淘汰报废的高峰期。如果不对废旧家电进行有效的回收处理，不仅浪费了大量可利用的资源，并对自然环境造成严重的污染，也会给使用者带来安全隐患。《废旧家电及电子产品处理管理条例》在国家发改委网站上公开征求意见。该《条例》最大的亮点是，规定家电经销商有义务回收消费者交售的废旧家电，违者将被责令限期整改；如拒不改正的，将被处以10万元以下的罚款。

该《条例》规定，消费者应将废旧家电交售给家电经销商，不得擅自丢弃和拆解。家电经销商有义务回收废旧家电，回收的废旧家电应当交售给有资质的处理企业，严禁拆解、拼装并自行销售。处理企业应严格按照国家相关标准和技术规范，对回收的废旧家电进行分类检测，并应在符合环保、安全的条件下拆解，对有害有毒物质应当进行无害化处理。

经测试、维修后达到安全标准的旧家电，该《条例》规定应贴上再利用品的标识。出售给旧家电经销商或指定的旧货交易市场时，收售时应严格登记旧家电名称、数量、来源等，不得销售未经处理企业检测、标识的旧家电，违者除没收旧家电或违法所得外，还将被处以1万元以上5万元以下的罚款。

二十、我国调降五大通用塑料进口关税

我国2004年起对聚氯乙烯（PVC）、氯乙烯（VCM）及二氯乙烷（EDC）进口关税将再调降的措施，将有助于PVC加工业者降低进口成本。

依中国内地对世贸组织承诺，至2008年时，内地对五大通用塑料的进口关税将降至6.5%。依中国内地承诺逐年调降原料进口关税计划，今年起，内地对PVC进口关税将降至10.7%，VCM进口关税将降至2%，EDC的进口关税则降至1%。其他泛用塑料进口关税方面，预计聚乙烯（PE）今年进口关税将降至 11.6%，聚丙烯（PP）进口关税维持与去年相同，为 10%；聚苯乙烯（PS）与 ABS 进口关税均由去年的 11.8%降至今年的 10.7%，将对 PVC 业者降低进口成本有利。

二十一、海关行政处罚实施条例 11 月 1 日起施行

根据《中华人民共和国海关法》及其他有关法律的规定制定的《中华人民共和国海关行政处罚实施条例》（以下简称《条例》），已经国务院常务会议通过，自 2004 年 11 月 1 日起施行。1993 年国务院批准修订、海关总署发布的《中华人民共和国海关法行政处罚实施细则》同时废止。

《条例》的制定是为了规范海关行政处罚，保障海关依法行使职权，保护公民、法人或其他组织的合法权益。《条例》分为总则、走私行为及其处罚、违反海关监管规定的行为及其处罚、对违反海关法行为的调查、海关行政处罚的决定和执行、附则，共 6 章 68 条。

据有关部门介绍，在总结海关执法经验的基础上，新制定的《条例》增加了“对违反海关法行为的调查”、“海关行政处罚的决定和执行”两章关于程序的规定，同时细化了海关行政处罚的幅度，限制自由裁量权的使用，条文增加了 32 条。

《条例》第二条明确规定，依法不追究刑事责任的走私行为和违反海关监管规定的行为，以及法律、行政法规规定由海关实施行政处罚的行为的处理，适用本实施条例。

结合近年来海关执法工作的实际情况，《条例》对走私行为及处罚幅度做了具体规定。为有效打击与走私人通谋并为其提供便利的行为，《条例》规定：与走私人通谋为走私人提供贷款、资金、账号等或者为走私人提供走私货物、物品的提取、发运、运输或者其他方便的，以走私的共同当事人论处，没收违法所得，并依照规定予以处罚。

《条例》本着加大执法力度与规范执法行为相结合、处罚与教育相结合的原则，专门设立了两章分别对案件的调查、处理、执行等程序做了具体和明确的规定，以规范海关执法活动，保障和监督海关依法行使职权，保护公民、法人或者其他组织的合法权益，促进依法行政。

二十二、中国 2005 年实施战略石油储备计划，建四大储备基地

中国将于 2005 年正式实施战略石油储备计划，目前正在浙江镇海兴建石油储备基地，2005 年 1 期工程完成后，石油储量超过 500 万立方米。

被国家发改委首批选定的国家战略石油储备基地有四个：浙江镇海、浙江舟山、山东黄岛和辽宁大连。镇海被认为是四大战略石油储备基地中规模最大、工程进度最快的一个。

除镇海外，其他三处国家战略石油储备基地也在加紧建设之中。国家发改委有关人士透露，中国战略石油储备基地建设的一期工程已经全面铺开。中石化、中石油和中海油这三大国内石油公司受国家委托，负责工程总体建设，预计 2006～2008 年，大连、黄岛、镇海、舟山四大石油储备基地将基本竣工。

中国四大石油储备基地建成后，总共能形成约 10 余天原油进口量的政府战略石油储备能力。再加上全国石油系统内部 21 天进口量的商用石油储备能力，中国总的石油储备能力将超过 30 万立方米原油进口量。

（中国塑料加工工业协会　许　琳）

2005 年合成树脂及塑料制品海关关税、税则税率

商品编码	附加编号	商品名称	进口税率		出口税率	增值税	消费税	计量单位
			优惠	普通				
39011000	10	初级形状相对密度<0.94 的聚乙烯	10.3	45.0	0	17.0	0	千克
39011000	90	初级形状相对密度<0.94 的聚乙烯	10.3	45.0	0	17.0	0	千克
39012000	10	初级形状相对密度≥0.94 的聚乙烯	10.3	45.0	0	17.0	0	千克
39012000	90	初级形状相对密度≥0.94 的聚乙烯	10.3	45.0	0	17.0	0	千克
39013000		初级形状乙烯-乙酸乙烯酯共聚物	6.5	45.0	0	17.0	0	千克
39019010		乙烯-丙烯共聚物(乙丙橡胶)	6.5	45.0	0	17.0	0	千克
39019020		线型低密度聚乙烯	6.5	45.0	0	17.0	0	千克
39019090		其他初级形状的乙烯聚合物	6.5	45.0	0	17.0	0	千克
39021000	10	电工级初级形状聚丙烯树脂	9.7	45.0	0	17.0	0	千克

续表

商品编码	附加编号	商品名称	进口税率		出口税率	增值税	消费税	计量单位
			优惠	普通				
39021000	90	其他初级形状的聚丙烯	9.7	45.0	0	17.0	0	千克
39022000		初级形状的聚异丁烯	9.7	45.0	0	17.0	0	千克
39023010		乙烯-丙烯共聚物(乙丙橡胶)	9.7	45.0	0	17.0	0	千克
39023090		其他初级形状的丙烯共聚物	9.7	45.0	0	17.0	0	千克
39029000	10	端羧基聚丁二烯,CTPB	9.7	45.0	0	17.0	0	千克
39029000	20	端羟基聚丁二烯,HTPB	9.7	45.0	0	17.0	0	千克
39029000	90	其他初级形状的烯烃聚合物	9.7	45.0	0	17.0	0	千克
39031100		初级形状的可发性聚苯乙烯	9.7	45.0	0	17.0	0	千克
39031900		初级形状的其他聚苯乙烯	9.7	45.0	0	17.0	0	千克
39032000		初级形状苯乙烯-丙烯腈共聚物	12.0	45.0	0	17.0	0	千克
39033000		丙烯腈-丁二烯-苯乙烯共聚物	9.7	45.0	0	17.0	0	千克
39039000		初级形状的其他苯乙烯聚合物	9.7	45.0	0	17.0	0	千克
39041000	10	聚氯乙烯纯粉	9.7	45.0	0	17.0	0	千克
39041000	90	其他初级形状的纯聚氯乙烯	9.7	45.0	0	17.0	0	千克
39042100		初级形状未塑化的聚氯乙烯	9.7	45.0	0	17.0	0	千克
39042200		初级形状已塑化的聚氯乙烯	9.7	45.0	0	17.0	0	千克
39043000		氯乙烯-乙酸乙烯酯共聚物	9.0	45.0	0	17.0	0	千克
39044000		初级形状的其他氯乙烯共聚物	12.0	45.0	0	17.0	0	千克
39045000		初级形状的偏二氯乙烯聚合物	9.7	45.0	0	17.0	0	千克
39046100		初级形状的聚四氟乙烯	10.0	45.0	0	17.0	0	千克
39046900		初级形状的其他氟聚合物	6.5	45.0	0	17.0	0	千克
39049000		初级形状的其他卤化烯烃聚合物	10.0	45.0	0	17.0	0	千克
39051200		聚乙酸乙烯酯的水分散体	10.0	45.0	0	17.0	0	千克
39051900		其他初级形状聚乙酸乙烯酯	10.0	45.0	0	17.0	0	千克
39052100		乙酸乙烯酯共聚物的水分散体	10.0	45.0	0	17.0	0	千克
39052900		其他初级形状的乙酸乙烯酯共聚物	10.0	45.0	0	17.0	0	千克
39053000		初级形状的聚乙烯醇	14.0	45.0	0	17.0	0	千克
39059100		其他乙烯酯或乙烯基的共聚物	10.0	45.0	0	17.0	0	千克
39059900		其他乙烯酯或乙烯基的聚合物	10.0	45.0	0	17.0	0	千克
39061000		初级形状的聚甲基丙烯酸甲酯	6.5	45.0	0	17.0	0	千克
39069000		其他初级形状的丙烯酸聚合物	6.5	45.0	0	17.0	0	千克
39071010		初级形状的聚甲醛	9.7	45.0	0	17.0	0	千克
39071090		其他初级形状的聚缩醛	9.7	45.0	0	17.0	0	千克
39072000		初级形状的其他聚醚	9.7	45.0	0	17.0	0	千克
39073000	10	初级形状的环氧树脂	9.7	45.0	0	17.0	0	千克
39073000	90	初级形状的环氧树脂	9.7	45.0	0	17.0	0	千克
39074000		初级形状的聚碳酸酯	6.5	45.0	0	17.0	0	千克
39075000		初级形状的醇酸树脂	10.0	45.0	0	17.0	0	千克
39076011		高黏度聚对苯二甲酸乙二酯切片	9.7	45.0	0	17.0	0	千克
39076019		其他聚对苯二甲酸乙二酯切片	9.7	45.0	0	17.0	0	千克
39076090		其他初级形状聚对苯二甲酸乙二酯	6.5	45.0	0	17.0	0	千克
39079100		初级形状的不饱和聚酯	9.7	45.0	0	17.0	0	千克
39079900		初级形状的其他聚酯	6.5	45.0	0	17.0	0	千克
39081011		PA66 切片	9.7	45.0	0	17.0	0	千克
39081019	10	尼龙 11、尼龙 12 切片	9.7	45.0	0	17.0	0	千克
39081019	90	PA-6 切片等	9.7	45.0	0	17.0	0	千克

续表

商品编码	附加编号	商品名称	进口税率		出口税率	增值税	消费税	计量单位
			优惠	普通				
39081090		其他初级形状的 PA66 等	6.5	45.0	0	17.0	0	千克
39089000		初级形状的其他聚酰胺	10.0	45.0	0	17.0	0	千克
39091000		初级形状的尿素树脂及硫脲树脂	6.5	45.0	0	17.0	0	千克
39092000		初级形状的蜜胺树脂	6.5	45.0	0	17.0	0	千克
39093000		初级形状的其他氨基树脂	6.5	45.0	0	17.0	0	千克
39094000		初级形状的酚醛树脂	6.5	45.0	0	17.0	0	千克
39095000		初级形状的聚氨基甲酸酯	9.7	45.0	0	17.0	0	千克
39100000		初级形状的聚硅氧烷	6.5	45.0	0	17.0	0	千克
39111000		初级形状的石油树脂等	6.5	45.0	0	17.0	0	千克
39119000	10	芳基酸与芳基胺预缩聚物	6.5	45.0	0	17.0	0	千克
39119000	30	改性三羟乙基脲酸酯类预缩聚物	6.5	45.0	0	17.0	0	千克
39119000	40	聚苯硫醚	6.5	45.0	0	17.0	0	千克
39119000	50	偏苯三酸酐和异氰酸预缩聚物	6.5	45.0	0	17.0	0	千克
39119000	90	其他初级形状的多硫化物、聚砜等	6.5	45.0	0	17.0	0	千克
39121100	10	未塑化二醋酸纤维素等	6.5	40.0	0	17.0	0	千克
39121100	90	初级形状的未塑化醋酸纤维素	6.5	40.0	0	17.0	0	千克
39121200		初级形状的已塑化醋酸纤维素	6.5	40.0	0	17.0	0	千克
39122000		初级形状的硝酸纤维素	6.5	45.0	0	17.0	0	千克
39123100		初级形状的羧甲基纤维素及其盐	6.5	45.0	0	17.0	0	千克
39123900		初级形状的其他纤维素醚	6.5	45.0	0	17.0	0	千克
39129000		初级形状的其他未列名的纤维素	6.5	45.0	0	17.0	0	千克
39131000		初级形状的藻酸及盐和酯	10.0	45.0	0	17.0	0	千克
39139000		初级形状的其他未列名天然聚合物	6.5	50.0	0	17.0	0	千克
39140000		初级形状的离子交换剂	6.5	45.0	0	17.0	0	千克
39151000		乙烯聚合物的废碎料及下脚料	9.7	50.0	0	17.0	0	千克
39152000		苯乙烯聚合物的废碎料及下脚料	9.7	50.0	0	17.0	0	千克
39153000		氯乙烯聚合物的废碎料及下脚料	9.7	50.0	0	17.0	0	千克
39159010		聚对苯二甲酸乙二酯废碎料及下脚	9.7	50.0	0	17.0	0	千克
39159090		其他塑料的废碎料及下脚料	9.7	50.0	0	17.0	0	千克
39161000		乙烯聚合物制单丝、条、杆及型材	10.0	45.0	0	17.0	0	千克
39162000		氯乙烯聚合物制单丝、条、杆及型材	10.0	45.0	0	17.0	0	千克
39169010		聚酰胺制的单丝、条、杆及型材	10.0	45.0	0	17.0	0	千克
39169090		其他塑料制单丝、条、杆及型材	10.0	45.0	0	17.0	0	千克
39171000		硬化蛋白或纤维素材料制人造肠衣	10.0	50.0	0	17.0	0	千克
39172100		乙烯聚合物制的硬管	10.0	45.0	0	17.0	0	千克
39172200		丙烯聚合物制的硬管	10.0	45.0	0	17.0	0	千克
39172300		氯乙烯聚合物制的硬管	10.0	45.0	0	17.0	0	千克
39172900		其他塑料制的硬管	10.0	45.0	0	17.0	0	千克
39173100		塑料制的软管	10.0	45.0	0	17.0	0	千克
39173200		其他未装有附件的塑料制管子	6.5	45.0	0	17.0	0	千克
39173300		其他装有附件的塑料管子	6.5	45.0	0	17.0	0	千克
39173900		塑料制的其他管子	9.7	45.0	0	17.0	0	千克
39174000		塑料制的管子附件	10.0	45.0	0	17.0	0	千克
39181010		氯乙烯聚合物制糊墙品	10.0	45.0	0	17.0	0	千克
39181090		氯乙烯聚合物制的铺地制品	10.0	45.0	0	17.0	0	千克
39189010		其他塑料制的糊墙品	10.0	45.0	0	17.0	0	千克

续表

商品编码	附加编号	商品名称	进口税率		出口税率	增值税	消费税	计量单位
			优惠	普通				
39189090		其他塑料制的铺地制品	10.0	45.0	0	17.0	0	千克
39191010		丙烯酸树脂类为主的自粘塑料板等	6.5	45.0	0	17.0	0	千克
39191091		宽度≤20cm的胶囊型反光膜	6.5	45.0	0	17.0	0	千克
39191099		其他宽度≤20cm的自粘塑料板片等	6.5	45.0	0	17.0	0	千克
39199010		其他胶囊型反光膜	6.5	45.0	0	17.0	0	千克
39199090		其他自粘塑料板、片、膜等材料	6.5	45.0	0	17.0	0	千克
39201010		乙烯聚合物制电池隔膜	6.5	45.0	0	13.0	0	千克
39201090	10	农用非泡沫聚乙烯薄膜	6.5	45.0	0	13.0	0	千克
39201090	20	乙烯-四氟乙烯膜	6.5	45.0	0	13.0	0	千克
39201090	90	非泡沫聚乙烯板、片、膜、箔及扁条	6.5	45.0	0	17.0	0	千克
39202010		丙烯聚合物制电池隔膜	6.5	45.0	0	13.0	0	千克
39202090	10	农用非泡沫聚丙烯薄膜	6.5	45.0	0	13.0	0	千克
39202090	90	非泡沫聚丙烯板、片、膜、箔及扁条	6.5	45.0	0	17.0	0	千克
39203000		非泡沫聚苯乙烯板、片、膜、箔、扁条	6.5	45.0	0	17.0	0	千克
39204300	10	农用软质聚氯乙烯薄膜	9.7	45.0	0	17.0	0	千克
39204300	90	聚氯乙烯板、片、膜、箔及扁条	9.7	45.0	0	17.0	0	千克
39204900	10	其他农用软质聚氯乙烯薄膜	9.0	45.0	0	13.0	0	千克
39204900	90	其他聚氯乙烯板、片、膜、箔及扁条	9.0	45.0	0	17.0	0	千克
39205100		聚甲基丙烯酸甲酯板片膜箔及扁条	6.5	45.0	0	17.0	0	千克
39205900		其他丙烯酸聚合物板片膜箔及扁条	6.5	45.0	0	17.0	0	千克
39206100		聚碳酸酯制板、片、膜、箔、扁条	6.5	45.0	0	17.0	0	千克
39206200	10	9≤厚≤15.9μm聚酯薄膜	6.5	45.0	0	17.0	0	千克
39206200	20	5≤厚≤8.9μm聚酯薄膜	6.5	45.0	0	17.0	0	千克
39206200	30	16≤厚≤29.9μm聚酯薄膜	6.5	45.0	0	17.0	0	千克
39206200	40	50≤厚≤99.9μm聚酯薄膜	6.5	45.0	0	17.0	0	千克
39206200	90	其他聚对苯二甲酸乙二酯板片膜等	6.5	45.0	0	17.0	0	千克
39206300		不饱和聚酯板、片、膜、箔及扁条	10.0	45.0	0	17.0	0	千克
39206900		其他聚酯板、片、膜、箔及扁条	10.0	45.0	0	17.0	0	千克
39207100		再生纤维素制板、片、膜、箔及扁条	6.5	45.0	0	17.0	0	千克
39207200		钢纸制板、片、膜、箔及扁条	10.0	35.0	0	17.0	0	千克
39207300		醋酸纤维素制板、片、膜、箔及扁条	6.5	45.0	0	17.0	0	千克
39207900		纤维素衍生物制板、片、膜箔及扁条	10.0	45.0	0	17.0	0	千克
39209100		聚乙烯醇缩丁醛板、片、膜、箔、扁条	6.5	45.0	0	17.0	0	千克
39209200		聚酰胺板、片、膜、箔、扁条	10.0	45.0	0	17.0	0	千克
39209300		氨基树脂板、片、膜、箔、扁条	6.5	45.0	0	17.0	0	千克
39209400		酚醛树脂板、片、膜、箔、扁条	10.0	45.0	0	17.0	0	千克
39209910		聚四氟乙烯制非泡沫塑料板、片、箔	6.5	45.0	0	17.0	0	千克
39209990		其他非泡沫塑料板、片、膜、箔、扁条	6.5	45.0	0	17.0	0	千克
39211100		泡沫聚苯乙烯板、片、带、箔、扁条	10.0	45.0	0	17.0	0	千克
39211210		泡沫聚氯乙烯人造革及合成革	9.0	70.0	0	17.0	0	千克
39211290		泡沫聚氯乙烯板、片、带、箔、扁条	6.5	45.0	0	17.0	0	千克
39211310		泡沫聚氨酯制人造革及合成革	9.0	70.0	0	17.0	0	千克
39211390		泡沫聚氨酯板、片、带、箔、扁条	6.5	45.0	0	17.0	0	千克
39211400		泡沫再生纤维素板、片、膜、箔、扁条	10.0	45.0	0	17.0	0	千克
39211910		其他泡沫塑料制人造革及合成革	9.0	70.0	0	17.0	0	千克
39211990		其他泡沫塑料板、片、膜、箔、扁条	6.5	45.0	0	17.0	0	千克

续表

商品编码	附加编号	商品名称	进口税率		出口税率	增值税	消费税	计量单位
			优惠	普通				
39219020		以聚乙烯为基本成分的板片	6.5	45.0	0	17.0	0	千克
39219030		聚异丁烯为基本成分的板片卷材	6.5	45.0	0	17.0	0	千克
39219090		未列名塑料板、片、膜、箔、扁条	6.5	45.0	0	17.0	0	千克
39221000		塑料浴缸、淋浴盘、洗涤槽及盥洗盆	10.0	80.0	0	17.0	0	千克
39222000		塑料马桶坐圈及盖	10.0	80.0	0	17.0	0	千克
39229000		塑料便盆、抽水箱等类似卫生洁具	10.0	80.0	0	17.0	0	千克
39231000		塑料制盒、箱及类似品	10.0	80.0	0	17.0	0	千克
39232100		乙烯聚合物制袋及包	10.0	80.0	0	17.0	0	千克
39232900		其他塑料制的袋及包	10.0	80.0	0	17.0	0	千克
39233000		塑料制坛、瓶及类似品	8.4	80.0	0	17.0	0	千克
39234000		塑料制卷轴、纡子、筒管及类似品	10.0	35.0	0	17.0	0	千克
39235000		塑料制塞子、盖子及类似品	10.0	80.0	0	17.0	0	千克
39239000		供运输或包装货物用其他塑料制品	10.0	80.0	0	17.0	0	千克
39241000		塑料制餐具及厨房用具	10.0	80.0	0	17.0	0	千克
39249000		塑料制其他家庭用具及盥洗用具	10.0	80.0	0	17.0	0	千克
39251000		塑料制囤、柜、罐、桶及类似容器	10.0	80.0	0	17.0	0	千克
39252000		塑料制门、窗及其框架、门槛	10.0	80.0	0	17.0	0	千克
39253000		塑料制窗板、百叶窗及类似制品	10.0	80.0	0	17.0	0	千克
39259000		其他未列名的建筑用塑料制品	10.0	80.0	0	17.0	0	千克
39261000		办公室或学校用塑料制品	10.0	80.0	0	17.0	0	千克
39262000		塑料制衣服及衣着附件	10.0	90.0	0	17.0	0	千克
39263000		塑料制家具、车厢及类似品的附件	10.0	80.0	0	17.0	0	千克
39264000		塑料制小雕塑品及其他装饰品	10.0	100.0	0	17.0	0	千克
39269010		塑料制机器及仪器用零件	10.0	35.0	0	17.0	0	千克
39269090		其他塑料制品	10.0	80.0	0	17.0	0	千克

全国塑料工业生产、经营情况统计

全国塑料制品行业2004年经济运行及生产完成情况分析

一、2004年我国经济运行状况及轻工行业整体运行情况

2004年，我国采取的宏观调控取得明显成效。经济运行中的不稳定不健康因素得到抑制，农业、基础设施建设和社会事业等方面的薄弱环节得到加强，部分行业投资增长过快的势头得到初步遏制，各项改革稳步推进，对外开放进一步扩大，就业再就业和社会保障工作取得新进展，城乡居民生活继续改善，国民经济保持平稳较快发展，各项社会事业加快发展，较好地实现了国民经济和社会发展的预期目标。

根据国家统计局的初步核算，全年国内生产总值136 515亿元，按可比价格计算，比上年增长9.5%。其中，第一产业增加值20 744亿元，增长6.3%；第二产业增加值73 387亿元，增长11.1%；第三产业增加值43 384亿元，增长8.3%。

从轻工行业来看，整个行业的整体经济运行也保持着持续增长的态势，并且保持着较快的增长速度。2004年全年，全轻工行业（规模以上企业）的总产值达到37 448.8亿元，比上年同期增长26.13%；销售收入达到35 814.1亿元，比上年同期增长27.32%。经济效益有了显著提高，利税总额为2 762.08亿元，比上年同期增长20.84%，其中利润总额为1 566.66亿元，比上年同期增长24.07%；但亏损额也有所增加，2004年全年亏损企业（规模以上企业）亏损额为256.89亿元，比上年同期增长14.06%。在出口方面，2004年有了大幅的增长，根据海关总署统计，轻工产品全年出口额为1 576.67亿美元，比上年同期增长25.09%；而在进口方面，由于我国加入世贸组织后的承诺以及美元的贬值，轻工产品进口额也有所增长，累计进口额为490.03亿美元，比去年同期增长25.63%；实现贸易顺差1 086.64亿美元。

2004年是塑料行业较为动荡的一年，石油的价格不断飚升，虽然在三季度末和四季度初的时候略有下降，但到11月份以后，石油的价格一直处于上升的趋势，因此作为石油化工副产品的塑料制品原料的价格也呈一路上涨的趋势。受此影响，虽然塑料制品行业各项经济指标的绝对值与去年相比有所增加，但从增长速度上来看，却是有所放缓，企业亏损面有所扩大，亏损额上升。从2004年下半年开始，有些企业对此已有所认识，一部分企业的目光集中到了再生塑料上面，受此影响，从2004年第三季度末起，再生塑料的价格也呈上涨趋势。

二、塑料制品行业主要经济指标完成情况

近几年来，塑料制品行业的发展速度一直很快。据国家统计局统计，2004年1～12月份，塑料制品行业全部国有和年产品销售收入500万元以上非国有独立核算工业企业共计9 473个，累计完成工业总产值（现价）3 794.27亿元，比上年同期增长24.93%，占轻工行业总产值的10.12%，产值总额在轻工19个主要行业中名列第三；实现产品销售率97.02%，高于轻工行业的平均水平。

1～12月份，塑料制品行业实现销售收入3 681.13亿元，比去年同期增长25.68%；实现利税231.02亿元，比去年同期增长9.96%；利润总额为141.67亿元，同期相比增长10.64%；新产品值123.62亿元，比去年同期增长24.47%；出口交货值964.49亿元，同比增长22.44%。

总体来看，虽然塑料制品行业一直保持着较高的发展速度，但是从行业内部也存在着激烈的竞争，加上2004年石油价格的攀升，致使塑料原材料价格的上涨，对于一些企业来说，无疑是雪上加霜，塑料制品行业面临新的洗牌。因此2004年的亏损企业数量也有所增加，达到1 718个，占全国塑料制品企业的18.14%；而亏损额也大幅提升，达到了28.44亿元，比2003年同期增加了25.04%

三、产品产量与产品结构

2004年1～12月份，塑料制品产量累计完成1 846.61万吨，比去年同期增长11.98%；12月完成172.33万吨，增长8.38%（详见图1）。

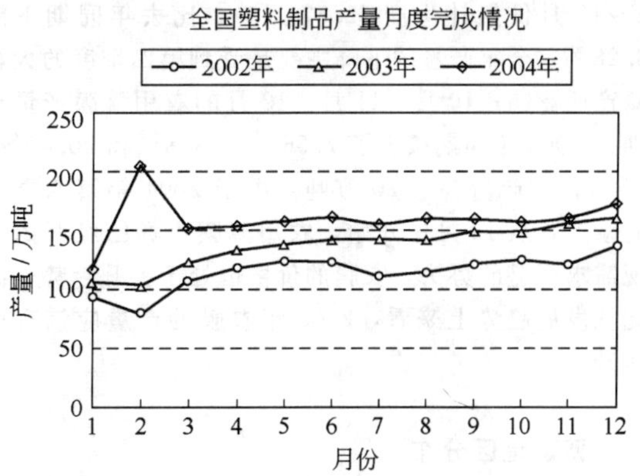

图1　全国塑料制品产量月完成情况图

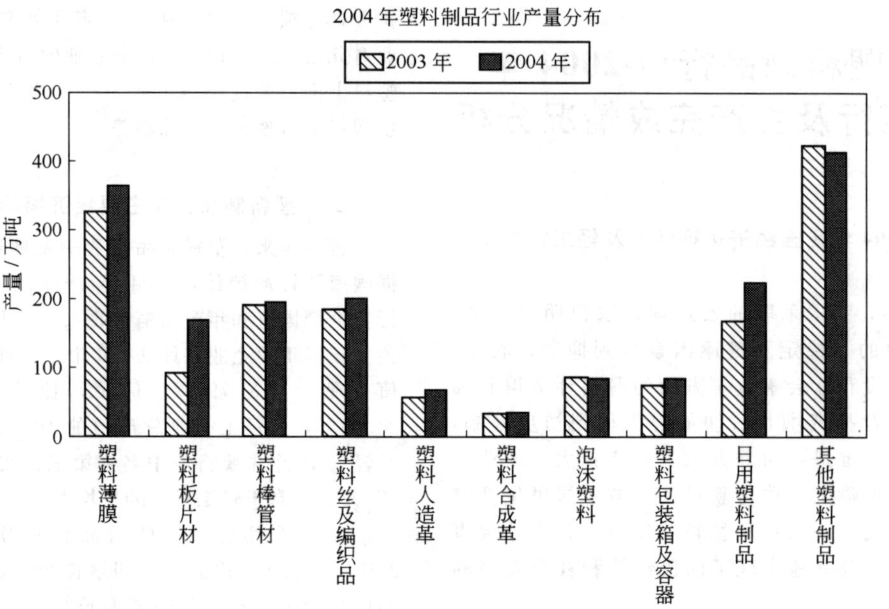

图 2　2004 年塑料制品产量行业分布图

总计，2004 年 1～12 月份，塑料薄膜累计生产 365.89 万吨，比去年同期增长 12.60%，占塑料制品总产量的 19.8%；塑料板片材 168.81 万吨，同比增长 10.57%，占塑料制品总产量的 9.1%；塑料棒管材 197.00 万吨，增长 18.68%，占塑料制品总产量的 10.7%；塑料丝及编织品 202.39 万吨，增长 11.05%，占塑料制品总产量的 11.0%；塑料人造革 65.99 万吨，增长 27.16%、占塑料制品总产量的 3.6%；塑料合成革 34.55 万吨，增长 16.23%，占塑料制品总产量的 1.9%；泡沫塑料 85.95 万吨，同比减少 0.22%，占塑料制品总产量的 4.7%；塑料包装箱及容器 84.54 万吨，增长 8.44%，占塑料制品总产量的 4.6%；日用塑料制品 224.78 万吨，增长 13.19%，占塑料制品总产量的 12.2%；其他塑料制品 415.71 万吨，占塑料制品总产量的 22.5%（详见图 2）。

2004 年农用薄膜的产量比 2003 年有所下降，1～12 月份累计生产 72.87 万吨，比去年同期下降 3.28%，全年产量的下降主要是受到第四季度的大幅减产所影响；10 月、11 月、12 月的农用薄膜产量分别比 2003 年同期减少了 7.56%、28.8%和 20.49%，12 月份的产量为 6.20 万吨。由于 2004 年第四季度的减产，从 12 月份开始，农用薄膜市场已经开始出现需求旺盛的势头，农膜的价格也处于上升趋势，因此从发展趋势上来看，2005 年农膜的产量应该有所回升。

四、地区分布

从塑料制品产量的地区分布上看，广东、浙江、江苏三省位居全国之首列，三省塑料制品产量合计为 1 041.8 万吨，占塑料制品产量总计的 56.4%。（见图 3）。

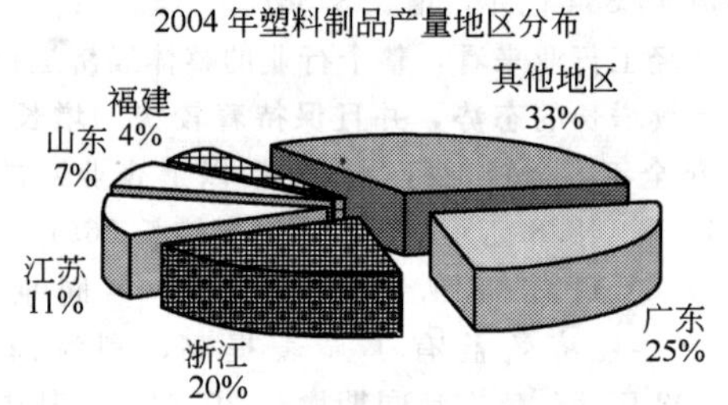

图 3　2004 年塑料制品产量地区分布图

从各省塑料制品分品种产量占全国同类产品产量的比重看：广东省的塑料薄膜、塑料包装箱及容器、日用塑料制品、其他塑料制品产量居全国首位；浙江省的塑料棒管材、塑料人造革、塑料合成革位居全国之首，江苏省的泡沫塑料产量为全国第一。

同 2003 年相比，辽宁省的塑料板片材产量超过了安徽省，跃居全国榜首；山东省的塑料丝及编织品超过了浙江省而居全国之首。

2004 年塑料制品分品种产量前三位的地区见表 1。

从表 1 中可以看出，我国塑料制品行业的集约程度较高，而且具有明显的地域性，其主要生产地区基本上都集中我国东南部沿海地区，但与去年相比，我们可以看出，一些产品前三位的生产地区所占全国的比例已经有所下降，这是由于我国目前的经济政策，东南沿海地区劳动力成本较高的原因所造成。随着西

表1　2004年塑料制品分品种产量前三位的地区　　单位：万吨

行业名称	产品总产量	产量前三位地区合计占总产量比重/%	第一位		第二位		第三位	
			地区	产量	地区	产量	地区	产量
塑料制品	1 846.61	56.4	广东	457.25	浙江	373.42	江苏	211.11
塑料薄膜	365.89	54.9	广东	82.26	浙江	69.08	江苏	49.56
其中:农用薄膜	72.87	42.3	山东	12.55	河南	12.28	河北	5.97
塑料板片材	168.81	54.3	辽宁	36.56	安徽	28.93	江苏	26.23
塑料棒管材	197	42.7	浙江	39.44	广东	24.25	福建	20.38
塑料丝及编织品	202.39	47.6	山东	41.06	浙江	37.66	河南	17.54
塑料人造革	65.99	81.2	浙江	21.48	江苏	20.91	广东	11.21
塑料合成革	34.55	79.5	浙江	10.05	辽宁	9.63	江苏	7.79
泡沫塑料	85.95	81.9	江苏	37.5	浙江	18.4	广东	14.49
塑料包装箱及容器	85.54	49.4	广东	20.27	上海	13.26	浙江	8.74
日用塑料制品	224.78	68.1	广东	65.89	浙江	58.85	江苏	28.41
其他塑料制品	415.71	79.7	广东	206.91	浙江	97.48	福建	26.78

部大开发的进行，西部内陆地区所生产的塑料制品的比重将有所加大，但由于西部地区交通状况的局限性，目前这种地域分布状况在短时间内还是很难改变的。

五、海关进出口情况

2004年，我国轻工产品的出口依然保持强劲的势头，出口总额1 576.67亿美元，比上年同期增长25.09%，实现贸易顺差1 086.64亿美元。

在这种势头下，塑料制品的出口也保持着快速的增长，据海关的统计，2004年塑料制品累计出口1 078.4万吨，同比增长22.77%；出口额达127.7亿美元，同比增长31.21%，占轻工出口总额的8.1%，居轻工行业第五位。塑料制品累计进口178.1万吨，同比增长8.65%；累计进口额70.7亿美元，同比增长29.39%，贸易顺差57.02亿美元。近两年，塑料丝及异型材出口增长迅猛，2004年的出口量比去年同期增长了一半以上，达到53.6%，出口额更是增长了66.15%；另外，塑料板、片材的出口在2004年也有大幅增长，出口量比2003年同期增长51.49%，出口额增长70.42%。在进口方面，塑料丝及异型材进口呈下降趋势，进口量比2003年同期减少22.78%，进口额则减少了3.85%；人造革、合成革虽然进口量略有下降，同比减少了3.17%，但进口金额却有上升，同比增长9.44%，达到5.5亿美元（详见表2及表3）。

表2　2004年1～12月份塑料制品海关出口统计

产品名称	出口量		出口额	
	总计/吨	同比增长/%	总计/万美元	同比增长/%
塑料制品	1 078 4346	22.77	1 277 374.2	31.21
1. 塑料丝及异型材	25 679.8	53.60	3 971.5	66.15
2. 塑料管材	121 160.5	38.92	23 315.8	60.96
3. 塑料板、片材	703 070.9	51.49	124 064.1	70.42
4. 人造革、合成革	191 731.0	21.84	50 244.6	31.65
5. 塑料铺地制品	376 891.9	33.60	32 798.2	44.76
6. 其他塑料制品	9 365 811.6	20.43	1 042 980.1	26.72

表 3　2004 年 1～12 月份塑料制品海关进口统计

产品名称	进口量		进口额	
	总计/吨	同比增长/%	总计/万美元	同比增长/%
塑料制品	1 781 338	8.65	707 237.5	29.39
1. 塑料丝及异型材	8 562.5	－22.78	2 714.5	－3.85
2. 塑料管材	36 168.6	15.87	25 447.0	43.79
3. 塑料板、片材	958 864.0	10.26	331 469.9	39.54
4. 人造革、合成革	114 633.9	－3.17	55 108.7	9.44
5. 塑料铺地制品	35 267.8	7.97	6 261.9	22.46
6. 其他塑料制品	627 841.0	8.92	286 235.5	22.81

总体来讲，我国出口的塑料制品大多是低附加值的低端产品，或者是一些国外出设计、出工艺的委托加工产品，与进口的同类产品相比，在技术含量、工艺设计等方面都有较大的差距。而且，由于国内企业缺乏对国外市场、政策的了解，出口的塑料产品甚至连安全、环保等重要标准都达不到，从而在国外遭禁，2004 年俄罗斯禁售从中国进口的部分塑料玩具就属于这种情况。因此，国内企业的眼光不能只局限于国内，而是要放眼世界，增加产品的技术含量和工艺水平，包括设计水平的提高。只有这样，才能改变我国轻工产品出口“以量取胜”的现状。

六、行业重点企业概况

2004 年 1～12 月份，塑料制品行业全部国有和年产品销售收入 500 万元及以上非国有独立核算工业企业共计 9 473 家，实现产品销售收入 3 681.13 亿元，比去年同期增长 25.68%。其中销售收入亿元以上企业 704 家，占企业总数的 7.43%；产品销售收入 1 913.98 亿元，占行业总销售收入的 51.99%。销售收入超过 10 亿元的企业共有 24 家。企业销售收入最高值为 41.45 亿元。其中位列前 10 名的是：佛山塑料集团股份有限公司、浙江大东南集团有限公司、常州塑料集团、申达集团有限公司、烟台万华合成革集团有限公司、无锡市兴达泡塑新材料有限公司、芜湖海螺型材科技股份有限公司、新疆天业股份有限公司、安徽国风集团有限公司、河北宝硕集团有限公司。

随着塑料制品应用越来越广泛，社会对塑料制品的需求量的不断扩大，未来将不断会有新的企业加入到塑料制品行业中来，同时，又将有大批落后的塑料制品企业被淘汰。因此，我们预计，未来两三年内，塑料制品行业将完成这一轮的洗牌，形成新的市场格局，产业集约度进一步增强，市场竞争程度会越来越激烈，这种状况将不断地上演。诸如佛山塑料集团股份有限公司、浙江大东南集团有限公司、常州塑料集团等这些龙头企业，无论是在资金、技术、工艺水平、市场营销等等各方面都有着较大优势，它们将在今后的发展中不断研发新的产品、提高产品质量、扩大市场份额，以继续保持在行业内的领先地位。而相对于其他塑料制品企业来说，也应找准在行业、市场中的定位，充分发挥自身的特点与优势，不断提高自身的综合素质，调整产品结构，以适应市场的发展。

（中国轻工业信息中心　张涌涛　富　岩）

2004 年全国塑料制品业销售收入亿元以上企业（500 家）

序　号	企业名称	序　号	企业名称
1	佛山塑料集团股份有限公司	6	无锡市兴达泡塑新材料有限公司
2	浙江大东南塑胶集团公司	7	芜湖海螺型材科技股份有限公司
3	常州塑料集团公司	8	新疆天业股份有限公司
4	申达集团有限公司	9	安徽国风集团有限公司
5	烟台万华合成革集团有限公司	10	河北宝硕集团有限公司

续表

序号	企业名称	序号	企业名称
11	浙江鸿达集团有限公司	58	福建振云塑业股份有限公司
12	明达塑胶(厦门)有限公司	59	南亚硬质胶布(广州)有限公司
13	江苏三笑集团	60	浙江中财管道科技股份有限公司
14	大连实德塑胶工业有限公司	61	广州宏铭塑胶工业有限公司
15	江阴市龙山集团公司	62	山东北联集团总公司
16	辽宁忠旺塑料型材有限公司	63	乔奥华塑胶制品(深圳)有限公司
17	周口市华林塑料蓬布有限公司	64	涿州市华夏(集团)胶带有限公司
18	南亚塑胶工业(南通)有限公司	65	澄海市华翔塑料有限公司
19	浙江利时投资集团股份有限公司	66	大连爱丽思欧雅玛工贸有限公司
20	浙江无名皮塑集团有限责任公司	67	中山市保时利塑胶实业有限公司
21	日新天津塑胶有限公司	68	辽阳忠旺塑料有限公司
22	苏州华苏化工塑料有限公司	69	遂平县华强塑胶有限公司
23	广州宏信塑胶工业有限公司	70	温州人造革有限公司
24	江苏琼花集团	71	江苏江南塑料集团公司
25	安徽天大企业(集团)公司	72	泰尔茂医疗用品(杭州)有限公司
26	河南省漯河市塑料厂	73	揭阳市榕泰实业股份有限公司化工溶济厂
27	无锡兴达塑化材料有限公司	74	广州市塑料工业股份有限公司
28	漯河华强塑胶有限公司	75	金达塑胶五金制品(深圳)有限公司
29	福建亚通新材料科技股份有限公司	76	富斯特集团股份有限公司
30	东莞泛昌窗帘制品有限公司	77	伟创力精密注塑(珠海)有限公司
31	上海紫江企业集团股份有限公司	78	青岛交河塑料有限公司
32	南亚塑胶工业(广州)有限公司	79	旭荣电子(深圳)有限公司
33	辽阳塑料造粒厂	80	浙江永高塑业发展有限公司
34	胶州市阜东工贸服务中心	81	大连实德塑料建材有限公司
35	雍华国际(惠州)电子有限公司	82	浙江禾欣实业股份有限公司
36	福清市明达塑胶(福建)有限公司	83	白山市喜丰塑料股份有限公司
37	顺德区联塑科技实业有限公司	84	上海紫东化工塑料有限公司
38	东莞欣扬五金塑胶制品有限公司	85	南亚塑胶工业(惠州)有限公司
39	江阴海达集团有限公司	86	广州市新力实业有限公司
40	惠州市德赛精密部件有限公司	87	普宁市振兴制造有限公司
41	珠海市及成通讯科技有限公司	88	三友控股集团有限公司
42	亚光耐普罗精密注塑(天津)有限公司	89	宁波海螺塑料型材有限责任公司
43	淮阳县郑集乡沪光塑料厂	90	东莞精熙光机有限公司
44	台达化工(中山)有限公司	91	北京三箭和众鼎电子有限公司
45	镒得塑胶(福建)有限公司	92	世界塑胶餐垫(宝安)有限公司
46	上海大智企业发展有限公司	93	东莞珉强五金塑胶制品有限公司
47	山东双兴集团有限公司	94	白山市喜丰塑料股份有限公司
48	威士茂科技工业园(珠海)有限公司	95	丽光精密(中山)有限公司
49	唐山海螺型材有限责任公司	96	文登市庆发电子材料厂
50	河北沧州东塑股份有限公司	97	蓬莱市福鑫橡塑有限公司
51	太平洋塑胶(福建)有限公司	98	无锡环宇包装材料有限公司
52	常州巨力塑料集团有限公司	99	珠海中富实业股份有限公司
53	江苏蝙蝠塑料集团有限公司	100	南塑建材塑胶制品(深圳)有限公司
54	湖北凯乐集团	101	四川天歌科技集团股份有限公司
55	深圳美阳注塑有限公司	102	宁波华安建材冶炼有限公司
56	广东顾地塑胶股份有限公司	103	上海英济电子塑胶有限公司
57	广州宏顺塑胶工业有限公司	104	星光树脂制品(昆山)有限公司

续表

序号	企业名称	序号	企业名称
105	台州宝利特鞋业有限公司	152	杭州西雅普康大制革有限公司
106	温州宇田树脂有限公司	153	苏州信越聚合有限公司
107	安徽安利合成革有限公司	154	台州市海外金属工业有限公司
108	张家港易华塑料有限公司	155	上海金浦塑料包装材料有限公司
109	泉州市三兴体育用品有限公司	156	天津市塑料集团有限公司
110	成都实德塑胶工业有限公司	157	浙江华庆集团有限公司
111	上海化工厂有限公司	158	浙江永源实业有限公司
112	浙江华滨包装材料有限公司	159	沈阳中富瓶胚有限公司
113	广州宏庆塑胶工业有限公司	160	欧诺法装饰材料(上海)有限公司
114	镇海炼化工业贸易总公司	161	中山市展新塑料制品有限公司
115	华夏塑料(中山)有限公司	162	伟成盒带厂(深圳)有限公司
116	浙江玉峰实业集团有限公司	163	荣成市华纳塑胶有限公司
117	鹏映塑料(深圳)有限公司	164	上海中强塑料制品有限公司
118	金像磁讯(深圳)有限公司	165	福清利亚塑胶有限公司
119	天马精塑(中山)有限公司	166	苏州市万达汽车内饰件厂
120	扬州惠通万福化纤有限公司	167	湖北江裕塑料工业发展有限公司
121	江苏省银杉实业集团有限公司	168	河北省邢台市宁晋县惠尔信新材料有限公司
122	雷盛德奎企业(上海)有限公司	169	浙江中财型材有限责任公司
123	开平市长沙华侨尼龙工艺厂	170	深圳天众塑胶有限公司
124	台山市新华塑料制品有限公司	171	佛山市高明顾地塑胶有限公司
125	揭阳市运通塑料包装有限公司	172	骏业塑胶(深圳)有限公司
126	上海敬炫塑胶制品有限公司	173	陵县群力塑胶有限公司
127	顺德德冠包装材料有限公司	174	北京北泡塑料集团公司
128	佛山市三水三联塑胶原料制品有限公司	175	顺德顺威电器有限公司
129	东莞田氏化工有限公司	176	安能利塑胶(上海)有限公司
130	枣庄市山亭区玉山塑料编织厂	177	大中塑胶制品有限公司
131	上海雅泰装饰材料有限公司	178	南海市里水诚丰模具有限公司
132	东莞润丰金属塑胶有限公司	179	四维实业(深圳)有限公司
133	广州宏焕塑胶工业有限公司	180	惠州宝柏包装有限公司
134	惠州市大亚湾汇利日用制品有限公司	181	东莞银禧塑胶有限公司
135	文登金光塑料制品有限公司	182	宿迁市彩塑包装有限公司
136	南京塑料包装材料总厂(南京塑料二厂)	183	南京红宝丽股份有限公司
137	华德塑料制品有限公司	184	正定县常山塑料制品厂
138	福建宏玮鞋塑有限公司	185	珠海正达包装科技实业有限公司
139	宁波衡山集团股份有限公司	186	中山市永大胶粘制品厂有限公司
140	山东三塑集团有限公司	187	苏州常乐泡塑新材有限公司
141	上海南部塑料制品有限公司	188	广州宏纶新型材料有限公司
142	创富录像带(深圳)有限公司	189	广州市合诚化学有限公司
143	台安塑料制品(井陉)有限公司	190	南海市南方包装有限公司
144	山东省阳谷县塑化有限公司	191	科铨塑胶(深圳)有限公司
145	武汉塑料工业集团股份有限公司	192	东莞市嘉田五金塑胶制品有限公司
146	雷盛德奎实业有限公司	193	中外合资苏州华美塑料有限公司
147	四川中富容器有限公司	194	山东烟台盛大塑业有限公司
148	台山市附城镇吉联电线厂	195	禹城市第三油棉加工厂
149	英德海螺型材有限责任公司	196	常州市环华塑料有限公司
150	江阴宝柏包装有限公司	197	合成塑胶五金制品有限公司
151	星际塑料(深圳)有限公司	198	杭州萧山华益塑料有限公司

续表

序号	企业名称	序号	企业名称
199	爱索尔(广州)包装有限公司	246	佛山市华旭塑胶模具有限公司
200	宁波大榭开发区金源复合材料有限公司	247	江苏珠花集团公司
201	临海市伟星新型建材有限公司	248	厚宏日用制品(深圳)有限公司
202	江苏环湖宏顺彩钢泡塑有限公司	249	福建日新塑料制品有限公司
203	永儒塑胶工业(苏州)有限公司	250	毅华电子(中山)有限公司
204	仪化东丽聚酯薄膜有限公司	251	四川省崇州康乐塑胶制品有限公司
205	盛辉(福建)鞋材有限公司	252	合肥海大塑胶有限公司
206	乳山市网具厂	253	广州森六塑件有限公司
207	苏州工业园区和昌电器有限公司	254	温州市五龙合成革有限公司
208	艺龙化工有限公司	255	东莞宝星盒带有限公司
209	浙江八方电信有限公司	256	上海第一精工模塑有限公司
210	苏州工业园区第一塑胶有限公司	257	锦柏塑胶(深圳)有限公司
211	潮州市华达利实业有限公司	258	厦门明蓓塑胶有限公司
212	金元(湖南)化学建材有限公司	259	利宾来塑胶工业(深圳)有限公司
213	上海紫江特种瓶业有限公司	260	威远新通 PC 材料有限公司
214	台山市台城镇塑料厂	261	森林键盘制造(深圳)有限公司
215	广东宏塑建材有限公司	262	温州晨光集团有限公司
216	焦作飞鸿塑料包装有限公司	263	泰亚(泉州)鞋业有限公司
217	杭州乐华塑胶有限公司	264	绿点(天津)塑胶有限公司
218	杭州通达电缆材料有限公司	265	志源塑胶制品(惠州)有限公司
219	珠海铭祥汽车工业有限公司	266	亚大塑料制品有限公司
220	浙江瑞昶实业有限公司	267	南通市石港塑料厂
221	浙江华泰塑胶股份有限公司	268	南京扬子石化塑料化工有限责任公司
222	温州市宏得利合成革有限公司	269	余姚市日用工艺制品厂
223	北京华盾塑料有限责任公司	270	上海氯碱创业有限公司
224	大庆市三胜塑料制品有限公司	271	河南省安阳塑化股份有限公司
225	杭州波达塑业有限公司	272	欣阳塑胶工业(天津)有限公司
226	泉州市美加美仿瓷餐具有限公司	273	宁波杜邦鸿基薄膜有限公司
227	德阳森普工业有限公司	274	青岛庆昕塑料有限公司
228	佛山东冠包装材料有限公司	275	兰州定元塑料薄膜有限公司
229	佛山市高明骏腾塑胶有限公司	276	东莞保利文塑胶制品有限公司
230	浙江申新包装实业有限公司	277	温州五洲人造革有限公司
231	福清宏太鞋业有限公司	278	南禧幸星电子(南京)有限公司
232	浙江伊美薄膜工业有限公司	279	模艺(无锡)塑料有限公司
233	山东塑料制品实验厂	280	福建正茂塑胶制品有限公司
234	浙江江南工贸集团股份有限公司	281	大日精化(深圳)有限公司
235	上海亚大塑料制品有限公司	282	湛江包装材料企业有限公司
236	上海浦东美灵塑料制品厂	283	赛德家庭用品(上海)有限公司
237	恒隆胶品(深圳)有限公司	284	安徽双永装饰材料有限公司
238	福州叶下塑革有限公司	285	苏州洽兴塑胶有限公司
239	桐城市华猫塑料有限公司	286	四川美好塑业有限公司
240	LG 化学工程塑料有限公司	287	沛县华天建材公司
241	昆山市翔峰塑料制品有限公司	288	上海通慧塑料厂
242	石家庄市金盟塑料包装有限公司	289	深州市永昌塑料编织厂
243	宁波四维尔汽车装饰件有限公司	290	青岛伟胜电子塑胶有限公司
244	南京环亚塑料制品有限公司	291	富裕注塑制模(苏州)有限公司
245	潮阳市粤华实业有限公司	292	杭州高新塑料厂

续表

序号	企业名称	序号	企业名称
293	南京恒建装饰工程有限公司	340	北京燕化华益工贸有限公司
294	佑多塑胶(深圳)有限公司	341	深圳铁鹰塑胶抽粒有限公司
295	宁波华利电器厂	342	金冠(龙海)塑料包装有限公司
296	涿州市永盛塑胶有限公司	343	东莞百威塑服制品厂
297	中山市接源泡沫厂	344	上海延晟汽车塑料件厂
298	苏州惠业化轻工业有限公司	345	珠海市南屏镇北山中华胶袋印制厂
299	上海佳泰塑胶有限公司	346	张家港爱丽塑料有限公司
300	华亚芜湖塑胶有限公司	347	南平市金月合成革有限公司
301	宁波长青塑胶制品有限公司	348	广州田氏塑胶有限公司
302	茂名市天行塑胶制品有限公司	349	番禺石桥塑料制品有限公司
303	高明市亿龙塑料有限公司	350	云南昆岭薄膜工业有限公司
304	浙江华之杰塑料建材有限公司	351	青岛金华塑料有限公司
305	中山市环亚塑料包装有限公司	352	宁波国成塑料有限公司
306	沈阳鸿祥地板革厂	353	河北华美化工建材有限公司
307	温州市华正塑业有限公司	354	龙口市博渠塑料制品厂
308	河北亚大汽车塑料制品有限公司	355	上海联宾塑胶工业有限公司
309	广州新泉包装容器有限公司	356	上海盈通塑胶制品有限公司
310	华亚(东营)塑胶有限公司	357	河源市政星塑料制品河源有限公司
311	青岛美尔塑料粉末有限公司	358	深圳永合科技化工有限公司
312	杭州杭宝集团有限公司	359	东莞木村塑胶制品有限公司
313	蓬莱市兴华塑胶厂	360	天津乐金新型建材有限公司
314	江苏华康医药塑料厂	361	烟台冰轮塑料型材有限公司
315	江苏丰润电器有限公司	362	伊丹树脂制品(常熟)有限公司
316	南京真旺塑料有限公司	363	雄进塑料(东莞)有限公司
317	北京市北泡轻钢建材有限公司	364	佛山市顺德区东亚电器有限公司
318	昆山中富瓶胚有限公司	365	温州银宏合成革有限公司
319	南通金发皮革里衬有限公司	366	东方协和塑料工业(上海浦东新区)有限公司
320	明辉塑胶制品(深圳)有限公司	367	江门市裕华墙纸有限公司
321	泽冠塑胶电子(深圳)有限公司	368	上海大赛璐塑料工业有限公司
322	广州洛民塑料有限公司	369	无锡圣马塑业有限公司
323	云南红塑薄膜有限公司	370	温州闽锋合成革有限公司
324	天津顺昌塑胶制品有限公司	371	增城市城高塑胶五金有限公司
325	浙江远翅塑料有限公司	372	沈阳友星电子有限公司
326	厦门武峰塑料有限公司	373	福清福捷塑胶有限公司
327	佛山市新纬星塑料有限公司	374	顺德区龙江镇西风行头盔有限公司
328	中山高宏塑料制品有限公司	375	雷盛德奎实业(天津)有限公司
329	福建万福企业集团有限公司	376	石狮市大帝实业有限公司
330	张家港宏国化学工业有限公司	377	厦门建霖卫浴工业有限公司
331	三水长丰塑胶有限公司	378	中国石油乌鲁木齐石油化工总厂
332	深圳泉港包装工业有限公司	379	石家庄鸿鹰塑料制品有限公司
333	中山永宁塑料制品有限公司	380	绍兴智达电器有限公司
334	威海华丰塑料工业有限公司	381	广州丰鼎五金制品有限公司
335	上海世霸包装材料有限公司	382	吴县市浜崎复合材料有限公司
336	成都中富瓶胚有限公司	383	沈阳久利化学建材股份有限公司
337	佛山市高明长溢合成革有限公司	384	天津实发-紫江包装有限公司
338	源展塑胶电子(深圳)有限公司	385	宝星磁电工业(惠州)有限公司
339	厦门威迪亚建材工业公司	386	淄博齐旺达塑料制品公司

续表

序号	企业名称	序号	企业名称
387	南京金中达新材料有限公司	434	四川中达新材料有限公司
388	武汉市江夏区江南实业有限公司	435	武汉紫江包装有限公司
389	潮阳市星光(集团)公司	436	台山兴达塑料有限公司
390	河南飞鸿实业股份有限公司	437	湖北顾地塑胶有限公司
391	中山霖扬塑料有限公司	438	中山市永宁包装薄膜制品有限公司
392	通源塑胶工业(苏州)有限公司	439	斗门区世纪打印机配件制造有限公司
393	青岛成进塑料有限公司	440	广东顾地塑胶有限公司
394	广州市番禺区振兴塑料有限公司	441	佛山市益和管材有限公司
395	重庆顾地塑胶电器有限公司	442	广州南方树脂有限公司
396	广东炜格纳功能材料有限公司	443	澄海楚宜企业(集团)公司
397	福建思嘉塑胶有限公司	444	浙江大发包装材料有限公司
398	励精塑料制品深圳有限公司	445	成都郫县新兴公司
399	喜高塑胶制品(深圳)有限公司	446	东莞虎邦五金塑胶制品有限公司
400	东莞竞业塑胶五金制品厂有限公司	447	潮阳市昂特音像有限公司
401	平湖市比例包装材料有限公司	448	上海翔茂企业有限公司
402	惠州市骏洋塑胶有限公司	449	太仓敬富塑胶制品有限公司
403	浙江南塑包装有限公司	450	上海紫藤包装材料有限公司
404	杭州塑料工业有限公司	451	杭州锦程塑胶有限公司
405	随州市西城双龙寺工贸公司	452	广州耐普罗模具塑胶制品有限公司
406	工贸合营常州塑料编织总厂	453	东营市鲁泰塑胶有限公司
407	新东江塑胶(深圳)有限公司	454	厦门夏新工程塑胶有限公司
408	石家庄鸿翔塑料制品有限公司	455	天津阳光塑料有限公司
409	杭州顺发包装有限公司	456	上海公元建材发展有限公司
410	顺德区冠双轴拉伸薄膜有限公司	457	南京欧文斯科宁挤塑泡沫板有限公司
411	山东省阳谷县兴联塑料厂	458	保荣利塑胶原料(深圳)有限公司
412	浦东高分子(上海)有限公司	459	圣诺盟聚氨酯(上海)有限公司
413	蓬莱市黎明包装厂	460	昆山协兴合成革有限公司
414	淄博张店泰基工贸有限公司	461	丰城市润田塑料制品公司
415	淄博庄园塑料制品公司	462	天津乐金塑钢门窗有限公司
416	厦门市湖里嵘源日用品有限公司	463	南京能宝塑料制品有限公司
417	大连日东塑料加工有限公司	464	大连富士塑料有限公司
418	合肥海毅精密塑业有限公司	465	吉川塑胶(深圳)有限公司
419	广西南宁桂盐科技有限责任公司	466	宁波华东机电制造有限公司
420	淮安联合塑料有限公司	467	金元(湖南)新型管件有限公司
421	即墨市远大包装材料厂	468	乳山市富强塑编布有限公司
422	佛山市高明兆丰泰合成革有限公司	469	卓德嘉薄膜(上海)有限公司
423	温州华都皮革有限公司	470	福建宝利特制革工业有限公司
424	番禺精美五金塑料制品有限公司	471	圣纪塑胶制品(深圳)有限公司
425	惠州璇瑰模具注塑有限公司	472	佛山长虹制管有限公司
426	昆山奕升塑胶有限公司	473	晋江市盛欣化纤有限公司
427	宁波菱钢精密部件有限公司	474	赫比精密塑胶(上海)有限公司
428	上海保龙塑胶有限公司	475	福清市永超鞋革制品有限公司
429	上海加铝复合板有限公司	476	温州市国泰合成革有限公司
430	瑞安市东威塑胶有限公司	477	东莞南星塑胶有限公司
431	上海伟东包装制品有限公司	478	海门市大生源合成皮革有限公司
432	江阴信冠装饰材料有限公司	479	安徽双津(集团)实业有限公司
433	福州远洋塑料日用品有限公司	480	宁波康福得人造皮有限公司

续表

序　号	企　业　名　称	序　号	企　业　名　称
481	四川新都龙虎集团股份有限公司	491	长沙中圆科技有限公司
482	黑龙江庆港塑料有限公司	492	上海广盛塑胶有限公司
483	联塑科技发展(武汉)有限公司	493	昭和塑料(深圳)有限公司
484	杭州永通新型塑业厂	494	飞弹化妆品容器(昆山)有限公司
485	常州海企塑料制品有限公司	495	东莞亚华胶粘带有限公司
486	中山佳维电子有限公司	496	广东金汉集团有限公司
487	湖北中基包装材料有限公司	497	富裕注塑制模(上海)有限公司
488	河北华宝塑机股份有限公司	498	揭阳市天润鞋业有限公司
489	泉州利昌塑胶有限公司	499	大连荣华彩印包装有限公司
490	上海阿仨希化工有限公司	500	乳山市塑料厂

（中国轻工业信息中心　张涌涛　富　岩）

进出口统计

进出口统计

一、原料进出口统计

从表1及图1中看出，1999～2004年间合成树脂进口量年均增长为11.11%，低于1999～2004年同期国内产量年均增长率5.19个百分点。

二、塑料制品进出口统计

1. 塑料门窗进出口统计，见表2。

1993～1999年间，塑料门窗及类似制品及零件净出口量增长123.89%，年均增长达14.38%；1996～2002年间，塑料门窗及类似制品及零件净出口

表1　1999～2004年合成树脂进出口统计　　单位：千吨

产　品		1999年	2000年	2001年	2002年	2003年	2004年
合成树脂及制品	进口	12 585.57	15 549.93	16 498.15	18 296.76	19 072.94	21 310.17
	出口	336.52	4 424.96	439.79	646.85	917.98	1 086.66
1. PE	进口	2 873.52	3 212.33	4 383.95	4 911.76	5 096.73	5 265.88
	出口	21.46	18.42	17.20	21.91	32.76	56.79
LDPE	进口	1 636.8	1 752.86	2 388.93	2 425.34	1 453.44	1 341.54
	出口	9.16	6.043	4.27	7.02	7.27	6.51
HDPE	进口	962.18	1 214.19	1 723.57	2 134.07	2 196.84	2 316.0
	出口	2.21	3.30	2.73	3.66	5.87	10.228
LLDPE	进口	—	—	—	—	1 039 911	1 139 028
	出口	—	—	—	—	1 265	3 113
2. PP	进口	1 472.67	1 640.29	2 086.52	2 442.32	2 734.27	2 913.92
	出口	8.71	10.23	9.28	12.52	11.940	15.32
3. PS	进口	1 285.57	1 329.62	1 368.36	1 453.09	1 386.23	1382.79
	出口	17.72	51.89	32.41	18.27	19.379	32.689
EPS	进口	231.39	198.70	169.73	174.44	178.08	179.76
	出口	10.23	13.78	14.32	24.92	34.49	41.74
4. ABS共聚物	进口	1 334.23	1 469.72	1 426.04	1 637.65	1 790.12	1 963.1
	出口	21.28	27.51	28.73	19.65	21.417	15.870
5. PVC	进口	1 797.36	1 939.17	2 516.66	2 263.51	2 307.1	2 129.2
	出口	30.24	40.98	36.38	38.14	55.12	44.45
纯PVC	进口	1 304.44	1 444.96	1 916.39	1 700.56	1 758.8	1 628.8
	出口	9.08	18.83	19.93	16.89	22.8	17.1
未塑化PVC	进口	436.44	404.52	514.52	473.30	446.8	373.0
	出口	1.28	1.76	2.05	2.39	2.4	3.2
已塑化PVC	进口	56.48	74.59	77.04	77.56	86.9	108.5
	出口	19.88	20.20	14.28	18.52	26.6	23.1
以上五大通用塑料小计	进口	8 994.74	9 789.83	11 951.26	12 823.57	12 452.62	12 690.16
	出口	109.64	162.81	138.32	124.19	173.85	203.75
聚酰胺(PA)	进口	150.19	193.63	186.23	251.26	306.060	385.648
	出口	8.47	9.73	8.70	14.41	20.697	33.491
聚碳酸酯(PC)	进口	160.56	236.36	265.97	415.41	534.761	729.813
	出口	33.54	54.54	54.81	72.59	89.528	117.650
聚甲醛(POM)	进口	90.60	108.33	109.001	135.57	151.52	188.51
	出口	7.90	9.07	9.96	8.99	9.334	14.684
塑料下脚料	进口	1 388.38	2 007.17	2 225.10	2 457.50	3 024.09	4 095.72
	出口	7.64	10.20	23.19	28.65	30.40	40.00

注：资料来源——历年国家海关统计。

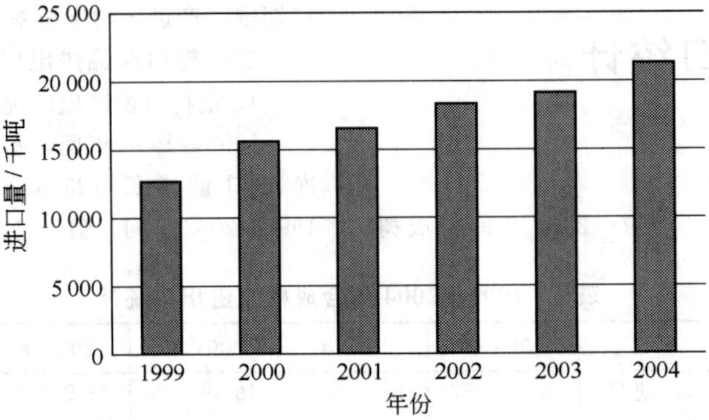

图 1　1999～2004 年合成树脂总进口走势图

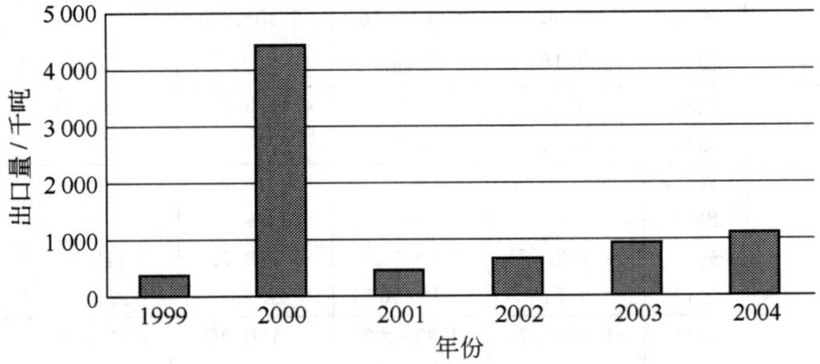

图 2　1999～2004 年合成树脂总出口走势图

表 2　塑料门窗进出口统计数据　　单位：吨

项　目		1998 年	1999 年	2000 年	2001 年	2002 年	2003 年	2004 年
塑料门窗及其框架、门槛	进口	1 248	1 219	958	1 219	510	424	592
	出口	4 366	6 294	6 518	6 294	11 233	18 353	25 356
塑料窗板、百叶窗或类似制品及零件	进口	1 230	1 158	828	1 158	1 697	2 943	4 014
	出口	94 447	97 432	99 893	97 431	15 1693	21 2020	174 686
未列名的建筑用塑料制品	进口	1 379	1 149	1 323	1 149	1 720	2 768	2 171
	出口	9 515	12 270	15 468	12 270	27 999	42 449	63 112
合计	总进口	3 857	3 526	3 109	3 526	3 927	6 135	6 777
	总出口	108 328	115 996	121 879	115 995	190 925	272 822	263 154
净出口	总出口	104 471	112 470	118 770	112 469	183 998	266 687	256 377
年增长率/%			15.55	7.66	5.60	−5.31	63.60	44.94	−3.87

注：上述进出口数据中，80%左右为 PVC 型材或制成品。

量增长 134.49%，年均增长达 15.26%。

1998～2004 年间，塑料门窗及类似制品及零件净出口量增长 1145.40%，年均增长达 16.14%。

2. 塑料管进出口统计（表 3～表 5）

从表 3 可看出，PE 管材出口大于进口，中国是净出口国；1997～2003 年 PE 塑料管年出口量年均增长率为 10.55%；1998～2004 年 PE 塑料管年出口量年均增长率为 25.97%。

1993～1999 年，PVC 硬管年出口量年均增长 22.79%；1996～2002 年，PVC 硬管年出口量年均增长 15.97%。1997～2003 年，PVC 硬管年出口量年均增长 5.96%；1998～2004 年，PVC 硬管年出口量

表 3　PE 硬管进出口统计　　单位：吨

项　目		1998 年	1999 年	2000 年	2001 年	2002 年	2003 年	2004 年
PE 硬管	进口	750	1 292	1 716	2 424	3 761	3 995	3 685
	出口	859	1 473	2 324	1 324	2 605	3 095	5 770
PE 软管	进口	861	1 042	1 348	2 429	3 234	3 798	4 281
	出口	2 354	1 731	2 044	2 204	4 451	9 133	11 408
未列名塑料管	进口	8 033	9 288	8 690	8 005	7 269	7 566	9 788
	出口	10 622	12 447	11 629	13 288	19 244	27 109	38 113
合计	进口	9 644	11 622	11 754	12 858	14 264	15 359	17 754
	出口	13 835	15 650	15 997	16 816	26 300	39 337	55 291
净出口		－4 191	－4 028	－4 243	－3 958	12 036	23 978	37 537

表 4　PVC 硬管进出口统计　　单位：吨

项　目 ＼ 年　份	1998 年	1999 年	2000 年	2001 年	2002 年	2003 年	2004 年
进口	2 435	1 714	2 360	1 599	1 810	2 387	2 925
出口	17 119	17 544	18 134	21 671	24 681	23 610	24 582
净出口量	14 684	15 830	15 774	20 072	22 871	21 223	21 657
年增长率/%	－1.16	7.80	－0.35	27.25	13.74	－7.21	2.04

表 5　硬 PP 管材进出口统计　　单位：吨

项　目	1998 年	1999 年	2000 年	2001 年	2002 年	2003 年	2004 年
进口	229	768	2 170	3 066	2 831	4 235	3 191
出口	2 474	2 460	998	1 107	1 447	2 425	3 443
净进口	－2 245	－1 692	1 172	1 959	1 384	1 810	－252
年增长率/%	－35.54	－24.63	—	67.15	－29.35	30.78	—

注：摘自 1992～2002 年中国海关统计。

表 6　PVC 板材进出口统计　　单位：吨

项　目		1999 年	2000 年	2001 年	2002 年	2003 年	2004 年
硬质 PVC 板，膜，片，箔等	进口	53 303	81 491	83 293	81 024	72 016	65 490
	出口	9 810	41 160	33 616	16 314	20 061	25 870
其他 PVC 泡沫板，片，膜，箔等	进口	13 259	7 324	6 797	7 368	7 140	7 144
	出口	1 182	3 208	4 942	2 761	3 231	6 686
未列名塑料泡沫板，片，膜等	进口	15 183	15 775	12 443	12 296	15 858	14 480
	出口	4 752	9 673	9 002	12 674	24 746	26 743
未列名塑料板，片，膜等	进口	113 632	24 913	25 940	34 563	47 810	59 638
	出口	3 140	8 768	11 626	16 436	25 918	54 699

注：资料来源——1997～2004 中国海关统计数据。

年均增长 6.69%。

1993～1999 年间，出口年均增长率为 31%；1999 年前，硬 PP 管材出口大于进口；2000 年后，硬 PP 管材进口大于出口；2004 年，硬 PP 管材出口又大于进口。近 10 年来进出口量上下变化较大。

3. 薄膜、板材、片材进出口统计（表 6～表 9）

PVC 板材进口量约占上述进口量的 20%左右，约50～60kt/a。

PP 板材、片材和薄膜在同一进出口税则中统计，据测算，板材、片材在进口量中约占 35%上下，出口量中占 60%左右。

PP 板材、片材和薄膜 1993～1999 年间，进口量

表 7　进出口统计 PP 板材、片材和薄膜　　　　单位：吨

项　　目	1998 年	1999 年	2000 年	2001 年	2002 年	2003 年	2004 年
进口量	153 752	121 477	134 916	120 673	151 212	110 394	108 846
出口量	9 497	7 493	15 887	25 068	41 165	45 649	95 720
净进口量	144 255	113 984	119 029	95 605	110 047	64 745	13 126
年增长率/%	−1.13	−30.98	4.43	−19.68	15.11	−41.17	−79.73

注：摘自 1996～2004 年中国海关统计。

表 8　乙烯聚合物制板、膜、片制品进出口情况　　　　单位：吨

项　　目		1998 年	1999 年	2000 年	2001 年	2002 年	2003 年	2004 年
乙烯聚合物制板、膜、片制品	进口	43 288	49 909	49 134	50 621	57 511	70 450	75 121
	出口	51 506	16 363	17 700	23 413	32 959	35 300	51 985
净进口		−1 782	33 546	31 434	27 208	24 552	35 150	23 136
年增长/%		—	—	−6.30	−13.44	−9.76	43.17	−34.18

注：含 PE 片和板材。

表 9　PET 薄膜进出口统计汇总　　　　单位：吨

项　　目	1998 年	1999 年	2000 年	2001 年	2002 年	2003 年	2004 年
进口	39 920	55 750	58 065	63 625	80 487	106 794	125 059
出口	13 662	18 024	16 981	12 454	16 314	17 110	31 399
净进口	26 235	37 726	41 084	51 171	64 173	89 684	93 660
年增长率/%	133.72	43.67	8.90	24.55	25.41	39.75	4.43

年均增长为 18.00%，净进口年均增长为 19.00%；1996～2002 年间，进口量年均增长为 6.72%，净进口年均增长为 2.91%。1998～2004 年间，进口量年均增长为−5.59%，净进口年均增长为−32.93%。

由于海关进口统计，乙烯聚合物制板、膜、片制品归一税则号内统计，故难分析。总趋势仍为进口大于出口（仅 1997～1998 年净进口为负）。

乙烯聚合物制板、膜、片制品 1998～2004 年间，进口量年均增长为 9.62%。

PET 薄膜从海关统计来看，加上非正常渠道进口量，进口远大于出口。1993～1999 年间，PET 薄膜净进口年均增长达 35.21%；1996～2002 年间，PET 薄膜净进口年均增长达 36.65%。详见表 9。

1998～2004 年间，PET 薄膜净进口年均增长达 23.63%。

4. 塑料制品、配件进出口（表 10）

1993～1999 年间，塑料制品、配件净出口年均增长达 24.41%；1996～2002 年间，塑料制品、配件净出口年均增长达 28.13%；1998～2004 年间，塑料制品、配件净出口年均增长达 17.49%。

5. 2004 年出口金额超过亿美元的产品汇总（表 11）

2004 年我国石化产品大宗出口产品继续集中在塑料制品、橡胶制品、无机化工原料、石油制品四大类，占出口总金额的 59.06%，其中塑料制品占 24.39%。

表 11 中 20 个塑料制品出口金额为 995 584.82 万美元，占出口总金额的 88.79%，出口量 6 758 475 吨，占出口量的 90.96%。

6. 2004 年石油化工进出口总况统计（表 12）。

三、塑料制品进出口分析

1. PE 塑料制品

从海关统计中（表 13）可看出，2004 年乙烯聚合物制硬管进口使用地有 78 个，主要进口地为河北省秦皇岛（占 13.25%），其次为辽宁省大连（12.28%），广东省番禺（10.54%），上海市嘉定（6.58%），广东省深圳（6.49%），秦皇岛经济技术开发区（6.49%），山东省青岛（3.61%），辽宁省丹东（3.12%），八进口地进口量占总进口量的 62.36%。

从海关统计（表 14）中可看出，2004 年乙烯聚合物制硬管进口国家或地区有 25 个，主要进口地为韩国（占 58.75%），其次为美国（10.79%），意大利（10.77%），中国台湾地区（5.49%），德国（4.88%），日本（2.44%），六地进口量占总进口量的 93.12%。

表 10　塑料制品、配件进出口统计　　单位：吨

产　品		1998年	1999年	2000年	2001年	2002年	2003年	2004年
塑料浴缸、淋浴盆和盥洗盆	进口	357	181	153	176	233	529	371
	出口	2 368	98	1 502	2 576	5 773	18 960	52 255
塑料马桶圈及盖	进口	113	185	185	276	364	842	749
	出口	2 170	587	5 011	5 410	9 855	20 419	30 908
塑料坐浴盆、便盆、抽水箱等洁具	进口	828	185	202	310	301	259	266
	出口	3 728	445	3 662	5 365	7 791	9 021	20 071
塑料周转箱、盒等制品	进口	14 166	9 742	19 719	22 808	32 574	38 572	42 481
	出口	104 676	30 358	100 808	120 180	155 934	235 515	258 505
包装用瓶、盒等塑料制品	进口	5 390	2 491	5 202	6 237	4 794	6 587	8 272
	出口	12 026	3 030	11 263	11 691	14 100	24 018	34 222
塑料卷轴、纡子、筒管等	进口	5 712	4 436	7 571	5 222	5 020	5 008	5 369
	出口	111 122	1 952	108 468	130 458	117 022	84 501	85 745
塑料塞子、盖子等	进口	4 403	2 817	5 214	5 179	6 589	8 089	8 697
	出口	6 474	1 432	7 219	7 470	9 400	19 089	26 334
塑料制餐具及厨房用具	进口	2 923	7 040	1 762	1 153	2 108	2 402	2 748
	出口	137 704	50 215	191 106	236 634	328 758	446 676	568 915
其他日用制品	进口	4 292	1 834	5 459	5 865	6 315	6 590	7 992
	出口	192 454	44 073	298 018	313 411	419 200	523 263	675 458
中空容器	进口	836	576	701	1 102	1 743	1 962	1 870
	出口	4 289	755	1 914	1 905	2 772	5 412	5 773
塑料制办公学习用品	进口	1 141	1 628	1 079	1 102	1 409	1 231	1 514
	出口	75 036	24 969	137 341	146 573	181 344	221 598	269 372
塑料制衣服及衣着附件	进口	42 194	2 424	4 293	4 022	3 974	3 936	4 245
	出口	160 880	65 210	203 119	233 301	267 215	312 104	380 500
塑料家具及附件	进口	1 569	956	2 592	2 828	2 509	3 044	3 035
	出口	9 642	3 284	18 794	20 037	25 798	373 56	44 153
塑料制装饰品	进口	2 403	4 229	2 550	2 892	2 796	3 230	3 925
	出口	257 562	35 699	594 812	666 029	800 508	893 167	987 272
塑料制机器及仪器元件	进口	8 319	13 551	8 180	6 766	7 279	8 472	8 307
	出口	12 784	8 126	8 581	6 054	7 905	9 244	11 926
未列名塑料制品	进口	147 909	155 999	154 259	137 150	145 757	166 897	205 257
	出口	970 637	433 899	1 139 095	1 110 111	1 233 458	1 295 816	1 428 081
合计	进口	243 934	208 829	219 121	203 088	223 765	282 930	305 098
	出口	2 073 067	706 434	2 851 784	3 017 205	3 586 833	4 209 520	5 116 498
净出口		1 829 133	1 845 334	2 632 663	2 814 117	3 363 068	3 926 590	4 811 400
年增长率/%		23.26	0.89	42.67	6.89	19.51	16.76	22.53

注：塑料制品、配件进出口均不分材质，统归一起，不易分计，仅供参考。

表 11　2004 年出口金额超过亿美元的产品

塑料加工制品(20个)	出口量/吨	出口金额 / 万美元
氯乙烯聚合物制铺地制品	274 505	20 940.65
未列名自粘板、片、膜、带、箔、	57 007	10 136.35
其他自粘板、片、膜、带、箔、扁	69 737	17 900.75
PP 制板、片、膜、带、箔、扁条	957 214	13 616.46
其他非泡沫塑料板、片、膜等	141 410	16 785.32
未列名塑料板、片、膜等	54 699	11 155.65

续表

塑料加工制品(20个)	出口量/吨	出口金额/万美元
塑料浴缸、浴盆等	52 255	10 246.14
货物用塑料盒、箱等	258 505	35 506.81
货物用乙烯聚合物制的袋和包	899 902	105 080.80
货物用其他塑料制的袋和包	227 155	32 694.61
货物用其他塑料包装制品	68 259	11 258.45
塑料制餐具及厨房用具	568 915	80 530.35
塑料制其他家庭用具	675 458	98 183.10
塑料制窗板、百叶窗或类似制品	174 686	20 649.70
未列名的建筑用塑料制品	63 112	10 976.47
塑料制办公用品或学习用品	269 372	40 087.62
塑料制衣服及衣着附件	380 500	68 422.26
塑料制小雕制品及装饰品	987 272	147 572.26
塑料制机器及仪器元件	11 926	10 000.59
未列名塑料制品	1 428 081	234 021.07
合　计		995 584.82

表12　2004年我国石油化工进出口情况

项　目	进口量/吨	进口额/万美元	出口量/吨	出口额/万美元
1. 塑料制品	1 277 652 157	555 304.40	7 430 325 180	1 121 310.01
乙烯聚合物制的单丝	2 382 574	429.59	1 220 589	154.57
氯乙烯聚合物制的单丝、条	1 535 881	488.15	18 110 634	2 128.59
未列名塑料制的单丝、条、杆	4 192 297	1 467.16	6 003 780	1 558.92
香肠用肠衣	416 030	721.74	263 634	349.40
PE制硬管	3 684 993	1 104.45	5 769 662	1 148.75
PP制硬管	3 191 201	875.04	3 443 499	883.89
PVC制硬管	2 924 860	1 081.12	24 581 893	2 621.96
其他塑料制硬管	2 302 776	2 242.29	12 271 894	1 877.41
塑料制软管	4 281 074	3 388.18	11 408 003	2 127.10
塑料制其他未装附件的管子	5 346 074	4143.00	5 866 471	1 049.18
塑料制其他装附件的管子	1 212 176	1 281.81	4 586 761	1 051.21
未列名的塑料管	9 787 775	6 621.66	38 112 576	8 565.89
塑料制管子附件	3 148 500	4 658.98	15 113 504	4 021.58
PVC聚合物制糊墙物	555 675	110.72	8 366 451	1 146.00
PVC聚合物制铺地制品	28 578 013	4 948.17	274 504 778	20 940.65
其他聚合物制糊墙物	164 837	73.92	6 338 774	1 211.59
其他聚合物制铺地制品	5 917 775	1 123.28	86 744 984	9 453.75
丙烯酸聚合物制板、片、膜、带、箔、扁条	2 440 732	3 001.17	23 368 149	3 743.76
PE制板、片、膜、带、箔、扁条	75 121 408	195 914.50	51 984 978	8 359.89
PP制板、片、膜、带、箔、扁条	108 845 632	21 341.39	957 213 937	13 616.46
PS制板、片、膜、带、箔、扁条	16 639 596	4 665.79	24 620 723	3 967.26
硬质PVC制非泡沫板、片、膜、带、箔、扁条	65 489 648	9 706.35	25 869 763	3 269.77
PMMA制非泡沫板、片、膜、带、箔、扁条	30 606 464	12 061.10	5 193 042	929.15
PC制非泡沫板、片、膜、带、箔、扁条	10 133 931	8 686.53	6 724 005	2 372.19
PET制非泡沫板、片、膜、带、箔、扁条	100 735 763	31 695.33	27 483 102	6 137.58

续表

项　目	进口量/吨	进口额/万美元	出口量/吨	出口额/万美元
UP 制非泡沫板、片、膜、带、箔、扁条	2 106 941	307.66	1 837 394	268.57
其他聚酯制非泡沫板、片、膜、带、箔、扁条	24 322 541	9 502.67	3 915 593	1 118.20
再生纤维素制非泡沫板、片、膜、带、箔、扁条	573 765	197.41	2 848 738	707.93
钢纸制非泡沫板、片、膜、带、箔、扁条	8 407	4.10	57 771	10.67
醋酸纤维素制非泡沫板、片、膜、带、箔、扁条	6 907 385	5 204.80	2 101 371	562.43
其他纤维素衍生物制非泡沫板、片、膜、带、箔、扁条	83 513	536.73	343 017	237.54
聚丁烯醇缩丁醛制非泡沫板、片、膜、带、箔、扁条	19 292 662	9 485.64	1 225 242	349.17
聚酰胺制非泡沫板、片、膜、带、箔、扁条	4 608 577	6 749.13	3 191 271	1 585.38
氨基树脂制非泡沫板、片、膜、带、箔、扁条	1 545 932	683.24	1 716 824	265.89
酚醛树脂制非泡沫板、片、膜、带、箔、扁条	6 772 075	1 783.38	3 4994 44	505.73
EPS 制泡沫板、片、膜、带、箔、扁条	1 720 889	901.94	3 586 846	602.25
EPVC 制合成革	56 484 851	13 752.24	32 925 003	5 744.92
EPVC 制泡沫板、片、膜、带、箔、扁条	7 143 612	2 576.72	6 686 166	1 014.05
PU 制合成革	35 304 789	21 060.96	12 257 521	4 804.91
PU 制泡沫板、片、膜、带、箔、扁条	6 590 278	5 174.99	4 350 270	1 187.23
泡沫再生纤维素板、片、膜、带、箔、扁条	226 742	70.45	1 179 621	258.46
其他泡沫塑料制合成革	7 231 818	4 436.39	2 189 456	300.27
其他泡沫塑料制板、片、膜、带、箔、扁条	14 480 267	6 009.92	26 742 910	3 598.96
聚异丁烯制板、片、卷材	25 046	43.88	121 592	31.71
未列名的塑料制板、片、膜、带、箔、扁条	59 638 128	30 646.66	54 698 556	11 155.65
塑料浴缸、浴盆等	371 097	301.64	52 254 731	10 246.14
塑料马桶圈及盖	749 140	362.62	30 907 907	5 450.85
塑料制卫生洁具	265 946	228.75	20 071 096	4 550.49
货运用塑料盒、箱等	42 480 962	18 261.03	258 504 724	35 506.81
货运用 PE 袋与包	13 931 658	4 868.82	899 901 841	105 080.80
货运用其他塑料袋与包	24 364 381	8 172.61	227 154 745	32 694.61
货运用塑料坛、瓶	8 272 194	5 251.42	34 222 307	8 149.19
塑料卷轴、纡子、筒管等	5 368 952	3 130.75	85 744 685	9 185.39
塑料塞子、盖子等	8 697 009	7 893.44	26 334 268	8 397.14
货运和包装用其他塑料制品	33 136 864	13 016.42	68 259 008	11 258.45
塑料制餐具及厨房用具	2 748 449	1 097.30	568 915 337	80 530.35
塑料制其他家庭用具	7 991 886	1 697.53	675 457 684	98 183.10
塑料制大容器	1 870 148	296.63	5 773 323	706.83
塑料制门、窗等	592 460	346.01	25 355 781	4 563.09
塑料制百叶窗及零件	4 014 010	543.77	174 686 293	20 649.70
未列名建筑用塑料制品	2 170 915	1 174.01	63 111 649	10 976.47
塑料制办公用品	1 514 406	325.49	269 371 774	40 087.62
塑料制成衣及附件	4 244 532	3 186.17	380 499 863	68 422.26
塑料制家具及附件	3 034 935	2 074.19	44 152 938	7 605.28
塑料制其他装饰品	3 924 770	1 341.44	987 272 219	147 572.26
塑料制机器及仪器用零件	8 307 219	20 834.06	11 926 058	10 000.59
未列名的塑料制品	205 257 068	114 297.61	142 828 1115	234 021.07

续表

项　　目	进口量/吨	进口额/万美元	出口量/吨	出口额/万美元
2. 塑料机械				
其他真空模塑机及成型机器	2 721	17 776.84	2 336	1 201.29
其他模塑或成型机器	2 623	23 273.02	1 066	504.17
其他橡胶或塑料及产品加工机	8 093	84 616.75	490 273	12 183.76
塑料或橡胶用注模或压模	634 542	79 240.96	214 3773	27 534.02
塑料或橡胶用其他型模	310 363	19 352.52	529 699	6 498.05
3. 助剂				
抗氧剂、改良剂等	27 816 172	8 435.82	10 490 737	1 717.72
橡胶或塑料用复合增塑剂	80 863 465	8 286.65	3 301 456	802.07
橡胶或塑料用其他抗氧剂等	116 879 605	23 104.73	6 315 539	1 241.12

表 13　乙烯聚合物制硬管 2004 年十大进口使用地区最高进口商统计

进　口　商	进口量/千克	进口航次
1. 河北省秦皇岛	488 396	23
中国外运秦皇岛公司	293 905	9
秦皇岛德源贸易有限公司	164 618	9
秦皇岛市晨旭经贸有限责任公司	10 054	1
2. 辽宁省大连	452 588	71
大连凯美进出口集团有限公司	139 885	11
大连中成进出口有限公司	128 640	5
中成国际运输有限公司	68 096	4
辽宁机械进出口股份有限公司	56 633	5
中国家用电器进出口公司	17 338	2
河北山明实业有限公司	10 350	1
3. 广东省番禺	388 464	41
番禺精美五金塑料制品有限公司	325 228	28
番禺市口岸储运公司南沙保税仓库	25 784	1
番禺南丰塑料制品有限公司	23 723	5
广州市番禺区禺发贸易公司	13 311	2
4. 上海市嘉定	242 621	38
上海吉博力房屋卫生设备工程技术有限公司	234 029	18
5. 广东省深圳	238 860	79
中国三九进出口(集团)有限公司	112 409	6
威茂电子(深圳)有限公司	66 347	19
6. 秦皇岛经济技术开发区	238 378	11
河北山明实业有限公司	238 378	11
7. 山东省青岛	133 064	70
青岛世亚同创实业有限公司	71 442	4
青岛汽车进出口有限公司	26 995	6
8. 辽宁省丹东	114 649	13
丹东市进出口有限责任公司	40 656	5
丹东市展扬经贸有限公司	34 500	4
丹东宏立贸易发展有限公司	21 247	2
丹东中威工贸有限公司	14 246	1
9. 上海浦东新区	112 745	79
上海五环对外贸易有限公司	48 234	10
上海市对外贸易浦东有限公司	23 808	3
10. 吉林省延边	112 742	11
延边泰达国际商贸物流有限公司	78 133	5
延边建石商贸有限公司	30 465	4
合　　计	3 684 993	1 348

表 14 乙烯聚合物制硬管 2004 年六大进口国家或地区最高进口商统计

进口商	进口量/千克	进口航次
1. 韩国		
中国外运秦皇岛公司	293 905	9
河北山明实业有限公司	262 668	14
秦皇岛德源贸易有限公司	164 618	9
大连凯美进出口集团有限公司	139 885	11
大连中成进出口有限公司	128 640	5
延边泰达国际商贸物流有限公司	106 733	7
中国家用电器进出口公司	103 690	13
吉林省四平包装进出口公司	74 112	6
青岛世亚同创实业有限公司	71 442	4
中成国际运输有限公司	68 096	4
辽宁机械进出口股份有限公司	56 633	5
山东中允集团有限公司	52 532	6
丹东市进出口有限责任公司	40 656	5
威海益和进出口有限公司	40 300	4
延边建石商贸有限公司	35 096	5
珲春市努强贸易有限公司	34 518	3
丹东市展扬经贸有限公司	34 500	4
长春经济技术开发区进出口有限公司	27 376	3
青岛汽车进出口有限公司	26 995	6
上海市对外贸易浦东有限公司	23 808	3
北京京东方光电科技有限公司	22 270	2
丹东宏立贸易发展有限公司	21 247	2
小　计	2 165 118	289
2. 美国		
番禺精美五金塑料制品有限公司	224 496	16
上海五环对外贸易有限公司	48 234	10
广东省外运进出口贸易公司	39 187	3
番禺市口岸储运公司南沙保税仓库	25 784	1
番禺南丰塑料制品有限公司	20 240	2
小　计	397 488	166
3. 意大利		
上海吉博力房屋卫生设备工程技术有限公司	229 527	8
中国三九进出口(集团)有限公司	112 409	6
小　计	396 639	37
4. 中国台湾地区		
番禺精美五金塑料制品有限公司	100 732	12
溢泰(南京)环保科技有限公司	21 938	21
威茂电子(深圳)有限公司	12 159	2
小　计	202 181	225
5. 德国		
瑞侃电子(上海)有限公司	87 435	14
中芯国际集成电路制造(北京)有限公司	27 292	2
扬州亚普汽车塑料件有限公司	24 050	7
小　计	179 993	90

续表

进　口　商	进口量/千克	进口航次
6. 日本		
禧禧艾合成金属制品(昆山)有限公司	43 393	8
罗姆电子大连有限公司	12 483	10
小　计	89 870	334
合　计	3 684 993	1 348

表 15　乙烯聚合物制硬管 2004 年九大出口国家或地区的主要出口商统计

出　口　商	出口量/千克	出口航次
1. 中国香港		
深圳亚大塑料制品有限公司	876 737	12
八达塑胶(深圳)有限公司	102 035	8
福建振云塑业股份有限公司	40 845	3
无锡新中润国际集团中润有限公司	29 630	5
常州派莱福增强塑料有限公司	28 455	2
山东莱钢国际贸易有限公司	23 500	3
南塑建材塑胶制品(深圳)有限公司	21 046	5
威胜利工程有限公司	20 674	3
深圳市龙江进出口有限公司	19 360	4
港华辉信工程塑料(中山)有限公司	18 102	3
广东省顺德轻工业品进出口公司	17 930	12
小　计	1 233 758	89
2. 朝鲜		
丹东中大商贸有限公司	289 861	8
丹东市万事达进出口贸易有限公司	260 576	13
丹东市进出口有限责任公司	95 245	9
丹东中威工贸有限公司	44 701	15
丹东鑫瑞贸易有限公司	13 000	9
丹东鸿祥实业发展有限公司	12 875	8
丹东毅通商贸有限公司	12 110	8
珲春市瑞达贸易有限公司	11 000	4
小　计	791 227	137
3. 俄罗斯		
诸暨市中亿管业有限公司	362 877	8
深圳市北德齐实业有限公司	115 690	1
诸暨市现代金德管业有限公司	83 510	5
珠海市钰诚进出口有限公司	76 267	8
深圳市庆隆通实业有限公司	55 340	1
饶河县经济贸易开发有限公司	22 914	2
镇江华星国际贸易有限责任公司	21 267	1
小　计	777 478	32
4. 波兰		
诸暨市奇爱阀业有限公司	499 186	12
浙江铭仕管业有限公司	10 345	1
小　计	509 606	14

续表

出　口　商	出口量/千克	出口航次
5. 芬兰		
诸暨市中亿管业有限公司	341 028	8
浙江铭仕管业有限公司	71 180	6
小　　计	412 208	14
6. 日本		
德清永伟花园用品有限公司	208 843	9
大连住吉塑胶有限公司	30 377	9
深圳市源泰进出口贸易有限公司	27 250	1
深圳市庆隆通实业有限公司	26 570	1
常州天合光能有限公司	25 552	3
天津外总集团建材有限公司	11 933	4
小　　计	361 111	58
7. 阿尔及利亚		
中油吉林化建工程股份有限公司	298 911	1
8. 印度		
深圳市庆隆通实业有限公司	66 770	1
深圳市顺源丰实业有限公司	56 080	1
深圳市源泰进出口贸易有限公司	55 200	1
诸暨市奇爱阀业有限公司	18 765	2
小　　计	199 375	6
9. 美国		
上海先进管件有限公司	121 058	8
镇江泛华进出口有限公司	20 948	4
小　　计	166 135	36
出口总和	5 769 662	661

从海关统计（表 15）中可看出，2004 年乙烯聚合物制硬管出口地有 75 个，主要出口地为中国香港（占 21.39%），其次为朝鲜（13.71%），俄罗斯（13.47%），波兰（8.84%），芬兰（7.14%），日本（6.26%），阿尔及利亚（5.18%），印度（3.46%），美国（2.88%），九出口地出口量占总出口量的 82.33%。

表 16～表 19 为聚乙烯/聚丙烯纺制的其他线、绳、索、缆的进出口统计。

从海关统计（表 20）中可看出，2004 年聚乙烯/聚丙烯纺制的其他线、绳、索、缆出口地有 131 个，主要出口地为日本（占 26.24%），其次为中国香港（10.61%），美国（9.08%），俄罗斯联邦（3.81%），澳大利亚（3.05%），法国（2.37%），英国（2.28%），朝鲜（2.24%），八出口地出口量占总出口量的 59.68%。

表 16　聚乙烯/聚丙烯纺制的其他线、绳、索、缆 2004 年九大进口国家或地区统计

国家或地区	进口金额/美元	进口量/千克	国家或地区	进口金额/美元	进口量/千克
韩国	4 906 763	3 966 882	法国	69 264	27 657
中国台湾地区	453 273	351 647	英国	268 391	24 228
日本	1 572 379	171 547	丹麦	40 396	17 555
中国内地	83 703	38 909	荷兰	38 175	16 376
中国香港	81 002	33 682	进口合计	8 107 422	4 721 039

表 17 聚乙烯/聚丙烯纺制的其他线、绳、索、缆 2004 年五大进口国家或地区主要进口商统计

进口商	进口量/千克	进口航次
1. 韩国		
上海周和塑料有限公司	611 531	14
大连富来肯塑料制品有限公司	351 407	12
青岛世兴制网有限公司	344 401	13
青岛新光成篷布有限公司	239 373	12
大连进兴包装制品有限公司	228 354	12
江苏高丽包装有限公司	219 925	13
烟台庆北渔具有限公司	208 920	12
青岛信林塑料有限公司	151 655	8
青岛同德度伸钢业有限公司	145 907	8
青岛水山渔网有限公司	122 993	10
青岛仙华塑料包装有限公司	120 788	10
烟台釜山综合渔具有限公司	112 987	8
青岛新大兴包装有限公司	103 169	13
青岛海盛渔网有限公司	101 948	15
小计	3 966 882	915
2. 中国台湾地区		
澄海市七海渔具有限公司	68 325	10
深圳市龙岗区对外经济发展有限公司	58 730	12
澄海市北洋渔具有限公司	31 003	3
昆山金洲制网有限公司	19 682	4
上海康华衣帽有限公司	19 637	5
东莞市对外加工装配服务公司	17 261	9
澄海市新海渔网有限公司	16 843	3
深圳市宝安外经发展有限公司	13 706	7
东莞念辉家饰用品有限公司	12 262	12
小计	351 647	335
3. 日本		
平湖日东渔具有限公司	51 131	11
苏州爱丽丝钮扣有限公司	28 279	12
泉州东一石材有限公司	12 600	5
上海市轻工业品进出口有限公司	10 920	7
青岛世兴制网有限公司	10 215	1
小计	171 547	545
4. 中国内地		
深圳市斯凯进出口有限公司	19 814	2
小计	38 909	98
5. 中国香港		
深圳市龙岗区对外经济发展有限公司	12 142	12
小计	33 682	182

表 18　聚乙烯/聚丙烯纺制的其他线、绳、索、缆 2004 年进口贸易方式统计

进口交易类型	进口金额/美元	进口量/千克	占进口量比例/%
来料加工装配贸易	3 289 026	2 246 764	27.71
进料加工贸易	3 476 888	2 155 751	26.58
一般贸易	1 091 951	282 899	3.49
保税仓库进出境货物	137 266	21 924	0.26
保税区仓储转口货物	86 516	8 295	0.10
外商投资企业作为投资进口的设备、物品	14 323	4 357	0.05
其他	10 325	1 041	0.01
国家间、国际组织无偿援助和赠送的物资	463	7	0.00
出口加工区进口设备	664	1	0.00
合　　计	8 107 422	4 721 039	100.00

表 19　聚乙烯/聚丙烯纺制的其他线、绳、索、缆 2004 年二十五大消费地区进口明细表

进口消费地区及代码	进口金额/美元	进口质量/千克	进口消费地区及代码	进口金额/美元	进口质量/千克
山东省青岛	1 814 302	1 544 737	浙江省嘉兴	343 699	57 077
上海市奉贤	863 706	600 964	浙江省台州	120 443	48 987
山东省烟台	498 994	401 194	广东省广州	90 040	46 555
辽宁省大连	174 533	353 929	上海市闵行	162 462	34 907
大连经济技术开发区	352 305	228 546	天津市东郊	53 680	33 596
江苏省张家港	330 341	219 926	山东省淄博	23 856	28 574
山东省即墨	223 580	174 575	珠海特区	49 758	22 751
广东省深圳	307 332	152 870	海南其他经济特区	11 765	21 544
广东省汕头	69 702	116 171	江苏省南通	56 344	21 374
上海市黄浦	191 935	79 648	山东省胶州	15 936	21 027
山东省荣成	108 272	78 426	秦皇岛经济技术开发区	31 806	20 902
广东省东莞	73 213	62 834	合　　计	8 107 422	4 721 039
江苏省昆山	191 540	57 864			

表 20　聚乙烯/聚丙烯纺制的其他线、绳、索、缆 2004 年出口贸易量最高国家或地区前 10 名

排　　序	出　口　地	出口金额/美元	出口量/千克
1	日本	8 938 488	4 962 468
2	中国香港	2 246 981	2 006 724
3	美国	3 222 210	1 716 813
4	俄罗斯	237 601	720 046
5	澳大利亚	955 467	576 965
6	法国	865 525	447 474
7	英国	759 918	431 477
8	朝鲜	462 105	424 366
9	阿拉伯联合酋长国	713 114	405 760
10	加拿大	690 852	370 790

从海关统计（表 21）中可看出，2004 年聚乙烯/聚丙烯纺制的其他线、绳、索、缆出口生产地有 189 个，主要出口生产地为山东省泰安（占 15.13%），其次为广东省汕头（5.52%），广东省中山（4.03%），汕头特区（4.00%），浙江省宁波（3.99%），江苏省昆山（3.90%），黑龙江省哈尔滨（3.56%），山东省青岛（3.43%），八出口地出口量占总出口量的 43.56%。

表 21　聚乙烯/聚丙烯纺制的其他线、绳、索、缆 2004 年三十大生产地区出口明细表

出口生产地区	出口金额/美元	出口量/kg	出口生产地区	出口金额/美元	出口量/kg
山东省泰安	4 174 503	2 862 558	广东省揭阳	449 499	350 163
广东省汕头	1 087 542	1 042 752	浙江省杭州	562 230	297 140
广东省中山	1 170 092	762 132	浙江省其他	421 692	296 950
汕头特区	1 455 846	756 783	山东省济南	509 069	292 893
浙江省宁波	1 464 384	755 196	山东省威海	394 541	281 142
江苏省昆山	1 369 785	736 922	天津市东郊	449 294	255 389
黑龙江省哈尔滨	119 928	673 330	浙江省奉化	399 728	243 539
山东省青岛	1 183 657	647 965	浙江省舟山	402 089	210 950
广东省深圳	585 374	621 891	福建省厦门	442 828	201 422
上海浦东新区	1 266 044	619 703	北京市西城区	342 787	197 945
天津市其他	782 814	453 347	浙江省温州	323 788	189 399
江苏省江阴	983 844	439 826	广东省南海	215 745	186 836
山东省烟台	638 027	397 719	浙江省义乌	145 238	177 323
广东省东莞	383 445	383 422	江苏省常州	239 239	146 750
上海市松江	846 486	379 296	出口合计	30 459 353	18 911 810
浙江省台州	642 086	378 740			

表 22　丙烯聚合物制硬管 2004 年六大进口商进口使用地区统计

进　口　商	进口量/千克	进口航次
1. 江苏省南通		
南通新杰管业国际贸易有限公司	750 479	8
南通市对外贸易公司	146 422	4
小　　计	896 926	13
2. 上海市南汇		
上海宏和电子材料有限公司	333 100	35
上海宏联电子材料有限公司	58 370	2
小　　计	410 368	44
3. 辽宁省沈阳		
营口营达利进出口贸易有限公司	190 144	7
小　　计	200 814	8
4. 上海浦东新区		
上海沪工高峰工具有限公司	48 355	3
上海物资集团进出口有限公司	47 160	3
小　　计	170 783	49
5. 吉林省延边		
延边建石商贸有限公司	53 003	5
延边泰达国际商贸物流有限公司	48 356	2
小　　计	134 521	9
6. 广东省惠州		
惠州金山电装有限公司	123 790	12
小　　计	134 488	66
合　　计	3 191 201	956

2. PP塑料制品

从海关统计（表22）中可看出，2004年丙烯聚合物制硬管漆进口使用地区有92个，主要进口地为江苏省南通（28.11%），其次为上海市南汇（12.86%），辽宁省沈阳（6.30%），上海浦东新区（5.36%），吉林省延边（4.22%），广东省惠州（4.22%），六进口地进口量占总进口量的61.07%。

从海关统计（表23）中可看出，2004年丙烯聚合物制硬管进口地有22个，主要进口地为土耳其（占37.39%），其次为韩国（25.37%），中国台湾地区（13.54%），日本（8.68%），德国（5.67%），美国（3.36%），意大利（1.78%），巴西（1.19%），八进口地进口量占总进口量的96.98%。

从海关统计（表24）中可看出，2004年丙烯聚合物制硬管出口生产地有86个，主要出口生产地为天津市武清（占12.56%），其次为海南经济特区（11.75%），上海市南汇（10.26%），江苏省无锡（6.59%），浙江省宁波（6.48%），南宁高新技术产业开发区（3.78%），

表23　丙烯聚合物制硬管2004年八大进口商进口国家或地区统计

进　口　商	进口量/千克	进口航次
1. 土耳其		
南通新杰管业国际贸易有限公司	750 479	8
南通市对外贸易公司	146 422	4
江苏苏美达仪器设备有限公司	72 949	6
小　计	1 192 778	35
2. 韩国		
营口营达利进出口贸易有限公司	240 531	10
青岛禧星贸易有限公司	134 667	13
上海东麟国际经贸有限公司	58 509	6
小　计	809 448	149
3. 中国台湾地区		
上海宏和电子材料有限公司	312 800	32
上海宏联电子材料有限公司	58 370	2
小　计	432 025	178
4. 日本		
惠州金山电装有限公司	123 790	12
珠海藤仓电装有限公司	54 761	29
精所塑胶工业(上海)有限公司	40 712	3
小　计	276 669	196
5. 德国		
开德阜物流(上海)有限公司	79 749	5
小　计	180 697	121
6. 美国		
圣戈班康茂(无锡)定量泵有限公司	59 420	34
深圳市云玉进出口有限公司	8 620	1
小　计	107 277	108
7. 意大利		
江苏天有贸易有限公司	26 195	3
威海英维思控制器有限公司	18 543	10
小　计	56 645	25
8. 巴西		
考泰斯(上海)塑料制品有限公司	37 837	5
合　计	3 191 201	956

表 24　丙烯聚合物制硬管 2004 年六大出口商出口生产地区统计

出　口　商	出口量/千克	出口航次
1. 天津市武清		
瑞一(中国)科技发展有限公司	432 543	55
2. 海南经济特区		
海南华商贸易有限公司	404 522	32
3. 上海市南汇		
上海宏和电子材料有限公司	350 553	23
小　计	353 441	27
4. 江苏省无锡		
无锡小天鹅进出口有限责任公司	226 619	33
小　计	226 637	34
5. 浙江省宁波		
宁波威霖塑料制品有限公司	181 452	16
中成宁波进出口有限公司	33 307	12
小　计	223 014	33
6. 南宁高新技术产业开发区		
南宁泰格金属制品有限公司	129 806	16
合　计	3 443 499	653

六出口地出口量占总出口量的 51.42%。

从海关统计（表 25）中可看出，2004 年丙烯聚合物制硬管出口地有 71 个，主要出口地为美国（占 15.80%），其次为日本（13.85%），印度（7.13%），中国台湾地区（6.85%），韩国（4.73%），墨西哥（3.89%），六出口地出口量占总出口量的 52.25%。

表 26 为聚乙烯/聚丙烯纺制的包扎用绳进口统计。

表 25　丙烯聚合物制硬管 2004 年六大出口目的国家或地主要出口商统计

出　口　商	出口量/千克	出口航次
1. 美国		
无锡小天鹅进出口有限责任公司	181 304	13
宁波威霖塑料制品有限公司	180 253	14
瑞一(中国)科技发展有限公司	81 181	10
小　计	544 131	72
2. 日本		
上海宏和电子材料有限公司	152 364	8
南宁泰格金属制品有限公司	148 887	21
南京鹏力科技有限公司	46 080	6
小　计	476 595	114
3. 印度		
海南华商贸易有限公司	216 799	9
小　计	245 466	21

续表

出口商	出口量/千克	出口航次
4. 中国台湾地区		
上海宏和电子材料有限公司	171 089	7
镇江爱迪进出口有限责任公司	39 069	7
小计	235 844	28
5. 韩国		
瑞一(中国)科技发展有限公司	137 122	13
上海宏和电子材料有限公司	13 966	3
小计	163 126	25
6. 墨西哥		
瑞一(中国)科技发展有限公司	88 707	7
无锡小天鹅进出口有限责任公司	45 315	20
小计	134 022	27
合计	3 443 499	653

表 26 聚乙烯/聚丙烯纺制的包扎用绳 2004 年六大进口国家或地区统计

国家/地区	进口额/美元	进口量/千克	国家/地区	进口额/美元	进口量/千克
韩国	257 713	186 318	中国香港	13 426	10 883
中国台湾地区	95 928	87 523	美国	87 034	8 890
日本	417 157	53 415	合计	966 921	380 660
中国内地	47 738	28 145			

从海关统计（表 27）中可看出，2004 年聚乙烯/聚丙烯纺制的包扎用绳进口消费地有 97 个，主要进口消费地为广东省深圳（占 22.97%），其次为山东省威海（20.73%），山东省胶州（11.94%），江苏省连云港（9.82%），广西壮族梧州（4.94%），山东省青岛（4.64%），山东威海出口加工区（3.52%），吉林省珲春（3.20%），八进口地进口量占总进口量的 81.76%。

从海关统计（表 30）中可看出，2004 年聚乙烯或聚丙烯纺制的包扎用绳进口公司类型主要为外商独资企业（占进口量 54.45%），其次为国有企业（占进口量 26.65%），中外合资企业（占进口量 17.38%），私营企业（占进口量 0.97%），中外合作企业（占进口量 0.37%），集体企业（占进口量 0.08%）。

从海关统计（表 31）中可看出，2004 年聚乙烯/聚丙烯纺制的包扎用绳出口地有 79 个，主要出口地为日本（占 51.71%），其次为中国香港（11.91%），澳大利亚（6.06%），法国（5.06%），吉尔吉斯（1.93%），荷兰（1.88%），朝鲜（1.55%），德国（1.36%），八出口地出口量占总出口量的 81.46%。

表 27 聚乙烯/聚丙烯纺制的包扎用绳 2004 年进口消费地区进口明细表

进口消费地区	进口额/美元	进口量/千克	进口消费地区	进口额/美元	进口量/千克
广东省深圳	94 444	87 481	山东省即墨	17 496	8 082
山东省威海	50 648	79 049	福建省福州	15 351	6 475
山东省胶州	44 702	45 468	福建省泉州	4 805	4 518
江苏省连云港	232 077	37 353	上海市闵行	19 435	4 098
广西壮族梧州	18 840	18 840	常州高新技术产业开发区	26 507	3 990
山东省青岛	65 556	17 684	福建省漳州	11 290	3 536
山东威海出口加工区	66 631	13 374	江苏省常州	23 952	3 322
吉林省珲春	10 390	12 160	大连经济技术开发区	3 864	3 072

续表

进口消费地区	进口额/美元	进口量/千克	进口消费地区	进口额/美元	进口量/千克
福建省莆田	2 639	2 959	上海市金山	1 318	90
辽宁省大连	4 376	2 500	湖南省常德	2 836	83
广东省东莞	1 744	2 333	上海市松江	6 166	69
福建省南平	3 878	1 900	上海外高桥保税区	767	66
上海市黄浦	4 617	1 702	上海市普陀	264	59
福建省龙岩	2 226	1 380	安徽省安庆	782	50
重庆市北碚区	20 612	1 119	北京市通县	650	50
湖南省湘乡	54 329	1 093	上海闵行经济技术开发区	4 650	48
江苏省昆山	3 706	1 050	广东省广州	4 432	36
广东省惠州	5 316	954	山东省淄博	70	35
辽宁省瓦房店	2 169	945	河北省唐山	1 647	26
江苏省南京	17 074	894	上海市奉贤	317	20
浙江省宁波	1 105	867	苏州工业园区	838	19
大连大窟湾保税区	18 457	824	江苏昆山出口加工区	180	16
江西省九江	2 252	808	江苏省常熟	493	13
江苏省苏州	1 095	729	吉林省长春	1 368	12
山东青岛保税区青岛	1 821	672	北京市西城区	60	10
北京市东城区	530	650	成都经济技术开发区	31	10
天津经济技术开发区	12 864	640	上海漕河泾新兴技术开发区	154	10
山东省济南	3 315	501	天津市武清	2	10
汕头特区汕头	733	487	天津市其他	115	9
深圳福田保税区	979	458	北京市门头沟	133	8
上海浦东新区	14 241	448	广东省江门	4	8
山东省龙口	2 733	432	北京市朝阳区	20	4
辽宁省丹东	302	400	北京市崇文区	112	4
广东省南海	760	378	河北省保定	14	4
山东省烟台	2 250	369	江西省南昌	1159	4
贵州省贵阳	20 377	366	山东省临沂	150	4
江苏省南通	6 677	359	天津市北郊	23	4
上海市青浦	223	354	浙江省杭州	42	4
江苏省太仓	1 411	314	浙江省嘉兴	76	3
辽宁省营口	3 667	309	北京市海淀区	1	2
福建省厦门	897	308	杭州经济技术开发区	61	2
上海市浦东	913	285	苏州高新技术产业开发区	31	2
山东省文登	2 582	284	浙江省萧山	112	2
上海市嘉定	3 692	254	天津港保税区	90	1
江苏省吴江	484	240	厦门特区	1	1
吉林省延边	72	234	吉林高新技术产业开发区	139	0
浙江省温州	269	208	江苏苏州工业园区出口加工区	9	0
江苏省无锡	266	159	内蒙古自治区巴彦淖尔盟	25	0
上海松江出口加工区	3 046	106	进口合计	966 921	380 660

表 28 聚乙烯/聚丙烯纺制的包扎用绳 2004 年六大进口使用地区主要进口商统计

进口商	进口量/千克	进口航次
1. 广东省深圳	87 481	122
深圳市龙岗区对外经济发展有限公司	54 809	35
深圳市宝安外经发展有限公司	21 110	34
2. 山东省威海	79 049	18
威海白鲸渔具有限公司	78 134	11
3. 山东省胶州	45 468	12
青岛东邦塑料有限公司	45 461	11
4. 江苏省连云港	37 353	11
连云港仙桥紫莱有限公司	37 353	11
5. 广西壮族梧州	18 840	5
岑溪宗男纸业有限公司	18 840	5
6. 山东省青岛	17 684	61
青岛忠仁渔具有限公司	7 695	1
进口合计	380 660	713

表 29 聚乙烯/聚丙烯纺制的包扎用绳 2004 年进口贸易方式统计

进口交易类型	进口额/美元	进口量/千克	占进口量比例/%
来料加工装配贸易	439 959	188 190	49.45
进料加工贸易	406 018	162 913	42.79
一般贸易	80 428	13 811	3.63
保税仓库进出境货物	15 716	13 633	3.58
其他	3 698	992	0.26
保税区仓储转口货物	17 573	984	0.26
出口加工区进口设备	3 235	122	0.03
外商投资企业作为投资进口的设备、物品	294	15	0.00
进口合计	966 921	380 660	100.00

表 30 聚乙烯/聚丙烯纺制的包扎用绳 2004 年进口公司类型统计

进口公司类型	进口额/美元	进口量/千克
外商独资企业	451 170	207 465
国有企业	159 595	101 522
中外合资企业	341 663	66 230
私营企业	8 783	3 706
中外合作企业	3 931	1 440
集体企业	1 735	297
其他	44	0
进口合计	966 921	380 660

表 31　聚乙烯/聚丙烯纺制的包扎用绳 2004 年出口贸易量最高国家/地区前 10 名

排　序	出　口　地	出口额/美元	出口量/千克
1	日本	3 221 343	2 469 743
2	中国香港	562 744	568 765
3	澳大利亚	520 367	289 427
4	法国	526 950	241 591
5	吉尔吉斯	65 995	92 074
6	荷兰	158 746	89 661
7	朝鲜	67 786	74 240
8	德国	138 903	64 936
9	比利时	160 550	62 514
10	美国	119 605	59 912

从海关统计（表 32）中可看出，聚乙烯/聚丙烯纺制的包扎用绳 2004 年出口生产地区有 105 个，主要出口地为江苏省南京（占 36.97%），其次为广东省深圳（7.68%），江苏省江阴（5.55%），广东省揭阳（5.40%），广东省汕头（4.44%），浙江省宁波（4.33%），南通经济技术开发区（2.64%），上海浦东新区（2.55%），八个出口地出口量占总出口量的 69.56%。

表 32　聚乙烯/聚丙烯纺制的包扎用绳 2004 年出口生产地区出口明细表

出口生产地区	出口额/美元	出口量/千克	出口生产地区	出口额/美元	出口量/千克
江苏省南京	1 959 662	1 765 651	吉林省珲春	13 685	21 520
广东省深圳	369 678	366 917	浙江省义乌	31 931	20 328
江苏省江阴	618 613	264 859	黑龙江省哈尔滨	18 746	15 750
广东省揭阳	260 959	257 920	上海市黄浦	21 312	14 994
广东省汕头	395 567	212 100	浙江省台州	41 046	14 681
浙江省宁波	312 332	206 618	新疆维吾尔克孜	12 542	13 944
南通经济技术开发区	258 482	125 629	海南经济特区	24 589	13 607
上海浦东新区	231 385	121 597	广东省佛山	14 614	12 802
江苏省常州	206 709	115 506	北京市海淀区	16 575	12 500
上海市嘉定	181 826	112 419	广东省东莞	8 120	11 896
浙江省其他	116 490	83 317	浙江省金华	26 026	11 231
新疆维吾尔伊宁	53 014	73 310	黑龙江省牡丹江	15 022	10 360
浙江省杭州	148 975	70 636	江苏省宜兴	20 067	10 212
山东省青岛	118 546	60 332	宁波经济技术开发区	13 963	10 127
深圳特区	61 277	56 640	天津市其他	7 290	10 000
广东省中山	73 463	54 565	广东省其他	27 379	8 947
浙江省慈溪	63 656	51 764	广东省南海	9 110	8 711
江苏省昆山	106 061	49 913	江苏省其他	14 545	8 691
辽宁省沈阳	50 081	49 320	江西省其他	10 710	8 388
天津市和平	77 571	42 590	浙江省余姚	7 374	7 038
辽宁省大连	84 617	42 180	江苏省苏州	28 864	6 973
新疆维吾尔喀什	24 772	38 600	江苏省无锡	19 243	6 961
上海市金山	68 385	37 500	重庆市渝北区	28 141	6 278
安徽省合肥	71 343	32 817	广东省番禺	10 451	5 962
珠海特区	5 901	29 848	浙江省东阳	12 383	5 564
广东省广州	47 158	28 697	江苏省南通	11 115	5 175
汕头特区	31 450	24 663	广西壮族其他	4 880	4 878
浙江省温州	67 360	24 218	新疆维吾尔博乐	1 677	4 660

续表

出口生产地区	出口额/美元	出口量/千克	出口生产地区	出口额/美元	出口量/千克
上海市松江	6 501	4 520	广东省珠海	346	1 350
江苏省张家港	12 429	4 370	广东省肇庆	960	1 224
浙江省萧山	5 520	4 350	山东省其他	1 800	1 120
江苏省徐州	9 379	4 295	深圳福田保税区	2 350	1 009
浙江省衢州	23 913	4 277	山东省潍坊	6 220	820
内蒙古自治区二连浩特	1 450	4 000	广东省茂名	625	800
江苏省常熟	2 340	3 900	广东省顺德	799	762
安徽省宣城	5 752	3 698	乌鲁木齐高新技术产业开发区	420	600
上海市普陀	3 737	3 600	河北省其他	925	581
广西壮族南宁	5 443	3 480	上海市闵行	3 903	556
河南省其他	3 182	3 340	上海市闸北	834	473
内蒙古自治区包头	7 500	3 315	河南省郑州	166	188
辽宁省丹东	3 520	2 900	辽宁省其他	203	168
黑龙江省其他	836	2 608	湖南省长沙	180	115
山东省日照	3 572	2 480	广东省惠州	6 474	100
辽宁省抚顺	12 775	2 309	浙江省嘉兴	26	100
广东省江门	3 889	2 271	天津市河西	99	52
福建省泉州	2 773	2 250	天津市东郊	2 013	50
广东省湛江	3 942	2 250	江西省上饶	285	48
上海市徐汇	5 424	2 029	福建省漳州	200	20
福建省福州	2 550	2 028	内蒙古自治区呼和浩特	10	16
河北省廊坊	464	1 710	大连经济技术开发区	1 016	15
四川省成都	5 322	1 622	上海外高桥保税区	149	7
西安新技术产业开发区	2 400	1 500	湖南省湘乡	12	1
广东省阳江	1 634	1 387	出口合计	6 702 995	4 776 968

表 33　聚乙烯/聚丙烯纺制的包扎用绳 2004 年十大出口商出口生产地区统计

出　口　商	出口量/千克	出口航次
1. 江苏省南京	1 765 651	17
南京双源进出口贸易有限公司	1 752 769	12
江苏苏豪国际集团股份有限公司	10 350	2
2. 广东省深圳	366 917	82
深圳天宜塑料制品有限公司	158 089	11
瑞铨包装工业(深圳)有限公司	87 106	8
深圳市宝安外经发展有限公司	21 469	11
茂名市天星贸易有限公司	21 166	3
深圳市深宝集进出口有限公司	13 458	2
绥芬河市凯莱经贸有限责任公司	12 743	1
深圳市龙岗区对外经济发展有限公司	12 531	11
3. 江苏省江阴	264 859	16
海澜国际贸易有限公司	262 185	11
4. 广东省揭阳	257 920	21
普宁市时利和日用制品有限公司	150 907	12
广东省汕头丝绸进出口公司	101 421	7

续表

出　口　商	出口量/千克	出口航次
5. 广东省汕头	212 100	30
汕头市迪盛贸易有限公司	166 102	13
广东中集企业集团公司	22 060	1
汕头兴业进出口公司	10 419	1
6. 浙江省宁波	206 618	78
宁波市怡达胶粘制品有限公司	26 474	2
宁波市阳普生进出口有限公司	23 406	5
宁波东方机械设备进出口有限公司	23 270	1
宁波广博进出口有限公司	22 494	2
浙江远大进出口有限公司	22 181	5
中成宁波进出口有限公司	18 740	6
7. 南通经济技术开发区	125 629	12
南通新地贸易有限公司	69 085	4
南通英特贸易有限公司	56 544	8
8. 上海浦东新区	121 597	41
上海国际科学技术有限公司	48 654	9
上海兰生包装进出口有限公司	28 673	8
9. 江苏省常州	115 506	24
常州贝系敦国际贸易有限公司	65 021	11
常州万象进出口有限公司	26 215	7
常州对外贸易有限公司	24 270	6
10. 上海市嘉定	112 419	13
上海嘉宝贸易发展有限公司	104 603	9
合　　计	4 776 968	890

3. PVC 塑料制品

从海关统计（表 34）中可看出，氯乙烯聚合物制硬管 2004 年进口使用地区有 158 个，主要进口使用地为广东省深圳（30.20%），其次为广东省广州（8.03%），上海浦东新区（7.77%），上海外高桥保税区（4.62%），北京市经济技术开发区（4.48%），北京市东城区（4.24%），广东省东莞（3.66%），深圳福田保税区（2.88%），八进口地进口量占总进口量的 65.88%。

从海关统计（表 35）中可看出，氯乙烯聚合物制硬管 2004 年出口生产地区有 121 个，主要出口地为广东省深圳（45.53%），其次为深圳特区（11.85%），广东省中山（8.25%），广东省惠州（6.73%），广东省顺德（5.64%），辽宁省营口（3.46%），广东省汕尾（3.07%），江苏省昆山（2.71%），八出口地出口量占总出口量的 87.24%。

从海关统计（表 36）中可看出，2004 年氯乙烯聚合物制铺地制品进口地区有 30 个，主要进口地为韩国（54.36%），其次为法国（7.53%），瑞典（7.01%），英国（5.16%），日本（5.10%），德国（4.66%），爱尔兰（2.81%），中国台湾地区（1.76%），八进口地进口量占总进口量的 88.39%。

从海关统计（表 37）中可看出，2004 年氯乙烯聚合物制铺地制品进口使用地有 123 个，主要进口使用地为广东省深圳（13.08%），其次为上海浦东新区（12.04%），北京市海淀区（9.10%），山东省青岛（7.73%），上海市松江（6.40%），上海外高桥保税区（6.27%），广东省广州（6.13%），辽宁省大连（2.74%），八进口地进口量占总进口量的 63.49%。

表 34　氯乙烯聚合物制硬管 2004 年二十大进口使用地区最高进口商统计

进　口　商	进口量/千克	进口航次
1. 广东省深圳	883 398	432
盛和兴实业(深圳)有限公司	307 595	12
深圳市龙岗区对外经济发展有限公司	132 327	85
深圳市宝安外经发展有限公司	116 981	43
宝龙自动机械(深圳)有限公司	90 575	38
富弘精密组件(深圳)有限公司	85 351	19
威茂电子(深圳)有限公司	38 732	9
深圳菱和水塔有限公司	20 825	11
国兴继电器(深圳)有限公司	16 444	10
南钦塑胶实业(深圳)有限公司	10 630	7
2. 广东省广州	234 987	32
广东省外运进出口贸易公司	120 227	2
广东省昊正实业开发有限公司	106 271	1
3. 上海浦东新区	227 253	110
上海冠森国际贸易有限公司	89 670	17
上海宝隆国际贸易有限公司	55 338	7
上海腾龙国际贸易有限公司	16 027	1
上海易恒进出口有限公司	14 462	6
4. 上海外高桥保税区	134 638	55
上海高安国际物流有限公司	85 488	12
上海乔治费歇尔管路系统贸易有限公司	37 975	9
5. 北京市经济技术开发区	130 710	10
北京京东方光电科技有限公司	126 373	5
6. 北京市东城区	124 023	2
中国冶金设备总公司	124 023	1
7. 广东省东莞	107 180	166
东莞市对外加工装配服务公司	32 572	44
东莞汇劬电器制品有限公司	22 904	27
佳辉设备(东莞)有限公司	17 664	27
东莞中威预制混凝土产品有限公司	12 555	9
8. 深圳福田保税区	84 207	38
深圳能源物流有限公司	46 545	8
日立环球存储科技(深圳)有限公司	15 470	3
9. 上海市青浦	77 069	40
金朋(上海)有限公司	77 069	36
10. 厦门特区	69 662	27
厦门市泰琛进出口有限公司	60 700	5
11. 上海市黄浦	69 549	5
东方国际集团上海市对外贸易有限公司	69 026	1
12. 上海市长宁	52 055	10
上海冠森国际贸易有限公司	49 421	6

续表

进　口　商	进口量/千克	进口航次
13. 深圳特区	46 874	83
深圳永易通水泥制品有限公司	14 406	7
深圳市安裕实业有限公司	12 481	1
14. 天津经济技术开发区	42 191	63
天津津住汽车线束有限公司	31 196	18
15. 厦门象屿保税区	39 163	15
安保(厦门)塑胶工业有限公司	39 144	14
16. 浙江省嘉兴	38 713	12
鸿亿机械工业(浙江)有限公司	38 551	10
17. 广东省江门	36 381	3
18. 山东省青岛	33 612	125
青岛维信纤维有限公司	7 736	6
19. 苏州工业园区	29 818	30
苏州工业园区中辰进出口有限公司	25 552	2
20. 高新技术产业开发区	25 512	20
芬泰克洛克思特绝缘材料(无锡)有限公司	23 793	7
总　　计	2 924 860	2 378

表 35　氯乙烯聚合物制硬管 2004 年三十六大出口生产地区主要出口商统计

出　口　商	出口量/千克	出口航次
1. 广东省深圳	11 191 494	241
南塑建材塑胶制品(深圳)有限公司	5 323 923	35
景裕塑胶五金(深圳)有限公司	2 749 352	20
深圳市龙岗区对外经济发展有限公司	2 311 182	128
万利塑胶(深圳)有限公司	735 778	11
深圳市东方纵横实业发展有限公司	21 856	1
2. 深圳特区	2 911 937	36
八达塑胶(深圳)有限公司	2 030 236	12
深圳宝狮塑胶有限公司	860 328	11
深圳市怡福进出口贸易有限公司	14 550	1
3. 广东省中山	2 028 899	76
中山环宇实业有限公司	1 973 411	38
中山市粤粮经贸进出口有限公司	39 565	4
4. 广东省惠州	1 655 279	13
宝顿塑管(惠州)有限公司	1 117 363	9
奇胜塑管(惠州)有限公司	537 916	4
5. 广东省顺德	1 387 025	76
顺德市联塑科技实业有限公司	1 100 907	47
广东顾地塑胶股份有限公司	134 322	15
佛山市顺德区祥润园林工具有限公司	92 725	7
佛山市顺德区祈顺丝绸进出口有限公司	37 440	2

续表

出　口　商	出口量/千克	出口航次
6. 辽宁省营口	851 457	15
丹东新世纪贸易有限公司	572 057	9
绥芬河市灵星经贸有限责任公司	154 000	2
丹东市进出口有限责任公司	70 000	1
辽宁省化学工业进出口公司丹东公司	48 000	1
7. 广东省汕尾	754 822	12
汕尾红海湾耀东塑料五金制品有限公司	754 822	12
8. 江苏省昆山	665 641	27
和隆塑料工业(中国)有限公司	417 921	11
昆山协羽阀门管道有限公司	244 716	14
9. 安徽省合肥	269 061	25
安徽省华安进出口有限公司	236 109	18
安徽省中电科贸有限责任公司	16 280	1
10. 辽宁省沈阳	248 104	62
丹东市万事达进出口贸易有限公司	119 774	4
沈阳吉兴对外经济贸易公司	32 987	2
丹东天富贸易有限公司	16 100	2
丹东边境经济合作区利奕经贸有限公司	13 375	9
丹东市信联经贸有限公司	12 550	6
11. 福建省福州	245 623	22
福建振云塑业股份有限公司	202 794	16
福建省三明市鑫元进出口有限公司	19 298	2
勐海县进出口贸易公司	10 140	1
12. 广州经济技术开发区		
中亚工业(广州)有限公司	222 976	12
13. 广东省东莞	165 375	45
东莞市对外加工装配服务公司	123 425	20
东莞市凯东进出口贸易有限公司	19 849	4
14. 山东省烟台	158 744	7
云南省玉溪市进出口公司	95 614	1
烟台枫华贸易有限公司	59 675	3
15. 广东省佛山	117 221	9
广东省顺德土产进出口公司	98 127	1
深圳市海亮实业有限公司	11 040	1
16. 浙江省台州	102 380	9
台州恒泰阀门有限公司	46 480	2
温州市瓯华对外贸易公司	20 800	2
青岛益佳华益进出口有限公司	13 000	1
17. 广东省肇庆	98 441	12
四会市威顺国贸有限公司	98 441	12

续表

出　口　商	出口量/千克	出口航次
18. 辽宁省丹东	96 896	19
丹东新世纪贸易有限公司	73 782	1
19. 山东省潍坊	91 572	19
潍坊科兴塑料建材有限公司	70 371	13
丹东国际货物储运有限公司	15 157	2
20. 深圳福田保税区	90 016	31
深圳能健恒商贸发展有限公司	74 622	10
21. 广东省广州	87 199	22
安徽省华安进出口有限公司	22 703	3
22. 山东省青岛	83 857	17
青岛益佳华益进出口有限公司	35 457	5
安徽省华安进出口有限公司	18 100	4
山东机械设备进出口集团公司	11 480	2
23. 厦门特区		
厦门三登塑胶工业有限公司	68 846	3
24. 广东省江门	65 295	12
鹤山东瑞隆塑胶有限公司	18 392	2
新会市佳讯电子贸易有限公司	17 691	2
25. 浙江省宁波	63 899	22
安徽省华安进出口有限公司	43 200	2
26. 辽宁省大连	61 304	8
辽宁省化学工业进出口公司丹东公司	56 175	4
27. 云南省昆明	57 477	21
云南建工集团总公司(云南工程建设总承包公司)	26 460	6
勐海县金达有限责任公司	12 150	7
28. 浙江省其他	46 203	10
南京机械五金矿产医药保健品进出口股份公司	41 662	3
29. 浙江省黄岩	39 979	6
和隆塑料工业(中国)有限公司	15 882	1
浙江省黄岩进出口公司	11 183	3
南京机械五金矿产医药保健品进出口股份公司	9 832	1
30. 浙江省余姚	34 473	6
宁波联合集团进出口股份有限公司	27 440	3
31. 江苏省太仓	33 913	8
环琪(太仓)塑胶工业有限公司	33 913	8
32. 北京市西城区	33 636	4
中国石油工程建设(集团)公司	26 000	1
33. 珠海特区	33 564	15
珠海市海妮商贸发展有限公司	9 201	1
珠海市贤成经贸有限公司	9 167	1

续表

出　口　商	出口量/千克	出口航次
34. 浙江省温州	31 173	3
温州市对外经济技术贸易有限公司	15 750	1
温州市瓯华对外贸易公司	15 244	1
35. 浙江省杭州	27 742	7
杭州顿力进出口有限公司	17 360	1
36. 厦门象屿保税区	25 470	12
安保(厦门)塑胶工业有限公司	25 446	11
出　口　总　和	24 581 893	1 151

表 36　氯乙烯聚合物制铺地制品 2004 年十大进口产地主要进口商统计

进　口　商	进口量/千克	进口航次
1. 韩国		
上海创兆进出口有限公司	2 358 904	19
北新建材(集团)有限公司	2 141 159	18
深圳市汇商实业有限公司	1 311 257	13
上海惠亚铝合金制品有限公司	1 140 993	15
山东省东方国际贸易股份有限公司	996 888	10
浙江省粮油食品进出口股份有限公司	436 833	7
青岛汽车进出口有限公司	416 968	12
上海兰生国际贸易有限公司	403 634	12
江苏苏美达国际技术贸易有限公司	328 772	9
宁波杉科进出口有限公司	305 887	8
惠亚科技(苏州)有限公司	272 416	7
上海华源凯马进出口有限公司	251 105	11
延边金利国际经贸有限公司	212 081	10
上海易恒进出口有限公司	205 302	10
苏州市丝绸进出口有限责任公司	195 890	7
上海八仙副食品公司	182 792	5
深圳市卓越世纪实业有限公司	176 933	4
延边民族贸易进出口有限公司	174 284	4
达福(上海)电脑科技有限公司	155 486	2
上海协通(集团)有限公司	148 586	4
达业(上海)电脑科技有限公司	145 734	1
上海东进国际贸易有限公司	143 994	12
江苏舜天国际集团机械进出口股份有限公司	141 240	7
中国航空技术进出口深圳公司	137 948	5
青岛韩城窗户装饰有限公司	122 430	9
上海宏颐进出口有限公司	111 808	4
佛山市日新经贸有限公司	109 734	4
小　　计	15 536 198	449
2. 法国		
江苏海外集团海通国际贸易有限公司	192 732	12
广东柏艺工艺品有限公司	180 581	7
深圳市嘉联机械设备有限公司	135 783	5

续表

进　口　商	进口量/千克	进 口 航 次
2. 法国		
江苏建达建设股份有限公司	107 090	4
深圳市最亨装饰材料实业有限公司	105 958	7
上海申联进出口贸易有限公司	97 989	3
上海迪奇进出口有限公司	94 465	5
广州白云国际机场集团综合开发有限公司	78 283	6
广州建元物流有限公司	73 890	2
广东省五金矿产进出口集团公司	73 056	3
上海协通(集团)有限公司	63 125	5
小　　计	2 152 623	167
3. 瑞典		
深圳市三通物流实业有限公司	236 905	2
辽宁成大广润进出口有限公司	172 305	7
中轻建材进出口公司	142 036	10
青岛新永安实业有限公司	135 490	7
苏州市丝绸进出口有限责任公司	111 281	5
上海协通(集团)有限公司	90 563	4
华越商业有限公司	86 103	5
上海申隆国际贸易有限公司	84 760	3
上海锦裕国际贸易有限公司	78 668	1
佛山市骏丰贸易有限公司	75 477	1
东方国际集团对外经济技术合作有限公司	73 766	3
辽宁华曦集团公司	69 112	4
温州市瓯华对外贸易公司	64 399	3
上海申联进出口贸易有限公司	64 013	3
广州白云国际机场集团综合开发有限公司	50 809	5
华宝通讯(南京)有限公司	42 798	2
广州鑫新贸易发展有限公司	40 144	2
小　　计	2 001 964	106
4. 英国		
广东柏艺工艺品有限公司	344 713	9
中国康力克进出口有限公司	175 735	5
广州市对外贸易白云有限公司	125 379	9
上海六祥进出口有限公司	80 271	4
成都恒力实业发展有限公司	77 038	3
河南服装进出口集团有限责任公司	76 454	2
广东白马医疗器械有限公司	61 336	5
厦门中物投进出口有限公司	57 277	2
中国外运河南公司	53 340	3
深圳市启昌进出口有限公司	46 510	3
东方瑞泰(天津)国际物流有限公司	40 780	2
上海丰泽国际贸易有限公司	38 416	3
河南名域进出口有限公司	33 770	2
小　　计	1 473 921	95

续表

进　口　商	进口量/千克	进口航次
5. 日本		
深圳市汽车工业进出口有限公司	227 433	12
浙江汇信进出口股份有限公司	207 972	16
青岛亚通达铁路设备有限公司	195 100	9
北京实创科技产业发展公司	99 579	3
大连远洋贸易有限公司	88 252	12
上海锦江国际贸易有限公司	85 511	12
青岛埃力生进出口有限公司	71 696	4
长春长客进出口有限公司	69 793	6
青岛国亨科技实业有限公司	49 497	2
青岛新永安实业有限公司	45 232	3
常州百货大楼股份有限公司	34 747	10
广州润盈贸易有限公司	33 017	3
江苏舜天国际集团机械进出口股份有限公司	26 880	1
上海古贝进出口贸易有限公司	26 212	4
上海腾龙国际贸易有限公司	20 422	3
小　　计	1 456 314	179
6. 德国		
温州市瓯华对外贸易公司	186 202	9
上海协通(集团)有限公司	150 588	10
江苏建达建设股份有限公司	102 824	4
中国航空技术进出口深圳公司	91 493	4
上海燕兴进出口有限公司	84 949	1
北新建材(集团)有限公司	65 544	5
辽宁成大广润进出口有限公司	65 371	3
山东海岳进出口有限公司	58 276	3
深圳市至桉实业发展有限公司	57 552	1
中国庆安国际贸易集团有限公司	53 460	2
汕头市创和盛有限公司	39 645	1
沈阳医保进出口有限公司	39 488	2
上海新高企业发展有限公司	39 480	1
上海八仙副食品公司	38 832	1
上海迪奇进出口有限公司	23 501	1
江苏海外集团海通国际贸易有限公司	21 929	3
上海申联进出口贸易有限公司	20 531	1
辽宁万恒进出口有限公司	19 893	1
南京石林建材集团有限公司	19 740	1
大连源通海事工贸有限公司	19 536	1
深圳市嘉联机械设备有限公司	18 120	1
苏州市丝绸进出口有限责任公司	15 562	1
广东省外运进出口贸易公司	14 212	1
辽宁万融贸易有限公司	13 700	1
新疆农垦外贸储运有限责任公司	12 090	1
小　　计	1 332 383	87

续表

进 口 商	进口量/千克	进 口 航 次
7. 爱尔兰		
中国华源集团有限公司	132 588	2
广东省五金矿产进出口集团公司	124 476	4
江苏海外集团海通国际贸易有限公司	103 707	4
上海迪奇进出口有限公司	82 355	1
东方科工贸广州进出口公司	64 823	3
广东长城建设贸易进出口有限公司	64 770	1
广东白马医疗器械有限公司	62 767	1
广东省外运进出口贸易公司	56 661	2
广东省畜产进出口集团公司	42 100	1
广东长城建设贸易进出口公司	26 400	1
深圳市创兴达进出口有限公司	19 760	1
重庆诺康进出口贸易有限公司	17 252	1
小 计	802 999	23
8. 中国台湾地区		
太仓玖和塑胶工业有限公司	137 827	9
上海惠亚铝合金制品有限公司	56 605	6
深圳市并肩实业有限公司	43 800	4
达福（上海）电脑科技有限公司	37 664	1
达业（上海）电脑科技有限公司	35 798	1
江苏省对外经贸股份有限公司	19 740	1
深圳市至桉实业发展有限公司	18 281	1
南通全用电子工业有限公司	17 658	2
深圳市欣荣通进出口有限公司	16 002	1
上海华国进出口有限公司	14 355	3
达丰（上海）电脑有限公司	13 376	1
小 计	501 609	79
9. 澳大利亚		
上海协通（集团）有限公司	112 648	4
温州市瓯华对外贸易公司	89 393	6
上海燕兴进出口有限公司	62 160	2
辽宁万融贸易有限公司	43 021	2
北新建材（集团）有限公司	42 552	2
大连源通海事工贸有限公司	42 018	1
江苏省对外经贸股份有限公司	22 584	1
中国建筑进出口总公司	21 690	1
天津市物资集团总公司	21 274	1
沈阳医保进出口有限公司	21 051	2
小 计	489 033	32
10. 瑞士		
上海惠亚铝合金制品有限公司	359 529	8
济南渗耐防水系统有限公司	48 720	1
惠亚科技（苏州）有限公司	37 760	1
上海申隆国际贸易有限公司	27 083	2
小 计	478 666	15
进 口 总 和	28 578 013	1 456

表 37 氯乙烯聚合物制铺地制品 2004 年十大进口使用地区主要进口商统计

进口商	进口量/千克	进口航次
1. 广东省深圳	3 737 256	183
深圳市汇商实业有限公司	1 311 257	13
中国航空技术进出口深圳公司	326 735	13
深圳市三通物流实业有限公司	236 905	2
深圳市汽车工业进出口有限公司	227 433	12
深圳市最亨装饰材料实业有限公司	196 579	16
深圳市卓越世纪实业有限公司	176 933	4
深圳市嘉联机械设备有限公司	153 903	6
深圳市普天益实业发展有限公司	119 546	10
汕头市创和盛有限公司	109 232	4
深圳市华阳达实业发展有限公司	97 768	5
深圳市辉燕达实业发展有限公司	70 646	3
深圳市恒丰利实业有限公司	58 045	8
深圳市至桉实业发展有限公司	57 552	1
深圳市帅华实业发展有限公司	53 480	9
深圳市启昌进出口有限公司	49 160	8
深圳市并肩实业有限公司	43 800	4
深圳市君行健实业有限公司	35 435	2
深圳市威杰进出口贸易有限公司	31 448	1
深圳市润嘉进出口有限公司	29 200	5
深圳市创兴达进出口有限公司	19 760	1
深圳市中技进出口有限公司	19 050	1
深圳市亿博通贸易有限公司	18 560	2
深圳市丕微科技企业有限公司	18 438	3
深圳市宁晟进出口贸易有限公司	17 118	1
深圳市三达齐实业有限公司	16 530	2
深圳市融涛实业发展有限公司	16 482	1
深圳市欣荣通进出口有限公司	16 002	1
深圳市深盛实业有限公司	16 000	1
深圳市顺兴达工贸有限公司	14 520	1
深圳市坚达进出口有限公司	10 515	1
2. 上海浦东新区	3 439 687	215
上海创兆进出口有限公司	870 303	10
上海兰生国际贸易有限公司	403 634	12
上海华源凯马进出口有限公司	282 396	13
上海迪奇进出口有限公司	247 383	8
上海易恒进出口有限公司	205 302	10
中国华源集团有限公司	197 054	4
上海宏颐进出口有限公司	111 808	4
上海华谊集团国际贸易有限公司	104 774	11
上海申隆国际贸易有限公司	96 529	3
上海东进国际贸易有限公司	89 710	7

续表

进　口　商	进口量/千克	进 口 航 次
2. 上海浦东新区	3 439 687	215
上海锦江国际贸易有限公司	85 511	12
东方国际集团对外经济技术合作有限公司	73 766	3
上海燕兴进出口有限公司	62 160	2
上海顺禾经贸有限公司	53 629	3
上海六祥进出口有限公司	48 761	6
广州鑫新贸易发展有限公司	47 344	3
上海市华建进出口公司	46 441	2
上海新高企业发展有限公司	39 480	1
上海申信进出口公司浦东公司	37 012	2
上海对外经济贸易实业浦东有限公司	34 807	7
上海外高桥造船有限公司	30 276	5
上海古贝进出口贸易有限公司	26 212	4
上海埃力生(集团)有限公司	25 091	1
上海泽辉源国际贸易有限公司	21 890	1
上海腾龙国际贸易有限公司	20 422	3
上海国际服务贸易(集团)有限公司	20 009	1
上海申达进出口有限公司	18 670	5
上海市机械设备成套(集团)有限公司	17 487	3
上海齐顺国际贸易有限公司	17 374	2
上海意境进出口有限公司	16 020	1
上海久信进出口有限公司	15 881	7
上海汇澳进出口有限公司	14 978	2
上海华国进出口有限公司	14 355	3
3. 北京市海淀区	2 600 089	42
北新建材(集团)有限公司	2 241 653	24
中国建筑材料及设备进出口公司	107 872	6
北京实创科技产业发展公司	99 579	3
北京润深建材有限责任公司	14 967	2
中国化纤总公司	14 511	2
北京扶远清隆科贸有限公司	13 069	2
4. 山东省青岛	2 207 720	86
山东省东方国际贸易股份有限公司	996 915	11
青岛汽车进出口有限公司	416 968	12
青岛新永安实业有限公司	210 425	14
青岛亚通达铁路设备有限公司	195 100	9
青岛韩城窗户装饰有限公司	122 430	9
山东海岳进出口有限公司	79 396	4
青岛埃力生进出口有限公司	71 696	4
青岛国亨科技实业有限公司	52 320	9
山东外贸集团新欣有限公司	23 272	2
青岛广泰达贸易有限公司	11 088	1

续表

进　口　商	进口量/千克	进 口 航 次
5. 上海市松江	1 827 887	35
上海惠亚铝合金制品有限公司	1 827 887	35
6. 上海外高桥保税区	1 792 256	48
上海创兆进出口有限公司	1 488 601	9
明尼苏达矿业制造(上海)国际贸易有限公司	93 092	24
上海锦裕国际贸易有限公司	78 668	1
钰门国际贸易(上海)有限公司	66 196	2
上海丰泽国际贸易有限公司	38 416	3
飞利浦电子元件(上海)有限公司	19 095	1
7. 广东省广州	1 750 965	100
广东柏艺工艺品有限公司	525 294	16
广州白云国际机场集团综合开发有限公司	208 104	16
广东省五金矿产进出口集团公司	197 532	7
广州市对外贸易白云有限公司	128 871	10
广东白马医疗器械有限公司	125 074	7
广东省外运进出口贸易公司	84 799	4
广州建元物流有限公司	73 890	2
东方科工贸广州进出口公司	73 493	5
广东长城建设贸易进出口有限公司	64 770	1
广东省畜产进出口集团公司	42 100	1
广州市星光卉欣经济发展有限公司	41 120	6
广州润盈贸易有限公司	33 017	3
广东长城建设贸易进出口公司	26 400	1
广东省外贸开发公司	25 258	3
广东省恒通工贸发展公司	23 832	1
深圳市八达通进出口有限公司	22 600	2
佛山市日新经贸有限公司	14 562	1
广东友为实业有限公司	11 700	1
8. 辽宁省大连	784 078	61
辽宁华曦集团公司	174 096	10
辽宁成大广润进出口有限公司	101 638	3
中国化工建设大连公司	95 751	5
大连远洋贸易有限公司	88 252	12
大连源通海事工贸有限公司	61 554	2
辽宁万融贸易有限公司	56 721	3
大连农业生产资料有限公司	36 246	3
大连新达纺织品进出口有限公司	32 984	6
辽宁兴业外贸总公司	16 277	1
江苏海外集团海通国际贸易有限公司	16 024	1
9. 江苏省南京	716 491	32
江苏苏美达国际技术贸易有限公司	328 772	9

续表

进　口　商	进口量/千克	进口航次
9. 江苏省南京	716 491	32
江苏建达建设股份有限公司	209 914	8
江苏舜天国际集团机械进出口股份有限公司	68 306	5
南京石林建材集团有限公司	59 107	4
江苏省对外经贸股份有限公司	20 534	2
中国汽车工业进出口南京有限公司	16 179	1
10. 上海市嘉定	656 545	39
上海协通（集团）有限公司	622 307	32
11. 江苏省苏州	656 019	23
惠亚科技（苏州）有限公司	333 286	10
苏州市丝绸进出口有限责任公司	322 733	13
12. 上海松江出口加工区	517 350	10
达福（上海）电脑科技有限公司	193 150	3
达业（上海）电脑科技有限公司	181 532	2
达辉（上海）电子有限公司	63 946	2
达丰（上海）电脑有限公司	52 310	2
兆普电子（上海）有限公司	26 412	1
进　口　合　计	28 578 013	1 456

从海关统计（表 38）中可看出，2004 年氯乙烯聚合物制铺地制品进口公司类型主要为国有企业（占进口量 50.52%），其次为私营企业（占进口量 25.90%），外商独资企业（占进口量 11.97%），集体企业（占进口量 9.61%），中外合资企业（占进口量 1.97%），中外合作企业（占进口量 0.03%），其他（占进口量 0.00%），合计为 100.00%。

从海关统计（表 39）中可看出，氯乙烯聚合物制铺地制品 2004 年出口国家或地区有 153 个，主要出口地为美国（占 44.01%），其次为中国香港（11.87%），英国（4.96%），朝鲜（3.80%），韩国（3.47%），加拿大（2.76%），菲律宾（2.69%），哈萨克斯坦（2.57%），八出口地出口量占总出口量的 76.13%。

表 38　氯乙烯聚合物制铺地制品 2004 年主要进口商进口公司类型统计

进　口　商	进口量/千克	进口航次
1. 国有企业		
北新建材（集团）有限公司	2 249 955	26
山东省东方国际贸易股份有限公司	996 915	11
温州市瓯华对外贸易公司	472 362	23
江苏海外集团海通国际贸易有限公司	449 720	34
浙江省粮油食品进出口股份有限公司	439 493	8
青岛汽车进出口有限公司	416 968	12
上海兰生国际贸易有限公司	403 634	12
上海迪奇进出口有限公司	329 738	9
江苏苏美达国际技术贸易有限公司	328 772	9
中国航空技术进出口深圳公司	326 735	13
苏州工业园区中辰进出口有限公司	315 725	5
上海华源凯马进出口有限公司	282 396	13
广州白云国际机场集团综合开发有限公司	239 430	18
辽宁成大广润进出口有限公司	237 676	10

续表

进 口 商	进口量/千克	进 口 航 次
1. 国有企业		
深圳市三通物流实业有限公司	236 905	2
深圳市汽车工业进出口有限公司	227 433	12
上海八仙副食品公司	226 740	11
延边金利国际经贸有限公司	212 081	10
江苏建达建设股份有限公司	209 914	8
浙江汇信进出口股份有限公司	207 972	16
上海申隆国际贸易有限公司	204 074	12
广东省五金矿产进出口集团公司	197 532	7
中国华源集团有限公司	197 054	4
上海申联进出口贸易有限公司	183 275	10
中国康力克进出口有限公司	175 735	5
延边民族贸易进出口有限公司	174 284	4
辽宁华曦集团公司	174 096	10
江苏舜天国际集团机械进出口股份有限公司	170 116	10
东方国际集团上海市对外贸易有限公司	156 729	11
中轻建材进出口公司	142 036	10
广州市对外贸易白云有限公司	128 871	10
中国建筑材料及设备进出口公司	107 872	6
上海华谊集团国际贸易有限公司	104 774	11
北京实创科技产业发展公司	99 579	3
中国化工建设大连公司	95 751	5
厦门华闽进出口有限公司	93 571	7
中国精密机械进出口天津公司	90 683	4
大连远洋贸易有限公司	88 252	12
华越商业有限公司	86 118	6
上海锦江国际贸易有限公司	85 511	12
广东省外运进出口贸易公司	84 799	4
长春长客进出口有限公司	82 331	11
中化物产股份有限公司	79 931	3
河南服装进出口集团有限责任公司	76 454	2
广州建元物流有限公司	73 890	2
东方国际集团对外经济技术合作有限公司	73 766	3
东方科工贸广州进出口公司	73 493	5
青岛埃力生进出口有限公司	71 696	4
福建省煤炭进出口公司	67 199	4
沈阳医保进出口有限公司	60 539	4
厦门中物投进出口有限公司	57 277	2
辽宁万融贸易有限公司	56 721	3
北京市建筑材料进出口公司	56 241	1
上海顺禾经贸有限公司	53 629	3
中国庆安国际贸易集团有限公司	53 460	2
中国外运河南公司	53 340	3
中国电子进出口宁波有限公司	46 664	2
上海市华建进出口公司	46 441	2

续表

进　口　商	进口量/千克	进 口 航 次
1. 国有企业		
江苏省对外经贸股份有限公司	43 118	3
广东省畜产进出口集团公司	42 100	1
东莞市对外加工装配服务公司	41 734	3
广州市宝穗贸易有限公司	40 113	5
小　　计	14 436 662	729
2. 私营企业		
上海创兆进出口有限公司	2 358 904	19
广东柏艺工艺品有限公司	525 294	16
宁波杉科进出口有限公司	321 508	9
上海易恒进出口有限公司	205 302	10
深圳市最亨装饰材料实业有限公司	196 579	16
深圳市卓越世纪实业有限公司	176 933	4
深圳市嘉联机械设备有限公司	153 903	6
上海燕兴进出口有限公司	147 109	3
上海东进国际贸易有限公司	143 994	12
广东白马医疗器械有限公司	125 074	7
深圳市普天益实业发展有限公司	119 546	10
上海宏颐进出口有限公司	111 808	4
汕头市创和盛有限公司	109 232	4
成都恒力实业发展有限公司	102 395	4
青岛国亨科技实业有限公司	101 277	10
深圳市华阳达实业发展有限公司	97 768	5
重庆诺康进出口贸易有限公司	96 206	7
深圳市至桉实业发展有限公司	91 711	3
上海六祥进出口有限公司	82 162	8
大连源通海事工贸有限公司	80 924	3
佛山市骏丰贸易有限公司	75 477	1
深圳市鹏文贸易有限公司	75 320	1
深圳市辉燕达实业发展有限公司	70 646	3
广东长城建设贸易进出口有限公司	64 770	1
南京石林建材集团有限公司	59 107	4
深圳市恒丰利实业有限公司	58 045	8
深圳市帅华实业发展有限公司	53 480	9
长春市鸿发建筑装璜材料有限责任	52 659	1
深圳市启昌进出口有限公司	49 160	8
广州鑫新贸易发展有限公司	47 344	3
深圳市并肩实业有限公司	43 800	4
广州市星光卉欣经济发展有限公司	41 120	6
小　　计	7 402 443	407
3. 外商独资企业		
惠亚科技(苏州)有限公司	333 286	10

续表

进　口　商	进口量/千克	进 口 航 次
3. 外商独资企业		
达福(上海)电脑科技有限公司	193 150	3
达业(上海)电脑科技有限公司	181 532	2
太仓玖和塑胶工业有限公司	137 827	9
青岛韩城窗户装饰有限公司	122 430	9
明尼苏达矿业制造(上海)国际贸易有限公司	93 092	24
钰门国际贸易(上海)有限公司	66 196	2
济南渗耐防水系统有限公司	64 114	3
达辉(上海)电子有限公司	63 946	2
达丰(上海)电脑有限公司	52 310	2
华宝通讯(南京)有限公司	42 798	2
小　计	3 420 481	170
4. 集体企业		
深圳市汇商实业有限公司	1 311 257	13
上海协通(集团)有限公司	622 307	32
苏州市丝绸进出口有限责任公司	322 733	13
青岛新永安实业有限公司	210 425	14
佛山市日新经贸有限公司	109 734	4
山东海岳进出口有限公司	79 396	4
宁波保税区高新货柜有限公司	37 018	1
河南名域进出口有限公司	33 770	2
小　计	2 745 275	87
5. 中外合资企业		
青岛亚通达铁路设备有限公司	195 100	9
上海锦裕国际贸易有限公司	78 668	1
厦门金龙联合汽车工业有限公司	63 102	2
上海申沃客车有限公司	41 668	6
东方瑞泰(天津)国际物流有限公司	40 780	2
上海丰泽国际贸易有限公司	38 416	3
常州长青艾德利复合材料有限公司	30 887	5
江苏圣耐德橡塑制品有限公司	23 037	3
深圳能健恒商贸发展有限公司	21 820	1
小　计	563 973	55
6. 中外合作企业		
广州大华文化用品有限公司	9 028	2
小　计	9 147	6
7. 其他		
北京国建华清科技发展有限公司	22	1
中央电视台新闻节目中心	10	1
小　计	32	2
进　口　合　计	28 578 013	1 456

表 39　氯乙烯聚合物制铺地制品 2004 年出口国家或地区统计前 10 名

排　序	出　口　地	出口额/美元	出口量/千克
1	美国	75 960 132	120 802 967
2	中国香港	25 034 435	32 576 768
3	英国	11 625 866	13 604 293
4	朝鲜	8 175 522	10 434 494
5	韩国	6 623 492	9 538 369
6	加拿大	5 265 737	7 566 384
7	菲律宾	5 021 461	7 390 156
8	哈萨克斯坦	9 900 301	7 056 938
9	南非	5 030 732	6 876 854
10	中国台湾地区	3 914 475	6 268 373

从海关统计（表 40）中可看出，2004 年氯乙烯聚合物制铺地制品进口公司类型主要为私营企业（占进口量 24.79%），其次为集体企业（占进口量 21.90%），中外合资企业（占进口量 20.36%），中外合作企业（占进口量 13.90%），外商独资企业（占进口量 12.51%），国有企业（占进口量 6.54%），合计为 100.00%。

表 40　氯乙烯聚合物制铺地制品 2004 年主要出口商出口公司类型统计

出　口　商	出口量/千克	出口航次
1. 私营企业		
泰州市华丽塑料有限公司	12 078 009	71
南京晶明塑料装饰材料有限公司	9 175 846	29
镇江玛威司达建筑材料有限公司	8 482 949	26
张家港市利奇塑料有限公司	8 462 511	85
丹东天富贸易有限公司	3 052 390	29
杭州意达五金工具有限公司	1 981 065	14
丹东天诚贸易有限公司	1 734 360	18
丹东鸿祥实业发展有限公司	1 246 770	27
温州好得利制革有限公司	1 223 840	19
常熟市维优涂层织物有限公司	1 202 084	128
珲春市星华贸易有限公司	966 081	42
图们市方正商贸有限公司	886 580	15
潍坊海天地面材料有限公司	830 622	22
阿拉山口盛雄贸易有限公司	697 630	3
佛山市高明建宇进出口有限公司	589 246	13
宁波银良对外贸易有限公司	568 801	11
江阴市新威塑胶有限公司	447 216	53
沈阳鸿祥塑胶制造有限公司	445 320	18
浙江省三门县三门湾工艺有限公司	439 729	27
新疆霍尔果斯对外经济贸易有限公司	345 678	8
常熟市力宝装璜材料有限责任公司	339 904	16
河北省沧州市新世纪对外贸易有限公司	318 953	15
高明市浩鑫外贸开发有限公司	297 291	46
常熟市大有进出口有限责任公司	280 802	43
丹东市旺兴贸易有限公司	250 828	28
佛山市高明创新源贸易有限公司	244 113	3
丹东市晓泽商贸有限公司	236 150	2
珠海市泰利达进出口有限公司	233 032	7

续表

出　口　商	出口量/千克	出口航次
1. 私营企业		
丹东茂兴经贸有限公司	232 070	4
丹东中威工贸有限公司	223 190	10
博尔塔拉蒙古自治州阿拉山口佳信贸易有限公司	208 570	6
绥芬河市东泰经贸有限责任公司	202 742	40
乌鲁木齐市鸿万大商贸有限公司	163 615	2
江阴海澜海博进出口有限公司	129 500	4
霍尔果斯汇诚有限责任公司	125 000	1
佛山市高明亿阳塑胶有限公司	114 470	19
深圳市新丰进出口有限公司	111 633	16
张家港市中泰进出口贸易有限公司	106 000	4
青岛华利兴进出口有限公司	95 782	22
深圳市振兴进出口有限公司	91 860	16
绥芬河市凯莱经贸有限责任公司	88 945	20
武义盛荣贸易有限公司	85 062	19
绥芬河市林程经济贸易有限责任公司	80 536	3
广州市宇臣进出口贸易有限公司	79 977	16
常州万象进出口有限公司	77 667	7
泰安市泰山神土工合成材料有限公司	74 500	3
惠东县鸿惠实业发展有限公司	72 802	18
佛山市维丰贸易有限公司	67 814	10
深圳市枫桥进出口有限公司	67 318	12
深圳市旺福辉进出口有限公司	66 550	11
惠东县郁郁发展有限公司	64 629	12
佛山市高明区卓成贸易有限公司	64 099	6
苏州工业园区天华超净科技有限公司	63 255	32
上海普希进出口有限公司	63 156	3
张家港市佳红贸易有限公司	63 000	2
珲春市吉强贸易有限公司	61 660	9
西安恒泽贸易有限责任公司	60 159	12
南宁市克都经贸有限公司	59 002	13
深圳市光辉煌进出口贸易有限公司	57 796	6
惠东县宏鑫实业发展有限公司	57 407	6
深圳市南弘星进出口有限公司	56 578	3
顺德市伟成实业发展有限公司	55 497	5
陕西瑞丰源贸易有限公司	51 054	11
深圳市港德进出口贸易有限公司	50 009	6
深圳市固通实业有限公司	49 263	8
深圳市奥特华进出口有限公司	48 757	3
厦门金江进出口有限公司	47 000	1
深圳市金辉达进出口贸易有限公司	46 543	7
郑州新永兴贸易有限公司	45 984	8
内蒙古临河鑫都经贸有限公司	45 940	10
防城港利来商贸有限公司	41 639	8
深圳市新兴威进出口有限公司	40 723	10
珠海正顺发进出口有限公司	39 381	7

续表

出　口　商	出口量/千克	出 口 航 次
1. 私营企业		
防城港商德有限责任公司	38 724	5
深圳市君行健实业有限公司	38 554	9
深圳市耀扬电子技术开发有限公司	37 925	2
海口绿海贸易有限公司	36 980	3
包头市通政实业有限公司	34 890	12
连云港华都贸易有限责任公司	32 468	12
丹东李世商贸有限公司	32 000	3
南京德泰贸易有限公司	31 539	5
深圳市盈园达贸易有限公司	31 259	12
深圳市永杰进出口贸易有限公司	31 170	7
深圳市浩利丰实业有限公司	30 879	4
深圳市金海洲实业有限公司	30 527	11
深圳市华阳光进出口有限公司	30 416	5
深圳市兴威达进出口有限公司	29 398	11
深圳市柏天尼进出口有限公司	28 920	5
深圳市生兴泰进出口贸易有限公司	28 249	9
深圳市泰益实业有限公司	28 170	13
海南友明贸易有限公司	28 015	4
内蒙古鄂尔多斯市满都拉羊绒针纺厂	26 023	8
海口威东联贸易有限公司	25 644	7
大埔县华辉贸易有限公司	25 437	6
南宁市江横商贸有限公司	25 340	4
海南稳德福进出口有限公司	25 080	1
深圳市荣兴达进出口贸易有限公司	24 883	9
绥芬河市露西经贸有限公司	24 363	11
茂名市茂南中塑贸易有限公司	24 050	2
深圳市深源进出口有限公司	23 626	7
深圳市兆易达贸易有限公司	23 164	9
惠州市惠阳区鹏运实业有限公司	22 970	4
电白县永恒实业有限公司	22 935	7
青岛顺源达进出口有限公司	22 444	4
厦门易通贸易有限公司	22 326	2
上海机械国际贸易有限公司	22 238	9
佛山市粤展进出口有限公司	22 116	3
陕西盛英达贸易有限公司	21 712	5
连云港市中孚进出口有限公司	21 600	1
深圳市立达信进出口有限公司	21 240	2
海口恒利永兴贸易有限公司	20 413	4
广州市天托科技发展有限公司	20 000	2
深圳市兴辉泰实业发展有限公司	19 100	4
陕西利源盛商贸有限公司	18 800	4
深圳市鹏海丰实业发展有限公司	18 700	3
深圳市德轩进出口有限公司	18 645	3
深圳市奇美华实业有限公司	18 246	3
深圳市浩江进出口有限公司	18 040	1

续表

出　口　商	出口量/千克	出 口 航 次
1. 私营企业		
深圳市吉尔通进出口贸易有限公司	17 810	9
深圳市泰兴进出口有限公司	17 050	4
上海弘康进出口有限公司	17 000	1
深圳市燕辉达实业有限公司	16 969	4
新疆三合铝合金有限公司	16 410	3
上海盟洋进出口有限公司	16 380	1
深圳市三江达进出口贸易有限公司	16 342	5
重庆市永威旺贸易有限公司	16 260	2
深圳市联旺达进出口有限公司	16 000	1
防城港鑫溢贸易有限公司	15 829	3
大埔县超润实业有限公司	15 760	3
茂名市天星贸易有限公司	15 702	3
佛山市溢丰进出口有限公司	15 644	3
广州安汝商贸有限公司	15 435	4
深圳市港辉达实业有限公司	15 300	3
广州瑞恩贸易有限公司	15 270	5
深圳市信宏进出口有限公司	15 000	2
海口申财贸易有限公司	14 770	3
深圳市花泽鸿贸易有限公司	14 760	1
深圳市瑞祥达实业有限公司	14 624	4
深圳市万亿达实业发展有限公司	14 545	1
深圳市永清玉实业发展有限公司	14 496	1
珠海市通泰贸易发展有限公司	13 598	2
深圳市柏林达实业发展有限公司	13 581	1
深圳市任正峰进出口有限公司	13 520	2
义乌市献荣百货贸易有限公司	13 500	1
深圳市耀盛雅进出口有限公司	13 180	2
深圳市永辉实业有限公司	12 764	2
湖南华湘进出口强光贸易有限公司	12 547	2
绥芬河市灵星经贸有限责任公司	12 500	1
德州金钢进出口有限公司	12 394	4
南宁市驰滨经贸有限公司	12 192	5
深圳市红豪信实业发展有限公司	12 150	3
珠海市伟光贸易有限公司	12 000	1
深圳市金海茂进出口有限公司	11 740	2
青岛奥特华进出口贸易有限公司	11 687	3
南宁市美冠经贸有限公司	11 586	4
深圳市嘉骏嘉进出口有限公司	11 540	2
深圳市金升实业有限公司	11 300	2
深圳市纳澳进出口有限公司	11 220	1
深圳市思雅实业有限公司	11 140	3
深圳市东岱实业有限公司	11 122	4
黄梅县明达对外贸易有限公司	11 120	6
上海金山进出口贸易有限公司	10 942	1

续表

出　口　商	出口量/千克	出 口 航 次
1. 私营企业		
浙江省衢州市新世纪进出口有限公司	10 768	3
台州市贝斯特汽车用品有限公司	10 712	1
深圳市豪成兴实业有限公司	10 530	3
深圳市深纬滔贸易有限公司	10 400	2
深圳市万昌进出口贸易有限公司	10 400	4
珠海市利豪进出口有限公司	10 360	2
大连盛富华进出口有限公司	10 263	1
大连恒利发进出口贸易有限公司	10 192	2
珠海立森进出口有限公司	10 175	3
小　　计	68 055 504	2 410
2. 集体企业		
张家港市易华塑料有限公司	58 186 775	268
张家港市易华进出口贸易有限公司	494 400	3
山东塑料制品试验厂	332 882	14
吉林省长白经济开发区远东工贸有限公司	208 811	7
泰安市泰高贸易有限公司	152 650	2
上海协通(集团)有限公司	147 516	9
霍尔果斯边民互市贸易有限责任公司	146 500	3
河北轻工进出口股份有限公司	105 302	18
宁波华茂进出口有限公司	59 351	9
宁波保税区高新货柜有限公司	37 018	1
广州雄集进出口有限公司	30 100	7
东阳市方圆进出口有限公司	25 418	1
深圳威格斯贸易公司	23 690	6
伊犁州龙华进出口贸易有限公司	23 075	6
瑞丽市驰达有限公司	22 624	1
深圳市宝泰隆实业发展有限公司	17 695	4
增城市外经贸易有限公司	12 944	2
小　　计	60 107 042	424
3. 中外合资企业		
张家港爱丽塑料有限公司	26 673 036	185
天津乐金新型建材有限公司	8 626 416	82
佛山市高明鹏益塑胶有限公司	5 727 769	78
威海乐易塑胶制品有限公司	5 027 780	51
常州丽宝第东理建材有限公司	3 099 470	24
高明鹏兴塑胶有限公司	2 445 515	18
郑州三联塑胶制品有限公司	1 799 890	22
张家港耀丰塑胶有限公司	1 187 950	25
淄博中利塑胶制品有限公司	599 460	17
潍坊海天新型装饰材料有限公司	458 070	8
安舒装饰材料有限公司	79 565	7
顺德恒业家居用品有限公司	30 452	12

续表

出口商	出口量/千克	出口航次
3. 中外合资企业		
深圳能健恒商贸发展有限公司	21 820	1
仙居煜华工艺有限公司	10 080	1
小计	55 882 361	540
4. 中外合作企业		
广州顺联塑胶有限公司	33 330 242	78
唐山新龙皮塑有限公司	4 803 120	71
伦志塑料制品(惠州)有限公司	10 880	1
小计	38 154 143	157
5. 外商独资企业		
上海长隆塑胶制品有限公司	10 118 441	80
帝高力装饰材料(上海)有限公司	7 302 908	29
天津海利装饰材料有限公司	6 961 302	39
金石墩建材(昆山)有限公司	4 056 648	34
上海利丰橡塑制品有限公司	1 757 770	69
3M中国有限公司	992 707	192
上海劲嘉建材科技有限公司	874 847	19
上海进丰塑胶建材有限公司	788 826	33
亨力美塑胶制品(东莞)有限公司	543 912	27
艾奇凯建筑材料(上海)有限公司	231 275	13
张家港锦荣塑胶有限公司	147 000	3
浙江普礼汽配制造有限公司	144 595	38
青岛华蝶塑胶制品有限公司	102 000	3
太仓玖和塑胶工业有限公司	59 699	7
海瀚塑胶电子(南通)有限公司	57 000	2
苏州惠普塑料建材有限公司	48 310	2
上海宏竹塑胶五金制品有限公司	47 692	3
华昌(深圳)有限公司	42 299	11
浙江贝丝鹭装饰品有限公司	16 112	4
汕头市宝丰塑胶有限公司	14 746	1
小计	34 326 803	617
6. 国有企业		
阿拉山口屯河商贸有限公司	5 133 420	5
广东轻出塑胶制品有限公司	1 132 423	145
海澜国际贸易有限公司	1 015 166	38
常州市武进电子计算机设备厂	987 154	31
中国江苏国际经济技术合作公司	729 373	87
镇江华星国际贸易有限责任公司	722 860	21
沈阳市双利塑胶制造有限公司	716 000	13
江苏舜天国际集团机械进出口股份有限公司	677 037	78
广东省顺德轻工业品进出口公司	510 307	61
浙江温州包装进出口公司	481 221	8
中粮上海粮油进出口有限公司	457 280	8
东方国际集团上海市对外贸易有限公司	396 000	2
上饶市土产畜产进出口公司	273 960	30

续表

出　口　商	出口量/千克	出口航次
6. 国有企业		
上海市医药保健品进出口公司	243 418	9
江西省宜丰县对外经济贸易总公司	207 389	26
上海长盛国际贸易有限公司	192 264	11
五矿宁波进出口公司	181 899	11
深圳市宝安外经发展有限公司	172 086	26
广州市橡胶工业进出口公司	141 325	15
广东省高明纺织品进出口公司	140 730	11
中国水利电子物资上海公司	122 300	3
中国包装进出口广东公司	112 372	12
深圳深远贸易公司	107 186	9
宁波维科联合进出口有限公司	91 780	3
四川绿神丝绸有限责任公司	89 099	23
上海徐家汇商城(集团)有限公司	75 536	15
广东省丝丽国际集团贸发有限责任公司	75 396	5
黑龙江省北安市对外贸易总公司	74 070	11
广东省纺织品进出口新发贸易有限公司	70 769	11
上海东达进出口有限公司	70 249	5
上海腾元进出口有限公司	69 010	2
博尔塔拉蒙古自治州阿拉山口金阳贸易有限公司	69 000	1
上海申隆国际贸易有限公司	68 340	3
上海对外劳务经贸合作有限公司	60 900	3
江西省地质矿产开发总公司	59 000	2
江苏省五金矿产进出口(集团)公司	56 500	3
中国汽车工业进出口江西公司	54 278	5
浙江义乌中国小商品城贸易有限责任公司	52 442	1
湖北省蕲春县进出口公司	51 134	13
威海联创进出口有限公司	48 968	7
云南建工集团总公司(云南工程建设总承包公司)	47 800	3
上海申际国际经济服务有限公司	47 230	3
浙江尖峰进出口有限公司	42 714	2
中国成套设备进出口(集团)总公司	42 669	2
连云港世联国际贸易有限责任公司	41 747	10
温州市土产畜产品对外贸易公司	40 000	1
浙江省诸暨市进出口有限公司	39 890	1
宁波美博进出口有限公司	39 816	1
成都华泰丝绸有限公司	39 635	8
深圳市晟烨通实业发展有限公司	39 475	8
宁波宁兴股份有限公司	37 700	2
深圳中外运储运有限公司	36 026	8
浙江路桥中国日用品商城股份有限公司	35 040	1
中轻建材进出口公司	30 390	2
深圳市京本源贸易有限公司	29 892	9
上海对外经济贸易实业有限公司	28 720	4
河北方达进出口公司	28 190	3
四川省广元市对外贸易公司	28 119	2
常州大亚进出口有限公司	26 880	2
丹东中北贸易有限公司	26 080	5

续表

出口商	出口量/千克	出口航次
6. 国有企业		
广东省建材公司	25 611	4
上海申虹对外经济贸易有限公司	25 280	4
上海兰生文体进出口有限公司	25 208	7
云南省机械设备进出口公司	25 015	1
福建闽迈特五矿有限责任公司	25 000	1
武汉汉正街市场股份有限公司	25 000	1
宁波联合集团进出口股份有限公司	24 841	2
江苏国泰国际集团华海进出口有限公司	24 483	3
广州经济技术开发区亚太国际贸易有限公司	24 263	1
上海华国进出口有限公司	23 758	4
浙江物产金属集团有限公司	21 150	1
中国成套设备进出口集团总公司丹东分公司	20 510	5
连山壮族瑶族自治县进出口贸易公司	20 136	10
天津机电进出口有限公司	20 000	1
上海海外进出口有限公司	19 700	5
上海浦东进出口有限公司	19 304	3
中国浙江国际经济技术合作公司	19 000	1
广州华南海股份有限公司	18 941	1
宁波市慈溪进出口股份有限公司	18 800	1
常熟市对外贸易公司	18 662	3
中轻东方进出口公司	17 811	2
大连中成进出口有限公司	17 600	1
中国成套设备进出口广州股份有限公司	17 500	1
中国船舶工业贸易西安有限公司	17 050	3
上海徐汇对外贸易有限公司	16 297	10
浙江省武义县对外贸易公司	15 596	4
深圳市勤辉投资开发有限公司	15 461	3
上海申合进出口有限公司	15 357	22
江苏省纺织工业(集团)进出口有限公司	14 659	2
湖南省工艺品进出口公司	14 590	6
景宁进出口有限公司	14 500	2
阿拉山口亚鑫商贸有限责任公司	14 480	3
广州市行安汽车科技有限公司	14 308	2
珠海经济特区西部副食品总公司	14 042	1
南大科技园股份有限公司	14 000	1
沈阳中基对外贸易有限责任公司	12 900	2
西安西电进出口有限责任公司	12 240	3
开平市外经商贸发展有限公司	11 464	2
广州市花都区对外经济贸易发展公司	11 192	3
浙江中大集团国际贸易有限公司	11 055	1
杭州市粮油食品土畜产进出口有限公司	11 015	2
广东省肇庆食品进出口公司	10 671	2
中国工艺品南京进出口公司	10 624	1
新华锦集团山东海锦国际贸易有限公司	10 608	5
中成宁波进出口有限公司	10 560	3
黄冈市黄州服装外贸公司	10 345	3
小计	17 978 925	1 207
出口总和	274 504 778	5 355

如表41所示，2004年国内氯乙烯聚合物泡沫人造革及合成革出口商共计有1827家，38家出口生产企业出口数量占总出口数量的84.816%。氯乙烯聚合物泡沫人造革及合成革主要集中在广东省，38家出口生产企业中广东省有22家，出口商出口数量占总出口总数量的58.454%。

从海关统计（表42）中可看出，2004年氯乙烯聚合物泡沫人造革及合成革生产地区有72个，主要出口地为上海闵行经济技术开发区（占23.17%），其次为广东省东莞（23.01%），福建省福州（14.06%），广东省佛山（8.10%），广州经济技术开发区（7.77%），广东省广州（6.69%），汕头特区汕头（2.68%），广东省深圳（2.65%），八出口地出口量占总出口量的88.13%。

表41　2004年国内氯乙烯聚合物泡沫人造革及合成革出口生产企业统计资料

排　序	出口生产企业	出口量/千克	出口航次	占总出口比例/%
1	欧诺法装饰材料(上海)有限公司	7 628 285	168	23.17
2	东莞宇富鞋材有限公司	4 696 623	27	14.27
3	福建宝利特制革工业有限公司	4 615 091	71	14.02
4	广州宏焕塑胶工业有限公司	2 556 944	26	7.77
5	东莞增立塑料制品有限公司	1 866 471	19	5.67
6	佛山高明骏腾塑胶有限公司	1 066 427	50	3.24
7	汕头市宝丰塑胶有限公司	881 426	22	2.68
8	广州顺晟塑胶有限公司	590 560	31	1.79
9	佛山塑料集团股份有限公司	563 571	21	1.71
10	宁波厚生股份有限公司	526 299	23	1.60
11	顺德乐新皮革有限公司	423 973	12	1.29
12	三水金源人造皮革服装有限公司	383 030	11	1.16
13	东莞富利达塑胶制品有限公司	382 220	14	1.16
14	旭登新型材料(深圳)有限公司	339 322	14	1.03
15	南亚塑胶工业(惠州)有限公司	318 976	8	0.97
16	雄进塑料制品(东莞)有限公司	225 455	13	0.68
17	绍兴信和皮塑工艺制品有限公司	200 320	14	0.61
18	中山保升皮革制品有限公司	107 640	12	0.33
19	东莞田氏化工厂有限公司	104 591	4	0.32
20	中山市煌琪塑胶有限公司	64 680	12	0.20
21	上海光仁塑胶制品有限公司	45 573	6	0.14
22	无锡中进塑胶有限公司	45 374	2	0.14
23	南海市新爱迪鞋业有限公司	38 919	15	0.12
24	温州市国泰合成革有限公司	37 515	2	0.12
25	绥芬河市凯莱经贸有限责任公司	37 248	3	0.12
26	东莞鑫龙鞋材有限公司	33 600	2	0.11
27	江阴海达特种人革有限公司	30 024	3	0.09
28	惠州顺新仿皮工业有限公司	25 324	5	0.08
29	义乌益腾塑胶有限公司	22 779	1	0.07
30	江阴华新塑胶有限公司	17 000	1	0.05
31	佛山市高明飞龙塑料有限公司	16 348	1	0.05
32	安徽安利合成革有限公司	5 450	2	0.02
33	温县艺龙塑料化工有限公司	3 350	2	0.01
34	昆山阿基里斯人造皮有限公司	3 128	1	0.01
35	张家港市易华塑料有限公司	2 500	1	0.008
36	珠海高新区合力人造革有限公司	1 198	2	0.004
37	上海开利塑料制品有限公司	880	1	0.003
38	厦门高全塑胶有限公司	340	1	0.001
出口总量合计		32 925 003	623	100.00

表 42 国内氯乙烯聚合物泡沫人造革及合成革 2004 年五十个出口生产地区主要出口商统计

出 口 商	出口量/千克	出 口 航 次
1. 上海闵行经济技术开发区	7 628 285	168
欧诺法装饰材料(上海)有限公司	7 628 285	168
2. 广东省东莞	7 575 643	200
东莞宇富鞋材有限公司	4 696 623	27
东莞增立塑料制品有限公司	1 866 471	19
东莞富利达塑胶制品有限公司	382 220	14
雄进塑料制品(东莞)有限公司	225 455	13
东莞田氏化工厂有限公司	104 591	4
绥芬河市凯莱经贸有限责任公司	37 248	3
东莞鑫龙鞋材有限公司	33 600	2
东莞市对外加工装配服务公司	27 734	6
深圳市辉腾进出口有限公司	23 693	9
惠东县宏鑫实业发展有限公司	20 839	1
深圳市和鑫顺实业有限公司	18 776	1
深圳市生源盛贸易有限公司	14 899	1
安徽佳荣通贸易有限公司	11 583	1
深圳市泛洋贸易有限公司	11 086	2
3. 福建省福州	4 627 628	77
福建宝利特制革工业有限公司	4 615 091	71
福建建腾贸易有限公司	11 300	1
4. 广东省佛山	2 668 290	131
佛山高明骏腾塑胶有限公司	1 066 427	50
佛山塑料集团股份有限公司	563 571	21
佛山市塑料工贸集团公司	390 148	25
三水金源人造皮革服装有限公司	383 030	11
高明市浩鑫外贸开发有限公司	79 502	4
佛山嘉益实业有限公司	64 321	3
高明市亿来新型材料有限公司	44 100	1
广州市对外贸易白云有限公司	19 332	1
佛山市高明飞龙塑料有限公司	16 348	1
佛山市溢丰进出口有限公司	14 147	1
5. 广州经济技术开发区	2 556 944	26
广州宏焕塑胶工业有限公司	2 556 944	26
6. 广东省广州	2 201 406	330
广州市对外贸易白云有限公司	696 408	17
广州顺晟塑胶有限公司	590 560	31
广州市保科力贸易公司	67 830	1
江西省粮油食品进出口公司	40 738	7
四川绿神丝绸有限责任公司	36 975	6
珠海市荣兴达进出口有限公司	32 930	2
海口恒利永兴贸易有限公司	32 647	9
深圳市恒业进出口贸易有限公司	31 191	2

续表

出　口　商	出口量/千克	出口航次
惠东县万川贸易有限公司	29 000	1
珠海市星通贸易有限公司	28 560	1
深圳市拓康达实业有限公司	24 430	3
广州市有源实业有限公司	22 581	11
海口威东联贸易有限公司	21 270	7
珠海百富成有限公司	19 313	13
海口申财贸易有限公司	18 867	3
深圳市盈昌达实业有限公司	17 220	3
深圳市嘉实进出口有限公司	14 796	2
南宁市润运经贸有限公司	13 860	1
海口绿海贸易有限公司	13 842	2
深圳市万鹏实业有限公司	13 230	1
深圳市商祺进出口贸易有限公司	12 953	1
珠海市宏金宝进出口有限公司	11 805	1
深圳市银帆进出口有限公司	10 400	1
7. 汕头特区汕头	881 426	22
汕头市宝丰塑胶有限公司	881 426	22
8. 广东省深圳	873 437	219
旭登新型材料(深圳)有限公司	339 322	14
绥芬河市凯莱经贸有限责任公司	39 292	3
深圳市昌瑞丰实业发展有限公司	22 479	1
深圳市辉腾进出口有限公司	20 628	14
深圳市康特尔进出口有限公司	18 210	1
福州东达贸易有限公司	17 140	4
深圳市华业隆进出口贸易有限公司	16 548	7
深圳市升达实业发展有限公司	15 882	2
电白县永恒实业有限公司	15 812	2
深圳市兴达进出口有限公司	15 668	2
深圳市昊顺进出口有限公司	14 511	1
深圳市南弘星进出口有限公司	14 300	1
南宁市创捷贸易有限公司	14 018	1
四川省丝绸进出口公司	13 544	2
深圳市时尚苑实业有限公司	13 385	9
深圳市深威达商贸有限公司	12 450	1
深圳市深南侨进出口有限公司	12 240	1
广东汇丰港实业有限公司	10 959	2
电白县鑫源贸易有限公司	10 447	4
9. 宁波经济技术开发区	549 365	25
宁波厚生股份有限公司	486 963	22
宁波瑞达国际经贸有限公司	62 402	3
10. 广东省顺德	446 579	14
顺德乐新皮革有限公司	423 973	11
四川绿神丝绸有限责任公司	17 000	1

续表

出　口　商	出口量/千克	出口航次
11. 广东省惠州	365 630	18
南亚塑胶工业(惠州)有限公司	318 976	8
惠州顺新仿皮工业有限公司	25 324	5
重庆郎域商贸发展有限公司	20 165	1
12. 浙江省嘉兴	290 246	17
浙江省粮油食品进出口公司嘉兴公司	185 591	9
嘉兴市远洲贸易有限公司	87 170	5
嘉兴市银茂国际贸易有限责任公司	17 485	3
13. 深圳特区	266 897	103
深圳市兴达隆进出口有限公司	21 072	4
四川绿神丝绸有限责任公司	20 826	1
深圳市鹏威达实业有限公司	12 447	1
深圳市港辉达实业有限公司	11 544	1
深圳市燕辉达实业有限公司	11 000	1
深圳市金辉达进出口贸易有限公司	10 770	1
深圳市鸿昌利实业有限公司	10 404	1
14. 浙江省绍兴	208 799	16
绍兴信和皮塑工艺制品有限公司	200 320	14
15. 广东省中山	205 669	33
中山保升皮革制品有限公司	107 640	12
中山市煌琪塑胶有限公司	64 680	12
16. 浙江省宁波	202 165	14
许昌市对外贸易有限公司	79 623	2
宁波韵升进出口有限公司	49 000	2
宁波厚生股份有限公司	39 336	1
宁波市纺织品进出口有限公司	21 520	2
17. 浙江省温州	193 836	23
温州金麟对外贸易有限公司	72 790	7
温州市国泰合成革有限公司	37 515	2
瑞安市光裕贸易有限公司	32 356	2
温州市仲雄企业有限公司	31 855	5
18. 福建省泉州	153 872	45
福建泉州市洛江对外贸易有限公司	29 036	1
重庆市永威旺贸易有限公司	12 000	1
盘锦天智工艺品有限公司	11 360	2
厦门晋全进出口有限公司	10 288	1
19. 吉林省珲春	131 000	18
延边泰达国际商贸物流有限公司	76 000	10
珲春市吉强贸易有限公司	48 000	5
20. 江苏省无锡	100 346	5
中国华源集团江苏有限责任公司	52 626	2
无锡中进塑胶有限公司	45 374	2

续表

出　口　商	出口数量/千克	出口航次
21. 浙江省其他	73 503	8
惠东县鸿惠实业发展有限公司	23 110	1
宁波萌恒进出口有限公司	18 896	3
宁波萌恒工贸有限公司	17 451	2
22. 浙江省义乌	71 886	10
义乌益腾塑胶有限公司	22 779	1
义乌市盛唐百货贸易有限公司	13 747	1
浙江省义乌市对外经济贸易有限公司	13 628	1
23. 广东省南海	55 090	19
南海市新爱迪鞋业有限公司	38 919	15
24. 江苏省江阴	47 024	4
江阴海达特种人革有限公司	30 024	3
江阴华新塑胶有限公司	17 000	1
25. 上海市宝山	45 573	6
上海光仁塑胶制品有限公司	45 573	6
26. 辽宁省锦州	42 412	4
大连成洋进出口贸易有限公司	28 852	3
丹东鸿祥实业发展有限公司	13 560	1
27. 浙江省瑞安	34 338	2
瑞安市光裕贸易有限公司	34 338	2
28. 新疆维吾尔伊宁	30 175	2
新疆霍尔果斯对外经济贸易有限公司	26 675	1
伊犁霍尔果斯富强商贸有限公司	3 500	1
29. 浙江省金华	29 801	1
金华市海盛进出口有限公司	29 801	1
30. 广东省其他	25 746	3
重庆和浦实业发展有限公司	14 692	1
厦门佳事通贸易有限公司	10 440	1
深圳市华新盛进出口有限公司	614	1
31. 黑龙江省哈尔滨	25 150	9
绥芬河市万顺经贸有限公司	18 150	8
绥芬河市恒峰经贸有限责任公司	7 000	1
32. 珠海特区	24 371	3
广东省南海工艺品进出口有限公司	13 083	1
珠海市贤成经贸有限公司	11 088	1
33. 江苏省南京	21 857	6
江苏舜天股份有限公司	19 016	4
34. 上海浦东新区	19 888	19
上海虹井国际贸易有限公司	11 200	1
35. 浙江省杭州	19 740	15
浙江凯喜雅贸易发展有限责任公司	18 074	6
36. 河北省沧州	15 750	1

续表

出　口　商	出口数量/千克	出 口 航 次
37. 江苏省其他	15 500	1
吴江泰来进出口有限公司	15 500	1
38. 广东省潮州	15 370	1
汕头市焕荣贸易有限公司	15 370	1
39. 黑龙江省绥芬河	14 209	7
绥芬河市东泰经贸有限责任公司	13 619	6
40. 江苏省吴江	13 646	1
福建泉州市洛江对外贸易有限公司	13 646	1
41. 江苏省常熟	12 829	4
常熟市瀛环进出口有限责任公司	12 395	2
42. 安徽省合肥	12 190	4
合肥赛兰德进出口贸易有限公司	6 400	1
安徽安利合成革有限公司	5 450	2
43. 山东省威海	11 824	33
威海益和进出口有限公司	4 812	12
威海纺织集团进出口有限责任公司	4 515	9
44. 辽宁省丹东	9 180	2
丹东市珍成经贸有限公司	9 000	1
45. 辽宁省沈阳	8 310	9
辽宁省机械工业对外贸易有限公司	7 275	8
46. 山东省菏泽	6 917	11
山东省菏泽对外经贸公司	6 917	11
47. 辽宁省大连	6 747	2
大连中成进出口有限公司	4 882	1
大连朝阳艇业有限公司	1 865	1
48. 广东省江门	6 562	3
华蓥市祥靖企业有限责任公司	5 622	2
49. 云南省昆明	6 000	1
云南物产进出口股份有限公司	6 000	1
50. 厦门特区	5 116	11
厦门市百利源进出口有限公司	3 115	1
51. 浙江省海宁	4 862	6
海宁蒙努集团有限公司	2 264	4
52. 广东省汕头	4 685	3
汕头市博纳佳贸易有限公司	2 500	1
茂名市天星贸易有限公司	2 035	1
出口总量合计	32 925 003	1 801

4. PS塑料制品

从海关统计（表 43）中可看出，2004 年苯乙烯聚合物非泡沫塑料板、片、膜、箔等进口使用地区有 91 个，主要进口使用地为广东省深圳（占 24.01%），其次为广东省东莞（14.29%），上海外高桥保税区（12.93%），江苏省昆山（6.49%），广东省顺德（4.68%），广东省惠州（4.24%），广东省中山（3.85%），广州经济技术开发区（3.19%），八进口地

表43　苯乙烯聚合物非泡沫塑料板、片、膜、箔等2004年进口商进口使用地区统计

进　口　商	进口量/千克	进口航次
1. 广东省深圳	3 996 066	370
志成吸塑(深圳)有限公司	1 618 110	19
深圳市宝安外经发展有限公司	821 528	80
深圳市龙岗区对外经济发展有限公司	480 864	62
广东省宝安轻工业品进出口公司	276 673	11
新日东电工(深圳)有限公司	212 914	13
深圳菱和水塔有限公司	184 839	8
永腾电脑科技(深圳)有限公司	101 070	4
建利真空成型包装(深圳)有限公司	78 116	11
2. 广东省东莞	2 377 242	268
东莞市对外加工装配服务公司	1 339 296	87
东莞海神工艺有限公司	267 634	8
实盈电子(东莞)有限公司	125 030	9
东莞新世纪印刷制品有限公司	109 825	12
东莞铂联电子制品有限公司	84 354	10
东莞信威塑胶制品有限公司	39 734	13
安迈特提箱(东莞)有限公司	34 960	6
光美镭射科技(东莞)有限公司	32 438	5
东莞钛升半导体材料有限公司	30 095	5
东莞中央化学有限公司	29 657	1
东莞玮锋电子包装材料有限公司	25 746	9
东莞胜美达(太平)电机有限公司	24 209	21
广东省东莞轻工业品进出口有限公司	23 805	3
广州市润天进出口有限公司	20 601	1
3. 上海外高桥保税区	2 151 657	275
上海日宝精密塑料有限公司	969 083	20
赛的克恒丰精密包装(上海)有限公司	338 928	22
长濑精密塑料(上海)有限公司	171 380	16
日东电工(上海浦东新区)有限公司	157 603	26
上海三玉电材有限公司	141 678	13
东方国际集团上海荣恒国际贸易有限公司	107 680	12
大永纸通商贸易(上海)有限公司	67 534	6
怡凡得电子包装(上海)有限公司	53 353	4
塑柏碧包装材料(上海)有限公司	30 615	20
上海傲杰国际贸易有限公司	29 644	7
4. 江苏省昆山	1 077 858	88
昆山俊一文具有限公司	388 330	10
昆山固品工程塑料有限公司	259 865	12
玮锋电子材料(昆山)有限公司	149 039	28
艾利(中国)有限公司	99 609	8
昆山国际商务区瑞通贸易有限公司	60 260	2
昆山五星进出口贸易有限公司	56 463	4
昆山乙盛机械工业有限公司	43 358	1

续表

进　口　商	进口量/千克	进口航次
5. 广东省顺德	778 507	28
赛特莱特(顺德)塑胶制品有限公司	777 528	12
6. 广东省惠州	705 780	67
鼎佳礼品(惠州)有限公司	540 953	7
广东省惠州轻工业品进出口公司	64 392	5
惠阳市对外加工装配服务公司	41 581	31
惠州市大亚湾对外加工装配服务公司	30 888	3
7. 广东省中山	640 541	85
中山市板芙对外加工装配服务公司	410 421	13
中山皇冠皮件有限公司	95 188	11
中山冠军塑料制品有限公司	58 167	7
中山市三乡对外加工装配服务公司	20 885	1
8. 广州经济技术开发区	530 241	26
维塔罗包装(广州保税区)有限公司	293 164	8
维塔罗包装(广州)有限公司	227 156	12
9. 上海市嘉定	506 623	93
上海金凤五金塑胶有限公司	271 266	12
上海索力得包装材料有限公司	160 724	48
上海寰鑫工业制造有限公司	32 840	12
上海良维应用材料有限公司	32 446	1
10. 上海浦东新区	487 323	54
上海信恒进出口有限公司	407 958	7
道益静电控制(上海)有限公司	25 319	12
上海中科鑫欣国际贸易有限公司	17 607	4
上海经贸嘉华进出口有限公司	12 078	4
东方国际集团上海荣恒国际贸易有限公司	10 564	3
11. 辽宁省沈阳	400 748	25
先讯美资电子(沈阳)有限公司	400 424	20
12. 山东省青岛	379 845	87
青岛三友包装有限公司	138 527	14
青岛延京电子有限公司	88 357	15
青岛广濑塑胶有限公司	82 004	14
13. 厦门特区	270 862	37
励佳(厦门)塑胶制品有限公司	199 097	10
厦门凯立特载带有限公司	52 498	24
14. 广东省佛山	259 145	9
佛山市永盈企业有限公司	257 008	8
佛山市中实贸易有限公司	2 137	1
15. 浙江省绍兴	239 068	39
浙江绍兴名昌电子科技有限公司	233 302	38
绍兴兴德印刷包装有限公司	5 766	1

续表

进　口　商	进口量/千克	进 口 航 次
16. 广州保税区	210 888	7
深圳市兆恒实业有限公司	110 803	5
广州保税区拳翔贸易有限公司	100 085	2
17. 深圳福田保税区	206 666	19
宇光实业(深圳)有限公司	195 520	11
深圳能源物流有限公司	10 306	5
18. 广州市	146 982	20
广州市瀛骏贸易有限公司	79 757	6
广州庚德罗拉胶业应用材料有限公司	34 581	2
广州德生金卡有限公司	10 877	1
19. 广东省番禺	128 300	82
广州黑田电子有限公司	60 371	11
广州市番禺对外贸易(集团)公司	38 909	21
恒美印务(番禺南沙)有限公司	10 848	11
20. 山东省烟台	112 931	23
烟台海康装饰材料有限公司	89 672	6
烟台纳诺特色电子有限公司	10 052	8
合　计	16 639 596	2 709

进口量占总进口量的 73.68％。

从海关统计（表 44）中可看出，2004 年苯乙烯聚合物非泡沫塑料板、片、膜、箔进口地有 33 个，主要进口地为中国台湾地区（占 35.70％），其次为日本（28.68％），中国内地（10.27％），韩国（7.21％），马来西亚（4.90％），中国香港（4.16％），美国（3.79％），奥地利（1.50％），八进口地进口量占总进口量的 99.26％。

表 44　苯乙烯聚合物非泡沫塑料板、片、膜、箔等进口产地 2004 年最高进口商统计

进　口　商	进口量/千克	进 口 航 次
1. 中国台湾地区	5 939 764	612
赛特莱特(顺德)塑胶制品有限公司	777 528	12
东莞市对外加工装配服务公司	558 809	36
鼎佳礼品(惠州)有限公司	540 953	7
深圳市宝安外经发展有限公司	495 540	14
中山市板芙对外加工装配服务公司	407 173	12
广东省宝安轻工业品进出口公司	276 493	10
上海金凤五金塑胶有限公司	271 038	11
昆山固品工程塑料有限公司	259 865	12
佛山市永盈企业有限公司	257 008	8
深圳菱和水塔有限公司	184 839	8
玮锋电子材料(昆山)有限公司	149 039	28
实盈电子(东莞)有限公司	122 518	8
东莞新世纪印刷制品有限公司	109 825	12
中山皇冠皮件有限公司	95 188	11
永腾电脑科技(深圳)有限公司	87 570	3

续表

进　口　商	进口量/千克	进口航次
东莞铂联电子制品有限公司	84 354	10
广州市瀛骏贸易有限公司	79 757	6
广东省惠州轻工业品进出口公司	64 392	5
青岛广濑塑胶有限公司	63 676	2
昆山国际商务区瑞通贸易有限公司	60 260	2
2. 日本	4 722 699	894
上海日宝精密塑料有限公司	969 083	20
东莞市对外加工装配服务公司	611 160	19
上海信恒进出口有限公司	407 958	7
赛的克恒丰精密包装(上海)有限公司	319 946	18
新日东电工(深圳)有限公司	207 164	12
长濑精密塑料(上海)有限公司	171 380	16
励佳(厦门)塑胶制品有限公司	167 397	9
日东电工(上海浦东新区)有限公司	157 535	25
上海三玉电材有限公司	141 678	13
深圳市龙岗区对外经济发展有限公司	120 008	18
东方国际集团上海荣恒国际贸易有限公司	118 244	15
志成吸塑(深圳)有限公司	109 835	4
青岛延京电子有限公司	86 390	11
建利真空成型包装(深圳)有限公司	77 813	10
大永纸通商贸易(上海)有限公司	67 534	6
上海龙云精密机械有限公司	61 238	23
广州黑田电子有限公司	60 371	11
浙江绍兴名昌电子科技有限公司	56 107	10
无锡中央化学有限公司	54 840	1
怡凡得电子包装(上海)有限公司	53 353	4
青岛三友包装有限公司	49 252	3
青岛星电电子有限公司	46 180	24
苏州丸爱半导体包装有限公司	43 578	11
广州市番禺对外贸易(集团)公司	38 900	12
厦门凯立特载带有限公司	32 811	13
国泰绝缘塑胶(深圳)有限公司	32 065	12
3. 中国内地	1 708 493	133
志成吸塑(深圳)有限公司	1 505 345	12
深圳市龙岗区对外经济发展有限公司	66 005	5
维塔罗包装(广州)有限公司	20 000	1
无锡日创电子塑胶有限公司	14 702	7
东莞海洋盒带厂有限公司	13 044	3
东莞胜美达(太平)电机有限公司	12 346	9
珠海松下马达有限公司	12 295	6
东莞市旗峰对外贸易有限公司	10 141	3
东莞虎门对外加工装配服务公司	8 565	5

续表

进　口　商	进口量/千克	进口航次
4. 韩国	1 200 481	292
昆山俊一文具有限公司	388 330	10
深圳市宝安外经发展有限公司	216 387	10
东莞市对外加工装配服务公司	121 027	9
烟台海康装饰材料有限公司	89 672	6
青岛三友包装有限公司	89 275	11
上海沛鑫包装科技有限公司	36 810	5
科思泰半导体配件(苏州)有限公司	21 312	2
技宝电子(日照)有限公司	21 010	5
中山市三乡对外加工装配服务公司	20 885	1
青岛巨山制鞋有限公司	18 554	12
青岛韶芙文化用品有限公司	16 823	3
快捷半导体(苏州)有限公司	14 381	14
威海新湖电子科技有限公司	11 740	4
青岛升元电子有限公司	10 127	8
烟台纳诺特色电子有限公司	10 052	8
德州雅那丽工艺品有限公司	9 907	3
高密盛德鞋业有限公司	9 905	6
代广(天津)旅游制品有限公司	9 506	4
烟台圣炫电子有限公司	8 000	3
5. 马来西亚	816 120	119
维塔罗包装(广州保税区)有限公司	286 872	7
维塔罗包装(广州)有限公司	198 906	9
深圳市兆恒实业有限公司	110 803	5
广州保税区挚翔贸易有限公司	100 085	2
吉富兴业塑胶制品(深圳)有限公司	39 758	2
东莞信威塑胶制品有限公司	16 840	4
德建塑料科技(无锡)有限公司	15 375	2
南通富士通微电子股份有限公司	10 851	8
深圳市宝安外经发展有限公司	5 842	10
塑柏碧包装材料(上海)有限公司	4 912	4
爱球晶片带子包装(太仓)有限公司	4 767	14
6. 中国香港	696 486	199
深圳市龙岗区对外经济发展有限公司	239 886	12
宇光实业(深圳)有限公司	189 400	9
深圳市宝安外经发展有限公司	47 614	12
东莞市对外加工装配服务公司	36 095	9
励佳(厦门)塑胶制品有限公司	31 700	1
赛的克恒丰精密包装(上海)有限公司	18 982	4
惠阳市对外加工装配服务公司	13 850	6
永腾电脑科技(深圳)有限公司	13 500	1
伊泰莲娜首饰精品(中山)有限公司	12 008	12

续表

进　口　商	进口量/千克	进 口 航 次
6. 中国香港	696 486	199
昆山南华电子仪表有限公司	11 596	8
广州德生金卡有限公司	10 877	1
利民(番禺南沙)电器发展有限公司	9 040	3
快捷半导体(苏州)有限公司	7 525	7
南海利高印刷有限公司	7 296	4
新日东电工(深圳)有限公司	5 750	1
青岛清湖制鞋有限公司	5 712	4
国泰绝缘塑胶(深圳)有限公司	5 600	1
7. 美国	630 619	134
先讯美资电子(沈阳)有限公司	400 424	20
艾利(中国)有限公司	92 963	5
深圳市龙岗区对外经济发展有限公司	27 533	11
上海德尔福国际蓄电池有限公司	24 480	14
大连保税区金鼎国际物流有限公司	12 725	1
天津莱特进出口有限公司	12 413	5
德尔福(上海)动力推进系统有限公司	12 267	6
宁波永泰进出口有限公司	7 843	2
上海三凯仓储物流有限公司	6 844	5
上海川普塑料容器有限公司	4 104	3
8. 奥地利	249 130	50
上海索力得包装材料有限公司	110 848	17
浙江绍兴名昌电子科技有限公司	90 045	9
荣和塑胶钢业(深圳)有限公司	17 548	2
普及物流(上海)有限公司	11 568	4
东莞市对外加工装配服务公司	7 121	4
鑫誉胜科技(深圳)有限公司	5 294	4
上海化研塑料有限公司	4 026	4
9. 捷克共和国		
东莞海神工艺有限公司	173 568	6
10. 意大利	151 987	7
东莞海神工艺有限公司	94 066	2
浙江绍兴名昌电子科技有限公司	57 672	4
11. 新加坡	106 630	100
道益静电控制(上海)有限公司	25 131	10
道益-希派科技(苏州)有限公司	21 772	4
塑柏碧包装材料(上海)有限公司	18 699	7
深圳市宝安外经发展有限公司	15 599	9
恒美印务(番禺南沙)有限公司	10 848	11
爱球晶片带子包装(太仓)有限公司	4 589	3
12. 德国	88 023	60
上海索力得包装材料有限公司	28 880	6
东莞信威塑胶制品有限公司	21 294	1

续表

进　口　商	进口量/千克	进口航次
12. 德国	88 023	60
深圳市宝安外经发展有限公司	8 154	1
艾利(中国)有限公司	6 272	2
德清县进出口有限公司	5 360	1
上海英斯派物流有限公司	4 770	1
隆堡电子(上海)有限公司	4 339	2
合　　计	16 639 596	2 709

从海关统计（表 45）中可看出，2004 年苯乙烯聚合物非泡沫塑料板、片、膜、箔出口地有 37 个，主要出口地为中国台湾地区（占 13.80%），其次为美国（13.66%），日本（12.75%），中国香港（11.30%），乌克兰（4.85%），俄罗斯联邦（4.50%），巴基斯坦（4.37%），拉脱维亚（3.97%），八个出口地出口量占总出口量的 69.20%。

从海关统计（表 46）中可看出，2004 年苯乙烯聚合物非泡沫塑料板、片、膜、箔等出口公司类型主要为中外合资企业（占出口量 56.81%），其次为外商独资企业（13.51%），国有企业（占出口量 12.13%），中外合作企业（占出口量 10.28%），私营企业（占出口量 7.36%），集体企业（占出口量 2.31%），合计为总出口量的 100.00%。

表 45　苯乙烯聚合物非泡沫塑料板、片、膜、箔等 2004 年出口商出口目的国家或地区统计

出　口　商	出口量/千克	出口航次
1. 中国台湾地区	3 397 292	74
常州海企塑业有限公司	2 594 442	15
深圳永合科技化工有限公司	267 246	6
天津埃力生科技有限公司	201 841	3
宁波中轻包装材料有限公司	124 871	2
归仁(清新)工程塑料有限公司	76 151	7
昆山固品工程塑料有限公司	65 892	8
佛山市永盈企业有限公司	20 179	1
保定宝源新型塑料包装材料有限公司	19 200	2
2. 美国	3 363 092	99
深圳永合科技化工有限公司	2 217 554	24
科引画框(广州)有限公司	349 416	10
上海旺圣高科技塑胶开发有限公司	215 944	19
上海武峰塑胶有限公司	184 304	4
江苏国泰国际集团国贸股份有限公司	156 612	10
常州海企塑业有限公司	64 071	1
宁波中轻包装材料有限公司	52 436	2
上海郡是高分子材料有限公司	51 137	3
保定宝源新型塑料包装材料有限公司	20 900	1
国美(天津)水务设备工程有限公司	12 700	1
中丰田光电科技(珠海)有限公司	10 498	1
深圳市勤辉投资开发有限公司	5 221	4
3. 日本	3 138 180	135
上海东松国际贸易有限公司	837 383	13
宁波东升包装材料有限公司	555 050	11

续表

出　口　商	出口量/千克	出 口 航 次
3. 日本	3 138 180	135
深圳永合科技化工有限公司	408 978	7
上海郡是新塑材有限公司	341 515	8
宁波东升包装材料有限公司	291 334	5
宁波保税区广荣国际贸易有限公司	171 078	4
上海武峰塑胶有限公司	163 200	9
宁波中轻包装材料有限公司	142 848	10
天津埃力生科技有限公司	75 199	2
常州大亚进出口有限公司	46 548	5
苏州丸爱半导体包装有限公司	29 984	6
励佳(厦门)塑胶制品有限公司	29 550	2
青岛广濑塑胶有限公司	12 279	6
深圳市龙岗区对外经济发展有限公司	11 522	5
4. 中国香港	2 782 772	156
拓普勒塑胶(深圳)有限公司	2 034 152	11
深圳市龙岗区对外经济发展有限公司	163 655	9
常州海企塑业有限公司	112 666	8
江苏华信塑业发展有限公司	69 911	3
顺德市裕球进出口贸易有限公司	59 200	7
深圳永合科技化工有限公司	46 009	5
广东高聚化学工业有限公司	41 130	3
浦江三和塑料有限公司	36 500	2
歌乐电磁(深圳)有限公司	28 459	10
佛山市高明利利企业有限公司	27 262	2
东莞高富达塑料制品有限公司	23 402	9
东莞信威塑胶制品有限公司	18 322	8
深圳市宝安外经发展有限公司	17 374	10
广州黑田电子有限公司	12 896	13
广东省高明市外贸企业集团发展有限公司	11 640	1
惠阳市对外加工装配服务公司	11 388	1
国泰绝缘塑胶(深圳)有限公司	11 324	6
上海郡是高分子材料有限公司	10 073	5
5. 乌克兰	1 192 777	16
深圳永合科技化工有限公司	1 007 391	11
常州海企塑业有限公司	185 386	5
6. 俄罗斯联邦	1 106 818	20
深圳永合科技化工有限公司	791 286	13
天津埃力生科技有限公司	179 608	2
宁波中轻包装材料有限公司	121 821	1
7. 巴基斯坦	1 075 277	10
常州丰盛塑料有限公司	1 070 277	9
青岛中利国际贸易有限公司	5 000	1

续表

出　口　商	出口量/千克	出口航次
8. 拉脱维亚	976 511	9
深圳永合科技化工有限公司	675 700	5
天津埃力生科技有限公司	158 532	2
宁波中轻包装材料有限公司	142 279	2
9. 加拿大	836 431	32
宁波中轻包装材料有限公司	207 990	5
深圳永合科技化工有限公司	205 651	7
常州海企塑业有限公司	165 651	4
天津埃力生科技有限公司	134 157	3
上海武峰塑胶有限公司	57 882	3
常州丰盛塑料有限公司	53 588	5
10. 越南	831 235	47
东兴西南进出口贸易有限公司	331 592	16
广东省高明市外贸企业集团发展有限公司	206 394	12
广东省纺织品进出口广通贸易有限公司	124 910	5
广西鑫源进出口有限公司	38 030	4
广西金源进出口贸易有限公司	13 340	1
凭祥市实得贸易有限公司	11 840	1
11. 委内瑞拉		
深圳永合科技化工有限公司	707 907	6
12. 澳大利亚	696 613	30
深圳永合科技化工有限公司	470 734	13
科引画框(广州)有限公司	109 399	5
宁波中轻包装材料有限公司	32 993	3
常州海企塑业有限公司	32 151	1
江苏国泰国际集团国贸股份有限公司	17 600	2
13. 爱尔兰	681 250	22
宁波中轻包装材料有限公司	480 562	13
深圳永合科技化工有限公司	164 670	6
14. 荷兰	496 824	11
深圳永合科技化工有限公司	496 732	10
15. 西班牙	337 159	6
深圳永合科技化工有限公司	185 931	2
宁波中轻包装材料有限公司	91 803	2
天津埃力生科技有限公司	59 425	2
16. 韩国	241 996	36
深圳永合科技化工有限公司	148 388	10
宁波中轻包装材料有限公司	64 141	5
青岛三友包装有限公司	8 144	3
上海华源企业发展进出口有限公司	8 045	3
17. 危地马拉		
常州海企塑业有限公司	235 749	9

续表

出　口　商	出口量/千克	出 口 航 次
18. 印度	222 877	18
广东省高明市外贸企业集团发展有限公司	100 385	6
深圳永合科技化工有限公司	39 791	1
江苏琼花集团有限公司	20 000	1
天津埃力生科技有限公司	17 559	1
上海汉都国际贸易有限公司	16 200	1
宁波中轻包装材料有限公司	15 747	1
出　口　总　和	24 620 723	991

表 46　苯乙烯聚合物非泡沫塑料板、片、膜、箔等 2004 年主要出口公司类型统计

出　口　商	出口量/千克	出 口 航 次
1. 中外合资企业		
深圳永合科技化工有限公司	8 360 137	144
常州海企塑业有限公司	3 594 447	56
常州丰盛塑料有限公司	1 205 244	21
江苏华信塑业发展有限公司	69 911	3
上海郡是高分子材料有限公司	61 210	8
广东高聚化学工业有限公司	41 130	3
保定宝源新型塑料包装材料有限公司	40 100	3
国美(天津)水务设备工程有限公司	12 700	1
小　　计	13 399 697	256
2. 外商独资企业		
拓普勒塑胶(深圳)有限公司	2 149 605	18
科引画框(广州)有限公司	565 212	27
温州海纳塑料工业有限公司	162 335	5
昆山固品工程塑料有限公司	104 524	18
归仁(清新)工程塑料有限公司	76 151	7
励佳(厦门)塑胶制品有限公司	36 816	5
歌乐电磁(深圳)有限公司	33 082	15
苏州丸爱半导体包装有限公司	32 071	8
东莞高富达塑料制品有限公司	23 402	9
中丰田光电科技(珠海)有限公司	19 724	7
东莞信威塑胶制品有限公司	18 414	9
广州黑田电子有限公司	12 896	13
青岛广濑塑胶有限公司	12 279	6
近铁国际物流(深圳)有限公司	12 015	1
国泰绝缘塑胶(深圳)有限公司	11 324	6
东莞美雅塑胶制品有限公司	10 814	2
赛的克恒丰精密包装(上海)有限公司	8 712	2
青岛三友包装有限公司	8 144	3
东莞铂联电子制品有限公司	8 085	20
小　　计	3 323 330	218

续表

出　口　商	出口量/千克	出口航次
3. 国有企业		
天津埃力生科技有限公司	907 467	19
上海东松国际贸易有限公司	837 383	13
广东省高明市外贸企业集团发展有限公司	328 732	22
深圳市龙岗区对外经济发展有限公司	248 652	53
江苏国泰国际集团国贸股份有限公司	174 212	12
广东省纺织品进出口广通贸易有限公司	124 910	5
常州大亚进出口有限公司	46 548	5
佛山市天雅进出口有限公司	38 596	8
云南省盈江县亚太实业开发公司	29 360	2
深圳市宝安外经发展有限公司	22 705	19
中国外运内蒙古公司	19 000	2
北疆铁路进出口阿拉山口公司	17 000	1
宁波金苑进出口有限公司	15 840	1
山西省服装针棉织品进出口公司	14 500	1
广西金源进出口贸易有限公司	13 340	1
佛山纺织品进出口有限公司	12 937	2
深圳中外运储运有限公司	12 867	5
珠海市天宏科技实业发展公司	11 591	8
惠阳市对外加工装配服务公司	11 388	1
山东美赫尔国际贸易有限公司	11 000	1
深圳经济特区免税商品企业公司	8 790	6
上海市医药保健品进出口公司	8 150	1
上海华源企业发展进出口有限公司	8 045	3
广东省顺德纺织品进出口公司	7 616	6
武汉外贸物资贸易公司	6 450	1
深圳市金运达国际物流有限公司	6 041	2
上海华源世贸股份有限公司	5 690	1
深圳市勤辉投资开发有限公司	5 221	4
江苏省新时代工贸公司	4 350	1
小　计	2 985 612	248
4. 中外合作企业		
宁波中轻包装材料有限公司	1 567 085	51
上海武峰塑胶有限公司	405 386	16
上海郡是新塑材有限公司	341 515	8
上海旺圣高科技塑胶开发有限公司	215 944	19
小　计	2 529 930	94
5. 私营企业		
东兴西南进出口贸易有限公司	331 592	16
宁波东升包装材料有限公司	291 334	5
佛山市高明利利企业有限公司	232 477	8

续表

出 口 商	出口量/千克	出 口 航 次
5. 私营企业		
宁波保税区广荣国际贸易有限公司	213 325	5
德宏州姐告王氏兄弟贸易有限责任公司	104 554	9
新疆霍尔果斯对外经济贸易有限公司	87 800	3
顺德市裕球进出口贸易有限公司	60 200	8
徐州市海外投资贸易有限公司	43 117	3
广西鑫源进出口有限公司	38 030	4
浦江三和塑料有限公司	36 500	2
广州市吉鑫祥装饰建材有限公司	32 838	12
佛山市拓信进出口有限公司	20 569	3
佛山市永盈企业有限公司	20 179	1
江苏琼花集团有限公司	20 000	1
上海汉都国际贸易有限公司	16 200	1
瑞丽市云瑞贸易有限责任公司	16 000	1
瑞丽市鑫毅商贸有限责任公司	14 200	4
大连威铭国际贸易有限公司	12 818	2
凭祥市实得贸易有限公司	11 840	1
惠东县鸿惠实业发展有限公司	11 050	2
绥芬河龙江商联进出口有限公司	10 000	1
广州市乾信贸易有限公司	9 269	1
烟台一吉贸易有限公司	7 524	1
霍尔果斯汇诚有限责任公司	6 800	2
深圳市金瑞达进出口贸易有限公司	5 582	1
青岛中利国际贸易有限公司	5 000	1
温州市百盈贸易有限公司	4 800	1
新会市华翔塑料化工有限公司	4 258	1
小 计	1 812 819	142
6. 集体企业		
宁波东升包装材料有限公司	555 050	11
广东省金华经济发展集团公司	3 240	1
如东县飞翔进出口有限公司	2 740	5
小 计	569 335	33
总 计	24 620 723	991

5. PC

从海关资料（表 47）来看，聚碳酸酯非泡沫塑料板、片、膜、箔及扁条 2004 年出口商出口生产地区有 65 个，前 6 位聚碳酸酯非泡沫塑料板、片、膜、箔及扁条出口商出口生产地区出口量占总出口量的 85.59%，江苏省常州、广东省番禺、广东省中山、四川省绵阳、上海浦东新区、广东省深圳，分别位居 2004 年聚碳酸酯非泡沫塑料板、片、膜、箔及扁条出口生产地区出口量 1～6 位，出口量分别占总出口量的 37.24%、13.82%、12.65%、12.25%、5.33% 和 4.33%。

从海关统计（表 48）中可看出，2004 年聚碳酸酯非泡沫塑料板、片、膜、箔及扁条出口地有 61 个，主要出口地为中国香港（占 23.50%），其次为印度尼西亚（16.15%），中国台湾地区（8.37%），沙特阿拉伯（8.23%），日本（6.40%），阿拉伯联合酋长国（4.10%），泰国（4.06%），美国（3.79%），八个出口地出口量占总出口量的 66.75%。

表 47 聚碳酸酯非泡沫塑料板、片、膜、箔及扁条 2004 年主要出口商出口生产地区统计

出 口 商	出口量/千克	出 口 航 次
1. 江苏省常州	2 504 264	128
常州丰盛塑料有限公司	2 474 472	119
常州对外贸易有限公司	29 565	7
2. 广东省番禺	930 878	21
美国通用电气塑料中国有限公司	921 403	13
广州讯维储存媒体有限公司	9 340	6
3. 广东省中山	850 495	66
中山固莱尔阳光板有限公司	348 421	20
通用电气普特阳光板(中山)有限公司	215 867	18
广东省高明市外贸企业集团发展有限公司	192 311	12
中山市中粮外贸发展有限公司	43 723	7
中山市粤粮经贸进出口有限公司	19 792	3
深圳市捷思特实业有限公司	4 817	1
广州交易会进出口有限公司	2 200	2
抚远县腾飞物资经贸有限责任公司	1 115	1
4. 四川省绵阳	823 631	114
绵阳龙华化工有限公司	823 631	114
5. 上海浦东新区	358 297	33
上海郡是新塑材有限公司	243 420	4
上海寰涛进出口有限公司	70 974	7
上海和福进出口有限公司	29 352	4
上海汇海进出口贸易有限公司	5 079	1
上海市医药股份有限公司	3 444	1
上海三凯进出口有限公司	2 596	1
上海景行企业发展有限公司	1 500	1
6. 广东省深圳	290 899	45
国泰绝缘塑胶(深圳)有限公司	264 517	11
深圳易恒不干胶实业有限公司	13 666	13
捷耀电子(深圳)有限公司	4 521	11
深圳市木材有限公司	3 471	6
惠州市星港贸易有限公司	2 880	1
7. 江苏昆山出口加工区	248 069	16
昆山威泰光电科技有限公司	218 648	13
昆山沪铼光电科技有限公司	21 596	2
昆山铨铼科技有限公司	7 825	1
8. 北京市经济技术开发区	233 487	36
拜耳光塑板材有限责任公司	230 421	33
丹东鸿祥实业发展有限公司	3 000	1
9. 广东省东莞	72 500	33
东莞市对外加工装配服务公司	60 089	20
深圳市绵泽进出口有限公司	6 210	1
东莞南泰绝缘材料有限公司	6 171	11
10. 北京市其他	65 687	8
拜耳光塑板材有限责任公司	65 687	8
11. 浙江省海宁	60 342	3
海宁市二轻贸易有限公司	60 342	3

续表

出　口　商	出口量/千克	出 口 航 次
12. 苏州高新技术产业开发区	48 982	7
苏州奥美光学材料有限公司	48 982	7
13. 上海市南汇	34 185	3
上海汇丽-塔格板材有限公司	32 067	2
上海汇丽地板制品有限公司	2 118	1
14. 广东省佛山	27 416	6
广东省南海化工机械进出口有限公司	14 312	1
深圳市万盟贸易发展有限公司	7 600	1
北京海洲贸易有限责任公司	4 834	3
15. 浙江省其他	26 574	3
海宁市二轻贸易有限公司	14 720	1
深圳市万盟贸易发展有限公司	6 300	1
浙江远大进出口有限公司	5 554	1
16. 上海市宝山	21 905	45
上海大锐科技发展有限公司	21 905	45
17. 广州保税区	15 502	1
广州保税区保通储运有限公司	15 502	1
18. 山东省烟台	15 048	9
烟台富邦塑料制品有限公司	15 048	9
19. 北京市海淀区	12 600	1
中国新兴进出口总公司	12 600	1
20. 深圳特区	12 461	5
深圳中外运储运有限公司	7 793	3
中国航空技术进出口深圳公司	4 472	1
21. 江苏省苏州	11 363	7
苏州宝富轻工制品有限公司	9 305	3
厦门福临进出口有限公司	1 675	1
22. 辽宁省沈阳	9 155	12
丹东鑫瑞贸易有限公司	3 376	4
沈阳盛达伟业贸易有限公司	3 215	1
丹东鸿祥实业发展有限公司	1 170	2
23. 浙江省台州	7 578	2
广州轻出集团百货进出口有限公司	6 638	1
24. 云南省昆明	6 631	3
文山新龙商贸有限公司	3 761	2
文山国际经济技术合作有限公司	2 870	1
25. 北京市朝阳区	4 838	1
北京机械进出口有限责任公司	4 838	1
26. 江苏省泰州	4 440	1
泰兴市对外贸易公司	4 440	1
27. 广东省广州	4 137	4
广东中兴南友贸易进出口有限公司	2 081	1
深圳市津鹏兴业进出口有限公司	1 482	1
28. 重庆出口加工区	3 060	1
满洲里创业贸易有限公司	3 060	1

续表

出　口　商	出口量/千克	出口航次
29. 福建省泉州	3 000	1
深圳市昌联泰实业发展有限公司	3 000	1
30. 浙江省宁波	2 900	3
上海对外经济贸易实业有限公司	2 900	3
31. 广东省惠州	2 363	2
惠城区对外加工装配服务公司	2 363	2
32. 河北省石家庄	1 411	1
河北万得贸易有限公司	1 411	1
33. 深圳福田保税区	1 384	3
深圳巴鑫储运贸易有限公司	780	1
深圳能源物流有限公司	604	2
34. 浙江省兰溪	1 260	1
浙江开来贸易有限公司	1 260	1
出　口　合　计	6 724 005	691

表 48　聚碳酸酯非泡沫塑料板、片、膜、箔及扁条 2004 年主要出口商出口目的国家或地区统计

出　口　商	出口量/千克	出口航次
1. 中国香港		
美国通用电气塑料中国有限公司	921 403	13
国泰绝缘塑胶(深圳)有限公司	264 517	11
昆山威泰光电科技有限公司	174 043	8
绵阳龙华化工有限公司	79 491	10
东莞市对外加工装配服务公司	26 065	8
通用电气普特阳光板(中山)有限公司	23 365	3
昆山沪铼光电科技有限公司	20 653	1
广州保税区保通储运有限公司	15 502	1
广州讯维储存媒体有限公司	9 340	6
上海大锐科技发展有限公司	8 818	2
深圳市绵泽进出口有限公司	6 210	1
东莞南泰绝缘材料有限公司	6 171	11
拜耳光塑板材有限责任公司	5 552	2
捷耀电子(深圳)有限公司	4 521	11
深圳市木材有限公司	3 471	6
深圳易恒不干胶实业有限公司	3 440	5
上海三凯进出口有限公司	2 596	1
惠城区对外加工装配服务公司	2 363	2
苏州奥美光学材料有限公司	1 620	1
小　　计	1 580 384	115
2. 印度尼西亚		
常州丰盛塑料有限公司	780 056	12
广东省高明市外贸企业集团发展有限公司	192 311	12
海宁市二轻贸易有限公司	75 062	4
中山市粤粮经贸进出口有限公司	10 670	1
拜耳光塑板材有限责任公司	5 496	1
小　　计	1 085 880	33

续表

出　口　商	出口量/千克	出 口 航 次
3. 中国台湾地区		
绵阳龙华化工有限公司	488 194	45
昆山威泰光电科技有限公司	42 785	3
深圳易恒不干胶实业有限公司	10 226	8
昆山铨铼科技有限公司	7 825	1
上海大锐科技发展有限公司	7 000	6
小　计	562 791	82
4. 沙特阿拉伯		
常州丰盛塑料有限公司	526 528	9
广东省南海化工机械进出口有限公司	14 312	1
中国新兴进出口总公司	12 600	1
小　计	553 458	12
5. 日本		
上海郡是新塑材有限公司	243 420	4
通用电气普特阳光板(中山)有限公司	93 043	6
常州丰盛塑料有限公司	39 043	7
东莞市对外加工装配服务公司	32 720	8
烟台富邦塑料制品有限公司	15 048	9
拜耳光翌板材有限责任公司	5 225	1
小　计	430 234	43
6. 阿拉伯联合酋长国		
常州丰盛塑料有限公司	242 436	10
小　计	276 021	17
7. 泰国		
常州丰盛塑料有限公司	129 168	10
中山固莱尔阳光板有限公司	90 478	6
拜耳光翌板材有限责任公司	36 784	6
上海汇丽-塔格板材有限公司	4 914	1
中山市粤粮经贸进出口有限公司	4 306	1
绵阳龙华化工有限公司	4 105	2
小　计	272 957	30
8. 美国		
常州丰盛塑料有限公司	190 696	4
绵阳龙华化工有限公司	30 850	6
常州对外贸易有限公司	29 565	7
小　计	255 084	36
9. 韩国		
绵阳龙华化工有限公司	124 687	14
苏州奥美光学材料有限公司	45 920	3
拜耳光翌板材有限责任公司	31 538	5
通用电气普特阳光板(中山)有限公司	18 238	3
常州丰盛塑料有限公司	10 200	1
小　计	232 216	29

续表

出　口　商	出口量/千克	出口航次
10. 俄罗斯		
中山固莱尔阳光板有限公司	130 118	4
上海寰涛进出口有限公司	62 054	5
满洲里创业贸易有限公司	3 060	1
小　　计	198 634	18
11. 新加坡		
常州丰盛塑料有限公司	47 516	4
中山市中粮外贸发展有限公司	39 136	6
拜耳光塑板材有限责任公司	34 076	5
通用电气普特阳光板(中山)有限公司	23 734	2
绵阳龙华化工有限公司	18 007	9
深圳市捷思特实业有限公司	4 817	1
小　　计	169 749	35
12. 澳大利亚		
拜耳光塑板材有限责任公司	129 653	12
小　　计	129 759	15
13. 乌克兰		
常州丰盛塑料有限公司	113 768	8
深圳市万盟贸易发展有限公司	13 900	2
小　　计	127 708	11
14. 印度		
通用电气普特阳光板(中山)有限公司	57 487	4
常州丰盛塑料有限公司	32 689	7
中山固莱尔阳光板有限公司	18 517	2
绵阳龙华化工有限公司	9 107	4
北京海洲贸易有限责任公司	4 834	3
泰兴市对外贸易公司	4 440	1
小　　计	127 080	22
15. 德国		
常州丰盛塑料有限公司	98 859	6
小　　计	101 684	12
16. 越南		
拜耳光塑板材有限责任公司	35 172	5
常州丰盛塑料有限公司	29 655	3
上海寰涛进出口有限公司	8 920	2
浙江远大进出口有限公司	5 554	1
中山市粤粮经贸进出口有限公司	4 816	1
中山固莱尔阳光板有限公司	3 950	1
文山新龙商贸有限公司	3 761	2
文山国际经济技术合作有限公司	2 870	1
小　　计	94 796	17

续表

出 口 商	出口量/千克	出 口 航 次
17. 英国		
中山固莱尔阳光板有限公司	49 720	1
上海汇丽-塔格板材有限公司	27 153	1
小　计	78 671	13
18. 土耳其		
常州丰盛塑料有限公司	72 728	3
小　计	72 985	4
19. 菲律宾		
中山固莱尔阳光板有限公司	33 141	3
常州丰盛塑料有限公司	20 541	4
拜耳光塑板材有限责任公司	9 159	2
惠州市星港贸易有限公司	2 880	1
广东中兴南友贸易进出口有限公司	2 081	1
浙江开来贸易有限公司	1 260	1
小　计	69 336	14
20. 荷兰		
绵阳龙华化工有限公司	41 602	5
21. 科威特		
常州丰盛塑料有限公司	33 719	5
22. 加拿大		
常州丰盛塑料有限公司	18 622	6
广州轻出集团百货进出口有限公司	6 638	1
沈阳盛达伟业贸易有限公司	3 215	1
深圳中外运储运有限公司	3 057	1
河北万得贸易有限公司	1 411	1
小　计	32 943	10
23. 阿根廷		
常州丰盛塑料有限公司	20 529	4
小　计	20 538	5
24. 巴西		
绵阳龙华化工有限公司	16 351	10
25. 叙利亚		
常州丰盛塑料有限公司	10 647	1
中山固莱尔阳光板有限公司	5 700	1
小　计	16 347	2
26. 法国		
常州丰盛塑料有限公司	11 554	1
深圳市昌联泰实业发展有限公司	3 000	1
上海大锐科技发展有限公司	1 505	4
小　计	16 275	9

续表

出 口 商	出口量/千克	出口航次
27. 斯里兰卡		
中山固莱尔阳光板有限公司	6 604	1
北京机械进出口有限责任公司	4 838	1
常州丰盛塑料有限公司	4 250	1
小　计	15 692	3
28. 巴拿马		
常州丰盛塑料有限公司	10 669	2
小　计	11 270	3
29. 伊朗		
常州丰盛塑料有限公司	5 766	1
上海汇海进出口贸易有限公司	5 079	1
小　计	10 916	3
30. 朝鲜		
丹东鸿祥实业发展有限公司	4 623	4
丹东鑫瑞贸易有限公司	3 376	4
小　计	10 398	15
31. 埃及		
中山固莱尔阳光板有限公司	10 193	1
32. 丹麦		
苏州宝富轻工制品有限公司	9 305	3
33. 以色列		
绵阳龙华化工有限公司	8 625	4
小　计	8 652	5
34. 巴西		
常州丰盛塑料有限公司	7 488	2
35. 亚美尼亚		
常州丰盛塑料有限公司	5 414	1
36. 巴基斯坦		
中山市中粮外贸发展有限公司	4 587	1
小　计	4 837	2
37. 约旦		
常州丰盛塑料有限公司	4 735	1
38. 克罗地亚共和国		
中国航空技术进出口深圳公司	4 472	1
39. 新西兰		
常州丰盛塑料有限公司	3 052	1
小　计	3 857	2
40. 南非		
拜耳光塑板材有限责任公司	3 453	2

续表

出　口　商	出口量/千克	出 口 航 次
41. 波多黎各		
上海对外经济贸易实业有限公司	2 900	3
42. 孟加拉国		
上海汇丽地板制品有限公司	2 118	1
小　　计	2 228	2
43. 圭亚那		
广州交易会进出口有限公司	2 200	2
44. 比利时		
常州丰盛塑料有限公司	1 902	2
小　　计	1 922	3
45. 摩洛哥		
上海大锐科技发展有限公司	1 603	4
46. 马来西亚		
绵阳龙华化工有限公司	1 339	1
小　　计	1 561	3
出　口　总　和	6 724 005	691

6. 聚氨酯泡沫人造革及合成革（表 49～表 54）

2004 年国内聚氨酯泡沫人造革及合成革出口商共计有 627 家，32 家出口生产企业出口数量占总出口数量的 41.18%（表 53）。聚氨酯泡沫人造革及合成革主要集中在广东省，32 家出口生产企业中广东省有 15 家，出口商出口数量占总出口数量的 21.50%。

从海关统计（表 54）中可看出，2004 年聚氨酯泡沫人造革及合成革出口生产地区有 79 个，主要出口生产地区为广东省东莞（占 47.95%），其次为北京市朝阳区（13.84%），广东省广州（12.51%），广东省佛山（5.86%），广东省深圳（2.58%），广东省惠州（2.58%），河北省廊坊（1.65%），深圳特区（1.47%），八出口生产地区出口量占总出口量的 88.44%。

表 49　聚氨酯泡沫人造革及合成革 2004 年八个进口使用地区主要进口商统计

进　口　商	进口量/千克	进 口 航 次
1. 广东省东莞	13 367 276	2 939
东莞市对外加工装配服务公司	3 231 487	160
东莞力凯鞋业制造有限公司	747 255	41
广东省东莞畜产进出口有限公司	449 169	51
东莞市建筑材料进出口有限公司	418 832	43
东莞绿洲鞋业有限公司	379 650	52
东莞威霖鞋业有限公司	355 475	22
东莞台威运动用品有限公司	323 988	32
广东省东莞机械进出口有限公司	281 154	39
东莞万鑫鞋业有限公司	274 956	24
东莞鼎力鞋业有限公司	261 230	46
广东省东莞纺织品进出口有限公司	252 809	39
东莞宝元鞋业有限公司	252 087	60
东莞冠贺运动器材有限公司	230 034	35
东莞爱莉莎皮具有限公司	219 450	6

续表

进　口　商	进口量/千克	进 口 航 次
2. 福建省福州	3 153 965	330
福建顺大运动用品有限公司	1 156 062	71
连江清禄鞋业有限公司	944 241	62
福建清禄鞋业有限公司	640 156	74
3. 广东省南海	3 122 562	657
广东鸿晖进出口有限公司	1 289 808	70
南海市翔宇鞋业有限公司	305 817	67
4. 广东省中山	2 871 967	726
中山市三乡对外加工装配服务公司	997 572	137
中山兴威鞋业有限公司	310 618	25
中山精美鞋业有限公司	244 114	43
5. 广东省深圳	2 560 016	403
深圳市龙岗区对外经济发展有限公司	756 093	49
深圳市宝安外经发展有限公司	739 405	48
乔泰皮件(深圳)有限公司	327 592	13
6. 广东省广州	1 702 219	552
广州万邦鞋业有限公司	471 331	65
广州美盈鞋业有限公司	211 648	26
7. 广东省顺德	947 616	208
顺德丰本鞋业有限公司	600 799	69
8. 上海市南汇	836 271	96
上海延锋江森座椅有限公司	773 800	46
上海万德体育用品有限公司	41 804	11
进　口　合　计	35 304 789	9 316

表 50　聚氨酯泡沫人造革及合成革 2004 年五大进口产地主要进口商统计

进　口　商	进口量/千克	进 口 航 次
1. 中国台湾地区		
东莞市对外加工装配服务公司	1 930 284	50
广东鸿晖进出口有限公司	1 274 819	58
东莞力凯鞋业制造有限公司	600 548	24
深圳市宝安外经发展有限公司	541 653	12
广东省东莞畜产进出口有限公司	433 288	30
中山市三乡对外加工装配服务公司	388 166	24
东莞市建筑材料进出口有限公司	356 603	28
深圳市龙岗区对外经济发展有限公司	354 327	12
顺德丰本鞋业有限公司	350 633	28
东莞绿洲鞋业有限公司	341 757	24
东莞威霖鞋业有限公司	337 837	12
乔泰皮件(深圳)有限公司	326 142	12
东莞台威运动用品有限公司	322 091	25
中山兴威鞋业有限公司	310 618	25
小　　计	20 363 860	4 246

续表

进　口　商	进口量/千克	进口航次
2. 韩国		
福建顺大运动用品有限公司	788 237	26
东莞市对外加工装配服务公司	653 762	17
连江清禄鞋业有限公司	386 803	18
青岛三湖制鞋有限公司	326 469	24
中山市三乡对外加工装配服务公司	318 104	26
万国(清新)鞋业有限公司	298 880	12
深圳市龙岗区对外经济发展有限公司	236 449	12
厦门悠来斯球业有限公司	230 658	13
青岛成昌因特皮包有限公司	223 331	24
福建清禄鞋业有限公司	207 756	29
广州万邦鞋业有限公司	207 101	12
小　　计	6 331 212	1 622
3. 中国内地		
连江清禄鞋业有限公司	483 618	18
东莞市对外加工装配服务公司	423 325	12
福建清禄鞋业有限公司	343 818	15
东莞爱莉莎皮具有限公司	219 450	6
小　　计	4 039 008	879
4. 日本		
浙江禾欣实业股份有限公司	788 660	11
上海延锋江森座椅有限公司	346 955	18
5. 中国香港		
广州万邦鞋业有限公司	176 864	12
万国(清新)鞋业有限公司	119 170	12
小　　计	952 959	586
进　口　合　计	35 304 789	9 316

表 51　聚氨酯泡沫人造革及合成革 2004 年主要进口商进口交易类型统计

进　口　商	进口量/千克	进口航次
1. 进料加工贸易		
上海延锋江森座椅有限公司	772 785	38
东莞力凯鞋业制造有限公司	747 255	41
顺德丰本鞋业有限公司	600 799	69
广州万邦鞋业有限公司	471 331	65
万国(清新)鞋业有限公司	450 784	58
东莞绿洲鞋业有限公司	379 650	52
东莞威霖鞋业有限公司	355 475	22
青岛三湖制鞋有限公司	355 307	60
乔泰皮件(深圳)有限公司	327 592	13
东莞台威运动用品有限公司	323 988	32
中山兴威鞋业有限公司	310 618	25
南海市翔宇鞋业有限公司	305 817	67
交易类型总和	16 906 553	5 142

续表

进　口　商	进口量/千克	进 口 航 次
2. 来料加工装配贸易		
东莞市对外加工装配服务公司	3 231 487	160
广东鸿晖进出口有限公司	1 285 758	63
福建顺大运动用品有限公司	1 160 386	74
连江清禄鞋业有限公司	1 018 677	85
中山市三乡对外加工装配服务公司	997 572	137
深圳市龙岗区对外经济发展有限公司	756 093	49
深圳市宝安外经发展有限公司	739 405	48
福建清禄鞋业有限公司	695 425	90
广东省东莞畜产进出口有限公司	449 169	51
东莞市建筑材料进出口有限公司	418 832	43
广东省珠海经济特区工业发展总公司	317 150	56
广东省东莞机械进出口有限公司	281 154	39
广东省东莞纺织品进出口有限公司	252 809	39
福州开发区福禄鞋业有限公司	237 983	47
东莞市外经工贸进出口有限公司	193 396	63
交易类型总和	16 705 299	3 591
3. 一般贸易		
浙江禾欣实业股份有限公司	788 608	10
上海国利汽车销售有限公司	165 210	12
交易类型总和	1 399 427	445
4. 保税区仓储转口货物		
深圳能源物流有限公司	159 298	12
交易类型总和	264 284	50

表 52　聚氨酯泡沫人造革及合成革 2004 年主要进口商进口公司类型统计

进　口　商	进口量/千克	进 口 航 次
1. 外商独资企业		
福建顺大运动用品有限公司	1 160 387	75
连江清禄鞋业有限公司	1 018 677	85
东莞力凯鞋业制造有限公司	747 255	41
福建清禄鞋业有限公司	695 425	90
顺德丰本鞋业有限公司	600 799	69
万国(清新)鞋业有限公司	450 784	58
东莞绿洲鞋业有限公司	379 650	52
青岛三湖制鞋有限公司	355 307	60
乔泰皮件(深圳)有限公司	327 592	13
东莞台威运动用品有限公司	323 988	32
中山兴威鞋业有限公司	310 618	25
东莞万鑫鞋业有限公司	274 956	24
厦门悠来斯球业有限公司	267 476	26
东莞鼎力鞋业有限公司	261 230	46
东莞宝元鞋业有限公司	252 087	60
中山精美鞋业有限公司	244 114	43
福州开发区福禄鞋业有限公司	237 983	47

续表

进口商	进口量/千克	进口航次
1. 外商独资企业		
丰源制靴大连有限公司	232 183	77
东莞冠贺运动器材有限公司	230 034	35
类型总和	16 942 414	5 054
2. 国有企业		
东莞市对外加工装配服务公司	3 231 487	160
深圳市龙岗区对外经济发展有限公司	756 093	49
深圳市宝安外经发展有限公司	739 405	48
广东省珠海经济特区工业发展总公司	317 150	56
类型总和	6 188 472	967
3. 集体企业		
广东鸿晖进出口有限公司	1 289 808	70
中山市三乡对外加工装配服务公司	997 572	137
浙江禾欣实业股份有限公司	788 660	11
类型总和	3 723 118	1 307
4. 私营企业		
广东省东莞畜产进出口有限公司	449 169	51
东莞市建筑材料进出口有限公司	418 832	43
广东省东莞机械进出口有限公司	281 154	39
广东省东莞纺织品进出口有限公司	252 809	39
类型总和	3 074 502	858
5. 中外合作企业		
东莞威霖鞋业有限公司	355 475	22
广州美盈鞋业有限公司	211 648	26
类型总和	1 538 845	595
总计	35 304 789	9 316

表 53　聚氨酯泡沫人造革及合成革 2004 年国内出口生产企业统计资料

序号	出口生产企业	出口量/千克	出口航次	占总出口比例/%
1	北京柯莱斯皮合成革有限公司	1 753 250	152	14.31
2	东莞伯产合成皮革有限公司	1 357 874	12	11.08
3	广州宏育聚氨酯工业有限公司	407 516	18	3.33
4	高明市兆丰泰合成革有限公司	330 942	13	2.70
5	佛山市高明长溢合成革有限公司	173 843	15	1.42
6	共和兴塑胶(廊坊)有限公司	155 890	8	1.27
7	崇国合成皮(深圳)有限公司	140 215	30	1.14
8	番禺厚信皮革企业有限公司	124 978	20	1.02
9	山东英泰皮业有限公司	74 705	6	0.61
10	常熟天马皮革有限公司	74 680	10	0.61
11	义乌益腾塑胶有限公司	62 677	2	0.51
12	秦皇岛三丰化学制革有限公司	39 635	1	0.33
13	江阴市华宏合成革材料厂	39 051	1	0.32
14	泉州世旺合成革制品有限公司	35 556	8	0.29

续表

序　号	出口生产企业	出口量/千克	出口航次	占总出口比例/%
15	东莞宇富鞋材有限公司	32 863	8	0.27
16	安徽安利合成革有限公司	29 800	2	0.24
17	北京远祥塑胶制品有限公司	29 053	5	0.24
18	东莞鑫龙鞋材有限公司	28 807	4	0.24
19	温州压延革有限公司	26 228	1	0.23
20	德成(广州)合成革有限公司	20 691	23	0.17
21	东莞美宝合成皮制造有限公司	18 791	11	0.16
22	中山市新旺制革有限公司	15 396	6	0.13
23	上海顺天人造毛皮有限公司	10 995	1	0.09
24	江阴海达特种人革有限公司	7 308	1	0.07
25	广州宏育聚氨酯工业有限公司	5 072	1	0.05
26	南海市新爱迪鞋业有限公司	4 008	8	0.03
27	北京远祥塑胶制品有限公司	3 083	2	0.02
28	深圳市一飞鞋业有限公司	1 684	2	0.02
29	东莞富利达塑胶制品有限公司	1 089	1	0.01
30	温州宏泰合成革有限公司	672	1	0.00
31	南海政龙鞋材有限公司	154	2	0.00
32	沂南县正义皮革有限公司	49	1	0.00
出口总量合计		12 257 521	1 443	100.00

表 54　聚氨酯泡沫人造革及合成革 2004 年主要出口商出口生产地区统计

出　口　商	出口量/千克	出口航次
1. 广东省东莞	5 878 246	198
广东省东莞快宜外经发展有限公司	4 046 678	12
东莞伯产合成皮革有限公司	1 357 874	12
东莞市对外加工装配服务公司	99 451	19
东莞宇富鞋材有限公司	32 863	8
深圳市美仁实业有限公司	29 966	1
东莞鑫龙鞋材有限公司	28 807	4
深圳市隆发进出口有限公司	19 880	1
东莞美宝合成皮制造有限公司	18 791	11
深圳市得时利进出口有限公司	13 420	1
深圳市港辉达实业有限公司	12 354	1
惠东县茂兴发展有限公司	11 799	1
深圳市生源盛贸易有限公司	11 112	1
绥芬河市凯莱经贸有限责任公司	10 992	4
惠东县万川贸易有限公司	10 413	1
深圳市桦枫林实业发展有限公司	10 295	1
深圳市永和发实业有限公司	10 201	1
2. 北京市朝阳区	1 696 686	142
北京柯莱斯皮合成革有限公司	1 696 686	142
3. 广东省广州	1 534 071	349
广州宏育聚氨酯工业有限公司	402 444	17
广东省中科进出口有限公司	134 530	3

续表

出　口　商	出口量/千克	出口航次
深圳市枫桥进出口有限公司	67 827	10
深圳市旺福辉进出口有限公司	35 280	2
防城港商德有限责任公司	31 510	1
深圳市都盛实业发展有限公司	29 509	2
海口威东联贸易有限公司	28 500	6
深圳市瑞祥达实业有限公司	26 740	7
海口恒利永兴贸易有限公司	25 010	4
南宁市克都经贸有限公司	24 640	4
深圳市新丰进出口有限公司	22 176	5
德成(广州)合成革有限公司	20 691	23
惠东县宏惠贸易有限公司	19 850	5
绥芬河市凯莱经贸有限责任公司	19 809	4
深圳市嘉龙进出口有限公司	18 420	3
南宁市江横商贸有限公司	18 048	2
惠东县对外贸易公司	18 000	1
厦门泰斯利进出口贸易有限公司	17 030	2
四川绿神丝绸有限责任公司	16 500	2
深圳市大众信贸易有限公司	14 493	1
陕西瑞丰源贸易有限公司	14 120	4
电白县永恒实业有限公司	13 430	4
广州瑞信贸易有限公司	12 420	1
成都兴意达商贸有限公司	11 990	6
深圳市海联聚投资有限公司	11 750	1
珠海立森进出口有限公司	10 660	4
陕西盛英达贸易有限公司	10 350	1
深圳市佳日特进出口有限公司	10 200	3
4. 广东省佛山	718 238	65
高明市兆丰泰合成革有限公司	330 942	13
佛山市高明长溢合成革有限公司	173 843	15
佛山市骏景实业有限公司	138 934	7
高明市浩鑫外贸开发有限公司	39 273	10
高明市捷瑞塑料化工有限公司	16 542	8
佛山市高明创新源贸易有限公司	15 501	7
5. 广东省深圳	316 426	124
崇国合成皮(深圳)有限公司	140 215	30
深圳市金钥匙进出口贸易有限公司	28 002	3
深圳市深联中机进出口有限公司	16 416	1
广州市君展贸易有限公司	13 000	1
6. 广东省惠州	315 808	24
惠东县财贸实业集团公司	143 874	9
广东省惠东轻工业品进出口有限公司	135 151	8
惠州上曜塑胶开发科技有限公司	23 025	2

续表

出　口　商	出口量/千克	出口航次
7. 河北省廊坊	201 642	15
共和兴塑胶(廊坊)有限公司	155 890	8
全兴工业(中国)有限公司	45 715	5
8. 深圳特区	180 264	95
深圳市安通进出口有限公司	14 408	2
深圳市吉华仁兴化工实业有限公司	10 800	1
9. 深圳福田保税区	133 306	13
深圳深九国际物流有限公司	133 306	13
10. 福建省泉州	129 239	60
泉州世旺合成革制品有限公司	35 556	8
石狮市外商投资服务中心	18 859	6
泉州市粮油食品进出口公司	10 657	3
11. 广东省番禺	124 978	20
番禺厚信皮革企业有限公司	124 978	20
12. 浙江省温州	106 196	45
温州市瑞新皮革有限公司	24 801	19
温州压延革有限公司	18 567	1
温州市仲雄企业有限公司	12 966	5
温州市国际外贸有限公司	11 962	5
13. 浙江省义乌	93 377	4
义乌益腾塑胶有限公司	62 677	2
义乌市玛嘉利进出口有限公司	18 200	1
义乌市富发有限公司	12 500	1
14. 山东省济南	82 653	7
山东英泰皮业有限公司	74 705	6
15. 江苏省常熟	78 165	11
常熟天马皮革有限公司	74 680	10
16. 浙江省杭州	53 000	19
浙江惠灵对外贸易有限责任公司	31 717	17
杭州市五矿机械化工进出口有限公司	17 181	1
17. 北京市其他	50 195	11
北京柯莱斯皮合成革有限公司	47 112	9
18. 江苏省江阴	46 359	2
江阴市华宏合成革材料厂	39 051	1
19. 河北省其他	44 608	3
秦皇岛三丰化学制革有限公司	39 635	1
20. 黑龙江省绥芬河	41 340	11
绥芬河市东泰经贸有限责任公司	41 340	11
21. 浙江省其他	39 184	8
吴江泰来进出口有限公司	15 300	1
青岛益佳世贸中心(集团)有限公司	11 144	1
22. 浙江省宁波	38 466	14
宁波宁兴股份有限公司	34 408	10

续表

出　口　商	出口量/千克	出 口 航 次
23. 珠海特区	30 443	18
珠海市贤成经贸有限公司	15 576	1
24. 安徽省合肥	29 800	2
安徽安利合成革有限公司	29 800	2
25. 上海市黄浦	29 486	11
上海市医药保健品进出口公司	16 695	8
上海润虹染料进出口有限公司	10 130	2
26. 北京市平谷	29 053	5
北京远祥塑胶制品有限公司	29 053	5
27. 广东省中山	27 673	17
中山市新旺制革有限公司	15 396	6
28. 辽宁省沈阳	19 066	10
丹东鸿祥实业发展有限公司	10 120	3
29. 上海浦东新区	15 863	15
上海新长征国际贸易有限公司	8 132	1
30. 浙江省东阳	13 250	1
浙江东园进出口有限公司	13 250	1
出口合计	12 257 521	1 443

（柴国樑）

综　　述

通用合成树脂

过去一年里，石油和化学工业的产量、价格、利润都在上升，甚至连不被看好的石化股票也随着投资者期望值的提高而价格上扬。虽然纽约轻油去年首月期货平均每桶 41.45 美元，为 21 年来最高水平，比 2003 年高出 10.41 美元，涨幅高达 34%，以致石油产业开门大吉，但是，对于下游的化工行业而言，油价上涨的结果却是喜忧参半，因为它们不得不接受几乎以同样幅度上涨的合成树脂的价格。

在过去的几年中，由于全球需求强劲、缺乏新增生产能力和工厂关停，2004 年塑料市场供求趋于紧张。大部分地区的树脂和塑料价格急剧上升，甚至超过了原料成本的涨幅。2004 年，通用树脂的价格上涨了 15%～17%，对利润增长的贡献率超过 50%。尽管聚苯乙烯的价格增加了 30%，但聚苯乙烯工业一直受到原材料苯价格较高的困扰，生产利润反而下降。

通用树脂生产商的经营利润在经历一次持久而深度的下降之后，终于有所上升，但总体情况依然欠佳。此次利润上升是受到价格走高和需求增加的强力推动的。目前，塑料工业面临的有利因素是需求强劲、装置开工率高，不利的因素是原材料价格继续大幅增长。

2004 年，全球五大通用合成树脂——聚乙烯（PE）、聚丙烯（PP）、聚苯乙烯（PS）、聚氯乙烯（PVC）、和丙烯腈-丁二烯-苯乙烯共聚物（ABS），仍处于供大于求的态势。中国合成树脂行业整体形势看好，资产总计同比增长 12.25%，销售收入同比增长了 33.73%，利润总额同比增长了 121.6%，达到 117.1 亿元，出口总额达 122.7 亿元，占销售收入的 8.89%。

一、世界合成树脂概况

自 2002 年以来，合成树脂产能增幅有所减缓，而需求增长有所加快，全球合成树脂产能过剩的状况开始逐步好转。从生产能力看，2003 年全球五大通用合成树脂产能总计达到 1.63 亿吨/年，同比增长 2.9%。其中亚太是最大的通用合成树脂生产地区，产能达 5 912 万吨/年，同比增长 3.0%，占全球总能力的 37%，中东地区能力增长最快，达 875 万吨/年，增幅高达 8.4%，占全球总能力的 5%。北美和西欧的能力分别为 4 322 万吨/年和 3 605 万吨/年，分别同比增长 2.4% 和 1.55%，占全球总能力的 26% 和 22%。

从产量情况看，2004 年全球合成树脂产量总计为 1.446 7 亿吨。其中，中东地区是产量增长最快的地区，增幅达 7.9%；其次是亚太地区，增幅为 3.4%。西欧产量为 3 080 万吨，同比增长略小于 1%。以美国为代表的北美地区，其通用合成树脂产量出现负增长，达 3 571 万吨，同比减少 2.2%。具体数据见表 1。

表 1　全球五大通用合成树脂产能、产量和消费量　　单位：万吨/年

品种		世界	北美	亚太	西欧	中东
PE	产能	6 936.4	2 079	1 909.6	1 522.8	578
	产量	5 610.0	1 604.2	1 650	1 184.6	529.1
	消费量	5 485.6	1 475.4	1 828.1	1 253.8	217.2
PP	产能	4 032.1	862.5	1 558.6	969.9	146
	产量	3 580.1	786.6	1 411.6	856	141.1
	消费量	3 489.3	760	1 438.6	805.1	146.3
PVC	产能	3 310.2	911.3	1 207.5	653.8	116.4
	产量	2 722.1	710.8	1 017.4	581.1	93
	消费量	2 744.0	668.9	1 084.5	587.4	111.3
PS	产能	1 810.0	330.9	665.1	337.2	29.2
	产量	1 483.0	396.7	804.5	381.4	33.4
	消费量	1 466.3	340.2	627.3	312.8	39
ABS	产能	792.7	107.1	577.5	98.7	18
	产量	586.1	72.4	431.5	77.1	0.6
	消费量	563.7	73.8	384.7	74.7	9.4
总计	产能	16 347.8	4 321.9	5 911.7	3 605	874.5
	产量	13 981.3	3 570.7	5 315	3 080.2	797.3
	消费量	13 748.9	3 318.3	5 363.2	3 033.8	523.2

表 2　国内合成树脂产量统计　　单位：万吨

产　品	1997 年	1998 年	1999 年	2000 年	2001 年	2002 年	2003 年	2004 年
合成树脂合计	647.40	702.86	841.70	1 079.45	1 203.84	1 366.50	1 593.80	1 791.00
年增长率/%	19.65	8.57	19.75	28.25	11.52	13.51	16.63	12.37
其中产量:PE	215.20	229.21	281.07	305.36	312.24	354.70	413.20	441.30
PP	188.14	207.49	264.66	303.81	322.54	374.20	426.80	474.90
PVC	153.59	159.91	190.68	245.60	287.68	338.90	400.70	503.20
PS	33.96	45.75	68.50	98.00	106.00	108.00	130.16	148.00
ABS		19.78	24.49	34.38	40.99	52.09	77.9	91.5

注：本表数据如无特殊说明，资料均来源于国家统计局和中国石油和化学工业协会。

从消费情况看，2003 年全球五大通用合成树脂消费量总计为 1.37 亿吨，同比增长 2.6%。其中，北美地区消费下降，达 3 318 万吨，同比减少 1.7%，占全球市场消费比例从上年的 25%下降到 24%；中东是消费增长最快的国家，达 523 万吨，同比增加 5.3%；其他主要地区，如亚太和西欧的消费比例由上年的 38%上升到 39%。

2004 年世界经济大幅回升，石油和化工产品需求增长加速，世界合成树脂正逐步进入新一轮景气周期的上升阶段。

二、中国合成树脂生产概况

21 世纪，我国合成树脂工业面临经济全球化挑战，同时也面临周边及中东国家一大批目标针对中国市场的新建装置先后投产，西方国家采用先进技术的特大型石化装置也将投入运营，世界市场竞争将更加激烈。

在宏观调控和经济内在扩张动力共同作用下，2004 年国民经济在高速运行中实现了平稳、协调发展。全年 GDP 增长率达 9.5%，同时，我国消费结构升级带动产业结构加快调整，城市化发展加快，国际制造业向我国转移方兴未艾。在国内大环境利好的情况下，我国石化行业在 2004 年仍然保持了快速稳定的发展，多数产品产量继续增长，国内比较紧缺的产品也加大了进口力度，国内供应量充足，市场销售旺盛，全年实现销售收入 24 249.6 亿元，比上年增长 32.5%，产销率高达 98.8%，多数产品（如成品油、纯碱、烧碱、化肥等）价格受国际原油价格高企以及成本上升拉动，价格上涨幅度较大。

1. 总体概况

2004 年我国合成树脂总产量达 1791 万吨。其中，通用树脂产量 1 659 万吨，占国内合成树脂总产量的 92.6%，聚烯烃（PE/PP）占 51%。我国合成树脂产量占世界合成树脂产量的 6.6%，列美国、日本、德国和韩国之后居世界第四位。

从 1997～2004 年，国内合成树脂年产量从 647 万吨上升到 1 791 万吨（参见表 2），8 年期间增长了 2.7 倍，平均年增长率为 16.3%。其中增长幅度最大的是 2000 年，增幅高达 28.25%。

可以看出，尽管我国合成树脂产量增长很快，但仍低于消费量增长，供需缺口仍然很大，供应持续紧张。据分析，这是由于塑料用量和应用领域不断扩大造成的。首先是包装材料，塑料包装材料约占包装材料总产量的 1/3，随着食品、轻工、化工等行业的快速发展，需求量逐年增加，预计 2005 年将达 480 万吨；二是农业及水利对各种塑料制品的需求，预计 2005 年全国农膜、暖房、排灌管道系统等农用塑料约需 300 多万吨，需各种塑料节水器材，如灌水器、喷头、各类管材管件以及防渗薄膜、土工布等塑料制品 170 多万吨；三是新兴的电子电气工业用塑料，预计 2005 年信息载体材料共需要改性聚丙烯、ABS 树脂、工程塑料及合金 260 多万吨；四是化学建材的旺盛需求，2005 年的需求量在 180 万吨以上；五是汽车用塑料的兴起，预计 2005 年汽车用塑料约 80 万吨以上。

从 1997～2004 年国内合成树脂产量趋势看（图 1），我国合成树脂的产量受需求拉动，一直呈上升趋势。

受国际原油价格攀升的影响，2004 年聚氯乙烯市场平均价格为 8 450 元/吨，比上年上涨 31.6%；低压聚乙烯 9 300 元/吨，比上年上涨 34.5%；高压聚乙烯 10 000 元/吨，比上年上涨 36.3%；聚丙烯 8 990 元/吨，比上年上涨 24%。

在国内市场供需两旺的同时，合成树脂及其上游行业缺点凸显，如聚氯乙烯，本应在 20 世纪末就淘汰的电石法工艺却越来越火，规模不等的电石生产企业增多，高耗能、重污染问题相继出现，随着国家加大环保力度，以及电价上涨、电石行业准入条件出台等因素影响，竞争力低的小企业纷纷关闭。降低能耗、规模化生产是我国合成树脂发展的主要方向。

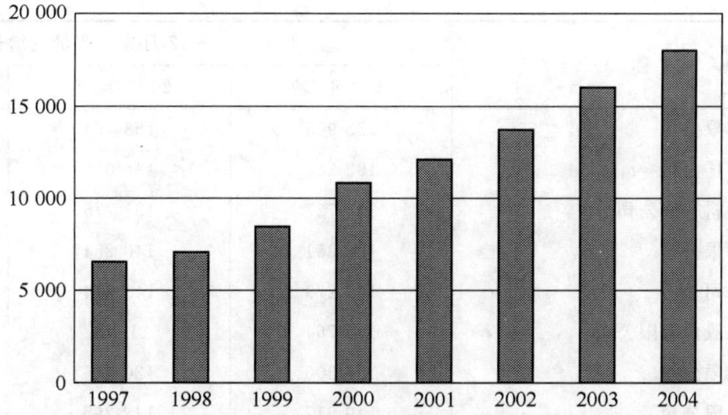

图 1　1997～2004 年国内合成树脂产量走势图（单位：千吨）

我国合成树脂主要生产厂集中在中石化和中石油两大集团中，如中石化集团下的齐鲁石化股份有限公司、北京燕山石油化工股份有限公司、茂名石油化工分公司、上海石油化工股份有限公司、广州石油化工分公司、扬子石化股份有限公司、中原石油化工有限责任公司、金陵石油化工公司、九江石化总厂、天津石油化工有限公司、巴陵石油化工公司、武汉石化总厂、济南炼油厂、高桥石油化工有限公司、荆门石化分公司等；中石油集团下的大庆股份有限公司、吉林石化分公司、抚顺石油化工分公司、兰州石化、独山子石油化工公司、大连石化分公司等，合成树脂主要生产厂 2003 年和 2004 年产量统计，详见表 3。

表 3　2004 年合成树脂主要生产厂产量及增长

企 业 名 称	1～12 月累计产量及增长		
	2004 年/吨	2003 年/吨	同比/%
全国	17 909 900	16 266 939	10.1
中石化北京燕化石油化工股份有限公司	1 088 548	988 657	10.1
扬子石油化工股份有限公司	931 321	834 122	11.7
中石化上海石油化工股份有限公司	882 591	900 500	−2.0
中石化齐鲁股份有限公司	596 663	759 443	−21.4
大庆石化分公司	478 139	534 804	−10.6
中石油股份有限公司吉林石化分公司	473 512	405 635	16.7
中石化股份有限公司茂名分公司	457 887	457 475	0.1
中石油化工股份有限公司广州分公司	375 153	298 446	25.7
天津乐金大沽化学有限公司	344 615	287 278	20.0
上海氯碱化工股份有限公司	343 108	294 335	16.6
中石油天然气股份有限公司独山子石化分公司	338 042	294 870	14.6
天津大沽化工股份有限责任公司	317 115	290 824	9.0
中石油兰州石化公司	305 196	219 346	39.1
中原石油化工有限责任公司	297 932	270 421	10.2
中石化集团天津石油化工公司	284 599	298 129	−4.5
辽宁华锦化工(集团)有限责任公司	281 574	263 940	6.7
河北沧州化工实业集团有限公司	269 723	270 068	−0.1
中石油天然气股份有限公司抚顺石化分公司	216 759	229 160	−5.4
扬子巴斯夫苯乙烯系列有限公司	201 267	196 266	2.5
宜宾天原股份有限公司	194 982	174 232	11.9
中外合资镇江奇美化工有限公司	188 347	218 508	−13.8
中石油天然气股份有限公司大连石化分公司	184 433	164 576	12.1

续表

企 业 名 称	1～12 月累计产量及增长		
	2004 年/吨	2003 年/吨	同比/%
苏州华苏化工塑料有限公司	183 905	158 464	16.1
锦化化工集团有限责任公司	183 289	184 078	－0.4
中外合资镇江奇美塑料有限公司	175 727	151 775	15.8
四川金路集团股份有限公司	172 351	140 254	22.9
北京化二股份有限公司	161 279	145 314	11.0
中石化镇海炼油化工股份有限公司	159 764	11 104	—
江苏江东化工股份有限公司	158 300	120 435	31.4
上海金菲石油化工有限公司	149 517	148 295	0.8
华峰集团有限公司	137 025	128 433	6.7
中石化上海高桥石油化工公司	130 022	109 073	19.2
中石油化工股份有限公司长岭分公司	123 925	101 210	22.4
茂名石化实华有限公司	121 508	112 280	8.2
中石化集团武汉石油化工厂	120 344	100 662	19.6
中石油化工股份公司荆门分公司	118 144	119 455	－1.1
新疆中泰化学股份有限公司	117 481	55 785	110.6
中石化股份有限公司九江分公司	115 547	108 740	6.3
汕头海洋第一聚苯树脂有限公司	113 629	90 829	25.1
无锡格林艾普化工股份有限公司	105 833	116 594	－9.2

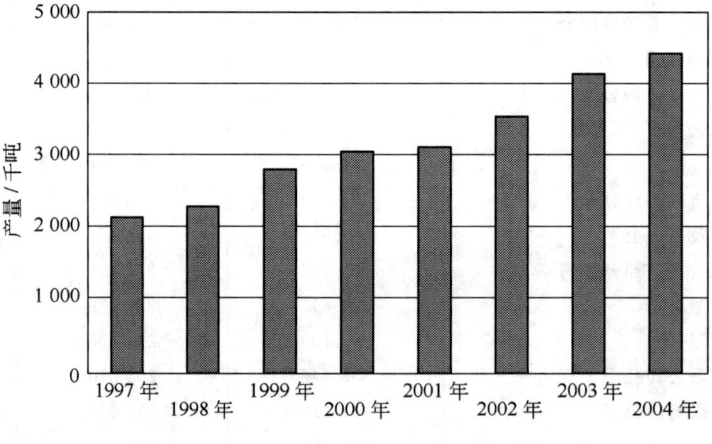

图 2　1997～2004 年国内 PE 树脂产量走势图

2. 聚乙烯

近 8 年来，PE 生产逐年提高，从 1977 年的 215.2 万吨，提高到 2004 年的 441.3 万吨，虽然世界产量比例最高，但在我国五大通用树脂产量中，产量仅排第三。如图 2 所示显示从 1997 年到 2004 年国内 PE 的产量走势图。

2004 年主要 PE 生产厂产量据统计为 441.3 万吨，同比增长 15.20%，占国内合成树脂总产量的 25.96%。中石化燕山石油化工有限公司以 623 800 吨位居榜首，各主要 PE 生产厂 2004 年产量见表 4。十大主要 PE 生产厂产量为 2 846 111 吨，占总产量的 80.23%。

3. 聚丙烯

2004 年主要 PP 生产厂产量为 474.9 万吨，同比增长 13.90%，占国内合成树脂总产量的 27.38%，在五大通用树脂中，产量排在在第二位，见图 3。

表 4 2004 年国内主要 PE 生产厂产量及增长

企 业 名 称	1～12 月累计产量及增长		
	2004 年/吨	2003 年/吨	同比/%
全国	4 413 000	4 194 867	5.2
中石化北京燕化石油化工股份有限公司	623 800	569 092	9.6
扬子石油化工股份有限公司	500 145	433 971	15.2
中石化上海石油化工股份有限公司	423 736	428 249	－1.1
大庆石化分公司	382 617	420 812	－9.1
中石化齐鲁股份有限公司	303 590	419 919	－27.7
中石油股份有限公司吉林石化分公司	289 902	233 819	24.0
中石化集团茂名石油化工公司	287 212	284 333	1.0
中原石油化工有限责任公司	219 657	200 230	9.7
中石油兰州石化公司	218 134	155 631	40.2
中石油天然气股份有限公司独山子石化分公司	213 745	190 327	12.3
中石油化工股份有限公司广州分公司	198 757	129 621	53.3
上海金菲石油化工有限公司	149 517	148 295	0.8
中石化集团天津石油化工公司	142 941	143 515	－0.4
辽宁华锦化工(集团)有限责任公司	138 840	128 133	8.4
中石油天然气股份有限公司抚顺石化分公司	119 070	120 007	-0.8
中石化天然气股份有限公司辽阳石化分公司	86 019	87 400	－1.6
安徽皖维高新材料股份有限公司	65 316	61 009	7.1
北京东方石油化工有限公司	22 121	18 442	19.9
廊坊花伦塑业有限公司	10 920	8 400	30.0
合肥安利化工有限公司	10 576	10 124	4.5
广州福邦树脂有限公司	3 358	—	—
北京玻钢院复合材料有限公司	2 517	2 160	16.5
蚌埠市淮海树脂厂	358	294	21.7
河北金威新型建材有限公司	215	124	73.4
天水电缆材料厂	73	—	—
来安县亨通橡塑制品有限公司	44	56	－21.4
北京振兴宇塑料制品厂	7	—	—
番禺市光辉耀星瀚塑料有限公司	—	1 529	

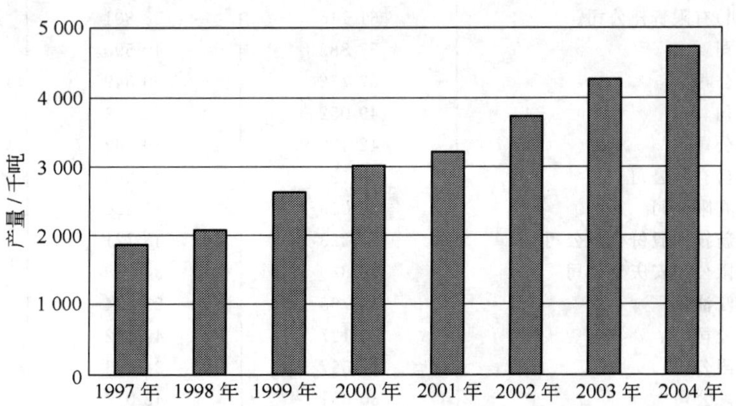

图 3 1997～2004 年国内 PP 树脂产量走势图

2004年主要PP生产厂产量及增长见表5。十大主要PP生产厂产量为1 903 345吨，占总产量的50.87%。

4. 聚氯乙烯

作为中国五大通用树脂产量之首的当数PVC，占国内合成树脂总产量的28.1%。PVC从1997年总产量153.6万吨上升到2004年的503.2万吨，也是近几年在五大通用树脂中产量增幅最大的一个（图4）。目前我国PVC产量仅次于美国，是世界第二大PVC

表5　2004年主要PP生产厂产量及增长

企业名称	1～12月累计产量及增长		
	2004年/吨	2003年/吨	同比/%
全国	4 748 800	4 454 784	6.6
中石化上海石油化工股份有限公司	458 855	472 284	−2.8
扬子石油化工股份有限公司	431 176	400 151	7.8
中石化北京燕化石油化工股份有限公司	412 450	370 619	11.3
中石油天然气股份有限公司大连石化分公司	175 907	158 493	11.0
中石油化工股份有限公司广州分公司	171 747	138 324	24.2
中石化集团茂名石油化工公司	170 675	173 142	−1.4
中石化镇海炼油化工股份有限公司	159 764	11 104	—
中石油天然气股份有限公司独山子石化分公司	124 297	104 543	18.9
中石油化工股份有限公司长岭分公司	123 925	101 210	22.4
茂名石化实华股份有限公司	121 508	112 280	8.2
中石化集团武汉石油化工厂	120 344	100 662	19.6
中石油化工股份公司荆门分公司	118 144	119 455	−1.1
中石化股份有限公司九江分公司	115 547	108 740	6.3
甘肃兰港石化有限公司	104 426	76 401	36.7
大连西太平洋石油化工有限公司	96 924	102 226	−5.2
福建炼化有限公司	95 806	90 456	5.9
大庆石化分公司	95 522	113 992	−16.2
中石油天然气股份有限公司抚顺石化分公司	87 275	93 538	−6.7
中石化洛阳石油化工总厂	86 316	88 016	−1.9
中石油化工股份有限公司济南分公司	86 060	70 975	21.3
中原石油化工有限责任公司	78 275	70 191	11.5
杭州争光塑料化工有限公司	73 347	69 185	6.0
中国石油华北石化公司	71 772	68 555	4.7
中石化集团巴陵石油化工有限公司	67 167	53 628	25.2
中石化集团天津石油化工公司	66 591	90 895	−26.7
中国石化齐鲁股份有限公司	63 744	87 713	−27.3
辽宁华锦化工(集团)有限责任公司	61 148	58 801	4.0
中石油兰州石化公司	57 883	40 590	42.6
大庆华科股份有限公司	57 732	60 349	−4.3
南京红叶实业总公司	49 052	58 759	−16.5
新疆新峰股份有限公司	42 490	39 762	6.9
石家庄炼油化工股份有限公司	39 198	32 898	19.2
锦西炼达石油化工有限公司	38 009	40 320	−5.7
新疆独山子天利高新技术股份有限公司	37 223	48 721	−23.6
中石油化工股份有限公司安庆分公司	36 829	34 218	7.6
吉化集团吉林市锦江油化厂	34 765	29 474	18.0
中石油前郭石化分公司	33 127	49 102	−32.5
哈尔滨华奥塑料有限公司	32 567	34 463	−5.5
镇海炼化工业贸易总公司	30 651	43 077	−28.8
北京东方罗门哈斯有限公司	29 353	24 574	19.4

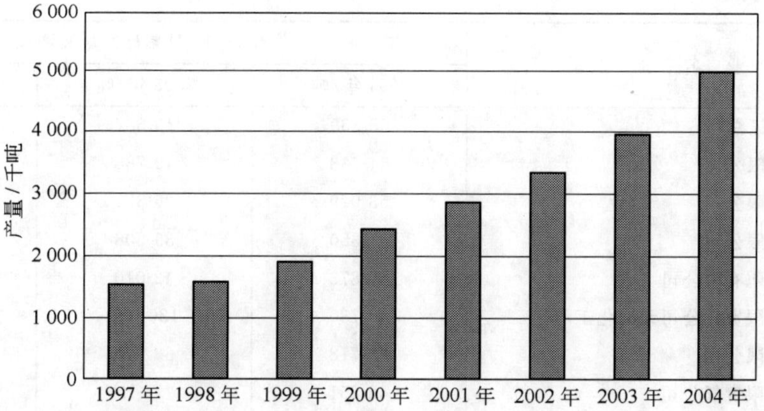

图 4　1997～2004 年国内 PVC 树脂产量走势图

树脂生产国，即便如此，国内企业对 PVC 的投资还在继续上升，随着人民生活水平的提高和国家对环保标准的提出，估计未来几年能将会减少产量增加幅度。2004 年国内主要 PVC 生产厂产量及增长见表 6。

表 6　2004 年国内主要 PVC 生产厂产量及增长

企　业　名　称	1～12 月累计产量及增长		
	2004 年/吨	2003 年/吨	同比/%
全国	5 031 800	4 242 664	18.6
天津乐金大沽化学有限公司	344 615	287 278	20.0
上海氯碱化工股份有限公司	341 876	293 103	16.6
天津大沽化工有限责任公司	317 115	290 824	9.0
河北沧州化工实业集团有限公司	269 723	270 068	－0.1
中国石化齐鲁股份有限公司	229 328	244 820	－6.3
宜宾天原股份有限公司	194 982	174 232	11.9
苏州华苏化工塑料有限公司	183 905	158 464	16.1
四川金路集团股份有限公司	172 351	140 254	22.9
北京化二股份有限公司	160 026	144 783	10.5
江苏江东化工股份有限公司	158 300	120 435	31.4
新疆中泰化学股份有限公司	117 481	55 785	10.6
锦化化工集团有限责任公司	111 654	121 488	8.1
无锡格林艾普化工股份有限公司	105 833	116 594	－9.2
天津渤天化工有限责任公司	104 466	—	—
福建省东南电化股份有限公司	103 573	92 066	12.5
南通江山农药化工股份有限公司	100 738	74 030	36.1
青岛海晶化工集团有限公司	99 306	84 807	17.1
焦作化电集团有限责任公司	94 248	77 600	21.5
巨化集团公司	76 241	68 006	12.1
山西榆社化工股份有限公司	72 914	34 860	109.2
太原化学工业集团公司	69 355	30 854	124.8
齐化集团有限公司	67 700	67 872	－0.3
江苏北方氯碱集团有限公司	64 645	57 331	12.8
新疆天业股份有限公司	62 005	50 055	23.9
南宁化工股份有限公司	55 919	49 700	12.5
湖南株洲化工集团有限责任公司	55 824	43 087	29.6

续表

企 业 名 称	1～12月累计产量及增长		
	2004年/吨	2003年/吨	同比/%
山东德州石油化工总厂	55 339	49 687	11.4
河北宝硕集团有限公司	54 588	40 788	33.8
济宁中银电化有限公司	53 029	26 321	101.5
沈阳化工股份有限公司	51 380	39 508	30.0
江苏亚邦化工集团有限公司	49 873	42 010	18.7
天津渤海化工有限责任公司天津化工厂	48 780	120 057	－59.4
河南恒通化工有限公司	48 718	32 129	51.6
湖北宜化集团有限责任公司	48 251	—	—
杭州电化集团有限公司	48 016	41 406	16.0
中国神马集团有限责任公司	46 426	30 564	51.9
内蒙古三联化工股份有限公司	45 714	30 009	52.3
成都华融化工有限公司	45 575	24 168	88.6
西安西化热电化工有限责任公司	44 479	36 441	22.1
武汉葛化集团有限公司	43 356	40 487	7.1

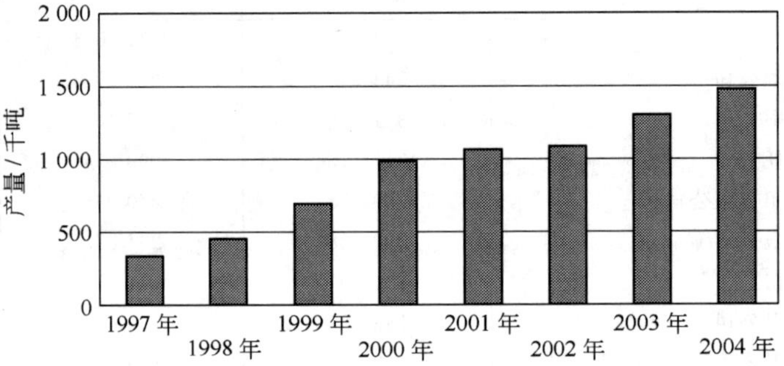

图5 1997～2004年国内PS树脂产量走势图

5. 聚苯乙烯

2004年，中国PS生产能力超过220万吨/年，实际产量为148万吨，生产企业有40余家，主要包括十几套引进的大型装置及一些采用国产技术的小型装置，1997～2004年国内PS树脂的产量走势见图5。

聚苯乙烯主要用于生产包装容器、日用品及电子电器3大行业。世界各地聚苯乙烯的消费结构不尽相同。北美约9%用于电子电器行业，57%用于包装容器，34%用于其他方面；西欧约15%用于电子电器行业，48%用于包装容器，37%用于其他方面；东北亚约49%用于电子电器行业，20%用于包装容器，31%用于其他方面；中国约63%用于电子电器行业，7%用于包装容器，30%用于其他方面。

6. ABS

2004年中国有9套主要ABS树脂生产装置（见表7），生产能力为138万吨/年，实际年生产产量为915万吨，生产企业主要分布在东北和江浙地区。

ABS树脂的需求及主要发展方向在于汽车方面由内部装饰向外部装饰转移，此外是在建材领域的发展。我国ABS主要用于电子电器行业，据统计我国用于家用电器行业的ABS为136.3万吨，占整个ABS消费量的77.4%；在电子电器中消费排名前3位的是：电视机18万吨，占10.2%、电冰箱11万吨，占6.2%、计算机10.2万吨，占5.8%。

在今后几年内，我国ABS树脂消费结构将发生较大变化。在电子电器行业，家用电器如电视机、电冰箱等的增长速度已经减慢，大型家电产品中增长较快的是电子计算机、空调和复印机等。预计2005年我国计算机为1800万台，用于计算机的ABS消费量是21.3万吨，占整个消费量的9.2%，年均增长率15.9%，而与之配套的办公设备如打印机、复印机等也会相应增长。

表7　2003～2004年国内主要ABS企业产能与产量

企业名称	产量/千吨		产能/(千吨/年)	
	2003年	2004年	2003年	2004年
中国石油天然气股份有限公司 吉林石化分公司	172	180	180	180
中国石油天然气股份有限公司 兰州石化分公司合成橡胶厂	37	45	50	50
中国石油天然气集团公司 大庆石化总厂化工厂	50	75	50	50
镇江奇美化工股份有限公司	115	120	250	300
宁波LG甬兴化工有限公司	250	280	300	300
镇江国亨化学有限公司	100	100	150	150
盘锦双兴工程塑料有限公司	30	45	50	50
韩国锦湖(Shinho)石化公司	25	50	50	50
台化塑胶(宁波)有限公司	0	20	0	250
总　计	779	915	1 080	1 380

表8　2004年进口量较大的石油化工产品贸易表

产品名称	进口量/万吨	同比增长/%	进口均价/(美元/吨)	同比增长/%	进口/表观消费量/%	比上年增长/%
原油	12 281.5	34.8	276.1	26.9	42.1	6
成品油	3 786.2	34.1	—	—	—	—
燃料油	3 053.9	28.4	198.6	9.4	61.6	5.5
有机化工原料	2 736.2	14	—	—	—	—
对苯二甲酸	572.1	25.8	728.8	29	—	—
1,2-乙二醇	339.1	34.8	896	42.3	—	—
苯乙烯	288.9	8.6	1 042.3	50.5	—	—
甲醇	135.9	−3.1	254.5	8.7	23.7	−6.7
对二甲苯	113.7	11.6	740.8	31.4	—	—
化肥(折纯)	649.8	3.3	—	—	—	—
磷肥(折纯)	143.7	−9.2	—	—	13.3	−3.1
钾肥(折纯)	418	12.5	—	—	—	—
合成树脂	2 131	11.7	—	—	55.9	0.5
聚乙烯(HDPE/LDPE/LLDPE)	479.7	2.3	645.2	40.8	52.2	−0.7
聚丙烯	291.4	6.6	880.1	18.9	38.1	0
聚氯乙烯	212.9	−9.2	794.2	21.7	28.5	−5.8
聚苯乙烯	156.3	−0.1	926.6	8.5	—	—
ABS	196.3	9.7	1 156.7	10	—	—

我国电子电气产品对ABS树脂的需求量以年均5.2%的速度增长，预计2005年将达到176万吨。在我国目前情况下，现有的生产规模根本无法满足迅猛发展的IT制造业的需求。大力发展ABS工业，降低对进口的依赖性已成为当务之急。

三、合成树脂进出口统计

2004年，我国加入WTO的第三年，石油和化工行业进出口贸易保持快速增长势头，贸易额和逆差以及原油进口量等均创历史纪录。据中国石油和化学工业协会统计资料显示，2004年全行业进出口贸易额达1 586亿美元，比上年增长40%，占全国进出口贸易总额（11 547亿美元）的13.7%；与此同时，贸易逆差也高达768亿美元，比上年增加54.8%。表8显示为2004年我国进口量较大的石油和化工产品贸易表，从2004年中可以看到，五大通用树脂进口量均远远高于出口。

2004年中国合成树脂进口量为2 131.0万吨。1999～2004年，我国合成树脂进口量每年都增加大约180万吨，而2004年进口增加在220万吨（表9）。在合成树脂进口中，五大通用树脂一直占主导地位，2004年五大通用树脂进口量为1 269.0万吨，占合成树脂总进口量的59.5%。

表 9　1999～2004 年合成树脂进出口统计　　　　单位：千吨

产　品		1999 年	2000 年	2001 年	2002 年	2003 年	2004 年
合成树脂及制品	进口	12 585.57	15 549.93	16 498.15	18 296.76	19 072.94	21 310.17
	出口	336.52	442.50	439.79	646.85	917.98	1 086.66
1. PE	进口	2 873.52	3 212.33	4 383.95	4 852.56	4 056.82	4 797.9
	出口	21.46	18.42	17.20	10.69	31.50	53.68
LDPE	进口	1 636.8	1 752.86	2 388.93	2 425.34	1 453.44	1 341.54
	出口	9.16	6.043	4.27	7.02	7.27	6.51
HDPE	进口	962.18	1 214.19	1 723.57	2 134.07	2 196.84	2 316.0
	出口	2.21	3.30	2.73	3.66	5.87	10.228
2. PP	进口	1 472.67	1 640.29	2 086.52	2 442.32	2 734.27	2 913.92
	出口	8.71	10.23	9.28	12.52	11.940	15.32
3. PS	进口	1 285.57	1 329.62	1 368.36	1 453.09	1 386.23	1 382.79
	出口	17.72	51.89	32.41	18.27	19.379	32.689
EPS	进口	231.39	198.70	169.73	174.44	178.08	179.76
	出口	10.23	13.78	14.32	24.92	34.49	41.74
4. ABS 共聚物	进口	1 334.23	1 469.72	1 426.04	1 637.65	1 790.12	1 963.1
	出口	21.28	27.51	28.73	19.65	21.417	15.870
5. PVC	进口	1 797.36	1 939.17	2 516.66	2 263.51	2 307.1	2 129.2
	出口	30.24	40.98	36.38	38.14	55.12	44.45
纯 PVC	进口	1 304.44	1 444.96	1 916.39	1 700.56	1 758.8	1 628.8
	出口	9.08	18.83	19.93	16.89	22.8	17.1
未塑化 PVC	进口	436.44	404.52	514.52	473.30	446.8	373.0
	出口	1.28	1.76	2.05	2.39	2.4	3.2
已塑化 PVC	进口	56.48	74.59	77.04	77.56	86.9	108.5
	出口	19.88	20.20	14.28	18.52	26.6	23.1
以上五大通用塑料	进口	8 994.74	9 789.83	11 951.26	12 823.57	12 452.62	12 690.16
	出口	109.64	162.81	138.32	124.19	173.85	203.75
聚酰胺(PA)	进口	150.19	193.63	186.23	251.26	306.060	385.648
	出口	8.47	9.73	8.70	14.41	20.697	33.491
聚碳酸酯(PC)	进口	160.56	236.36	265.97	415.41	534.761	729.813
	出口	33.54	54.54	54.81	72.59	89.528	117.650
聚甲醛(POM)	进口	90.60	108.33	109.001	135.57	151.52	188.51
	出口	7.90	9.07	9.96	8.99	9.334	14.684
塑料下脚料	进口	1 388.38	2 007.17	2 225.10	2 457.50	3 024.09	4 095.72
	出口	7.64	10.20	23.19	28.65	30.40	40.00

注：资料来源——历年国家海关统计。

从表9中看出，1999～2004年间合成树脂进口量年均增长为11.11%，低于1999～2004年同期国内产量年均增长率5.19个百分点。

四、合成树脂需求分析

据资料统计，1998～2004年间合成树脂表观消费量年均增长率为14.09%，低于同期产量年均增长率2.21个百分点。其中PE表观消费量年均增长为10%，高于同期产量年均增长率1个百分点；PVC表观消费量年均增长率为15.24%，低于同期产量年均增长率达3.46个百分点。1998～2004年间合成树脂国内自给率仅44.9%，最高不超过50%，最低为42%。

2004年，全球五大通用合成树脂（PE、PP、PVC、PS、ABS）仍处于供大于求的态势。我国合成树脂行业整体形势看好，合成树脂总产量达1 791万吨，占世界合成树脂的12.38%。其中，五大通用树脂产量1 659万吨，占国内合成树脂总产量的92.6%，列美国、日本之后居世界第三位。中国合成树脂行业整体形势看好，资产总计同比增长12.25%，销售收入同比增长了33.73%，利润总额同比增长了121.6%，达到117.1亿元，出口总额达122.7亿元，占销售收入的8.89%。

合成树脂主要分通用塑料（树脂）和工程塑料（树脂）两大类，以通用树脂为主，2004年PE、PP、PS、PVC、ABS五大通用树脂产量占总合成树脂产量的92.6%。2004年PE、PP、PS、PVC、ABS五大通用树脂进口量占总合成树脂进口量的62.7 %。2004年，五大通用树脂的消费量占合成树脂总消费量的77.8%；工程塑料以通用热塑性为主，主要有聚酰胺（PA）、聚碳酸酯（PC）、聚甲醛（POM）、聚对苯二甲酸丁二酯（PBT）、改性聚苯醚五大类，约占合成树脂总消费量的20%左右。

2004年我国合成树脂表观消费量为3 813.35万吨，比2003年增长11.85%，如表10和图6所示。

表10 国内合成树脂表观消费量统计

产品		1998年	1999年	2000年	2001年	2002年	2003年	2004年
合成树脂	表观消费量/千吨	16 411.9	19 250.13	21 919.5	28 536.55	31 950.86	34 092.96	38 133.51
	年增长率/%	6.79	17.29	13.87	30.19	11.96	6.70	11.85
	国内总自给率/%	42.83	43.72	49.25	42.19	42.77	46.75	46.97
PE	表观消费量/千吨	4 719.7	5 662.79	6 247.49	7 489.15	8 439.52	8 157.33	8 479.71
	年增长率/%	6.42	19.98	10.33	19.87	12.69	−3.34	3.95
	国内总自给率/%	48.56	49.64	48.88	41.69	42.03	50.65	52.04
PP	表观消费量/千吨	3 591.7	4 110.59	4 668.13	5 302.64	6 171.50	6 990.34	7 647.40
	年增长率/%	14.59	14.45	13.56	13.59	16.39	13.27	9.40
	国内总自给率/%	57.77	64.39	65.08	74.96	60.63	61.06	62.10
PS	表观消费量/千吨	1 735.8	2 201.96	2 212.73	2 396.000	2 514.816	2 668.449	2 830.103
	年增长率/%	−0.05	26.86	0.49	6.49	4.96	6.11	6.06
	国内总自给率/%	26.36	31.11	33.90	44.24	42.95	48.78	52.29
PVC	表观消费量/千吨	3 136.1	3 673.9	4 365.18	5 357.07	5 616.60	6 259.0	7 116.75
	年增长率/%	18.04	17.15	18.82	22.72	4.84	11.44	13.70
	国内总自给率/%	50.99	51.90	56.52	53.70	59.98	64.02	70.71
ABS	表观消费量/千吨	1 239.51	1 557.87	1 786.00	1 807.400	2 139.350	2 547.70	2 862.23
	年增长率/%	13.14	25.68	14.64	2.00	18.37	19.11	12.35
	国内总自给率/%	15.96	15.72	19.25	22.68	24.35	30.58	31.97

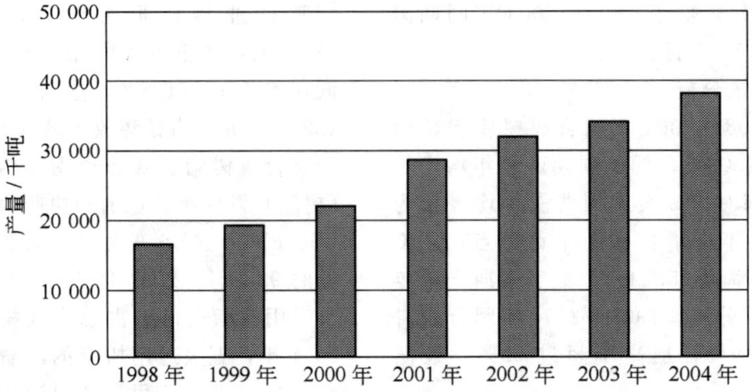

图6　1998～2004年国内合成树脂表观消费量走势图

从表10和图6可看出，国内合成树脂国产自给率普遍低下，2004年高出60%自给率的仅PP（62.10%）和PVC（70.71%），而国产自给率PE为52.04%，PS为52.29%，ABS为34.38%。

工程塑料国产自给率更低，以1999年为例（据不完全统计）：PC自给率不到1%；PMMA仅不到20%；聚甲醛不到2%；2004年PC仅为不到12%，PMMA不到20%；聚甲醛不到10%。

从2004年合成树脂消费情况看，由于上半年国内经济增幅较快，特别是投资增长超过了40%，带动了合成树脂需求的快速增加。7月份后，合成树脂价格的大幅上扬，使得下游制品利润大幅下降，使一些企业出现了亏损。因此从7月份起，国内合成树脂需求增长受到抑制。从消费领域看，国内包装材料、日用塑料制品等需求强劲，特别是电器、建筑用塑料制品的需求保持大幅增加。

从国家统计局的数据分析，我国国有及年产值超过500万元的其他企业塑料制品产量逐年增加，2000年后，这些企业的塑料制品产量呈现加速增长的态势。

五、合成树脂的价格分析

业内比较认同一个结论：我国石化产品是国际定价的产品。一种产品国际定价功能成立的前提是此产品具备明显对外依存度。只有充分贸易并且净进口率比较高的产品，国际价格指导器的作用才得以显现。通过对进口依赖度统计分析，可以知道，真正存在进口依赖度的产品主要集中在钾肥、原油、合成纤维原料、合成树脂、合成橡胶和部分基础化工产品，对于合成树脂的进口依赖度达到了55.38%。

从国际价格的带动作用看，国内价格基本跟随国际价格的走势。从国际价差来看，虽然原油价格持续攀升导致成本不断上升，但产品价差还是增长的。说明价格在抵消掉成本推动的作用的同时，需求拉动是扩大价差的惟一可能主导因素。在这种成本推动和需求拉动两者因素共同作用的情况下，对于成本推动上升，预期原油价格回落，将弱化成本推动作用。

1. 2004年树脂价格回顾（图7～图12）

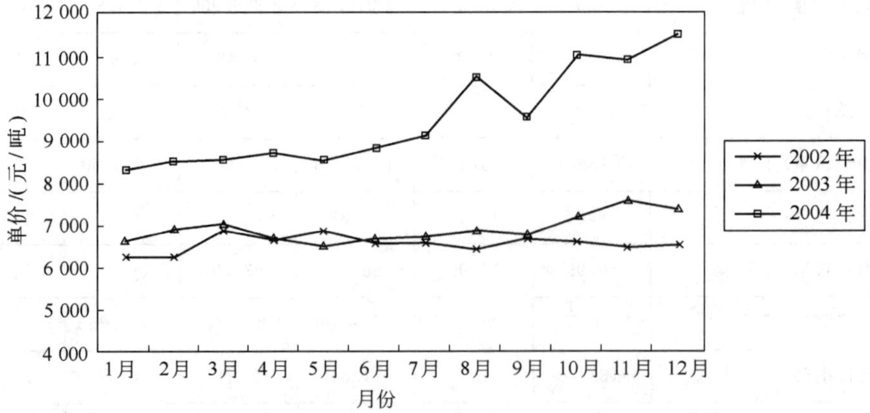

图7　2002～2004年HDPE国内月平均价格走势

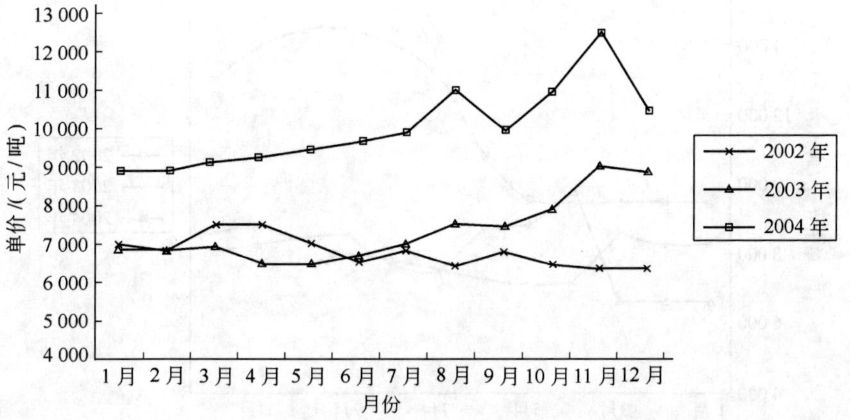

图 8 2002～2004 年 LDPE 国内月平均价格走势

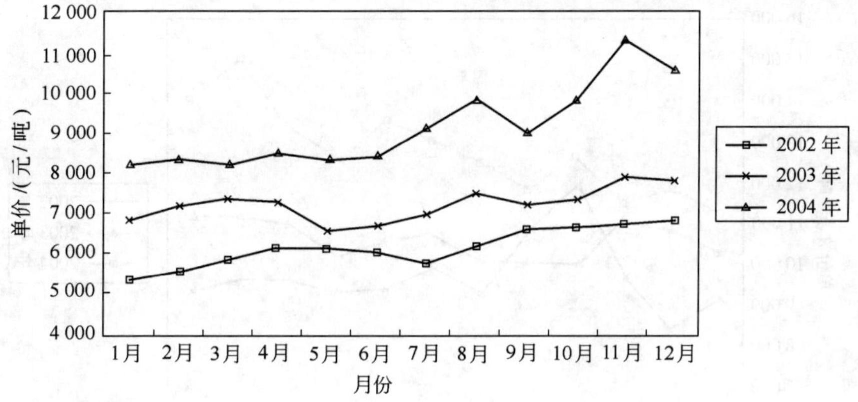

图 9 2002～2004 年 PP 国内月平均价格走势

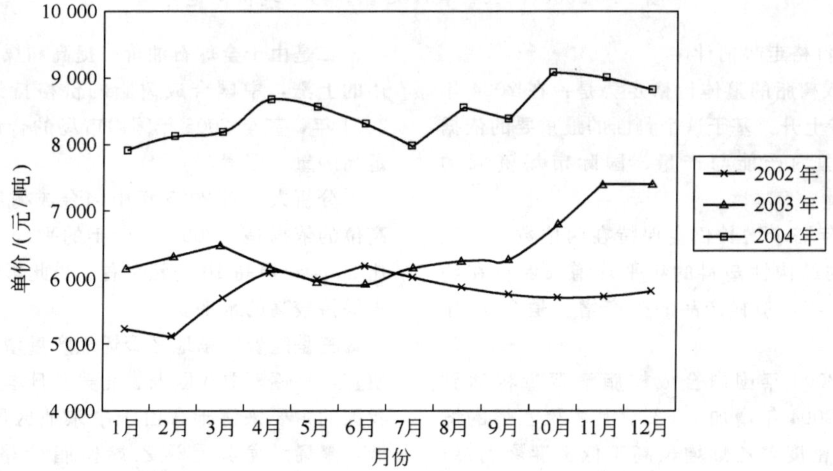

图 10 2002～2004 年 PVC 国内月平均价格走势

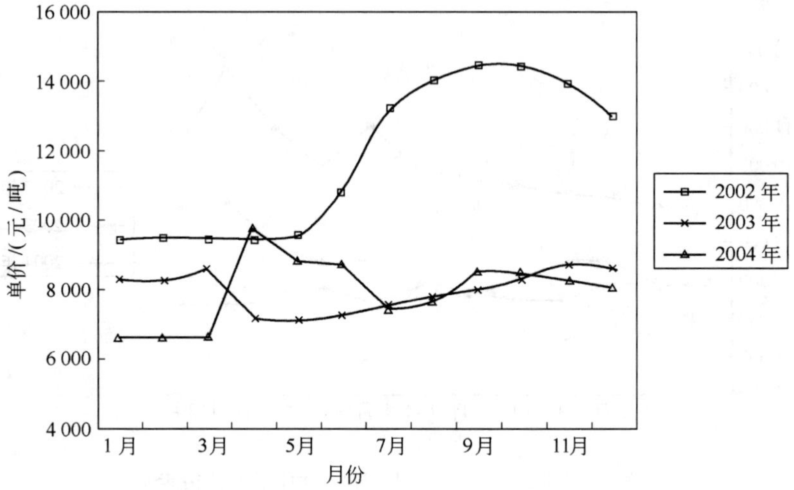

图 11　2002～2004 年 PS 国内月平均价格走势

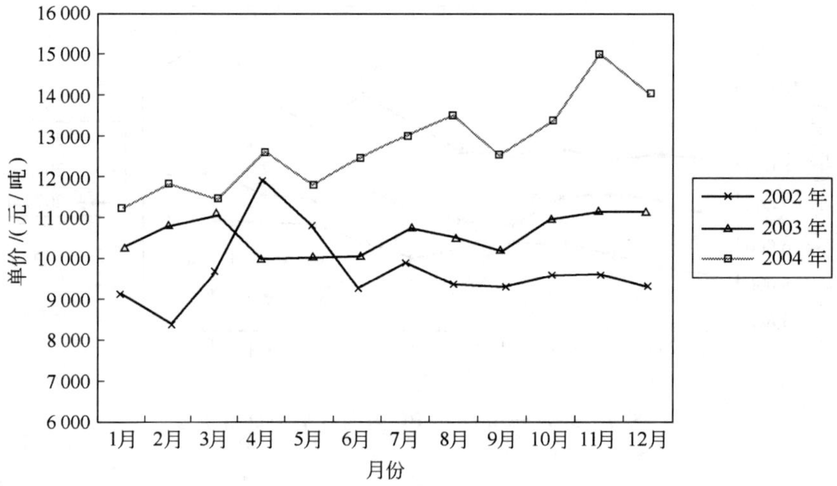

图 12　2002～2004 年 ABS 国内月平均价格走势

2. 2005 年价格走势估计

2005 年合成树脂的整体价格走势是：在 2004 年的基础上进一步上升。基于这个判断的最重要的依据是国内需求、国内产能与产量、国际市场资源的变化。

一是 2005 年需求增长仍会保持在两位数。最近几年中国市场的结构性塑料的年平均增长保持在约 15％的水平。去年，塑料产品的生产增长是 2003 年的 16％。

初步预计 2005 年国内合成树脂消费量将达到 3 365万吨，较 2004 年增加 8.5％。其中聚乙烯的增幅为 8.3％，高密度聚乙烯增长高于低密度聚乙烯；聚丙烯的增幅为 11.0％；聚氯乙烯的增幅为 8.0％；PS 的增幅为 5.5％；ABS 的增幅为 8.3％。

二是由于全球石油价格提高和煤、电力和运输费用的上涨，中国合成树脂的价格持续上涨，这也是 2004 年，甚至 2005 年国内市场的合成树脂价格继续走高的重要因素。

分析人士对 2005 年中国合成树脂价格仍将处于高位的依据是，2005 年全年的平均每桶石油价格将比 2004 年提高 10 美元左右。受此影响合成树脂价格将保持较高的水平。

三是随着中东地区聚烯烃产量增加，且价格相对便宜，将逐渐取代欧洲、北美及日本产品，成为供应我国的主要来源地，由于中东地区原料成本相对较低，聚烯烃尤其是聚乙烯树脂价格能保持相对的稳定。

四是中石油、中石化、中海油不断增加产量，满足市场对合成树脂产量、质量的需求。2005年国内有三家大型合资乙烯企业投资，扬子巴斯夫、赛科和惠州乙烯即将投产，将新增230万吨聚烯烃生产能力。2004年投产的齐鲁60万吨PVC装置也发挥作用，这些项目的建成投产将提高国内合成树脂的生产能力，市场占有率将得到明显提高。预计到2005年底国内合成树脂的生产能力将达到2200万吨左右，市场占有率将提高到57%～59%。由此，可一定程度地缓解供求紧张状况，对价格上升有所压制。

综上所述，2005年合成树脂的整体价格应该比2004年平均上升15%以上，即拉动因素占25%以上，抑制因素占10%左右。

（中国石油和化学工业协会　祝　昉）

塑料助剂

塑料助剂是塑料工业的重要组成部分，其作用和功能不仅关系到制品的加工性，同时与制品的稳定性、功能性密切相关。塑料品种的增加和塑料制品多方位实用性的要求，使塑料助剂的开发和应用对于塑料工业的发展和进步具有非常重要的作用。一些新功能、高效能的助剂品种得到开发和应用，中国塑料助剂工业的产耗结构开始趋向成熟。我国塑料助剂生产能力约为每年1 200kt，消费量720kt，近几年我国塑料助剂平均增长率一直保持在10%左右，远远高于世界塑料助剂4%的平均增长率。

未来几年，中国塑料助剂市场需求有望以年平均7%的增长速度，到2007年，中国塑料助剂市场的增长有望超过35亿美元（28亿欧元），其中大部分塑料助剂的市场需求将以平均8%～10%的速度增长，而占最大市场份额的增塑剂需求增长则将出现明显的回落，这将影响中国塑料助剂市场需求的增长速度。PVC领域的增长是市场增长的主要原因。当前中国本地生产的塑料助剂份额为18亿美元，其中87%用于当地市场，其余的用于出口，但随着更多跨国公司的进入，带来了更为先进的生产技术和产品，我国的塑料助剂出口额将会出现增长。当前尽管已有诸多国外大公司与我国当地的企业组建了合资企业，但整个中国的塑料助剂市场格局仍较为分散，大部分企业都是生产低附加值助剂的小型生产商。受到塑料加工业和市场的拉动，增塑剂、稳定剂、抗氧剂和阻燃剂等其他的塑料助剂需求将进一步增长，整个行业呈现出产销两旺的局面，塑料助剂企业的总体效益预计同比增长将达10%～15%，据分析，新产品的研发和生产将成为行业内的工作重点，汽车、包装以及电子、航空航天、信息技术等领域，对功能化、专用化、无毒、低污染的塑料制品和零配件的需求更加迫切，生产企业已逐步从以加工为重心转移到自主研制开发新品种上来。

一、增塑剂

1. 生产与市场现状

增塑剂是塑料加工中产能和消费量最大的一类塑料助剂，目前，我国增塑剂的生产企业有130多家，总生产能力已突破了800kt/a，但由于受到生产规模小、原料供应不足的影响，所有装置的开工率严重不足，每年仍需大量进口以满足市场需要，在产品结构中，邻苯二甲酸酯类占主导地位，而代表世界发展趋势的长链碳高碳醇酯类、直碳醇酯类增塑剂的产量偏低，一些耐热、耐寒、抗静电、耐抽出、阻燃的功能性增塑剂品种尚未形成大的生产规模，增塑剂的产品结构极不合理，因此应调整产品结构，落实长碳链高碳醇等配套原料的生产，发展高性能、多功能的增塑剂品种，扩大邻苯二甲酸酯类等通用品种的产能仍然是目前乃至今后一段时期内我国增塑剂行业面临的主要任务。

我国增塑剂生产企业主要分布在东南沿海经济发达地区，其中山东省发展最快，宁夏、青海和西藏仍为空白。主要产品有邻苯二甲酸酯类（其中以DOP、DBP为主）、对苯二甲酸酯、二元酸酯类、烷基磺酸酯、环氧酯、氯化石蜡、磷酸酯类等。

总体来讲，我国增塑剂品种与国外相比，还有很大差距，特别是产品档次和应用还不能适应市场发展的要求。目前，我国高档的塑料制品用邻苯二甲酸二壬酯和邻苯二甲酸二癸酯增塑剂主要依赖进口，进口集中在浙江、福建、广东等沿海地区。

2. 增塑剂产品结构与主要生产企业

在增塑剂产品结构中，邻苯二甲酸酯类占主导地位，近几年产量逐年有所增加，所占比重不断提高，近年DOP年均增长率约为4%左右。氯化石蜡占增塑剂总消费量的11%，烷基磺酸酯类占0.8%，二元酸酯占0.7%，磷酸酯类占0.3%，对苯二甲酸酯及环氧酯各占0.1%，而其他增塑剂（如偏苯三酸酯、柠檬酸酯、聚酯等）占17%左右。从各类增塑剂的产能变化来看，邻苯二甲酸酯类增塑剂整合速度明显加快，如计划经济时期形成的小规模（千吨级）、间歇法、分散状的格局基本被打破，而一批万吨级、连续法、相对集中的局面已经初步形成。

3. 技术进展及产业化成果

在选用新型催化剂体系方面先进成果层出不穷，主要如下所述。①山东齐鲁增塑剂股份有限公司选用氧化亚锡和QS-6两种固体催化剂，在生产中完全免去了中和水洗，避免了COD产生的较高的污水产生。②芜湖产品质量检验所以黏胶基活性炭纤维为载体，制备了负载SnO型催化剂，并用于合成偏苯三酸三辛酯（TOTM)。实践证明，该催化剂的活性比未经负载的SnO高，更易于分离，免除了中和、水洗、脱色等产品纯化过程，基本实现了清洁化生产。③南通工学院科研人员选用固体酸催化剂，直接酯化合成己二酸二正己酯耐寒增塑剂。使用这种固体酸在反应结束后易于除去，简化了生产工艺，而且酯化后只有少量的废水，可达到基本无“三废”的目标。

4. 增塑剂行业存在的问题与发展趋势

应当指出，尽管我国已成为增塑剂生产和消费大国，生产技术由酸性简单工艺发展为非酸性较先进工艺，并形成一批具有一定规模的大中型生产企业，但存在的问题亦不容忽视。概括起来，包括如下几点。(1) 与国外相比，产品结构不合理的矛盾仍然非常突出。如DBP、DIBP等品种由于对生态不利，很多国家已禁用，而我国仍有批量生产，相反，柠檬酸酯、810酯、聚酯、偏苯三酸酯、环氧酯等无毒、耐久综合性能较好的品种所占比例则不到1%。(2) 生产工艺相对老化。一些20世纪60～70年代建成的酸催化法、全间歇式、手动控制的落后装置和工艺仍然存在，这些生产装置往往生产规模小、功能单一、利用率低、物耗能耗高、污水排放量大、产品质量稳定性差，已经很难适应当今世界增塑剂行业的竞争局面。

根据我国PVC制品的发展预测，2005年我国PVC制品的总产量将达到550万吨，其中软制品300万吨，需增塑剂110万吨，另外，合成橡胶、胶黏剂、涂料、醋酸纤维等对增塑剂的需求也会稳定增长，预计到2005年的需求量达12万吨。由此推测，2005年我国增塑剂需求总量将达到122万吨，可见其发展空间很大。

今后的发展趋势有以下几方面。

(1) 复合型多功能增塑剂　其中一种为与其他功能助剂的复合，如具有协同作用的环氧类增塑剂和PVC热稳定剂、含氯增塑剂与三氧化二锑阻燃剂的复合等；另一种为性能不同的增塑剂配合使用，如DOP与耐寒增塑剂癸二酸二辛酯或己二酸二正己酯的配合使用，既可达到良好的增塑性，又可改善制品的耐低温性。

(2) 无毒型增塑剂　虽然国际社会对DOP致癌之嫌的争论已平息，但寻求新的无毒替代品的热情仍未降温，增塑剂的性价比成为邻苯二甲酸酯类增塑剂替代品的关键，如用于可放于儿童口中的塑料制品的增塑剂，而只有性价比合适的增塑剂才有市场竞争力。

(3) 对现有产品进行质量改进。国内每年进口大量的增塑剂，主要原因除规模有限外，更重要的是质量问题。

(4) 扩大规模，进行技术改造，这样有利于降低成本，节能降耗，稳定和提高产品质量，提高市场竞争力。

二、加工和抗冲改性剂

加工和抗冲改性剂是一种高聚物类助剂，主要用于硬质或半硬质聚氯乙烯制品的加工领域。其中，加工改性剂旨在促进树脂熔融，改变熔体的黏弹行为和强度，改善制品加工性能和表观性能，市售产品以丙烯酸酯类聚合物为主。抗冲改性剂多用于硬质PVC制品加工，是以弹性体增韧为基本原理的抗冲改性途径作为抗冲改性剂，主要类型包括氯化聚乙烯(CPE)、丙烯酸酯类聚合物（ACR)、甲基丙烯酸甲酯-丁二烯-苯乙烯共聚物（MBS)、丙烯腈-丁二烯-苯乙烯共聚物（ABS)、乙烯-醋酸乙烯共聚物(EVA）等。

1. 生产与消费现状

目前，我国抗冲改性剂总生产能力为8.5万吨/年，产量约为5.7万吨，生产企业30余家，其中CPE消费量最大，约4.5万吨，几乎占总产量的80%；ACR约0.9万吨，占16%。主要品种按产量的排序是CPE、ACR、MBS，其中低效能产品CPE的产能过剩，具有优异综合性能的改性剂ACR、MBS发展缓慢，特别是MBS的产量不到抗冲剂总量的1%。表1归纳了国内抗冲改性剂的生产情况。

表1　国内抗冲改性剂的生产情况

品种	生产能力		产　量	
	能力/(万吨/年)	比例/%	能力/(万吨/年)	比例/%
CPE	10.0	68.5	8.0①	77.7
ACR	3.0	20.5	1.8②	17.5
MBS	1.5	10.3	0.5	0.4
其他	0.1	0.7	—	—
合计	14.6	100.0	1 063	100.0

① 8万吨产量中抗冲型7万吨，其中出口约1万吨，国内实耗约6万吨。

② 1.8万吨产量中抗冲型仅1 000吨，其他大部分为加工型产品。

表2列出了我国PVC抗冲改性剂（含加工助剂）主要生产厂及能力。

在众多抗冲改性剂生产厂家中，CPE生产企业达20家以上，基本上集中在华东沿海地区，最大生产企业为山东潍坊亚星化工集团公司，规模达5.0万吨/年，其引进了德国赫斯特公司技术及关键设备，代表了国内最先进的CPE生产技术水平，第二大厂为

表 2 我国 PVC 抗冲改性剂（含加工助剂）主要生产厂及能力

生产厂家	生产能力/(t/a)
CPE	
山东潍坊亚星化工集团	25 000
江苏东台天胜化工集团	10 000
浙江温州华塑助剂厂	3 000
山东淄博塑料助剂厂	3 000
湖北双环化工集团	6 000
山东威海金鸿化工集团	10 000
安徽芜湖化工厂	3 000
广东佛山电化总厂	3 000
山东青岛化工厂	10 000
甘肃国投节能公司	3 000
ACR	
苏州安利化工厂	5 000
山东淄博助剂厂	4 000～5 000
山东威海金鸿化工集团	2 000
无锡有机玻璃厂	4 000～5 000
温州润华化工实业有限公司	4 000
温州天盛集团	2 000
MBS	
江苏丹阳世洞有限公司	4 000
中天集团荆门有机化工	1 000
浙江德清县东来化学公司	1 000
齐鲁石化公司研究院	1 500
温州天盛集团	1 000
中国核工业总公司 741 矿	1 000

山东威海金泓化工集团和江苏东台天腾化工公司，规模皆为 1 万吨/年，其余为千吨级或不足千吨级厂家。

我国 ACR 改性剂的研制起步于 20 世纪 80 年代，其抗冲改性和耐候性优异，并兼具一定的加工改性效果，因而在抗冲改性剂领域具有突出的地位，也是当今世界 PVC 抗冲改性剂发展的主要方向，作为 PVC 制品必不可少的助剂，其市场前景十分诱人。目前 ACR 全国大小生产厂 20 多家，总生产能力约 3.6 万吨，实际产量约 2.7 万吨，除苏州安利化工厂、山东威海金泓化工集团、淄博塑料助剂厂等少数厂家生产少量的抗冲型产品，其他绝大部分为加工型产品，其中 ACR 最大生产厂为苏州安利化工厂，规模达 5000 吨/年，技术采用国内技术，喷雾干燥部分从丹麦引进，可生产 ACR-Ⅰ加工型和试产 ACR-Ⅱ抗冲型等四个牌号产品，金泓化工集团也可生产抗冲型 ACR。ACR 的生产主要集中在江苏、浙江、山东等沿海地区，其能力占 80%以上，而且由于大部分厂家的设备都是国产的，存在一定的缺陷，使生产的连续性和自动化受到限制，所以有近 15 000 吨 ACR 树脂靠进口或随 PVC 制品和半成品的 PVC 母料的进口而带入国内市场，而这其中的主要原因是国内无法大规模生产技术含量较高的抗冲击型 ACR 产品。因此，建设规模装置生产国内紧缺的抗冲击型 ACR 产品以加速 PVC 硬制品加工业的发展势在必行。建设年产 10 000吨抗冲击改性剂 ACR 树脂生产装置，市场可靠，发展前景广阔。

MBS 树脂是丁二烯、苯乙烯和甲基丙烯酸甲酯通过乳液聚合制得的三元共聚物，系透明硬质 PVC 制品的抗冲改性剂的重要类型，但由于分子内具有丁二烯不饱和键，耐候性差，一般用于户内制品，以使之具有特殊要求的性能或改善其综合性能，由于其与 PVC 的折射率相近，因此它是改性 PVC 制取透明制品的最佳材料，2002 年中国 MBS 总产量仅达 6 000t，而每年需求量约为 3 万吨，不足部分只能大量进口，而且仍以年均 10%左右的高速度增长。

预计到 2005 年，我国 PVC 树脂的需求量为 300 万～350 万吨，若包括来料加工，届时需求可达 400 万～430 万吨，如果这些 PVC 有 50%用于硬料，并且其中 20%使用 MBS 改性，投入比例按 7%计算，共需 MBS 3 万吨以上；同时，随着我国抗冲剂产品结构的调整，MBS 将成为抗冲击改性剂的主要品种，我国抗冲击改性剂在产量、品种、改性功能等方面与国外差距较大，发展空间较大，MBS 树脂前景广阔。

2. 市场前景及发展方向

从 1990 年以来，我国 PVC 的表观消费量以年均 10%的速度增长，特别是用于硬制品的比例将继续增大。预计到 2005 年，我国城镇住宅建设及其他工农业等需求 PVC 管材约 80 万吨，异型材 90 万吨，加上板片材、包装材料等方面的需求，PVC 硬制品的需求量将达到 250 万吨，硬软 PVC 比例达 1：1，需 PVC 抗冲改性剂和加工改性剂约 10 万～12 万吨，其中 ACR 约为 4 万吨，ACR 在 PVC 抗冲改性剂中总消费比例达 36%，到 2010 年我国对 PVC 硬制品的需求量将达到 320 万吨，需 PVC 抗冲改性剂和加工改性剂约 13 万～15 万吨，其中 ACR 约为 6.5 万吨，我国抗冲改性及加工改性剂的需求预测见表 3。

传统意义上的加工和抗冲改性剂主要适用于 PVC 硬制品和半硬制品，随着国民经济的快速发展，国家加大基础设施建设的投入力度，建筑用塑料制品，尤其是 PVC 型材、管材的市场需求快速增长，为加工和抗冲改性剂行业的发展提供了良好的机遇。完善 ACR 抗冲改性剂生产技术、扩大产能将是未来几年加工和抗冲改性剂行业面临的主要任务。今后将重点发展具有核-壳结构、综合性能优异的 ACR、MBS、

表 3　我国抗冲及加工改性剂的需求预测

（单位：万吨）

项　目	2005 年	2010 年
PVC 制品量	500	600
PVC 硬制品量	250	320
其中：管材	80	100
异型材	90	120
板、片材等	50	60
其他硬制品	30	40
配套抗冲加工改性剂	10～12	13～15
其中：ACR	4	6.5

氯化聚乙烯（CPE）应加速开发与 PVC 的共混产品。

三、热稳定剂

热稳定剂一般特指适用于聚氯乙烯及氯乙烯共聚物等含卤树脂、旨在抑制其在加工温度下降解的稳定化助剂。通常包括铅盐类、复合金属皂类、有机锡类、有机锑类、稀土和某些纯有机辅助热稳定剂。近年来，聚氯乙烯作为塑料建材的主体得到了迅速发展，与之相适应，中国聚氯乙烯的产品结构发生了显著变化，硬制品的消费比例明显提高，热稳定剂的消费量呈现较快的增长势头。就消费结构来看，铅盐类产品在热稳定剂中仍然居于主导地位，有机锡、稀土稳定剂等高效、无毒或低毒稳定剂虽消费比例增幅较大，但热稳定剂的品种少，结构不合理仍是客观存在。此外，生产规模小，产品质量差，新产品开发力度不够。

1. 生产和消费现状

我国热稳定剂的生产和应用始于 20 世纪 50 年代。近十多年来，随着 PVC 工业的快速发展，尤其是硬制品比例的大幅度提高，刺激和带动了热稳定剂行业的发展。据统计，我国热稳定剂的生产能力达到 20 万吨/年以上，生产企业约 80 家，产品品种在 100 种以上，常用的有 50～60 种，主要品种包括铅盐类（含三碱式硫酸铅、二碱式亚磷酸铅等）、硬脂酸盐类（含 Ba、Cd、Zn、Ca、Pb、Mg 等）、复合金属皂类热稳定剂、有机锡（锑）类、稀土类及有机辅助稳定剂等。表 4 列出了我国热稳定剂主要生产厂家和品种。

我国热稳定剂行业中仍以铅盐为主，而综合性能优良和环境友好的复配型、有机锡类所占比例偏低。目前，我国产能在 5 000 吨/年以上的企业为 13 家，其中有大连实德集团的 2 万吨/年复合稳定剂装置，广州广洋高科技实业有限公司 2 万吨/年稀土热稳定剂装置等。由于国家有关部门加大了对上下水管材铅含量的限制力度以及门窗型材行业对铅盐稳定剂无尘化、无害化要求的提高，热稳定剂行业无铅化、复合化趋势的发展更加明显。

表 4　我国热稳定剂主要生产厂家及品种

生 产 厂 家	品　　种
南京金陵化工厂	铅盐系列
温州天盛塑料助剂有限公司	铅盐、金属皂系列
重庆长江化工厂	铅盐、金属皂系列
山东招远化工厂	金属皂系列
延安油脂化学公司	复合金属皂系列
厦门电化厂	复合金属皂系列
山西长治化工厂	复合金属皂系列
北京加成助剂研究所	有机锡系列
北京化工三厂	有机锡系列
湖北南星化工厂	硫醇甲基锡系列
深圳泛胜塑胶助剂有限公司	硫醇甲基锡系列
广东广洋公司	稀土稳定剂系列
北京助剂研究所	稀土稳定剂系列
浙江仙居合成化工厂	稀土稳定剂系列

2. 趋势与发展

随着 PVC 应用领域的扩展，特别是异型材、管材、板材等用量扩大，PVC 制品的产耗量将大幅度增加，预计到 2005 年，我国 PVC 市场需求将达到 6 200kt，我国 PVC 总加工能力将达到 7 000kt；2010 年国内市场需求将达到 8 000kt 左右。根据 PVC 的消费量，并结合国内热稳定剂结构调整和国外热稳定剂消费结构与趋势，业内专家预计 2005 年我国热稳定剂的需求将在 160～170kt 之间，具体消费比例为：铅盐类约占 40%、硬脂酸盐类约占 10%、有机锡类约占 10%、稀土类约占 13%、复合型约占 25%、其他占 2%。进一步调整产品结构以满足环保要求、降低 PVC 热稳定剂的毒性、开发无毒（低毒）、复合、廉价的 PVC 热稳定剂是未来热稳定剂行业发展的重要趋势。今后我国热稳定剂工业应顺应环保潮流、扩大生产规模，提高产品质量，增加钙/锌复合品种和有机锡等无毒产品的生产，尤其是适用于日用品中的无毒热稳定剂的生产，提高它们在产品结构中的比例；利用我国丰富的稀土资源，生产与推广稀土类热稳定剂；注重开发高效多元复合型产品，这样不仅可以提高稳定效果，避免配方时稳定剂、润滑剂等塑料助剂添加和繁琐的计算过程、方便用户使用和贮存，还能减少资源浪费和环境污染。

四、阻燃剂

1. 产能与消费

阻燃剂作为难燃化助剂是一类能够有效抑制聚合物制品燃烧、降低烟雾和有毒有害气体的功能性助剂。根据化学组成，市售阻燃剂主要包括无机类和有机类。无机阻燃剂以氢氧化铝、氢氧化镁、硼酸锌、三氧化二锑为主，同时包括一些具有抑烟作用的金属氧化物（如氧化钼等）。有机类阻燃剂涉及卤系（含氯系和溴系）、磷系、氮系、硅系等。

我国目前阻燃剂的生产企业有70多家，而目前国内的阻燃剂均以无机体系为主（如下表所示），占总体的50%～60%，并且主要是氢氧化铝、氢氧化镁。

表5和表6分别列出了国内氯系和磷系阻燃剂的主要生产厂家。

近几年，我国阻燃剂的生产和消费形势持续发展，1999～2004年年均消费增长率均达15%左右，远高于全球平均水平。如果不考虑主要作为阻燃增塑剂的氯化石蜡及除阻燃之外还有其他多种用途的金属氢氧化物，也不考虑主要销往国际市场的锑及锑化合物，那么虽然我国阻燃剂总产量增长较快，但仍不能满足国内需求。近年，我国塑料制品产量年均增长率为10%，而且发展势头不减。塑料制品将会增加，而且将对其提出更严格的阻燃要求，所以阻燃塑料在塑料中所占的比例将有所增长，我国阻燃剂市场蕴藏着巨大的潜力。预计未来5年内，我国阻燃剂消费量年均增长率可达到12%，到2008年，总需求量将达11万～12万吨。

2. 阻燃剂行业存在的问题及建议

行业预测，2005年全国阻燃剂需求量将达到17万吨以上，2010年约为20万吨。无卤、高效、低烟、低毒新型阻燃剂是当今阻燃剂的发展方向。具体而言，发展非卤化高效能的无机阻燃抑烟剂、稳定多功能低毒的磷系阻燃剂以及膨胀型阻燃体系是大势所趋。

发展建议如下：①提高现有阻燃剂的产品质量；②开发新产品，调整产品结构，开发具有自主知识产权且在性能、价格及环保等方面都可以为用户所接受的十溴二苯醚的代用品；③溴系阻燃剂的生产装置应达到适度规模，鉴于我国目前阻燃技术发展水平及国外市场的销量，我们不能建立规模过大的装置；④要大力加强应用要求，阻燃剂制造企业应建立应用研究机构，密切与用户的技术联系，了解用户的要求，向用户提供使用指导，共同提高最终产品的阻燃性能及其他性能，这样才能扩大销售市场并且充分合理地发挥阻燃剂的作用。

我国阻燃剂的开发方向为以下几点。

(1) 发展无卤、高性能无机阻燃剂　主要方向包括无机阻燃剂的表面处理技术开发与研究，尤其是微胶囊包裹红磷技术和氧化锑的母粒制备技术；超细化、纳米化的研究与生产，开发生产纳米级的氢氧化铝，加快超细氢氧化镁合成技术开发，大力发展性能更为优异的超细氢氧化镁产品；复合阻燃体系兼具多种阻燃剂的特性，不同阻燃剂的复合协同作用为合成

表5　国内氯系阻燃剂生产厂家

产品名称	生产厂家
氯化石蜡（氯蜡-70）	上海电化厂、四川长寿化工厂、武汉葛店化工厂、沈阳化工厂
四氯邻苯二甲酸酐	连云港化工研究所、广州化工研究所
全氯戊环癸烷	天津合成材料厂研究所
六氯环戊二烯	鞍山化工一厂
苯基三氯化磷	滕州市东立阻燃剂有限公司、成都威力阻燃化工实业公司、登封市天一阻燃剂有限公司
苯氧氯化磷	滕州市东立阻燃剂有限公司、成都威力阻燃化工实业公司、登封市天一阻燃剂有限公司
氯桥酸酐	天津合成材料研究所、上海试剂三厂
四羟甲基氯化磷	上海纺织科学研究所、江苏沙洲化工厂

表6　国内磷系阻燃剂生产厂家

产品名称	生产厂家
磷酸三（β-氯乙基）酯（TCEP）	上海彭浦化工厂、浙江临海化工厂、天津滨海化工厂、苏州前进化工厂、浙江建德化工厂、开封阻燃剂厂、天津联瑞化工有限公司
磷酸三（1,3-二氯-2-丙基）酯（TDCPP）	浙江临海化工厂、沈阳阻燃化工厂
磷酸三甲苯（酚）酯（TCP）	上海彭浦化工厂、天津滨海化工厂
磷酸三（二甲苯）酯（TXP）	上海彭浦化工厂、天津合成材料研究所
磷酸二苯异辛酯	上海彭浦化工厂
磷酸三苯酯（TPP）	上海彭浦化工厂、湖南衡阳有机化工厂、天津联瑞化工有限公司
磷酸三（异丙苯）酯	青岛磷肥厂、天津合成材料研究所、湖南省化工研究所
磷酸三乙酯（TEP）、磷酸苯二异辛酯、磷酸苯二乙酯、亚磷酸苯二异辛酯、亚磷酸三苯酯、亚磷酸三甲酯、含磷多元醇	上海彭浦化工厂
含磷含卤多元醇	常州向阳化工厂、天津联瑞化工有限公司
聚磷氯系磷酸酯	上海彭浦化工厂
硫化磷酸酯	沈阳化工厂
多聚磷酸酯	大连轻化工研究所

材料阻燃开辟了广阔的前景，因此加快无机阻燃剂之间及无机与有机阻燃剂的复配研究，也成为关键的工

作；开发新型高效无机阻燃剂，许多新型无机阻燃剂与传统产品相比，性能更好、毒性更小，要加大开发与应用的力度，如硼酸盐、钼类化合物、锡类化合物和锆类化合物等。

（2）稳定化、多功能及低毒是磷系阻燃剂的发展方向。

（3）高分子型溴系阻燃剂是今后更新换代的较好品种。

（4）红磷包覆技术在国内外已成为一个研究热点。

（5）膨胀型阻燃体系是新发展的一种无卤阻燃体系。

基于上述方向，未来阻燃界应该以环保型阻燃剂为追求目标，不断提高产品档次和开发新产品，尽快采取措施，减少卤系阻燃剂的用量，大力增加无机阻燃剂（包括磷系、铝-镁系、硼系、硅系等，特别是这几类中的新产品）的用量，努力增加有机磷系、磷-氮系（包括膨胀型阻燃剂）、氮系阻燃剂的用量，逐步改善我国阻燃剂的结构，赶上发达国家的水平。我国现在正着手建立某些领域的阻燃法规，为了加速这一进程，阻燃界应反复阐述和证明采用阻燃材料在防止火灾、减少人民财产损失及保护环境上的巨大作用，强调只有通过阻燃，才能保证高分子材料在现代社会中安全使用。同时，要科学、实事求是地评价每一种阻燃剂的性能，而不要对所有阻燃剂或某一类型的所有阻燃剂一概而论。

五、光稳定剂

1. 生产与消费现状

光稳定剂属于耐候性稳定化助剂，旨在通过屏蔽、吸收紫外线或猝灭紫外线激发的激发态分子能量、捕获自由基等方式达到抑制光氧化降解并延长制品使用寿命的目的。目前市售的品种主要包括二苯甲酮类、苯并三唑类、三嗪类等紫外线吸收剂、镍盐类激发态猝灭剂和受阻胺类光稳定剂等。光稳定剂多用于户外制品，农用塑料大棚膜是国内最大的光稳定剂消费市场。目前，我国生产的光稳定剂品种超过30余种，已形成一定生产规模并具有一定市场份额的有15种左右，但缺乏高效品种，消费结构仍以受阻胺类和紫外线吸收剂为主，约占总消费量的90%，而镍猝灭剂因有机镍络合物重金属离子毒性问题，用量呈逐年下降趋势。受阻胺类光稳定剂的产耗量最大，以622、944为代表的聚合型受阻胺光稳定剂品种已经成为农膜用光稳定剂的支柱产品。由于HALS具有高效、多功能、无毒等优点，已成为21世纪光稳定剂的主要发展方向。淘汰低分子量受阻胺，转向发展高分子量、多功能、非碱性与反应型品种已成为一种趋势。UVA在一些特殊应用领域的地位似乎难以被替代，因此它的开发和应用仍不容忽视。表7列出了国内主要光稳定剂的生产厂家。

2. 技术进展与发展趋势

在受阻胺品种开发方面，继第一代低分子量品种GW-540、770和第二代聚合型高分子量品种622、944之后，第三代、第四代复合型和反应型品种783、628已研发成功，预示着我国受阻胺光稳定剂正在接近国外先进水平。在紫外线吸收剂领域，苯并三唑类新品种UV-329（UV-5411）、三嗪类高效紫外线吸收剂UV-425（UV-1164）和全新结构的无色高效紫外线吸收剂UV-419、光稳定剂GW-4611以及应用于工程塑料的新型紫外线吸收剂UV-418开始面市，这无疑极大地丰富了国内光稳定剂市场的品种和结构。特别是山西省化工研究院最新研制出的高效紫外线吸收剂——UV-418，能够强烈吸收紫外线，同其他传统的紫外线吸收剂相比，具有分子量大、不易挥发、耐抽出、易加工等特点，其外观为白色，对可见光几乎不吸收，不会造成聚合物着色和变色，长期曝置于光和热中仍可保持制品原有的透明度或色泽。另外，UV-418与受阻胺光稳定剂配合使用，可发挥出优异的光降解保护作用，可广泛应用于PC、PET等工程塑料中。

展望未来，光稳定剂的市场前景十分诱人，根据国家轻工总会的发展规划，2005年国内仅农膜行业对光稳定剂的需求量就将达到2 000吨以上，加上其他方面需求，2005年、2010年我国光稳定剂的需求量将分别超过2 500吨和5 000吨。

总之，我国光稳定剂的质量、品种和数量还不能满足合成材料发展的需求，因此我国光稳定剂行业应努力开发和生产新品种，加速产品更新换代，提高产品的光、热稳定性、耐水解性及耐油性，降低产品的挥发性、毒性，增加与聚合物的相容性。增加新品种，特别是高性能、多功能、长效、无（低）毒品种应是生产与发展的重点，复配、高分子量化、低碱性化、官能团结构的多元化以及多功能化、反应型复合化等仍是开发新品种的趋势，根据国内原料特点，开发符合产品要求的光稳定剂系列产品，以满足市场需求。结合国内光稳定剂发展现状和世界光稳定剂的发展趋势，确定今后我国光稳定剂行业的发展方向如下：加强光稳定剂的基础研究，创新开发具有提高产品光、热稳定耐久性、耐水解及耐油性，降低挥发性、毒性，改善与聚合物相容性的新结构和新品种；加大受阻胺光稳定剂中间体的国产化力度，尽快实现具有代表性的重要品种的国产化；强化应用技术的研究，开发具有专用化、功能化的复合型光稳定剂品种。

表 7 国内主要光稳定剂生产厂家

商品名称	化学名称	生产厂家
UV-531	2-羟基-4-正辛氧基二苯甲酮	北京化工三厂、镇江前进化工厂、南京长征化工厂、武汉化学助剂厂
UV-9	2-羟基-4-甲氧基二苯甲酮	辽阳有机化工厂、上海助剂厂、沈阳助剂厂、武汉助剂二厂
UV-0	2,4-二羟基二苯甲酮	武汉助剂二厂
UV-327	2-(2′-羟基-3′,5′-二叔丁基苯基)-5-氯代苯并三唑	天津力生化工厂、北京化工厂、上海助剂厂
UV-326	2-(2′-羟基-3-′叔丁基-5′-甲基苯基)-5-氯代苯并三唑	天津力生化工厂
UV-P	2-(2′-羟基-5′-甲基苯基)苯并三唑	浙江淑江市化工二厂
光稳定剂 770	癸二酸双(2,2,6,6-四甲基-4-哌啶酯)	北京化学工业研究院、北京助剂研究所
光稳定剂 744	4-苯甲酰氧基-2,2,6,6-四甲基哌啶	北京化工三厂
光稳定剂 622	丁二酸与(4-羟基-2,2,6,6-四甲基-1-哌啶醇)的聚合物	北京市化学工业研究院
光稳定剂 3346		北京助剂研究所
GW-540	三(1,2,2,6,6-五甲基-4-哌啶基)亚磷酸酯	浙江瑞安化工厂、太原溶剂厂、无锡海天精细化工厂、北京助剂研究所
光稳定剂 2002	双(3,5-二叔丁基-4羟基苄基膦酸单乙酯)镍	镇江前进化工厂
AM101	2,2′-硫代双(4-叔辛基酚氧基)	上海染化五厂
光稳定剂 NBC	N,N'-二正丁基二硫代氨基甲酸镍	武汉径河化工厂
UV-1164 SQ-425	2-[4-双(2,4-二甲基)-2-(1,3,5-三嗪基苯酚)-5-辛氧基苯基]-1,3,5-三嗪	山西省化工研究院
三嗪-5	2,4,6-三(2′-羟基-4′-正丁氧基苯基)-1,3,5-三嗪	上海东方化工厂、吉林和龙县化工厂、山西省交城县富丽化工有限公司
RMB	单苯甲酸间苯二酚酯	武汉化学助剂厂
BAD	双水杨酸双酚A酯	天津力生化工厂
GFW-100 GFW-110		上海石化化工研究所
PDS-GFW-Ⅱ		中科院化学所
GW-944		天津大学药物科学与技术学院(中试),河北省廊坊市龙泉助剂有限公司
GW-944Z		北京加成助剂研究所

六、抗氧剂

1. 生产及消费现状

20世纪90年代以前，我国仅有不到10家企业生产受阻酚类抗氧剂，无论品种、数量还是产品质量均不能满足我国塑料工业的生产与发展需求。目前，我国生产并面市了20余种常规或专用抗氧剂品种，主要品种包括BHT、1010、1076、168、DLTP、B-215、2246、3114、246、DSTDP等。

目前抗氧剂国内生产厂家超过30家，存在的主要问题有：规模小，经济效益低下，产品质量较差，新产品开发缓慢，产品结构不合理，市场竞争激烈，许多专用高档抗氧剂还需依赖进口，抗氧剂工业正在向专用化、系列化、复合化、高效化方向发展，预计到2005年我国抗氧剂需求量将达到1.2万吨，2010年约1.8万吨。表8列出了我国抗氧剂的主要生产厂家。

就通用品种的生产和供应而言，中国塑料抗氧剂已经达到或接近国外先进水平，1010、1076、168以及由其为主要组分的复合型抗氧剂 B215、B225 等产能和指标基本满足了国内聚烯烃树脂的市场需求。然而，总体来看，专用化、高性能结构的品种数量不足，相当数量的品种仍需依赖进口。可喜的是，国内在抗氧剂新品种开发方面取得了明显的进步，代表世界发展潮流的碳自由基捕获剂、半受阻酚抗氧剂、新型高效亚磷酸酯辅助抗氧剂以及碳自由基捕获剂苯并呋喃酮的研究都有新进展，特别是山西省化工研究院相继推出 KY-586、KY-390、KY-394、KY-1330 等系列抗氧剂，标志着我国抗氧剂工业正逐步走向成熟。其中 KY-1330 是一种高分子量受阻酚抗氧剂，具有与树脂的相容性好、不着色、耐萃取、低挥发、抗氧效率高和电绝缘性好等特点，适用于聚烯烃、PET 和 PBT 等热塑性聚酯、聚酰胺、苯乙烯类树脂及聚氨酯、天然橡胶等弹性体材料的抗氧稳定化，特别是与亚磷酸酯类、硫代酯类、碳自由基捕获剂等辅助抗氧剂配合具有良好的协同效果，在高温加工和要求高耐萃取性的应用场合可赋予制品优异的加工稳定性和良好的持久稳定性，在高温加工的聚烯烃（如 PP、PE 等）管材、注塑制品、电线电缆等制品的加工领域中尤其适用。此外，该院以碳自由基捕获机理为基础开发和研究了双酚单丙烯酸酯类碳自由基捕获剂 KY-394，并推出了新型耐水解亚磷酸酯抗氧剂 KY-P852。

表 8　我国抗氧剂主要生产厂家

工厂名称	装置能力/(t/a)	产品种类
汽巴高桥公司	4 000	受阻酚类、亚磷酸酯、复合型
浙江金海公司	2 000	受阻酚类、亚磷酸酯、复合型
北京化工三厂	200	受阻酚类、亚磷酸酯
兰化有机厂	400	受阻酚类、亚磷酸酯
辽阳有机厂	400	受阻酚类、亚磷酸酯
天津力生化工厂	200	硫醚类
天津晨光化工有限公司	200	受阻酚类
天津蓟县化工厂	100	受阻酚类
北京兴隆化工厂	200	亚磷酸酯
山东五岳化工厂	300	亚磷酸酯
山东临沂化工厂	400	受阻酚类
辽宁营口化工厂	200	亚磷酸酯
江苏徐州化工厂	400	亚磷酸酯
宜兴汉光化工厂	600	受阻酚类、亚磷酸酯
北京燕迪化工厂	200	受阻酚类、亚磷酸酯
天津天海化学有限公司	200	受阻酚类
北京市化工研究院	100	亚磷酸酯
合计	10 100	

此外，北京拓展精细化工有限公司推出新型抗氧剂——耐高温抗氧剂 B-1036，并已批量生产，填补了国内高温抗氧剂的空白。

2. 发展趋势与建议

未来抗氧剂的发展趋势主要是：开发复合型抗氧剂，特别是要针对塑料加工行业中对不同性能要求的制品开发出专用型复合抗氧剂，此外，根据当前对抗氧剂应用技术的要求，生产无尘和颗粒状产品特别是颗粒复合抗氧剂，不仅可提高配料的均匀性，而且还有助于协同效应的发挥。亚磷酸酯类抗氧剂的发展重点是高分子量化及提高水解稳定性，而高分子量化和功能化品种的开发为硫类抗氧剂发展的主要方向。对我国抗氧剂发展的建议如下：重视理论研究和应用技术开发；适当调整抗氧剂产品的品种结构；扩大生产规模，提高生产技术及产品水平。

七、发泡剂

发泡剂是一种轻量化助剂，能够使聚合物制品在加工条件下发泡，以期制得具有微泡结构的发泡制品。发泡剂依其结构可以分为物理发泡剂和化学发泡剂两种类型，化学发泡剂一般包括无机发泡剂和有机发泡剂，有机发泡剂在塑料加工中尤为关键和重要。使用的主要品种有发泡剂 ADC、DPT、OBSH 等，其中 ADC 在国外占化学发泡剂消费量的 90%，在我国占 95%以上。我国是全球最大的 ADC 生产国与供应国，生产能力达到 15 万吨/年，约占全球总生产能力的 50%左右，生产厂 30 余家，遍布全国 30 个省、市。目前国内 ADC 发泡剂的消费结构为 PVC 占 40%、PE 占 35%、PP 占 12%、橡胶占 5%、其他 8%。每年有 5 000～6 000t 的出口量，产品主要出口到东南亚、日本、韩国、俄罗斯等地。

随着塑料建材、制鞋业等制品加工和应用技术的进步，发泡异型材、泡芯管等产耗量逐年增多，对发泡剂的需求趋旺，其中偶氮类发泡剂（发泡剂 ADC）及其改性品种的消耗量最大，约占化学发泡剂总需求量的 80%左右。另外，苯磺酰肼类发泡剂产品（如 TSH，OBSH 等）亦开始批量供应市场。一个显著的变化是，发泡剂 ADC 不再仅仅以单一结构的商品形式面市，而以其为主要组分、配合不同的发泡助剂、成核助剂的专用化、精细化复合发泡剂品种开始抢滩市场，有些公司的产品还出口国外，结束了我国发泡剂 ADC 产品单一化的局面。展望未来，塑料用发泡剂的开发将趋向专用化、精细化、功能化，高温发泡剂、低温发泡剂、符合环境保护要求的物理发泡剂 CFCs 替代品是发泡剂发展的主要方向。今后应加快 CFCs 化合物替代产品的开发与推广；紧跟时代潮流，加大主要发泡剂 ADC 的改性研究与生产，增加产品附加值和技术含量；随着国内塑料品种多样化，加大万能发泡剂 OBSH 的生产与改性研究，满足国内发泡塑料制品不断增长的需求。河南省禹州市中凯塑料助剂厂成功开发出的专用发泡剂——改性对甲苯磺酰氨基脲，分解温度为 190～200℃，具有较高的初始分解速率和平稳可控的分解过程，以及分解较为完全的特性，是一种性能优异的硬聚氯乙烯（UPVC）发泡制品专用发泡剂。

八、抗静电剂

抗静电剂作为消除聚合物表面静电的功能化助剂，在矿用塑料、电子器械包装等领域具有重要作用。综合文献报道，迄今用于塑料制品的抗静电剂包括涂敷型和添加型两种类型，工业上以添加型为主。从化学结构来看，涉及表面活性剂和亲水聚合物。亲水聚合物是近年来出现的永久型抗静电剂，目前尚未广泛使用。因此，国内市售抗静电剂基本上属于表面活性剂类，包括阳离子季铵盐型、阴离子磺酸盐型、脂肪酸多元醇酯和烷醇（酰）胺非离子型等。矿用塑料和包装塑料制品是抗静电剂的主要应用领域，应当指出，基于塑料制品加工温度的提高，对抗静电剂的耐热性提出了更高的要求，因此，永久型和高耐热型抗静电剂开发非常关键。目前抗静电剂年产量 2 000 余吨，市售品种近 10 种，以非离子添加型居多。表 9 列出了我国主要的抗静电剂及生产厂商。

山西省化工研究所开发研制的抗静电剂 KJ-210 系非离子内添加型塑料橡胶用抗静电剂，适用于聚乙烯、聚丙烯、聚苯乙烯、ABS 及天然橡胶等制品，具有抗静电性能好、持久性强、对热稳定和不喷霜、与其他助剂配合性佳等特点，是各种抗静电聚合物材料加工的理想选择。

预计未来几年我国抗静电剂需求将以平均 10%～15%速度增长，到 2005 年我国抗静电剂需求量将达到 4 000～4 500 吨左右，目前国内生产能力不足，尤其是高性能新品种抗静电剂生产能力较小，品种较少，尚不能完全满足国内合成材料领域的需求。未来的主要发展方向为：非离子型抗静电剂；复合型抗静电剂；多功能浓缩抗静电母粒；高分子永久性抗静电剂；纳米导电填料。在完善现有品种的生产工艺和质量的同时，重点发展耐久、耐热、功能性强、具有阻燃性和透明性等多性能、适用面广和品种系列化、专用化的新产品将是抗静电剂的发展趋势。由此提出以下发展建议：加大新品种开发力度；加快复合抗静电剂和母粒的研究生产；加快高分子型的永久抗静电剂和导电材料的研究。

基于此，我国塑料抗静电剂行业当前的主要任务是：开发和生产低毒或无毒的多功能抗静电剂；加速高效新型季铵盐、两性型抗静电剂的研究；发展复合型或具有特殊性能的专用型抗静电剂；开展高分子型永久性抗静电剂的研究；开发多功能抗静电剂母料；重视抗静电剂的工艺改造，降低成本，提高产品质量。

九、其他功能性助剂

其他功能性助剂包括偶联剂、成核剂、抗菌剂、

表 9 我国主要的抗静电剂及生产厂商

类型	商品名称	生产厂	用途
阴离子型	抗静电剂 P 醇醚磷酸单酯	上海华溢塑料助剂合作公司 丹东市化工厂	塑料工业抗静电剂 化纤、塑料工业
阳离子型	抗静电剂 SN 抗静电剂 TM ASA-156	上海华溢塑料助剂合作公司 北京市化工研究所	PP、PE、硬质 PVC、聚丙烯蜡、聚酯、聚酰胺、PP、PE、PS
非离子型	ECH 型抗静电剂 SGK-03A ASA-10 ASA-40 ASA-90	杭州市化工研究所 山东寿光助剂厂 北京市化工研究所 北京市化工研究所	软质 PVC、半硬质 PVC 塑料 PVC、PP、PE PVC、PP、PE PE 等聚烯烃类树脂 PE 和 ABS 塑料制品
高分子型	Emulsifier OPE 10EO	江苏徐州有机合成化工厂 北京华源细化工厂	PP、PE PP、PE
复合型	ASA-150 ASA-151	北京市化工研究所 北京市化工研究所	PVC、合成橡胶、各种聚烯烃包装制品 使用于各类塑料中

防雾滴剂和转光剂等。

1. 偶联剂

偶联剂是填充材料表面有机化的改性剂，包括有机硅烷类、钛酸酯类、铝酸酯类、锆酸酯类、铝钛复合类、铝锆复合类、脂肪酸类以及近年来出现的高分子量功能聚合物类等。一般地，偶联剂对填充/增强材料的活化改性具有选择性，例如，硅烷偶联剂多用于含硅填料或增强材料的活化处理，钛酸酯类、铝酸酯类、锆酸酯类、铝钛复合类、铝锆复合类则主要用于 $CaCO_3$ 等非硅填料或增强材料的表面改性。相对而言，中国偶联剂工业的发展比较成熟，迄今为止，几乎所有的国外产品结构国内都有生产，而且拥有以铝酸酯类、铝钛复合类为代表的具有自主知识产权的偶联剂产品。近年来，基于塑料建材、通用塑料填充改性以及高填充可降解塑料的发展，偶联剂的市场规模逐年递增，据统计，目前国内偶联剂的总生产能力超过 5 000 吨，年产量为 3 500 吨左右，其中钛酸酯产耗量最大，约占总消费量的 50%，硅烷类次之，约占 30%，铝酸酯及其他偶联剂约为 20%，开发多功能偶联剂是适应塑料加工市场变化的重要趋势。我国偶联剂消费量为 6 000 吨，生产主要集中在山东、江苏等省，企业总数在 20 家左右，市场竞争激烈。随着塑料工业发展对偶联剂性能要求的不断提高，偶联剂的改性功能也由单纯的偶联向复合性能增强方向转变，开发多功能偶联剂是塑料加工行业对偶联剂的新要求。

2. 成核剂

成核剂是一类新功能塑料助剂，适用于不完全结晶的聚合物树脂（尤其是聚丙烯）的结晶改性，市售产品几乎无一例外地应用于聚丙烯制品。根据成核剂诱导聚丙烯树脂成核结晶形态的不同，一般分为 α 晶型成核剂和 β 晶型成核剂。α 晶型成核剂通过提供晶核，诱导聚丙烯树脂以 α 晶型结晶，可提高制品的结晶速度、结晶温度和结晶度，并使晶粒尺寸微细化，最终达到增光、增透、增刚、提高热变形温度和缩短成型周期之目的。迄今为止，见诸报道的 α 晶型成核剂的化合物主要包括二亚苄基山梨醇（DBS）类、芳基磷酸酯盐类、取代芳基羧酸盐类、脱氢松香酸皂类等，尤以 DBS 类应用最为普遍。β 晶型成核剂能够诱导聚丙烯树脂以 β 晶型结晶，可提高制品抗冲击强度、热变形温度并增加透气性，改善印刷性和涂饰性。β 晶型成核剂使抗冲改性和提高热变形温度达到统一的特性在聚丙烯的工程化改性方面具有特别重要的意义。我国成核剂的开发和应用历史不长，但近年来发展速度很快，绝大多数用于增透改性，国产化产品开始逐步占领国内市场。可喜的是，这一年国内聚烯烃成核剂的开发和研究取得了举世瞩目的成绩，一方面以增透为主要功能的二亚苄基山梨醇类成核剂品种产能不断增加，生产企业已经不再局限于为数不多的助剂科研单位，透明剂的国产化基本成为现实。另一方面成核剂的品种开发更加深入，山西省化工研究院继 TM、TMA、TMB 系列成核剂产品面市之后，2003 年又推出 TMP 有机磷酸酯盐类系列成核剂，能显著提高聚烯烃的刚性和透明性，没有异味，标志着我国聚烯烃结晶化助剂开发正在步入快速发展的轨道。其中 TMP-1 是一种高效有机磷酸酯盐类成核剂，主要适用于聚丙烯、PET、PBT 及聚酰胺，能改善制品的透明性、刚性、表面光泽、热变形温度和其他力学性能，特点是能显著提高聚烯烃的刚性和透明性，完全没有异味，而 TMP-5 成核剂属于取代芳基磷酸酯盐类成核剂，其突出特征是可赋予聚丙烯树脂良好的透明性、刚性、表面光泽和耐热变形性，并能加快结晶速度，缩短制品的成型周期，与传统的 DBS 类成核透明剂相比，低浓度下增透效果突出，耐萃取，无异味，特别适用于聚丙烯的增透、增刚、增光改性。同时，本品对 PET、PBT、尼龙等工程塑料具有良好的成核效果。

华东理工大学联合化学反应工程研究所研制成功的新型 PP 用成核剂—NA9930T 为芳香杂环有机磷酸酯（盐）类成核剂。

2005 年预计国内消费量将超过 1 200 吨，开发满足国内市场急需的聚烯烃成核剂品种，尽快实现成核剂的国产化，提高国产化新功能助剂的市场占有率显得非常必要和迫切。

3. 抗菌剂

抗菌剂是一类具有抑菌和杀菌功能的新型助剂，其作用是赋予聚合物制品卫生自洁性和防止由微生物引起的老化降解，又有微生物抑制剂之称。根据化学组成的不同，抗菌剂一般分为有机抗菌剂和无机抗菌剂。有机抗菌剂多系有机砷、有机锡等有毒金属的有机化合物和含硫、含磷、含氮的杂环化合物，具有杀菌性强、即效性好的特点，同时存在卫生安全性差、可能使微生物产生耐药性、在高温等苛刻条件下易分解等缺陷，通常用于加工温度较低的增塑聚氯乙烯、聚乙烯等热塑性塑料。无机抗菌剂是利用金属离子的抗菌杀菌作用抑制细菌的繁殖和生长的，目前实际使用的抗菌离子基本上局限在对人体安全无害的银、锌、铜等为数不多的无毒金属离子方面，尤以银离子的抗菌能力最强。抗菌离子一般附着在沸石、磷酸盐、羟基磷灰石、可溶性玻璃等无机物载体上，通过缓释作用提高抗菌的持久性。与有机抗菌剂相比，无机抗菌剂的耐热性高，抗菌持久性好，不产生耐药性，特别适合在聚丙烯、工程塑料等高温加工的塑料和化纤材料。近年来，公共卫生安全越来越受到重视，抗菌剂正面临着一个快速发展的市场机遇。目前，我国抗菌材料研发单位已逾20家，国内生产厂商和国外产品代理商超过20家，在抗菌剂的制备和应用方面发展势头良好，尤其在解决银系抗菌剂的颜色稳定方面取得了显著成果。2005年抗菌剂产量将达到500t，抗菌制品产量达400亿元。

4. 防雾滴剂

防雾滴剂是适用于包装薄膜和农膜的功能化助剂，其作用在于消除和抑制由于被包装和农用大棚内部水分蒸发到薄膜表面而凝缩成雾滴的现象。根据防雾滴剂的功能，一般分为流滴剂和消雾剂。消雾剂是一种特殊的表面活性剂，分为含氟、含硅及含磷和硼的非金属有机化合物三大类型。表10列出了我国应用的消雾剂品种。

表10 我国应用的消雾剂品种一览表

助剂型号	助剂类型	生产企业
AF-18	含氟型	日本理研维他命株式会社
AF-20		日本理研维他命株式会社
AF-1500		日本东邦化学株式会社
AF-7000	含硅型	日本东邦化学株式会社
JF-2		浙江临安绿缘化工助剂厂
GF-1		北京化工研究院

流滴剂实际上是表面活性剂的应用，涂覆或添加的流滴剂能够在薄膜表面形成一个极薄的取向分子层，降低聚合物薄膜的表面张力，使蒸发到表面的水分以水膜形式存在，有效地抑制水分凝缩成滴，避免水滴滴落对包装物和大棚植物造成危害，并改善其感官性能。由于流滴剂使薄膜表面水分以水膜形式顺壁流下，因此形象地称为流滴剂。流滴剂多为脂肪酸多元醇酯、脂肪烷醇酰胺、烷基胺环氧乙烷加合物等非离子表面活性剂及其复合物，目前农用大棚膜是流滴剂的最大消费领域，尽管近年来我国防雾滴剂技术开发取得了显著成效，但在防滴持久性、防滴性与消雾性的平衡方面仍存在一定的不足，解决上述问题是未来防雾滴剂开发和应用领域面临的主要课题。开发具有特殊性能的活性组分，提高防雾滴剂产品内在质量，对防雾滴剂的发展和应用具有重要意义。

我国塑料助剂工业未来发展应以市场需求为依托，注重改变品种结构，发展高效、多功能、复合型或具有特殊性能的专用型助剂，发展无尘、低毒和无毒的加工助剂，并采用先进的生产工艺。随着科学技术的发展和塑料制品应用领域的不断拓展，相信塑料助剂行业日新月异的发展将极大地推动中国塑料工业不断前进。

（山西省化工研究所　王克智　张惠芳）

工程塑料

一、概述

工程塑料是电子信息、交通运输、航空航天、机械制造业的上游产业，在产业循环中占据着有利的地位，其发展不仅对国家支柱产业和现代高新技术产业起着支撑和先导的作用，同时也推动着传统产业改造和产品结构的调整。近年来，随着我国制造业的快速发展，工程塑料的应用领域日趋广泛，用量不断增加，特别是加入WTO以后，为工程塑料行业带来了前所未有的发展机遇，因此，加速发展和提高产业的竞争能力，已成为国家实施可持续发展战略的重要组成部分。

我国是一个发展中国家，工程塑料工业发展水平与发达国家相差较远，基础相对薄弱，资金实力与技术力量还很落后，随着国民经济现代化发展的步伐加快，各个领域对工程塑料的需求不断增长（见表1），供需矛盾十分突出（表2为近年来进口情况），远远满足不了国民经济各部门和人民生活日益增长的需要（表3为工程塑料消费情况）。

近年来，我国工程塑料工业虽然一直在快速发展，生产能力不断提高，品种不断增加，但仍满足不了市场需求，加上国外产品增加了市场竞争力度，迫使国内企业产品只能占据部分中低端市场，大部分市场被国外厂家占有。

据美国《现代塑料》报道："由于看好中国国内巨大的市场需求，外国公司近来纷纷加强在中国进行本土化开发并不断生产规模，有望彻底改变中国工程塑料过去三分之二依赖海外进口的局面。"

近期在国内已建和拟建的公司如表4所示。

大量跨国公司登陆，使市场竞争进一步加剧，大型树脂厂和改性厂纷纷建立；加大销售力度和建立研发中心；全员本土化，高薪招聘优秀人才；重金收购和参股国内企业。这些举措都是跨国公司以强化市场地位、降低生产成本、提高效率、优化资源配置为目的的国际化运营，使原本十分激烈的竞争更加白热化。国内企业所面临的考验，高速发展的经济与能源紧张的矛盾；塑料带给人们无限便利的同时造成了环境的污染；市场需求火爆而企业利润微薄；原料价格攀升且要现款现货，而制品价格滞涨。2004年国务

表 1　我国近年来工程塑料的需求量　　单位：万吨

品　种	1998 年	1999 年	2000 年	2001 年	2002 年	2003 年	2004 年	2005 年(预计)	平均增长率/%
PA	6.2	6.7	8.32	12	13.8	16.11	19.22	22.5	22.85
PC	8.7	13	16.4	21.3	36	48.36	62.4	75	43.5
POM	6.6	8.3	9.6	10.7	13	15.84	18.7	21.8	18.65
PBT/PET	2.4	3.6	4.1	4.4	5.6	7.27	9.4	12	24.6
MPPO	0.57	0.9	0.98	1.5	1.8	2.4	3.3	4	25.6
合计	24.47	32.5	39.4	50	70.2	89.98	113	135.3	30.3

表 2　近年来进口工程塑料情况　　单位：万吨

品 种	1998 年	1999 年	2000 年	2001 年	2002 年	2003 年	平均增长率
PA	11.75	15	19.36	13.37	18.3	22.1	12.57%
PC	10.88	16.05	23.64	26.57	41.5	53.47	40.85%
POM	6.34	9.06	10.82	10.9	13.6	15.15	21.86%
PBT	1.9	2.1	2.2	2.3	3.3	2.12	15.82%
MPPO	0.78	0.89	0.96	1.3	1.7	2.1	21.8%
合计	30.45	43.4	56.98	54.44	78.4	96	25.6%

表 3　国内工程塑料市场消费情况　　单位：万吨

行　业	汽车	电子电气	机械	建材	轻工	包装	光盘	其他
消费情况	10.18	29	12	11.75	9.65	6.58	11.9	8.94

表 4　近期国内在建和拟建的公司及其项目

GE	番禺 6.3 万吨/年工厂；上海 6 万吨/年工厂；预计到 2008 年可达 25 万吨/年
杜邦	深圳 1 万吨/年聚甲醛工厂；2 万吨尼龙改性厂
拜耳	上海 2005 年 4 万吨/年 PC 改性厂在上海投产
LG	广州工厂现在 45 万吨/年改性厂，准备扩到 10 万吨/年
普利万	苏州 1.5 万吨/年改性厂，深圳 1.2 万吨/年 2005 年一季度投产，其在上海也有工厂
DSM	在江阴工厂规模 2 万吨/年，并有扩产计划
BASF	在上海计划建改性工厂
罗地亚	准备自己建 4 万吨的尼龙改性厂
兰蒂奇	将在近期采用合作的形式建立尼龙改性厂
韩国三养、三星毛纺	在中国也有工厂，产能分别为 1.5 万吨/年和 2.5 万吨/年
中国台湾南亚	在惠州有 3.6 万吨/年改性厂，准备扩到 5 万吨
中国台湾	耐特、中刚、晋伦等都在国内建立了改性工厂
日本宝理、帝人、旭化成、大赛璐等	在国内建有共混厂
欧洲和澳洲	还有一些中小型企业在中国建立了改性厂

院发展研究中心的“产业景气报告”显示，7 月份后加工和改性企业效益景气指数一直处于下降趋势。在这种情况下，国内企业更应选准目标市场，合理布局，理性投资，避免重复建设，实现差异化生产，满足不同层次的需要，杜绝恶意的价格竞争，规范市场；节约资源，提升产品技术含量。

二、国内现状

1. 聚酰胺（PA、尼龙）

聚酰胺类产品主要是指高分子链上有酰氨基（—CONH—）重复结构单元的聚合物，最初由杜邦公司实现工业化生产，主要应用领域是纤维和工程塑料。2004年国内用于工程塑料级的尼龙已近20万吨，其中PA6占70%，PA66占23%，长碳链和耐高温尼龙占7%，用量较2003年增长20%，今后几年将继续保持15%～20%的年增长率。

PA6和PA66的主要原料己内酰胺和PA66盐，2004年国产己内酰胺产量已达23万吨，市场需求70万吨，目前缺口较大，2005年预计产量可达25万吨。PA66盐2004年基本产需平衡，辽化66盐有计划重新开车并扩产。

在树脂聚合方面，PA6有新会美达、石家庄庄缘、鹰山石化、无锡等厂家生产工程塑料用树脂，产量4万多吨，新会美达目前已能生产BOPA专用树脂；无锡则以牙刷丝和工业丝用料为主。PA66主要由神马工程塑料厂提供，2004年产量已达2.5万吨，并开始着手5万吨/年装置的扩建工程。

在应用方面电子和机械行业仍占主导地位，预计今后几年随着汽车工业发展和零部件国产化进程，用于汽车和体育健身器材的尼龙会有较大幅度的增长。由于目前尼龙价格上涨幅度过高，一些改性厂家以副牌尼龙和回收尼龙作为原料，如果将这块市场计算在内，国内尼龙的消耗量会增长一倍。

2. 聚碳酸酯（PC）

聚碳酸酯是分子链中含有（$-R-O-\overset{O}{\overset{\|}{C}}-$）重复链节的高分子化合物，具有突出的抗冲击性、透明性和尺寸稳定性，优良的机械性能和电性能，较宽的使用温度范围（－60～120℃），主要应用领域是电子电气、建材、光盘、灯具、板材、片材、液晶显示背板、电动工具等。玻纤增强后可制作仪器仪表的骨架和结构件，如摄像机、录像机、DVD机和OA设备等。PC/ABS合金大量用于手提电脑外壳、手机外壳、显示器外壳和OA设备、医疗设备外壳、汽车内饰、空调出风口等。随着我国加工业的不断发展，近几年PC消费年均增长率超过30%，2004年实际消耗PC 62万吨，已超过了美国，成为世界第一大PC消费国。

目前我国PC消费市场发展异常迅猛，但生产水平长期低下，实际产量只有几千吨，虽然国内几家企业都有计划建立PC生产装置，但都苦于没有技术和资金不到位而迟迟没有实施。2005年5月日本帝人在嘉兴5万吨/年生产装置将投入生产；拜耳与上海氯碱合资的10万吨/年装置也将在2006年投产。另外，台塑、GE、旭化成、三菱都有计划在国内建PC聚合工厂。近些年来世界PC增长主要得益于中国的需求，中国已成为拉动世界PC增长的主要动力。

2004上半年，武汉化工学院开发了非均相催化氧化羰化工艺和固定床技术合成碳酸二苯酯，彻底解决了光气法合成工艺污染环境等问题，攻克了催化剂工程化的相关难点，总收率达到85%以上。催化剂寿命大于3个月，在保持清洁生产的条件下，综合经济指标优于目前所有工艺，并拥有自主知识产权和专利技术。

3. 聚甲醛（POM）

聚甲醛具有优良的机械性能、电性能、良好的耐磨性，尺寸稳定性、耐化学腐蚀，特别是耐疲劳性突出，可替代有色金属，广泛应用于电子电气、汽车、轻工、机械、家用电器等行业。均聚甲醛结晶度高，其物理性能稍优于共聚甲醛，但其热稳定性、耐酸碱腐蚀性不如共聚甲醛，它加工温度范围窄，分解时放出甲醛多，气味大，目前共聚甲醛占聚甲醛总生产能力的80%。

2004年我国聚甲醛消耗是达到18.7万吨，同比增长18%，消费领域主要集中在电子电气和日用消费品，大致比例为电子电气占55%，日用消费品占20%，汽车工业占15%，机械占8%，其他占2%，随着电子电气、汽车工业的发展，聚甲醛用量仍会保持两位数的增长。目前国内聚甲醛生产能力大约有5万吨/年，其中旭化成、杜邦在张家港2万吨/年装置已于去年投产，并准备扩大到6万吨/年；宝理在南通6万吨/年装置2005年4月也已开车，按计划也要扩大到6万吨/年；云天化1.2万吨/年现在正在生产。另外一套2万吨/年装置计划2005年12月投产。新疆联化4万吨/年和兰星上海的聚甲醛项目正在实施中，预计要到2007年能够正式投产。

最近几年，POM的改性一直是热门话题，为了解决其缺口敏感性大，制品易残留内应力，耐热性差，摩擦系数高，易燃等缺点，通常采用POM/TPU等弹性体合金解决增韧问题，添加PTFE、石墨、二硫化钼等润滑剂解决摩擦噪声。

4. 热塑性聚酯（PBT、PET、PEN等）

热塑性聚酯是由饱和二元酸和二元醇经缩聚反应制得的线性半结晶聚合物。目前大规模工业化生产的是对苯二甲酸丁二醇酯（PBT）和对苯二甲酸乙二醇酯（PET）。

PBT具有优良的综合性能和良好的加工性能，以及突出的耐化学性能、电性能。因此在电子电气、通信、汽车、电力电缆、纤维等行业广泛采用。2004年国内PBT消耗量达到了8.7万吨，共消耗树脂6.2万吨，其中树脂进口量占总消费量的57%；国产树脂产能4.5万吨，产量2.2万吨。2005年消耗量有望超过10万吨。其最大的应用市场是电子电气，约占总消费量的62%。产品主要有接插件、管座、节能灯、接线端子、线圈骨架、熨斗外壳、程控交换机、煤气表部件、光纤护套、灯头灯罩、计算机风扇、电子表、照相机、小模数齿轮和弹性纤维等。

PET用作工程塑料在国内使用量并不大，主要原因是PET结晶速度慢。通常是采用添加成核剂或做成合金来改变其结晶特性和提高韧性，如PET/PC、PET/LCP、PET/PBT、PET/聚烯烃共混体系。研究发现，在回收聚酯瓶的PET和PE中，加入少量PC和接枝物能有效改进回收料的性能。目前研究回收PET瓶料改性后用于工程塑料方法很多，较为成功的是华东理工大学、温州俊尔、广东聚赛隆。PET的某些性能甚至超过PBT，像热变形温度高，表面光泽，可做片材与薄膜等。其应用主要有电气绝缘材料、胶片、磁带的片基，各种线圈骨架。

5. 聚苯醚（MPPO）

MPPO是一种综合性能优良的热塑性工程塑料，突出的是优良的电性能和耐水性能，玻璃化温度高，尺寸稳定性好。在热水中长时间浸泡后物理性能下降很少，且耐蒸煮。其本身为自熄性材料，与高抗冲聚苯乙烯共混时，不需要添加卤素阻燃剂，加入含磷类阻燃剂即可达到UL-94 VO级，减少对环境污染。而且在所有工程塑料中密度最小，本身无毒，可用于医疗、食品、器材。

在应用方面主要在电子电气、家用电器、OA设备、仪器仪表、汽车、IT等行业中使用。国内电子电气行业用量占总消耗量的62%，主要用于制作线圈骨架、接插件、控制轴、变压器屏蔽罩、继电器外壳骨架、手机、笔记本电脑、摄像机、锂电池外壳、超高频印刷线路板等方面；在汽车方面如热水泵、仪表盘部件、轮盘罩和外部装饰件（PPO/PA合金）都可以用MPPO材料制作。

目前MPPO生产GE公司几乎垄断80%的市场，BASF、德固萨、旭化成、三菱等公司也有部分生产。我国20世纪80年代曾经建造过几套小装置，但目前都已停产，只剩下一些改性工厂依靠进口PPO粉生产MPPO。最近山西芮城新建一套4 000吨/年PPO生产装置，10 000吨/年掺混的工厂也正在进行中。前段因资金问题曾停过一段，据称兰星公司将介入该项目，因此有望在2006年投产。

三、特种工程塑料

特种工程塑料是相对通用工程塑料而言，性能更加优越，在更为苛刻的机械应力的化学物理环境中，仍能够保持优良的机械性能、电性能、耐热耐化学品的一种材料。一般说来，通用工程塑料长期使用温度在100℃以上，而特种工程塑料均在200℃以上。常见的有聚苯硫醚（PPS）、聚酰亚胺（PI）、聚砜（PSF）、聚醚砜（PES）、聚醚醚酮（PEEK）、液晶树脂（LCP）等。目前特种工程塑料的主要应用领域是电子电气行业，今后随着汽车行业的发展，零部件国产化比例增高，汽车行业是最具潜力和发展空间的市场。

1. 聚苯硫醚（PPS）

PPS是特种工程塑料中第一大品种，被誉为第六大工程塑料，也是“八大”宇航材料之一，它在国防军工、航空航天、电子通信、汽车、机械、医疗器械、石油化工等行业都有重要用途。它具有优异的耐热阻燃性、绝缘性、尺寸稳定性，机械性能优良，易成型加工。通常树脂分为注塑级、挤出级、薄膜级、纤维级、涂料级，另外有玻纤增强、碳纤增强、无机物填充、合金材料（PPS/PA、PPS/PET）等不同品级牌号的产品。

PPS世界生产能力6万吨，近年来由于电子、汽车市场发展迅速，供需矛盾较为突出，特别是北美市场供不应求。菲利浦公司宣布将建万吨级生产工厂（2007年），吴羽化学也将新建2 000吨/年的工厂。国内PPS生产能力目前2 000吨，产量约为800吨，主要有四川得阳科技、四川鸿鹤、成都乐天、内蒙亿利集团，改性厂则比较多，日本东丽在深圳的3 000吨/年PPS改性厂已于2003年10月投产。2005年5月四川得阳科技5 000吨/年的加压法合成PPS树脂装置已奠基建设，建成后将大大缓解我国PPS树脂长期依赖进口和供不应求的局面。另外，国内还开发出了聚苯硫醚砜（PPSS），有望近期进行工业化试产。

国内应用方面主要有微波炉盘支架，车前灯反光碗、电器接插件、线圈骨架、汽车正时齿轮、电喷油泵叶轮、防静电板材、汽车零部件、各种滤网、布袋式除尘器等。2005年国内需求量大约1万吨（包括制件进口和副牌料二次加工）。

2. 聚酰亚胺（PI）

由于聚酰亚胺（PI）和聚醚酰亚胺（PEI）分子中含有芳杂环结构，因此具有特别好的耐高低温交变性能、耐疲劳性能和自润滑性、耐磨性，且兼有化学性能稳定、耐辐射、耐臭氧、耐腐蚀，可在－269～300℃下长期使用。

2004年全球PI消费量接近5万吨，品种主要有均苯型、联苯型、偏酐型、酮酐型等，2004年国内产能已达到1700吨/年，生产的PI薄膜和覆铜箔已大量出口，主要生产厂家有上海树脂所、航天绝缘材料厂、亚宝绝缘材料厂、西北化工研究院、川大实验厂、长春应化所、吉林高科等厂家。聚酰亚胺的品种很多，主要有PI、PEI、PAI、BMI等，并通过与其他工程塑料共混成合金（PEI/PC、PEI/PA）以提高其机械强度。聚酰胺-酰亚胺（PAI）是高强度的聚酰亚胺品种，双马来酰亚胺（BMI）是以马来酰亚胺为活性基的双官能团化合物，可作为模塑料进行加工，开发前景可观。另外其改性产品、塑料合金、复合材料可以满足不同应用领域的需求，特别是纤维增强和填充将成为今后开发热点，如玻纤或硼纤、其他特种纤维增强。PI被称为超级工程塑料，用于喷射发动机结构件、轴承、轴衬、托架、轴封等制件。

国内应用PI主要是薄膜、覆铜箔和模塑料。电绝缘膜市场基本上被国产料占领，但一些高档膜材料、注塑料、涂料等依然依赖进口。目前PI用于保鲜膜是一种新开发的用途，主要用做低温保鲜袋、大型容器和饮用水罐，以及复合保鲜膜。国内已建有加工生产保鲜膜的工厂有大连三荣化学（生产保鲜膜和电容膜），福州中嘉和沧州东塑集团也有生产，国家已将PI保鲜膜列入863计划，预计市场前景可观。

3. 聚砜（PSF）

PSF具有优异的刚性和韧性，抗蠕变性能突出，化学性能稳定，耐酸碱盐腐蚀，耐辐射、阻燃、无毒、易成型加工，主要用于电子电气、航空航天和汽车领域、食品、医疗工业也有一定市场。经玻纤增强改性后性能更为优良。另外与其他高分子材料制成的合金（PSF/PA、PES/PC、PES/PPS、PES/PTFE等）也有着很大的市场用途。

全球PSF产能约为4万吨/年，年消费增长大约20%以上，发展较为迅速。国内目前生产能力1500吨/年，产量在1 000吨/年左右。上海塑料公司有计划筹建PSF生产基地，扩大PSF产量和开发在汽车、航空航天方面的新用途。

在应用方面，由于国产树脂牌号品种较少，应用领域还不很宽，一些领域还有待开发，使用比较多的有医疗器械、食品机械、电子仪表按插件、继电器外壳、部分汽车部件和纺织器材。

4. 聚醚醚酮（PEEK）

PEEK是一种线性、芳香高分子化合物，主链上的芳环和极性酮基使其具有高耐热性和力学强度，而醚键又使其具有韧性。醚键越多韧性越好，酮键越多则耐热性能就越好。主要应用于航空航天、汽车电子、医用塑料等领域。

PEEK以前由英国Victrex公司垄断生产，目前生产能力2 800吨/年，消费量在2 000吨/年左右，印度Charda与Victrex公司合作计划建立年产1 000吨的生产装置。吉林大学开发出了具有自主知识产权PEEK树脂合成工艺，原料设备全部立足于国内。2001年列为国家产业化示范工程，建成了500吨/年生产装置，现在正与德固萨公司进行合作开发，共同拓展国内外市场。

在应用方面PEEK可以替代铝和其他金属制造飞机内外零部件及汽车上的轴承、垫片、密封件、离合器齿环和发动机部件、电控系统、刹车系统和空调系统。在电气方面可作为H级和C级绝缘材料用于绝缘保护层、按插件、电器外壳、芯片托架等；工业领域用于压缩机阀片、活塞环、密封件、泵体阀门；医疗上可制造高温蒸煮消毒的医疗器械、血液透析仪和人造骨骼、蒸煮器探针、蒸汽旋塞，以及用于金属的耐热耐腐涂层等。

在新品种开发方面，我国与Victrex（开发成功PEK）同时研制成聚醚醚酮酮（PEEKK），其性能也基本与之相同，但价格较之低一半还多。近年来国外研制开发了聚芳醚砜酮，大连理工大学以苯酚、苯酐为原料研制成了新型聚芳醚酮新品种：PPES和PPEK，并在此基础上开发成功了杂萘联苯型聚醚砜酮（PPESK）共聚树脂，现已形成500吨生产规模。

5. 液晶树脂（LCP）

LCP是指在液态时大分子链的某些部分仍能够相互呈有序排列，称为溶致性液晶聚合物，在熔融态呈有序排列的叫热致液晶聚合物。用作结构材料的液晶聚合物有自增强作用，在不增强时即可达到普通工程塑料玻纤强度的机械强度，热稳定性很高，耐热性与聚酰亚胺相近，可在320℃焊锡中浸渍5min无变化。兼有优良的电性能，耐电弧性良好，阻燃自熄，耐腐蚀、耐溶剂，尺寸稳定，加工性极佳，是适合精密注塑的一种材料。

LCP目前多用于手机连接件、印刷线路板、航空航天部件和汽车部件、摄像机、DVD等零部件，也可与其他聚合物共混制成合金。制件成型后机械强度高，可以替代纤维增强材料。另外LCP加入超高分子量聚乙烯中（UHMWPE）能够改善其流动性，使UHMWPE能够像普通热塑性材料那样进行加工，如制板材、管材和管件。

（中国工程塑料工业协会　郑恺）

中国废弃塑料再生利用状况

当前，在我国国民经济保持平稳较快发展的情况下，党中央国务院适时提出必须坚持树立和落实科学发展观，注重能源资源节约和合理利用，加快推进经济结构调整和增长方式转变。就是说我们今后要走向稳定型经济发展的道路，建设环保的循环型经济和资源的节约型经济，建设社会主义和谐发展模式，全面取代过去的惟经济增长型经济和政策型经济。环境保护和资源再生作为我国新型经济、和谐社会建设的重要内容，也是21世纪长远发展战略目标，可以预见，废弃塑料再生利用产业发展必将引起政府部门和全社会的重视。

一、中国塑料制品行业现状

中国塑料工业是建国后逐步发展起来的，50年来，塑料工业从无到有，从小到大，从弱到强健康发展。进入21世纪以来，中国塑料工业取得了令世人瞩目的成就，实现了历史性的跨越。我国已步入世界塑料大国行列，是生产大国、消费大国、进口大国和出口大国。塑料原料表观需用量（国内塑料树脂产量＋塑料树脂进口量－塑料树脂出口量）由2000年的2 400万吨增至2004年的3 500万吨，年均增长率达10%，居世界第二位，但是人均消费塑料只达到20千克，与发达国家的人均100多千克相比仍有很大差距。

2004年全国塑料制品规模以上企业增加到9 473家，比上年增长了11%；塑料制品产量达到1 846.6万吨，比上年增长12%；工业总产值3794.3亿元，比上年增长25%，占轻工行业总产值的10%，产值总额在轻工19个主要行业中位居第三，实现产品销售率98%，高于轻工行业平均水平。塑料制品海关出口量首次突破1 000万吨大关，达1 078.43万吨，比2003年增长了21.8%，而出口额比2003年增长了31.2%；塑料制品进口量为178.13万吨，比上年增长8.7%。预计到2005年，中国塑料表观需用量将达到3 800万吨；规模以上企业的塑料制品产量将超过2 000万吨，塑料行业呈现可持续发展的态势。总之无论从塑料制品上下游行业发展情况还是从塑料制品各子行业发展的经济指标来看，中国塑料制品行业均在蓬勃发展，在中国现代化经济建设发挥着越来越大的作用。

1. 中国废弃塑料社会拥有量及其处置方式不容忽视

如上所述，可以看出中国塑料的实际消费量（国内塑料树脂产量＋塑料树脂进口量＋塑料制品进口量－塑料树脂出口量－塑料制品出口量）约为2 600万吨，废弃塑料年产生量如按消费量的25%计算，约为650万吨，再加上往年积累的新增废弃量，据我们估计中国废弃塑料年产生量约800万吨。此外中国每年还进口大量废塑料，表1为2000～2004年中国海关进口废塑料量。这些废塑料的存放、运输、加工应用以及后序处理如果管理不好，势必给环境带来压力。

表1　2000～2004废塑料进口审批与实际进口量统计数据　单位：万吨

年　份	审批量	实际进口量	同比增长/%
2004年	835	409.64	35.5
2003年	543.40	302.39	23.0
2002年	387	245.8	10.3
2001年	458	222.76	11.0
2000年	323.8	200.7	44.6

塑料是能够有效回收利用的。多年以来，我国废弃塑料的回收处理以人工从垃圾或其他渠道回收，集中后再进行分类、加工处理的模式为主，到目前为止一直发挥着重要作用，而且仍然很有效，使得我国废弃塑料的回收利用水平比较高。但是，目前塑料制品品种越来越多，为了让塑料有更高的使用要求，一是增加其使用用途而使塑料制品多层复合化，即一种塑料制品里含有多种互不相容的成分；二是通过改性使塑料功能化，在其中增加了其他成分，改变了原来塑料本身的性能；这样造成塑料要想取得理想的回收效果就必须对这些塑料材料进行鉴别，如果是复合材料的还要分离，这给塑料的回收利用增加难度和成本。所以对于这些塑料要采取新的回收处理方式就变得越来越重要了。已有报道说巴西、日本等国采取将复合薄膜粉碎后用溶剂将不同种类的塑料成分分离后再进行处理，这种方式显然成本很高。所以科学对待废弃塑料对环境合理的回收处理方式转变应引起社会和回收利用部门的重视。

废弃塑料主要产生于塑料复合包装和电子电器及汽车领域，量并不大，但是随着社会经济发展其累积量不容忽视。

2. 废弃塑料产生来源分析

据了解，2004年我国塑料包装产品超过725万吨，在塑料行业用量最大，是回收的主要对象。农用塑料年用量在300万吨左右，其中一年内被废弃的农用薄膜量约为100万吨，塑料灌溉及节水器材有50多万吨，其他如遮阳网、育苗钵、青饲袋等也有20多万吨。日用塑料年用量达500万吨，年废弃量将达150万吨。汽车用塑料年用量已达40万吨，电子电器及家电配套用塑料年用量也达到400万吨，汽车及电子电器用的大部分为工程塑料，成分多而复杂，随着这类产品逐渐进入报废期，成为废塑料不易处理的一个来源。

二、中国废弃塑料行业发展状况

中国塑料行业的发展和繁荣不可避免地要面对使用后塑料对环境合理的处置，跟其他材料一样，如果处理不善会给环境带来负面效应。塑料是继钢铁、木材、水泥之后的第四大材料，是农业、工业、能源、交通运输、信息产业、航空航天、海洋开发等国民经济各个领域中不可缺少的基础材料。木材和水泥是不可再生或再生价值不大的材料，塑料和钢铁是能够再生回收的材料，尤其是在我们这样资源紧缺、人口众多的国家，循环经济和环境保护与国家的可持续发展战略息息相关，已经得到世人关注。中国应尽快在政府的领导和协调下尽快制订塑料再生利用综合管理体系的法规、条例，没有各级政府的推动和相关优惠政策措施的配合，仅靠社会力量是不容易治理好废物利用的。到目前为止，还没有一部关于再生资源回收利用的法规、条例出台。

在塑料制品消费量不断增长的情况下，废弃塑料的合理处置对环境保护及资源再生方面的作用和影响日趋突出，作为一个新兴产业日渐兴起。塑料废弃物的回收处理、再生利用已成为全球关注的热点，在当今构建和谐社会、重视环保和资源再生的政策环境下必须引起我们的高度重视。

1. 中国废弃塑料行业状况及合理治理

我国塑料工业相关部门对塑料废弃物的回收利用一直十分重视，早在 1975 年 7 月原轻工业部就曾在上海主持召开“全国废旧塑料回收利用经验交流会”，会议指出废旧塑料回收利用不是权宜之计，而是一个长远的艰巨工作。现在中国塑协废弃塑料再生利用专委会正继续完成这项工作。

目前，在我国已经形成一大批较大规模的废塑料回收交易市场集散地和加工聚集地，主要分布在广东、浙江、江苏、山东、河北、沈阳等塑料加工业发达省份。其中河北文安、望都、霸州、雄县、魏县、正定、玉田；浙江台州、东阳、慈溪、温州；江苏连云港、徐州、兴化；山东临沂、莱州、淄博、东营、烟台、青岛；河南安阳、长葛、漯河；安徽五河县；广东顺德、汕头、南海等地的废塑料回收、加工、经营市场规模越来越大，年交易额大都在几亿到几十亿元，呈蓬勃发展之势。全国各大中心城市周边及陕西西安，山西太原，云南昆明，四川绵阳、成都，重庆市，新疆等各地也有大量类似加工地和交易场所。从事废弃塑料回收利用及加工的企业及人员越来越多，主要是小企业和农民，为农村富裕劳动力提供了就业、致富的门路。通常是采用简易的非标机械经过人工分类、清洗、粉碎、挤出造粒的加工方式进行集群式规模操作；加工出来的废塑料直接进入市场交易。这种废塑料在品种分类、干净和纯度、加工过程中的废水、废渣处理以及是否有防护和处理措施等情况参差不齐，没有市场准入机制，没有标准可循，没有经过质量标准检验，完全靠民间废旧物资交易多年形成的约定成俗来交易和定价，然后流入市场，最多有工商和税收部门进行简单的行政性约束管理，没有形成立体的管理和监督体系。由于从事该行业人员素质和专业水平不高容易造成环境的污染和再生资源的二次浪费，长期如此下去后果不容乐观。

废塑料回收利用先进机械设备的开发与引进在促进废塑料回收加工方面起着很大作用。目前我国已能够制造废塑料回收成套设备，但缺乏成套的专用设备。轻工行业科技“十一·五”规划中已将这种成套设备列入下个五年研制目标，并上报科技部，旨在促进废塑料行业有序健康发展，提高科技推动力，提高能效，降低能耗。

目前国内市场出现了国外先进装备与国内设备分庭抗争的局面，例如奥地利爱尔玛、德国爱宝、意大利鲍山、意大利骄马机械等。国内近几年也涌现了一批优秀的塑料回收加工企业，其中南京橡塑机械厂、湖南衡阳塑料机械厂、广东造极、北京至柔科技发展有限公司、莱州双丰塑机等。

我们在此建议对我国当前废塑料回收加工处理不合理的现实情况进行合理规划和治理，以减轻这种无序地对环境保护漠视的行为即将造成潜在的不良后果。为了保证废塑料回收利用产业持续健康稳定发展，需要各地政府有关部门结合当地实际情况会同有关专业管理部门和行业协会共同合理规划，建立科学合理的资源回收技术系统，配以正确的指导措施，制定相关的法规加以保证，各个环节需相互配合，才能达到综合治理的目的。

2. 废弃塑料再生利用市场前景好

据了解，目前我国废塑料应用市场非常火暴，市场价值在 1 000 亿元以上。2004 年塑料原料涨价对该市场起到了巨大推动作用，废塑料价格飞涨，回收较为纯净的普通 PE、PP 价格每吨最高达 6 000 多元，几乎达到未涨价前原料的价格，目前塑料原料价格仍在 13 000 元/吨左右。另一方面，据调查，大城市垃圾中除了一次性塑料袋和快餐盒外几乎找不到塑料制品的影子，这表明废塑料的回收程度很高。

但是不能否认，如果一些废塑料进入食品包装领域可能会造成严重的后果，应该严格禁止。

废塑料应用途径很广，除了显著降低塑料制品成本以外，还能加工成很多产品，具有很大市场开发前景。例如塑木制品，用于建筑材料、铁道枕木、界桩、隔音板材，下水井盖、农用的简单制品、家具和装潢等。有的塑料还能用作涂料原料，PET 饮料瓶在增黏后还能再用于做食品饮料瓶，在钢铁厂用作还原剂。在日本用来发电，在挪威用来建设高速公路，在美国用来做铁道枕木。总之废塑料有很多用途，亟待开发利用。

3. 塑料可为中国绿色 GDP 做出贡献

塑料的使用不仅节约能源，而且对保护环境有利，易于加工，能够代替钢铁、木材等多种材料，具有其他材料不可替代的用途和性能，在能耗和保护环境方面具有其他材料无可比拟的优势。因此塑料是循环材料，循环塑料可为中国绿色 GDP 做出突出的贡献。

目前，中国在经济保持连年高速增长的同时，生态环境却在恶化。20 世纪中叶开始，随着环境保护运动的发展和可持续发展理念的兴起，一些经济学家和统计学家尝试将环境要素纳入国民经济核算体系，便产生了绿色 GDP。中国政府已经明确提出了绿色 GDP 概念。进入 2004 年国家统计局和国家环保总局成立了绿色 GDP 联合课题小组，正在组织力量积极进行研究和试验，开展绿色核算的一些试点工作。绿色 GDP 力求将经济增长与环境保护统一起来，综合性地反映国民经济活动的成果与代价，包括生活环境的变化。绿色 GDP 意味着观念的深刻转变，意味着全新的发展观。

4. 国家有关部门开始重视建立和完善家电产品和汽车回收体系，将为塑料的回收利用、最终处置提供指导

经国务院批准，国家发展改革委员会确定浙江省、青岛市为国家废旧家电及电子产品回收处理体系建设试点省市。开展试点旨在建立规范的废旧家电及电子产品回收处理体系，为制定相关政策法规和标准提供经验，促进循环经济发展。

据悉，已有塑料回收利用项目在国家发改委立项并得到审批，国家将投入配套资金推动社会和企业在废弃塑料回收利用事业方面的发展。这种以点带面的思路或许将我国废弃塑料回收利用推向一个新的高潮，也将为完善资源再生利用管理条例积累经验。

三、废旧家电中废塑料合理处置的初步分析

1. 中国废旧家电行业状况

中国已步入家用电器生产和消费大国，据国家统计局城调总局的调查资料显示，目前我国电视机社会保有量约为 3.5 亿台，洗衣机约为 1.7 亿台，电冰箱约为 1.3 亿台，电脑 1 600 万台。这些电器大多是在 20 世纪 80 年代中后期进入家庭的，预计今后几年我国将迎来一个家电更新换代的高峰。家电产品按正常的使用寿命 10～15 年计算，需报废的电视机平均每年 500 万台以上，洗衣机平均每年 500 万台，电冰箱每年约 400 万台，这样每年将淘汰 1 500 多万台废旧家电。由于我国尚未建立规范的废旧家用电器回收利用体系，大量家用电器超期服役和废旧家用电器任意处置的现象较为普遍，由此产生的安全隐患、能源浪费和环境污染问题越来越严重，已引起社会各界的关注。近几年电子电器如电脑、手机、VCD、DVD、唱片、光盘等更新换代速度加快，每年报废数量急剧上升，带来了类似的严重环境问题。

2. 废旧家电中塑料情况

塑料是家电产品的重要组成部分，按照表 2 和表 3 的比例推算，每年由此产生的废塑料至少为 15 万吨，如果再考虑到报废电子电器的废塑料量，该数字将为 20 多万吨。这些废塑料主要成分是聚丙烯（PP）、聚苯乙烯（PS）、聚氯乙烯（PVC）、ABS 等，回收再利用价值较大。而其中热固性塑料、发泡聚氨酯、玻璃纤维增强塑料则相对难以回收。

表 2　四种家电产品的塑料构成比

单位：%

名　称	电视机	电冰箱	洗衣机	房间空调器
塑　料	16.1	43.3	34.7	17.5

表 3　四种家电中按塑料种类区分的构成比

单位：%

名　称	电视机	电冰箱	洗衣机	房间空调器
聚丙烯(PP)	8.9	24.7	76.5	21.2
聚氯乙烯(PVC)	3.2	7.9	5.7	10.6
聚苯乙烯(PS)	84.5	26.3	6.2	31.9
AS	0	0	0	1.7
ABS	1.7	16.3	3.0	10.8
ASA	0	0	0	2.5
聚酯	0	0	2.0	3.7
玻璃纤维增强塑料	0	0	0	8.4
发泡聚氨酯	0	21.4	0	0
其他	1.7	3.4	6.6	9.2
合计	100%	100%	100%	100%

废旧家电回收过程中废塑料在环境上合理的处理是其重要环节之一。家电产品主要有电视机、电冰箱、洗衣机、空调以及其他一些家用、通讯电子产品，不同的家电产品中所配套的塑料种类不尽相同，同一产品中由于厂家不同所用塑料原料的种类也不同，有时塑料原料种类相同而所使用的添加剂或者配方和功能母料不同，这就给塑料的准确回收造成困难。

一般地，我们只将家电产品中的塑料按原料的基本组成来分类进行回收。因此我们将家电产品中废塑料的回收工艺过程基本上描述为：家电产品→分解→塑料鉴别→分类→除杂清洗→粉碎→造粒→循环利用，而且可根据处理的具体情况来调整工序，以满足具体环境条件下的最大价值的回收效果。

下面我们给出废塑料处理工艺的一般路线图以供参考，见图1。

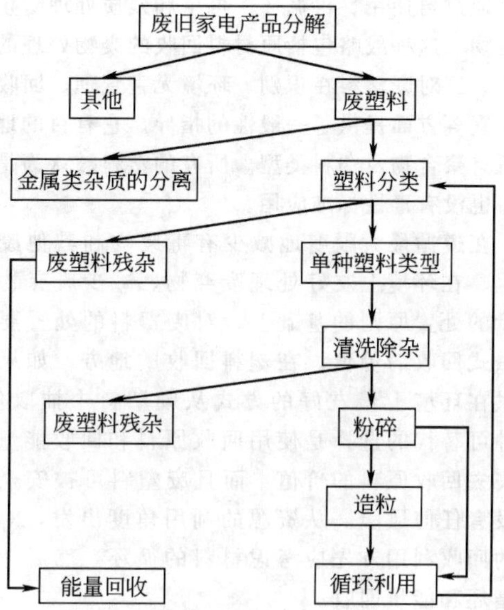

图1 废塑料处理工艺路线图

(1) 家电产品的拆解　废旧家电产品中废塑料必须单独分离出来才能得到进一步回收利用。鉴于目前我国人工比较便宜，手工拆解废旧家电比机械式自动化拆解明显容易和彻底，在塑料原料的种类被告知的情况下分类效果会更好。相对地，机械式自动化拆解效率较高，但分离本身和分类效果不如手工拆解，产生的混合废料较多，造成资源浪费和不必要的能量消耗，所以不符合我国劳动力资源丰富的条件下对家电产品的拆解效果评价。

(2) 家电产品中废塑料的分类　废塑料分类在家电产品拆解后就可直接以通过经验和标示识别并结合检验设备进行初步的分类，一般地，可被认为90%以上的塑料能被分成单类。家电产品目前为集约化大规模生产，我们可根据制造家电产品的厂家提供的所用部件的塑料种类很容易鉴别并分成几大类。在粉碎、造粒之前最好分成单类塑料，这样才能够充分挖掘废塑料的再循环价值，而在将塑料混合粉碎后利用专用设备和仪器进行的机械式分类代价昂贵，易造成原料和能源浪费，半手工半机械式分类将是科学和适用的，也适用于废塑料回收的整个过程。

(3) 废塑料的粉碎　大块的废塑料尽管可以分类成单种塑料，仍不能够直接利用，需要减小固体尺寸。首先需将废塑料切割成小块，再粗粉碎至指甲盖大小才能进入下一步工序。粉碎是废塑料再利用或造粒过程中必要的一个环节，需要专门设备进行，不同种类的塑料需用各自专用的粉碎机，以免混合。

粉碎从广义上说是指从外部对物体施以压、打、切、摩擦等力使物体破碎、尺寸变小等操作的总称。塑料的破碎大致分为剪切破碎和冲击破碎。新型破碎机往往兼有剪切和冲击破碎的功能。

我国的塑料机械设备生产厂家已能够生产和开发各种使用塑料粉碎设备，并且价格低廉。国外开发的废塑料回收利用设备主要是从废塑料的分选到粉碎、造粒甚至成型的成套设备，自动化程度较高，此外也有效能高、规格不等的专用粉碎机。

(4) 废塑料的造粒　塑料造粒一般指挤出造粒，是将原料经过挤出机熔融挤出后得到需要尺寸的颗粒，便于后续加工。要获得高质量的再生料，需对回收塑料熔体进行熔体过滤，以清除其中的杂质。例如在挤出机上安装物料过滤装置，在挤出造粒前或成型前进行过滤。熔体的过滤装置一般采用间歇式或连续式过滤装置。间歇式过滤装置因更换滤网时需中断熔体流动，故生产效率不高。因此现在趋向于采用连续式过滤装置。废塑料的造粒从另一方面讲，由于塑料在使用寿命结束后性能降低，或在加工、使用过程中功能添加剂的损失，在二次成型加工过程中不具适宜加工性，需添加目标产品所需的助剂，以赋予废塑料产品的某种功能。塑料造粒设备简单、自动化程度较高，能力可根据具体情况设计和选择。

四、汽车行业废塑料的回收利用应引起足够重视

据汽车界权威专家预测，2005年我国汽车总需求量将超过德国成为全球第三大汽车消费国。我国汽车塑料用量在逐年增大，轿车平均使用量为70千克，车用塑料年用量已达40万吨。汽车用塑料品种有：PVC、PP、PE、PU、ABS、PA、POM及其他。随着汽车报废量逐年增加，车用废塑料和家电及电子电器行业废塑料一样成为处理比较难的一类，但处理原则类似。到2010年，我国的汽车塑料总用量将达到80万吨左右。因此，对于废旧汽车塑料件的回收、再生利用来说，我们的任务将越来越艰巨。

采用塑料制造汽车部件的最大好处是减轻了汽车质量，提高了汽车某些部件的性能。但也正是塑料部件独有的特性，带来了极其难处理的回收利用问题，其中最大的就是影响环境问题。

实质上，提高材料应用的综合技术，科学地进行汽车部件的选材尤其是新产品的选材，是汽车废塑料回收和再生利用的基础。选择的汽车塑料品种趋于集中统一，便于将来报废后的分类回收和整体回收利用，目前在国外已开始倡导材料综合应用的观念，充分提高材料的利用率，并将其应用于汽车塑料材料的设计与生产实践中，而我国在这方面的应用及实践还几乎为空白。日本及欧洲各国在几年前已分别提出了对汽车废旧塑料的利用要求，并规定了具体的年限。由于汽车工业发达国家政府的高度重视，促进了包括塑料和橡胶在内的废旧材料的回收利用，汽车废塑料制品的实际利用率在2000年已达到85%左右，预计到2015年可达到95%。目前，汽车废旧塑料的回收、再生与利用技术，在国外已成为一个热点并逐步形成为一种新兴的产业。

建立汽车塑料应用技术的环保理念，政府重视是关键之中的关键。在我国，由于环保理念的偏差，加上有些部门环保意识与重视程度不够，目前对报废汽车中塑料的回收、再生利用问题尚未提到一定的高度上来，因而造成相当严重的污染问题。目前，汽车上拆下的废旧塑料引发的环境污染问题在我国已日趋严重，从长远的利益出发，从保护环境的角度出发，国家有关部门应迅速采取措施并制订相关的政策来解决这个问题，尽早完善节能、节材和回收处理废旧金属、塑料及橡胶等的法规，并通过一定的鼓励政策来支持对汽车用的废旧塑料及橡胶之类材料的回收和再生利用工作，从而将汽车用塑料的种类、使用年限限定在更加科学、合理的规范之内，促进汽车废塑料的回收利用产业发展。

我国汽车工业及相关工业的研究、设计、生产流通等部门，应努力开展汽车的废旧塑料回收、再生利用等技术的研究开发工作，力争在较短的时间内，使汽车废旧塑料不再成为污染环境、困扰人们的环保与可持续发展的难题。

五、废塑料的合理处置原则

塑料的使用在保护人类健康和环境，保存自然资源和减少废物做出了显著的贡献。在每年石油产量中只有4%用于制造塑料，塑料的许多用途有很长的生命周期，而且使用后的塑料能经常得到回收再进行二次使用。塑料的使用意味着：

• 在一种给定的应用中减少了材料的使用（例如在过去超过20年的时间里包装减少了近80%，由于有包装的保护很少有货物丢失成为废品）；

• 在生产中比传统方式使用更少的能量（例如塑料是以低能量密度转换的）；

• 在运输和处理过程中消耗较少的燃料（例如塑料在汽车和包装的应用）；

• 在制造和使用过程中产生较少的污染；

• 产生很少的用后废塑料（例如在体积上和质量上与传统材料像金属和玻璃相比）。

1. 国际上回收和处置废塑料的一般性原则

环境无害处理在巴塞尔会议（1992）上的定义为采取所有可行的措施保证有毒废物或其他废物以保护人们健康和环境的方式管理，避免由此废物可能导致的不利影响。国际废物管理政策优先关注的废物体系就是通过再使用、再循环、再生和残质处理防止或减少废物。这种战略包括原材料回收的废物处理的综合方法。这对废塑料在识别、环境无害管理、回收和最终处置等方面提供了一般性的指导。它有目的地包含了所有聚合物及塑料类型。所有的塑料被认为是无毒的，也没有毒性标准应用。

在遵循最大限度地减少有毒废物和其他废物的产生、在环境上友好处理废弃物、减少废弃物的填埋量的处置原则的基础上，对废塑料的处置要重视机械式回收的价值。在塑料回收的地方，如果不能提供在环境上最友好的方式从废塑料中抽取价值，一种可替代的选择是使用回收原料和回收能量，以不失去回收原料的价值，而且废塑料可被安全处置而没有任何风险。从资源的利用角度出发，对废塑料的回收利用首先应考虑材料的循环，然后考虑化学循环和能量回收。

如果废塑料能按类型分类，回收价值（在应用中有经济价值）是增长的，然而回收混合的塑料只有不多的用途。

塑料成分经常在第一次使用寿命结束时仍保持其不变的特性，对供应商来说回收的塑料仍有商业交易。使用寿命结束后的塑性材料必须与非塑性材料分开，明智可取的是在二次使用之前分成单种塑料类型，这个结果与未使用过的机头料、下脚料的原料回收几乎是同样的。使用寿命结束后的塑料包装只有几种不同的材料，由于它们印有材料的类型识别标志，能容易地被手工分拣，不印有该标志的某些材料可能是分离的一个限制因素。

塑料废弃物的最终处置，关系到在全国范围内产生的任何废弃物，不对环境造成多余的威胁。塑料大多是惰性的，所以如果不回收，它们被填埋对环境和人类健康无害。塑料的焚烧，不管有无能量回收，在高温和适当地减少和消除废气、废渣的技术条件下能够有效地保护环境和人类健康。对环境无害条件下的能量回收（焚烧）相对于填埋和无能量回收来说应是优先的选择。

欧盟、日本废塑料处置情况。西欧国家对固体废弃物的管理采取一致行动，目标一体化，但也考虑各自的地理环境、人口、工业生产能力、国民的生活习惯等因素。在瑞士达沃斯召开的“‘92国际回收讨论会”上提出，固体废弃物管理一体化方案基于三项原则：

① 防止废弃物产生；

② 废弃物回收和再利用；

③ 不可回收废弃物的安全处理。

欧盟在《报废电子电气设备指令》中明确规定：欧盟成员国所使用电子电器设备从产品设计开始就必须考虑环保要求；报废设备与普通市政垃圾实行分开收集；按特殊处理程序处理报废设备；由生产者或第三方在单独或集中基础上建立回收系统并制定各类产品的回收率；报废产品的回收处理费用由生产者承担。相关数据见表4所示。

表4　塑料回收和最终处置

欧洲(1996年)	生产性废物	消费后废物
回收利用	96%	24.6%
最终处置	4%	75.4%

日本是亚洲塑料废弃物回收利用．工作做得较好的国家之一。日本塑料废弃物的收集、分类、处理、利用都已系列化、工业化。其原因在于有健全的组织系统，有明确的目标，制定了一系列方针、政策、法规，并采取了有效的措施。

2. 废塑料技术管理原则

(1) 从源头上阻止和减少废物　为使塑料在经济过程中能够可持续发展，在材料制备和制品设计时就要考虑对环境的影响，在体现利润的同时尽可能减少原料的耗费，使塑料对环境的影响控制到最小程度。如在塑料制品进入市场前就采用塑料的分类标志，标明塑料制品或其配套件的材料属性，便于以后回收时分类。实际上这样做就是保护了该产品的制造者和所在的行业，促使减少在该制件上塑料原材料的使用量，对技术进步和成本降低有利。另外，材料使用采用标准化、专门化和标记化，更使材料易于回收。所以为了解决循环时的困难，下列措施应予考虑：

- 产品标准化，采用统一的材料制造相同的产品；
- 设计的产品要易于拆卸和分离；
- 要标注材料的种类；
- 尽量减少使用材料种类；
- 采用新型的阻燃剂，如不用含卤化合物等。

由于不同塑料在不同应用时的不同寿命，产品和废品之间在数量上没有确切的直接联系。许多塑料被缩短使用期限，因此实际上得到的废弃物更多。然而塑料在生产、加工和使用过程中要产生废物，这些废物能被合适地处理是必不可少的，以保护人类健康和环境。

(2) 授权的集中管理原则　废塑料是垃圾中热值最高的，再利用价值也很高，如果能够使废塑料有效地达到回收再循环和环境保护的目的，回收和处置的强制性是必不可少的，因此国家的法律、法规或政府行政措施是不可缺少的因素，并且废弃物处置的各方的责任要明确，加强统一管理。

废塑料的回收和处置集中化是政府支持并授权设立的废塑料回收再利用的营运机构对废塑料的综合处置并能正常运转的首要条件。建立废塑料的综合处置机制是解决废塑料对环境合理处理的有效办法。虽然我国废塑料的回收利用有较大的发展，但与世界先进水平相比还存在很大差距，有许多问题需要解决。目前绝大多数的废塑料回收利用考虑到我国劳动力便宜，废旧家电的拆解可以是劳动密集型的，能使废旧家电在肢解回收过程中的浪费减少到最低，但我们追求的是自动化程度较高的高效的处理过程。这对其他含塑料的产品的回收同样是适用的。对于处理过程中不可避免的废塑料残杂以及不易分离和不值得回收的废塑料建议采取能量回收的办法进行处理，最后再考虑焚烧和填埋的最终处置，或以国家相关的环境标准排放。

3. 废塑料再利用的主要途径

(1) 物理机械式回收废塑料　塑料由于具有可塑性和能重复利用的特点，其循环利用能有效地减少资源浪费和促进环境保护。西方发达国家的经验和做法值得借鉴，解决塑料发展与环境问题的成功策略是实施“3R”战略，即塑料制品的减量（Reduce)、再使用（Reuse）和塑料废弃物的回收利用（Recycle)。2002年4月19日欧洲塑料制造者协会最新发布的数据显示：2000年在所有应用领域中再循环和以其他方法回收的塑料显著增长，减少了垃圾中的废塑料处置。2000年，西欧塑料需求增长了3%，达到3 676.9万吨，但是通过机械再循环、再生原材料和能量回收的总回收量增长了11%。2000年西欧塑料消费和回收的一项分析显示：尽管塑料需求增长了，使用后废弃塑料总量仍然低于所有材料的废料总量的1%，废塑料回收的增长达到36%，已经减少了废塑料的填埋，一个最重要的因素就是减少了塑料对环境的负面影响。2000年有8个国家回收了超过50%的包装用废塑料，它们是荷兰、瑞士、丹麦、挪威、德国、瑞典、奥地利和比利时。据悉美国塑料工业协会(SPI）在全美设立了6 000多个回收点，日本也有近1 000个。而在废塑料回收利用新途径上日本环境省计划在未来的8年中在全日本建150个废塑料发电站，到2010年将目前垃圾发电量提高5倍，使年垃圾发电达量达400万千瓦以上，并且造价要比风力和海洋发电要低。另外，日本川崎钢铁公司将研究利用废塑料作为炼铁还原剂的技术。该公司计划在3年内开发出实用化的操作技术和设备。我国首钢也在这方面做了尝试。而挪威政府则把废塑料用在修建公路上，经多年使用证明，塑料公路使用期限长，能消除和减轻路基下部建筑不稳而导致的路基损坏，而且弹性好，维修起来十分方便。可见环境意识强的一些国家政府能够积极通过实际应用的演示和立法来尽可能地保证资源的循环利用，促进废塑料的回收利用和带动本国环保产业和事业的发展，而且这已成为各国经济、社会、环境可持续发展的重要选择。

从上述可以看出，由物理机械式回收废塑料是国际上通行的做法，也是资源循环利用的最佳选择，符合我国的国情和有关政策，也是我们多年来一贯坚持的做法。其基本回收工序为：废塑料→预处理→鉴别→分类→除杂清洗→粉碎→造粒→循环利用。

物理机械式回收的废塑料由于各种环境因素而导致的老化引起材料性能下降，在一些重要用途上受到限制，这是由于塑料在使用过程中大分子链断裂和其中的添加剂损失造成的，但是在将废塑料解聚后再合成高分子材料或在废塑料中加入合适的添加剂改性就可能达到与原塑料具有几乎同样的用途，仍可以获得广泛的应用。经过处理的清洁废塑料仍可小比例地加入到塑料制品制造中以降低成本，而不影响该制品的质量。目前已开发出废塑料适宜的多种应用产品，如与木纤维共混可代替木材制造家具、托盘、栅栏隔板等。物理循环的二次污染是很小的，甚至是完全可以避免的。

如果能开发适合不同塑料的分类、清洗、粉碎、造粒等专用配套设备，以及提高废塑料回收利用过程的多种应用技术，就符合我国21世纪节约资源、资源再生利用和环境保护的长远发展规划目标。这同样是家电中废塑料回收利用的优先选择，符合对环境友好和资源再生的原则。

（2）机械式回收分类　使用后塑料必须与非塑性材料分离，更可取、更合理的是在再加工、用于二次使用之前将塑料分成单一品种的类型。除非塑料成分被清楚地标明其类型，否则需要考虑专业技术的鉴别。少量的塑料不值得分离回收，但是可用于能量回收。表5中所列技术适合于塑料分离。

表5　塑料识别和分离技术的概要

方　法	原　理	效果评价
沉于水中分离	重力分离	只能有效地分离2～3种塑料，较低的分离效果，易受填充物的干扰
漂浮	在水介质中产生空气泡沫的选择性填加物	需加必要的试剂，低效，有添加剂和填充物的干扰
使用有选择性的抑浮剂的塑料漂浮分离	PVC、PC、POM、PPE这四种塑料使用一般的湿润剂像木质素钠磺酸盐、鞣酸、OT湿润剂、皂角甙可以从它们的混合物中分离	纯度在87%～90%
电子式分离	运用电荷在电场重的作用使PVC和PE从电线和电缆分离	纯度超过90%，会受到表面涂层和污染的影响
MIR光谱（中红外）	可用于11种塑料的区分：PE、PP、PVC、ABS、PC、PA、PBT、EPDM等；反射光谱为2.5～50μm，振荡群激发	对预备的大量样品有较好的塑料识别技术，非自动，需要较多时间（≥20秒/分析）
NIR光谱（近红外）	分离PET、PVC、PP、PE、PS，反射光谱为800～2500μm，正弦波，复合波振荡激励	对塑料包装是好的识别方法，易受填充剂（炭黑）、表面涂层、样品几何形状的影响，不能识别黑色。对聚合物和添加剂同样
诱发的激光等离子体光谱，由NIR光谱补充	集中一束脉冲激光对准塑料产生一高能密度的脉冲，该脉冲发出一高能等离子体能激活所有在焦点体积中的原子元素	
傅里立叶转换红外线光谱（FT-IR）		可测定所有塑料，因为样品准备和测量对黑塑料需要很长的测定时间
UV-VIS光谱	反射波200～400μm，谐波和电子波	对聚合物识别低，添加剂（染料）对它有强的干扰，低自动化
激光光电扫描器	可分离PET、PVC、PP、PE、PS；激光等离子体原子发射光谱/热脉冲感应红外温度记录法	自动对聚合物和杂原子混合物识别，识别水平低
X射线荧光	用X射线波谱作为感光方法测定元素	低聚合物、低自动化的元素识别，只在分离PVC和PET时有效
光学扫描	通常用感光法，用光电二极管或电荷耦极设备器件显示	根据透明性和颜色有助于塑料分类，但不能做聚合物化学识别
质谱测定法	热解产品的质谱测定法检测	高时间耗费（≥1min），低分离效果，难于自动化
静电分离	来自电线和电缆的PVC塑料绒和交联PE的分离，来源于PVC和PET废瓶的混合碎片的分离再添加到PVC中	

混合塑料一旦被分成单种塑料类，而且粉碎后是干净的，其加工方法就同塑料制品的生产是同样的。分类细化的程度越高二次使用的价值就越大，能用于价值较高的商业用途。机械式回收就是从分类开始，经过破碎、除杂、清洗、再造粒、包装等达到原料回收的过程。

(3) 废塑料的鉴别　鉴别是塑料分类的基础，鉴别高分子最常用的简单方法有以下几种。

- 外观鉴别法（经验识别）；
- 溶解鉴别法；
- 燃烧鉴别法；
- 密度鉴别法；
- 仪器分析法（在某种程度上更有效、更可靠）；
- 热解试验鉴别法；
- 元素鉴别法。

上述介绍的各种塑料简单的鉴别法都有其局限性，只能作为参考，实质上在鉴别塑料时应综合使用各种方法，相互借鉴。

(4) 化学循环回收利用废塑料　一些塑料的回收由于物理法有其缺陷，从经济角度上讲不合算，需要化学回收才更有价值、更科学。比如聚氨酯塑料，通过醇解、水解、碱解、氨解、热解、酸解、加氢裂解等方法可回收多元醇和其他一些物质，用于合成其他聚合物。

几乎所有塑料在高温高压条件下都能被裂解小分子物质，这种方法就是原料回收的过程，属化学回收。但化学回收过程比物理回收耗费更多的能量，过程控制要复杂得多，产生的气体、液体、固体残留物需要处理得好，才不会对环境产生污染。

(5) 废塑料的能量回收　虽然一些废塑料回收对环境有益，还有好多小块的废塑料分散在其他废物中。如果不考虑经济成本，分离和清洗这种废物比回收的收益可能有更高的环境负担。回收过程中仍有不能回收的残渣。如果回收不能被证明是合理的，那么能量的再生可能是重新取得废塑料内在的资源价值的对环境友好和在经济上更划算的方法。一般地，塑料含有高的能量价值，当与其他废物混合在一起时，塑料会促进湿的或植物废物焚烧。

通过过去 10 年的研究和实践，结论性地表明废塑料能够安全有效地焚烧。高温焚烧始终能从燃料中得到最大量的能量回收，并且使有毒有机化合物完全分解。当废物燃烧产生高压蒸汽流送给发电机，超过85%的能量被有效地回收了，低压蒸汽流可用于工业，热水用于家庭取暖。但大多数废物再生能量的工厂并不总是能兼顾这三项的。

巴塞尔会议已准备了关于地面焚烧的技术指导草案。他们指出焚烧回收能量对环境的影响有 4 个关键因素：

① 废物焚烧的自然状态；
② 焚烧条件控制；
③ 排放气体的净化；
④ 残渣处理。

用于能量回收的含废塑料的废物有 4 种不同的类型，每一种都有其自己的回收价值，如表 6 所示。

表 6　废塑料和传统燃料的能量值

燃　料	热净值/(MJ/kg)
汽油	40
煤	25
PF(废塑料)	42(参考)
PDF(纸和塑料团粒)	20
RDF(派生垃圾燃料)	15～17
MSW(城市固体垃圾)	10
木材	8

一般情况下，从废弃物总回收能量是塑料循环利用较为科学和经济的方法之一，但也可能污染环境和影响人类健康（塑料的平均燃烧热按 42×10^3 kJ/kg 计）。能量回收的二次污染表现在以下几个方面：

- 温室效应；
- 酸性气体、金属和粒子；
- 毒性有机物。

塑料虽然可以在循环利用，但不能一而再、再而三地或永远再生。但这并不意味着它们丧失了使用价值，目前各国普遍利用能量回收设备进行焚烧以获取能量。

4. 废塑料的最终处置

如果废塑料完全丧失了再利用价值，按垃圾的一般处理原则对待，填埋和焚烧就是其最后选择。在上述列出的回收方法不可能使用的地方塑料废渣被允许填埋。不回收能量的焚烧通常用来减少垃圾掩埋中废渣的体积，但焚烧炉被授权是必不可少的，并且要满足与能量回收的焚烧炉同样的环境标准。

(1) 无能量回收的焚烧　能量回收和非能量回收的焚烧炉或装置的主要区别在于废弃物能通过热蒸汽转换为电能的一种潜在能源。这两种类型的装置都能符合排放标准。

同样的关键因素是很重要的（焚烧废物的性状、焚烧控制条件、废气的净化和废渣的处置）。

(2) 填埋　填埋实际上仍然是绝大多数国家最普遍的废物处置方法，巴塞尔会议已制订出对有一种或更多毒性特征的废物确立特殊工程填埋的技术指导草案。这些指导也考虑到现有的填埋地点，要求有严格的控制和经常的补救措施。只有符合巴塞尔会议指导要求的那些垃圾填埋才被使用。

已经注意到填埋的有机物被生物分解会产生易燃的甲烷。用于普通塑料的聚合物是惰性的，它们不能被微生物侵蚀。因为塑料不腐烂，在填埋中被看作是一种稳定剂。

尽管塑料中的聚合物不被生物侵蚀，仍然注意到塑料中使用的添加剂被滤出进入填埋场的水中。所以对废弃物在环境上合理有效回收和处置的技术指导是很重要的，像地上焚烧的技术指导，尤其是工程填埋。

六、废塑料回收利用存在的问题既解决的办法

(1) 对废塑料再生利用宣传不够，人们对废旧塑料再生利用认识和环保意识不足；

(2) 国家缺乏对废塑料回收利用扶持的具体政策；

(3) 积极开展推广塑料环境标识和标志、塑料制品环境认证工作；

(4) 充分发挥行业协会作用，建立市场准入机制。

总之，今天塑料工业的发展围绕着“塑料与环境”这一中心展开，我们有理由相信塑料废弃物的回收与利用，将促进塑料工业的科技进步，它将成为进行环境保护，提高资源利用率，造福人类的一项事业。

（中国塑料加工工业协会废弃塑料再生利用专业委员会　马占峰）

科技进步

中国聚丙烯市场现状和前景

一、前言

聚丙烯（PP，Polypropylene）是20世纪50年代开始大量生产的一种合成树脂，它是丙烯均聚物或丙烯与α-烯烃（乙烯、1-丁烯、1-己烯）的共聚物，其分子呈线性结构，密度为0.89～0.91g/cm^3，比低密度聚乙烯的密度还低。由于PP具有相对硬度高、相对密度小、拉伸强度高、透明性好、抗应力开裂和耐化学性能好、耐热挠曲温度高、并具有极好的注塑性能、能随意拉伸和定向、可以与其他材料共混改性等优点，因此PP应用范围不断扩大，在五大通用树脂中需求增长速度最快，已逐渐取代钢铁、木材、纸、聚碳酸酯、ABS、PS、尼龙、聚酯等其他合成材料。自1995年起全球需求年均增长率为8.6%，2000年产量达到3 000万吨，2003年在4 000万吨以上。我国需求增长率高于全球水平，1995～2003年的年均需求增长率高达20%以上。2001年我国PP的表观消费量达到530.3万吨，成为仅次于美国的世界第二大PP消费国。2003年中国已超过美国成为世界最大的PP市场。预计到2007年我国PP市场需求量将比美国高出20%。我国PP制品产量已超过PVC制品仅低于PE制品而居第二位，约占塑料制品总产量的25%。PP主要用于生产纤维编织、注塑制品、薄膜、片材板材、电缆及护套料、吹塑制品以及管材等。

长期以来国内PP制品结构不合理，低档均聚拉丝级产品所占的比例太大，纤维和编织制品超过50%，国内企业之间竞争激烈，效益较差；而高附加值的高档料，如无规、嵌段共聚PP，高透明PP以及PP-R管材等专用料产量较低。本文根据我们近几年对市场的调查研究和目前国内PP市场的状况提出一些看法和建议，供大家参考。

二、我国供需概况

1. 生产现状

目前，我国大型聚丙烯（PP）生产装置以引进技术为主，中型和小型PP生产装置以国产化技术为主。国内聚丙烯产量来自乙烯联合生产企业的约占40%，以炼油厂副产丙烯为原料的约占60%。引进技术主要有釜式反应器液相本体-气相本体Hypol工艺（三井化学技术）及环管式反应器液相本体-气相本体组合法Speripol工艺（原Himont公司，现巴塞尔公司）。并在吸收、消化釜式液相本体-气相本体工艺和环管式液相本体-气相本体工艺的基础上，自行设计建成几套4万吨/年Hypol工艺PP装置和几套7万吨/年Spheripol工艺PP装置。2002年初，上海石化公司采用中国石化自行开发的第二代环管工艺技术，建成20万吨/年PP装置。通过引进技术和吸收改造，国内聚丙烯生产技术目前已达到比较先进的水平。尽管如此，国内PP装置仍存在品种牌号少、通用和低档专用料多、装置规模小等问题（装置平均规模不足6万吨/年左右，最大的20万吨/年，最小的仅1万吨/年；而欧美发达国家的PP装置大都在20～45万吨/年）。

近几年，我国聚丙烯产量增长很快，1995年产量为107.3万吨，2000年突破300万吨，2001为322.5万吨，2002年355万吨，2003年年达到440万吨。目前我国聚丙烯生产企业有70多家，产能445万吨/年，主要大型企业有燕山石化、上海石化、扬子石化、镇海炼化、茂名石化、大连石化、大庆石化、抚顺石化、广石化、大连西太平洋和齐鲁石化等。

国产PP中，拉丝级产品占一半以上（其中粉料占60%左右），其他依次为共聚（丙烯与乙烯）和均聚注塑级产品、BOPP产品、纤维级产品等。无规、嵌段共聚产品前些年国内产量较低，近两年产量呈迅速增加的趋势。

目前我国正加快聚丙烯大型化建设，兰州、大庆、茂名石化在建20万～30万吨/年PP装置，计划2006年投产；中国石化、上海石化与BP公司合资组建的上海赛科石化公司在建25万吨/年PP装置，2005年上半年投产；中海油与壳牌公司合资的惠州南海石化项目在建24万吨/年聚丙烯装置，2005年底投产；福建炼化与埃克森美孚和沙特阿美合资的福建石化项目将建30万吨/年聚丙烯装置，预计2006～2007年投产。这些项目建成后可新增聚丙烯产能近150万吨/年。另外，武汉90万吨/年、上海100万吨/年、天津80万吨/年、兰化60万吨/年乙烯装置都有配套的PP装置。如果2010年前这些项目建成投产，将大大缓解我国PP供需不平衡的状况。同时，再加上一些老装置改造扩能，国内市场竞争会更加激烈。今后规模较小的装置如果没有自己的特色产品将很难生存。

2. 供需状况

虽然我国聚丙烯工业发展迅速，但仍满足不了市场需求。进入20世纪90年代，我国聚丙烯进口量以年均11.3%的速度增长，1995年进口量突破100万吨；2001年超过200万吨；2003年达到274万吨，进口量占国内表观需求量41.5%。我国自2001年开始PP需求量超过PVC、仅次于PE，位居五大合成树脂第二位。预计到2005年国内产量475万吨，进口量330万吨，表观需求量达到805万吨。1999～2005年中国PP供需状况见表1。

我国PP进口的主要来源有：韩国、新加坡、泰国、日本、印度、美国、沙特阿拉伯、马来西亚等。2001年国内进口料韩国占31.4%、中国台湾地区14.5%、美国10.5%、新加坡10.0%、泰国8.7%、日本8.4%。2002年、2003年进口情况见表2。

表1 1999～2005年中国PP供需状况

年 份	产量/万吨	进口量/万吨	表观需求量/万吨	需求年增长率/%
1995年	107.3 106.8	214.1	—	—
2000年	302.3	163.4	465.7	19.6
2001年	322.5	208.7	531.2	14.1
2002年	355.0	244.2	599.2	12.8
2003年	440.0	273.4	713.4	19.1
2005年(预测)	500.0	330.0	830.0	16.3

表2 2002年和2003年我国PP进口的主要来源国家或地区

国家或地区	2002年/万吨	2003年/万吨	增长率/%
韩国	74.3	80.7	8.6
中国台湾地区	37.4	40.1	7.2
新加坡	31.7	31.1	−1.9
泰国	22.1	25.4	14.9
日本	17	18.3	7.6
印度	15.6	21.8	39.7
美国	12.6	20.5	62.7
沙特阿拉伯	11.6	12.5	7.8
马来西亚	5.3	8.8	66

由表2可见，近两年进口增长较快的国家有：马来西亚、美国、印度和泰国；进口量最多的国家或地区一直是韩国，中国台湾位居第二。进口资源中一般贸易占40%左右，来进料加工约占60%。而一般贸易多为低档通用料，来进料加工的多为高档专用料。

三、消费现状

目前我国聚丙烯加工业区域发展不平衡，沿海地区规模和实力较强，加工业呈多元化发展；内地则比较落后，制品也比较单一，拉丝制品占相当大的比例。总体上看，我国聚丙烯需求通用料多，专用料少，制品中编织制品所占比例大。国内聚丙烯市场的格局是：容量大的通用料市场，进口料也多，国产料与进口料的竞争十分激烈；容量相对较小的专用料市场，则是进口料占主导地位。用于洗衣机、汽车配件、各类家电等的高档专用料大都是以来进料加工形式进口的，其产品质量要求较高、附加值也较高，用料相对固定。国产料要进入这类市场难度较大；此外聚丙烯改性料在国内专用料市场也占有一定份额。

2000年以前，我国有60%以上PP用在拉丝塑编领域，但近些年这一比例在逐渐下降。2003年，国内市场PP表观消费量为713.4万吨，同比增长19.1%；国内聚丙烯消费构成是：拉丝制品占56.6%，薄膜占14.1%（其中BOPP膜约占9%），注塑制品占18.2%，纤维占9.7%，其他占1.3%。

表3 我国聚丙烯消费结构现状及发展

应用领域	1998年		2000年		2003年	
	消费量/万吨	比例/%	消费量/万吨	比例/%	消费量/万吨	比例/%
拉丝	224.0	61.9	364.3	60.8	403.7	56.6
纤维	28.2	7.8	49.1	8.2	61.4	8.6
薄膜	43.1	11.9	74.3	12.4	100.6	14.1
注塑	58.2	16.1	98.9	16.5	127.0	17.8
其他	8.2	2.3	12.6	2.1	20.7	2.9
合计	361.3	100.0	599.2	100.0	713.4	100.0

从表3可以看出，我国PP用于拉丝制品的比例

较大，这一比例逐年下降，用于其他领域的比例在增加，消费结构正在发生变化，对专用料需求增长迅速。欧美和日本等发达国家和地区PP注塑料的需求量位居第一，其他依次为拉丝和纤维、膜和片材等，我国PP的消费结构今后也将朝这一方向发展。

四、市场前景

由于PP制品具有质量轻、抗冲击强度高、耐环境（耐高低温、耐污染、耐潮湿、耐老化）性能好、寿命长等优点，应用范围不断扩大，逐渐取代金属、其他塑料、木材、天然和化学纤维等，用于包装、运输、纺织、建材、家具、家电、日用消费品等领域。因此今后10年PP需求量仍将保持高速增长的态势，特别是在纺织纤维（塑编、丙纶纤维、无纺布）、薄膜（BOPP、CPP等）、注塑制品（汽车、家电、日用品）、片材和板材、管材（PP-R、PP-B）等领域的市场前景看好。

1. 拉丝制品（塑编袋、篷布和绳索）

PP拉丝制品（塑编袋、篷布和绳索等）所消耗的PP树脂在我国一直占很高的比例，1995～2000年所占比例在60%以上，是PP树脂最大的消费领域。近年来因PP注塑制品和包装膜的发展逐步改变了PP的消费结构，用于拉丝的比例有所下降，但仍是PP树脂消费的最大领域。2003年国内拉丝级PP的产量约400万吨，占总消费量的56.6%。今后拉丝制品一方面向大型、重型化包装袋发展，即向集装袋方向发展，另一方面将向高强度、抗静电、耐老化等包装袋方向发展。

2002年中国仅编织袋的产量就达到了255亿条，除出口的13亿条以外，其余为国内消费，并主要集中在水泥、化肥、化工、粮食、饲料、原盐等领域。预计到2010年前中国拉丝制品的生产和国内表观消费量将继续增长，但增长的速度会下降。估计2000～2005年的年均增长率为6%～7%，2005～2010年的年均增长率为4%～5%。2005年中国PP编织袋的生产、出口和国内表观消费量将分别达到221万吨、15万吨和206万吨，2010年将分别达到269万吨、20万吨和249万吨。

另外，PP拉丝制品中篷布、绳索等领域的需求增长也较快。

用于生产拉丝的原料大部分由国产供应，国内生产的PP完全可以满足编织制品的需要，主要牌号为三井工艺的F401和2401，海蒙特工艺的T30S，都是中国PP生产企业的主导产品，以及小本体工艺的PP粉料等。国内几乎所有聚丙烯生产企业都能提供用于编织袋生产的PP树脂。由于国内PP树脂自给量不足，我国也进口一部分PP拉丝料，主要进口牌号有日本的F601、F301、F401，韩国的H436、H730F，印度的H03SG和沙特阿拉伯的500P等。使用进口原料生产塑料编织袋用于国内消费的较少，用于产品出口的较多。此外，中国（主要是浙江、山东、江苏等地）每年大约有15万～30万吨的回收PP树脂用于生产拉丝制品，回收料的大量使用导致PP拉丝制品质量下降。由于国内拉丝制品加工企业多而杂，有大型现代化企业，也有家庭作坊式加工厂，制品质量差别较大，市场较为混乱，给PP市场带来一些负面影响。

今后相当长的时间内我国PP拉丝级产品需求量仍将很大，但所占的比例还会继续下降。因此国内PP生产企业应努力提高专用料产量，逐渐降低拉丝产品的比例，以适应市场需求结构的变化，取得更好的效益。上海石化、齐鲁石化、燕化等企业最近两年来朝这一方向发展，取得了较好的效果。

2. 丙纶纤维

丙纶纤维是PP很有发展潜力的市场，除作为服装用纤维外，工业用丙纶是个活跃的品种。随着对工程质量的重视，PP无纺布在道路、水库、堤坝建设、建筑工程、医用等方面的应用将有所增加。预计2004～2005年聚丙烯在丙纶领域的需求量将增长5%。目前国产主要牌号有上海石化Y2600/1600/3700C，抚顺石化HY525，茂名石化等公司的Z30S、V30S、H30S、CS820等。国内产量占总需求量30%左右，大量依赖进口。因此，国内生产企业应适当提高纤维料的产出比例。

3. 注塑制品

我国PP注塑制品在PP消耗中占居第二位，是今后PP需求潜力最大的领域之一。主要用于硬包装（如容器、周转箱、托盘、瓶盖等）、运输（如汽车内装饰、保险杠、蓄电池壳、油箱等）、日常消费用品（如厨具、家具、洗衣机、花盆、旅行箱等）、器械及医疗制品（如注射器、工具箱、料盆）等。PP注塑料品种多、质量档次差别较大，有均聚物、嵌段共聚物、无规共聚物、PP合金等，可以满足各种不同性能制品的要求。

我国石化企业近几年比较重视注塑料的开发，相继开发或引进了一系列PP注塑牌号，并逐步推向市场。目前国产典型牌号有EPS30R、J340、K8003、K8303、1340、1440、V30G、M2101R、M700R、M180R、K7726、1947、SP179、EV14R、HHP4等。尽管如此，我国PP注塑料产量仍然不能满足需求，一半以上依赖进口。进口牌号主要来自韩国、日本、新加坡、欧美和中东，典型牌号有J340、BJ730、570P、AP03B、M1600、AY564、RP344R、B380G、

H110MA 等，其中有嵌段共聚物，也有无规共聚物，市场上的各类牌号中，MI 数值最小的为 0.8，最大的 30 多。与进口料相比，国产共聚料的 MI 范围太大（同一牌号不同批次 MI 差别较大），加工企业生产难度较大，废品率高，以至于很多企业宁愿多花 300～1 000 元/吨购买进口料，而不用国产料。就拿相同生产工艺的同一牌号 J340 来说，MI 应在 1.5～1.9，韩国晓星产 J340 指标为 1.7±0.3，而国产 J340 范围 0.98～2.3，前者价格高出 500 元/吨左右，有些用户还是选择进口料。其他国产注塑料也存在这类问题，这一问题应该引起国内石化企业足够重视，并及早解决。

在汽车领域，2002～2003 年我国汽车需求量连续两年保持了 30%的高增长率，2003 年我国汽车需求量为 445 万辆左右，保有量为 2 000 万辆左右。2004 年，汽车需求量 515 万辆左右，保有量 2 500 万辆左右。今后 5～10 年内需求量仍将保持高速增长的势头。世界汽车平均每辆塑料用量在 2000 年就已达 105 千克，约占汽车总质量的 8%～12%，轿车用塑料的比例更大。预计 2005 年全球汽车用聚丙烯的消费量将达 280 万吨，我国汽车工业对聚丙烯的需求达 13.4 万吨，其中约 30%左右用于保险杠。PP 汽车零配件市场潜力巨大，PP 作为汽车用塑料的主要品种，需求也将随之迅速增加。国内齐鲁石化开发的汽车保险杠和油箱专用料已投放市场，燕山和上海石化业开发了汽车零配件专用料。另外，还有些企业开发了 PP 改性料。目前国内较大的汽车及配件生产企业大都用进口专用料来生产汽车配件。国产料要进入这一市场存在较大难度，首先国产料在产品质量和稳定性上要进一步提高，其次是在价格和服务方面也要具备一定优势。

在家电领域，PP 注塑料市场也较大。如洗衣机内桶专用料方面，1997 年以前是进口料的天下。之后随着燕化 K7726、1947 开发成功（用于海尔等企业），国产原料逐渐有了一定市场份额。随后茂名开发了 HHP4、HHP3，齐鲁开发了 EV14R 也在陆续进入这一市场。

此外，PP 注塑制品在传统领域，如包装、日用消费品、医疗方面的消费量也在稳步增长。

预计 2005 年国内 PP 注塑料需求量将达到 190 万吨左右，2010 年将达到 300 万吨。PP 注塑料市场潜力巨大，是今后国内企业应该重点开发的领域之一。

4. 薄膜

国内薄膜消耗 PP 树脂量处于第三位，而且近几年需求增长速度很快。1998 年该领域需求量仅为 43 万吨，2003 年已超过 100 万吨。预计 2005 年需求增长率在 15%左右。PP 膜制品按加工工艺分类主要有 BOPP、CPP、IPP 膜。今年初北欧化工开发出透明 PP 吹塑膜，使 PP 膜也可以在吹塑膜生产线上进行加工。

PP 膜由于具有防潮、机械强度高、尺寸稳定性好、质轻、无毒、无臭、印刷性能良好等特点，广泛用于印刷（标签等）、涂布、香烟及食品和农副产品包装袋、真空镀铝、电容器等方面。

BOPP 强度大、阻气性高、印刷性能和抗撕裂性好，是 PP 膜制品中消耗量最大的品种，应用也最广泛。由于前几年 BOPP 膜利润空间较大、需求增长较快，2000 年以来国内各地 BOPP 膜生产线增加过快，导致生产能力严重过剩，市场竞争异常激烈，效益滑坡。特别是去年 PP 树脂价格大幅上涨，而 BOPP 膜的价格不升反降。据 AMI 咨询公司分析，2001 年世界 BOPP 薄膜市场首次超过 300 万吨。目前我国有 BOPP 膜生产线 100 多条，2002 年 BOPP 膜产量已达 39 万吨，但实际年产能力可达到 65 万吨左右。国内 BOPP 膜的主要生产厂家有 80 余家，较大的企业包括：抚顺石化公司 2 万吨/年 BOPP 膜生产线，可提供烟膜、消光膜、珠光膜等多种规格的 BOPP 产品；福建现代塑料公司 2.5 万吨/年 BOPP 膜生产线，引进德国布鲁克纳公司的设备；南京中达制膜有限公司的控股企业江阴申鹏包装材料厂 2.5 万吨/年生产线，由日本三菱重工引进 2005 年投产，该公司计划在 2006～2007 年筹建 2 条 2.5 万吨/年生产线，规模将超过 8 万吨/年；浙江惠盛塑胶有限公司 2005 年年底将上 1.4 万吨/年布鲁克纳生产线；宝硕公司引进的法国 DMT 公司的 2.5 万吨/年的生产线已投产；安徽国风塑业股份公司 3.5 万吨/年生产线于 2005 年年底投产，是亚洲最大的 BOPP 薄膜生产线；顺德德冠公司、四川东盛公司、上海金浦公司、广东宏铭公司、黑龙江庆港公司等都将在近期筹建 2.5 万吨/年的生产线。如此多的生产线投产会使竞争更加激烈，并增加国产 BOPP 原料的需求。

自 2003 年以来，中国 BOPP 膜市场价格竞争已呈白热化状态，销售价格下降了 23%，中国聚丙烯（BOPP）薄膜市场已经供过于求，大部分生产企业利润下滑。据英国 PCI 薄膜咨询公司的研究报告，2003～2005 年间，中国新增 PP 薄膜生产能力占同期世界计划新增总能力的一半，且年均增长率将为 10%左右。未来两年内中国 BOPP 膜产能将从现在的 150 万吨/年提高到 200 万吨/年，占世界总产能的份额将从现在的 23%上升为 29%，超过欧洲居世界第一。对此，业内专家认为，除了加强管理、降低成本、提高质量外，各大企业还要努力开发新产品，生产多功能特种膜，如烟膜、消光膜、珠光膜、镀铝膜、抗菌膜等，并且要致力于开拓国外市场。

另一方面，国内BOPP薄膜产品在规模、品种等方面与国外相比有一定的差距，如埃克森美孚公司每年BOPP薄膜产量超过20万吨，有近40个品种，应用领域广阔。而国产品种单一，规模小，成本高。因此仍有相当数量的BOPP薄膜产品从国外进口。虽然近几年国内BOPP厂也推出一些新产品，如南京中达集团推出的BOPP彩印定位防伪型烟用包装膜、BOPP超低温热封型烟用条包膜、BOPP抗磨花型烟用包装膜等，但在产品创新和缩小与国外产品差距方面还有很多工作要做，这对树脂和薄膜生产企业都是新的挑战。

CPP在PP膜中占的比例较小，但随着PP树脂质量的提高、设备性能的改进和加工能力的提高，CPP和BOPP薄膜的性能上的差距在逐渐缩小。这将导致CPP从BOPP手中抢占更多的市场份额，增加新的应用领域。BOPP生产商和CPP生产商原本将各自的产品定位在不同的市场，应用各不相同。但近几年来，市场形势悄然发生改变，CPP逐渐向BOPP市场领域渗透。这种发展趋势在亚洲尤其是我国表现得最为强烈，这主要是由于我国生产的BOPP膜大部分使用通用级原料，薄膜特性受到限制，从而削弱了其对普通CPP膜的竞争优势。CPP可以应用于生产包裹物、标签和特种包装，与BOPP相比CPP拥有两大优势：热封强度高和生产成本低。新开发的CPP具有优良的机械强度和更好的尺寸稳定性，如陶氏化学公司生产的CPP，其强度、阻气性能和撕裂性能完全能与BOPP薄膜相媲美。英格兰的Filmcast Extrusion公司则专门生产CPP。由于CPP提高了抗撕裂性能，消除了易撕裂和剥落的缺点，并且具有更高的冲击强度，因此在某些市场领域，CPP能够代替BOPP，如DVD和音像盒包装、面包糕点包装、蔬菜水果防雾薄膜、鲜花包装以及标签的合成纸等。上海紫藤公司的高透明超柔软型CPP膜，解决了CPP低温脆性，断裂强度低的问题，使服装、食品包装可以出口到寒冷地区。设备的改进如实现自动控制、塑料模具和供料块设计的改进等都有助于提高CPP性能和质量，而生产率的提高则可降低生产成本，最近几年CPP薄膜的生产率平均提高25%。CPP比BOPP更容易控制形态，有更好的尺寸稳定性和平坦性。因此，可以预见，未来CPP的应用领域将进一步向BOPP市场渗透。

随着国内市场对PP膜需求的快速增加，我国在PP膜专用树脂生产方面已有了长足的发展。目前国内原料生产厂家主要有：齐鲁石化等公司的T36F、T36FE，上海石化F280、F280S、M800E、F800E、FC801，茂名石化EPT56F、大庆石化BOPP-D1，扬子石化F1002B，燕山石化F1002/2002，抚顺石化T38F，广州石化的F400等。2003年国内总产量不足50万吨，占需求量的50%左右。国产料中绝大部分为BOPP膜料，只有上海石化开发生产了高透明和医用CPP膜料F800E、M800E、FC801等。上海石化产量最大为17万吨；齐鲁石化5万吨；燕山石化2.5万吨；茂名石化4万吨；广州石化3.5万吨，大庆石化3.8万吨，扬子石化3.4万吨，抚顺石化2万吨，九江石化1.5万吨。进口PP膜料主要来自韩国、日本、中国台湾、中东、马来西亚和欧美等国家和地区。典型牌号有H4540/4500、R701、RP344R、101，101S、124、124M、124T等。

5. 片材板材

PP片材、板材广泛应用于食品包装、建筑装饰、汽车、文具、箱包、化工环保与水处理、瓶盖及日用消费品等。PP板/片材是指用共聚或均聚PP通过挤出方法制得的PP片、板材。片材和板材是根据厚度不同而划分的，PP板材又分为空心板、实心板、金属复合板等。PP片、板材在整个PP加工业中所占比例较小，但市场发展前景广阔。2000年国内PP片材和板材产量在4万吨，2003年国内产量约在6万吨，增长速度较快。

厚度介于0.2～0.4mm之间的片材，主要用于食品包装方面，如超市中一次性透明食品包装盒，一次性PP水杯等，其主要原料为均聚PP（如国产T30S、F401、2401等），也有少量的无规共聚PP。厚度介于0.5～0.8mm之间的片材主要用于环保方面，作为水处理材料，该材料可在水下使用七八年，所用原料主要为共聚PP。厚度0.8～6mm的PP板/片材主要用于化工槽内衬，在环保上也可用于水处理。厚度3mm左右的PP板材用于制作塑料圣诞树等饰物。PP中空板材厚度一般在2～7mm，主要用于制作文件包，包装箱，大棚板，浴亭隔板，装饰板，展板，护墙板，灯饰板等，其原料主要为嵌段共聚PP。厚度大于6mm的PP板材主要用于工业方面，板材原料一般为嵌段共聚PP，也有部分厂家使用无规共聚和均聚PP。

前些年因PP片、板材生产线基本上是进口为主，因此，厂家开工初期均以外方提供的进口料为主，进口料主要由韩国晓星公司的J340，MFR＝1.7g/10min；日本宇布兴产公司的OBJ809，MFR＝2.0g/10min；韩国现代石油化学公司的共聚M1250；韩国三星联合化学的BJ100等。随着国内PP工业的发展，无规共聚PP和嵌段共聚PP相继开发成功并投放市场，如齐鲁石化的 EPS30R，扬子石化的 J340、F401，燕山石化的 1340、1440，上海石化的 M180R 等牌号，逐渐满足了国内 PP 板、片材市场对原料的需求，尤其是齐鲁的 EPS30R，其加工性能、制品外观质量、耐低温性能等各项指标达到或超过了进口料，得到了用户的广泛好评。随着国产 PP 的质量改进，国产料的性能基本满足使用要求，可以替代进口料。

目前国内主要用 PP 生产板/片厂家有苏州塑料一厂、苏州塑料十厂、萧山大通塑化公司、浙江永庆塑胶公司、浙江塑料厂、杭州欧华塑料制品有限公司、淄博塑料八厂、龙口中记复发塑胶公司、台州创佳文具有限公司等。

特别值得一提的是，20 世纪 90 年代中后期欧美和日本开发出了 PP 发泡片、板材，一经投放市场就受到了极大的关注。与传统的材料相比，发泡 PP 以其优良的耐热性、力学性能、成本低和良好的环境适应性等优点而备受人们的青睐，并在逐步取代 PS、PUR、PE 等发泡材料用于包装、汽车、隔热隔声、环保、体育器材和建材等行业。我国近几年也掀起了开发 PP 发泡材料开发的热潮，并已开始投放市场。可降解 PP 发泡快餐盒在我国铁路系统市场潜力巨大，据了解我国各类快餐盒年消耗量在 150 亿只左右。此外，发泡 PP 片、板材将在汽车内装饰、建筑、蔬菜水果食品包装、热绝缘、电器等领域的潜在市场也很大，其作为发泡 PS 等的更新换代产品，具有广阔的市场前景。

6. 管材

聚丙烯管材的具有质量轻、耐腐蚀、不结垢、使用寿命长等特点。按照不同的 PP 聚合工艺条件可将其分为均聚聚丙烯（PP-H）、嵌段共聚聚丙烯（PP-B）以及无规共聚聚丙烯（PP-R）。由于 PP-H 管材在低温下的脆性限制了它的使用，在一些应用领域逐渐被 PP-B 管材、PP-R 管材所取代。其中 PP-B 管主要用于冷水系统、地面采暖系统，PP-R 管的应用则更为广泛。PP-B、PP-R 管材除了具有一般塑料管特点外，还具有以下特性：良好的卫生性能，耐热、保温节能，安装方便、连接可靠，原料可回收使用，设备要求简单、生产工艺简便易控制，管道布设随意。我国自 2000 年明令禁止在新建住宅中使用镀锌管作为供水管道后，聚丙烯管、聚乙烯管得到了长足发展。其中 PP-R 管材是欧洲 20 世纪 90 年代初开发的改性 PP 管材的第三代产品。PP-R 管材的长期热水静压寿命比 PP-H、PP-B 高出许多，耐压性和耐低温性以及使用寿命都有所提高。随着我国经济飞速发展，PP-R 管材的用量也大幅增长，市场占有率迅速提高。我国建设部已将 PP-R 管作为重点推广的三大新型塑料管材的首推品种，因此近几年发展势头迅猛。1997 年我国 PP-R 管材生产厂家只有少数的几家，1998 年不超过十家，1999 年三十家，2000 年底 PP-R 管材生产厂家估计已达 70 家左右，生产线超过 130 条，生产能力在 5 万吨以上，实际生产量不足 2 万吨。由于 PP 管材生产企业盲目上马，管材能力严重过剩，导致恶性竞争，质量下降，出现不少问题，造成了很坏的社会影响。近两年通过国家整顿和出台相应的管材质量和施工标准，该行业正在走上健康发展之路，目前国内产能在 30 万吨左右，产量约为 14 万吨。具有代表性的管材生产厂家有上海建筑材料厂、临海市伟星新型建材有限公司、杭州永亨新型建材有限公司、河北宇光工贸有限公司、武汉金牛经济发展有限公司以及鞍钢实业第一薄板厂等。

1999 年以前国内 PP-R 管材生产企业所用原料基本全是进口料，主要来自欧洲和韩国。欧美发达国家早在 20 世纪 80 年代就开发了无规共聚管材专用料，如北欧化工的 RA130E、赫斯特公司的 PP-R 管材料、Targor 公司的 PPH5416、韩国晓星的 PP-RR200P、PP-M910 等。国内石化企业 1999 年以后才陆续开发出了 PP-B 和 PP-R 管材专用料，如燕山的 PPR4220，PPB4240、8101，齐鲁的 QPR01、扬子的 C180、盘锦的 PPB240、P340 等。2000 年国内 PP-R 管材专用料产量约 3 000 吨，进口量约在 1 万吨；2003 年国内产量达到 3.5 万吨，进口量 9.5 万吨左右。目前北欧 PP-R 管材料价格在 13 500 元/吨，而国产料的出厂价格大都在 9 000 元/吨以下，韩国晓星产品的价格在 9 500 元/吨。这说明国产料质量和制品性能与北欧化工产品存在较大差距，需要加以改进和提高。

PP 塑料管道近年来发展情况良好，大有取代交联聚乙烯管、交联聚乙烯铝复合管之势。而在我国，根据《建设事业‘九五’计划和 2010 年远景目标纲要》测算，2001～2010 年间，我国每年的室内冷水管需求量约 3 亿米，热水管需求量约 1 亿米，供暖管道需求量约 2 亿米，其他各类建筑物冷热水管道需求量约 1 亿米，地板辐射采暖管道需求量约 4 亿米，每年太阳能热水器冷、热水管需求量约 2 000 万米。此外，我国多家宾馆酒店平均每年冷热水管道更新量达 2 000 万米，建筑改造工程每年管道需求量约 2 000 万米，工业用管道每年需求量约 2 000 万米，医用、食品生产输送管道每年需求量约 2 000 万米。根据以上测算，2001～2010 年间我国每年工程建设管道需求量约 12 亿米。若 PP 管道按 30% 的市场占有率计算，其每年的市场需求量将达 3 亿～4 亿米。因此，可以预计在今后的 10～20 年间 PP 管材将会得到高速发展，其市场潜力巨大。

五、结束语和建议

2004～2007年是PP扩能较集中的几年（估计全球新增能力600万吨左右），装置规模越来越大，新技术新产品不断推出，竞争将日趋激烈。特别是茂金属PP和纳米PP的开发成功，必将对传统的PP产品产生一定冲击。国内中小规模老装置在今后的竞争中必然处于劣势，因此必须根据自身的优势及早开发适销对路的高附加值的新产品，方能在激烈的市场竞争中占有一席之地。为此建议PP生产企业：

(1) 提高专用料比例，降低低档通用料的比例；

(2) 下大功夫提高产品质量，开辟市场潜力巨大的汽车专用料市场；

(3) 严格控制产品质量，缩小共聚产品的MI范围，便于下游用户使用，可按MI细分产品牌号，形成系列化，适应不同用户、不同用途的需要；

(4) 改进PP-R管材料生产工艺，提高产品质量和档次，取代进口料；

(5) 进一步深入开展（可降解）PP发泡材料的研究，扩大应用领域和市场份额。

超高分子量聚乙烯的加工特性

超高分子量聚乙烯（UHMWPE）以其优异的性能和广泛的用途，受到国内外广泛重视，成为研究和应用的热点。本文着重讨论UHMWPE加工过程中特有的加工性能和一些现象，并进行了分析。

1. 粉末原料特性

目前市场上提供的UHMWPE树脂原料均为粉状料，如北京助剂二厂生产的UHMWPE粉料粒度大约60目。由于材料的低摩擦系数特性，粉料非常松散且极易流动。常温下的粉料基本没有弹性，将粉料加入压制模在常温下加压，体积没有明显变化，可以认为粉料在常温下基本上不可压缩。上述特性在挤出和注射时会有输送方面的问题，但在压制、烧结、传递模塑成型工艺中具有特殊意义，特别是压制成型厚制品和深腔制品时，粉料的松散性和流动性对于物料充满型腔、在模内形成均匀高压从而保证制品密度均匀、减少熔体在模内的流动和取向，从而减小制品内应力和收缩变形具有重要意义。

UHMWPE在温度180℃以上时快速熔化，而在140～180℃温度范围内，物料的熔融需要很长时间，在正常生产中这一温度区间看不到物料熔融，然而在这一温度区间粉料呈现出弹性并且粉料的松散性和流动性下降，因此在压制时加料后及早加压是必要的，可保证物料在低温下快速充满型腔并在腔内建立起均匀高压，最终减小制品内应力和保证制品密度均匀。基于上述考虑，我们认为压制前原料不应预热。

2.“料塞”问题

传统的单螺杆挤出机及注射机的螺杆加料段设计是基于固体输送机理，依靠固体塞与机筒内表面的摩擦力使固体物料向前推进。当这样的设备用于加工UHMWPE时，会由于摩擦系数很小不足以形成足够的摩擦力推进固体物料，物料只能抱在螺杆上随螺杆旋转但不能向前推进。因此国内外用于加工UHMWPE的挤出机和注射机目前主要有两类：一类是往复柱塞式挤出机和注射机，另一类是UHMWPE专用的螺杆式挤出机和注射机，这种挤出机和注射机的螺杆比较特殊，能够适应UHMWPE的特性，并且机筒也进行了必要的改造。

UHMWPE在130～180℃的温度下短时间内处于弹性固体颗粒状态，类似于高硬度粉末橡胶。根据这一特点，我们提出了“胶塞输送”机理，即在螺杆加料段螺槽中的物料是被压缩的弹性胶塞，而不是压实的固体塞。通过添加少量液体助剂，使UHMWPE在某一温度范围表现出显著的弹性行为（或橡胶特性），使胶塞与机筒间摩擦系数大幅增加，这样就解决了固体塞与料筒间摩擦系数小、固体输送困难的问题。据此机理，我们实现了用普通单螺杆挤出机对UHMWPE进行挤出和用普通注射机注射成型。

3. 熔体特性

在180℃以上时，UHMWPE熔体黏度极高并且呈现出较强的黏弹性；温度在260～340℃区间，随着温度升高，熔体黏度下降速度加快，流动性增加，同时熔体弹性明显降低，这一变化主要是大分子降解的结果，不能认为是熔体黏度随温度的正常变化。UHMWPE熔融时按照其粉料颗粒熔化，形成熔体颗粒，在未施加足够外力时这些熔体颗粒不会流动或移动，但由于熔体颗粒表面黏性较大，颗粒之间会相互黏结，压制、烧结所利用的就是这一特性。由于熔体颗粒的高黏度和高弹性，在未施加外力时熔体颗粒通常不会发生明显变形，而施加外力后外力大小直接影响熔体颗粒变形量的大小，即压力的大小决定了制品的密实程度，因此压制成型通常要求有较高的成型压力以得到密实制品；当压力足够大时，熔体颗粒发生变形和滑移，颗粒间的空隙消失，所有颗粒完全黏结在一起形成整体，此时可得到基本透明的制品，需要注意的是，此时制品仍可出现飞边并且飞边厚度可以小至0.01mm。

熔体颗粒的上述特性在压制成型具有微孔（通孔）结构的过滤板时具有实用价值，通过施加不同的成型压力，控制熔体颗粒的变形量，可得到不同孔径的 UHMWPE 微孔滤板。

熔体的高弹性还表现在：压制成型时如制品未充分固化即结束保压，模具会自动弹开一定缝隙；注射时若制品冷却不充分，制品出模后在厚度方向会出现明显膨胀。利用熔体的弹性即熔体的可压缩性，在压制或注射成型时使用较高的成型压力，可减小制品的收缩。

UHMWPE 熔体颗粒体积与常温下粉料颗粒体积相比有明显的增大，这一现象与其大分子链的缠结密切相关，也是其熔体具有高弹性和可压缩性的原因，因此也必然导致 UHMWPE 有较大的收缩率，其收缩率可高达 5%。

在对 UHMWPE 进行压制成型或用柱塞挤出机挤出时，由于制品的成型属于 UHMWPE 熔体颗粒变形黏结，可以认为没有或基本没有大分子解缠，此时制品中没有大分子取向，制品各向同性。但由于收缩率较大，制品出模后，由于制品结构不对称或壁厚不均或冷却不均，都能导致制品翘曲变形并产生内应力。实践表明，这种情况下塑件内应力并不大，可在较短时间内消除并对制品的长期使用不产生影响。在制品冷却时通过夹持冷却可矫正制品的变形，由于夹持力的作用，迫使制品内部应力区域的 UHMWPE 颗粒产生与应力相适应的不均匀弹性恢复和收缩，待制品冷却后，原来应力区域 UHMWPE 颗粒的不均匀弹性恢复和收缩被冻结，内应力基本消失。

4. 大分子的解缠

UHMWPE 熔体在低压、低速、低剪切条件下的流动主要表现为熔体颗粒的平移，宏观表现为柱塞流；当流动压力、速度升高时，由于熔体颗粒的变形及熔体颗粒表面间的黏附作用，以及由于熔体颗粒相互滑移在颗粒间界面形成的拖曳作用，在熔体颗粒内部及表面形成剪切，此时熔体颗粒被拉长，UHMWPE 缠结的大分子受到剪切拉伸而伸长，出现轻微解缠和取向特征；随着流动压力、速度的进一步增大，剪切作用增强，熔体颗粒在强烈剪切作用下大分子显著解除缠结，使熔体流动呈现剪切流动特征，大分子的取向特征明显。但此时大分子的解缠结从程度上和数量上仅为部分解缠，作者对压制和注射哑铃样条进行慢速拉伸试验，断裂伸长率可达 1700%，由此可证明这一点。解缠后的 UHMWPE 大分子间具有较好的滑移性，因此尽管 UHMWPE 熔体流动速率很小，但仍可挤出成型和注射成型，并可注射成型大型复杂制品。UHMWPE 纤维的制备对其大分子的滑移性要求更高，所以要最大限度地实现大分子的解缠。解缠后的 UHMWPE 大分子间具有较好的滑移性，通过转矩流变仪或同向平行双螺杆挤出机对 UHMWPE 进行高速剪切，观察扭矩或电流变化即可证明这一点。

UHMWPE 熔体强度与大分子的解缠密切相关，未解缠或只有轻微解缠时，UHMWPE 熔体由熔体颗粒黏结形成，因熔体颗粒间黏结力较小同时熔体颗粒变形量有限，所以熔体强度很低，极易出现熔体破裂；随着大分子解缠程度的增加，由熔体颗粒间的黏结逐步转变为大分子间的相互缠结和大分子的拉伸和拉直，熔体强度大幅度增加，当解缠达到一定程度时，UHMWPE 具有足够的熔体强度满足制品加工工艺要求而不出现熔体破裂。

未出现大分子解缠的 UHMWPE 熔体在流动时没有记忆效应，随着大分子解缠现象的出现和加强，分子的取向和取向程度加强，熔体流动的记忆效应逐步明显，同时对最终制品的内应力也有逐步加大的趋势。在注射成型时，由于熔体充模流动导致解缠后的大分子在制品内不规则取向，而 UHMWPE 较大的收缩率和大分子的不规则取向，使塑件内部应力情况十分复杂。研究注塑件的应力裂纹，发现制品正面有很多走向不规律的裂纹，在制品厚度方向有规则的分层现象，而在浇口附近区域保压时的补缩进料以不规则片状层与制品主体分层。

当 UHMWPE 大分子有明显的解缠和取向时，其对制品内应力、后收缩及与后收缩相对应的尺寸稳定性的影响是长久的。某些注塑制品在贮存长达一年时间后，制品突然出现大面积开裂，分析其原因，我们认为是由于收缩内应力逐渐增大超过材料强度引发突然断裂。但问题是通常塑料制品中的内应力随时间推移逐渐减小直到消除，为什么内应力会逐渐增大呢？原因可能与 UHMWPE 的结晶性有关，因为在注塑制品中不可能有完全解缠并被拉直的 UHMWPE 大分子，在制品中 UHMWPE 大分子的解缠应是大分子局部解缠，且分子间解缠程度和取向程度不尽相同，在制品冷却后，大分子链上的一些被拉伸的链段有恢复结晶状态的趋势，即后结晶与后收缩问题。这一点类似 HDPE 制品的后收缩，一般认为 HDPE 制品在 48h 或最长一星期后制品尺寸基本稳定。在这里，由于 UHMWPE 大分子的部分解缠和仍存在大量大分子链缠结的特殊性，决定了 UHMWPE 制品的后收缩是一个长期过程，因此随时间延长内应力才有可能逐步增加。这一现象的另一方面也说明由于 UHMWPE 大分子的解缠和取向，对 UHMWPE 材料的应力松弛现象和抗蠕变性有显著改善。

UHMWPE 大分子的解缠和取向如能善加利用，对提高产品的某些性能会产生特殊效果，因为随着 UHMWPE 分子解缠程度的增加，其纤维特性逐步显现，我们知道 UHMWPE 纤维的拉伸强度和抗切割性能是很高的。比如我们曾使用相对分子质量为 200 万的 UHMWPE 和 PP（T30S）按 1∶1 比例在 200℃下长时间混合，最后得到的共混物是刚性材料，其硬度达到 MC 尼龙的硬度。

5. 氧化与降解

UHMWPE 在成型加工过程中极易氧化和降解，熔体在空气中，180～200℃短时间氧化变红，240℃以上氧化同时伴随降解颜色变深变黑；温度在 260～340℃区间，即使熔体不与空气接触，UHMWPE 也能快速降解，并且随着温度升高降解加速。降解后的 UHMWPE 即使熔体流动指数达到 LDPE 的水平，但仍能保留部分 UHMWPE 的性能如低摩擦系数、不黏性等，因此我们认为 UHMWPE 的降解可能主要是大分子主链的断裂，而长支链变化不大。现有的烯烃聚合物用抗氧剂和热稳定剂有一定效果但效果不佳，用某些高沸点液体助剂包覆 UHMWPE 颗粒可有效抑制氧化，但对高温下大分子的降解没有效果。

由于 UHMWPE 的许多加工性能是其所特有的，因此在对其进行加工和改性时应特别注意。应加强对 UHMWPE 分子微观结构与微观特性的研究，开发专用加工助剂特别是稳定剂。

（华北工学院塑料研究所、工程塑料国家工程研究中心华北工学院联合研发中心　贾润礼）

国内环保型阻燃剂发展现状

随着全球安全环保意识的日益加强，人们对防火安全及制品阻燃的要求越来越高，无卤、低烟、低毒的环保型阻燃剂已成为人们追求的目标。

目前国内塑料改性用阻燃剂近 80%为含卤阻燃剂，其中以多溴二苯醚和多溴联苯类物质为代表，溴系阻燃剂效率高、用量少，对材料的性能影响小，且价格适中。和其他类型的阻燃剂相比，其效能/价格比更具有优越性，我国供出口电子电气类产品中 70%～80%都用此类阻燃剂。但溴-锑阻燃体系在热裂解及燃烧时会生成大量的烟尘及腐蚀性气体，而且近年欧盟一些国家认为溴系阻燃剂燃烧时会产生有毒致癌的多溴代苯并噁英（PBDD）和多溴代二苯并呋喃（PBDF），2003 年 2 月，欧盟出台了 ROHS 和 WEEE 两个禁令，其中 ROHS 是限制有害物质的禁令（The Restriction of Hazrdous Substances Directive），它规定自 2006 年 1 月 1 日起，在欧盟国家销售的所有电子电气设备，不能含有多溴联苯及多溴二苯醚。

一、环保型溴系阻燃剂

（1）十溴二苯乙烷 8010　8010 不属于多溴二苯醚，在燃烧中绝对不可能产生 PBDD 或 PBDF；8010 的分子量为 971；溴含量 82%，和 DBDPO 含溴量相当（83%），因此阻燃性能基本一致；初熔点 345℃，热稳定性较 DBDPO（305℃）高；它的耐光性以及不易渗析的特点都优于 DBDPO，最可贵的是其阻燃的塑料可以回收使用，这是许多溴系阻燃剂所不具备的特点。8010 工业品为平均粒度 3μm、自由流动、微颗粒化的白色结晶粉末，在塑料改性中容易分散，塑料制品颜色自由。而且工业化成本和 DBDPO 相当，是 DBDPO 最为理想的替代品。

作为添加型溴系阻燃剂，8010 在使用过程也需要和锑化物配合使用，配合比例和 DBDPO/锑化物比例相同；和 DBDPO 相比，8010 更适用于高温高黏特性的工程塑料。

首先对 8010 进行工业化生产的是美国雅宝公司，并申请了生产和使用专利；这一度使国内阻燃剂研究生产单位迟迟没有开展这方面的研究，但经查询发现，雅宝公司的专利范围是在中国之外的地区，因而可以在中国生产和使用 8010，只是不能出口及申请专利。于是，国内研究生产单位纷纷投入研究，2002 年年底以工业规模试验成功。目前，国内市场厂商代表有：雅宝公司，大湖公司，苏州晶华工有限公司，山东莱玉化工等。

（2）溴化环氧树脂　阻燃剂用溴化环氧树脂又称为四溴双酚 A 环氧树脂低聚物，溴含量可达 50%，分子量在 1 000～45 000 之间，分为 EP 型和 EC 型；两者相比，前者的耐光性较好，但溴含量较低，而后者阻燃的 ABS 和 HIPS 具有较好的抗冲强度。商业品溴化环氧树脂是乳黄色半透名晶片和白色粉末的混合物，国产溴化环氧树脂有刺激性气味，而以色列死海溴产品则无气味。溴化环氧树脂具有令人满意的熔体流速和较高的阻燃效率，优良的热稳定性和光稳定性，且能赋予阻燃基材良好的机械性能，产品不喷霜。

低分子量溴化环氧树脂适用于阻燃 ABS 和 HIPS，高分子量者适合于阻燃 ABS/PC 合金和 PC、PET、PBT 等工程塑料。它在使用过程需要和锑化物配合使用。

以色列死海溴公司是国际最为著名的溴化环氧树脂阻燃剂生产商，生产工艺完善，产品质量极佳；一度是国内溴化环氧树脂阻燃剂市场的惟一品牌。2002 年以来，山东莱玉化工等陆续将溴化环氧树脂商业化，但产品质量不尽人意。目前，国内市场代表产品有：以色列死海溴公司 F2100F2400，山东莱玉化工，中国台湾长春BEB系列等。

(3) 溴化聚苯乙烯　溴化聚苯乙烯的发展与溴化环氧树脂相类似，也是近年发展较快的一个阻燃剂品种。溴化聚苯乙烯为白色或淡黄色粉末或颗粒，溴含量在60%左右。热分解温度大于310℃，具有分子量大，热稳定性好，在高聚物中分散性和混容性好，易于加工，不喷霜等优点。

溴化聚苯乙烯依据其合成途径分别命名为溴化聚苯乙烯和聚溴化苯乙烯，从命名上可以看出溴化聚苯乙烯是通过对聚苯乙烯进行溴化来完成的；聚溴化苯乙烯是通过将苯乙烯首先进行烯键保护，然后进行溴化，再将烯键恢复，合成溴化苯乙烯，再次进行聚合完成的。从合成过程是否使用溶剂，又可以分为溶剂法和非溶剂法。由于溶剂法耗溴量少，所以人们通常采用溶剂法进行合成。

溴化聚苯乙烯主要应用在PA、PBT、PET等热塑性树脂中，使用过程需要和锑化物配合使用。阻燃聚酯时，添加量在13%（增强）～17%（非增强）就可以赋予材料UL—94 V-O级（0.8mm），阻燃聚酰胺时，加量在21%就可以赋予材料UL—94 V-O级（0.8mm）。

美国大湖公司和雅宝公司是著名的溴化聚苯乙烯生产商，其产品一度在国内市场遥遥领先，现在国内一些阻燃剂厂商已经进行国产化生产，如寿光市海洋化工有限公司等。

二、磷系阻燃剂

(1) 红磷母粒　在非卤阻燃剂中，红磷是一种较好的阻燃剂，具有添加量少、用途广泛等优点。普通红磷易吸潮，与高分子材料相容性差，特别容易引起自燃，不能实际使用。微胶囊化红磷阻燃剂，降低了红磷的活性，解决了相容性，红磷含量在85%左右，但自燃问题并没有得到有效的解决，粉尘污染严重。

红磷母粒是红磷与氢氧化铝、膨胀性石墨等无机阻燃剂复配使用、以基体树脂为载体的暗红色粒子，安全问题得到了解决。它低烟、阻燃效率高；无粉尘污染，加工性能优异；低密度、热稳定性好、制品物理性能下降少；加工过程中不喷霜、不迁移、不腐蚀模具。特别是制品具有高耐漏电痕迹指数（CTI），在电子电气应用上优势明显。

红磷母粒的主要缺点是色调问题，除了暗红和黑色外，无法赋予制品更多的颜色选择。

红磷母粒用于通用塑料、橡胶等缺少氧元素的材料的阻燃时，最好与氢氧化镁、氢氧化铝复配使用；用于PET、PC、PBT、PA等富含氧元素的材料的阻燃，可单独使用；在加工过程中，为了达到红磷的最好分散性，可复配一定量的分散剂。

(2) 间苯二酚双（二苯磷酸酯）　间苯二酚双（二苯磷酸酯）是高分子量有机膦系阻燃剂，表观为清澈液体；它磷含量高，磷含量为10.8%。具有高阻燃性，低添加量，对成品物性影响小的特点。它具有阻燃和增塑双重功能，可使阻燃剂完全实现无卤化、改善塑料成型中的流动加工性能和降低烧蚀，改善热老化性能，提高热变形温度，并可抑制燃烧后的残余物。

使用时，间苯二酚双（二苯磷酸酯）一般单独使用，不需要和其他阻燃剂配合，主要用于一些高功能的苯乙烯系共聚物，如PPO/HIPS和PC/ABS等。阻燃PPO/HIPS时，用量在11%左右，氧指数达到37%，UL—94级别（1.6mm）达到V-O级。阻燃PC/ABS合金时，和PC/ABS两者的比例有关，用量一般在6%～10%之间。氧指数达到29%，UL—94级别（1.6mm）达到V-O级。

目前，国内许多阻燃剂厂商和科研单位在间苯二酚双（二苯磷酸酯）工业化生产方面做了很多研究，并进行了小批量的试生产。但市场上成熟的产品不多，国内主要销售厂商为美国大湖产品。

三、氮系阻燃剂

氮系阻燃剂为三聚氰胺及其与磷的化合物，主要是三聚氰胺、三聚氰胺氰脲酸和三聚氰胺磷酸酯，是阻燃剂市场最具有发展潜力的品种。氮系阻燃剂一般为白色晶状细粉末，粒径10～50μm，容易分散。密度1.5～1.7g/cm^2。作为阻燃剂新品种，氮系阻燃剂有很多优点：高效阻燃；不含卤素；无腐蚀作用，因而减少了机械被腐蚀问题；耐紫外光照；电性能好，在电子电气制品中优势最为明显；不褪色，不喷霜；可回收再利用。

氮系阻燃剂目前主要应用在聚烯烃和聚酰胺中，不需要和其他阻燃剂配合使用。对于非增强尼龙，添加量在8%时可燃等级就能达到UL—94 V-O级；对于PP，添加量在25%时可燃等级就能达到UL—94 V-O级；成本/性能比例优异。荷兰DSM公司产品可适用于玻纤增强PA66的氮系阻燃剂，添加量在25%时可燃等级就能达到UL—94 V-O级，而且加工温度可高达320℃。

荷兰DSM MELAPUR公司是国际最为著名的氮系阻燃剂生产商。现在国内有很多助剂厂生产氮系阻燃剂MC系列，但产品质量一般。

四、无机阻燃剂

无机阻燃剂以氢氧化铝和氢氧化镁为主，目前国外已大量使用无机阻燃剂，其中美国、日本、西欧无机阻燃剂消费量分别占阻燃剂总消费量的60%、64%、50%。

氢氧化铝和氢氧化镁都为白色粉末，相对密度在

2.4左右，粒径1～20μm。氢氧化铝开始脱水温度为200℃，氢氧化镁开始脱水温度为340℃。氢氧化镁热分解温度比氢氧化铝高140℃，可以使添加氢氧化镁的合成材料能承受更高的加工温度，利于加快挤塑速度，缩短模塑时间，同时亦有助于提高阻燃效率。氢氧化镁粒径细，对设备磨损小，利于延长加工设备使用寿命。由于氢氧化镁与氢氧化铝相比有许多优点，因此氢氧化镁所占比例越来越大。氢氧化镁与同类无机阻燃剂相比，具有更好的抑烟效果。氢氧化镁在生产、使用和废弃过程中均无有害物质排放，而且还能中和燃烧过程中产生的酸性与腐蚀性气体。

氢氧化铝和氢氧化镁作为阻燃剂单独使用时，用量一般在40%～60%，这严重影响了材料的机械性能。均匀分散就成为加工工程中最为重要的问题。选择性能优良的表面改性剂对氢氧化镁的表面改性，是氢氧化镁使用前的首要工作。改性的目的是使粒子的表面活性提高，改善分散性，提高阻燃效果、提高与高分子材料相容性、提高抗冲击性能与热性能。

由于氢氧化镁具有许多优异特点，近10多年国内外关于氢氧化镁的基础研究与应用研究十分活跃，目前国外有近10个国家的20余家企业生产20多个品种，总年产能力约17万吨。许多国家目前仍在建设或计划建设氢氧化镁新装置。国内主要生产厂家有山东胶州古河镁盐厂、上海振泰化工厂、河北武邑县阻燃剂厂、江苏南化集团连云港碱厂、山东海化集团等。

当今世界环保要求越来越高，对环境友好的环保型阻燃剂受到各国重视，有关研究、合作开发、生产活动十分活跃，发达国家纷纷投入巨资进行研究开发，国际合作频频开展，除通用品种外，各种专用、复配型新产品层出不穷，应用领域不断开拓。我国应加强对环保型阻燃剂的应用研究，促进我国阻燃剂的生产与发展，满足我国飞速发展的塑料工业的需求，同时加快我国阻燃剂工业产品结构调整。

导电塑料应用技术进展

一、前言

导电高分子的开发与应用是目前国际上一个十分活跃的研究领域，它已从初期的实验室研究发展到应用研究阶段。导电性高分子材料一般分为结构型和复合型两大类。

结构型导电高分子聚合物是1977年才发现的，它是有机聚合掺杂后的聚乙炔，具有类似金属的电导率。聚乙炔是由碳原子和氢原子组成的。碳原子具有可与其他原子结合的4个电子。聚乙炔中的碳原子，利用2个电子与旁边的碳原子结合（双重结合），另一个电子与相反方向的碳原子结合（单一结合），剩下的一个电子与氢原子结合。聚乙炔就是由无数个这种结构组成。与普通的塑料相比，碳原子由双重结合和单一结合交替组成的塑料，具有电子容易流动的性质。如果在其中加入碘等杂质，电子就会被杂质吸引，电子原来所在的位置就会出现空穴。于是，其他电子先后流动起来，以弥补这个空穴，从而产生了电流。由于一次实验中的错误，使日本化学家白川英树教授意外地合成出了银色导电聚乙炔薄膜。由于他的这一重大发现使他与美国科学家艾伦·黑格、艾伦·马克迪尔米德一起获得2000年度诺贝尔化学奖这一高分子科学界的崇高殊荣。

纯粹的结构型导电高分子聚合物至今还很少，除聚乙炔外，其代表性的产物有聚对苯撑、聚苯硫醚、聚吡咯、聚噻吩、聚吡啶和聚噻唑等。目前，美国物理学家艾伦·马克迪尔米德教授正在着手研究导电塑料的应用。2003年12月，他在瑞典皇家科学院做了题为“合成金属——有机聚合物的新作用”的演讲。他指出，他的研究目标是利用新崛起的纳米技术，将传统的导电材料与导电聚合物纤维静电编织起来，制造出纳米级纤维材料和纳米电子线路。而马克迪尔米德教授领导的研究小组正在研制的纳米聚苯胺纤维的直径仅为100mm，由于有机分子结构具有多样性，而且易于改变，便于制备分子器件。这种纤维与纳米电子电路结合起来，可以把计算机做得非常小。可以推测，伴随纳米导电塑料的发展及分子器件的出现，计算机的速度和存储将增大108倍，这相当于现在计算机工业40年的发展。

最近，他领导的研究小组已经成功地利用普通塑料研制出纳米电子线路，并申请了专利，同时在宾夕法尼亚州立大学成立了导电塑料开发公司。他们开发的纳米电子线路成本非常低廉，一块纳米电子线路板的成本仅为1美分。纳米电子线路市场前景非常广阔，不仅在电子工业与计算机工业领域，而且在环境保护、医学卫生、能源利用、太空探索等领域都有着巨大的市场潜力。

二、导电塑料在各个领域中的应用

1. 结构型导电塑料

（1）塑料芯片　根据美国国际市场调查公司（Dataquest）日前发布的一份调查预测报告显示，采用导电塑料制造的塑料芯片将成为21世纪的新宠。2004年，全球塑料芯片行业的年平均销售额已达到100亿美元左右，塑料芯片将成为未来极具发展潜力的新一代芯片。那么，塑料芯片为何受到人们的厚爱？新崛起的塑料芯片何以能够向硅晶体芯片发起冲击呢？

原来，硅晶体之所以能够长期成为电子材料领域的佼佼者，是由于硅晶体具有其独特的优势，采用硅晶体制造的电子元器件和芯片在速度、精密性或导电性上占有得天独厚的地位，但硅晶体的生产成本十分昂贵。与硅芯片相比，塑料芯片价格则非常低廉，仅为硅芯片价格的1%～10%，极具市场竞争力，它将首先在条形码扫描仪和付款机中使用。日本科学家已研制出含几百个有机计算机芯片的柔软的导电塑料，采用这种导电塑料，制造出了新颖的平板显示器和电子标签。导电塑料制造的新款芯片，可以大大缩小计算机的体积，提高计算机的运算速度。

(2) 显示器　在显示设备方面，如果采用硅材料制造一台长度与宽度均很大的显示屏是难以想像的，它的生产成本太高，质量大，且技术难度很大。根据部分导电塑料可电致发光的原理，导电塑料制造的显示屏可以解决这个难题，还可用于移动电话手机、太阳能电池和微型电视等领域。1997 年日本先锋公司开发出一种新型可发光显示器，并开始应用到汽车音响中，而以往汽车的表盘本身并不发光，是利用照射光线来显示画面的。先锋的这种显示器，还明显地改善了画面的切换速度，与液晶显示器相比，响应速度提高了近 1 000 倍，因此非常清晰。此外，利用导电聚合物的可塑性，可提供可折叠的电视屏幕。当今顶级扁平显示屏，要形成一个完整的图像，需要数万个像素构成，如果其中一个出错就会造成整个图像失真，这使该产品的次品率居高不下，造价昂贵。而导电聚合物显示屏使这个问题轻而易举地得到了解决，特别是在超大型或弯曲型显示屏的应用方面。

(3) 便携式电源　在便携电源开发上，导电塑料用途广阔。越来越追求轻薄小巧的移动电话市场，使传统的镍和铅等重金属电池正面临被淘汰的境地，而使用导电塑料制造的电池更有利于保护环境。2000 年，索尼公司新上市的可录放 MD 播放器，就已采用了导电塑料电池。而美国新推出的一款导电塑料电池的一个电极，采用了被称为聚苯胺的导电塑料制造，另外一个电极是锂。该导电塑料电池仅有一枚硬币大小，可以重复充放电。德国厂商也用导电塑料制造出仅有普通明信片大小的薄型导电塑料电池，可提供便携式工具的电源。未来塑料电池还可应用在电动汽车上，使汽车真正实现“零污染”。

2. 复合型导电塑料

复合型导电高分子材料是由导电性物质与高分子材料复合而成。复合型导电高分子材料的分类有很多种，根据电阻值的不同可分为半导电体、除静电体、导电体、高导电体；根据导电填料的不同可分为抗静电剂系、碳系（炭黑、石墨等）、金属系（各种金属粉末、纤维、片等）；根据树脂的形态不同可分为导电塑料、导电橡胶、导电涂料、导电胶黏剂、导电薄膜等；还可根据其功能不同分为防静电材料、除静电材料、电极材料、发热材料、电磁波屏蔽材料。目前复合型导电塑料的主要用途有以下方面。

(1) 在电子、电器领域中　作为集成电路、晶片、传感器护套等精密电子元件生产过程中使用的防静电周转箱、IC 及 LCD 托盘、IC 封装、晶片载体、薄膜袋等。

(2) 防爆产品的外壳及结构件　如煤矿、油船、油田、粉尘及可燃气体等场合中使用的电器产品的外壳及结构件。

(3) 中、高压电缆中　半导电屏蔽料。

(4) 通信、电脑、自动化系统、工业用电子产品、消费用电子产品、汽车用电子产品等领域中　电器产品的 EMI 屏蔽外壳。

(5) 管材连接件　目前，塑料管材的焊接通常是在塑料管夹层中缠绕金属导线。通电后，导线作为电阻发热给塑料材料加热。在塑料熔化后，可以实现塑料管材的焊接。但存在的问题有以下几个方面：

① 金属导线无法回收，造成金属材料的浪费和污染；

② 金属导线与塑料材料的黏合不好，焊接部位的强度不高；

③ 由于在塑料管材上缠绕金属导线，使得成型困难、现场施工不便；

④ 金属导线缠绕密度受到限制，材料发热不均匀，废品率高。

将体积电阻率为 10～10Ω·cm 的导电材料，用挤出成型方法制成塑料环，置于被焊接的塑料管中，对复合导电材料通电后，利用其发热特性，对塑料管材进行加热，实现对塑料管的焊接，以此取代塑料管焊接过程中的缠绕金属导线工艺。

(6) 矿用塑料管材　当塑料管材用于煤矿、金属矿或非金属矿井下时，除了具备一般塑料管材的力学性能外，还应满足煤矿的特殊要求——具有抗静电性、自熄性以及燃烧产物不得具有毒性。通常空气中悬浮的煤粉或其他粉尘与塑料管材相互摩擦碰撞，正负电荷会分别积聚在塑料管材和粉尘上，当静电荷积聚到一定程度时，就会放出火花，可能引起火灾或瓦斯爆炸。现在许多部门从事故教训中已经懂得在使用易燃的塑料制品时，既要求采取抗静电手段，降低高分子材料制品的电阻率，防止过多的静电积累，又要求塑料制品具有难燃性。

我国原国家煤炭部也曾发布指令，全国统配煤矿自1991年1月起全部使用阻燃抗静电运输带、安全网、导风筒、电缆等，这为阻燃抗静电材料的研究开发和应用起到了极大的推动作用。但目前，国内市场上塑料阻燃抗静电管材专用料尚不多见，专用料和管材都具有较高的附加值。

作者认为如果能将现有的聚乙烯（PE）和超高分子量聚乙烯（UHMWPE）管材进行阻燃和导电方面的改性，相信在矿业和具有抗静电和阻燃领域将会有广阔的研发空间。

三、纳米技术在导电塑料中的应用

导电聚合物与纳米技术相结合，可制成分子导线、分子电路以及分子器件和其他电子元件，这将推动世界IT产业和相关产业的进步。

1. 碳纳米管

碳纳米管是石墨中一层或若干层碳原子卷曲而成的管状纤维，内部是空的，直径只有几到十几纳米，分单壁和多壁两种类型。这种独有的结构形式和奇特的物理化学特性以及潜在的应用前景，引起各国科学家的极大兴趣，被公认为是一种性能优异的新型功能材料和结构材料，已成为当前物理学、化学、材料学等领域的国际研究热点之一。

碳纳米管具有极低的密度（为钢密度的1/6）、极高的力学强度（为钢和100倍）、极高的导电率（为铀的一万倍）、极高的活性和较高的储氢能力、吸附能力（包括对微波的吸附）。碳纳米管拉伸强度值高达150GPa，远高于碳纤维的2～5GPa，晶须的20GPa和高强度钢的1～2GPa。碳纳米管作为导电相和加强相添加到聚合物中使材料的导电性能和力学性能到改善。研究表明：碳纳米管加入到PMMA和UHMWPE中，可使材料的导电性大幅度提高。碳纳米管加入到聚苯乙烯和环氧树脂中可使材料的力学性能大幅度提高。目前我国清华南风纳米粉体技术产业化工程中心开发的15kg/h碳纳米管批量生产技术已创下国际新高，按每年8 000h计，产能将达120吨/年，表明我国碳纳米管产业技术已走在世界前列。

美国马萨诸塞州Hyperion国际催化公司最近增加了一种热塑性塑料配混料新产品，是用导电性碳纳米管（Fibrils）改性的氟聚合物，Fibrils用量仅为1%～3%。碳纳米管加入氟聚合物后赋予材料静电释放（ESD）导电性、电磁干扰和射频干扰（EMI/RFI）屏蔽性以及静电涂覆性。

Hyperion公司现在供应的产品有两种形式；母料和专用料，其基础树脂为ETFE（乙烯/四氟乙烯共聚物）和PVDF（聚偏氟乙烯），未来将增加其他氟聚合物产品。预计新导电专用料将用于汽车燃油管路及其部件、热元件电极板、半导体和化工生产中的连接件和管路中。

2. 纳米聚苯胺

聚苯胺由于具有独特的电学和光学性能、优越的环境稳定性以及应用潜力使之成为目前研究最广泛的导电塑料之一。目前作为一类高附加值、具有广泛应用前景的新兴材料，导电聚苯胺材料的开发在国际上竞争十分激烈。美国（杜邦公司、IBM公司、Allied-signal公司）、德国（Orme-con）、芬兰（Nesteoy）和日本（NittoDenko）等国的公司已基本从原理上解决导电聚苯胺的吨级生产、溶液与熔融加工难题，进入工业规模的开发。当今，导电高分子正处在工业化的前夜，欧美产业部门估计到2005年国际上相关产品产值将达到10亿美元，这当中电子化学品、抗静电材料、聚苯胺金属防腐蚀材料、电磁屏蔽材料占80%以上。世界各大公司在该领域拥有近150项专利技术，其中原创性专利3～5项。中科院长春应用化学研究已有吨级规模生产。

近年来，聚苯胺的纳米材料成为新的研究热点，关于导电聚苯胺纳米纤维、纳米粒子等纳米材料的报道日益增多。聚苯胺粒子减小到纳米级时，会具有特异的电学和光学性能，有望在纳米光电子器件上得到广泛的应用。聚苯胺的纳米粒子在与塑料（PVC、PS、PVA、PMMA）共混复合时，其加入体积分数为0.03%，就可赋予材料导电性，并且材料的力学性能基本不会受到影响。

四、复合型导电塑料的研究

导电高分子材料按照其导电机理可分为结构型和复合型两大类。结构型导电聚合物的合成工艺较复杂，成本较高；而复合型导电聚合物加工简单、成本低，因而在我国被广泛应用于电子、汽车、民用等领域。复合型导电聚合物又以炭黑为主要导电填料。其导电机理是填料在聚合物体系中形成导电网络。而要得到电性能均匀稳定，且材料机械性能受损小的导电聚合物，关键在于导电填料和加工工艺的选择。从20世纪80～90年代我国科技工作者作了大量的工作，并取得了一定的成果。

1. 导电填料

作为导电填料的炭黑具备以下特点。

（1）炭黑结构性高　一般用吸油值（DBP）来表征炭黑的孔隙率，即结构性。DBP＜0.9ml/g为低结构；DBP在0.9～1.2ml/g为中结构；DBP＞1.2ml/g为高结构。

（2）比表面积大　比表面积越大，炭黑粒子尺寸越小，单位体积内的颗粒就越多，越容易彼此接触形成网络通路，因此导电性就越高。

（3）炭黑pH值高　在炭黑生产过程中炭黑表面

常形成一些含氧的官能团，它的存在影响了电子的迁移，使导电性下降。表面官能团少的炭黑呈弱碱性或中性。因此，炭黑 pH 值高，导电性强。

导电炭黑的物理性能见表 1。

表 1　导电炭黑的物理性能

种类	比表面积/$m^2 \cdot g^{-1}$	吸油值/$mg \cdot g^{-1}$	pH 值
超导黑-1	177.4	1.11	6.9
超导黑-2	218.6	1.12	8.3
超导黑-3	358.2	1.45	7.5
超导黑-4	440.8	4.20	8.8
乙炔黑	60.0	3.40	7.5

2. 导电塑料的配方设计

不同种类炭黑添加量与电性能的关系见图 1。

考虑到材料的性价比，我们选择了超导黑-3。超导黑-3 的添加量与导电率的关系见图 2。

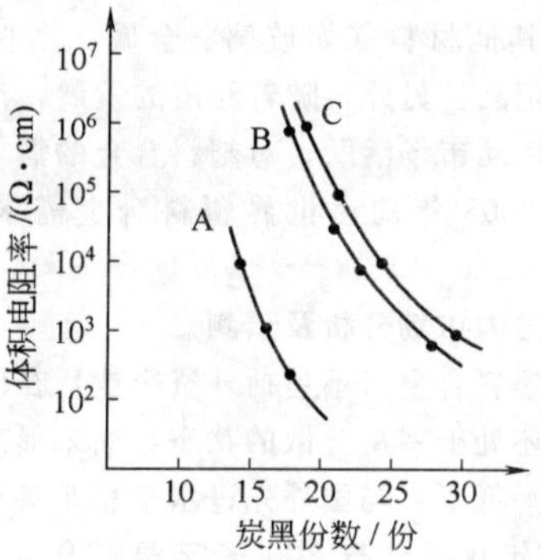

图 1　不同种类炭黑添加量与电性能关系
A—超导黑-4；B—超导黑-3；C—乙炔炭黑

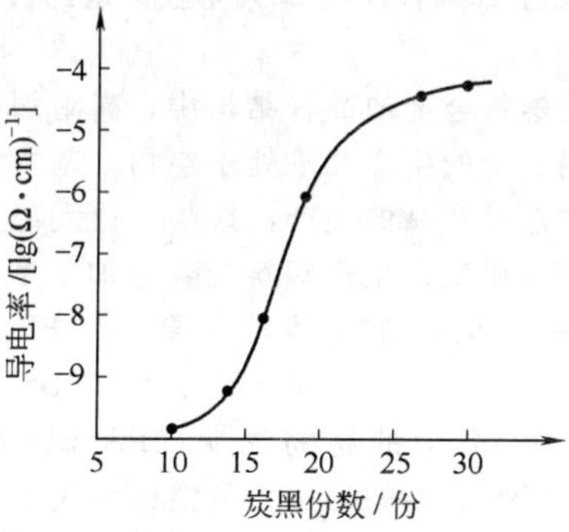

图 2　超导黑-3 添加量与电性能的关系

3. 导电塑料加工工艺

(1) 导电 PP 加工工艺路线如下所示。

(2) 导电 PU 泡沫加工工艺路线见图 3。导电 PU 泡沫塑料连续成型设备示意图如图 4 所示。

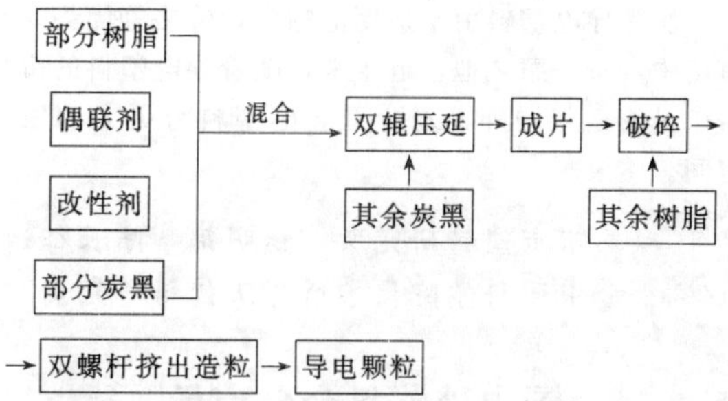

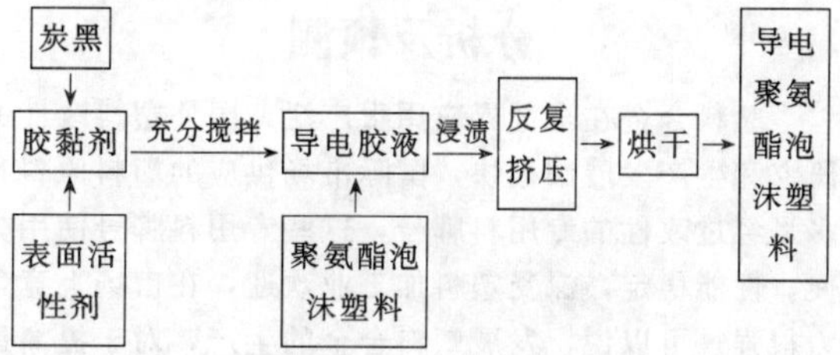

图 3　导电 PU 泡沫加工工艺路线

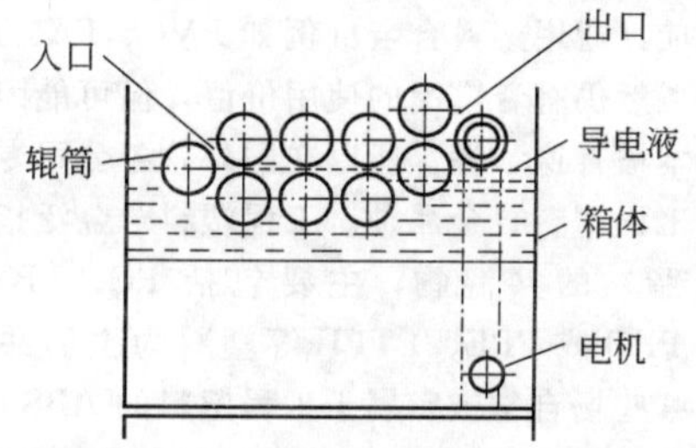

图 4　导电 PU 泡沫塑料连续成型设备示意图

4. 导电塑料的性能指标

(1) 不同配方 PP 导电粒料的力学性能见表 2。

表 2　不同配方 PP 导电粒料的力学性能

配方编号	体积电阻率/Ω·cm	拉伸强度/MPa	弯曲强度/MPa	冲击强度/(J/m)
纯 PP	10^{16}	41.4	47.5	32.0
超导黑-3	10^4	33.0	48.6	25.0
超导黑-4	10^4	36.4	57.9	22.0
增韧超导黑-3	10^4	30.0	35.8	45.2

(2) 炭黑含量对 PU 泡沫的体电阻率的影响（见表 3）。

表 3　炭黑含量与 PU 泡沫的体电阻率的关系

炭黑在胶液中含量/%	3	3.4	4.5
产品的体电阻率/Ω·cm	10^6	10^4～10^5	10^3

导电材料 PP、PU 泡沫主要用于电子器件的包装与运输领域。

炭黑导电塑料由于适用范围广，价格等优势，在市场中占有一席之地。近年来，随着导电塑料的市场需求量的逐年增加，复合型导电塑料将更大的发展空间。

（北京市塑料研究所　杨明锦　陆长征；
中国科学院化学所　王德禧研究员）

国内外塑料合金市场分析及预测

塑料合金在全世界应用很广泛，国外塑料改性的研究和生产发展都很快，国际市场供应的塑料原料很多是经过改性的专用料牌号，这些专用料牌号使用方便、性能稳定，深受塑料加工业欢迎，在市场上竞争力很强。可以说，发展塑料合金的生产，对于提高国产树脂的竞争力和国内塑料加工的水平，满足国际各行业需要都具有重要意义。

目前，通用塑料合金（例如 PVC、PE、PP、PS 合金）虽然仍有着广泛的使用价值，但可能因其生产技术基本被普遍掌握，所以在国外，各公司专门供应的多是工程塑料合金品种。工程塑料合金泛指工程塑料（树脂）的共混物，主要包括 PC、PBT、PA、POM、PPO 或 PPE、PTFE 等塑料为主的共混体系以及在某些场合常被归属于工程塑料的 ABS 树脂。

发展塑料合金可以起到使塑料制品品种更加丰富，改善或提高现有塑料的性能，性能功能化，降低成本，便于加工以及减少环境污染等多方面作用。所以，它已成为塑料工业中最为活跃的领域之一。塑料合金产品广泛用于汽车、电子、精密仪器、办公设备、包装材料、建筑材料等领域。

一、国外市场分析及预测

塑料合金获得重大发展是在 1966 年，美国 GE 公司用高抗冲 PS 成功地对 PPO 进行了改性，解决了 PPO 难以成型的技术关键，并且降低了成本，开始大规模生产商品名为 Noryl 的改性 PPO（MPPO）树脂。1976 年，美国杜邦公司开发成功 ZytelST 超韧性尼龙系列产品，这是一种具有高抗冲击强度的塑料合金，它首先被制成韧性聚合物，然后由韧性聚合物和尼龙 66 共混制得。与尼龙 66 相比，ZytelST 的抗冲击强度可提高 10 倍以上。此后，杜邦公司又开发成功超韧 POM 和超韧增强 PET 等聚合物合金品种。

在 20 世纪 60 年代中期，美国 BrogWarnerChemicals 公司开发出第一个 PC/PA 合金，由于其具有优良的耐热性、耐冲击性、尺寸稳定性和良好的成型加工性，所以近年来获得了迅速发展。1984 年，美国 GE 公司开发成功 PPO/PA 新型塑料合金，商品名称为 NorylGTX。其特点是利用相容化技术，将非结晶性树脂 PPO 和结晶性树脂 PA 相容化，使该合金兼具 PPO 和 PA 的优点。

20 世纪 80～90 年代，塑料合金的年均增长速度为 10％左右，而工程塑料合金的增长速度更高达 15％左右。美国、欧洲、日本已工业化的塑料合金品种中，工程塑料系塑料合金占绝大多数，合金化已成为当前工程塑料改性的主要方法。

1997 年世界塑料合金市场消费量约 175 万吨，2004 年世界塑料合金总消费量超过 260 万吨。从地区来看，北美是最大的消费地区，占 45％；其次是欧洲，占 34％；日本和太平洋地区占 21％。在北美，PPO 合金占塑料合金需求的 25％以上，其中尤以 PPO/PA、PPO/PET 和 PPO/PBT 的需求量最大；PC 合金占总需求量的 12％以上；用于汽车最终用途的 ABS 合金占 9.9％比例。

塑料合金的最大用户是汽车部件，其次是机械和电子元件。由于塑料合金可节约成本、提高性能，所以常作为其他材料（如玻璃、金属、木材和其他塑料）的代用品；另外，随着经济的发展，汽车、电子电气、日用品市场活跃，对塑料合金的需求也相应增加。预计 2008 年前后世界塑料合金需求量将达到 350 万吨。

二、国内市场分析及预测

我国塑料合金（不包括外资企业）在研究和生产两方面都还处于零星分散的状态，尚未形成规模，行业整体水平低下，与国外先进水平相距甚远。

2004 年我国已有 300 多家塑料合金生产企业，估计塑料合金（含改性粒料）生产能力 70 万～80 万吨/年，产量估计达到 60 万吨左右。但其中规模较大的只占 15％，而这 15％企业产量约占总产量的 70％以上。

国内塑料合金的品种结构中，高附加值的特种工程塑料合金的生产几乎处于空白，基本是通用塑料合金和改性产品的生产，这些企业大部分是通过塑料混炼挤出工艺生产塑料合金的加工型企业。在生产品种方面，合金品种主要有：PPO 类中的 PPO/PS，PC 类中的 PC/PBT、PC/ABS、PC/PA、PC/PE，PA 类中的超韧尼龙（PA/EPDM）、PA/PP、PA/SBS/石油树脂等。从整体结构看，目前我国 60 万吨塑料合金（含改性树脂）产品中阻燃树脂占 45％，增强树脂占 25％，增韧树脂占 15％。目前我国塑料合金（含改性树脂）消费总量约为 120 万～140 万吨，国内供应量仅 60 万吨，每年进口量高达 90 万吨左右。

预计到 2008 年，我国五大通用工程塑料总需求量将达到 100 万吨，五大合成树脂的需求将达到 4 200万吨。随着科学技术的发展，高分子材料的应用领域不断拓宽，各行各业对材料的要求也不断提高，现有的合成树脂难以满足要求，塑料改性是提供新材料的最实际和经济的手段。

我国聚碳酸酯产业发展综述

一、现状

聚碳酸酯作为五大工程塑料中惟一的透明产品，国内外产能增长迅猛。2000 年全球生产能力约为 185 万吨，2001 年为 220 万吨，2002 年 265 万吨，2003 年 275 万吨，2004 年增加到 290 万吨，2005 年预计达到 325 万吨，年均增长率约为 12%左右。

我国聚碳酸酯产能多年来一直较小，仅有 3 家企业维持生产，产能不足 5 000 吨/年，年产量 2000 吨左右，随着我国聚碳酸酯需求快速增长，目前我国掀起了聚碳酸酯合资合作建设装置的热潮，拜耳公司与上海华谊集团氯碱化工公司在上海化工园区建设了 20 万吨/吨聚碳酸酯装置，预计一期 5 万吨/年装置将于 2004 年底投产，2006 年初完成二期工程达到 10 万吨/年，鉴于我国聚碳酸酯市场的巨大需求，最终将使该聚碳酸酯装置扩能至 20 万吨/年，装置生产主要是光学级产品，用于生产 CD、DVD 光盘、汽车照明系统等。

日本帝人化学正在浙江嘉兴建设 5 万吨/年聚碳酸酯装置，预计 2005 年 4 月投产，主要原料双酚 A 由日本三井化学供应，氯气和烧碱则来自当地企业，一氧化碳自己生产，产品为通用级产品，主要供应电器组件、汽车零部件的生产，计划在 2006 年将添加一套 5 万吨/年生产装置；同时该公司在上海高桥贸易自由区独资建设 1.8 万吨/年聚碳酸酯、ABS 复合物装置，目前已投产，计划 2005 年上半年增建 2 万吨/年第二条生产线。日本三菱瓦斯化学公司拟在四川建设 10 万吨/年聚碳酸酯装置，预期 2007 年投产。

此外，国内还有一些企业与国外合作或采用国产化技术建设规模化聚碳酸酯生产装置，因此未来几年我国聚碳酸酯生产将步入新阶段，2006 年国内生产能力将增至 25 万吨/年左右，2010 将达到 50 万～60 万吨/年。针对我国聚碳酸酯的巨大市场，国外著名的聚碳酸酯公司不仅在我国合作建设生产装置，还在中国台湾、韩国、新加坡、泰国等国家和地区建设规模化装置，这些装置投资均是针对我国市场的。

聚碳酸酯生产工艺进展主要发展趋势是开发非光气合成工艺以替代目前主要合成工艺界面缩聚光气法，GE 塑料和拜耳公司都开发各自的非光气法生产技术并推向工业化生产，此外旭/奇美、三菱化学/三菱瓦斯、帝人公司、LG 化学公司均开发出非光气工艺技术，正在建设或计划建设非光气法聚碳酸酯装置，非光气法路线将成为未来聚碳酸酯的主要生产路线。

二、市场分析

20 世纪 90 年代末期以来我国聚碳酸酯的需求由原来的纺织业用沙管转向电子电气、光盘、建筑、汽车工业等领域，需求量急剧增加。1999 年国内消费量约为 14 万吨，而 2003 年消费量增高达到 38 万吨，年均增长率约 28%左右，远远高于国民经济的平均增长速度和其他通用工程塑料的增长速度。由于国内产量极小，我国使用的聚碳酸酯主要从国外进口。1999～2003 年我国聚碳酸酯的净进口量分别为 13.8 万吨、23.5 万吨、21.2 万吨、34.2 万吨、38.1 万吨。2004 年我国聚碳酸酯进口达 60 万吨，另有聚碳酸酯制品进口 10 万吨，由于其他原因实际国内进口与消费数据要比上述海关统计要高出许多，国内外聚碳酸酯界一致认为我国市场潜力巨大且相对稳定。

1999～2003 年我国聚碳酸酯市场快速增长主要是电子电气产品、中空阳光板、CD 和 DVD 光盘及非一次性饮用水桶和食品容器需求拉动，目前我国聚碳酸酯的消费结构大致如下：电子电气及计算机配件约占 42%；中空阳光板约占 26.3%；CD 和 DVD 光盘约为 13.1%；饮用水桶和食品容器约占 10.5%；复合材料和汽车工业等领域约占 9.1%。今后几年我国原有的主要消费领域仍将继续保持高速增长势头，计算机和家用电器持续增长，该领域未来对聚碳酸酯的年均增长率约为 10%～12%；铁路、公路、机场及城市建设，对中空阳光板需求依然强劲，而且近年来国内长江和珠江三角洲一带利用聚碳酸酯加工生产板材企业经济效益比许多聚合物树脂生产企业好很多，预计中空阳光板未来对聚碳酸酯的需求年均增长率为 12%～15%左右；目前我国已成为世界上第二大光盘消费国，以前全部依赖进口光盘级聚碳酸酯生产，随着拜耳公司上海光盘品级聚碳酸酯的投产，未来几年光盘对聚碳酸酯需求仍将保持 20%以上高速度增长；专家预测未来国内聚碳酸酯需求增长最快的领域将是以聚碳酸酯为基材的共混合金类复合材料，其中汽车工业将是主要拉动力。预计未来几年我国聚碳酸酯的需求年均增长率将保持 15%～20%之间，2006 年国内的聚碳酸酯市场需求量将达到 80 万吨左右。国内产能仍无法满足国内市场需求，将从周边国家日本、韩国、泰国等进口大量产品供应国内市场。

三、应用进展

目前全球聚碳酸酯应用已向高功能化、专用化方向发展，鉴于我国聚碳酸酯生产能力和市场需求均呈现快速发展局面，尤其是国内多套规模化装置的建设，加上汽车工业迅猛发展拉动，未来几年我国聚碳酸酯工业进入一个新的发展阶段，其中最为关键的是加快聚碳酸酯的应用研究。

首先国内生产企业应充分利用国内生产能力增加和在塑料改性及塑料合金方面积累的经验，加快聚碳酸酯合金等复合材料开发、生产及应用，其中最为重要的是以下几方面。

① 聚碳酸酯/ABS合金。聚碳酸酯与ABS共混物可以综合聚碳酸酯和ABS的优良性能，一方面可以提高ABS的耐热性、抗冲击和拉伸强度，另一方面可以降低聚碳酸酯成本和熔体黏度，改善加工性能，减少制品内应力和冲击强度对制品厚度的敏感性。目前聚碳酸酯/ABS合金发展迅速，全球产量约为85万吨/年左右，我国需求量约为20万吨/年左右。世界各大公司纷纷开发推出聚碳酸酯/ABS合金新品种，如阻燃、玻纤增强、电镀、耐紫外线等品种，主要用于汽车工业、计算机、复印机和电子电气部件等。国内主要研究与生产公司有上海杰事杰公司、中科院长春应用化学所、兰州大学等单位。

② 聚碳酸酯/PBT（聚对苯二甲酸丁二醇酯）合金。将PBT与聚碳酸酯共混制得合金材料可以提高聚碳酸酯的流动性，改善其加工性能和耐化学药品性。日本科研人员用聚碳酸酯和PBT在酯交换催化剂存在下，制得聚碳酸酯/PBT共混物，综合性能良好，而且具有较好透明性；用与聚碳酸酯折射率相近的玻璃纤维增强聚碳酸酯/PBT，不但体系综合性能优良，而且具有很好的透明性，可以做玻璃代替材料。目前国外聚碳酸酯/PBT合金产品主要用于汽车保险杠、包装薄膜材料、汽车底座和座位等。国内研究刚刚起步。

③ 此外聚碳酸酯/PS（聚苯乙烯）合金、聚碳酸酯/PET（聚对苯二甲酸乙二醇酯）合金、液晶聚酯改性聚碳酸酯、PET/聚碳酸酯L（由乙二醇、低分子量聚己内酯和对苯二甲酸共聚而成的多嵌段共聚酯）与聚碳酸酯共混改性、聚（1,4-环己烷二甲酸-1,4-环己烷二甲醇）酯改性聚碳酸酯等值得关注和研究开发。

其次应紧跟国际发展潮流，加之聚碳酸酯合金材料的研究不断进展，聚碳酸酯的应用范围不断扩大，要加快聚碳酸酯消费领域的拓展，主要有以下几方面。

① 宽波透光的光学器械。聚碳酸酯片材特别适宜于制作眼镜镜片，在聚碳酸酯分子链中引入硅氧基团，可以提高其硬度及耐擦伤性。聚碳酸酯作为高折射率塑料，可用于制作耐高温光学纤维的芯材，若在聚碳酸酯分子链中的C—H链为C—F链所取代，则可以对可见光的吸收减少，能有效降低传输途中的信号损失。另外聚碳酸酯透光性良好，在透明窗材、高层建筑幕墙、机场和体育场馆透明建筑材料等方面应用非常普遍和具有潜力，今后重点是提高表面硬度和抗静电性。

② 阻燃环保的通信电器。今后应重点开发阻燃聚碳酸酯用于通信电器领域中，因此无污染阻燃聚碳酸酯材料成为开发重点，溴系阻燃剂由于毒性在减少使用，而无卤环保磷系阻燃剂会明显降低聚碳酸酯的热变形温度和冲击强度，因此比较适宜的是有机硅系阻燃剂。另外随着通信电器的轻量小型化对聚碳酸酯材料提出更高要求，目前聚碳酸酯/ABS合金就特别适宜在通信电器及航空航天工业中应用。

③ 表面金属化的汽车部件。聚碳酸酯表面金属化后具有良好的金属光泽及高强度，可广泛应用于各种汽车零部件中，但是电镀过程中会降低它的冲击韧性，因此要采用弹性体与聚碳酸酯进行共混合改性，所含弹性体分散了致开裂应力，虽经电镀也不会降低其冲击韧性，因此电镀级聚碳酸酯树脂非常具有开发前景。另外表面金属化的聚碳酸酯还可以作为电磁波的屏蔽材料，应用计算机中。

④ 低残留有害物的食品容器。工业合成聚碳酸酯是双酚A型，由于合成时候有微量未反应的单体双酚A残留在树脂中，在作为饮用水桶和食品容器时候，易被溶出从而影响人们身体健康，因此要开发卫生级的聚碳酸酯树脂，用作饮水桶和其他食品容器的生产与使用，作为饮水桶和其他食品包装材料及容器聚碳酸酯在国内应用前景非常看好。

⑤ 防开裂脆化的医疗器械。聚碳酸酯具有诸多优异性能，目前已经应用医疗器械中，由于其耐化学品性较差，在化学药品存在下易引起内应力开裂，如聚碳酸酯在人工透析器、人工肺等医疗器械中应用要解决高温消毒导致裂纹的老化现象，若克服这些缺点，聚碳酸酯在医疗器械中应用可迅速扩大。

目前我国聚碳酸酯工业生产、消费及应用都进入一个快速发展新阶段，针对我国现状，除了加快聚碳酸酯应用研究外，还要加快国产化技术产业化进程，经过多年努力我国万吨级酯交换法聚碳酸酯生产技术日趋成熟，成为非常具有前景的绿色生产工艺，国内应多方协作推进产业化进程。

另外国内生产企业应避开盲目引进和建设聚碳酸酯装置，可以避开竞争热点，加快聚碳酸酯的原料如双酚 A 等的生产。据中国环氧树脂行业协会（www.epoxy-e.cn）专家介绍，目前国内双酚 A 主要用于环氧树脂，90%的生产能力为蓝星新材料无锡树脂拥有，但缺口较大。未来如加上聚碳酸酯的需求则缺口更大，因此要大力发展，从另一方面促进我国聚碳酸酯工业发展，同时也可有效规避市场风险。

由于国内目前技术水平与国外相比仍有较大差距，现有的中小型生产装置应加快技术引进，边生产边消化吸收，不断做大做强，同时配套生产一些聚碳酸酯复合材料，建立自己销售网络，形成具有特色的聚碳酸酯加工应用企业。

木塑复合材料成型技术装备的研究现状和发展方向

一、概述

目前世界各国塑料回收产业正广泛兴起，英国的废旧塑料回收率为 80%，美国废旧 HDPE 的回收率为 30%，日本的废旧塑料回收率为 49%，特别是在进入 21 世纪以后，废旧塑料的再生利用越来越引起世界各国的关注。而我国的废旧塑料回收率较低，仅为 15%左右。随着我国国民经济持续高速发展，关于治理“白色污染”、提高废旧资源再生利用和保护环境的呼声日渐强烈，废旧塑料的回收利用日益引起广泛重视。因此，开拓废旧塑料应用领域、开发研究废旧塑料加工技术和设备也就显得更为迫切。

此外，由于目前全球森林资源日渐枯竭，各国环境保护的意识不断高涨，要求限伐、禁伐森林的法令不断颁布，对于木材的利用提出了更高的要求。一方面尽量减少木材的采伐量，推进寻找木材的替代品，另一方面要提高木材的利用率。在传统木材的使用中有 25%～35%属于“废料”，如何将这些边角料加以利用，提高木材工业利用效率备受人们的关注。而且随着石油资源日益减少，塑料原料的价格不断上涨。因而将木质纤维与废旧热塑性塑料经过特殊处理，合成新的材料——木塑复合材料也就应运而生。

用于木塑复合材料的热塑性塑料主要为 PE、PP、PS 和 PVC，包括新料、回收料以及二者的混合料，而木质纤维则为木屑、稻壳、麦秸等资源丰富、价格低廉的农业废弃物。由于兼有两者的优点，木塑复合材料制品具备一系列独特的优良特性：不怕虫蚀、耐老化、耐腐蚀，吸水性小、不会吸水变形、寿命长；类似木质外观，但比木材尺寸稳定性好，不会产生裂缝、翘曲且无木材疤痕，有类似木材的二次加工性，可切割、粘贴、用钉子和螺栓连接固定；比塑料硬度高，具有热塑性塑料的加工性，能重复使用和回收再利用，有利于环境保护。随着成型设备和成型技术的发展，人们通过木塑复合微孔发泡技术制得木塑复合微孔发泡材料，它比不发泡材料具有更高的冲击强度、更高的韧性、更长的疲劳寿命、更好的热稳定性和更低的密度（降低密度达 75%或更高），从而进一步拓宽了木塑复合材料制品的应用范围。

二、木塑复合材料制品的应用

木塑复合材料制品由于兼有木材和塑料的特点，因而具有许多独特的特性。这种复合材料制品也随着人们环保意识的加强和能源短缺问题的加剧而越来越受到人们的重视。目前，木塑复合材料制品已广泛应用于建筑业（例如地板、护墙板、建筑模板、门窗型材、围栏和护栏，以及百叶窗和屋面板等）、汽车工业（例如车门内装饰板、司机用杂物箱、备胎盖、座椅靠板、车顶内衬等）、包装及运输业（例如运输托盘、铁路枕木、船舶隔舱等）、家具业、办公室设备、体育设备等领域。

1. 木塑复合材料制品在建筑工程中的应用

木塑复合材料有一定的机械强度（视用途而定），并且其防潮、防腐蚀、防霉性能与塑料相似。发泡的型材，其表面光滑，清晰度和光滑度也高。可按使用要求做成各种色泽，表面可制成木纹（类似高级红木、柚木、松木、橡木等），也可以有各种装饰性图案，成为装饰材。一般发泡后制得的型材的密度为 1 000kg/m^{3}左右，比聚烯烃或聚氯乙烯型材（约为 1 130～1 400kg/m^3）低得多，而其拉伸强度与弹性强度比聚烯烃或 PVC 高。正是上述特点使得木塑复合材料在建筑工程中的用途极广，例如复合门窗框、扶梯、软质百叶窗、地板等。若用多层挤出型材，内层可采用回收料，外层用新料，制成复合材的各项力学性能可与硬木产品相媲美。用木塑复合材料做地板比目前中密度木质纤维板优越得多，不胀缩、防水、表面美观。在国内，王成云等人已成功地以木粉、聚氯乙烯等为原料，开发了一种新型环保型建材——木质塑料地板，这种木质塑料地板不仅具有极佳的防水性能、高的弹性，而且它的整个生产和处理程序与原木的处理方式完全不同，可以大大节省产品的生产时间、原料贮藏费、原料损耗费及后期加工费。

2. 木塑复合材料制品在汽车工业中的应用

近年来，木塑复合板材以其合理的价位、合适的性能在汽车内饰行业中的应用增多，如汽车的门板、后搁物箱、行李箱侧围、高架箱、顶篷、支柱、座椅靠板等。

由于木粉填充聚丙烯板材具有优越的性能，引起了人们的注意，1975 年意大利在 LANCIA 和 FIAT

车上首次采用了此种材料和技术，现在世界上众多的汽车商已采用了此种材料，例如：美国的 FORD、GM、CRYSLER；日本的 MMC、ISUZU、TOYOTA、NISSAN、HONDA；欧洲的 MATRA、PEUGEOT、RENAULT、FIAT、LANCIA、ALFA、ROMEO、AUDI、BMW、VOLKSWAGEN、ROVER、SEAT；韩国的 HYUNDA、KIA、DAEWOO 等。20 世纪 90 年代，随着国外汽车公司加入我国汽车工业，此种材料也被引入我国。首先在上海大众桑塔纳轿车（普通型）门板上运用。刚开始全部从国外进口，1996 年，我国通过对进口材料的分析和与国外进行技术合作，根据大众标准 TL52203，研制和开发了此种材料，并于 1997 年通过大众认可，替代了进口。近年来，此种材料在我国汽车上运用越来越多。应用于门板的有新老桑塔纳、赛欧、奇瑞、派力奥、英格尔；应用于后搁物板的有奇瑞、派力奥；应用于顶篷的有大发、中意。随着我国汽车工业的发展和国家对环保的重视，以及加入 WTO 后汽车价格的竞争，木塑复合材料制品以其优越的成型性能和合理的价位，将会更多地运用于汽车上。

3. 木塑复合材料制品在包装行业中的应用

1998 年 9 月，美国签署了一项针对中国的临时性植物检疫法令，要求所有来自中国的商品木质包装材料及其木质铺垫物必须附有中国官方检疫机构出具的检疫证明。11 月初，加拿大实施类似美国的检疫措施。因为美、加等国进口商品包装新检疫措施的出台，我国处理木质包装费用较之以往增加 10%～30%。木质包装一方面面临着资源短缺的困境，另一方面又受到美国、欧盟的限制，内外夹攻使其必须寻求新的代木材料，逐步降低木质包装用量。

从广义上说，“以塑代木”、“以纸代木”、“以竹代木”的各种材料都可以归入代木材料。但是木塑复合材料以其保护环境和资源利用两个方面的优势，成为包装代木材料的主力军和发展方向。据计算，推广应用木塑复合材料 100 万吨，可处理废旧塑料近 50 万吨，利用废弃农作物 50 万吨以上，30 000hm^2 的中密度森林植被将得到有效的保护。

木塑复合材料是木质包装的首选替代品和换代产品。用它替代传统的包装材料，可解决我国目前面临的外贸出口产品的包装难题。

4. 其他方面的应用

铁路作为中国交通运输的动脉，对中国国民经济有着不可轻视的作用。铁路枕木传统上采用木材，近年来，也有钢筋混凝土枕木。但木质枕木需要大量的优质木材，而且易损坏，需要不断地维护和更新。钢筋混凝土枕木缺乏弹性，对车辆和路基的磨损大，在山洞的进出口、铁路弯道处，混凝土枕木的损坏也很大。国外的研究表明天然纤维塑料复合枕木可以达到木质枕木的力学性能，而且经济性强，是现有枕木的理想替代品。

此外，木塑复合材料制品在家具业、办公室设备、体育设备等领域也有广泛的应用。

三、木塑复合材料研究现状

植物纤维复合材料在几千年前就有应用。我国在二千年前，就出现了用麻丝和大漆制成的漆器，且流传至今。利用植物纤维与合成树脂进行复合的研究也具有较长的历史。最初的研究是将木纤维以粉状的形式作为填料加到热固性塑料中。Leo H. Bend 博士在 1907 年合成了由热固性酚醛树脂与木粉复合的一种复合材料。但这一阶段由于高分子科学的发展水平及成型技术手段的限制，应用最多的纤维是长度较大的韧皮类纤维，如亚麻、黄麻等；树脂也多为热固性塑料，如酚醛树脂、不饱和聚酯等，工艺也较为简单。其中最为成功的应用是用木浆纤维增强酚醛树脂注射成型，而且在 1970 年得到了商业化的产品。

1. 木塑复合材料的相容性研究

随着科学技术和社会的发展，人们对塑料材料性能的要求也越来越高。充分利用植物纤维资源的潜力，发挥它独特的功能和特性，开发其新的应用领域，是当今引人注目的研究热点。而植物纤维与热塑性塑料复合是开发和利用这一资源的有效途径之一。与矿物纤维相比，植物纤维具有来源广泛、价廉、可反复加工、可生物降解再生、密度低和较高的长径比、比表面积大等特性。此外，植物纤维作为一种增强材料用于热塑性塑料中还显示了较好的力学性能，例如比强度高、硬度低、对加工设备磨损小等优点。

然而，植物纤维也有加工温度低、不耐潮湿、与热塑性塑料相容性差等缺点。而憎水性的热塑性塑料与亲水性的植物纤维之间的界面相容性差是此种复合材料的最大缺点。这种极差的界面相容性导致了植物纤维在塑料基体中分散不佳、材料的力学性能下降，限制了植物纤维在塑料中的应用。为了改善它们两者之间的界面相容性、发挥各自的优点、增强木塑复合材料的力学性能、扩大其使用范围，长期以来各国学者都在努力寻求新的方法，以使这种复合材料能够满足实际的使用需要，并且取得了一系列阶段性成果。

改善木塑复合材料复合界面相容性的方法主要有物理或化学方法。物理方法包括表面原纤化及放电处理。在植物纤维的表面改性方面，低温等离子放电、溅射放电、电晕放电等越来越受到人们的广泛关注。低温等离子放电处理主要引起化学修饰、聚合、自由基产生、结晶等变化；溅射放电处理主要引起物理方面的变化，比如表面变得粗糙等以增强界面间的黏结性能。等离子体的作用包括质子的获得以及不稳定基团的生成，从而使醇、醛、酮、羧酸等的官能团发生变化。放电处理可以降低纤维/聚合物熔体的黏度以改善复合材料的力学性能。电晕放电则是通过改变纤维素分子的表面能来降低复合材料的熔融黏度。

化学方法是在与聚合物母体复合之前通过在纤维填料的表面包覆一层非极性的材料以改善界面的相容性及纤维在塑料基体中的分散性。化学法一般有接枝共聚法处理、偶联剂处理、对植物纤维浸润处理、碱金属溶液膨胀处理及取代反应和乙酰化处理等数种方法。

接枝共聚法是一种常见的改性聚合材料的方法，此方法广泛用于对纤维素填料和其他种类填料的化学性质和极性进行改性；接枝共聚物反应是由纤维素分子的自由基激发的，将纤维素用选好的离子处理并用高能辐射就形成了自由基，然后用一合理的方法处理自由基位置，最后树脂与纤维素以共价键结合，降低了纤维的亲水性，所形成的聚合物表现出两种材料的性能，因此它可以与树脂基体相容。偶联剂法是通过偶联剂的化学键与植物纤维填料的纤维素分子相连，其有机官能团又能与聚合物连接，通过这两方面的反应，在复合材料的界面上形成由共价键连接的连续体。浸润处理法是通过对植物纤维填料在与聚合物母体相容的聚合物中进行浸润的方法来改善界面的相容性；纤维填料在液态单体中浸润，然后使单体在催化剂、加热或热辐射作用的条件下聚合；用交联剂改变单体的填充方法，改变单体的聚合过程等，可以得到一系列不同性能的复合材料。碱金属溶液膨胀处理及取代反应的碱化处理是用碱金属溶液对植物纤维填料进行处理，其效果主要取决于碱金属溶液的类型及溶液的浓度。乙酰化是一个单反应过程，一个乙酰基与一个羟基反应，不发生聚合，这一个反应使失去羟基的木质纤维变为憎水性材料，降低了木质纤维与复合材料的吸湿性和膨胀性，发生酯化作用的同时，又有羧酸生成，因此它会改善与用作处理剂的可溶性酸的相容性。和未经处理的木质纤维相比，它与非极性塑料间的相容性可得到改善。

我国木塑复合材料的研究工作虽然起步较国外晚，但却充分吸收了国外的研究成果并进行了大量的工作。尤其是1998年后，由于“天牛虫”事件，加之塑料制品废弃物及木材资源缺口的不断增加，客观上推动了我国木塑复合材料的发展。北京化工大学、中国林科院、国防科技大学、中国石化北京化工研究院以及东北林业大学等高校和科研单位都进行了有关研究和开发。中国林科院木材工业研究所对木材和苯乙烯（PS）接枝共聚过程中官能团和表面极性的变化进行了研究，并使用顺丁烯二酸酐和丁二酸酐经过酯化反应来降低表面极性，效果良好。上海交通大学高分子材料研究所用马来酸酐接枝聚丙烯作为偶联剂应用于纸粉或纤维素填充的PP体系中，并对提高材料相容性的机理进行了分析。

2. 木塑复合材料力学性能的实验研究

北京化工大学特种挤出技术中心自1999年起，就开始研究木塑复合材料的一步法挤出成型生产技术，并已形成完整的工艺生产路线，而且用偶联剂、接枝反应等处理方法对木粉进行表面处理，取得一系列研究成果，具体如下所述。

不同种类的木质纤维由于纤维本身分子结构的不同，其木塑复合体系的力学性能也不同。表1对比了三种不同的木质纤维秸秆、糠壳和锯末在相同的添加比例时对木塑复合材料体系的力学性能的影响，其中植物纤维未经表面改性，填充量为60%（质量百分含量）。

表1　天然植物纤维种类对复合材料力学性能的影响

植物纤维种类	拉伸强度/MPa	弯曲强度/MPa	冲击强度/kJ・m^{-2}
秸秆	11.1	28.6	12.3
糠壳	10.3	27.2	11.8
锯末	11.2	23.1	10.9
纯 HDPE 本体料	26.7	11	55

图1～图3为未经表面处理的木粉含量与复合材料力学性能的关系。可以看出，当木粉含量小于30%～40%的范围内，随着木粉含量的增加，弯曲强度上升，拉伸强度、冲击强度下降。这是因为木粉的主要成分纤维素和木质素是属于刚性大分子，木粉含量增加，使得材料的刚性增加，韧性下降，此外它们之间很差的相容性进一步降低了材料的力学性能。

在上述实验分析的基础上，根据天然植物纤维含

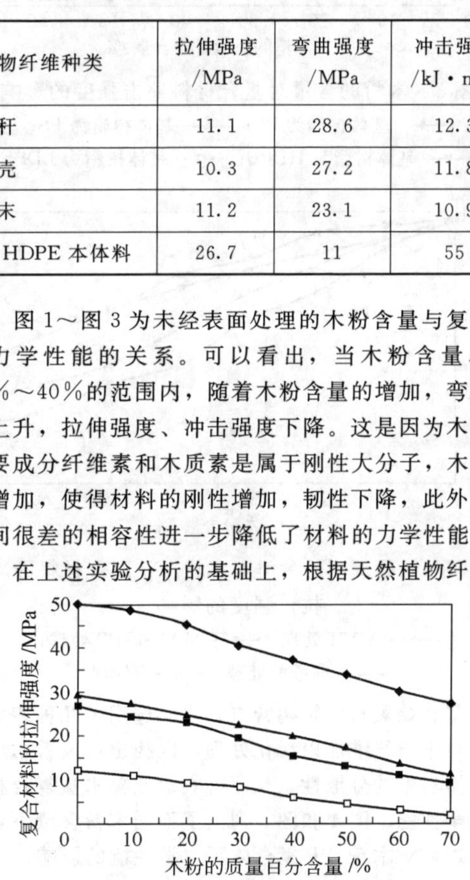

图1　木粉的含量对复合材料拉伸强度的影响
—◆— 基体树脂为PS；—▲— 基体树脂为PP；
—■— 基体树脂为HDPE；—□— 基体树脂为LDPE

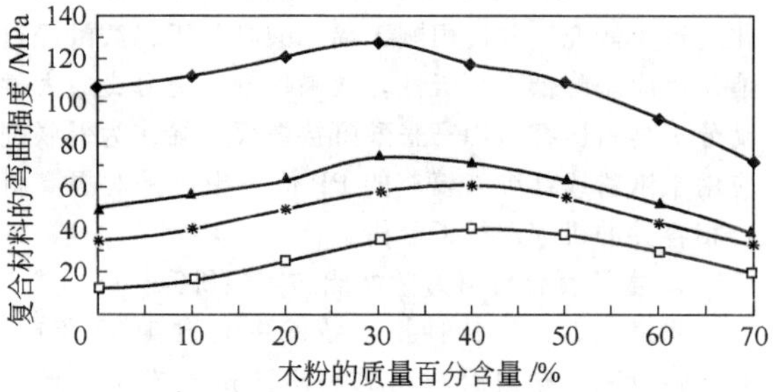

图 2　木粉的含量对复合材料弯曲强度的影响

—◆— 基体树脂为 PP；—▲— 基体树脂为 PS；
—□— 基体树脂为 HDPE；—*— 基体树脂为 LDPE

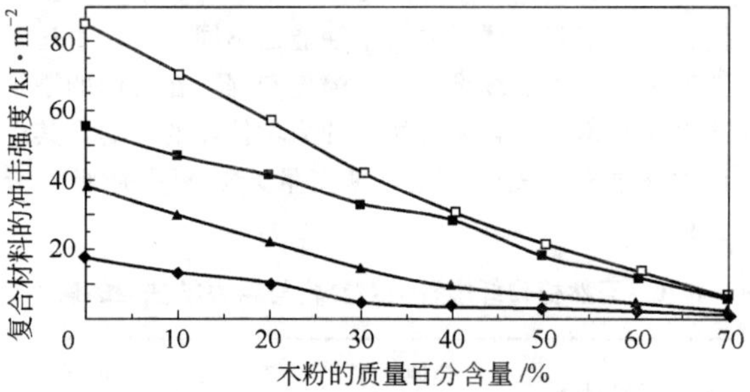

图 3　木粉的含量对复合材料冲击强度的影响

—◆— 基体树脂为 PP；—▲— 基体树脂为 PS；
—■— 基体树脂为 HDPE；—□— 基体树脂为 LDPE

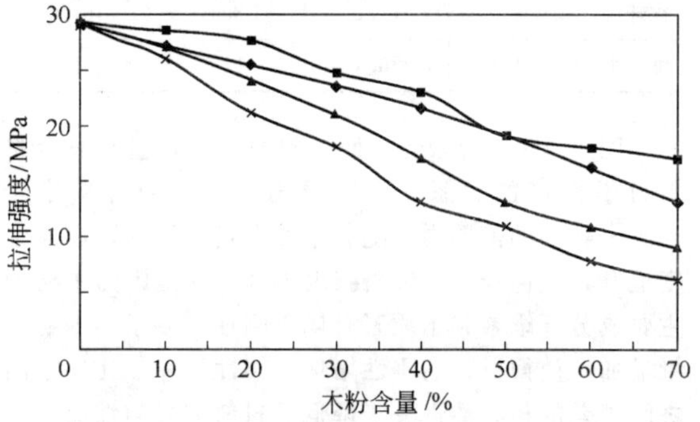

图 4　处理剂的种类对木粉/PP 复合材料的拉伸强度的影响

—◆— A-171 处理；—■— MAN-*g*-PP 处理；
—▲— 酞酸酯处理；—×—未处理

有羟基和烷氧基的结构特点，我们选用了几种表面处理剂对木质纤维加以活化处理，以找出可改善木质纤维在塑料中的分散性，从而有效地改善木塑复合材料的力学性能。图 4 和图 5 列出了不同木粉含量下，三种处理剂对木粉/PP 复合体系力学性能的影响。从宏观的弯曲强度和拉伸强度的提高值来看 MAN-*g*-PP 效果最好，EAA 和硅烷偶联剂 A-171 次之，钛酸酯偶联剂最差。

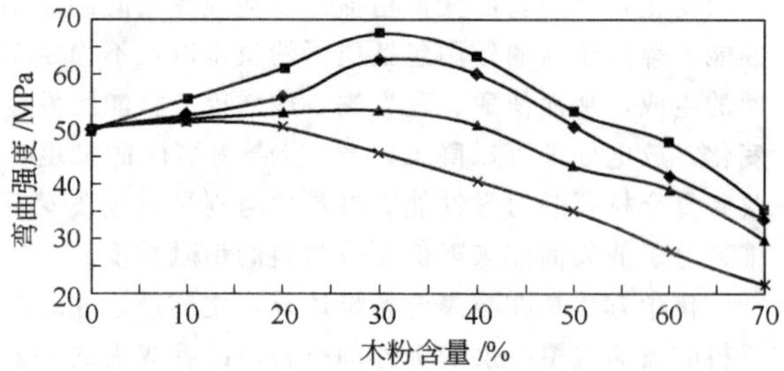

图 5　处理剂的种类对复合材料的弯曲强度的影响

—◆— A-171 处理；—■— MAN-*g*-PP 处理；
—▲— 钛酸酯处理；—×— 未处理

图 6、图 7 分别表示了四种处理剂对不同木粉含量/HDPE 复合体系拉伸和弯曲强度的作用效果。从图中可以看出，EAA 对提高复合材料的拉伸强度有较好的效果，处理剂 EAA 能使复合材料各组分界面

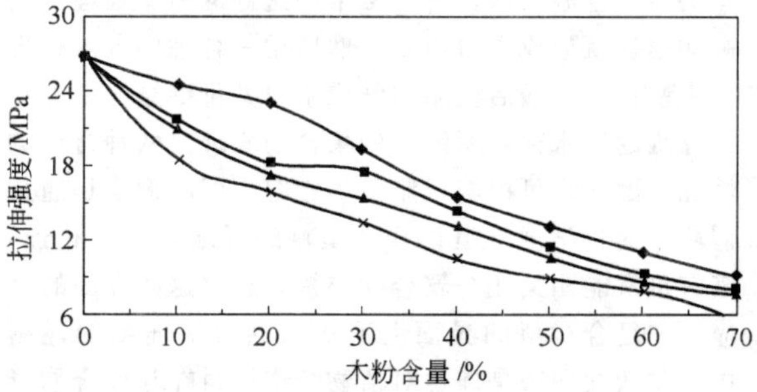

图 6　处理剂的种类对 HDPE/木粉复合材料的拉伸强度的影响

—◆— EAA 处理；—■— MAN-*g*-PP 处理；
—▲— A-171 处理；—×—未处理

黏结力提高显著。这说明 EAA 对木粉/HDPE 复合材料体系有一定的增容作用。而 MAH-*g*-PP 的增强效果却明显不如 EAA。因此，EAA 是木粉/HDPE 复合材料较为理想的增容剂。但从图 7 可以看出当木粉含量超过 40% 时弯曲强度是逐渐下降的。即在此情况下，EAA 对体系起到增强作用的同时也降低了复合材料的韧性。

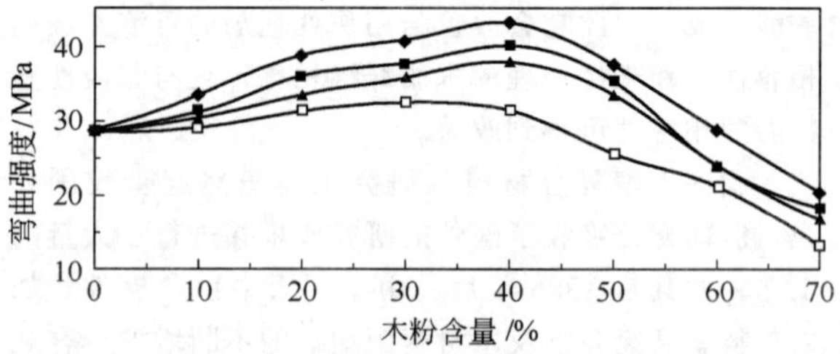

图 7　处理剂的种类对 HDPE/木粉复合材料的弯曲强度的影响

—◆— EAA 处理；—■— MAN-*g*-PP 处理；
—▲— A-171 处理；—□— 未处理

3. 木塑复合材料的微孔发泡

20世纪80年代后，人们也把塑料微孔发泡的理论运用到木塑复合中来，以期解决非发泡木塑复合材料低的冲击强度、韧性、疲劳寿命、热稳定性和密度。微孔塑料这一概念是由美国麻省理工学院（MIT）的Nam P. Suh和J. E. Martini等教授于80年代初首先提出的。微孔塑料是一种由许多非常小的气泡核构成的热塑性泡沫物质，气泡直径为1～10μm，泡孔密度为10^9～10^{12}个/cm^3，密度可降低至塑料不发泡时的5%，气泡孔为闭孔结构。与一般泡沫塑料相比，微孔塑料最显著的特点是气泡尺寸非常小，而泡孔密度非常大。微孔塑料的性能主要取决于密度和气泡直径，与未发泡塑料相比，冲击强度是其2～3倍，韧度是其5倍，疲劳寿命是其5倍，强度质量比是其3～5倍，并且具有良好的热稳定性、较低的介电常数及良好的绝热性能等。Laurent等人主要研究了PS/木粉和PVC/木粉混合体系的发泡情况，他们采用通入CO_2或N_2进行微发泡，这在很大程度上消除了木塑复合材料制品密度大、不易加工的缺点，获得的木塑复合材料制品不仅密度低、易加工，而且整体性能有很大的提高。Laurent M. Matuana等人系统研究了化学发泡类型、含量和偶联剂等对挤出发泡的HDPE/木粉复合材料的密度以及平均气孔直径的影响。Chul B. Park等人对以木纤维中的水分作为发泡剂的PS/木纤维复合材料的发泡进行了可行性研究，结果表明利用木纤维中的吸附水和结构水完全能形成很好的气孔结构。正是因为木塑发泡复合材料克服了木塑复合材料的许多缺点，进一步扩展了木塑复合材料的应用领域，使之成为近年来木塑复合材料研究领域的新热点。

4. 木塑复合材料成型装备的研究现状

虽然木塑复合材料有很好的应用前景，但是憎水性的热塑性塑料与亲水性的植物纤维界面之间的相容性差，不易均匀分散，挤出成型困难，制品的力学性能差等因素限制了这种材料的推广应用。人们通过各种物理和化学方法来改善聚合物基体与植物纤维界面的相容性，但是依然不能很好地解决上述问题。于是在混合技术和装备的研究方面，各国争相研发新型高效混炼、挤出成型装置来克服木塑复合材料难混合、难成型的问题。

木塑复合材料的成型工艺有挤出成型工艺、热压成型工艺、挤压成型工艺和注射成型工艺等。这其中的挤出成型工艺发展最快，它是塑料加工中最主要的加工方法之一，是一种低消耗高产出的生产工艺。挤出成型工艺又可分为一步法挤出成型和两步法挤出成型。木塑复合材料制品的一步法挤出成型技术，即直接用挤出机进行木塑复合材料的混合与成型，因省掉造粒工序，从而降低了成本并提高产品的市场竞争力。两步法挤出成型技术是先对植物纤维和塑料原料进行共混造粒，第二步是对复合粒料进行塑化、挤出成型加工。

目前用于木塑复合材料挤出成型的设备主要有单螺杆挤出机、锥形双螺杆挤出机、同向和异向旋转平行双螺杆挤出机，采用串联式磨盘螺杆挤出机进行一步法木塑复合材料挤出成型研究在国内外都很少有报道。

（1）木塑复合材料专用单螺杆和双螺杆加工设备的发展现状　木塑复合材料（包括制品）的制备过程（历程）对其材料的性能影响很大，研究表明不合适的加工会引起不良的纤维分散和浸润，而过分的配混则会使纤维严重破损，这些都会降低木塑复合材料的力学性能。另外，要防止过分剪切或高温产生糊料、烧焦等问题。一步法连续工艺若脱挥（主要是脱水）不佳将影响工艺的连续性和使产品因有气泡而使性能大幅降低。两步法因其加工过程复杂，影响木塑复合材料性能的因素也随之增多，而且加工成本也高于一步法。目前主要的加工设备为双螺杆挤出机，物料在其中的停留时间比较短，使木塑复合材料的加工热历史尽可能相近。

就加工设备而言，为了更好地提高混合效果，1990年Kltlyan等人采用了带有两个进料口的同向啮合双螺杆挤出机。为了减小对植物纤维的破坏，先将HDPE在第一个进料口加入，然后将处理后的植物纤维填料加入第二个进料口，与已熔融的HDPE混合，该实验表明当啮合角为45°时，双螺杆挤出机输送能力最高，挤出制品的拉伸强度和拉伸模量也最高。Kltlyan的这种一步法使加工木塑复合材料的投资明显降低。

美国Davis Standard公司出产的Woodtruder牌双挤压系统，将木纤维加工与塑料挤压融入一体，因此不再需要单独的木粉干燥机，节省了空间，降低了火灾的危险，并且节省了能源和降低了加工成本。这种设备采用了L/D达28的一台平行双螺杆挤出机和一台单螺杆侧喂料挤出机。一台填充上料输送机以控制速度将植物纤维复合材料输送到主挤压机中。这台设备的第一部分采用了专用的加热和真空排气系统，以消除植物纤维中的湿气。侧喂料挤压机安装在主挤压机旁的中间部位，单独加热和混合聚合物。通过控制它的挤出速度可以获得所需的纤维-聚合物的比例，用于室内产品时木纤维比例最高可达80%，用于室外产品时比例最高为50%～60%。该设备可用于加工HDPE、PP、PS、PVC和ABS等，可以使用各种植物纤维材料，包括花生壳、稻米壳、木屑和黄麻等。目前该设备有 3 种螺杆直径可供选择：94mm、114mm 和 140mm，它们的生产能力分别为 300kg/h、500kg/h 和 900kg/h。

近年来各国广泛使用一步法加工木塑复合材料。人们通过设计新型螺杆、新型混炼装置、优化螺杆组合等方法来提高一步法的混炼效果，而且通过设计多个排气口来改善装备的脱挥效果。据报道，德国 Kauss-Maffei 公司出品的新一代木粉/聚氯乙烯共混挤出机拥有较长的预热区段，最佳的螺杆组合设计，同时设有双排气口，其 L/D 达 36，其最大产量的挤出机型号为 KMD90-36D 挤出机，产量可达 420kg/h。

然而用于木塑复合材料加工的装备多为单螺杆或双螺杆挤出机的组合，很少用一台挤出设备完成植物纤维/塑料基体的混合和挤出。为此北京化工大学特种挤出技术中心自 1999 年起，就开始研究单一挤出设备上的木塑复合材料一步法挤出成型技术。之后 Extrusion Milacron 公司于 2001 年用异向锥型和平行双螺杆挤出机直接挤出/配混木纤维填充塑木型材。Milacron 公司的加工工艺中，采用垂直加料式物料输送装置连续预混各种原料，靠预混热排除残存水分，然后把预混料加入锥型或平行双螺杆挤出机。为此，在双螺杆挤出机机筒上增设了第 2 个排气口，以改进脱水效果，提高产量。

此外木塑复合材料注射成型设备也在快速地发展。美国威尔明顿机器（Wilmington Machinery）制造公司成功开发出含 30%木粉填充 PP 的注射发泡成型制件，可代替硬质板材用作工程型材。该公司独特设计有一项 375 吨二级压力注射技术，采用氮气或二氧化碳气体，直接气体注射和气体辅助注射成型结构泡沫。目前正在积极向家具加工行业推销其生产设备，可生产的制品有座椅、靠背、活动架、衣柜、水上划艇及栏杆、扶手等。

（2）用于木塑复合材料加工的串联式磨盘挤出机　北京化工大学特种挤出中心自行开发研制的串联式磨盘螺杆挤出机将单螺杆挤出机和磨盘挤出机的结构进行了科学组合，它不仅具备了单螺杆挤出机机构简单、挤出压力高、可以承受大扭矩的特点，而且具备磨盘挤出机超强的破碎、分散、剪切、混合和塑化性能优势。此外，在该机内还设置有特殊结构的排气装置和可以计量控制的强制喂料装置，因此具有高效、多功能的特点。经过多种物料体系共混改性的实验研究表明：串联式磨盘螺杆挤出机具有广泛的工艺适应性，特别适用于高填充或高黏度复合材料的共混改性，其破碎、混合、混炼性能要高于其他传统的混炼装置，具有广泛的应用前景。

当加工温度高于 200℃时，植物纤维就可能发生降解和裂化，而串联式磨盘螺杆挤出机的磨盘又具有超强的破碎、分散、混炼能力，极易产生过量的剪切热，因此必须对该挤出设备的磨盘进行如下三个方面的调整，使其适合于对剪切敏感的木塑复合材料的挤出成型加工。一方面，选用沟槽形状简单、沟槽数少的扇形磨盘以减少植物纤维经历的剪切次数；另一方面，通过特别设计的磨盘间距调节装置，实现对动盘、

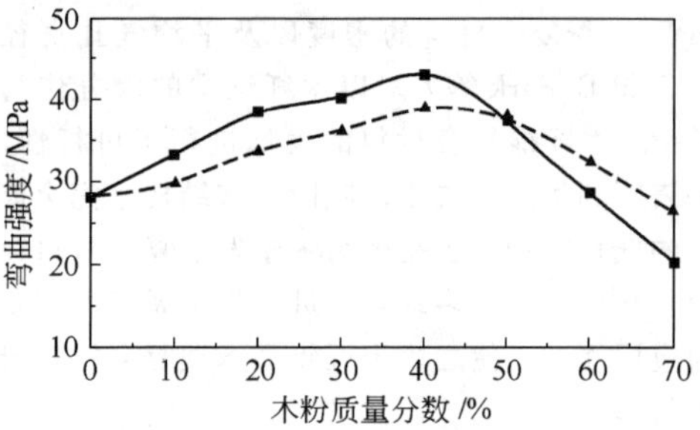

图 8　木粉/HDPE 复合材料的弯曲强度
--▲-- 串联式磨盘螺杆挤出机；
—■— 异向旋转平行双螺杆挤出机

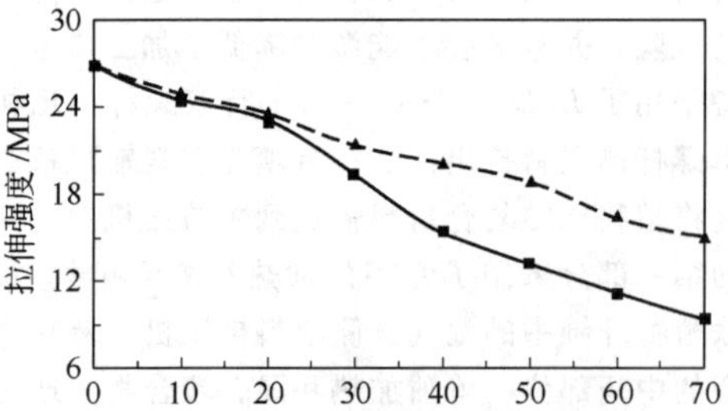

图 9　木粉/HDPE 复合材料的拉伸强度
--▲-- 串联式磨盘螺杆挤出机；
—■— 异向旋转平行双螺杆挤出机

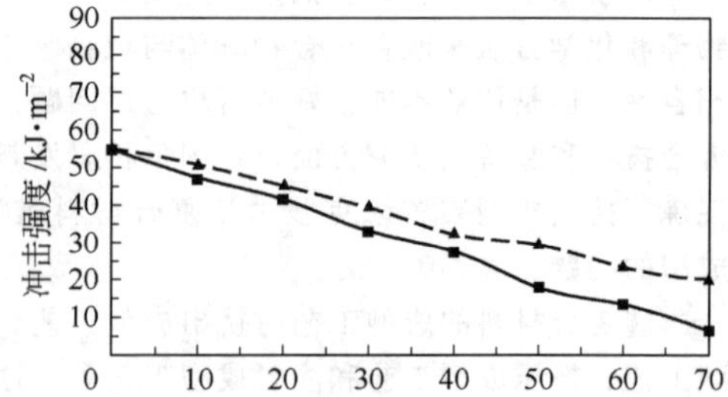

图 10　木粉/HDPE 复合材料的冲击强度
--▲-- 串联式磨盘螺杆挤出机；
—■— 异向旋转平行双螺杆挤出机

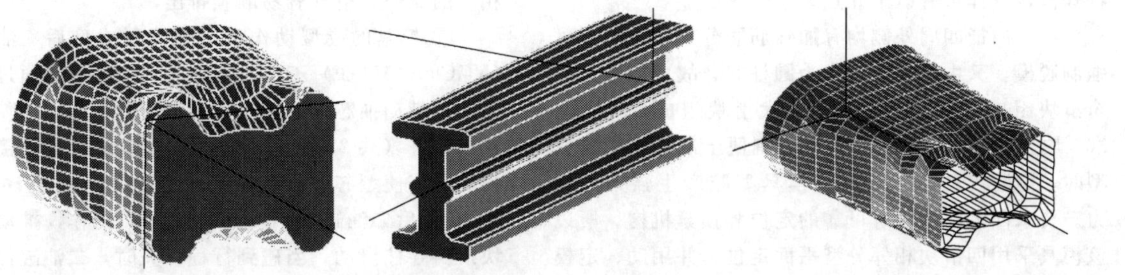

图 11　工字型机头的 CAD 造型

定盘之间间距的微调以降低磨盘对复合材料的剪切强度；此外，通过在定盘上设置进行液体冷却的通道，对熔体温度进行有效的控制。

图 8～图 10 为磨盘挤出机和异向平行双螺杆挤出机加工的木粉/HDPE 复合体系的力学性能比较，实验中两者的配方相同。串联式磨盘螺杆挤出机在经过磨盘形状、沟槽数目和定盘冷却方式等的调整后，也适用于加工木塑复合材料，并且和异向平双挤出机相比较而言，在木粉含量较低时，前者加工的复合材料的弯曲强度要低于后者，而拉伸强度和缺口冲击强度要稍高于后者；但在木粉含量较高时，前者加工的复合材料的力学性能显著高于后者。串联式磨盘螺杆挤出机也适应于多种天然植物纤维的木塑复合材料的挤出加工，且植物纤维种类对木塑复合材料力学性能的影响较小。

(3) 木塑复合材料专用机头　木塑复合材料由于其材料的特殊性，对于机头提出了许多特殊的要求。木塑复合材料在挤出条件下流体被视为固态流体，不能使用典型的压力降和膨胀公式进行计算。因此用于木塑复合机头的设计与传统的机头设计截然不同，要根据固体流动的流变状况来进行设计。从机头的设计角度，除了保证流道设计的圆滑过渡与合理的流量分配，同时对于加压能力与温度控制精度也要予以重点考虑。

北京化工大学特种挤出技术中心在大量实验的基础上，设计开发了木塑复合专用的棒形机头、矩形机头和工字型机头。特别是运用计算机辅助设计技术设计的工字型机头，如图 11 所示，这种机头现已投入工业使用，并取得了良好的效果。

四、木塑复合材料成型技术和装备的发展方向

近年来木塑复合材料成型技术和装备的研究正在快速地发展。这项技术的发展具有以下 6 个特点：

① 提高木塑复合材料界面相容性依然是研究的热点之一；

② 聚合物基体由单组分再生料向多组分再生料方向发展，使回收的多组分废旧塑料（PE、PP、PVC、ABS 等）原料和经过表面改性的植物纤维进行混合成型，制出木塑复合材料制品；

③ 植物纤维用量由低（50 份以下）向高（100 份以上）发展，可进一步降低材料成本，增强产品的市场竞争力；

④ 木塑复合材料微发泡技术、大型宽幅较厚的板材制品技术等成套设备及制品成型技术的开发，改善木塑制品应用中存在的诸如密度大、尺寸不能满足实际需要等问题，不断扩大木塑制品的应用领域；

⑤ 木塑复合材料填充材料选用植物纤维和其他填料（比如玻璃纤维等），不断开拓木塑复合材料的应用领域；

⑥ 设计新型的混炼设备和专用模具，以进一步解决木塑复合材料难混合、难成型等缺点和提高生产效率。

总之，木塑复合材料是一种前景看好的环保型材料，加工技术日趋成熟和多样化。

（北京化工大学机电工程学院
江波　张金斌　许澍华）

全自动洗衣机内桶模具设计和制造

全自动洗衣机的内桶是全自动洗衣机的核心零件。根据使用要求，该零件的主要设计性能如下：

① 由于衣物在桶内洗涤，故而桶内表面为镜面，不允许有卡挂尼龙袜的毛刺；

② 衣物在桶内洗涤和脱水，该桶在洗衣机内需高速旋转，故而要求壁厚均匀；

③ 为加强桶的强度，桶四周设置 14 条筋肋；

④ 周边有 286 个圆孔，用于脱水；

⑤ 直径大，深度大，直径为 416mm，深度为 385mm。

根据全自动洗衣机内桶等设计性能要求，我们需要注意注塑模具的设计、制造、模具材质的选择及热处理等诸多方面。

1. 内桶模具结构设计与成型过程

众所周知，注塑模具的结构是由注射机的型式和制件的复杂程度等因素决定的。产品内桶模具结构的特殊性，具体可有以下几点。

（1）内桶四周外侧均有加强筋肋分布，显然不可强制脱模。又由于内桶基本为圆柱状，故而型腔由多个滑块组成较适合。通常为四大滑块组成，将圆周360°均分为90°（直角），这种分割便于制造。模具成型时，型腔内的熔融塑料对模具型腔产生强大的压力。要求四大滑块设有可靠的定位和锁紧机构。所以该模具采用四滑块相邻分型平面定位，并用动、定模板上留有的斜面锁紧。这种机构为模具中广泛采用，方便可行，也便于生产中加工和模具装配。

（2）型腔的四滑块在工作时需同时推出，如果每一个滑块由一个动力源推动的话，那么很难保证四个动力源工作的同步性。故而采用了对称式的两个动力源，滑块之间用传动连接，由传动板传递动力，另在模具上增加三通机构，使推动四滑块的二油缸使用同一个油路，同时进油，同时回油。保证了结构的同步可靠性。此外，四滑块在推出过程中由8根斜导柱导向，并承担部分重力，进一步提高模具的运动可靠性。

（3）内桶内壁要求较高，为镜面，不可有毛刺出现。因此成型桶壁四周通孔的成型销钉不可放在四大滑块上，需从型芯内部抽芯。从型芯内部抽芯机构有多种，但从机械结构上讲可以分为以下两种。

① 每个孔的独芯为独立体系，然而该内桶四周有286个孔需击穿，若采用此方案，则结构繁琐，稳定性差。并且若在型芯顶部的抽芯出现问题，则必须拆除根部到顶部的所有抽芯，才能维修，增加维修难度。因此不能采用此结构。

② 从整体考虑，把每排孔看成一组，这样圆周上有22组，每组有13个成型杆（共286根成型杆）。并采用同一个动力源，这样大大提高了结构的可靠性，并使维修方便。该模具设计采用了第二种结构，抽芯选用了一个油压缸作为动力源，四周的成型用抽芯杆采用性能较好的矩形弹簧复位。为使模具厚度减小，中心位置采用了燕尾槽式的转向结构。

③ 内桶壁厚须均匀，故而在模具中型芯（凸模）、型腔（凹模）中心度要求很高。为保证此要求，在型芯固定板与型芯之间设了一个5°圆锥面相配合。

④ 浇注系统设计好坏对制品性能、外观和成型难易程度影响颇大。内桶形状基本为圆形制件，且桶底有个圆孔，根据内桶在洗衣机中装配要求，桶底圆孔下方安装法兰盘；桶底圆孔上方（即桶内底部）安装大波轮。为不影响产品间装配，特将浇口设在圆孔壁中部。综上所述，主流道设有20°圆锥面，以便流道冷凝料能顺利拔出。分型面上浇口采用轮辐式浇口。因为这种浇口适用内桶这样的圆形且中间带有孔的制品。这样可使进料均匀，在整个圆周上取得大致相同的流速，空气容易顺利排出。

⑤ 模具的成型动作过程当注射成型后，油压缸（YGC80×150-F）工作，拖动抽芯块后退，通过压条转向，带动抽芯柱后退。由于矩形弹簧的作用使四周各成型杆（共22组286根）缩进型芯内。紧接着动模后退，使型芯脱离产品（因为产品外侧有14条筋肋）。此后二油缸（YGC63×100-F）工作，推动四滑块沿斜导柱滑动，当碰到行程开关时，二油缸停止进油，并带出产品。最后通过注塑机机械手取出产品。此后二油缸回油，使四滑块回位，模具合模，并锁紧，动模处油缸（YGC80×150-F）进油，推动抽芯块和抽芯柱，使四周各成型杆顶出，并与四滑块击穿。此时模具就进入下一个循环。

2. 内桶模具的制造工艺

型芯共286处侧芯孔采用卧式数控加工中心进行加工。侧孔共有三种尺寸12mm、8mm、7mm，均需与侧抽芯配合，加工精度要求高，加工顺序是：先在型芯斜面上用中心钻定孔中心位置，然后预钻底孔，再钻底孔后铰孔，为保证所有铰出孔尺寸统一，制作了一种专用塞规，随时检查孔径尺寸及粗糙度。

内抽芯组件采用了22条同心扇形斜辐条形式，由型芯、抽芯杆螺钉条、抽芯杆固定条组成。抽芯杆由成型顶杆改制，确保全部击穿。安装抽芯杆螺钉条及抽芯杆固定条的外圆锥面要与型芯内锥面配合，内圆锥面又要与抽芯杆外锥面配合，加工工艺较困难，当时考虑两种方案。

（1）抽芯杆组件单独备料后，再用工装在数控机床上加工动配合圆锥面，然后由钳工组装修配所有22个抽芯杆组件。后用工装固定抽芯杆组件后与型芯同加工各抽芯杆的固定孔。

（2）所有抽芯杆组件当作一封闭圆锥环，配车加工内外圆锥面后，与型芯及抽芯杆组装后同加工各抽芯杆的固定孔，再线切割等分24段取出22个抽芯杆。

综合上面两种方案的优缺点，采用了第二种方案，该种方案使抽芯杆组件的加工难度大大降低，最大限度地保证了动配合精度的顺利实现，用立车配车加工圆锥环，代替工装装夹，数控也降低了加工成本。现该模具在使用中抽芯杆组件抽芯用顶出动作顺畅稳定，各动配合面接触良好。

型腔镶件深窄筋的加工是采用先进的数控电火花加工，可将模具镶拼结构改为整体结构，从而简化结构，减少了模具制造的工件量。在该副模具中，凹模镶件上存在较多的窄筋，可用电火花加工窄筋。

在电火花加工中，为了避免电极损耗引起尺寸的变化，采用了电火花专用电极材料电解铜。从而保证了加工精度。在加工过程中为了侧面修光窄筋，控制加工深度，电火花机床特备有平动头等附件，并采用下冲油的方法，以助排屑。同时为了获得较小的表面粗糙度而又有较高的生产率，合理地转化电规准，根据实际情况选择粗精电加规准，并实行分级加工。加工后窄筋侧面粗糙度 $R_a=2.5\sim0.63\mu m$，较大程度地缩短了后续钳工抛光工时。

模具在加工过程中应统一、全面考虑。先确定整个模架的两侧面为基准面，再用数控铣加工出定模部分各主要斜锁紧面和凸芯固定孔，并在数控铣上加工出凸芯主要尺寸，同时要保证凸芯圆心的位置精度。四滑块要焊接成一体，同时加工，要确保其相互间精度，以为模具的装配提供了有力保障。

3. 模具的选材及热处理

模具材料选择是否合理，将极大地影响着模具的寿命与加工工艺性。根据这副模具结构、性能的不同要求，在选材上均做了合理的安排。

型腔部分的四滑块材料为 45 钢，由于模具尺寸较大，因而毛坯锻后必须正火处理，以消除内应力，改善切削加工性能。粗加工后调质处理到 HB 240～270，以保证有一定的强度与刚度。

产品要求镜面，因此型芯选用了当今模具业中较好材料：P20 电渣重溶。该材料经过特殊工艺处理，可满足模具很低的粗糙度要求，和加工工艺要求。

中二镶件选用 P20 材料，以保证加工镶件上纵横交错的筋和产品的成型面。此外，由于抽芯杆、抽芯块以及成型杆等零件在模具工作时，处于来回的往返运动，磨损大、承载大，因而采用了碳素工具钢 T8A 和 T10A 等。同时抽芯杆螺钉条、抽芯杆固定条的内圆锥面与抽芯杆及型芯之间是动配合，易失效，通常出现动作不顺畅、易停滞、配合表面拉毛等现象。为此考虑进行碳、氮、硼三元共渗，以提高表面耐磨性、抗咬合性、接触疲劳强度等综合性能。三元共渗深度可达 0.1mm，同时共渗处理零件变形很小，尺寸稳定性较好，故热处理工序可安排在零件全部装配研合完成后进行。而对于抽芯杆的热处理工艺，为了获得较高硬度的表面层，以提高工件的耐磨性及疲劳强度，采取了局部表面淬火工艺，淬火时保证表面淬火到一定的深度。

模具实际使用后反馈回来的信息充分反映了热处理工艺的正确性和必要性。各动配合部件工作状态较好，运动顺畅，各动配合表面磨损很小。这些在一定程度上降低了模具的维修工件难度，也延长了模具的使用寿命。

4. 发展趋势

随着模具工业的发展，对模具设计和制造的要求愈来愈高。CAD/CAM 在模具工业中得到广泛运用。在内桶塑模设计与制造中，CAD/CAM 技术发挥其不可替代的优势。可从下面几点看出。

（1）内桶注塑模有较为复杂的结构，CAD 的技术运用为模具设计提供科学的依据，避免了繁冗的计算绘图工作，并能更精确、合理地优化模具结构。利用 CAXA-ME 及 Pro/E 等三维设计、制造软件，完成产品及型芯、型腔等模具零件的三维造型及数控编程。

（2）重复性地绘图、修改图在 CAD 技术中可方便处理。这可大大缩短设计研制周期，提高生产率，并优化结构，可节省大量人力物力，具有显著的经济效益。

质量缺陷是制约我国建筑冷热水塑料管材发展的重要因素

一、国内建筑内冷热水塑料管道系统的应用情况

目前，建筑内冷热水塑料管道系统常用种类有：聚丙烯管道系统（包括 PP-R、PP-B、PP-H）、铝塑复合管道系统、交联聚乙烯（PEX）管道系统、耐热非交联聚乙烯管道系统（PE-RT）、聚丁烯（PB）管道系统、氯化聚氯乙烯（CPVC）管道系统以及钢（不锈钢）塑复合管等。建设部已下文在建筑冷热水领域推广采用塑料管道，上述大部分产品属于优先推荐的品种。从 2004 年的情况来看，氯化聚氯乙烯管道推广力度不大。主要原因是，进口原料产品价格居高不下，国产原料不够稳定。个别国内企业用普通 PVC 与 CPVC 进行掺混冒充 CPVC 管材也影响到该产品的信誉。聚丁烯管材由于原料价格较高，来源不畅，故主要用于部分高档品。所以预期在国内建筑用热水管中应用量最多的还是 PP-R、PE-X、PE-RT 和铝塑复合管等。近年来几种主要建筑用管材市场应用逐渐体现出差别化，出现了明显的市场细分：在地板采暖领域，交联聚乙烯管材用量最大；在散热器采暖领域，铝塑复合管的耐热、耐压性能以及优良的阻氧效果已经被业界认可；在冷热水输送领域，PP-R 管材的用量占据首位，总用量约占所有冷热水输送塑料管材的 60%～70%。

值得注意的是，近年来在铝塑复合管材和 PP-R 管材的基础上，国内冷热水塑料管材的主要龙头企业如佛山日丰、沈阳金德和武汉金牛在原有技术基础上发明了新型塑铝复合管材，并成功地进行了推广应用。新产品的共同设计思路是将 PP-R 材料的耐高温性能和可焊接性与铝层的耐弯垂或承压较高等性能结合起来，克服了原来管材的一些不足，受到用户的好评。但用户在选用这类产品时要了解清楚三种产品的

区别和联系。三种产品所用原料都是 PP-R（或辛烯共聚聚乙烯 PE-RT）、黏合剂、铝材，这是其共同之处。但从设计思路、产品结构和应用角度上也有一定的不同。佛山日丰生产的产品叫做“内层焊接型铝塑复合管”，它是由传统的铝塑管演变过来，因此其性能要求大都与铝塑复合管材类似。技术改进主要有两点：第一是通过专用工具可以将外层塑料、铝管、黏合剂全部剥去，然后进行热熔连接；第二是由于选用的塑料改为聚丙烯或其他耐热聚乙烯材料，提高了管材耐热性能。沈阳金德生产的产品叫做“外层焊接型铝塑复合管”，它也是由传统的铝塑管演变过来，其性能要求也大都与铝塑复合管材类似。技术改进也体现在两个方面：一是由于材料的变化提高了管材耐热性能；二是可以进行热熔连接，但它是由管材的外壁与管件进行焊接的。武汉金牛的产品叫做“PP-R 铝塑稳态管”，它是由传统的 PP-R 管材演变过来，因此其性能要求大都与 PP-R 管材类似。技术改进主要体现在通过增加铝层提高了管材的整体刚性，减少了目前 PP-R 管材使用过程中遇热下垂问题。其熔接过程也是通过专用工具将外层塑料、铝管、黏合剂全部剥去，然后进行热熔连接。

二、PP-R/PP-B 管材质量情况分析

目前 PP-R/PP-B 管材存在或应注意的问题如下所述。

1. 最突出的问题是原材使用不当

主要有以下一些情况。

（1）各种改性 PP 材料充斥市场，例如将 PP/PE 共混物作为 PP-R 材料进行推广应用或在 PP-R 原料中添加 PP-B、PP-H 或普通 PP 以降低成本。

（2）以 PP-B 充当 PP-R 或以 PP-H 充当 PP-R，甚至用普通 PP 充当 PP-R。

（3）在 PP-R 原料中添加过量或不符合要求的回用料。

（4）没有按照国家标准要求使用混配料，存在由于色母料使用不当而导致产品的力学性能降低或卫生性能不合格的现象。

（5）由于生产企业经常更换原料或出于降低成本的考虑，管材与管件所用原料经常不一致。管材、管件所用原料的不一致直接影响到管材、管件的焊接质量。不同的材料，特别是 PP-R 与 PP-B 之间的焊接，由于材料的熔点不同（PP-R 是 140℃左右，PP-B 一般为 160℃左右），焊接条件不同，从而使焊接质量不容易掌握；两种材料的结晶度不同，冷却速度亦不同，在焊接中易产生不同的收缩率而造成应力集中；管材和管件热熔焊接的过程是分子链之间相互扩散的过程，扩散越充分、越均匀，连接性能越好。PP-B 中含有橡胶成分易产生相分离，与 PP-R 相容性差，从而直接影响连接可靠性；另外，两种材料的熔体流动速率如果差距过大，一般认为差距大于 0.5 左右，即会影响到焊接质量。

（6）由于原料的改变，部分通过 8760h 试验的企业已经不能保证产品的长期使用性能。

（7）在生产和销售中，将管材人为地分成冷水管和热水管。冷水管用 PP-B 原料生产，热水管用 PP-R 原料生产。这种分法是错误的！对某种材料而言，在压力一定的情况下，管材用于不同的使用温度主要应该根据工程设计提出的管材壁厚来确定。

（8）PP-B 虽然在高温耐压性能方面不如 PP-R，但是其在常温或低温时的性能还是不错的，尤其是抗低温冲击性能比较优越。符合标准规定的 PP-B 管材也可以用于一定条件下的冷热水输送系统。由于 PP-B 管材具有较好的低温冲击性能，使其更适于低温条件下的安装和施工以及冷水的输送。所以我们应该给 PP-B 管材一个合理的空间，从而也可以在一定程度上避免假冒 PP-R 的事情发生。

（9）对于上述原料存在的问题严重，大家对原料的鉴别方法给予了较大的关注。目前已有一些分析测试方法可以用来鉴别原材料的真假。例如：可以通过熔体质量流动速率（MFR）将 PP 改性材料甄别出来，标准规定用于冷热水管的 PP（包括 PP-H、PP-B、PP-R）的 MFR 不要大于 0.5g/10min，所以 MFR 大于 0.5g/10min 的肯定是不行的。其次，可以通过红外光谱、熔点、核磁共振等手段进行进一步的鉴别。目前北京化工研究院国家聚烯烃工程中心是进行该项工作的权威鉴定机构。

2. 加工工艺不合理造成产品缺陷

（1）冷却不合理，冷却水温度偏低、冷却段长度不够或冷却段个数不够导致的急冷，使管材挤出时产生的应力不能消除，从而造成管材上的细小裂纹或是残留应力较大。这样的管材在使用过程中在长期压力作用下易发生开裂现象。

（2）挤出设备的在线控制功能不完配，挤出和牵引速率不匹配会导致管材壁厚不均，亦会造成管材在长期使用过程中爆管。

（3）注射模具设计不合理，导致带金属嵌件的 PP-R 管件在金属与 PP-R 间出现缝隙，严重时甚至部分脱开，因此造成使用中的连接处渗漏。

3. 运输、安装施工中存在或应注意的问题

（1）PP-R 材料的低温冲击性能不是很好，在低温下比较脆，运输、装卸和安装过程的撞击可能会在管材上产生肉眼看不见的细小裂纹或应力集中，从而给日后的长期使用埋下隐患。因此一般建议 10℃以

下不进行运输、装卸和安装。

(2) 在焊接前应将管材端部去除，同样是由于管材端部可能会存在运输和装卸过程中产生细小裂纹或应力集中。

(3) 在整个施工过程中，应用锋利的专用刀具切割管材，不建议使用手动锯齿锯或电动锯齿锯。这样做同样是为了避免在管材上造成应力集中和焊接不牢。

(4) 进行热熔时，应将管材一次插入管件至规定的插入深度，在插入后切不可转动，以免影响热熔效果。

三、铝塑复合管材质量情况分析

目前铝塑复合管存在及应注意的问题如下所述。

1. 采用的原材料不合格依然占据问题的首位

(1) 复合管中聚乙烯（包括交联聚乙烯）的原料选择存在问题。有些复合管由于未使用符合标准要求的聚乙烯管材专用料，而是使用普通拉丝级聚乙烯，使材料的耐环境应力开裂性能大大下降，从而经常发生管材在施工和使用过程中发生弯曲处开裂的现象。

对于耐热铝塑复合管，一些企业为减少成本，将硅烷比例调低，使交联度达不到65%，想打擦边球。比较多的情况是只在内层使用交联聚乙烯，而外层仅使用普通聚乙烯，这也是不符合国家标准要求的。此外，复合管内、外层聚乙烯的选择直接影响到铝塑复合管在安装、施工和使用中的性能。材料选用不合格，即使交联度可以达到要求，也容易发生使用过程中的开裂现象。这种情况在散热器采暖中经常出现。另外，在测试过程中我们还经常能检测出交联度为0的所谓耐热复合管材产品。这些企业用普通聚乙烯代替交联聚乙烯或用普通聚乙烯冒充耐高温聚乙烯（即PE-RT）。这种管材用于输送热水，尤其是用于散热器采暖中是非常危险的，很容易在供暖初期就发生爆管，造成很大的经济损失。

(2) 热熔胶选用不合适，造成复合管中聚乙烯层与铝层间脱开，从实验室角度讲，一些复合管的管环最小平均剥离力不符合标准规定；从工程实际角度讲，一些复合管在存储过程中就已发生了脱层现象，尤其是较大直径的管材。

(3) 复合管中的铝层具有阻氧、承压的作用，铝层的质量也会影响到管材的性能，根据标准要求铝带的拉伸强度应不小于100MPa，断裂伸长率应不小于20%，并有一定的厚度要求。而事实上，一些管材选用的铝带很脆，而且厚度偏薄，这也是管材爆管特别是弯曲处开裂的重要原因之一。

2. 生产工艺中的隐患

为降低生产成本，减少生产步骤，目前铝塑复合管用的交联聚乙烯大多采用硅烷交联方式，但是很多企业生产硅烷交联聚乙烯管材，却不具备交联设备。硅烷交联聚乙烯在挤出后需要通过温水处理8～12h尚能完成交联，从而使管材的交联度从30%～40%提高到70%左右，以保证其良好的耐热性能。没有经过交联处理的管材安装到采暖系统中，也就是让交联度只有30%～40%的聚乙烯管材承受较高的压力和较高的温度，这是很危险的，也很容易出现爆管现象，特别是在采暖初期供暖压力和温度都还不很稳定的情况下。

3. 安装施工中存在或应注意的问题

(1) 管材弯曲时需使用助弯器，不可直接弯成直角，这样很容易弯成死角，在管材上留下伤痕，成为管材出现裂缝而导致渗漏的又一诱因。

(2) 管材和管件的配合很关键，良好的管件结构和与管材的配合是管路系统连接可靠性的保障。国家产品标准中规定了一系列系统适用性试验，包括5 000次冷热循环试验、10 000次压力循环试验、1h和800h的耐拉拔试验以及弯曲试验和真空试验。严格的试验条件可以帮助选择合格、合适的管件。但是如果更换配套管件，应该对管材和管件系统进行重新试验验证。否则系统适用性试验起不到预期的质量保证作用，形同虚设。系统性试验一次试验定终身的现象是目前市场上普遍存在的问题。这种情况是造成管材、管件连接处发生渗漏，甚至出现管材从管件中拔脱等工程事故的重要原因。

四、交联聚乙烯管材质量情况分析

交联聚乙烯管材是目前用途较广，使用效果较佳的一种冷热水和采暖用管。特别是用于地板采暖系统，公认其性价比最为合理。交联聚乙烯的主要品种有：过氧化物交联（$PE\text{-}X_a$）、硅烷交联（$PE\text{-}X_b$）、电子束交联（$PE\text{-}X_c$）及偶氮交联（$PE\text{-}X_d$）等方式。目前在国内，偶氮交联方式基本不使用。电子束交联质量最为稳定，但不能生产大口径管材（$d_n \geqslant 32$）且由于生产设备投入很大，国内目前也使用的很少。因此，我们主要讨论过氧化物交联和硅烷交联管材存在及应注意的问题。

1. 国内交联聚乙烯管材料尚待通过长期静液压强度试验

按照我国国家标准GB/T 18992.1—2003“冷热水用交联聚乙烯管道系统 第一部分：总则”的要求：生产交联聚乙烯管材的主要原料应为高密度聚乙烯。使用前应先将交联聚乙烯管材按照GB/T 6111—2003试验方法和GB/T 18252—2000的要求在至少四个不同温度下做长期静液压试验。试验数据按照GB/T 18252—2000的标准方法计算得到不同温度、不同时间的σ_{LCL}值，并作出该材料的蠕变破坏曲线。将材料的蠕变破坏曲线与标准给出的PE-X预测静液压强度参照曲线相比较，试验结果的 σ_{LCL} 值在全部温度及时间范围内均应高于参照曲线上的对应值。这也就是常说的分级试验。

交联聚乙烯管材各种使用条件级别下的设计应力 σ_D 都是依据上述外推出来的长期静液压强度曲线或得到的数学模型并依据 ISO 13760 给出的 Miner's 法则来确定的。只有这样，才能够保证管材在各种使用条件下 50 年的使用寿命。

由于交联聚乙烯管材的生产原料不是单一组分，即使选用了经过分级的聚乙烯材料，其辅料、配方以及加工工艺等对管材产品质量的影响仍然很大，需要进行交联聚乙烯材料的分级试验。可惜的是国内行业主管部门、许多专家以及广大用户大都把注意力集中在对燃气、给水以及 PP-R 管材的材料分级方面，而对 PE-X 的分级情况没有给予应有的重视。虽然国内几个主要厂家的产品质量是有保证的，但是向客户承诺的设计寿命为 50 年最好还要经过数据验证。

2. PE-X 管材定型检验存在一定问题

PE-X 管材定型检验项目包括一般的外观性能、力学和理化性能以及系统适用性试验等。国内对其中最重要的管道系统的综合性评价——系统适用性试验重视不够。这里面存在以下几方面问题：首先，据我们掌握的情况，国内较少厂家完全按照国家标准要求通过定型检验的全部项目；其次，在通过定型检验项目的厂家中原料或工艺等发生重大变化后没有重新进行定型检验，使定型检验形同虚设；第三，部分检验单位的测试条件存在缺陷，影响测试结果的真实性。

定型检验中的系统适用性试验主要是考核管材和管件的配套性能。良好的管件结构和与管材的配合是管路系统连接可靠性的保障。严格的试验条件可以帮助选择合格、合适的管件。例如，通过进行冷热循环试验，我们发现卡压式管件通过此项检验的概率很高，但卡套式管件的不合格率高达 30%～40%。这些数据提供给有关方面后对于工厂技术改进，应用单位采购把关、施工单位进行安装等都发挥了重要作用。

3. 交联度不稳定

过氧化物交联管材生产后不需要进行交联处理，但生产速度慢，稳定性难以控制。标准要求交联度不小于 70%，目前市场上销售的过氧化物交联聚乙烯管材交联度一般为 85%以上。但我们曾经对同一根样品上的不同部分进行取样，有些产品的交联度却存在较大的区别。硅烷交联管材容易造成交联度不稳定的原因是国产设备的硅烷计量装置不完备，硅烷加入量不准确或出现预交联现象。部分厂家没有交联罐或交联池设施，不经过交联的产品就向用户出售也属于常见的质量问题。

4. 原料选择不规范

有些厂家为了降低成本，随意更换聚乙烯管材专用料，使管材的承压能力降低，并且也容易造成各段管材的交联度不稳定。另外，管材的交联剂是有一定使用期限的，并有一定的贮存条件和要求。如果使用贮存不当（如受潮）或过期的原料进行生产都会导致管材质量不合格。首先有可能是交联度不合格，一般会小于 65%。此外是由此容易引起静液压强度试验不合格。这种管材在采暖系统的弯曲处很容易发生开裂。

五、市场前景展望

我们认为，塑料管材在我国发展到这个阶段，由于存在上述种种质量问题，在一定程度上已经影响到塑料管材在建筑冷热水当中的推广应用，已经形成了制约我们这个产业发展的一个重要瓶颈。但同时也应该看到，随着相关产品标准和技术规范的陆续制订，生产和检验水平的不断提高，市场监督体制的逐步建立，我们的塑料管道市场也正在逐步走向规范。讲诚信、重质量的企业正在逐渐成为市场的主流。

从原材料的角度看，国产 HDPE 或 PP-R/PP-B 管材专用料的批产量越来越大。生产规模的扩大使树脂的稳定性大大提高；国内主要的专用料牌号如燕山的 PP-R 4220、HDPE 6380MBL 、上海石化的 HDPE YGH041T 等陆续通过了分级试验认证。原材料质量优劣泾渭分明，厂商和用户对产品性能的信息开始对称；另外，我国石化企业的研究单位正在加紧上述产品的替代产品研究，据悉已经取得了可喜的进展。技术进步对质量提高的贡献很快就会显现出来。

从生产厂商的角度看，经过建材行业近几年的大浪淘沙，一些规模小、设备差、管理不到位的企业已经逐渐淡出市场。PP-R/PP-B、PE-X 和铝塑复合管材的生产开始向一些骨干企业集中。较高的生产集中度有利于质量提升和规范化管理。这些骨干企业纷纷设立起自己的技术研发中心。企业为研发中心投资，而研发中心很快成为企业的技术支撑。例如企业在采购原材料、备品备件以及改变工艺条件时经过研发中心的评价把关，避免了盲目性，保证了产品质量。

众所周知，2004 年化工原料的价格大幅度提高，行业内理所当然地认为原材料的价格提升将影响到建材行业的发展。但如果经过冷静的分析，这种价格上扬的趋势对不同规模企业的影响有着相当大的差别。大规模的原材料采购可以从各个环节大量节省成本，这一点显然不利于小型企业。塑料管材生产企业的竞争能力和市场前景至少由两个方面主导：塑料管材料价格相对于其他管材料价格是否提高？在塑料管材生产企业之间这种形势对谁更有利？应该认识到这种市场形势实际上起到了双刃剑的作用。一方面对该产品发展起到了减速作用，另一方面促使部分形不成规模的企业以及经营没有特色的企业因难以应对这种形势而加快退出该领域，有利于净化市场。

从房地产业发出的信息看，今后若干年内，我国各类住宅需求依然强劲，管材的市场无疑会继续扩大。房价的上扬必然带来部品、部件也包括管材价格的上扬，这对广大生产企业来说是利好消息。应该看到，经过建设部等部门近年来对塑料管材的大力推广，用户对该产品的认知程度越来越高。在建筑冷热水输送领域，国内外还没有出现令广大用户为之一振，大面积接受的其他主导产品来取代PP-R/PP-B、PE-X和铝塑复合管材等产品的位置。此外，根据国际国内的现实情况可以判断，国家对环保、节能方面的要求会更加严格、政策导向作用会更加明确，对塑料管材这一环保、节能产品的推广力度还会加大。这种形势有利于我们行业的发展。

只要我们企业继续加强自律，进一步提高生产管理水平和产品质量，打破目前在管材行业存在的质量缺陷这一制约我们行业发展的重要瓶颈，就能够使塑料管道市场健康长久地发展下去。

（国家化学建材测试中心
魏若奇　潘颖　华晔　刘畅　武志军）

塑料制品标准化工作及塑料工业标准目录

一、批准发布的标准和标准项目计划

1. 新批准标准

国家质量监督检验检疫总局和国家标准化管理委员会批准发布了全国塑料制品标准化技术委员会（SAC/TC48）归口的10项国家标准。

国家质量监督检验检疫总局和国家标准化管理委员会还批准发布了下列塑料相关国家标准。

国家发展和改革委员会与中国轻工业联合会批准发布了塑料制品11项轻工业行业标准。

标　准　号	标　准　名　称
GB/T 8814—2004	门、窗用未增塑聚氯乙烯(UPVC)型材
GB/T 12027—2004	塑料-薄膜和薄片-加热尺寸变化率试验方法
GB/T 19470—2004	土工合成材料 塑料土工网
GB/T 19471.1—2004	塑料管道系统 硬聚氯乙烯(UPVC)管材弹性密封圈式承口接头 偏角密封试验方法
GB/T 19471.2—2004	塑料管道系统 硬聚氯乙烯(UPVC)管材弹性密封圈式承口接头 负压密封试验方法
GB/T 19472.1—2004	埋地用聚乙烯(PE)结构壁管道系统 第1部分：聚乙烯双壁波纹管材
GB/T 19472.2—2004	埋地用聚乙烯(PE)结构壁管道系统 第2部分：聚乙烯缠绕结构壁管材
GB/T 19473.1—2004	冷热水用聚丁烯(PB)管道系统 第1部分：总则
GB/T 19473.2—2004	冷热水用聚丁烯(PB)管道系统 第2部分：管材
GB/T 19473.3—2004	冷热水用聚丁烯(PB)管道系统 第3部分：管件

标　准　号	标　准　名　称
GB/T 19466.1—2004	塑料　差示扫描量热法(DSC) 第1部分：通则
GB/T 19466.2—2004	塑料　差示扫描量热法(DSC) 第2部分：玻璃化转变温度的测定
GB/T 19466.3—2004	塑料　差示扫描量热法(DSC) 第3部分：熔融和结晶温度及热焓的测定
GB/T 19467.1—2004	塑料　可比单点数据的获得和表示 第1部分：模塑材料
GB/T 19467.2—2004	塑料　可比单点数据的获得和表示 第2部分：长纤维增强材料
GB/T 19603—2004	塑料　无滴薄膜无滴性能试验方法
GB/T 19590—2004	超微细碳酸钙
GB/T 19591—2004	纳米二氧化钛
GB 14232.1—2004	人体血液及血液成分袋式塑料容器 第1部分：传统型血袋
GB/T 19532—2004	包装材料　气相防锈塑料薄膜
GB/T 1634.1—2004	塑料　负荷变形温度的测定　第1部分：通用试验方法
GB/T 1634.2—2004	塑料　负荷变形温度的测定　第2部分：塑料、硬橡胶和长纤维增强复合材料
GB/T 1634.3—2004	塑料　负荷变形温度的测定　第3部分：高强度热固性层压材料
GB 12802.2—2004	电气绝缘用薄膜　第2部分：电气绝缘用聚酯薄膜

标 准 号	标 准 名 称
QB/T 1868—2004	聚对苯二甲酸乙二醇酯(PET)碳酸饮料瓶
QB/T 1969—2004	硬质聚氯乙烯(UPVC)双壁波纹管
QB/T 2665—2004	热灌装用聚对苯二甲酸乙二醇酯(PET)瓶
QB/T 2666—2004	双向拉伸聚丙烯包装标签
QB/T 2667.1—2004	埋地通信用多孔一体塑料管材 第1部分:聚氯乙烯(PVC-U)多孔一体管材
QB/T 2667.2—2004	埋地通信用多孔一体塑料管材 第2部分:聚乙烯(PE)多孔一体管材
QB/T 2668—2004	超高分子量聚乙烯管材
QB/T 2669—2004	泡沫塑料吸水性试验方法
QB/T 2670—2004	降解塑料片材定义、标志和降解性能要求
QB/T 2671—2004	生物分解塑料片材定义、标志和生物分解性能要求
QB/T 2672—2004	可堆肥塑料片材定义、标志和可堆肥性能要求

根据国家发展和改革委员会的工作安排和中国轻工业联合会中轻联综发［2002］048号文要求，废止了在2004年10月31日前未完成的2001年（含2001年）以前批准立项的行业标准制、修订项目（修订项目需要重新申请项目计划）。

项目号	项目名称
Q01039	聚乙烯低发泡(PE)警帽帽檐
Q01040	聚乙烯低发泡(PE)警帽帽圈
Q01041	聚乙烯低发泡(PE)警帽帽墙衬
Q01042	聚乙烯低发泡(PE)警帽前瓦托
Q00038	土工合成材料　加筋带
Q00039	塑料编织方底阀口袋
Q00040	生物降解塑料母料
Q98046	聚乙烯发泡网
Q98043	无基材聚氯乙烯塑料卷材地板

2. 新批准标准计划

2004年是国家标准的清理年，没有批准新的国家标准计划。

国家发展和改革委员会和中国轻工业联合会批准了下列10项行业标准计划。

项目号	项目名称
Q 2004—082T	塑料土工格栅长期蠕变强度试验方法和评价
Q 2004—083T	可生物分解塑料片材
Q 2004—084T	可堆肥塑料片材
Q 2004—085T	可发性聚苯乙烯树脂(EPS)
Q 2004—086T	预涂膜
Q 2004—087T	埋地用硬聚氯乙烯(UPVC)加筋管
Q 2004—088T	钢带加强型塑料缠绕结构壁管
Q 2004—089T	给水用低密度聚乙烯(LDPE、LLDPE)管材
Q 2004—090T	埋地式高压电力电缆用氯化聚氯乙烯套管
Q 2004—091T	给水用聚丙烯(PP)管材

二、国家标准清理

根据国标委计划［2004］32号文件《关于开展国家标准和计划项目清理工作的通知》要求，全国塑料制品标准化技术委员会（SAC/TC48）开展了相关国家标准和计划项目清理工作。TC48的评价清理工作专家组从标准或标准项目计划预期的技术水平、协调配套性、内容结构、应用程度和实施效果等多个角度开展评判，通过准备、专家评价、技术委员会分析总结、评价清理结果上报和复核五个步骤，对塑料制品国家标准和计划项目逐项进行研究，分别提出继续有效、修订、整合和废止的建议，结果如下表所示。

国家标准项目							
推荐性国家标准				强制性国家标准			
继续有效的标准	87	所占比例	59.18%	继续有效的标准	4	所占比例	44.44%
修改的标准	1	所占比例	0.68%	修改的标准	0	所占比例	0
整合的标准	0	所占比例	0	整合的标准	0	所占比例	0
修订的标准	32	所占比例	21.77%	修订的标准	3	所占比例	33.33%
整合修订的标准	11	所占比例	7.48%	整合修订的标准	0	所占比例	0
废止的标准	16	所占比例	10.88%	废止的标准	1	所占比例	11.11%
已评价的标准总计	147	所占比例		转化为推荐性的标准	1	所占比例	11.11%
全部标准总计	147	所占比例		已评价的标准总计	9	全部标准总计	9
需要整合的标准由11个整合为7个							

续表

国家标准计划项目							
继续执行的项目	45	所占比例	83.3%	整合的项目	0	所占比例	0
调整为推荐性的项目	0	所占比例	0	终止的项目	9	所占比例	16.67%
已评价的项目总计	54			全部项目总计	54		
需要整合的计划项目为0个							

三、国际标准化活动

1. 第53届ISO/TC61年会在中国成都召开

第53届ISO/TC61（国际标准化组织塑料技术委员会）年会于2004年10月16日至23日在中国成都召开，来自世界20个国家和地区的264名代表参加了会议。会议由ISO/TC61和国家标准化管理委员员(SAC)共同组织召开，全国塑料标准化技术委员会(SAC/TC15)、全国塑料制品标准化技术委员会(SAC/TC48)和全国纤维增强塑料标准化技术委员会(SAC/TC39)参加了会议的组织工作，并组织了中国代表团出席会议。

ISO TC 61的工作主要包括塑料领域产品和材料的应用规范、命名和测试方法的标准化。其工作目的是及时发展与质量、市场相关的塑料材料和半成品的测试方法，以维护全球塑料行业标准。

成都年会各分会就各自分管的标准反馈意见、制修订情况、进展，以及今后的工作任务共召开了大大小小89个会议。ISO/TC61的商业计划讨论会安排在工作午餐会上，工作午餐会还讨论了关于塑料回收利用的白皮书。商业计划是ISO技术委员会工作的重要组成部分，目的是使ISO标准适应当前市场的急需，将标准与快速的商业环境要求和趋势相结合，评估不同的标准项目，以期更加充分地利用资源，充分发挥国际标准的作用。

迅速发展的塑料工业向各个行业提供了优质制品，并成为汽车、建筑、信息、通信、航天航空等行业的重要支撑，标准是行业及其应用部门衡量质量和检测产品质量的重要法规，“上产品质量，标准必须先行”。中国加入WTO后，中国产品进入国际市场首先也必须将标准与国外接轨。本次参加会议的中国代表数量高于历届，特别是参加涉及消费者安全的香烟打火机标准讨论的中国代表多达11名，这与中国打火机走向世界遇到的各种贸易摩擦不无关系。

在会议的中方招待酒会上，中国SAC副主任张艳华女士和ISO/TC61主席Michael M. Fisher先生做了热情洋溢的祝词。

2. ISO/TC138年会

中国代表团参加了2004年9月12～18日在法国召开的ISO/TC138流体输送用塑料管材、管件和阀门技术委员会2004年年会。

3. 国际标准化工作评价

根据国家标准化管理委员会《关于开展我国国际标准化工作调查与评价工作的通知》（国标委国际[2004] 74号文），为推动我国实质性参与国际标准化活动，实现我国从过去被动采用国际标准到主动积极跟踪和参与国际标准制定的战略性转变，全面评价和分析了我国塑料制品技术领域参与国际标准化工作的状况；为确定我国实质性参与塑料国际标准化活动的重点领域提供了客观依据；经过综合评价，确定今后一段时期内实质性参与国际标准化重点领域的优先次序；根据确定的优先次序，集中现有财力和人力，推动我国塑料制品领域重点参与国际标准化活动。

塑料制品的覆盖面非常广，涉及工业、农业、建筑、水利、交通、环保、国防军工等各方面，随着塑料制品产业的发展，新技术和新产品不断出现，我国塑料制品行业对标准化的主要需求有以下几点。

(1) 进一步积极采用国际标准，提高塑料制品标准与国际接轨的程度，缩短标准制、修订的周期，提升塑料制品行业标准的整体水平，认真研究技术壁垒措施，加强标准宣传贯彻工作，促进塑料制品产业、企业和产品竞争力的提高。

(2) 关注民众和政府的关注点。我国已成为世界第二大塑料产销大国，由于塑料所造成的“白色污染”问题应为塑料制品标准化的关注点之一，包括塑料回收利用、减量和降解（生物分解）方面的标准化。纳米等新技术在塑料制品中推广应用应引起标准化方面的跟踪。随着土工合成材料的进一步推广应用，在1998～1999年制定的一批标准已不能适应贸易、生产和应用的要求，应尽快按照国际水准和我国现状修订，同时补充制定一些新产品和新试验方法标准。

(3) 配合我国政府在WTO和《关于消耗臭氧层物质的蒙特利尔议定书》的承诺和承担的义务，进一步做好以ODS替代物为发泡剂的泡沫塑料生产技术和产品的标准工作。泡沫塑料的产品标准现只有聚氨酯、聚苯乙烯等少数几种产品的标准，一些近年来发展和出现的产品的标准问题应合理解决。

（4）塑料阀门行业正在兴起，随着近年来相关生产、技术、检测和应用等方面的发展，塑料阀门的标准化工作提上了工作日程，应确立塑料阀门相关标准体系，全面制订塑料阀门标准。应完善聚烯烃管道产品相关标准，特别是与最终使用非常重要的相关焊接标准。PVC管道方面应通过标准的修订，解决长期以来阻碍行业发展的症结。

（5）随着我国塑料制品行业技术水平和经济发展水平的提高，更多地参加ISO活动已更加重要和可能，更好地跟踪ISO标准的发展和将我国的意见更多更详细地反映到ISO和在ISO标准中体现是今后工作的重要方面。部分企业已具备参加ISO活动的能力和需求。

通过对SAC/TC48对口的国际标准及其体系的分析，其主要特征如下所述。

（1）ISO/TC61/SC10的国际标准以试验方法标准为主，产品规范比较突出大类标准。

（2）ISO/TC61/SC11的国际标准中试验方法标准和半成品的标准并重，其中有一些胶黏剂和高压层压装饰板标准。

（3）ISO/TC138塑料管道的国际标准在基础标准的基础上，着重产品标准，标准整体内容系统性强、领域广泛、内容具体。ISO/TC138的工作与CEN/TC155的标准化工作的结合，ISO/TC138与CEN/TC155达成协议，如果在塑料管道的标准化工作中有相同的项目，工作领先的一方将领导该项工作，另外一方将停止工作，在征求意见中分别投票。这样，该领域的标准化工作中，欧洲的标准化工作得到了体现，也是最终的收益方。

塑料制品领域国内标准与国际标准的整体差异在各分支领域不尽相同，总的来说国内标准与国际基本接轨，但在现阶段如在ISO中提出中国方案还是难以接纳。

泡沫塑料行业近年来在国际上是比较稳定的行业，标准化活动也相对平稳，大部分标准已转化为我国标准，但有些ISO的新版本标准未能及时转化。由于整体技术上的原因，我国泡沫塑料标准基本上是跟在国际标准后面。同时，国际标准中的产品标准较少，与我国对标准的需求有所不同。我国有其他专门的消防燃烧性能要求标准，且与国际不完全接轨，造成一些混乱。总体来说，泡沫塑料相对与其他塑料标准与国际标准的整体差异较小。还没有能够提出中国提案，但中国方案被ISO接受的可能性仍较小。

塑料制品试验方法标准基本采用了ISO标准。塑料制品在产品规范方面差异较大，主要是关注的重点不太一样，ISO/TC61/SC11比较限于半成品，如膜、板、胶黏剂、层压板等，少有国内塑料制品行业需要的最终和具体产品规范，这种局面难以在短时间内变化。总体来说，塑料制品试验方法标准与国际标准的整体差异较小。还没有能够提出中国提案，而中国方案被ISO接受的可能性也仍较小。

塑料管道的国际标准在基础标准的基础上，着重产品标准。ISO/TC138重视基础综合性标准的制定。基础综合性标准主要包括尺寸系列、壁厚标准和公差、试验测试方法以及环境条件、综合技术条件等通用性标准。在基础标准的基础上，ISO/TC138制定了一系列产品标准，占总数的65%左右。

塑料管道国际标准整体内容系统性强、领域广泛、内容具体。自1994年开始，塑料管道单个产品的国际标准化工作从体系上分为7个部分：总则、管材、管件、阀门、系统的适用性、施工安装规范、合格评定。在以上7个部分中，涉及原料的要求、管道产品（管材、管件、阀门）的质量要求、各部分组成系统后的适用性、施工安装要求及生产和贸易中的合格评定程序，内容十分具体。

对比分析我国塑料管道标准内容与国际先进标准，我国在该领域的标准已与国际标准接轨，在生产和贸易中不存在由于标准而产生的障碍。但由于塑料管道的主要技术来自欧洲，我国的塑料管道产业目前还处于发展和改善中，很多方面还不完善，主要是引进欧洲的原料、生产技术、设计、检测等；我国拥有完全的知识产权和技术产权的产品几乎没有，我国相关领域的研究也较少，目前的主要工作是借鉴和引用国际标准建立我国的塑料管道标准体系。我国从国家标准的数目和内容上，与国际标准还有一定的差距，需要在今后的工作中改进和跟进。因此，还没有能够提出中国提案，现在ISO/TC138也没有接受中国方案的可能性。

塑料制品领域参与国际标准化活动需要国家以必要方式、力度的支持。应继续保持我国在ISO/TC138和TC61作为P成员（正式成员）参加ISO活动，在我国举办相应的TC、SC或WG会议时，能够给予组织上和经费上的支持；在我国参加相应的国际标准会议时，能够更方便地批准代表团并向国外机构照会。在政策方面更加倾斜标准化工作，解决标准化技术委员会的活动经费问题，使标准化技术委员会在工作上更加独立。政策要考虑历史，防止出现这两年标准补助费上升，各TC积极性增加，报标准计划增多，批计划比较平均，使早先工作较好的标委会反倒计划数减少，影响的工作积极性的现象。对有ISO对口的标准化技术委员会单独拨ISO活动专款。明确设立一些专项经费支持参加 ISO 专家工作组、向 ISO 提案等。

保持我国作为 P 成员参与国际标准组织，能够在保证中国紧密跟踪该领域国际标准的发展的同时，将一些不利于中国发展的标准提案投反对意见，促进我国塑料制品领域国家标准与国际标准的全面接轨。泡沫塑料行业从技术角度来说已基本具备参与国际标准化活动的水平，现在比较主要的限制在于人员和经费。由于种种原因，塑料制品标准化工作难于招纳和留住比较合适的外语和技术两方面都比较好的人才，人员难以连续固定参加 ISO 活动，即使参加了 ISO 会议，回来后很多想法也难以实施，各单位都以近期的经济效益为工作核心内容，不太愿意为长期利益和行业全局利益做更多的贡献。

四、全国塑料制品标准化技术委员会（SAC/TC48）**二十周年庆典**

1. 庆典概况

全国塑料制品标准化技术委员会（SAC/TC48）2005 年 3 月 23 日在北京召开成立 20 周年庆祝大会暨 2004 年年会。国家认证认可监督管理委员会副主任刘卓慧女士、国家标准化管理委员会计划和信息部副主任姜永平先生、国际标准部李安冬女士、农业和地方部姬二明先生、中国塑料加工工业协会会长兼全国塑料制品标准化技术委员会主任廖正品先生、中国轻工业联合会综合业务部廖常京先生、轻工业塑料加工应用研究所副所长张玉霞女士等领导到场讲话；到会的有各相关单位的代表、历届老委员代表和本届委员。

会议总结了 SAC/TC48 二十年来在我国塑料制品标准化方面所取得的成就和经验，展望了塑料制品标准化的辉煌前景，表彰了为多年来在塑料制品标准化工作中做出突出贡献的单位和个人（见获奖名单）。

会议举行了 SAC/TC48 会标的揭幕仪式，由国家认证认可监督管理委员会副主任刘卓慧女士和国家标准化管理委员会计划和信息部副主任姜永平先生为会标揭幕。会标中的“S”来自中文“塑料”拼音的首字母“S”、“标准”的英文（Standard）的首字母“S”和“标准化”的英文（Standardization）的首字母“S”，外圆表示塑料制品标准化在法规的范围内运行，也表示塑料制品标准规范塑料行业。会标的图形和文字一般组合使用，在空间不允许时可以单独使用图形。

会议举行了 SAC/TC48 网站启用仪式，由中国塑料加工工业协会会长兼全国塑料制品标准化技术委员会主任廖正品先生轻触鼠标启用网站，SAC/TC48 的网址是：www.plastand.org，网址的主字段由“塑料”的英文“Plastic”的前半部分和“标准”的英文“Standard”的前半部分组成的新的字母组合“plastand”，表示“塑料标准”。SAC/TC48 网站为非盈利网站，是塑料制品标准化工作平台。

在颁奖和庆祝演出后，举行了迎奥运、登香山活动。

2. 全国塑料制品标准化技术委员会（SAC/TC48）会标

3. 获奖名单

（1）荣获塑料制品优秀标准奖的标准（13 项）和标准起草单位

1）GB/T 19274—2003《土工合成材料 塑料土工格室》

起草单位：中国石化燕化石油化工股份有限公司塑料分公司。

2）GB/T 19277—2003《受控堆肥条件下材料最终需氧生物分解和崩解能力的测定 采用测定释放的二氧化碳的方法》

起草单位：宁波天安生物材料有限公司、深圳市绿维科技有限公司。

3）GB/T 10801.2—2002《绝热用挤塑聚苯乙烯泡沫塑料（XPS）》

起草单位：国家建筑材料工业局标准化研究所、轻工业塑料加工与应用研究所、南京欧文斯科宁挤塑泡沫板有限公司、陶氏化学（中国）投资有限公司。

4）GB/T 6111—2003《流体输送用热塑性塑料管材 耐内压试验方法》

起草单位：浙江永高塑业发展有限公司、河北宝硕管材有限公司。

5）GB 15558.1—2003《燃气用埋地聚乙烯（PE）管道系统 第 1 部分：管材》

起草单位：河北亚大塑料制品有限公司、建设部科技发展促进中心、上海燃气设计院、中国石化齐鲁股份有限公司树脂研究所、胜邦塑胶管道系统集团有限公司。

6）GB/T 10002.1—2003《给水用硬聚氯乙烯（UPVC）管件》

起草单位：中国建筑标准设计研究所、轻工业塑料加工应用研究所、成都川路塑胶集团、南亚塑胶管件（厦门）有限公司。

7）GB/T 18742.1—2002《冷热水用聚丙烯管道系统 第 1 部分：总则》

起草单位：齐鲁石油化工股份有限公司树脂研究所、上海白蝶管业科技股份有限公司、陕西华山胜利塑胶有限公司、燕山石油化工公司树脂应用研究所。

8）GB/T 18742.2—2002《冷热水用聚丙烯管道系统 第2部分：管材》

起草单位：上海白蝶管业科技股份有限公司、齐鲁石油化工股份有限公司树脂研究所、河北宇光工贸有限公司、上海康斯佳建材有限公司。

9）GB/T 18742.3—2002《冷热水用聚丙烯管道系统 第3部分：管件》

起草单位：上海白蝶管业科技股份有限公司、河北宇光工贸有限公司、浙江伟星集团新型材料有限公司、杭州永亨新型建材有限公司。

10）GB/T 18998.1—2003《工业用氯化聚氯乙烯（CPVC）管道系统 第1部分：总则》

起草单位：中国·佑利管道有限公司、北京化工大学、中山环宇实业有限公司、福建亚通塑胶有限公司。

11）GB/T 18998.2—2003《工业用氯化聚氯乙烯（CPVC）管道系统 第2部分：管材》

起草单位：中国·佑利管道有限公司、北京化工大学、中山环宇实业有限公司、福建亚通塑胶有限公司。

12）GB/T 18998.3—2003《工业用氯化聚氯乙烯（CPVC）管道系统 第3部分：管件》

起草单位：中国·佑利管道有限公司、北京化工大学、中山环宇实业有限公司、福建亚通塑胶有限公司。

13）QB/T 2517—2001《一次性滴灌带》

起草单位：新疆天业股份有限公司。

（2）荣获塑料制品标准化杰出贡献奖的单位（23家）

轻工业塑料加工应用研究所
天津市塑料研究所
北京市塑料研究所
大连市塑料研究所
成都川路塑胶集团
河北宝硕管材有限公司
河北亚大塑料制品有限公司
上海乔治·费歇尔管路系统有限公司
胜邦塑胶管道系统集团有限公司
山东环球塑业有限公司
湖北凯乐新材料科技股份有限公司
中国公元塑业集团
福建亚通新材料科技股份有限公司
中山环宇实业有限公司
上海哈威新材料技术股份有限公司
河北宇光工贸有限公司
佑利控股集团有限公司
广东联塑科技实业有限公司
南塑建材塑胶制品（深圳）有限公司
新疆天业股份有限公司
上海白蝶管业科技股份有限公司
浙江中财管道科技股份有限公司
广东顾地塑胶有限公司

（3）荣获塑料制品标准化杰出贡献奖的个人（19人）

陈文瑛、张铁雁、李汝成、李曜宾、孙昌庭、张真和、高立新、刘雨生、王竹天、李德英、王树华、刘秋凝、林润姝、文秀松、贾立蓉、贾苇、应明康、Philippe Vanspeybroeck、Gustaaf SUYS。

（4）荣获SAC/TC48优秀委员奖的委员（20人）

王建东、王存吉、郑天禄、赵宝铭、张文涛、刘晓荟、孔榕、田岩、李莉、王燕、施亚琤、潘必纯、高长全、陈鹊、徐红越、黄解、孙逊、朱利平、许盛光、谢建玲。

五、塑料制品标准化其他活动

1. CFCs替代泡沫塑料标准项目

国家环保总局的世界银行CFCs替代项目“泡沫塑料行业标准制定（修订）”项目完成了六项国家标准和行业标准的制、修订起草工作，并为今后继续争取世界银行项目打下良好基础，这六项标准是：

（1）国家标准《喷涂用聚氨酯硬质泡沫塑料》；

（2）国家标准《软质泡沫聚合塑料——通过恒定负荷反复敲打测定耐疲劳性能》；

（3）国家标准《软质泡沫塑料撕裂试验方法》；

（4）国家标准《软质泡沫聚合材料压陷硬度试验方法》；

（5）国家标准《硬质泡沫塑料吸水性试验方法（体积法）》；

（6）行业标准《硬质泡沫塑料吸水性试验方法（质量法）》。

2. SAC/TC48开始换届

全国塑料制品标准化技术委员会（SAC/TC48）第四届委员会任期届满，开始换届和征询新委员及通讯委员的工作，计划在2005年完成换届工作。

3. SAC/TC48委员证书颁发

国家标准化管理委员会2004年11月3日颁发了全国塑料制品标准化技术委员会委员证书，共计颁发了TC48的TC委员证书28份，SC1委员证书33份，SC2委员证书9份，SC3委员证书55份。

（全国塑料制品标准化技术委员会
陈家琪　陈　倩　赵启辉）

各地区塑料工业

山 西 省

【大事记】

1. 2004年《山西塑协通讯》正式改版为国际标准16开，并改用彩色封面，出版了6期，发行了3600多份，在与全国塑料行业协会和同行交换中，具有山西特色的《山西塑协通讯》受到了兄弟单位的一致好评。为我省的塑料企业了解国家的政策法规、掌握市场规则、行业的技术提升和产品的研发进一步起到了推动作用。

2. 张会长一行四人于2004年12月10日到江西省塑料行业协会参观学习。江西省塑料行业协会邹文云热情地接待了参观团，并向张会长详细介绍了江西省塑料行业发展现状及江西省塑料行业协会如何为企业服务等项工作及体会，还介绍了他们的协会依托江西省塑料工业总公司进行对外贸易所取得显著的经济效益的经验，并就在目前大好形势下如何利用协会的人才优势进一步搞好协会工作双方进行了认真的卓有成效的讨论。

3. 目前我国塑料建材市场比较混乱，不仅侵害了广大消费者的利益，而且扰乱了市场规则，也使我省的塑料企业正当的利益受到了严重的侵犯，为此，协会将国家质量技术监督局发布的《塑料建材质量检验结果》中的不合格产品于2004年2月在“山西塑协网站”上公示，公示后反响很大，对我省的建筑设计单位和建筑施工单位在选材和购材方面提供了指南。

4. 协会成立以来，在对企业进行质量监督管理、质量评定、质量仲裁等方面做了不少工作，但由于未能经司法部门授权，在碰到司法程序时，所做的工作得不到法律的保护。为了用法律的武器维护企业的合法权益，进一步促进我省塑料行业的发展，2004年5月初，我协会根据《人民法院对外委托司法监定管理规定》，向人民法院申请加人人民法院司法鉴定机构名册，经上级有关部门认真的现场检查和严格的审核，我协会正式被批准并入册人民法院司法鉴定名册，入册登记号为：晋法39004。

5. 山西省塑料行业协会于2004年5月28～29日在阳泉市召开了“2004年会”和第一届第三次全体理事会。参加会议的各级领导有：原山西省政协主席、山西省塑料行业协会名誉会长郭裕怀，原山西省计委主任张奎，阳泉市副市长陈继光，山西省轻工行业管理办公室袁珊部长等有关领导。来自山西省及兄弟省市的塑料行业、大专院校、科研单位的代表80多人也参加了会议。山西省塑料行业协会副会长、山西新派塑胶有限公司总经理毛宝琪主持了会议。会上首先宣读了中国塑料加工工业协会会长廖正品给大会发来的贺电，省塑协会会长兼秘书长张玉英做了题为“更新观念，依靠科技，振兴行业，走向世界”的重要讲话，她从山西省塑料行业的实际情况出发，以科学的数据，大量的信息，分析了我国和我省塑料工业的发展状况及今后的热点和发展趋势，给与会代表全新的认识，代表反映十分强烈。原山西省计委主任张奎是名望很高的经济专家，他对当前的经济形势做了全面、科学的分析并与我省的塑料行业紧密结合，讲出了自己的独特的见解，大家很受启发。原山西省政协主席、山西省塑料行业协会名誉会长郭裕怀以通俗的语言为出席大会的企业家分析了市场经济形势，企业家如何面对市场的变化，使企业立于不败之地，郭主席的讲话与会代表多次给予热烈的掌声。5月29日下午参观了山西省派塑胶有限公司的管材、型材、塑钢门窗的生产车间，对该公司的企业文化和科学管理理念给予充分的肯定和赞扬。参观后结合山西新派塑胶有限公司的先进经验与会代表进行了广泛的讨论和交流。山西省轻工行业管理办公室袁珊部长最后做了总结性发言。

6. 2004年6月29日～7月3日第十八届中国国际塑料展览会在上海国际会展中心举办，协会组织我省山西华龙塑料有限公司、中北大学塑料研究所、山西精英化工有限公司等20多个单位总经理、董事长、总工程师等进行了参观，使他们开拓了眼界，了解了世界新技术、新产品、新工艺、新材料的发展趋势，为我省的塑料产品结构调整和持续、快速协调发展抓住了机遇。

7. 秘书处于2004年7月15日在太原市召开了在并的部分理事会，张玉英会长传达了中国塑料加工工业协会第四届理事会第一次全体会议精神，并对《章程》中的有关条款的修改做了说明。根据国内外的工作需要，章程中关于“理事会的理事长和副理事长”一律修改为“理事会的会长和副会长”，并决定以通讯的方式征求会员的意见后正式通过。张会长还详细介绍了第十八届国际塑料工业展览会的盛况，同时对下半年的工作做了具体的安排。根据兄弟省市和中国塑协的意见，“山西塑协网站”建立后在全国有一定的影响力，但还需要充实内容，加强信息量，要求负责网站的同志根据有关的具体要求，充实和完善内容，把我们的网站真正办成为我省塑料行业服务的、内容丰富的、深受企业欢迎的网站。

8. 张玉英会长组织秘书处和有关工作人员于2004年9～12月到山西省高杨节水卫生洁具有限公司、山西焕德化学建材有限公司、山西民生塑料制品厂等单位进行调查研究，听取了企业的汇报，参观了企业的生产现场，并与企业的负责同志、科技人员、管理人员、工人代表进行了座谈，广泛听取了大家的意见，并就企业的增产扩线、引进投资结构调整进行了广泛而热烈的讨论，并提出了很好的思路和建议。在调研中发现了我省国有企业——山西民生塑料制品厂多年来发展稳健、效益显著、长盛不衰、一年一个新变化的主要经验是：领导班子坚持改革，团结进取，以人为本，求实创新，带领全厂职工奋进的激励机制，使企业稳步发展，其产品农地膜已成为我省深受广大群众欢迎的塑料产品。

（山西省塑料行业协会　张玉英）

黑龙江省

【基本情况】

2004年全省塑料制品加工企业数为1500家，其中国有企业36家，合资企业14家，集体企业115家，其他为股份制和有限责任公司及个体企业。根据黑龙江省统计部门对国有企业和非国有（销售收入500万元以上）企业75家统计，其中：国有企业8家，合资企业3家，集体企业9家，私企19家，股份制及有限责任公司36家。从业人数15 512人，制品产量124 756吨，产值211 223万元，利税12 109万元。

全省塑料制品加工行业从业人数近5万人，塑料制品加工能力50万吨。

【重点企业】

我省年销售额在5 000万元以上的塑料企业有大庆庆港塑料有限公司、大庆林港塑胶有限责任公司、哈尔滨塑料九厂、绥棱第二塑料有限公司、齐齐哈尔塑料二厂、哈尔滨市塑料五厂、五常塑料有限公司、海伦塑料厂等企业。

我省主要塑料制品概况如下所述。

(1) 农用塑料薄膜　20世纪90年代初，我省农膜生产企业达到64家，同时引进国外直径在8米以上的大型吹膜机组10台套左右，年总生产能力超过5万吨，年产值达到5亿元人民币。2001年我省棚膜产量4万吨左右，覆盖面积达到1 000万亩。预计到2005年，棚膜达到5.5万吨左右，地膜达到4.5万吨左右，覆盖面积大约达到1 500万亩。主要生产企业有哈尔滨市塑料五厂、五常塑料有限公司、穆棱塑料有限责任公司等。

(2) 塑料门窗　我省是国内最早生产和推广应用塑料门窗的省份之一，其中鸡西塑料门窗厂于1984年引进国外生产技术及装备，生产塑料门窗，产品质量堪称一流，但是由于种种原因制约了发展。目前我省先后从德国、奥地利、美国等引进多条生产线再加上国内制造的生产线达到60多条，企业达到35家。其中规模较大的有中大集团、哈尔滨蓝根塑料门窗有限公司、鸡西门窗制造厂、齐齐哈尔鲁宏塑窗型材厂、哈尔滨华加新型建材有限公司和大庆威泰型材有限公司等。

(3) 塑料管材　我省塑料管材生产企业有64家，主要生产PVC、PE、PP-R、XPE等管材。PP-R、PP-C、PP-B管材生产企业有哈尔滨市阿城金大管材厂、哈尔滨特种塑料厂；铝塑复合管生产企业有哈尔滨百富通、大庆铝塑复合管厂、肇东华澳塑钢建材有限公司；UPVC管生产企业有哈尔滨建筑塑料厂、哈尔滨东光建材塑料厂、齐齐哈尔佳昌塑料制品有限公司等；PE管生产企业有明水塑料厂、哈尔滨市塑料四厂等；XPE管主要生产企业有黑龙江省兴业管材厂、华诚塑料厂等。

(4) 汽车用塑料制品　我省汽车塑料配套件生产企业主要有哈尔滨塑料九厂、齐齐哈尔塑料二厂、北安进发塑料公司，主要为哈飞、一汽生产配套的内外饰品产品，年产量约1.5万吨。

(5) 塑料包装材料　我省目前塑料包装方面具备注射成型、挤出成型、中空成型、吹塑成型、压延成型、发泡成型、流延成型、复合成型等十几种塑料成型工艺。产品有编织系列产品、吹塑膜袋产品、共挤复合软包装类产品、干式复合软包装和中空容器等包装用塑料制品。主要生产企业有哈市隆华彩印厂、牡丹江彩印总厂、黑龙包装公司、北大荒包装公司、哈尔滨市塑料五厂、海伦塑料厂等。

【出口情况】

出口的产品有编织袋、农膜、啤酒箱、塑料鞋、机械设备等。

出口的国家有：俄罗斯、南非、韩国。

【设备引进】

1. 大庆庆昕塑料有限公司年产4 000吨真空镀铝膜项目，已于2004年正式投入生产。

2. 北安市进发塑料制品有限公司年产550万件汽车配件（奥迪、高尔夫）项目，已正式投入生产。

3. 哈尔滨特种塑料制品有限公司年产1 300

万米过氧化物交联聚乙烯管材及10万平方米辐射交联聚乙烯热收缩膜带项目，2004年已正式投入生产。

4. 大庆庆港塑料有限公司年产5 000吨BOPA项目，已于2004年2月在上海建厂并投入生产。

5. 双鸭山泰昕塑料管材有限公司年产3 000吨PE大口径缠绕管项目，2004年3月投入生产。

【主要问题】

1. 产业集中度底，区域发展不平衡。目前我省塑料行业中具有发展潜力、有竞争实力的大型企业（集团）少，而处于能力放空、生产任务不足的中小企业偏多。

2. 产品结构不合理。中低档产品多，高档、高技术含量产品少；一般性普通加工产品多，高附加值产品少；传统性的老产品多，适应新型工业、农业现代化需要的配套产品少。

3. 生产工艺和技术水平低，企业装备和管理水平落后。大部分企业“自身造血”功能弱，自身投入能力低加之技术人员匮乏，基本上无技术开发、技术创新能力，生产经营处于粗放式状态，企业严重缺乏发展后劲，缺乏市场竞争能力，全行业经济效益普遍不佳。

4. 行业管理难度大，协会指导力度弱。近年来，多种经济成分的各类型生产企业特别是民营、私营企业发展迅猛，在行业中所占的比重逐年增大，使得行业管理的难度越来越高，行业协会的指导、服务力度随之减弱，导致各企业间重复建设、产品交叉现象屡有发生。而我省行业协会在职能和实力上存在着先天不足，致使行业协会的协调、服务、管理功能难以得到正常的发挥。

【发展趋势】

我省塑料行业发展要针对农业大省、畜牧大省，绿色产业基地，地处高寒地区等具体情况，重点应发展以下几方面。

1. 塑料建材方面。塑料建材不仅能大量代钢代木，替代传统建材，而且还具有节能、保护生态、改善居住环境、提高建筑功能与质量、降低建筑自重、施工便捷等优越性。

2. 农业塑料方面。我省是粮食生产大省、畜牧大省、绿色产业基地。发展多功能棚膜、地膜、青饲膜等农用覆盖材料是当前及今后一个时期的主要方向。

粮食包装材料的需求量将大幅度增加。发展具有高阻隔性能的塑料复合膜将有广阔的市场前景。根据我省的情况，应大力开发多层共挤复合薄膜。

编织袋市场大有可为，企业应抓住机遇，重点发展大型集装袋和宽幅编织布、方底阀口袋、网眼袋、低纤度袋等。特别是在化肥、水泥、粮食等包装物的改进上下功夫，使之适合市场变化的需求。

3. 土工合成材料。我省在水利建设、公路建设、城市建设等方面应用的各种土工合成材料，如土工膜、土工编织布及复合材料、土工膜与无纺布复合材料、土工单向及双向拉伸格栅、格室等土工材料，其发展潜力很大。

4. 工程塑料方面。随着我国汽车、通讯、家电、医疗器械、国防工业等领域的发展，工程塑料市场需求将有较大的增加。

（黑龙江省塑料制品行业协会　邹奇；
黑龙江省塑料研究所　王岩）

上海市

【大事记】

1. 拜会台湾塑胶商业同业公会

2004年3月2日，以上海市工业经济联合会常务副会长兼秘书长朱国樑为团长、上海塑料行业协会秘书长刘景芬参团的上海市工业经济考察团一行13人，前往台湾拜会了台湾塑胶商业同业公会。出面接待的是该公会理事长周明辉先生，常务理事许富田先生，理事廖充炳先生、谢严泽先生，秘书长陈雅关小姐。拜会时，朱国樑团长简短地介绍了赴台考察的目的，全团人员概况。周明辉理事长致辞表示欢迎，他首先介绍了台湾塑胶商业同业公会总体情况。台湾目前有塑胶企业2100～2200家，由于经济不景气，致有一半以上企业外移，其中大部分搬迁至大陆，也有部分转移至东南亚国家，如韩国、泰国等，只有近35%的企业留台，致使业界失业众多，工资成本增加。周明辉理事长还简单介绍了“台湾塑胶制品商业同业公会全国联合会”的情况，联合会的任务是，进行商业调查、统计、发展事项；关于国际贸易的联系、介绍及推广；协助经济政策、商业法令的推行与研究、建议；关于同业纠纷的调处；同业员工技能训练及业务讲习举办；会员商品的广告、监督；受理会员单位委托证照的申请、变更、换领及其他服务事宜；会员合法权益的维护；接受机关团体的委托服务事项等。周明辉理事长热情邀请上海塑料行业同仁多来台湾考察、交流与合作。上海塑料行业协会秘书长刘景芬介绍了上海塑料行业的总体情况及华东地区塑料建材、汽车塑料、塑料包装等产业生产、技术、发展等状况，她也热情邀请台湾的行业同仁来沪考察、交流和投资。

2. 召开上海塑料行业协会三届三次理事长办公会

2004 年 4 月 9 日，上海塑料行业协会三届三次理事长办公会在协会新址（上海市长寿路 295 弄 8 号 8 楼 E 座）会议室举行。

出席会议的有上海塑料行业协会理事长许开程，上海塑料行业协会名誉会长龚兆源、名誉副会长李力、张华嵩、谢振羽，各副理事长及协会秘书处全体工作人员。会议由中石化上海石化塑料事业部经理吴晓音副理事长主持。

刘景芬秘书长做了 2003 年协会工作总结、财务收支情况和 2004 年协会工作计划要点的报告。会议审议通过了上述两个报告。吴晓音副理事长做了关于修改上海塑料行业协会章程的说明。会议审议并通过了“关于修改上海塑料行业协会章程”的说明，并责成秘书处依据此“说明”对章程完成修改、定稿，并经协会三届三次理事会表决通过后，报下次会员代表大会最终审议通过。

张思农副理事长宣读“关于同意‘关于调整 PVC 制品专业委员会秘书长的报告’的批复”和“关于上海塑料行业协会塑料包装专业委员会机构成员组成的报告”。这两项事项实际均已完成相关程序，根据协会章程，本次会议予以追认。

会上，与会的协会老领导、各副理事长均充分赞赏和肯定了协会过去一年的工作，并完全同意按 2004 年工作计划的八点要点开展今年的工作。

许开程理事长在总结发言中指出，完全同意本次会议议程通过的所有文件和各位领导的讲话精神，协会的工作做得很好，并有所发展。他希望协会继续加强自身建设，在中国经济市场化和国际化的进程中，按照党的十六届三中全会的精神，用市场化原则去规范和发展上海塑料行业协会。有作为，才有地位，才有凝聚力。要努力扩大协会的覆盖面，增加协会的影响力和渗透力，真正按市场化的方向去发展，上海塑料行业和上海塑料行业协会发展的前景和空间必将越来越美好，越来越壮大，越来越有希望。

3. 第十八届中国国际塑料橡胶工业展览会隆重举行

第十八届中国国际塑料橡胶工业展览会即“2004 国际橡塑展”于 2004 年 6 月 29 日～7 月 2 日在上海浦东新国际博览中心举行。本次展会的主办与协办单位是雅式展览服务有限公司、国家轻工业联合会、中国塑料加工工业协会、上海塑料行业协会和上海外经贸商务展览公司；赞助单位是欧洲塑料和橡胶工业机械制造商协会；海外支持单位是日本塑料机械协会。国内支持单位有：中联橡胶（集团）总公司，上海市食品工业协会，上海电气集团总公司，浙江省塑料工业协会，江苏省塑料加工工业协会，山东省塑料工业协会，江西省塑料工业协会，安徽省皮革塑料工业公司，福建省皮革塑料工业公司，中国国际贸易促进委员会化工行业分会等。这些单位的领导以及加拿大驻沪总领馆总领事麦若彬先生、德国机械制造业协会塑料及橡胶机械分会会长 H. C. Helmar Franz 教授、意大利塑料橡胶机械及模具制造商协会会长 Luciano Anceschi 先生、台湾地区机器工业同业公会总干事丘桂霖先生、英国塑料联合会会长 Peter Davis 先生、美国驻沪总领馆商务领事 James Golsen 先生等均向展会发来了贺词。全国人大常委、中国轻工联合会会长陈士能先生，上海塑料行业协会名誉会长、上海市经委老领导龚兆源先生，上海塑料行业协会理事长代表、副理事长吴晓音先生，中国塑料加工工业协会理事长廖正品先生，雅式集团董事长朱裕伦先生，杜塞尔多夫展览机构总裁及首席执行官威耶纳·董谢德先生等出席了开幕式并为展览会剪彩。

“2004 国际橡塑展”盛况空前，无论从参展商数、展场面积还是海外买家及国内专业观众人数，均创历史之最。本次展会的展场面积达 60 000 平方米，有来自 26 个国家和地区共 937 家展商参加，其中，奥地利、加拿大、德国、意大利、中国台湾地区、英国及美国更是组织了阵容庞大的展团。本次展会组织的买家包括美国、印度、巴基斯坦、越南、马来西亚、新加坡、伊朗、中国香港和中国台湾地区等。参展人数来自 57 个国家和地区共 7 028 个，专业观众人数更是达 57 751 人次。

“2004 国际橡塑展”在展示先进技术、设备之余，还同期举行了一系列专题研讨会和有关协会的年会等活动。比如，“塑料与橡胶建材生产新趋势与新技术”、“塑料于汽车配件生产中之应用：如何提高生产效率及竞争力”、“PVC 制品发展趋势”等专题研讨会；《中国塑料橡胶》、《包装纵横》与展会联合举办的“2004 食品饮料塑料包装国际论坛”，以及中国塑料加工工业协会举办的中国塑料管道专委会会员大会、中国塑协理事会等。

通过本届展会，加强了中外交流、贸易与合作，促进国际橡塑行业的互动，借此提供更为广阔的空间和无限的商机。

4. 2004 年度上海塑料行业名优产品完成评选、审定

2004 年度上海塑料行业名优产品评选工作，自 2004 年 7 月起即列入上海塑料行业协会的重点工作。自 7 月初至 8 月底，经两个月的调研、预选，共有 17 家企业申报。经工作组严格预审，共选定了 9 家

企业12个产品作为初审合格的评选对象，并进入上海塑料行业名优产品专家评审组的现场考察、评审程序。9月中下旬，专家评审组完成了评审文件准备和去企业现场考察、评审的全部程序。10月中下旬，2004年度上海塑料行业名优产品评选工作组和专家评审组共同完成了2004年度上海塑料行业名优产品评选委员会会议召开前的组织工作和资料准备工作。

2004年11月5日，2004年度上海塑料行业名优产品评选委员会会议召开。受上海塑料行业协会理事长、上海塑料行业名优产品评选委员会主任许开程的委托，上海塑料行业协会秘书长刘景芬主持了会议。会上，上海塑料行业协会副秘书长刘建国代表工作组向评委会汇报了2004年度上海塑料行业名优产品评选工作的总体情况及本次评委会会议后该项工作的后续安排。副组长杨忠民向评委会汇报了2004年度上海塑料行业名优产品专家评审组的现场考察评审结果和推荐意见。会议充分肯定了工作组和专家组的工作，一致同意专家组的推荐意见，通过了对所申报的2004年度上海塑料行业名优产品的审定，并责成工作组按既定安排完成公示、制牌、颁牌的所有程序。

2004年度上海塑料行业名优产品评选，经工作组初审、专家组现场考察评审、推荐和上海塑料行业名优产品评选委员会会议审定，下述9家企业的商标产品被评为2004年度上海塑料行业名优产品（排名不分先后）：

上海白蝶管业科技股份有限公司　“白蝶”牌冷热水PPR管材、管件，给水用PE管材、管件

上海吴泾化工有限公司天山塑料厂　“天山”牌氨基模塑料

上海欧亚合成材料有限公司　“EASY”牌酚醛模塑料EA-5551Je

上海三成化工有限公司　“SH Sancheng”牌高性能聚烯烃抗静电粒料

上海林达塑胶化工有限公司　“林达”牌降解塑料母粒、浓缩母粒系列

上海金山星星塑料有限公司　“JX”牌高分子蜡系列

上海氯威塑料有限公司　“申峰”牌埋地用UP-VC加筋管

上海杰事杰新材料股份有限公司　“杰事杰”牌TSM高性能聚烯烃复合材料、HPN耐高温尼龙

上海新星双螺杆机械有限公司　“新星”牌SISZ系列锥型双螺杆挤出机

5. 参加台州“第四届中国塑料交易会”

2004年10月29～31日，上海塑料行业协会应邀出席了在浙江省台州市国际会展中心举办的“第四届中国塑料交易会”。会展期间，协会相关人员参加了由中国塑料加工工业协会组织的各省市塑协座谈会和雅式展览服务有限公司的“第十九届中国国际塑料橡胶工业展览会”信息发布会。出席该两个会议的人员有上海、重庆、浙江、江苏、山东、安徽、江西、福建、广东、湖南、河北、新疆等省市的塑料协会的理事长或秘书长。在信息发布会上，雅式展览服务有限公司营业及市场推广总经理何佩英女士和项目经理梁雅琪女士向与会者简要地总结了2004年在上海举办的“第十八届中国国际塑料橡胶工业展览会”的盛况；就2005年再次重临广州举行的“Chinaplas 2005中国国际橡塑展”即“第十九届中国国际塑料橡胶工业展览会”的筹备情况和最新进展进行了宣传，并对与会的各地塑协负责人就支持或协办该届展览会的具体事宜进行了交流和沟通。“第十九届中国国际塑料橡胶工业展览会”将于2005年6月21～24日在广州琶洲的广州国际会议展览中心举行。

6. 第六届上海国际工业博览会论坛——“中国汽车——先进材料的应用技术与发展”专题论坛举行

由上海国际工业博览会组委会主办，上海市化工行业协会、上海市新材料协会、上海宝华会展服务有限公司共同承办，上海三爱富新材料股份有限公司特别支持，上海汽车工业（集团）总公司、上海市汽车行业协会、上海塑料行业协会、上海市合成树脂研究所、上海涂料有限公司共同协办的“中国汽车——先进材料的应用技术与发展”专题论坛，于2004年11月25日在上海光大会展中心国际大酒店举行。

本次论坛为汽车产业相关行业的上中下供应链企业搭建了一个沟通和交流的平台，为提高汽车用新材料的自主开发能力、形成我国具有自主知识产权的汽车新材料的工业化配套体系奠定基础，同时也让基础企业更有针对性地了解整车和零部件企业对原材料及其加工工艺的需求态势和采购动向，从而整体上推动我国汽车工业的发展。

11月25日上午，主题报告会、演讲主题和演讲嘉宾为：

① 先进材料在中国汽车轻量化工程中的应用——上海交通大学副校长林忠钦；

② 依托新材料技术，提升上海汽车工业科技进步水平——上海汽车工业（集团）总公司副总裁陈因达；

③ 德尔福在中国的发展及战略——德尔福汽车系统（中国）投资有限公司副总经理蒋健；

④ 汽车材料技术发展趋势与挑战——通用汽车中国投资有限公司刘新宽博士；

⑤ 含氟材料在汽车工业应用中的发展和展望——上

海三爱富新材料股份有限公司总经理黄炯炯。

下午的技术交流会的参会嘉宾有汽车整车生产企业上汽集团、上海大众、通用中国、一汽集团、一汽大众、一汽华利、依维柯、长安福特、江铃汽车、北京现代、北汽福田、北京吉普、湖南长丰、东风神龙、上海汇众、郑州宇通、VOLVO3P 等近三十家的采购主管或研发主管；汽车零部件企业有美国利尔、德尔福、三电贝洱、延锋伟世通、申雅密封件、上海吉翔、小糸车灯、联合汽车电子、法雷奥汽车电器系统、上实交通电器、科尔本施密特活塞、采埃孚转向机、上海纳铁福、上汽锻造、圣德曼锻造、皮尔博格有色零部件、乾通汽车附件、狄原模具等 70 余家零部件企业；原材料生产企业有上海宝钢、上海合成树脂所、上海涂料、欧亚合成材料、3F、上海石化、上海轮胎橡胶等企业。还有其他相关模具加工、装备生产企业和科研院校。交流主题有：汽车整车及汽车零部件生产企业的新材料需求态势和项目动态；先进材料在汽车中的应用和相关新产品、新技术、新工艺方面的信息发布（工程塑料、橡胶材料、化纤材料、胶黏剂与密封件、涂料等高分子材料和车用化学品；金属材料和复合材料等）。

7. 上海赛科 90 万吨乙烯装置一次开车成功并刷新世界纪录

上海赛科石油化工股份有限公司是上海化学工业区的龙头骨干企业，其 90 万吨乙烯工程中的 90 万吨/年乙烯装置于 2005 年 3 月 24 日一次投料开车成功，不仅创造了乙烯装置首次开车最快速的世界纪录，也为整个工程进入商业运行奠定了坚实基础。

由中国石化股份有限公司、中石化上海石化股份有限公司和英国石油公司三方合资的总投资 27.3 亿美元的上海赛科 90 万吨/年乙烯工程，在中国乙烯工业发展史上具有里程碑意义，也是上海化学工业区的支柱项目。此项工程于 2002 年 3 月 28 日正式开工建设，2004 年底顺利实现机械完工、中间交接目标。90 万吨/年乙烯装置是整个工程的龙头装置，也是世界上单线产能最大的乙烯装置之一。此次开车从正式投料到产出合格产品仅历时 10 小时 45 分钟，创造了乙烯装置首次开车速度的世界第一。

该工程的 60 万吨/年聚乙烯装置和 25 万吨/年聚丙烯装置已先于 2005 年年初先后试开车成功。目前，上海赛科已经进入生产运行阶段，安全、质量、进度各方面均处良好受控状态，且低于预计成本。2005 年第二季度，上海赛科将对各个装置（包括 30 万吨/年 PS 装置）的运行进行性能测试及优化，年中将进入商业运行。

8. 上海化学工业区重点项目

（1）拜耳一体化化工项目　德国拜耳公司拟在上海化学工业区建设总投资 31 亿美元的一体化化工项目，包括聚异氰酸酯、聚碳酸酯、双酚 A、碳酸二苯酯、MDI、TDI 等的生产装置。其中，一期 10 万吨/年聚碳酸酯装置计划于 2006 年中建成投产。

（2）巴斯夫一体化化工项目

① 聚四氢呋喃项目。由德国巴斯夫公司投资建设的聚四氢呋喃项目（8 万吨/年、6 万吨/年聚四氢呋喃装置），总投资 3 亿美元，其规模为全球最大。于 2003 年 1 月开工建设，其中 6 万吨/年聚四氢呋喃装置已于 2005 年 3 月竣工投产。

② 上海联合异氰酸酯项目。由中石化高桥石化分公司、上海华谊（集团）公司、上海氯碱化工集团公司与德国巴斯夫、美国亨斯曼合资建设的上海联合异氰酸酯项目，总投资 11.2 亿美元，已于 2004 年初开工，计划于 2006 年建成。

（3）高桥石化 ABS 项目　由中石化高桥石化分公司投资约 15 亿元的 20 万吨/年 ABS 工程项目，已于 2004 年 12 月开工建设。该 20 万吨/年 ABS 装置采用道化学（Dow Chemical）的本体聚合技术，直接使用其上海赛科提供的三种原料生产。预计 2006 年下半年建成投产。

（4）德固赛多用户基地项目　德固赛特种化学（上海）有限公司投资的 9 000 吨/年饱和聚酯树脂项目，已于 2004 年 11 月开工建设，计划于 2006 年初建成投产。

9. 上海华谊（集团）公司与内蒙古亿利资源集团合作　上海华谊（集团）公司和内蒙古亿利资源集团于 2004 年 12 月签约，投资 40 亿元在内蒙古鄂尔多斯市合作建设 40 万吨/年 PVC 及其配套项目（40 万吨/年离子膜烧碱），计划于 2006 年建成。它将成为西部最大的 PVC 项目。

【基本情况】

2004 年，上海地区从事塑料加工行业的企业数量约 1 300 家（其中规模以上企业约 650 家），从业人数约 10 万人；从事塑料树脂、共聚物及共混改性聚合物生产的规模以上工业企业有近百家，从业人数约 2 万余人。2004 年，上海的塑料制品年生产量约 60.2 万吨，其中塑料薄膜约 10.8 万吨，型材（含板片材）约 3.8 万吨，棒管材约 2.2 万吨，塑料丝及编织品约 1.6 万吨，人造革约 3 万吨，泡沫塑料约 7 千吨，包装箱及容器约 13.3 万吨，日用塑料制品约 6.3 万吨，其他塑料制品约 18.6 万吨。2004 年，上海的塑料树脂（不含 PET）及共聚物的年生产量为约 165 万吨，其中 PVC 树脂约 37.9 万吨，PE 树脂约 57.3 万吨，PP 树脂约 46.9 万吨。

近两年，上海塑料工业系统体制改革的力度不断加大，除原料树脂生产企业及塑料制品加工骨干企业由中石化、上海石化、上海华谊集团控股管理外，原由上海塑料工业公司和上海塑料制品公司管理的多数生产企业现已基本转型改制完毕。较多的民营企业和中外合资企业进驻上海，并发挥着越来越重要的作用。

上海合成材料制造业在原料树脂生产方面从2005～2007年将有大的发展。比如，在上海化学工业区已经上市或将会上市的PE、PP、PS、ABS、PI、PC、PTHF、PVC等产品，总量在190多万吨；加上本市现有装置的技改扩容以及规划新建装置等，原料树脂生产总量将达350万吨左右。当前存在的主要问题是，原有多数生产装置的技术经济指标相对较低、综合能耗相对较高，必须加大技术改造力度，提升生产装置技术含量，增加专用料牌号的生产比例。

对于工程塑料、塑料合金、改性树脂开发与应用等产业，上海的国有改制企业、中外合资企业和民营企业并举，各守阵地，且竞争激烈，但后两者的竞争力明显地要高于前者。比如，中日合资的上海金昌工程塑料有限公司引进日本CHISSO石化株式会社最先进的改性聚丙烯生产技术及其高标准的管理技术，改性PP产能达1万吨/年。近几年来创出了一批高性能的改性PP优质产品，广泛应用于汽车、家电等行业，得到客户的高度评价。又如，由我国第一位工程塑料博士杨桂生于1992年创办的上海杰事杰新材料股份有限公司是一家专业从事工程塑料研究开发和产业化的民营高新技术企业。该公司成立十多年来，一直致力于民族工程塑料产业的发展，以相关行业需求和市场需求为导向，依托技术创新，研发了百余种牌号的工程塑料产品，并在公司内部将研究成果迅速产业化。至今，该公司产品已广泛为汽车、电子、通信、建材等行业配套。其中，高性能复合材料TSM和耐高温尼龙HPN两种材料是该公司2004年度的主打产品，被广泛用于汽车、家电、电子电工等领域，尤其是在原材料价格飞涨时期，TSM材料更是替代ABS、PC/ABS合金的理想材料。而于1996年成立的上海日之升新技术发展有限公司也是一家从事工程塑料产业的著名民营高科技企业，主要研发生产改性PP、改性PA和在反应挤出中用作相容剂的改性接枝树脂等产品；它与韩国锦湖化学合资于2001年成立的上海锦湖日丽塑料有限公司主要研发生产改性ABS、PS（HIPS）类产品和PC/ABS、PBT/ABS、PA/ABS、PC/AES、PC/ASA等相关的共混合金产品，广泛应用于汽车、消费电子、电工、机械和建材等行业。

关于上海热固性树脂塑料材料的生产企业现仅有上海欧亚合成材料有限公司、上海双树塑料厂、上海天山塑料厂和上海树脂厂等几家企业，主要生产酚醛模塑料、氨基模塑料和环氧树脂等产品。其中上海欧亚合成材料有限公司是成立于1992年的沪港合资企业，专业从事热固性树脂、塑料、复合材料及其制品的研发和生产，年产酚醛、氨基等树脂1万吨，模塑料2万吨，模塑制件1.2万件。其产品60%以上出口，有着良好的声誉。在第50届美国热固性塑料年会上，上海欧亚合成材料有限公司发表了“热固性模塑料在中国”的技术报告，得到与会代表的一致好评。该公司2004年研发成功三种新品。① EA7501J，是以苯酚改性的三聚氰胺-甲醛树脂为基体树脂，用玻纤增强的改性氨基模塑料，主要性能达到了美国PLECO公司00714牌号的水平，适于注射成型、传递成型或压制成型。它可用于制造各类低压电器绝缘结构、灭弧罩、空调接线端子以及各种色彩电器绝热绝缘配件等。② EA5548J，是以玻纤增强的、有特殊用途的酚醛模塑料彩色系列产品，适于模塑成型。它可用于制造对制品尺寸稳定性有较高要求的结构件，如盘式刹车活塞、转动阀门的壳体等。③ EA5802J，是以酚醛树脂为基材加入玻璃纤维和矿物填料及其他助剂制成的热固性模塑料，适于注射成型、传递成型和模塑成型。它可用于制造整流子、电刷架小电机及其齿轮罩、汽车的引擎罩等，制品具有良好的尺寸稳定性、机械性和耐热性。

上海塑料制品业经前几年的改制调整和市场竞争，现已基本形成围绕上海的支柱产业和基础设施建设配套的制造、供应、服务体系，特别是在汽车轻量化的塑制零部件、汽车配件饰件系统；工业商业建筑用的塑制或木塑制的建材如门窗用异型材，上下水管，大口径排污管，建筑防水材料、隔热材料，地板、地坪材料，超市用异型材，灯光工程用的配套构件，轨道交通车辆配套构件等；电子电气行业以及机械仪表行业的精密注塑件制造等。比如，延锋伟世通汽车饰件系统（上海）有限公司是上汽集团与美国伟世通公司合资的汽车饰件系统化、模块化的设计、供应商，依靠公司在系统设计、模块供货上的领先优势，延锋伟世通先后获得上海通用、上海大众座舱系统模块化供货的定点。2004年，该公司加大了技术创新的力度，全年投入科研经费近7 500万元。在重点投资建设项目方面，其汽车饰件系统开发能力建设项目被列入上海市企业技术中心建设项目，并已于2004年12月28日通过上海市经委验收评审；其汽车饰件设计验证能力建设项目也被列入上海市企业技术中心建设项目，该项目2002年8月启动，至2005

年底结束，目前进展良好；其模具设计开发能力建设项目，自2003年启动以来仅一、二期投资就达800多万美元，通过项目改造，现已具备每年设计制造三辆份汽车内外饰件模具的能力，其中包括大中型注塑模具、发泡模具、真空成型模具等。在引进设备和技术方面，其用于设计开发的软硬件方面在原有Catia4.2工作站30套的基础上，2004年新增15套CatiaV5临时工作站，现有UG NX工作站63套，IDEAS工作站1套，造型设计软件Alias1套，CAE工作站7套；为扩充前期造型能力，于2004年4月签约购买美国Tarus五轴铣，年底完成安装。在内饰系统制造工艺方面，引进吸收了物理发泡注塑技术，并计划在2005年逐步向其他产品推广；2005年将完全吸收消化一系列新工艺技术并力争进行二次创新。在检测试验设备方面，2004年6月，延锋伟世通和北美伟世通的专家一起完成了本公司新技术中心试验大楼的设备规划和最终布局，试验设备新投资6 106万元。在新产品开发方面，2004年全年该公司完成32个新产品开发项目，现有24个项目正在按时间节点高效推进，另有一批新产品开发项目即将启动。又如，皇家建筑系统（上海）有限公司是加拿大皇家集团1995年在沪成立的独资子公司。自进入中国市场以来，皇家上海一直秉承全球一致的质量管理体系，运用世界领先的软硬共挤技术、绿色环保的无铅配方和高效的抗老化助剂生产优异的产品，加上完善的服务体系，为中国用户营造绿色、健康、环保、风格各异的家居氛围。2004年，PVC行业经历了原料涨价的震荡，市场竞争异常激烈，而皇家建筑以其卓越品质独领风骚，不仅在销量上节节攀升，更在门窗、挂板、落水、围栏、工程等领域开花结果；针对客户的多样化需求，推出全新的皇家上海60系列平开窗、86系列推拉窗、65系列平开窗等新产品；当年荣获上海市外商投资先进技术企业。皇家上海现有业内领先的20条型材挤出生产线，全部设备均引进自加拿大、意大利、奥地利等国。该公司还将继续从国外引进先进生产线，以适应不断增长的市场需求。此外，如近两年刚成立的专业生产聚乙烯塑料管道的中澳合资上海康诺管业有限公司，主要生产HDPE双壁波纹管、PE80燃气管和HDPE给水管，年生产能力达2万吨以上。其主打产品——大口径HDPE双壁波纹管是21世纪开发的新型排水排污管道，具有质量轻、强度高、耐酸、防腐、抗压、施工方便、用料省等优点，属绿色环保高新技术产品。康诺管业引进具有世界先进水平的生产流水线和双壁波纹管在线扩口生产技术，有效地保证了高品质大口径HDPE双壁波纹管的生产，产品被广泛应用于雨水、污水排放市政工程、工业废水排放、小区排水工程、盐业输卤、渔业输水、矿井通风及排水工程等领域。再如，以上海龙桥塑业发展有限公司牵头组建的宸得企业·上海奔奔门业有限公司，通过吸纳国际最先进技术，成套引进德国、日本等国的专业设备，依托有关高校、部队单位的技术资源，历经数年潜心合作研发，以模塑化工艺和尖端UV饰面技术将名贵木材超细粉粒与高分子材料相结合，成功地制造了品质优良的系列木塑门及配套产品，并越来越得到市场的认可。

关于上海本土的塑机制造、大型模具设计开发以及助剂制造开发等行业，近两年起色不大，这不仅有技术上的问题，也有诸如竞争环境、商务成本等方面的问题。

（上海塑料行业协会　杨忠民）

浙　江　省

【大事记】

1. 协助举办第四届中国塑料交易会及产业发展研讨会

协助中国塑料加工工业协会主办“第四届中国塑料交易会及产业发展研讨会”。行业内各单位争相要求在展会期间召开会议或举办活动。除了“中国改性塑料高新技术成果与产业发展论坛”外，还有“中国塑协改性塑料专业委员会2004年年会”、“全国各省市塑料协会工作座谈会”等一系列活动。本届大会展览面积达25 000平方米，分5个展区，共设1 000个展位。这是一次塑料制品、原料、机械、模具、技术的全方位展示交易，是塑料企业界、科研界、技术界、理论界精英的大聚会。据统计，来自国内各省市及美、法、意和中国香港等国家和地区的有效观众达6万人次。展会现场合同成交额8.89亿元，意向协议金额8.35亿元。与第二届塑交会比较增幅分别为8%和36%。

2. 塑料行业中获得大企业、大集团、“小型巨人”企业、名牌产品企业、高新技术企业的单位

（1）大企业、大集团　浙江中大集团控股有限公司；

（2）“小型巨人”企业　杭州华塑实业股份有限公司、浙江中宝实业股份有限公司；

（3）名牌产品企业　浙江大东南塑胶集团公司；

（4）高新技术企业　浙江申达塑料机械有限公司。

3. 浙江大东南塑胶集团公司获全国500家综合最优工业企业、全国出口创汇二十强企业、“世界塑料包装行业500强”、浙江省26强重点企业。

4. 2003～2004 年获得浙江省名牌的公司及其产品

(1) 华伦集团有限公司 “富春江”、“华伦牌”通信电缆、光缆（复评）

(2) 浙江南方通信集团股份有限公司 “南信牌”通信电缆、光缆（复评）

(3) 浙江无名皮塑集团有限责任公司 “金皇后牌”人造革（复评）、无名牌聚酯薄膜

(4) 浙江禾欣事业股份有限公司 “禾欣（HEXIN）牌”聚氨酯革（复评）

(5) 伟星集团有限公司 “伟星牌”纽扣（复评）、塑料管材

(6) 浙江球冠电缆制造有限公司 “球冠牌”塑料绝缘电力电缆（复评）

(7) 浙江晨光电缆有限公司 “晨光牌”塑料绝缘电力电缆（复评）

(8) 浙江万马集团有限公司 “万马神牌”塑料绝缘电力电缆（复评）“万马牌”电缆用可交联聚乙烯绝缘料

(9) 浙江金星螺杆制造有限公司 “金友牌”机筒螺杆

(10) 镇海炼化工业贸易总公司 “招宝山牌”聚丙烯粉料

(11) 东冠集团有限公司 “东冠牌”塑料管材（复评）

(12) 浙江晨日铝塑工贸有限公司 “吉煌牌”新型外墙铝塑板

5. 浙江大东南塑胶集团董事长，现任浙江省塑料工业协会理事长，中国塑料加工工业协会副理事长，中国包装联合会理事黄水寿被评为 2004 年“中国包装业十大年度人物”

浙江大东南集团是中国塑料包装龙头企业，世界塑料制品业 500 强。在董事长黄水寿的带领下，公司以市场需求为导向，通过上市融资，开发高档次塑料包装基材和塑料包装产品，经过 30 年的发展，企业形成了“一流的设备、一流的技术、一流的产品”的竞争优势，大东南也从村办企业成长为总资产近 10 亿的中国塑料包装行业龙头老大。

6. 2004 年新产品开发成功并通过省级鉴定

主要有：杭州海虹精细化工有限公司的“EVA 注射成型发泡剂”、杭州顺豪橡胶工程有限公司的“交联丁基胶电容器胶塞”、杭州波达塑业有限公司“埋地排水排污用硬聚氯乙烯（UPVC）双壁波纹管材（大口径系列 DN800，DN600，DN500）”、杭州海虹精细化工有限公司“聚乙烯连续挤出化学交联发泡材料专用发泡剂 PE50”等十余项。

7. 全行业在 2003～2004 年建成投产的大型技术改造和引进项目

2003～2004 年来浙江省塑料行业 BOPP 薄膜发展迅猛，但重复引进现象相当严重，引进生产线生产产品，加工技术很成熟。浙江省已引进投产的 BOPP 薄膜生产线 29 条，年生产能力为 49.1 万吨，占全国总生产能力的 26.6%，BOPET 生产线 21 条生产能力 42.5 万吨。

【基本情况】

据统计，年产品销售收入在 500 万元以上的企业共 1 878 家（比上年增加 474 家），完成销售收入 611.74 亿元，比上年增长 25.8%；实现利税 50.07 亿元，增长 15.97%，其中利润 31.99 亿元，增长 16.78%；固定资产实净值平均余额 141.53018 亿元，同比增长 24.67%，资产总值全年 496.60545 亿元，同比增长 27.02%，实际投资额 40.28 亿元，其中用于技术改造 32.02 亿元，增长 21.81%；亏损企业 167 家，比上年增长 24.63%；亏损企业亏损额为 1.1665 亿元，比上年上升 58.49%。完成塑料制品总产量 373.41 万吨，增长 15.16%；其中，塑料薄膜 69.78 万吨，增长 44.89%（农膜：3.841 万吨，比上年下降 29.94%）；板片材 12.311 万吨，增长 6.73%；塑料棒管材 39.44 万吨，增长 19.27%；塑料丝及编织品 37.66 万吨，增长 0.22%；人造革 21.48 万吨，增长 25.88%；合成革 10.05 万吨，增长 30.86%；泡沫塑料 18.395 万吨，下降 8.80%；塑料包装箱及容器 8.665 万吨，增长 0.66%；日用塑料制品 58.847 万吨，增长 21.39%；其他塑料制品 97.484 万吨。浙江省全社会塑料制品产量已达到 658 万吨。工业总产值达到 987.74 余亿元。浙江省塑料行业发展势头仍然迅猛，新生的企业不断增加，规模越来越大，2003～2004 年亿元销售收入的企业达到 108 余家 1 万～3 万吨制品长量的达到 150 家以上。

【企业经营】

1. 重点企业经济效益显著

2004 年，我省塑料制品加工业中部分重点骨干企业通过进一步加强管理、努力开发新产品，市场应变能力不断增加，取得了显著的经济和社会效益。据统计，浙江大东南塑胶集团有限公司、浙江永高塑业发展有限公司、杭州塑料工业有限公司、浙江远翅塑料有限公司、浙江永庆塑胶有限公司、三友控股集团有限公司、湖州新大力轻工集团有限公司、浙江华泰塑胶股份有限公司、宁波利时塑胶有限公司、浙江无名皮塑集团有限公司等 50 余家企业，2004 年完成塑料制品产量近 105 万吨，实现工业总产值 151.12 亿元（90 不变价），利税 14.89 亿元，其中利润 8.75 亿元。形成

2000～2004 年塑料行业主要经济指标完成情况（产值在 500 万元以上企业的统计）

项　　目	单位	2000 年(实际)	2001 年	2002 年	2003 年	2004 年
1. 统计单位数	个	856	1084	1101	1281	1878
其中：亏损企业	个	97	89	91	108	167
2. 产品销售收入	万元	2 258 213.6	2 651 156.15	3 592 112.56	4 582 154.26	6 117 384.5
3. 利税总额	万元	200 306.3	214 405.3	312 525.05	412 123.13	500 710.5
其中：利润	万元	107 634.4	172 425.10	181 235.25	212 521.12	319 990.1
4. 亏损企业亏损额	万元	9 033.6	5 984.00	7 500.12	9 500.25	11 656.5
5. 固定资产投资总额	万元	168 369.8	224 431.20	415 521.00	522 525.00	1 415 301.8
其中用于技术改造	万元	94 068.7	114 325.2	250 232.00	283 252.56	556 221.11
6. 工业总产值(现价)	万元	2 399 793.6	2 869 713.50	3 691 212.23	5 800 212.25	6 551 240.1
7. 工业总产值(1990 不变价)	万元	2 679 580.8	3 112 002.20	3 825 250.20	5 895 253.25	—
8. 工业增加值	万元	505 221.1	628 600.5	513 248.00	620 003.00	—
9. 从业人数	人	128 106	135 687	168 615	181 516	233 388

2000～2004 年塑料行业制品产量（产值在 500 万元以上）

产品名称	单位	2000 年	2001 年	2002 年	2003 年	2004 年
塑料制品总计	吨	1 538 616.75	1 945 825.5	2 532 300.23	3 201 069	373 417.6
塑料薄膜	吨	176 540.93	216 531.2	300 341.05	453 515	69 078.7
其中：农用薄膜	吨	26 052.36	29 650.4	40 087.47	54 118	38 414
塑料板片材	吨	63 588.79	876 521.1	97 700.86	112 356	123 114
塑料棒、管材	吨	94 629.85	114 721.6	229 738.98	271 062	394 442
塑料丝及编织制品	吨	301 702.65	411 562.8	383 889.32	391 951	376 640
塑料人造革/合成革	吨	72 185.35/ 46 244.0	82 145.2/ 52 143.10	198 276.86	252 803	214 792/ 100 503
泡沫塑料	吨	29 902.37	315 621.0	191 300.80	210 431	183 951
塑料包装箱及容器	吨	62 115.55	685 121.3	71 017.88	87 352	86 645
塑料鞋	吨	8 995.13	91 321.5	18 380	17 461	在日用品内
日用塑料制品	吨	246 739.85	263 125.0	372 631.66	447 158	588 467
其他塑料制品	吨	435 972.28	503 264.0	724 962.87	956 951	974 835

一批万吨级的大型企业约 67 余家，这些重点骨干企业是行业的龙头，对行业的支撑作用越来越明显。

2. 企业管理水平不断提高

2004 年底，全行业已有 80 家企业通过了 ISO 9000 系列和 ISO 9002 质量认证，使企业管理上了一个新台阶。浙江大东南塑胶集团有限公司等一批企业全面实行了计算机管理系统，全面提升企业管理水平。有近 12 家企业获浙江省人民政府授予的“浙江名牌”产品和浙江省著名商标称号。

3. 重点产品发展速猛

浙江省塑料行业形成了以包装、化学建材、板片材、薄膜、日用品、汽车摩托车及工业品等为主导产品的新型加工工业体系。包装材料及制品达到 180 万吨、建材达 32 余万吨、日用品达 58.8 万吨，这些制品总量达到 270 万吨以上，占总量的 75%。其中，以 BOPP 为主的双向拉伸制品增速最大，能力比上年增长55%，达到36万吨以上，加上BOPS、BOPET等合计新增能力21.5万吨。到2005年全部建成投产将达到96万吨以上，占全国的50%以上。

4. 行业协会发挥了良好的作用

2004年，省塑料工业协会继续坚持以促进行业发展和为行业服务为宗旨，努力为企业做好服务工作，在当好政府参谋、为企业牵线搭桥、为企业排忧解难、协调企业之间的合作和联合等方面做出最大努力，受到企业的欢迎。同时在加强信息流通、促进中外技术交流和合作等方面也发挥了积极的作用。同时在指导行业内业产品的升级换代、推动企业技术进步等方面也有很好的作用。为了深入了解行业情况，协会还积极进行行业的调查研究工作，并建立了1.5万家企业档案。

【重点企业】

2003年浙江省塑料行业销售收入及利税总额名列全国500以内的企业如下（71家）

序号	企业名称	主要产品	年销售收入/万元	全国排名
1	浙江大东南塑胶集团有限公司	BOPP、BOPET、CPP塑料薄膜	402 250.2	2
2	浙江鸿达集团有限公司	日用塑料	217 345.0	11
3	浙江利时投资集团股份有限公司	家用塑胶制品、经贸、模具	123 168.5	19
4	浙江无名皮塑集团有限公司	OPP、人造革、合成革、BOPET	120 010.7	20
5	浙江中财管道科技股份有限公司	塑胶管及管件、软管、管材、塑料零件	53 274.0	60
6	温州人造革有限公司	PVC、PU革	45 680.0	70
7	浙江永高塑业发展有限公司	塑料管材、管件、异型材	41 353.0	80
8	浙江禾欣实业股份有限公司	PU及合成革	40 691.1	82
9	浙江三友控股集团有限公司	波纹管、农膜、塑料纱管等	38 606.0	88
10	宁波海螺塑料型材有限责任公司	塑料异型材及塑钢门窗	38 552.0	89
11	宁波华安建材冶炼有限公司	芯层发泡硬聚氯乙烯管材及配套管件	34 883.8	102
12	台州宝利特鞋业有限公司	塑料鞋类	34 460.3	105
13	温州宇田树脂有限公司	聚氨酯树脂	33 989.5	106
14	浙江华滨包装有限公司	BOPP薄膜	33 113.1	112
15	浙江玉峰实业集团有限公司	汽车配套件及各种注塑制品	32 596.9	116
16	杭州西雅普康大制革有限公司	鞋用、箱包、沙发、服装用人造革	26 819.7	152
17	台州市海外金属工业有限公司	金属及塑料制品	26 752.1	154
18	浙江华庆集团有限公司	塑料编织制品	26 642.2	157
19	浙江永源实业有限公司	UPVC排水管材、管件	26 638.2	158
20	浙江中财型材有限责任公司	型材制品及配件、塑胶制品、塑机、模具	25 282.5	169
21	杭州萧山华益塑料有限公司	BOPP	22 409.3	198
22	临海市伟星新型建材有限公司	PP-R冷热水管、PE给水管和PB采暖管等	22 321.0	201
23	宁波大榭开发区金源复合材料有限公司	BOPP	22 401.5	200
24	浙江八方电信有限公司	通信器材	21 824.3	209
25	杭州乐华塑胶有限公司	铝塑复合管	21 056.0	217
26	杭州通达电缆材料有限公司	电缆绝缘材料	21 049.4	218
27	浙江瑞实业有限公司	塑料制品	20 861.4	220
28	浙江华泰塑胶股份有限公司	PVC压延薄膜	20 847.6	221
29	温州市宏得利合成革有限公司	PVC、PU革	20 747.2	222
30	杭州波达塑业有限公司	UPVC给排水管及管件、双壁波纹管	20 628.5	225
31	浙江申新包装实业有限公司	PET容器	20 374.0	230
32	浙江伊美薄膜工业有限公司	BOPP	20 286.0	232
33	浙江江南工贸集团股份有限公司	EVA、PE及其与橡胶混合原料制成的发泡材料及产品，包括拖鞋和运动鞋底	20 161.6	234
34	宁波四维尔汽车装饰有限公司	汽车塑料件、汽车标准件、摩托车标准件	19 331.2	243
35	温州五龙合成革有限公司	PVC、PU革	18 803.9	254
34	温州晨光集团有限公司	塑料编织袋等	18 328.7	262
35	余姚市日用工艺制品厂	塑料喷雾器、液体分配器、手压式喷头	17 911.0	269
36	宁波杜邦鸿基薄膜有限公司	双向拉伸聚酯薄膜	17 833.7	273
37	温州五洲人造革有限公司	PVC、PU革	17 681.0	277

续表

序号	企 业 名 称	主 要 产 品	年销售收入/万元	全国排名
38	杭州高新塑料厂	PVC 系列电缆料	17 102.0	292
39	宁波利华电器厂	塑料保护套	17 041.9	295
40	宁波长青塑胶制品有限公司	塑料圣诞树、旅游帐篷	16 767.0	301
41	浙江华之杰塑料建材有限公司	UPVC 耐老化吊顶扣板	16 666.3	304
42	温州市华正塑业有限公司	塑料编织袋及吨装塑编袋	16 556.3	307
43	杭州杭宝集团有限公司	PVC 管材、BOPP 膜等	16 387.4	312
44	浙江远翅塑料有限公司	大型注塑料汽车塑料件	16 005.2	325
45	宁波国成塑料有限公司	雨衣、航海服及背包、拉杆箱	15 189.2	352
46	温州银宏合成革有限公司	PVC、PU 革	14 801.6	365
47	温州闽蜂成革有限公司	PVC、PU 革	14 694.1	370
48	绍兴智达电器有限公司	家用电器塑料配件	14 511.2	380
49	平湖市比例包装材料有限公司	塑料薄膜	14 121.0	401
50	浙江南塑包装有限公司	PP 编织袋，涂铝袋、集彩印、复合膜	14 088.1	403
51	杭州塑料工业有限公司	PVC 硬片、膜、聚四氟乙烯制品等	14 079.2	404
52	杭州顺发包装有限公司	药用包装材料	14 014.6	409
53	温州华都皮革有限公司	PVC、PU 革	13 767.8	423
54	宁波菱钢精密部件有限公司	精密塑料配件	13 720.2	427
55	瑞安市东威塑胶有限公司	PVC 膜、BOPP 膜	13 703.0	430
56	浙江大发包装材料有限公司	塑料复合包装、BOPET	13 365.8	444
57	杭州锦程塑胶有限公司	电线电缆、PVC 塑料、UPVC 管材	13 265.0	451
58	宁波华东机电制造有限公司	注塑制品、注塑模具、物流塑料托盘等	13 020.8	466
59	温州市国泰合成革有限公司	PVC、PU 革	12 856.4	476
61	宁波康福得人造皮有限公司	PVC、PU 革	12 805.0	480
61	杭州永通新型塑业厂	PP-R 、铝塑料复合管等	12 627.7	484
	其他亿元以上的企业(未计入轻工统计数字)			
62	海宁长海塑料包装印刷有限公司	塑料复合软包装制品等	22 500.00	
63	浙江省永庆塑胶有限公司	PVC、PE、PP、PC 塑料板管制品等	15 148.00	
64	杭州紫江包装有限公司	PET 塑料瓶等	12 109.02	
65	温州正大合成革有限公司	合成革	13 450.00	
66	温州华正塑业有限公司	编织袋	12 243.00	
67	浙江南塑包装有限公司	编织袋	12 502.00	
68	温州晨光集团有限公司	编织袋	12 194.00	
69	温州广天包装有限公司	编织袋	12 164.00	
70	瑞安华缤包装材料有限公司	BOPP	45 600.00	
71	瑞安塑料薄膜有限公司	PVC 薄膜	11 000.00	

【进出口情况】

目前塑料制品进出口，已由过去的外贸部门专营转变为相当一部分企业已取得了进出口权。在出口制品方面，目前主要的产品有以下几类：PVC 硬片及圣诞树、无纺布、编织布及袋、包装膜及袋、注塑制品、人造革、PE/PVC 复合片材、瓦楞板及箱、各种塑料编织网、鞋类等。据不完全统计，2004 年制品出口量约 98 万吨，出口交货值 11.71 亿美元，比上年增长 32%。

【设备引进】

2002～2004 年三年期间部分新建扩建大型生产线的企业及具体情况主要如下所述。

1. 浙江大东南塑胶集团公司建成 6 万吨/年 BOPP 生产能力

浙江大东南塑胶集团在已引进的德国布鲁克纳三条 BOPP（6 万吨/年）的基础上，2004 年又与德国布鲁克纳公司签订了 4 条“双向拉伸聚丙烯电容膜(BOPP-K) 生产线”，总投资达 3.8 亿元。设计生产能力达 2 万吨，薄膜宽度 5100 毫米，厚度 4～12 微米，产品主要替代进口使用于电器行业。至今，大东南集团已引进并将在 2005 年上半年全部投产的 BOPP、BOPET、CPP 薄膜年产量达 15 万吨，成为国内最大规模塑料薄膜生产基地之一。

2. 浙江华滨包装材料有限公司

浙江华滨包装材料有限公司（原瑞安市华滨包装材料厂）是温州区域内惟一专业生产双向拉伸聚丙烯（BOPP）薄膜的股份制企业，中国200强先进包装企业，中国包装龙头企业，温州市“规模型、科技型、外向型”重点骨干企业。资产总额4亿元，BOPP生产能力6万吨。主要生产设备有日本三菱进口BOPP生产线3条，德国康普和英国阿特拉斯进口高速分切机3台以及全部日本“东洋”公司电脑控制薄膜性能检测设备，可生产15～60μm的各种高品质通用包装印刷膜、粘胶带膜、金属化基膜、白色不透明膜、三层共挤热封膜、珠光膜等系列产品。

3. 浙江金田集团电缆有限公司双向拉伸BOPP薄膜生产线可望于2005年底投产

金田集团塑业有限公司是专业生产BOPP、BOPA双向拉伸薄膜的厂家，公司2003年引进德国布鲁克纳公司的BOPP生产线，生产宽幅达8.2米，2004年公司又投巨资引进两条德国布鲁克纳公司BOPA生产线，可年产1万吨BOPA薄膜。

4. 浙江欧亚薄膜材料有限公司

与国际专业公司合作共同开发研究了BOPET产品，引进国际领先设备，聚集专业精英，应用ABA的复合生产技术，采用国际首创的连续直接拉膜工艺，克服当前切片间歇拉膜普遍存在的批次间差异较大影响BOFET薄膜内在质量稳定性的问题，从而使该公司生产的BOPET产品消耗更低，首期年产12万吨的BOPET薄膜和8万吨膜级聚酯切片于2004年底建成。

5. 浙江奔多实业有限公司BOPP生产线正式投产

浙江奔多实业有限公司的年产2.5万吨BOPP生产线项目，是慈溪市第一条BOPP生产线，总投资2980万美元，于2003年6月开工建设，设备全部采用日本、德国一流的全自动流水线。主要生产印刷膜、胶带膜、珠光膜、消光膜、镀铝基膜、热封膜、烟膜、镭射膜等。

6. 浙江伊美薄膜工业（集团）有限公司建成6万吨/年BOPP生产线

该企业属中外合资企业，投资约1450万美元和1130万欧元先后引进全套的德国布鲁克纳公司幅宽为8.2米，具有一条年产2.5万吨和一条年产3.5万吨BOPP薄膜生产线，专业生产各种包装膜、印刷膜等，总能力达6万吨/年。

7. 浙江新风热电（浙江新风塑业）有限公司建成年产2.5万吨BOPP薄膜生产线

浙江新风塑业投入1.5亿元，从日本三菱公司引进年产2.5万吨BOPP生产线，专业生产各种规格平膜、珠光膜、滑光膜、镀热膜、热封膜等。

8. 杭州萧山华益塑料有限公司

在现有的3 000吨/年BOPP双向拉伸级膜的基础上2003年又从日本三菱引进了具有当代国际先进水平的技术水平的BOPP薄膜生产线一条，能力3万吨/年。

9. 宁波大榭开发区金源复合材料有限公司

引进日本和德国BOPP新型包装材料生产线，年生产能力为2.5万吨。公司还引进日本富士宽幅型全新高速十色和八色凹印两条中软包装印刷、复合、制袋的生产线。

10. 宁波亚朔科技有限公司

2004年批准引进BOPPP薄膜生产线两条，生产能力5万吨。

11. 台州富洋电子有限公司

专业生产电子产品，2004年引进BOPP一条，生产能力2.5万吨/年。

12. 温州康达包装材料有限公司

引进广东产BOPP全自动流水线生产设备，2004年10月3日已在苍南工业区安装试产成功。

13. 浙江绍兴富陵实业集团有限公司

浙江绍兴富陵实业集团有限公司成立于1997年4月，下属浙江绍兴富陵塑料纺织有限公司、浙江绍兴天普塑料制品有限公司、浙江绍兴华东包装材料厂等三家企业。位于绍兴市袍江工业区，现有四条塑料薄膜生产流水线，分别为从德国布鲁克纳公司和莱芬豪舍公司及意大利保利泰公司引进的国际先进设备。主导产品为BOPP、CPP及POF塑料薄膜。目前年生产能力为8万吨。2002年已投入资金1.5亿元，新增德国年产1万吨BOPET（双向拉伸聚酯薄膜）生产线一条，2003年6月投产运行。第二条年产1.5万吨BOPET生产线项目合同亦已签订，并于2004年建成投产。

14. 瑞安东威塑胶有限公司

公司致力于开发、生产高科技含量的PVC装饰复合材料系列产品。现有两条中国台湾产的PVC压延薄膜生产线，年生产能力11 000吨。PVC半硬木纹装饰膜已经通过三级计量水平和四级标准化水平认证。获1999～2000年度“守合同重信用”企业。2003年引进日本BOPP生产线一条，生产能力25 000吨/年，已建成投产。

15. 海宁长海包装印刷有限公司

海宁长海包装印刷有限公司创业于1992年，先已拥有长海包装、长林包装、长宇镀铝三个控股公司，主营软包装产品及印刷材料，公司资产总值3.9

亿元。已拥有外国引进的多台工艺先进的六色、八色、九色凹版印刷机及复合、分切、模切、制袋等配备设备，建成了五条装备先进的软包装生产线，引进二条国际先进的镀铝生产线。年产软包装产品达2万吨。2003年公司投入2亿多元，新建药品用复合包装材料生产线和高阻隔BOPP薄膜生产线。其中药包线引进日本产九色机、意大利无溶剂复合机等国际先进工艺设备，于2004年3月建成，年生产能力达8 000吨；高阻隔BOPP薄膜生产线年产2.5万吨薄膜产品。

16. 绍兴翔宇绿色包装有限公司

创建于2002年10月，由浙江华天实业有限公司独资创办。专门从事双向拉伸聚酯薄膜的生产与销售，其产品作为基材，广泛应用于食品、医药等产品的高档印刷包装、电器绝缘、磁性材料、电容器膜等，颇具发展潜力。公司采用两条法国DMT公司年产16 000吨BOPET薄膜整条生产线，系用独特的工艺技术、高速全自动化控制，具有人机对话、电脑自动检测等特点，严格的质量监控和厂房主车间10万级净化卫生标准，达到了医用膜的净化标准并具有开发客户所需的特殊薄膜的能力。

17. 浙江绍兴赐富集团

投资20个亿元，引进3条BOPET生产线（8万吨）生产能力的设备，将对苯二甲酸与乙二醇在挤出机中反应聚合挤出，不经过造粒直接生产双向拉伸薄膜，即反应挤出机与双向拉伸薄膜生产设备连接，省去了中间的造粒环节，大幅度地降低了成本，这是一种全新的工艺和技术，建成投产后将使公司不仅成为双向拉伸PET薄膜的生产大户，且成本大大低于用粒料生产的双向拉伸薄膜，将会在双向拉伸薄膜行业里引起一场不小的震动。

18. 浙江无名皮塑集团有限责任公司

公司主体企业浙江绍兴市人造革厂，现更名为绍兴未名塑胶制品厂，专业生产人造皮革、包装薄膜，现为浙江省人造革行业生产规模最大、设备最先进齐全、综合实力强劲的大型皮塑企业之一，主导产品“金皇后”牌人造革2000年获市名牌产品。

投入资金5亿元用于发展再生产，其中2002年已投入资金1.5亿元，新增德国年产1万吨BOPET（聚酯薄膜）生产线一条，预计到2005年6月可投产运行。第二条年产1.5万吨BOPET生产线项于2004年建成投产。

19. 浙江大发包装材料有限公司

创立于1993年12月，位于中国印刷包装基地——温州龙港镇。本公司拥有三条具有世界先进技术水平的德国莱宝生产线及德国康普分切机，年产量达12 000吨。2003年公司总产值达1.5亿元，目前，公司拥有员工200名，总资产达1.9亿元，是国内真空镀铝行业规模最大的企业。公司主要生产高真空镀铝薄膜（含彩色薄膜）等，是全国真空镀铝行业规模最大效益最好的中型企业。

20. 宁波舜塑科技实业有限公司

美国广益集团独资企业，投资2 200万美元引进BOPET生产线，生产能力25 000吨/年。

21. 苍南中大包装材料有限公司

苍南中大包装材料有限公司成立于2003年3月，位于温州市苍南县龙港镇包装印刷工业园区（二期），位于浙江第三大港鳌江港南岸，水陆交通十分方便。主要经营塑料薄膜、塑料制品生产、销售；经营企业自产产品的出口和自身所需的机械设备、零配件、原辅材料的进口业务。公司总投资2.19亿元，其中新增固定资产投资1.97亿元（含用汇1 491万美元），总用地90.44亩，新增建筑面积39 975m²；建成BOPET聚酯薄膜1.6万吨/年。

据统计，2004年1878家年产品销售收入在500万元以上的企业拥有固定资产余额达141.5亿元，2004年全行业固定资产实际投入额为55.5亿元。目前全行业拥有注塑、挤出、压延、吹塑、共挤流延、双向拉伸等加工设备1.95余万台（套），全社会（包括产值在500万元以下的个体、家庭加工厂民营企业等）塑料制品加工设备（主机）达到3.2万余台套以上，其中，各类注射机约1.8万台套，挤出机组约1万台套；其他加工设备约0.5万台套。全省从英国、德国、法国、意大利、奥地利、美国、日本、韩国等国家引进的各类加工设备有约2 901余台（套），加工技术55余项，增加新工艺。新技术达45余项，这些设备和技术大大提高了行业的加工工艺和技术水平，使塑料加工在普通的注塑、挤出、压延、层压等工艺上发展了精密注塑、发泡注塑、热流道注塑、气体辅助注塑、共挤流延、双向拉伸、注拉吹、挤拉吹、挤出发泡等多种工艺，二次成型技术如热成型、涂饰、印刷、电镀等工艺也有了较快地发展，ABS/PVC、PP/玻纤增强、PP/EPDM等共混改性技术也取得了较大进展。在引进的设备中，到目前已经引进的大型BOPP生产线29条能力达到49.1万吨；BOPS生产线3条能力达2.6万吨；大型BOPET生产线21条达42.5万吨。全省先后引进PVC压延生产线40余条，能力达28.2万吨；PU/PVC人造革、合成革生产线达350余条，能力达50万吨；CPP流延膜生产线20余条能力达6万吨以上；大型中空成型机15余套，能力2.5万吨；4 000g以上的大型注塑成型机20余台；复合软包装生产线60余条；5～

10色印刷机50余套；塑料编织布生产设备能力达100余万吨，居全国首位。还有大型挤出硬片、膜生产线20余条，管材、异型生产线50余条，由于加工工艺和技术水平的提高，使得塑料制品的质量不断提高，应用面不断扩大，竞争力显著提高。

【主要问题】

1. 投资过热重复建设较严重

进几年来，塑料行业在扩大生产规模方面出现投资过热和重复建设的问题。全省每年投入的资金约20亿～30亿元，2004年1 800余家的固定资产余额达到141亿元，比2000年增加一倍，三年来全行业新增加工能力达120万吨以上，尤其在引进大型BOPP、BOPET等双向拉伸膜生产线出现重复引进、重复建设的问题。产品出现了供过于求的问题，从而出现同样的产品互相压价、互相残余的无序竞争局面。

2. 企业承受的困难增加

受国际油价的连续上涨，塑料加工业所依赖的原材料价格居高不下，原料进价上扬30%～60%，加上电力紧张，企业不得不停工停产让电，有的自己发电致使电价上升，职工养老金、福利等费用提高，油价、运费增加，生产成本大大增加，销售利润率下降，企业经济效益明显下降。加上资金紧缩，企业活力降低，企业不堪重受，亏损企业增多，一些中小型企已无法承受。

3. 企业规模小竞争能力差

浙江省塑料加工企业中，规模以上的企业占全行业的不足10%，小型企业、家庭企业星罗棋布，参差不齐。数量约在几万家，无法统计准确的数量，产品重复生产严重，特别是一些小型吹塑塑料瓶、塑料袋等更是不计其数。盲目发展，产品雷同造成人力物力的浪费。

4. 市场竞争无序，阻碍了行业的良性发展

一些产品如编织袋、PP薄膜等生产能力过剩市场供求失衡，使比企业陷入困境，为了生存一些企业不择手段参与竞争，由于原料价格上涨一些企业无视国家标准，大量使用再生料、填充料。用低劣的产品充斥市场，败坏了产品名声，冲击了正规的研发和经营管理，阻碍了行业的量性发展。解决无序竞争是当前最迫的问题，如何规范市场，营造量好的市场环境，要靠以技术创新为动力，提高企业核心竞争力。以保护企业具有长久的生命力，市场要规范，企业要自律，要以诚信为本，以质取胜，联合起来供同完善市场，是每一个企业的共同责任。

5. 行业对新技术及先进产品的开发能力低，开发力度不够

(1) 由于政府对新产品开发的优惠政策越来越少，一般企业对开发新产品新技术的积极性不高。

(2) 依靠引进国外先进技术的多，自行开发创新的技术很少。

(3) 技术人员缺乏、技术力量薄弱。有些企业虽然也建立了研究所、技术开发中心等机构，但像样的成果很少。

6. 产品结构不合理、高附加值和品牌的产品少

企业生产的产品中，大量的是中低档产品；高档产品、高附加值产品、品牌产品很少。

7. 受土地等因素约束企业的发展空间越来越少，不少企业开始向省外开拓，省外办厂省外生产，这个空间也开始受阻。

【发展趋势】

我省塑料行业依然呈快速增长趋势，2001～2004年浙江塑料每年以15%～24%快速增长，是有史以来又一个高速发展时期。

1. 规模企业越来越多，2004年全行业产值在500万元以上的企业比上增加了617家。规模企业的总销售额占全行业的66.5%，1万～3万吨规模的企业增加45家。总的趋势是逐渐向规模经济发展，小型企业生产和经营越来越困难。

2. 一些从事其他经营的企业已经完成了资本积累，在考虑发展时往往把规模大、投资大的塑料制品加工项目作为首选项目。

3. 联合兼并企业越来越多，一些小型企业逐渐失去了市场的竞争能力，一些有实力有市场的企业又在生产场地人力等方面的不足。兼并趋势增大，有了发展的空间。

（浙江省塑料工业协会　周理水）

附：温州市

【大事记】

1. 苍南、平阳协会牵头解决企业用电难

自2003年入夏以来，由于苍南县用电负荷迅速增长，供电能力不足造成频繁拉闸、限电，这对用电大户的塑编企业生产经营造成极大影响。针对上述情况，县塑料工业协会领导班子审时度势，统一认识，把解决缺电难题作为今年协会工作为企业服务、为行业服务、为政府服务的头等大事来办。元旦后，县塑料工业协会领导就集中力量积极寻找电源。在多方支持下，从2004年2月5日温州龙发电力有限公司向灵溪塑编园区和湖前双龙工业区内有关用户供电。从此，电量供应正常有序，双方都较满意。

这次苍南县塑编企业在不到一周时间内成功租赁

温州龙发电力有限公司发电容量，既是协会领导和会员企业共同努力的结果，更是政府部门，尤其是供电局为企业服务办实事，效能革命的硕果的具体体现。对缓解灵溪和龙港湖前塑编园区内企业用电的困难，保持了企业正常运作，维持市场供应渠道，保持竞争能力，推动苍南经济稳定、持续、快速发展起了重要作用。

2004 年春节，平阳县塑料包装协会就开始与温州供电局、温宏能电厂进行协商，由协会牵头向温州宏能电厂买电，经过半个多月的协商，温州宏能电厂同意向中国塑城生产企业供电，解决萧江镇生产、生活的缺电困难，这样各企业可以放开手脚发展生产，萧江镇居民用电差价亦由企业负担，萧东缺电的难题终于得到解决。

2. 温州塑料行业组织参观第十八届中国国际塑料橡胶工业展览会

温州市塑料工业协会、瑞安市塑料行业协会、苍南县塑料工业协会、平阳县塑包协会共同组织会员企业厂长、经理、技术人员 50 多人 6 月下旬前往上海参观第十八届中国国际塑料橡胶工业展览会，温州观团庞大的队伍引起了主办方香港雅式展览服务有限公司的重视，受到了热烈的欢迎和热情的接待，并主动提供介绍展览会的全套资料和贵宾参观卡。这次展览会规模之大、参展商之多都是历届之最，会上许多新设备、新产品、新材料引进我市广大参观者的兴趣，为温州市塑料行业产品结构调整、技术改造、设备技术引进提供了大量休息和参考资料。温州市浙江俊尔新材料有限公司也在展览会设立展位。

3. 南塑包装公司等三企业参加安哥拉罗安达国际博览会

浙江南塑包装有限公司董事长林增标、浙江瑞教文具实业有限公司董陈瑞教、温州锦雅毛绒有限公司董事长郭炳福加入我国商务部组织的参展团，参加于 2004 年 7 月 12～18 日举行的安哥拉罗安达国际博览会，并于 7 月 19～22 日到南非开普墩和约翰内斯堡进行考察。参展期间浙江南塑包装有限公司与土耳其、巴西、西班牙等国家客商达成编织袋产品出口意向，且土耳其客商从网站发来价值 200 万元的编织袋订单，具体价格事宜还在洽谈中，这是温州市编织袋企业首次出国参展并取得初步成果。

4. 跨出国门去展览初见成效，俊尔将产品带向国际展台并参加国际论坛

2004 年 10 月 20～27 日浙江俊尔新材料有限公司联合国内 6 家工程塑料企业共同组团去德国杜塞尔多举行的德国 K2004 全球橡塑博览会，这是我市塑料行业首次参加这个全球最具影响力的国际橡塑博览会。展会期间俊尔展区吸引了大批外商，前后共接待 700 余人次，向他们介绍俊尔的产品，参展 7 天成果显著。俊尔与德国、土耳其多家大型客户达成数额可观的交易业务，并与伊朗、土耳其等国的代理商达成设代理处的初步意见。德国 K2004 全球橡塑展第三天，在中德塑料论坛上黄志杰总经理在会上做了主题发言，向参加论坛的德国企业介绍了俊尔企业和产品，引起了他们浓厚的兴趣。会后，有四家德国企业代表向黄志杰总经理提出洽谈请求，希望与俊尔公司有原料和助剂等方面进行合作。

5. 155 位同志获中、初级专业技术职称资格

2004 年来，为进一步贯彻落实党的十六大提出的以人为本的精神，协会从 3 月份开始着手 2004 年度职称评审工作，本着提高人的素质，培养人才，发展塑料生产的最终目标，把职称评审和企业骨干培训结合起来，在温州市人事局及行业内广大企业领导、技术人员的重视和支持下，有 120 多人报名参加职称评审，其中厂级领导 54 人，占全部参加评审人员的 44.63%。

参评人员于 2004 年 10 月 8 日经温州市塑料加工成型专业技术职务评审专家小组最后量化考核评审后上报市人事局，2004 年 10 月 24 日温州市人事局以温市人［2004］297 号文公布蔡长要等 120 位同志具有塑料加工成型专业中、初级专业技术任职资格，其中具有工程师资格 64 人，助理工程师资格 38 人，技术资格 18 人。

温州市合成革商会 2004 年再次开展合成革专业中、初级技术资格评审工作，自 6 月 15 日开始历经五个月，通过报名、初审、培训、考试、评审、公示一系列认真严肃的工作程序，从报名 50 人，通过初审符合报名条件 42 人，经考试评审并经市职称改革领导小组批准确定符合工程师资格 12 人、助理工程师资格 12 人、技术人员资格 11 人。

6. 2004 年又有三条双向拉伸薄膜生产线投产

瑞安市东威塑胶有限公司投资 1.8 亿元，引进日本三菱重工公司年产 2.5 万吨双向拉伸聚丙烯（BOPP）薄膜生产线，克服了重重困难终于于 2004 年 8 月份投产。该生产线产品幅宽 8.2m，线速度 450m/min，额定年产 2.5 万吨，实际年产超过 3 万吨，自投产以来设备运转正常，产品质量上乘销售情况良好。

浙江大发包装材料有限公司控股筹建苍南中大包装材料有限公司投资 2.1 亿元引进法国 DMT 公司年产 1.6 万吨双向拉伸聚酯（BOPET）薄膜生产线已于 2004 年 12 月 8 日顺投产，该生产额定线速度 300m/min，最高线速度达 350m/min，自投产以来设备运转正常，产品质量优良，销售情况良好，由于该

产品主要市场在本地，且都是原来大发公司的老客户，同时由于大发公司已先后引进三套德国莱宝公司真空镀蜡设备，PET 薄膜自用率达 50%左右，发展原料生产后延长了企业生产链，使企业取得较好的经济效益和社会效益。

瑞安市华宝包装材料有限公司投资 5 000 万元，引进石家庄原产日本东芝公司制造的双向拉伸聚丙烯（BOPP）薄膜生产线，经请机械部桂林电器科学研究所改造后，使该设备生产能力大幅提高，经调试后于 2004 年 6 月投产，生产线运转正常，产品质量稳定，深受广大用户欢迎。

中国金田集团温州塑业有限公司从德国布鲁克纳公司引理的两条年产 4 900 吨双向拉伸尼龙（BOPA）薄膜生产线设备都已到厂，正在安装调试中，预计 2005 年一季均可投产。至此，温州市共有各种双向拉伸薄膜生产线 9 条，年产能力 15 万吨左右，已成为我国双向拉伸薄膜生产的重要基地之一。

7. 温州市塑料工业协会召开 2004 年年会

温州市塑料协会于 11 月 12 日上午召开了 2004 年年会暨 2004 年度塑料加工成型专业技术职称评审工作总结大会。大会由余正光秘书长主持，常务副理事长宋云鹤做工作报告，报告介绍了我市塑料行业 2004 年 1～9 月份经济运行情况，汇报了 2004 年协会工作。余正光秘书长做财务工作报告。会上浙江大发包装材料有限公司、温州市亚泰进出口有限公司、温州煌盛管业有限公司、浙江华泰塑胶股份有限公司做了发言。温州市人事局马定琪处长宣读了温市人［2004］297 号文件，会上还给这次获工程师、助理工程师、技术员职称的同志颁发了证书和文件，会议最后由温州市民间组织管理局章高会局长做重要讲话。

8. 中国塑料加工工业协会会长廖正品等来温州参加会议和考察

12 月 15 日中国塑料加工工业协会会长廖正品、副秘书长兼中国塑协合成革专业委员副理事长冯庶君 2 人来温州参加市合成革商会二届二次会员大会和“温州合成革产业可持续发展”研讨会。中国塑料加工工业协会滚塑专业委员会（筹）副主任秘书长吴悦孝一行四人 16 日来温，并去永嘉县桥下浙江奇特乐游乐设备有限公司考察。18 日廖正品会长去瑞安参观了浙江华滨包装材料有限公司、浙江华泰塑胶股份有限公司、瑞安市东威塑胶有限公司，温州市塑料工业协会常务理事长宋云鹤、瑞安市塑料行业协会常务理事长王清弟、秘书长卢文忠陪同。

9. 温州市合成革商会二届二次会员大会召开

2004 年 12 月 16 日，以“坚持科学发展观，促进合成革产业全面、协调、可持续发展”为主题的温州市合成革商会二届二次会员大会在奥林匹克大酒店举行。中国塑料加工工业协会会长廖正品、温州市委常委、常务副市长阮晖、市委常委、统战部部长陈关华、市政协副主席姜嘉锋、市有关部门与有关区负责人、温州市合成革商会会员企业负责人以及兄弟商会（协会）代表等共 200 余人参加会议。大会听取并审议通过了孙福荣会长做的“以科学发展观为指导，促进合成革产业全面协调可持续发展”的工作报告，听取并审议通过了郑笃权秘书长所做的商会年度财务收支情况报告，大会由温州市合成革商人郑国春主持。中国塑料加工工业协会会长廖正品、中共温州市委常委、常务副市长阮晖做了重要讲话。

【基本情况】

2004 年全市塑料制品产量 80.10 万吨，比上年增长 10.77%；工业总产值 147.42 亿元，比上年增长 24.75%；工业增加值 41.62 亿元，比上年增长 13.93%；产品销售收入 139.85 亿元，比上年增长 26.30%；出口交货值 16.06 亿元，比上年增长 20.45%；利税总额 9.36 亿元，比上年增长 22.41%；其中利润 4.59 亿元，比上年增加 24.48%；全年平均人数 66 755 人，全员劳动生产率 6.23 万元/人/年，同比提高 41.92%。

2004 年温州市塑料制品生产企业克服大面积停电、限电的极大困难和原材料大幅度提价等不利因素，产值、产量、销售收入、工业增加值、利税总额、全员劳动生产率等主要指标与去年同比都取得二位数以上的增长，使全市塑料工业保持持续、稳定、高速的增长，详见表 1 和表 2。

表 1　2004 年各县（市、区）塑料制品产量

地　区	产量/吨	同比增长/%	占全市产量/%
温州市	801 008.53	10.77	100
市直企业	3 204.32	−24.03	0.4
鹿城区	1 883.10	2.76	0.23
龙湾区	253 747.70	29.61	31.68
瓯海区	3 503.64	−4.78	0.44
瑞安市	161 996.44	0.97	20.22
乐清市	12 238.68	19.07	1.53
平阳县	175 555.18	4.88	21.92
苍南县	185 397.47	5.66	23.15
泰顺县	1 986	−20.08	0.25
文成县	14 961 496	−6.44	0.19

注：以上产量系国有和年销售收入 500 万元以上企业统计，由市统计局提供。

表 2　2004 温州市规模企业各类塑料制品产量

品　种	产量/吨	同比增长/%	占全市产量/%
塑料制品总产量	801 008.53	10.77	100
塑料薄膜	165 308.82	13.98	20.64
其中：农膜	847.69	−31.48	0.11
塑料板、片材	7 266	−6.43	0.91
塑料棒、管材	2 432	15.48	0.31
塑料丝及编织制品	333 050.34	−0.55	41.58
塑料人造革	150 362.34	26.33	18.77
合成革	93 405.28	32.14	11.66
泡沫塑料	13 421.50	34.93	1.68
日用塑料制品	9 368.96	11.06	1.17
其他塑料制品	26 393.32	−36.33	3.28

注：以上产量系国有和年销售收入 500 万元以上企业统计，由市统计局提供。

【新产品开发】

1. 浙江华泰技术创新有突破

浙江华泰塑胶股份有限公司是我市塑料行业的龙头行业，主要产品是聚氯乙烯压延薄膜，但在瑞安市生产同类产品的三十多家，有压延薄膜生产线 60 多条，同行之间竞争十分强烈。今年来浙江华泰利用先进技术改造提升传统产品，使企业取得良好的经济效益。

一是纳米材料的使用在技术上有了新的突破，通过一年多研究，他们利用不同粒径的纳米碳酸钙进行共混，克服了纳米材料极表面存在的自由能，易团聚和在高聚物中难均匀分散等两道技术难关，使软质聚氯乙烯灯箱广告膜质量大幅提高，同时碳酸钙填充量从 20%提高到 50%，使薄膜成本每吨下降 420 元左右，该项技术突破，全年为企业降低产品成本 400 多万元。利用不同粒径纳米材料解决纳米材料的加工技术难题并用于生产，是纳米材料加工应用技术的一项新突破。

二是在引进第四条压延薄膜生产线时，华泰董事长尤作虎大胆决定采和先进的混炼设备 ϕ250 行星挤出机，代替两台 75L 密炼机和一台双辊炼胶机进行预塑化的传统工艺路线，经过一年多实践，行星挤出机显示出明显优势。首先是行星挤出机每天耗电为 2 750千瓦时，老工艺密炼机、炼胶机每天耗电 4 800 千瓦时，可节电 42.71%，全年可节省电费 44 多万元，更重要的是目前我国特别是我市能源紧张，大幅度节约能源意义更大，其次是使用行星挤出机不用润滑油，每年可省润滑油支出 10 万元左右，同时使用行星挤出机很少有物料落地，既降低物耗又使生产环境清洁，此外使用行星挤出机还具有可大大降低工人劳动强度，节省劳力，有利于自动化生产，机台运行电流平稳等诸多优点。

软聚氯乙烯压延薄膜生产数十年来一直采用密炼机、双辊预塑化原料，国内所有技术资料上都是介绍这种工艺路线，采用行星挤出机生产软质聚氯乙烯压延薄膜，我市尚属首例，国内也很少见，这项技术成果具有较好的经济效益和社会效益，可以在行业内进行推广。

浙江华泰由于在技术上有所创新，所以今年在同行大多年保本或亏本状况下，却实现利润翻番，实现利润 800 多万元。

2. 温州合成革行业治污取得突破性成就

在 2004 年初，温州市合成革商会二届二次理事会根据行业的实际情况研究决定，将 2004 年作为行业治污重点年。并向全体会员企业发出《关于进一步做好环境污染治理工作的通知》，针对存在问题，提出一系列行之有效的具体措施和要求。从而使全市合成革行业的治污工作作为全行业的一项重点活动扎扎实实地开展起来。全行业到 2004 年 9 月底，DMF 废气净化回收装置都已全部安装完毕，既净化了大气环境，又增加了企业收入。商会通过调研，总结利用生化工艺处理零星污水的典型经验予以推广，到年底已有 20 家企业进行了零星废水治理。目前，合成革商会和环保部门一起，筛选确定优选的零星污水处理工程的设计施工单位推荐给企业，以保证治理任务在全行业的有效落实。对于回收塔的废渣残液的治理，已委托温州人立环能科技有限公司承担这一任务。该公司经过多方调查和联合科技攻关，确定选用无二次污染的国家环保先进尾气处理系统通过回转窑焚烧炉处理这些废渣残液，可使其有毒物质去除率达到 99.9%。为此，筹建“温州合成革固废（残液）无害化处理中心”实行集中统一处理。现在这个项目已批准立项，并通过可行性研究报告联审，明年即可投入使用。

温州合成革行业治污成果，受到了各级领导和社会各界的肯定和好评，商会 9 号文件发出后，市政府孟建新副市长提出政府执法部门要加以支持和配合。为此，市环保局专门召开了会议。今年 9 月份，国家环保总局副局长王玉庆在省环保局领导的陪同下来合成革行业进行考察后予以充分肯定，认为“温州市合成革商会能够自告奋勇地组织和引导企业做好环保治理工作，做得很有特色，这将是我国环保工作的一个方向。”省环保局李泽林副局长说：“我是学化学的，也跑过不少企业，今天看了人造革企业，我是非常认可的。”他提出：“你们对废气、污水的治理，是发展行循环经济理念的创新。”

12 月 22 日下午，浙江生态省建设考核小组在温州市副市长张苗根、温州市环保局局长叶钢炼、龙湾区副区长姚军等人陪同下，来到温州人造革有限公司，视察温州市合成革行业的生态与环保治理情况，听取了商会秘书长郑笃权的汇报。

温州合成革行业在2004年治污重点年活动中，取得了突破性成就，开创了依靠商会力量组织和推动企业进行治污的富有特色的温州合成革行业治污模式，成为全国行业治污的一个典范，受到国家环保总局的肯定和赞扬。听了汇报后沈组长非常惊喜。张副市长说“我今天认识有了转变，依靠社会、政府、行业商会、企业的互动，污染是完全可以治理好的。”浙江生态省建设考核小组沈建明组长听了张副市长讲话后欣然点头，表示了他对这次视察的结果非常满意。

通过评审2004年我市塑料行业具有155人获得中、初级技术职称资格，他们将为我市塑料产品的科技进步、新产品开发、以至全行业的发展增添一支生力军。

近几年来，温州市塑料行业企业十分重视品牌创建工作，今年喜获丰收。温州市闽峰合成革有限公司闽峰牌PU合成革、温州市五龙合成革有限公司“WULONG牌”PU合成革、浙江龙跃科技有限公司“龙跃牌”人造革、温州宏得利合成革有限公司“得利牌”PU革、浙江大发包装材料有限公司“龙发牌”高档防水铜版镀铝纸、温州煌盛管业有限公司“煌盛牌”钢骨架增强塑料复合管、浙江华泰塑胶有限公司“浙塑牌”PVC薄膜、温州市华正塑业有限公司“华正牌”BOPP膜、珠光膜彩印复合编织袋、浙江俊尔新材料有限公司“俊尔牌”低压电器专用阻燃增强尼龙工程塑料等获2004年温州市名牌产品称号。温州市盈泰塑胶有限公司“丰盛”商标、温州联丰皮革有限公司“联丰”商标获温州市知名商标。至此，我市塑料行业已获省名牌产品1个，省知名商标1个、省知名商号1个、市名牌产品19个、温州市知名商标2个。我市塑料行业品牌运作取得可喜成绩。

【发展趋势】

温州市塑料工业协会于2004年底制订了《温州市塑料制品工业“十一·五”发展规划》（初稿）。规划紧紧围绕科学发展观的指导思想，以发展为主题，以结构调整为主线，以改革开放为动力，以加大技改为主要手段，大力加强技术创新，以先进适用技术改造、提升传统产业，致力于由“以量求发展”身“以质求发展”的转变。努力扩大出口外贸生产，使我市塑料行业实现全面、协调、可持续地科学发展。规划分前言，产业现状，产业发展指导思想、发展重点及奋斗目标、主要对策与措施，外部条件和要求等四个部分。

规划提出“十一·五”期间重点发展工程塑料、高档次包装材料和塑料建材生产。提出“十一·五”期间塑料行业总产值、塑料制品产量、销售收入、出口交货值、利税总额等主要经济指标平均年递增率为12%。到2010年全市塑料行业工业总产值达到500亿元，塑料制品产量400万吨、销售收入460亿元、出口交货值32亿元、利税总额30亿元，其中利润12亿元。“十一·五”期末创国家级名牌1个、省名牌15个、市名牌30个。年销售收入20亿元企业1个，10亿元企业2个、1亿元企业50个。使塑料行业成为温州市的重要支柱产业和全国塑料生产的重要基地。

（温州市塑料工业协会 宋云鹤）

福 建 省

【大事记】

1. 亚通科技已获准设立国家级博士后工作站

2004年1月，经国家人事部批准，亚通科技已获准设立国家级博士后工作站。

2. 四塑料品牌荣获福建省著名商标

2004年5月，经福建省著名商标认定委员会认定，福州叶下塑革有限公司“HARPBIRD牌”塑料拖鞋、厦门聚富塑胶制品有限公司包装用塑料膜、泉州三盛橡塑发泡鞋材有限公司“三盛牌”半加工泡沫橡胶式塑料、福建浦城鸿发工程塑料有限公司“鸿发牌”金属管道、建筑用塑料管为福建省著名商标。

3. 2004年6月泉州两家企业的两个塑料改性科技项目最近被列入2004年度福建省科技计划

福建晋江恒丰鞋服有限公司实施的项目“新型高分子鞋用材料（POE改性EVA交联发泡粒料）的开发和生产”、福建宏玮鞋塑有限公司研究的项目“动态硫化MPP/SBR弹性体新材料的研究与应用”2004年6月被列入2004年度福建省科技计划。

4. 福建塑料企业两产品被省科委确认定为重点产品

福建亚通新材料科技股份有限公司的“灌溉用塑料根区导灌器”、福州聚德塑料有限公司的“植物纤维增强尼龙复合材料”两个产品2004年6月被认定为2004年度第一批福建省新重点产品，评审专家认为，两个项目均达到了国际先进水平。

5. 福建省将扶持7个塑料项目

福建振云塑业股份有限公司自行研制的聚乙烯中

空双重壁管产业化项目、四川大学为福建中德科技股份公司提供的双组分聚酰胺热熔胶项目、福州开发区福大环保科技有限公司自行研制的异型纸食品容器负压覆膜自控设备产业化项目、福建农林大学为南平德赛技术装备有限公司提供的全自动纸浆模塑包装容器生产线开发项目、中国人民解决军总后勤部军需装备研究所士兵系统研究中心为莆田嘉裕华制鞋工业有限公司提供的军用鞋靴试验及生产基地项目、福建亚通新材料科技股份有限公司自行研制的灌溉用塑料根区导灌器产业化项目、福建浦城鸿发工程塑料有限公司自行研制的排水排污管道系统用吸气阀产业化项目等7项受到福建省重点扶持。

6. 进行塑料行业竞争力分析

2004年7月福建省经贸委组织有关部门对福建省塑料行业进行了摸底调查，调查历时5个月，并完成了福建省塑料行业竞争力分析报告。

7. 两个塑料制品企业产品被确定为福建省名牌产品

2004年11月金冠（龙海）塑料包装有限公司“今冠牌”塑料包装袋、泉州宝峰鞋业有限公司“宝人牌”EVA拖凉鞋被福建省人民政府授予福建省名牌产品。

8. 福建亚通被授予“2003～2004中国轻工业质量效益先进型企业”

2004年12月福建亚通塑胶有限公司被授予“2003～2004中国轻工业质量效益先进型企业。”

【基本情况】

福建省塑料加工企业主要集中在福州、厦门、泉门等沿海工业带，三个地市产值占全省塑料制品行业的76.3%。目前，全省塑料制品生产企业有1 677家，拥有福建省名牌产品22个、省著名商标11项。已有近五所高等院校设置了塑料加工专业，省级专业研究机构6个，专业检测中心2个，省级企业技术中心3个。

福建省塑料制品行业具有以下特点。

（1）出口排位居前　福建省塑料制品行业多年来出口交货值保持全国前三名位置、出口交货值占全国塑料制品出口交货值的11%左右，与广东、浙江三省出口交货值合计占据全国塑料制品行业出口交货值60%左右。

（2）塑料建材发展快　福建省塑料建材及通信用塑料材料的发展，已从初级阶段上升到规模、扩张阶段，销售网络遍及全国十几个省、市，是我国管材、管件的主要制造基地之一。产品应用领域有建筑、通信、电力电缆、农业水利及市政建设等国家重要行业，企业和产品质量在国内享有较高的声誉。塑料管、棒材产量连续四年保持全国同行业第三位。

（3）塑料管材、塑料鞋有一定区域集中度　福建省塑料管材、塑料鞋产量居全国同行业前列，塑料管材、塑料鞋生产有一定区域集中度。塑料管材制造主要集中在福清，有大大小小塑料管材生产企业十家，年加工能力达20万吨左右，其产量占据福建省塑料管材产量的70%左右；塑料鞋制造主要集中在福清、福州仓山城门、叶下一带，年加工生产能力达8万吨左右，并以出口为主。

【企业经营】

2004年尽管出原材料涨价和电力紧张，但福建省塑料制品行业经济效益各项指标仍比去年同期有所增长。呈现了产值、出口、利税同步增长的良好态势，生产快速增长，产销衔接正常，塑料薄膜、塑料鞋、人造革合成革、日用塑料制品、塑料棒管材各项经济指标居全国前十位。具体表现在以下几点。

1. 生产快速增长，产值增幅达28.4%。2004年全省“规模以上”塑料制品实现248亿元，同比增长28.4%，居全国第六位。

2. 产销衔接正常，产销率达97.83%。2004年福建省“规模以上”塑料制品产销率达97.83%，同比增长0.74%，高于全省工业平均水平。

3. 出口交货值居全国第三位，增幅达30%。2004年福建省“规模以上”塑料制品完成出口交货值124.5亿元，同比增长30%，高于全省工业平均水平。

4. 部分产品产量居全国前列。2004年福建省塑料制品行业规模以上企业产量83万吨，比上年增长21.93%，占全国总量的4.5%，居全国第五位，比2003年前进了一位；其中塑料薄膜产量14万吨，比上年增长18.643%，占全国总量的3.87%，居全国第七位；塑料棒管材产量20.4万吨，比上年增长14.63%，占全国总量的10.35%，居全国第3位；日用塑料制品产量13.2万吨，同比增长23.8%，占全国总量19.2%，居全国第3位。

生产运行中出现的问题如下所述。

1. 原料涨价。据有关资料，2004年福建省原材料、燃料、动力购进价格指数为113.3%，比上年上涨7%，高出工业品出厂价格指数10.7%，原材料及生产要素价格上涨，而下游多数产品，供大于求，不能与之同步涨价，这“高进低出”的现象，使企业难以消化涨价因素，利润空间缩小，2004年利润的增幅低于2003年的增幅。

2. 资金紧张。由于国家实行收缩银根的宏观调控政策，且银行执行商业化管理，所以企业之间资金供应情况明显不同，好企业、大企业资金不愁，而点多、面广、量大的塑料制品企业贷款难、担保难的局面没有改观。资金供求的矛盾始终没有解决，贷款规模没有保障。

【重点企业】

2004年福建省塑料制品企业（销售收入上亿元）重点企业名单及主要产品如下所示。

明达塑胶（厦门）有限公司　PVC胶布
福建亚通塑胶有限公司　管材
福清市明达塑胶（福建）有限公司　薄膜
福清振云塑胶有限公司　管材
镒得塑胶（福建）有限公司　泳镜
福建宏玮鞋塑有限公司　鞋材
福清宏太鞋业有限公司　鞋材
福州叶下塑革有限公司　塑料拖鞋
泉州市美加美仿瓷餐具有限公司　日用塑料制品
厦门威迪亚建材工业公司　塑料异型材
厦门武峰塑料有限公司　塑料管材
福州远洋塑料日用品有限公司　日用塑料制品
福清市友谊胶粘带制品有限公司　胶黏带
华亚（厦门）塑胶有限公司　塑料管材
南平市金月合成革有限公司　PU合成革
福清市永超鞋革制品有限公司　塑料拖鞋

【主要问题】

1. 高新技术资金投入不足。塑料制品行业是技术、资金密集型行业，一些高附加值产品需要大量资金投入，许多新产品的出现本身就伴随着新技术的开发和应用。福建省塑料制品行业相对一些省、市资金投入不足，使一些附加值高的项目、新技术、新产品项目迟迟不能上马。

2. 企业品牌意识不强。福建省塑料制品企业的名牌产品不多，七批福建省名牌，塑料制品名牌数仅占1.78%。并且产品结构不够合理，表现为以通用树脂为原料的产品中，中低档产品所占比例较高，高技术、高附加值产品少。一些中低档产品积压严重，无序、过度竞争的现象较为普遍。

3. 产业链尚未形成。在原材料供应上，目前还存在着原材料少、不能满足塑料制品应用的需要的问题，如燃气管用聚乙烯原料、交联聚乙烯原料、共聚型聚丙烯原料基本上靠进口，塑料机械生产能力薄弱，甚至企业要更换个别机器零件本省都无法解决。

【发展趋势】

1. 加强科技研发体系建设，加大科技投入

应加强对我省拥有相关学科的高等院校、研究所以及一些大型企业近年创立的研发机构的整合与建设，采用政府、企业相结合的方式，加大投入力度，形成多种有利于技术创新、科技成果迅速转化的有效机制。在继续引进先进的加工技术和设备的同时，切实加强消化、吸收和创新，以弥补我省塑料加工行业产品的开发、应用科研力量不足的局面，拓宽开发新产品应用领域的路子，建立一支卓有成效的研发队伍，提高我省塑料产品的质量档次和技术含量，促进产业升级。

2. 依托“炼化一体化”乙烯项目，实现跨越式发展

依托福建省重点工程湄州湾“炼化一体化”80万吨乙烯项目，充分发挥我省塑料工业良好的发展基础，以福厦公路两侧（可以扩展至温福高速公路）为塑料工业产业带，以制鞋、建筑、汽车、电子电气、邮电通信、医用、农林渔业以及农业等领域配套的塑料材料及制品为发展重点，发挥与港澳台相邻，与“长三角”、“珠三角”连接的地域优势，通过产品结构的调整与提高，推动与塑料行业相关的材料、辅料助剂、模具、设备等行业的进步，积极引进人才、信息、管理及技术，逐步形成塑料制造业的产业集群，实现我省塑料工业的跨越式发展。

3. 培植优势群体，做大做强企业

培育一批在国内、国际有竞争能力的代表性企业，政府有关部门在政策、管理、技术、资金等政策上予以扶持，使其做大做强。同时对于具有产品先进、技术创新性强、有特色和发展前景的中、小企业加大扶持，使之发展、壮大起来，合理调整企业规模和产业的区域布局，从而在整体上形成我省塑料工业的优质企业群体。要鼓励按市场经济的原则，有效组建企业联盟，走专业化、规模化经营道路，培育全国性生产基地或市场，带动行业的发展。

4. 发展高新技术，打造福建省优秀名牌产品

要逐步形成一支我省塑料产品多层次的品牌队伍，形成“品牌”效应，不断提升我省塑料产品在国内、国际上的竞争能力。鼓励、支持塑料行业大力发展与国民经济支柱产业密切相关的材料和产品，发现培植塑料材料和产品新的消费热点，注意发现、打造塑料材料、产品的新的应用领域，以推动塑料新材料、新产品、新工艺、新技术的不断进步和发展。

（福建省经贸委轻纺办　许　榕）

湖北省

【基本情况】

2004年，湖北省塑料工业全部国有和年销售收入500万元以上非国有企业共计235个。全年全行业完成工业总产值（现价）79亿元，生产塑料制品38.67万吨，年生产能力达60万吨。

【企业经营】

2004年，面对复杂多变的市场形势，面对原材料涨价的制约，湖北塑料加工行业企业坚持科学发展观，围绕发展主题，紧扣调整主线，把握新型工业化发展方向，以提高经济效益和运行质量为中心，克难奋进，开拓进取，扎实工作，使全行业生产经营保持快速、稳定发展。

一是生产保持快速增长。全省塑料工业完成现价工业总产值79亿元，同比增长22%。

二是产品销售稳步增长，产销率保持稳定。全省塑料工业完成产品销售收入74.63亿元，同比增长15.5%；全行业产销率达96.98%。

三是经济效益快速提高。全省塑料工业企业努力克服原材料涨价影响，保持全行业经济效益高速增长，全年全行业实现利税6.23亿元，同比增长48%，实现利润3.38亿元，同比增长111%。

2004年湖北塑料工业主要经济指标完成情况

指标名称	完成情况	
	完成额	增长/%
工业总产值	790 182万元	21.94
产销率	96.98%	−0.58
新产品产值	100 521万元	23.19
出口交货值	14 064万元	18.56
销售收入	746 355万元	15.5
利税总额	62 301万元	48.01
利润总额	33 835万元	11.32

2004年湖北塑料工业主要产品产量

行　业	产　量/t	比　例/%
塑料制品总量	386 746	100
塑料薄膜	37 123	9.6
板片材	12 039	3.11
棒管材	107 184	27.72
包装箱及容器	33 392	8.63
丝及编织品	113 885	29.45
日用制品	63 370	16.38
人造革	6 123	1.58
其他制品	13 630	3.53

【主要问题】

2004年湖北塑料制品业保持了快速发展态势，但与国内先进省市相比仍存在较大差距，主要表现如下。

一是规模偏小。湖北塑料工业整体规模偏小，总量水平低于广东、浙江、江苏、山东、辽宁、福建、河南、上海、安徽等省市，总产量不到广东省1/10。全省共235家塑料加工企业，年产3千吨以上产量的企业不到15%，年产万吨以上企业只有4家，大多数企业生产规模小，专业化程度低。

二是产品结构不尽合理。中低档产品所占比重较大，高档产品及相关产业配套产品少，竞争力较弱。产品外向度低，全行业出口交货值仅有14 064万元，占全行业现价工业总产值的比重仅为1.8%。

三是中小企业工艺技术装备落后。改革开放以来，湖北塑料行业的重点骨干企业在技术进步、产品开发、装备引进等方面有了质的提高和发展。但从行业整体看，尤其大多数中小企业加工装备、工艺、技术水平还处于20世纪80年代中期水平。这些企业自身造血功能弱，自我投入能力有限，严重缺乏发展后劲。

【发展趋势】

塑料制品行业是湖北省轻工业的支柱行业之一。“十一·五”期间，湖北塑料制品行业面临良好的发展机遇，武汉80万吨乙烯工程将开工建设，PVC、LLDPE、HDPE、PP等原料年产达141万吨。湖北塑料制品业将坚持科学发展观，抢抓机遇，加快发展，以市场为导向，以调整结构为主线，以转变经济增长方式和提高质量效益为中心，发挥比较优势，壮大骨干，中小企业并举，实现由跟进式发展向跨越式发展转变，努力建设5大特色板块，促进行业快速、稳定可持续发展。

一是以孝感、黄冈、仙桃三市为重点，依托湖北富思特集团、湖北中基公司等骨干企业，围绕复合化、多功能、环保化的发展方向，大力开发适应于食品、饮料、电器、医药和IT产业发展所需的多功能要求的高阻隔、防渗透、耐高温蒸煮、保味保鲜等BOPET、BOPA、CPP包装薄膜，建立包装薄膜和工业配套膜的生产开发基地，力争形成年产15万吨的能力。

二是以武汉、荆州、鄂州、荆门等市为重点，依托湖北凯乐新材料科技股份公司、湖北顾地塑胶有限公司、湖北钟格塑料管有限公司等骨干企业，围绕市政建设、节水工程、房产开发等产业发展，大力开发高强度和高水密性的塑料型材、大口径耐压管材、燃气管、农业灌溉用微、滴、渗灌管材及与之相配套的各类管件，形成塑料管材、管件、型材系列板块，力争达到20万吨生产能力。

三是以沿汽车走廊的武汉、孝感、随州、襄樊、十堰等市为重点，依托武汉塑料集团、湖北富思特集团、随州华龙塑业公司、十堰冠达塑业公司等优势企业，围绕湖北汽车工业的发展，加大配套力度，大力开发与各类车型配套的塑料彩色保险杠、燃油箱、导风管、仪表面板、水箱面罩、灯具总成、车内外装饰件及专用零部件等产品，形成具有湖北特色的汽车配套塑料制品板块，力争达到8万吨生产能力。

四是以武汉、荆州、宜昌、荆门、仙桃等市为重点，依托湖北凯乐新材料科技股份公司、金龙泉集团、湖北力特公司、慧狮塑业公司等骨干企业，围绕高速公路、铁路及水利工程建设，与英国坦萨集团、英国BBA公司等国外著名企业合作，大力开发双向拉伸土工格栅、多维植被网和SMS高档无纺布等产品，加快发展各类土工合成材料，努力建成中国土工合成材料行业集生产、研发、推广应用为一体的基地，力争达到年产8万吨生产能力。

五是以武汉紫江包装有限公司、武汉江南实业公司、湖北永祥塑胶有限公司、武汉紫海塑料制品有限公司为骨干，围绕饮料、薄钢板等产品所需的塑料新型包装容器及出口市场需求，大力开发PET热灌瓶、PET/NT复合啤酒瓶，力争建成华中地区最大的饮料包装瓶及瓶坯加工中心；加快发展塑料箱包，加大产品开发力度，力争箱包出口规模达到500万只；着力开发薄钢板新型塑料包装材料，形成规模生产。力争塑料包装容器及箱包达到年产5万吨加工能力。

（湖北省发改委轻工行业管理办公室　肖传文）

广　东　省

【基本情况】

2004年广东省塑料制品业规模以上企业1850个，其中：国有及国有控股企业33个，集体企业147个，外商投资和港澳台投资企业930个，股份合作制企业14个，其他企业726个。从业人数40多万人。与去年企业数相比，国有及国有控股企业、集体企业的企业数减少，外商投资和港澳台投资企业、股份合作制企业、其他企业数明显增加。全省塑料制品业企业分布在各地市，较集中在珠江三角洲及沿海地区。

2004年广东省塑料制品工业总产值完成945.44亿元，比上年增长20.13%；其中珠江三角洲经济区工业企业1410个，工业总产值714.28亿元，占全省的75.55%。全省塑料制品业产量完成457.25万吨，比上年增长6.7%；其中：塑料薄膜82.26万吨，增长5.12%；塑料板片材19.55万吨，增长31.96%；塑料棒管材24.25万吨，增长19.23%；塑料丝及编织制品8.27万吨，减少1.96%；塑料人造革11.21万吨，增长32.21%；塑料合成革4.15万吨，增长5.44%；泡沫塑料14.49万吨，增长7.13%；塑料包装箱及容器20.27万吨，增长7.25%；日用塑料制品65.89万吨，增长7.81%；其他塑料制品260.91万吨，增长3.96%。广东省塑料制品产量名列全国同行首位，占全国塑料制品产量的1/4。其中塑料薄膜、塑料包装箱及容器、日用塑料制品的产量全国同行排名第一；塑料棒管材的产量全国同行排名第二；塑料人造革、泡沫塑料的产量全国同行排名第三。

2004年广东省塑料加工设备完成12.60万吨，比上年增长49.04%；占全国同行产量的29.68%，全国同行排名第二。

2004年广东省塑料树脂及共聚物完成168.38万吨，比上年增长12%，其中：聚氯乙烯树脂4.42万吨，增长6.1%；聚乙烯树脂48.93万吨，增长17.8%；聚丙烯树脂46.43万吨，增长9.5%。聚酯完成65.02万吨，比上年减少11.4%。广东省塑料树脂及共聚物产量全国同行排名第二，聚乙烯树脂、聚丙烯树脂、聚酯全国同行排名第四。

【企业经营】

2004年广东省塑料制品业产品销售收入完成918.49亿元，比上年增长19.79%，其中塑料薄膜151.29亿元，增长19.8%；塑料板、管、型材、97.63亿元，增长24.6%；塑料丝、绳及编织品35.09亿元，增长22%；泡沫塑料48.63亿元，增长24.6%；塑料人造革、合成革26.05亿元，增长50.1%；塑料包装箱及容器46.31亿元，增长15.1%；塑料零件121.13亿元，增长17.2%；日用塑料160.73亿元，增长18.2%；其他塑料231.63亿元，增长17.3%。塑料薄膜、塑料板、管、型材、塑料包装箱及容器、塑料零件、日用塑料制品的销售收入全国同行排名第一，泡沫塑料的销售收入全国同行排名第二，塑料丝、绳及编织品、塑料人造革、合成革的销售收入全国同行排名第三。

2004年，国际原材料价格大幅攀升，带动石油的下游产品塑料原材料价格也大幅上涨，国内整个塑料制品加工行业所处的经济环境非常恶劣。企业克服了原材料涨价、能源供应紧张和国内外市场急剧恶化等带来营运上前所未有的种种困难，全省塑料制品工业总产值、产品销售收入、出口交货值比上年有较大幅度的增长。广东省塑料制品业产品销售收入最大的企业是佛山塑料集团有限公司。塑料制品业分品种产品销售收入行业第一名的企业是：佛山塑料集团有限公司的塑料薄膜34.16亿元，广州宏信塑胶工业有限公司的塑料板、管、型材10.25亿元，开平市长沙华侨尼龙工艺厂的塑料丝、绳及编织制品2.54亿元，广州宏焕塑胶工业有限公司的塑料人造革、合成革2.65亿元，南海市南方包装有限公司的塑料箱及容器 3.14 亿元，雍华国际（惠州）电子有限公司的塑料零件 6.80 亿元，广东金汉集团有限公司的塑料鞋 1.21 亿元，金达塑胶五金制品（深圳）有限公司的日用塑料杂品 3.18 亿元，东莞欣扬五金塑胶制品有限公司的其他塑料制品 13.4826 亿元。

2004 年广东省塑料加工专用设备制造业，产品销售收入行业第一名是佛山市顺德区震德塑料机械厂有限公司 5.8 亿元。

2004 年塑料原材料其他合成材料，产品销售收入第一名的企业是汕头海洋第一聚苯树脂有限公司 9.39 亿元。

2004 年正处于国内前两年过度投资的产出顶峰期，盲目的产能扩张继而导致市场以产品价格恶性竞争为标志的“无序竞争”；另一方面，由于能源紧张，国内石化产能不足，原材料采购价格暴涨，导致资金周转不足，开机率偏低和投资回报率失衡。从四季度开始，随着国家宏观调控措施的影响逐步释放，塑料制品加工行业又面临下游需求减弱，产品价格下滑的严峻局面，严重影响了企业的经济效益。

2004 年广东省塑料制品业企业 1 850 个，其中亏损企业 389 个，占 21.03%。按塑料制品品种分：塑料薄膜企业 169 个，亏损企业 46 个，利润总额 3.15 亿元；塑料板、管、型材企业 155 个，亏损企业 33 个，利润总额 1.89 亿元，塑料丝、绳及编织品企业 107 个，亏损企业 18 个，利润总额 0.36 亿元；泡沫塑料企业 127 个，亏损企业 29 个，利润总额 0.75 亿元；塑料人造革、合成革企业 50 个，亏损企业 15 个，利润总额 0.05 亿元；塑料包装箱及容器企业 137 个，亏损企业 39 个，利润总额 1.57 亿元；塑料零件企业 186 个，亏损企业 33 个，利润总额 6.29 亿元；日用塑料企业 420 个，亏损企业 85 个，利润总额 2.04 亿元；其他塑料企业 499 个，亏损企业 91 个，利润总额 4.38 亿元。广东省塑料零件制造的利润全国同行排名第一，塑料薄膜、塑料包装箱及容器、日用塑料制造的利润全国同行排名第三，塑料板、管、型材的利润全国同行排名第四。

【重点企业】

佛山市塑料股份有限公司的“双象牌”农用聚乙烯大棚膜被评为 2004 年中国名牌产品，佛山杜邦鸿基薄膜有限公司的“HG 牌”塑料包装薄膜、佛山塑料集团股份有限公司的“汾江牌”塑料包装薄膜、中山永宁塑料制品有限公司的“WY 永润牌”塑料包装薄膜被评为 2004 年广东省名牌产品；中国石油化工有限公司茂名分公司的“南海牌”聚丙烯被评为 2004 年广东省名牌产品。湛江包装材料有限公司的“银丰”包装塑料膜商标，中山永宁塑料制品有限公司的“WY”包装用塑料膜商标；广州市塑料工业股份有限公司的“珠江”日用非金属周转箱，日用非金属周转箩、水桶商标；汕头海洋（集团）公司的“SOE”聚酯包装薄膜商标、佛山市顺德区雄塑实业有限公司的“雄塑”塑料管商标，广东顾地塑胶股份有限公司的“得亿”电线塑料槽、塑料线槽管商标，揭东县顺胜工贸有限公司的“顺胜”桶、垃圾桶、儿童浴盆（便携式）商标，广东省轻工业品进出口（集团）公司的“鹦鹉”塑料编织袋、尼龙编织袋、塑料线商标；茂名石化实华股份有限公司的“实华”合成树脂塑料商标、广东嘉宝莉化工有限公司的“嘉宝莉”聚酯树脂商标，广州金发科技股份有限公司的“K ɪNGFA”合成树脂塑料，塑料分散体商标，被评定为广东省著名商标。

【进出口情况】

2004 年广东省塑料制品出口交货值完成 463.78 亿元，比上年增长 17.66%。占全省塑料制品年产值的 49.5%。其中：塑料薄膜 58.45 亿元，增长 31.16%；塑料板、管、型材 36.33 亿元，增长 24.90%；塑料丝、绳及编织品 11.66 亿元，增长 41.94%；泡沫塑料 18.94 亿元，增长 3.74%；塑料人造革、合成革 12.43 亿元，增长 56.49%，塑料包装箱及容器 8.31 亿元，增长 9.88%；塑料零件 74.52 亿元，增长 13.21%；日用塑料制品 96.19 亿元，增长 15.13%，其他塑料制品 146.97 亿元，增长 13.78%。企业克服了塑料制品出口退税率从 15% 下调至 13% 的不利影响，充分把握了美元贬值，产品出口竞争力有所增强的有利时机，使产品出口保持较快增长，出口增长较大的产品有塑料丝、绳及编织品、塑料薄膜、塑料人造革、合成革。佛山塑料工贸集团公司积极开拓国外市场，扩大产品出口，全年完成出口交货值 4.33 亿元，比上年增长 18%；出口交货总量 3.58 万吨，净增 1 371.4 吨。增加出口量最大的主要产品有编织制品、尼龙薄膜，其中电化铝、镀铝膜首次打入国际市场。

广东省塑料制品主要出口德国、法国、比利时、荷兰、美国、加拿大、墨西哥、越南、印度、澳大利亚、泰国、马来西亚、中国香港地区。贸易方式为“三来一补”、正常贸易或进料加工再出口。

【外资利用】

2004 年广东省塑料制品规模以上外商投资和港澳台投资企业 930 个，资产合计 529.28 亿元，流动资产小计 291.20 亿元，其中短期投资 1.79 亿元，长期投资 9.19 亿元。由佛山市塑料集团股份有限公司和台湾亚洲化学股份有限公司的全资控股子公司英属维京群岛亚化光电控股有限公司及英属维京群岛亚化国际（股）公司共同出资 1.52 亿元兴建佛塑纬达光电材料项目，其中佛塑股份占合资的 55%股权，首期整体引进一条偏光膜生产线，生产偏光膜产品（偏光膜是液晶显示器的关键零部件），年产偏光膜 100 万平方米，预计年销售额达 3 亿元。该项目于 2 月份动工并于年底前建成投产，成为佛塑进军 IT 行业的切入点。

【新产品开发】

广东联塑科技实业有限公司为适应市政工程管道的要求，相继开发出大口径的 PVC 双壁波纹管、PE 双壁波纹管、PE 缠绕管；联塑机械公司相继成功自行开发出锥形双螺杆挤出机，铝塑复合管材生产线、PP-R 管材生产线、大口径 PVC 管材生产线（最大 ϕ630mm）、PE 管材生产线和铝塑复合板生产线及平行双螺杆挤出机等塑料加工设备，在此基础上与韩国昌盛公司联合共同开发出具有国际先进水平的 PE 缠绕管生产设备，也是国内第一家能开发生产此设备的厂家，填补了佛山市设备制造业的空白。佛山市塑料工贸集团公司的平衡型同步双向拉伸尼龙薄膜等五个项目通过成果鉴定，其中三项专利申请被授予专利权。高性能辅照项目被认定为国家高技术产业化项目，PEX 管获省科技发展基金，钴源项目获佛山市科技发展基金。开发出合成纸、镭射电化铝、PEX 管、高尔夫球场布、双经纬土工布、半硬质透明磨砂装饰薄膜、超透型硬质吸塑片材等众多拥有自主配方的新产品，部分已批量生产并申报国家级、省级新产品。

【主要问题】

（1）产品结构不合理　表现为中低档产品偏多，高档与缺门配套产品少；通用技术产品多，高技术、高附加值产品少。

（2）技术装备总体水平较低　全省技术装备虽然在全国同行居先进水平，从国外引进了大量先进设备，中高档模具也大部分依靠进口，但国产设备与发达国家相比，在控制系统、容量、速度、精度及成套方面仍有差距。总体来说，塑料行业的装备水平不高，直接影响到塑料制品的加工技术和产品质量的水平。

（3）科技投入不足，开发能力薄弱　我省依靠自己的力量研究成功的加工工艺或研制的塑料制品较少，与发达国家始终存在着差距。部分企业把技术进步的希望寄托在不断购买设备和引进技术，企业自主研究开发、创新能力不够。

（4）企业规模和区域分布不合理　除少数大中型塑料制品加工企业外，多数企业规模偏小。这些企业存在着信息不灵、产品技术含量低，没有竞争力。全省塑料企业分布不合理，上规模企业较集中在珠江三角洲和沿海地区，其他偏远地区上规模企业少且较落后。

（5）塑料原料自给率低　目前塑料原料的国内自给率仍然很低，每年需进口大量的塑料原料。塑料原料价格大幅度上涨使企业生产经营成本上升，利润率急剧下降。

（6）产品质量管理、市场管理力度不够　行业管理不规范，造成塑料产品恶性竞争，假冒伪劣商品充斥市场，产品质量存在许多问题，市场管理无序，严重影响行业的健康发展。

【发展趋势】

塑料成型加工技术正向高精度、高性能和具有高附加值的塑料制品方向发展，如双向拉伸技术、气体辅助注射成型技术、多层共挤出技术、微孔泡沫塑料成型技术、热流道技术等。为提高塑料制品的档次，实现低耗优质高效，必须抓好微电子技术在塑料机械上的应用开发，逐步实现四大类（注塑、挤出、中空、压延）基本成型加工机械与主机匹配的后续设备程序计算机控制系统，以提高塑料机械的控制水平。在塑料模具设计和加工技术方面，积极采用 CAD/CAE/CAM 技术，从而提高模具精度，大大缩短制作周期。

广东省塑料行业鼓励发展类的产品有以下几种。

（1）建筑塑料制品　重点发展新型节能塑料门窗。开发噪声低的芯层发泡、内壁螺旋构造的 PVC 排水管道。重点发展塑料埋地排水管、新型防水卷材、隔热保温材料、塑料装饰材料。大力推进以塑代木，研制和生产表面具有木材纹理或其他突出装饰效果的低发泡 PVC 型材和板材。研制铝塑复合、钢塑复合等金属与非金属复合的门窗型材、高耐候性彩色塑料门窗型材。

（2）农用塑料制品　重点发展多功能、耐老化、易回收、降解型农地膜、棚膜、遮阳网等重要农用覆盖材料；节水型灌溉用各种类型喷灌、微滴灌管道、管件，喷头等配套件及塑料井管、防渗膜；水利建设用土工编织布等。

（3）工业、交通及工程塑料制品　重点发展为汽车、家电、电器、交通运输、邮电通信、国际军工、文体健身等行业配套使用的塑料材料或制品。如无氟冰箱用板材、电视机、音箱等家用电器壳体，汽车用内饰件、阻隔性优良的汽车油箱，交联聚乙烯通信电缆，铁路、公路建设使用的土工格栅，计算机部件、健身器材、体育用品、钓鱼用具等。还应重视应用塑料改性技术，发展塑料合金以及其他改性塑料和具有独特性能的通用工程塑料、特种工程塑料、抗菌塑料制品，以及新型包装薄膜及电子行业所需特殊功能薄膜。

（4）医用塑料　重点发展医用塑料的人体器官和塑料医疗器具、一次性塑料医用卫生品等。

广东省塑料行业改造提高类产品有以下几种。

（1）包装塑料制品　以节省资源、节约能源、保护环境等总的技术发展方针的指导下，重点开发高机能性、多功能性、环保适性塑料包装材料。解决热饮料及啤酒的包装问题，借鉴国外经验开发以聚萘二甲酸乙二醇酯（PEN）为材料的啤酒瓶和其他包装容器。

（2）人造革、合成革制品　大力发展高新技术含量的湿法 PU 透气革和超细纤维材料的 PU 革、合成革，重视车辆内饰革、箱包革、服装革、球用革及鞋用革的创新和升级换代，促进人造革行业科技创新和整体水平提高，替代进口。

为解决塑料产品特别是一次性制品易对自然环境造成“白色污染”的问题，今后应加强聚苯乙烯（PS）泡沫制品（含减震包装衬垫物和一次性泡沫餐具等）的回收和再生工作，以及更新换代而淘汰下来的汽车、家电、办公设备等零部件的回收及再生利用工作；为保护臭氧层，泡沫塑料继续进行无氟技术改造。

（广东省塑料工业协会　黄小薇）

广西壮族自治区

【基本情况】

广西二轻塑料加工行业企业数为 69 家，从业人数为 10 800 人。2004 年塑料制品产值 159 770 万元，产量 95 130 吨，全行业生产能力约 47 万吨。

2004 年塑料制品行业产量统计

产品名称	产量/t
塑料制品总计	95 130
塑料薄膜	1 889
塑料板材片	3 874
塑料棒管材	14 445
塑料丝及编织制品	46 574
泡沫塑料	582
塑料包装箱及容器	2 835
塑料人造革	418
日用塑料制品	15 926
其他塑料制品	8 587

【企业经营】

2004 年广西塑料制品行业销路较好的产品有：聚丙烯撕裂带、聚丙烯打包带、聚乙烯农地膜及管材、聚氯乙烯管材、塑料编织袋、塑料编织水泥袋、塑料给水管材及管件、塑料包装箱及容器、柔性集装袋、墙纸、PVC 管材、PE 管材、地面覆盖膜、通信光缆护套管。

【重点企业】

企业名称	产值/千元	新产品产值/千元
广西南宁桂盐科技有限责任公司	211 772	150 761
佛山塑料集团股份有限公司南宁经纬分公司	115 167	60 395
梧州市五一塑料制品厂	70 380	67 500
南宁创生农用塑料制品有限责任公司	57 047	44 056
广西南宁秋潮集团公司	56 208	33 006
南宁新丰塑料有限公司	54 500	46 626
梧州市金时塑胶厂	52 914	42 882
桂林金禹塑料有限公司	50 003	34 634
广西柳州市天一塑料制品有限责任公司	46 342	38 938
南宁八菱工程塑料制品有限公司	43 418	41 378
南宁欣昌新型塑料制品有限公司	42 874	28 925

（广西二轻工业总公司　王卫群）

四　川　省

【基本情况】

2004 年四川塑料工业保持了持续快速发展的态势，总体经济运行情况良好。四川塑料制品总量已连续六年实现了两位数增长，从 1998 年至 2004 年年均递增 14%。

【企业经营】

2004 年 1～12 月塑料制品主要品种产量

塑料包装箱及容器	全年累计/吨	49 025
	同比增长/%	2.95
	占全国比例	5.73
日用塑料制品	全年累计/吨	24 714
	同比增长/%	46.47
	占全国比例	1.10
其他塑料制品	全年累计/吨	15 627
	同比增长/%	21.80
	占全国比例	0.38
人造革	全年累计/吨	371
	同比增长/%	4.21
	占全国比例	0.06

续表

泡沫塑料	全年累计/吨	400
	同比增长/%	−82.01
	占全国比例	0.05
塑料型材(含板片材)	全年累计/吨	32 253
	同比增长/%	51.24
	占全国比例	1.91
塑料棒管材	全年累计/吨	114 055
	同比增长/%	11.34
	占全国比例	5.79
塑料丝及编织制品	全年累计/吨	87 705
	同比增长/%	7.91
	占全国比例	4.33
塑料制品合计	全年累计/吨	394 483
	同比增长/%	15.75
	占全国比例	2.14
塑料薄膜	全年累计/吨	70 333
	同比增长/%	25.93
	占全国比例	1.92
其中:农用薄膜	全年累计/吨	46 499
	同比增长/%	16.58
	占全国比例	6.38

注：数据——来源国家统计局。

（四川省塑料行业协会　张振綦　隋佩侠）

云　南　省

【大事记】

1. 2004 年 3 月 11 日云南塑协薄膜专委会第一届四次会议召开，会议主要内容如下所述。

① 原专委会主任柴本桐退休，经会议民主推选由玉溪旭日塑料有限责任公司董事长兼总经理靳树伟接任薄膜专委会主任委员，云南塑料厂董事长兼厂长马临生任副主任委员，对此推选结果提请第四次理事会批准。

② 强化农膜质量管理，继续做好“微膜”质量自律有关工作。

③ 强化协会凝聚力，规范薄膜专委会制度和行规，建立专委会信息交流制度。

④ 探索组建企业集团的路子。

2. 2004 年 8 月 30 日以通信方式召开云南塑协第一届四次理事会。

经过一个月工作，秘书处将各位理事审议结果汇总，理事长赵秉仁签署形成以下决议：

① 一年来，协会工作基本完成预期的目标；

② 下半年主要抓好三方面工作，微膜质量自律取得统一意见还有一定难度，但是微膜质量自律是在没有国家标准的情况下保证产品质量的一种积极行为，希望企业认真对待，确保微膜质量；

③ 通过了“吸收新会员，除名退会会员情况报告”；

④ 审议通过了“提请批准薄膜专委会主任委员，副主任委员任免事项”的议案；

⑤ 审议通过了“云南省塑料行业协会财会管理暂行办法”。

3. 根据云南省人民政府对农膜生产企业的希望和要求，协会近年开展了推动质量保证体系建设工作，并得到广大会员单位积极响应。到 2004 年底，又有昆明春早塑料制成品有限公司、会泽强滤橡塑有限公司和云南烟草曲靖市公司塑料厂等三家农膜生产企业认真学习和执行 ISO 9001：2000 质量管理体系，开展认证工作，取得了认证证书。至此，全省有九户塑料企业取得认证证书，其中 8 家是农膜生产企业在采用国际化标准，采用先进管理制度方面迈出了重要的一步。

【基本情况】

2004 年，云南省经济和社会在克服严重自然灾害、禽流感和煤电油运困难中实现了较快的协调发展，全省生产总值比上年增长 11.5%，达到了人均生产总值 800 美元的阶段性目标。

云南省塑料行业遭遇了塑料原料暴涨的冲击，全省塑料制品生产仅完成 13.4 万吨，比上年下降了 12.8%，其中实现了生产增长的有塑料包装箱及容器、泡沫塑料制品和塑料编织袋，其余产品均有不同程度下降，详情见下表。

2004 年云南省塑料制品生产情况统计表

项　目	2003 年产量/吨	2004 年产量/吨	同比增长/%
塑料制品	154 024	134 242	−12.8
塑料薄膜	74 982	68 130	−9.1
其中:农膜	31 603	31 300	−1.0
塑料型材、板片材	4 528	4 038	−10.8
塑料管(棒)材	10 350	7 964	−23.1
塑料编织袋	26 139	26 515	1.4
泡沫塑料制品	5 521	6 615	19.8
塑料包装箱及容器	2 725	3 706	36.0
日用塑料制品	15 211	4 053	−73.4

全省塑料制品生产下降反映了云南省大多数中小企业实力弱、抗风险能力差、经营不灵活、技术开发水平低的现实。在一片降价声中，有少数企业仍然赢得了生产和效益的增长，如玉溪红塔新型建材公司，虽面临较大困难，认真研究市场，开发 PVC 彩色栅栏系列产品和推拉门系列产品之后，又对铝塑复合管、PP-R 管生产线进行改造，具备了各种常用规格管材的系列生产能力，2004 年几个主要产品生产大幅度增长，工业销售产值比上年增长了 25.4%；玉溪旭日塑料公司、曲靖塑料集团公司、昆明春叶塑料公司、大理民塑公司、马龙佳誉塑料公司的农膜生产也取得较好的成绩，特别是靠近中缅国境线的三路西民塑薄膜厂成绩骄人，农膜生产增长 43%；还有昆明民塑化工公司的周转箱、工程塑料制品、曲靖塑化集团的 PU 泡沫塑料、昆明鑫慧包装公司的 PC 饮水桶、昆明市塑料厂的 PVC 压延薄膜等产品都实现了较大增长。

（云南省塑料行业协会）

新疆维吾尔自治区

【基本情况】

新疆塑料工业诞生于 20 世纪 60 年代中期，已有四十年的历史，而真正发展是在改革开放以后，大体经历了萌芽、起步、发展三个阶段。

1965 年至 1981 年为萌芽阶段。1965 年，为响应中央“支援大西北”的号召，在天津市的全力帮助下，成立了以生产 PVC 吹塑薄膜、注塑凉鞋为主，年产量仅 100 余吨的新疆塑料厂，标志着新疆塑料工业的诞生；70 年代初期兵团化工厂装备了年产 3 000 吨的 PVC 树脂及烧碱的生产装置，并先后配套了吹塑薄膜和涂刮法人造革生产线。随着“文革”结束，国家经济政策形势发生了重大转变，陆续又上马了几家小型塑料制品厂，到 1981 年全疆共有塑料制品生产企业 11 家，总产量仅 3 700 吨，产品主要是 PVC 软制品。

1982 年至 1994 年为起步阶段。改革开放初期的 1982 年，由于地膜栽培技术和“地膜友谊号”生产设备的成功引进，给新疆农业创造了巨大经济效益，加上 PE 吹塑薄膜加工技术相对简单，直接刺激了新疆塑料工业第一次快速发展。全疆各地、兵团地方纷纷上马，形成了以新疆塑料厂、昆仑塑料厂、珠江塑料厂、天山塑料厂、下野地塑料厂、石河子总场塑料厂、阿克苏地、市塑料厂等为骨干的农地膜生产企业群体。1982 年全疆塑料制品总产量首次突破了 1 万吨，之后以年均增长率高达 26.15% 的速度发展，到 1994 年全疆总产量达到 7.56 万吨，其中 80% 以上的产品是聚乙烯农地膜。

在 80 年代中后期，部分骨干企业又引进了一批具有当时国际水平的加工设备和生产技术，使新疆塑料工业在品种、档次、质量和技术装备水平等方面得到了全面提升。主要包括：1982 年首次从日本普拉克公司引进的地膜机组和从中国台湾地区引入的编织袋生产线；1984 年从奥地利兰精公司引进的编织袋生产线，1985 年从日本引进的中空吹塑机组和注拉吹吹瓶机组，1986 年从德国、奥地利引进的管材、异型材、地膜生产线等。

为提高塑料专业技术水平，促进行业有序发展，1984 年由原自治区轻工业厅主持成立了新疆塑料工程学会，1993 年又在此基础上组建了新疆塑料加工工业协会，先后在组织和推动各企业积极进行新产品开发、技术改造、新材料和新工艺推广应用及加强经济技术交流、维护行业利益等方面发挥了重要作用，有效地促进了塑料工业的快速发展。重点开发项目及产品有 PE 防渗膜、防老化大棚膜、光降解地膜、彩色及功能地膜、超薄地膜、PVC 扭结膜、压延片材、层压板材、大型中空容器、异型材及门窗、大口径管材等。同时还培养了一大批具有理论知识和实践经验的专业技术人员，积累了宝贵的生产技术、企业经营管理经验，为行业发展奠定了坚实的基础。

在这一时期，我区塑料工业在包装、建材、日用及工程塑料制品等方面也有显著发展，行业分布开始向全疆主要经济地区分散，到 1994 年全疆乡镇以上的企业数已达 140 家，从业人员超过万人，其总产量 12 年间增长了 6 倍以上。

1995 年至今为发展阶段。随着改革开放的深入和市场经济体制的建立，及地贸、边贸的活跃，以及 1995 年独山子 14 万吨乙烯工程投产的直接影响，新疆塑料工业在经历了前三年的徘徊后，再次开始了新一轮的高速发展。1995 年全疆塑料制品总产量首次突破了 10 万吨，之后再以年均增长 15.83% 的速度上升，到 2004 年已达到 30 余万吨。

同时，在自身基础和其他行业发展的影响下，新疆塑料工业也开始从量到质的转变。产品方面有农用塑料制品的纳米地膜、节水灌溉器材及其配套制品，建筑塑料制品的异型材及塑料门窗、管材管件、土工材料，包装塑料制品的 EPE 发泡制品、大型中空容器，以及 PE、PP、PET 合成树脂等都有迅速发展并壮大。企业组织规模向制度新异、大小适宜、高水平、专业化方向发展，既有新疆天业集团、天利高新、屯河塑业、西龙土工等一批综合性企业集团和专业化龙头企业，也有更多机制灵活、规模适宜、特色鲜明的民营个体企业活跃于行业和市场。在区域分布上形成了以乌鲁木齐、石河子、独山子为主体的沿天山北坡经济带的"一带"和以阿克苏地区为中心的"一点"，即"一带加一点"的格局。应该说，新疆塑料工业已初具产业规模，并成为自治区工业经济中极具发展潜力和充满活力的重要产业。

新疆塑料工业经过了近50年的发展，目前已经形成了包括原料及助剂生产、制品加工、模具与设备制造、科研开发等于一体的相对完整的塑料工业体系，并在合成树脂生产与塑料制品加工方面初具规模。

在原料及辅助材料生产方面，已有独山子石化分公司乙烯厂、新疆中泰化学股份有限公司、新疆天业股份有限公司等大小生产企业7家，合成树脂生产能力达69万吨，其中聚乙烯树脂22万吨，聚丙烯树脂21万吨，PVC树脂21万吨，PET（瓶级）5万吨。还有一批流通企业在原料供给、品种调剂、价格信息、丰富市场等方面发挥着积极有效的作用。原料供应市场化和供应渠道多元化的形成，推进了原料市场的丰富和繁荣，为制品生产企业提供了有效的保障和服务。合成树脂生产能力见表1。

表1　2004年合成树脂生产企业及生产能力

序号	企业名称	生产能力/千吨	主要产品品种
1	独山子石化分公司乙烯厂	360	聚乙烯、聚丙烯
2	新疆中泰化学股份有限公司	60	聚氯乙烯
3	新疆天业股份有限公司	150	聚氯乙烯
4	新疆天利高新技术股份公司	30	聚丙烯
5	新疆新峰股份有限公司	30	聚丙烯
6	克拉玛依石化分公司	10	聚丙烯
7	新疆屯河聚酯有限责任公司	50	瓶级聚酯
	合　计	690	

注：在69万吨合成树脂生产能力中，聚乙烯22万吨、聚丙烯21万吨、聚氯乙烯21万吨、瓶级聚酯5万吨。

在制品生产方面，新疆有乡镇及以上企业246户（未包括二次加工企业），年生产能力已超过50万吨；塑料制品主要有农用塑料制品、包装用塑料制品、建筑用塑料制品、日用塑料制品、工业配套用塑料制品五大类。2004年，新疆塑料制品实际生产量为32万吨，较上年增长了12.75%。

据新疆塑料协会对61家重点企业的统计显示，2004年其完成各类制品产量23.06万吨，占总量的72%。塑料制品产量中，薄膜制品72 807吨，占总量22.75%；节水器材38 734吨，占12.1%；管材制品54 072吨，占16.9%；异型材及板片材制品27 795吨，占8.7%；丝及编织制品12 387吨，占3.87%；包装容器及日用制品7 600吨，占2.37%（见表2）。

表2　2004年各类塑料制品产量（协会统计数）

品　种	2004年产量/吨
塑料制品总量	230 649
薄膜制品	72 807
其中：农地膜	71 314
节水器材	38 734
管材制品	54 072
异型材及板片材制品	27 795
丝及编织制品	12 387
包装容器及日用制品	7 600
其他塑料制品	17 254

注：统计企业61个。

【企业经营】

1. 产品结构特征

农用塑料制品、建筑塑料制品、包装塑料制品是当前新疆塑料工业的三大支柱产品种类。农用塑料制品中，传统的农地膜产量一直稳定在9万吨左右；近年来新兴的农用塑料节水灌溉器材（包括管材、管件、灌水器及配套件）异军突起，年产量已达8万吨，大有超过农地膜之势，农用塑料制品依然占据塑料制品的半壁江山；在建筑塑料制品中，PVC型材及门窗经过前几年速度发展后，现已处于平稳发展和技术升级时期；而以PE土工膜为主的土工合成材料（膜、布、格栅）、保温填充材料、各类管材等又成为新亮点；在包装塑料制品中，主要是编织塑料、泡沫塑料、包装箱及容器，但其仍处于低谷时期，而这一应用领域的市场潜力很大，前景十分广阔。其他如日用塑料制品，本地产量规模较小，主要由内地产品主宰市场。

纵观新疆塑料工业历史沿革，其每一个发展阶段都具有鲜明的产业配套性和资源利用特点：与农业发展配套形成了较大规模的农用塑料制品；与建筑市场和工程建设项目配套刺激了建筑塑料迅速发展；为地方特色商品配套使包装塑料制品呈多样化发展；发挥新疆石化和PE、PVC、PP原料资源优势使PE、PVC、PP类制品比重占有优势地位。与此相反，由于新疆机电、汽车、家用电器等现代大型产业发展滞后，在内地及沿海地区发展较快的各类工业配套用塑料制品在新疆尚待起步。

2. 技术结构明显改善

科技创新是新疆塑料工业发展的动力，近年来各骨干企业率先加大技术创新与新产品开发力度，有效提升了塑料行业的技术水平。新疆天业（集团）有限公司投资建立了国家级企业技术中心，国家节水灌溉（新疆）工程技术研究中心，企业博士后科研工作站；

其研究方向主要是塑料新产品开发、塑料节水器材研究、节水灌溉技术研究；其重点实验室拥有包括立式模具加工中心、滴灌流量试验台等主要计量检测仪器40余台、加工设备20余台。企业现有一次性可回收塑料滴灌带产品及生产技术、插层固相增韧接枝共聚纳米PVC复合树脂、滴灌带设备制造技术等核心技术。新疆屯河工贸公司、天利高新、乌石化塑料厂等一批企业也设有自治区级企业技术中心和研究所，配合行业和本企业进行了产品性能和产品的差异化研究，积极开发与利用新材料、新工艺，并拥有了PVC异型材高速成型工艺技术、复合型材制造生产技术、PP改性技术等。新疆西龙土工新材料股份有限公司是新疆重点土工材料生产企业，企业核心技术有土工膜吹塑成型技术、土工膜表面二次加糙技术、土工膜/无纺布瞬时复合技术、XPS板材生产技术等。特别是独山子石化研究院在树脂改性技术的研究与开发工作中，积极与新疆天业、屯河塑业等生产企业合作，产研结合，取得了良好的效果。近年来，塑料工业取得了一次性可回收塑料滴灌带产品及生产技术、插层固相增韧接枝共聚纳米PVC复合树脂技术、ASA/PVC彩色复合型材及铝塑复合型材开发等一批重大科技成果，新疆天业的节水灌溉用管研制及开发应用、大流量压力补偿式滴灌管的研制、干旱地区滴灌系统开发与产业化示范、大田微灌系统关键设备及产品研制与产业化开发、节水灌溉设备快速开发平台技术与设计软件研制等一批高水平项目，均列入了国家级和自治区级科技创新计划。这一切都有效提升了新疆塑料工业的科技创新水平。

3. 节水器材异军突起，农用塑料仍占主导地位

从20世纪80年代初，新疆就开始使用和生产农用塑料地膜，并形成了以农用塑料为主的塑料工业。近年来，随着节水与生态农业的兴起，用于农林业、以节水灌溉器材、农用输水管材为中心的农用塑料制品已成为新的亮点。

在生产企业中，既有新疆天业、屯河工贸、塔农塑业、方兴塑化等国有骨干企业，也有艾森贝克、耐特菲姆昌恒的国外企业，还有活跃于各地的小型私营企业，市场竞争十分激烈。在技术装备方面，有引进的以色列、美国、瑞士、意大利等国家的国际先进的节水器材生产线及应用技术和产品，也有以新疆天业为代表的引进、消化、创新开发的一次性边缝式滴灌带生产线及大田膜下滴灌技术，还有常压地灌膜类过渡产品的应用及相应设备的本地化开发生产。可以这样说，新疆云集了国内外先进的节水器材生产、应用的技术和产品。这为我区节水灌溉的大面积推广和塑料节水器材的规模化生产奠定了坚实的基础，保持了全国同行业的先进水平。

4. 建筑塑料制品成新支点，发展由高趋稳

应用于建筑工程的塑料制品是近年来新疆塑料工业的新兴门类，经过一批新老企业的不懈努力，塑料门窗、管材、土工材料、装饰材料等新型塑料建材制品已得到社会认可，市场份额逐年扩大。主要产品有PVC异型材及门窗、PVC及PE管材及管件、PP-R管材、PE土工材料等，在前些年的超高速发展后，近来出现了技术更新和稳定发展的态势。屯河工贸公司继续在塑料异型材生产上保持着龙头企业地位；新疆天业、日盛管业、宝硕管材等企业生产的各类管材市场逐年扩大，西龙土工PE土工材料及XPS保温材料、乌石化塑料厂的三层复合土工及土工格栅，还有新近开发的大口径缠绕管材，CPVC复合管材、钢塑复合管、玻璃钢管、铝塑复合板、PET/PP非织造布等产品都为建材塑料制品的发展增加了新的亮点，还有一大批新企业的进入，一批新技术的应用，一批骨干企业的形成，都给新疆建筑塑料制品的发展注入了新的活力，把塑料建材推向了一个新的水平。

5. 石油石化产业的发展为塑料工业创造了机遇

中央实施西部大开发战略已经六年，新疆是西部开发中的重点地区，石油石化、生态农业等也是西部开发战略实施的重点领域，这些都给新疆的塑料工业带来了前所未有的机遇。在自治区召开的“新疆石油石化发展战略与规划论证会议”上，提出了在未来五至十年间把新疆建成“第二个大庆”，使之成为全国重要的陆上能源、石油石化产业基地的奋斗目标。举世瞩目的“西气东输”工程已基本完工；新疆1 000万吨级炼油、100万吨级乙烯、45万吨级芳烃等国家重点项目也即将全面启动；与大油化关联的还有“中哈国际原油管道”工程，新疆至郑州的成品油管道工程，亚洲25国高速公路运输直通工程等都在积极筹建中。另外还有地方的60万吨/年天然气法PVC项目、新疆天业化工城的40万吨/年电石法PVC项目等。随着这些国家级、国际级工程项目的实施，必将有力地带动新疆塑料工业的快速发展。

新疆塑料工业今后的基本发展思路是，充分把握“西部大开发”和新疆石油石化大建设所带来的历史机遇，发挥原料资源和市场地缘优势，以市场为导向，以创新为动力，以调整产品及产业结构和完善企业所有制结构为突破口，加快产业结构调整步伐；通过农用塑料、塑料建材、包装塑料三大主导门类的稳步提升与有效放大，特别是通过加强对新兴农用节水器材、各种建筑装饰材料、土工合成材料的开发应用，形成结构合理、特色鲜明、具有比较优势的新疆塑料工业。

【重点企业】

序　号	企 业 名 称	产量/吨	主 要 产 品
1	新疆天业股份有限公司	50 289	农地膜、滴灌器材、管材、包装膜
2	新疆屯河工贸公司	16 939	异型材、各种管材、节水器材
3	新疆塔农塑业集团公司	15 718	农膜、滴灌器材、管材、土工膜
4	独山子天利高新技术股份公司	15 579	农地膜、编织袋、无纺布
5	新疆日盛管业有限公司	11 600	各类管材
6	新疆夏梦亚泰装饰材料公司	8 000	铝塑板
7	克拉玛依市宝硕管材有限公司	7 650	各类管材
8	德海塑业发展有限公司	7 000	PET 瓶、PP 制品
9	奎屯润泽塑业科技有限公司	5 443	农地膜、节水器材、管材
10	乌鲁木齐石化总厂塑料厂	4 721	塑编制品、土工材料
11	下野地天农塑料制品公司	4 500	农地膜、节水产品
12	博州恒源塑料有限责任公司	4 402	农地膜、节水产品
13	新疆西龙土工新材料有限公司	4 107	防渗膜、无纺布
14	新疆太湖装饰材料制造公司	3 958	扣板、型材
15	新疆珠江塑料有限责任公司	3 570	薄膜、注塑制品

【主要问题】

新疆塑料工业虽然有了一个大的发展，但是存在的问题也十分突出。主要表现在以下六个方面。

1. 结构优化调整任重道远

相当数量的企业和产品仍限于一些工艺简单、技术水平不高、结构单一的大宗产品，而且在地区分布上趋于雷同。少数骨干企业更是集中在沿天山北坡经济带的大中城市地区，大型企业中产品结构也相同或相似，在一些领域缺乏水平高、效益稳定、竞争力强的龙头企业、特色企业。企业经营规模结构不合理，年产 500 吨以下的地膜、管材、编织袋企业的比重过大。在目前全疆 246 家塑料加工企业中，51 家骨干企业的平均年产量为 3 400 吨，其余 80%的企业平均年产量仅 550 吨，这种规模的企业很难有技术开发和创新能力。

2. 重复建设严重，市场秩序不规范

地膜、编织袋等严重过剩产品，仍在继续小规模分散和扩大；无质量保障的作坊式塑料门窗组装点、包装膜生产点还大量存在；造成了资源严重浪费、原料单耗增加、产品质量混乱和行业效益下降。新发展起来的农业节水器材中的常压滴灌膜管、边缝式滴带的生产也有小规模、低水平重复建设的苗头，给行业发展造成了不良的社会形象。

3. 周边国家市场有待拓展

新疆与 7 个国家接壤，设有 8 个国家一级口岸。中亚各国市场与新疆的互补性很强，农地膜、异型材、包装用塑料制品、日用塑料制品等各类塑料制品在周边国家都有较大的市场开发潜力，但近年来我们的产品出口工作一直没有很好地开展起来，出口产品零星散乱，产品质量参差不齐，虽然少数企业已经或正在进入，但缺乏市场拓展的整体性和长期性。

4. 行业科研与配套工业薄弱

全疆尚无一家独立的专业科研机构，仅有的少量机构也是隶属于石化或少数集团企业，难以全面担当起行业科研重任。与塑料加工业配套的塑料机械、塑料模具制造业以及废旧塑料的回收利用等起步艰难，发展缓慢，与当前塑料制品生产发展不相适应，塑料工业和产业配套性十分薄弱。

【发展趋势】

1. 优先支柱领域，优化产品结构

充分利用农用塑料、工程建筑塑料和包装塑料等在行业中的支柱地位和在新疆有广阔市场的优势，大力发展这些具有支柱性领域的产品。农用塑料：农地膜要向功能化、环境无害化、质量高水平方向发展以提高其技术经济价值；节水灌溉器材及其配套产品要紧跟农业政策与技术发展方向，准确定位、成龙配套、注重环保、优质服务，走兵地融合发展之路，完善技术、配套开发、尽快有序放大生产规模，扩大本地产品的市场占有率。工程建筑塑料：紧跟各类重点工程建设和地方基本建设项目，着重发展各种土工合成材料、保温与装饰材料等新兴门类；对型材和管材方面要加强在复合、交联、纳米等新材料和新技术的开发与应用。包装塑料：要加强对地方特色商品、出口商品等为包装对象的研究，积极与相关行业的企业进行多种形式的合作，开发一些上档次、有特色的制品。

2. 优化产业结构，提高行业素质

继续推进产业结构调整，“坚持有进有退，有所为、有所不为”和“扶持优强”的原则，结合区内外及周边国家市场，依托石油化工基地的原料优势，解放思想，打破行业、地区、系统、兵地界线，发展“融合经济”。在发展中要引导企业以市场需求为准则，进行总量控制、结构优化和技术经济水平升级。在南北疆主要经济地区形成若干个企业资本构成多元、机制灵活、管理先进，有技术创新能力、市场辐射能力强，对市场有引导与调控作用，社会信誉优良的万吨级龙头骨干企业和规模适中的特色产品企业。积极引导和培养一些条件成熟的企业进行规范化股份制改造和上市运作，迅速提升综合素质，并通过这些中坚力量带动全行业的整体进步。

3. 加强技术进步，提高创新能力

市场竞争的核心力量是科技进步这早已成为不争事实。首先要从提高技术装备水平入手，淘汰那些能耗高、产量低、质量差、作业强度大的陈旧设备。骨干企业更要加快技术装备更新步伐，保持装备水平的先进性，能改造则尽快升级，无利用价值则坚决报废，引进项目时都则要坚持整体先进、主配协调、软硬齐备，质量上乘的原则。

二是在新产品开发和新材料应用中，应注重工艺技术的先进与适应性相结合的原则，在引进与合作中，要特别加强前期调研工作，最好聘请专家或专业性权威机构介入，以避免使用技术不成熟产品和落后淘汰产品和技术，而影响投资成功率。

三是要加强企业科技队伍建设，骨干企业要尽快建立和加强企业技术中心，形成企业为主体的研发体系；走产、学、研联合路，增强企业开发实力；加大对专业技术性社会中介组织的培育和支持，理顺关系、为行业发展服务；加强专业技术人才的培养工作与合理使用，形成专业、层次、年龄梯度结构合理的人才队伍；抓好职工培训工作，通过岗位培训、职业技能培训等多种形式的职业教育，全面提高从业人员的整体素质。

4. 拓展周边市场，发挥地缘优势

从国内来看，因新疆与内地有上千公里的路程而形成了相对独立的“孤岛经济”；但新疆又因与7个国家接壤，设有8个国家一级口岸，新亚欧大陆桥和高速公路直通网的过境，而处于国际贸易的前沿。在西边：中亚各国的经济结构与新疆相近、而相对于国内有五至十年差距，存在着较好的农地膜、建筑塑料等市场。农地膜在前些年曾有出口贸易，但未稳定下来，许多出口商品从新疆过境，给如包装塑料带来了大量商机。在东边：河西走廊与我们毗邻，且有极其相似的市场环境。因此我们要加强对其市场的关注，有计划地组织相关企业进行考察，或通过会议、展览等方式，请进来、走出去，专门地研究整体性介入的方法和时机。可以将在国内技术成熟、市场竞争激烈的农地膜、包装塑料、管材、型材门窗等产品，将其以设备、技术投资或合作的方式进行本地化生产经营，在扩大市场资源的同时，可以低成本地实现产业结构调整和提升。

（新疆维吾尔自治区塑料协会　孔德海）

主要制品行业概况

农用薄膜

【行业现状】

农用薄膜是我国塑料工业中最重要的组成部分，是现代化农业发展中重要的生产资料。我国的农膜于20世纪60年代初期开始自行研制生产，1978年始从日本引进技术，经历了一个从无到有、从普通白膜到功能性农膜的发展过程。随着科技兴农战略的实施，农用塑料应用技术的推广步伐明显加快，近20年来我国农膜生产形势发生了举世瞩目的变化。农膜覆盖面积由3 000多万亩增加到2.2亿亩以上；农膜年产量由不足30万吨猛增到100万吨以上；农膜品种超过40种。我国农膜生产和使用量是世界其他国家总和的1.6倍，成为世界农用薄膜产量大国。农用薄膜国内主要以聚氯乙烯（PVC）、聚乙烯（PE）、乙烯-醋酸乙烯（EVA）薄膜为主。聚氯乙烯（PVC）农膜的产量占农膜总量的10%左右，聚乙烯（PE）农膜产量占农膜总量的80%以上，其余10%为乙烯-醋酸乙烯共聚物（EVA）农膜及其他品种。乙烯-醋酸乙烯共聚物（EVA）农膜是1992年研制成功的一种新型环保农膜。目前我国农用薄膜大部分为普通膜，功能膜仅占23%。

农膜行业拥有大小规模不等的生产企业近千家，总生产能力超过200万吨。正常情况下实际年产量应在120万吨以上，其中大型企业（年生产能力万吨级以上）约60家，骨干企业约30家，生产能力和年产量约占全国总量的60%。产能明显大于产量，农膜企业小、散、多，多数形不成规模，缺乏竞争力。

【专委会活动】

1. 2004年6月11日在河北省保定市召开了中国塑料加工工业协会农用薄膜专业委员会第三届二次理事会，31家理事单位及相关单位、新闻媒体共计58位代表到会。中国塑料加工工业协会会长兼秘书长廖正品先生、副秘书长丁言行女士、保定市市长王昆山先生、河北宝硕集团有限公司董事长兼总经理周山先生应邀参加会议并指导工作。

廖正品会长代表中国塑协对本届理事会的工作予以肯定，深刻阐述了农膜生产面临的形势和任务，要求理事会适应形势发展，做出更大努力。

农膜专委会理事长韩连贵先生做了本届理事会上半年的工作报告，在上级领导和兄弟单位的指导支持下，专委会上半年做了大量工作，并提出今后农膜行业的发展应该是企业间的重组与强强联合，各企业应在兼顾自身能力和特点的前提下，逐步减少影响产品性能的因素。农膜企业的创新能力与速度要和市场对接，只有不断地改进和提高功能膜产品的各项性能，才能满足用户和市场需求。

代表们认真审议并通过了“工作报告”和“财务报告”，对会议提交审议的九项议题进行了充分的讨论并一致同意。

与会代表对企业目前发展存在的问题进行了充分的讨论，提出尽快向国家有关部门反映农膜生产企业资源紧张、价格上涨与中央提出的支农政策之间出现的矛盾以及有关建议、意见。

2. 根据农膜专委会第三届二次理事会议上，专委会对各地代表反映的由于原料价格暴涨，农膜行业面临前所未有的困境，若不控制局势将严重影响农膜行业的生存与发展，并对农民利益造成极大损害等的问题前往国务院有关部门做了专题汇报，并向国家有关各部委提交了书面报告。上级部门和领导十分重视所反映的问题，多次核实有关情况和数据，并到农膜企业进行实地考察，表示要着手研究解决。

3. 截止至2003年底，登记的会员单位计116家，经秘书处重新核实确认会员单位92家，并向未参加2003年第三届会员代表大会的理事单位、会员单位寄发会议有关资料，介绍会议情况。2004年新发展26家，使团体会员的数量达到118家。

4. 制作专委会会标及铜牌

为扩大农膜专委会的知名度和影响力制作了专委会会标，已在理事会上讨论通过。经专委会审核符合条件的会员单位由专委会秘书处负责统一制作副理事长单位、理事单位、会员单位铜牌及证书。

5. 创办专委会简报

为发挥专委会桥梁、纽带作用，推动行业内交流与合作，促进会员单位间互通信息，加强联系，创办了专委会简报，向会员单位提供国家有关政策、市场动态、原材料价格行情等，免费赠阅。

6. 办理新理事长单位“社会团体分支（代表）机构登记证书”的变更，申办专委会账号。

7. 加强专委会内部组织和制度建设，不断提高工作水平和为基层服务意识。

【重点企业】

河北宝硕股份创业塑料分公司

创业塑料分公司隶属于河北宝硕股份有限公司，其前身是保定塑料总厂，成立于1957年，具有40多年的建厂史。河北宝硕股份有限公司是目前中国惟一以农膜生产为主业的上市公司。其下属骨干企业创业塑料分公司主要生产经营“宝硕”牌农用聚乙烯地膜、棚膜、功能棚膜及土工膜等产品。年生产能力7

万吨，居全国同行业前茅，是国家重点支农产品生产基地之一。公司占地面积 40 000 平方米，拥有 100 多台套先进挤出设备，有 40 多年的塑料加工经验，技术力量雄厚。2003 年创业公司总产量 4.9 万吨，总产值 42 706.7 万元。2004 年引进了美国 D-S 公司最新设计、代表当今国际领先水平的全自动电脑控制三层共挤复合功能膜生产线。公司本着“用户永远是正确的”的宗旨，以稳定的质量、成熟的工艺和完善的售后服务积极开拓市场，产品覆盖华北、东北、西北及华南等地区。公司注重质量管理体系的建设，于 2000 年通过 ISO 9002 质量保证体系认证。公司产品在国家技术监督局历次抽检中均超过标准要求，企业多次被轻工部、省轻工厅授予“产品质量信得过企业”。

北京华盾雪花塑料集团有限责任公司

北京华盾雪花塑料集团有限责任公司成立于 1965 年，系原国家经贸委农膜和土工膜定点生产企业之一，国家二级企业，北京市政府确定的重点扶植国有骨干企业。

主要产品为农用薄膜、土工膜、中空制品、包装材料四大类。产品曾获国家质量银奖，国家级新产品奖，部、市级优质产品称号，现为北京市名牌产品和国家技术监督局五年连续抽查质量合格产品。2000 年度被评为北京市质量管理先进单位。1999 年率先在国内同行业通过 ISO 9001 国际标准质量体系认证，2001 年实现了 ISO 标准转换的认证。华盾公司技术力量雄厚，设备精良，拥有目前国内最大的功能膜生产设备和国内一流的产品质量检测中心。现农膜年生产能力 2.5 万吨，功能性农膜年销量 1 万余吨，2004 年预计年产量为 15 600 吨。

大连第九塑料厂

大连第九塑料厂是下属有七个子公司的大型塑料制品加工企业，是全国农地膜骨干定点企业之一，年生产能力 30 000 吨，固定 3 610.2 资产万元，产品除销往辽、吉、黑、京、津、沪、鲁、新疆、内蒙古等国内市场，还远销日本、美国、韩国、朝鲜、俄罗斯等国家。大连九塑在国内最早引进农地膜生产技术，技术力量雄厚，企业连续十五年被大连市评为“重合同、守信用”单位，并于 1997 年通过了 ISO 9002 质量体系认证和产品质量认证。

主导系列产品有：

1. “大九”牌、“猫头鹰”牌农用制品系列：聚乙烯普通地膜、降解地膜、除草膜、黑色地膜、黑白相间地膜、黑白复合地膜、银灰色地膜、黑银复合地膜；三层共挤复合棚膜、长寿保温流滴膜、转光膜、消雾膜、EVA 功能膜、天幕等；功能母料、滴灌管、防水滴剂、反光幕、棚架等。

2. 塑料包装制品系列：保鲜膜、缠绕膜、保护膜、真空包装袋、购物袋、垃圾袋、可降解塑料包装袋及各种基材膜。

3. 塑料建材制品系列：塑钢门窗、装饰板材、聚乙烯交联管、土工膜等。

山东三塑集团有限公司

山东三塑集团有限公司是在原济南塑料三厂的基础上组建成立的大型企业集团，以生产农用塑料薄膜和塑料装饰建材为主，兼营塑料工业包装、室内装修及商业服务经营。企业占地面积 17 万平方米，建筑面积 7.5 万平方米，固定资产 1.8 亿元，总资产 2.2 亿元，年生产能力 6.6 万吨。农地膜产品品种有以下几种。①地膜系列：普通微地膜、除草地膜、黑色地膜、黑白相间地膜、绿色地膜、银灰地膜、增温地膜、降解地膜、耐老化易回收地膜；②棚膜系列：聚乙烯普通大棚膜、聚乙烯防老化大棚膜、聚乙烯防老化防雾滴大棚膜、聚乙烯紫光膜、聚乙烯转光膜、EVA 防老化防雾滴高保温大棚膜、聚乙烯草莓专用大棚膜、聚氯乙烯无滴紫光大棚膜。产品主要市场区域为华东地区、华北地区、西北地区、东北地区、中南地区、西南地区。现主要拥有两大系列主导产品：一是薄膜系列，主要有“历山”牌 PE 农膜、PE 地膜、PVC 双向拉伸膜、除草膜、长寿无滴膜、三层共挤宽幅多功能膜等产品，产品全部实行双计量生产；二是塑料装饰建材和防渗材料系列，主要有“中得利”牌 PVC 高档发泡地板革、PVC 涂敷压延地板革、铺炕革、PVC 复合土工膜、4m PE 雨布一膜等。其中“历山”牌农地膜 1989 年获国家最高质量奖——银质奖，是省质量免检产品。

白山喜丰塑料股份有限公司

吉林白山市喜丰塑料股份有限公司是 1992 年由浑江第一塑料厂为主改组而成的大型跨行业经营的股份制企业。现公司下设 12 个分公司和子公司，主要生产经营塑料制品、汽车配套产品、化工产品、纸制品、建材制品、医用塑料制品、医药产品七大系列 200 多个品种，主要生产农用薄膜，生产能力 8 万吨，公司现有总资产 5 亿元，职工人数 1 300 人，科研人员 196 人，年创产值亿元，创利税 1 500 万元，列入全国 1 000 家和吉林省 50 家重点工业企业之一。“喜丰”牌系列薄膜荣获中国名牌和吉林省著名商标等荣获称号，企业荣获中华全国总工会颁发企业最高荣誉——全国“五一劳动奖状”和全国首批“重合同、守信用”企业。产品主要销往山东、吉林、黑龙江、沈阳、江苏、河北等全国 24 个省市自治区。喜丰技术中心被列为省重点科研机构，曾代表国家起草

PVC农膜行业标准。喜丰公司始终坚持“一切服从质量、一心为了用户”的质量方针。在全国农膜企业率先通过ISO 9002质量体系认证，农膜产销量连续多年在全国同行业名列前茅。

淄博天鹤塑胶有限公司

淄博天鹤塑胶有限公司是国内大型塑料制品加工企业，有着20年的生产和开发吹塑薄膜的丰富经验，为山东省最早从事塑编产品的企业，拥有很强的生产技术力量和产量开发能力，公司具有进出口自营权，可从事本企业使用的原辅材料机械、仪器仪表、零部件及资产塑料制品等的进出口业务。公司拥有先进的农地膜加工设备18套，日本秋原株式会社塑编生产线一套，其中拉丝及塑料制品加工能力逾20 000吨。生产的“天喜”牌农地膜被山东省寿光市消费者协会评为“2001年度优质农膜推荐产品”。公司依托齐鲁石化的优质塑料原料，提供优质的产品和完善的服务。

佛山塑料集团股份有限公司经纬分公司

佛山塑料集团股份有限公司经纬分公司主要生产经营各种塑料编织制品和辐照高分子材料，目前生产经营的品种有塑料编织制品、防渗土工膜（地膜）、无纺土工膜、塑料编织土工膜、透光复合塑料编织农用大棚膜、辐照交联聚烯烃热收缩管、辐照交联耐高温聚乙烯管等，产品销往全国各地，并出口欧洲、北美、东南亚等多个国家。公司的主要产品“双象牌”复合塑料编织布，1991年获国家金质奖，1995年获广东省名牌产品；透光宽幅复合塑料编织农用大棚膜1998年获国家重点新产品，主要性能达国际先进水平；土工布产品1999年获国家重点企业之一；复合塑料编织渗土工膜2000年获广东省重点新产品。公司2000年通过GB/T 19002—1994/ISO 9002—1994认证，2003年通过GB/T 19001—2000/ISO 9001—1994认证。多年来公司产品的质量水平、产销量和市场占有率均名列全国同行业前茅。

山东清源集团有限公司

山东清源集团有限公司的主导产品为农地膜系列产品。其中生产农地膜产品的设备有48台（套），均为国内牌领先地位的设备。三层共挤设备5套，全部配有内冷装置。

公司1999年通过了ISO 9002国际质量体系认证，2001年通过了ISO 9001：2000标准国际质量体系认证；在国家质量技术监督局产品质量申诉中心、中国质量检验协会举办的“产品质量信誉跟踪”活动中评为“质量信得过产品”；2001年、2002年度连续被寿光市消协评为“优质农膜推荐产品”；2002年申报“山东省著名商标”。“清田”牌农膜已成为国内农地膜市场上较有影响力的知名品牌之一。

天津市塑料集团有限公司第二塑料制品厂

天津市塑料集团有限公司第二塑料制品厂创建于1954年，是国家轻工系统大型聚乙烯薄膜专业生产厂家。主要生产“兰花”牌聚乙烯农用薄膜和工业包装膜两大类产品，年生产能力30 000吨，企业在职员工1 100人，内部拥有五个有限责任公司和一个农膜生产部。“兰花牌”农膜获得过全国亿万农村消费者信得过产品金奖。现有种类专业生产设备184台套，固定资产6 572万元。企业总占地面积50 365.4平方米，建筑面积17 321.81平方米。“兰花”牌农用薄膜销往全国20多个省、市地区。天津二塑先后被国家机构授予国家二级企业，全国优秀质量管理企业、全国出口创汇先进企业、新世纪优秀企业等称号。作为国内最大的农膜定点生产厂家，企业曾自行设计制造了我国首台直径3.5米宽幅农膜吹塑机组，填补了国内空白，为我国农膜制造业发展奠定了良好基础。先后共同研制开发出环保型、多功能、转光型、抗农药型农膜等一系列新品。公司具有完善的质量检测手段和严谨的质量保证体系。目前企业已具备自行设计生产功能性农膜应用母料的能力，产品开发已形成推出一代，储备一代，研制一代的局面，实现了农膜产品向高技术精加工转变。

哈尔滨工业大学五塑实业有限责任公司

哈尔滨工业大学五塑实业有限责任公司是国家大（Ⅱ）型企业，是原轻工部在哈市定点生产农地膜的专业厂家。企业拥有专用设备70台套，其中引进的意大利二层、三层复合膜机组具有国内领先水平，年综合生产能力2.5万吨，固定资产1 247万元，已发展成东北地区最具规模的聚乙烯农地膜生产厂家。公司是中国农用塑料应用技术学会理事单位、中国农用塑料制品分会副理事长单位、黑龙江省农用塑料制品委员会会长单位。公司主导产品为光生态系列农膜，其是在原功能膜的基础上添加了“有机共轭荧光助剂”，属第三代控制型功能膜。该项目被国防科工委鉴定为具有国际先进水平，并被科技部列为国家重点科技攻关项目、国家星火计划项目、黑龙江省“十五”高技术产业发展规划重点发展项目、黑龙江省科技兴省项目，哈尔滨市十大科技先导工程、哈尔滨市政府“十五”规划中加速产业化项目、哈尔滨市政府2001年优先产业化项目，又被国家科委、国家计委、国家经贸委、国家工商总局联合评定为“国家级重点新产品”。

【主要问题】

我国农用薄膜生产所需原料年需求量在120万吨以上，保证原料正常供给对农膜企业至关重要。2004年对于农膜行业来说是极其不平凡的一年，农膜原料价格暴涨，成为整个行业关注的焦点。由于原料价格持续上涨，波动很大，难以预测，导致农膜生产企业困难重重。农膜生产所需要基本原料乙烯-醋酸乙烯酯共聚物（EVA）、高压聚乙烯（LDPE）、线型聚乙烯（LLDPE）涨幅均在64%以上，有的则高达100%。

原材料涨价的原因如下。一是与国际市场原油价格上涨和乙烯单体价格上涨的客观环境有关。二是国外石化厂商做了经营策略的调整。如韩国生产的原材料在2002年以前大量销售在中国市场。由于货源充足，价格下跌，形成买方市场，中国企业受益。然而从2003年起，韩国企业根据原油等价格的变化限产提价，减少对中国的销售量，很快引起国内市场资源不足，形成了卖方市场，中国企业受损。三是由于国内资源不足，企业和商家纷纷转向国外订货，多头采购，互相掣肘，炒得国外报盘越来越高。四是原料价格上涨。除了石油价格上涨、国内资源不足之外，原料生产企业和经营商联手有意的人为炒作，也是重要原因之一。原料市场出现紧缺，石化企业和原料经销商达成默契，石化企业不向农膜生产企业直供原料，而是把原料卖给经销商，经销商则囤集聚齐，不断提价，以致出现一周涨一次，半月调一次价的情况，人为制造紧张气氛。LDPE去年8 000元/吨，到2004年9月达16 000元/吨，涨幅100%。

正是由于以上几点因素，2004年农膜原料价格达到历史最高。加之国家紧缩银根，企业资金匮乏，水、电、运费相继上扬，农膜企业处于前所未有的困境。从市场经济学角度来讲，产品价格上涨的幅度应与原料价格上涨的幅度相当，但2004年就农膜行业来讲，产品农膜价格比原料价格还低10%，所以导致大部分农膜企业亏损。原本就没有多少利润的农膜生产企业根本经不起原料价格大幅波动，整个生产企业开工严重不足，开工率只有40%～50%，有的不足25%，有的仅13.3%，如大连第九塑料厂。市场需求量大，致使一些劣质农膜涌向市场，出现不正当竞争，一些小企业以低质、低价的农膜冲击市场，对行业发展产生不良影响。二是部分厂家在协议定价的市场背后暗箱操作，相互压价，使微薄的利润又流失。这些原因综合起来，造成一部分大型企业停产，甚至面临破产，90%农膜生产企业亏损。在国家定点的307家生产企业中有的被兼并，有的转产，有的根本不存在了。农膜生产企业利润值约在0.5%，而原料生产企业达到30%以上，这种比价关系将极大地制约了农膜行业发展。

农膜属于均衡生产、季节性销售的制品，农膜原料价格居高不下，企业备料受阻，产量下滑。必然导致农膜供货紧张价格上涨，这大大加重了农民的负担。中国是发展中国家，农民占总人口的70%，农民的消费能力和购买力是有限的。国家为了促进“三农”发展，给予农民一定的保护政策，但随着农膜及相关农资价格上涨，抵消了减少农业税和粮食直补政策给农民带来的好处。而农资价格上涨使农民种植成本增加，为农产品价格上涨奠定了基础，农产品价格的上涨将带动相关商品价格的上涨。随着时间的推移，上游产品价格上涨传导下游产品价格，这样，影响终端消费品市场的力量将放大，导致推动型通货膨胀发生的可能性增大，受害的是广大消费者，严重时也会影响到社会安定和国民经济健康发展。

农膜原料价格暴涨，不仅给农膜行业带来巨大压力，而且已经造成一定的社会影响，必须引起高度重视并加以解决。

【发展趋势】

加入WTO后，中国经济面临巨大变革，农膜行业也将参与国际市场竞争，在新的形势下要求农膜行业求变求新以创新求发展，使农膜领域有新的更大发展。目前我国农膜行业面临的任务是：产品要换代、设备要更新、技术要进步，而大部分企业的资金、技术、人才等方面的能力都十分有限。实践表明，企业要生存并发展，必须走企业间重组与强强联合之路。通过联合、兼并、收购和实行规范化的现代企业管理制度，通过跨行业、跨地区的资产重组、优势互补和合理配置资源，改变我国农膜企业小、散、多的现状，提高企业的综合竞争能力，培育大型企业集团，提高企业的国际核心竞争力，将农膜行业做大、做强，使中国农膜走向世界。这就是农膜行业的出路和未来的发展方向。

农膜行业要领先科技进步，加速产品更新，积极调整产品结构。要加快对现有设备的更新改造，通过技术进步和创新，加大新产品开发力度，集中力量突破一批重点优势项目。创新能力与速度要和市场需求对接，不断改进和提高产品性能。注重多功能农地膜的开发应用，将功能膜比重由23%提高到50%以上，形成自己独特的核心技术。中国农膜要向薄型长寿化方向发展。尽快将品种新、性能优、质量高、成本低的农膜新产品推向市场。大力倡导节约资源，限制低水平重复建设，注重产品科技含量和资源有效利用，走绿色持续健康发展之路，通过农膜品质的提高，变农膜产量大国为农膜质量强国。

（中国塑料加工工业协会农用薄膜专业委员会　金洪波）

塑料管道

【行业现状】

2004年塑料管道行业在克服了塑料原料大幅涨

价、市场竞争加剧等困难之后仍保持着稳健的发展脚步，据不完全统计资料显示，全行业的各种塑料管道加工能力已近400万吨，各种规模企业数千个，已形成了颇具规模的产业队伍，成为我国经济建设中的一支重要力量。

2004年塑料管道产量约为200万吨。目前，生产能力1万吨以上的企业约为70家，有20家企业的能力已达到或接近10万吨。大型骨干企业在行业经济指标的中所占的比重进一步加大，2004年前10名的企业销量约占行业总量的40%左右。塑料管材出口有了进一步的增长。

随着进入塑料管道的企业的进一步增多，供应能力进一步扩大，市场上的竞争也日渐加剧。企业不断地意识到为适应加入WTO的需要，促进我国塑料管道行业的健康发展，要在竞争中求生存、求发展，就必须提高重视质量意识和产品质量水平，增强产品的市场竞争力，必须加强品牌建设。所有这些都极大地促进了行业加强品牌建设工作，争创名牌已经成为行业企业共同的主要工作目标。在不断发展中，行业的品牌建设上也取得了明显成果，涌现了几十个地方性名牌、地方性著名商标等名优产品。2004年福建亚通新材料科技股份有限公司、广东联塑科技实业有限公司、广东顾地塑胶股份有限公司、佛山市日丰企业有限公司、金德管业集团有限公司、浙江中财管道科技股份有限公司、临海市伟星新型建材有限公司、浙江永高塑业发展有限公司、四川泰鑫实业发展有限责任公司、佛山市顺德区雄塑实业有限公司等11家塑料管道生产企业又喜获“产品质量国家免检”资格。

行业的科技进步速度进一步加快，行业中很多企业重视研发的投入，拥有国际先进水平的研发中心、检测中心，重视新产品的开发和新技术的引进，获得多项自主知识产权。中国已经成为世界上生产塑料管道品种最多的国家之一，得到国际行业的高度评价。许多企业目前国内塑料管道的技术水平与国外发达国家的差距正逐步缩小，塑料管道的新品种、新结构、新材料、新技术、新工艺及专利项目越来越多。塑料管材管件产品标准大多已经采用当代国际标准或国外先进标准，实物质量大多已经达到了国际20世纪90年代末的先进水平，有的品种填补了国际空白，替代了进口。

【专委会活动】

1. 继续开展行业自律工作，引导生产企业加强产品质量管理和引导规范市场

质量是企业生存的保证，只有提高产品质量意识，真正强化质量管理，向社会提供优质的产品及服务，企业和行业才能真正有发展的机会。

塑料管道专委会把加强行业自律、引导企业提高产品质量、规范市场作为2004年的工作重点，利用各种机会和媒体进行宣传和工作，并在2004年10月15日的新闻发布会上向社会发布了行业自律的情况和决心。还针对塑料管材的原材料价格持续上涨，市场比较混乱，产品质量水平、市场价格相差较大的现状，从2004年10月起，发布了两期给水用硬聚氯乙烯（UPVC）管材（非铅盐稳定剂）、排水用UPVC管材、燃气用埋地PE管材、给水用PE管材、埋地排水用UPVC和PE双壁波纹管材6种产品的行业指导价格。各相关媒体争相报道，并得到了一些地方行业协会、相关机构的认同，在行业内外发生了较大的影响，对整个行业市场的规范起到了一定的影响作用。行业指导价格主要供生产者、应用者以及相关部门在生产、销售、采购、制定招标文件及政策等方面参考，希望生产企业和用户共同营造一个生产、使用合格产品，拒绝不合格产品的市场环境。

2. 召开2004年年会，倡导诚信，加强自律，促进行业健康发展

管道专业委员会2004年年会于2004年6月26～28日杭州铁道大厦召开，大会主题为“诚信——企业发展之本”，中国塑料加工工业协会、建设部、水利部、中国城镇供水协会、中国燃气协会、中国氯碱协会等单位的领导、国家和一些省市的检测机构、相关协会和专委会会员单位、行业相关企业单位及部分支持媒体的代表300余人参加了本届年会。会议总结了塑料管道专业委员会一年来的工作，在加强专委会自身建设方面，2003年年会以来新增加会员单位总数已达200多家，据不完全统计，专委会会员单位的塑料管道加工能力、生产量和销售量已占到全行业的三分之二以上。专委会受到越来越多的人们关注，已有较大的影响。不断的有新的相关企业提出入会要求，行业的力量不断壮大。专委会将维护行业利益，更好地为会员单位服务，宣传扩大行业的影响，积极拓展应用市场。会议分析了行业目前存在的问题，探讨制约塑料管道行业的发展的因素，号召大家不断努力，大力倡导诚信，加强行业自律，扩大行业影响和应用领域，促进塑料管道行业健康发展。

会议安排了先进技术及经验交流，并邀请专家进行了“国家宏观经济趋势及对相关行业的影响”讲座、新产品新技术及设备的展示。会议还安排参会代表集体前往上海国际展览中心参观了“第十八届中国国际塑料橡胶工业展览会”。

会中还召开了UPVC给排水管、PE燃气和给水管、波纹管和缠绕管等小组讨论会和专委会六届四次理事会议。

3. PVC树脂等塑料原料大幅涨价，制约了塑料管道行业的发展，专委会维护行业利益，通过各种方式进行反映和呼吁

2004年塑料管道几乎所有的原材料价格都居高不下，企业的成本大幅度提高，绝大部分企业都出现了销量增加很多，而利润总额下降的尴尬局面。

2004年3月份专委会专门召开了六届三次理事会议，会上参会代表交流了各地目前塑料原料的市场情况和走势，各企业成本、市场价格、经营运行等困难情况，讨论了行业的对策和措施。

理事会议通过决议，行业应进一步采取办法，加强呼吁力度，反对暴利，并根据实际情况合理调整销售价格，以争取行业的生存空间。在管理中内部自身挖潜，降低费用，但一定要保证产品质量，促进行业的健康发展。

会后秘书处向国家相关管理部门、相关协会、相关企业及媒体发出了“塑料原料价格大幅上涨，塑料管道加工行业发展受到制约的情况反映”，秘书处已数次通过各种方式并曾与异型材和门窗制品专业委员会一同向国家有关部门反映情况，并要求行业会员企业不要因PVC树脂原料上涨而有降低质量的行为，避免低价竞争，提倡合理竞争。

4. 分别在成都和沈阳举办技术交流会

专委会继2003年11月组织会员单位参加了在意大利米兰举办的“塑料管道企业管理人员培训班”培训后，大家都获益匪浅，在生产、技术、质量、管理、创新和市场监控等方面都有很大的收获，反映很好。在中国塑料加工工业协会的支持下，2004年9月7日和9日，专业委员会再次与意方合作，由主办方出资，组织会员单位、塑料管道生产企业分别在沈阳和成都举办了技术交流会，讨论了管道在生产、原材料、加工设备、标准等方面的技术问题，有近200人参加了交流会，取得了较好的效果。

5. 针对专门问题，召开新闻发布会

2004年的一段时间内，全国有的媒体刊登和转载文章，提出含铅盐稳定剂的PVC管道产品会对人体健康形成极大威胁，有的媒体介绍饮用水管材管件限用PVC材料，甚至还有传说称国内有些地方已经禁止合格的UPVC管用于给水工程。所有这些情况对塑料管道的应用和发展产生了比较大的负面影响，社会的反响也比较强烈。针对这种情况，塑料管道专业委员会于2004年10月15日下午在北京新时代大酒店召开新闻发布会，专题介绍UPVC给水管无毒的情况，提出符合标准的UPVC管道的卫生性能不会对人体健康构成威胁，热稳定剂的品种不只有铅盐类稳定剂，还有其他种类应用。建设部仍在推荐包括PVC材料在内的塑料管道，只是给水管道中禁止使用含铅盐的稳定剂。会议上还发布了6种塑料管材产品行业指导价格以及行业自律等情况。

通过这次信息的发布，产生了很好的效果，许多媒体纷纷报道和转载，产生了好的正面的影响。

6. 召开“中国塑料管道创建名牌高峰论坛”

只有加强品牌建设，才能促进塑料管道行业的健康发展已经成为行业的共识。为更好地提高行业的质量意识、品牌意识，搭建企业与相关部门的沟通平台，使行业能涌现更多的名牌产品、免检产品，提升行业的知名度，配合即将进行的中国名牌产品目录的工作，管道专委会于2004年12月24日在北京渔阳饭店召开了“中国塑料管道创建名牌高峰论坛”。

中国轻工业联合会、中国名牌战略推进委员会、国家质量监督检验检疫总局产品质量监督司综合处等部门领导、行业规模大、质量好、管理佳的一些重要企业的主要领导，以及相关媒体代表参加了会议。

会议上，各参会领导做了专题报告，参会企业重点交流了品牌建设工作的经验、做法和效果，认为品牌建设是企业生存的市场需求，是行业健康发展的必经之路，而加强质量管理是品牌建设最基本的保证。品牌建设的主题是企业，认可是市场，推动的是政府和行业协会。各企业还一致表达了申报中国名牌产品和“产品质量国家免检”资格的强烈愿望。

塑料管道产业的发展符合我国国策，有广阔的市场前景，加强品牌建设将会大力促进行业的发展与进步。打造名牌是当今国民经济中任何企业立于不败之地的必要举措，应把争创中国名牌提高到中国塑料制品走向世界强国必由之路的高度来思考和对待，我们不仅要打造中国名牌，还要打造世界名牌。

7. 重视和加强与相关兄弟协会的合作，扩大行业的影响

专委会积极主动地与水协会、燃气协会、水利灌排协会等相关兄弟协会加强联系，共同开展一些有益的工作，学习他们的经验，取得他们的支持，特别是在市场开发、为会员办实事等方面，兄弟协会给予我们很大的帮助，从而进一步扩大了行业的影响。

8. 更好地为会员单位服务，宣传扩大行业的影响，积极拓展应用市场

协会是我们行业自己的组织，是企业的代表，也是企业与政府间的桥梁与纽带，主要宗旨是为会员企业服务，代表会员企业利益，争取政府对本行业各方面的支持。

(1) 专委会将对外扩大行业影响、对内为会员单位拓展应用市场作为重要的工作之一。在2003年的基础上，2004年专委会又与中国灌溉排水发展中心

乡镇供水部及北京农水供水设备技术信息中心合作，受委托对申请拟编入《2004年农村供水材料设备产品评审推荐目录》的塑料管道生产企业进行了评审与推荐，在相关单位及会员单位的配合与支持下，包括46家会员单位在内的50余家管材生产企业入选。

(2) 专委会参与了建设部、北京市建委等部门组织的与塑料管道相关建材制品的推荐、限制、禁止使用的专题讨论会，大力推广塑料管道在城市市政排污、市政给水及UPVC在建筑给水等方面的应用，做了塑料管道产品的宣传和行业情况的介绍，并对应用、配套技术等方面的疑问进行了解释工作。

(3) 专委会会同中标认证中心共同了举办“塑料管道国家节水产品认证贯标会”，尽力争取国家相关部门对我们行业的政策支持。

【重点企业】

◇ 福建亚通新材料科技股份有限公司

◇ 金德管业集团有限公司

◇ 广东联塑科技实业有限公司

◇ 广东顾地塑胶股份有限公司

◇ 佛山日丰企业有限公司

◇ 河北宝硕管材有限公司

◇ 湖北凯乐新材料科技股份有限公司

◇ 成都川路新型化学建材集团有限公司

◇ 浙江永高塑业发展有限公司

◇ 安徽国通高新股份管业有限公司

◇ 亚大塑料制品有限公司

◇ 南亚塑胶管材（厦门）有限公司、南亚塑胶管件（厦门）有限公司

◇ 山东胜邦塑胶管道系统有限公司

◇ 沈阳久利化学建材股份有限公司

◇ 浙江中财管道科技股份有限公司

◇ 沧州明珠塑料股份有限公司

◇ 宁夏青龙塑料管材有限公司

◇ 山东环球塑业有限公司

◇ 河南安彩华林化学建材有限责任公司

◇ 伟星新型建材有限公司

◇ 浙江中元枫叶管业有限公司

【主要问题】

1. 品牌意识相对比较淡薄，市场不规范，有些产品质量情况令人担忧，极大影响着行业的健康发展

产品的相似性、供大于求造成竞争程度的加剧，很多企业把“价格战”作为参与竞争的杀手锏，有的企业采用偷工减料、以次充好等方法来参与恶性竞争，使产品质量令人担忧。品牌意识相对比较淡薄，市场缺乏管理和不规范，客观给粗制滥造、假冒伪劣产品留有了一定的生存空间，更加使市场上的产品质量参差不齐。

2. 一些企业的科技开发能力、产品更新速度等方面还有待提高，行业中低档产品偏多

一些企业的技术水平、产品开发能力方面还有待提高，市场上相类似的能生产的一般产品占大部分，产品更新速度比较慢，产品模仿的多，具有自主知识产权的新产品少；通用产品多，高技术、高附加值产品少。因此一些企业也就只能采用降低成本、降低售价的办法来参与市场的竞争。

3. 原材料大幅涨价，制约了塑料管道行业的发展

2004年各种塑料管道的主要原料价格仍维持在较高价位，助剂的价格也有增加。有的品种的管道专用料只能依赖进口，价格居高不下。而由于竞争的加剧，塑料管道售价却上涨不高，许多企业经营步履维艰。一些非正规企业为了生存，靠多加低廉的填充物来降低原料成本，这将会严重影响产品质量和行业声誉。

4. 扩大应用领域工作有待提高，应用和配套技术需进一步完善

近年来国家、一些地方相关部门也出台了推广包括塑料管道在内的化学建材的政策，尤其是建设部218号文件的公布，扩大了行业和产品的影响，推动了行业的进步。但宣传的还不够，有的用户仍不了解塑料管道的优缺点、如何进行施工、如何正确监理等应该普及的知识。一些设计人员对产品也只有初步的了解，有的认识仍停留在金属管道的观念上，所有这些影响了塑料管道合理的使用和应用领域的扩大。

有的产品应用的标准化工作相对滞后，一些产品的设计、施工、安装的规程、规范出台速度相对较慢。

【发展趋势】

塑料管道行业有十分难得的发展机遇和光明前景，许多国家的重点项目、我国不断加速的城市现代化建设、农村的饮水改造和安全供水项目、城市采暖的管网改造、建筑物内增加中水管网设计等许多机会都会促进塑料管道的应用市场不断的加大。

2004年3月18日建设部《关于发布〈建设部推广应用和限制禁止使用技术〉的公告》（建设部第218号）中，提出各种塑料管道的应用领域和发展方向。国务院办公厅2004年5月发出了《关于开展资源节约活动的通知》，开展资源节约活动，全面推进能源、水等资源的节约和综合利用工作。采取优惠政策，鼓励生产、销售和使用节能、节水设备（产品）。刚刚结束的两会也提议建立节约型社会、节能型住宅。因此分析近年塑料管道在城镇化、城市新建住

宅、旧房改造等建设、燃气、供暖、城乡供水、农用等方面都会有非常大的需求，仍将会以大于10%的速度增长。

1. 行业总的能力已经供大于求，但一些具有一定实力的企业的扩张、布点速度不会放慢，行业加工能力的提高以及国外同行的进一步进入，会使行业的竞争进一步加剧，价格竞争逐步向品牌竞争方向发展，行业的资源整合、洗牌的进程将会加快，产品质量越来越会受到重视。

2. 根据目前的情况看，管道主要原材料价格依然持续较高的价位，尤其是PE和一些国内有限的原料供货紧张，并且价格可能不会十分稳定，带来制品的销售价格难以把握，可能会影响行业发展。

3. 一些领域中，PE管材的应用速度会大于PVC发展速度，PE-RT等一些新的材料管道发展可能更快，具备新功能的新材料将会更加受到重视，许多企业将会当作新的增长点。塑料管材将由单一材料加工更倾向复合材料应用，以发挥各自优异的特点，提高综合性能。

4. 由于应用的开发速度加快，需求将会促进各品种管道产品及设计、施工安装等方面的配套技术的进度加快，相关的标准化工作将会加强。

5. 农村的饮水改造和安全供水项目、全面推进能源、水等资源的节约、建筑物内增加中水管网设计等，尤其是城市排污设施建设，将会有很大的应用市场。

（中国塑料加工工业协会塑料管道专业委员会　杨洪献　王占杰）

塑料异型材和塑料门窗

【行业现状】

经过近二十年的发展，行业主产品——塑料异型材的产能布局已基本形成。在辽宁、河北、山东、北京、天津等省市形成了“渤海湾产能集结区”；在安徽、江苏、浙江、上海等省市形成了“长三角产能集结区”；在广东、深圳等省区形成了“珠三角产能集结区”。“渤海湾产能集结区”形成最早，“珠三角产能集结区”初见规模。三个集结区域外，中西部产能呈点状分布，其中四川省会成都所具有的产能最大。

对产能分布的影响主要有三：第一，地方政府对国家产业政策的态度和推广应用化学建材的力度；第二，区域的地理位置及气候条件；第三，区域经济的发展水平。

2004年，我国型材总生产能力在350万吨左右，比去年约计减少发展产能50万吨。全年型材产量150万吨左右，比去年略有增长。

2004年，国内不少型材企业积极开拓国际市场，型材出口总量达万吨左右。同时，我国的设备、模具、配件等相关产品也在纷纷走出国门，以较高的水平、略高于国内的价格开辟国外市场。从目前情况看，虽然从数量上相对来说还比较小，对国际市场影响还不大，但我国所具有的生产潜能和价格优势已引起国外，特别是欧美国家的关注和警惕。

自2003年二季度以后，PVC树脂价格一路走高，进入2004年以后情况更加严峻。受国际石油价格走高的影响，国内PVC树脂价格最高峰曾突破每吨万元大关，大部分时间在9 000元/吨上下浮动。但是型材价格始终处在成本价边沿状态，很难同步跟进，大部分企业处在无利或亏损经营。虽然到年底PVC树脂价格回落在8 000元/吨左右情况有所缓解，但是长期超低价位运行已经耗尽了企业实力，不少中小企业已经无法维持正常经营，整个行业处在有史以来的最艰难时期。助剂企业也同样受到了冲击，它们应用的诸多原料接近成倍增长，由于型材企业的抵制，助剂价格也未能及时同步跟进，众多助剂企业出现了大幅亏损。有些企业为了减轻压力，在助剂中添加碳酸钙，这种做法促使型材企业的产品质量加速下滑，甚至出现质量事故。

虽然企业经营状况艰难，但是激烈的低价格竞争并没有缓解。以超大规模企业互为最大竞争对手的价格战波及全国范围，使众多的中小企业被迫卷入其中。进入下半年，互为竞争对手的一方产品售价出现较大上浮，而另一方并没有松懈，仍然在全国范围内超低价位经营，和众多的中小企业展开了市场份额争夺战。从多方了解情况看海螺今年总销量已达40多万吨左右，市场总份额已向1/3靠近，而实德的总销量由2003年的行业第一位下滑至2004年的第二位，只占海螺2004年总销量的1/2略多，占市场总份额的1/5左右。然而，实德100万吨/年的产能增扩规划仍在加速建设中。实德和海螺争坐产业第一首席的雄心近几年内不会改变，但是，是否有意要达到实现在本产业上的垄断性经营，行业内外人士应引起格外关注。这次旷日持久的超低价位的价格竞争，加速了行业的整合，提升了行业自身抗风险能力，提高了行业整体自身综合素质，使行业逐步走上理性发展的轨道。但是，长期的超低产品售价运营耗尽了行业的总体经济实力，不利于科技创新和产业整合，行业发展付出了沉重代价。

在常规产品扁平的市场空间中企业看不到峰回路转，寻求差异化、开拓另类产品已被众多企业所关注，许多企业相继推出了彩色型材、围栏产品、结皮发泡产品、木塑产品等，有的企业抓住部分人员的消费心理，直接从欧洲进口型材制造一流精品窗户。有的企业在着眼于品牌，把型材与门窗结成一体品牌推向市场，努力打造市场形象。

进入四季度以来，部分型材企业认真分析了当前形势和企业现状，相继提出了增扩产能规模的计划，努力打造区域龙头老大，创造区域知名品牌，使企业形成一定区域范围最合理的经济规模，牢牢占据自己的势力范围和外来产品进行拼争。从这种趋势看，今后跨区域销售将逐渐失去优势，长期以超低价位争取市场份额的做法只占据短时之利，此法的长期实施必将耗尽其经济实力，在某种外力的作用下可能将会发生“多米诺骨牌”效应。据此判断，两个超大规模企业未来的风险并不比中小企业小，今后发生如何情况，还要看其能否理性地调整自身战略。

【专委会活动】

1. 保持工作的连续性，继续做好上届计划进行和正在进行的各项工作。继续落实四届七次理事会“走出低谷，再创辉煌”的8条意见。

2. 2004年型材产品的上游原料始终长期处于高价位供应，而型材产品的自身售价却是水涨船不高，行业总体情况十分危急。专委会针对这一情况及时召开了五届一次理事会，针对行业情况展开讨论，研究对策，对几项工作议案进行了表决、并进行了近期工作布置和安排。

专委会根据行业情况联合塑料管道专委会向总会、向国家相关部门反映行业情况寻求支持和帮助；发布“关于塑料异型材及门窗行业的预警通告”及“关于维护塑料异型材及门窗行业健康发展的紧急倡议”。

3. 配合GB/T 8814—2004塑料异型材产品新标准的颁布与实施，专委会为了节约行业的人力、财力，聚集了行业中有声望的专家，在浙江华之杰建材有限公司按新版标准和旧版标准对比进行了“原料、助剂、配方试验”，并将成功试验情况以《塑料异型材特刊》形式向行业内内外寄送。此活动的影响非常大，行业反应效果非常好，为新版标准的贯彻与实施起到了有力的推动作用。

4. 为维护市场竞争秩序进行了一系列活动：①在各种会议中作为专项议题进行讨论并商讨对策；②通过杂志、网站发布专委会提出的关于维护市场竞争秩序的要求和措施；③专委会分别采用遵纪守法经营、产品合理定价、严禁生产销售低劣假冒产品、维护商业信誉、注重商业道德、开展行业自律、开展诚信活动、提高质量意识，争创名牌产品等多种形式开展宣传或活动。

5. 针对行业状况加强与政府相关部门的联系与沟通，反映行业情况寻求支持和帮助；密切与上下游产业协会和兄弟协会的关系，互通信息，协调工作。

6. 申报编制“彩色型材”行业标准。近几年来，由于市场竞争激烈、基本处于微利或无利经营的许多企业积极开发彩色型材与门窗产品，丰富产品品种，满足人们多彩化的生活需求。几年来，彩色共挤、彩色喷涂、表面覆彩色装饰膜等产品已经陆续面市以后，受到广泛欢迎。但是无标准供行业内外参照，质量、等级无法界定，尤其是发生产品质量纠纷时，更是没有判定依据。根据此情况专委会已经连续两年申请编制“彩色型材”国家标准，未获批准。专委会鉴于行业的迫切需求，提出申请编制“彩色型材”行业标准，并做了大量的准备工作。

7. 开展培育“中国名牌产品”的工作。树品牌、创名牌，促进产业由大转强。一方面大力在业内宣传倡导，另一方面向国家名牌产品推进委员会等机构申请，将“塑料异型材”产品列入评价范围之中，这些工作都在进行之中。

8. 为帮助企业度难关，降低企业生产成本，积极努力寻求联合型材企业实施主原料PVC树脂的“团购”。

9. 组织企业参观德国慕尼黑国际建材博览会。

10. 根据行业的科研动向与产品研发动向，准备组织成立“沿海地区门窗技术研究中心”、“木塑制品联合研制开发中心”。多年来，受经济及发展因素和推广力度等多方面影响，沿海地区的塑料门窗应用比例始终领先，近年来发现，塑料门窗在沿海地区的应用，受产品技术开发滞后、专业技术理论不完善并跟不上需求的发展的影响，导致塑料门窗在许多工程中与铝合金门窗竞争时失败。目前，行业内外尚未有较全面综合性的塑料门窗技术研究机构，建立该方面的研究机构是行业发展的迫切需求。近年来，各生产企业在大力开发彩色门窗等多种产品的同时，也努力在寻求新的挤出替代品——木塑产品。木塑产品的应用可涉及建材、家具、装饰装修、包装等多种领域，有广阔的应用前景。但是，该产品的研发受到原料、设备、模具、工艺技术、产品及系统配套等多方面因素影响，单一独立单位很难全面系统完成木塑产品的研发工作，该研发属性制约了由单位独立研发、推广与应用的效果。在专委会组织下，由各类厂家参加进行联合研制，是成效显著的办法。

11. 为了弱化跨区域长距离不合理的经营销售而引发的全国范围内低价位竞争，培育区域范围内的知名产品，调整产业的结构布局，促进以区域销售为主的产能构成，专委会正在进行“产业支撑骨干企业”群体的培育工作。

12. 进行行业情况调研，研究行业的发展走势，研究各产品产业的自有属性和发展的客观规律用以指导行业发展和规避行业风险。

13. 召开了五届二次理事会扩大会议，研究分析了行业形势及存在的主要问题，表决通过了秘书处提交的“行业近期主要工作内容”，共12项工作内容。

14. 召开了“2004年全国塑料异型材及门窗行业年会”。本届年会于2004年10月15～18日在天津宝成宾馆召开。来自全国各地的异型材及门窗制品企业、相关的原料、助剂、设备、模具、型材、门窗、配件等生产企业的代表出席了会议，京、津、冀部分房产建筑业代表以及中国化工报、中国氯碱网、中国建材报、中华建筑报等多家媒体列席了会议。

国家发展改革委员会、商务部、中国轻工业联合会、中国塑料加工工业协会、天津市建委、天津建材协会领导莅会并做了重要讲话。

本届年会以“提高行业素质、融入全球经济”为主题，以“行业保护”、“名牌培育”、“行业自律”、“新国标贯彻”为主要内容召开。

会上，中国轻工业联合会张善梅副会长向与会人员介绍了轻工系统近年来发展情况和对国家所做的贡献，以及进出口方面经常遇到的问题等。国家发展改革委经济运行局柴开平处长向与会代表介绍了国际、国内石油的供需状况，发展情况分析以及今后石油价格走势，谈论了与石油产品相关产业如何应对的看法等。商务部产业损害调查局刘永平处长较详细的介绍了我国对外贸易的法律、法规、商务部在对外贸易中的部分职能和作用，以及我国部分涉外企业中存在的一些带有共性的问题，并提出了一些应对策略、办法供参考；中国轻工业联合会杨立司长向大家介绍了中国名牌培育工作过程中，名牌培育、名牌产品评定工作程序，名牌产品必须具备的条件等。中国塑料加工工业协会廖正品会长概括地介绍了塑料加工行业近年来的发展情况和各种产品产业近年来所面临的市场形势变化情况。天津市建委建材办李祥主任向大会介绍了该市城市建设简况，分析预测了建材产品的需求品种和数量。

会上，中国塑协异型材及门窗制品专业委员会秘书长王存吉向大会报告了一年来的工作，分析了产业面临的形势指出了业内存在的问题，提出了走出困境、健康发展的一些具体措施和办法，展望了产业的前景。最后大会通过了专委会秘书处补作的第四届财务报告。会上，针对产业发展问题，部分企业高层领导也以书面形式做了发言。

在大会召开期间，召开了专委会五届二次理事会扩大会议，还举办了型材门窗产品供需信息发布、业务洽谈活动；举办了门窗技术学习培训活动；还辟出充分的场地进行了企业宣展。

15. 十二月中旬在保定市东方大酒店召开了“2004年全国塑料异型材企业研讨会”。

16. 2005年工作计划：

（1）贯彻GB/T 8814—2004型材标准，做好产品转型工作；

（2）准备编制“彩色型材”行业标准；

（3）组织编写“行业自律”、“行业行为准则”并贯彻实施；

（4）号召企业在行业内开展“质量违法举报”、“价格违法举报”活动，整顿市场经济秩序；

（5）加强与政府间的联系，在产业保护、在产业政策、外贸进出口政策方面寻求支持和帮助；

（6）开展“中国名牌产品”的培育工作，争取早日诞生塑料异型材中国名牌产品；

（7）培育“产业支撑骨干企业”群体；

（8）逐步完善并成立专委会的各专业工作组；

（9）组织成立“沿海地区塑料门窗技术研究中心”；

（10）组织成立“木塑制品联合研发中心”；

（11）继续落实四届七次理事会“走出低谷，再创辉煌”的8条意见；

（12）加强宣传介绍国际贸易中的法规、应对措施、规避技巧，为国内企业走出国门服务；

（13）继续加强与媒体的工作联系，争取获得最大的舆论支持；

（14）继续组织召开年会、理事会、专题行业工作会等（均待定）；

（15）搞好信息工作，及时掌握行业情况及动态，做好市场状态分析，定期进行行业统计，为行业健康发展搜集基础数据；

（16）继续办好《塑料异型材》杂志和专委会网站。

【重点企业】

◇ 北新建塑有限公司

◇ 哈尔滨中大门窗型材厂

◇ 大连实德塑胶工业有限公司

◇ 沈阳久利化学建材股份有限公司

◇ 宝硕新型建筑材料有限公司

◇ 天津百龙塑钢门窗异型材制品有限公司

◇ 唐山广建塑料制品集团公司

◇ 安徽国风集团有限公司

◇ 芜湖海螺塑料型材科技股份有限公司

◇ 宁波浙东塑料建筑材料有限公司
◇ 浙江中财塑胶有限责任公司
◇ 上海皇家房屋建设系统有限公司
◇ 维卡塑料（上海）有限公司
◇ 常州创佳塑料型材有限公司
◇ 中山中标建材有限公司
◇ 四川华塑建材有限公司
◇ 西安高科塑业有限公司
◇ 新疆屯河新型建材有限公司
◇ 玉溪红塔新型建材有限公司

【主要问题】

1. 在整个2004年度，PVC树脂始终处于超高价位，下半年，受国际油价的影响，各种助剂的原料也大幅提价，造成各种助剂、填加剂的销售价格均有不同程度的向上浮动，给型材的生产成本增加到难以接受的程度。

2. 型材价格并不能伴随着成本增加而及时向上调整，即使调整其幅度也很小，始终处在成本边沿浮动，整个产业群体饱受重挫。

3. 行业产能规模达到350万吨/年，总销量在150万吨/年，巨大的供需矛盾凸现。激烈的市场竞争发展到超低价位的价格大战，以超大规模企业为首，以超低价位抢占市场份额最为突出。为数不少的中小企业为了保证能有微薄的利润，采取了增加碳酸钙的填加份数来降低生产成本，以牺牲质量来换取利益的短期行为做法。但是，这种行为随时间延长介入的企业越来越多，填料也越加越多，行业整体质量下滑。

4. 江苏省无锡、江阴等地区几年来钙塑型材的生产加工总量逐年大幅上升，今年以来此种势头开始影响北方，华北、东北的一些企业偷偷地在大量制造钙塑型材，这种材料性能极为低劣，但仍冠以"塑料型材"、"塑钢窗"的名义进入市场，虽然大部分通过街边作坊进入百姓家中，但是少部分也进入到工程中。这种劣质冒名材料带给塑料型材及塑料门窗极大的声誉损害，为塑料门窗市场埋下了定时炸弹。

【发展趋势】

行业经过近二十年成长与发展，目前已经具备了世界第一位的产能规模和第一位的市场需求，行业目前已经基本熟练掌握了塑料型材的加工制造技术，可以向行业充足提供合格的设备、模具、配件、原料、助剂，完全应用中国的设备、模具、原料、助剂可以制造合格的产品。行业中，经过专委会多年的行业服务已经培育出了一大批专业技术骨干，具有开拓型的专业技术人才也逐渐显现出来，我国自己的研制力量也正在逐渐形成并成长壮大，专业技术队伍日趋成熟。

自20世纪80年代中期至90年代初为行业发展的初级阶段，市场不认可，为初期开拓阶段，制造经验不足，上下游配套不齐全，这个时代的企业大部分为行业发展做了贡献而牺牲了自己。自1994～1998年为幼年成长期，这段时间国家已经重视，同时组建了三个"901"示范工厂，对行业的发展起到了很大的示范作用，全国各地纷纷上生产线，产能迅速壮大起来。自1998～2002年为青年急速成长期，每年以30%～50%的产能递增发展，五年时间产能由60多万吨扩展到300多万吨。在这五六年的发展时间中，国家出台了一系列的发展应用与推广措施，各地方政府出台了应用指标要求，各地应用市场出现了强劲的需求，同时该产品还具有较高的利润，这种火暴的局面吸引了大批人士加入到这个行业中来，刺激了银行、投资机构和某些有雄心壮志的人，行业发展的不均衡现象显现出来。超大规模企业的诞生和不断扩大，使某一个地区的产能突然增加至数十万吨，全国范围内不均衡的产能布局也严重形成。急速发展的产能规模严重大于市场总需求，买方市场形成，行业内激烈的竞争日益加剧，产品利润空间逐渐失去。自2003年二季度至今PVC树脂价格长久居高不下，各种助剂纷纷提价，而型材产品的价格却异常艰难上提，持续近两年的艰难运行，使过热的行业得到了冷却，面对生存的巨大压力，都在进行冷静的分析和企业调整，行业由以往的不冷静、不成熟，正在逐步进入理性发展阶段。

塑料异型材及门窗行业发展到今天，国内市场已过饱和，目前，已经有不少企业在开辟国际市场。今后，在提高产品的综合水平，适应不同国家应用需求标准，获取相关国际认证或准入许可，取得市场经济地位的认可等一系列工作方面会是部分企业追求的方向。伴随着行业的不断发展，我们行业的各类产品的出口量均将逐步形成规模，我们行业也将从规模经济化逐步走向国际化。行业的企业家们，将由现在的阵地争夺战中解脱出身来去研究国际市场，国内局部的不完整的竞争将逐渐转变为国际化的全方位竞争。

随着产业的不断发展，单体企业竞争将逐渐转向群体企业间的竞争。通过不断的整合、提升，会形成由若干个大型骨干企业为龙头的企业联合群体，转向与铝门窗、木门窗产品企业群体间的竞争，同时还将转向与国际同行的竞争。在这个由单体企业竞争转向企业群体之间的竞争，在竞争方式、方法、模式等多方面均要做出变化，在竞争的环节上也要发生变化，比如从供应链到连锁流通、物流配送的竞争；由单纯生产能力的竞争转变为生产能力到流通领域各环节的竞争。在这个竞争中，品牌竞争、商业模式的竞争、市场快速反应能力的竞争、争夺销售终端和创造客户价值的竞争、产品技术含量与附加值的竞争、人力资本的竞争等各种竞争模式将全方位展开。而且，单纯企业效率的竞争还将转向政府行为方式的竞争。面对现实的竞争和即将到来的各种竞争，如何提升竞争力是企业不容回避的重大问题。

在经过近两年来型材产品企业间发生的激烈价格竞争，无论是大规模企业还是中小企业，均感万分疲惫和经济状况的艰难，在原料价格的重压下不得不有所收敛，原订增扩计划将有部分被搁置，行业总产能的发展曲线在今后两年内会趋于平缓。随着 PVC 树脂供需矛盾的缓解，市场需求将会有明显的增加。而在原料供需矛盾彻底缓解前，行业中将有一次较大的洗牌过程，部分缺陷较多的小企业将会做出其他选择，大中型企业虽然具有较多的优势，却也伴随着各不相同的危机，能否顺利通过这次洗牌，还要精心努力。在这段过程中，可能有部分中小企业通过脱胎换骨、不断整合提升，跻身于骨干企业行列；可能有个别的大中型企业不能坚持到底而退出。无论进退，均应该在全面、冷静、理智的分析后再做出选择，否则可能会造成更大的损失。经过不断的发展、整合、提升，许多企业将会由小变大，由大转强，行业将会逐步形成大、中、小并存，以大企业为主导，中型企业为支撑，小企业为辅助的企业规模结构。在这种规模结构的基础上，应充分利用我国的各种资源优势参与国际分工与国际竞争，实现我们行业内企业经营的国际化转变。

（中国塑料加工工业协会异型材及塑料门窗制品专委会　王存吉）

包装材料

【行业现状】

（一）克服困难，求得发展

2004 年，塑料包装行业在克服原料涨价、成本上升、产品销售遇到从未有的困难的时候，各塑料包装材料生产企业采取积极措施，调整产品结构，险中取胜，使塑料包装材料保持稳定增长的趋势。

根据有关统计资料，2004 年主要产品产量比 2003 年增长较大，2004 年塑料包装材料总产量达到 634.3 万吨，比 2003 年 550 万吨增长 15.3%，其中双向拉伸复合基材（BOPP、BOPET、BOPA、CPP）软塑复合包装袋和塑料包装容器（瓶、箱、桶、盘）增幅较大，主要产品实际产量见表 1。

表 1　2004 年塑料包装材料主要产品产量分析表

主要制品	2003 年（实际）/万吨	2004 年/万吨	同比增长率/%	占总量/%
软包装膜	220	255	16	40.2
BOPP	64	74	16	
BOPET	12	14	16	
CPP	15	17.2	15	
复合膜(袋)	70	80	14.3	
其他	79	92	16.5	
编织制品	175/180 亿条	201	15	31.7
包装容器	95	110	16	17.3
PET 瓶	25/100 亿个	30/120 亿个	20	
泡沫包装材料	32	36.4	14	5.7
包装片材	28	31.9	114	5
合计	550	634.3	15.3	

（二）对双向拉伸薄膜盲目引进、重复建设得到初步控制

2004 年针对双向拉伸薄膜引进设备过多过滥，重复建设相当严重的局面，中国包装协会及时向国家发改委反映情况，得到政府部门的高度重视，适时适度进行了宏观调控，行业协会也及时在行业中沟通信息，通过各种方式引导行业调整产品发展方向，向多层共挤薄膜发展，避免了发展中可能出现的大波动，盲目引进之风得到了初步控制。

通过行业调查，到 2004 年全行业引进的双向拉伸 BOPP 薄膜设备达到 152 条生产线，生产企业 89 家的生产能力达到 178.9 万吨，其中，引进德国布鲁克纳公司共有生产线 73 条，占总数 48%，日本三菱重工 45 条线占 29.6%，法国 DMT 公司 16 条线，占 10.5%。从上述三公司引进的生产线约占总数 90%，重复引进相当严重。因此调整产品结构，开发新产品、新市场的任务相当繁重。当前，20 世纪 80 年代初引进的规模为 3 000 吨的设备已基本退出市场，已有 8 家企业倒闭，另有 8 家企业被拍卖、转产生产其他产品。

双向拉伸薄膜当务之急是调整产品结构，将开发产品的重点放在特种薄膜上，如江阴亚包新材料有限公司利用五层共挤 BOPP 生产线，从 2004 年 5 月起着手开发超薄珠光膜、合成纸和标签膜，于 2004 年 11 月向市场推出 24μm 以下珠光膜，及 40μm、70μm、90μm 的系列合成纸，34μm、38μm 标签膜，在质量、密度、力学性能及光学性能达到同类先进水平，显示了五层共挤的特色，明显优于同类产品。

当前BOPET发展势头过猛，自2003年以来，短短的两年多新建或计划增加24条生产线，新增能力39万吨，2003年生产能力25万吨，产量14万吨，2004年生产能力30万吨，产量为16万吨。预计到2006年，我国BOPET的年生产能力将达到56万吨，而新增加生产线的产品基本定位都在包装用膜上，我国的BOPET生产能力将会过剩，结构性矛盾将非常突出，并有可能重蹈BOPP的覆辙。2004年在宏观调控下，有几条线撤销签约合同，自行退出市场，但仍然不能乐观，要努力开拓新市场，增加国际市场竞争，减缓能力过剩的压力。

BOPA的发展也不容乐观，自1993年佛塑东方包装材料公司开始引进，由于1994年投产，产能为2 500～3 000吨/年，2000年以后，佛山第二条生产线投产，生产能力在6 000吨左右，一直维持到2003年，生产格局才被打破，近两三年发展势头很猛，据不完全统计，全行业有13家企业引进18条生产线，年生产能力将为7.48万吨，到2005年底大部分生产线将投产，预测生产量将达到4万吨，而食品、药品、印刷业的三大市场需求仅约2～2.5万吨，生产能力远超过市场需求，值得引起大家的高度重视，及时了解行业信息，把握投资方向，避免再犯BOPP、BOPET薄膜盲目引进带来不利后果的错误。

当前，BOPA企业当务之急是开发市场。从根本上说，尼龙是高结晶聚合物，加工难度大，工艺技术还不成熟，需要在加工过程中摸索经验，不断调整工艺参数，提高成品率。在应用上难度也不小，特别是BOPA薄膜的吸湿性、防水性差，与下游复合工艺技术要密切配合，才能获得广泛的应用。同时，尼龙薄膜属高价位，原价为45 000～50 000元/吨，尽管当前降至37 000元/吨左右，也比BOPP、BOPET薄膜价位高。

尼龙薄膜市场的发展要与生活水平和生活习惯相适应，BOPA用于包装鲜肉时，保存温度为0～3℃，保鲜期3～21天，由此可见，必须与超级市场的发展相适应，才能得到合理发展。

总之，由于BOPA薄膜的市场开发刚刚开始，还有许多应用领域尚待发展，我们一定要在提高BOPA的质量上下工夫，千万不能在搞价格战，一定要采取措施，维护行业健康有序的发展。

（三）高阻隔性、功能性软塑复合包装薄膜（袋）向新的技术水平发展

纵观2004年软塑复合包装膜（袋）技术发展动向已成为行业发展热点，复合高阻隔性包装、无菌包装技术发展很快，防伪包装和防静电包装的需求也迅速增长。

1. 多功能和无菌包装技术

根据上述产量统计表中资料表明，2004年软塑包装膜（袋）用于食品、饮料及牛奶等包装占总量40%以上。随着人们生活水平的提高，新的包装技术、产品和材料不断涌现，但目前国内外流行的食品包装，无论是超级市场还是商场，大多数以高阻隔塑料包装为主，除了PE、PET、PP、PA、EVOH的复合材料外，2004年以来，PVDC的涂覆技术的兴起将为高阻隔软包装膜带来新的发展。PVDC具有优良的耐油性、保味性、防潮性及防霉等性能，同时具有优良的印刷性和热封性。而多年来，我们以火腿肠衣为主，而产量一直徘徊于2～3万吨中，没有大的发展，主要原因在于它是否属于环保型材料。随着国际上对环保材料评估方法的改变，在美国PVDC属于无毒、安全的材料，已广泛应用于食品包装；在德国PVDC包装材料拥有绿点标志；PVDC胶乳涂覆BOPP、BOPET、BOPA所制得的高阻隔性薄膜比一般复合膜用量减少，达到减量化包装及减少废物源目的，从而提高包装产品档次。因此，PVDC涂覆技术进步很快，以PVDC涂布三层牛奶包装膜为例，适用于超高温瞬间灭菌（VHT）的牛奶包装，一年来发展很快，并占领了部分市场。

2. 软包装防伪技术

有关资料显示，中国约有1 230个重点名牌产品受到假冒的侵害，直接损失约60亿元。因此，市场对防伪提出了越来越高的要求，软塑包装企业面临着一个好的机遇。过去一年全息防伪标识、镭射彩虹膜、BOPP激光全息防伪收缩膜、食盐包装专用BOPET防伪膜、BOPP香烟防伪膜等新产品、新技术层出不穷，如江苏中达材料集团的防伪香烟膜，已荣获国家发明专利；紫江彩印公司的镭射防伪薄膜也含有很高的技术含量，且技术水平处于领先地位；山东潍坊富潍公司的食盐包装专用防伪膜，系在原料加入纳米级添加剂通过双向拉伸制得，该防伪薄膜具有独特的、易识别的防伪功能，可有效地减少碘的损失。这些都显示以具有防伪功能的包装材料为载体与防伪科学技术相结合，突破了纯科技防伪思想的局限，使软塑包装迈进新的领域。

3. 防静电薄膜与技术

近几年，在信息产业高速发展的推动下，防静电、导电软塑包装得到迅速发展，目前全行业共有30多家专业厂生产防静电、导电软塑包装产品，主要产品已由普通的低档次防静电薄膜发展到多功能、高效及导电系列新产品。如防静电收缩膜、防静电泡沫材料、防静电气珠膜、防静电屏蔽膜、防静电防潮膜、防静电印刷膜以及导电薄膜等。我国电子信息业

2004年销售额约达2.4万亿元，面对如此广大的市场，并且全球都在高增长的市场，发展防静电薄膜是时代对我们的要求。

4. 2004年12家企业获国家免检产品和18家企业荣获塑料包装委员会表彰的质量效益型企业

一年来，软塑包装企业经过千辛万苦的努力，创造新的成绩，在国家质检局公布的2004年免检产品及其企业名单中，塑料薄膜企业有12家，分别为绍兴富陵实业集团有限公司、河北宝硕集团创业塑料分公司、佛山塑料集团公司、广东德冠薄膜公司、安徽国风集团公司、佛山杜邦薄膜公司、兰州宏达公司、漯河市塑料厂、浙江大东南惠盛塑胶公司、新疆天业股份公司、西安永丰塑业集团公司。

同时荣获中国包装联合会塑料包装委员会表彰的2004年质量效益型企业有18家，分别是：江苏中达新材料集团股份有限公司、佛山塑料集团股份有限公司、上海紫江企业（集团）股份有限公司、浙江大东南包装股份有限公司、宏铭材料科技股份有限公司、大连盛道集团公司、上海人民塑料印刷厂、河南金誉实业有限公司、宿迁彩塑包装有限公司、安徽国风塑业股份有限公司、绍兴富陵实业集团有限公司、广东德冠双轴拉伸薄膜有限公司、中山永宁塑料制品有限公司、佛山杜邦鸿基薄膜公司、河北宝硕股份有限公司、嘉合实业（苏州）有限公司、浙江港发软包装有限公司、汕头吉祥装潢工艺厂有限公司。

这充分说明软塑包装材料无论在质量、技术和管理上都达到一个新的水平。但也要清醒地看到，塑料包装行业整体技术水平不高，难以满足市场要求，首届杜邦中国包装奖惟一特等奖得主，仅有江苏嘉合实业（苏州）公司一家，其生产的养生堂牛肉肠包装膜，克服了共挤吹塑复合膜和二次加工中薄膜发生卷曲的缺陷，解决了多层共挤薄膜的应用难题，而一举夺得特种奖。这样的技术创新在塑料包装和行业还居少数，值得大家学习。

（四）塑编行业开拓国际、国内两大市场求发展

1. 2004年经济运行状况分析

2004年，塑编行业市场形势最为严峻的一年，原料涨价，迫使不少小企业处于半停产、停产状态，资金困难，企业限产，企业效益明显下降，同时也促进有关企业采取积极应对措施，挖潜节约能耗，降低成本，积极开发市场，调整产品结构，生产高附加值的塑编产品，如重包装集装袋、BOPP彩膜袋、真空镀铝膜袋、珠光膜袋等，产量增长大。同时，由于国际市场的开拓，塑编产品出口贸易量增加，特别是集装袋出口量增长更快，仅山东新宇塑编公司一家即与韩国签订出口合同1亿条。大庆三胜公司也积极开发俄罗斯市场，签订了1亿人民币意向合同，其他企业也都在积极开发日本、韩国、欧洲、东南亚市场，2004年塑编产品出口比2003年有大的增长（2003年出口为40亿条，2004年达到50亿～60亿条）。

综合上述因素，根据1～12月有关统计分析，2004年塑编产品的产量和产值保持在了15%左右增长，由2003年185亿条增加到200亿条，而效益将略微下降，塑编企业基本是微利，众多企业的激烈竞争导致利润继续下降。

2. 2004年塑编机械市场出口量继续增长

由于塑编机械质量和技术水平的提高，国内产品已经开始占领国际市场，今年继续增长，出口产值达20亿元以上，在2004年6月底在上海举办的第18届中国国际塑橡展览会上，将国内永明机械、广州赛奥机械、温州恒一、浙江雁峰、常州恒力五家公司的小六梭圆织机与印度比较，印度同类机的性能并不比国内的好，但价格却是国内的近两倍。另一方面，塑编企业最关键的设备是拉丝机组，近年来，拉丝机组向提速方向发展，卷绕机向300米/分发展，相应的挤出机、拉伸机、加热工艺过程都要加以改进，这方面常州永明公司已通过国家星火计划项目验收。塑编设备的技术进步，只有技术创新才能提高企业竞争核心能力，才能立于不败之地。

（五）塑料包装容器（瓶、杯、盘）开发新产品、新市场两大主流

经过20多年的发展，中空容器发生很大变化，从单一小型包装桶、瓶向多品种、多样化、大型化、功能化方面发展。2004年HDPE、PP、PET瓶产量已达110万吨，饮料热灌装PET已超过110亿个，塑料包装容器应用市场广阔，碳酸饮料包装中PET瓶占57.4%，热灌装的茶饮料PET瓶增长最快；聚丙烯透明瓶是近几年来的开发热点；啤酒用PET包装瓶的涂层高阻透技术有了长足的进展，取得了突破性进展；大型化工液体包装容器（双L环桶和IBC桶）成为新的发展热点；药品和输液塑料包装容器达到一个新的技术水平，有着广阔的市场前景，塑料汽油箱在汽车油箱塑料化中起着不可替代作用，它的发展方兴未艾；塑料托盘在仓储、运输中也有着广阔的前景；当前塑料中空容器行业面临着许多困难和矛盾，突出的是重复引进、产品雷同，引进设备带有相当盲目性，企业规模小，十分分散，竞争力低，中空容器设备长期依靠进口，国产化率低。当务之急是要发展新原料，开发多层复合技术；走技术创新之路，发展新工艺设备；用新的理念提升塑料容器技术设备，提高吹瓶生产能力，这方面我们与国际水平差距很大，如法国西得乐集团单模小时产量已从1 400瓶

提高到1 530瓶，最高产量为小时5万只，仅用26g PET原料就能吹出1.5升饮料瓶，而国内平均32g，而原料价格占瓶子成本80%，因此瓶重成为至关重要的指标，这方面，我们有许多工作要做，开发具有自主知识产权的技术设备是关键。

【新产品开发】

塑料包装材料消费量已超过600万吨，废弃物对环境的污染日益突出，废弃物的回收利用和开发新的绿色包装材料是一项迫切的任务，值得引起从事塑料包装材料生产企业的高度重视。当前，国内外在这方面的新的突破如下所述。

1. 降解塑料已由不完全降解向生物完全分解发展

由原来聚烯烃添加淀粉制成的降解属于不完全解决，而聚乳酸是近几年崛起的一种新型降解塑料，国际上认定为具有发展前途的新型包装材料，是环保材料的一颗明星，它在常温下性能稳定，但高于55℃时在富氧及微生物的作用下会自动分解，用后废弃物能被微生物完全降解，不会对环境造成污染，对保护环境非常有利。2004年，日本旭化成、美国、法国、德国有关公司都制成聚乳酸和制得聚乳酸膜、盒开始销售，2004年6月我国台州海正集团研制的聚乳酸（PLA）进入产业化阶段。而东丽公司于2004年7月宣布成功开发聚乳酸双向拉伸薄膜。但目前聚乳酸成本偏高制约了其发展。

2. 利用二氧化碳开发降解泡沫塑料

目前全世界每年工业化生产过程产生并排放的二氧化碳总量超过240亿吨，其中150亿吨被植物吸收，而剩余的90亿吨则成为污染环境的主要废气，危及人类生存空间。以二氧化碳为主的温室气体引发的厄尔尼诺等全球气候异常，以及由此引发的世界粮食减产、沙漠化现象等，引起人们的广泛关注。二氧化碳的综合利用由此成为全球的研发热点，而将二氧化碳中的碳、氧元素充分利用制取塑料更成为备受关注的技术之一。江苏金龙绿色化学有限公司利用中科院广州化学研究所专利技术，以二氧化碳为原料，建造了年产2000吨脂肪族聚碳酸亚乙酯及基于该树脂的降解型聚氨酯泡沫塑料产业化项目，在泰兴通过了国家环保总局组织鉴定，该技术具有自主知识产权。专家认为，在二氧化碳催化活化技术、聚氨酯泡沫塑料的高生物降解性等方面达到了国际先进水平。

利用该技术每消耗1吨二氧化碳能生产出约3吨脂肪族聚碳酸亚乙酯树脂，并生产出约6吨降解型聚氨酯泡沫塑料。该产品性能优异，不仅可以替代市场上的普通包装材料和建筑用隔热材料，而且可用作电器及高环保要求的包装材料。

3. 开发水溶性薄膜

水溶性包装薄膜的主要原料是低醇度的聚乙烯醇，聚乙烯醇具有优良的成膜性、水溶性。PVA薄膜降解的最终产物是CO_2和H_2O，可解决包装废弃物的处理问题。由于水溶性包装薄膜具有环保性，所以受到了世界各国广泛重视。日本、美国、法国已大批量生产PVA薄膜。但价格昂贵，在13万～17万元/吨，而国内为6万元/吨，而限制了广泛使用。

由于PVA的分解温度与熔融温度十分接近的特性，所以不能用通常的挤出吹塑方法成型，目前国内采用的流延涂布法，国外多用湿法挤出。而干法加工技术难度较大，北京工商大学经多年科技攻关，已开发出具有自主知识产权的PVA干法加工薄膜技术。随着环保要求的日益提高，水溶性包装薄膜的市场需求增大。

【主要问题】

1. 盲目发展，规模小，竞争力差

当前塑料包装行业最大的问题是：企业分布很散，参差不齐，无法统计其准确数量，不少产品生产能力大，产品供大于求，市场呈饱和状态。彩印复合制袋、编织袋制品、各种小吹塑瓶企业更是遍布各地，且盲目发展。产品雷同，势必造成人力、物力的浪费，阻碍了行业的正常发展。

2. 市场竞争无序，阻碍了行业良性发展

在包装薄膜和编织袋行业生产能力过剩，市场供求失衡，使不少企业陷入困境，为了企业的生存，一些企业不择手段参与竞争。与此同时，原料不断上涨，而产品价格下降。为了降低成本，大量使用再生料、填充料，用低劣产品充斥市场，阻碍了行业良性发展，影响了行业声誉。

上述问题表明，解决塑料包装企业的无序竞争是当前最迫切的问题，要规范市场、营造良好的市场环境，不但要靠政府部门的宏观调控政策，更主要的是要以技术创新为动力，提高企业核心竞争力，以使企业有长久的生命力。市场要规范，企业要自律；要以诚信为本，以质取胜，联合起来共同完善市场，也是每个企业的共同责任。

面对当前的问题，塑料包装材料行业如何走出困境，走上良性发展的道路？就这一问题有几点想法供大家参考。

（1）找准自己的市场地位，发展差异化产品，避免恶性竞争　塑料包装材料的应用很广，市场覆盖很大，不同细分市场之间差异很大，市场还有发展空间，当前企业的出路除了加强管理、提高产品质量、降低成本外，还要致力于特殊产品的研发，开发新产品，发展功能性特种膜。塑编产品结构更不合理，轻包装袋占80%，重包装袋仅占3%，土工布、彩条布、网眼袋占15%，而小包装袋中化肥、粮食、水泥、食糖用编织袋有相当数量是再生旧料生产的低档次产品。因此企业不但要上规模，上档次，还要开发新的差异化产品，达到人无我有，人有我优，才能在市场竞争处于领先地位。当前塑编产品新的发展动向是功能性的塑编包装袋，如适用于货柜液体装运的集装箱用液灌编织袋，正在国内外兴起，可改变化工液体包装的旧面貌，提高产品的档次，市场前景看好。

（2）创名牌，加快出口，努力开拓国际市场　以出口减缓产能过剩的情况，是今后行业内BOPP、BOPET、CPP、BOPA发展的一个出路，首先要创名牌，目前，已在国际上打出的品牌，有江苏中达、佛山东方、杜邦鸿基、安徽国风等，但还远远不够，走出国门，争抢国外市场，是我们长期努力的艰巨任务，还有许多工作要做。

（3）制定行业标准、行规，实行行业联合　当前，解决低价格战，必须要有一个行业规范行为。塑编行业是劳动密集型产品，价格在国际市场上相对较低，这本应该是我们的优势，但随着竞争激烈程度的加剧，使价格战在行业中此起彼伏破坏了经济秩序，使包装企业处于不利地位，这种情况延续下去，2005年取消保护期之后，将不可避免遭受反倾销的打击，若不引起重视，届时将会像2004年聚乙烯购物袋反倾销一样，投入大量人力物力去积极应诉，最终失利的局面，值得大家警惕。

（4）重新整合，增强协会的活力　综上所述，塑料包装材料行业只有在中国包装联合会的领导下，重新整合，才能发挥专业委员会的作用。20多年来，塑料委员会在力所能及的条件下，开展了一些活动，但还是不尽人意，吸引力、凝聚力都存在不少问题。

在目前条件下塑料包装委员会的主要工作任务是搞好调查，对塑料包装企业及塑料加工设备的发展方向、政策方面提出建设性意见给有关部门参考；协调上下游企业之间的关系，协调出口产品有关关系；制定产品行业标准；组织技术交流，开展人才、技术培训和信息服务；办好《塑料包装》和塑料包装网站为企业信息交流提供一个平台；搞好上述工作，需要会员单位积极支持，提高对塑料包装委员会工作重要性认识。而塑料包装委员会要加强服务意识，为企业提供准确及时的信息，开拓原料渠道，与中国物资储运总公司合作，为企业提供稳定、具有市场价格和质量竞争力的原料。以及协助企业开拓国际市场，搞好塑料包装产品的出口，占领国际市场等。

【发展趋势】

（一）规模化与区域化（一体化）是行业发展的新动向

我国复合软塑包装彩印膜（袋）经过20多年的发展，自上世纪80年代中期引进复合膜生产线和凹印技术以来，随着经济快速的增长，居民消费水平的提高，消费意识的进步，促进了高阻隔性、多功能性复合膜的发展，复合膜行业经历了重大的变革，向深加工发展，制袋印刷技术上了新的台阶，进入了“彩色革命”的时代，同时由于持续维持高利润，吸引大批资金投向软塑复合膜，使市场竞争加剧，企业数量多规模小，自主研发能力弱，竞争使行业进入低利和微利时代。

竞争促进市场成熟，促进规模扩张，寻求新的利润增长点，国外公司的进入，正以控股、新建立独资企业、兼并收购软塑包装企业等方式，加速在中国市场的发展，国内软塑包装企业意识到了这种危机感和巨大的机遇，也采取各种方式扩大产业规模。如国际控股宝柏公司成功收购北京商标三厂后，又成功入主四川“青羊”，日本东洋、德国汉高也在上海建立了生产厂。国内领先企业如上海紫江也落户广东东莞；在资本市场上，“黄山永新股份公司”于2004年8月在深圳交易所挂牌上市，将逐步建成规模大的软包装生产基地。2004年7月伊利集团与世界500强之一的SCA集团携手共同投资兴建“呼和浩特胜宝包装公司”，有望建成华北地区又一大型包装企业。

在软塑包装行业激烈竞争的情况下，各地纷纷发挥地区优势，已形成汕头、东莞、余姚、中山、江阴、台州、温州、桐城、雄县等为龙头的软塑包装基地，积极地引进和研制新型复合包装材料，提高产品质量，以满足不同层次的包装需求。

如此集中的、高密度的扩张，在软塑包装行业是从来未有过的，也是提高行业整体水平的好机遇，激流勇进者将开创新的广阔天空，故步自封将会被淘汰。市场经济的发展，将促进软塑包装企业的重组，继价格战之后，规模化将成为新的热点，行业发展呼唤将粗放型的增长转变为集约型增长，由低价格效应转变为规模化效应，这将推动软塑包装市场的进一步发展。

与此同时，长江三角洲和珠江三角洲也是塑料包装行业发展最快的地区，珠江三角洲塑料包装材料占总量的40%，其中，双向拉伸BOPP生产能力为45.5万吨，占BOPP总能25%，BOPET、软塑包装复合彩印及包装印刷业也居全国第一，经过多年的发展，形成了佛山、顺德、东莞、深圳、中山密集型产业区和大型的专业市场。

而长江三角洲地区塑料产业的一体化步伐更快，去年上海、江苏、浙江三省是塑料原料重点生产区域，塑料树脂占全国30%，而塑料包装材料占全行业30%以上，以BOPP为例，三省共有生产线50套，产能80万吨，居行业首位。同时，长江三角地区也是塑料贸易最活跃的地方，余姚、台州、常州的国际塑化城，可以为中小企业提供一个分工细化，信息共享，优势互补，广泛协作的平台，促进塑料产业的进一步发展。

（二）绿色化是塑料包装材料发展的必由之路

塑料包装材料经历的20多年的发展历程，产量达到600多万吨，已经从最初的无包装、简陋包装发展到今天的精包装，随着社会的经济的发展和物质文明程度的提高，人们的包装理念在发生着变化。如今越来越多的人们意识到，树立环境意识，跟上国际绿色包装的潮流，是缩短我国塑料包装与发达国家同行业的差距，适应内外贸易市场需求的必由之路。

塑料包装材料的绿色化，包含着两个方面的内容：一方面是要有效地解决塑料包装废旧物对环境污染问题；另一方面，结合我国国情，要十分重视食品包装材料的卫生性和安全性。塑料包装材料的主要市场是食品包装，当前食品卫生和安全已成为举国上下关注的话题，同时食品、药品包装用的软包装袋、包装瓶的安全和卫生状况也引起人们的关注。根据国家质检局2004年9月底公布的食品包装膜（袋）抽查结果，不合格率高达15%，其中存在的主要质量问题就是卫生指标不符合标准要求及产品力学性能差。卫生指标包括蒸发残渣（乙酸、乙醇、正已烷）、高锰酸钾消耗量、重金属、脱色试验。食品软包装的组成主要为塑料薄膜和铝箔、黏合剂和油墨，其中塑料薄膜占包装总成分的70%，黏合剂占10%，油墨占10%，其他占10%。目前国内市场中普遍使用的是溶剂型聚氨酯黏合剂和甲苯油墨，在应用中存在着严重的卫生问题和安全隐患。首先，大量排放于空气中的溶剂苯、甲苯等有害物质对环境造成污染，也对工人、消费者的身体健康构成危害。而且有机溶剂可能会残留在复合膜之中，随着时间的推移，从薄膜迁移到食品中，使之变质、变味；其次，许多企业没有监控包装中溶剂残留的有效控制；第三，对于生产和运输过程的忽略同样可能导致污染。因此，只有当所有环节都得到有效控制后，企业才能保证生产的包装材料是安全的。

在欧洲和美国，软包装的黏合剂已经逐渐转向水性或者无溶剂产品（美国罗门哈斯公司是世界上最大的水性黏合剂供应商。在中国食品和医药软包装市场，罗门哈斯引入了美国市场业已成熟的环保水性黏合剂，该公司的水性黏合剂系列不含TDI和有机溶剂，其性能也完全可以满足一般食品包装所采用的薄膜与薄膜、薄膜与镀铝膜之间的干法复合要求，以替代溶剂型聚氨酯黏合剂，并能在溶剂型干覆机上使用）；而醇溶油墨取代甲苯油墨也在欧美、日本甚至韩国成为主要的趋势［瑞士锡克拜（上海）油墨有限公司生产的医药和食品包装的醇溶油墨，其产品既不含甲苯和重金属，也不含迁移的小分子增溶剂］。

在法规方面，国外早已注意到软包装的环保问题，许多国家和地区都相应建立了法律法规，如美国的食品药品管理局（FDA），欧盟的EU以及德国的BgVV，都明确规定了用于食品或医药包装的黏合剂和油墨类型，只要是法规中没有提到的化学品，一律禁止采用。在欧美等发达国家，水性黏合剂和无溶剂型黏合剂占产品使用量的50%，而使用溶剂型黏合剂也需要配有回收溶剂装置。

目前，我国软包装行业面临的问题是初级产品多，小企业占有比例高。从长远发展来看需要国内、国际知名品牌来带动整个行业的发展，通过市场来淘汰落后企业；国家政府监管部门要加强立法，尤其是食品药品监督管理局尽早建立法规，软包装企业要真正做到自律。现在市场上绿色食品越来越多，但是许多绿色食品缺少绿色包装，绿色包装应采用环保的包装材料、印刷油墨和黏合剂。在中国包装产业快速壮大的同时，必须重视卫生和环保，让消费者对食品本身放心的同时也对食品包装的卫生状况也放心。加速软包装产业在质量和卫生方面要求的全面提升，是为了适应中国与国际接轨，对软包装产业提出的全新要求。

当前，我国生产水溶剂、醇溶剂黏合剂也在崛起，生产不含苯的醇油墨也在发展中，上海烈银公司、浙江新东方油墨集团公司、黄岩华光树脂公司、北京高盟化工公司都将承担食品复合包装用聚氨酯黏合剂行业标准的起草工作，以此推动行业标准化工作的进展。

（中国包装联合会塑料包装委员会　蔡明池）

复合软包装

【专委会活动】

中国塑协复合膜制品专业委员会是中国塑料加工工业协会下属的专委会之一，是由复合膜制品加工企业为主联合相关包装基材、包装机械、原辅材料加工企业、科研、高等院校等单位自愿组成的非营利性的社团组织。

2004年，在中国塑协复合膜制品专委会第四届理事会全体理事们的共同努力下，在广大会员单位领导、工程技术人员和管理工作者的大力支持和积极配合下，特别是在中国塑协及廖正品会长的热情帮助和具体指导下，复合膜制品专委会开展了很多有益的行业活动，为复合膜软包装行业的进步与发展写下了新的篇章。

1. 健全组织机构促进专委会有序开展活动

复合膜制品专委会第四届理事会是2002年底换届产生的。由于受2003年非典疫情的影响以及其他客观原因，专委会理事会换届后未能正常召开理事会会议，因此专委会活动基本处于停滞状态，这一状况引起了中国塑协的高度关注。廖正品会长为此亲自到上海与理事长单位上海人民塑料印刷厂陈从公总经理取得联系并了解情况，共同商议如何尽快使专委会工作步入正轨，开展正常活动。在廖会长的指导和陈从公总经理的大力支持下，中国塑协和复合膜制品专委会共同成立了筹备小组。经过近3个月精心筹划，于2004年3月7日在深圳召开了四届一次理事会议，会上选举产生了新的秘书长，同时经过全体理事充分讨论酝酿一致通过了关于“增补11个单位为理事的提案”。这11个单位是：北京德宝商三包装印刷有限公司、天津顶正包装材料有限公司、江苏彩华包装集团、加铝宝柏控股有限公司、旺旺集团南京总厂、深圳奇妙包装有限公司、南方包装有限公司、中山天彩有限公司、河北埃卡包装材料有限公司、上海三樱包装材料有限公司、西安塑料彩印厂。这些企业绝大部分为国内均设备精良、技术先进、产品研发能力强、管理规范的知名软包装企业。这次理事会议对专委会章程进行了修改和初步审定。为了更广泛的征求意见，2004年7月6日在上海召开了四届二次理事会，再次对专委会章程进行了审定和修改。四届二次理事会议通过无记名投票方式选举产生了四个副理事长单位，即上海紫江彩印包装有限公司、无锡国泰彩印有限公司、江苏彩华包装集团公司、加铝宝柏控股有限公司；同时还推选了两名副秘书长，即黄山永新股份有限公司江继忠董事长和北京商标印刷三厂武茂安副厂长；并确定秘书处设在北京。通过四届一次、二次理事会的召开，专委会组织机构基本健全，为专委会面向全行业开展工作奠定了强有力的组织基础。由于各位理事的大力支持和不懈努力，行业整体水平在不断提升，复合膜制品专委会的工作已得到了国内同仁的认可和好评，其知名度和影响力正在不断提高和增强。

2. 制订与实施了2004年专委会工作计划

在四届二次理事会会议上，理事们通过对行业现状的分析，同时充分考虑广大会员的要求，一致同意要集中精力抓好以下几项工作，并由四个副理事长单位分头负责。

(1) 抓好组织建设及会员发展工作，由无锡国泰彩印有限公司负责。

(2) 成立信息中心及网站，由江苏彩华包装集团和北京德宝商三包装印刷有限公司负责。

(3) 成立标准中心，由上海紫江彩印有限公司负责。

(4) 成立技术教育委员会，由加铝宝柏控股有限公司负责。

为了配合上述工作顺利开展，四届二次理事会还做出了如下决定。

(1) 设立7～9人组成的专家组，组长由上海紫江彩印包装有限公司总工程师武向宁担任。

(2) 由副秘书长武茂安同志担任信息中心主任，负责网站的筹建及日常工作，各会员单位办公室主任或总经理秘书担任中心联络员。

(3) 摸清会员状况及配合信息中心工作的开展，会上决定下发“会员登记表”由会员单位填写。

(4) 目前国家食品药品监督管理局已对药品包装实行了严格的监管。生产药品包装材料的企业进入了GMP管理时代，但食品包装尚未进入监管程序。随着社会和消费者对食品安全的高度关注，人们必将对包装食品的软包装材料的卫生安全给予同等程度的关注。这将会促进国家加快对食品包装纳入GMP管理规范。为此专委会标准中心提出起草“食品软包装企业安全生产卫生管理规范”，以促进行业企业管理水平、产品质量和卫生性全面提升，满足我国消费者和出口的全新需求。四届二次理事会议决定由上海紫江彩印包装有限公司负责起草该“规范”。

3. 适应行业形势变化有针对性开展工作

专委会除了按照理事会制订的计划有序地开展工作外，还根据行业在发展中出现的变化或突发的情况及广大会员发出的呼声，及时采取应对措施以满足广大会员的要求。2004年7月份以来原辅材料价格频繁波动上涨幅度很大，给软包装企业造成了不同程度的亏损。尽管企业采用内部挖潜、降低成本等多种措施但仍超出自身承受能力，无法抵消原辅材料涨价带来的损失。广大会员呼吁理事会面对严峻的行业形势研究措施以维护行业健康持续发展。为此理事会召开了紧急电话会议商议对策。会后专委会向广大会员发出了“关于原辅材料价格上涨应对措施建议”，该“建议”的发出受到了会员单位的欢迎和赞许，为企业制订对策渡过难关起到了一定的积极作用。

4. 举办了国内外技术交流大会

为了加强中外软包装技术交流，展示其最新进展，以促进我国复合膜加工技术的进步，在中国塑协和复合膜制品专委会共同努力下，于2004年3月8～

10日在深圳举行了全国复合膜加工技术交流大会，中国塑料加工工业协会会长廖正品出席了会议并为大会致辞。十三个理事单位领导也出席了会议，大会吸引了来自全国各地从事复合膜软包装加工企业及相关企业代表、专家共计150余人。美国杜邦公司、陶氏化学公司、三井物产公司、美国康普顿公司、美国MOCON公司、墨迪希戴怀勒凹凸版印刷技术（上海）有限公司、广东金明塑胶设备公司、顺德巴顿菲尔震雄塑料设备有限公司、汕头华鹰软包装设备总厂、济南兰光测试仪器有限公司、北京高盟化工有限公司、上海大智企业发展有限公司等国内外知名企业在会上就复合膜材料、工艺、技术、设备、检测仪器、新产品开发等内容进行了广泛的学术交流和信息发布。会议还安排代表们参观了第五届华南国际塑料工业展览会并到广东金明塑胶设备有限公司观看了三层、七层挤吹型设备的实地生产线。会后代表们反映本次活动内容丰富，形式多样，为企业沟通信息、了解行业发展动向提供了平台。会议期间的会务工作得到深日油墨有限公司、广东金明塑胶设备有限公司及欧美科实业（深圳）有限公司的热情帮助和大力支持。

5. 合作举办了首届中国国际软包装工业展览会

2004年7月7～9日，中国塑协复合膜制品专委会作为支持单位与上海励华国际展览有限公司共同举办了首届中国软包装工业展览会并同期举办了“软包装技术交流会”。这是一个专业性极强的展会，它以软包装加工为中心，展品覆盖软包装加工所需原辅材料、基材、制版、加工机械、检测仪器、设备零配件等全过程，展会面积7 000平方米，参展商150余单位，均属我国知名企业，很多国外著名厂商也纷纷参展。参观人数5 800人，参观主体人群为软包装加工企业。展后大家反映这是我国第一个以软包装为中心举办的专业性展会，填补了我国展会历史空白，展示的内容和技术是积极向上和新颖的，基本上满足了不同层次软包装加工企业的不同需求，为我国软包装加工企业新建了一个信息量大而全，专业性强，集采购、交流、学习一体的综合性互动平台。上海励华国际展览有限公司是世界上最大的展览会主办机构——励展博览集团与中国包装印刷行业最权威的媒体服务机构——华印传媒集团共同组建的合资公司。从2004年5月份开始，复合膜制品专委会之所以决定积极参与筹划举办展会就是希望他们能将国际上办展会的先进经验引入我国，以坚持创新的服务理念，共同合作尝试将该展会办成具有国内知名品牌的展会。为我国软包装行业的可持续性发展提供更好、更新、更多的信息，使展会成为软包装行业国内外同仁、朋友交流与合作的宏大舞台，促进我国软包装行业尽快与国际接轨。2005年复合膜制品专委会将继续与励华国际展览有限公司合作举办第二届中国国际软包装工业展览会，希望广大会员与同行朋友积极支持和参与。

6. 合作开展了“2004’杜邦中国包装奖”活动

在杜邦中国集团有限公司的倡导下，由杜邦中国集团有限公司作为主办单位，复合膜制品专委会作为顾问单位，上海励华国际有限公司作为承办单位共同成功地开展了“2004’杜邦中国包装奖”活动。这一活动的目的在于促进中国塑料包装技术创新，推动我国塑料包装行业技术发展和进步，向世界展示中国包装工业并提升其整体形象。评奖标准的主要原则是产品的创新程度，在包装工业和消费者中的影响力以及现在和将来应用的广度。获奖产品的产生由业内资深人士组成的评委会进行评比，在公证处的参与下对评比过程和结果进行公证。获奖产品将被提名参与在美国举行的已有18年历史的杜邦全球包装奖活动。活动经费主要由主办单位、承办单位以及赞助单位承担，对参赛单位实行免费报名。活动在三方派员组成的组委会领导下有序进行。

从2004年5月11日活动组委会成立至参赛作品在颁奖典礼晚会上获奖揭晓，历时7个月时间。整个活动得到了包装行业特别是软包装企业的积极响应。组委会收到参赛作品102件，经评比最终产生出“食品类”及“非食品类”一、二、三等奖各六个及一个“特等奖”。整个评审过程和结果由长安公证处现场公证，并出具了公证书。组委会于2004年11月23日晚5时在上海举行了隆重而热烈的颁奖典礼晚会。出席晚会的有杜邦全球副总裁、杜邦大中国区总裁杜邦中国集团有限公司董事长唐博伟先生，中国塑料加工工业协会会长廖正品先生、上海励华国际有限公司总经理贺国熊以及来自全国各地软包装企业的厂长、技术骨干等150余人。会上唐博伟先生和廖正品先生致辞，祝贺“2004’杜邦中国包装奖”活动取得圆满成功，向获奖者表示了热烈的祝贺。并颁发了奖杯和证书。获奖名单如下。

嘉合实业（苏州）有限公司的“养生堂牛肉肠包装膜”获特等奖；杭州正达彩印厂的“自立可吸式包装袋”获食品类一等奖；爱克林（天津）有限公司的“爱克林立式袋”（200ml）、上海紫江彩印包装有限公司的“喜之郎果冻盖膜”获食品类二等奖；上海紫泉标签有限公司的“6×335ml可口可乐包装膜”、潮安县文华彩印有限公司的“中国茶叶系列”折叠式立体包装盒、上海紫江彩印包装有限公司的“雀巢奶粉包装膜”获食品类三等奖。

佛山市南海新兴利合成纤维有限公司的“索带（PET带）”获非食品类一等奖；上海人民塑料印刷厂的“庄臣气罐标贴膜”、上海紫江彩印包装有限公司的“柯达一次性相机包装膜”获非食品类二等奖；声科家居用品（上海）有限公司的制冰袋、中山金利宝胶粘制品有限公司的50微米变色消银特多珑压纹胶、江苏彩华包装集团昆山市张浦彩印厂的“10kg宠物牛肉袋”获非食品类三等奖。

上述十三个获奖产品将获提名角逐2005年在美国举行的杜邦全球包装奖的评比活动。

杜邦全球包装奖创立于1986年，至今为止已吸引了来自全球35个国家和地区700多个包装产品参赛，其中已有140个项目获奖。2004年组委会将这一赛事首次引入我国难免也存在不尽人意的地方，为了推动中国塑料包装与国际同行间的交流，促进我国塑料包装工业的发展和科学技术进步，希望广大会员和同仁多提宝贵意见，让我们共同努力将这一活动越办越好。

【重点企业】

◇ 上海人民塑料印刷厂
◇ 上海紫江彩印包装有限公司
◇ 上海三樱包装材料有限公司
◇ 北京德宝商三包装印刷有限公司
◇ 江苏彩华包装集团公司
◇ 江苏申龙高科股份有限公司
◇ 南京真旺塑料有限公司
◇ 加铝宝柏控股有限公司
◇ 南方包装有限公司
◇ 黄山永新股份有限公司
◇ 天津顶正印刷包材有限公司
◇ 奇妙包装（深圳）有限公司
◇ 连云港中金医药包装有限公司
◇ 佛山塑料集团股份有限公司彩印厂
◇ 无锡国泰彩印有限公司
◇ 青岛益青印刷包装厂
◇ 广州市金威龙实业股份有限公司
◇ 中山天彩包装有限公司
◇ 大连大富塑料彩印有限公司
◇ 河北埃卡包装材料有限公司
◇ 西安市塑料彩印厂

【主要问题】

1. 2004年由于原辅材料价格上涨幅度很大，使复合、彩印软包装企业经济效益全面下滑，加上市场竞争日趋激烈，很多企业仍靠低价抢占市场，整个行业的经营生产状况不容乐观，已导致个别企业破产。因此，如何提高中国复合软包装产品的国际竞争力，如何增加高附加值产品比例已成整个行业的当务之急。

2. 由于我国的复合软包装制品大量用于食品包装，而食品包装尚未进入监管程序，整个行业缺少一个严格的安全生产卫生管理规范，给食品卫生和消费者造成不安全隐患。同时，由于复合膜彩印软包装产品品种繁多、变化多端、工艺复杂，给产品标准的制定造成诸多困难，整个行业至今还有很多产品没有国家标准，这不仅对行业技术水平的提高影响很大，而且也使终端客户选择、采购复合软包装产品缺乏依据。因此，产品标准和规范的制定对复合软包装行业的发展至关重要。

3. 目前我国复合软包装生产工艺是以凹印与干法复合工艺相结合为主，此工艺在生产中会产生大量的有害气体，对环境造成严重的污染和资源的浪费。特别是很多中小企业的状况更为严重，对气体未做任何治理，直接排放到大气中。今后必须要加大力度，采取有效措施，严格按照国家要求对企业产生的废气进行治理，优化生产工艺，从根本上扭转废气污染状况。

（中国塑料加工工业协会复合膜制品专委会　文秀松）

可发性聚苯乙烯

可发性聚苯乙烯（EPS）专委会担负着振兴中国EPS工业的重任。新一届EPS专委会常务委员会以认真负责的工作态度，把EPS专委会办成一个不断推动中国EPS工业技术进步，维护EPS行业根本利益的忠实代表，在信息化、国际化的潮流面前，促进中外EPS企业在生产、科研、全方位的交流，使中国EPS工业成为国际EPS行业的一朵奇葩。换届工作完成之后，在专委会新的领导集体的领导下，专委会将在推动行业结构调整与技术进步，开展行业自律、加强调查研究、广泛听取企业意见和呼声，积极向政府反映行业改革中的深层次问题、宣传行业、为会员服务及加强自身组织建设开拓进取等方面进行积极努力的工作。

【专委会活动】

1. 广泛吸收会员单位，扩大EPS专委会的行业影响力

中国EPS行业组织成立近20年以来，中国EPS工业发生了翻天覆地的变化，EPS产品由1982年的年产量1.5万吨增长到2002年的76万吨，EPS生产企业由1982年的50家增长到2002年的4 300多家，其中大部分为制品企业。然而，EPS专委会自成立以来由于各方面因素的影响，未能广泛地吸收行业内

部的企业入会，专委会无法正常运转，不能为企业带来实际的帮助，企业丧失了入会的兴趣，这样也使专委会无法代表广大EPS企业的最根本利益，而严重缺乏行业权威。

新一届EPS专委会将把诚信作为对会员单位的承诺，全心全意为广大会员提供切实可行、优质实惠的服务，通过不断地提高自身在全行业中的号召力和凝聚力，广泛吸收会员单位，尤其是把EPS制品企业入会工作作为头等大事来抓。只有这样才能不断发展壮大自己，专委会才会真正具备行业权威，名正言顺地代表全行业的最根本利益。

2. 加大EPS产品及其应用的宣传

EPS产品以其优异的保温隔热性能、独特的缓冲抗震性、抗老化性、防水性等特点被广泛地应用于包装、建筑、电子电器、船舶、车辆和航空航天等领域。近年来中国建筑行业、公路建设中大量地采用EPS制品从而成为带动EPS产业发展的强心剂。EPS在国民经济的飞速发展中起到越来越不可替代的作用。

虽然EPS产品本身在某些性能指标上还存在一些不足，但这可以通过不断的技术进步加以弥补，关于这一点，国内外EPS同仁已有成功的尝试。与其他一些“EPS替代品”的产品相比，EPS产品本身具有更高的性价比，这一点证明了在经济不断发展、但平均国民收入又不高的中国，EPS有着更好的应用潜力，并可以不断挖掘。

在2004年，我会的工作重点之一，就是以科学、严谨的态度在各种媒体上大力推广EPS产品及其应用技术，树立行业和企业的良好形象，加大行业在国内外的影响，不断提升EPS技术和产品的知名度。

3. 建立健全专委会管理机构，加强日常工作管理

党的十六届三中全会提出“按市场化原则规范和发展各类行业协会、商会等自律性组织”。EPS专委会作为EPS行业发展的向导与参谋，应当拥有健全的组织管理机构，这是专委会能够正常运转的根本保证。目前，EPS专委会有很多具体工作要做，日常管理，对外交流，针对行业的信息服务等工作都需要巨大的人力资源投入。新的EPS专委会筹建之初，如何选拔优秀的专委会工作人员和筹措专委会经费，是新一届常委会面临的第一项工作。专委会的日常工作繁杂，专业性极强，网站建设和运营，专业杂志创刊，专业人才培训，制订行业标准，百强企业评选等工作，都需要在极短的时间内开展起来，这些工作都需要有足够资金的支持和一批热心于行业工作、并具EPS行业工作经验和相关专业特长的人才加入到专委会日常工作中来。解决这一现实问题的出路只有一条，那就是紧紧依靠广大会员单位，特别是行业中的一些重点企业的大力支持，希望大家为专委会积极推荐优秀人才，并尽其所能地在专委会筹建期间给予一定的财力和物力支持。

4. 创办行业杂志，搭建行业内部信息交流的平台

EPS行业的生产企业数量与市场的容量在近十年内呈几何级数上涨态势，这与我国经济蓬勃发展之势相适应，但从企业规模等其他方面进行分析不难发现，绝大多数企业都存在着资本少、企业规模小、技术设备落后、产品质量差、严重地缺乏专业人才等共同弊病，这些弊病严重地制约了企业的进一步发展，也成为制约中国EPS行业国际化进程的绊脚石。

如何在最短的时间内为广大EPS生产企业“输入营养，补充体力”，已成为新一届EPS专委会所面临的严峻问题。我们计划创办EPS行业内部的杂志，暂定名为《中国EPS》，并成立相关的编委会，杂志的定位为EPS市场，服务于EPS行业，侧重于全方位多角度地反映当前市场信息，包含国际上最新EPS新闻、行业动态、新技术新产品、市场商情以及教育培训等内容，加大对行业内重点企业及企业家的宣传力度。杂志与市场接轨，与国际接轨，使之成为中国EPS行业知晓世界、世界了解中国EPS行业的重要窗口。

《中国EPS》杂志是在EPS专委会直接领导下，面向国内外EPS行业发行的EPS专业性杂志，是我会宣传行业、宣传企业、推广新技术、新产品的专业刊物。在市场经济条件下，我们的杂志要顺应形势的发展，办出风格，编委会成员主要由EPS技术研究、生产、市场营销等领域的著名专家学者共同组成。

《中国EPS》在EPS专委会的领导下，一定会成为中国EPS行业发展的好助手，好参谋。

5. 创建专委会下属的行业网站，加快中国EPS行业信息化进程

中国已经加入WTO，面对国外众多有着跨国经营经验，在资本、技术上占有绝对优势的同行入境，我们的本土EPS行业如何发展？面前的出路只有一条，即迅速提高全行业的自身可持续发展能力。2002年11月召开的党的十六大明确指出，“走新型工业化道路”，“坚持以信息化带动工业化，以工业化促进信息化，走出一条科技含量高、经济效益好、资源消耗低、环境污染少、人力资源优势得到充分发挥的新型工业化路子”，这为中国EPS行业的未来发展指明了道路。

尽快建立自己的行业门户网站，加强专委会与外

界的交流与沟通，并使网站在企业经营中发挥作用，这是中国 EPS 行业走信息化之路不可逾越的重要环节。世界 EPS 网站（www.Worldeps.com）不同于我们通常企业的网站，其具有大型数据库及庞大的数据采集、整理、搜索和管理等功能，属于门户型网站，网站的运营成本很高。为了使专委会节省网站建设初期人力及资金的投入，有建议将吉林省清华园工贸有限公司所有的现已创办 3 年，在国内外 EPS 行业享有盛名的世界 EPS 网转由专委会管理和运营。为了避免网站运营给专委会带来巨大财务负担，同时也要避免协会管理体制影响网站发展速度，故提议在接受专委会的指导下，依托行业内大型企业的支持和参与，采取融资招股办法，成立世界 EPS 网站运营公司，使网站实行市场化管理和运营。

3 年来，世界 EPS 网的工作人员们的努力工作，大大增进了我们对全球 EPS 行业的了解。世界 EPS 网远期发展目标是，5 年后由免费的资讯平台转化为电子商务平台，使得国内外的 EPS 企业能够通过网站获得最新的原料订购、技术交易、产品在线销售等资讯，减少企业在生产、科研、销售等方面的资金与人力资源投入。短期目标为，在主要 EPS 生产企业建立行业通讯员制度，负责行业信息的采集；半年内对网站栏目进行升级改版，以更好地满足行业发展需要。

6. 促进创办 EPS 本科专业，培养 EPS 专业人才

EPS 行业的发展要依靠科技进步，拥有大量业务能力强、经验丰富的专业技术人才是保证 EPS 行业快速稳定发展的一个重要条件。与实力雄厚的国内知名高校联合办学，培养专业技术人才，是永久性解决中国 EPS 行业技术落后、产品质量差、企业综合竞争能力弱等通病的一个有效方法。鉴于吉林省清华园工贸有限公司与长春大学多年联办 EPS 专业的成功经验，EPS 专委会将认真研讨和制订专业人才培养计划，争取各方支持，筹集 EPS 教育基金。在财力、物力、人力等条件具备的时候，在得到中国塑料加工工业协会批准的前提下，与长春大学联合培养四年制全国统招 EPS 本科专业人才，毕业的学生将由 EPS 专委会负责面向全国 EPS 生产企业推荐分配。这种分配是有偿的，用人单位应支付一定培养费用给教育基金，从而使得 EPS 专业学生的培养和教育基金的增长呈现出良性循环。

7. 组织制定 EPS 行业相关标准

标准制定工作应作为专委会的一项重要工作，尤其是中国加入 WTO 后显得更为重要。由于各种历史因素的限制，EPS 工业的发展在多年的行业现代化历程中吃尽了苦头，EPS 包装产品出口，苯乙烯原料进口，特别是 EPS 运输过程中，由于没有系统化的标准作为企业的保障，在产生法律争议时处于“无法可依”的尴尬境地。作为中国广大 EPS 企业根本利益的忠实代表，EPS 专委会在维护广大 EPS 企业的切身利益面前有着不可推卸的责任。今后，专委会将更加重视标准制订工作，并将加大检查企业执行标准的力度。

由于长期缺乏健全的行业原料标准，原料生产企业只能凭借多年的市场经验来制定自己的生产及销售标准，这为企业在生产、销售、运输、后继产品开发、特别是产品出口等方面带来了诸多不便，因此 EPS 专委会工作的当务之急是组织 EPS 原料生产企业组成行业标准起草小组，制定《EPS 原料行业标准》，为中国 EPS 工业逐步正规化打下坚实基础。

标准制定工作将从两个方面做起，一方面，由专委会副会长傅选泽先生负责组织有关部门和专家编制《中国 EPS 原料行业标准》，另一方面，由专委会副会长胡振庭先生负责组织有关部门和专家整理和规范可发性聚苯乙烯（EPS）制品类相关标准。

8. 配合国家技术监督局等有关部门开展行业大检查活动，坚决打击假冒伪劣产品，重点解决高发泡板材质量问题

当前的 EPS 市场的竞争格局处于极端无序状态，由于 EPS 市场缺乏有效的监督管理，一些企业靠生产劣质产品发家，在市场上以次充好，以极低的价格进行大肆倾销伪劣产品，北方一些省市的建材市场上销售的 EPS 板材普遍存在着严重的质量问题，板材密度最低达到了 $5kg/m^3$，这样的板材用于建筑施工中，严重地败坏了 EPS 的名声，人们已经开始对 EPS 的性能产生了怀疑，这也是 XPS 为什么在市场上被人们逐渐认可的重要原因。最为严重的是由于劣质产品的应用而导致了很多不该发生的质量事故，甚至威胁到人民的生命安全，严重地损害了 EPS 行业的整体形象。这里有两个悲惨的案例，一是 3 年前的青藏铁路建设案例，二是 2005 年的沪宁高速扩建案例。如果这样发展下去，中国 EPS 行业在不久的将来会面临全局崩盘的危险。

诚信不仅是专委会对广大会员单位的承诺，也是对会员单位的要求。在激烈的市场竞争中，我们行业形象的提升就是要靠我们的会员企业本着诚信的原则，向社会提供合格的、优质产品，与此同时，我们还将通过宣传、推介等各种手段帮助我们的企业树立企业形象，通过行业自律等措施维护行业的公平竞争。在新的一年中，在企业自愿原则下，EPS 专委会将密切配合国家质量监督局等有关部门进行行业质量大检查，对于发现的制假售假企业进行严肃处理，及时通报批评，净化中国 EPS 市场，使得国内市场逐

步走向正规化，制度化，使得“看不见的手”在市场资源的基础配置方面发挥主导作用。

9. 开展行业调研工作，摸清 EPS 行业发展的脉络，为广大 EPS 企业提供多角度、全方位技术指导和行业咨询等服务

行业调研是 EPS 专委会工作的重要组成部分。作为行业组织，如果不能对行业总体有一个全面的把握，工作就会陷入被动，进行全行业普查，其目的一是掌握全行业情况，更重要的是通过不定期普查，了解行业发展中的动态，有的放矢地向政府有关部门提出产品结构和产业结构调整的政策性建议，重点放在政策性建议上。

在今后的工作中，EPS 专委会应当在制订行业发展规划、加强行业自律机制、规范行业行为，扶优限劣，积极引导行业的健康发展上发挥更大的作用。专委会将详实、快捷地发布生产经营、销售和技术研发等方面信息；定期组织有关专家走访企业，做现场技术指导：及时将优质产品向设计、施工单位进行推荐，并向使用部门宣传普及如何鉴别合格产品，及使用不合格产品的危害；定期针对某种产品展开综合调研，指导国内企业分析行业发展趋势及时了解产品状况；企业的需要是我们做好工作的根本，会员单位给专委会提出的建议代表了广大会员企业对我们工作的关心和期望，我们将认真对待每一条意见和建议，并在今后的工作中切实落到实处。

10. 组织参与国内外的会展工作，扩大中国 EPS 企业的知名度

在今后的工作中，EPS 专委会将积极组织国内 EPS 企业参加国内外举行的行业会展，加快中国 EPS 工业与国外同行之间在产品、技术、科研方面的交流。面对入世后的机遇和挑战，加强与国外同行业协会、同行业企业之间的联系与交流，组织国外新技术、新市场的考查，及时通报国外 EPS 发展动态，引导企业将产品推向国际市场；组织行业间的信息交流、技术交流，增进企业之间的了解和信息的沟通。

2004 年，专委会组织广大 EPS 企业参加了下列会展工作。

（1）2004 年 EPS 专委会年会　包括两方面的内容，一是围绕 EPS 行业发展相关问题召开国际性 EPS 论坛，就 EPS 发展趋势，新产品新技术新应用，特别是 EPS 回收方面的技术和应用，邀请国内外专家、学者和企业家进行研讨和演讲，推动 EPS 行业的健康快速发展；二是年会期间举办大型 EPS 展览会，邀请国内外 EPS 原料、装备、制品、应用以及回收等企业参展；组织会员企业积极参加，利用展会宣传专委会、宣传企业，扩大行业知名度。

（2）积极参加国际行业交流活动　2004 年 11 月份，组织国内 EPS 企业团组到德国杜塞尔多夫参加全球最大的国际橡胶展览会。通过以上活动的开展，我们相信，中国 EPS 工业一定能更好地向国际展示自我形象，在国际化的进程中迈出坚实的一步。

（中国塑料加工工业协会泡沫塑料专业委员会　侯树亭）

人造革合成革

2004 年中国塑协人造革合成革专业委员会在中国塑料加工工业协会的领导下，全面加强行业管理、行业服务、行业交流活动，各个方面取得了很大的进步与发展。当前我国人造革合成革工业广泛应用于工农业、交通业，并是人们日常生活不可缺少的轻工产品；已经形成了以人造革合成革为主体的基础化工原料工业、设备制造业、织物原料业、质量监测及科研开发和初具规模的专业市场规模产业。一个庞大纵横交错的人造革合成革产业链体系，已迅猛发展起来，人造革合成革不仅在中国做大而且走向了国际市场。

【行业现状】

1. 中国人造革合成革行业持续健康快速地发展

人造革合成革包括压延法生产的聚氯乙烯人造革、聚氯乙烯发泡人造革，转移涂层法生产的聚氨酯人造革、聚氨酯湿法合成革。主要应用于制鞋、箱包、服装、家具、火车、民航、汽车、军事领域、建筑材料以及家纺行业，是人民生活重要的必需品。

（1）人造革合成革行业整体优势与规模不断扩大

全国目前有人造革合成革企业 2 000 多家，上千条生产线，是塑料行业重点发展的产业，还有一些企业分布在化工、皮革、纺织等部门，2004 年 329 家规模以上的人造革合成革企业资产 191 亿元，同比资产总计增长了 27.53%；工业总产值（现价）达到 232 亿元，同期对比增长 30%，占塑料制品行业的 6%；利税 12 亿元，同比增长 6%。人造革合成革产量 2004 年突破 100 万吨，其中人造革产量 65.99 万吨，增长 27.16%；合成革产量 34.55 万吨，增长 16.23%。在塑料行业的十几个门类专业中，人造革合成革是速度增长为最快的专业之一，以两位数字增长在塑料行业中列前位。

（2）人造革合成革已经成为一些地方工业的重要产业　我国的人造革合成革工业的地域分布主要集中在长江三角洲和珠江三角洲及沿海大中城市。2004 年人造革合成革产量浙江为 31.5 万吨、江苏为 28.7 万吨、广东地区为 15.4 万吨。这些地区人造革企业占了全国的近 80%，如温州中国合成革之都的形成，

江苏胜泽、江阴地区、广东高明、浙江丽水合成革工业园区、河北雄县合成革基地，辽宁合成革工业园正在兴起。

（3）人造革合成革与上下游产业同步发展　人造革合成革行业与服装业、鞋业、箱包工业同步发展。人造革合成革服装面料已经得到广泛应用，在服装面料中的比例不断提高，目前大致占10%左右，特别是时尚化的合成革服装面料受到欢迎。有数字表明高档人造革合成革30%用于制鞋业的发展，而人造革合成革面料已经成为箱包的主体。人造革合成革的发展既得益于PU降料和PVC技术以及纺织材料的发展，也带动了相关原料的进步。前两年中国100多万吨的聚氨酯中，用于人造革合成革的比例达到1/5。

高档革及布料近年来科技发展迅速，前几年90%左右的革基布仍为机织布和针织布，2003年用水刺和针刺非织造布作为人造革基布的占革基布总量已经达到10%左右。

从专业市场看，全国有30多家大型人造革合成革市场，广州花都、浙江温州、温岭、四川成都等几十万从业人员，在全世界都有很大的影响。

2. 人造革合成革行业产品质量具有国际水准

我国的人造革合成革已经拥有国际最先进的生产技术和科研力量，不仅是生产大国，而且正迈向高档人造革合成革产品强国。

（1）超细纤维等高档合成革第三代产品天然性能具有生态意义　从烟台万华第一条超纤生产线建成后，全国的二十多家人造革合成革公司的企业家已经又投资了几十亿元；2003年在工商注册的又有七八家，且正在向福建江苏广东发展，以温州人造革有限公司为代表的多样服装革已经全面进入国际市场。高端产品的快速发展，再次带动了全行业向集约经济、规模经济、知识经济方向发展，产业核心竞争力不断提升。由于基布采用超细纤维，弹性好，强度高，手感柔软，透气性好，高档人造革合成革在物理性能上超过真皮，外在表现具有天然表现性能。从工业意义上讲适于现代化规模生产，同时保护生态，减少环境污染，充分利用非自然资源，达到保护环境的新水平。中国高档人造革合成革的技术水平，已经达到先进国家的水平。全世界超细纤维等合成革的生产量上亿平方米，我国产量为两千多万平方米，约占全球的17.8%。

（2）人造革合成革采用先进标准，具有国际竞争力　人造革合成革行业不断完善指标体系，形成了十几项涉及不同专业用途的行业与国家标准，特别吸收国际先进国家的标准以及推行环境强制性标准，从而促使产品上档次，产品出口遇到进口国家的技术贸易壁垒问题时，很多企业的检测都要达到英国、美国的一些环保要求，出口的检验符合国际标准。目前行业推行“人造革合成革Ⅲ型环境标志技术标准”、“人造革合成革清洁生产标准”，几年来我国行业组织与有关部门合作积极推进规范的质量管理体系，行业的产品在国际地位不断上升。

根据海关统计，2004年人造革合成革出口19.2万吨，329家企业在出口方面完成了出口交货值38.9亿元，同比增长24.14%，出口增长形势喜人，人造革合成革出口增长分别为21.84%和31.65%。从近几年来的趋势看，进口逐年递减，2002年下降了3.68%；2003年，比2000年的15万吨减少了三分之一；2004年进口11.4万吨，下降3.17%。出口大于进口7.6万吨，但是进口额却增加9.44%，说明国内人造革合成革下游制造行业参与高档合成革国际竞争的能力还需要不断加强。2004年出现欧洲一些国家对中国人造革合成革的反倾销案例，从一个侧面说明我国的产品具有国际竞争力。

3. 人造革合成革行业符合社会物质形态消费结构方向

（1）多功能人造革合成革技术进入新阶段，应用前景更加广阔　人造革合成革技术跨纺织、造纸、皮革与塑料四大柔性生产系统的边缘学科，充分借鉴了四大柔性生产系统的工艺技术的同时又发挥其自身特点有机地组合使用这些技术。

目前具有代表性的新型的人造革产品在工业应用具有重要影响：新型阻燃隔热人造革面料；调温相变人造革面料，现在能生产的这类产品只是少数发达国家，我国是发展中国家中惟一可生产出的国家；其他还有透气透湿聚氨酯合成革，防火、防水、防油、抗静电涂层面料，抗菌整理人造革合成革彩色定向发光涂层面料等。

（2）形成充分利用资源的新型现代化的人造革合成革工业　人造革合成革的制造业运用现代科学技术和装备，充分运用新型化工、化纤、涂饰、助剂等行业的先进技术，同时也不断开发适应市场需要的具有环保新功能的原辅材料，从成套的机器制造到专用检测仪器仪表、从设备多功能到控制技术均达到先进国家水平，特别是人造革合成革的后处理加工设备技术，已经实现节约能源，降低成本，减少环境影响的现代化设备，已成为重要支撑技术。

4. 行业主要领军企业代表了行业主流

（1）温州——中国合成革之都的行业地位与作用　温州人造革的地位作用越来越被中外关注，在全球也产生了很大影响，已经形成了具有特色的地方性基础工业。行业聚集度在中国、亚洲乃至世界范围最高。一个中等城市聚集了100多家大中型人造革工业企业，120多亿的工业产值与销售。市场产业链的发展，构建了特色基地的形成。围绕服装市场、制鞋市场、箱包市场，人造革的上游原料制造供应市场也在逐步形成和增长。温州地区的人造革企业已与十几所大学、科研院所等有所合作。

(2) 龙头企业温州人造革有限公司快速成长　温州合成革公司，是全国人造革行业的龙头企业，东泰商标荣获“浙江省著名商标”和浙江名牌产品称号；2002～2003年，公司连续两年列“中国民营企业500强”，拥有固定资产6.3亿元，19条先进的PU合成革生产线和年产250万平方米的超细纤维生产设备，以及上百条（套）辅助设备，生产能力可达1.1亿平方米。2004年产值达7亿元，公司下属有2家生产子公司和1家外贸公司，2003年销售额2 800万美元，产品销往全球70多个国家和地区，在国际市场上享有较高的知名度。

(3) 烟台万华高新技术生产企业的领头羊作用　烟台万华集团在人造革行业一直处于领先地位：①公司是国家“七五”计划重点投资的合成革基地，投资规模大，效益高；②具有国际先进水平的现代化装备与专有技术，MDI它的研制开发，填补了我国人工制革的空白，大大拓宽了合成革的应用领域；③在人造革合成革方面走出了一条自主创新的路子，成为世界上第六个拥有MDI自主知识产权的企业，MDI产销方面始终保持着领先的地位。

(4) 一批具有综合实力的企业代表了行业的主流　湖南安塑历经30多年的发展，已成为一个以高分子复合材料的研究开发为基础，以PU透气人造革为生产重点，兼营农用塑料、工业塑料、生物医药材料和工业用铝型材、高精饰建筑用铝型材的新型材料产业集团，是中国第一家以人造革研究、开发与生产为主营业务的上市公司。还有佛山塑料集团、高明兆丰泰、宏铭、浙江无名、禾欣、康福得；江苏海达、蝙蝠、南亚、协兴、翔峰、安利；温州的宏得利、五龙、五洲、国泰、闽锋等。如上所述，人造革合成革行业具有较大的产业规模，且具备较高的聚集度，新产品、新技术不断涌现，行业出现中国名牌、世界名牌产品是最新技术发展的必然，必将带动整个行业的迅速发展，使该行业在国民经济中发挥更大的作用。

5. 不断深入开展行业理念、理论的研究，进一步加强行业管理

(1) 针对行业特点，研究行业理论　人造革合成革行业两千多家企业、十几万职工、上千条生产线。该行业的发展呈现出技术起点高、产业分布广、新兴企业成长快以及区域发展不平衡、行业管理难度大的特点。人造革合成革企业一起步就要求有高科技含量和专有技术基础，这个行业涉及化工塑料、电子技术、纺织印染、人文地理、时尚美学；有的还要求材料在服役条件下做到耐酸、耐碱、耐老化、耐寒、耐磨、耐紫外线和抗雷达；有些既要追求天然皮又要超越天然皮的柔软、舒适、透气及不透水性。人造革合成革行业在珠江三角洲、长江三角洲、山东半岛及华中地区聚集了一批业内巨头。

2004年针对行业内企业相互见面沟通共商行业大事少，行业管理多年处于分散，由于财力不足，组织行业活动不多、行业管理基础理论研究工作薄弱的问题，有意识地引导行业开展了引导人造革合成革从大国向强国的重大转变，做好行业规划以及推进企业的品牌、品位、品种定位向高层面方向发展。在全行业提出人造革合成革要完成向强国的转型，必须要实现产品内在性能追求超强功能，外在性能超越天然皮向时尚化及仿生化发展。坚持优胜劣汰，提倡技术竞争市场竞争，促进企业进步。

通过办好行业刊物，推动业内专业学习的良好风气。2004年创办了《中国人造革合成革》刊物(2004年共出版两期)、《国内外人造革合成革专利汇编》，在第四期《中国人造革合成革论文集》收集了各类论文、专利技术100多篇，发布于全行业。我们提出要把人造革合成革行业做大、更要做强，树立大行业大产业理念，以企业家风范关心行业建设。人造革合成革首先不是传统的手工业行业，而是现代制造业，不能用旧的小作坊式理念管理企业看待行业。全行业要高度重视业内的技术基础理论、业内社会化生产方式理论研究，及时把产业工人的实践经验总结提炼上升理论，以进一步指导客观实践。消化吸收国外技术，应用意大利开里开蒂、罗贝尔多的合成革理论，推出一批新工艺、新技术、新材料，提升产品水准。

建立健全的行业组织机构，加强自身建设，提高管理水平。随着人造革合成革工业的发展，企业在不断地变化，从业人员增加，技术不断更新，国内外信息交流更加广泛。因此专委会必须适应行业发展，人造革合成革专委会工作的生命力，在于推进行业先进生产力发展。专委会工作宗旨为：真正地为企业服务、让企业满意、确认专委会社会地位及职能，充分认识专委会是市场经济中行业管理体系的重要组成部分，按市场经济原则，发展推进地区商会。不断变换自己的角色，加强行业管理。

加强地方行业协会工作，完善行业管理体系。现在人造革合成革专委会是单位及个人自愿参加原则，比较松散，没有强制力和号召力，为此我们提出：第一，修改章程，将人造革专委会更名为中国塑料加工

工业协会人造革合成革专业委员会，赋予我们要承担起新兴的合成革工业管理，广泛吸收会员，最大限度的把行业工作管理起来；第二，加强和改进协会管理模式。首先充分发挥温州合成革商会在全行业的带动作用，积极推广温州商会管理经验，收到很好的效果。

人造革合成革不是孤立行业，必须与化学工业、纺织业、服装业、汽车工业、鞋业、皮革业、商贸业建立完整的链接机制。专委会在2004年积极与纺织协会、福建箱包材料协会、花都皮革皮具协会、合成皮革网站开展了友好的合作与交流工作。我们与广东塑料协会共同组织了“广东人造革合成革材料与设备研讨会”，加强了友好来往，合作管理，共同寻求发展。

（2）广泛开展有效活动，提高行业管理水平　①专委会2004年组织了中国第三届国际人造革合成革发展论坛；②专委会在广州召开了“国际人造革合成革环境标志与专利战略发展”论坛，制定了合理的行业环境标志管理办法，确定合理的行业发展规划。

组织完成人造革合成革标准制定工作。配合全国塑料制品标准化委员会做好6项行业标准制定，特别是重点完成人造革合成革有害物质限量标准的审定工作，加强行业标准化管理工作，推进企业ISO 9002、ISO 14000的认证工作。随着全球环保和健康意识逐渐加强，人造革合成革行业近年来对生态与绿色产品研究开发进入一个新的历史时期，我们应积极引导全行业高度重视清洁生产，在大气污染、污水排放、固定废料的回收处理技术已经基本得到解决，大多数企业不再是污染生产企业，而是向清洁生产方向发展，已经由末端治理转向生产全过程的环保控制。我们在温州召开了关于环境标志问题的专业会议，审定了清洁生产与人造革合成革ISO 14020的标准，为全行业在2005年实施ISO 14000认证体系做好基础工作，重点推进Ⅲ型环境标志和清洁生产技术，真正实现持续健康发展的道路。

（3）继续做好人造革合成革特色区域工作　我们积极与广东塑料协会开展广东高明人造革合成革生产基地和江苏江阴地区人造革合成革生产基地的前期准备工作。为认定符合国家产业政策、法规，客观公正、求实做好基础工作。同时推动各省市地区商会、特色基地建立章程，主动与本地区的专业市场开展地域性的技术交流、市场贸易、专家培训活动。

人造革合成革行业当前正在向如下方面转变：一是人造革合成革材料科技发展形成新的投资热点，带动了超细纤维、稀土、纳米等高新材料替代传统材料的发展、非布基类代替纺织布基产品；二是新的工艺技术正在转换新的生产力，单一涂刮压延工艺走向印刷压纹植绒套色多工艺路线；三是适应市场需求的人造革合成革产品结构正处于新一轮的调整，单一功能向多功能发展，如黑蓝颜色逐步向时装化、工美化、人文化发展；四是循环经济意识，促进环保生态合成革正在起步成长；五是20世纪90年代成长起来的新型人造革合成革专家成长起来，人才交流已打破区域界限；六是资本运作已不再是单一的国企，民营、私营、合营已成主流，企业管理正向现代化制度迈进；七是中国人造革合成革迈出国门走向国际市场；八是全国人造革合成革市场规模由小到大，专业市场形成规模。强大的人造革合成革实力、强大的市场规模为我们人造革合成革产业工人提供广泛的施展才华空间。

（中国塑料加工工业协会副秘书长、人造革合成革专业委员会常务副理事长　冯庶君）

工程塑料

【行业现状】

近几年来，由于国内经济的快速发展，特别是机械、汽车、轻纺、建材、包装等行业的高速发展，对工程塑料的需求量呈大幅上升趋势。近5年来，国内市场对树脂的需求量从24.5万吨增加到82万吨左右，年均增长率高达35%左右。

2001年国内工程塑料需求量是70万吨，2002年达到75万吨，2004年超过82万吨，五大通用工程塑料需求量分别达到：尼龙（PA）约16.5万吨、聚碳酸酯（PC）约40.5万吨、聚甲醛（POM）约14万吨、PET和PBT合计约6.8万吨、改性聚苯醚（mPPO）约2.2万吨。2005年市场总需求量将达到108万吨，其中PA 21万吨，PC 56万吨，POM 18万吨，PBT、PET合计10万吨，mPPO 3万吨。2010年需求量有可能达增长到167万吨，其中PA 40万吨，PC 78万吨，POM 25万吨，PBT、PET合计18万吨，mPPO 6万吨。我国工程塑料市场主要应用领域依次为：电子电气25%，汽车22%，机械20%，日用消费品10%，其他23%。2004年国内五大通用工程塑料消费量约为95万吨，其中PA 20万吨，PC 45.5万吨，POM 14万吨，PBT、PET合计8.5万吨，mPPO 3万吨。目前国内工程塑料生产能力可达39万吨，市场占有率为41%。

在强烈的市场需求刺激下，更多的世界巨头选择了直接进入中国市场。一些国际大型生产厂，如GE塑料、杜邦、DSM（帝斯曼）和很多公司都扩大其在中国装置的生产能力，预计2007年前，中国工程塑料特别是五大通用工程塑料需求量将以年均17%～18%的速度增长，预计 2007 年，中国进口 ETP（热塑性工程塑料）量将降到市场需求的 1/3，而外商投资企业将控制 50%的中国市场，外资 ETP 配混厂将快速实现在中国本土化生产。

1. 近日，杜邦工程塑料公司宣布，将在中国扩大特种产品系列的生产能力，这些产品有 Zytel® 耐高温聚酰亚胺树脂、Thermx® PCT 热塑性聚酯树脂、Rynite® PET 热塑性聚酯树脂、Crastin® PBT 热塑性聚酯树脂、Hytrel® 热塑性聚酯弹性体和 Zenite® LCP 液晶聚合物。预计从第四季度开始增加市场供应量。杜邦工程塑料公司生产及销售的产品有：Crastin® PBT、Rynite® PET 热塑性聚酯树脂、Delrin® 聚甲醛树脂、Hytrel® 热塑性聚酯弹性体、Minion® 矿物增强尼龙树脂、Vespel® 聚酰亚胺树脂、Zenite® LCP 液晶聚合物和 Zytel® 尼龙树脂。这些产品广泛用于全球航空、用具、汽车、大众消费品、电器、电子、工业、体育用品等各种领域。

2. GE 高新材料瞄准中国汽车市场。在“第十八届中国国际橡塑展”上，GE 高新材料不仅推出了一系列针对汽车、建筑市场的最新尖端塑料应用，还展示了车身板全部用塑料制成的新型 Smart 跑车和由 GELOY（聚乐树脂）系列产品建造的“生态办公样板房”。GE 高新材料今年将在中国投资 6 亿元人民币，主要用于在广东南沙和无锡工厂的扩建。这些针对汽车、建筑市场的最新产品包括 LEXAN（力显）5LX 薄膜以及模内着色和防撞击的 XENOY 树脂，戴姆勒-克莱斯勒公司就将以上产品应用在其新车型 Smart 跑车 Coupe 的硬车顶中，使车身既不需要喷漆，还可以防紫外线和刮擦。GE 将在中国的市场细分为车身（包括保险杠）、汽车照明、汽车部件（油箱盖等）、发动机机箱下部及汽车内饰五部分。中国是 GE 重要的增长引擎和投资区域，2003 年 GE 在中国收益增长强劲，塑料销售总额达到了 6.4 亿美元。对此，公司总裁兼首席执行官 John Krenickizai 乐观地表示，GE 高新材料今年在中国的目标销售额是 10 亿美元，预计到 2007 年会翻一番。

3. 伊士曼特种塑料挺进中国市场。伊士曼将增加其特种塑料在中国玩具、电器和包装业的市场份额。伊士曼计划将其共聚聚酯塑料在规模为 100 亿美元的中国玩具市场上的销售翻一番。这是一种具有多种用途的注塑用塑料，具有高清晰度、抗冲击和出众的抗腐蚀性能，目前该公司正在推广它作为 ABS 和 K 树脂的替代品的应用。DuraStar 聚酯主要应用于家用电器业。在日本，排名前六位的洗衣机制造商中有 5 家是使用伊士曼的 DuraStar 产品生产洗衣机的盖子。伊士曼希望在日本获得成功的 DuraStar 聚酯在中国市场也能获得成功。目前伊士曼已经启动了与主要的家电制造商如地毯清洁器、吸尘器、空调和其他白色家电厂商的技术协作。

伊士曼也将推广其在美国和欧洲市场取得成功的收缩膜在中国的食品和饮料业的应用。Embrace 收缩膜可以作为 PVC 的替代品，用作饮料、牛奶、果汁、碳酸类饮料、成人饮料、瓶装水、医药的包装。

4. 陶氏化学公司宣布将在中国成立陶氏中心，进一步显示陶氏对中国市场的承诺以及在中国长远发展的信心，整个中心将在 3 年内全面启用，陶氏中心的建立标志着陶氏在中国长期持续发展的一个重要里程碑。陶氏在中国拥有相当的规模，共有 10 个生产基地和在 5 个主要城市设业务中心，并雇有 1 200 多名员工。2003 年在华营业额超过 16 亿美元，中国成为其仅次于美国和德国的第三大市场。

2004 年中国塑料工业赢得了新的发展，取得了令人炫目的业绩。主要体现在如下几个方面：塑料原材料消费量突破 3 000 万吨，消费量已居世界第二位；塑料制品产量近 2 000 万吨，行业规模以上企业 9 100 家，总产值近 3 000 亿元，占轻工 44 个行业的 10%，在 19 个重点行业中居第三位；汽车行业、家电行业的迅猛发展对工程塑料的消费市场起了很大的推动作用。我国全年的汽车产量突破 400 万辆，排名将升至全球第四位，保守估计其工程塑料的年需求量会达到 40 万吨以上。冰箱、洗衣机、空调等家电产品种类繁多、产量很大，对工程塑料的需求量达到 50 万吨左右。据不完全统计，目前我国已有 300 多家工程塑料生产企业，主要产品 ABS 树脂生产能力近 60 万吨，改性树脂生产能力超过 62 万吨，已经跨入全球工程塑料生产大国行列。预计今后 5～10 年，我国工程塑料仍会以 20%以上的速度增长，成为经济增长的一个新支点。

【专委会活动】

1. 播科技信息，办好定期出版物

2004 年《工程塑料通讯》出版了 6 期（总 31～36 期），共分八个栏目：政策法规要闻、行业动态及发展趋势、薄膜及包装材料、通用大品种塑料、通用工程塑料、特种工程塑料及复合材料、热塑性弹性体、加工助剂及其他。每期精选国内外 20 多种期刊杂志和网上信息的相关条目，以文摘的形式刊登，使读者便于了解当今国内外塑料产业发展的最新动态。出处明确，便于查找，对于众多企业提供了了解世界、发展自己的机会。受到了业内广泛的欢迎和好评。对会员单位免费寄送，也送上级主管单位和进行业内交换。

2. 搞好学术技术交流会，在科学家和企业家之间架起友谊的桥梁

2004 年中国塑协工程塑料专委会第七次年会暨“2004 年塑料高新科技成果交流会”在浙江省余姚市举办，应邀参与了余姚市第六届塑博会活动，塑博会期间，来自中科院化学所、华东理工大学、清华大学、北京化工大学等 10 余所高校和科研单位的 20 余位专家和多位企业代表参加了余姚市塑料高新技术成果推介会及成果展示洽谈。中科院化学所王德禧研究员的“热塑性弹性体系列产品”、华东理工大学吴驰飞教授的“纳米炭黑在塑料中的应用”、中科院宁波材料技术与工程研究所与江苏联冠科技发展有限公司的“高耐磨超高分子量聚乙烯管材及连接技术”等 10 多项塑料高新科技成果项目，都是具有国际先进水平或属于国内首创并拥有自主知识产权的项目。近 100 项展示项目吸引了余姚市以及全国各地相关企业老总和技术人员的眼球，一大批寻求投资项目的企业人士对此表现出了极大的兴趣。

3. 积极支持兄弟专委会的工作

• 2004 年 4 月应中国汽车零部件工业塑料发展中心的要求，我们专委会特地为他们的年会准备了一篇题为“汽车用高分子材料文献汇编”，时间跨度为 2003 年 4 月～2004 年 4 月，分为三个专题：(1) 汽车用橡塑材料概况和发展趋势；(2) 汽车用功能性塑料；(3) 汽车用塑料新材料、新技术、新工艺，共 51 篇文献摘录，得到了他们诚挚的感谢。

• 2004 年 10 月应中国塑协改性技术专委会的邀请王德禧理事长参加了他们在浙江省路桥召开的年会，做了题为“纳米黏土添加剂和成核剂改性技术研究”报告并参加了科技咨询活动。

• 2004 年 11 月应中国塑协助剂专委会的邀请王德禧理事长参加了他们在广东高明举办的年会，做了题为“当前塑料产业化热点项目”的演讲。

4. 尽可能给会员单位以最大的支持和帮助

除了日常的科技咨询活动和办好专委会定期出版物“工程塑料通讯”外，还为会员单位做了一些专题调研。

◇ 2003～2004 年世界塑料新材料、新技术发展概况文献汇编

◇ 2003～2004 年世界塑料包装材料文献汇编

◇ 2003～2004 年汽车高分子材料文献汇编

◇ 2003～2004 年可降解塑料文献汇编

◇ 重质碳酸钙应用现状

◇帮助企业申请地方科技创新项目和科技新产品的立项和查询工作

◇ 多功能、集成化、高水平特种聚烯烃管材挤出成套设备及其产品

◇ 多功能、无载体填充母粒的开发及产业化

【重点企业】

◇ 上海杰事杰新材料股份有限公司

◇ 海尔科化工程塑料国家工程研究中心股份有限公司

◇ 广州金发科技股份有限公司

◇ 龙口兴隆道恩化学有限公司

◇ 温州俊尔高聚物有限公司

◇ 常州丰盛塑料有限公司

◇ 南京聚隆工程塑料有限公司

◇ 辽阳市宏伟区康达塑胶树脂厂

◇ 湖南岳阳石化总厂

◇ 江苏联冠科技发展有限公司

◇ 科倍隆科亚（南京）机械有限公司

◇ 南京橡塑机械厂

◇ 宁波大成新材料股份有限公司

（中国塑料加工工业协会工程塑料专委会　王德禧）

聚　氨　酯

【行业现状】

1. 主要制品产能情况

本行业包括聚氨酯专用原料及助剂的生产、专用设备的生产、聚氨酯制品的加工、现场施工等。2004 年度国内本行业的主要企业的数量大约为 8 000 个（指销售收入在 300 万元以上的企业），从业人数约为 50 余万人。主要制品的产能情况如下所述。

(1) 专用原料　聚氨酯专用原料 MDI、TDI、聚醚及聚酯多元醇、辅助原料及助剂 2004 年产能、产量、产值情况见表 1。

表 1　2004 年聚氨酯原料产能、产量、产值

项　目	产能/万吨	实际产量/万吨	产值/亿元
MDI	10	10	28
TDI	6	5	10
聚醚及聚酯多元醇	90	75	105
辅助原料及助剂	8	75	8

(2) 设备　2004 年度，聚氨酯专用设备制造业的产量大约 18 000 台，产值约为 15 亿元人民币。

(3) 制品　聚氨酯制品主要包括聚氨酯软泡（指海绵、坐垫等）、聚氨酯硬泡（冰箱、热水器、太阳能、建筑保温、冷库等）、聚氨酯人造革树脂及鞋底原液、聚氨酯弹性体及氨纶、聚氨酯涂料、胶黏剂、密封剂（包括防水涂料、塑胶跑道、其他涂料）等。2004 年聚氨酯制品产能、产量、产值情况见表 2。

表 2　2004 年聚氨酯制品产能、产量、产值

产品类别	产能/万吨	实际产量/万吨	产值/亿元
PU 软泡	80	57	122
PU 硬泡	120	52	118
聚氨酯人造革树脂及鞋底原液(以 100%固含量计)	40	30	50
聚氨酯弹性体及氨纶	30	15	90
聚氨酯涂料、胶黏剂、密封剂(以 100%固含量计)	40	19	67
其他	5	4	5
合　计	315	177	452

2. 行业总论

聚氨酯行业整体而言，生产设备比较落后，较大的企业引进的是欧美发达国家的设备及生产线，但是大多企业都采用国产生产线。这些国产设备与进口设备还有较大差距，设备以模仿为主，加工精度、配套的元件都比较粗糙，同时因缺乏与工艺的结合而缺少创新的产品。主要特点是与进口设备相比，价格低廉，通常只有进口设备的 15%左右。在某些制品行业，模仿的设备已接近进口的同类产品，如低压浇注机等。也有极少的国内独创设备和工艺，如保温管道的“一步法”生产线是世界上独创的也是领先的。但就该行业整体的装备来说，还是非常落后的。

整个行业的技术水平偏低可由以下几个方面体现。

(1) 研发水平低，国内很少有比较专业的实验室设备和比较稳定的科研队伍，缺乏较高水平的高校及科研机构，这样就使得该行业缺乏发展的技术后盾。

(2) 产品档次低。国内的聚氨酯产品在数量上虽然较大，但是产品档次较低，大多是常规的软硬泡泡沫，在技术含量较高的产品生产上还缺乏必要的设备、人员、工艺等手段。

(3) 原料品种少。无论是异氰酸酯还是多元醇的种类均比较单一，可供生产较高水平的产品所必需的原料和助剂的选择困难。虽然也有些厂家引进了不少的品种，但是大家更注意放在量上面，而不愿意去生产那些特种品种，这样也造成了技术水平的低下。

(4) 缺乏行业的协作。从设备、原料、工艺、产品等各领域来看，大都是各自为战，因此只能在简单的生产模式中横向发展，这同样造成品种单一、规模小，技术水平低。

【专委会活动】

总的来看，2004 年聚氨酯行业的现状，概括起来就是上游原料紧张，价格暴涨，聚氨酯制品国内需求依然在以 10%左右的速度增长，但下游制品厂家利润空间减少。2004 年专委会的工作主要侧重淘汰 ODS 项目管理和《国外塑料》的主办工作；为专委会现有会员单位提供服务，同时利用淘汰 ODS 项目管理的优势，筹备开展中国聚氨酯行业发展国际论坛。2004 年聚氨酯制品专委会主要做了以下几方面的工作。

1. 筹备第一届中国聚氨酯行业发展国际论坛——加速淘汰 ODS 专题峰会

专委会在成功举办“2003 年北京国际聚氨酯工业展览会暨第一届淘汰 ODS 国际论坛”基础上，准备于 2005 年 11 月中旬，在上海继续举办“加速淘汰 ODS 国际论坛”，并命名为“第一届中国聚氨酯行业发展国际论坛——加速淘汰 ODS 专题峰会”。

2. 组织并参与标准制修订工作

随着聚氨酯泡沫行业淘汰 ODS 的深入开展，一些聚氨酯产品标准已经不能满足淘汰后产品的需要，因此急需修订。泡沫工作组利用多边基金赠款作为技术援助项目，与国家塑料制品质量监督检验中心合作对部分标准进行了修订；同时专委会应广东圣诺盟控股集团公司的邀请，站在行业健康发展的角度，派专家参与了“公共场所阻燃制品及其组件燃烧性能要求及标识”的研讨会，在会上通过专委会专家与其他一些与会专家有理、有力的阐述，使该标准起草小组同意对该标准涉及聚氨酯泡沫部分的指标进行修改，使其更合理，这样的结果，将为聚氨酯制品在公共场所的应用，打开并保持一个畅通的通道。

3. 组织召开“聚氨酯泡沫行业加速淘汰研讨会”

2004 年 8 月，国家环保总局根据我国淘汰 ODS 整体进程的需要做出加速淘汰 ODS 的决定。为确保加速淘汰 ODS 工作顺利进行，也为聚氨酯泡沫行业能规避提前淘汰带来的风险，2004 年 8 月 17 日专委会在新疆组织召开了“聚氨酯泡沫行业加速淘汰研讨会”。会上，行业专家分析了聚氨酯行业加速淘汰所面临的问题，介绍了国外 ODS 替代品的最新技术。北京大学环境学院胡建信教授做了“中国加速淘汰 CFC 计划（APP)”的专题报告，烟台万华北京研究院院长霍澎涛向来宾介绍了国内外泡沫行业 ODS 替代技术发展方向及零 ODP 发泡剂的应用，行业专家分析了软、硬泡行业在加速淘汰活动中面临的挑战及对策，而企业界代表也从未来市场的角度分析了加速淘汰活动的优势所在。

本次会议为中国聚氨酯泡沫行业加速淘汰活动奠定了良好的理论政策基础，为淘汰目标的顺利实现了铺砖引路。以期帮助企业解决当前的突出矛盾，确保加速淘汰活动的如期实现。

4. 网站工作

中国泡沫行业淘汰 ODS 行动网站是多边基金赠款支持的技术援助项目，专委会负责日常的管理和维护。2004 年网站的信息更新保持在平均每个工作日两篇文章，点击率也不断增加。网站广泛宣传了中国保护臭氧层的国家政策，及时传递聚氨酯泡沫行业淘汰 ODS 进程和聚氨酯行业发展动态。

【重点企业】

聚氨酯行业的重点企业中，原料生产企业所占比例较高。在 2004 年度排在前列的有：①烟台万华聚氨酯股份有限公司。其 2004 年度 MDI 的产量达到 10 万吨，销售收入接近 30 亿元，利润也在 10 亿元左右，其 MDI 产品在国内市场上的占有率约为 27%，在市场上供不应求；②沧州大化和甘肃白银及太化的 TDI 也是产销两旺；③聚醚多元醇生产企业，锦化集团聚醚厂 2004 年聚醚产量 9.6 万吨，销售收入 15 亿元；上海高桥石化三厂的产量近 5 万吨，销售收入 6 亿元以上；山东东大、天津三石化等国内较早的聚醚生产企业产量都超过 3 万吨。2004 年度聚醚生产企业销售收入过亿元的企业达到 7 家以上，仅此单项的产值就达 100 亿元以上。相对于原料生产企业，制品企业的规模就显得小一些。制品企业较大的重点企业有：①温州华峰集团，其产品有聚氨酯的纤维（氨纶）、聚氨酯人造革及鞋底，以及作为中间产品的树脂和原液等，其 2004 年度的销售收入在 50 亿元左右；②深圳圣诺盟是软泡行业的重点企业，仅海绵的生产和销售就达到 2 万吨以上；③南通馨源海绵厂的销售收入也在 2 亿元左右。生产聚氨酯人造革的企业在 2004 年度也有大约 10 家企业，产品销售过亿元的如嘉兴人造麂皮厂。硬泡行业主要应用于家电行业和建筑行业，冰箱仍是其主要的应用领域，仅海尔冰箱在国内的企业生产就耗用了大约 4 万吨的聚氨酯硬泡。青岛的澳柯玛也接近这个用量。因此，硬泡产量排在前 5 位的尽被冰箱行业占有。

就聚氨酯制品分布来说，大约比例如表 3 所示。

表 3　聚氨酯制品比例分布

品　　种	分布比例/%
软泡	32
硬泡	29
人造革、鞋底	17
涂料、胶黏剂、密封剂	11
TPU 等	8
其他	3

据不完全统计，国内的聚氨酯行业中，销售收入超过亿元的重点企业大约 150 家，2004 年度的销售收入大约是 300 亿元。2004 年度聚氨酯行业产量达 177 万吨，销售收入 452 亿元。

重点企业在国内区域分布情况如下所述。

（1）山东的烟台青岛地区　主要生产聚氨酯原料及硬泡的加工和施工企业。

（2）浙江的温州地区　这里是国内最大的聚氨酯人造革及聚氨酯鞋底的生产基地，也是聚氨酯设备生产企业较集中的地区。

（3）浙江的绍兴宁波地区　该区域主要是聚氨酯硬泡，主要产品是聚氨酯板材和热水器。

（4）江苏南京及上海地区　主要集中生产冷库板材，南京和上海的聚醚组合料，该区域助剂是全国集中生产地区，以及聚氨酯人造革等。

（5）福建泉州地区　生产聚氨酯人造革及鞋底以有 TPU 制品。

（6）广东地区　主要生产家具海绵用聚氨酯软泡、鞋底及硬泡等，该地区品种较多。

【新产品开发】

随着聚氨酯制品在工业、农业、军事、文教及医疗卫生等众多领域应用的不断拓宽，很多行业对聚氨酯制品的阻燃性能有较高的要求。针对这种需求，2004 年锦化集团聚氨酯开发中心开发出了阻燃聚醚多元醇，这种阻燃聚醚多元醇以磷化物和溴化物为起始剂，与其他聚醚配合使用制得的聚氨酯硬泡无需添加阻燃剂，氧指数可以达到 30。江苏化工研究所有限公司开发研制了全水发泡聚醚，使用这种聚醚生产聚氨酯硬泡以水为发泡剂，完全替代了破坏臭氧层的发泡剂 CFC-11。烟台万华聚氨酯股份公司北京研究院开发了低密度鞋底原液和聚合 MDI 用在 PIR 大板技术中，该项目是用特殊的聚酯和 MDI 合成的鞋底，可以使鞋底的密度降低而物性没有降低，从而降低鞋底的制作成本，该技术可以使制品降低 10% 的密度而保持原来的强度。

【主要问题】

2004 年度对于国内聚氨酯行业来说是极不平凡的一年，主要是基础原料的价格暴涨，其中的聚合 MDI 从年度初始的 1.4 万元/吨涨到 3.8 万元/吨。其他原料，如 TDI、多元醇以及助剂都有着不同程度的价格上扬。价格上涨主要来自两大因素，一是国际原油价格大幅升高导致石化产品的价格大幅上扬；二是供需量的严重不平衡，MDI 超乎寻常的涨价就是受到两种因素共同作用下而出现的。然而，这种现象对于迅猛发展的国内聚氨酯工业来说，无疑是遭遇了一场寒流。MDI 价格暴涨也成为 2004 年度聚氨酯行业最为关注的热点问题。由于这一问题的出现还掩盖了其他制约聚氨酯行业发展的因素。

聚氨酯行业的发展，一直都是在其与传统材料之间竞争中进行的，这种竞争较重要的因素之一是性价比。在市场认可聚氨酯性能的时候，实际上也认同了其价格。多年来，国内聚氨酯产品的价格相对稳定，2004 年价格突然攀升，使用户不能及时应对，从而大大降低了聚氨酯产品的市场竞争力。因为与聚氨酯竞争的其他材料并没有像聚氨酯材料那样，产生如此高的价格暴涨，聚氨酯制品生产企业因此蒙受了较大的打击。比如说，聚氨酯用于建筑行业的板材，密度 $30kg/m^3$ 的板材从年初 1 000 元/立方米涨到 1 500 元/立方米，涨幅达到 50%，而保温性能接近聚氨酯的挤出聚苯乙烯泡沫（XPS），其年内的涨幅是从 450 元/立方米涨到 480 元/立方米，增长率为 7%，远远低于聚氨酯板材的涨幅，因此聚氨酯保温板材在这一领域的竞争显得软弱无力而失去了部分的市场份额。

其次，制约聚氨酯行业发展的另一因素是国内聚氨酯制品行业绝大多数是小型企业，其工艺技术十分落后，资金匮乏，像是一盘散沙。造成这一现状的另一原因是聚氨酯行业产品的广泛性。聚氨酯的每个子行业都有其对应的主要应用领域，相对较为独立。国内缺乏行业组织及活动，即使有些活动也让人感到商业气氛过于浓厚，还有组织的活动都带有局限性，很难有活动能够覆盖每个子行业的需要。

另一个对聚氨酯行业发展不利的因素是，该行业缺乏有效的产、学、研一体化机制，几乎没有比较专业的科研机构及院校等长期稳定的科研队伍。这就使得中国聚氨酯行业只是有高的产量，即通常所说的我国是聚氨酯大国但是聚氨酯弱国。要真正做大做强，需要有协作才能完成，可以组织较大的联合攻关，这里指包括设备、配方、工艺等系统的活动。

第三个制约行业发展的因素是我国市场经济机制不健全，造成了一些聚氨酯应用行业设置门槛，难以进入。如汽车行业，聚氨酯材料是汽车行业使用最多的合成材料之一。在轿车中，欧洲始终是聚氨酯材料占据非金属材料中最大的品种。但国内汽车行业很多都由被该行业熟悉的一些厂家来配套，而它们并不能提供物美价廉的聚氨酯制品，只是把这种产品定格在简单化生产的水平，使聚氨酯制品在这个领域的进步和发展受到制约。

【发展趋势】

与发达国家相比，我国的聚氨酯行业起步晚，但发展快，这已经引起全球各大跨国公司的关注，但是也应看到我国聚氨酯行业基础较弱，没有足够的技术支持。预计在未来数年里，这种局面仍将延续。

聚氨酯行业今后的发展方向有以下几个方面。

① 不断渗透应用领域。聚氨酯材料以其独特的加工特性和优异的性能，不断在塑料、橡胶、纤维等领域内占有越来越多的市场，在很多应用领域里的传统材料受到来自聚氨酯材料的挑战。聚氨酯行业未来在几个领域里会出现更快的发展，其中之一是医用高子材料领域，预计它在未来几年里会成为聚氨酯行业的新增长点；之二是工业用 PU 弹性体。

② 随着 2006～2007 年，国内外几大公司在中国的异氰酸酯装置相继投产，聚氨酯原料供求将趋于平衡，原料的价格会相对下降，制品的价格也会随之下降，这将促进国内聚氨酯制品行业迅速发展。

③ 聚氨酯行业大型企业在竞争中脱颖而出使得它们有足够的资金和技术上的投入，从而带动行业的技术进步，使产品在质量和研发能力获得提升。尤其目前相对较弱的设备制造行业，随着国内对关键零部件采购的方便，而提升国内的设备质量，且因为成本的优势，将会使设备的出口量有大的增加。目前，中国周边国家及其他发展中国家已把眼光盯在这些价格低廉的国内设备上，这种局面可以大大促进聚氨酯设备制造行业技术水平的提升，并促进聚氨酯设备制造业逐渐提高产品质量，提供物美价廉的产品。

（中国塑料加工工业协会聚氨酯制品专委会　傅永彬）

氟　塑　料

【行业现状】

氟塑料加工行业是从 20 世纪 60 年代开始随着我国国民经济建设需要而逐步发展起来的。近年来，对外开放的进一步深入、引进外资规模的高速增长和扩大内需方针的贯彻落实，有力地推动了国民经济的快速发展，中国经济尤其是工业经济实力快速提升，氟树脂工业和机械装备工业的迅速发展，有力地带动和支撑了氟塑料加工行业的高速发展。氟塑料制品以其特有的抗腐蚀、高绝缘、耐高低温、抗老化、自润滑等优异性能，在化工、机械、汽车、电子、电器、航天航空、建筑、桥梁建设、医疗等领域得到了非常广泛的应用，2004 年聚四氟乙烯、可熔融加工氟塑料等制品生产量已超过 2 万吨，氟塑料加工行业已进入了高速发展时期。

中国现有氟塑料加工企业 1000 家左右，以中小企业为主，其中年使用氟树脂量超过 200 吨的企业有 20～30 家。氟塑料专业委员会中产值超过 1000 万元的企业约占 40%，半数以上的企业通过了 ISO 9001 认证。国内氟塑料制品生产能力近 3 万吨，年销售额近百亿元人民币。

聚四氟乙烯加工占氟树脂总量的 85%左右，产品以板、棒、管、膜等半成品为主。由于中小企业较多，产品质量参差不齐，竞争激烈。可熔融加工氟树脂由于原料、设备等原因，加工水平和应用领域与国外相比还有较大的差距，目前国内主要在电线电缆、泵阀以及化工防腐等方面应用，而国外已广泛应用的半导体、汽车等领域目前还主要依靠进口。2002～2004 年我国氟聚合物的供需情况见表 1，2004 年氟树脂的进出口情况和国内氟塑料制品的构成分别见表 2 和表 3。

表 1　2002～2004 年中国氟聚合物供需情况

单位：吨

项　　目	2002 年	2003 年	2004 年
国内 PTFE 产量	14 000	18 000	25 000
国内 PTFE 消耗量	13 000	17 300	20 000
国内 FEP 产量	330	400	700
PTFE 树脂出口	3 700	4 900	8 000
PTFE 树脂进口	3 800	5 000	5 500
PTFE 制品的出口	2 100	2 300	3 900
PTFE 制品的进口	580	570	800
其他氟聚合物的出口	200	350	350
其他氟聚合物的进口	3 800	5 000	5 400

表 2　2004 年氟树脂进出口比例

品　　种	国　别	出口比例	进口比例
PTFE 原料	欧洲	30%	26%
	美国	15%	17%
	日本	4%	35%
	其他	51%	22%
PTFE 制品	欧洲	14%	4%
	美国	7%	19%
	日本	14%	8%
	其他	65%	69%
其他氟聚合物	欧洲	4%	5%
	美国	5%	30%
	日本	1%	20%
	其他	90%	45%

表 3　国内氟塑料制品构成

制 品 类 型	构成比例/%
模压制品（管、板、棒、填充、液压制品等）	40
挤出制品（管、棒等）	4.9
生料带	19.8
浸渍和涂层制品	8
衬里制品	3.7
车削制品（板、膜、其他）	11.5
其他	9.5

【专委会活动】

1. 召开第四届会员代表大会

中国塑协氟塑料加工专业委员会第四届会员代表大会于 2004 年 4 月 15 日在浙江省杭州市召开。中国塑协氟塑料加工专业委员会的 98 家会员单位的 140 余名代表以及国家发展与改革委员会经济运行局、中国轻工业联合会综合处、中国塑料加工工业协会的有关领导出席了会议。

会议由庄甦理事长主持，与会代表认真听取并讨论了陈生秘书长做的中国塑协氟塑料加工专业委员会第三届委员会工作报告和专委会章程和工作细则（讨论稿），代表们充分肯定了三届委员会所做的工作，并就新章程和工作细则进行了认真地讨论。最后，与会代表一致通过了三届工作报告和章程和工作细则。大会选举产生了第四届理事会，29 家会员单位当选为本届理事单位。

2. 召开四届一次理事会

中国塑协氟塑料加工专业委员会第四届一次理事会于 2004 年 4 月 15 日在浙江省杭州市召开，理事会由上届理事长庄甦主持，会上选举产生了常务理事单位、理事长和秘书长，以及个人常务理事和专家理事。北京塑料研究所、中国轻工业联合会新材料办公室、武汉市工程塑料有限公司、天津市第九塑料制品厂、上海上化氟材料有限公司、上海高分子材料研究开发中心、常州正信氟塑料制品有限公司七家单位当选为本届常务理事单位，北京市塑料研究所当选为本届理事长单位，庄甦、陈生分别当选本届理事长、秘书长。王建忠、李明武、赵安赤当选为个人常务理事，16 位业内专家当选为个人专家理事。

3. 召开“2004·中外氟塑料成型加工技术交流会”

2004 年 4 月 15 日，由中国塑协氟塑料加工专业委员会主办的“2004·中外氟塑料成型加工技术交流会”在杭州举行，此次交流会引起了众多国内外同行的关注，国内的百余家相关企业以及比利时苏威（Solvay Solexis）等十余家外资公司参加了此次会议。

会上，Solvay Solexis 公司、大金工业株式会社、日本旭硝子株式会社、杜邦集团中国有限公司、3M 中国有限公司、麦凯洋行、上品综合工业股份有限公司等外资公司分别介绍了各自公司的情况，并从氟塑料原料、加工工艺、设备以及应用等领域与中国同行进行了较详细的交流，对今后在中国的发展进行了展望。中方共有 19 篇论文参加了本次交流会，会上介绍了 4 篇，主要涉及氟聚合物管材开发和应用现状、含氟材料在通用机械产品中的应用、聚四氟乙烯导轨软带整形工艺研究、新型 PTFE 电线电缆包覆薄膜等方面。

此次交流会规模空前，能容纳200余人的会议厅内座无虚席，与会代表们认真听取各大公司的介绍，并积极参加提问，争相发表自己的见解，会议气氛热烈而有秩序。会后代表们一致认为这次大会非常成功，无论从规模还是会议内容方面都超过了历届氟塑料成型加工技术交流会，收获颇丰。

此次会议还特设了会外展览，SOLVAY SOLEXIS公司、日本大金工业株式会社、香港南中集团、上海三爱富新材料股份有限公司、山东东岳集团、南京秦邦氟树脂有限公司、麦凯洋行等公司展出了相关的产品和图片，专委会在展览现场为会员单位特设会员自由交流展区，许多会员在此交流、发放资料，展览气氛热烈。

4. 召开专家座谈会，关注社会热点问题

2004年7月，央视曝光了美国处罚杜邦公司有关全氟辛酸胺排放的问题，一时间从怀疑不粘锅涂层中含有有害物质的报道铺天盖地，迅速形成不粘锅事件，对行业造成了严重的负面影响。专委会为此迅速做出反应，于2004年7月15日，在京组织部分专家理事召开了专题座谈会，会上专家们以科学、客观的态度对人们所关注的特富龙不粘涂层的问题进行了讨论，并从原料和涂层的性能以及科学使用等方面归纳了几点问题及时向会员单位和公众做了说明。此项说明及时在专委会网站上发表，不仅表明了协会对此事件的态度，也为会员单位解释此类问题提供了强有力的依据，由于专委会用较为恰当的方式及时处理了此项事件，使得会员单位基本上没有因为此项事件受到影响，得到了会员单位的好评。

5. 重视行业调研工作

专委会通过报表、电话、走访、参观展览、日常接待等形式加强了对行业发展的调研工作。

2004年11月，由中国塑协氟塑料加工专业委员会组成的氟塑料企业调研组，到我国经济发展最活跃、氟塑料制品业最发达的华东地区，进行了行业发展现状的专题调研。调研组由专委会庄甦理事长带队，专委会常务理事、国家发展和改革委员会经济运行局王建忠同志随行，先后走访了浙江、江苏、山东等地的18家氟塑料制品生产企业和2家氟树脂生产企业，并与其他未能走访的二十多家氟塑料企业进行了座谈。

通过企业介绍、实地考察、组织座谈等方式，调研组与企业的经营管理人员、技术人员等进行了深入而广泛的交流与沟通，详细了解了企业的经营管理、生产设备和能力、技术水平等现状，以及下一阶段的发展设想；听取了各企业对氟塑料行业发展的看法，及对专委会工作的意见和建议。在调研过程中，根据各企业的具体情况，调研组就其发展方向和存在的问题，与企业交换了意见。

6. 加强行业间的合作

专委会为了更好地为会员服务，扩大行业的影响，先后与中国汽车工程学会非金属材料分会、中国汽车工业协会汽车相关工业分会、中国汽车工业协会车身附件委员会、中国工程塑料工业协会、中国玻璃纤维工业协会、中国氟硅工业协会、中国涂料协会等行业组织取得了联系，并参加了“第五届氟树脂及氟涂料技术交流研讨会”、“2004汽车非金属材料年会”、“玻纤增强改性高性能化研讨会”和“第六届中日氟化工研讨会”等专业会议，通过参会和发言等形式，在相关行业中扩大了氟塑料加工行业的影响。

7. 依托网络平台为会员提供服务

中国氟塑料加工网作为专委会为广大会员服务的网上窗口，至今已创办四年有余。自创办之初起，中国氟塑料加工网就着眼于促进国内行业间、国内外企业间的广泛交流与合作，不断完善、丰富着网站的内容，使得中国氟塑料加工网已渐成规模，浏览量日逾千人次。随着网络时代的发展，依托网络的全球化合作已被众多企业纳入议事日程，通过网络与国外同行进行技术交流或寻求订单渐成趋势。在此形势下，专委会将中国氟塑料加工网的中文主页与英文主页全新改版，中文主页新增设了“会员动态”、“供求信息”等栏目，会员单位可登录至专委会网站，并可以在网站上自由发布企业动态及产品信息，大大提高了网站的互动性，使得网站交流日益活跃。新的英文主页则着重设计修改了“氟塑料产品”栏目，以新增的“推荐厂商”栏目与之配合，旨在使国外企业更方便地了解我国会员的产品情况，从中更快捷地寻觅到合作伙伴。

8. 发展新会员

近年来氟塑料专委会工作不仅得到了广大会员单位的肯定，同时也吸引了行业内更多的企业加入，2004年协会发展了20多家企业入会，其中外资企业4家。

【主要问题】

1. 部分企业在发展过程中遇到了瓶颈。近年来，氟塑料加工企业数量增长很快，多数企业规模迅速增长，有的企业实现了每年翻几番的爆炸式增长。然而，由于受企业自身条件和氟塑料制品生产过程中某些因素的制约，企业规模的扩大多数选择了依靠增加生产相近产品品种、简单扩大成熟产品的生产能力等手段来实现。致使企业的发展、经营规模的再增长遇到了瓶颈。这既有企业发展战略方向不清、缺乏现代企业制度和高效的企业管理等因素的影响，又有市场开拓和技术研发能力、工艺装备水平等方面的限制，还有知识产权保护、人力资源、环境保护等条件的制约，亦有企业文化、经营理念的提升不够、产品定位不准、品牌缺少等原因。

氟塑料加工行业健康的发展壮大，需要引入新的、更强的支撑条件，如技术研发（新技术、新工艺、新装备的开发、新产品试制与推广等）、人才培养（包括高级技术人才、综合人才、经营人才、技术工人等）、产品使用性能和安全性的研究、决定产品制造质量的生产现场管理水平的提高、专用设备的制造保障、行业标准的制定和完善等。

2. 氟塑料制品业的客观评价、企业的自我定位和宣传方面存在不足，外界对氟塑料制品认知水平不高。从企业的网页、概况介绍、产品样本介绍看，有些企业没有从新材料、高技术、高性能角度，没有能够站在为用户解决哪类问题的角度来宣传企业、宣传氟塑料产品。

3. 行业标准急需规范

由于氟塑料加工行业发展迅速，新工艺、新产品不断涌出，现有的行业标准远远满足不了企业的需要，修改旧标准，编写新标准，与国际接轨，是行业急需解决的问题，专委会已把制订标准的工作列入议事日程，准备与相关企业一起把行业标准逐渐完善。

4. 原材料涨价致使一些厂家陷入困境

进入2004年，原材料的不断涨价，全年涨幅超过50%，致使多数加工企业陷入无利润甚至亏损的境地。由于加工企业众多，很难联合起来抵制原材料上涨，因担心失去客户，而不敢提高制品的销售价格。企业为履行已签合同，只得亏损销售。因此，行业如何联合起来，抑制价格过渡波动，是急需解决的重要问题。

【发展趋势】

1. 氟塑料制品在国民经济各领域中的应用日趋广泛，行业技术水平将不断提升，氟塑料加工企业会不断发展壮大，经济实力、技术实力和经营管理水平均会有很大的提高。

2. 随着国产氟树脂质量的提高，加工企业管理、技术和设备投入的加大，中国产品的质量将逐渐提高，在国际市场上占有率将进一步提升，相应的行业标准也将不断向国际靠拢。

3. 越来越多的国外氟塑料加工企业进驻中国，中国企业面临新的机遇与挑战。

4. 今后几年，在建筑、汽车、半导体、机械、环保以及医疗等领域，氟塑料制品的用量将明显提高。

随着氟塑料加工技术的不断完善，国民对氟塑料制品认知度的提高，氟塑料产品将会得到更广泛的普及与应用，一个全新的“氟塑料时代”将会随之来临。

（中国塑料加工工业协会氟塑料加工专业委员会　陈生、王燕冬）

改性塑料

【行业现状】

自2003年下半年以来，合成树脂价格随着石油价格猛升而暴涨不止，其涨价幅度之大、持续时间之长都是历史上空前的，给整个塑料加工行业带来了巨大冲击。由于塑料加工行业的下游企业，即使用塑料材料及制品的行业，无论是农业、建筑业、工业还是普通百姓日常生活所需，由于供过于求、竞争激烈，所能承受的涨价空间很小，而且严重滞后，致使相当多的塑料加工企业减产、停产，甚至倒闭，一些经济实力强、技术储备雄厚、经营管理先进的大企业和一些人数少、规模小、管理成本低的小企业各自依靠企业本身之长，在过去的一年中勉强生存，而多数企业始终处在奋力拼搏的困难之中。由于国际市场上原油价格高位坚挺，其他资源也持续走高，波及到电力、煤炭、运输大幅涨价，给塑料加工行业带来的困难更加显示出高强度和持久性。

在塑料行业整体处于不利发展态势的大环境中，改性塑料行业面临的形势既是严峻的挑战，又是难得的发展机遇。2004年改性塑料行业呈现如下几方面的特点。

1. 原料价格暴涨而下游制品价格提升迟缓，使众多改性塑料企业的相互竞争更趋激烈、效益下降，甚至难以为继。特别是汽车销售受阻，轮番降价，更加剧了为汽车塑料部件提供改性专用料的企业的经营难度，价格偏低、回款拖延已成为制约企业发展的重要因素。

2. 众多塑料制品加工厂为改善原料价格上涨带来的不利局面，竭力使用廉价材料以降低原材料成本，为改性塑料行业带来新的发展机遇，如何更多地使用价格相对低廉的非金属矿粉体材料和如何掺混一部分废旧塑料，同时又能达到下游企业使用要求成为热点，同时也促进了改性技术的进一步发展。

3. 在严酷的价格竞争面前，采用高新技术和生产高附加值产品成为企业摆脱恶性竞争、走出困境的最佳选择。一些改性塑料企业及时调整产品结构，开发新产品，或采用最新加工技术，已获得很好效果。

4. 专委会有针对性在行业中推广先进技术，用科学发展观、可持续发展和循环经济等思维扩大宣传，突出无机粉体改性塑料的环保意义，推动了环境友好塑料研究与产业化的步伐。

5. 一批龙头企业正在快速发展，成为行业的骨干力量，同时也显示出改性塑料行业的旺盛生命力和蓬勃的发展态势。

在塑料加工行业持续快速发展的态势中，投资于改性塑料成为近几年的热点之一，新的改性塑料企业不断涌现，而原有的企业也摆脱了几个人一台机器的低水平运作，迅速成长和扩大，原来的重点企业更是完成原始积累后迈开大步向前发展。如广州金发科技有限公司在2004年完成调整，号称年产20万吨改性专用料，成为本行业中全国第一实力企业；山东道恩化学有限公司在万亩科技园区建起现代化厂房，产量将达到5万吨/年；浙江俊尔新材料有限公司也从旧厂房搬至开发区，不仅规模扩大到2万吨/年，产品结构也及时进行了调整，以市场和技术相互支撑，寻求新的突破性发展；深圳亚塑科技有限公司以家电外壳用改性聚丙烯专用料为突破口，紧密结合下游企业——TCL、康佳、创维等大用户，快速在几个月时间里建成投产，而且其远景目标是实现年产10万吨改性专用料，由于采用40%以上的无机粉体材料，不仅可为下游行业提供质优价廉的原料，而且可节约大量合成树脂。

【专委会活动】

1. 2004年5月22～24日在湖南省长沙市召开“无机粉体改性塑料环境友好材料研发、应用及技术标准研讨会”，到会代表170余人。会议采取专家报告和专题讨论相结合的形式，共商行业发展大计。经过讨论和协商，与会代表达成以下共识。

(1) 无机粉体改性塑料是一种新型环境友好材料，它既不同于纯树脂制成的塑料，又不同于降解塑料，我们倡导的是用更好性能价格比的材料，用更符合时代特征的技术与方法，为社会提供功能性、经济性和环保性有机统一的新型材料。

(2) 无机粉体改性塑料作为新型环境友好材料目前还不能承担令“白色污染”彻底消失的神圣使命，但比起行政手段禁产、禁用、经济手段收费收税、技术手段降解等办法和措施来，这种材料的研制与应用，特别是在不易回收利用的塑料包装制品方面的应用，将起到极其重要且又可靠的实际效果。

(3) 从社会上用量极大的聚乙烯薄膜及袋着手，从最能显示无机粉体改性塑料材料的环保优势的产品做起。为了更好地维护行业的形象和对社会、对消费者负责，起草制订有关的产品标准势在必行。因此专委会根据形势的要求和众多企业的愿望，决定成立“光钙型环境友好无机粉体改性聚乙烯薄膜（袋）标准起草小组”。

(4) 在听取了国家环境保护总局环境认证中心领导关于环境产品认证的意义和必要性后，很多改性塑料企业表示出申请认证的积极性。专委会为了积极引导会员单位和改性塑料企业从事环境产品认证，已与国家环境保护总局环境认证中心达成原则协议，承担有关环境标志产品认证的咨询工作，为此专委会决定成立“中国改性塑料企业环境标志产品认证（咨询）工作委员会”，承担对会员单位和企业申请产品环境标志认证的有关程序进行指导和咨询的任务。

2. 2004年10月27～30日在浙江省台州市召开专委会2004年年会，同时受上级协会委托，配合“第四届中国塑料交易会”，举办“中国改性塑料高新技术成果与产业发展论坛”。年会上增补上海申威达机械有限公司为专委会副理事长单位，增补南京协和化学有限公司等十余个单位为常务理事单位。

年会上多位企业家和专家介绍了各自的科研成果和产品与业务，还组织代表了参观了中国吉利汽车集团和三友控股集团有限公司，使与会代表开阔了视野。

论坛邀请了十位国内知名专家就汽车家电用改性塑料、纳米PET材料、稀土多功能助剂、医用高分子材料、木塑复合材料、环境友好塑料、废弃塑料再生利用等专题做了精彩报告，同时还在中国塑料交易会展厅前厅设立专家咨询台，解答观众各种疑难问题。

3. 为适应现代信息社会的要求，专委会筹建了电子媒体平台——中国改性塑料网（www.cmpsc.com)，委托北京逸心庭文化发展有限公司维护运行。2004年5月23日在长沙会议上举行了开网仪式，现已发展数十家网员，其中有十几家可拥有独立网页的黄金网员，而且已引起社会上的广泛关注，点击率达数千次。

4. 对具备条件的单位，经考察颁发“中国塑料加工工业协会改性塑料专业委员会科研试验开发生产基地”铭牌。上海林达塑胶化工有限公司、广西煤炭科学研究所和湖南科汛环保塑料有限公司三个具有较强研发能力和经济实力的单位于2004年5月被授予科研试验生产开发基地称号，并颁发了铭牌。

5. 继续编纂、出版会刊“塑料改性通讯”，结合举办的会议，以论文资料集的形式出现。

6. 积极参与有关单位组织的技术、经贸交流活动、社会热点问题研讨会、企业发展规划座谈、新技术、新产品成果鉴定、产品标准和技术规范的修订、制定等活动，同时竭诚为广大会员提供咨询服务。

【重点企业】

1．湖南总利投资集团及湖南科汛环保塑料有限公司

成立于2003年4月的湖南总利投资集团是房地产开发、生物制药、教育产业、环保塑料、全数字汽车智能组合仪表、工业园投资等多业并举的民营投资集团，以“有利于他人、有利于自己、本着诚信、双赢、领先、奉献的经营理念”力争五年内资产规模发展到30亿元以上。

总利投资集团旗下的湖南科汛环保塑料有限公司是将新型改性高分子材料应用于环保塑料的高科技企业，拥有教授级专家在内的各类专业技术人才百余人，混炼造粒、吹膜、彩印、制袋生产线先进，环保型塑料包装袋整体技术居国内领先水平，已形成2000吨/年的生产规模。

公司地址：湖南省长沙市河西麓谷麓天路12号

邮政编码：410205

电话：0731-8996918

网址：www.hnhb168.com

2．上海申威达机械有限公司

上海申威达是国内著名的塑料机械供应商，其与来自日本的池贝株氏会社强强合作，在上海组建了研发中心与制造基地，通过双方联合设计、联合制造，为中国乃至全球的塑料挤出工业提供技术成熟、配置精良、安全可靠的装备。产品包括各类聚合物的混配、改性生产线，各类管材、异型材、板材、片材、薄膜挤出生产线，木塑制品挤出加工生产线，电线电缆及金属管的包覆挤出等多个领域。

申威达是国内最早专业开发与制造挤出生产设备的企业之一，目前已成为国内挤出机械的研发与制造基地。池贝是日本最享有盛誉的机械制造商，自1889年创立以来一直在日本占据着强有力的地位，以机电一体化产品著称于世，并有“日本机床鼻祖”之称，主要产品有机械加工机床与加工中心、塑料挤出加工机械、燃油发动机、冲模成型机械等，其中塑料挤出加工机械自1951年首次开发以来，就时刻紧贴日本的塑料加工制造业，并为之提供了各种各样的挤出加工装备，在日本国内的占有率达40%以上，且技术领先、质量优良。

申威达与池贝的强强联手使二者的优势得以充分互补，为国内挤出机械走出技术含量低、价格恶意竞争的局面开辟了一条光明的道路。一方面，通过技术的引进与消化，上海申威达-池贝在较短的时间内即可生产池贝的各项优势产品，并可返销日本市场或竞争国际市场；另一方面，通过技术合作与优化设计，原有的申威达传统产品在技术与质量上也能得到发展与提高，从而打造中国塑料挤出加工装备研发与制造的领军人物。

地址：上海市浦东南路2266号

邮编：200127

电话：021-58891376（总），58394679

传真：021-58810161

网址：www.shenweida.com

3．石家庄晨嘉鹏工贸有限公司

石家庄晨嘉鹏工贸有限公司下属石家庄晨嘉鹏塑料机械厂、石家庄晨嘉鹏化塑厂和西安晨嘉鹏化塑厂三个生产实体。公司自20世纪80年代末开始致力于开发“聚合物配混改性技术”和“聚合物配混改性挤出设备设计与制造技术”，十几年来在聚合物改性领域取得重大突破。结构独特的挤出机减速箱，保证了高转速、大扭矩、高寿命及高产量。为提高制品性能，着力研发了同向、异向、啮合、非啮合、正向、反向、单头、双头、三头、减增导程等多种类型的螺纹元件。不同的排列组合适用多种物料特性和操作条件。

公司研发力量雄厚，加工设备先进，测试手段完善，售前售后服务周到，产品销售遍及全国。

石家庄晨嘉鹏工贸有限公司

地址：河北省石家庄市中华南大街366号北方塑料化工市场1、2排15～16号

石家庄晨嘉鹏塑料机械厂

地址：石家庄北外环西路小马工业园

技术部电话：0311-2294866转2222

销售部电话：0311-2294266转8888

传真：0311-2294988

4．承德市金建检测仪器有限公司

承德市金建检测仪器有限公司是专业制造非金属材料试验机的高新技术企业。金建拥有先进的科研实验条件和健全的人才培养机制，并且造就了一支科学严谨、勇于创新的研发队伍。

公司本着以科技为先导、市场为依托的原则和以诚为本的经营理念，使企业发展为具有先进管理制度与创新意识的现代化企业。公司曾荣获多项省部级奖项，连续多年被评为省级守合同重信用企业，公司生产的热变形、维卡软化点温度测定仪、拉力试验机、熔体流动速率仪等产品已达到国际水平，现有产品30多个系列，100多个品种，并获得了多项国家专利，造就了具有自主知识产权特色的拳头产品。公司始终紧跟世界先进技术发展方向，引领国内试验机技术发展的潮流，促进了国内行业的发展。

地址：河北省承德市高新技术开发西区14号

邮编：067000

电话：0314-2121111

传真：0314-2121898

网址：www.jinjian-test.com.cn

E-mail：jinjian@jinjian-test.com.cn

5. 鞍山市龙马塑料有限公司

鞍山市龙马塑料有限公司具有国内先进的生产设备、检测设备及办公设备，采用先进的配方和生产工艺，已跻身于国内最大的生产改性塑料生产单位之中。

地址：辽宁省鞍市千山区东沙河

邮编：114031

电话：0412-6982666，6982933

传真：0412-6982933

E-mail：huangpi@mail.asptt.ln.cn

6. 大连亚泰科技新材料有限公司

大连亚泰科技新材料有限公司成立于2003年12月，是一家专业生产氢氧化镁环保阻燃剂、低烟无卤阻燃材料的股份制企业。公司自身拥有矿山、加工厂、研发部门和销售部门，实现了产供销一条龙的服务，同时公司也是中国塑料加工工业协会改性塑料专业委员会、电线电缆协会、阻燃协会的理事会员，并成功通过了ISO 9002质量体系认证。

公司和多所高校及科研单位合作，以水镁石为原料，共同开发橡塑无卤阻燃产品。专业生产品质优良、性能稳定的氢氧化镁阻燃剂，产品适用于PE、PP、PVC、EVA、ABS。同时公司也具有了超细氢氧化镁等塑料助剂的生产和活化能力。生产的无卤阻燃材料顺应了塑料行业环保的发展趋势，有着广泛的市场前景。在此基础上公司还开发了低烟无卤阻燃电缆料，其各项指标均达到或超过了国内同行业产品，属国际先进水平。

地址：辽宁省大连市中山区友好路105号曼哈顿大厦3111室

邮编：116001

咨询电话：0411-82653025、82659500

传真：0411-82537866

7. 南京翔飞化学研究所

南京翔飞化学研究所坐落于国家级经济开发区——江宁经济开发区内，是集科研开发与规模化生产相结合的经济实体，为园区内高新科技企业。所内建有两万平方米的生产基地以及近万平方米的研发、应用、实验、分析科研基地，拥有较为先进、完备的检测、分析手段和较强的自主研发能力。

所内工程技术人员占职工总数三分之一，大多数工程技术人员早在20世纪80年代就从事偶联剂研发与生产，凭借着雄厚的技术力量、专业知识、苛刻的质量标准使本所产品获得广大客户认可和赞誉。

生产基地：南京市江宁区谷里镇荆刘村

邮编：211164

电话：025-86137876，86137516，86137186（传真）

市区办事处电话：025-86428610，86407315（传真）

网址：www.xiangfeichem.com

8. 浙江省上虞市华佳亿塑化有限公司

坐落于浙江省绍兴的上虞市华佳亿塑化有限公司是近年来迅速发展起来的以改性尼龙塑料专用料为主要产品的集科研开发、生产和经营为一体的新型民营企业，拥有花园式厂区四万平方米，员工120多人，十条平行双螺杆混炼挤出造粒生产线，年生产能力达1.2万吨，同时拥有先进的材料性能检测仪器，总资产5 000万元以上，年销售额1亿多元。

公司主要生产家具、办公设施和电动工具所需的增强、阻燃尼龙改性专用料。办公转椅五星脚专用料性能价格比居国内领先地位产品间接出口欧洲、美国。

地址：浙江省上虞市经济开发区人民中路465号

邮编：312300

电话：0578-2217778

传真：0578-2215558

9. 宁波宇龙塑料机械有限公司

宁波宇龙塑料机械有限公司是在宁波云龙塑料机械有限公司基础上发展起来的，创建于1988年8月，是一家集开发、制造、销售塑料加工机械及改性塑料专用料产品为一体的生产企业。改性塑料专用料产品主要有增强阻燃ABS、PP、POM、PA、PC及色母料等，年生产能力达1.2万吨以上，质量上乘，产品远销海内外，深受行业专家和用户的一致好评。为赢得广阔的市场前景，1995年消化吸收国外先进技术研制成功新型平行双螺杆挤出机和多功能单螺杆排气式塑料挤出机（造粒用）系列产品，具有高产能、低能耗的特点，适用于PC、PP、PA、PU、HDPE、POM、PMMA等材料的改性或染色加工。

宇龙公司的经营策略和活动都是在可持续发展的科学发展观指导下进行的，公司的目标是不断以高新技术的产品来满足顾客的需求。

地址：浙江省宁波慈溪市范市镇工业开发区

邮编：315312

电话：0574-63700318，63702598

传真：0574-63701598

网址：www.nb-yunlong.com

E-mail：yunlong@public.cx.nbptt.zj.cn

10. 广东炜林纳功能材料有限公司

广东炜林纳功能材料有限公司是一家新型股份制

民营企业，主要从事以稀土助剂为主的各种高分子材料功能助剂的研究开发和生产经营。目前已利用轻稀土元素自主开发、生产出用于聚烯烃（PO）、聚氯乙烯（PVC）高性能化方面的多种新型塑料功能助剂，产品均属高效、多功能、环保型产品，已申请国家发明专利五项，有五项产品成果通过广东省科技厅组织的专家鉴定，技术水平达到国际先进水平。

公司以博士生导师、教授、获政府特殊津贴的专家为主导，设有科技开发中心，与中国科学院广州化学研究所成立了科技联合开发中心，承办佛山市工程技术研究开发中心，拥有高素质专职研发队伍和自主开发新技术、新产品的雄厚技术力量及良好的实验条件，并以中科院、复旦大学、北京化工研究院等高校、科研单位为依托，聘请多名中科院院士和著名专家学者为顾问，有强大的技术创新能力和产品开发能力。企业目前正承担国家高技术研究发展计划（863计划）新材料领域项目，承担国家高新技术火炬计划产业化项目和建设部科技开发项目，产品技术水平处于同行业先进地位。

地址：广东省佛山市高明区沧江工业园西

邮编：528521

电话：0757-88892712，88892838，88892384

传真：0757-88892818

11. 四川省宝兴县微纳粉体有限公司

公司总投资 2 997 万元，年产 $D_{97}\leqslant 10\mu m$ 超细重质碳酸钙 25kt 及 7kt 表面活性重质碳酸钙产品。同时可生产 D_{97} 为 6～20μm 系列产品。

公司利用宝兴丰富的“天下第一白”大理石作为原料，生产的重质碳酸钙系列产品具有高纯度（≥99%）、高白度（≥95%）等特点；公司全套引进了具有当前世界先进水平的德国粉体干法生产设备及工艺技术，经清华大学材料系粉体研究室、安徽合肥水泥研究院等单位消化吸收，所生产的产品细度、粒径分布可达到国际通用标准。公司产品采用国内先进的激光粒度仪进行检测，粒度及分布可按用户要求达到稳定可靠。

地址：四川省宝兴县灵关镇工业开发区

邮编：625701

电话：0835-6848399、6848435

传真：0835-6848435 转 804

网址：www.scwnft.com

12. 盐城市鑫盛塑料制品有限公司（专委会常务理事单位）

盐城市鑫盛塑料制品有限公司专业生产 PVC 真空预压膜，用于高速公路、仓库、码头、货场等施工时软基础处理，同时加工经营潜水泵、离心式清水泵、水箱、多孔抽水管、土工布等各种为工程配套的产品。此外还加工制作宽幅盐用薄膜、砖瓦坯苫盖膜、农用无滴大棚膜、蔬菜保鲜膜、包装膜和 PE 背心袋等，年产各类薄膜 2 500 吨以上，在试生产阶段产品已在多个省份多处大型软地基真空预压工程中得到应用，得到用户认可，其他产品也受到多方好评。

地址：江苏省响水县经济开发区金兰路

邮编：224600

电话：0515-6860597

传真：0515-6864338

【主要问题】

1. 改性塑料行业涉及面广，相关企业众多，历史沿革复杂，现又有多个相类似的行业组织平行活动，很难实现新的历史条件下的行业管理，对企业数量、从业人员情况、产品种类、产量、发展态势无从掌握，也就很难实行真正意义上的引导和管理。

2. 塑料在使用后的回收利用是合理利用地球上有限的资源的重大举措，从科学发展观的可持续发展战略出发，使尚存使用价值的废旧塑料得以再生利用是利国利民的好事。塑料改性技术其中重要的一个领域就是将价值低廉的回收废料经过物理或化学方法，或物理化学相结合的方法将其改造为有适当用途的材料。我们行业的领导和专家们应当大力为废旧塑料的再生利用做宣传，不能一用废旧塑料就和造假、伪劣联系起来。这方面的舆论引导和树立正确的发展观也是非常重要的。

3. 塑料改性学术研究和技术探索十分活跃，也是我们能在国际上具有独立自主知识产权，处于领先地位的少数领域之一，但高等院校的研究成果往往停留在能否被国外收录、供研究生毕业、科技人员提职称服务，而真正转化为生产力，和企业的急需相结合，还未受到足够的重视。行业主管部门应尽力推动“产学研”相结合，发挥技术中介作用，真正做到用科技的力量推动行业的健康发展。

【发展趋势】

塑料改性的理论基础研究和应用技术正在不断地加强，改性塑料的种类和品种也层出不穷。就像任何新生科技都是双刃剑一样，当前塑料材料与制品越来越广泛的应用，给我们生存的环境带来一些不良影响。“白色污染”始终是我们塑料行业头上的一把利刃，如果解决不好，就会为行业的发展带来阻碍。在今后相当时间内，改性塑料行业要在降低成本、改善性能、增加功能的同时，注意解决好塑料产业与环境保护协调发展的问题。

中国塑协改性塑料专业委员会曾分别于 2001 年、

2003年和2004年举办“塑料与环境论坛”，2003年11月60多个与会单位发出“高举环境友好塑料材料旗帜，加快无机粉体改性塑料材料科研与产业化步伐”的倡议，几年来得到业内外众多有识之士的积极响应。大家认识到推动这一工作是在当今社会条件下，能够让消费者、生产者和监管者都满意的切实可行的重大举措，有利于减轻“白色污染”，有利于缓解塑料产业的发展带给生态环境的压力，是利国利民的好事，其重大意义在于：

① 以相对更为丰富、价廉的非金属矿资源替代争夺日益激烈的宝贵的石油资源；

② 在塑料中添加适量的无机粉体材料，在保证使用性能的前提下，有利于垃圾填埋和焚烧，从而利用无机粉体改性塑料材料的可环境消纳性，达到减轻白色污染、保护环境的目的；

③ 在以石油为原料的合成树脂价格居高不下的情况下，众多成型加工企业已面临停工和破产，合理使用相对廉价的无机粉体材料，将为企业降低生产成本，增强市场竞争力带来生机；

④ 要尽量减轻白色污染将其对生态和环境损失的代价降至最低限度。

过去改性塑料重点在于降低原材料成本、改善某些性能或增加新的功能，今后应尽可能突出其对保护环境方面的重要作用，通过这三方面的作用，使新世纪的朝阳工业——塑料工业为人类社会做出更大贡献！

（中国塑料加工工业协会改性塑料专业委员会　刘英俊）

上 市 公 司

2004年塑料行业上市公司情况

一、上海证券市场部分塑料行业上市公司情况

公司名称:江苏中达新材料集团股份有限公司(中达股份)	证券代码:600074

基 本 情 况

注册地址:江苏省南京市经济技术开发区高新技术工业园
办公地址:江苏省江阴市申港镇镇澄路999号
公司经营范围:主营　生产、销售双向拉伸聚酯薄膜(BOPET)、双向拉伸聚丙烯薄膜(BOPP)等软塑新材料及彩色印刷复合制品。兼营　房地产开发及化工材料的批发、零售,生物医药、信息工程、环保、投资管理
法人代表:石纪闵
E-mall:wanws@shendapack.cn
主页地址:http://www.njzdzm.com
电话:0510-6684039,6686352
传真:0510-6684039,6686352
注册资本:34 128万元
公司成立时间:1997-06-18

江苏中达新材料集团股份有限公司(以下简称该公司)是经中国包装总公司以[1997]包企第41号文和南京市人民政府宁政复[1997]27号文批准,由南京塑料包装材料总厂、中国包装总公司内江包装材料总厂、申达集团公司、南京双惠新技术开发公司、北海中包工贸有限公司、江阴市黎明幕墙有限公司共同发起,以募集方式设立的股份有限公司。经中国证监会证监发字[1997]283号、284号文批准公开发行股票。该公司股票于1997年6月5日在上海证券交易所上网定价发行人民币流通普通股3 000万股,并于1997年6月23日在上海证券交易所挂牌上市交易。1998年4月9日公司更名为:南京中达制膜(集团)股份有限公司,并进行了变更登记;2003年9月20日公司更名为:江苏中达新材料集团股份有限公司。

该公司属于软塑包装新材料行业,是专业从事软塑材料研发、生产和销售的高新技术企业集团。主要生产销售双向拉伸聚丙烯薄膜(BOPP)、双向拉伸聚酯薄膜(BOPET)、多层共挤流延薄膜(CPP)等新型软塑材料。产品广泛用于包装、香烟、印刷、感光胶片、音像器材等众多领域。公司是国家烟草物资总公司卷烟配套材料生产基地定点企业。

报告期内该公司以及所属企业共生产各类软塑包装材料132 190吨,比上年同期增长22.47%,销售各类软塑包装材料124 816吨,比上年同期增长8.47%,主要原因是2002年增发募集资金投资的两个项目于本年度正式投入生产。

报告期内该公司主营业务收入为177 613万元,同比增长27.01%。主营业务收入的大幅增长主要是因为募集资金投资的两个项目本年度正式投入生产经营。

报告期内该公司主营业务利润34 672万元,同比增长4.01%,主要原因是本年度原油价格的持续上涨带动该公司原料成本大幅上升,产品毛利下降,使主营业务利润增幅小于主营业务收入的增长幅度。

股本结构/万股

总股本	34 128.00
流通A股	17 496.00

年 度 收 益

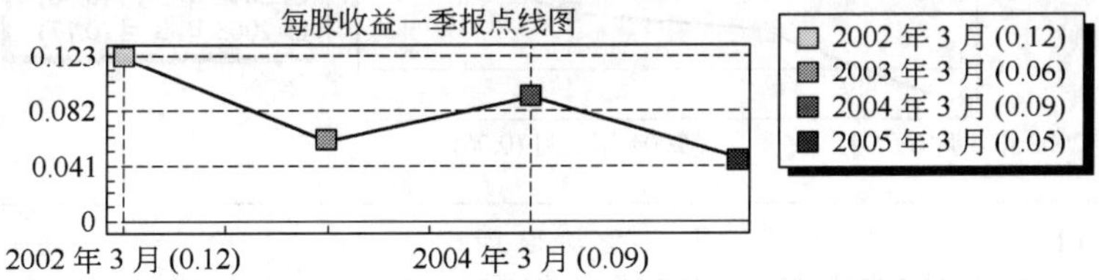

时　间	变动原因	每股收益/元
2004-12-31	年报	0.24
2004-09-30	季报	0.23

分 红 方 案

年　度	分红方案(配股方案)
2004年末期	每10股拟送1.00股,拟派0.50元(含税)
2004年中期	利润不分配不转增

公司名称：新疆天业股份有限公司（新疆天业）	证券代码：600075

基 本 情 况

注册地址：新疆维吾尔自治区石河子市经济技术开发区北三东路36号

办公地址：新疆维吾尔自治区石河子市经济开发区北三东路36号

公司经营范围：塑料制品、化工产品的生产和销售；汽车运输；机电设备（小轿车及国家专项审批规定的产品除外）、建筑材料、五金交点、钢材、棉麻产品、轻纺产品、汽车配件、畜产品、干鲜果品的销售。农业种植、畜牧养殖、农业水土开发。番茄酱，饲料，副产品及其他食品（烟酒限零售）的生产销售。废旧塑料回收、再加工、销售

法人代表：郭庆人

所在地区：石河子市

邮编：832000

E-mall：stock@163. net；master@xj-tianye. com

主页地址：http：//www. xj-tianye. com

电话：0993-2623118

传真：0993-2623163

注册资本：22 680万元

公司成立时间：1997-06-09

该公司系经新疆生产建设兵团经济体制改革委员会于1996年12月30日以兵体改发[1996]20号文批准，由新疆石河子天业塑化总厂独家发起设立的股份有限公司，塑化总厂向该公司投入资本总额53 136 843.86元，其中包括股本36 000 000.00元，资本公积17 136 843.86元。

2004年，公司董事会，以“充分利用本地资源优势，做大做强化工产业，不断做优做强节水灌溉产业”为指导思想，克服银行借款紧缩、生产资料市场价格上涨等不利因素，抓住时机，提前顺利完成重大化工项目的建设，实现化工产业、节水灌溉产业和商贸流通产业突破性的发展，初步实现公司产业结构的调整，为公司2005年经营和发展奠定了良好的基础。

2004年，公司共实现主营业务收入258 655.59万元，较2003年增长43.34％；主营业务利润33 266.76万元，较2003年降低1.37％；净利润7 480.14万元，较2003年增长27.06％。

股本结构/万股	
总股本	22 680.00
流通A股	9 720.00

年 度 收 益

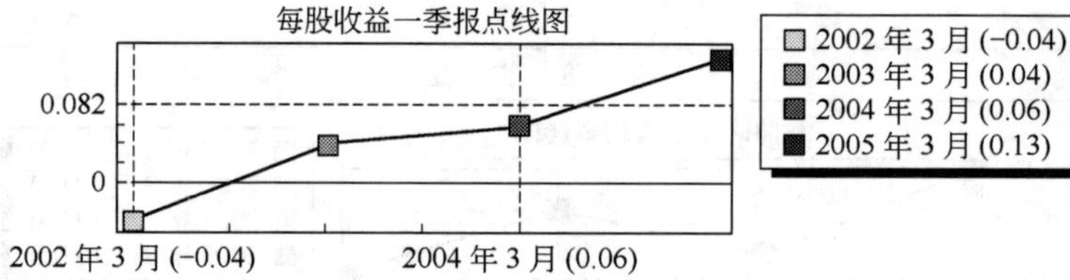

时 间	变动原因	每股收益/元
2004-12-31	年报	0.33
2004-09-30	季报	0.16

分 红 方 案

年 度	分红方案（配股方案）
2004年末期	利润不分配不转增
2004年中期	利润不分配不转增

公司名称:宁夏大元化工股份有限公司(*ST大元)	证券代码:600146

基本情况

注册地址:宁夏回族自治区银川市经济技术开发区经天东路南侧8号

办公地址:宁夏回族自治区银川市兴庆区北京东路339号中房大厦五层

公司经营范围:主营　生产销售工程用塑料板材、管材、异型材、电线、电缆;兼营　国内贸易、货物技术进出口(法律、法规不允许的凭许可证)、化工原材料、石油化工产品、化学试剂、机电设备、环保设备与器材、生物制品

法人代表:徐斌

所在地区:银川市

邮编:750001

E-mall:nxdygf@email. nx. cninfo. net;tkhml@163. com

主页地址:http://www. china-dayuan. com

电话:0951-6199875

传真:0951-6199925

注册资本:20 000万元

宁夏大元化工股份有限公司(以下简称"该公司")的经营范围:生产销售工程用塑料板材、管材、异型材、电线、电缆;兼营国内贸易(国家专项审批项目、取得许可证后方可经营);化工原材料、石化产品、化学试剂(不含危险品)、机电设备、环保设备与器材、生物制品销售。公司营业期限:1999年6月29日至2009年6月29日。

本报告期内虽然公司针对大连分公司板材产品的特点和经营情况,强化了内部管理,发展了部分经销商,但经营业绩仍然不理想。公司板材产品在竞争激烈的市场具有一定的功能和外观优势,具有一定的潜在市场。但是因为公司在销售渠道建设、网络终端建立方面速度和力度不够,销售策略和模式不能很好的适应市场。因此,在市场没有完全打开的情况下,产销量较小,产品的盈利能力不强。2005年度在总结目前板材生产销售问题的基础上,一方面要加强生产管理,提高质量意识,加强质量责任制,加强产品开发,生产出合格的、适应市场的产品,为销售打好基础;另一方面,采取适应市场的销售策略和模式,加强重点地区的销售力度,迅速建立起网络和终端,为推广产品提供条件。通过以上两方面的努力,力争在2005年度板材产品在市场上有所突破。在搞好现有主业的基础上,公司将利用自有资金,增加公司新的利润增长点。

2004年度内,大连分公司共销售PVC成品门28 000余套,实现主营业务收入1 789.99万元,主营业务成本2 091.77万元;该公司控股子公司南京国海生物工程有限公司生产苹果酸1 389.21吨,防老剂等生物制品271.62吨;销售苹果酸1 496.03吨,销售防老剂等生物制品337.73吨,共实现销售收入2 441.74万元。截止报告期末,该公司实现合并主营业务收入42 317 287.64元,主营业务成本42 723 683.01元,主营业务利润－501 485.56元,净利润－36 922 958.12元,每股收益－0.18元。

股本结构/万股

总股本	20 000.00
流通A股	6 000.00

年度收益

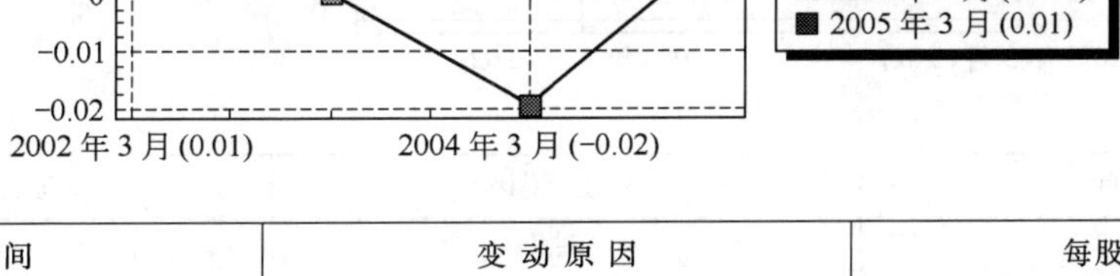

时　　间	变动原因	每股收益/元
2004-12-31	年报	－0.18

分红方案

年　　度	分红方案(配股方案)
2004年末期	利润不分配不转增
2004年中期	利润不分配不转增

公司名称：河北宝硕股份有限公司（宝硕股份）	证券代码：600155

基 本 情 况

注册地址：河北省保定市国家高新技术产业开发区朝阳北路176号

办公地址：河北省保定市国家高新技术产业开发区朝阳北路175号

公司经营范围：塑料制品、塑料管材、异型材、塑钢门窗及零部件、棚膜、地膜、土工膜、复合包装材料、合成材料、热收缩包装材料、烧碱、盐酸、聚氯乙烯树脂、液氯、漂液、次氯酸钠、木糖、木糖醇、糠醇的生产、销售；塑料半成品、化工原料（不含易燃、易爆、毒害品）、化工产品（不含化学危险品）的批发、零售；经营该公司自产产品和技术的出口业务和该公司所需的原辅材料、机械设备、零配件及技术的进口业务（国家限定经营和禁止进出口的商品及技术除外）

法人代表：周　山

所在地区：保定市

邮编：071051

E-mall：baoshuo@baoshuo. com. cn；shl_he@baoshuo. com. cn；zhengquan2003@sohu. com

主页地址：http：//www. baoshuo. com. cn

电话：0312-3109607

传真：0312-3109605

注册资本：41 250万元

河北宝硕股份有限公司（以下简称公司或该公司）1998年经河北省人民政府股份制领导小组办公室冀股办[1998]第24号文批准，由河北保塑集团有限公司（以下简称集团公司）独家发起，以募集设立方式设立。1998年9月18日公司股票在上海证券交易所挂牌交易。

2004年，面对产品市场竞争日趋激烈，石油价格大幅上涨导致的原材料价格居高不下等外部环境带来的不利因素，在董事会的正确领导下，公司经营班子团结一致，群策群力，咬定年初目标不放松，积极抓住发展机遇，推进公司的经济结构调整，深挖自身潜力，加强各部门的预算管理，提高现金流和物流管理，消化外部不利因素，向管理要效益；同时公司不断加强市场的维护和开拓，提高产品质量，优化售后服务，创造公司的品牌优势。经过全体员工的积极努力，保持了公司稳定健康发展。

报告期内，公司实现主营业务收入1 987 018 892.09元，比上年同期增长30.56%，实现净利润61 996 981.20元，比上年同期增长0.65%。

股本结构/万股	
总股本	41 250.00
流通A股	12 000.00

年 度 收 益

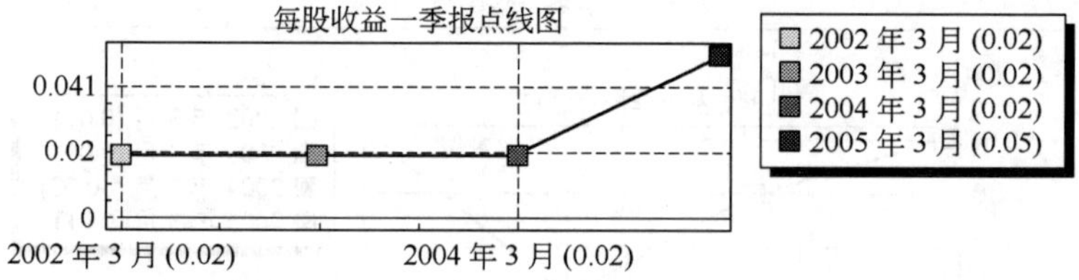

时　　间	变动原因	每股收益/元
2004-12-31	年报	0.15
2004-09-30	季报	0.13

分 红 方 案

年　　度	分红方案（配股方案）
2004年末期	每10股派0.240 0元
2004年中期	利润不分配不转增

公司名称：中国玻纤股份有限公司（中国玻纤）	证券代码：600176

基 本 情 况

注册地址：北京市海淀区紫竹院南路 2 号
办公地址：北京市海淀区紫竹院南路 2 号
公司经营范围：建筑材料、玻璃纤维及其制品、防水材料、密封材料、装饰装修材料及其原材料的科研开发和生产经营；化学建材及其机械设备相关的生产技术研制、开发、经营；建筑材料的销售、配送；新型建筑材料工程设计、施工；防水工程、装饰装修工程的设计与施工；与以上业务相关的技术咨询、信息服务
法人代表：曹江林
所在地区：北京市
邮编：100044
E-mall：600176@ccbm.com.cn
主页地址：http://www.ccbm.com.cn
电话：010-68434863，88411666
传真：010-88418866
注册资本：42 739.2 万元

中国化学建材股份有限公司（以下简称该公司）系 1998 年 8 月 31 日经国家经济贸易委员会国经贸企改（1998）544 号批复批准，由中国新型建筑材料（集团）公司、浙江桐乡振石股份有限公司、江苏永联集团公司和中国建筑材料及设备进出口公司等四家公司共同发起，采用募集方式设立的股份有限公司，设立时发起人股本为 14 000 万元。经中国证券监督管理委员会证监发行字[1999]21 号批复批准，该公司于 1999 年 3 月 5 日在上海证券交易所发行人民币普通股 7 000 万股。2003 年 4 月 16 日，中国新型建筑材料（集团）公司已更名为中国建筑材料集团公司。

2004 年是公司全面、快速发展之年，也是实现公司二届董事会确定的发展战略目标的关键之年。在上一年度公司快速发展的基础上，公司围绕"治理完善、运作规范、业绩优良"的目标开展各项工作，通过各位董事、监事勤勉尽责的工作和正确果断的决策，公司管理层带领全体员工只争朝夕、开拓进取、创新发展，各项工作取得了长足的进步，公司面貌又发生了新的变化，2004 年经营业绩与 2003 年相比有了新的提升，在实现"打造有市场竞争力和可持续发展的中国玻纤"战略进程中又迈出了坚实的一步。

为确保玻璃纤维等主业的生产经营继续保持快速发展的增长势头，公司各项生产经营目标计划早，落实快，配套措施跟得上，在日趋激烈的市场竞争环境中，在煤、电、油、运等生产经营外部环境异常紧张的条件下，公司各主要经营单位不断强化企业管理，紧紧抓住市场机遇，对内增收节支、技术创新，对外拓展市场、调整营销策略，确保了全年生产经营取得了可喜的业绩。公司全年完成玻璃纤维及制品产量 14.90 万吨，比上年增长 22.80%；销售玻璃纤维及制品 15.10 万吨，比上年增长 31.50%，其中出口产品 9 万吨，比上年增长 48.00%。

公司全年实现主营业务收入 114 565 万元，比上一年增长 34.43%；实现主营业务利润 33 880 万元，比上一年增长 24.52%；实现净利润 9 185 万元，比上年增长 30.98%。

股本结构/万股

总股本	42 739.20
流通 A 股	14 246.40

年 度 收 益

每股收益一季报点线图

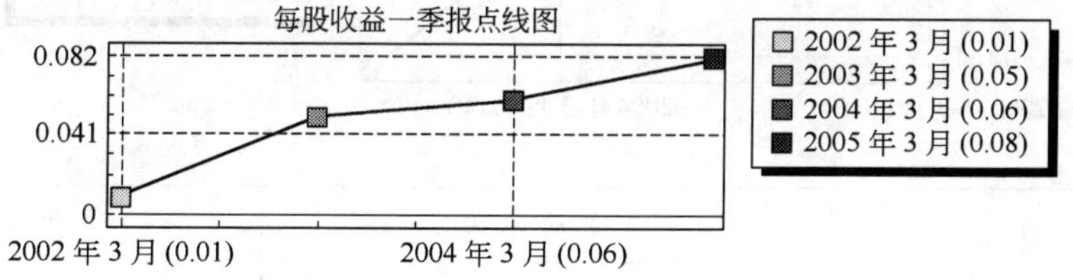

时 间	变 动 原 因	每股收益/元
2004-12-31	年报	0.21
2004-09-30	季报	0.14

分 红 方 案

年 度	分红方案（配股方案）
2004 年末期	每 10 股拟派 0.50 元（含税）
2004 年中期	利润不分配不转增

公司名称：海南兴业聚酯股份有限公司(兴业聚酯)	证券代码：600259

基 本 情 况

注册地址：海南省海口市港澳工业区兴业路19号

办公地址：海南省海口市港澳工业区兴业路19号

公司经营范围：聚酯切片及化纤、纺织原料及成品的生产和销售，化工产品、五金工具、建材、房地产开发经营。

法人代表：刘明贵

所在地区：海口市

邮编：570314

E-mall：odt-xy@163.com；hnxyxy@public.hk.hi.cn

电话：0898-68669470

传真：0898-68664045

注册资本：21 340万元

公司根据中华人民共和国有关法律的规定，于1992年8月8日经海南省股份制试点领导小组办公室琼股办字[1992]8号文件批准，由海南省纺织工业总公司、海南国际(海外)投资有限公司、中国银行海口信托咨询公司、交通银行海南分行和中技海南实业公司等五家单位共同发起，以定向募集方式设立的股份有限公司。在2000年5月25日在上海证券交易所上市。该公司内部职工股2 460万股于2003年5月12日上市交易，公司上市人民币普通股为9 460万股。

报告期内，国际原油价格不断攀升，致使公司主要原材料PTA和EG价格持续走高，同时，国内聚合产能增长过快，行业内竞争激烈，致使聚酯切片、FDY长丝等主要产品市场售价涨幅明显低于原料涨幅，聚酯产品售价严重背离生产成本，而造成主营业务利润大幅下降；面对市场冲击及挑战，公司管理层积极采取各项应对措施：狠抓生产经营，积极开发适销对路新品种，积极拓宽市场，严格现场管理，努力把不利影响降到最低限度。

股本结构/万股

总股本	21 340.00
流通A股	9 460.00

年 度 收 益

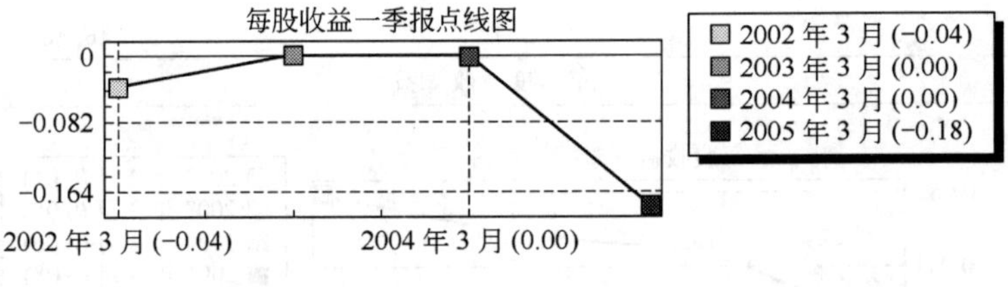

时 间	变动原因	每股收益/元
2004-12-31	年报	−0.37
2004-09-30	季报	−0.22

分 红 方 案

年 度	分红方案(配股方案)
2004年末期	利润不分配不转增
2004年中期	利润不分配不转增

公司名称：湖北凯乐新材料科技股份有限公司（凯乐科技）	证券代码：600260

基 本 情 况

注册地址：湖北省荆州市公安县斗湖堤镇城关

办公地址：湖北省武汉市江岸区建设大道702号（武房交易大厦22楼2208室）

公司经营范围：塑料硬管及管件、软管、管材、塑料零件及塑料土工合成材料、网络光缆塑料护套材料、新型建材装饰材料的制造及销售，兼营对外投资；通信光缆、特种光缆及化工新材料的生产、销售，聚酯切片、涤纶短纤、长丝的生产和销售，以及化工原材料、化学合成新材料销售；房地产开发、城市公用工程、基础设施工程

法人代表：朱弟雄

所在地区：荆州市

邮编：430015

E-mall：kailegroup@163. net

主页地址：http://www. kailegroup. com

电话：027-85482271

传真：027-85482251

注册资本：17 588万元

湖北凯乐新材料科技股份有限公司原名为湖北省凯乐塑料管材（集团）股份有限公司，是于1993年2月经湖北省体改委以鄂改生[1993]40号文批准，由湖北省荆州地区塑料管材厂、湖北省荆州板纸厂、湖北省公安纺纱厂、公安县国资局作为发起人，以定向募集方式设立的股份有限公司，设立时公司股本总额为3 022万元。于2000年7月6日在上海证券交易所上市交易，2000年9月，经公司临时股东大会决议和湖北省工商行政管理局批准，湖北省凯乐塑料管材（集团）股份有限公司更名为湖北凯乐新材料科技股份有限公司。

报告期内，董事会全体董事面对国家宏观调控和行业竞争过度，原材料价格不断上涨等不利因素，勤勉尽责、克难奋进，强化各项管理，不断消化不利因素，较好地完成了本年初制定的各项工作目标。本年度，公司实现主营业务收入50 590万元，比同期增加20%；实现主营业务利润11 858万元，比同期增加25%；实现利润总额9 101万元，较上年增加40%。

股本结构/万股

总股本	17 588.00
流通A股	11 876.40

年 度 收 益

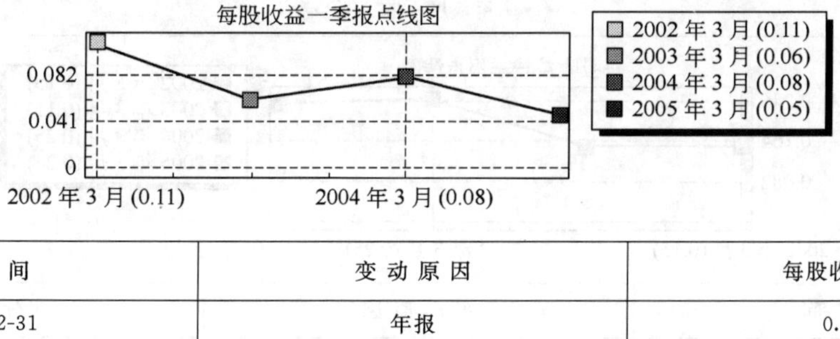

时　　间	变动原因	每股收益/元
2004-12-31	年报	0.23
2004-09-30	季报	0.31

分 红 方 案

年　　度	分红方案（配股方案）
2004年末期	利润不分配不转增
2004年中期	每10股转增5.00股

公司名称：烟台万华聚氨酯股份有限公司（烟台万华）	**证券代码**：600309

基 本 情 况

注册地址：山东省烟台市幸福南路7号

办公地址：山东省烟台市幸福南路7号

公司经营范围：各种异氰酸酯产品及其衍生产品的开发、生产、经营、应用；各种聚氨酯系统料及其助剂的开发、生产、经营；实业投资及经营；技术服务；人员培训；登记范围内的进出口业务；铁路专线运输、货物装卸、仓储和仓库租赁等业务

法人代表：丁建生

所在地区：烟台市

邮编：264002

E-mall：stock@ytpu. com

主页地址：http://www. ytpu. com

电话：0535-6837888＊8537，6837894

传真：0535-6837894

注册资本：65 280万元

烟台万华聚氨酯股份有限公司（以下简称“公司”）系经山东省人民政府鲁政股字[1998]70号批准证书批准，以烟台万华合成革集团有限公司为主发起人，联合烟台东方电子信息产业集团有限公司、烟台冰轮股份有限公司、烟台氨纶集团有限公司和红塔兴业投资有限公司，以发起方式设立的股份有限公司。公司于1998年12月16日经山东省工商行政管理局批准注册成立，注册资本8 000万元。2000年12月15日经中国证券监督管理委员会证监发行字[2000]167号文批准，公司采用“上网定价”方式向社会公开发行人民币普通股4 000万股。

2004年，由于全球经济继续保持增长，造成资源和能源紧张，致使全球化工原料价格不断上涨，我公司主要产品MDI作为石油化学品，也无法独善其身，特别是由于近几年全球无新MDI装置投产，造成MDI供求关系严重失衡，从而给公司的生产经营活动带来诸多始料未及的困难。同时，由于中国经济继续保持高速增长，部分行业过热，国家实施了宏观经济调控，也给我公司建设物资的采购带来一定困难。

但是，在股东和社会各界的大力支持下，通过全体员工的共同努力，公司成功应对了各种挑战，克服重重困难，全面完成了年初制订的生产经营目标，连续第六年实现高速增长。宁波万华工业园16万吨MDI项目建设进展顺利；6S精益生产管理取得明显成效；烟台装置技术改造顺利完成，安全环保水平得到加强；管理基础和市场基础得到进一步的夯实，战略及发展方向进一步明确，向3I国际化战略目标又迈出了坚实的一步。

公司所属行业为化学原料及化学制品制造业。2004年，公司实现主营业务收入2 104 228 714元，比去年同期增长56.60%；实现主营业务利润838 338 332元，比去年同期增长77.53%。

股本结构/万股

总股本	65 280.00
流通A股	21 760.00

年 度 收 益

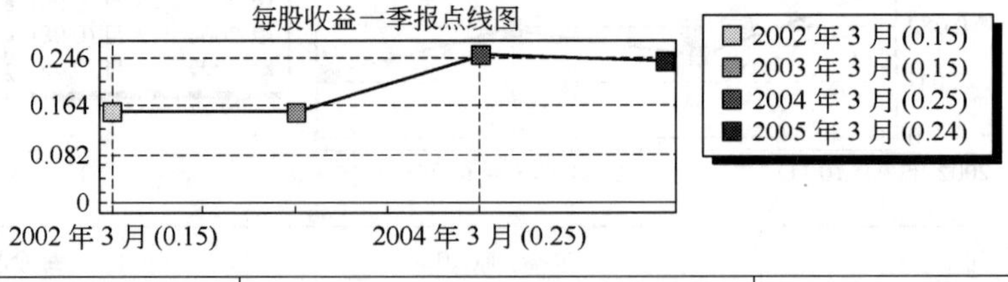

时　　间	变动原因	每股收益/元
2004-12-31	年报	0.62
2004-09-30	季报	0.48

分 红 方 案

年　　度	分红方案（配股方案）
2004年末期	每10股送3.00股，派1.000 0元
2004年中期	利润不分配不转增

公司名称:潍坊亚星化学股份有限公司(亚星化学)	证券代码:600319

基 本 情 况

注册地址:山东省潍坊市奎文区鸢飞路899号

办公地址:山东省潍坊市奎文区鸢飞路899号

公司经营范围:生产经营烧碱、聚氯乙烯、氯化聚乙烯等化工产品及其延伸加工产品;生产经营热力、灰渣制品等

法人代表:董顺兴

所在地区:潍坊市

邮编:261031

E-mall:info@chinayaxing.com

主页地址:http://www.chinayaxing.com

电话:0536-8667941,8663853

传真:0536-8663853,8666877

注册资本:31 559.4万元

潍坊亚星化学股份有限公司(以下简称“该公司”)是以潍坊化工有限公司为主体,于1999年12月28日经中华人民共和国对外贸易经济合作部批准、山东省人民政府确认,依法整体变更而来的外商投资股份有限公司,1999年12月29日取得外经贸资审字(1999)0064号《外商投资企业批准证书》,注册资本23 559.4万元。2001年2月6日经中国证监会证监发行字(2001)15号文核准,该公司于2001年2月14日通过上海证券交易所,以上网定价发行的方式向社会公众公开发行每股面值1元的人民币普通股8 000万股,每股发行价9.2元。

报告期内,公司生产经营保持持续发展态势,实现主营业务收入99 008.5万元,较去年同期增长46.9%,各主导产品产销量、出口量均有较大提高,应收账款及存货大幅减少,经营活动现金净流入量增加。在项目建设上,公司抓紧落实了年产6万吨离子膜烧碱二期项目、与韩国合作建设的年产4万吨CPE项目的建设进度,预计该两项建设项目于2005年建成投产,并必将为公司经济注入新的增长活力。同时,公司与朗盛德国有限公司(LANXESS)共同出资设立的朗盛亚星化学(潍坊)有限公司正式成立,双方合资的年产12 000吨水合肼项目已开工建设,该产品应用广泛,国内需求量快速增加,建成后将具有良好的经济效益。与朗盛公司的成功合作,是公司发展史上的一个重要里程碑,公司将以此为契机,进一步加强与跨国公司的合作,积极推进公司多元化的精细化工产品进一步发展。

股本结构/万股	
总股本	31 559.40
流通A股	8 000.00

年 度 收 益

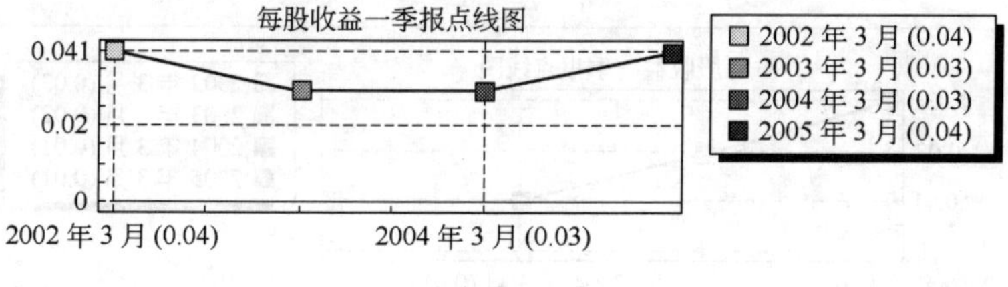

时 间	变动原因	每股收益/元
2004-12-31	年报	0.13
2004-09-30	季报	0.07

分 红 方 案

年 度	分红方案(配股方案)
2004年末期	每10股拟派1.00元(含税)
2004年中期	利润不分配不转增

公司名称：大连冰山橡塑股份有限公司（冰山橡塑）	证券代码：600346

基　本　情　况

注册地址：辽宁省大连市甘井子区周水子广场1号

办公地址：辽宁省大连市甘井子区周水子广场1号

公司经营范围：橡塑工业设备及配套件、塑料工业设备及配套件的设计、制造、安装调试、销售、维修；橡胶制品和塑料制品的加工、销售；电器控制柜的设计、加工、销售；铸件制造；铆焊件加工；电镀、金属材料的热处理以及上述产品的销售与维修；进出口贸易；制冷设备的销售

法人代表：穆传江

所在地区：大连市

邮编：116033

E-mail：zqc@dlrpm. com；spd@dlrpm. com；xjr2004@dl. cn

主页地址：http：//www. dlrpm. com

区号：0411

电话：0411-86641378，86641861＊6106

传真：0411-86641645

注册资本：10 500 万元

大连冰山橡塑股份有限公司前身为大连橡胶塑料机械厂，始建于1907年，是我国机械行业的大型骨干企业。1997年2月大连橡胶塑料机械厂整体划拨给大连冰山集团有限公司，1998年经大连市政府批准，大连冰山集团有限公司作为主要发起人以其下属的大连橡胶塑料机械厂经营性资产出资，与大连冷冻机股份有限公司、大连冶金轴承集团公司、大连金州区锻压件厂和烟台未来自动装备有限公司（原烟台气动元件厂）共同发起设立大连冰山橡塑股份有限公司。2001年8月经中国证监会批准，公司向社会公开发行人民币普通股3 850万股（其中包括国有股存量发行350万股）。公司股本总额105 000 000.00元，其中：大连冰山集团有限公司6 383万股，占60.79％，其他法人股267万股，占2.54％，社会公众股3 850万股。占36.67％。

近年来，橡胶、塑料机械行业私营和合资企业逐渐增多，市场竞争日趋激烈，尤其是价格竞争激烈，加之钢材、生铁等原材料价格上涨，公司盈利能力受到影响，给公司的生产经营造成一定压力。

针对上述情况，该公司积极应对市场的变化，一方面积极调整营销工作的重点，主动减少了塑料机械产品的订货，避免恶性价格竞争；另一方面加强生产工艺的革新，积极开发新产品和对现有产品进行技术改造，力争在激烈的市场竞争中以质取胜，以先进的技术取胜。

公司一直致力于降低生产成本和管理成本，努力消化原材料涨价所带来的不利影响。经过公司全体员工的共同努力，公司在报告期内稳健经营，2004年度实现主营业务收入27 322.64万元，比上年同期增长8.29％；实现净利润483.06万元，比上年同期增长4.37％。

股本结构/万股

总股本	10 500.00
流通A股	3 850.00

年　度　收　益

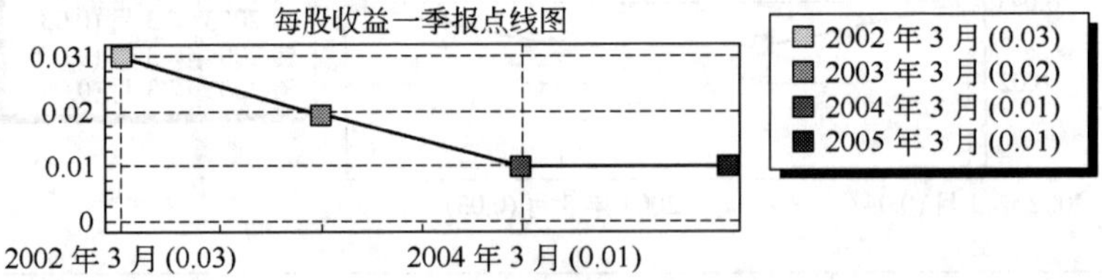

时　间	变动原因	每股收益/元
2004-12-31	年报	0.05
2004-09-30	季报	0.04

分　红　方　案

年　度	分红方案（配股方案）
2004年末期	利润不分配不转增
2004年中期	利润不分配不转增

公司名称：四川天一科技股份有限公司(天科股份)	证券代码：600378

基 本 情 况

注册地址：四川省成都市高新区高朋大道5号
办公地址：四川省成都市机场路445信箱
公司经营范围：碳一化学技术及催化剂，变压吸附气体分离技术及装置，工业特种阀门，合成芳樟醇、维生素E系列精细化工品(不含药品)、工业气体的研制、开发、生产、销售、技术服务及相关的工程设计与工程承包；本企业生产、经营及技术的出口业务；经营本企业生产所需的原辅材料、仪器仪表、机械设备、零配件及技术的进口业务(国家限定公司经营和国家禁止进出口商品及技术除外)；经营进料加工和"三来一补"业务
法人代表：古共伟
所在地区：成都市
邮编：610225
E-mall：ctyc@tianke.com；yzy@tianke.com；zqb@tianke.com
主页地址：http://www.tianke.com
电话：028-85963659，85963417，85881997
传真：028-85881997，85963659

四川天一科技股份有限公司(下称"该公司")是1999年8月3日经国家经济贸易委员会[国经贸企改(1999)745号]批准由化工部西南化工研究设计院(现更名为"西南化工研究设计院"，简称"西南化研院")与浙江芳华日化集团公司、化工部科学技术研究总院(现名为"中化化工科学技术研究总院")、化工部晨光化工研究院[现名为"中蓝晨光化工研究院"]、化工部炭黑工业研究设计院(现名为"中橡集团炭黑工业研究设计院")共同发起设立的股份有限公司。2000年12月19日，经中国证监会[证监发行字(2000)180号]批准，该公司采用上网定价的发行方式向社会公众发行人民币普通股4 500万股，每股面值1.00元，每股发行价格为6.58元。

报告期内，公司巩固、完善内部体制改革，全面推进制度建设，加强对资金的管理、控制，增强公司抗风险能力，为公司持续发展奠定良好的制度基础。公司在报告期内继续保持了传统主营业务的竞争优胜，积极扩大市场份额，不断开拓国际市场，报告期内公司主营业务收入继续保持稳定增长，但随着规模的扩大，期间费用不断增长，加上钢、镍、铜及化工原料等大宗生产原材料大幅涨价，生产成本、业务成本随之提高，员工工资及社保也有一定幅度增长。而且同期短期投资(2004年未进行新的委托理财)收益大幅下降，应收账款提取坏账准备金大幅增加，部分折旧和部分存货跌价准备列入公司管理费科目，新增贷款及合并会计报表范围变化导致期间费用增加造成三项费用(营业费用、管理费用、财务费用)较大幅度上升，从而导致报告期在销售收入增长的情况下，利润亏损。

由于上述原因，公司2004年全年主营业务收入为28 039.52万元，比上年上升45.10%；2004年实现净利润－3 304.47万元。

2004年度公司的主要业务中产品一(指碳一化学技术和变压吸附气体分离技术及装置、工程开发设计、技术服务、工程承包等)的主营业务收入大幅上升，主营业务利润上升；产品二(指催化剂系列、精细化工产品、活性炭等)主营业务收入上升，主营业务利润持平；产品三(指工业气体产品)主营业务收入上升，主营业务利润持平。

股本结构/万股

总股本	19 557.34
流通A股	7 605.00

年 度 收 益

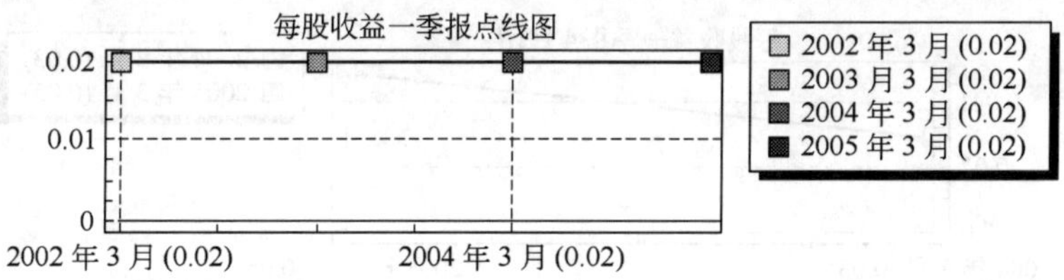

时　　间	变动原因	每股收益/元
2004-12-31	年报	－0.17
2004-09-30	季报	0.02

分 红 方 案

年　　度	分红方案(配股方案)
2004年末期	利润不分配不转增
2004年中期	利润不分配不转增

公司名称：安徽国通高新管业股份有限公司（国通管业）	证券代码：600444

基 本 情 况

注册地址：安徽省合肥市经济技术开发区繁华大道国通工业园
办公地址：安徽省合肥市经济技术开发区繁华大道国通工业园
行业分类：塑料板、管、棒材制造业
公司经营范围：UPVC管、PE管、PP-R管等各种塑料管材、金属塑料管复合管材及管件生产、销售、安装服务、技术研究、开发
法人代表：肖 衡
所在地区：合肥市
邮编：230088
E-mail：guotonglz@sohu. com；xhxxhwxht@yahoo. com；market@guotone. com
主页地址：http：//www. guotone. com
电话：0551-3817860
传真：0551-3817000
注册资本：7 000万元

2000年8月25日，经安徽省人民政府皖府股字[2000]第57号文批准，安徽德安制管有限公司依法整体变更为安徽国通高新管业股份有限公司。公司发起人共6名，分别为巢湖市第一塑料厂、安徽国风集团有限公司、合肥天安集团有限公司、北京风尚广告艺术中心、北京华商投资有限公司、合肥长发实业有限公司。2000年8月29日，公司在安徽省工商行政管理局登记注册，法定代表人为郭传余先生，注册资本4 000万元人民币。公司主要产品为口径是110～500mm UPVC双壁波纹管和口径为400～800mm的PE双壁波纹管。UPVC双壁波纹管大量应用在市政排水、排污领域。PE管材被广泛地应用于市政工程中燃气管道、给水管道和大口径排水管道的铺设。公司产品的销售对象分为经销商和非经销商客户。经销商是指公司在已开拓地区市场中遴选出的资金实力雄厚、信誉度高并熟悉当地行业的客户，经销商采用买断产品后在该地区独家经销的经营模式；非经销商客户主要是指公司没有设立经销商地区直接销售的客户。我国目前塑料管材行业生产能力总量过剩、产品结构不合理，小口径塑料管材竞争激烈，中大口径塑料管材供不应求。公司目前是国内最大的双壁波纹管生产企业。

2004年，受石油价格走高影响，塑料原料价格持续走高；销售方面，受中小型管材企业恶性竞争影响，原有产品价格毛利率逐步下滑，经营两面受压。面对上述不利的市场竞争变化，公司通过加大技术创新力度，改进配方，优化产品性能；通过提升产品的规模和档次，调整产品结构，积极发展DNA 800mm以上的大口径管材；通过投资建设“一园三厂”，战略布点也初见成效，广州、重庆两地业务发展迅速；通过深化内部改革，加强企业管理，努力降低成本，使产品毛利率保持在31.49%，2004年实现销售收入2.93亿元，比2003年增长54%，实现利润2 787万元，还获得了“全国质量管理先进企业”的荣誉称号。

到2004年底，公司是国内目前最大的波纹管生产企业，生产能力达到8万吨，主要产品是环钢度较高的DN110mm-DN500mm UPVC双壁波纹管和DN400mm-DN800mm PE双壁波纹管等新型塑料管材。2002～2004年，公司双壁波纹管实现销售收入14 435.19万元、18 525.52万元、24 873.31万元，分别占当年主营业务收入的98.70%、97.12%、84.86%。此外，公司还生产燃气、供水管和其他管材管件项目。

股本结构/万股	
总股本	7 000.00
流通A股	3 000.00

年 度 收 益

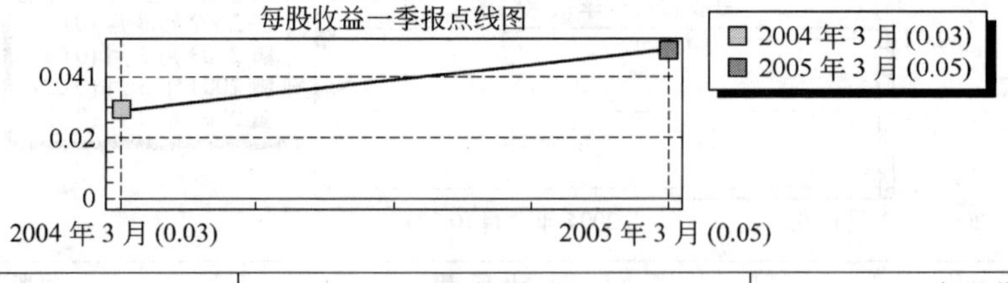

时 间	变动原因	每股收益/元
2004-12-31	年报	0.40
2004-09-30	季报	0.20

分 红 方 案

年 度	分红方案（配股方案）
2004年末期	利润不分配不转增
2004年中期	利润不分配不转增

公司名称:凌云工业股份有限公司(凌云股份)	证券代码:600480

基 本 情 况

注册地址:河北省涿州市松林店

办公地址:河北省涿州市松林店

公司经营范围:生产和销售塑料燃气管道系统、给水管道系统、供热管道系统、大口径排水管道系统及相关施工设备和产品的设计、研制、开发;纳米材料加工和应用;生产和销售汽车零部件、机械加工产品及相关产品的设计、开发

法人代表:李喜增

所在地区:涿州市

邮编:072761

E-mall:lyac@heinfo. net;zhangjianhua@lygf. com

主页地址:http://www. lingyun. com. cn

电话:0312-3951002

传真:0312-3951234

注册资本:24 000 万元

凌云工业股份有限公司(以下简称"该公司")前身为凌云汽车零部件有限公司,1995 年 4 月经保定市对外经济贸易局保市外贸字(1995)018 号文件批准,由河北凌云机械厂(后更名为河北凌云工业集团有限公司,占有 62%的股东权益)与英属维尔京群岛第五汽车有限公司(占有 38%的股东权益)在河北省涿州市松林店镇合资设立。2003 年 6 月,经中国证券监督管理委员会证监发行字[2003]73 号文件核准,该公司向社会公开发行人民币普通股股票 6 800 万股,并于 2003 年 8 月在上海证券交易所挂牌交易。注册资本变更为人民币 24 000 万元。

2004 年中国汽车行业增速进一步放缓,产品价格下降、原材料价格上涨也给公司经营带来了巨大困难。在困难的情况下,公司不断加大新产品开发力度,抓好重点项目的建设,进一步强化内部管理,搞好技术改造,不断地挖掘潜力,降低成本,加强对子公司的管理,保持了公司收入和利润的同步增长。

报告期内共实现主营业务收入 101 563 万元,比上年同期增长 73.18%,实现净利润 4 895 万元,比上年同期增长 71.33%。公司将在既有成绩的基础上继续开发新产品、新市场,寻找新的利润增长点,促进公司发展。

股本结构/万股	
总股本	24 000.00
流通 A 股	6 800.00

年 度 收 益

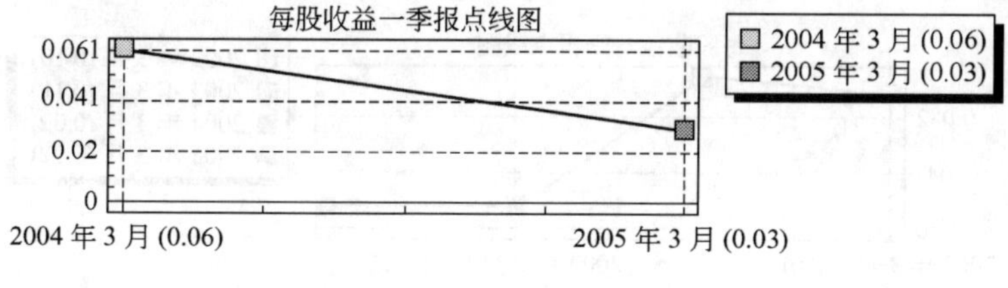

时　　间	变动原因	每股收益/元
2004-12-31	年报	0.20
2004-09-30	季报	0.18

分 红 方 案

年　　度	分红方案(配股方案)
2004 年末期	每 10 股拟转增 3.00 股,拟派 2.00 元(含税)
2004 年中期	利润不分配不转增

公司名称:铜陵三佳科技股份有限公司(三佳科技)	证券代码:600520

基 本 情 况

注册地址:安徽省铜陵市经济技术开发区

办公地址:安徽省铜陵市石城路电子工业区

公司经营范围:精密工装模具、化学建材模具、化学建材、环保设备、环保检测设备、电子设备、注塑产品、冲压产品、电子基础材料制造;本企业自产产品及技术出口,本企业生产所需的原辅材料、仪器仪表、机械设备、零配件及技术进口(国家限定公司经营和国家禁止进口的商品及技术除外)

法人代表:黄明玖

所在地区:铜陵市

邮编:244000

E-mall:xlp@chinatrinity. com

主页地址:http://www. sunka. cn

电话:0562-2627520

传真:0562-2627506

注册资本:11 304 万元

铜陵三佳模具股份有限公司(以下简称"该公司"或"公司")是根据《中华人民共和国公司法》于2000年4月28日注册登记成立的股份有限公司,该公司的《企业法人营业执照》注册号为3400001300161,经营范围为:精密工装模具、化学建材模具、化学建材、环保设备、环保检测设备、机械设备、电子设备、注塑产品、冲压产品、电子基础材料等产品的开发、生产和销售等。2000年4月26日,经安徽省人民政府批准,由铜陵市宏光模具有限公司八家股东秉铜陵市三佳电子(集团)有限责任公司、安徽省信托投资公司,合肥创源智能网络有限责任公司、深圳市世纪之舟实业发展有限公司、安徽金岸工贸有限责任公司、合肥新创经贸有限责任公司、铜陵市科技发展总公司、铜陵黄河通讯有限责任公司作为发起人,将原铜陵市宏光模具有限公司依法整体变更设立为铜陵三佳模具股份有限公司。2002年1月8日2 500万股人民币普通股在上海证券交易所挂牌上市。

报告期内,公司围绕年初制定的各项生产经营指标,以增长效益为中心,狠抓质量管理,加大市场开拓,尤其是国外市场取得突破性的进展,使公司生产能力得到进一步提高,顺利规避了上游原材料大幅上涨带来的风险和资金压力,积极应对国内市场下滑的挑战,变被动为主动,使公司生产经营保持了良好的发展势头。

2004年度实现主营收入15 400.13万元,利润总额2 448.21万元,净利润1 936.22万元。

股本结构/万股

总股本	11 304.00
流通A股	4 500.00

年 度 收 益

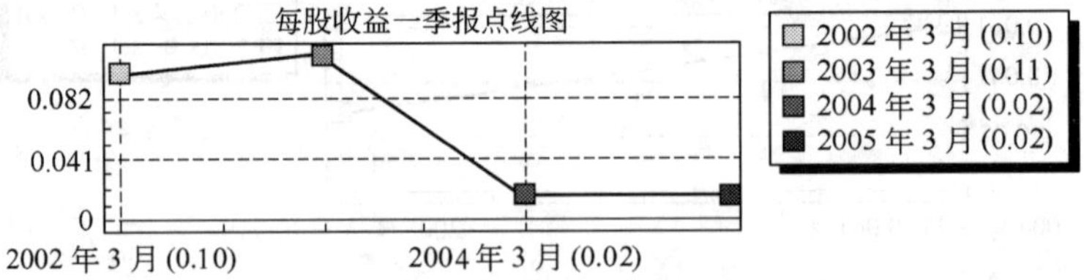

时 间	变动原因	每股收益/元
2004-12-31	年报	0.17
2004-09-30	季报	0.13

分 红 方 案

年 度	分红方案(配股方案)
2004年末期	每10股拟派0.50元(含税)
2004年中期	利润不分配不转增

公司名称：广东榕泰实业股份有限公司（广东榕泰）	证券代码：600589

基　本　情　况

注册地址：广东省揭阳市榕城区新兴东二路1号

办公地址：广东省揭阳市榕城区新兴东二路1号

公司经营范围：生产、销售氨基塑料及制品，氨基复合材料及制品，甲醛及其辅产品；高分子材料的研究。经营本企业自产产品及技术的出口业务，本企业所需的原辅材料、仪器仪表、机械设备、零配件及技术的进口业务，进料加工和"三来一补"业务。代理出口将本企业自行研制开发的技术转让给其他企业所生产的产品

法人代表：杨启昭

所在地区：揭阳市

邮编：522000

E-mail：rongtai@rongtai.com.cn

主页地址：http://www.rongtai.com.cn

电话：0663-8676616

传真：0663-8676899

注册资本：19200万元

广东榕泰实业股份有限公司于1997年12月经广东省人民政府粤办函〔1997〕683号文和广东省体改委[1997]133号文批准，由广东榕泰高级瓷具有限公司（中外合资），揭阳市兴盛化工原料有限公司（中外合资），广东榕泰制药有限公司（中外合资），揭阳市鸿凯贸易发展公司，揭阳市益科电子器材公司等五家公司以发起方式设立，公司注册资本为人民币120 000 000.00元。2001年5月28日，公司经中国证券监督委员会证监发行字(2001)号33文的核准，利用上海证券交易所交易系统，采用上网定价发行方式向社会公开公司民币普通股股票（A）股4 000万股（发行股价9.9元/股），并于2001年6月1日办理了工商变更登记，注册资本变更为人民币160 000 000.00元。

报告期内公司遇到了原材料价格不断上升和电力紧缺等因素，生产经营和产品利润水平受到严重的影响，但公司坚决贯彻通过技术创新，不断提升公司产品的市场竞争力，促进企业发展的战略方针，坚持创新、诚信、协作、奋进的企业文化，公司全体员工同心同德，共同努力，加强产品、市场和技术开拓力度，进一步强化内部管理，挖潜增效，确保完成了公司的年度经营目标。

2004年，公司实现主营业务收入502 554 795.24元，实现主营业务利润94 477 783.04元，净利润54 448 037.16元，均比上年有所增长。

股本结构/万股

总股本	19 200.00
流通A股	4 800.00

年　度　收　益

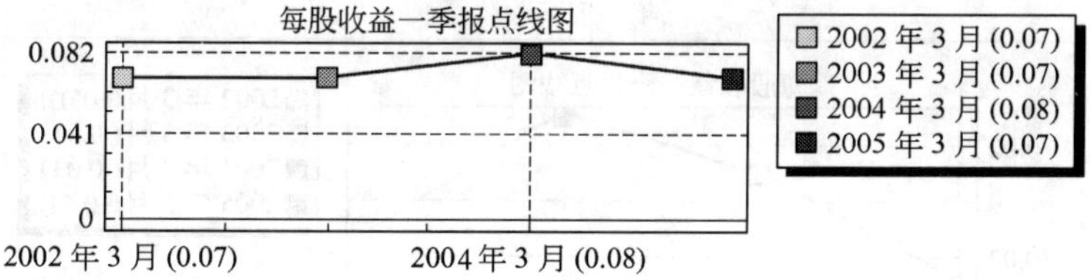

时　　间	变动原因	每股收益/元
2004-12-31	年报	0.28
2004-09-30	季报	0.23

分　红　方　案

年　　度	分红方案（配股方案）
2004年末期	每10股拟派2.00元（含税）
2004年中期	利润不分配不转增

公司名称：上海氯碱化工股份有限公司（氯碱化工）	证券代码：600618

基 本 情 况

注册地址：上海市龙吴路4747号
办公地址：上海市龙吴路4747号
公司经营范围：烧碱、氯、氟和聚氯乙烯等化工原料及其加工品、化工机械设备制造、加工、安装、修理、生产用化学品、原辅材料、包装材料及货运、自营进出口、合资经营、合作生产
法人代表：张瑞岳
所在地区：上海市
邮编：200241
E-mail：office@styc.com；shxpw@21cn.com；shqy0227@126.com
主页地址：http://www.scacc.com
电话：021-64342640，64340601，58829587
传真：021-64341341，64342640
注册资本：116 448.306 7万元

上海氯碱化工股份有限公司（以下简称公司）经上海市经委沪经企[1992]307号文批准于1992年7月由上海氯碱总厂改制为上海氯碱化工股份有限公司。1992年8月20日发行B股上市，1992年11月13日发行A股上市。

2004年在全球经济复苏加快的背景下，对原油的需求增加导致原油价格持续上扬，连带化工原料乙烯、EDC、VCM等价格一路走高，乙烯价格更是创历史新高。全球化学品强劲需求，带动了国内化工行业景气度的上升，在产品需求和原料成本双重拉动下，PVC产品价格节节攀升，烧碱、氯产品也演绎了一波上升行情，弥补了因化工原料价格上涨而导致生产成本增长的不利因素。

公司抓住发展机遇，加大了“做强主业，推进新业”发展战略的实施力度。

1. 加快三大基地建设。吴泾基地完成了7万吨/年PVC技改项目，正在进行5万吨/年PVC技改项目和漕吴乙烯管道项目建设，使公司向规模经济迈出一大步，形成了38万吨/年PVC的生产规模。漕泾基地烧碱及聚氯乙烯项目一期工程和宁夏西部聚氯乙烯有限公司一期工程进入全面建设阶段，各个工作节点都达到预期目标。

2. 构造大市场平台。公司已制订组建联合天原有限公司方案。将三大基地的产品进行细分，合理规划，统一销售，使三大基地的产品资源在该公司原有销售网络的平台上得到整合，发挥出集聚效应。

3. 推进大物流建设。明确了公司大物流战略发展目标和发展方向：形成10个亿物流产业。着重在液体化学危险品、液氯大包装、PVC三大主流业务上做大做强，建立涵盖吴泾、漕泾、宁夏物流基地建设的第三方物流。同时，拓展物流新领域，重点是为上海化学工业区拜耳（上海）聚合物有限公司10万吨/年聚碳酸酯产品提供配套的物流服务项目。

2004年主要做好了以下工作。

1. 以降本增效为抓手，加强全面预算力度。针对原料、能源价格大幅提价的严峻形势，重点抓好大宗原材料采购、生产运行中原料组合与产品链的优化、物耗及能耗控制三大环节，使生产成本得到较好控制。

2. 以组织结构整合为重点，提高装置运行效率和管理水平。生产调度中心的运行，改变了原来分厂的生产运作管理模式，取而代之的是装置化管理模式，减少管理层次和环节。

3. 以清洁工艺为平台，加强绿色环境保护建设。公司已通过了OHSMS第一次内审，初步建立了公司职业健康安全管理体系。

2004年公司主导产品聚氯乙烯市场占有率为5.25%；烧碱市场占有率为2.91%。

股本结构/万股	
总股本	116 448.31
流通A股	2 783.24
流通B股	40 656.00

年 度 收 益

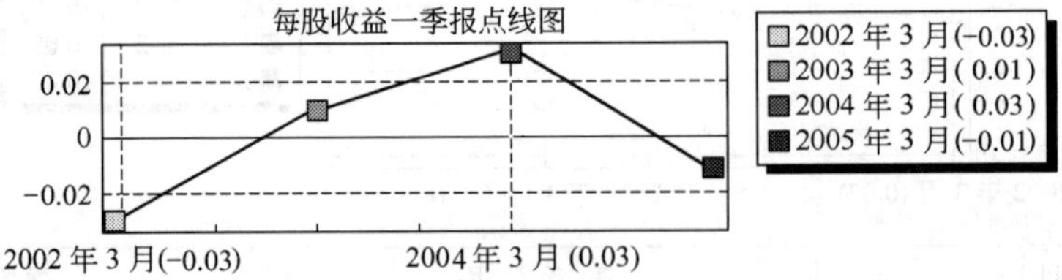

时 间	变动原因	每股收益/元
2004-12-31	年报	0.05
2004-09-30	季报	0.08

分 红 方 案

年 度	分红方案（配股方案）
2004年末期	利润不分配不转增
2004年中期	利润不分配不转增

公司名称:沧州化学工业股份有限公司(沧州化工)	证券代码:600722

基 本 情 况

注册地址:河北省沧州市南环中路18号
办公地址:河北省沧州市南环中路18号
行业分类:化学原料及化学制品制造业
公司经营范围:化工原料(主要包括PVC树脂、烧碱、盐酸等)的生产销售、塑料制品、建筑材料的批发零售;水泥的制造、销售;本企业自产产品和技术的出口和本企业所需的原辅材料、机械设备、零配件及技术的进口(国家限定公司经营和禁止进出口的商品及技术除外)
法人代表:周振德
所在地区:沧州市
邮编:061000
E-mall:info@czchem.com;xjs69@sohu.com;lgf70@tom.com
主页地址:http://www.czchem.com
电话:0317-3030719
传真:0317-3042321
注册资本:42 142万元

沧州化学工业股份有限公司(以下简称"该公司")是经河北省经济体制改革委员会以冀体改股字[1994]20号文批准,由沧州市化工厂进行股份制改组,发起成立的定向募集股份有限公司。

2004年全球经济复苏、中国经济快速增长,由此形成的对化工产品的巨大需求为公司的发展带来了良好的外部机遇,加之自2003年9月以来,我国对来自美国、韩国、日本、俄罗斯和台湾地区的PVC树脂(纯粉)产品征收反倾销税,PVC树脂的价格出现了一定幅度的上涨,但国际石油价格的剧烈波动导致公司所需主要原材料EDC(二氯乙烷)价格经常波动,对公司的成本及利润均产生了非常大的影响,另外,原盐价格的大幅上涨对公司的生产经营形成了一定的影响。

针对复杂多变的市场形势,公司围绕做大做强氯碱主业的发展目标,适时调整经营战略,积极加以应对,公司40万吨/年PVC树脂项目正在积极建设之中,项目完工后,公司将成为我国最大的树脂制造商之一,公司的竞争力将得到进一步提升;同时,公司利用信息化平台,及时掌握市场信息和客户需求,不断拓展公司上下游供销客户,分析和把握原材料及产品的价格趋势,严格控制原料供应价格和质量,合理调整产品结构及价格,以降低成本和提高收益。同时,加强生产一线基础管理工作,通过技术改造与生产管理相结合,提高了生产的技术性能,优化了工艺指标,确保生产长周期安全稳定运行。在广大股东的有力支持、董事会的正确领导和全体员工的共同努力下,报告期内公司经营业绩较去年大幅提高。报告期公司实现主营业务收入:2 332 381 319.92元,同比增长37.84%,实现净利润53 062 240.67元,同比增长163.56%。

股本结构/万股

总股本	42 142.00
流通A股	11 500.00

年 度 收 益

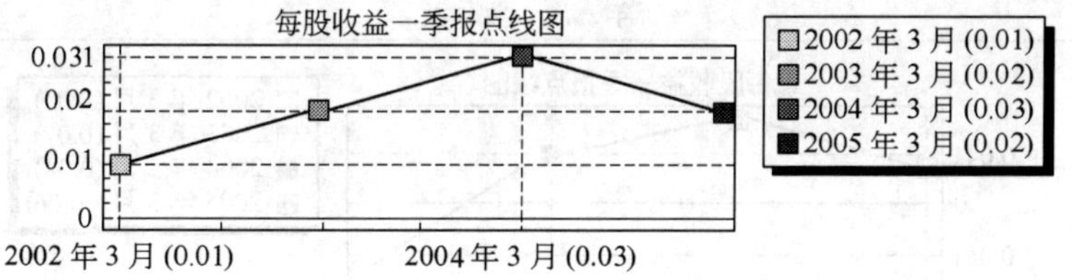

时　间	变动原因	每股收益/元
2004-12-31	年报	0.13
2004-09-30	季报	0.10

分 红 方 案

年　度	分红方案(配股方案)
2004年末期	利润不分配不转增
2004年中期	利润不分配不转增

二、深圳证券市场部分塑料行业上市公司情况：

公司名称：湖南嘉瑞新材料集团股份有限公司(ST 嘉瑞)	证券代码：000156

基 本 情 况

注册地址：湖南省洪江市安江镇大沙坪

办公地址：湖南省长沙市芙蓉中路海东青大厦16楼

公司经营范围：PVC、PU人造革、塑料制品、铝合金型材及其相关产品的生产、销售；金属与非金属材料及其制品业投资；国家法律、法规允许范围内的其他国内贸易业务。经营本企业《中华人民共和国企业资格证书》核定范围内的进出口业务

法人代表：李 健

所在地区：洪江市

邮编：410005

E-mail：ss000156@163.com

主页地址：http://www.chnanplas.com

电话：0731-4318808＊776

传真：0731-4318808＊776

注册资本：9 650万元

湖南安塑股份有限公司（以下简称本公司）原为湖南中圆塑料制品股份有限公司，系1994年6月9日经湖南省体改委湘体字(1994)51号文件批准成立，由原湖南省安江塑料厂改组，采取定向募集方式设立的股份有限公司。

2004年是公司发展不正常的一年，由于受到国家宏观调控以及公司大股东资金占用的影响，公司流动资金面临前所未有的压力；同时，随着银行债权人加大追债力度，公司面临的银行诉讼不断，正常生产经营受到影响。全年实现主营业务收入35 769.28万元，较上年增加了111.57％，实现主营业务利润911.24万元，较上年减少了74.52％；净利润为负29 398.59万元。造成经营业绩不好的原因主要有：由于大股东巨额资金占用，造成财务费用大幅增加，国际原油价格和金属材料价格的大幅上涨，较大地影响了公司的经营业绩；"电荒"影响仍然延续，且较去年更为严重，生产受到一定影响；另外，银行债权人强力追债，导致公司流动资金紧张，经营一度陷入困境。

2004年亦是公司转换机制、苦心经营、着力调整的一年。2004年4月，新的领导班子为了维护公司的持续经营和健康发展，针对公司现状，及时调整经营战略和管理模式，提出"降成本、促营销、争效益"的经营工作重点。

根据新的经营战略，公司在整合原有主业PU合成革的同时，立足于高端建筑铝材和工业铝型材的开发生产，对下属铝型材生产企业长沙新振升集团公司进行了产业整合，公司已成为一个集合成革、人造革、民用铝材、工业铝材为一体的高新材料控股集团，公司的整体综合实力得到加强，市场抗风险能力也有所提高。公司适时调整管理模式，加强内部经营管理，努力降低生产成本，狠抓质量，盘活现有的资产。为了缓解资金压力，公司多次与债权银行协商，并在各级部门支持下组织召开了银企沟通联席会议，推出公司整顿重组方案（草案），争取债权银行的支持和理解。另外，公司正积极与债权银行协商，争取在2005年解除部分违规担保，通过重组降低银行负债，减少银行诉讼，集中精力进行生产经营。

2004年底，公司新的经营战略和管理模式已初见成效，为公司2005年的生产经营工作打下了坚实基础。

股本结构/万股

总股本	9 650.00
流通A股	4 150.00

年 度 收 益

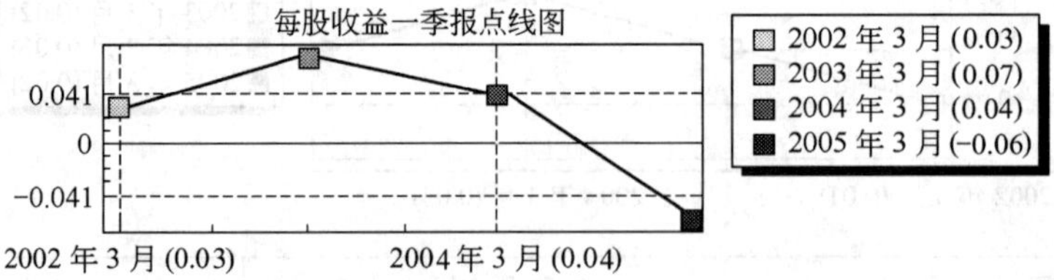

时 间	变动原因	每股收益/元
2004-12-31	年报	－3.05
2004-09-30	季报	－1.56

分 红 方 案

年 度	分红方案(配股方案)
2004年末期	利润不分配不转增
2004年中期	利润不分配不转增

公司名称:山东胜利股份有限公司(胜利股份)	证券代码:000407

基 本 情 况

注册地址:山东省济南市黑虎泉西路139号胜利大厦

办公地址:山东省济南市高新区东辰大街胜利生物工程园

公司经营范围:塑料产品的研制、生产、销售、安装;批准范围的进出口业务;化工产品(不含易燃易爆危险品)、建筑材料、汽车(不含小轿车)及配件、电子产品、船用设备及配件、钢材的销售;技术咨询、开发、转让;房地产开发;石油设备维修;0.25%莨菪烷碱乳油杀虫剂的生产、销售;燃料油自营和代理进口业务;兽用原料(海南霉素)及其预混剂的生产销售

法人代表:王 鹏

所在地区:济南市

邮编:250101

E-mail:sd000407@yahoo.com.cn;du0342@sina.com

主页地址:http://www.vicome.com

电话:0531-6920495,6930581,8878899*6780

传真:0531-6018518

山东胜利股份有限公司(以下简称“公司”)是由山东省胜利集团公司独家发起,经山东省经济体制改革委员会于1993年3月18日以鲁体改生字(1993)第38号文批准设立,并于1994年4月26日以鲁体改生字(1994)第103号文批复正式创立的股份有限公司。公司A股于1996年7月3日在深交所挂牌上市。

报告期内,公司塑胶产业因原材料价格大幅上涨,产品成本上升,而随着行业竞争的进一步加剧,产品销售价格未能同步增长,导致经营毛利率下降,公司贸易业务因价格波动剧烈,毛利率也出现较大幅度的下降;农化产业则随着行业回暖,呈现出较好的成长性。

面对新的经营形势,公司上下勤勉尽责,务实创新,及时调整经营思路,积极盘活资产,千方百计扩大经营规模,保证资金向高效的业务流动。与上年相比,主营业务收入实现了较大幅度的增长,较好地完成了各项经营任务。公司全年实现主营业务收入8.38亿元,主营业务利润9 594.44万元,净利润1 744.24万元,公司资产负债率、流动比率、速动比率以及现金流量等有关财务指标均保持在合理水平。

公司着力培育的生物技术产业,在研发生产和市场开拓等方面取得了长足的发展,销售收入逐月增加,但由于仍处发展初期,短期内尚未对公司利润形成重大贡献,随着该产业逐步进入成长期,生物技术产业将逐步成为公司未来的主导产业。

由于本期欧元对人民币汇率上升,产生汇兑损失134.60万元。因汇率波动具有不确定性,该因素仍可能对未来公司净利润产生一定影响。

2005年,塑胶产业将通过加大细分市场的开拓力度,积极拓展环保工程建设、海水网箱养殖、管道修复、港口疏浚等新的应用领域,狠抓成本管理,以差异化和内涵式发展。

挖掘新的利润增长点;生物技术、农化产业分别以济宁黄霉素项目、章丘草甘膦项目年内建成投产为契机,进一步扩大产能,加大新产品新工艺研发力度,加快产品升级换代,以满足市场需求。引导公司进入新的成长期。

股本结构/万股

历史变更时间	2004-06-09	2002-12-31
总股本	28 750.65	23 958.88
流通A股	17 303.60	

年 度 收 益

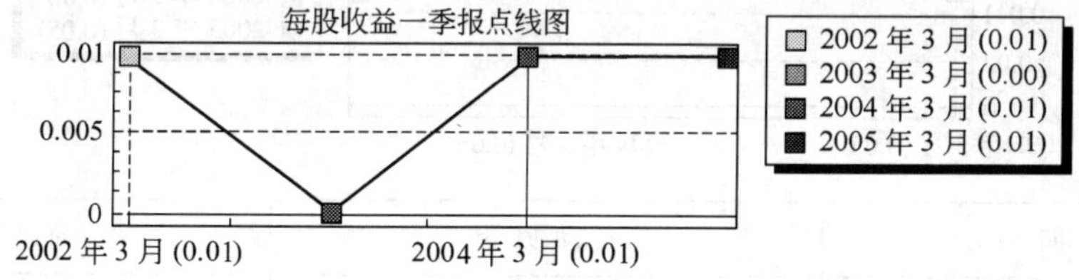

时 间	变动原因	每股收益/元
2004-12-31	年报	0.06
2004-09-30	季报	0.06

分 红 方 案

年 度	分红方案(配股方案)
2004年末期	利润不分配不转增
2004年中期	利润不分配不转增

公司名称:四川金路集团股份有限公司(金路集团)	证券代码:000510

基 本 情 况

注册地址:四川省德阳市岷江西路二段57号金路大厦

办公地址:四川省德阳市岷江西路二段57号金路大厦

公司经营范围:PVC树脂、烧碱、塑料制品、切割工具、人造革、人造金刚石、农药、针纺织品兼营:化产品原料、百货、五金等第三产业、房地产开发、汽车出租修理、旅游服务

法人代表:何光昶

所在地区:德阳市

邮编:618000

E-mail:penlan26@hotmail.com;jl@jinlugroup.cn

主页地址:http://www.jinlu.net

区号:0838

电话:0838-2207936,2204710*8028

传真:0838-2207936

注册资本:60 918.225 4万元

四川金路集团股份有限公司(以下简称本公司是1989年4月经政府批准由四川省树脂总厂改组设立的股份有限公司于1992年4月18日经工商登记注册成立,1993年5月7日公司股票在深圳证券交易所挂牌上市。

公司主营业务是生产销售PVC树脂、烧碱系列化工原料及其加工产品,白酒生产和销售,房地产业,天然气加工销售等。报告期内,公司全体员工团结一致,艰苦拼搏,一方面紧紧抓住主导产品PVC树脂价格持续回升的大好机遇,通过降低消耗,狠抓成本控制,克服了原燃材料大幅涨价的困难,开足马力,实现长周期满负荷安全生产。另一方面全公司认真开展"发展年"活动,坚持不懈搞好技改,进一步壮大夯实公司主导产业,公司PVC树脂扩能至20万吨/年技改工程提前两个月顺利竣工投产。报告期内公司主导产品PVC树脂完成产量17.23万吨,比去年同期增长22.88%,实现主营业务收入197 141.12万元,比去年同期增长33.79%,实现净利润12 222.88万元,比去年同期增长15.81%。

股本结构/万股

总股本	60 918.23
流通A股	40 184.55

年 度 收 益

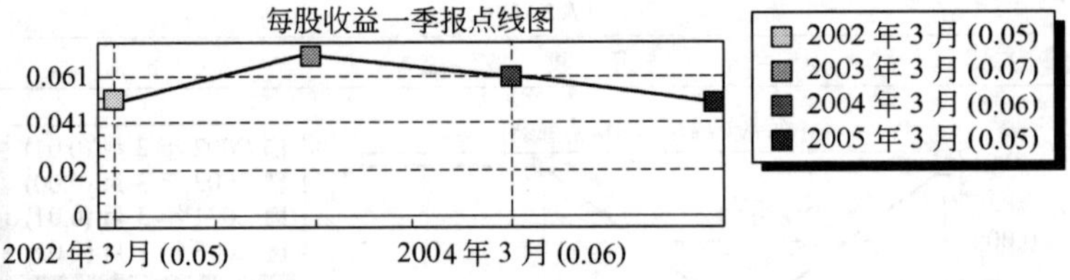

时　　间	变动原因	每股收益/元
2004-12-31	年报	0.20
2004-09-30	季报	0.18

分 红 方 案

年　　度	分红方案(配股方案)
2004年末期	每10股拟派0.50元(含税)
2004年中期	利润不分配不转增

公司名称:芜湖海螺型材科技股份有限公司(海螺型材)	证券代码:000619

基 本 情 况

注册地址:安徽省芜湖市经济技术开发区

办公地址:安徽省芜湖市经济技术开发区港湾路

公司经营范围:生产销售塑料型材、板材、门窗、五金制品、钢龙骨制造、建筑材料、装饰材料批零、汽车运输、室内外装潢

法人代表:郭景彬

所在地区:芜湖市

邮编:241009

E-mail:wh@pvc. conch. cn

主页地址:http://pvc. conch. cn

电话:0553-5840158,5840156

传真:0553-5840118

注册资本:36 000 万元

本公司是由安徽红星宣纸股份有限公司与芜湖海螺塑料型材有限责任公司进行资产置换后变更登记成立的股份有限公司。安徽红星宣纸股份有限公司是采取社会募集方式设立的股份有限公司,于 1996 年 5 月由中国宣纸集团公司独家发起,对其所属宣纸生产单位和经营性净资产进行重组,筹建安徽红星宣纸股份有限公司,1996 年 9 月经中国证券监督管理委员会证监发字[1996]189 号文的批准,向社会公开发行股票,于 1996 年 10 月 16 日注册登记成立安徽红星宣纸股份有限公司。1996 年 10 月 23 日经深圳证券交易所深证发[1996]337 号上市通知书的批准,"红星宣纸"A 股 1 700 万股在深圳证券交易所挂牌上市。

股本结构/万股

总股本	36 000.00
流通 A 股	16 200.00

年 度 收 益

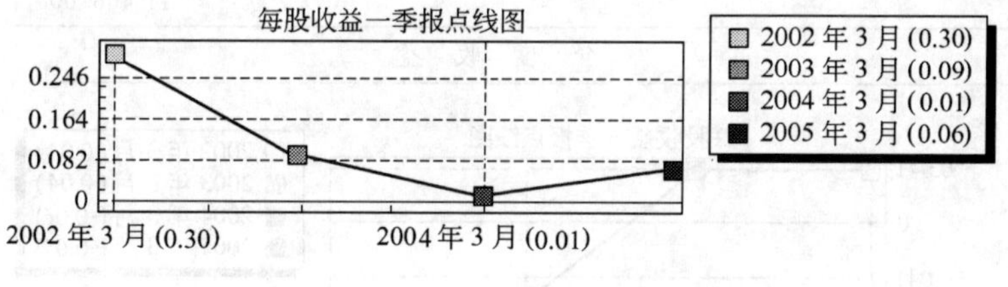

时 间	变动原因	每股收益/元
2004-12-31	年报	0.16
2004-09-30	季报	0.11

分 红 方 案

年 度	分红方案(配股方案)
2004 年末期	每 10 股拟派 0.40 元(含税)
2004 年中期	利润不分配不转增

公司名称：兰宝科技信息股份有限公司(ST兰宝)	证券代码：000631

基　本　情　况

注册地址：吉林省长春高新技术产业开发区高新路4370号

办公地址：吉林省长春高新技术产业开发区高新路4370号

公司经营范围：塑料燃油箱、塑料保险杠，设备租赁，空调器设备，普通机械，邮电通信器材经销，电信终端设备开发经营等，信息技术和计算机软，硬件方面的技术服务及计算机应用技术服务等

法人代表：刘铁杲

所在地区：长春市

邮编：130021

E-mai：lb@lanbao. com. cn

主页地址：www. lanbao. com. cn

电话：0431-5528289

传真：0431-5528285

注册资本：24 036. 955 8万元

公司成立于1993年5月，由长春君子兰公司、天力公司、中轻贸易中心共同发起，采用定向募集方式设立的股份制公司。公司于1996年11月7日在深交所以上网定价发行方式向社会公众发行1 600万股A股，发行价6. 98元/股，形成总股本5 200万股。

2004年，受国内汽车行业产销增长放缓，原材料涨价，国际欧元汇率变化等因素的影响，公司主营的汽车配套类业务继续下滑；公司光电信息类业务，未产生效益，使公司整体经营情况仍不容乐观。另外，因变更会计估计，进行会计差错调整使公司出现较大程度的亏损。

尽管如此，公司仍然会报定信念，不遗余力发展好所属的两大类业务，尤其是2001年以来，公司一直致力于发展的光电信息产业，随着历时三年的基础设施建设和项目设备投入的完成，现阶段已经具备重点发展和创新提升的基本条件，2004年公司重点针对相关产品进行深入的调研，将为日后正式启动及市场化推进奠定良好基础。

报告期内，公司汽车配套类的主要产品有轿车保险杠、汽车塑料燃油箱。在保险杠产品方面，主要为一汽集团的一汽一轿车公司、一汽一大众公司进行配套，拥有独家配套权。产品品种包括：捷达A2型、捷达王、红旗世纪星、奥迪、宝来、马自达等车型的保险杠，产品产销率为98%以上，其中：小解放面包车前后保险杠、奥迪A6、红旗世纪星及宝来产品的市场占率为100%。

股本结构/万股

总股本	24 036. 96
流通A股	11 466. 00

年　度　收　益

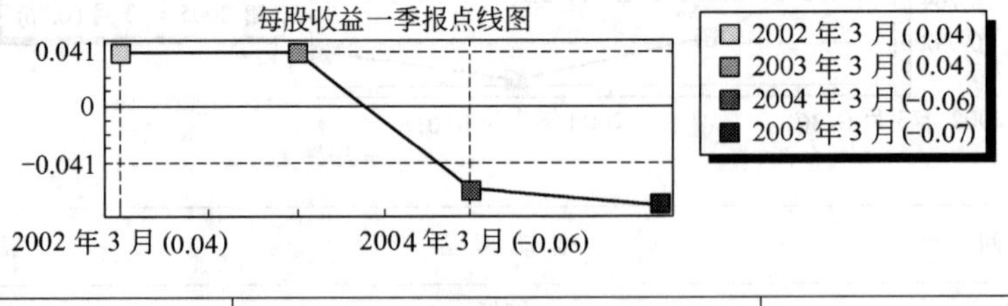

时　　间	变动原因	每股收益/元
2004-12-31	年报	－1. 52
2004-09-30	季报	－1. 17

分　红　方　案

年　　度	分红方案(配股方案)
2004年末期	利润不分配不转增
2004年中期	利润不分配不转增

公司名称:珠海中富实业股份有限公司(珠海中富)	证券代码:000659

基 本 情 况

注册地址:广东省珠海市香洲区湾仔镇第一工业区
办公地址:广东省珠海市香洲区湾仔镇第一工业区
公司经营范围:饮料容器制造,瓶坯制造;批发零售;塑料制品、化工原料;制造销售:PET 高级饮料瓶、纸杯、标签、防冒瓶盖、纸箱、非织造布等;代客灌装饮料业务
法人代表:黄乐夫
所在地区:珠海市
邮编:519030
E-mail:zfzjb@zhongfu.com.cn
主页地址:http://www.zhongfu.com.cn
区号:0756
电话:8821350
传真:8812870,8821103
注册资本:68 829.56 万元

珠海中富实业股份有限公司(以下简称“本公司”)前身为珠海市香洲区中富瓶厂,1990 年 1 月经珠海市体改委(1990 年)04 号文批准,改制为珠海经济特区中富实业股份有限公司,并于 1996 年 12 月 3 日经中国证券监督管理委员会批准在深圳证券交易所正式挂牌上市,1999 年 5 月更名为“珠海中富实业股份有限公司”。

2004 年石油平均价格较高,作为公司产品主要原料的 PET 聚酯切片的整体价格也较高。在董事会的领导下,公司经营班子努力提高设备开工率,搞好生产销售,开拓新客户,控制成本节约开支,将原料价格较高的影响尽可能降低。

本年度公司向上下游延伸发展战略初见成效,PET 原料生产和饮料代灌装业务发展良好;海外投资步入良性发展阶段,带动了相关产品的出口。内部管理方面严格执行增收节支的措施,降低成本费用,增强产品的价格竞争力。配股募集资金投资的项目陆续投产,收购大股东吹瓶厂项目增加了收入,广汉(中富)化工实业有限公司、中富(曼谷)有限公司、珠海聚酯啤酒瓶有限公司等项目投产,促进了公司整体业务的发展。

2004 年,公司实现主营业务收入 1 636 650 055.22 元,比上年增加 20.38%,实现主营业务利润 398 491 767.93 元,比上年增加 38.26%,实现净利润 122 266 140.48 元,比上年增加 50.07%。

股本结构/万股

总股本	68 829.56
流通 A 股	35 631.96

年 度 收 益

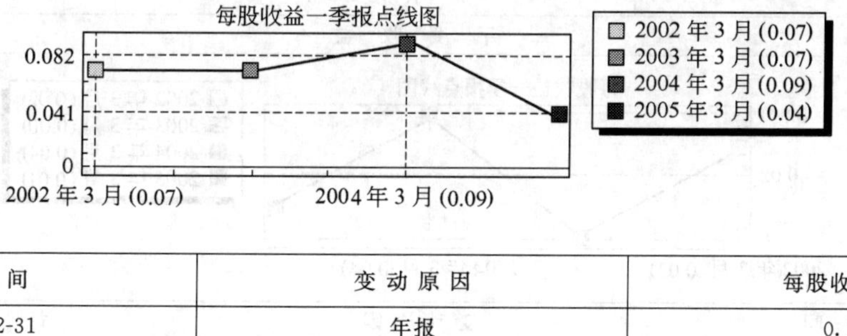

时 间	变动原因	每股收益/元
2004-12-31	年报	0.18
2004-09-30	季报	0.17

分 红 方 案

年 度	分红方案(配股方案)
2004 年末期	每 10 股拟派 0.50 元(含税)
2004 年中期	利润不分配不转增

公司名称:武汉塑料工业集团股份有限公司(武汉塑料)	证券代码:000665

基 本 情 况

注册地址:湖北省武汉市经济技术开发区工业区

办公地址:湖北省武汉市经济技术开发区沌阳大道156号武塑工业园1号楼

公司经营范围:开发、制造、经营汽车零部件、高新科技工程塑料制品及其他塑料制品、塑料化工原辅材料;承接装饰建筑工程业务;汽车客运出租业及汽车维修和管理;国内商业物资供销、仓储;组织三产业投资业务;塑料材料及制品的检测;科技、经济信息咨询;计算机工程设计、施工与维修;人才技术培训服务;自营和代理各类商品和技术的进出口,但国家限定公司经营或禁止进出口的商品和技术除外

法人代表:刘文彦

所在地区:武汉市

邮编:430056

E-mail:wushuoxx@public. wh. hb. cn;sun4403@sohu. com;wanglin@whsloa. com

主页地址:http://www. wuhanplas. com. cn

电话:027-59405215

传真:027-59405210

注册资本:14 096.948 8万元

武汉塑料工业集团股份有限公司(简称“武塑集团”)成立于1988年12月10日。公司A股于1996年12月10日在深交所挂牌交易。

2004年,公司仍然面临主机厂大幅度持续降价、塑料原材料价格上升以及供应商间相互压价让利等严峻考验,按照年初制定的战略目标,集团公司逐渐调动全部资源汇聚到制造业上。商贸服务业加强管理,大力降低各种费用,压缩贸易业务,从组织结构、人才配置、资金调拨以及工作重心等各方面向制造业倾斜。一方面加强力量进行新项目拓展:亚普公司塑料燃油箱多层共挤复合技术改造项目已顺利通过市经委、市财政等相关部门的验收。T11(标致206)前后保险杠项目于2004年4月正式签署,目前已完成投资1200万元左右,项目已进入国内、外后保模具的EPP开发,国内小件寻求供应商的阶段。武汉中誉车门内饰板项目已正式签署,目前已完成投资250万元左右,项目已完成试模,外材料、外协件的开发正在进行中,2005年约可生产出100件产品试装。T53PE发泡降噪项目及T53座椅型条项目均已在9月份开始批量供货,截止报告期已分别生产14 325套及10 000套。捷特公司为神龙公司开发的组合仪表罩正小批量供货,并且已签署法雷奥车灯的开口合同。新材料公司在与长飞中断供货三年后,又重新进入,并且开发新增客户七家。佛吉亚二期厂房项目已全面完成厂房整体架构。这些新项目的实施,为集团下步发展打下了良好的基础。另一方面,以集团的名义与神龙公司联系沟通,在确保了原有市场份额的基础上,新增神龙新产品开发82种。但是,由于受神龙主机厂生产压缩等原因影响,公司2004年供货量仍有所下降。

2004年度,公司实现主营业务收入24 287万元,较上年同期下降54.43%;实现主营业务利润4 048万元,较上年同期下降37.43%;实现净利润292万元,较上年同期增长102.12%;产生经营性净现金流量3 811万元,较上年同期增长140.03%。

股本结构/万股

总股本	14 096.95	12 942.78
流通A股	5 001.38	

年 度 收 益

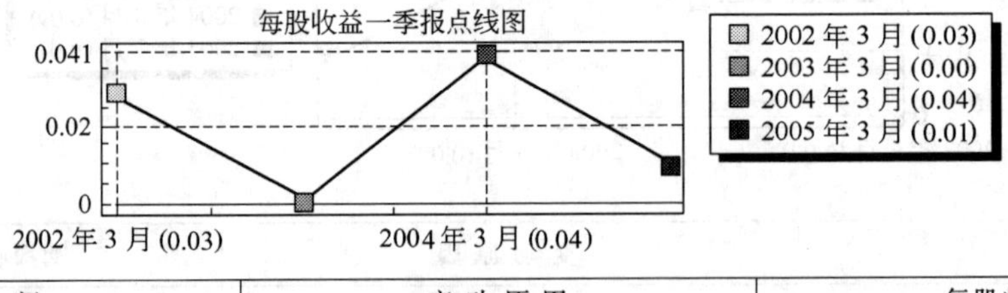

时　　间	变动原因	每股收益/元
2004-12-31	年报	0.02
2004-09-30	季报	0.02

分 红 方 案

年　　度	分红方案(配股方案)
2004年末期	利润不分配不转增
2004年中期	利润不分配不转增

公司名称:沈阳化工股份有限公司(沈阳化工)	证券代码:000698

基 本 情 况

注册地址:辽宁省沈阳市经济技术开发区沈大路888号

办公地址:辽宁省沈阳市铁西区卫工北街46号

公司经营范围:化工产品、化工设备、压力容器、润滑油、PVC手套研制、开发、设计、制造;汽车客货运输;化工技术转让、液氯钢瓶出租;承包境外化工行业及境内国际招标工程;上述境外工程所需的设备、材料出口;对外派遣实施上述境外工程所需的劳务人员;咨询服务;(建筑工程安装、设计、施工子公司持证经营);经营本企业自产产品及相关技术的出口业务;经营本企业生产科研所需的原辅材料、机械设备、仪器仪表及相关技术出口业务;经营加工和"三来一补"业务

法人代表:王大壮

所在地区:沈阳市

邮编:110026

E-mail:ss000698@126.com

主页地址:http://www.sychem.com

电话:024-25553506

传真:024-25553060

注册资本:42 240.656万元

沈阳化工股份有限公司(以下简称"本公司")是1992年经沈阳市经济体制改革委员会以沈体改委(1992)34号文批准,以沈阳化工厂为基础改组设立的股份制企业。于1997年2月20日在深圳证券交易所挂牌交易。

公司主要经营范围为氯碱化工产品、石油化工产品等。

2004年,在宏观经济的拉动下,化工产品市场持续走强。面对新一轮化工上升周期,预事早、谋事远、行事快,靠市场拉动,靠调整推动,靠改造带动,靠管理驱动,靠改革调动,靠员工互动,消化了主要原料原油、电石、原盐及能源价格大幅上涨因素,克服部分铁路槽车报废、汽车限载等诸多困难,圆满地完成了各项工作任务和目标,并创造了主要经济指标、主导产品产销量的历史新记录。公司董事会确立的氯碱化工与石油化工相结合,做大做强主业的可持续发展战略方针取得了良好的开端。

2004年主要产品生产情况:烧碱产量157 299吨,同比增长4.2%;糊树脂产量56 722吨,同比增长45.1%;气相法白炭黑产量1 055吨,同比增长24.0%;加工原油61.9万吨,同比增长4.4%;加工活络模616套,同比增长29.7%。

2004年实现主营业务收入31.6亿元,比上年增长27.5%;利润总额9 126万元,比上年增长36.2%,净利润4 537万元,比上年增长7.7%。

股本结构/万股

股本结构/万股	
总股本	42 240.66
流通A股	18 720.00

年 度 收 益

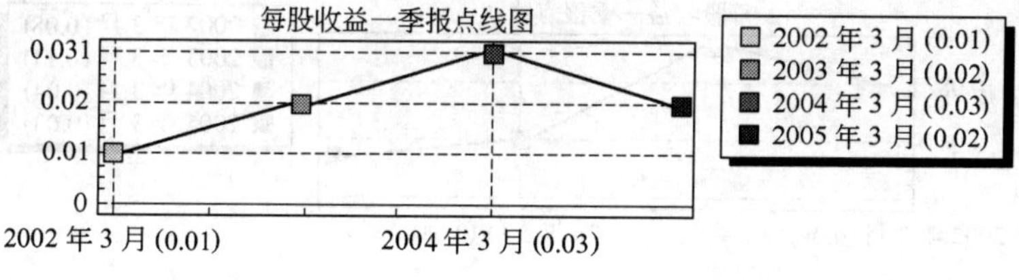

时 间	变动原因	每股收益/元
2004-12-31	年报	0.11
2004-09-30	季报	0.11

分 红 方 案

年 度	分红方案(配股方案)
2004年末期	每10股拟派0.50元(含税)
2004年中期	利润不分配不转增

公司名称：江南模塑科技股份有限公司(模塑科技)	证券代码：000700

基　本　情　况

注册地址：江苏省江阴市周庄镇长青路8号

办公地址：江苏省江阴市周庄镇长青路8号

公司经营范围：汽车零部件、塑料制品、模具、塑钢门窗、模塑高科技产品的开发、研制、销售及技术咨询服务、投资，油漆喷涂，机械制造、加工，火力发电、供热，城市基础设施及公用事业建设、房地产开发，国内贸易(国家有关专项规定的办理审批手续或经营)，经营本企业自产产品及技术的出口业务；经营本企业生产、科研所需的原辅材料、仪器仪表、机械设备、零配件及技术的进口业务(国家限定公司经营和国家禁止进出口的商品及技术除外)；经营进料加工和"三来一补"业务

法人代表：陶　炜

所在地区：江阴市

邮编：214423

E-mail：jnms@public1. wx. js. cn

主页地址：http：//www. 000700. com

电话：0510-6242802

传真：0510-6242818

注册资本：30 904. 36 万元

江南模塑科技股份有限公司(以下简称"本公司")是经江阴市人民政府澄政复(1988)37号文批复由江阴钢厂改组设立的股份有限公司，经中国人民银行无锡分行批准，本公司曾向社会公开发行股票500万元。公司股票于1997年2月28日在深圳证券交易所正式挂牌上市交易。

2004年国家的宏观调控政策，原材料的涨价等因素，2004年成为汽车业继2002、2003年"井喷"后的调整年，国内汽车竞争日趋激烈，整车价格整体下降，给汽车零部件带来一定影响，随着2005年汽车关税进一步降低和配额取消、油价高启，对汽车业仍将产生较大冲击。

公司面对种种不利因素，积极应对挑战，适时调整产品结构。2004年公司实现主营业务收入56 942.75万元，净利润达5 844.59万元。公司加大科技创新和新产品开发力度，报告期内，公司新产品：塞纳轿车彩色保险杠、华晨金杯阁瑞斯仪表板、别克凯越外饰件总成分别获得《高新技术产品认定证书》。

公司主营业务的范围：汽车零部件、塑料制品、模具、塑钢门窗、模塑高科技产品的开发、研制、销售及技术咨询服务、实业投资，油漆喷涂，机械制造、加工，火力发电、供热，城市基础设施及公用事业建设，房地产开发，国内贸易等业务。

股本结构/万股

总股本	30 904. 36
流通A股	13 705. 75

年　度　收　益

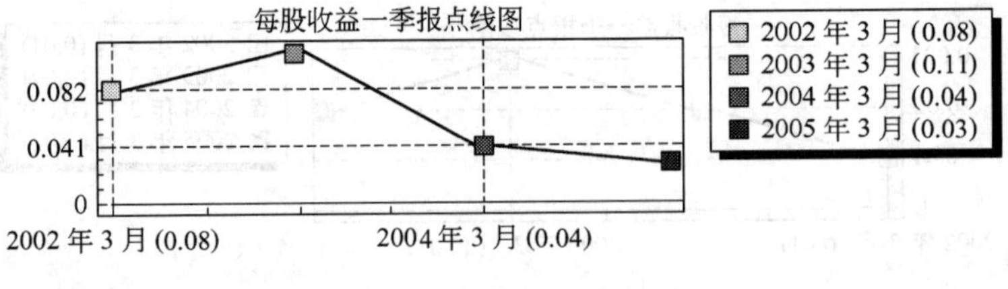

时　　间	变动原因	每股收益/元
2004-12-31	年报	0. 19
2004-09-30	季报	0. 15

分　红　方　案

年　　度	分红方案(配股方案)
2004年末期	每10股拟派1. 80元(含税)
2004年中期	利润不分配不转增

公司名称:北京化二股份有限公司(北京化二)	证券代码:000728

基 本 情 况

注册地址:北京市朝阳区酒仙桥路乙21号
办公地址:北京市朝阳区大郊亭
公司经营范围:加工、制造聚氯乙烯、氯醋共聚物、烧碱(液体、固体)、盐酸、次氯酸钠、液氯、聚氯乙烯制品、二氯乙烷、氯乙烯;机械电器设备(不含汽车)租赁;销售化工产品、化工设备;加工通用零部件;修理泵、钢瓶;技术服务、技术咨询、技术转让;出口本企业自产的化工产品;进口本企业生产、科研所需的原辅材料、机械设备、仪器仪表及零配件
法人代表:吕常钦
所在地区:北京市
邮编:100022
E-mail:huaer@public3. bat. net. cn;lichongh@263. net
电话:010-67758106
传真:010-67781459
注册资本:34 521万元

北京化二股份有限公司(以下简称"本公司")是经北京市人民政府京证函[1997]26号文批准,由北京化学工业集团独家发起,以募集方式设立的股份有限公司。于1997年5月22日在深圳证券交易所上网定价发行。

报告期内,在公司所处行业景气度上升、主导产品市场需求旺盛的拉动下,公司紧紧抓住有利时机,围绕创出新水平、实现新突破的年度目标,坚持不懈地努力,主要经济指标创出公司历史最好水平,实现了新的突破。其中主营业务收入完成133 825万元,主营业务利润完成23 090万元,净利润完成10 189万元,分别比去年同期增长28%、54%、118%。

1. 调整产品结构,扩大市场份额,努力增产,提高效益

2004年公司充分抓住聚氯乙烯畅销、原材料供应充足以及年内不安排大修的有利时机,积极组织生产,强化设备管理,主要生产装置实现了"安稳长满优"的运行,使产品产量保持了稳步增长,聚氯乙烯的产量首次突破年设计能力,经济效益大幅度提升,多项指标创公司历史最好水平。

公司坚持以技术创新为手段,加快新产品开发步伐,2004年公司成功开发了医用悬浮法聚氯乙烯树脂和微粒烧碱,并投入了批量生产。

2004年公司紧紧抓住聚氯乙烯价格处于历史较高价位的有利时机,坚持"紧贴市场、全产全销、卖出当期最好价"的销售策略,全力以赴地组织好产品销售工作,切实把机遇转化为效益,实现了产销率100%,回款率100%,圆满完成了年度销售任务。

2. 强化管理

2004年公司管理工作进一步得到加强。一是狠抓设备基础管理工作,建立健全设备维护检修、定期巡视的基础台账,深入开展现场达标工作,不断提高设备的综合管理水平和完好率,为实现"安稳长满优"生产提供了重要保证。二是强化基础工作,以制度化建设为重点完善各项规章制度,抓好基础工作;以加大环境整治为重点抓好基层建设工作;以岗位技能培训和第二技能培训为重点抓好职工的基本功训练。通过强化基础工作提高了企业的管理水平。三是公司按照ERP管理理念,进行了机构整合,成立供应中心,实现了集中采购,统一储备;将各装置的中控分析并入质检中心实行统一管理,进一步优化了资源配置,强化专业管理,从而提高了工作效率。

3. 保持质量优势

2004年公司的聚氯乙烯和烧碱继续被评为北京市名牌产品。

公司高度重视安全与环保工作,做到了安全生产和环保达标。2004年9月公司顺利通过了HSE管理体系(安全、环境与健康)认证审核,同时还通过了GB/T 28001职业安全管理体系认证审核,以及ISO 14001环境管理体系认证监督审核;10月通过了ISO 9001质量管理体系认证监督审核。

4. 成本管理控制见成效

面对原材料及能源的大幅度涨价,公司制定了多项降本减费的措施,降低生产成本及消耗,并通过增产降低了生产成本,提高了经济效益。

股本结构/万股

总股本	34 521.00
流通A股	10 400.00

年 度 收 益

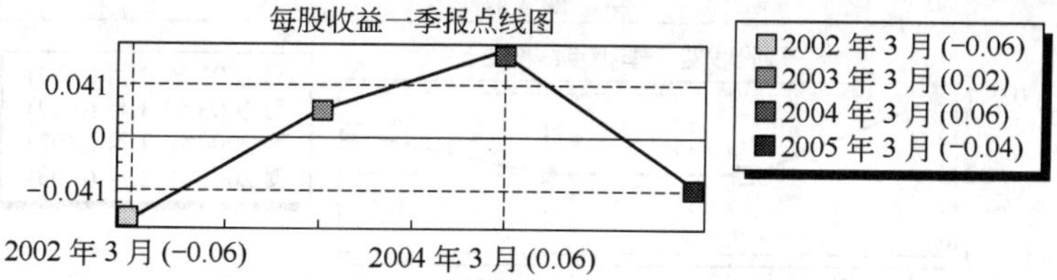

时 间	变动原因	每股收益/元
2004-12-31	年报	0.30
2004-09-30	季报	0.23

分 红 方 案

年 度	分红方案(配股方案)
2004年末期	利润不分配不转增
2004年中期	利润不分配不转增

公司名称：北新集团建材股份有限公司（北新建材）	证券代码：000786

基　本　情　况

注册地址：北京市海淀区三里河路甲 11 号
办公地址：北京市海淀区三里河路甲 11 号中国建材大厦 16 层
公司经营范围：经营本企业自产产品及相关技术的出口业务；经营本企业生产、科研所需的原辅材料、机械设备、仪器仪表、零配件及相关技术的进口业务；经营本企业的进料加工和“三来一补”业务；本企业依法开展经营活动，法律、法规禁止的，不经营；需要前置审批的经营项目，报审批机关批准，并经工商行政管理机关核准注册后，方开展经营活动；不属于前置审批项目，法律、法规规定需要专项审批的，经工商行政管理机关登记注册，并经审批机关批准后，方开展经营活动；其他经营项目本企业领取《营业执照》后自主选择经营，开展经营活动
法人代表：曹江林
所在地区：北京市
邮编：100037
E-mail：bnbm@bnbm.com.cn；czl@bnbm.com.cn；lwn@bnbm.com.cn
主页地址：http://www.bnbm.com.cn
电话：010-88082378，88082395
传真 010-88082383
注册资本：57 515 万元

北新集团建材股份有限公司（以下简称“本公司”或“公司”）是于 1997 年 5 月经国家建材工业局以“建材生产发[1997]9 号”文及国家经济体制改革委员会以“体改生[1997]48 号”文批准，由国有独资的北新建材（集团）有限公司独家发起设立的股份有限公司；1997 年 6 月 6 日，公司股票正式在深圳证券交易所挂牌上市。

2004 年，公司围绕“强化主业促发展，拓展市场增业绩，优化流程降成本，持续学习抓创新”的方针开展各项工作。

主要完成以下几方面工作。

（1）强化主业，提高经营质量，增强盈利能力　以石膏板、轻钢龙骨等主产品为龙头，以利润管理为核心，千方百计拓市场、降成本、增业绩。全年石膏板和轻钢龙骨产品年产销量均创历史最高水平。积极采取措施，克服原材料上涨和运输紧张等困难扩大产品销量，石膏板、龙骨合同订单执行量分别比同期增加 15％和 11.5％，保证了主营业务的稳定增长。

（2）按照“点面结合”的发展策略规划和实施投资项目　2004 年，按照“点面结合”的发展策略，本着“三低两高”的项目建设原则，有目标有选择地做好市场开拓计划、原材料供应计划、物流运输计划及岗位人员培训等相关工作，确保建设项目按期投产。

① 建成项目。在山东省枣庄投资建设的年产 3 000 万平方米纸面石膏板生产线项目已于 2004 年 11 月建成试产，该条生产线是目前国内单线产量最大的纸面石膏板生产线。

在河北省下花园投资建设的岩棉生产线搬迁技改项目已于 2004 年 4 月建成投产，通过技术改造，公司岩棉及粒状棉不仅产量大幅增加，质量也显著提高。

在苏州工业园投资建设的年产 2 万吨轻钢龙骨生产线项目已于 2004 年 11 月建成投产。

② 在建项目。在苏州工业园投资建设的年产 180 万平方米自装饰外墙板项目已经完成了设备调试，预计 2005 年 4 月建成试产。

在河北涿州投资建设的年产 5 000 万平方米石膏板项目，目前正在设备安装，预计 2005 年 8 月建成试产，该生产线全套引进了世界上最先进的工艺技术和生产线，生产速度为 92 米/分钟，远远超过目前中国境内所有的石膏板生产线。

（3）紧抓内部管理，确保产品质量　公司生产的纸面石膏板、龙骨、矿棉装饰吸声板、岩棉等十大系列产品在人民大会堂改造工程等十四项重点工程中获得中国建筑装饰装修材料协会和国家建筑材料测试中心授予的“全国建筑装饰获奖工程精品建材定点生产（采购）企业”荣誉称号。龙牌纸面石膏板、轻钢龙骨再次荣获“北京名牌产品”称号；塑钢窗、钢制板式散热器、龙牌漆荣获“北京市质量诚信产品”称号，公司荣获“北京市质量效益型企业”。

（4）精细内部管理，优化各项流程　公司在公司内部管理方面继续推进以流程为基础的规范管理。以权责明确、提高效率、降低成本为目标，力争做到管理程序化、业务流程化。不断优化各项流程，确保各项工作有序进行，并促进企业竞争力的提升。

报告期内，实现主营业务收入为 146 232.95 万元，比上年增长 40.83％；主营业务利润 19 124.74 万元，比上年增长 6％；利润总额 8 731.51 万元，比上年增长 27.31％；净利润 8 662.75 万元，比上年增长 23.32％。

股本结构/万股	
总股本	57 515.00
流通 A 股	22 815.00

年　度　收　益

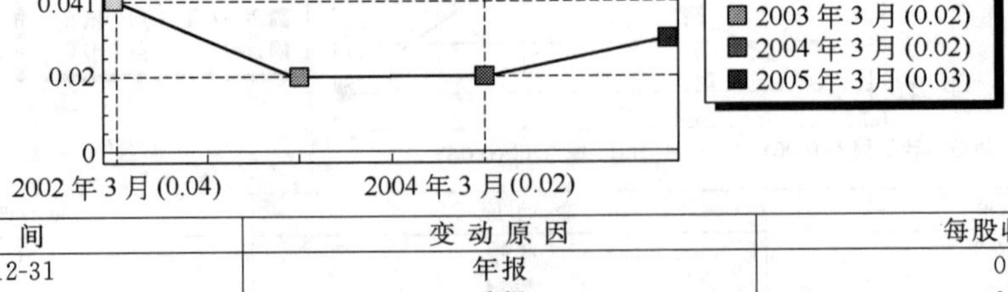

时　　间	变动原因	每股收益/元
2004-12-31	年报	0.15
2004-09-30	季报	0.10

分　红　方　案

年　　度	分红方案（配股方案）
2004 年末期	每 10 股拟派 0.50 元（含税）
2004 年中期	利润不分配不转增

公司名称:安徽国风塑业股份有限公司(国风塑业)	证券代码:000859

基本情况

注册地址:安徽省合肥市国家高新技术产业开发区天智路

办公地址:安徽省合肥市高新技术产业开发区天智路

公司经营范围:塑胶建材及附件、塑料薄膜、其他塑料制品、非金属新型材料及金属制品(不含有色金属)的制造、安装和销售。企业自产产品及相关技术出口(国家限定公司经营或禁止出口商品除外);企业生产、科研所需的原材料、仪器仪表、机械设备、零配件及技术进口(国家限定公司经营或禁止进口的除外)

法人代表:郑忠勋

所在地区:合肥市

邮编:230088

E-mail:guofeng@mail. hf. ah. cn

主页地址:http://www. guofeng. com

电话:0551-5336168

传真:0551-5336777

注册资本:42 048 万元

安徽国风塑业股份有限公司(以下简称"本公司")是经安徽省人民政府皖政秘(1998)95 号文件批准,通过募集设立方式组建的股份有限公司。本公司 1998 年 8 月 27 日向社会公开发行股票,并于 1998 年 9 月 23 日正式成立。1998 年 11 月 19 日"国风塑业"A 股 6 000 万股(其中内部职工股 600 万股)在深圳证券交易所挂牌上市。

报告期内,根据董事会的主营业务规划,对公司的主导产品结构进行了较大幅度的调整。着年产 3.5 万吨 BOPP 项目的顺利投产,我公司 BOPP 的年生产能力达 7.8 万吨,塑料薄膜产品的年生产能力和市场占有率均居行业前列。但由于国际局势的影响等原因,石油价格居高不下,导致塑料原材料价格高位盘桓,主产品毛利率仍处于较低水平。报告期内,公司实现净利润 903.96 万元,较上一报告期的净润略有增加。

股本结构/万股

总股本	42 048.00
流通 A 股	18 720.00

年度收益

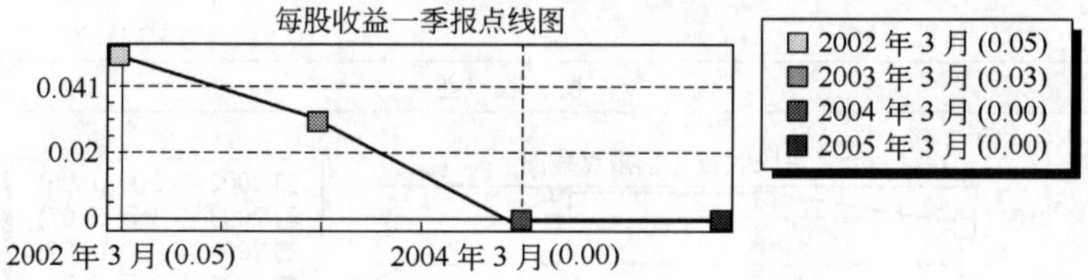

时　　间	变动原因	每股收益/元
2004-12-31	年报	0.02
2004-09-30	季报	0.01

分红方案

年　　度	分红方案(配股方案)
2004 年末期	利润不分配不转增
2004 年中期	利润不分配不转增

公司名称：佛山塑料集团股份有限公司(佛塑股份)	证券代码：000973

基本情况

注册地址：广东省佛山市汾江中路82号
办公地址：广东省佛山市汾江中路82号
公司经营范围：各类高分子和化工新材料、塑料制品、包装及印刷复合制品、热缩材料，工程塑料制品、建筑及装饰材料、电线电缆产品，聚酯切片和化纤制品；塑料机械设备制造、加工及工程设计安装，辐照技术服务，出版物、包装装潢及其他印刷品的设计、印刷；销售化工材料、高分子聚合物及家用电器；对外投资；管理、技术咨询服务；经营本企业自产产品及技术的出口业务，经营本企业生产所需的原辅材料、仪器仪表、机械设备、零配件及技术的进口业务(国家限定公司经营和国家禁止进出口的商品及技术除外)，经营进料加工和“三来一补”业务
法人代表：冯兆征
所在地区：佛山市
邮编：528000
E-mail：dmb@fspg. com. cn
主页地址：http://www. foshan-plastic. com
电话：0757-83988189
传真：0757-83988186
注册资本：40 836.991万元

佛山塑料集团股份有限公司(以下简称“公司”)前身为“佛山市塑料皮革工贸集团股份公司”，于1988年6月根据佛山市政府及广东省有关部门的指示进行股份制探索时设立；于2000年4月向社会公开发行公众股A股9 500万股。

2004年，全球经济继续复苏，带动全球基础生产资料需求旺盛。受国际局势继续动荡不稳，石油输出国组织限产保价等多重因素影响，过去一年内国际原油价格大幅上涨，石油及其下游化工产品供不应求的矛盾日益尖锐。原材料采购、物流运输、燃料等费用的急剧攀升及银行利息费用的明显提高导致公司生产制造成本和相关费用出现大幅度的上升。同时国家宏观经济调控、银行信贷规模收缩等政策的实施致使公司投资及融资工作面临较大的阻力。另外，塑料制品加工行业的经营环境恶劣，行业内前两年的过度投资导致产能急剧扩张，部分产品市场形成价格恶性竞争的局面。受到上述诸多不利因素的影响，公司部分产品盈利空间紧缩，公司的生产经营经受了前所未有的严峻考验。

面对各种困难和挑战，公司董事会坚持“全面创新，把握机遇，迎接挑战，做优做强”的基本思路，以最大限度降低营运成本，提高营运质量作为年度经营目标，通过及时调整营销管理战略，围绕市场领先的经营方针和“差异化”的竞争策略，全方位推动技术研发和创新，加快在建项目及工业园的建设，深化企业管理制度创新等一系列卓有成效的工作，确保公司在原有市场保持不失的基础上，进一步开拓新的市场领域，并最大限度地抑制了盈利水平的下滑。报告期内，公司完成主营业务收入276 584.65万元，同比增长20.75%，净利润6 745.64万元，同比下降42.74%。

报告期内，公司成功将项目投资与佛塑新材料工业园的启动建设有机地结合起来，园内的新材料项目“年产15万吨聚酯切片项目”已于年底顺利试产，“合资生产经营偏光膜项目”即将试产，拟于佛塑新材料工业园内投资兴建的“与英威达公司合作生产氨纶项目”的洽谈工作也进入了最后阶段(2005年2月已正式签约)，工业园作为公司新材料产业基地的效应正日益显现。从而使公司在2004年面对前所未有的严峻形势下，有效促进了产销规模的扩张和产业结构的提升，并为公司今后进一步做优做强奠定了坚实的基础。

股本结构/万股

总股本	40 836.99
流通A股	15 131.70

年度收益

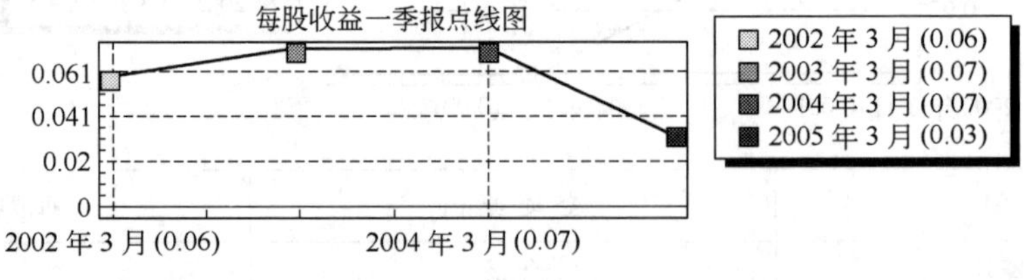

时间	变动原因	每股收益/元
2004-12-31	年报	0.17
2004-09-30	季报	0.17

分红方案

年度	分红方案(配股方案)
2004年末期	每10股拟派1.38元(含税)
2004年中期	利润不分配不转增

三、我国证券市场部分化工行业上市公司情况

公司名称:石家庄炼油化工股份有限公司(石炼化)	证券代码:000783

基本情况

注册地址:河北省石家庄市高新技术产业开发区黄河大道151号

办公地址:河北省石家庄市炼油化工股份有限公司

行业分类:石油加工及炼焦业

公司经营范围:石油加工及产品的销售;石油化工产品的生产销售;建筑材料生产销售;经营本企业自产产品及技术的出口业务和本企业所需的机械设备、零配件、原辅材料及技术的进口业务(国家限定公司经营或禁止进出口的商品及技术除外);销售本企业自产产品、生产自用材料、设备(国家限定产品除外)、自有设备租赁业务;提供电器、仪表、计量、计算机、检验服务(国家限定产品除外)

法人代表:毕建国

邮编:050032

E-mall:tengfg@slhec.com

主页地址:http://www.slhec.com

电话:0311-5161160

传真:5161138,5161234

注册资本:115 444.433 3万元

公司成立时间:1997-07-24

石家庄炼油化工股份有限公司(以下简称"本公司")是经国家体改委体改生[1997]68号文,并经中国证券监督管理委员会以证监发字[1997]375号、376号文批准,于1997年7月24日由石家庄炼油厂独家发起,以募集方式设立,股本总额为72 000万股,其中国有法人股60 000万股,社会公众股12 000万股。经深圳证券交易所深证发[1997]286号《上市通知书》批准,本公司发行的流通股股票于1997年7月31日在深圳证券交易所上市交易。

公司全年加工原油及原料油330万吨,完成销售收入86.89亿元。生产炼油产品301万吨(其中汽、煤、柴油三大类油品231万吨),化工产品4万吨。实现利税6.39亿元,其中:实现利润总额0.81亿元,税金5.58亿元。2004年12月18日河石线管理权顺利移交中国石化,为进一步增加资源奠定了坚实基础。

全年高标号汽油产量31.95万吨,航煤产量11.83万吨,低凝点柴油产量8.55万吨,石脑油16.97万吨。全年自销产品共调价622次,自销产品平均价格为2 840元/吨,同比提高了459元/吨。

股本结构/万股

历史变更时间	1999-12-13	1998-06-19	1998-02-10	1997-07-31
变动原因	配股上市	送转股	内部职工股上市	新股上市
总股本	115 444.43	108 000.00	72 000.00	72 000.00
流通A股	23 400.00	18 000.00	12 000.00	10 800.00

年度收益

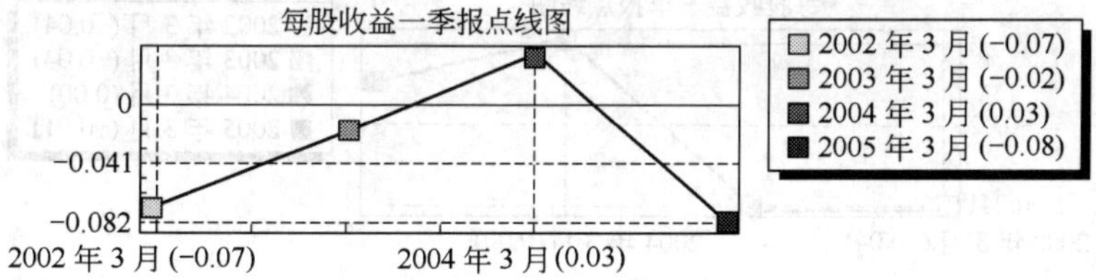

时间	变动原因	每股收益/元
2004-12-31	年报	0.01
2004-09-30	季报	−0.02

分红方案

年度	分红方案(配股方案)
2004年末期	利润不分配不转增
2004年中期	利润不分配不转增

公司名称：西北永新化工股份有限公司（ST 化工）	证券代码：000791

基 本 情 况

注册地址：甘肃省兰州市东岗东路 1475 号

办公地址：甘肃省兰州市东岗东路 1475 号

行业分类：化学原料及化学制品制造业

公司经营范围：油漆、涂料、化工原料及产品、化工机械的研制、开发、生产及相关技术的出口业务；经营本企业生产、科研所需原辅材料、机械设备、仪器仪表、零配件及相关技术进口业务；本企业进料加工和“三来一补”业务；以及医药业务和房地产开发业务

法人代表：魏其新

邮编：730020

E-mall：yongxin@public. lz. gs. cn；xbhgwzz@sina. com

主页地址：http：//www. yongxin. net

电话：0931-4862482

传真：0931-8497112

注册资本：18 900 万元

公司成立时间：1997-09-23

西北永新化工股份有限公司（以下简称“本公司”）是由西北油漆厂独家发起，部分改制，采用募集设立方式设立的股份有限公司。公司以油漆、涂料、化工合成纸、化工原料和化工机械的研制、开发生产、批发零售、信息咨询服务为主营业务。公司油漆生产能力 5 万吨，产品 17 个大类 400 多个品种，近 2 000 个花色。公司 1997 年 8 月 29 日向社会公众公开发行 4 500 万股人民币普通股，并于 1997 年 9 月 23 日在甘肃省工商行政管理局登记注册，注册号：6200001050994，公司法定代表人：杨德茂，注册地址：甘肃省兰州市东岗东路 1205 号。1997 年 10 月 14 经中国证券监督管理委员会批准，公司股票在深圳证券交易所上市交易，股票简称“西北化工”，公司股票交易代码：000791。

2004 年度，虽然受原材料价格大幅上涨因素的影响，母公司的采购成本升高，但主营的油漆涂料产品销售仍然有所好转，全年生产油漆 9 701 吨，比上年增长 5.7%，全年实现销售收入 8 628 万元，比去年同期增长 2.6%；药业完成了 GMP 改造，销售网络已初步建立，全年实现收入 315 万元；颜料加大技术改进力度，开拓销售渠道，全年实现销售收入 1 971 万元。

股本结构/万股

历史变更时间	1998-08-07	1998-04-15	1997-10-14
变动原因	送转股	内部职工股上市	新股上市
总股本	18 900.00	10 600.00	10 600.00
流通 A 股	7 920.00	4 500.00	4 050.00

年 度 收 益

每股收益一季报点线图

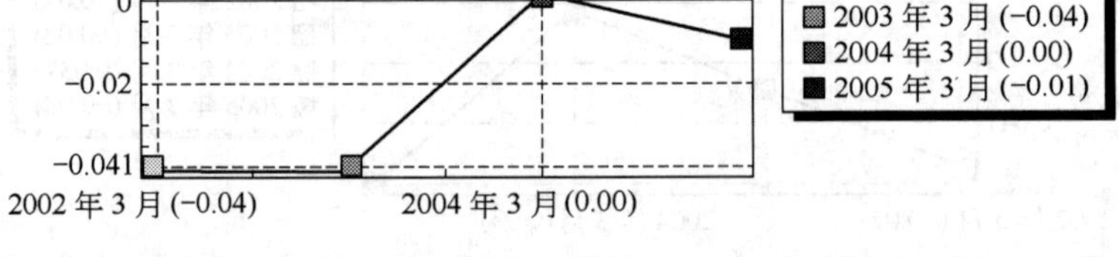

时 间	变动原因	每股收益/元
2004-12-31	年报	—0.63
2004-09-30	季报	0.01

分 红 方 案

年 度	分红方案（配股方案）
2004 年末期	利润不分配不转增
2004 年中期	利润不分配不转增

公司名称:山东鲁西化工股份有限公司(鲁西化工)	证券代码:000830

基 本 情 况

注册地址:山东省聊城市鲁化路 68 号

办公地址:山东省聊城市鲁化路 68 号

行业分类:化学原料及化学制品制造业

公司经营范围:尿素、碳酸氢铵化肥的生产及本公司产品销售、合成氨、复合肥、盐酸、硫酸、复混肥、氨水、炉渣砖的生产、销售;批准范围内的电量上网销售;经营本公司自产产品及技术的出口业务(国家统一联合经营的商品除外);经营本公司生产、科研所需的原辅材料、仪器仪表、机械设备、零配件及技术的进口业务(国家实行核定公司经营的进口商品除外);经营本公司的进料加工和“三来一补”业务

法人代表:张金成

工商登记号码:3700001801062

所在地区:聊城市

邮编:252000

E-mall:lclxhg@public. lcptt. sd. cn;lxhg@lc-public. sd. cninfo. net;taodu@public. lcptt. sd. cn

主页地址:http://www. luxichemical. com

电话:0635-8332286,8334366

传真:0635-8334366

注册资本:31 201.281 9 万元

公司成立时间:1998-06-11

山东鲁西化工股份有限公司(以下简称“公司”)是经中国证监会证监发字[1998]126 号、证监发字[1998]127 号文批准,由山东聊城鲁西化工集团有限责任公司(原山东聊城鲁西化工集团总公司)作为发起人,以其生产尿素、碳酸氢铵产品的鲁西化肥厂、东阿化肥厂两个企业的部分生产经营性资产投入公司,采取募集方式设立的股份公司,公司于 1998 年 5 月 25 日公开发行人民币 A 种股票 5 000 万股,发行后总股本为 20 000 万股。

公司全年实现主营业务收入 285 528.83 万元,同比增长 42.11%,主营业务利润 34 415.11 万元,同比增长 25.04%,实现净利润 11 778.58 万元,同比增长 47.76%。

股本结构/万股

历史变更时间	2004-05-25	2003-03-28	2000-10-17	2000-10-09
变动原因	转增	合并	转增	配股上市
总股本	31 201.28	26 001.07	24 911.00	21 590.00
流通 A 股	9 000.00	7 500.00	7 500.00	6 500.00

年 度 收 益

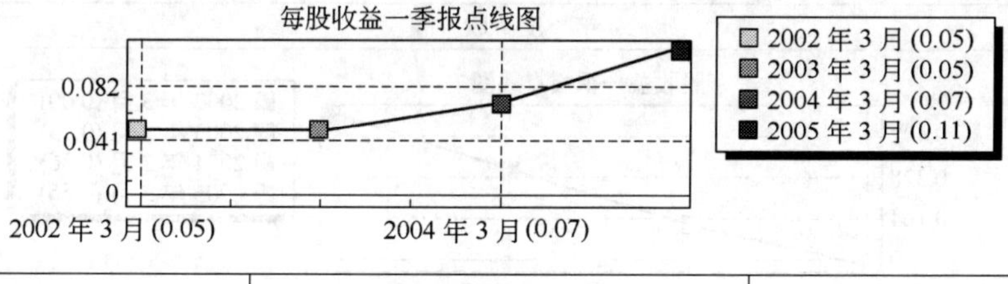

时 间	变 动 原 因	每股收益/元
2004-12-31	年报	0.38
2004-09-30	季报	0.20

分 红 方 案

年 度	分红方案(配股方案)
2004 年末期	每 10 股转增 3.00 股,派 0.800 0 元
2004 年中期	利润不分配不转增

公司名称：中国石化扬子石油化工股份有限公司（扬子石化）	证券代码：000866

基本情况

注册地址：江苏省南京市高新技术产业开发区学府路1号
办公地址：江苏省南京市六合区沿江开发区新华路777号
行业分类：石油加工及炼焦业
公司经营范围：原油加工；石油制品、化学原料、化学制品、化学纤维、燃料、设备的加工、制造、安装及其销售；化工技术服务；工程建筑的设计、承包、监理、咨询；仓储运输、采购服务；设备的检测、维护和修理服务；提供劳务，以及公司经营业务有关的其他业务（凡涉及国家专控商品及专向审批项目的，凭许可证在有效期内经营；公司下设分支机构经营范围中凡涉及专项管理项目的，由取得许可证的分支机构经营）
法人代表：戴厚良
工商登记号码：320911000124
所在地区：南京市
邮编：210061
E-mall：dms@ypc. com. cn
主页地址：http://www. ypc. com. cn
电话：025-57787739，57787735
传真：025-57787755
注册资本：233 000 万元
公司成立时间：1998-04-24

中国石化集团是国家授权投资机构和国家控股公司，主要经营石油及天然气勘探和开采、炼油及石化生产、石油及石化产品的营销及分销、石油产品的进出口业务，以及其他相关业务。中国石化集团成立于1998年7月，其前身为成立于1983年的大型国有企业——中国石油化工总公司。2000年，中国石化集团通过重组，将其石油石化的主营业务投入中国石化。

2004年，公司牢牢抓住"石化行业处于新一轮景气周期上升阶段、石化产品需求强劲、市场环境总体有利"的大好机遇，化解国际原油价格不断攀升、石化产品市场波动起伏的风险，坚持"保安全、保市场、保稳定、增效益"的原则，加大优化和调整力度，努力扩大资源，全力做大总量，强化各项管理，灵活应对市场变化，大力拓展市场，取得了公司成立以来生产经营总量最大，加工负荷和产量最高，技术经济指标和财务状况全面趋好，经济效益大幅提高的优异业绩，实现了历史性突破。

原料加工量和产品产量全面刷新历史记录。全年投入原料总量772.03万吨，同比增长5.45%，其中：加工原油638.48万吨（管输原油223.41万吨、进口原油415.07万吨），同比增加2.01%。全年生产"三烯（乙烯、丙烯、丁二烯）"132.59万吨，同比增长6.37%，其中：乙烯81.25万吨，同比增长6.17%；"三苯（苯、对二甲苯、邻二甲苯）"111.27万吨，同比增长1.58%；聚酯原料（PTA、乙二醇）90.68万吨，同比增长0.40%；塑料（聚乙烯、聚丙烯）93.13万吨，同比增长11.65%。全年产出商品658.86万吨，同比增长7.54%。

全年综合投入产出率为84.86%，比上年提高0.65个百分点，其中主产品产出率为64.70%，比上年提高0.93个百分点。实现销售收入31 773 578千元，同比增长44.39%；实现利润5 565 383千元，同比增长235.72%；净利润4 678 597千元，同比增长181.83%。整体财务状况进一步优化。2004年末公司总资产额达16 448 586千元，同比增加23.03%，负债总额同比减少16.17%，股东权益同比增加53.66%，资产负债率由本报告期初的43.88%下降为期末的29.90%，下降了13.98个百分点。

股本结构/万股

历史变更时间	1998-11-12	1998-05-12
变动原因	内部职工股上市	新股上市
总股本	233 000.00	233 000.00
流通A股	35 000.00	31 500.00

年度收益

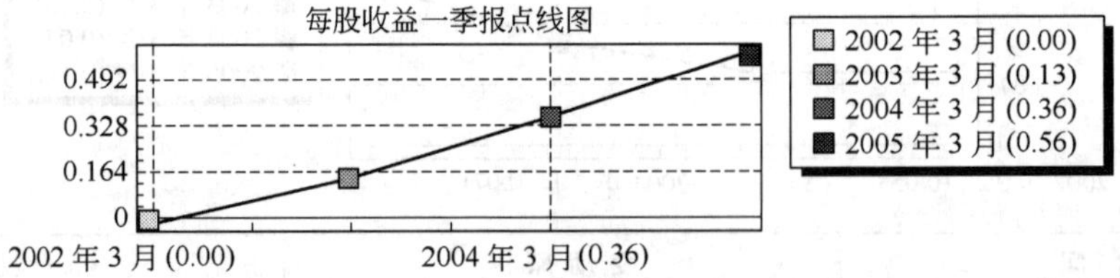

时间	变动原因	每股收益/元
2004-12-31	年报	2.01
2004-09-30	季报	1.28

分红方案

年度	分红方案（配股方案）
2004年末期	每10股拟派4.00元（含税）
2004年中期	利润不分配不转增

公司名称:中国石化齐鲁股份有限公司(齐鲁石化)	证券代码:600002

基本情况

公司名称(英):SINOPEC QILU COMPANY LTD.
注册地址:山东省淄博市高新技术产业开发区
办公地址:山东省淄博市高新技术产业开发区
行业分类:石油加工及炼焦业
公司经营范围:石油化工产品及无机化工产品的生产、加工、销售、仓储、运输及科研开发和综合技术服务
法人代表:张瑞生
工商登记号码:1000001002901
所在地区:淄博市
邮编:255086
E-mall:lifan@qilu. com. cn;baoweisong@163. net;qlsh600002@126. com
主页地址:http://www. qilu. com. cn
电话:0533-3583728,7512530
传真:0533-3583718
注册资本:195 000 万元
公司成立时间:1997-09-25

中国石化齐鲁股份有限公司(以下简称“本公司”)是由原中国石油化工集团齐鲁石油化工公司经中国石油化工总公司[1997]资字465号文和国家体改委体改生[1997]198号文批准独家发起及组建的以募集方式设立的股份有限公司,中国石油化工集团齐鲁石油化工公司将下属的烯烃厂、塑料厂、氯碱厂、树脂加工应用研究所等经评估确认后的资产负债投入本公司。上述资产负债经北京国友大正资产评估事务所进行了资产评估,经国家国有资产管理局审核以国资评[1997]1159号文确认,经评估确认的净资产为人民币243 519万元,以65.70%折股率,折成国有法人股16亿股,每股面值人民币1.00元。本公司于1998年3月18日经国家工商管理局注册登记正式设立,注册资本人民币19.5亿元,于1998年4月8日在上海证券交易所挂牌上市,向社会公众发行35 000万股人民币普通股,每股面值人民币1.00元。本次发行后本公司国有法人股占82.05%,社会公众股占17.95%。本公司于1998年6月以上市募集的资金收购了中国石油化工集团齐鲁石油化工公司下属的橡胶厂和供排水厂。2000年2月28日,经国家经济贸易委员会企改(2000)144号文件及国家财政部财管字(2000)34号文件批准,中国石油化工集团齐鲁石油化工公司(中国石油化工集团全资拥有的国有企业)将其所持有本公司的16亿股股份(占总股本的82.05%)全部转由中国石油化工集团公司持有。中国石油化工集团经国家经济贸易委员会企改(2000)154号文件批准,作为独家发起人,在资产重组的基础上设立中国石油化工股份有限公司,将其持有的本公司的股份作为上述资产重组的一部分,注入中国石油化工股份有限公司。中国石油化工股份有限公司成为本公司的控股母公司。2001年9月7日,本公司名称由齐鲁石油化工股份有限公司更名为中国石化齐鲁股份有限公司。

2004年,公司重点组织了乙烯二轮技术改造工程,全年生产乙烯45.65万吨、合成树脂59.67万吨、合成橡胶16.32万吨、烧碱24.1万吨;分别比2003年减少10.65万吨、16.27万吨、3.09万吨和1.8万吨。全年实现利润总额133 344万元,净利润128 959万元,比2003年净利润63 043万元增加65 916万元。主要原因分析如下:

① 主要产品价格同比大幅上升,销售收入增加,增利182 030万元。
② 主要原材料、动力价格同比上升,成本增加,减利72 036万元。
③ 产品销售数量受改造影响减少,减利23 657万元。
④ 改造停工83天,减利19 318万元。
⑤ 提取存货跌价准备等,减利3 737万元。
⑥ 所得税实际税负因国产设备投资抵免下降,增利2 634万元。

股本结构/万股

历史变更时间	1998-10-08	1998-04-08
变动原因	内部职工股上市	新股上市
总股本	195 000.00	195 000.00
流通A股	35 000.00	31 500.00

年度收益

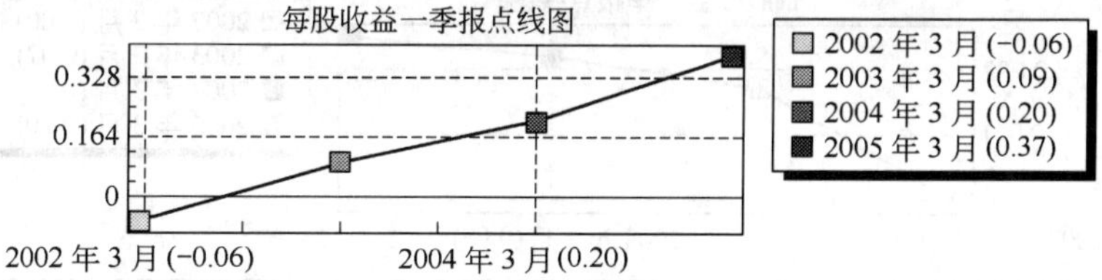

时间	变动原因	每股收益/元
2004-12-31	年报	0.66
2004-09-30	季报	0.36

分红方案

年度	分红方案(配股方案)
2004年末期	每10股拟派1.80元(含税)
2004年中期	利润不分配不转增

公司名称：中国石油化工股份有限公司（中国石化）	证券代码：600028

基　本　情　况

办公地址：北京市朝阳区惠新东街甲6号
行业分类：石油和天然气开采业
公司经营范围：石油、天然气勘探、开采、销售；石油、天然气管道运输；石油炼制，石油化工、化纤及其他化工产品的生产、销售、储运；成品油及其他石油产品的批发、零售、储运，便利店经营；电力生产，机器制造、安装；原材料、煤炭、汽车、设备及其零部件的采购、销售，设备监造；技术及信息的研究、开发、应用；进出口业务，技术和劳务输出
法人代表：陈同海
工商登记号码：1000001003298(10-10)
所在地区：北京市
邮编：100029
E-mall：ir@sinopec.com；media@sinopec.com
主页地址：http://www.sinopec.com
电话：010-64990060
传真：010-64990022
注册资本：8 670 243.9 万元
公司成立时间：2000-02-25

中国石油化工股份有限公司（[本公司]）是于2000年2月15日成立的股份有限公司。根据国务院对《中国石油化工集团公司关于整体重组改制初步方案》（[重组方案]）的批复，中国石油化工集团公司（[中国石化集团公司]）独家发起成立本公司，以与其核心业务相关的1999年9月30日的资产及负债投入本公司。上述资产及负债经中联资产评估事务所、北京市中正评估公司、中咨资产评估事务所及中发国际资产评估公司（[评估事务所]）联合进行了资产评估，评估净资产为人民币98 249 084千元。此评估项目经财政部审核并以财政部财评字[2000]20号文《关于中国石油化工集团公司组建股份有限公司资产评估项目审核意见的函》确认此评估项目的合规性。又经财政部财管字[2000]34号文《关于中国石油化工股份有限公司（筹）国有股权管理问题的批复》批准，中国石化集团公司投入本公司的上述净资产按70%的比例折为股本68 800 000千股，每股面值人民币1.00元。国家经济贸易委员会于2000年2月21日以国经贸企改[2000]154号文《关于同意设立中国石油化工股份有限公司的批复》批准了本公司关于设立股份有限公司的申请。本公司成立后接管了中国石化集团公司的勘探及石油和天然气开采、炼油、化工和相关产品销售业务。根据于2001年8月24日举行的临时股东大会，本公司决议收购中国石化集团新星石油有限公司（[中国石化新星]）所有权益，作价人民币64.5亿元。根据于2003年10月28日举行的董事会会议，本公司决议收购中国石化集团茂名石油化工公司持有的38万吨乙烯生产装置及其下游装置的主营资产及相关的负债（[茂名乙烯资产]），作价人民币33亿元。根据于2003年12月29日举行的董事会会议，本公司决议收购中国石化集团公司全资拥有的塔河石化和西安石化的全部经营性资产和负债（[炼油资产]），作价分别为人民币1.4亿元及人民币2.2亿元。

据统计，2004年上半年国内成品油（包括汽油、柴油和煤油）表观消费量较去年同期增长24.6%，石化产品（以乙烯计）表观消费量较去年同期增长15.59%。

按中国会计准则及制度，该公司2004年上半年实现主营业务收入人民币2 657.1亿元，与2003年上半年相比（[同比]）增长36.4%；净利润人民币150.4亿元，同比增长54.0%；按期末已发行股数计算的每股盈利为人民币0.17元。按国际财务报告准则，该公司2004年上半年实现营业额及其他经营收入人民币2 754.4亿元，同比增长34.1%；股东应占利润人民币161.5亿元，同比增长50.6%；按期末已发行股数计算的每股盈利为人民币0.19元。

董事会决定派发2004年上半年度股息每股人民币0.04元，相当于每份美国存托股份人民币4.00元。

股本结构/万股

历史变更时间	2002-04-08	2001-12-10	2001-11-08	2001-08-08
变动原因	战略投资者配售上市	一般法人配售上市	一般法人配售上市	新股上市
总股本	8 670 243.90	8 670 243.90	8 670 243.90	8 670 243.90
流通A股	280 000.00	223 000.00	168 115.33	154 000.00

年　度　收　益

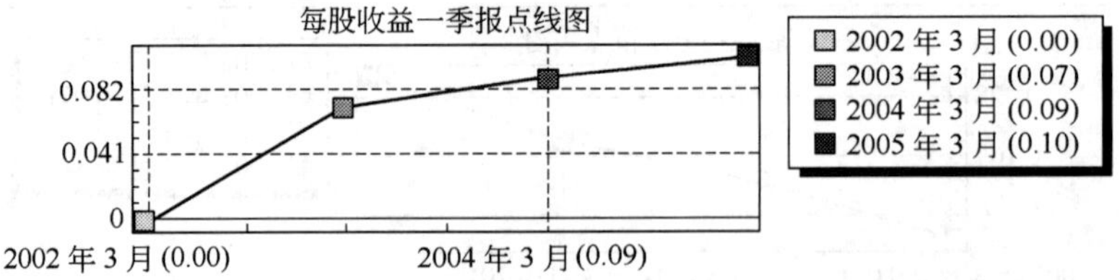

时　　间	变动原因	每股收益/元
2004-12-31	年报	0.37
2004-09-30	季报	0.28

分　红　方　案

年　　度	分红方案（配股方案）
2004年末期	每10股拟派0.80元（含税）
2004年中期	每10股派0.320 0元

公司名称：海南兴业聚酯股份有限公司(兴业聚酯)	证券代码：600259

基 本 情 况

注册地址：海南省海口市港澳工业区兴业路19号
办公地址：海南省海口市港澳工业区兴业路19号
行业分类：服装及其他纤维制品制造业
公司经营范围：聚酯切片及化纤、纺织原料及成品的生产和销售，化工产品、五金工具、建材、房地产开发经营
法人代表：刘明贵
工商登记号码：4600001001520
所在地区：海口市
邮编：570314
E-mall：odt-xy@163.com；hnxyxy@public.hk.hi.cn
电话：0898-68669470
传真：0898-68664045
注册资本：21 340万元
公司成立时间：1992-08-08

本公司根据中华人民共和国有关法律的规定，于1992年8月8日经海南省股份制试点领导小组办公室琼股办字[1992]8号文件批准，由海南省纺织工业总公司、海南国际(海外)投资有限公司、中国银行海口信托咨询公司、交通银行海南分行和中技海南实业公司等五家单位共同发起，以定向募集方式设立的股份有限公司。公司于1993年6月18日在海南省工商行政管理局注册登记，领取琼企4600001001520号营业执照，经中国证券监督管理委员会证监发行字[2000]39号文核准，公司于2000年4月28日和2000年5月8日分别采用向法人配售和向一般投资者上网发行的方式向社会公开发行人民币普通股7 000万股，并已在2000年5月25日在上海证券交易所上市。本公司内部职工股2 460万股于2003年5月12日上市交易，至此本公司上市人民币普通股为9 460万股。

报告期内，国际原油价格不断攀升，致使公司主要原材料PTA和EG价格持续走高，同时，国内聚合产能增长过快，行业内竞争激烈，致使聚酯切片、FDY长丝等主要产品市场售价涨幅明显低于原料涨幅，聚酯产品售价严重背离生产成本，而造成主营业务利润大幅下降；面对市场冲击及挑战，公司管理层积极采取各项应对措施：狠抓生产经营，积极开发适销对路新品种，积极拓宽市场，严格现场管理，努力把不利影响降到最低限度。公司主要从事聚酯切片及FDY长丝的生产及销售。属纺织工业化学纤维行业，主要产品是半消光长丝级聚酯切片、聚酯熔体直接纺FDY长丝。报告期内，公司主营业务收入54 435.46万元，净利润-7 973.18万元。

股本结构/万股

历史变更时间	2003-05-12	2002-05-27	2001-06-30	2000-11-27	2000-08-25
变动原因	内部职工股上市	战略投资者配售上市	股东变化导致股份结构变动	基金配售上市	一般法人配售上市
总股本	21 340.00	21 340.00	21 340.00	21 340.00	21 340.00
流通A股	9 460.00	7 000.00	4 863.39	4 863.39	4 163.39

年 度 收 益

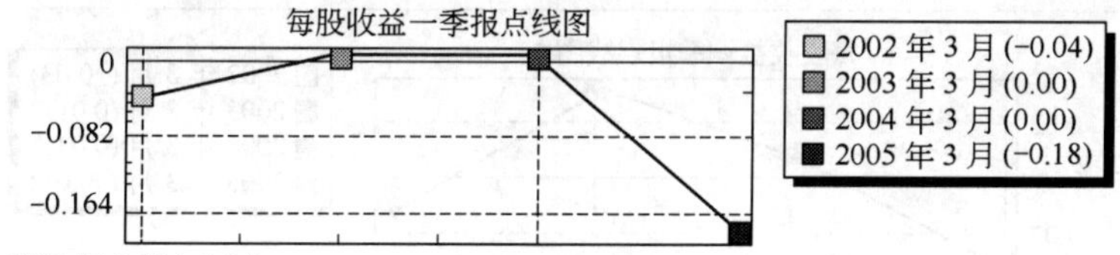

时　间	变动原因	每股收益/元
2004-12-31	年报	-0.37
2004-09-30	季报	0.22

分 红 方 案

年　度	分红方案(配股方案)
2004年末期	利润不分配不转增
2004年中期	利润不分配不转增

公司名称：上海氯碱化工股份有限公司（氯碱化工）	证券代码：600618，900908

基 本 情 况

注册地址：上海市龙吴路 4747 号

办公地址：上海市龙吴路 4747 号

行业分类：化学原料及化学制品制造业

公司经营范围：烧碱、氯、氟和聚氯乙烯等化工原料及其加工品、化工机械设备制造、加工、安装、修理、生产用化学品、原辅材料、包装材料及货运、自营进出口、合资经营、合作生产

法人代表：张瑞岳

工商登记号码：企股沪总字第 019017 号

所在地区：上海市

邮编：200241

E-mall：office@styc. com；shxpw@21cn. com；shqy0227@126. com

主页地址：http：//www. scacc. com

电话：021-64342640，64340601，58829587

传真：021-64341341，64342640

注册资本：116 448. 306 7 万元

公司成立时间：1992-07-14

上海氯碱化工股份有限公司（以下简称公司）经上海市经委沪经企[1992]307 号文批准于 1992 年 7 月由上海氯碱总厂改制为上海氯碱化工股份有限公司。1992 年 8 月 20 日发行 B 股上市，1992 年 11 月 13 日发行 A 股上市。

2004 年在全球经济复苏加快的背景下，对原油的需求增加导致原油价格持续上扬，连带化工原料乙烯、EDC、VCM 等价格一路走高，乙烯价格更是创历史新高。全球化学品强劲需求，带动了国内化工行业景气度的上升，在产品需求和原料成本双重拉动下，PVC 产品价格节节攀升，烧碱、氯产品也演绎了一波上升行情，弥补了因化工原料价格上涨而导致生产成本增长的不利因素。

公司抓住发展机遇，加大了“做强主业，推进新业”发展战略的实施力度，加快三大基地建设。吴泾基地完成了 7 万吨/年 PVC 技改项目，正在进行 5 万吨/年 PVC 技改项目和漕吴乙烯管道项目建设，使公司向规模经济迈出一大步，形成了 38 万吨/年 PVC 的生产规模。漕泾基地烧碱及聚氯乙烯项目一期工程和宁夏西部聚氯乙烯有限公司一期工程进入全面建设阶段，各个工作节点都达到预期目标。构造大市场平台。公司已制订组建联合天原有限公司方案。将三大基地的产品进行细分，合理规划，统一销售，使三大基地的产品资源在本公司原有销售网络的平台上得到整合，发挥出集聚效应。推进大物流建设。明确了公司大物流战略发展目标和发展方向：形成 10 个亿物流产业。着重在液体化学危险品、液氯大包装、PVC 三大主流业务上做大做强，建立涵盖吴泾、漕泾、宁夏物流基地建设的第三方物流。同时，拓展物流新领域，重点是为上海化学工业区拜耳（上海）聚合物有限公司 10 万吨/年聚碳酸酯产品提供配套的物流服务项目。

2004 年公司主导产品聚氯乙烯市场占有率为 5. 25%；烧碱市场占有率为 2. 91%。

股本结构/万股

历史变更时间	2000-06-22	2000-06-19	1997-07-10	1997-07-04	1994-04-13
变动原因	B 股送股	送股	B 股送股	送股	内部职工股上市
总股本	116 448. 31	112 752. 31	105 862. 10	102 502. 10	96 238. 27
流通 A 股	2 783. 24	2 783. 24	2 530. 22	2 530. 22	2 300. 20

年 度 收 益

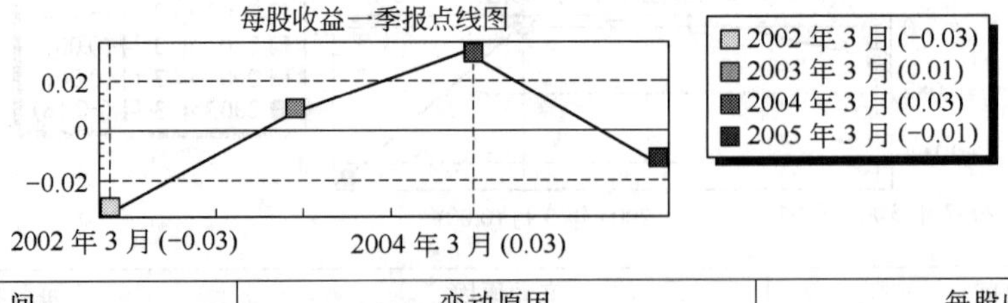

时 间	变动原因	每股收益/元
2004-12-31	年报	0. 05
2004-09-30	季报	0. 08

分 红 方 案

年 度	分红方案（配股方案）
2004 年末期	利润不分配不转增
2004 年中期	利润不分配不转增

公司名称:中国石化上海石油化工股份有限公司(上海石化)	证券代码:600688

基 本 情 况

注册地址:上海市金山区金一路 48 号
办公地址:上海市金山区金一路 48 号
行业分类:石油加工及炼焦业
公司经营范围:原油加工、油品、化工产品、合成纤维及单体、塑料及制品、针织纺织原料及制品、催化剂制备及废剂回收、电、热、汽、水处理、铁路装卸等
法人代表:陆益平
工商登记号码:3100001002263
所在地区:上海市
邮编:200540
E-mall:spc@spc. com. cn
主页地址:http://www. spc. com. cn
电话:021-57943143,52377880,57941941
传真:021-57940050,52375091
注册资本:720 000 万元
公司成立时间:1993-06-29

中国石化上海石油化工股份有限公司(以下简称[本公司]),原名为上海石油化工股份有限公司,于 1993 年 6 月 29 日在中华人民共和国组建,本公司是国有企业上海石油化工总厂([上海石化])重组的一部分组成之股份有限公司。上海石化由中国石油化工集团公司([中国石化])直接监管与控制。中国石化于 2000 年 2 月 25 日完成了一项重组。重组完成后,中国石油化工股份有限公司成立。作为该重组的一部分,中国石化将其所持有的本公司 4 000 000 000 股国有法人股股份,占本公司总股份的 55.56%,出让给中国石油化工股份有限公司持有。中国石油化工股份有限公司因而成为本公司第一大股东。于 2000 年 10 月 12 日,本公司更改名称为中国石化上海石油化工股份有限公司。

2004 年,本公司抓住国内石化市场需求旺盛的有利时机,切实抓好 HSE(安全、环境与健康)管理和生产运行管理工作,努力提高装置负荷率和生产运行的整体质量。同时积极落实原油和重要中间原料资源,不断优化系统运行方式,调整装置检修方案,保持了产品实物量的稳步增长。2004 年本公司主要生产装置平均开工率达到 94.36%,平均负荷率达到 94.24%,大部分产品比上年有不同程度的增产,生产商品总量达到 726.81 万吨(不含来料加工),比上年略有增长。

2004 年,该公司加工原油 910.94 万吨,比上年增长 5.80%(其中加工进口原油 857 万吨,比上年增长 27.64%,占原油加工总量的 94%),再创历史新高。生产汽油 91.83 万吨,比上年增长 2.63%;生产柴油 283.86 万吨,比上年增长 14.11%;生产航空煤油 71.09 万吨,比上年增长 23.45%。生产乙烯 95.60 万吨,比上年增长 0.81%;生产丙烯 52.58 万吨,比上年减少 1.37%。生产合成树脂 88.26 万吨,比上年减少 1.99%。生产合纤原料 41.79 万吨,比上年减少 0.81%;生产合纤聚合物 52.72 万吨,比上年增长 3.86%;生产合成纤维 29.63 万吨,比上年减少 6.20%。该公司产品质量继续保持优质稳定,继续保持中国最大乙烯生产商的地位。

石化产品市场需求旺盛,产品价格全面上升并持续在高位运行。

2004 年,在世界经济全面复苏的大趋势下,国际原油价格一路攀升,石化产品需求强劲增长,石化产品平均价格水平明显高于上年,全行业经济效益处于历史最好水平。截至 2004 年 12 月 31 日止,本公司的合成纤维、树脂及塑料、中间石化产品和石油产品的加权平均价格与上年相比,分别上升了 19.43%、34.42%、45.42%和 22.16%。

股本结构/万股

历史变更时间	1997-04-15	1997-01-14	1994-07-04	1993-11-08
变动原因	增发	增发	增发	新股上市
总股本	720 000.00	705 000.00	655 000.00	623 000.00
流通 A 股	72 000.00	72 000.00	72 000.00	25 000.00

年 度 收 益

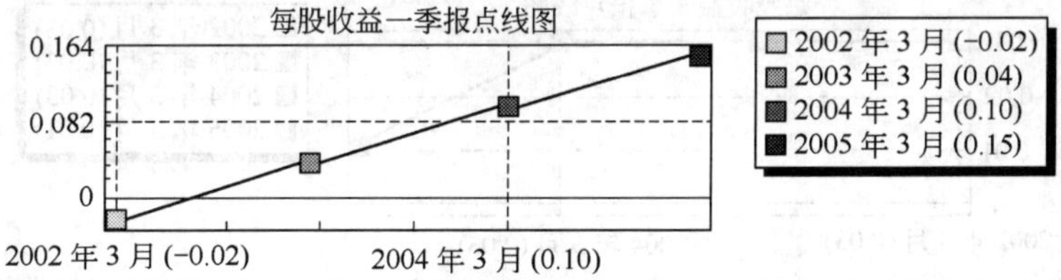

时　　间	变动原因	每股收益/元
2004-12-31	年报	0.55
2004-09-30	季报	0.36

分 红 方 案

年　　度	分红方案(配股方案)
2004 年末期	每 10 股拟派 2.00 元(含税)
2004 年中期	利润不分配不转增

公司名称：山东鲁北化工股份有限公司（鲁北化工）	证券代码：600727

基 本 情 况

注册地址：山东省滨州市无棣县马山子镇
办公地址：山东省滨州市无棣县埕口镇东
行业分类：化学原料及化学制品制造业
公司经营范围：磷铵、水泥、硫酸、溴素及溴系列产品的生产及销售
法人代表：冯久田
工商登记号码：3700001801572
所在地区：滨州市
邮编：251909
E-mall：lubei@public. bzptt. sd. cn；lubeichem@lubei. com. cn
主页地址：http：//www. lubei. com. cn
电话：0543-6451265
传真：0543-6451265
注册资本：37 930 万元
公司成立时间：1996-06-18

山东鲁北化工股份有限公司（以下简称“公司”）系由山东鲁北企业集团总公司（以下简称“集团公司”）作为惟一的发起人，以社会募集方式于1996年6月19日正式成立，同年7月2日在上海证券交易所挂牌交易，注册资本10 000万元；1997年用资本公积转增股本10 000万元，注册资本变更为20 000万元；按照中国证券监督管理委员会证监会上字[1998]67号文批准的公司1997年度股东大会的配股方案，1998年公司配股2 200万股，注册资本变更为22 200万元；1999年以1998年12月31日股本22 200万股为基数，向全体股东按10∶5比例用利润送红股11 100万股，送股后公司的注册资本变更为33 300万元；按照中国证券监督管理委员会证监公司字[2000]16号文批准的公司1999年度股东大会的配股方案，以1999年12月31日股本33300万股为基数按照10∶3的比例向全体股东配售，共计配售4 630万股。截至2003年12月31日注册资本为37 930万元，股份总数为37 930万股，其中国有法人股19 321.52万股，社会法人股3 398.48万股，社会公众股为15 210万股。

2004年度，公司面临原材料涨价、磷复肥市场竞争激烈等诸多不利因素的影响，积极采取相应的各种措施。在原材料供应方面实行招标采购，严格控制生产过程中的跑、冒、漏现象，努力降低生产成本；在产品销售方面更进一步地完善销售网络，努力提高产品市场占有率，从而在一定程度上弥补了不利因素所带来的影响。2004年度公司实现主营业务收入83 783.21万元，比上年同期增长64.09%，主营业务利润9 809.04万元，比上年同期增长48.34%。净利润比上年同期下降64.56%，主要是公司重油裂解工程计提减值准备和坏账准备计提比例变动所导致。

根据财政部财企(2004)35号文件，对生产和进口磷酸二铵实行定额补贴，依据生产企业磷酸二铵销售量和进口企业磷酸二铵进口量每吨补贴100元，为此公司在2004年度获得了2 731.23万元的补贴收入。如果在2005年度不再享受此政策，那么将对公司利润产生一定程度的影响。

股本结构/万股

历史变更时间	2004-06-30	2003-12-31	2000-10-09	1999-05-21	1998-08-06
变动原因	股东变化导致股份结构变动	股东变化导致股份结构变动	配股上市	送股	配股上市
总股本	37 930.00	37 930.00	37 930.00	33 300.00	22 200.00
流通A股	15 210.00	15 210.00	15 210.00	11 700.00	7 800.00

年 度 收 益

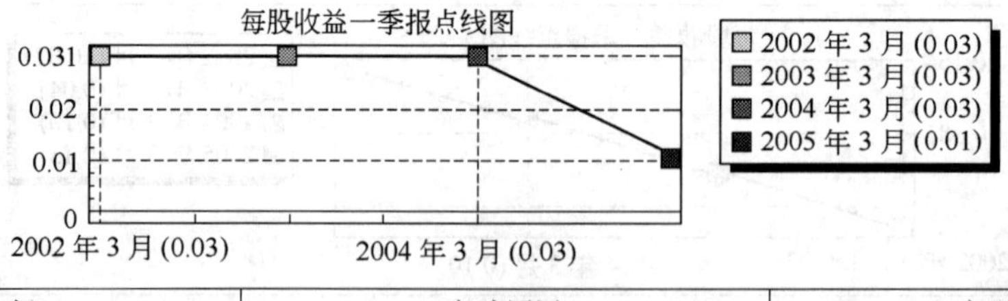

时 间	变动原因	每股收益/元
2004-12-31	年报	0.06
2004-09-30	季报	0.16

分 红 方 案

年 度	分红方案(配股方案)
2004年末期	利润不分配不转增
2004年中期	利润不分配不转增

公司名称:中国石化仪征化纤股份有限公司(仪征化纤)	证券代码:600871

基 本 情 况

注册地址:江苏省仪征市
办公地址:江苏省仪征市中国石化仪征化纤股份有限公司
行业分类:化学纤维制造业
公司经营范围:化纤、化工产品及原辅材料与纺织机械生产及自产产品的销售、纺织技术开发、自营产品的运输与技术服务
法人代表:徐正宁
工商登记号码:总字第0535号
所在地区:仪征市
邮编:211900
E-mall:cso@ycfc. com
主页地址:http://www. ycfc. com
电话:0514-3231888
传真:0514-3235880
注册资本:400 000万元
公司成立时间:1993-12-31

公司前身——前纺织部直辖国家特大型生产企业,1981年12月改组为有限责任公司后,纺织部持有70%的股权、中信持有30%的股权.1993年12月以仪征化纤工业联合公司为惟一发起人,采用发起设立方式重组为仪征化纤股份有限公司,并用其76.12%净资产折为股本240 000万股,其中仪征化纤公司168 000万股,中信公司持72 000万股。1994年3月,以1∶2.381元溢价发行H股100 000万股,1993年3月29日在香港联交所挂牌上市交易。1994年10月向社会以2.68元溢价发行A股20 000万股,1994年4月11日,“仪征化纤”(A股)在上海证券交易所上市。报告期内经营情况该集团是中国最大的现代化化纤和化纤原料生产基地,以2004年底聚酯聚合装置产能计,该集团是世界第四大聚酯生产商,该公司一地聚酯聚合产能居世界首位。2004年,境内聚酯产品供、需继续保持稳步增长。年内聚酯总产能增加约350万吨。境内涤纶纤维的总供应量达到12 457.2千吨,同比增长20.6%,其中产量同比增长24.6%,进口量同比减少11.7%。与此同时,境内涤纶纤维的总消费量达11 867.9千吨,同比增长19.2%。2004年,本集团实现合并股东应占利润人民币240 383千元。

2004年,该集团生产装置安全、稳定运行,主产品质量稳中有升。共生产聚酯产品1 683 393吨,比上年的1 498 762吨增长12.3%,聚酯聚合产能利用率达100.5%。生产PTA 933 363吨,比上年同期的719 828吨增长29.7%。产品销售坚持贴近市场,全产全销,努力卖出当期最好价格。做好新装置投产后的预销售工作,产品迅速投放市场。共销售聚酯产品1 351 137吨,比上年同期的1 205 140吨增长12.1%,扣除自用量等因素,产销率达99.3%。全年共出口聚酯产品18 942吨。

2004年,该集团全年聚酯产品加权平均价格(不含增值税)比上年上升18.1%,PTA、MEG、PX等外购主要原料加权平均价格比上年上升31.8%。由于外部市场原因,使本集团盈利空间进一步受到挤压,本集团通过推行内部挖潜、降本减费,严格全面预算管理,强化成本费用的过程监控等有效措施,较好地化解这些不利因素。全年单位产品综合能耗同比下降7.6%。强化产品销售和原料采购,优化产品和原料库存结构,防范经营风险,减少资金占用。由于销量增加、运费上涨、资本化利息减少及票据贴现利息支出增加等因素,销售费用和财务费用分别比上年增加6.1%和31.5%;由于加强内部管理和大力降本减费等因素,管理费用比上年减少2.3%。期间费用占营业额的比例比上年下降1.3个百分点。

股本结构/万股

历史变更时间	1995-04-26	1995-04-11
变动原因	其他	新股上市
总股本	400 000.00	360 000.00
流通A股	20 000.00	20 000.00

年 度 收 益

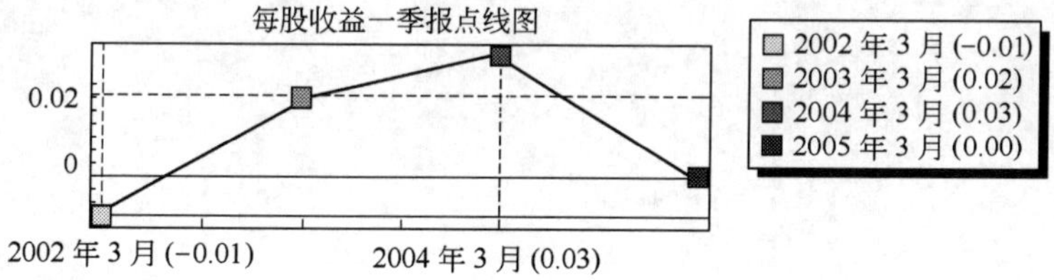

时 间	变动原因	每股收益/元
2004-12-31	年报	0.06
2004-09-30	季报	0.07

分 红 方 案

年 度	分红方案(配股方案)
2004年末期	每10股拟派0.25元(含税)
2004年中期	利润不分配不转增

(中国塑料加工工业协会 史立科)

专 利 技 术

2004年公开的部分专利

【名称】 超细粒子表面改性的新方法
【公开（公告）号】 1580137
【公开（公告）日】 2005.02.16
【申请（专利权）人】 北京理工大学
【地址】 （100081）北京市海淀区中关村南大街5号
【发明（设计）人】 罗运军　赵辉
【摘要】 本发明涉及一种超细无机固体粒子的表面改性新方法。它包括在一定温度、机械搅拌、氮气保护和催化剂的存在条件下，以超细粒子为反应中心核，与AB_x或A_xB单体发生一步缩聚反应，在超细粒子表面接枝上超支化聚合物。得到的超支化聚合物接枝改性的超细粒子的表面性质有较大的改变，能很好地分散在各种树脂基体和溶剂中。该方法一步完成简单易行，经过改性的无机固体粒子可广泛应用在高分子复合材料，电子封装材料，塑料、涂料、橡胶、抗菌材料等领域，工业应用前景广阔。

【名称】 板材及板材的底层
【公开（公告）号】 1580459
【公开（公告）日】 2005.02.16
【申请（专利权）人】 金明德
【地址】 （266109）山东省青岛市城阳区惜福镇工业区青岛凯迅塑料有限公司
【发明（设计）人】 金明德
【摘要】 本发明涉及一种墙面或地面的覆盖材料，具体地说，涉及一种覆盖地面的材料，本发明提供了一种底层造价比较低，并且受热几乎不收缩，强度高，阻气、阻水、耐菌性比较好的，无毒的板材，其包括上层和底层，其底层采用一种含有塑料和碳酸钙的材料，板材上层设置为下表面印刷有图案的PET层。本发明的板材大大降低了板材的造价，并且使板材的收缩性非常低，可广泛使用于建设、装修、装潢领域。

【名称】 用于光纤光学系统的低成本光互连
【公开（公告）号】 1580846
【公开（公告）日】 2005.02.16
【申请（专利权）人】 安捷伦科技有限公司
【地址】 美国加利福尼亚州
【发明（设计）人】 乔纳森·西蒙　莉萨A·温多弗　史蒂文A·罗西瑙
【摘要】 一种用于光纤光学系统的单通道光互连，包括由光可透射材料制成的穿透器，被配置成沿塑料光纤的长度方向插入，用于在光纤和光电子器件之间传输光。多通道光互连使用光电子器件与对应光可透射穿透器的线性阵列。穿透器可以是由塑料或玻璃制成的棱锥体或圆锥体，位于对应的垂直腔面发射激光器（VCSEL）之上。穿透器还可以直接蚀刻到底部发射VCSEL的衬底中。穿透器可以具有特制的侧壁角度或涂层，以便于耦合到光纤中并使进入VCSEL的背反射最小化。

【名称】 组合大棚棚顶连接构件
【公开（公告）号】 1582628
【公开（公告）日】 2005.02.23
【申请（专利权）人】 王洛原
【地址】 （030024）山西省太原市玉河街21号
【发明（设计）人】 王洛原
【摘要】 本发明是一种用于组合塑料大棚的棚顶连接构件，包括有无滴膜和钢丝，其特征是塑钢连接条的截面中心部位设有穿筋孔，截面左右两端设有滑槽，与预制塑料无滴膜相连的滑条插入滑槽内，本发明将大面积盖膜改进为条形预制无滴膜与塑钢连接条连为一体的组合形式，塑钢连接条的穿筋孔内穿有钢丝，钢丝两端分别固定在地锚上，由调节螺栓调整其拉紧度，保证棚顶的稳定性。与现有技术相比具有以下优点：构思新颖，结构巧妙，结构紧凑，采用塑钢连接条内穿钢丝，塑料无滴膜不直接与钢架接触，彻底改变了传统大棚棚顶的结构，从根本上解决了塑料膜与钢材磨损的技术问题；本产品适用于大面积果树大棚或山谷顶棚以及最为普遍的蔬菜、花卉大棚。

【名称】 一种无机抗菌剂及其应用
【公开（公告）号】 1582663
【公开（公告）日】 2005.02.23
【申请（专利权）人】 云南大学
【地址】 （650091）云南省昆明市翠湖北路2号化学与材料工程学院
【发明（设计）人】 吴兴惠　柳清菊　周祯来　李艳峰
【摘要】 一种无机抗菌剂及其应用，属无机抗菌材料技术领域。由磷灰石或磷灰石与天然硅酸盐矿中的一种或二种以上混合的复合陶瓷为载体，加入为载体总质量3%～20%的抗菌金属原料制成。复合陶瓷的配比为所选取的硅酸盐矿物的总量在复合陶瓷总量中所占比例为50%～90%（质量份），磷灰石在复合陶瓷总量中所占比例为50%～10%（质量份）；抗菌金属原料采用含抗菌金属Ag、Cu、Zn的金属盐或金属氧化物或金属单体；金属盐为含Ag、Cu、Zn的盐酸盐、硝酸盐、硫酸盐、碳酸盐，或有机盐或金属络盐；金属氧化物为Ag_2O，CuO，ZnO；金属单体为：

Ag，Cu，Zn。本发明可作为制备抗菌瓷制品、抗菌涂料、抗菌塑料薄膜或抗菌纤维、抗菌纸的应用。本发明具有载体为天然材料、无需人工合成、成本低、抗菌力强、耐高温等优点。

【名称】 一种鞋扣
【公开（公告）号】 1582808
【公开（公告）日】 2005.02.23
【申请（专利权）人】 朱国平
【地址】 （511600）广东省清远市佛冈县石角镇沿江科旺村委新村14号
【发明（设计）人】 朱国平
【摘要】 本发明涉及一种鞋扣，主要由扣体组成，扣体上有两个被鞋扣轴分隔开的鞋带穿孔，扣体全是用PA66材料制成。PA66是己二胺与己二酸的缩聚高分子化合物，是聚酰胺塑料中强度较高的一种，其硬度、刚性、韧性、抗弯性、抗压性、缺口抗冲击性等很适合做鞋扣，即使反复对折也不会折断开裂，更不存在生锈现象，经久耐用，其韧性不会磨伤脚部，更重要的是不会被磨成利器用作自残或自杀的工具，以保证每个使用者的安全。该材料可一次成型制得，可制成各种造型，成本低，因此很适于做鞋扣材料。

【名称】 发光型圣诞树
【公开（公告）号】 1582826
【公开（公告）日】 2005.02.23
【申请（专利权）人】 杨忠义
【地址】 （518067）广东省深圳市蛇口花果路62号6栋401号
【发明（设计）人】 杨忠义
【摘要】 本发明涉及一种发光型圣诞树，主要特点是整个圣诞树可以发光，并可以变换颜色，在节日中给人以快乐。该“发光型圣诞树”的基本结构包括：树基底座、树基底座内光源——发光二极管阵列；树整体是由塑料光纤材料制作的树干、枝干、树叶、整体塑料光纤材料制作的树干、枝干、树叶表面均匀喷涂一层采光材料层、外置电源等组成。当发光二极管通电发光后，利用塑料光纤材料及采光材料对光的反射、折射、衍射等复杂的光学原理，使整个树发光。特点是低功耗、多颜色、颜色秀丽。按此原理，可以做出各种立体的其他艺术体的发光艺术品。

【名称】 隔膜滤板进料口夹头及隔膜滤板进料口
【公开（公告）号】 1583216
【公开（公告）日】 2005.02.23
【申请（专利权）人】 朱兴源
【地址】 （311113）浙江省杭州市余杭区良渚杭州兴源过滤机有限公司
【发明（设计）人】 朱兴源　徐美良　韩金良　彭运秋
【摘要】 本发明涉及一种隔膜滤板、隔膜滤板进料口夹头及由隔膜滤板进料口夹头构成的隔膜滤板，进料口夹头由一圈或二圈的圈型夹头构成且径向将隔膜和滤板芯构成的进料口密封涨紧。优点：一是耐腐蚀、使用寿命长、密封效果好；二是质量轻、成本低，有利于分体组合式隔膜的推广应用；三是隔膜的进料口后部一圈或一圈以上的凸台与滤板的进料口的内侧环形凹槽的匹配设计，构成了塑料径向夹头对隔膜滤板进料口的径向压力，迫使隔膜中的凸台产生变形与滤板中的凹槽形成卡接密封结合，保证了隔膜在受力的状况下不会与滤板脱离。

【名称】 一种纳米银溶胶及其制备方法
【公开（公告）号】 1583332
【公开（公告）日】 2005.02.23
【申请（专利权）人】 陈丽琼　刘杰
【地址】 （518028）广东省深圳市福田区红荔路四川大厦1608～1609室
【发明（设计）人】 陈丽琼　刘杰
【摘要】 一种纳米银溶胶及其制备方法，采用分散保护胶体溶液掺入硝酸银溶液和还原剂溶液的银溶胶氧化还原反应；能很好地控制银粒子大小的增长。因此，本发明工艺简单且效率高，所制得的纳米银溶胶浓度高（高达10000mg/kg）、杂质少、稳定性高、粒径小且分散均匀，可广泛应用于电子、纺织、医疗卫生、食品、涂料、塑料等领域中。

【名称】 同时加热材料的方法和装置
【公开（公告）号】 1583346
【公开（公告）日】 2005.02.23
【申请（专利权）人】 莱斯特加工技术公司
【地址】 瑞士萨尔嫩
【发明（设计）人】 陈杰伟
【摘要】 借助激光束并按照基本成平面的加热轮廓的任何形状来同时加热材料且尤其是焊接塑料构件的方法和装置。为此，借助于适当的光学组件将激光束转变成环形激光束并聚焦和耦合输入到一个光导管的端侧壁上。在输出侧，该管按照所希望的加热轮廓变形，从而使输出的激光束具有这种加热轮廓。

【名称】 一种塑料线管切割机
【公开（公告）号】 1583376
【公开（公告）日】 2005.02.23
【申请（专利权）人】 冯德富
【地址】 （529724）广东省鹤山市雅瑶直水工业区德塑实业有限公司
【发明（设计）人】 龙国才
【摘要】 本发明公开了一种塑料线管切割机，包括机架，安装在机架上并由汽缸带动的升降平台，升降平台固定连接有垂直刀架，垂直刀架上斜向固定安装有切割刀片，所述的升降平台下方安装有线管定位压紧块，所述的切割刀片的运动轨迹通过线管定位压紧块的出口，所述升降平台的四个端角上分别安装有伸缩定位杆；本设计比原有的圆锯式切割机相比，减少了电机带动，从而达到节能、环保的作用，由于切割刀片的厚度较薄，从而减少切割屑片，材料损耗低，并且线管切割断面平整。同时，本发明还能实现自动、连续工作。

【名称】 新型塑料滤板或板材成型工艺

【公开（公告）号】 1583394

【公开（公告）日】 2005.02.23

【申请（专利权）人】 朱兴源

【地址】 （311113）浙江省杭州市余杭区良渚杭州兴源过滤机有限公司

【发明（设计）人】 朱兴源　徐美良　韩金良　彭云秋

【摘要】 本发明涉及一种压滤机滤板或板材成型工艺，板成型模具位于油压机中且由油压机合模、开模，热流道装置位于滤板成型模具中下模的底部且与下模连通，注塑机的注塑部分中的出料口通过热流道装置将塑化塑料射入滤板或板材成型模具内。优点：一是采用注塑机注塑部分与立式油压机相结合，实现了大质量、大规格滤板的自动化生产，综合了普通注塑机与大型立式油压机的优势，即注塑机的高注射速度、油压机的高锁模压力；二是自动塑化、计量、控温精确，不仅能够大大降低电力消耗，而且材料性能得以保证；三是料、飞边减少，节约材料；四是自动化程度高，减少了中间环节，保证产品清洁度与表面质量，达到和超过了国际水平；五是良好的保温效果、合理的热流道分布、自动补压、高压力模压，可以杜绝冷隔。

【名称】 分体式无海绵液压自动平衡墨盒

【公开（公告）号】 1583410

【公开（公告）日】 2005.02.23

【申请（专利权）人】 邵永恺

【地址】 （200235）上海市徐汇区康健路16弄8号101室

【发明（设计）人】 邵永恺

【摘要】 一种分体式无海绵液压自动平衡墨盒，包括一个墨水腔，一个塑料材料的前壁和与该前壁成一体的上、下、左、右四个壁以及一个烫压在四个壁边缘上与前壁对置的内塑料薄膜包围形成墨水腔的内部空间，上壁上开有注墨孔和气孔，前壁上开有与墨水腔内部空间相通的进气孔，一条导气槽设置在前壁的外侧，导气槽的两端分别连通气孔和进气孔，一片外塑料薄膜烫压在前壁的外侧将导气槽和进气孔与外界空气隔离，一个出墨口结构设置在墨水腔的下部，其有一个出墨孔，出墨孔位于低于或等于进气孔高度位置的出墨孔，出墨孔与内塑料薄膜保持可使墨水形成毛细现象的距离。

【名称】 一种制造超细碳酸钙分散性颗粒的方法

【公开（公告）号】 1583570

【公开（公告）日】 2005.02.23

【申请（专利权）人】 上海华明高技术（集团）有限公司

【地址】 （200231）上海市华泾路1305弄18号

【发明（设计）人】 吴秋芳　马新胜　陈雪梅　陈刚　杨景辉　李福清　乔叶刚　张海英　陈建定

【摘要】 一种制造超细碳酸钙分散性颗粒的方法，通过二步反应，首先在超过临界过饱和度（K^{**}）的条件下制备均匀的立方形沉淀碳酸钙作为种子，然后在第二步中，添加反应速度控制剂调整反应的条件使过饱和度 K 小于 K^{**} 且大于 K^{*}，在种子碳酸钙的表面进行晶体的生长。从而得到颗粒度可控且颗粒度分布均匀的超细碳酸钙分散性颗粒。本发明的方法，适合于已有的各类反应设备，无需增加设备，而且过程中所用的添加剂用量极少，得到的产品具有颗粒大小及其分布可控、分散性好以及白度高的特点，不仅适合用作纸张填充料和纸张涂层颜料具有光泽高和低黏度特性，而且适合于涂料、塑料等应用场合作为半补强剂和高级填料。

【名称】 N,N'-双（2-羟乙基）氨甲基膦酸二乙酯制备方法

【公开（公告）号】 1583768

【公开（公告）日】 2005.02.23

【申请（专利权）人】 河南大学

【地址】 （475001）河南省开封市明伦街85号

【发明（设计）人】 刘治国　欧育湘　吴玉凯

【摘要】 本发明提供一种 N,N'-双（2-羟乙基）氨甲基膦酸二乙酯制备方法，属于氨甲基膦酸二乙酯制备领域，包括：(1) 甲醛水溶液与二乙醇胺反应；(2) 减压蒸馏，得到3-(2-羟乙基)-1,3-氧氮杂环戊烷；(3) 加入无水固体酸催化剂和亚磷酸二乙酯反应；(4) 过滤回收催化剂，得黄色透明液体产品，产品得率在98%以上，产品中 N,N'-双（2-羟乙基）氨甲基膦酸二乙酯的含量为93%～94%。本发明的制备方法简单，产品的得率及产品有效成分含量高。本发明制备的产品是一种环保型反应型阻燃剂，可用于塑料，特别适合于制备聚氨酯泡沫塑料。

【名称】 一种高取代度高结晶度醋酸纤维素酯的制法

【公开（公告）号】 1583796
【公开（公告）日】 2005.02.23
【申请（专利权）人】 中国科学院广州化学研究所
【地址】 （510650）广东省广州市天河区五山
【发明（设计）人】 丁恩勇 王能
【摘要】 本发明涉及一种在完全多相体系下制备高结晶度高取代度的醋酸纤维素酯的方法。通过一般的多相体系和溶液过程制备的高取代度的醋酸纤维素酯的结晶度都很低，导致其强度和热稳定性较低。不利于醋酸纤维素酯作为塑料填料加以利用和用以制备强度较高的塑料。本发明的目的是在完全多相体系下，对微晶纤维素或超细（纳米）微晶纤维素进行深度醋酸酯化改性。该方法在减压蒸餾条件下，于液态分散介质中，在催化剂作用下对微晶纤维素进行深度醋酸酯化改性，经过洗涤、过滤和干燥后所得到的产物，具有高结晶度高取代度，其强度和热稳定性较相同取代度的的醋酸纤维素酯有所提高。

【名称】 聚苯酯塑料合金超声马达的摩擦材料
【公开（公告）号】 1583841
【公开（公告）日】 2005.02.23
【申请（专利权）人】 哈尔滨工业大学
【地址】 （150001）黑龙江省哈尔滨市南岗区西大直街92号
【发明（设计）人】 曲建俊 孙凤艳 田秀 宋宝玉
【摘要】 聚苯酯塑料合金超声马达的摩擦材料，它涉及一种由塑料与填料共混改性的聚苯酯复合材料。本发明包含聚四氟乙烯和聚苯酯，它们是按以下质量百分比来实现的：聚四氟乙烯 5%～20%、余量是聚苯酯；本发明以聚苯酯为基体，该材料有高度的热稳定性和优越的耐磨性、耐压缩蠕变性和导热性。同时与聚四氟乙烯共混组成塑料合金，既保留聚苯酯和聚四氟乙烯的一系列特性，又在性能上互补，克服了聚四氟乙烯基超声马达摩擦材料的硬度低、热传导性不足和粘接性能差的缺点。本发明具有堵转力矩大、转速高、噪声低、磨损小、硬度高、粘接性好的优点，是一种性能优良的超声马达摩擦材料。

【名称】 氧化淀粉-聚己内酯-脂肪酰胺生物降解塑料的吹塑成膜法
【公开（公告）号】 1583852
【公开（公告）日】 2005.02.23
【申请（专利权）人】 胡靖
【地址】 （730070）甘肃省兰州市城关区南昌路354号602室
【发明（设计）人】 胡靖 冯铮
【摘要】 本发明为氧化淀粉-聚己内酯-脂肪酰胺生物降解塑料的吹塑成膜法，涉及一类可完全生物降解的膜及使用新型电磁动态挤出机吹塑成膜的方法。具体是利用可完全生物降解组分；氧化及糊化淀粉-聚 ε-己内酯-D，HNN′双键脂肪酰胺，辅以甘油及聚酯多元醇类耐寒剂复合增塑剂，以及其他交联剂、改性剂经共混反应，造粒后在电磁动态吹塑机上吹塑成膜。它具有普通聚乙烯膜的机械性能，也克服了聚 ε-己内酯熔点低的缺点，其使用范围同聚乙烯膜。用作可完全生物降解的包装材料，如购物袋、垃圾袋及其他包装或铺垫用膜、地膜等。

【名称】 一种环硫-环氧复合树脂及其制备工艺
【公开（公告）号】 1583875
【公开（公告）日】 2005.02.23
【申请（专利权）人】 武汉化工学院
【地址】 （430073）湖北省武汉市洪山区卓刀泉路366号
【发明（设计）人】 吴璧耀 付中林 熊丽君 尹文华
【摘要】 本发明涉及一种环硫-环氧复合树脂及其合成工艺。以环氧树脂及其环氧活性稀释剂为原料，在一定条件下，与环硫化剂进行反应而得到的具有不同环硫值的环硫-环氧复合树脂与环硫-环氧活性稀释剂。在同样的固化条件下，该复合树脂与相应的环氧树脂相比较，具有较快的固化速度、较低的固化温度和较短的固化时间，所形成的固化物具有较高的抗湿性、耐热性，并与多种金属具有良好的粘接强度。本发明具有设备简单、生产成本低等优点。产品可在特殊要求如低温快速固化、高湿等的环境下应用，可广泛用作各种电子器件塑料封装材料、特种黏结剂以及防腐抗蚀涂料，具有广阔的应用前景。

【名称】 水性聚氨酯改性的大豆蛋白质塑料及其制备方法
【公开（公告）号】 1583885
【公开（公告）日】 2005.02.23
【申请（专利权）人】 武汉大学
【地址】 （430072）湖北省武汉市武昌珞珈山
【发明（设计）人】 张俐娜 王念贵
【摘要】 本发明涉及一种改性大豆蛋白塑料，它是由35%～40%阴离子水性聚氨酯乳液、65%～60%大豆蛋白质与占上述两组分总质量1%～4%的乙二醇二缩水甘油醚通过反应交联所得，其制备方法为：将阴离子水性聚氨酯乳液与大豆分离蛋白按一定比例机械混合，按计量加入乙二醇二缩水甘油醚后继续搅拌0.5h，然后将混合液倒入聚四氟乙烯模具，放进烘箱50℃加热固化24h得到固态混合物。该固态混合物经乙酸水溶液处理后在115～120℃和20MPa条件下热压5～10min制成试片。该蛋白质材料不仅生产工艺简单、无污染，而且具有良好的力学性能和较低的吸水率。因此该蛋白质复合材料是一种具有发展潜力的新型可生物降解绿色材料。

【名称】 多彩永久性抗静电涂料及制备方法
【公开（公告）号】 1583909
【公开（公告）日】 2005.02.23
【申请（专利权）人】 熊猫电子集团有限公司 南京熊猫电子股份有限公司
【地址】 （210002）江苏省南京市中山东路301号
【发明（设计）人】 吴勇 连震青
【摘要】 多彩永久性抗静电涂料配方的质量份为：树脂清漆100，白色导电粉5～40，彩色颜料或染料5～40，溶剂或混合溶剂15～50、偶联剂0.1～0.3。白色导电粉为金属膜包覆硫酸钡、云母粉、二氧化钛或P-S-T半导电粉，树脂清漆为丙烯酸酯、聚酯或聚氨酯。本发明克服了现有技术不足，涂料用量很少，因此材料成本低，抗静电性能却和抗静电塑料及黑色永久性抗静电涂料一样；本涂料可用于现有的不具有抗静电性能的物体上，使其具有抗静电性能。不需设计制造模具，使用范围广泛、方法灵活；本发明配制方法简单易行、施工方便，在现有的物体上涂装，不需另制模具，使成本大大降低。

【名称】 聚苯板复合保温墙体及施工工艺
【公开（公告）号】 1584236
【公开（公告）日】 2005.02.23
【申请（专利权）人】 黄振利
【地址】 （100073）北京市丰台西局西街乙88号
【发明（设计）人】 朱青 黄振利
【摘要】 本发明涉及一种聚苯板复合保温墙体及施工工艺，该墙体由内至外依次有基层墙体、界面砂浆层、黏结层、聚苯板、抗裂砂浆层、饰面层，其聚苯板用保温砂浆粘贴固定在基层墙体上，聚苯板上带有透气的塞孔，必要时可对聚苯板用塑料膨胀锚栓进行加强固定，根据需要可用保温砂浆进行找平。该发明提供了一种新的聚苯板粘贴上墙工艺，使黏结层、保温层和找平层形成了复合保温层，提高了保温隔热效果和施工速度，适用于建筑外墙的保温隔热施工。

【名称】 聚氨酯弹性地板砖及其制造方法
【公开（公告）号】 1584256
【公开（公告）日】 2005.02.23
【申请（专利权）人】 何建
【地址】 （404000）重庆市开县汉丰镇鲍家巷13号
【发明（设计）人】 何功孝 何建
【摘要】 本发明涉及一种属于装饰材料的聚氨酯弹性地板砖，并且还涉及其制造方法。针对现有的无机瓷砖、木地板及有异味的塑料地板的材料复杂、结构复杂、工艺繁琐、产品弹性差及结构单一的缺点。用4,4′-二苯基甲烷二异氰酸酯10～25份、1,4-丁二醇0～15份、聚氧化丙烯多元醇75～90份、滑石粉或碳酸钙20～50份、磷酸酯系列阻燃剂5～10份加热、混合、搅拌、浇注、脱模等一系列工序做成的不变形、不变色、防滑、富弹性、质量轻、性能优、耐磨损、耐碰撞、易运输、安装方便的聚氨酯弹性地板砖。

【名称】 一种塑料建筑模板及其生产工艺
【公开（公告）号】 1584257
【公开（公告）日】 2005.02.23
【申请（专利权）人】 李道春
【地址】 （130011）吉林省长春市朝阳区创业大街11委1门21号
【发明（设计）人】 刘桐娟
【摘要】 本发明是一种塑料建筑模板及其生产工艺，采用废塑料为原材料，经过捏合混炼、开炼机开炼、冷却、加压、二次冷却等生产工艺制造而成，可将按上述生产工艺生产的塑料薄板与木片相间叠加，经加热、加压一体成型为塑木复合模板；还可将按上述生产工艺生产的塑料薄板与竹网相间叠加，经加热、加压一体成型为塑竹复合模板；本发明的优点在于：防水性好，耐腐蚀性强，不易开裂，平整度好，重复使用次数多，使用寿命长，且原材料主要用废塑料，废板可回收再利用，降低了生产及建筑成本。

【名称】 聚氨酯和PVC门窗型材
【公开（公告）号】 1584276
【公开（公告）日】 2005.02.23
【申请（专利权）人】 钟林
【地址】 （610041）四川省成都市双流县中和镇一环路双流剪刀厂
【发明（设计）人】 钟林
【摘要】 一种聚氨酯和PVC门窗型材，其特征在于：本型材产品断面结构的边缘，即型材的表面是PVC塑料片，芯材为硬质聚氨酯发泡材料。为了加强型材的整体强度，在硬质聚氨酯发泡材料中，有玻纤布和金属骨架。所述的PVC塑料片的层面有各式各样的花纹、图案或色彩。

【名称】 一种混凝土拖泵用玻璃钢外壳
【公开（公告）号】 1584331
【公开（公告）日】 2005.02.23
【申请（专利权）人】 湖南久润机械有限公司
【地址】 （410001）湖南省长沙市人民东路久润工业园
【发明（设计）人】 刘祖平
【摘要】 本发明公开了一种混凝土拖泵用玻璃钢外

壳，由树脂层、玻璃纤维层、塑料板和/或预埋铁件采用糊制工艺制成，其特征是：所述的树脂层为聚酯树脂层和环氧树脂层，所述的玻璃层可以采用玻璃纤维布或玻璃纤维毡，所述的塑料板可以采用聚苯乙烯泡沫塑料板。本发明是一种使用寿命长、质量轻、耐腐蚀、外形美观、制作成本低的混凝土拖泵用玻璃钢外壳。

【名称】 特别适用于塑性材料的螺纹紧固件
【公开（公告）号】 1584351
【公开（公告）日】 2005.02.23
【申请（专利权）人】 伊利诺斯器械工程公司
【地址】 美国伊利诺斯
【发明（设计）人】 肯尼思 R. 利维　弗兰克 W. 贝克特尔
【摘要】 一种特别适用于塑料的外螺纹紧固件，有高螺纹和低螺纹，在高螺纹的压力侧面内设置有凹槽。确定了尺寸关系以按比例缩放紧固件到通常接受的尺寸。

【名称】 塑料闸阀
【公开（公告）号】 1584374
【公开（公告）日】 2005.02.23
【申请（专利权）人】 罗荣森
【地址】 （610015）四川省成都市马道子 58 号 1-3-1 罗荣尧（转）
【发明（设计）人】 罗荣尧　罗荣森
【摘要】 一种塑料闸阀，具有阀盖、阀杆、闸板、手轮和塑料阀体，闸板位于塑料阀体内，所述阀杆的一端与手轮固定连接，所述阀杆的另一端穿过阀盖而与闸板螺纹连接并构成运动副，在塑料阀体内设置有与闸板相配合的阀座，所述阀座具有位于闸板两侧且与闸板相配合的第一阀座开口和第二阀座开口，所述塑料阀体的两端分别具有与第一阀座开口和第二阀座开口相连通的进流口和出流口，其特征是所述阀座由位于闸板两侧的第一环状阀座嵌件和第二环状阀座嵌件构成，所述第一环状阀座嵌件和第二环状阀座嵌件分别预埋并嵌固在塑料阀体上，所述第一阀座开口和第二阀座开口分别由第一环状阀座嵌件和第二环状阀座嵌件上的开口充当。

【名称】 增强超高分子量聚乙烯管材及其制造方法和设备
【公开（公告）号】 1584383
【公开（公告）日】 2005.02.23
【申请（专利权）人】 刘阜东
【地址】 （250014）山东省济南市经十东路 157 号杨彪
【发明（设计）人】 刘阜东
【摘要】 本发明提供一种增强超高分子量聚乙烯管材及其制造方法和设备，它的拉伸强度是 50MPa 左右，管壁厚度在相同管径、相同工作压力条件下是 PE100 型管材壁厚的 60%～75%，是超高分子量聚乙烯管材壁厚的 70%～85%。为工程塑料管道提供一种在管壁薄、制造成本低的前提下，具有质轻、高强度、高耐磨性及高耐疲劳性的产品。本发明的检测证明：拉伸强度为 50MPa 左右，冲击强度为 130kJ/m^2 左右，耐磨性能是钢的 4～7 倍、尼龙的 4 倍、PE100 的 3 倍，抗环境应力开裂能力超过 4000 小时，耐疲劳性能为 80 万次左右，耐低温为在 −40℃ 温度状态下冲击强度不降反而达到最高值。本发明的产品成本比 PE100 型管材和超高分子量聚乙烯管材降低 35% 左右，本发明还具有生产使用安全可靠、工程造价低等优点。

【名称】 发光二极管贴片彩虹灯带
【公开（公告）号】 1584388
【公开（公告）日】 2005.02.23
【申请（专利权）人】 杨忠义
【地址】 （518067）广东省深圳市蛇口花果路 62 号 6 栋 401 号
【发明（设计）人】 杨忠义
【摘要】 本发明涉及一种“发光二极管贴片彩虹灯带”技术。提供一种安全低电压、微功耗、长寿命、发光柔和、多颜色的整体彩虹灯发光带。其主要结构：焊接发光二极管贴片及电阻组合的软体印刷电路板、发光二极管贴片、一定厚度及宽度的软体塑料光纤带、软体塑料光纤带表面上喷涂或印刷上的“采光材料”层、透明扁形保护套带、端头电源插头等组成。采用安全低电压当贴片通电发光时，利用塑料光纤材料及采光材料对光的反射、折射、衍射等原理。在采光材料层发出柔和的光，形成发光带。此彩虹灯带可以任意长度、可卷、可弯。特点是节能、亮度高、长寿命、多颜色等。主要用于亮化工程，也可兼做照明。

【名称】 显示器用塑料基板及显示元件
【公开（公告）号】 1584683
【公开（公告）日】 2005.02.23
【申请（专利权）人】 东曹株式会社
【地址】 日本山口县
【发明（设计）人】 土井亨
【摘要】 本发明提供一种着色少，光学特性、耐热性、耐热变色性及机械特性优良的显示器用塑料基板及由其构成的显示元件。该基板是含有特定的富马酸二酯残基单元在 60%（摩尔含量）或 60%（摩尔含量）以上，且用凝胶渗透色谱法求出的标准聚苯乙烯换算的数均分子量为1 000～500 000的富马酸二酯类树脂，其厚度为 30～600μm 的显示器用塑料基板及由其构成的显示元件。

【名称】 一种新型中空塑料床头板及工艺和用途
【公开（公告）号】 1586361
【公开（公告）日】 2005.03.02
【申请（专利权）人】 钱品兴
【地址】 （201901）上海市宝山区共祥路258号
【发明（设计）人】 钱品兴
【摘要】 本发明涉及家具类日常生活领域，具体地说是一种新型中空塑料床头板，其特征在于正面板壁制有凹形平面，在正面板壁的凹形平面内相对均布的加强筋的周边壁与正面板壁端点连接形成加强筋开口，加强筋底部与反面板壁连接，在正面板壁的凹形平面内粘贴相对应的装饰薄板。本发明同现有技术相比，由于制品反面除了安装连接结构所需要外，基本上消除了设置加强筋所形成的凹陷，平正美观易于清洁；在正面再粘贴一层装饰薄板掩盖加强筋所形成的凹陷，而且可以在制品正面设置相对更多均布的加强筋，使制品表面平整度更好，并且在达到同样强度要求时适当减薄制品壁厚，投资少、成本低、实用性强，值得推广应用。

【名称】 防水木粉板
【公开（公告）号】 1586844
【公开（公告）日】 2005.03.02
【申请（专利权）人】 徐嘉
【地址】 （317000）浙江省临海市第五中学
【发明（设计）人】 徐嘉
【摘要】 本发明防水木粉板，是建筑用木粉压制板，是将塑料粉碎，加入白油，与干燥的木粉混合均匀，经塑料挤出机挤出、造粒，再粉碎，最后加温模压成型。由于采用了塑料，在木粉颗粒的表面形成包裹层，提高了板材的防水性，并且与塑料扣板相比具有可降解性，有利于环保。

【名称】 无烟型再生塑料造粒机
【公开（公告）号】 1586856
【公开（公告）日】 2005.03.02
【申请（专利权）人】 竺绍平
【地址】 （315500）浙江省奉化市锦屏街道中塔路27-50号
【发明（设计）人】 竺绍平
【摘要】 本发明涉及一种挤出型塑料造粒机械，尤其指在熔炼造粒过程中没有烟雾和有害气体排出的无烟型再生塑料造粒机。其特征是在现有的再生塑料造粒机的排气口上方连接一个烟雾消除装置，将其排出的可燃气体、水蒸气和其他有害气体通过收集，再回流到高温加热区“烧掉”，因此整个再生造粒过程没有烟雾排出。对保护操作人员的身体健康和防止大气环境的再次污染都有很大的好处，的确是一种值得推广的环保型再生塑料造粒机。

【名称】 双点拉伸强化塑料膜的生产方法
【公开（公告）号】 1586867
【公开（公告）日】 2005.03.02
【申请（专利权）人】 南京工业职业技术学院
【地址】 （210016）江苏省南京市中山东路532-2号
【发明（设计）人】 李彩虹
【摘要】 本发明公开了一种具有两个拉伸工位且拉伸工艺可调节的双点拉伸强化塑料膜的生产方法，首先将基膜安装到放卷机上；并通过预热机对基膜进行预热；然后由两个拉伸机对基膜进行双点拉伸，且各个拉伸工位和拉伸比均可调节；再通过定型机对拉伸后的基膜进行热处理和电晕处理，最后经过冷却后由收卷机牵引收卷。与现有技术相比，本发明可适用于各种薄膜的二次拉伸与定型，拉伸的薄膜强度高、透明度和光泽度好、耐温性和阻隔性强；具有优良的包裹性能，在塑料薄膜二次加工工艺中具有广阔的市场前景和经济价值。

【名称】 塑料管材热熔对接焊机
【公开（公告）号】 1586869
【公开（公告）日】 2005.03.02
【申请（专利权）人】 浙江枫叶集团有限公司
【地址】 （311814）浙江省诸暨市店口镇湄池
【发明（设计）人】 张文龙　朱世民　吕仲法　杜建伟　张树峰　吴昶　傅铖
【摘要】 一种塑料管材热熔对接焊机，属塑料管材焊接设备的制造技术领域。主要包括由带控制器的上机架和下机架等构成的机架，由固定夹持组和移动夹持组等构成的装夹装置，由带翻转油缸的滑动座滑轨、带平移油缸的滑动座、带减速箱的切削马达、带车刀的刀板等构成的切削装置，由上滑座、下滑座、加热板架滑动体、带加热板的加热板架等构成的加热装置。本发明设计合理，整体结构紧凑，能自动连续完成塑料管材的装夹、切削、加热、对接，适用于各类塑料管材的热熔对接，特别适用于 ϕ800～2 000mm 大口径热塑性塑料管材及管件的热熔对接。

【名称】 金属管道内覆塑料膜的工艺方法
【公开（公告）号】 1586871
【公开（公告）日】 2005.03.02
【申请（专利权）人】 新兴铸管股份有限公司
【地址】 （056300）河北省武安市2672工厂钢研所马沛秦
【发明（设计）人】 范英俊　王黎晖　申勇　叶丙义

刘延学　段欣　朱伟

【摘要】本发明属于复合管技术领域，特别涉及一种金属管道内覆塑料膜的工艺方法。首先将截面形状与金属管相同但外径比金属管内径稍小的塑料管膜外壁涂胶，对金属管进行内表面除锈等预处理，将外壁涂胶的塑料管膜插入金属管内，一端利用翻边机翻至金属管的端头上，实现该端与金属管之间的密封，然后从另一端对金属管与塑料管膜之间形成的空间抽真空加负压，对塑料管膜内部施加正压，然后对金属管外壁加热，塑料管膜在压力、温度的作用下与金属管内壁复合。它生产的复合管卫生性能好，不会造成二次污染，彻底消除了针孔缺陷，抗腐蚀和耐老化性能优异，不论其口径大小都能保持较低的价格。

【名称】刷辊筒及制作工艺
【公开（公告）号】1586873
【公开（公告）日】2005.03.02
【申请（专利权）人】庄国华
【地址】（311101）浙江省杭州市余杭区乔司镇工业区浙江圣丹实业有限公司
【摘要】本发明及一种刷辊筒，主要用于涂料和油漆的涂刷。塑料板条通过螺旋成型机中的螺旋成型卷芯卷成螺旋筒体，螺旋筒体的表面加热至熔融状态，腈纶纤维绒或涤纶纤维绒复合在表面熔融状态的塑料板条上或复合在螺旋筒体上即构成刷辊筒。

【名称】塑料注射-压制复合成型工艺及其模具
【公开（公告）号】1586874
【公开（公告）日】2005.03.02
【申请（专利权）人】广东工业大学
【地址】（510643）广东省广州市天河区广东工业大学五山校区
【发明（设计）人】李江平
【摘要】本发明是一种塑料注射-压制复合成型工艺及其模具。本发明的塑料注射-压制复合成型工艺，包括有加热塑化、模具一级合模、熔融塑料注入到模具的封闭型腔、型腔加热保温、模具二级合模、型腔冷却定型、塑件脱模的步骤。本发明塑料注射-压制复合成型模具包括有凹模、凸模、合模导向机构及两级闭模开模机构，本发明的注射-压制复合成型工艺可改善生产环境，使之与塑料注射模塑成型工艺一样具有良好的生产环境。本发明的注射-压制复合成型模具，不仅能生产形状复杂的精密大型塑件，有利于流动性差黏度大的塑料的加工，而且生产效率较高的塑料注射-压制复合成型模具，其设计巧妙，结构简单，装配容易，性能优良。

【名称】一种电脑控制热封切锥体制袋机
【公开（公告）号】1586878
【公开（公告）日】2005.03.02
【申请（专利权）人】林侯荣
【地址】（325200）浙江省瑞安市安阳镇北隅村
【发明（设计）人】林侯荣
【摘要】本发明公开了一种电脑控制热封切锥体制袋机，其主要特征是该机包括驱动装置、输送装置、电脑控制装置和锥体热封热切移动装置，所述热封热切装置上设有左右对称的气缸、下立轴、上立轴、下拖板、上拖板。其工作原理是由安装在电机驱动轴上的小齿轮带动凸轮上的边杆拉动热封热切移动装置上的上下拖板来回运动，并由光电开关控制左右汽缸的活塞运动，使烫刀将塑料袋锥体型在左右上立轴上滑动旋转斜度封切成型。

【名称】凹形中空塑料板的工艺和用途
【公开（公告）号】1586910
【公开（公告）日】2005.03.02
【申请（专利权）人】钱品兴
【地址】（201901）上海市宝山区共祥路258号
【发明（设计）人】钱品兴
【摘要】本发明涉及家具类塑料板的结构改进技术，是一种凹形中空塑料板，其特征在于正面板壁制有凹形平面，在正面板壁的凹形平面内相对均布的加强筋的周边壁与正面板壁端点连接形成加强筋开口，加强筋底部与反面板壁连接，在正面板壁的凹形平面内粘贴相对应的装饰薄板。本发明同现有技术相比，由于制品反面除了安装连接结构所需要外，基本上消除了设置加强筋所形成的凹陷，平正美观易于清洁；在正面再粘贴一层装饰薄板掩盖加强筋所形成的凹陷，而且可以在制品正面设置相对更多均布的加强筋，使制品表面平整度更好，并且在达到同样强度要求时适当减薄制品壁厚，投资少、成本低、实用性强，值得推广应用。

【名称】塑料啤酒瓶
【公开（公告）号】1586995
【公开（公告）日】2005.03.02
【申请（专利权）人】宁波色母粒有限公司　刘鹰
【地址】（315040）浙江省宁波市江东区七里垫
【发明（设计）人】刘鹰
【摘要】本发明涉及一种塑料啤酒瓶，包括一塑料瓶体，它还包括一内袋，内袋以阻隔塑料制成，贴合于塑料瓶体内。它有良好的阻隔性，同时可以耐高温，并且成本低廉。

【名称】一种灌装饮用管及带有这种管的软包装容器
【公开（公告）号】1587006
【公开（公告）日】2005.03.02
【申请（专利权）人】汕头市虹桥包装实业有限公司

【地址】（515021）广东省汕头市大学路32号
【发明（设计）人】罗仕泽
【摘要】本发明提供一种灌装饮用管，以及采用这种管的软包装容器。这种灌装饮用管包括连接段以及连接在连接段之上的吸嘴段，所述吸嘴段另一端连接一灌装段，吸嘴段的横截面外缘与灌装段的横截面内缘或者吸嘴段的横截面内缘与灌装段的横截面外缘形状和大小相匹配；吸嘴段和灌装段之间的连接处在外力作用下易断开。采用上述灌装饮用管的一种软包装容器，它包括上述灌装饮用管和软包装容器体，还设有将所述吸嘴段以及吸嘴段与灌装段之间的连接处密封的包装膜。本发明提供的灌装饮用管采用塑料一体成型，生产成本低，吸嘴段可保持清洁；可防止使用过的软包装容器被再次使用；当物料一次饮用不完时，可将灌装段作为盖子或塞子，套接到吸嘴段上。

【名称】乙烯-三氟氯乙烯共聚物的制备方法
【公开（公告）号】1587287
【公开（公告）日】2005.03.02
【申请（专利权）人】大连振邦氟涂料股份有限公司　中国科学院上海有机化学研究所
【地址】（116036）辽宁省大连市高新园区甘井子分园营城子镇金龙寺沟
【发明（设计）人】章云祥　巩永忠　郭学民　黄之祥
【摘要】本发明涉及乙烯-三氟氯乙烯共聚物的制备方法，采用二步法悬浮聚合二元共聚工艺，应用种子聚合的概念，第一步用乙烯和三氟氯乙烯在含有少量水相的有机相中进行种子聚合，合成了低乙烯含量的乙烯-三氟氯乙烯类橡胶共聚物，然后以此作为种子，增加溶剂中水相的比例，继续聚合进而合成1∶1摩尔比交替共聚物。本发明优点是在不加昂贵含氟第三单体的条件下，合成了耐应力开裂性能优良的乙烯-三氟氯乙烯二元共聚物，共聚物具有优异的物理性能、机械加工性能，耐热、耐候及耐腐蚀。本发明产品熔融指数0～30g/10min（230℃，5kg），适用于工程塑料和厚型涂层；熔融指数30～80g/10min（230℃，5kg），适用于薄层涂层。

【名称】可溶性聚酰亚胺的制备方法
【公开（公告）号】1587298
【公开（公告）日】2005.03.02
【申请（专利权）人】上海华谊（集团）公司
【地址】（200025）上海市卢湾徐家汇路560号
【发明（设计）人】贺飞峰　吕珏　于娜
【摘要】芳族二酐和芳族二胺按等摩尔比，在*N*-甲基吡咯烷酮/二甲苯混合溶剂中在异喹啉或*β*-皮考啉催化剂存在下于150～180℃反应2～8小时，180～210℃反应0.25～8小时，蒸出二甲苯后，直接把聚合物溶液涂布在玻璃板或金属板或塑料薄膜上，于100℃，160℃，250℃各加热1小时。得到的聚酰亚胺薄膜具有数均分子量50 000～160 000，重均分子量120 000～280 000，拉伸强度85～120MPa，伸长率6.9%～10%。

【名称】有机-无机杂化树脂及其涂层材料的制备方法
【公开（公告）号】1587299
【公开（公告）日】2005.03.02
【申请（专利权）人】复旦大学
【地址】（200433）上海市邯郸路220号
【发明（设计）人】游波　武利民　廖慧敏　陈辉　周树学
【摘要】本发明涉及化工、建材领域，是一种高性能的有机-无机杂化树脂及其保护涂层材料的制备方法。传统的涂层材料有有机涂层和无机涂层材料两种，有机涂层材料成膜性好，使用方便，但一般耐温性、耐候性和耐沾污性较差；无机涂层硬度高，耐热性好，但难于加工成型，难于室温固化，不适合于大面积使用。本发明采用不同有机官能团的硅烷前驱物在一定条件下水解、缩合、获得具有一定分子量的、并在纳米尺寸范围内杂化的可常温固化成膜的有机-无机杂化树脂和涂层材料，该涂层材料具有透明性好、附着力强、硬度高、耐候性和耐污性好等特点，可用于既需要保护和装饰，又需要保持原貌的各种金属、石材、混凝土、砖石、玻璃、塑料等基材表面；也可加入颜填料、助剂等制成涂料，用于上述基材表面。

【名称】一种完全生物降解塑料餐饮具的发泡成型方法
【公开（公告）号】1587305
【公开（公告）日】2005.03.02
【申请（专利权）人】胡靖
【地址】（730070）甘肃省兰州市城关区南昌路354号602室
【发明（设计）人】胡靖　冯铮
【摘要】本发明公开了一类淀粉基可完全生物降解塑料餐饮具的发泡成型配方及工艺，该类餐饮具主要由淀粉（占80%以上）、聚乙烯醇、增塑剂和发泡剂及其他辅料（如纸浆）和填料（如稻壳粉、玉米蕊或秸秆粉、SiO_2、碳酸钙等中的一种或几种）等共混，经发泡，表面处理后成型。其特点是克服了淀粉作快餐饭盒等餐饮具时在淀粉比例高时易脆及高温耐水性不够的缺点，且聚乙烯醇本身有黏合剂及在水存在下发泡的作用，而纸浆等改善了制品的韧性，稻壳粉或秸秆粉、SiO_2等填料可改善制品的高温耐水性，是一类价廉物美的可完全生物降解的淀粉基塑料，可以制成各类可完全降解的餐饮具。

【名称】 环保防伪型全生物降解塑料发泡及流延成型方法

【公开（公告）号】 1587306

【公开（公告）日】 2005.03.02

【申请（专利权）人】 胡靖

【地址】 （730070）甘肃省兰州市城关区南昌路354号602室

【发明（设计）人】 胡靖 冯铮

【摘要】 本发明公开了一类淀粉-壳聚糖-PVA型全降解塑料发泡及流延成膜方法。该类发泡材料由淀粉-壳聚糖-聚乙烯醇及增塑剂和发泡剂（一般为水）等共混，经在发泡设备的模具中于150～160℃发泡，所得制品兼有淀粉-壳聚糖-PVA发泡材料的优点。它改进了淀粉-PVA发泡材料的耐水性能，其发泡材料的缓冲性能高于JIS_2级。适合替代不降解的聚苯乙烯发泡材料，也可用流延法或吹塑法成膜，膜具有透明性，柔顺性，不溶于水。均能在自然环境中完全降解，对消除白色污染，保护环境具有重要意义，用此配方所制得的膜及发泡材料可用作可完全降解的包装材料。同时，因为其独特性，还可用作防伪包装材料。

【名称】 光降解纳米TiO_2-聚乙烯复合塑料的制备方法

【公开（公告）号】 1587309

【公开（公告）日】 2005.03.02

【申请（专利权）人】 武汉大学

【地址】 （430072）湖北省武汉市武昌珞珈山

【发明（设计）人】 昝菱 王松林 罗其荣

【摘要】 本发明涉及一种高效的可光降解纳米TiO_2-聚乙烯复合塑料的制备方法，将纳米TiO_2粉体用表面改性剂进行表面改性得到改性纳米TiO_2粉体，将改性纳米TiO_2粉体、聚乙烯、聚乙烯蜡在双螺杆混炼机上共混挤出含纳米TiO_2的母粒，母粒中TiO_2含量为20%～40%（质量份），聚乙烯含量为0～20%（质量份），聚乙烯蜡的含量为40%～80%（质量份），然后将含纳米TiO_2的母粒与聚乙烯原料共混，采用双螺杆混炼机混炼制备TiO_2的含量为0.5%～5%（质量份）的光降解纳米TiO_2聚乙烯复合塑料。本发明成本低，工艺简单，所制得的光降解纳米TiO_2-聚乙烯复合塑料经使用废弃后能在太阳光照的情况下发生有效的光降解，可降低白色污染的影响。

【名称】 光降解纳米复合塑料的制备方法

【公开（公告）号】 1587312

【公开（公告）日】 2005.03.02

【申请（专利权）人】 武汉大学

【地址】 （430072）湖北省武汉市武昌珞珈山

【发明（设计）人】 昝菱 田丽红 钟家柽

【摘要】 本发明涉及一种光降解纳米复合塑料的制备方法，将纳米TiO_2粉体用表面改性剂进行表面改性得到改性纳米TiO_2粉体，将聚苯乙烯、发泡聚苯乙烯或聚氯乙烯溶解在氯仿或四氢呋喃溶剂中，再加改性纳米TiO_2粉体，挥发溶剂后制得光降解纳米复合塑料；其中聚苯乙烯或发泡聚苯乙烯、聚氯乙烯与改性纳米TiO_2粉体的用量质量比为100：（0.5～5）。本发明成本低，工艺简单，所制得的光降解纳米复合塑料经使用废弃后能在太阳光照的情况下发生有效的光降解，可降低白色污染的影响。

【名称】 一种片状模塑料及其成型方法

【公开（公告）号】 1587317

【公开（公告）日】 2005.03.02

【申请（专利权）人】 北京玻璃钢研究设计院

【地址】 （102101）北京市261信箱

【发明（设计）人】 杨德旭 张林文 张德镛 杜志花 王秀梅

【摘要】 本发明公开了一种片状模塑料及其成型方法，目的是提供一种在低温低压成型的片状模塑料及其成型方法。本发明所提供的片状模塑料，含有下述质量份数比的物质：不饱和聚酯60～90；聚苯乙烯或聚乙烯乙酸酯10～40；脱模剂1～3；MgO糊3～3.5，所述MgO糊为MgO粉末与树脂载体混合后经研磨制得；酰胺0.8～1.0；引发剂2～3；硬脂酸锌2～4；苯乙烯4～5；碳酸钙或氢氧化铝或瓷土100～180；短切玻纤60～110。其成型包括高速分散机搅拌混合、片状模塑料机组浸润、35～40℃温度下增稠和1.5～2.0MPa下固化等步骤。本发明的低温低压片状模塑料，产品出现黏度平台，性能稳定，对于降低设备要求，减少投资，具有重要意义。

【名称】 一种高稳定、高透明性的金红石型纳米二氧化钛浆及其分散制备方法

【公开（公告）号】 1587325

【公开（公告）日】 2005.03.02

【申请（专利权）人】 复旦大学

【地址】 （200433）上海市邯郸路220号

【发明（设计）人】 武利民 刘娅莉 于占锋 游波 周树学

【摘要】 本发明属化工涂料领域。本发明是一种高稳定性、高透明性的金红石型纳米二氧化钛TiO_2浆研磨分散制备技术。纳米二氧化钛（TiO_2）浆作为添加剂组分加入汽车涂料中可以增强金属闪光涂料的随

角异色效果，此外也可以用于木器涂料、塑料及油墨中，起到吸收紫外线、增强性能的作用。本发明使用循环搅拌球磨机湿磨法，再通过超声分散预处理和选择的分散剂，并按照分散剂的使用比例，研磨制备出的 TiO_2 浆粒径分布主要在 30～200nm，平均粒径为 100～120nm，分散稳定性非常优越，室温贮存 6 个月以上无任何返粗、分层现象，离心加速试验5 000 r/min 无法使之分层。将上述的纳米 TiO_2 浆按一定比例和铝粉配合使用，可得到随角异色效果显著且 UV 吸收能力强的高级轿车用金属闪光面漆。

【名称】 可连续工业化大规模生产的废塑料油化装置

【公开（公告）号】 1587350

【公开（公告）日】 2005.03.02

【申请（专利权）人】 姜皓

【地址】 （100024）北京市北京科技大学管庄校区教务处（金小华转）

【发明（设计）人】 姜皓

【摘要】 本发明涉及一种可连续工业化生产的废塑料油化装置，它包括：反应釜，连接所述反应釜的进料装置，供所述反应釜反应的加热装置，设置在所述反应釜底部的排焦装置，依次连接在所述反应釜之后的分馏-汽提-冷凝冷却装置，油气分离-气体吸收装置，油品萃取精制装置，以及由油气分离-气体吸收装置引出的液化气回收装置；其特征在于：它还包括由具有烟气脱黑除尘和废渣废水处理回收功能的三废处理装置，所述烟气脱黑除尘装置连接所述加热装置的烟道出口，所述废油废水处理回收装置连接所述油品萃取精制装置；所述进料装置包括热压增密轧辊装置和高温密封加料装置两部分；所述加热装置为非明火辐射式加热装置，所述排焦装置至少包括三个互锁排焦滑阀。本发明既可用于废塑料裂解油化，又可适用于各种废润滑油重质油裂解轻质化生产高质燃油或汽油柴油馏分，回收液化气等。

【名称】 用白泥制备轻质碳酸钙产品的方法

【公开（公告）号】 1587508

【公开（公告）日】 2005.03.02

【申请（专利权）人】 崔木春

【地址】 （065000）河北省廊坊市和平路 53 号三喜矿业

【发明（设计）人】 王亚双　崔木春　王岩民　程艳龙　高印良　张彩哲　张春峰　王玲玲

【摘要】 本发明涉及一种在造纸制浆碱回收中产生的附属产物——白泥的回收技术。这种用白泥制备轻质碳酸钙产品的方法，包括以下工序：过筛除杂、清洗、研磨、过筛，其改进之处在于还包括以下工序：压力过滤脱水、烘干。该方法的压力过滤脱水工序是关键工序，可使白泥物料的浓度由 15％～25％达到 50％～75％干度，彻底解决了白泥碳酸钙浆料脱水困难的难题。再经烘干后的轻质碳酸钙产品干度可到 99.5％左右。该工艺方法进一步提升了白泥回收的经济附加值，所制备的轻质碳酸钙产品能够广泛应用于塑料、橡胶、涂料以及造纸等领域，具有可观的经济效益，从环保角度讲，也具有显著的社会效益。

【名称】 两矮轨高性能框面内卷轴纱窗推拉窗

【公开（公告）号】 1587625

【公开（公告）日】 2005.03.02

【申请（专利权）人】 王治家

【地址】 （116033）辽宁省大连市沙河口区锦绣小区锦泉南园 13-3-4-3 号

【发明（设计）人】 王治家　徐晶

【摘要】 塑料推拉门窗的窗扇轨矮化后，沙扇轨的高度成为窗的水密性参数，本发明通过如下技术使推拉窗框的两扇轨矮化后，取消第三轨，实现节约原料 30％以上的同时，提高水密性达 600Pa 以上，卷轴纱窗与窗框在同一个立面内，保持了窗的立面的美观性。两轨矮化的框型材，在钢衬腔内设计出水平内筋板，将钢衬腔分割成矮化的钢衬腔和空腔。在下框的积水槽上加工出“切水槽”，使室外侧的水由“切水槽”切断侵入室内的路径，经由空腔排出室外。窗扇轨矮化后，卷轴纱窗安装窗框轨面上，使卷轴纱窗与窗框在同一个立面内。

【名称】 聚乙烯管道穿越滩涂与浅水河道的施工方法

【公开（公告）号】 1587770

【公开（公告）日】 2005.03.02

【申请（专利权）人】 上海自来水给水设备工程有限公司

【地址】 （200072）上海市沪太路 815 号

【发明（设计）人】 魏思平　朱普霞　杨祖光　张青春　蔡燕飞　冯益　戴炼炼

【摘要】 本发明公开了一种聚乙烯管道穿越滩涂与浅水河道的施工方法，该方法包括以下步骤：对管位测量放样，埋设导线保护桩，形成施工控制导线；根据施工部位不同地质状况以及河道的深浅采用相适应的设备和方法开挖沟槽；水下检视及沟槽修整；管道铺设；管道拼接；对管道水下检验和处理；管沟回填；管道试压；管道冲洗消毒。本发明针对不同特征河道的施工点分别采用与之相适应的施工方法，充分利用了聚乙烯塑料管材的特性，高效可靠地实现了滩涂与浅水河道处聚乙烯塑料管道的越江施工。

【名称】 聚乙烯塑料管道长距离深水越江施工方法

【公开（公告）号】 1587771

【公开（公告）日】 2005.03.02

【申请（专利权）人】 上海自来水给水设备工程有限公司
【地址】 （200072）上海市沪太路815号
【发明（设计）人】 杨祖光　陶伟元　魏思平　张青春　朱普霞　蔡燕飞
【摘要】 本发明涉及聚乙烯塑料管道长距离深水越江施工方法，该方法包括以下步骤：管位测量放样，埋设导线保护桩，形成施工控制导线；施工船定位；沟槽开挖；水下检视及沟槽修整；管道拼接；在管道上配置配重砼块和浮球；管道入位和定位；管道水下检验和处理；管沟回填；管道试压；管道冲洗消毒。本发明有效利用了塑料管材的有益特性，规避了塑料管材给施工带来的不利影响，使工程质量得到保证，施工效率得到提高；采用本发明的技术方案，只需运用越江铺设管道所需的常用设备即可，不必特意为工程添置专用设备。

【名称】 一种用塑料型材螺旋卷绕法制造的管道
【公开（公告）号】 1587774
【公开（公告）日】 2005.03.02
【申请（专利权）人】 黄伟　张力彬　陈毓基　列文裕
【地址】 （400030）重庆市南坪长江新村11-11号
【发明（设计）人】 黄伟
【摘要】 本发明的目的在于提供一种能制成超大口径的、可以现场制作的、没有接头（或接口）的、使用寿命长的型材塑料螺旋缠绕管道，由型材料带通过成型机卷绕制成。型材料带边沿分别拥有双圆雄头和双圆雌槽，卷绕过程中相互嵌合，双圆雄头和双圆雌槽中间的料带部分为双层结构，双层之间有加强筋。本发明由于所述结构而具有型材工厂化生产、管道现场制成、相邻检查井（窨井）间勿需进行管道连接、无须水泥基础或管道基座、质量轻、安装方便、施工速度快、使用寿命长、隔热、隔音等优点，还可根据需要可制成大口径的输送管道。

【名称】 无导光点阵的导光板
【公开（公告）号】 1588132
【公开（公告）日】 2005.03.02
【申请（专利权）人】 北京远程匀光科技有限公司
【地址】 （100085）北京市海淀区清河永泰园16号楼2207室
【发明（设计）人】 张军　田惠芬
【摘要】 本发明涉及一种应用于液晶显示系统、仪表盘、导光板超薄灯箱、广告板、标识等领域的背光源导光板。本发明利用超细颗粒的光散射将线光源转变为面光源，不需要在透明塑料基材上制作点阵。

【名称】 单一材料的塑料（聚合物）光纤及其制造方法
【公开（公告）号】 1588142
【公开（公告）日】 2005.03.02
【申请（专利权）人】 燕山大学
【地址】 （066004）河北省秦皇岛市河北大街438号
【发明（设计）人】 于荣金
【摘要】 本发明公开一种单一材料的塑料（聚合物）光纤及其制造方法，纤芯区采用均匀的单一材料塑料实芯，包层内由不同形状、不同大小、任意排列的空气孔组成，但不容许从纤芯向外有30°左右的扇形面内出现无孔区；数值孔径达到0.25以上。本发明的优点是：材料单一，工艺过程更简捷，且可节省一台螺杆机或一套包层涂覆设备，消除了不同材料间匹配性、兼容性以及相互影响等因素，在数值孔径选择和实现上更具灵活性，从多方面降低了生产成本，适合连续大批量生产。

【名称】 掺锑和稀土的氧化锡的复合导电粉的制备方法
【公开（公告）号】 1588568
【公开（公告）日】 2005.03.02
【申请（专利权）人】 上海应用技术学院
【地址】 （200235）上海市徐汇区漕宝路120号
【发明（设计）人】 刘小珍
【摘要】 本发明公开一种掺锑和稀土的氧化锡的复合导电粉的制备方法。用镧、铈、镨、钕、钐、铕、钆、铽、镝、钬、铒、铥、镱、镥、钇、钪等稀土氧化物中的一种或一种以上的稀土氧化物的混合物以及锡粉、三氧化二锑、络合剂、硝酸制成混合溶液；配制一定浓度碱液；将导电芯材分散在水溶液中，在搅拌下以并流滴加的方式加入上述的混合溶液和碱液，并控制一定的pH值，得到共沉淀物。分别用去离子水和有机洗液洗涤共沉淀物，共沉淀物在100～105℃下烘干，研磨，并在400～1100℃下煅烧，得到导电粉体。这种导电粉体的电阻率低于7.2Ω·cm。本发明的掺锑和稀土的氧化锡的复合导电粉的使用温度明显提高，可超过900℃，可广泛用于导电涂层、导电纤维和导电塑料。

【名称】 软性薄型复合基板
【公开（公告）号】 1589091
【公开（公告）日】 2005.03.02
【申请（专利权）人】 胜华科技股份有限公司
【地址】 中国台湾
【发明（设计）人】 王志源　张恒毅　张惠喻　许雅菱　黄敬佩　许兆凯
【摘要】 本发明公开了一种软性薄型复合基板，其具有一塑料基材，于该塑料基材上以真空物理镀膜方式设置一层厚度介于1～1 000nm的合金铜层，该合金铜层系为0.1%～99.95%的铜金属与镍、铬、锰、钼、铁、磷等其中至少一种元素的合金，且于该合金铜层上设置一层铜箔层。本发明可减少制造工时以及简化制造复杂度，而使制造成本相对降低。

【名称】 用于通过注射模制生产塑料制品的方法

【公开（公告）号】 1590068

【公开（公告）日】 2005.03.09

【申请（专利权）人】 协和电机化学株式会社

【地址】 日本东京都

【发明（设计）人】 广田嘉七

【摘要】 本发明涉及一种通过注射模制工艺用于生产塑料产品的方法。塑料材料压模装置中的一个活动压模被加热50～70℃，或60～95℃，并放置在涂覆站施加液体丙烯酸清漆涂料或氨基甲酸乙酯或环氧树脂基涂料在活动压模的模制表面上。然后，活动压模被移动进入一个温度保持在50～60℃，或80～90℃的干燥室，并且被放置在干燥室中30～90秒，或6～30秒以使应用在模制表面上的涂料半干燥。随后，活动压模连接到一压模装置的固定压模用于形成模腔。然后，熔化的塑料材料被注射进入模腔以产生具有涂料涂覆薄膜的注塑成型产品。

【名称】 新型全自动塑料吹瓶机

【公开（公告）号】 1590071

【公开（公告）日】 2005.03.09

【颁证日】 2003.8.27

【优先权】 CN 03150701.8

【申请（专利权）人】 林明茳

【地址】 （318020）浙江省台州市黄岩区东城黄椒路528号

【发明（设计）人】 林明茳

【摘要】 一种新型全自动塑料吹塑机，包括一台机架，机架上安装环形输送机构，在环形输送机构上分段安装有塑料瓶管的进料装置、塑料瓶管的加热装置和加热道旁塑料瓶管的自转链条机构、拉吹模具成型装置以及塑料瓶的取出装置，拉吹模成型装置包括第一模板、第二模板、第三模板、锁模机构以及拉伸气缸，各个模板套接在拉杆上，第一模板和第二模板安装在环形输送机构的两侧，第一模板、第二模板、第三模板可滑动地安装在横向滑道上，第二模板与第三模板之间安装有锁模机构，拉伸气缸与瓶管支承座的底部相配合。本发明所述的全自动塑料吹瓶机通过定位齿轮保证第一模板、第二模板同步移动、移位准确，可以保证塑料瓶拉吹成型的质量。

【名称】 用于联结扁平的塑料材料的装置

【公开（公告）号】 1590077

【公开（公告）日】 2005.03.09

【申请（专利权）人】 莱斯特加工技术公司

【地址】 瑞士萨尔嫩

【发明（设计）人】 陈杰伟　M. 皮罗纳托

【摘要】 本发明涉及用于按照激光透射法尤其是将塑料带大面积地焊接成栅格结构的装置。为此，多个加工头被组装成一个单元，从而能够达到高的生产能力。在这些加工头之间还有间隔机构用于调节待焊接的上层透明材料带的间距。

【名称】 塑料注塑导轨

【公开（公告）号】 1590146

【公开（公告）日】 2005.03.09

【申请（专利权）人】 博斯股份有限两合公司

【地址】 德国奥斯特菲尔登

【发明（设计）人】 M. 哈森　H. 魏因布伦纳　H. 沃尔特　O. 比尔　M. 迈尔

【摘要】 一种用于机动车的窗玻璃卷帘具有由塑料构成的导轨。该导轨按照特殊方式如此构成，即可以使用没有活动模芯的注塑模具来制造该导轨。

【名称】 长效抗菌塑料容器及其制造方法

【公开（公告）号】 1590238

【公开（公告）日】 2005.03.09

【申请（专利权）人】 东莞市金富实业有限公司

【地址】 （523915）广东省东莞市虎门镇博涌村博美工业区

【发明（设计）人】 沈揆生　雷谦　陈金培

【摘要】 本发明涉及一种长效抗菌塑料容器及其制造方法，其特征是：由纳米级金属离子混合塑料颗粒与塑料原料注塑而成；混合塑料颗粒由纳米级金属离子银、铜、钛、锌、镍中的一种或二种以上均匀地溶入塑料原料中并充分混合后制成，其中金属离子所占的质量百分比为20%～30%，塑料占总质量的70%～80%；长效抗菌塑料容器由混合塑料颗粒与塑料原料混合，经注塑机配上各种不同规格、各种形状的模具注塑而成，其中混合塑料颗粒占总质量的5%～10%，塑料原料占总质量的90%～95%。本发明涉及的抗菌塑料容器，其有效抗菌时间可以与抗菌塑料容器的寿命同步。本发明提供的抗菌塑料容器及其制造方法，工艺简单，加工制作容易，成本低廉，具有良好的经济效益。

【名称】 用于酯化的方法、体系和催化剂以及制备的酯和由酯制备的下游产品

【公开（公告）号】 1590361

【公开（公告）日】 2005.03.09

【申请（专利权）人】 罗姆和哈斯公司

【地址】 美国宾夕法尼亚

【发明（设计）人】 D. 拉普拉塞德 J.R. 科林

【摘要】 本发明提供一种用于酯化的体系、方法和催化剂。该酯化的方法包括在反应的反应物中加入一种碱处理的、磺化的、卤化的、热稳定的催化剂。该催化剂提供高选择性并在高温下不易分解。该酯化反应可用于制备乙酸酯、丙烯酸酯、天然脂肪酸酯、山梨糖醇衍生的酯、邻苯二甲酸酯和/或苯甲酸酯和从马来酐衍生的酯。本发明也提供用于酯化的体系和利用该方法生产的酯。从利用这里所述的方法制备的酯生产的各种下游产品包括：表面涂层的溶剂、油墨、织物、黏合剂、塑料、化妆品、表面活性剂、洗涤剂醇、润滑剂、增塑剂、调味剂和香料。

【名称】 塑料容器

【公开（公告）号】 1590450

【公开（公告）日】 2005.03.09

【申请（专利权）人】 住友化学工业株式会社

【地址】 日本国大阪府

【发明（设计）人】 城本征治 野泽博

【摘要】 公开了一种塑料容器，其器壁包括由一种组合物制成的薄层，所述的组合物含有大量的具有特定结构单元比例和特定熔体流动速率的结晶丙烯-乙烯-丁烯-1共聚物和少量的具有特定结构单元比例、特定熔体流动速率和特定密度的乙烯-α-烯烃共聚物的组合物制成的薄层，所述容器具有优良的挠性、低温冲击强度和耐久性。

【名称】 利用一次性透明聚丙烯塑料杯进行植物组织培养的方法

【公开（公告）号】 1593109

【公开（公告）日】 2005.03.16

【申请（专利权）人】 付翔

【地址】 （553001）贵州省六盘水市邮政局019801信箱

【发明（设计）人】 付翔

【摘要】 一种利用一次性透明聚丙烯塑料杯进行植物组织培养的方法，属于利用植物组织培养快速生产种苗的方法，它是将组织培养容器透明塑料杯和按常规技术配制的培养基分别置于高压灭菌锅内，控制温度在119～125℃的条件下灭菌20～30分钟，取出后在无菌状态下将培养基分装到透明塑料杯中，再用常规方法接种，并用杯盖或塑料纸将杯口密封，放入培养室进行培养，本发明成本低廉，操作容易，能适合各种植物组织培养，进行快速繁殖的种苗生产方法，通过采用生产成本低、质量轻的一次性透明塑料杯作为组织培养容器，以取代现有的玻璃瓶和塑料袋，有效地降低了生产成本，同时更方便操作，能够在更多的植物组织培养领域广泛使用。

【名称】 主动发光机动车车号牌

【公开（公告）号】 1593984

【公开（公告）日】 2005.03.16

【申请（专利权）人】 杨忠义

【地址】 （518067）广东省深圳市蛇口花果路62号6栋401号

【发明（设计）人】 杨忠义

【摘要】 一种主动发光机动车车号牌是由焊接贴片（或发光二极管）的印刷电路版、镶进贴片（或发光二极管）的塑料光纤板条、贴片或发光二极管、塑料光纤导光板、凸出导光板（与导光板一体）车牌发光号码、采光材料印刷层、车号牌金属面板、车号牌边框、底板等组成。当贴片（或发光二极管）通电（用车上12V电源）发光后，利用采光材料对光性能的特点，则车号牌的号码及地区号码均发光。突出特点是亮度高、低功率、长寿命、成本低。白天可以不发光，车号及地区号码与现在车牌号颜色相同；夜间随交管部门设定的颜色，设计和安装发光不同颜色光的贴片（或发光二极管），夜间给人们一种醒目高亮度柔和的主动发光车号牌。本发明属光电子学领域。

【名称】 连体包装瓶

【申请（专利权）人】 张开平

【地址】 （100045）北京市西城区真武庙2条9号中国广播电视音像资料馆1315房间

【发明（设计）人】 张开平

【摘要】 本发明公开了一种连体包装瓶，包括由塑料制成的至少两个瓶体，相邻的两个瓶体由易拆装的连接件连接在一起。连接件为分别与瓶体制成一体的槽和榫结构。槽榫结构的截面可以为燕尾槽形。在水平设置时，槽榫结构的长度为瓶体宽度的1/2以上。在竖直设置时，长度为瓶体高度的1/3～4/5。槽榫结构的截面还可以为圆形或椭圆形或心脏形，其槽榫结构的深度为瓶体厚度的1/3～1/2。这样的连体包装瓶更富有人情味，例如二人情侣包装、三人家庭包装或其他花样包装，提高了包装的文化档次、增加了消费者的生活情趣和使用者的方便性。

【名称】 一种软包装袋及饮水机进水导管和进水导管变径接头

【公开（公告）号】 1594043

【公开（公告）日】 2005.03.16

【申请（专利权）人】 思瑞电子科技（惠州）有限公司

【地址】 （516232）广东省惠州市惠城区潼侨新华大道26号

【发明（设计）人】 石景美 张智

【摘要】 本发明涉及一种软包装袋，用于饮用水及其他软饮料的包装。该软包装袋包括一次性使用的塑料袋体和密封塞，密封塞封接在袋体一侧的塑料接口上；密封塞包括密封塞主体和内盖，密封塞主体为一由内环和外环组成的套筒式结构，外环套合在内环上，内环为一圆柱体，内环和外环在一端结合成一体，内盖与密封塞主体的内环套装结合在一起。本发明还提供了与现有饮水机配合使用的饮水机聪明芯和聪明芯变径接头。本发明与现有包装桶相比，材料和生产成本低廉，可以避免在材料上的浪费；为一次性包装，无需回收重复利用，不存在回收费用和重复使用可能导致对内容物的污染；无论是空载还是满载，仓储运输成本大幅下降。

【名称】 一种粉煤灰增白的方法

【公开（公告）号】 1594185

【公开（公告）日】 2005.03.16

【申请（专利权）人】 清华大学

【地址】 （100084）北京市100084-82信箱

【发明（设计）人】 盖国胜　杨玉芬　郝向阳　蔡振芳

【摘要】 一种粉煤灰增白的方法，属于环境工程学科的固体废弃物资源化工程技术领域。具体方法是将粉煤灰与氢氧化钙溶液混合，加热、搅拌使粉煤灰表面实现良好改性；然后冷却浆料、通入二氧化碳气体中和残余氢氧化钙，系统设有磁性物循环脱除装置。经测定：最终产品既保持了粉煤灰球形颗粒易分散的特征，其表面又被包覆的硅酸钙等微粒子所改性，具有较大的比表面积和白度，粒度级配更合理。这种粉煤灰产品是塑料、橡胶等聚合物潜在的、具有广阔前景的优质填料。该技术的实施不仅能拓宽粉煤灰的利用途径，提高利用率，又能大大减少粉煤灰的堆积、降低固体废弃物对环境的严重污染，化害为利。

【名称】 胶态成型制备氮化硅耐磨陶瓷的优化设计方法

【公开（公告）号】 1594215

【公开（公告）日】 2005.03.16

【申请（专利权）人】 北京科技大学

【地址】 （100083）北京市海淀区学院路30号

【发明（设计）人】 徐利华　刘明　夏雯　连芳　徐斌　姚云

【摘要】 本发明提供了一种胶态成型制备氮化硅耐磨陶瓷的优化设计方法，其特征在于具体工艺步骤包括：制备石膏模板：把石膏粉与水按质量（0.9∶1.1）～（1∶1）的配比混合，搅拌，晾干烘干，再分别用粗细砂纸打磨；测量电位：氮化硅悬浮粒子的Zeta电位的测量；浆料制备：将去离子水、分散剂、氮化硅粉料以及烧结助剂放入塑料瓶中进行球磨7～10个小时，配制成浆料；将所得的浆料调节pH＝10.5～11.5；将所得到的浆料倒入圆柱形塑料模具中，用石膏板进行吸水脱模；坯体脱模后放入烘箱中进行干燥；Si_3N_4坯体在碳管炉中进行烧结；模式识别。本发明的优点在于：成型的制品致密度高，磨损性能好；大大提高工作效率；工艺操作简单，成本低，适用于大规模生产。

【名称】 天然植物纤维增强聚烯烃塑料板材及其制备方法

【公开（公告）号】 1594409

【公开（公告）日】 2005.03.16

【申请（专利权）人】 昆明大学　深圳市中富地投资发展有限公司

【地址】 （650118）云南省昆明市五华区人民西路226号

【发明（设计）人】 岳怀仁　刘玉强　陈兆雄　何永峰　容义豪　吕增兴

【摘要】 一种天然植物纤维增强聚烯烃塑料板材及其制备方法，它采用天然植物纤维通过增容剂与聚烯烃塑料混合，从而在它们之间形成牢固界面结合层，获得强度、韧性均衡的天然植物纤维增强聚烯烃塑料板材，由天然植物纤维50～85，聚烯烃塑料10～50，增容剂3～20，适量加工助剂组成，板材强度高、耐磨性、抗冲击性好，吸水率低、使用寿命长，报废后可回收利用，且工艺简单，成本低，无环境污染，作为代木或代塑材料使用，适于工业化批量生产，制成各种建筑工程用板材，如混凝土建筑模板，地板，室内外铺板等。

【名称】 塑料加工用高效消泡除湿功能母粒

【公开（公告）号】 1594410

【公开（公告）日】 2005.03.16

【申请（专利权）人】 黄定强　黄定松

【地址】 （529826）广东省阳西县儒洞镇街道管区东华区40号

【发明（设计）人】 黄定强　黄定松

【摘要】 本发明涉及一种塑料加工用高效消泡除湿功能母粒，其利用聚乙烯和无机原料氧化钙为主要原料，利用硬脂酸单甘酯和低分子量的聚乙烯蜡作为无机原料氧化钙的分散剂和表面改性剂，通过熔融共混分散，然后再挤出造粒制备而成。它作为塑料注塑制品和吹膜制品的消泡除湿母粒，可使塑料制品在加工中，免去加热除湿的工序，减少了企业设备的投资、降低了人力成本和电能的消耗，大大简化加工工序，大幅度降低了塑料制品的综合生产成本，在塑料制品加工领域具有良好的应用前景。

【名称】 一种低压SMC增稠剂及其制备方法

【公开（公告）号】 1594432
【公开（公告）日】 2005.03.16
【申请（专利权）人】 武汉理工大学
【地址】 （430070）湖北省武汉市洪山区珞狮路122号武汉理工大学科研处
【发明（设计）人】 黄志雄　李建　梅启林　秦岩　彭永利　付承菊　于浩　李俊菊
【摘要】 本发明涉及聚酯模塑料中一种低压SMC增稠剂及其制备方法。所述的增稠剂，其组分及配比（质量含量）为熔点为50～103℃的结晶不饱和聚酯树脂55～80，二元异氰酸酯化合物15～40，碱金属氧化物或碱金属氢氧化物5～10；其制备步骤是先将熔点为50～103 ℃的结晶不饱和聚酯树脂、二元异氰酸酯化合物、碱金属氧化物或氢氧化物按配比称量，再经混合即可。本发明提供的增稠剂可有效地控制树脂在模压过程中的黏度变化，促使增强材料完全浸渍，然后黏度又迅速增大，从而使树脂能够很快适于模压操作。本发明提供的制备方法具有工艺简单、容易操作、易于推广和适于工业化生产的诸多优点。

【名称】 可降解母粒和以其为原料制造膜、片材及餐具的方法
【公开（公告）号】 1594437
【公开（公告）日】 2005.03.16
【申请（专利权）人】 许波　董运达　王辉才
【地址】 （256610）山东省滨州市渤海5路684号2号楼2单元5楼
【发明（设计）人】 许波　董运达　王辉才
【摘要】 可降解母粒和以其为原料制造膜、片材及餐具的方法，它涉及一种以植物纤维做成的可降解母粒及以该母粒制造膜、片材和餐具的工艺。本发明的母粒由如下质量百分比成分组成：植物纤维5%～75%、二氧化碳聚合物5%～50%、聚乙烯醇5%～30%、相容剂1%～10%和增塑剂1%～15%，上述组分经混料机充分搅拌后送入塑料造粒机中制成母粒；将母粒送入塑料吹塑挤压机或流延机中加工成膜或片材；将膜或片材用塑料注塑机注塑加工成餐具。本发明使用后埋入土壤里，首先是厌氧和水溶双重降解原理，在细菌、微生物等侵蚀逐步变成水和二氧化碳，植物纤维物也逐步腐蚀成为肥料，最终实现可环境消纳。它具有成本低、工艺简单、降解完全、性能优异的优点。

【名称】 利用废旧塑料和植物纤维制作的新型材料及其制作方法
【公开（公告）号】 1594438
【公开（公告）日】 2005.03.16
【申请（专利权）人】 袁学发
【地址】 （116033）辽宁省大连市甘井子区辛寨子镇胡家大岭子村
【发明（设计）人】 袁学发
【摘要】 本发明公开了一种新型材料及其制作方法，它包括废旧塑料、植物纤维，份数配比为：废旧塑料：植物纤维＝1：（1～2）。制作步骤如下：对废旧塑料进行分捡、清洗；对清洗后的废旧塑料进行造粒，其粒径为3～6mm；对植物纤维进行粉碎，其目数为2～100目；将废旧塑料与植物纤维混合均匀；利用挤出机将混合后的原料进行送料、加热、挤出；利用压力机及模具进行压制成材。与现有技术相比具有如下优点：充分利用了目前工农业生产中的废旧塑料，杜绝白色污染，同时可大量减少对天然材料的利用，一定程度上保护了有限的木材、钢材资源，保护环境，有利于生态平衡，本发明的产品强度高，质量好，易加工，可刨可钻，具备了天然木材的特性，根据模具的设计，也可用于制作仿古木制品，本发明的方法工艺简单，易操作，生产成本低，效率高，设备结构简单，耗能少。

【名称】 锌材专用气相缓蚀剂
【公开（公告）号】 1594657
【公开（公告）日】 2005.03.16
【申请（专利权）人】 武汉市洪福防锈包装化工有限公司
【地址】 （430074）湖北省武汉市洪山区紫菘工业园
【发明（设计）人】 向东　袁作启　朱志刚
【摘要】 本发明公开了一种锌材专用气相缓蚀剂VP1-PM及其镀锌专用气相防锈包装材料的生产方法。该VP1-PM系羟基丁二酸（Malic Acid或Pingguo Acid）与4-氧氮杂环己烷（Morpholine）的反应生成物，对锌材具有独特的气相缓蚀作用。用VP1-PM生产的镀锌专用气相防锈纸、镀锌专用气相防锈无纺布、镀锌专用加骨气相防锈纸、镀锌专用加骨气相防锈无纺布、镀锌专用气相防锈塑料薄膜可适用于从小自镀锌螺钉螺帽，大到重型镀锌卷、带、板材等各类镀锌产品的长期封存和临时防锈。该镀锌专用气相防锈包装材料防锈效果好，防锈期长，使用方便，安全无害。

【名称】 新型复合建筑隔热保温结构及施工工艺
【公开（公告）号】 1594774
【公开（公告）日】 2005.03.16
【申请（专利权）人】 张志峰
【地址】 （430070）湖北省武汉市武昌武珞路81号龙华大厦806室
【发明（设计）人】 张志峰　朱洪波　周强
【摘要】 一种新型复合隔热保温建筑结构，由内至外

依次有建筑基层、隔热保温层、加固抗裂层、热反射装饰层。隔热保温层由复合干粉料A和聚苯乙烯泡沫颗粒B两部分组成，复合干粉料A的组成为水泥50%～80%，比表面积为400～5000m^2/kg的硅铝玻璃空心球体料10%～40%，引气剂0.005%～0.05%，改性剂1%～5%，减水剂0.2%～1.2%，纤维0.1%～5%，增黏剂0.5%～2%，加固抗裂层由热镀锌钢丝网与纤维增强聚合物改性抗裂基体混凝而成，采用塑料膨胀螺栓将丝网悬挂并固定于隔热保温层，热反射装饰层是浅色釉面瓷砖或玻璃、铝合金、不锈钢幕墙材料。该结构显著提高建筑的隔热保温性能，有效解决裂缝、裂纹或空鼓以及瓷砖脱落等问题，大幅度提高耐久性能和施工工效。

【名称】 外墙复合保温板及其生产方法

【公开（公告）号】 1594800

【公开（公告）日】 2005.03.16

【申请（专利权）人】 刘新力 杨振宇

【地址】 （110034）辽宁省沈阳市大东区东陵西路28-9号中房基安花园22号192

【发明（设计）人】 刘新力 杨振宇

【摘要】 本发明涉及一种贴面于建筑外墙用的保温装饰材料。其特征在于：该板材主要以面层、控制变形加强钢丝网和保温加强层三层结构，通过保温加强层粘贴复合在一起。工艺为：首先将玻璃纤维增强不饱和树脂或碳纤维加强树脂形成的面层预先放置于成型模具内定位，再将控制变形加强钢丝网放置于成型模具内定位，将无溶剂聚氨酯硬泡塑料或聚异氰脲酸酯泡沫塑料的原料按质量比混合后喷射或浇注入模具内，材料本身的黏结性使三层结构良好地形成统一的整体，生成具有很好的强度和刚度的复合保温板。本发明的目的在于解决现场人工操作质量差、易出现裂纹、裂缝，贴面砖脱落等存在的问题。

【名称】 注塑件上的金属贯通嵌件与塑料之间的密封方法

【公开（公告）号】 1594924

【公开（公告）日】 2005.03.16

【申请（专利权）人】 曲阜天博汽车零部件制造有限公司

【地址】 （273100）山东省曲阜市经济开发区天博路1号

【发明（设计）人】 丰宗举

【摘要】 本发明涉及注塑件上的金属贯通嵌件与塑料之间的密封方法，注塑时金属贯通嵌件与塑料注塑为一体，金属贯通嵌件的两端部露出塑料本体，金属贯通嵌件嵌入部分周围有用于密封作用的热缩材料和金属贯通嵌件一体嵌入塑料中，热缩时热缩材料渗出密封胶，密封胶牢固填充热缩管和金属贯通镶嵌件之间的缝隙，使二者密封问题彻底解决。该密封方法工艺简单、密封性能好，密封成本低。

【名称】 塑料透射式太阳能聚光器

【公开（公告）号】 1595011

【公开（公告）日】 2005.03.16

【申请（专利权）人】 胡连印 胡胜勇

【地址】 （124010）辽宁省盘锦市兴隆台区胜利小区16栋2单元202

【发明（设计）人】 胡连印 胡胜勇

【摘要】 本发明是一种塑料透射式太阳能聚光器，它具有效率高、成本低、热功率大、操作方便、使用范围广的特点。它包括由镜面区块分割法制成的塑料曲面聚光板拼接而成的球面或柱面菲涅耳透镜、支架、跟踪装置、热吸收装置组成。由该曲面聚光板构成的镜面对阳光一面全部是同直径的球面形或柱面形，对焦点一面全部是一系列同心环状的平面形或直线的平面形。聚光镜面安装在球冠面形支撑框架上，球面形框架固定在桁架上，桁架安装在聚光器纬向跟踪轴上，聚光器纬向跟踪轴通过U形支架安装在带有经向旋转轴的聚光器支架上，在桁架底端装有光能吸收装置及吸热介质，通过吸热介质导管连接到热能转换装置上。本发明不但适合家庭能源应用，也适合工业能源应用。

【名称】 注塑与压塑相结合的生产工艺

【公开（公告）号】 1597297

【公开（公告）日】 2005.03.23

【申请（专利权）人】 徐焕钊

【地址】 （325000）浙江省温州市牛山横塘路德政工业区

【发明（设计）人】 徐焕钊

【摘要】 本发明涉及一种注塑与压塑相结合的生产工艺，包括以下步骤：(1) 烘干后的塑料原料加入注塑机的料斗中；(2) 调节注塑压力使原料注入型腔；(3) 开启压力装置，使模具型腔向前挤压；(4) 根据塑料件的大小确定挤压的时间和压力；(5) 在压力装置的挤压下，等塑料件完全硬化成型；(6) 塑料件硬化成型后用注塑机的开模装置开模。本发明的有益效果是：本发明的生产工艺由于取消了压塑工艺的加料和加温，采用注塑工艺将原料直接注入型腔，并用压塑工艺的挤压原理使塑料件的精度和成型周期得以提高，便于连续生产，提高生产效率以及便于成型超薄或厚薄相差悬殊的塑料件。

【名称】 高密封冷冲压成型泡罩塑铝复合硬片及生产工艺

【公开（公告）号】 1597310

【公开（公告）日】 2005.03.23
【申请（专利权）人】 刘继福
【地址】 （515063）广东省汕头市叠金工业区春盛大厦
【发明（设计）人】 刘继福
【摘要】 本发明公开了一种至少一层塑料膜与至少一层铝箔依次由高黏度胶黏剂黏合，最后黏合 PVC 膜，为塑料层/铝箔层/PVC 层或多层次的塑料层/铝箔层/塑料层/铝箔层/PVC 层……奇数多层复合组成的高密封冷冲压型泡罩塑铝复合硬片及生产工艺。所述的塑料层是通过双面电晕冲击处理的聚酯膜层或聚酰胺膜层。塑铝韧脆互补搭配的多层复合结构，减缓了铝箔冲压拉深过程中晶格滑移变形的破坏。拉伸强度达到了 93MPa，延伸率达到了 34%，通过塑料膜层表面进行双面电晕冲击，形成的极强静电吸引力和表面附着力，复合后不起泡、耐剥离。冲压泡眼时、不断裂、脱层和变形，拉伸强度超过国外同类产品 10 个百分点，延伸率也超过 5 个百分点。性价比优于国外同类产品，吨价位减幅达 50%～60%。

【名称】 具有聚酰胺层的不对称多层薄膜
【公开（公告）号】 1597311
【公开（公告）日】 2005.03.23
【申请（专利权）人】 宇部兴产株式会社
【地址】 日本山口县
【发明（设计）人】 野中裕文 福田喜美雄 江本正彦
【摘要】 在主要由聚酰胺层和热塑性塑料层构成的不对称多层薄膜中，聚酰胺层由具有衍生自氨基羧酸或内酰胺化合物的单元，衍生自包含具有 6～16 碳原子的支化脂环族二元胺的二元胺化合物的单元，和衍生自二元羧酸化合物的单元的聚酰胺形成，并且热塑性塑料层由不同于聚酰胺层的聚酰胺的热塑性树脂形成。

【名称】 全生物降解塑料原料及其制备方法
【公开（公告）号】 1597751
【公开（公告）日】 2005.03.23
【申请（专利权）人】 王茜 原敏昭
【地址】 （300221）天津市河西区解放南路瑞江花园兰苑 10-2-302
【发明（设计）人】 王茜 原敏昭
【摘要】 本发明涉及一种生物降解工程系列，尤其涉及一种全生物降解塑料原料及其制备方法。一种全生物降解塑料原料，其组成为：（按质量百分比）淀粉 30%～60%、润滑剂 5%～20%、乙烯-丙烯酸共聚物 5%～25%、流滴剂 0～5%、聚乙烯醇 0～5%、尿素 0～5%、乙烯-乙烯醇共聚物 10%～30%、相容剂 5%～60%、增塑剂 1%～3%、偶联剂 0～6%、增强纤维 3%～8%、交联剂 0～3%。一种全生物降解塑料原料的制备方法，其特征是：它包括高速混合、冷混及造粒工序。本发明的有益效果是：制作工艺简单，其制造设备与制造通用塑料的设备相同，可用普通设备连续生产；产品的力学性能接近普通塑料；可完全降解，有利于环保。

【名称】 难燃复合塑料及其制造方法
【公开（公告）号】 1597761
【公开（公告）日】 2005.03.23
【申请（专利权）人】 王志勇
【地址】 （110034）辽宁省沈阳市皇姑区三台子经济技术开发区方溪湖
【发明（设计）人】 王志勇
【摘要】 一种难燃复合塑料及其制造方法，该难燃复合塑料选用以下原料，即基料 PVC、填料轻质碳酸钙、超细石棉粉、抗冲改性剂 CPE、加工改性剂 ACR、表面处理剂硬脂酸、热稳定剂三盐、硬脂酸钙、硬脂酸铅、光稳定剂钛白粉、内润滑剂液体石蜡、外润滑剂固体石蜡、抑烟阻燃剂氢氧化镁、持久性阻燃剂磷酸三（2,3-二氯丙基）酯，将所述各组分按配方量称取后，加入到热混捏合机中，进行机械共混改性，然后出料至冷混机中冷却至常温，即得成品。它具有原料混配合理，制备工艺简便的优点，用其制成的绝热垫（托）等产品，承压强度高，耐老化、难燃，与氟塑料制成的同类产品相比，显著降低成本，完全满足中央空调系统工程的钢制管道施工的综合要求。

【名称】 改性沥青及其制备方法
【公开（公告）号】 1597784
【公开（公告）日】 2005.03.23
【申请（专利权）人】 上海佛乐科技有限公司
【地址】 （200060）上海市中潭路 33 弄 7 号 2805 室
【发明（设计）人】 崔国江
【摘要】 公开了一种改性沥青，它包含 70～84（质量份）沥青；2～7（质量份）橡胶；15～25（质量份）热塑性塑料；1～5（质量份）纤维；2～5（质量份）选自聚丙烯、苯乙烯-丁二烯-苯乙烯共聚物或其组合的稳定剂；2～5（质量份）选自碳酸钙、滑石、赤泥、云母、高岭土、炭黑或其组合的填料粉末。该改性沥青的针入度、延度和软化点较目前的高等级路面石油沥青有了较大的改进，而软化点的提高尤为突出。还公开了上述改性沥青的制备方法。

【名称】 路用粉末材料及其制备方法
【公开（公告）号】 1597786
【公开（公告）日】 2005.03.23

【申请（专利权）人】 杨林江
【地址】 （312044）浙江省绍兴县兰亭镇娄宫浙江兰亭高科有限公司
【发明（设计）人】 杨林江
【摘要】 一种路用粉末材料，属沥青加工用辅助材料的制造技术领域，包括废塑料、石蜡、无机填料、偶联剂等，各组分的组成按质量百分比计分别为：废塑料34.7%～89.9%，石蜡5%～25%，无机填料5%～40%，偶联剂0.1%～0.7%。其制备方法为：先将无机填料和偶联剂在捏和机中捏合拌和后备用，再将废塑料，石蜡及捏合拌和后的无机填料和偶联剂投入塑炼机中塑炼后切片，冷却后在破碎机中破碎后包装。本发明配方合理，制备工艺简单，将废塑料和石蜡、无机填料、偶联剂等经合理配比后捏合拌和及塑炼，使各组分有机结合，变废为宝，代替沥青用于道路的铺垫，能达到路用胶结料的使用性能要求。

【名称】 无苯塑料油墨稀释剂
【公开（公告）号】 1597802
【公开（公告）日】 2005.03.23
【申请（专利权）人】 钟伟明
【地址】 （530012）广西壮族自治区南宁市望州路北二里21号
【发明（设计）人】 钟伟明
【摘要】 本发明公开了一种无苯塑料油墨稀释剂，它由松节油、烃类溶剂、乙酸乙酯、乙酸丙酯和乙酸丁酯组成，这种油墨稀释剂避免和消除了苯中毒的发生，稀释效果好，挥发性和溶解性高，生产成本低，使用范围宽，原料来源广、价格低廉，气味芳香，使用方便。

【名称】 抗污染涂料
【公开（公告）号】 1597813
【公开（公告）日】 2005.03.23
【申请（专利权）人】 官渡区金实小学
【地址】 （650225）云南省昆明市金实小区金秋路69号
【发明（设计）人】 刘润雨　盛自兴
【摘要】 一种抗污染涂料，其组分及含量为，不饱和聚酯树脂70%～88%，固体石蜡0.6%～1.6%，液体石蜡0.3%～0.6%，苯乙烯5%～12%，促进剂0.06%～0.15%，固化剂6%～16%，所有百分数为质量百分数。本发明具有化学性能稳定、附着力强，硬度高，不易脱落，还具有防水、耐腐蚀、对人体无毒害的特点，能有效保护基体免受风吹日晒雨淋及酸碱油污及有害气体的侵蚀。本发明可广泛应用于塑料、金属、木材、各种建筑材料，特别适用于公共场所的汽车站牌、各种标志牌等公共设施及建筑物墙面，且制作成本低，是一种新型的抗污染涂料。

【名称】 干式层压材料用胶黏剂及由该胶黏剂层压的复合塑料薄膜
【公开（公告）号】 1597825
【公开（公告）日】 2005.03.23
【申请（专利权）人】 林宽治
【地址】 日本东京
【发明（设计）人】 林宽治
【摘要】 本发明获得抗静电性优异、对应于环境问题的、黏合强度和抗热水性优异的干式层压材料用胶黏剂以及使用这种胶黏剂的复合塑料薄膜。作为符合环境要求的胶黏剂是在侧链上有羧基的水分散型聚氨酯树脂中加入抗静电剂。在这里，使用水分散型多异氰酸酯作为水分散型聚氨酯树脂的交联固化剂，使用季铵盐甜菜碱与电解质金属盐的混合物作为抗静电剂。上述季铵盐甜菜碱是烷基二甲基氨基乙酸酯。复合塑料薄膜是使用上述胶黏剂而层压制得的。还有，符合黏合强度以及抗热水性的胶黏剂是使用脂肪族异酸酯作为溶剂基聚氨酯树脂的交联固化剂，抗静电剂是使用脂肪酸二甲基乙基铵乙硫酸盐和聚氧乙烯烷基醚的混合物。通过使用这种胶黏剂对塑料薄膜进行层压，可以获得黏合强度、抗热水性优异的产品。

【名称】 废塑料裂解生产燃油的工艺方法
【公开（公告）号】 1597848
【公开（公告）日】 2005.03.23
【申请（专利权）人】 合肥来发环保科技开发有限公司
【地址】 （240061）安徽省合肥市临泉路华府嘉园11-501号
【发明（设计）人】 林青　陈发来　刘春和　朱恩阔
【摘要】 本发明涉及废旧塑料裂解生产燃油的工艺方法。特点是：预热送料、催化、裂解和分馏，其催化剂为Y型沸石分子筛，填料为瓷球。本发明工艺方法生产，催化裂解充分，出油率高可达60%～85%，油品质量好，汽油90号，柴油0～－20号。整个生产过程为全封闭洁净化连续生产，废塑料原料无需分类、清洗、烘干，采用碱洗方法实现自动中和，无二次污染；降低了生产成本。

【名称】 大口径塑料钢带复合缠绕管型材
【公开（公告）号】 1598385
【公开（公告）日】 2005.03.23
【申请（专利权）人】 云南德政塑业有限公司
【地址】 （650200）云南省昆明市官渡区日新小区48幢1单元302室
【发明（设计）人】 刘德政
【摘要】 本发明提供了一种大口径塑料钢带复合缠绕

管型材，其型材基底部钢带及其上的钢带、两层组成，底部钢带和上部钢带用滚轮氩氟焊接，挤塑对钢带包覆时塑料通过钢带孔连接点将型材内外塑料和钢带连为一个整体，解决两种材料的连接，将该型材进行螺旋缠绕成缠绕管时，型材的左右两端相互搭，用滚轮氩氟焊接将搭接处进行焊接，再挤塑对焊接处进行塑料包覆。用该型材缠绕成的大口径塑料钢带复合缠绕管是用小机器生产大管材，技术易于控制，制造简单方便，缠绕的大口径塑料钢带复合缠绕管具有很高的抗压强度和密封防渗漏性能，且节约材料，成本较低。主要用于市政顶管、水泥管道修复、给水、排水、排污、化工防腐、泄洪、农田灌溉、远距离引输送水、输油、输气管。

【名称】 承载体
【公开（公告）号】 1598392
【公开（公告）日】 2005.03.23
【申请（专利权）人】 拜尔材料科学有限公司
【地址】 美国宾夕法尼亚州
【发明（设计）人】 T.A. 帕尔马
【摘要】 本发明描述了一种承载体，包括许多长壳体，具有许多被固定在每个壳体（的中空内部中的内部增强肋，该壳体基本位于一个平面中，通过一个外模塑塑料结构）被固定在一起。每个长壳体上都有许多带棱的孔眼。该内部增强肋和该外模塑结构的部分塑料材料延伸通过每个壳体中的至少部分孔眼，而且这些孔眼的边缘嵌入在延伸通过其中的该塑料材料中，从而将其内的内部增强肋和外模塑结构固定于每个壳体上。该承载体的承载表面包括该外模塑结构或至少由该外模塑结构所形成（例如，外模塑结构和至少一个长壳体，和许多内部增强肋）。该承载体优选是通过在该长壳体的内表面上模塑许多内部增强肋的塑料材料，同时在该长壳体的外表面上模塑外模塑结构制造而成的。本发明还描述了一种可逆延伸的承载结构，包括通过一个铰链被连接在一起的至少两个承载体。

【名称】 煤气管道的排水装置
【公开（公告）号】 1598394
【公开（公告）日】 2005.03.23
【申请（专利权）人】 赵建华
【地址】 （030003）山西省太原市尖草坪东岗小区 6-1-6
【发明（设计）人】 赵建华　张玉萍　赵圣娟　赵圣赜
【摘要】 本发明涉及煤气管道冷凝液的排放装置。现有技术的排水装置为钢制筒形排水器，它存在装置外露、影响环境、占地多、能耗高、工作寿命短、安全性差等缺点。本发明提供一种煤气管道的排水装置，包括立式排水器和积水池，由高压水封室和低压水封室构成的排水器和积水池为整体结构，并置于地面以下，其本体采用绝热、耐蚀混凝土筑成，低压水封管由高压水封室的底部与低压水封室连通，低压水封室的上部通过冷凝液溢流管与积水池连通，采用耐腐蚀的工程塑料制作，并筑入混凝土墙体中。本发明具有工作安全可靠、使用寿命长、能耗低、环境协调性好等优点。

【名称】 制造光结晶塑料光纤的方法
【公开（公告）号】 1598631
【公开（公告）日】 2005.03.23
【申请（专利权）人】 尼克桑斯公司
【地址】 法国巴黎
【发明（设计）人】 杰罗姆·福尼尔
【摘要】 本发明涉及一种制造光结晶塑料光纤 F1 的方法，为制造所述的包层，该方法包括通过同时将液态第一组分注射入注射板上的第一系列孔中和将第二组分注射入所述板上的第二系列孔中以形成一个物质流的步骤，该第一组分是所述包层聚合物的母体组分并且可通过紫外线固化，该第二组分不与所述的紫外线发生反应且选自液态组分和气态组分，所述的第二系列孔基本上具有周期排布并且第二系列孔中的每个孔都具有离其最近的第一系列孔中的邻近孔。该方法进一步包括用紫外线照射所述物质流以形成所述的光结晶塑料光纤的步骤。

【名称】 中空吹塑成型制成的新型野营床
【公开（公告）号】 1600197
【公开（公告）日】 2005.03.30
【申请（专利权）人】 钱品兴
【地址】 （201901）上海市宝山区共祥路 258 号
【发明（设计）人】 钱品兴
【摘要】 一种中空吹塑成型制成的新型野营床，其特征在于左、右床板由高强度塑料中空吹塑成型制成，床板的外板壁和内板壁间呈中空的腔并设有使内外板壁连为一体增加床板抗压强度的加强筋，床板的四周制成呈箱盖口状的边框结构，床板内板壁上制有安装支撑座和连杆座的结构，借助支撑座将床腿装在床板内板壁上，左、右床板的一侧端面设有连接销孔，借助连接销将左、右床板连接为一体，左、右床板及床腿的结构、外型、大小相对应，本实发明同现有技术相比，收藏或运输状态时可以折叠成防雨淋、水上漂浮等功能的箱体，并且可以贮存简单衣物和睡袋，运输时不需要另外包装，给抗洪救灾、战地等环境下野外宿营时使用提供了极大的方便，本发明结构新颖，并且实用性强值得推广应用。

【名称】 塑料或橡塑保暖雨靴的制备方法
【公开（公告）号】 1600528
【公开（公告）日】 2005.03.30
【申请（专利权）人】 李加先
【地址】 （726300）陕西省商南县湘河镇红鱼村
【发明（设计）人】 李加先
【摘要】 一种塑料或橡塑保暖雨靴的制备方法，其工艺步骤为：制作靴坯、制作保暖内套、靴坯内表面处理、制作粘胶层、安装保暖内套、安装靴型充气内模、保暖内套的内表面与靴坯内表面粘贴、烘烤粘贴、将经烘烤制成的保暖雨靴进行质量检验，合格后包装入库。本发明采用靴型充气内模，使皮毛保暖内套与靴坯内表面充分接触，皮毛保暖内套里面与靴坯内表面粘贴平整无绉。采用本发明制作的塑料保暖雨靴经检验，各项指标达到国家劳保产品的质量标准，为合格产品，可进行批量生产。

【名称】 一种碳纳米管材料的制备方法
【公开（公告）号】 1600683
【公开（公告）日】 2005.03.30
【申请（专利权）人】 中国科学院长春应用化学研究所
【地址】 （130022）吉林省长春市人民大街5625号
【发明（设计）人】 唐涛　陈学成　孟晓宇
【摘要】 本发明属于一种碳纳米管材料的制备方法，以聚烯烃为碳源材料，与有机改性蒙脱土、负载金属催化剂按如下质量组成比75%～97.5%聚烯烃、0～20%的改性蒙脱土和0～5%的负载催化剂，在密炼机和双螺杆挤出机中熔融混合，将上述混合材料通过煤气火焰加热燃烧的方法来制备碳纳米管。本发明中采用的碳源材料是聚烯烃或回收聚烯烃，价格低廉，来源丰富，所采用的负载催化剂和改性蒙脱土制备简单，所使用的混合设备是聚合物材料的普通加工设备，合成碳纳米管材料的设备为陶瓷坩埚和普通火焰。同时可以解决废旧塑料回收利用的问颗。

【名称】 一种低温水速溶性纳米复合塑料薄膜及制备方法
【公开（公告）号】 1600804
【公开（公告）日】 2005.03.30
【申请（专利权）人】 西北师范大学
【地址】 （730070）甘肃省兰州市安宁东路805号
【发明（设计）人】 王云普　王利平
【摘要】 本发明涉及在0℃或0℃以上温度水中能迅速溶解的一种低温水速溶性纳米复合塑料薄膜及制备方法，它是由下述质量份数的原料组成的：聚乙烯醇(100)、十六烷基三甲基溴化铵有机化蒙脱土（0～10)、消泡剂（0.2～2)、流平剂（0.2～2)、水(1000～6000)、增塑剂（0～30)，所述聚乙烯醇聚合度为2400～2500；其制备方法如下：将有机蒙脱土、聚乙烯醇、水按比例混合后搅拌均匀，进行微波辐射，微波辐射一定时间后，冷却至室温，再加入消泡剂和流平剂，以及适量增塑剂，搅匀后制膜。本发明塑料薄膜具有力学性能优良，低温水溶性好，原料廉价易得，制备工艺简单，反应时间短等特点。

【名称】 生产塑料透镜的方法和塑料透镜
【公开（公告）号】 1601306
【公开（公告）日】 2005.03.30
【颁证日】 2003.9.22
【优先权】JP 330285/2003
【申请（专利权）人】保谷株式会社
【地址】 日本东京都
【发明（设计）人】 上坂昌久　柳田朋亮　北原义孝
【摘要】 本发明公开了一种生产具有高折射率，高Abbe值和良好的机械强度的塑料透镜的方法和通过该方法得到的塑料透镜。生产塑料透镜的方法包括聚合以下混合物的步骤：(1) 通过混合和反应基于混合物总量0.1%～10%（质量份）的硫和含环硫基团的化合物而得到的预聚物；(2) 多异氰酸酯化合物；(3) 聚硫醇化合物；及通过该方法而得到的塑料透镜。

【名称】 一种既能够遮挡正面大风雨又能够看清正面路途的雨伞
【公开（公告）号】 1602775
【公开（公告）日】 2005.04.06
【申请（专利权）人】 周巽
【地址】 （310004）浙江省杭州市艮山门京都苑36-3-301
【发明（设计）人】 周巽
【摘要】 一种既能够遮挡正面大风雨又能够看清正面路途的雨伞，在它的伞面上设置至少一个由透明塑料材料制作的透明视窗部分，或者整个伞面都采用透明尼龙材料来制作，每当使用它迎着正面过来的大风暴雨行进时，可以较妥善地为使用雨伞者解决好遮雨和识途的“两全”问题。

【名称】 医用注射器针筒针头分离器
【公开（公告）号】 1603019
【公开（公告）日】 2005.04.06
【申请（专利权）人】 杨仕桐
【地址】 （510385）广东省广州市芳村区东沙经济区荷景南路43号广州微点焊设备有限公司
【发明（设计）人】杨仕桐　陈兆卓
【摘要】 本发明涉及一种医用注射器针筒针头分离器。该针筒针头分离器由装载针头用的容器及其壁板上部的针头分离孔构成；针头分离孔由针头伸入孔和长形孔构成；针头伸入孔的内径大于针头与针筒连接端的外径；长形孔的宽度大于针筒连接头的外径，而小于针头与针筒连接端的外径；长形孔两边的壁厚略小于针筒与针头的连接间隙。使用时，只须将注射器针头部分放进针头伸入孔后，把针筒与针头的连接间隙卡在长形孔两边，轻轻用力下压或左右摆动针筒，即可轻松地使针头与针筒分离，不需用手接触针头，避免污染和被刺伤的危险。本发明针筒针头分离器可用塑料一次性注塑成型，结构简单，经济实用。

【名称】 塑钢川字型托盘及其制造方法

【公开（公告）号】 1603084

【公开（公告）日】 2005.04.06

【申请（专利权）人】 上海瑞奇尔塑料制品厂

【地址】（201507）上海市金山区漕泾镇共建路138号

【发明（设计）人】 王宝庆　陈桂华

【摘要】 一种塑钢川字型托盘，含有三条平行的长脚，三条长脚内分别包裹至少一根金属管，金属管两端部外露。其制造方法是在川字型托盘的模具内川字型长脚上分别开有凹槽，将金属管置于该凹槽内，金属管两端部分别与模具紧配合；注塑时间均分为6段，第二段注塑速度为75～95L/min；托盘在模具中的冷却时间为105～115秒。本发明由于一次成型注塑，在上货架承载量为1吨时，下挠只有0.7cm，不产生脱落现象。既安全又可靠。注塑成型后，虽然塑料和金属管受热冷却后的收缩率不同，但由于托盘在模具中冷却，金属管两端部外露，解决了托盘塑料开裂的问题。

【名称】 特别的塑料成型的喷射装置

【公开（公告）号】 1603085

【公开（公告）日】 2005.04.06

【申请（专利权）人】 H. 施雷克

【地址】 德国布格瓦尔德

【发明（设计）人】 H. 施雷克

【摘要】 本发明涉及一种特别的塑料成型的喷射装置，其中模具中形成的待填充的至少一个模腔侧向排列，与中心喷嘴体邻接，至少一个喷嘴尖端布置在喷嘴体中和/或布置在喷嘴体上，所述至少一个喷嘴尖端向外伸出喷嘴体的圆周表面，并在模具的凹孔中和/或喷嘴体中形成模腔的注射通道，其特征在于至少一个另外的凹孔布置在喷嘴体的底部区域中，其中该凹孔具有至少一个通孔，将凹孔连接到喷嘴体的圆周表面，并且喷嘴尖端能通过凹孔插入通孔中，并可拆卸地固定在此处。

【名称】 外部冷却的移动模具

【公开（公告）号】 1603091

【公开（公告）日】 2005.04.06

【申请（专利权）人】 曼夫瑞德 A. A. 鲁波克　斯蒂芬 A. 鲁波克

【地址】 加拿大安大略

【发明（设计）人】 曼夫瑞德 A. A. 鲁波克　斯蒂芬 A. 鲁波克

【摘要】 一种模制设备包括一个移动模具，用于在该移动模具中把熔化塑料成型成产品。所述移动模具被一个空气团外罩所包围以限定一个从外部围绕移动模具的冷却腔。至少一个热交换器位于冷却腔中。热交换器提供冷却空气，所述冷却空气被包含在所述外罩的冷却腔中，用于作用到所述移动模具上并为其提供冷却。

【名称】 双面塑钢托盘的制造方法

【公开（公告）号】 1603096

【公开（公告）日】 2005.04.06

【申请（专利权）人】 上海瑞奇尔塑料制品厂

【地址】（201507）上海市金山区漕泾镇共建路138号

【发明（设计）人】 王宝庆　陈桂华

【摘要】 一种双面塑钢托盘的制造方法，将双面托盘的上下两承载面分别注塑成型，其中一承载面的长脚内开有长度小于长脚的凹槽；自然冷却后，在该承载面的长脚凹槽中嵌入金属管，使金属管侧面顶部低于该承载面的焊接面；将上下两承载面加温，焊接温度为210～230℃。本发明由于金属管侧面顶部低于该承载面的焊接面，焊接时加热板与金属管之间留有间隙，避免了对金属管和塑料同时进行加热，使钢塑受热后收缩率不同引起的塑料开裂。

【名称】 仿木纹表面的双色建材结构及其制法

【公开（公告）号】 1603140

【公开（公告）日】 2005.04.06

【申请（专利权）人】 南亚塑胶工业股份有限公司

【地址】 台湾省台北市敦化北路201号三楼

【发明（设计）人】 王贵云

【摘要】 本发明涉及一种仿木纹表面的双色建材结构，是以一层深色的塑料披覆层披覆在底色较浅的塑料建材本体上面而构成双色叠层结构，且在该塑料披覆层的表面上形成有仿木纹凹痕；利用该塑料披覆层的仿木纹凹痕的厚度因为较薄，所以比较可以反映到塑料建材本体的底色，使得该塑料披覆层的仿木纹凹痕与该塑料披覆层的表面原色因此出现色差，从而双色建材结构不必进行油漆作业，就可促成建材具有仿木纹的表面。

【名称】 塑料铸造的齿轮以及用此齿轮的间歇旋转传

动装置和齿轮组
【公开（公告）号】 1603665
【公开（公告）日】 2005.04.06
【申请（专利权）人】 株式会社恩普乐
【地址】 日本埼玉县
【发明（设计）人】 竹内洋一　萩原彻　宅森彻
【摘要】 本发明提供了一种在齿轮啮合期间能够减少齿隙引起的齿间噪声的塑料铸造的齿轮，设置了用来消除齿隙的凸出部，使之在表面宽度方向的两端部处从各个齿的一齿侧上凸出，在齿的另一个齿侧上没有凸出部。当凸出部弹性变形以消除齿隙时，凸出部就会同齿侧具有相同的平面，齿的另一齿侧作为主要的动力传递表面。用这样的结构，凸出部弹性地接触于同塑料铸造的齿轮啮合的配合齿轮的齿侧，从而凸出部的弹性变形会吸收间歇转动期间配合齿轮的转动能量。因此，当齿轮间啮合发生碰撞时，其可以消除撞击，从而减少齿间撞击噪声。
【名称】 圆形网箱的浮框弯圆方法
【公开（公告）号】 1605249
【公开（公告）日】 2005.04.13
【申请（专利权）人】 中国海洋大学
【地址】 （266003）山东省青岛市市南区鱼山路5号
【发明（设计）人】 黄六一　梁振林　赵芬芳　朱立新　方电　关伟智
【摘要】 一种圆形网箱浮框弯圆方法。首先根据网箱的大小选取浮框所用内外浮管所需的长度，连接件均匀地套入内、外浮管；设定中间桩为网箱浮框弯圆的椭圆圆心，按椭圆长、短轴布置三个固定桩；又将内浮管中点靠在固定桩上用绳索将内外浮管固定在固定桩和中间桩上，再使用手拉葫芦和绳索将浮管两端至中点的1/2处与中间桩连接；然后收紧手拉葫芦的铁链将浮管两端距浮管中点1/2处的两点拉至固定桩处，又使用绳索和手拉葫芦将浮管两端分别与中间桩连接；再收紧连接浮管两端的手拉葫芦铁链将浮管两端合拢热对接即成椭圆形框架；最后用长轴上的两个手拉葫芦拉成圆形。本发明操作简单成品率高，安全生产效率高，也适合高密度聚乙烯等其他塑料材料弯管的制作。
【名称】 一种立体型遮雨伞衣
【公开（公告）号】 1605296
【公开（公告）日】 2005.04.13
【申请（专利权）人】 林铃
【地址】 （310018）浙江省杭州市下沙高教园区中国计量学院04工业2班
【发明（设计）人】 林铃
【摘要】 一种立体型遮雨伞衣，它包括用于垂向挡水的遮雨伞面的结构形体，以及包括在遮雨伞面下部通过吊挂绳索牵连着的用于横向挡水的遮雨围裙的结构形体二者构成，后者是由至少上下二个水平方向放置的环形骨架支撑成圆柱体形态的塑料柔性薄膜制成。
【名称】 塑料扁丝牵引定型装置
【公开（公告）号】 1605453
【公开（公告）日】 2005.04.13
【申请（专利权）人】 李新忠
【地址】 （515000）广东省汕头市长厦村东二直巷8号
【发明（设计）人】 李新忠
【摘要】 一种塑料扁丝牵引定型装置，其各牵引辊的两端都支承在支座体上，至少有一侧的各支座体独立分开，且有部分支座体位于相应牵引辊的下方并将牵引辊向上承托固定，而另外的支座体则位于相应牵引辊的上方并将牵引辊向上吊拉固定，且上述两种形式交替出现，形成了波浪形的连续空间，该连续空间正好为手工牵引塑料扁丝穿梭绕过牵引辊的动作提供工作面。本发明的牵引辊受力结构形式简单、合理，安装容易，对安装节点的制作精密度和材质要求大大降低。
【名称】 通过激光束来连接构件的方法和装置
【公开（公告）号】 1605455
【公开（公告）日】 2005.04.13
【申请（专利权）人】 莱斯特加工技术公司
【地址】 瑞士萨尔嫩
【发明（设计）人】 J. W. 陈　C. 莱斯特
【摘要】 一种根据透射焊接方法借助激光束来连接构件、尤其是连接塑料构件的方法和装置。在构件较大时为了使激光束同时到达接合区域中，因此设置了夹紧件，该夹紧件具有把激光束引导到接合处中的装置。此外，设置了一个适合于构件形状的夹紧件，该夹紧件可以透射激光束，通过该夹紧件把这些构件挤压一起，并且将激光束传送到接合区域中。首先，在进行同时焊接时，扫描方法绝对适合于所有可能的构件。该方法也可以用来焊接电子构件中的连接处。
【名称】 纤维增强塑料型材拉挤设备
【公开（公告）号】 1605458
【公开（公告）日】 2005.04.13
【申请（专利权）人】 秦皇岛欧泰克节能门窗有限公司
【地址】 （066004）河北省秦皇岛市经济开发区二区洛河道
【发明（设计）人】 史廷宪　王义京　王家卿
【摘要】 本发明公开了一种纤维增强塑料型材拉挤设备，包括纱、毡整理机、树脂浸润机、模具成型加热机、牵引机构、切割机、翻板机组成，其中，牵引机构包括夹持器和驱动机构：该夹持器是通过设置的横齿轴分别与夹紧齿条啮合构成纵向夹紧机构；该横齿轴两端的伞齿轮与立轴下部的伞齿轮啮合带动立轴上部的直齿与横齿条啮合构成横向夹紧机构；所述的驱动机构由调速电机、油泵、续能器、换向阀、油缸。该拉挤设备具有整体结构简单，可提供四个方向的夹持力，从而避免了型材在牵引过程中的损坏而影响产品的质量。

【名称】 运动夜明球壳体发光塑料
【公开（公告）号】 1605597
【公开（公告）日】 2005.04.13
【申请（专利权）人】 王金水
【地址】（300170）天津市河东区大直沽直沽园小区6号楼2门201
【发明（设计）人】 王金水
【摘要】 本发明涉及运动夜明球的壳体发光塑料，为一种彩色发光塑料，发光时间超过10小时。因而完全可以满足夜间使用。它不需要消耗任何人工能源，并且在保存原塑料性质、性状和用途的基础上，增加发光的特性，因此，应用范围更扩大。本发明是将彩色发光粉体材料掺入到塑料、橡胶、皮革之中混制而成，在塑料中掺入夜光粉的比例以不影响球体本身的弹性为原则。本发明适用于各类球体，如乒乓球、足球、篮球、排球、棒球垒球等。

【名称】 一种填料含量高的环氧树脂组合物及其制法
【公开（公告）号】 1605599
【公开（公告）日】 2005.04.13
【申请（专利权）人】 孙忠贤
【地址】（100080）北京市海淀区中关村北二街四号水清木华园1号楼706室
【发明（设计）人】 孙忠贤
【摘要】 本发明提供了一种具有高导热性能、成型工艺性能良好、阻燃性能优良并能符合环保要求的环氧树脂组合物，它是一种半导体器件的封装材料，特别适合用于功率半导体器件的塑料封装。它是由环氧树脂、固化剂酚醛树脂、填料、阻燃剂、促进剂、脱模剂、着色剂等组分组成。由于填料结晶型二氧化硅粉中含有粒径在2μm以下的微粒体积分数为1%～25%，在增加填料用量时环氧组合物仍具有优良的成型工艺性能。由于填料用量增加导热性能提高，环氧树脂组合物的热导率大于2W/(m·K)。采用的阻燃剂不含溴和锑的化合物，既有优良的阻燃效果又能符合环保要求。

【名称】 任意转角高抗风压塑料门窗的加工安装
【公开（公告）号】 1605708
【公开（公告）日】 2005.04.13
【申请（专利权）人】 王治家
【地址】（116033）辽宁省大连市沙河口区锦绣小区锦泉南园13-3-4-3号
【发明（设计）人】 王治家　徐晶
【摘要】 本发明以如下技术实现：以一种中梃主材可应用于90°～180°的任意角度转角的塑窗，即降低拐角窗中梃用料成本的60%，又提高5倍的抗风压性能。(1) 将中梃型材设计成单腔的结构，腔的室内外两侧：一侧有撕裂口结构、另一侧有转角结构。(2) 撕裂口处设计有连接辅助型材的连接结构。(3) 应对连接结构设计撕裂口封口板。(4) 以热水软化转角点结构处的塑料型材，围转角窗的角度。(5) 以聚氨酯发泡剂充入不封闭的钢衬腔，阻水防锈保温。(6) 将中梃钢衬突破窗体塑料腔壁的界限，伸出塑料壁外，带有窗体的钢衬与预埋铁焊接。或者，中梃钢衬在制作塑料窗时，不安装于塑料梃腔内，而将钢衬两端预埋于建筑洞口，在施工现场撕开窗中梃的撕裂口，软化、围弯后安装窗于钢衬上。

【名称】 处理工件的装置
【公开（公告）号】 1607266
【公开（公告）日】 2005.04.20
【申请（专利权）人】 肖特股份公司
【地址】 德国美茵茨
【发明（设计）人】 格雷戈尔·阿诺尔德　安德烈亚斯·吕特林豪斯-亨克尔　于尔根·克莱因　斯特凡·贝勒
【摘要】 本发明涉及一种用于中空物体例如塑料饮料瓶镀层的装置。本发明的目的是提供一种用于处理工件的装置，该装置操作可靠，且维修费用低，能够灵活地适应用户的需要或所期望的工艺顺序的需要，且该装置允许有效地抽成真空。根据本发明的装置由下面的部件组成：至少一处理装置，用于接收至少一工件，转子，所述处理装置安装于其上，流体循环引入装置，用于将至少一流体输送到所述转子上和/或用于从所述转子中排出至少一流体，所述流体循环引入装置具有枢轴和轴套，它们彼此间至少分几部分密封，且所述枢轴可旋转地布置在轴套内。所提出的径向布置特别不易发生故障且花费很少的维修费用。

【名称】 具有更可靠可剥离性的医用无PVC多层管、及其制造方法和用途
【公开（公告）号】 1608690
【公开（公告）日】 2005.04.27
【申请（专利权）人】 德国弗雷泽纽斯医疗保健股份有限公司
【地址】 德国巴特洪堡

【发明（设计）人】 高小钢　乌韦·阿赫　卡尔-海因茨·施米特

【摘要】 一种具有更可靠可剥离性的医用无PVC多层管，制造该多层管的方法和及其用途，其中所述多层管具有至少三层，第一塑料组成的基层（A）通过第三塑料组成的缓冲层（C）与第二塑料组成的连接层（B）联结，该缓冲层（C）位于层（A）和层（B）之间，该多层管可用于模制直径为50mm的盘圈或环圈，而没有不想要的扭结，其特征在于，第一和第二塑料中的每个，分别基于层（A）或层（B）的总质量，由质量比等于或大于25%的聚烯烃构成，而第三塑料基于层（C）的总质量由质量比大于75%的热塑性弹性体构成，该热塑性弹性体不是聚烯烃。可使用力使得具有焊缝的两个焊接部分相分离，同时内部管（基层A）保持完好。

【名称】 无纺布复合塑料薄膜的打孔方法及其设备

【公开（公告）号】 1608813

【公开（公告）日】 2005.04.27

【申请（专利权）人】 谢继华　谢继权

【地址】 （361009）福建省厦门市莲前西路451号202室

【发明（设计）人】 谢继华　谢继权

【摘要】 本发明公开了一种无纺布复合塑料薄膜的打孔方法及其设备，其方法为：将无纺布经导辊引入复合辊上，与位于复合辊上方的模头挤出的热塑性塑料复合，形成无纺布复合塑料薄膜，该无纺布复合塑料薄膜在网笼的支撑下进入打孔区，在流体及真空负压下打孔，形成表面层为无纺布，底层为塑料膜的复合打孔薄膜。由于本发明将无纺布与热塑性塑料在进入打孔区前进行复合，再进行打孔，在一道工艺流程中完成了复合、打孔的工序，因而，具有加工简单、生产效率高的优点。

【名称】 塑料废材干式清洗装置

【公开（公告）号】 1608818

【公开（公告）日】 2005.04.27

【申请（专利权）人】 日本阿尔斯泰克

【地址】 日本东京都

【发明（设计）人】 味好贤一　釜濑俊英　西昌彦

【摘要】 本发明的塑料废材干式清洗装置的特征在于，备有：在一端部形成有废材投入口、在另一端部形成有将清洗后的塑料清洗材料排出的清洗材料排出口、并形成有将附着物排出的附着物排出口的搅拌壳体，旋转自如地设在该搅拌壳体内的旋转轴，和在该搅拌壳体内突设在旋转轴上、附设有打击并破碎塑料废材的打击块的多个搅拌臂。由此，能够不进行预处理而将附着物从塑料废材简单且有效地除去。

【名称】 用激光光束掩膜焊接移动塑料薄膜的方法和装置

【公开（公告）号】 1608829

【公开（公告）日】 2005.04.27

【申请（专利权）人】 莱斯特加工技术公司

【地址】 瑞士萨尔嫩

【发明（设计）人】 陈杰伟

【摘要】 本方法和装置允许在结构环状塑料薄膜的高速焊接方面以在线的位置调节来进行动态掩膜焊接。使用布置在被动压滚中、设置有掩膜的透明受驱掩膜滚轮，可进行光检测，使得掩膜滚轮与薄膜速度、从而掩膜与薄膜速度同步。该调节可脱离薄膜传送机构而不影响焊接过程、特别是速度。本发明能够以薄膜传送速度高达每秒1 000mm被使用。

【名称】 用于种植植物的结构

【公开（公告）号】 1608842

【公开（公告）日】 2005.04.27

【申请（专利权）人】 住友化学工业株式会社　三善加工株式会社

【地址】 日本大阪府

【发明（设计）人】 阪谷泰一　南部仁成　儿岛伴树

【摘要】 本发明公开了用于种植植物的结构，其包括框架及覆盖在该框架上以限定该结构外形的覆盖材料，其中覆盖材料包含：由塑料薄膜构成的基材；基本只包含第一种无机微粒的第一层，形成覆盖材料的一面，该面是该结构的外表面；以及含有第二种无机微粒的第二层，位于基材和第一层之间，其中，该第二层形成于基材之上，第一层形成于第二层之上。

【名称】 弹性体改性的热塑性塑料的生产方法和设备

【公开（公告）号】 1609134

【公开（公告）日】 2005.04.27

【申请（专利权）人】 拜尔公司

【地址】 德国莱沃库森

【发明（设计）人】 A. 埃特尔　H. 荣松　U. 利森费尔德　S. 莫斯　R. 诺特勒　A. 弗兰克瑙　S. 博默

【摘要】 本发明公开了一种弹性体改性的热塑性塑料的连续生产方法。该方法包括（i）获得有残留水分含量为1%～50%（质量份）、特别是5%～50%（质量份）、特别优选10%～40%（质量份）的接枝弹性体（D），（ii）将（D）和热塑树脂（B）通过一个进料口导入一反应器中，所述反应器在所计算的熔化（D）和（B）的条件下运行，去除有机挥发性成分（C），以生产一种熔融共混物，该反应器设有多个捏合棒，所述捏合棒将部分熔融共混物向反应器进料口输送。

【名称】 一种聚合物复合材料窨井盖底座及其制造

方法

【公开（公告）号】 1609350

【公开（公告）日】 2005.04.27

【申请（专利权）人】 周虹

【地址】 （325605）浙江省乐清市黄华镇工业区瑞森化工有限公司

【发明（设计）人】 周虹

【摘要】 本发明公开了一种聚合物复合材料窨井盖底座及其制造方法，复合材料外壳内壁涂有高分子层，复合材料外壳放入钢筋圈并充以填充物。所用的复合材料具有较好的冲击韧性和耐磨性，如玻纤增强不饱和聚酯树脂模塑料，或是增强聚丙烯材料。其制造方法，可以是热模压或是注塑成型。该种聚合物复合材料窨井盖底座耐磨、耐冲击和耐压缩。产品制造简单，提高了使用寿命，且成本低廉。

【名称】纤维增强塑料与混凝土复合的拱结构及施工方法

【公开（公告）号】 1609379

【公开（公告）日】 2005.04.27

【申请（专利权）人】 杨庆国　易志坚　马银华　何小兵

【地址】 （400074）重庆市南岸区学府大道66号重庆交通学院土木建筑学院

【发明（设计）人】 杨庆国　易志坚　马银华　何小兵

【摘要】 纤维增强塑料与混凝土复合的拱结构及施工方法涉及建筑构件及施工方法。针对现有混凝土拱开裂早，开裂后裂纹会削弱构件的整体刚度，使构件变形增大、动力性能劣化，构件的安全度下降，有时导致构件断裂，发生整体垮塌，而提出一种结构简单，用层状纤维增强塑料材料粘贴混凝土表面和混凝土复合的拱结构及施工方法。所采用技术方案，其混凝土拱外壁粘贴有纤维增强塑料层。其施工方法，在形成的混凝土拱上，用砂轮抹去表面浮浆，形成一定粗糙度，再用环氧水泥腻子抹平表面的孔洞，刷上底层结构胶，再平顺包裹纤维层状织布，用树脂胶浆充分浸润纤维层状织布，最后用聚酯薄膜覆盖用刮板挤压富裕的树脂胶浆，固化后揭下聚酯薄。具有耐腐蚀，耐久性，成倍提高拱承载力，施工简单，容易实现。

【名称】 一种防伪膜内标贴纸及其制备方法和应用

【公开（公告）号】 1609919

【公开（公告）日】 2005.04.27

【申请（专利权）人】 陈子龙

【地址】 （100036）北京市海淀区阜成路42号12A一层北京赛浩德科技公司

【发明（设计）人】 陈子龙

【摘要】 本发明公开了一种防伪膜内标贴纸及其制备方法和应用，包括表面印有防伪标识层的标纸层、涂覆于防伪标识层上的胶膜层，该胶膜层上具有压纹。克服了现有标贴纸的缺点，并具有完全的防卫功能，无需成型后贴标签，制瓶的同时贴标签，无需额外的操作，省却灌装后贴标贴的劳动力降低成本，与塑料瓶体可以同时回收便利，环保节能。

【名称】 具有密封的顶棚格栅

【公开（公告）号】 1519443

【公开（公告）日】 2004.08.11

【申请（专利权）人】 沃辛顿·阿姆斯特朗风险投资公司

【地址】 美国宾夕法尼亚

【发明（设计）人】 威廉 J.普拉特

【摘要】 一种具有密封的顶棚格栅，用于无尘室和其他封闭环境的顶棚。吊顶的梁在其翼缘顶上具有软质塑料折片。当顶棚镶板被支撑于梁上时，该折片形成密封。随着梁滚压成型操作的完成，被连续成型的折片与金属梁芯板上的塑料外壳整体成型。

【名称】 光学部件用保护胶带

【公开（公告）号】 1517418

【公开（公告）日】 2004.08.04

【申请（专利权）人】 日东电工株式会社

【地址】 日本大阪府

【发明（设计）人】 新野卓哉　芋野昌三　奥村和人　佐野建志

【摘要】 一种光学部件用保护胶带，包括塑料薄膜基材、在塑料膜基材一侧形成的压敏黏合剂层和在与塑料膜基材相反的一侧上形成的浸胶层，其中浸胶层具有其中包括（1）带有碳原子数为8～20的烷基的（甲基）丙烯酸烷基酯；（2）（甲基）丙烯腈；（3）带有可与成分（1）和成分（2）共聚的官能团的单体作为共聚成分的共聚物通过交联剂交联的结构。光学部件用保护胶带可在浸胶层上直接印刷油墨，与涂覆在光学膜上的压敏黏合剂具有低黏合性，并具有耐溶剂性。

【名称】 用于地板和地毯的真空吸尘器管嘴

【公开（公告）号】 1522655

【公开（公告）日】 2004.08.25

【申请（专利权）人】 维斯尔-韦克有限公司

【地址】 德国维尔德贝格许特

【发明（设计）人】 迪特尔·卡芬贝格尔　托马斯·林德

【摘要】 本发明涉及一种真空吸尘器管嘴，具有一个由塑料制成的外壳上部、一个滑动底板和一个可枢转地设置在外壳上部内一个轴周围的垫片底座，该垫片底座具有至少一个条形垫片元件，在该垫片底座进行调节运动时，该垫片元件可以在管嘴下侧缩回和移出。滑动底板使用滑动接头紧固到外壳上部，这些滑动接头位于外壳上部的枢轴形突出部和对立件之间，这些对立件成型在滑动底板上。垫片底座在至少一个枢轴处进行引导，这些枢轴由滑动接头形成。

【名称】 挠性基板收存器具及挠性基板收存方法
【公开（公告）号】 1522939
【公开（公告）日】 2004.08.25
【申请（专利权）人】 夏普株式会社
【地址】 日本大阪府
【发明（设计）人】 山田公彦　中谷喜纪　会田哲也
【摘要】 本发明的挠性基板收存器具是将至少一对的构成收存本体外形的相对向的对向构件保持一定间隔地进行设置，以便通过夹持具有挠性的多枚基板，使该多枚基板弯曲地进行收存。由此，可以提供可简易且确实地收存并保持塑料基板等具有挠性的基板的挠性基板收存器具及挠性基板收存方法。

【名称】 高散热型塑料封装及其制造方法
【公开（公告）号】 1532920
【公开（公告）日】 2004.09.29
【申请（专利权）人】 株式会社住友金属电设备
【地址】 日本山口县
【发明（设计）人】 苫米地重尚　浜野明弘
【摘要】 一种高散热型塑料封装及其制造方法，利用粘接用树脂直接接合，在Cu箔上接合粘接用树脂而形成，并在俯视的实际中央部预先穿设用于载置半导体元件的腔部用缺口的带Cu箔的树脂薄膜，与用于对上述半导体元件发出的热进行散热的散热板，在带Cu箔的树脂薄膜上形成有导体配线图形。并且，在上述散热板上具有制止部，其在与上述带Cu箔的树脂薄膜的粘接用树脂接合时防止向腔部的树脂渗出。这种高散热型塑料封装及其制造方法，在导体配线图形形成用基材与散热板之间无需后加的粘接片，并可减少粘接材料的树脂渗出，廉价、接合精度好。

【名称】 在塑料模制件表面敷设导体带的方法及得到的模制件
【公开（公告）号】 1531388
【公开（公告）日】 2004.09.22
【申请（专利权）人】 提克纳有限公司
【地址】 德国凯尔斯特巴赫
【发明（设计）人】 弗兰克·瑞尔　斯蒂芬·戴尔
【摘要】 描述了一种方法，其中借助于有选择性的磨蚀加工工艺在发泡塑料的表面上敷设导电的导体带。该方法可以以低成本由在表面上集成有导体带的塑料来生产模制件。该方法的产品例如可以应用在电气和电子工业。

【名称】 烹调容器把手及其相应的制造方法
【公开（公告）号】 1524478
【公开（公告）日】 2004.09.01
【申请（专利权）人】 F.B.M.热塑料有限公司
【地址】 意大利阿尔沙格塞里奥
【发明（设计）人】 马尔科·穆纳里
【摘要】 一种烹调容器的把手，包括一个细长的、一体的由塑料材料制成的主体，在主体的第一端具有用于与烹调容器连接的连接部分；并且主体内部具有一个至少沿使用时把握部分延伸的纵向腔。

【名称】 多层单纤维丝和用于制造多层单纤维丝的方法
【公开（公告）号】 1524979
【公开（公告）日】 2004.09.01
【申请（专利权）人】 莫泰赫技术系统有限公司
【地址】 德国上阿布特施泰纳赫
【发明（设计）人】 于尔根·莫顿-芬格
【摘要】 一种包括有若干层的多层单纤维丝，这些层是在一个加工步骤中同时挤压或纺出的，其多层单纤维丝具有由塑料A构成的第一层和由塑料B构成的第二层以及由塑料C构成的第三层，其第二层是被直接粘合到第一层上，其第三层是被直接粘合到第二层上，其中塑料B是两种塑料A和C之间的黏合剂。

【名称】 光盘及制造该种光盘的方法
【公开（公告）号】 1525465
【公开（公告）日】 2004.09.01
【申请（专利权）人】 LG电子有限公司
【地址】 韩国汉城
【发明（设计）人】 金真弘　李俊硕
【摘要】 一种通过使用激光束记录和/或复制信息的光盘，包括由具有2400MPa或更高的弹性模量的无机材料，或无机和塑料材料的混合物制成的基层、在该基层上形成的反射层、在该反射层上形成的覆盖层及在该覆盖层上形成的保护层，其中，用于记录和/或复制信息的激光束是入射在该保护层和覆盖层上。

【名称】 用于在物体周围包裹塑料膜网的包装机和方法
【公开（公告）号】 1539708
【公开（公告）日】 2004.10.27
【申请（专利权）人】 伊利诺斯工具公司
【地址】 美国伊利诺斯州
【发明（设计）人】 于尔约·索拉赫蒂　约翰·武伊齐克　贾恩·托齐茨基
【摘要】 一种用于在物体周围包裹塑料膜网的包装机

和方法。夹持和切割装置与支撑着薄膜发放器的环形导轨的提升架相连，从而能够与提升架一起上下移动。在该方法中，包裹动作起始于相对于物体的竖直位置任意选择的一点，并相应地结束于相对于物体的竖直位置任意选择的一点。

【名称】 含有碳纳米管的聚酰胺/聚烯烃共混物
【公开（公告）号】 1539882
【公开（公告）日】 2004.10.27
【申请（专利权）人】 阿托菲纳公司
【地址】 法国上塞纳省皮托
【发明（设计）人】 贝努特·布鲁尔
【摘要】 本发明涉及含碳纳米管的聚酰胺/聚烯烃共混物，及包含至少一层该共混物和视情况至少一层另一种材料的构件。该构件可呈任意的瓶、罐、槽、软管、筒管和壶形状。该构件可使用热塑性塑料的标准技术，如注塑、挤出-吹塑和共挤出来生产。按照一个实施方案，本发明多层管，以其径向由外到内包含：①由选自于 PA11 和 PA12 的聚酰胺形成的外层；②由结合物形成的层；③由 EVOH 形成的任选层；④视具体情况而定的黏结层［不存在层（3）时，则该层不存在］；⑤由具有聚酰胺基质和碳纳米管的聚酰胺/聚烯烃共混物形成的内层；⑥所述层是连续的且在它们相应的接触表面互相黏合。

【名称】 纺丝装置的清洁方法
【公开（公告）号】 1540046
【公开（公告）日】 2004.10.27
【申请（专利权）人】 赖芬豪泽机械工厂股份有限公司
【地址】 德国特罗斯多夫
【发明（设计）人】 塞巴斯蒂安·佐默
【摘要】 一种对带有多个输出熔融塑料的喷丝孔的纺丝装置的清洁方法。对于在工作的纺丝装置，各个被杂质污染和/或阻塞的喷丝孔被塞子堵塞，这些塞子至少部分由至少一种可氧化物质组成。纺丝装置在清洁过程中经过热解处理以分解残余塑料。纺丝装置经过氧化处理，以使可氧化物质氧化。

【名称】 改进的瓶接触涂抹装置及用于该装置的改进的海绵
【公开（公告）号】 1537678
【公开（公告）日】 2004.10.20
【申请（专利权）人】 阿托费纳化学股份有限公司
【地址】 美国宾夕法尼亚州
【发明（设计）人】 H.G. 埃森 L. 豪伊克曼
【摘要】 本发明提供了一种改进的海绵容器和一种用于把液体涂抹在诸如玻璃瓶或塑料瓶等容器的外表面的、改进的接触涂抹装置。改进的海绵容器包含一个开放孔室泡沫材料，该多孔泡沫材料至少有一表面与容器接触且将液体施加到容器上，以及至少一个部分具有能阻碍液体通过该密封面流出海绵的一密封面和至少一个与容器接触的未密封面，海绵的内部孔隙率使液体能穿过海绵的开放孔室结构流动。本发明也提出了一种密封开放孔室泡沫材料表面的方法。本方法包括用液体将泡沫膨胀，将多余的液体从海绵里挤出，当泡沫仍然处于膨胀状态时将一种密封剂施加到泡沫表面，以及固化海绵上的密封剂。本发明也提出了一种适用于瓶子的改进的接触涂抹装置，本装置包括用于旋转待涂抹容器的装置、一个具有几个密封面和至少一个未密封面的海绵涂抹器、将容器与海绵涂抹器的一个未密封面接触的装置以及用于向海绵涂抹器提供涂抹液的装置。

【名称】 塑料构件的超声波焊接方法
【公开（公告）号】 1537715
【公开（公告）日】 2004.10.20
【申请（专利权）人】 德古萨公司
【地址】 德国杜塞尔多夫
【发明（设计）人】 S. 蒙谢默 R. 格林 H. 里斯 G. 布鲁尼
【摘要】 一种通过超声波焊接将一塑料管子热压焊接至另一个塑料件的方法，该方法包括使用与该管子轴垂直作用的声波，同时待焊区的布置基本上与该管子轴平行，此外，焊接程序与另一个塑料件强行插入该塑料管子以在声音暴露与强行插入之间至少存在某些重叠相结合。

【名称】 用以临时保护车辆漆面的自粘合保护膜
【公开（公告）号】 1537897
【公开（公告）日】 2004.10.20
【申请（专利权）人】 蒂萨股份公司
【地址】 德国汉堡
【发明（设计）人】 伯恩德·利曼 迈克尔·波特曼 乔布斯特-沃尔德马·克莱普 尼古莱·贝姆
【摘要】 本发明涉及一种用于临时保护轿车等车辆新油漆表面以及新喷涂车辆零件的自粘合保护膜，它具有一衬底，该衬底包括一优选为聚烯烃制成的热塑性塑料膜，以及丁基橡胶的自粘合层，上述丁基橡胶中的异戊二烯含量达到 1.8 摩尔百分比，优选为 1.2 摩尔百分比。

【名称】 滑动膜
【公开（公告）号】 1538443
【公开（公告）日】 2004.10.20
【申请（专利权）人】 日东电工株式会社
【地址】 日本大阪府
【发明（设计）人】 饭田博之

【摘要】 一种由可滑动基底、在基底一侧上配置的压敏粘合层以及在可滑动基底和压敏粘合层之间配置的阻挡层构成的滑动膜，其中可滑动基底是包括塑料的多孔结构。该滑动膜具有良好的滑动性，甚至当把负载施加到其上很长一段时间时，它也能抑制压敏黏合剂的渗出。

【名称】 银颜料
【公开（公告）号】 1542058
【公开（公告）日】 2004.11.03
【申请（专利权）人】 默克专利股份有限公司
【地址】 德国达姆施塔特
【发明（设计）人】 C. 施米特 T. 德尔普 J. 迪茨
【摘要】 本发明涉及一种基于透明、低折射率薄片状基质的银颜料，其具有由层厚为5～300nm的TiO_2组成的高折射率涂层，以及任选的外部保护层，并且涉及所述颜料在油漆、涂料、印刷油墨、防伪印刷油墨、塑料、按钮粘贴、陶瓷材料、玻璃中的用途，用于晶种着色、作为塑料和纸张的激光标记的掺杂剂、在食品和医药领域中作为着色添加剂、用于化妆品制剂以及用于制备颜料组合物和干制剂。

【名称】 主色干涉颜料
【公开（公告）号】 1542059
【公开（公告）日】 2004.11.03
【申请（专利权）人】 默克专利股份有限公司
【地址】 德国达姆施塔特
【发明（设计）人】 N. 里克 L. 海德 M. 洛克 N. 舒普 R. 安塞尔曼
【摘要】 本发明涉及基于多层涂覆片状基质的主色干涉颜料，其特征在于它们包含：（1）折射率$n>1.8$的无色涂层，层厚20～250nm；（2）折射率$n\leqslant 1.8$的无色涂层，层厚10～100nm；（3）折射率$n>1.8$的无色涂层，层厚20～250nm；（4）吸收层，层厚1～100nm；（5）外保护层。本发明还涉及该干涉颜料在油漆、涂料、油墨、塑料、陶瓷材料、玻璃、激光标识、化妆品和制备颜料组合物和干制剂中的应用。

【名称】 在塑料基材上形成涂膜的方法
【公开（公告）号】 1550266
【公开（公告）日】 2004.12.01
【申请（专利权）人】 关西涂料株式会社
【地址】 日本兵库县
【发明（设计）人】 小野山裕之 片冈泰之 中原周一 松野吉纯
【摘要】 本发明提供一种用于在塑料基材上形成涂膜的方法，该方法包括步骤：（1）用含水率为约15%～约48%（质量份）的水性白色底层涂料涂布塑料基材以形成L^*值为约80或更高的涂膜；（2）加热底层涂料（A）的涂膜以调整该涂膜的含水率在质量含量约1%～约10%范围内以及该涂膜的表面电阻值小于约$10^9\Omega\cdot cm$；（3）用热固性透明着色涂料组合物静电涂覆底层涂料的涂膜；（4）用热固性透明涂料组合物静电涂覆未固化的涂料组合物的涂膜；（5）烘烤三层涂膜以获得固化的N值为约8.5或更高的多层涂膜。

【名称】 由硬质聚氯乙烯组成的塑料薄膜及其制造方法
【公开（公告）号】 1550305
【公开（公告）日】 2004.12.01
【申请（专利权）人】 克勒克纳彭塔普拉斯特有限公司
【地址】 荷兰韦尔特
【发明（设计）人】 科尔·范赖恩 彼得·拉斯汉斯·泰斯
【摘要】 本发明公开了一种由硬质聚氯乙烯组成的塑料薄膜，其被用作套筒式标签的背膜。套筒标签利用粘接剂贴合到圆柱体的外周表面上，并被热缩到该表面上。在塑料薄膜上叠置了一保护性的覆盖膜。塑料薄膜在一压延机的加工方向上受到拉伸，且其相对于未经拉伸的塑料薄膜的纵向热收缩量在40%～60%之间。在垂直于压延机加工方向的方向上，塑料薄膜的收缩率在0～10%之间。

【名称】 用于抗静电塑料膜的印刷油墨和用该油墨印刷的抗静电膜
【公开（公告）号】 1550529
【公开（公告）日】 2004.12.01
【申请（专利权）人】 林宽治
【地址】 日本东京
【发明（设计）人】 林宽治
【摘要】 通过提供含水抗静电印刷油墨而提供抗静电性能，同时不会造成透明或半透明塑料膜中发生渗色，并进一步防止环境污染。向用于印刷在透明或半透明塑料膜上的印刷油墨赋予抗静电性能。该油墨中的连接料的主要组分是两种或多种聚氨酯树脂的复合组合物。通过尤其向用于背衬的油墨赋予抗静电性能而得到具有优异的抗静电性能的印刷材料。进一步，油墨通过将包含脂肪酸二甲基乙基乙硫酸铵和聚氧乙烯烷基醚的混合组合物的抗静电剂，加入作为酯基聚氨酯树脂（包含高T_g聚合物和低T_g聚合物的混合组合物）的有机溶剂溶液的连接料中而制成，并通过用该油墨背衬塑料膜而赋予该塑料膜以抗静电性能。结果，抗静电性能可在印刷工艺过程中赋予塑料膜，这样与向塑料膜赋予抗静电性能的常规方法相比，可在改善性能的同时更多地降低成本。此外，根据本发明的含水抗静电印刷油墨有效地克服环境污染的问题。

【名称】 塑料网布的制造方法
【公开（公告）号】 1552532
【公开（公告）日】 2004.12.08
【申请（专利权）人】 王晓梅
【地址】 （523945）广东省东莞市长安镇长安大道92号
【发明（设计）人】 王晓梅
【摘要】 一种塑料网布的制造方法，包括网布在料槽内涂塑、经过风机吹穿网孔、刮刀进行刮浆及烘炉烘干，其中所述刮刀位于风机的风口垂直正下方，网布同时进行风机吹穿网孔和刮刀刮浆。本发明塑料网布的制造方法由于刮刀位于风机的风口垂直正下方，吹穿网孔和刮浆同时进行，网布上的塑料膜在上面吹风及下面刮刀的双重作用下，在未硬化前就及时被刮刀刮掉，所制得的塑料网布表面平整，手感丰满，没有凹凸的塑料块形成，产品成品率很高。

【名称】 一种塑料手机壳内表面电磁屏蔽膜层的制备方法
【公开（公告）号】 1553767
【公开（公告）日】 2004.12.08
【申请（专利权）人】 北京东明化学工业有限公司
【地址】 北京市怀柔雁栖工业开发区
【发明（设计）人】 何向军
【摘要】 本发明是关于一种塑料手机壳内表面电磁屏蔽膜层的制备方法。该方法采用射频离子镀技术在塑料手机壳内表面形成金属或合金膜层，该金属化膜层具有高的界面附着力、低的电阻率及良好的在高温高湿环境下的抗氧化能力。同时，该种方法可以极大地改善塑料壳内表面复杂区域（特别是深孔）的着膜问题。本发明可广泛用于手机等通讯设备、微机及测量仪器等塑料件内表面电磁屏蔽膜层的制备。

【名称】 大型塑料制品的滚塑成型方法及其专用模具
【公开（公告）号】 1555971
【公开（公告）日】 2004.12.22
【申请（专利权）人】 房华江
【地址】 （315300）浙江省慈溪市西二环路699号
【发明（设计）人】 房华江
【摘要】 本发明提供了一种大型塑料制品的滚塑成型方法及其专用模具，选用旋转、摆动幅度均为360°的设备，模具无需特殊结构，若选用通常设备，模具旋转360°、摆动幅度小于300°，则需采用专用模具，在大斜度部位采用阻流结构进行熔料阻流，避免因熔料流淌造成的制品厚度不均，所述专用模具的阻流结构为其斜壁内侧的凸出结构，可以是若干圈环形半圆缺凸起、或阶梯状凸起、或若干均匀分布的球面状凸起，对带法兰的大型制件，采用特殊结构模具，在冷却时卸下殊装置应有先后。本发明克服了现有滚塑成型技术不能成型大型复杂制品的缺陷，成型的制品厚度大，均匀性好，强度高，可用于大型环保设备、大型化工设备等等。

【名称】 电场式聚合物挤出机机头
【公开（公告）号】 1555974
【公开（公告）日】 2004.12.22
【申请（专利权）人】 东华大学
【地址】 （200051）上海市长宁区延安西路1882号
【发明（设计）人】 张娟　万玉芹　何吉欢　朱友升
【摘要】 本发明的一种电场式聚合物挤出机机头，属于聚合物材料成型加工领域，具体是指一种螺杆挤出机的改进。它提供的一种电场式聚合物挤出机机头，是在普通螺杆挤出机的机头上设置一对施加脉动电压或直流电压的电极板。本发明提供的电场式聚合物挤出机机头，达到了引导聚合物熔体大分子链段及分子链的取向作用，降低熔体黏性，并减少挤出熔体所需压力的目的。特别与传统的振动式聚合物挤出机机头相比，它没有如超声波发生器、电磁波发生器等过多的价格昂贵的附属配套设备，因而它具有结构合理、装置简单、制造方便、成本低及生产操作简便等特点，利于在塑料、橡胶等聚合物材料成型加工行业推广。

【名称】 一种复合板的制作方法
【公开（公告）号】 1555976
【公开（公告）日】 2004.12.22
【申请（专利权）人】 苏嘉瑞
【地址】 （523290）广东省东莞市石碣镇新城区牡丹街20号
【发明（设计）人】 苏嘉瑞
【摘要】 本发明涉及一种复合板的制作方法。它主要由如下步骤组成：(1) 在透明或半透明的塑料片上印刷木纹或其他图案；(2) 在印刷了木纹或其他图案的塑料片的那一面上涂布胶合剂；(3) 将塑料片涂布了胶合剂的一面贴合到底板上，并加压使其与底板密合。本方法得到的复合板可以消除现有塑料片上印刷有木纹或其他图案的那一面因粘上污渍而不易清洗的现象，从而省去另加于复合板表面用于保护塑料片上的木纹或其他图案的薄膜，大大地简化了生产工序，降低了生产成本，具有良好的使用价值。

【名称】 可控-生物降解塑料母料
【公开（公告）号】 1556147
【公开（公告）日】 2004.12.22

【申请（专利权）人】 刘永丰

【地址】 （111003）辽宁省辽阳市宏伟区长征街道11区13栋3组9号

【发明（设计）人】 刘永丰

【摘要】 本发明公开了一种非淀粉可控生物降解塑料母料，它是利用低分子量烃类物质或环氧大豆油做生物降解剂，用丁苯共聚物弹性体做热氧化促进剂，并以以下各重量分数组分组成：非天然可生物降解剂30～50份、热氧化降解促进剂40～60份、催化剂1～2份、聚乙烯8～12份。本发明实现后与现有技术相比，具有不同于生物破坏性塑料，具有全生物降解性；降解条件宽表现在，样品放在任何自然环境下，就可以做生物降解实验，用户可以自己做露天环境生物降解实验；降解速度快表现在，在温带28～38天降解，在热带15～25天降解；降解效果好表现在，降解为粉末，直至被微生物分解为H_2O和CO_2。配方简单、工艺简单、可操作性好、对加工设备要求不高、不增加成本等优点。

【名称】 一种纳米蒙脱土的固相插层制备方法及其制备的纳米蒙脱土母料

【公开（公告）号】 1556155

【公开（公告）日】 2004.12.22

【申请（专利权）人】 杭州鸿雁电器公司

【地址】 （310012）浙江省杭州市翠苑三区庆隆路9号

【发明（设计）人】 谢松桂 盛仲夷

【摘要】 本发明公开了一种纳米蒙脱土的固相插层制备方法，将环氧化合物与提纯蒙脱土混合均匀后，在150～200℃温度条件下，经双辊、双螺杆或密炼机强力剪切混炼，直接完成对蒙脱土的插层和剥离，固化成密实粉状剥离型纳米蒙脱土母料。该母料的其组成为（以质量百分比计）：蒙脱土：65%～75%，环氧化合物：25%～35%。本发明方法简便可行，成本低，制备的纳米蒙脱土母料，蒙脱土含量高，蒙脱土层间距3.5～10.0nm，可应用于作为通用塑料如聚氯乙烯、聚烯烃及工程塑料如聚碳酸酯的改性材料。

【名称】 复合式集排水盲管

【公开（公告）号】 1556289

【公开（公告）日】 2004.12.22

【申请（专利权）人】 河海大学

【地址】 （210098）江苏省南京市西康路1号

【发明（设计）人】 武良金

【摘要】 本发明涉及的是一种复合式集排水盲管，其结构是弹簧式加强衬、乱丝式管壁和喷丝滤膜从盲管中心向外依次设置，弹簧式加强衬是用钢丝并在其外表涂塑或高强塑料丝制成；乱丝式管壁是由挤塑机挤出的塑料丝并在成型时将其打乱，其空隙率为70%～95%，塑料丝的直径为0.3～3mm；利用弹簧的张力将弹簧式加强衬与乱丝式管壁紧密接触在一起；喷丝滤膜是由在乱丝式管壁的外表喷合成纤维丝制成。优点：由于增加了弹簧式加强衬使其压缩强度大大提高，同时排水空间又得到了保证，大大的提高了集排水的效果和可靠性；表面滤膜由于采用喷丝技术因此整体性好，滤膜与管壁结合紧密并且也没有接缝，外形美观；由于增加了弹簧式加强衬，使管壁可以做得相对薄些，从而降低了制作成本。

【名称】 载纳米银抗菌粉体的制备方法

【公开（公告）号】 1557150

【公开（公告）日】 2004.12.29

【申请（专利权）人】 黄德欢 李宗全

【地址】 （200060）上海市普陀区澳门路288弄13栋301室

【发明（设计）人】 黄德欢 李宗全 张孝彬 吕春菊

【摘要】 本发明公开了一种载纳米银抗菌粉体的制备方法。它是将质量百分比浓度为0.01%～5.0%的硝酸银水溶液中加入超细载体，经超声波震荡0.5～4小时后，加入浓度为0.01%～5.0%的表面助剂水溶液，在搅拌中加入浓度为0.001%～1.0%的水合肼水溶液，继续搅拌10～30分钟，获得含载纳米银粉体的溶液。经过分离、洗涤、干燥，得到含银量0.1%～20%的载纳米银抗菌粉体。其优点是：可以制备不同种类的载纳米银抗菌粉体，载体可以是天然矿物粉体，也可以是人工合成的纳米无机材料，载银量可以根据需要调节；纳米银粒的粒度为10～100nm，抗菌粉体成分均匀；原材料易得、制备方法简单、成本低、易产业化，产品便于保存和应用；载纳米银抗菌粉体可用在抗菌塑料、陶瓷、涂料、医疗敷料等领域。

【名称】 用金属银制备纳米抗菌银粉的方法

【公开（公告）号】 1557163

【公开（公告）日】 2004.12.29

【申请（专利权）人】 黄德欢 李宗全

【地址】 （200060）上海市普陀区澳门路288弄13栋301室

【发明（设计）人】 黄德欢 李宗全 张孝彬 吕春菊

【摘要】 本发明公开了一种用金属银制备纳米抗菌银粉的方法。其特征是以金属银、硝酸、聚乙二醇为原料，水合肼为还原剂，加入适量的表面助剂，获得含纳米银粒子的溶液。经钝化、喷雾干燥后，得到含银量60%～90%的纳米抗菌银粉体。其优点是：以金属银为原料制备纳米抗菌银粉，原材料易得、制备工艺较简单、成本较低、易产业化。该方法制备的纳米银粉在存放中不会发生团聚和粒子长大，便于保存和应用。制备的银粒子的粒度为 10～100nm、分散性好，可用在抗菌纺织品、塑料、陶瓷、涂料、医疗敷料等领域

【名称】 仿鬃刷丝及制造方法
【公开（公告）号】 1557241
【公开（公告）日】 2004.12.29
【申请（专利权）人】 马剑波
【地址】 (315303) 浙江省慈溪市坎墩工业开发区洁达纳米复合材料有限公司
【发明（设计）人】 马剑波　马永梅
【摘要】 本发明涉及一种喷砂丝制品，具体涉及一种仿鬃刷丝及其制造方法。是在构成刷丝体的聚酯单丝的表面附着一种或数种磨料。刷丝的适宜成分采用聚酯中的 PBT、PET 或 PBT 与 PET 复合材料；磨料可以选取 SiC，Al_2O_3，其粒度范围在 60～800 目。本发明的制造工艺，包括将聚酯送入塑料挤出机加热至熔融温度，然后挤出、冷却、延伸、加热，喷砂，延伸，回收。发明要点是在单丝未冷却成型前采用喷砂装置向其各方位喷砂。将本发明聚酯砂丝制作成刷具，与普通油漆刷进行对比试验，本刷丝吸附油漆的量多 7%～15%，涂刷在材料表面油漆量分布均匀。回弹性比普通油漆刷高 10%左右。使用寿命可延长 2 倍左右。

【名称】 铸铁管内表面喷塑工艺
【公开（公告）号】 1557569
【公开（公告）日】 2004.12.29
【申请（专利权）人】 新兴铸管股份有限公司
【地址】 (056300) 河北省武安市二六七二工厂调研所马沛秦
【发明（设计）人】 范英俊　刘明忠　杨彬　王玉铭　习杰　朱伟　韩会淑　马保生
【摘要】 一种铸铁管内表面喷塑工艺，首先把要涂装的铸铁管内表面进行处理，后送入烘烤炉进行加热；关闭所有所述的阀门，操作电控箱用真空泵将真空罐抽为真空，从烘烤炉内取出加热好的待涂铸铁管密封固定在夹具上，然后将阀门 V1 打开，使铸铁管内部呈真空状态，接着打开 V2，使原料槽内的粉末塑料在瞬间就充满铸铁管，铸铁管内的多余粉末塑料就留在过滤器里，经适当时间后使留在过滤器里的粉末再一次进入管道进行涂装，多余的粉末塑料就进入回收装置，打开相关阀门后，使塑料回到原料槽，取下涂装好的铸铁管，并将所有阀门都恢复到原状。它具有施工环境无污染、粉末基本无损耗、涂膜厚薄均匀且容易控制、对粉末塑料的适应性强的优点。

【名称】 铸铁管外表面喷塑工艺
【公开（公告）号】 1557570
【公开（公告）日】 2004.12.29
【申请（专利权）人】 新兴铸管股份有限公司
【地址】 (056300) 河北省武安市二六七二工厂调研所马沛秦
【发明（设计）人】 范英俊　刘明忠　杨彬　王玉铭　习杰　朱伟　韩会淑　马保生
【摘要】 一种铸铁管外表面喷塑工艺，首先将待喷铸铁管的外表面进行抛丸处理，然后将铸铁管固定在夹具上并接地，夹具带动铸铁管旋转，打开高压静电发生器，静电喷粉枪靠近铸铁管外表面，打开静电喷粉枪，供粉器将喷粉柜中的塑料粉末送至静电喷粉枪的导流杯中，由于导流杯接上高压负极产生电晕放电，其周围产生密集的电荷，粉末带上负电荷，在静电力和压缩空气的作用下，粉末均匀的吸附在接地为正极的铸铁管外表面上，后送入烘烤炉加热，粉末熔融固化或塑化成均匀、连续、平整、光滑的涂膜。它具有工件不预热、粉末利用率高，达 95%以上，涂膜厚薄均匀且容易控制，在工件的尖端和粗糙的表面均能形成连续、平滑涂膜的优点。

【名称】 平面自动清洁方法及清洁移动盘
【公开（公告）号】 1557573
【公开（公告）日】 2004.12.29
【申请（专利权）人】 董建娣
【地址】 (315500) 浙江省奉化市广平小区 9 幢 201 室
【发明（设计）人】 董建娣
【摘要】 一种平面自动清洁方法及清洁移动盘，采用一电动滚动球，将其放入一轻质清洁移动盘的中心围孔内，利用滚动球体内的电机带动偏心摆轮运动而使滚动球在围孔内滚动，并带动清洁移动盘平面移动，使配置在清洁移动盘底平面上的刷布对经过的平面进行自动清洁；该清洁移动盘是用塑料制成中心带有孔的薄壁平面盘，盘中心孔的周边向上连有围栏并构成供电动滚动球活动的围孔，从而使本发明具有清洁方法简单、实用，在任意的平面上均可使用，减轻了使用者的劳动强度，清洁成本低，能实现自动清洁等特点。

【名称】 长纤维填充增强塑料注射成型方法及装置
【公开（公告）号】 1557619
【公开（公告）日】 2004.12.29
【申请（专利权）人】 刘津平
【地址】 (300222) 天津市河西区大沽南路 1169 号
【发明（设计）人】 刘津平

【摘要】 将长纤维与塑料分开加入连续运转的挤出机的不同区段，经充分混合塑化后，直接进入非连续运作的注射装置前端，由注射装置中柱塞快速注入锁模机构内的成型模具型腔，过程中熔体无需进出熔体蓄送装置，减少了长纤维被折断机率，制品因此具有更好的性能。

【名称】 在模内完成表面覆膜装饰面的塑料件及其制作方法

【公开（公告）号】 1557622

【公开（公告）日】 2004.12.29

【申请（专利权）人】 福建省石狮市通达电器有限公司 林云

【地址】 （362700）福建省石狮市蚶江石湖路通达工业园

【发明（设计）人】 王亚榆 林云

【摘要】 一种在模内完成表面覆膜装饰面的塑料件及其制作方法，其特征是该塑料构件依次是由位于最外层的薄膜，位于中间层的印制在薄膜内表面以形成图案文字装饰面的各油墨层和位于最里层的塑料基体构成，其中薄膜上带有图案或文字符号装饰面的油墨层是作为配合面层与塑料构件基体相紧密贴合，并通过模内覆膜的注塑方式形成整体式的结构，其制作的方法步骤包括：装饰面设计并制版，薄膜印刷、薄膜冲裁成型、模内定位注塑，分模取注塑件。与传统技术比较，本发明采用塑料件模内覆膜装饰技术，即利用注塑过程在注塑模具内进行覆膜完成对塑料件表面的装饰，不仅提高加工效率，且装饰的所有图案文字符号均内藏，永不磨损。本发明可广泛应用于家电、汽车、通讯等领域。

【名称】 一种内外防腐钢塑复合管的生产方法及其设备

【公开（公告）号】 1557624

【公开（公告）日】 2004.12.29

【申请（专利权）人】 广州励进新技术有限公司

【地址】 （510665）广东省广州市天河区中山大道西高新科技工业园建工路9号6楼

【发明（设计）人】 李志雄 马东生 何永刚 王骧骥

【摘要】 本发明涉及一种内外防腐钢塑复合管的生产方法及其设备。本发明的生产方法包括有下列步骤：（1）将钢管通过上管平台进入生产线；（2）通过预热装置对钢管进行预热；（3）钢管输送到钢管内除锈装置进行内壁除锈处理；（4）通过加热装置对钢管进行预热；（5）通过钢管内喷涂装置对钢管内壁喷涂粉末涂料；（6）钢管通过外除锈机组对钢管外壁进行外除锈；（7）通过挤压胶层装置及挤压塑料层装置对钢管外壁依次连续进行挤压外胶层和挤压外塑料层；（8）通过冷却装置将钢管冷却。本发明的生产设备包括有上管平台、预热装置、钢管内除锈装置、加热装置、钢管内喷涂装置、外除锈机组、挤压胶层装置、挤压塑料层装置、冷却装置。本发明的生产方法工艺简单、成本低，经济效益好，其生产设备结构简单、安装容易，使用方便。

【名称】 高频熔接机的工作台面及高频电极板热合定形总成

【公开（公告）号】 1557626

【公开（公告）日】 2004.12.29

【申请（专利权）人】 凌正然

【地址】 （311100）浙江省杭州市余杭区临平人民大道622号金筲公寓8号楼1804号

【发明（设计）人】 凌正然

【摘要】 本发明在现有连续式高频熔接机的基础上，其位于工作台面上塑料拼接物在抽气机的作用下，工作台面上的多个孔形成负压气流且将被拼接物平整牢牢地吸在工作台面上，移动式高频电极板热合定形总成和电极板间产生高压电场，使位于移动式高频电极板热合定形总成和电极板间的拼接材料由于分子间激烈摩擦作用瞬间产生热量熔化，并在定形轮压力下熔合。优点：一是工作台面上负压气孔的设计，保证了被拼接物平整地吸附在工作台面上，不仅拼接整齐，而且拼接速度快，大大提高生产效率；二是将移动式高频电极板热合定形总成设计成整体结构，不仅具有良好的匹配性，而且使拼接材料间能够均匀完全熔融黏合。

【名称】 包装袋和其生产方法

【公开（公告）号】 1557683

【公开（公告）日】 2004.12.29

【申请（专利权）人】 株式会社细川洋行

【地址】 日本东京都

【发明（设计）人】 大岛重行 茂木芳次

【摘要】 包括管状部件的包装袋，由包括定向塑料薄膜和非定向塑料薄膜的塑料层压薄膜制成。所述塑料层压薄膜具有矩形形状，第一对和第二对相对的侧面。折叠所述塑料层压薄膜，形成至少一个平行于所述第一对相对的侧面延伸的折叠部分。将所述第一对相对的侧面彼此热密封在一起，形成第一热密封部分，以便分别在第二对相反的面上形成一对相反的开口部分。在管状部件的成对的相对的开口部分之一上提供第二个热密封部分。将定向塑料薄膜放置在所述管状部件的外侧，而将非定向塑料薄膜放置在其内侧。所述至少一个折叠部分具有第一个易于和区。所述第一易于开口区是通过在要放置在非定向塑料薄膜上的定向塑料薄膜的预定部位形成一个粗糙表面部分而提供的。

【名称】 塑料分丝卷绕机的卷绕调速装置
【公开（公告）号】 1557690
【公开（公告）日】 2004.12.29
【申请（专利权）人】 张耀顺
【地址】 （214444）江苏省江阴市利港镇西石桥西利路51号
【发明（设计）人】 张耀顺　孙福顺
【摘要】 本发明涉及一种塑料分丝卷绕机的卷绕调速装置，包括面板、收卷轴、电机座安装轴、导丝轮轴、电机、电机座、主传动磁盘和从动磁盘，其特点是电机座安装轴上轴向开设有孔，导丝轮轴和电机座安装轴上装置有闸钢丝手变速器，闸钢丝手变速器的手变速器装置于导丝轮轴上，闸钢丝穿置于电机座安装轴孔内，电机座安装轴上套置弹性元件，轴端套置压套，压套与闸钢丝固定连接。本发明两磁盘间间距调整精度高。

【名称】 一种适合工业化乙酰柠檬酸酯生产方法
【公开（公告）号】 1557800
【公开（公告）日】 2004.12.29
【申请（专利权）人】 江南大学
【地址】 （214036）江苏省无锡市惠河路170号
【发明（设计）人】 蒋平平　李良阔　卢云
【摘要】 发明了一种适合工业化生产乙酰柠檬酸酯方法及用途，组成本方法主要有三个步骤：酯化反应、乙酰化反应和短程分子蒸馏。本发明的柠檬酸酯产品酯含量≥99%，酸值≤0.1mgKOH/g；用醋酐作为乙酰化反应的酯基化试剂，乙酰化柠檬酸酯产品酸值≤0.1mgKOH/g，色泽（Pt-Co法）≤40，酯含量高，产品可作为无毒、医用塑料制品的添加剂及生物可降解塑料助剂。

【名称】 一种含核-壳聚合物的酚醛树脂及应用
【公开（公告）号】 1557851
【公开（公告）日】 2004.12.29
【申请（专利权）人】 华东理工大学
【地址】 （200237）上海市徐汇区梅陇路130号
【发明（设计）人】 刘胜平　邓诗峰
【摘要】 本发明提供了一种含核-壳聚合物的酚醛树脂制备方法，该树脂可用于树脂砂轮、摩擦刹车片、酚醛模塑料和纤维增强酚醛树脂基复合材料中。本发明提供了由该树脂组成的模塑料的制备方法。本发明特别提供了由其组成的模塑料，该材料包含：含核-壳聚合物的酚醛树脂、线型酚醛树脂、六次甲基四胺、低分子量聚烯烃、固化促进剂、填料、短切纤维或有机-无机混杂纤维。本方法经济、简单、利于工业化。

【名称】 一种改性塑料及其制备方法
【公开（公告）号】 1557866
【公开（公告）日】 2004.12.29
【申请（专利权）人】 杜怀江
【地址】 （650500）云南省呈贡县小王家营利民塑料制品厂
【发明（设计）人】 杜怀江
【摘要】 本发明公开了一种改性塑料，即100质量份的高压聚乙烯颗粒，10～60份的重钙粉，0.5～2.0份的钛白粉，0.5～1.0份的硬脂酸及白油10～50份组合而制成改性塑料。去除杂质、干燥高压聚乙烯颗粒，加入重钙粉，钛白粉，硬脂酸，再加入颜料，搅拌均匀制成注塑料浆；注塑，脱膜，冷却，修形制成成品。本发明的改性塑料可以用于生产非食品用的各种塑料生产用品及生活用品。具有工艺简单，操作简便，改性塑料性能优异，其制品的理化及机械性能优良，耐磨、耐冲击，抗老化。加入不同颜色的颜料可以生产五颜六色的塑料制品。

【名称】 一种水溶性纳米复合塑料薄膜及其制备方法
【公开（公告）号】 1557871
【公开（公告）日】 2004.12.29
【申请（专利权）人】 西北师范大学
【地址】 （730070）甘肃省兰州市安宁东路805号
【发明（设计）人】 王云普　王利平　张发爱　袁昆李全莲
【摘要】 本发明涉及一种水溶性纳米复合塑料薄膜及其制备方法，它是由下述质量份数的原料组成的：聚乙烯醇（100）、镍基蒙脱土（1～7）、消泡剂（0.2～2）、流平剂（0.2～2）、水（1 000～3 000）、少许增塑剂，所述聚乙烯醇聚合度为2 400～2 500；其制备方法如下：将镍基蒙脱土、聚乙烯醇、水按比例混合，在80～95℃的温度条件下进行反应至聚乙烯醇中的羟基与蒙脱土中的Ni^{2+}离子完全络合为止，待反应冷却至室温后，再加入消泡剂和流平剂，也可再加入少许增塑剂，如山梨醇、甘油等，搅匀后制膜。本发明塑料薄膜拉伸强度高、水溶性好、而且在固态时稳定，一旦溶解就能生物降解，原料价格低廉，制备方法简单。

【名称】 纳米级碳酸钙改性植物纤维粉及其与塑料的复合材料
【公开（公告）号】 1557875
【公开（公告）日】 2004.12.29
【申请（专利权）人】 湖北工学院
【地址】 （430068）湖北省武汉市武昌南湖李家墩特1号

【发明（设计）人】 胡圣飞

【摘要】 一种纳米级碳酸钙改性植物纤维粉，利用纤维材料的多孔性及纳米级碳酸钙粒子的高吸附性，将纳米级碳酸钙与植物纤维粉混合，使纳米级碳酸钙充分载入纤维材料，得到改性植物纤维粉。再将改性植物纤维粉、塑料或废旧塑料、纳米级碳酸钙、超细氢氧化铝、氯化聚乙烯、石蜡高速混合后放入低速混合机冷却混合后，放入马来酸酐及过氧化二异丙苯继续冷却混合，得到复合材料初混料；初混料经挤出机挤出造粒可得纳米级碳酸钙改性植物纤维粉/塑料复合材料专用料。本发明与现有木/塑料材料相比具有成型加工性能好、挤出无炭化，产品耐冲击性能高、表面光泽度高、木质感强、阻燃等特点。能广泛用于建筑装饰材料、建筑模板、铁路枕木、工业托盘等。

【名称】 高性能塑钢铝复合窗

【公开（公告）号】 1558077

【公开（公告）日】 2004.12.29

【申请（专利权）人】 王治家

【地址】 （116033）辽宁省大连市沙河口区锦绣小区锦泉南园13-3-4-3号

【发明（设计）人】 王治家 徐晶

【摘要】 一种高性能塑钢铝复合窗，通过塑料型材的衬钢腔壁面设计有撕裂口结构的技术方案，使塑料型材在挤出加工时，有封闭的腔体结构，便于型材挤出的生产；塑料型材有封闭的腔体结构，在成窗加工过程中型材有必要的刚度（切割、焊接），便于成窗的加工生产。焊接成塑框后，撕开衬钢腔的撕裂口，放入焊接好的钢衬框，钢衬腔内注入高保温、高防水的聚氨酯发泡剂，安装上组角后的铝合金型材框。实现：塑料型材框、焊接钢衬框、铝框的复合。使综合塑窗、钢窗、铝窗的优异性能于一身的“塑钢铝复合窗门窗”以现有的工艺技术，即可产业化。

【名称】 内外喷涂的电热式钢塑复合管组件及其安装工艺

【公开（公告）号】 1558132

【公开（公告）日】 2004.12.29

【申请（专利权）人】 姜宜川

【地址】 （310008）浙江省杭州市梵天寺路98号

【发明（设计）人】 姜宜川

【摘要】 本发明涉及一种内外喷涂的电热式钢塑复合管组件及其安装工艺。本发明所要解决的技术问题是提供一种内外喷涂的电热式钢塑复合管组件及其安装工艺，并使其强度高、耐腐蚀、使用寿命长；安全卫生，不会造成二次污染；连接快速方便，不易渗水。解决该问题的技术方案是：内外喷涂的电热式钢塑复合管组件，具有钢管，其特征在于钢管的内、外壁均喷涂有塑料层，每单元长度钢管的两头套丝或安装法兰片。其安装工艺分为小口径和大口径两种，对于小口径管，工艺为套丝、内外壁喷塑，螺纹安装连接；对于大口径管，其工艺为焊接法兰片、内外壁喷塑，螺栓连接并衬以垫片。本发明可用于适用于给排水管路、消防给水管路等。

【名称】 塑料水质检测装置及其检测方法

【公开（公告）号】 1558228

【公开（公告）日】 2004.12.29

【申请（专利权）人】 中国人民解放军军事医学科学院卫生学环境医学研究所

【地址】 （300050）天津市和平区大理道1号

【发明（设计）人】 陈翔 马新华 欧国荣 陈奇洲 梁军 李晓丽

【摘要】 本发明公开了一种塑料水质检测装置及其检测方法，旨在提供一种试剂保存时间长，能防止试剂变质，携带方便，使用方法简单的塑料水质检测装置及其检测方法。一种塑料水质检测装置，在两端封闭的透明空心塑料管中设置有用于水质检测的试剂与硅胶的混合物；透明空心塑料管的内径为1～10mm。透明空心塑料管内封闭的两端部分别设置有阻挡棉球。一种水质检测方法，包括下述步骤：将透明空心塑料管的一端封闭，在端部放入阻挡棉球；装入试剂及硅胶的混合物，之后将另一端封闭，制成塑料水质检测装置；将上述塑料水质检测装置的透明空心塑料管密封的两端去掉，一端放入被测水样中，通过将变色的硅胶柱的长度与定量尺做比较，得到检测结果。

【名称】 一种彩色纳米环保薄膜及其制备方法

【公开（公告）号】 1558256

【公开（公告）日】 2004.12.29

【申请（专利权）人】 同济大学

【地址】 （200092）上海市四平路1239号

【发明（设计）人】 沈军 侯艳芳 吴广明 倪星元 周斌

【摘要】 本发明属光学薄膜制备技术领域，具体涉及一种彩色纳米环保薄膜及其制备方法。在普通基体的表面如：玻璃、塑料等，采用溶胶-凝胶方法涂覆 SiO_2 纳米彩色薄膜或 SiO_2-TiO_2 或 SiO_2-TiO_2-Al_2O_3 等纳米环保彩色薄膜，通过在溶胶中掺杂无毒害的有机生物染色剂实现着色。该彩色薄膜色彩丰富，色泽均匀，颜色牢固，具有硬度较高，耐刮擦，疏水，加工方便等特点。而且以玻璃为基体时能实现玻璃的回收再利用，是一种符合环保要求的绿色材料。基体形状可以是平板、瓶状以及其他异型物品。以塑料为基体时可改善其耐刮擦性、提高强度，可直接用于建筑墙板等。本发明制得的彩色薄膜属于有机薄膜，具有广阔的应用前景，可广泛地用于各类包装与装饰行业。

【名称】 聚合光纤的连续工业化生产方法
【公开（公告）号】 1558257
【公开（公告）日】 2004.12.29
【申请（专利权）人】 贺德文
【地址】 （225261）江苏省江都市邵伯镇邵乔路16号江苏薪茂化工科技有限公司
【发明（设计）人】 贺德文
【摘要】 本发明涉及一种塑料聚合物的生产工艺，在外径为0.5～1mm的PMMA空心束管内填充MMA，经聚合后形成。由于可由挤塑机形成按设计聚合光纤外径要求的连续长度的空心束管，经过上述工艺步骤，就可实现任意长度的聚合光纤，连续化工业生产，工艺稳定，易于控制，且提高生产效率，对产品的质量也具有保障。

【名称】 多孔气体导管
【公开（公告）号】 1559687
【公开（公告）日】 2005.01.05
【申请（专利权）人】 上海交通大学
【地址】 （200240）上海市闵行区东川路800号
【发明（设计）人】 林赫　黄震　解蓉
【摘要】 多孔气体导管，进口端面开口，在出口端面上开有若干端面小孔，在出口端面附近的气体导管壁面上沿周向均匀开有壁面小孔。该多孔气体导管采用塑料和金属浇铸一次成型。在气体置换过程中，容器中的惰性气体通过气体导管进口端面进入气体导管后从壁面小孔和出口端面小孔流出，进入化学反应器，把化学反应器中的残留气体驱除出化学反应器。这种采用多孔气体导管的导气方式可避免射流在反应器中产生范围较大的相对静止区域，加快反应器内残留气体的置换过程，减少用于置换的惰性气体用量，且结构简单，使用方便，价格便宜。

【名称】 环保型快速铝塑铝板铝纸分离剂及分离生产工艺
【公开（公告）号】 1559704
【公开（公告）日】 2005.01.05
【申请（专利权）人】 童亚林
【地址】 （231300）安徽省舒城县龙舒路54-11号
【发明（设计）人】 童亚林
【摘要】 该分离剂由（乳化型）表面活性剂、溶剂、金属盐及水组成。根据待分离物料的不同特性，分为铝塑片分离剂、铝塑板分离剂、铝纸分离剂。分离后的铝、塑、纸质量几乎不变。该分离剂可用于所有复合型铝和塑及纸的复合包装材料。该分离生产工艺是把待分离物料经破碎后浸入相应的分离剂，控制温度，在一定的时间里可使铝箔与塑料及纸自动分离，特殊材料在浸泡时适当搅拌。之后清洗分拣包装，成为可以再利用的材料。即减少了环境污染，又变废为宝，且生产设备简单、投资小，容易大面积推广。

【名称】 模具型腔表面图案的加工方法
【公开（公告）号】 1559734
【公开（公告）日】 2005.01.05
【申请（专利权）人】 温州洁瓴不锈钢制品有限公司
【地址】 （325000）浙江省温州瓯海区慈湖北村48号
【发明（设计）人】 胡洁
【摘要】 本发明涉及一种模具型腔表面图案的加工方法，其方法是：具有与加工塑料件外形形状及表面图案相同材料为紫铜的电极，固定在电火花加工机床的伺服进给系统上；其型腔形状及型腔内表面符合要求压制该塑料件的被加工模具固定在电火花加工机床的台面上，其台面置于具有加工介质的槽内；在模具与电极之间加脉冲电源，其脉冲电源电参数为：脉冲电流：2～8安培；脉冲宽宽：12～60微秒脉充间隔时间：4～20微秒，其槽内的加工介质为乙醇水溶液，其酒精度为10～40度，覆盖到加工件50～80mm，加工介质温度控制在35℃以下。该加工方法压制塑料件上的图案一致性好，生产效率高，适合于批量生产，生产成本低。

【名称】 人造矿用木材
【公开（公告）号】 1559768
【公开（公告）日】 2005.01.05
【申请（专利权）人】 沙同庆
【地址】 （273500）山东省邹城市凫山路兖矿集团机关退休三所
【发明（设计）人】 沙同庆
【摘要】 本发明涉及一种矿用木材的人造代用品。适用于矿井支护、运输和通风。该人造矿用木材是用农业秸秆、树木枝杈及生活垃圾塑料作为主要原料，并改进结构、充以加强材料制成。本发明代替煤矿用木材，降低了生产成本，减少了国家对森林的采伐；利用了废塑料，减少了白色污染，保护了环境，同时为社会就业创造了机会。

【名称】 一种塑料密炼机的止漏装置
【公开（公告）号】 1559775
【公开（公告）日】 2005.01.05
【申请（专利权）人】 上海泓阳机械有限公司
【地址】 （201808）上海市嘉定区徐行镇澄浏路783号
【发明（设计）人】 林培辉　秦长林　沈克波　殷昌浩　沈建华
【摘要】 本发明涉及一种塑料胶化设备中的塑料密炼

机技术，特别是涉及塑料密炼机的止漏装置。在不改变原有密炼机的结构和不改变零部件相互装配关系的前提下，将原来搅拌轴上的止漏铜环的内孔加大，其空间充填一个碳钢制成的止漏钢圈，止漏钢圈和耐磨钢环焊接成一体，组成一件有凸肩的耐磨钢圈新零件，在右端钢圈加工两凹槽，配置两块固定块，以增加新零件耐磨钢圈的轴向固定，这一改进使塑料在挤进搅拌轴与耐磨钢圈之间时，耐磨钢圈不会轴向移动，这样耐磨钢圈摩擦面倾斜将可避免，因此保证了耐磨钢圈摩擦面在工作时铅锤面的跳动度，从而大大减少了此处因密封不好而产生大量漏料，据实际运行的数据显示此装置改进前后的材料损耗相差竟达240～480倍之多。

【名称】 铝塑复合型材的焊接工艺及设备

【公开（公告）号】 1559788

【公开（公告）日】 2005.01.05

【申请（专利权）人】 崔兴征

【地址】 （100073）北京市丰台区花乡张家路138号

【发明（设计）人】 顾晓林　崔兴征

【摘要】 一种铝塑复合型材的焊接工艺及设备，该焊接工艺至少包括以下工序：(1) 在铝塑型材端头按需要的长度及角度下料，切出焊接结合面，该长度有沿焊接结合面的加长段，该加长段与焊接时因塑料型材熔融而缩小的长度相应；(2) 在铝塑型材的焊接结合面上，沿覆盖塑料型材的铝质型材的边缘切去所述加长段部分，该切除长度及深度形成容纳焊肉的空间，该焊肉是在塑料型材焊接时因塑料沿焊接结合面熔融产生的；(3) 将塑料型材在接头结合面处对接焊成一体，铝质型材的接头结合面对齐。本发明较好地解决了铝塑复合型材的焊接难题，焊接后塑料型材焊缝牢固，焊接拐角接头的角强度高，密封性好，铝型材接缝处接头整齐，塑料焊肉不外露，焊接后外形美观，适于工业化生产。

【名称】 离型皱纹纸

【公开（公告）号】 1559796

【公开（公告）日】 2005.01.05

【申请（专利权）人】 孙岳峰

【地址】 （214445）江苏省江阴市璜土镇迎宾西路92号

【发明（设计）人】 孙岳峰

【摘要】 本发明涉及一种离型皱纹纸。主要用于黏结材料、胶带、广告耗材、包装等作基材。它包括底层、塑料薄膜中间层和硅油面层，其特点是底层为皱纹纸。由于本发明的底层采用的是皱纹纸，伸缩、缓冲性好，它与较厚黏结材料复合后在卷曲时不会出现拉断或变形、脱离等不良现象。

【名称】 一种光催化降解PVC塑料的新方法

【公开（公告）号】 1560127

【公开（公告）日】 2005.01.05

【申请（专利权）人】 北京化工大学

【地址】 （100029）北京市朝阳区北三环东路15号

【发明（设计）人】 张凯华　曹维良

【摘要】 本发明涉及PVC塑料废弃处理的一种新方法，具体是指在不影响PVC制品透明性的前提下，提供一种简单、实用且能快速光催化降解废弃PVC的新方法。其特征在于在PVC塑料中加入光催化剂杂多化合物，均匀成膜并在光的照射下，利用杂多化合物独特的氧化-还原性实现PVC的快速光催化氧化降解。本发明的优势主要有：(1) 杂多化合物多数无毒、无色，符合作为PVC透明包装材料助剂的条件；(2) 杂多化合物能够快速高效光催化降解PVC，其光催化效率高于性能优异的半导体纳米材料TiO_2等；(3) 杂多化合物具有各种各样不同的结构和组成，决定了其在光催化降解塑料上具有不同的催化活性，这对控制可光降解塑料的降解时间有所帮助。

【名称】 不含PE、PP、PS、PVC四种成分的生物降解塑料

【公开（公告）号】 1560132

【公开（公告）日】 2005.01.05

【申请（专利权）人】 陈铭通

【地址】 （401147）重庆市渝北区红黄路段天骄骏园B5-14-1号

【发明（设计）人】 陈铭通

【摘要】 本发明涉及一种不含PE（聚乙烯）、PP（聚丙烯）、PS（聚苯乙烯）、PVC（聚氯乙烯）四种成分的完全生物降解塑料的生产方法，它包括以淀粉、黏合剂、合成生物降解树脂主料、合成生物降解树脂辅料和助剂按一定的质量百分比构成的配比，以及混料、高速匀质化、混炼和造粒的制作工艺过程。用此塑料粒加工的制品，在标准堆肥状态下，6个月内分解超过90%以上，尤其用于既有较高生物降解环保要求，又有良好力学性能要求的农膜、育苗杯、食品（饮料）杯（袋）、购物袋及医疗一次性用品等塑料制品的生产。

【名称】 超细滑石粉母料制造技术

【公开（公告）号】 1560139

【公开（公告）日】 2005.01.05

【申请（专利权）人】 刘永丰

【地址】 （111003）辽宁省辽阳市宏伟区长征街道11区13栋3组9号

【发明（设计）人】 刘永丰

【摘要】 本发明公开了一项用特殊方法制造超细滑石

粉母料的新技术。该项技术使制造超细滑石粉及其他超细粉母料的工艺简化了，表现在克服了现有技术用双螺杆造粒机组两次添加滑石粉，既麻烦加料困难又常常堵料的技术难题，不存在加料难的问题，用单螺杆造粒机组亦可生产出超细滑石粉含量达到80%的外观漂亮使用效果好的超细滑石粉母料。用户在使用该母料时，不存在堵过滤网或粉体在工程塑料中分散不均匀问题。

【名称】 塑料截止阀
【公开（公告）号】 1560496
【公开（公告）日】 2005.01.05
【申请（专利权）人】 罗荣森
【地址】 （610015）四川省成都市马道亍58号1-3-1罗荣尧（转）
【发明（设计）人】 罗荣尧　罗荣森
【摘要】 一种塑料截止阀，具有阀盖、阀瓣、阀杆和塑料阀体，所述塑料阀体与阀盖之间经阀盖连接结构相连接，所述阀盖至少由塑料阀盖基体和周边嵌固于该塑料阀盖基体上的阀杆螺母嵌件构成，在塑料阀体内设置有阀座，所述阀座具有阀座开口，所述阀座开口与位于阀杆底部的阀瓣相对，所述塑料阀体的两端分别具有与阀座开口相连通的进流口和出流口，所述塑料阀体的顶部具有与阀盖相配合的阀盖连接口，其特征是所述阀盖连接口的侧壁的腰部设置有凹入部，在阀盖连接口的侧壁设置有由该连接口的进口端通向所述凹入部的沟槽，在阀盖的侧壁设置有凸出部，所述阀盖侧壁的凸出部与所述阀盖连接口侧壁的凹入部相配合而构成阀盖连接结构。

【名称】 一种塑料内衬离心球墨铸铁管及其制造方法
【公开（公告）号】 1560502
【公开（公告）日】 2005.01.05
【申请（专利权）人】 广州祥基金属制品有限公司
【地址】 （510990）广东省广州市从化市经济技术开发区太源路8号广州祥基金属制品有限公司
【发明（设计）人】 王晶霞
【摘要】 本发明公开了一种衬塑离心球墨铸铁管，包括铸铁管体和内衬管，所述内衬管为高分子聚合树脂管，两者设有胶黏层；还公开了上述衬塑铸铁管的制造方法，将内壁涂上胶黏剂的铸铁管体安装到拉伸机构的机架上固定；将夹头芯杆穿过塑料衬管，夹头芯杆前部的锥体芯和锥体夹头螺母夹紧塑料衬管的锥形端头；再调节夹头芯杆后端的调节螺母，把穿在夹头芯杆后部的弹簧经弹簧挡板顶在塑料衬管的另一端；通过拉伸机构拉动内衬管经过缩径模加热缩径后拉进铸铁管体内；内衬管全部进入并修整后，将整个铸铁管体进行热处理。本发明的制造方法工艺设备简单、生产效率高、成本低，提供的衬塑铸铁管内壁光滑不易结垢。

【名称】 多色塑料花盆
【公开（公告）号】 1561679
【公开（公告）日】 2005.01.12
【申请（专利权）人】 王俊
【地址】 （225267）江苏省江都市双沟镇新河村江都环球塑胶花盆厂
【发明（设计）人】 王俊
【摘要】 本发明涉及塑料花盆技术，多色塑料花盆，盆体为三层结构，其中间层为深色塑料制成。本发明通过三层结构的盆体实现了美观、防紫外线的目的，能有效防止植物根部的毛细根新芽灼伤的现象发生，为植物提供一个能正常旺盛生长的生存条件。制作时，只要中间层为深色塑料制成，其内、外两表层无论任何深或浅颜色都可，制成的产品美观、实用。

【名称】 长效广谱光触媒抗菌净化材料及其制品
【公开（公告）号】 1561720
【公开（公告）日】 2005.01.12
【申请（专利权）人】 陈大伟
【地址】 （114033）辽宁省鞍山市鞍千路7-37号
【发明（设计）人】 陈大伟
【摘要】 本发明是一种长效广谱光触媒抗菌净化材料及其制品，属于抗菌材料。它以光触媒涂料为抗菌净化物质，将其喷涂于纤维布上、纸质或塑料薄膜上，制成抗菌净化布、抗菌净化卷材，再进一步深加工出多种防范疫病传播，交叉感染的抗菌净化制品。如以抗菌净化布制作医护人员工作服、住院患者服、病房旅馆被套、枕垫、坐垫、沙发套；以抗菌净化卷材制作电话机、传真机、电脑键盘、风琴、钢琴的按键及公共场所、车船的门拉手抗菌净化膜。

【名称】 作装饰用的人造花的花瓣及其制造方法
【公开（公告）号】 1561876
【公开（公告）日】 2005.01.12
【申请（专利权）人】 戴诚
【地址】 （214419）江苏省江阴市长泾镇河塘长青路88号
【发明（设计）人】 戴诚　吉富名
【摘要】 本发明为作装饰用的人造花的花瓣及其制造方法。由于花纹直接印刷于塑料膜上，塑料膜细腻光滑，印刷的花纹较逼真，将其贴于花瓣的基片层上，这样花瓣的图案具有较高的逼真度，这样制作的花整体的效果较好。其技术方案是这样的：其包括花瓣基片层，在所述基片层的上下两个表面对应覆盖连接有花瓣上表面花纹的贴片层和花瓣下表面花纹的贴片层，其制作工艺包括以下步骤：加工花瓣的基片层、加工花纹的贴片层、将花纹的贴片层粘贴于花瓣的基片层。

【名称】 塑料件表面喷淋式前处理方法

【公开（公告）号】 1562503

【公开（公告）日】 2005.01.12

【申请（专利权）人】 刘岗

【地址】 （518172）广东省深圳市龙岗区回龙埔工业区永生路5号

【发明（设计）人】 刘岗

【摘要】 本发明公开了一种塑料件表面喷淋式前处理方法，旨在解决现有处理方法效率低、表面质量无法保证的问题。依次实施以下工艺步骤：将塑料件放置在输送机上，顺序输送至各工艺区段；在脱脂工艺区段，通过喷淋装置用含有脱脂剂的水溶液对塑料件进行喷淋；在水洗工艺区段，通过喷淋装置用水或纯水对塑料件进行喷淋；在表面调整工艺区段，通过喷淋装置用含有导电处理剂的水溶液对塑料件进行喷淋；在除水工艺区段，用风力除去塑料件表面的水分；在烘干加温工艺区段，用热风对塑料件进行干燥和加温；在冷却工艺区段，塑料件自然冷却；处理完毕的塑料件从输送机上取下即可转入涂装工序。采用本方法，塑料件表面质量满足涂装工艺要求，实现批量连续生产。

【名称】 便携式微型塑料挤出机

【公开（公告）号】 1562608

【公开（公告）日】 2005.01.12

【申请（专利权）人】 哈尔滨工业大学星河实业有限公司

【地址】 （150001）黑龙江省哈尔滨市南岗区西大直街92号

【发明（设计）人】 何轶良

【摘要】 一种便携式微型塑料挤出机包括：一个动力驱动装置，一个和动力驱动装置连接的机座，一个在机座内的通过一短轴与动力驱动装置输出轴连接的传动轴，传动轴外套料条螺旋输送器，一把旋切刀和一根螺杆，旋切刀安装在螺杆加料段的起始处并随螺杆一同旋转，螺杆端部有加装了销钉的均化段，螺杆的输入端与传动轴的另一端相连，一个料筒，其前端连接过渡体，后端连接机座，外面装有加热圈，一个将机头与料筒连接在一起的过渡体，其上安装了用于温度控制的热电偶，机头可360°旋转。

【名称】 一种塑料中空容器加工方法

【公开（公告）号】 1562610

【公开（公告）日】 2005.01.12

【申请（专利权）人】 杭州海德塑料机械有限公司

【地址】 （310022）浙江省杭州市石祥路103-2

【发明（设计）人】 葛增强

【摘要】 本发明涉及一种塑料中空容器加工方法，它主要适用于注吹机加工行业的卧式平移式模具中，包括开机准备阶段和周期加工阶段。加工阶段包括第一次工位转换工序、第一次工位开模工序、第二次工位转换工序、第二次工位开模工序，其特征在于：所述的加工阶段在第一次工位转换工序和开模工序之间还有第一次合模、中间注射、成型工序，所述的加工阶段在第二次工位转换工序和开模工序之间还有第二次合模、中间注射、成型工序，注射料坯和料坯成型均在同台机器的同一模具上完成。本发明是一种从型坯到制品，一步完成、一步成型的，且生产效率及自动化程度高，质量更容易保证的生产加工方法。

【名称】 彩印吸塑罩的制作方法

【公开（公告）号】 1562614

【公开（公告）日】 2005.01.12

【申请（专利权）人】 蔡三键

【地址】 （518054）广东省深圳市南山区南油大道海典居3栋16E

【发明（设计）人】 蔡三键

【摘要】 本发明提供了一种彩印吸塑罩的制作方法，涉及一种印花塑料制品的制作方法。该种制作方法是先在平面PVC、PET或PS等可以制作吸塑品的胶片上彩印印花，然后再进行吸塑成型，该方法可以在产品单面或双面形成花纹或图案，也可以使用透明状的胶片进行底色着色。该方法极大地提高了工作效率，降低产品成本。在平面胶片上进行整体彩印，成型后的吸塑罩具有整体的色彩效果，容易成型，容易制作，其花形和图案丰富多彩，在制作礼品包装盒或花盆套时有很好的装饰效果，极大的丰富了产品市场，该种工艺方法具有极强的实用性，为吸塑制品在包装装饰行业的应用，开辟了广阔的新领域。

【名称】 聚乙烯、醋酸乙烯大直径膜泡下吹工艺

【公开（公告）号】 1562615

【公开（公告）日】 2005.01.12

【申请（专利权）人】 山东清源集团有限公司

【地址】 （255410）山东省淄博市临淄区金岭镇中路2号

【发明（设计）人】 马之清

【摘要】 一种聚乙烯、醋酸乙烯大直径膜泡下吹工艺，涉及一种塑料膜泡成型工艺。其特征在于采用下吹机组对聚乙烯或醋酸乙烯膜泡进行吹塑加工，且在聚乙烯或醋酸乙烯膜泡在吹出后卷绕封闭端口时，通过机头上设置的通气管向聚乙烯或醋酸乙烯膜泡内充加所占膜泡容积比例30%～100%，纯度≥20%的二氧化碳气体。因二氧化碳气体的密度较大，所以能够

沉积在膜泡的底部，使膜泡能够稳定成型，这样就保证了设备能够连续生产质量稳定的大直径膜泡，此外因用下吹法可以使用价格低廉的聚乙烯线性料，所以也大幅度的降低了生产成本，并提高了产品的内在质量。

【名称】 碳纤维复合材料自行车架
【公开（公告）号】 1562691
【公开（公告）日】 2005.01.12
【申请（专利权）人】 沙建刚
【地址】 （215011）江苏省苏州市新区黄浦街 69 号
【发明（设计）人】 沙建刚
【摘要】 本发明公开一种碳纤维复合材料自行车架，包括管材、接头，所述管材的内层为碳纤维增强树脂基塑料管、中层为网状碳纤维布、外层为耐候型高强度工程塑料涂层；所述接头的内层为碳纤维增强树脂基塑料管、中层为网状碳纤维布、外层为耐候型高强度工程塑料涂层；所述管材和接头采用超声波焊接连接；该车架既有比较高的强度，质量又比较轻便，而且外层无需喷漆就能达到色彩鲜艳光亮的要求，可直接印刷或贴膜进行表面装饰。

【名称】 复合土工膜在沥青包装上的应用
【公开（公告）号】 1562714
【公开（公告）日】 2005.01.12
【申请（专利权）人】 侯利文
【地址】 （830000）新疆维吾尔自治区乌鲁木齐市经济技术开发区上海路 2-1-2 新疆赛博尔贸易有限公司
【发明（设计）人】 侯利文　李建荣　王忠仓
【摘要】 一种复合土工膜在沥青包装上的应用。本发明既具有成本相对较低又能在各种仓储、运输、施工和使用等环境情况下满足沥青的包装要求，其性能远远好于纺织袋和纸袋，其优良的抗跌落、抗刺破、抗摩擦、防水、防潮、抗氧化、抗紫外线等性能，特别适用于沥青包装的特殊要求，而成本远远低于铁桶，只与复合塑料编织袋和塑料编织袋相当，因而具有广泛的推广前景，利用本发明可有效避免沥青对环境的污染。

【名称】 本体聚合制备高支化聚乳酸的方法
【公开（公告）号】 1563138
【公开（公告）日】 2005.01.12
【申请（专利权）人】 同济大学
【地址】 （200092）上海市四平路 1239 号
【发明（设计）人】 任杰　王秦峰　张乃文
【摘要】 本发明属高分子材料技术领域，具体涉及一种本体聚合制备高支化聚乳酸的方法。本方法使用扩链剂制备高支化的聚乳酸，扩链剂包括 A（含有两个或多个可与羟基反应的官能团）和 B（含有两个或多个可与羧基反应的官能团），A 和 B 不同时是两官能团的物质。本发明通过乳酸直接缩聚制备得到低成本的聚乳酸，使得聚乳酸不仅应用于高值的医学领域，而且作为一种环境友好的通用塑料得到广泛应用。

【名称】 一种含有淀粉的降解塑料及其制备方法
【公开（公告）号】 1563161
【公开（公告）日】 2005.01.12
【申请（专利权）人】 清华大学
【地址】 （100084）北京市海淀区清华园
【发明（设计）人】 杨冬芝　胡平　叶鹤荣
【摘要】 本发明涉及一种含有淀粉的降解塑料及其制备方法，属于可降解塑料制备技术领域。本发明的塑料是包括淀粉、聚乙烯醇、聚 β-羟基丁酸酯或聚 β-羟基丁酸酯接枝马来酸酐的共混体系，其制备过程是，按比例将淀粉以及聚乙烯醇、聚 β-羟基丁酸酯或聚 β-羟基丁酸酯接枝马来酸酐中的一种或一种以上混合均匀；将增塑剂缓慢喷洒至上述混合物中，搅拌均匀，取出混料，室温下在密封袋中放置，使增塑剂向混料中充分扩散；混料在挤出机中继续塑化，熔体挤出成条状，在空气中冷却，造粒后注塑成型。本发明的降解塑料，具有混合均匀、操作工艺简单、节约能耗等特点，可以采用传统加工方法制备，适用于一次性包装材料。

【名称】 一种离子交联型低烟无卤阻燃热塑性弹性体及制备方法
【公开（公告）号】 1563165
【公开（公告）日】 2005.01.12
【申请（专利权）人】 上海交通大学
【地址】 （200240）上海市闵行区东川路 800 号
【发明（设计）人】 苏战排　江平开　韦平
【摘要】 本发明提供一种离子交联型低烟无卤阻燃热塑性弹性体。这种热塑性弹性体的组成包括：离聚物、聚烯烃树脂、二价或三价金属氢氧化物、高分子蜡、塑料加工助剂。本发明工艺简便，生产的离子交联型低烟无卤阻燃热塑性弹性体在常温下为离子交联型复合材料拉伸强度，断裂伸长率、击穿场强较大，介电损耗常数小，具有优良的阻燃低烟和低温特性，在高温条件下，由于离子交联键断裂而具有良好的流动性和加工特性，不含卤素、重金属及其他任何有毒成分，特别适合于替代 PVC 材料用于电线电缆、光缆、室内装潢、汽车、电子线等对阻燃和弹性以及环境条件有严格要求的领域使用。

【名称】 塑料沼气池用硅灰石矿物纤维增强聚丙烯及其制备方法
【公开（公告）号】 1563170
【公开（公告）日】 2005.01.12

【申请（专利权）人】 包永平

【地址】（650100）云南省昆明市西山区马街镇积善村积善路35号

【发明（设计）人】 包永平

【摘要】 本发明公开了一种塑料沼气池用硅灰石矿物纤维增强聚丙烯及其制备方法，属用于生产工业化塑料沼气池的材料。是以聚丙烯、聚乙烯、马来酸酐接枝聚丙烯按一定比例混合的高分子材料为基体树脂，以一定比例的硅灰石粉为增强剂，辅以一定量的抗氧剂经螺杆挤出造粒而制成。既保持了硅灰石晶型较高的长径比，又解决了与聚丙烯结合良好的问题。

【名称】 塑料模具钢的贝氏体淬火方法

【公开（公告）号】 1563437

【公开（公告）日】 2005.01.12

【申请（专利权）人】 上海交通大学

【地址】（200240）上海市闵行区东川路800号

【发明（设计）人】 潘健生　胡明娟　顾剑锋　朱祖昌　宋冬利

【摘要】 一种塑料模具钢的贝氏体淬火方法，用于金属热处理技术领域。本发明对中碳、铬、镍、锰、钼预硬型塑料模具钢工件，在奥氏体化后进行空冷或相当于空冷冷却速度的氮气氛中进行冷却，工件表面和心部均在400℃先后发生转变获得贝氏体组织，并获得在（40±1）HRC范围内的硬度。本发明方法可延长塑料模具的使用寿命，处理模具的组织和硬度比目前现行预硬处理的更为均匀，从而能提高模具的抛光性能，经过本发明处理后会仍保持型腔的精度、光洁度和粗糙度等。

【名称】 一种纸塑复合材料的分离造纸方法

【公开（公告）号】 1563561

【公开（公告）日】 2005.01.12

【申请（专利权）人】 广东远东食品包装机械有限公司

【地址】（525300）广东省信宜市教育路38号

【发明（设计）人】 吴章荣　吴江河

【摘要】 一种纸塑复合材料的分离造纸方法，以废弃的纸塑复合材料为原料，用有机溶剂溶解分离出纸单体后，进行打浆造纸工序，原料在有有机溶剂的溶解槽内，经加热、搅拌，溶解纸塑复合材料的塑料层，分离纸单体和其他单体层，干燥后，分选出纸片打浆造纸。技术方案设计合理，工艺简单可行，对纸塑复合材料分离效率高、效果理想，降低了造纸生产成本，实现了资源循环综合利用，保护环境，具有很好的社会效益和经济效益。

【名称】 纤维增强塑料网箍钢筋混凝土结构

【公开（公告）号】 1563622

【公开（公告）日】 2005.01.12

【申请（专利权）人】 河海大学

【地址】（210098）江苏省南京市西康路1号

【发明（设计）人】 吴二军

【摘要】 纤维增强塑料网箍钢筋混凝土结构是一种受力性能良好的纤维增强塑料网箍（FRP）钢筋混凝土结构体系。该结构的基本构件为钢筋混凝土梁柱，其中构件箍筋采用纤维增强塑料网片，梁纵筋或柱纵筋采用钢筋，纤维增强塑料网片在梁纵筋或柱纵筋外侧包裹1周以上。纤维增强塑料网片采用纤维索材织成的网格构成，作为构件的抗剪配筋；所述的纤维是单一纤维或混合纤维。采用纤维索材织成的网格为矩形或菱形或三角形或其他多边形。该结构主要用于土木工程领域，用以提高钢筋混凝土构件的抗弯、剪承载力和延性，并加快施工速度。

【名称】 防水实木地板

【公开（公告）号】 1563634

【公开（公告）日】 2005.01.12

【申请（专利权）人】 罗生权

【地址】（830000）新疆维吾尔自治区乌鲁木齐市华凌市场花市A-26号

【发明（设计）人】 罗生权

【摘要】 本发明属于地面上铺设的实木地板的改进，特别是防水实木地板，具有封闭底板的长方形塑料边框，其封闭底板上设置着下塑料网格，在塑料边框的上平面上设置着与下塑料网格相对称的上塑料网格，在塑料边框内设置着实木基板，上、下塑料网格分别镶嵌在实木基板的上、下平面内，在上、下塑料网格交接点上分别连接着穿透实木基板的拉筋，在实木基板上粘接着实木薄板，在实木薄板上附着着耐磨防水漆层，在塑料边框对称的外侧面上分别设置着相互配合的凸缘和凹槽。本发明不仅具有实木地板的质感，坚硬、耐磨、环保无毒的特点，而且具有防水功能，可避免干缩和湿涨变形，可直接铺设在地面上，铺设不需打龙骨，节约木材。

【名称】 塑料合金建筑模板

【公开（公告）号】 1563637

【公开（公告）日】 2005.01.12

【申请（专利权）人】 王茂峰

【地址】（061001）河北省沧州市解放中路358号轻防办

【发明（设计）人】 王茂峰　江波　许澍华　苑会林　王茂栋　王炳玲　王芳　王炳业　韩俊英　李爱萍

【摘要】 本发明提供了一种塑料合金建筑模板。它是采用塑料母体树脂——热塑性聚烯烃塑料合金和无机纳米粒子的填充材料、表面处理剂，经熔融共混后，由塑料挤出机挤出或者是层压制成板材，再按设计标准或建筑需要锯切成为各种规格的板材即为本发明的塑料合金建筑模板。该建筑模板具有模面平整光滑，板坚而韧，强度高、刚性好，厚度均匀，重量轻，造价低，密度大、不吸水、不脱层，耐老化，抗腐蚀，幅面宽，表面光滑，能直接成型的清水混凝土墙面，施工质量好，容易脱模，重复使用次数多，经久耐用，支模、拆模使用方便等优点，适用于高层建筑中的水平模板、垂直墙板、高架桥、立交桥、大坝、隧道涵洞和各种梁柱模板等。系一种新型建筑模板。

【名称】 利用回收废塑料制造植草砖及透水砖的方法

【公开（公告）号】 1569432

【公开（公告）日】 2005.01.26

【申请（专利权）人】 陈建成

【地址】 （523727）广东省东莞市塘厦镇凤凰岗忠记五金电器公司

【发明（设计）人】 陈建成

【摘要】 本发明涉及环保技术领域，尤其是涉及利用回收的废弃材料制造建材产品的方法。其技术方案为：以环保回收废塑料为原料，经粉碎成适合的颗粒形状后，依不同用途需要的硬度、韧度等材质要求，添加适合比例的矽土及其他添加物，再依各种指定颜色，添加适合比例的色料，经搅拌均匀后，加热至流体状，分别浇铸于各种图案、造型、功能设计的模具中，经冷却脱模后得到成品。其制造及施工技术简易、快捷，能同时达到品质稳定、坚固、耐用、美观多样、环保、经济等多项进步实用性效益。

【名称】 用塑料类专用转印膜对实木热转印装饰的方法

【公开（公告）号】 1569483

【公开（公告）日】 2005.01.26

【申请（专利权）人】 龚剑鸣

【地址】 （321102）浙江省兰溪市兰江街道青松村18幢三单元401室

【发明（设计）人】 龚剑鸣

【摘要】 本发明涉及的是材料表面的热转印装饰中一种用塑料专用转印膜对实木热转印装饰的方法。其技术方案和工艺步骤为首先取实木基材先覆上基底涂层，进行表面固化；然后将基底涂层已固化的实木基材用塑料专用转印膜经热转印机在温度区间120～200℃转印。本发明采用在实木表面预覆被油漆类涂层的方式解决了塑料专用转印膜对实木直接热转印不能附着的问题，其方式简单可靠，成本低廉，质量稳定，控制容易。

【名称】 纤维增强热塑性塑料的制备方法

【公开（公告）号】 1569931

【公开（公告）日】 2005.01.26

【申请（专利权）人】 东莞市正昱塑胶五金有限公司

【地址】 （523223）广东省东莞市中堂镇袁家涌工业区

【发明（设计）人】 林军　孙枫　张永　王德平　张文　周晓艺

【摘要】 本发明涉及一种纤维增强热塑性塑料的制备方法，是由热塑性树脂，增强纤维和助剂经过排气式单螺杆挤出机的混合后挤出得到，单螺杆挤出机的挤出温度设定在190～350℃，螺杆转速20～120r/min。本发明克服现有技术的产品强度差，生产成本高的缺点，达到降低设备投资及纤维原料成本的效果。并可以使产品强度提高。

【名称】 具有释放负离子功能的聚丙烯塑料

【公开（公告）号】 1569946

【公开（公告）日】 2005.01.26

【申请（专利权）人】 中山大学

【地址】 （510275）广东省广州市新港西路135号

【发明（设计）人】 曾汉民　胡傲　曾斌　张堃

【摘要】 本发明涉及一种具有释放负离子功能的聚丙烯塑料。该塑料由聚丙烯、无机释放负离子添加剂组成，各成分的含量按照其重量百分比为：聚丙烯95%～99%、无机释放负离子添加剂1%～5%。无机释放负离子添加剂包括矿物类无机释放负离子添加剂、氧化物复合类无机释放负离子添加剂和混合类无机释放负离子添加剂三种。该塑料的制备工艺为将无机释放负离子添加剂与聚丙烯混合，再用常规塑料加工设备进行经捏合、混炼、挤出、造粒而制得所需新型释放负离子功能聚丙烯塑料。在添加了释放负离子添加剂后，该新型释放负离子功能聚丙烯塑料在具有相当的力学性能的前提下，获得了释放负离子功能。

【名称】 光降解纳米 TiO_2 聚苯乙烯复合塑料的制备方法

【公开（公告）号】 1569948

【公开（公告）日】 2005.01.26

【申请（专利权）人】 武汉大学

【地址】 （430072）湖北省武汉市武昌珞珈山

【发明（设计）人】 昝菱　刘忠士　田丽红

【摘要】 本发明涉及一种高效的可光降解纳米 TiO_2 聚苯乙烯复合塑料的制备方法，将纳米 TiO_2 进行表面改性，在苯乙烯单体中加入0.5%～5%质量分数的改性纳米 TiO_2，采用原位聚合法制得光降解纳米 TiO_2 聚苯乙烯复合塑料。本发明的特点在于经过表面改性的纳米 TiO_2 在聚苯乙烯中具有良好分散性，与没有表面处理的纳米粒子相比增加了纳米粒子与聚合物的接触面积，提高了光降解效率。试验显示同样条件下本发明复合塑料的光降解效率是未处理的光降解纳米 TiO_2 聚苯乙烯复合塑料光降解效率的2.5倍。本发明成本低，工艺简单，所制得的光降解纳米 TiO_2-聚苯乙烯复合塑料经使用废弃后能在太阳光照的情况下发生有效的光降解，可降低白色污染的影响。

【名称】 模制成型的塑料中心管道总成
【公开（公告）号】 1572352
【公开（公告）日】 2005.02.02
【申请（专利权）人】 阿文美驰技术有限责任公司
【地址】 美国密歇根州
【发明（设计）人】 里杜·库克·阮　艾伦·波尔·赖特
【摘要】 一种用于液体系统的过滤器，它包括一个具有一内腔的外壳。一过滤介质被安放在这个外壳里，并且设定一个中央开孔。一套中央管道总成被安置在中央开孔中，它包括可竖直迭放在一起的多个圆盘。每个圆盘包括一个中心部分，该中心部分有一个放置在相邻圆盘的中心部分的内壁中的底部。一个外延部分从所述中心部分向外径向延伸，并且靠近过滤介质。所述中心部分和外延部分可以包括一些开孔，以让液体从所述中央管道总成中流过。所述中央管道总成具有合适的结构强度，以允许液体流过中央管道。本发明中的中央管道总成可以采用塑料模塑工艺制造。

【名称】 管状薄膜挤出设备中的抽取装置
【公开（公告）号】 1572467
【公开（公告）日】 2005.02.02
【申请（专利权）人】 莱芬豪机械两合有限公司
【地址】 德国特罗多夫市
【发明（设计）人】 H. 迈耶
【摘要】 本发明涉及一种管状薄膜挤出设备中的抽取装置，用于由塑料制造管状薄膜，其中，抽取装置具有至少一个为管状薄膜设计的转弯棒，该转弯棒包括一个有中空内室的支架管和一个外套面，沿着后者可以对管状薄膜进行引导，而转弯棒的内室可以与一个压缩空气源相连通，并且至少在外套面朝向管状薄膜的区域中设计有穿透它的出气孔，使后者与内室相连通，其中，外套面由制备于支架管上的透气性含微孔层构成，而穿孔的平均尺寸为5～100μm。此外，还给出了制造管状薄膜的一种方法。

【名称】 用热塑塑料制造薄膜的方法和装置
【公开（公告）号】 1572470
【公开（公告）日】 2005.02.02
【申请（专利权）人】 莱芬豪机械两合有限公司
【地址】 德国特罗多夫市
【发明（设计）人】 E. 韦泽尔　H. 迈耶
【摘要】 本发明涉及用热塑塑料制造薄膜的方法和装置，其中，从至少一个由挤压机馈料的吹制头发出的塑料熔化物构成薄膜囊，并且借助于定径装置和后置的展平装置成型为所要求的薄膜。为了创立无接触的引导、定径和展平，采用一种用于在薄膜引导件与薄膜囊表面之间产生层流的均匀气垫的薄膜引导件，而不会在薄膜囊的表面与薄膜引导件之间发生接触。

【名称】 结构塑料制品的激光连接方法
【公开（公告）号】 1572471
【公开（公告）日】 2005.02.02
【申请（专利权）人】 莱斯特加工技术公司
【地址】 瑞士萨尔嫩
【发明（设计）人】 陈杰伟　A. 丹策尔
【摘要】 用透射焊接方法连接不同工件的激光连接方法。此时，如此形成激光光束：激光光束在传播方向上的能量密度决定于离开激光光源的距离。因此生成能量密度最大的光束被定位的缩聚部。把两工件之间的接触面布置成使该接触面位于该高能量密度区域上。因此，光束缩聚部区域之外的塑料材料得不到有效加热。因此用该方法可大规模生产焊接结构工件。

【名称】 用于包覆型材的设备
【公开（公告）号】 1572475
【公开（公告）日】 2005.02.02
【申请（专利权）人】 蒂森聚合物有限公司
【地址】 德国博根
【发明（设计）人】 曼弗雷德·舍茨　罗伯特·海茵茨
【摘要】 本发明涉及一种用于包覆型材，如塑料窗型材的设备，其中可以只通过一道工序即可同时包覆多个型材面，如L型或Z型的型材，方法是在增附剂的涂覆装置中设置一可调节的闸板，其能在包覆膜之间形成一个无胶的区域。

【名称】 模内装潢用复合材料系统
【公开（公告）号】 1572484
【公开（公告）日】 2005.02.02
【申请（专利权）人】 拜尔材料科学股份公司
【地址】 德国莱沃库森
【发明（设计）人】 A. 贝格尔　B. 波斯特　J. 温克勒　J. 尼克尔
【摘要】 公开一种可用于模内装潢（IMD）工艺的复合材料系统（薄膜层压体）。该复合材料包含一种厚度为20～1 000μm的第一热塑性半透明塑料薄膜、一种层厚为0.5～20μm的底涂层、一种含有颜料和塑料黏结剂的着色层、和任选一种可以不同于B的、层厚为0.5～20μm的第二底涂层、一种肖尔A硬度为 55～95 的热塑性聚氨酯层、和一种可以不同于第一塑料薄膜的、厚度为 20～1 000μm 的热塑性塑料薄膜。

【名称】 颜料组合物及其在塑料中的用途

【公开（公告）号】 1572842

【公开（公告）日】 2005.02.02

【申请（专利权）人】 东洋油墨制造株式会社

【地址】 日本东京

【发明（设计）人】 浜田直树　加藤干也　井口昭义

【摘要】 一种由如下物质组成的颜料组合物（质量百分数）：50%～95%的酞菁，1%～45%的其卤素原子取代基数目为 1～9，且取代基平均数目为 2.0～4.0 的卤代酞菁和 0.1%～10%如通式的酞菁衍生物或邻苯二甲酰亚胺甲基化酞菁衍生物，包含以上颜料组合物的着色剂和从包含以上着色剂的塑料获得的模塑制品，P-（X）$_m$，其中 P 表示酞菁结构，X 表示含有 12～18 个碳原子的烷基、含有 12～18 个碳原子的烷氧基、—SO_2NHR、—SO_2NR_2、—NR_2、—$CONR_2$、—CONHR 或—SR（其中 R 表示含有 12～18 个碳原子的烷基或含有 12～18 个碳原子的烯基），而 m 是 1～4 的整数。

【名称】 通过注射成型形成的用于内燃机的双口进气装置

【公开（公告）号】 1573078

【公开（公告）日】 2005.02.02

【申请（专利权）人】 本田技研工业株式会社；株式会社三国

【地址】 日本东京

【发明（设计）人】 井熊智典　鬼头一和

【摘要】 在本发明的双口进气装置中，进气歧管组件包括三个块，每个块由塑料材料通过注射成型而模制形成，这三个块包括：第一块，该第一块限定了稳压箱的一半；第二块，该第二块限定了各进气管的一半；以及第三块，该第三块限定了稳压箱的其余一半以及各进气管的其余一半。因此，进气歧管组件可以提供各种特征，以便限定以彼此平行关系布置的一对进气管部分，同时形成为适于注射成型方法。因为稳压箱由第一和第三块（也可选择借助于第二块）限定，同时各进气管由第二和第三块（也可选择借助于第一块）限定，所以基本包括三个块的进气歧管组件可以在内部限定双口进气装置所需的基本特征，而不需要附加部件。

【名称】 适合于钓鱼和打猎的运动器具

【公开（公告）号】 1575649

【公开（公告）日】 2005.02.09

【申请（专利权）人】 达雷尔　J. 克莱因

【地址】 美国明尼苏达州

【发明（设计）人】 达雷尔　J. 克莱因

【摘要】 一种运动器具，特别是支撑在渔具盒、提桶或其他容器上的用于钓鱼的运动器具，其包括旋转地安装在支撑臂自由端的卷线盘。该臂枢转地安装在悬架上，该悬架用作基座并连接在渔具盒或其他物体上。该臂连接于该悬架以便能够绕该枢轴从上升到下降位置转动并且由可松开的锁紧装置在靠近该臂和该悬架之间的枢轴处可松开地保持在多个选定位置的任何位置，例如上升到 45°的倾斜线、水平位置或希望的话向下延伸。该器具也制造成能够从渔具盒的一部分移动到另一部分或移动到诸如塑料提桶的不同的支撑容器，或将该臂和卷线盘从冰面钓鱼屋的墙壁上悬垂。还设置可视信号的和无线电信号发射机使钓者知道有鱼咬线。还描述了具有承座用于支撑钓鱼器具的其他形式的容器。

【名称】 车辆保险杠外覆体制作用的塑料注射模具的制造方法

【公开（公告）号】 1575957

【公开（公告）日】 2005.02.09

【申请（专利权）人】 斗山重工业株式会社

【地址】 韩国庆尚南道

【发明（设计）人】 金大中

【摘要】 一种车辆保险杠外覆体制作用的塑料注射成型模具的制造方法，它在锻造后立即通过火焰切断模具的凹部的形成部位，由此可以缩短模具的制作时间，节约模具的制作费用和通过热处理提高模具的曲面形成面的质量。包括：冶炼保险杠外覆体用模具材料用钢的炼钢工序；铸造规定大小钢锭的铸锭工序；对被铸造成钢锭的模具母材进行锻造成形的锻造工序；在所述锻造后立即通过火焰切断除去所述凹部的部位并比凹部的粗加工面预留一定的加工余量的工序；对模具整体包含通过所述火焰切断形成的凹部的火焰切断面进行热处理的工序；在所述热处理后，对包含所述火焰切断面的模具的全部表面进行粗加工的工序。

【名称】 粒状有机聚硅氧烷材料

【公开（公告）号】 1576319

【公开（公告）日】 2005.02.09

【申请（专利权）人】 瓦克化学有限公司

【地址】 德国慕尼黑

【发明（设计）人】 米夏埃多·格克　彼得·耶尔朔格哈德·施泰格　奥利弗·富尔曼

【摘要】 本发明涉及一种粒状有机聚硅氧烷材料，涉及一种制造该粒状材料的方法，并涉及该粒状有机聚硅氧烷材料作为热塑性塑料的添加剂的用途。

【名称】 压敏胶黏膜卷、卷芯及其制造方法以及压敏胶黏膜卷循环利用系统
【公开（公告）号】 1576342
【公开（公告）日】 2005.02.09
【申请（专利权）人】 日东电工株式会社
【地址】 日本大阪府
【发明（设计）人】 田中直满　米森义久　山根正一　吉冰重雄
【摘要】 本发明制得容易进行材料再利用的压敏胶黏膜卷。该压敏胶黏膜卷是在卷芯上卷绕胶黏膜的压敏胶黏膜卷，构成胶黏膜的成分和构成卷芯的成分基本上相同。另外，载体也可由塑料树脂构成。在所述胶黏膜上含有再剥离用胶黏膜。卷芯由压敏胶黏膜卷的废弃物形成。作为压敏胶黏膜卷的废弃物，可以采用选自压敏胶黏膜卷制造工序中产生的废弃物、用过的胶黏膜、以及用过的卷芯中的至少1种。

【名称】 机械加工性优异的塑料注射成型模具用钢
【公开（公告）号】 1576382
【公开（公告）日】 2005.02.09
【申请（专利权）人】 斗山重工业株式会社
【地址】 韩国庆尚南道
【发明（设计）人】 金大中
【摘要】 本发明涉及机械加工性优异的塑料注射成型模具用钢，其由以质量百分数计，C：0.10%～0.30%、Si：0.40%～0.70%、Mn：0.90%～1.50%、S：0.005%～0.020%、Cr：1.0%～2.5%、Ni：0.10%～0.50%、Mo：0.20%～0.5%、V：0.001%～0.20%，其余是Fe的合金组分构成。本发明的模具用钢与现有的SCM4系列、改良的SNCM4系列的模具钢具有几乎相同的机械性质，同时其具有优异的机械加工性。因此，使用本发明的钢制作塑料注射成型模具时，可以取得缩短模具的加工时间和修补时间的效果。另外，由此可以缩短制作交货期。

【名称】 垃圾提塑分选机
【公开（公告）号】 1579648
【公开（公告）日】 2005.02.16
【申请（专利权）人】 冯树文
【地址】 （410007）湖南省长沙市赤岭路74号30栋1门2号
【发明（设计）人】 冯树文
【摘要】 一种垃圾提塑分选机，由水平滑板装在机架的水平导轨上，水平滑板上安装驱动电机联接摆线减速机，再经链条传动机构与提塑分选筛联接，提塑分选筛由轴承及轴承座安装在水平滑板上，提塑分选筛下方机架内装有料盆，提塑分选筛是一个转筒拨棍筛，沿转筒圆周和长度方向分布有若干辐向拨棍；提塑分选筛或者是一个转筒拨网筛，沿转筒圆周在长度方向上幅向分布若干个网格状栅栏拨网。水平滑板与手动平移机构联接，手动平移机构为齿条、齿轮机构，水平滑板上装水平齿条与齿轮啮合，齿轮轴装在机架上，齿轮与手轮同轴固联。本发明的优点是能从垃圾中有效地分选出塑料、棉纱、布条之类物质，解决了垃圾分选工艺中这类物质较难提取的困难，并且，不产生废气、废水、废油的污染，是一种环保型产品。

【名称】 吸水保水功能膜及其生产方法和设备
【公开（公告）号】 1579998
【公开（公告）日】 2005.02.16
【申请（专利权）人】 广西大学　广西南宁博特材料技术有限公司
【地址】 （530004）广西壮族自治区南宁市城北区大学路100号
【发明（设计）人】 梁兴泉　林宝凤
【摘要】 本发明涉及吸水保水功能膜及其生产方法和设备，它是在普通的塑料薄膜上涂覆一层吸水保水功能材料，这层吸水保水功能材料由高分子材料、溶剂、胶黏剂和表面活性剂组成。其生产设备结构包括压辊、收卷器、表面处理装置、支架、覆膜器，其中原膜后安装有两级压辊，二级压辊之后设有表面处理装置和覆膜器，覆膜器两边装有支撑滚筒，最后为收卷器，收卷器用电动机带动。这种功能膜可以应用于混凝土养护和农作物地面覆盖等对保水作用要求较高的场合，产品性能优越，生产过程全部实现自动化。

【名称】 多臂星型热塑弹性体的合成方法
【公开（公告）号】 1580090
【公开（公告）日】 2005.02.16
【申请（专利权）人】 北京石油化工学院
【地址】 （102617）北京市大兴区黄村镇清源北路19号
【发明（设计）人】 李树新　郭文莉　金玉顺　商育伟　吴天斌　刘红升
【摘要】 本发明涉及一类以苯四酰氯及其衍生物为引发剂的多臂星型聚烯烃热塑性弹性体的合成方法，属于碳-碳不饱和键反应得到的高分子化合物，合成方法在常压、低温下，在干燥的氮气保护下，用混合溶剂、引发剂、共引发剂、软段单体制得活性阳离子聚异丁烯合成橡胶软段、塑料硬段单体、终止剂，得四臂星型嵌段热塑弹性体产品，相对分子量范围180 000～250 000之间，分子量分布在2.0～3.5之间。本发明优点是分子量大，性能优异，涉及热塑弹性体较多。

【名称】 果蔬保鲜膜及其生产方法和设备

【公开（公告）号】 1580104

【公开（公告）日】 2005.02.16

【申请（专利权）人】 广西大学　广西南宁博特材料技术有限公司

【地址】（530004）广西壮族自治区南宁市城北区大学路100号

【发明（设计）人】 林宝凤　梁兴泉

【摘要】 本发明涉及果蔬保鲜膜及其生产方法和设备，它是在普通的塑料薄膜上涂覆一层保鲜材料，这层保鲜材料包括成膜物质、有机酸、杀菌防腐剂、黏合剂、活性助剂，赋予保鲜膜界面抗菌防腐性能以及调节贮藏微环境透气、透水的性能，使薄膜成为具有特殊保鲜功能的保鲜膜。其生产设备结构包括压辊、收卷器、表面处理装置、支架、覆膜器，其中原膜后安装有两级压辊，二级压辊之后设有表面处理装置和覆膜器，覆膜器两边装有支撑滚筒，最后为收卷器，收卷器用电动机带动。这种保鲜膜产品性能优越，生产过程全部实现自动化。

（全国型料加工工业信息中心
刘均科　王晶）

塑料行业《国家标准》及《行业标准》

塑料行业《国家标准》及《行业标准》

（1970～2002 年公布及替换的部分国家标准）

塑料加工工业发展的历史证明，行业发展必须要有相应的标准化作为支撑条件。标准是衡量产品质量的准绳，标准是信息交换的桥梁，标准是实现协调的纽带，标准是政策实施的量规。

标准化作为推动塑料行业发展的重要手段，在确定技术体制、促进技术融合、稳定技术成果、加强科学管理、提高产品质量、防止技术壁垒等方面发挥重要作用。

如今，面对激烈的市场竞争和“经济全球化”趋势，塑料行业企业更加注重产品质量和国际竞争力，同时，更加注重企业的标准化工作。

由于塑料加工业分布在多个领域，产品标准较为分散，所以自本卷起，将连载部分塑料行业《国家标准》和《行业标准》索引。为了方便查询，没有按照年代排序，改为按照标准号排序的方法。

《国家标准》一般五年左右更新一次，本文只是收录了曾经公布的《国家标准》，并不代表正在执行的《国家标准》。无论《国家标准》如何变化，标准号前半部分是不变的，仍然便于读者查询全文，比如：1984 公布了“农业用聚乙烯吹塑薄膜”标准，当时的标准号为：GB 4455—1984；1994 年做了重新修订，标准号变更为：GB 4455—1994；但是，无论后缀日期如何变化，GB 4455 是不变的。

本期刊登了自 1970 年至 2002 年公布及替换的部分国家标准，2002 年以后公布及替换的国家标准及行业标准，由于篇幅限制，将陆续刊登。

1. 塑料滚花头螺钉

标准号：GB/T 840－1988

英文名称：Plastic diamond knurlhead screws

发布日期：1988-06-24

标准类型：CJ

被替代标准：GB 840－79

2. 塑料密度和相对密度试验方法

标准号：GB/T 1033－1986

英文名称：Test method for density and relative density of plastics

发布日期：1986-12-30

标准类型：CF

3. 塑料吸水性试验方法

标准号：GB/T 1034－1998

英文名称：Plastics—Determination of water absorption

发布日期：1998-12-08

实施日期：1999-05-01

标准类型：CF

被替代标准：GB/T 1034－1986

4. 塑料耐热性（马丁）试验方法

标准号：GB/T 1035－1970

英文名称：Test method for thermostability of plastics（Martin）

发布日期：1970-08-04

标准类型：CF

5. 塑料线膨胀系数测定方法

标准号：GB/T 1036－1989

英文关键字：Plastics；Thermal expansion；Linearity；Thermal measurement

发布日期：1989-12-25

标准类型：CF

被替代标准：GB 1036－70

6. 塑料薄膜和片材透水蒸气性试验方法（杯式法）

标准号：GB/T 1037—1988

英文名称：Test method for water vapor transmission of plastic film and sheet——Cup method

发布日期：1988-06-14

标准类型：CF

被替代标准：GB 1037—70

7. 塑料薄膜和薄片气体透过性试验方法——压差法

标准号：GB/T 1038—2000

英文名称：Plastics-film and sheeting-determination of gas transmission—differential-pressure met-hod

发布日期：2000-04-05

实施日期：2000-09-01

标准类型：CF

被替代标准：GB/T 1038—1970

8. 塑料拉伸性能试验方法

标准号：GB/T 1040—1992

英文名称：Plastics—Determination of tensile properties

发布日期：1992-12-12

标准类型：CF

被替代标准：GB 1040—79

9. 塑料压缩性能试验方法

标准号：GB/T 1041—1992

英文名称：Plastics—Determination of compressive properties

发布日期：1992-04-28

标准类型：CF

被替代标准：GB 1041—79

10. 硬质塑料简支梁冲击试验方法

标准号：GB/T 1043—1993

英文名称：Plastics—Determination of Charpy impact strength of rigid materials

发布日期：1993-06-19

实施日期：1994-04-01

标准类型：CF

被替代标准：GB 1043—79

11. 电气用热固性树脂工业硬质层压板规范。第3部分：单项材料规范，第3篇：对三聚氰胺树脂硬质层压板的要求

标准号：GB/T 1303.2—2002

英文名称：Specification for industrial rigid laminated sheets based on thermosetting resins for electrical purposes. Part 3: Specifications for individual materials, Sheet 3: Requirements for rigid laminated sheets based on melamine resins

发布日期：2002-05-20

实施日期：2003-01-01

标准类型：CJ

12. 酚醛模塑料

标准号：GB 1404—1995

英文名称：Phenolic moulding materials

发布日期：1995-12-20

实施日期：1996-06-01

标准类型：CP

被替代标准：GB 1403—1986；GB 1404—1986

13. 纤维增强塑料性能试验方法总则

标准号：GB/T 1446—1983

英文名称：The generals of test methods for properties of fiber-reinforced plastics

发布日期：1983-10-10

标准类型：CF

14. 玻璃纤维增强塑料拉伸性能试验方法

标准号：GB/T 1447—1983

英文名称：Test method for tensile properties of glass fiber-reinforced plastics

发布日期：1983-10-10

标准类型：CF

15. 玻璃纤维增强塑料压缩性能试验方法

标准号：GB/T 1448—1983

英文名称：Test method for compressive properties of glass fiber-reinforced plastics

发布日期：1983-10-10

标准类型：CF

被替代标准：GB 1448—78

16. 玻璃纤维增强塑料弯曲性能试验方法

标准号：GB/T 1449—1983

英文名称：Test method for flexural properties of glass fiber-reinforced plastics

发布日期：1983-10-10

标准类型：CF

被替代标准：GB 1449—78

17. 玻璃纤维增强塑料层间剪切强度试验方法

标准号：GB/T 1450.1—1983

英文名称：Test method for interlaminar shear strength of glass fiber-reinforced plastics

发布日期：1983-10-10

标准类型：CF

被替代标准：GB 1450—78

18. 玻璃纤维增强塑料冲压式剪切强度试验方法

标准号：GB/T 1450.2—1983

英文名称：Test method for the punch-type of strength of glass fiber-reinforced plastics

发布日期：1983-10-10

标准类型：CF

19. 玻璃纤维增强塑料简支梁式冲击韧性试验方法

标准号：GB/T 1451—1983

英文名称：Test method for the Charpy impact resistance of glass fiber-reinforced plastics

发布日期：1983-10-10

标准类型：CF

被替代标准：GB 145—78

20. 纤维缠绕增强塑料环形试样拉伸试验方法

标准号：GB/T 1458—1988

英文名称：Test method for tensile strength of ring of filament-winding reinforced plastics

发布日期：1988-09-20

标准类型：CF

被替代标准：GB 1458—78

21. 纤维缠绕增强塑料环形试样剪切试验方法

标准号：GB/T 1461—1988

英文名称：Test method for interlaminar shear strength of ring of filament-winding reinforced plastics

发布日期：1988-09-20

标准类型：CF

被替代标准：GB 1461—78

22. 纤维增强塑料吸水性试验方法

标准号：GB/T 1462—1988

英文名称：Test methods for water absorption of fiber reinforced plastics

发布日期：1988-09-20

标准类型：CF

被替代标准：GB 1462—78

23. 纤维增强塑料密度和相对密度试验方法

标准号：GB/T 1463—1988

英文名称：Test methods for density and relative density of fiber reinforced plastics

发布日期：1988-09-20

标准类型：CF

被替代标准：GB 1463—78

24. 热塑性塑料维卡软化温度（VST）的测定

标准号：GB/T 1633—2000

英文名称：Plastics—Thermoplastic materials—Determination of Vicat softening temperature（VST）

发布日期：2000-07-31

实施日期：2001-03-01

标准类型：CF

被替代标准：GB/T 1633—1979

25. 塑料弯曲负载热变形温度（简称热变形温度）试验方法

标准号：GB/T 1634—1979

英文名称：Test method of heat deflection temperature under bending load for plastics

发布日期：1979-09-15

标准类型：CF

26. 模塑料表观密度试验方法

标准号：GB/T 1636—1979

英文名称：Test method for apparent density of moulding plastic materials

发布日期：1979-09-15

标准类型：CF

27. 聚烯烃树脂稀溶液黏度试验方法

标准号：GB/T 1841—1980

英文名称：Test method for the viscosity of the dilute solution of polyolefine resin

发布日期：1980-01-31

标准类型：CF

28. 聚乙烯环境应力开裂试验方法

标准号：GB/T 1842—1999

英文名称：Test method for environmental stress-cracking of polyethylene plastics

发布日期：1999-08-10

实施日期：2000-06-01

标准类型：CF

被替代标准：GB/T 1842—1980

29. 塑料悬臂梁冲击试验方法

标准号：GB/T 1843—1996

英文名称：Plastics—Determination of Izod impact strength

发布日期：1996-06-14

实施日期：1997-04-01

标准类型：CF

被替代标准：GB 1843—1980

30. 塑料及树脂缩写代号——第一部分：基础聚合物及其特征性能

标准号：GB/T 1844.1—1995

英文名称：Symbols of plastics and resins—Part 1：Basic polymers and their special characteristics

发布日期：1995-06-12

实施日期：1995-12-01

标准类型：CJ

被替代标准：GB/T 1844—1980

31. 塑料及树脂缩写代号——第二部分：填充及增强材料

标准号：GB/T 1844.2—1995

英文名称：Symbols of plastics and resins—Part 2：Fillers and reinforcing materials

发布日期：1995-06-12

实施日期：1995-12-01

标准类型：CJ

被替代标准：GB/T 1844—1980

32. 塑料及树脂缩写代号——第三部分：增塑剂

标准号：GB/T 1844.3—1995

英文名称：Symbols of plastics and resins—Part 3：Plasticizers

发布日期：1995-06-12

实施日期：1995-12-01

标准类型：CJ

被替代标准：GB/T 1844—1980

33. 聚乙烯（PE）模塑和挤出材料——第1部分：命名系统和分类基础

标准号：GB/T 1845.1—1999

英文名称：Polyethylene（PE）moulding and extrusion materials—Part 1：Designation system and basis for specifications

发布日期：1999-08-10

实施日期：2000-06-01

标准类型：CJ

被替代标准：GB/T 1845—1988

34. 聚氯醚树脂稀溶液黏度试验方法

标准号：GB/T 1846—1980

英文名称：Test method for the viscosity of the dilute solution of polychloroether resin

发布日期：1980-01-31

标准类型：CF

35. 聚甲醛树脂稀溶液黏度试验方法

标准号：GB/T 1847—1980

英文名称：Test method for the viscosity of the dilute solution of polyformaldehyde resin

发布日期：1980-01-31

标准类型：CF

36. 塑料术语及其定义

标准号：GB/T 2035—1996

英文名称：Terms and definitions for plastics

发布日期：1996-06-14

实施日期：1997-04-01

标准类型：CJ

被替代标准：GB 2035—80；GB/T 5479—1985

37. 塑料燃烧性能试验方法——氧指数法

标准号：GB/T 2406—1993

英文名称：Plastics—Determination of fammability by oxygen index

发布日期：1993-06-19

实施日期：1994-04-01

标准类型：CF

被替代标准：GB 2406—80

38. 塑料燃烧性能试验方法——炽热棒法

标准号：GB/T 2407—1980

英文名称：Plastics—Combustion performance test—Blazing rod method

发布日期：1980-12-31

标准类型：CF

39. 塑料燃烧性能试验方法——水平法和垂直法

标准号：GB/T 2408—1996

英文名称：Plastics—Determination of the burning behaviour of horizontal and vertical specimens in contact with a small-flame ignition source

发布日期：1996-06-14

实施日期：1997-04-01

标准类型：CF

被替代标准：GB 2408—1980；GB 4609—1984；

40. 塑料黄色指数试验方法

标准号：GB/T 2409—1980

英文名称：Plastics—Yellow index test method

发布日期：1980-12-31

标准类型：CF

41. 透明塑料透光率和雾度试验方法

标准号：GB/T 2410—1980

英文名称：Transparent plastics—Transmissivity and haze test

发布日期：1980-12-31

标准类型：CF

42. 塑料邵尔硬度试验方法

标准号：GB/T 2411—1980

英文名称：Plastics—Shore hardness test

发布日期：1980-12-31

标准类型：CF

43. 聚丙烯等规指数测试方法

标准号：GB/T 2412—1980

英文名称：Polypropylene—Method of determination of normal indices

发布日期：1980-12-31

标准类型：CF

44. 聚丙烯和丙烯共聚物材料命名

标准号：GB/T 2546—1988

英文名称：Designation of polypropylene and propylene copolymer materials

发布日期：1988-06-14

标准类型：CJ

被替代标准：GB 2546—81

45. 塑料树脂取样方法

标准号：GB/T 2547—1981

英文名称：Plastic resins—Sampling

发布日期：1981-03-28

标准类型：CF

46. 玻璃钢平均线膨胀系数试验方法

标准号：GB/T 2572—1981

英文名称：Glass fiber reinforced plastics—Average linear expansion factor of fiber—Method of testing

发布日期：1981-04-08

标准类型：CF

47. 玻璃纤维增强塑料大气暴露试验方法

标准号：GB/T 2573—1989

英文名称：Test method for atmosphere exposure of glass fiber reinforced plastics

发布日期：1989-03-31

标准类型：CF

被替代标准：GB 2573—81

48. 玻璃纤维增强塑料湿热试验方法

标准号：GB/T 2574—1989

英文名称：Test method for resistance of glass fiber reinforced plastics to damp heat

发布日期：1989-03-31

标准类型：CF

被替代标准：GB 2574—81

49. 玻璃纤维增强塑料耐水性试验方法

标准号：GB/T 2575—1989

英文名称：Test method for resistance of glass fiber reinforced plastics to water

发布日期：1989-03-31

标准类型：CF

被替代标准：GB 2575—81

50. 纤维增强塑料树脂不可溶分含量试验方法

标准号：GB/T 2576—1989

英文名称：Test method for insoluble matter content of resin used in fiber reinforced plastics

发布日期：1989-03-31

标准类型：CF

被替代标准：GB 2576—81

51. 玻璃纤维增强塑料树脂含量试验方法

标准号：GB/T 2577—1989

英文名称：Test method for resin content of glass fiber reinforced plastics

发布日期：1989-03-31

标准类型：CF

被替代标准：GB 2577—81

52. 纤维缠绕增强塑料环形试样制作方法

标准号：GB/T 2578—1989

英文名称：Fabrication method of ring test specimen for filament-winding reinforced plastics

发布日期：1989-03-31

标准类型：CF

被替代标准：GB 2578—81

53. 纸和纸板塑料粗糙度测定法（印刷表面法）

标准号：GB/T 2679. 9—1993

发布日期：1993-02-15

标准类型：CF

54. 不饱和聚酯树脂酸值的测定

标准号：GB/T 2895—1982

英文名称：Determination for acid value of unsaturated polyester resins

发布日期：1982-02-08

标准类型：CF

55. 塑料白度试验方法

标准号：GB/T 2913—1982

英文名称：Test for whiteness of plastics

发布日期：1982-03-02

标准类型：CF

56. 塑料——氯乙烯均聚和共聚树脂挥发物（包括水）的测定

标准号：GB/T 2914—1999

英文名称：Plastics—Homopolymer and copolymer resins of vinyl chloride—Determination of volatile matter (including water)

发布日期：1999-09-16

实施日期：2000-06-01

标准类型：CF

被替代标准：GB/T 2914—1982

57. 聚氯乙烯树脂水萃取物电导率的测定

标准号：GB/T 2915—1999

英文名称：Determination of conductivity of water extract of poly (vinyl chloride) resins

发布日期：1999-09-16

实施日期：2000-06-01

标准类型：CF

被替代标准：GB/T 2915—1982

58. 塑料——氯乙烯均聚和共聚树脂——用空气喷射筛装置的筛分析

标准号：GB/T 2916—1997

英文名称：Plastics—Vinyl chloride homopolymer and copolymer resins—Sieve analysis using air-jet sieve apparatus

发布日期：1997-09-09

实施日期：1998-02-01

标准类型：CF

被替代标准：GB/T 2916—1982

59. 聚氯乙烯热稳定性测试方法——刚果红法和 pH 法

标准号：GB/T 2917—1982

英文名称：Test methods for the thermal stability of polyvinyl chloride—Congo red method and pH method

发布日期：1982-03-02

标准类型：CF

60. 塑料试样状态调节和试验的标准环境

标准号：GB/T 2918—1998

英文名称：Plastics—Standard atmospheres for

conditioning and testing

发布日期：1998-10-19

实施日期：1999-04-01

标准类型：CJ

被替代标准：GB 2918—1982

61. 电缆绝缘和护套材料通用试验方法——第 3 部分：聚氯乙烯混合料专用试验方法——第 1 节：高温压力试验-抗开裂试验

标准号：GB/T 2951. 6—1997

英文名称：Common test methods for insulating and sheathing materials of electric cables. Part 3：Methods specific to PVC compounds. Section one：Pressure test at high temperature-Test for resistance to cracking

发布日期：1997-10-28

实施日期：1998-10-01

标准类型：CF

被替代标准：GB/T 2951. 1—94；GB/T 2951. 16～2951. 17—94

62. 电缆绝缘和护套材料通用试验方法——第 3 部分：聚氯乙烯混合料专用试验方法——第 2 节：失重试验-热稳定性试验

标准号：GB/T 2951. 7—1997

英文名称：Common test methods for insulating and sheathing materials of electric cables. Part 3：Methods specific to PVC compounds. Section two：Loss of mass test-Thermal stability test

发布日期：1997-10-28

实施日期：1998-10-01

标准类型：CF

被替代标准：GB/T 2951. 1—94；GB/T 2951. 10～2951. 11—94

63. 电缆绝缘和护套材料通用试验方法——第 4 部分：聚乙烯和聚丙烯混合料专用试验方法——第 1 节：耐环境应力开裂试验-空气热老化后的卷绕试验-熔体指数测量方法-聚乙烯中炭黑和/或矿物质填料含量的测量方法

标准号：GB/T 2951. 8—1997

英文名称：Common test methods for insulating and sheathing materials of electric cables. Part 4：Methods specific to polyethylene and polypropylene compounds. Section one：Resistance to environmental stress cracking-Wrapping test after thermal ageing in air-Measurement of the melt flow index-Carbon black and/or mineral filler content measurement in PE

发布日期：1997-10-28

实施日期：1998-10-01

标准类型：CF

被替代标准：GB/T 2951. 1—94；GB/T 2951. 36—1994；GB/T 2951. 39—1994

64. 电缆绝缘和护套材料通用试验方法——第 4 部分：聚乙烯和聚丙烯混合料专用试验方法——第 2 节：预处理后断裂伸长率试验-预处理后卷绕试验-空气热老化后的卷绕试验-测定质量的增加。附录 A：长期热稳定性试验；附录 B：铜催化氧化降解试验方法

标准号：GB/T 2951. 9—1997

英文名称：Common test methods for insulating and sheathing materials of electric cables. Part 4：Methods specific to polyethylene and polypropylene compounds. Section two：Elongation at break after pre-conditioning-Wrapping test after pre-conditioning-Wrapping

发布日期：1997-10-28

实施日期：1998-10-01

标准类型：CF

被替代标准：GB/T 2951. 42—1994

65. 纤维增强塑料平均比热容试验方法

标准号：GB/T 3140—1995

英文名称：Test method for mean specific heat capacity of fiber reinforced plastics

发布日期：1995-05-25

实施日期：1996-01-01

标准类型：CF

被替代标准：GB 3140—1982

66. 定向纤维增强塑料拉伸性能试验方法

标准号：GB/T 3354—1999

英文名称：Test method for tensile properties of oriented fiber reinforced plastics

发布日期：1999-02-08

实施日期：1999-08-01

标准类型：CF

被替代标准：GB/T 3354—82

67. 纤维增强塑料纵横剪切试验方法

标准号：GB/T 3355—1982

英文名称：Test method for longitudinal transverse shear（L-T shear ）properties of fiber reinforced plastics

发布日期：1982-12-25

标准类型：CF

68. 单向纤维增强塑料弯曲性能试验方法

标准号：GB/T 3356—1999

英文名称：Test method for flexural properties of unidirectional fiber reinforced plastics

发布日期：1999-02-08

实施日期：1999-08-01

标准类型：CF

被替代标准：GB/T 3356—82

69. 碳纤维增强塑料孔隙含量检验方法（显微镜法）

标准号：GB/T 3365—1982

英文名称：Test method for void content of carbon fiber reinforced plastics by microscopy

发布日期：1982-12-28

标准类型：CF

70. 碳纤维增强塑料纤维体积含量试验方法

标准号：GB/T 3366—1996

英文名称：Test method for fiber volume content of carbon fiber reinforced plastics

发布日期：1996-09-26

实施日期：1997-04-01

标准类型：CF

被替代标准：GB 3366—1982

71. 聚合级乙烯、丙烯中微量氧的测定——原电池法

标准号：GB/T 3396—1982

英文名称：Determination of trace oxygen in polymerization grade ethylene or propylene—Galvanic cell method

发布日期：1982-12-30

标准类型：CF

72. 塑料球压痕硬度试验方法

标准号：GB/T 3398—1982

英文名称：Test for hardness of plastics by the ball indentation

发布日期：1982-12-29

标准类型：CF

73. 通用型聚氯乙烯树脂在室温下增塑剂吸收量的测定

标准号：GB/T 3400—1993

英文名称：Determination of plasticizer absorption for polyvinylchloride resins of general use at room temperature

发布日期：1993-01-06

标准类型：CF

被替代标准：GB 3400—82

74. 聚氯乙烯树脂稀溶液黏数的测定

标准号：GB/T 3401—1999

英文名称：Determination of viscosity number of PVC resins in dilute solution

发布日期：1999-09-16

实施日期：2000-06-01

标准类型：CF

被替代标准：GB/T 3401—1982

75. 氯乙烯均聚物和共聚物树脂命名

标准号：GB/T 3402—1994

英文名称：Designation of homopolymer and copolymer resins of vinyl chloride

发布日期：1994-09-24

实施日期：1995-08-01

标准类型：CJ

被替代标准：GB 3402—1982

76. 氨基模塑料命名

标准号：GB/T 3403—1982

英文名称：The designation of aminoplastic moulding compounds

发布日期：1982-12-29

标准类型：CJ

77. 塑料大气暴露试验方法

标准号：GB/T 3681—2000

英文名称：Plastics—Test method of exposure to weathering

发布日期：2000-07-31

实施日期：2001-03-01

标准类型：CF

被替代标准：GB/T 3681—1983

78. 热塑性塑料熔体质量流动速率和熔体体积流动速率的测定

标准号：GB/T 3682—2000

英文名称：Determination of the melt mass-flow rate（MFR）and the melt volume-flow rate（MVR）of thermoplastics

发布日期：2000-10-27

实施日期：2001-05-01

标准类型：CF

被替代标准：GB/T 3682—1983

79. 聚合级乙烯、丙烯中微量水的测定——卡尔·费休法

标准号：GB/T 3727—1983

英文名称：Determination of trace water in polymerization grade ethylene or propylene—Karl Fischer method

发布日期：1983-06-15

标准类型：CF

80. 聚氯乙烯微孔塑料拖鞋

标准号：GB/T 3807—1994

英文名称：Polyvinyl chloride cellular plastic slippers

发布日期：1994-03-15

实施日期：1994-12-01

标准类型：CP

被替代标准：GB 3807—1983

81. 软聚氯乙烯压延薄膜和片材

标准号：GB/T 3830—1994

英文名称：Calendered film （sheet） from flexible PVC

发布日期：1994-04-12

实施日期：1994-12-01

标准类型：CP

被替代标准：GB 3830—1983

82. 纤维增强塑料巴氏（巴柯尔）硬度试验方法

标准号：GB/T 3854—1983

英文名称：Test method for hardness of fiber reinforced plastics by means of Barcol impressor

发布日期：1983-09-14

标准类型：CF

83. 单向纤维增强塑料平板压缩性能试验方法

标准号：GB/T 3856—1983

英文名称：Test method for compression properties of unidirectional fiber reinforced plastics

发布日期：1983-09-14

标准类型：CF

84. 玻璃纤维增强热固性塑料耐化学药品性能试验方法

标准号：GB/T 3857—1987

英文名称：Test method for chemical resistance of glass fiber reinforced thermosetting plastics

发布日期：1987-01-16

标准类型：CF

被替代标准：GB 3857—83

85. 塑料滑动摩擦磨损试验方法

标准号：GB/T 3960—1983

英文名称：Test method for friction and wear of plastics by sliding

发布日期：1983-12-06

标准类型：CF

86. 纤维增强塑料术语

标准号：GB/T 3961—1993

英文名称：Terms for fiber reinforced plastics

发布日期：1993-02-17

标准类型：TJ

被替代标准：GB 3961—83

87. 半硬质聚氯乙烯块状塑料地板

标准号：GB/T 4085—1983

英文名称：Semirigid PVC plastics floor tiles

发布日期：1983-12-26

标准类型：CP

88. 塑料注射模具零件——推杆

标准号：GB/T 4169.1—1984

英文名称：Components of injection mould for plastics—Ejector pins

发布日期：1984-02-27

标准类型：CJ

89. 塑料注射模具零件——直导套

标准号：GB/T 4169.2—1984

英文名称：Components of injection mould for plastics—Straight guide bushes

发布日期：1984-02-27

标准类型：CJ

90. 塑料注射模具零件——带头导套

标准号：GB/T 4169.3—1984

英文名称：Components of injection mould for plastics—Guide bushes with head

发布日期：1984-02-27

标准类型：CJ

91. 塑料注射模具零件——带头导柱

标准号：GB/T 4169.4—1984

英文名称：Components of injection mould for plastics—Guide pillars with head

发布日期：1984-02-27

标准类型：CJ

92. 塑料注射模具零件——有肩导柱

标准号：GB/T 4169.5—1984

英文名称：Components of injection mould for plastics—Guide pillars with shoulder

发布日期：1984-02-27

标准类型：CJ

93. 塑料注射模具零件——垫块

标准号：GB/T 4169.6—1984

英文名称：Components of injection mould for plastics—Spacer blocks

发布日期：1984-02-27

标准类型：CJ

94. 塑料注射模具零件——推板

标准号：GB/T 4169.7—1984

英文名称：Components of injection mould for

plastics—Ejector plates
发布日期：1984-02-27
标准类型：CJ

95. 塑料注射模具零件——模板
标准号：GB/T 4169.8—1984
英文名称：Components of injection mould for plastics—Mould plates
发布日期：1984-02-27
标准类型：CJ

96. 塑料注射模具零件——限位钉
标准号：GB/T 4169.9—1984
英文名称：Components of injection mould for plastics—Stop pins
发布日期：1984-02-27
标准类型：CJ

97. 塑料注射模具零件——支承柱
标准号：GB/T 4169.10—1984
英文名称：Components of injection mould for plastics—Support pillars
发布日期：1984-02-27
标准类型：CJ

98. 塑料注射模具零件——圆锥定位件
标准号：GB/T 4169.11—1984
英文名称：Components of injection mould for plastics—Locating elements
发布日期：1984-02-27
标准类型：CJ

99. 塑料注射模具零件——技术条件
标准号：GB/T 4170—1984
英文名称：Components of injection mould for plastics—Specification
发布日期：1984-02-27
标准类型：CJ

100. 流体输送用热塑性塑料管材——公称外径和公称压力
标准号：GB/T 4217—2001
英文名称：Thermoplastics pipes for the conveyance of fluids—Nominal outside—diameters and nominal pressures
发布日期：2001-10-24
实施日期：2002-05-01
标准类型：CJ
被替代标准：GB/T 4217—1984

101. 化工用硬聚氯乙烯 UPVC 管材
标准号：GB/T 4219—1996
英文名称：Unplasticized polyvinyl chloride（UPVC）pipes for chemical industry
发布日期：1996-04-10
实施日期：1996-12-01
标准类型：CP
被替代标准：GB 4219—1984

102. 试验用单向纤维增强塑料平板的制备
标准号：GB/T 4550—1984
英文名称：Preparation of unidirectional orientated fiber reinforced plastic plates for test purposes
发布日期：1984-07-07
标准类型：CF

103. 硬质聚氯乙烯层压板材
标准号：GB/T 4454—1996
英文名称：Rigid polyvinyl chloride laminated plates
发布日期：1996-12-28
实施日期：1997-07-01
标准类型：CP
被替代标准：GB 4454—1984

104. 农业用聚乙烯吹塑薄膜
标准号：GB 4455—1994
英文名称：Polyethylene blown film for agriculture
发布日期：1994-07-06
实施日期：1995-02-01
被替代标准：GB 4455—1984

105. 包装用聚乙烯吹塑薄膜
标准号：GB/T 4456—1996
英文名称：Polyethylene blown film for packaging
发布日期：1996-04-10
实施日期：1996-12-01
标准类型：CP
被替代标准：GB 4456—1984

106. 塑料燃烧性能试验方法——点着温度的测定
标准号：GB/T 4610—1984
英文名称：Test for flammability of plastics—Ignition temperature test
发布日期：1984-07-30
标准类型：CF

107. 通用型聚氯乙烯树脂“鱼眼”测试方法
标准号：GB/T 4611—1993
英文名称：Determination method of “fish eyes” for polyvinylchloride resins of general use
发布日期：1993-01-06
标准类型：CF
被替代标准：GB 4611—84

108. 聚氯乙烯树脂中残留氯乙烯单体含量测定方法

标准号：GB/T 4615—1984

英文名称：Determination method of residual vinyl chloride monomer contents in polyvinyl chloride

发布日期：1984-07-30

标准类型：CF

109. 酚醛模塑料丙酮可溶物（未模塑态材料的表观树脂含量）的测定

标准号：GB/T 4616—1984

英文名称：Phenolic moulding materials—Determination of acetone soluble matter (apparent resin content of material in the unmoulded state)

发布日期：1984-07-30

标准类型：CF

110. 食品容器、包装材料用聚氯乙烯树脂卫生标准

标准号：GB 4803—1994

英文名称：Hygienic standard for polyvinyl chloride resin used as food container and packaging material

发布日期：1994-01-24

实施日期：1994-08-01

标准类型：CW

被替代标准：GB 4803—1984

111. 玻璃纤维增强塑料层合板层间拉伸强度试验方法

标准号：GB/T 4944—1996

英文名称：Test method for interlaminar tensile strength of glass fiber reinforced plastic laminates

发布日期：1996-03-28

实施日期：1996-11-01

标准类型：CF

被替代标准：GB 4944—85

112. 食品包装用聚乙烯树脂卫生标准的分析方法

标准号：GB/T 5009.58—1996

英文名称：Method for analysis of hygienic standard of polyethylene resin for food packaging

发布日期：1996-06-19

实施日期：1996-09-01

标准类型：CF

被替代标准：GB 5009.58—1985

113. 食品包装用聚苯乙烯树脂卫生标准的分析方法

标准号：GB/T 5009.59—1996

英文名称：Method for analysis of hygienic standard of polystyrene resin for food packaging

发布日期：1996-06-19

实施日期：1996-09-01

标准类型：CF

被替代标准：GB 5009.59—1985

114. 食品包装用聚乙烯、聚苯乙烯、聚丙烯成型品卫生标准的分析方法

标准号：GB/T 5009.60—1996

英文名称：Method for analysis of hygienic standard of products of polyethylene, polystyrene and polypropyrene for food packaging

发布日期：1996-06-19

实施日期：1996-09-01

标准类型：CF

被替代标准：GB 5009.60—1985

115. 食品包装用聚氯乙烯成型品卫生标准分析方法

标准号：GB/T 5009.67—1996

英文名称：Method for analysis of hygienic standard of product of polyvinyl chloride for food packaging

发布日期：1996-06-19

实施日期：1996-09-01

标准类型：CF

被替代标准：GB 5009.67—1985

116. 食品容器内壁聚酰胺环氧树脂涂料卫生标准分析方法

标准号：GB/T 5009.70—1996

英文名称：Method for analysis of hygienic standard of epoxy coating for inner wall of food container

发布日期：1996-06-19

实施日期：1996-09-01

标准类型：CF

被替代标准：GB 5009.70—1985

117. 食品包装用聚丙烯树脂卫生标准的分析方法

标准号：GB/T 5009.71—1996

英文名称：Method for analysis of hygienic standard of polypropyrene resin for food packaging

发布日期：1996-06-19

实施日期：1996-09-01

标准类型：CF

被替代标准：GB 3560—1985

118. 额定电压 450/750V 及以下聚氯乙烯绝缘电缆——第 1 部分：一般要求

标准号：GB 5023.1—1997

英文名称：Polyvinyl chloride insulated cables of rated voltages up to and including 450/750V. Part 1: General requirements

发布日期：1997-07-30

实施日期：1998-09-01

标准类型：CP

被替代标准：GB 5023.1—1985

119. 额定电压450/750V及以下聚氯乙烯绝缘电缆——第2部分：试验方法

标准号：GB 5023.2—1997

英文名称：Polyvinyl chloride insulated cables of rated voltages up to and including 450/750V. Part 2：Test methods

发布日期：1997-07-30

实施日期：1998-09-01

标准类型：CP

120. 额定电压450/750V及以下聚氯乙烯绝缘电缆——第3部分：固定布线用无护套电缆

标准号：GB 5023.3—1997

英文名称：Polyvinyl chloride insulated cables of rated voltages up to and including 450/750V. Part 3：Non-sheathed cables for fixed wiring

发布日期：1997-07-30

实施日期：1998-09-01

标准类型：CP

被替代标准：GB 5023.2—1985；GB 5023.3—1985

121. 额定电压450/750V及以下聚氯乙烯绝缘电缆——第4部分：固定布线用护套电缆

标准号：GB 5023.4—1997

英文名称：Polyvinyl chloride insulated cables of rated voltages up to and including 450/750V. Part 4：Sheathed cables for fixed wiring

发布日期：1997-07-30

实施日期：1998-09-01

标准类型：CP

被替代标准：GB 5023.2—1985

122. 额定电压450/750V及以下聚氯乙烯绝缘电缆——第5部分：软电缆（软线）

标准号：GB 5023.5—1997

英文名称：Polyvinyl chloride insulated cables of rated voltages up to and including 450/750V. Part 5：Flexible cables (cords)

发布日期：1997-07-30

实施日期：1998-09-01

标准类型：CP

被替代标准：GB 5023.3—1985

123. 额定电压450/750V及以下聚氯乙烯绝缘电缆——第6部分：电梯电缆和挠性连接用电缆

标准号：GB 5023.6—1997

英文名称：Polyvinyl chloride insulated cables of rated voltages up to and including 450/750V. Part 6：lift cables and cables for flexible connection

发布日期：1997-07-30

实施日期：1998-09-01

标准类型：CP

124. 额定电压450/750V及以下聚氯乙烯绝缘电缆——第7部分：2芯或多芯屏蔽和非屏蔽软电缆

标准号：GB 5023.7—1997

英文名称：Polyvinyl chloride insulated cables of rated voltages up to and including 450/750V. Part 7：Flexible cables screened and unscreened with two or more conductors

发布日期：1997-07-30

实施日期：1998-09-01

标准类型：CP

125. 纤维增强塑料薄层板压缩性能试验方法

标准号：GB/T 5258—1995

英文名称：Test method for compressive properties of fiber reinforced plastic thin laminates

发布日期：1995-12-20

实施日期：1996-08-01

标准类型：CF

被替代标准：GB 5258—1985

126. 纤维增强热固性塑料管轴向拉伸性能试验方法

标准号：GB/T 5349—1985

英文名称：Test method for longitudinal tensile properties of fiber-reinforced thermosetting plastic pipe

发布日期：1985-09-03

标准类型：CF

127. 纤维增强热固性塑料管轴向压缩性能试验方法

标准号：GB/T 5350—1985

英文名称：Test method for longitudinal compressive properties of fiber-reinforced thermosetting plastic pipe

发布日期：1985-09-03

标准类型：CF

128. 纤维增强热固性塑料管短时水压失效压力试验方法

标准号：GB/T 5351—1985

英文名称：Test method for short-time hydraulic failure pressure of fiber-reinforced thermosetting plastic pipe

发布日期：1985-09-03

标准类型：CF

129. 纤维增强热固性塑料管平行板外载性能试验方法

标准号：GB/T 5352—1985

英文名称：Test method for external loading properties of fiber-reinforced thermosetting plastic pipe by parallel-plate loading

发布日期：1985-09-03

标准类型：CF

130. 塑料冲击脆化温度试验方法

标准号：GB/T 5470—1985

英文名称：Test method for brittleness temperature of plastics by impact

发布日期：1985-10-17

标准类型：CF

131. 热固性模塑料压塑试样制备方法

标准号：GB/T 5471—1985

英文名称：Preparation method for compression moulding of specimens of thermosetting moulding materials

发布日期：1985-10-17

标准类型：CF

132. 热固性模塑料矩道流动固化性试验方法

标准号：GB/T 5472—1985

英文名称：Test method for rectangular flow cure properties of thermosetting moulding compounds

发布日期：1985-10-17

标准类型：CF

133. 塑料滚动磨损试验方法

标准号：GB/T 5478—1985

英文名称：Test method for wear of plastics by rolling

发布日期：1985-10-17

标准类型：CF

134. 橡胶、塑料软管及软管组合件——液压试验方法

标准号：GB/T 5563—1994

英文名称：Rubber and plastics hoses and hose assemblies—Hydrostatic testing

发布日期：1994-01-02

实施日期：1994-10-01

标准类型：CF

被替代标准：GB 5563—1985

135. 橡胶、塑料软管——低温曲挠试验

标准号：GB/T 5564—1994

英文名称：Rubber and plastics hoses—Subambient temperature flexibility tests

发布日期：1994-01-02

实施日期：1994-10-01

标准类型：CF

被替代标准：GB 5564—1985

136. 橡胶或塑料软管及纯胶管——弯曲试验

标准号：GB/T 5565—1994

英文名称：Rubber or plastics hoses and tubing—Bending tests

发布日期：1994-01-02

实施日期：1994-10-01

标准类型：CF

被替代标准：GB 5565—1985

137. 橡胶、塑料软管及软管组合件——真空性能的测定

标准号：GB/T 5567—1994

英文名称：Rubber and plastics hoses and hose assemblies—Determination of suction resistance

发布日期：1994-01-02

实施日期：1994-10-01

标准类型：CF

被替代标准：GB 5567—1985

138. 橡胶、塑料软管及软管组合件——无屈挠液压脉冲试验

标准号：GB/T 5568—1994

英文名称：Rubber or plastics hoses and hose assemblies— Hydraulic impulse test without fiexing

发布日期：1994-01-02

实施日期：1994-10-01

标准类型：CF

被替代标准：GB 5568—1985

139. 药用聚氯乙烯（PVC）硬片

标准号：GB 5663—1985

英文名称：Polyvinyl chloride（PVC）sheet for packing solid medicine

发布日期：1985-11-30

标准类型：CP

140. 食品塑料周转箱

标准号：GB/T 5737—1995

英文名称：Plastic container for food

发布日期：1995-12-08

实施日期：1996-08-01

标准类型：CP

被替代标准：GB 5737—1985

141. 瓶装酒、饮料塑料周转箱

标准号：GB/T 5738—1995

英文名称：Plastic crates for beverage bottled

发布日期：1995-12-08

实施日期：1996-08-01

标准类型：CP

被替代标准：GB 5738—1985；GB 5739—1985

142. 悬浮法通用型聚氯乙烯树脂

标准号：GB/T 5761—1993

英文名称：Suspension polyvinyl chloride resins of generalpurpose

发布日期：1993-01-06

标准类型：CP

被替代标准：GB 5761—86

143. 建筑排水用硬聚氯乙烯管材

标准号：GB/T 5836.1—1992

英文名称：Unplastisized polyvinyl chloride pipes for drainage in buildings

发布日期：1992-12-16

标准类型：CP

被替代标准：GB 5836—85

144. 纤维增强塑料燃烧性能试验方法——炽热棒法

标准号：GB/T 6011—1985

英文名称：Test method for flammability characteristics of fiber-reinforced plastics—Incandescent rod method

发布日期：1985-05-24

标准类型：CF

145. 长期恒定内压下热塑性塑料管材耐破坏时间的测定方法

标准号：GB/T 6111—1985

英文名称：Standard test method for time-to-failure of thermoplastic pipe under constant internal pressure

发布日期：1985-06-15

标准类型：CF

146. 泡沫塑料与橡胶——线性尺寸的测定

标准号：GB/T 6342—1996

英文名称：Cellular plastics and rubbers—Determination of linear dimensions

发布日期：1996-04-10

实施日期：1996-12-10

标准类型：CF

被替代标准：GB 6342—86

147. 泡沫塑料和橡胶——表观（体积）密度的测定

标准号：GB/T 6343—1995

英文名称：Cellular plastics and rubbers—Determination of apparent (bulk) density

发布日期：1995-07-06

实施日期：1996-04-01

标准类型：CF

被替代标准：GB 6343—86

148. 软质泡沫聚合物材料——拉伸强度和断裂伸长率的测定

标准号：GB/T 6344—1996

英文名称：Polymeric materials, cellular flexible—Determination of tensile strength and elongation at break

发布日期：1996-04-10

实施日期：1996-12-01

标准类型：CF

被替代标准：GB 6344—86

149. 电子设备用固定电容器——第 11 部分：分规范：金属箔式聚乙烯对苯二甲酸乙二醇酯膜介质直流固定电容器（可供认证用）

标准号：GB/T 6346—1986

英文名称：Fixed capacitors for use in electronic equipment—Part 11: Sectional specification: Fixed polyethylene-terephthalate film dielectric metal foil D. C capacitors

发布日期：1986-05-02

标准类型：CJ

150. 电子设备用固定电容器——第 11 部分：空白详细规范：金属箔式聚乙烯对苯二甲酸乙二醇酯膜介质直流固定电容器——评定水平 E（可供认证用）

标准号：GB/T 6347—1986

英文名称：Fixed capacitors for use in electronic equipment—Part 11: Blank detail specification: Fixed polyethylene-terephthalate film dielectric metal foil D. C. capacitors—Assessment level E

发布日期：1986-05-02

标准类型：CJ

151. 聚苯乙烯（PS）模塑和挤出材料——第 1 部分：命名系统和分类基础

标准号：GB/T 6594.1—1998

英文名称：Polystyrene (PS) moulding and extrusion materials—Part 1: Designation system and basis for specifications

发布日期：1998-07-13

实施日期：1999-02-01

标准类型：CJ

被替代标准：GB/T 6594—1986

152. 聚丙烯树脂“鱼眼”测试方法

标准号：GB/T 6595—1986

英文名称：Test method for “fish eye” count of polypropylene resin

发布日期：1986-07-24

标准类型：CF

153. 小角激光光散射法测定聚苯乙烯标准样品的重均分子量

标准号：GB/T 6598—1986

英文名称：Determination of weight-average molecular weight of polystyrene standards by low angle laser light scattering method

发布日期：1986-07-24

标准类型：CF

154. 体积排斥色谱法测定聚苯乙烯标准样品的平均分子量及分子量分布

标准号：GB/T 6599—1986

英文名称：Determination of molecular weight averages and molecular weight distribution of polystyrene standards by steric exclusion chromatography

发布日期：1986-07-24

标准类型：CF

155. 聚氯乙烯针织布基发泡人造革

标准号：GB/T 6668—1994

英文名称：Coated Knitted fabrics from expanded PVC

发布日期：1994-12-30

实施日期：1995-10-01

标准类型：CP

被替代标准：GB 6668—1986

156. 软质泡沫聚合材料——压缩永久变形的测定

标准号：GB/T 6669—2001

英文名称：Polymeric material cellular flexible—Determination of compression set

发布日期：2001-10-24

实施日期：2002-05-01

标准类型：CF

被替代标准：GB/T 6669—1986

157. 软质聚氨酯泡沫塑料——回弹性能的测定

标准号：GB/T 6670—1997

英文名称：Cellular plastics-Flexible polyurethane foam—Determination of resilience

发布日期：1997-05-28

实施日期：1998-01-01

标准类型：CF

被替代标准：GB 6670—86

158. 热塑性塑料管材——纵向回缩率的测定

标准号：GB/T 6671—2001

英文名称：Thermoplastics pipes—Determination of longitudinal reversion

发布日期：2001-10-24

实施日期：2002-05-01

标准类型：CF

被替代标准：GB/T 6671.1—1986；GB/T 6671.2—1986；GB/T 6671.3—1986

159. 塑料薄膜和薄片厚度测定——机械测量法

标准号：GB/T 6672—2001

英文名称：Plastics film and sheeting—Determination of thickness by mechanical scanning

发布日期：2001-10-24

实施日期：2002-05-01

标准类型：CF

被替代标准：GB/T 6672—1986

160. 塑料薄膜和薄片——长度和宽度的测定

标准号：GB/T 6673—2001

英文名称：Plastics film and sheeting—determination of length and width

发布日期：2001-10-24

实施日期：2002-05-01

标准类型：CF

被替代标准：GB/T 6673—1986

161. 橡胶和塑料软管——容积膨胀的测定

标准号：GB/T 7129—2001

英文名称：Rubber or plastics hoses—Determination of volumetric expansion

发布日期：2001-08-28

实施日期：2002-05-01

标准类型：CF

被替代标准：GB/T 7129—1986

162. 氯乙烯均聚物和共聚物中氯的测定

标准号：GB/T 7139—1986

英文名称：Determination of chlorine in vinyl chloride homopolymers and copolymers

发布日期：1986-12-30

标准类型：CF

163. 塑料热空气暴露试验方法

标准号：GB/T 7141—1992

英文名称：Plastics—Methods of exposure to thermal air

发布日期：1992-12-12

标准类型：CF

被替代标准：GB 7141—86

164. 塑料长期受热作用后的时间-温度极限的测定

标准号：GB/T 7142—1986

英文名称：Determination of time-temperature limits of plastics after exposure to prolonged action of heat

发布日期：1986-12-30

标准类型：CF

165. 热塑性塑料管材及管件密度的测定——第1部分：聚乙烯管材及管件基准密度的测定

标准号：GB/T 7155.1—1987

英文名称：Determination of density of thermoplastic pipes and fittings—Part 1：Determination of reference density of polyethylene pipes and fittings

发布日期：1987-01-02

标准类型：CF

166. 热塑性塑料管材及管件密度的测定——第2部分：聚丙烯管材及管件密度的测定

标准号：GB/T 7155.2—1987

英文名称：Determination of density of thermoplastic pipes and fittings—Part 2：Determination of density of polypropylene pipes and fittings

发布日期：1987-01-02

标准类型：CF

167. 玻璃纤维增强塑料冷却塔——第1部分：中小型玻璃纤维增强塑料冷却塔

标准号：GB/T 7190.1—1997

英文名称：Glass fiber reinforced plastic cooling tower—Part 1：Middle-small type glass fiber reinforced plastic cooling tower

发布日期：1997-05-06

实施日期：1997-11-01

标准类型：CP

被替代标准：GB/T 7190—1987

168. 玻璃纤维增强塑料冷却塔——第2部分：大型玻璃纤维增强塑料冷却塔

标准号：GB/T 7190.2—1997

英文名称：Glass fiber-reinforced plastic cooling tower—Part 2：Large glass fiber reinforced plastic cooling tower

发布日期：1997-05-06

实施日期：1997-11-01

被替代标准：GB/T 7190—1987

169. 不饱和聚酯树脂——黏度测定方法

标准号：GB/T 7193.1—1987

英文名称：Unsaturated polyester resin—Determination of viscosity

发布日期：1987-01-16

标准类型：CF

170. 不饱和聚酯树脂——羟值测定方法

标准号：GB/T 7193.2—1987

英文名称：Unsaturated polyester resin—Determination of hydroxyl value

发布日期：1987-01-16

标准类型：CF

171. 不饱和聚酯树脂——固体含量测定方法

标准号：GB/T 7193.3—1987

英文名称：Unsaturated polyester resin—Determination of solid content

发布日期：1987-01-16

标准类型：CF

172. 不饱和聚酯树脂——80℃下反应活性测定方法

标准号：GB/T 7193.4—1987

英文名称：Unsaturated polyester resin—Determination of reactivity at 80 Centigrade

发布日期：1987-01-16

标准类型：CF

173. 不饱和聚酯树脂——80℃热稳定性测定方法

标准号：GB/T 7193.5—1987

英文名称：Unsaturated polyester resin—Determination of heat stability at 80 Centigrade

发布日期：1987-01-16

标准类型：CF

174. 不饱和聚酯树脂——25℃凝胶时间测定方法

标准号：GB/T 7193.6—1987

英文名称：Unsaturated polyester resin—Determination of gel time at 25 Centigrade

发布日期：1987-01-16

标准类型：CF

175. 液态不饱和聚酯树脂颜色试验方法

标准号：GB/T 7193.7—1992

英文名称：Test method for colour of liquid unsaturated polyester resin

发布日期：1992-04-29

标准类型：CF

176. 不饱和聚酯树脂——浇铸体耐碱性测定方法

标准号：GB/T 7194—1987

英文名称：Unsaturated polyester resin—Determination of stability of casting resin in basic solution

发布日期：1987-01-16

标准类型：CF

177. 电子设备用固定电容器——第2部分：分规范：金属化聚乙烯对苯二甲酸酯膜介质，直流固定电容器

标准号：GB/T 7332—1996

英文名称：Fixed capacitors for use in electronic equipment. Part 2：Sectional specification. Fixed metallized polyethylene-terephthalate film dielectric，d. c. capacitors

发布日期：1996-07-09

实施日期：1997-01-01

标准类型：CP

被替代标准：GB 7332—1987

178. 电子设备用固定电容器——第 2 部分：空白详细规范：金属化聚乙烯对苯二甲酸酯膜介质，直流固定电容器，评定水平 E

标准号：GB/T 7333—1996

英文名称：Fixed capacitors for use in electronic equipment. Part 2：Blank detail specification—Fixed metallized polyethylene-terephthalate film dielectric，d. c. capacitors-Assessment level E

发布日期：1996-07-09

实施日期：1997-01-01

标准类型：CP

被替代标准：GB 7333—1987

179. 纤维级聚乙烯醇树脂

标准号：GB/T 7351—1997

英文名称：Polyvinyl alcohol resins for fibre grade

发布日期：1997-06-03

实施日期：1997-12-01

标准类型：CP

被替代标准：GB/T 7351—1987

180. 橡胶或塑料涂覆织物——术语

标准号：GB/T 7530—1998

英文名称：Rubber or plastics-coated fabrics—Glossary of terms

发布日期：1998-11-04

实施日期：1999-06-01

标准类型：CJ

被替代标准：GB/T 7530—1987

181. 纤维增强塑料层板螺栓连接挤压强度试验方法

标准号：GB/T 7559—1987

英文名称：FRP Laminates-test method for bearing strength by bolted joints

发布日期：1987-03-21

标准类型：CJ

182. 纺织品色牢度试验——聚酯标准贴衬织物规格

标准号：GB 7566—1987

英文名称：Textiles-Tests for colour fastness—Specification for standard adjacent fabric：Polyester

发布日期：1987-03-26

标准类型：CF

183. 塑料轴承极限 PV 试验方法

标准号：GB/T 7948—1987

英文名称：Test method for PV limit of plastics bearings

发布日期：1987-06-11

标准类型：CF

184. 输送带——具有橡胶或塑料覆盖层的普通用途织物芯输送带

标准号：GB/T 7984—2001

英文名称：Conveyor belts—Specification for rubber or plastics covered conveyor belts of textile constr ction for general use

发布日期：2001-04-29

实施日期：2001-10-01

标准类型：CP

被替代标准：GB/T 7984—1987

185. 玻璃纤维增强塑料（玻璃钢）用液体不饱和聚酯树脂

标准号：GB/T 8237—1987

英文名称：Liquid unsaturated polyester resin for glass fiber reinforced plastics

发布日期：1987-10-05

标准类型：CP

186. 塑料燃烧性能试验方法——烟密度法

标准号：GB/T 8323—1987

英文名称：Test method for flammability of plastics—Smoke density test

发布日期：1987-12-01

标准类型：CF

187. 模塑料体积系数试验方法

标准号：GB/T 8324—1987

英文名称：Test method for bulk factor of moulding materials

发布日期：1987-12-01

标准类型：CF

188. 泡沫塑料燃烧性能试验方法——水平燃烧法

标准号：GB/T 8332—1987

英文名称：Test method for flammability of cellular plastics—Horizontal burning method

发布日期：1987-12-01

标准类型：CF

189. 硬泡沫塑料燃烧性能试验方法——垂直燃烧法

标准号：GB/T 8333—1987

英文名称：Test method for flammability of rigid cellular plastics—Vertical burning method

发布日期：1987-12-01

标准类型：CF

190. 硬聚氯乙烯（UPVC）管件坠落试验方法

标准号：GB/T 8801—1988

英文名称：Test method for unplasticized PVC fittings by falling

发布日期：1988-02-13

标准类型：CF

191. 热塑性塑料管材、管件——维卡软化温度的测定

标准号：GB/T 8802—2001

英文名称：Thermoplastics pipes and fitting—Determination of Vicat softening temperature

发布日期：2001-10-24

实施日期：2002-05-01

标准类型：CF

被替代标准：GB/T 8802—1988

192. 注射成型硬质聚氯乙烯（UPVC）、氯化聚氯乙烯（CPVC）、丙烯腈-丁二烯-苯乙烯三元共聚物（ABS）和丙烯腈-苯乙烯-丙烯酸盐三元共聚物（ASA）管件——热烘箱试验方法

标准号：GB/T 8803—2001

英文名称：Injection-moulded unplasticized poly (vinyl chloride) (UPVC), chlorinated poly (vinyl chloride) (CPVC), acrylonitrile butadiene-styrene (ABS) and acrylonitrile-styrene-acrylester (ASA) fittings Hot oven test method

发布日期：2001-10-24

实施日期：2002-05-01

标准类型：CF

被替代标准：GB/T 8803—1988

193. 热塑性塑料管材拉伸性能试验方法——聚氯乙烯管材

标准号：GB/T 8804. 1—1988

英文名称：Test methods of tensile properties for thermoplastic pipes—Polyvinyl chloride (PVC) pipes

发布日期：1988-02-13

标准类型：CF

194. 热塑性塑料管材拉伸性能试验方法——聚乙烯管材

标准号：GB/T 8804. 2—1988

英文名称：Test methods of tensile properties for thermoplastic pipes—Polyethylene (PE) pipes

发布日期：1988-02-13

标准类型：CF

195. 硬质塑料管材弯曲度测定方法

标准号：GB/T 8805—1988

英文名称：Determination of deflection for rigid plastic pipes

发布日期：1988-02-13

标准类型：CF

196. 塑料管材尺寸测量方法

标准号：GB/T 8806—1988

英文名称：Method for dimension measuring of plastic pipes

发布日期：1988-02-13

标准类型：CF

197. 塑料镜面光泽试验方法

标准号：GB/T 8807—1988

英文名称：Test method for specular gloss of plastics

发布日期：1988-02-13

标准类型：CF

198. 软质复合塑料材料剥离试验方法

标准号：GB/T 8808—1988

英文名称：Test method for peel force of flexible laminated plastics

发布日期：1988-02-13

标准类型：CF

199. 塑料薄膜抗摆锤冲击试验方法

标准号：GB/T 8809—1988

英文名称：Test method for pendulum impact resistance of plastic films

发布日期：1988-02-13

标准类型：CF

200. 硬质泡沫塑料吸水率试验方法

标准号：GB/T 8810—1988

英文名称：Test method for water absorption of rigid cellular plastics

发布日期：1988-02-13

标准类型：CF

201. 硬质泡沫塑料尺寸稳定性试验方法

标准号：GB/T 8811—1988

英文名称：Test method for dimensional stability of rigid cellular plastics

发布日期：1988-02-13

标准类型：CF

202. 硬质泡沫塑料弯曲试验方法

标准号：GB/T 8812—1988

英文名称：Test method for bending of rigid cellular plastics

发布日期：1988-02-13
标准类型：CF

203. 硬质泡沫塑料压缩试验方法
标准号：GB/T 8813—1988
英文名称：Test method for compression of rigid cellular plastics
发布日期：1988-02-13
标准类型：CF

204. 门、窗框用硬聚氯乙烯（PVC）型材
标准号：GB/T 8814—1998
英文名称：Unplasticized polyvinyl chloride (PVC) profiles for the frames of doors and windows
发布日期：1998-09-29
实施日期：1999-05-01
标准类型：CP
被替代标准：GB 8814—1988

205. 电线电缆用软聚氯乙烯塑料
标准号：GB/T 8815—2002
英文名称：Plasticized polyvinyl chloride (PVC) compounds for wire and cable
发布日期：2002-03-05
实施日期：2002-09-01
标准类型：CP

206. 塑料成型模具术语
标准号：GB/T 8846—1988
英文名称：Terminology of mould for plastics
发布日期：1988-02-29
标准类型：CJ

207. 玻璃纤维增强塑料燃烧性能试验方法——氧指数法
标准号：GB/T 8924—1988
英文名称：Test method for flammability characteristics of glass fiber reinforced plastics using the oxygen index method
发布日期：1988-03-21
标准类型：CF

208. 塑料编织袋
标准号：GB/T 8946—1998
英文名称：Plastic woven sack
发布日期：1998-09-29
实施日期：1999-05-01
标准类型：CP
被替代标准：GB 8946—1988

209. 复合塑料编织袋
标准号：GB/T 8947—1998
英文名称：Composite plastic woven sack
发布日期：1998-09-29
实施日期：1999-05-01
标准类型：CP
被替代标准：GB 8947—1988

210. 聚氯乙烯人造革
标准号：GB/T 8948—1994
英文名称：Polyvinyl chloride artificial leather
发布日期：1994-11-16
实施日期：1995-04-01
标准类型：CP
被替代标准：GB 8948—1988

211. 聚氨酯干法人造革
标准号：GB/T 8949—1995
英文名称：Polyurethane dry-processing artificial leather
发布日期：1995-12-08
实施日期：1996-08-01
标准类型：CP
被替代标准：GB 8949—1988

212. 塑料绝缘控制电缆——一般规定
标准号：GB 9330.1—1988
英文名称：Plastic insulated control cables—General
发布日期：1988-06-11
标准类型：CP

213. 塑料绝缘控制电缆——聚氯乙烯绝缘和护套控制电缆
标准号：GB 9330.2—1988
英文名称：Plastic insulated control cables—Polyvinyl chloride insulated and sheathed control cables
发布日期：1988-06-11
标准类型：CP

214. 塑料——弯曲性能试验方法
标准号：GB/T 9341—2000
英文名称：Plastics—Determination of flexural properties
发布日期：2000-10-27
实施日期：2001-05-01
标准类型：CF
被替代标准：GB/T 9341—1988

215. 塑料——洛氏硬度试验方法
标准号：GB/T 9342—1988
英文名称：Plastics—Determination of hardness by the ball indentation method
发布日期：1988-06-14
标准类型：CF

216. 塑料燃烧性能试验方法——闪点和自燃点的测定

标准号：GB/T 9343—1988

英文名称：Test method for flammability of plastics—Flash-ignition temperature and self-ignition temperature test

发布日期：1988-06-14

标准类型：CF

217. 塑料——灰分通用测定方法

标准号：GB/T 9345—1988

英文名称：Plastics—Determination of ash—General methods

发布日期：1988-06-14

标准类型：CF

218. 氯乙烯-乙酸乙烯酯共聚物中乙酸乙烯酯的测定

标准号：GB/T 9347—1988

英文名称：Plastics—Vinyl chloride-vinyl acetate copolymers—Determination of vinyl acetate

发布日期：1988-06-14

标准类型：CF

219. 聚氯乙烯树脂的杂质与外来物粒子数的测定方法

标准号：GB/T 9348—1988

英文名称：Determination of number of impurities and foreign particles of polyvinyl chloride resins

发布日期：1988-06-14

标准类型：CF

220. 氯乙烯均聚物、共聚物树脂及组合物热稳定性的测定——变色法

标准号：GB/T 9349—1988

英文名称：Determination of the thermal stability of homopolymer and copolymer resins of cinyl chloride and their compounds—Discoloration method

发布日期：1988-06-14

标准类型：CF

221. 氯乙烯均聚物和共聚物树脂水萃取液——pH 值的测定

标准号：GB/T 9350—1988

英文名称：Homopolymer and copolymer resims of vinyl chloride—Determination of pH of aqueous extract

发布日期：1988-06-14

标准类型：CF

222. 热塑性塑料压塑试样的制备

标准号：GB/T 9352—1988

英文名称：Plastics—Compression moulding test specimens of thermoplastic materials

发布日期：1988-06-14

标准类型：CF

223. 橡胶和塑料软管及软管组合件——电阻的测定

标准号：GB/T 9572—2001

英文名称：Rubber and plastics hoses and hose assemblies—Determination of electrical resistance

发布日期：2001-08-28

实施日期：2002-05-01

标准类型：CF

被替代标准：GB/T 9572—1988

224. 橡胶、塑料软管和软管组合件——尺寸测量方法

标准号：GB/T 9573—1988

英文名称：Rubber and plastics hoses and hose asssemblies—Methods of measurement of dimensions

发布日期：1988-06-29

标准类型：CF

225. 橡胶、塑料软管和软管组合件——试验压力、爆破压力与设计工作压力的比率

标准号：GB/T 9574—2001

英文名称：Rubber and plastics hoses and hose assemblies—Ratios of proof and burst pressure to design working pressure

发布日期：2001-08-28

实施日期：2002-05-01

标准类型：CJ

被替代标准：GB/T 9574—1988

226. 橡胶、塑料软管内径尺寸和长度公差

标准号：GB/T 9575—1988

英文名称：Rubber and plastics hoses—Bore diameters and tolerances on length

发布日期：1988-06-29

标准类型：CJ

227. 橡胶和塑料软管及软管组合件——选择、贮存、使用和维护指南

标准号：GB/T 9576—2001

英文名称：Rubber and plastics hose and hose assemblies—Guide to selection，use，and maintenance

发布日期：2001-08-28

实施日期：2002-05-01

标准类型：CJ

228. 橡胶、塑料软管和软管组合件——标志、包装和运输规则

标准号：GB/T 9577—2001

英文名称：Rubber and plastics hose and hose assemblies—Rules for marking，package and transportation

发布日期：2001-08-28

实施日期：2002-05-01

标准类型：CJ

被替代标准：GB/T 9577—1988

229. 塑料燃烧烟尘的测定——称量法

标准号：GB/T 9638—1988

英文名称：Gravimetric determination of smoke particulates from combustion of plastic materials

发布日期：1988-07-08

标准类型：CF

230. 塑料薄膜和薄片抗冲击性能试验方法——自由落镖法

标准号：GB/T 9639—1988

英文名称：Plastics-Film and sheeting-Determination of impact resistance—Free falling dart method

发布日期：1988-07-08

标准类型：CF

231. 软质泡沫聚合材料加速老化试验方法

标准号：GB/T 9640—1988

英文名称：Polymeric materials，Cellular flexible—Accelerated ageing tests

发布日期：1988-07-08

标准类型：CF

232. 硬质泡沫塑料拉伸性能试验方法

标准号：GB/T 9641—1988

英文名称：Test method for tensile properties of rigid cellular plastics

发布日期：1988-07-08

标准类型：CF

233. 聚乙烯（PE）管材和管件——根据聚乙烯公称密度和熔体流动速率命名的方法

标准号：GB/T 9642—1988

英文名称：Polyethylene（PE）pipes and fittings—Designation of polyethylene，based on nominal density and melt flow rate

发布日期：1988-07-08

标准类型：CJ

234. 聚乙烯（PE）管材和管件——熔体流动速率试验方法

标准号：GB/T 9643—1988

英文名称：Polyethylene（PE）pipes and fittings—Determination of melt flow rate

发布日期：1988-07-08

标准类型：CF

235. 硬聚氯乙烯（UPVC）饮水管材和管件——铅、锡、镉、汞的萃取方法及允许值

标准号：GB 9644—1988

英文名称：Unplasticized polyvinyl chloride（UPVC）pipes and fittings for drinking water supply—Extractability of lead tin、cadmium and mercury occurring as impurities-Test method and pemitted levels

发布日期：1988-07-08

标准类型：CF

236. 硬聚氯乙烯（UPVC）管材吸水性试验方法

标准号：GB/T 9645—1988

英文名称：Unplasticized polyvinyl chloride（UPVC）pipes—Determination of water absorption

发布日期：1988-07-08

标准类型：CF

237. 硬聚氯乙烯（UPVC）管材耐丙酮性试验方法

标准号：GB/T 9646—1988

英文名称：Unplasticized polyvinyl chloride（UPVC）pipes—Determination of resistance to acetone

发布日期：1988-07-08

标准类型：CF

238. 塑料管材耐外负荷试验方法

标准号：GB/T 9647—1988

英文名称：Test method for extemal loading resistance for plastic pipe

发布日期：1988-07-08

标准类型：CF

239. 食品包装用聚氯乙烯成型品卫生标准

标准号：GB 9681—1988

英文名称：Hygienic standard of products of polyvinyl chloride for food packaging

发布日期：1988-08-10

标准类型：TW

240. 食品容器内壁聚酰胺环氧树脂涂料卫生标准

标准号：GB 9686—1988

英文名称：Hygienic standard for polyamide epoxy resin used as internal coating of food container

发布日期：1988-08-10

标准类型：TW

被替代标准：GBn 245—84

241. 食品包装用聚乙烯成型品卫生标准

标准号：GB 9687—1988

英文名称：Hygienic standard for polyethylene products used as food containers and tablewares

发布日期：1988-08-10

标准类型：TW
被替代标准：GBn 84—80

242. 食品包装用聚丙烯成型品卫生标准

标准号：GB 9688—1988
英文名称：Hygienic standard for polypropyrene products used as food containers and tablewares
发布日期：1988-08-10
标准类型：TW
被替代标准：GBn 85—80

243. 食品包装用聚苯乙烯成型品卫生标准

标准号：GB 9689—1988
英文名称：Hygienic standard for polystyrene products used as food containers and tablewares
发布日期：1988-08-10
标准类型：TW
被替代标准：GBn 86—80

244. 食品包装用聚乙烯树脂卫生标准

标准号：GB 9691—1988
英文名称：Hygienic standard for polyethylene resin used as food packaging material
发布日期：1988-08-10
标准类型：TW
被替代标准：GBn 88—80

245. 食品包装用聚苯乙烯树脂卫生标准

标准号：GB 9692—1988
英文名称：Hygienic standard for polystyrene resin used as food packaging material
发布日期：1988-08-10
标准类型：TW
被替代标准：GBn 89—80

246. 食品包装用聚丙烯树脂卫生标准

标准号：GB 9693—1988
英文名称：Hygienic standard for polypropyrene resin used as food packaging material
发布日期：1988-08-10
标准类型：TW
被替代标准：GBn 146—81

247. 纤维增强塑料高低温力学性能试验准则

标准号：GB/T 9979—1988
英文名称：Guide rule of test for mechanical properties of fiber-reinforced plastics at elevated and reducde temperatures
发布日期：1988-10-26
标准类型：CF

248. 给水用硬聚氯乙烯（UPVC）管材

标准号：GB/T 10002.1—1996
英文名称：Unplasticized polyvinyl chloride (UP-VC) pipe for water supply
发布日期：1996-12-17
实施日期：1997-05-01
标准类型：CP
被替代标准：GB 10002.1—1988

249. 给水用硬聚氯乙烯管件

标准号：GB/T 10002.2—1988
英文名称：Unplasticized polyvinyl chloride (UP-VC) fitting for water supply
发布日期：1988-12-10
标准类型：CP

250. 埋地排污、废水用硬聚氯乙烯（UPVC）管材

标准号：GB/T 10002.3—1996
英文名称：Unplasticized polyvinyl chloride (UP-VC) pipes for buried drainage and sewerage systems
发布日期：1996-12-17
实施日期：1997-05-01
标准类型：CP

251. 普通型双向拉伸聚丙烯薄膜

标准号：GB/T 10003—1996
英文名称：Biaxially oriented polypropylene plain film
发布日期：1996-12-28
实施日期：1997-07-01
标准类型：CP
被替代标准：GB 10003—1988

252. 双向拉伸聚丙烯（BOPP）/低密度聚乙烯（LDPE）复合膜、袋

标准号：GB/T 10005—1998
英文名称：Biaxially oriented polypropylene laminated polyethylene (BOPP/LDPE) films and pouches
发布日期：1998-05-19
实施日期：1999-02-01
标准类型：CP
被替代标准：GB 10005—1988

253. 塑料薄膜和薄片摩擦系数测定方法

标准号：GB/T 10006—1988
英文名称：Plastics—Film and sheeting—Determination of the coefficients of friction
发布日期：1988-12-10
标准类型：CF

254. 硬质泡沫塑料剪切强度试验方法

标准号：GB/T 10007—1988
英文名称：Cellular plastics—Determination of shear strength of rigid materials

发布日期：1988-12-10

标准类型：CF

255. 丙烯腈-丁二烯-苯乙烯（ABS）塑料挤出板材

标准号：GB/T 10009—1988

英文名称：Acrylonitrile-Butadiene-Styrene (ABS) plastics extrusion plates

发布日期：1988-12-10

标准类型：CP

256. 医用软聚氯乙烯管材

标准号：GB 10010—1988

英文名称：Plasticized polyvinyl chloride (PVC) tubing for medical uses

发布日期：1988-12-10

标准类型：CP

257. 电子设备用固定电容器——第7部分：分规范：金属箔式聚苯乙烯膜介质直流固定电容器（可供认证用）

标准号：GB/T 10185—1988

英文名称：Fixed capacitors for use in electronic equipment—Part7：Sectional specification：Fixed polystyrene film dielectric metal foil d. c. capacitors

发布日期：1988-12-22

标准类型：CP

258. 电子设备用固定电容器——第7部分：空白详细规范：金属箔式聚苯乙烯膜介质直流固定电容器——评定水平E（可供认证用）

标准号：GB/T 10186—1988

英文名称：Fixed capacitors for use in electronic equipment—Part7：Blank detail specification：Fixed polystyrene film dielectric metal foil d. c. capacitors—Assessment level E

发布日期：1988-12-22

标准类型：CP

259. 电子设备用固定电容器——第13部分：分规范：金属箔式聚丙烯膜介质直流固定电容器

标准号：GB/T 10188—1988

英文名称：Fixed capacitors for use in electronic equipment—Part13：Sectional specification：Fixed polypropylene film dielectric metal foil d. c. capacitors

发布日期：1988-12-22

标准类型：CP

260. 电子设备用固定电容器——第13部分：空白详细规范：金属箔式聚丙烯膜介质直流固定电容器——评定水平E（可供认证用）

标准号：GB/T 10189—1988

英文名称：Fixed capacitors for use in electronic equipment—Part13：Blank detail specification：Fixed polypropylene film dielectric metal foil d. c. capacitors—Assessment level E

发布日期：1988-12-22

标准类型：CP

261. 电子设备用固定电容器——第16部分：分规范：金属化聚丙烯膜介质直流固定电容器（可供认证用）

标准号：GB/T 10190—1988

英文名称：Fixed capacitors for use in electronic equipment—Part16：Sectional specification：Fixed metallized polypropylene film dielectric d. c. capacitors

发布日期：1988-12-22

标准类型：CP

262. 电子设备用固定电容器——第16部分：空白详细规范：金属化聚丙烯膜介质直流固定电容器——评定水平E（可供认证用）

标准号：GB/T 10191—1988

英文名称：Fixed capacitors for use in electronic equipment—Part16：Blank detail specification：Fixed metallized polypropylene film dielectric d. c. capacitors—Assessment level E

发布日期：1988-12-22

标准类型：CP

263. 聚乙烯自粘保鲜膜

标准号：GB 10457—1989

英文名称：Cling wrap polyethylene film for keeping fresh of food

发布日期：1989-03-22

标准类型：CP

264. 高聚物多孔弹性材料——弹性的测定

标准号：GB/T 10652—2001

英文名称：Flexible cellular polymeric materials—Determination of resilience

发布日期：2001-08-28

实施日期：2002-05-01

标准类型：CF

被替代标准：GB/T 10652—1989

265. 高聚物多孔弹性材料——压缩永久变形的测定

标准号：GB/T 10653—2001

英文名称：Polymeric materials, cellular flexible—Determination of compression set

发布日期：2001-08-28

实施日期：2002-05-01

标准类型：CF

被替代标准：GB/T 10653—1989

266. 高聚物多孔弹性材料——拉伸强度和拉断伸长率的测定

标准号：GB/T 10654—2001

英文名称：Flexible cellular polymeric materials—Determination of tensile strength and elongation at break

发布日期：2001-08-28

实施日期：2002-05-01

标准类型：CF

被替代标准：GB/T 10654—1989

267. 高聚物多孔弹性材料——空气透气率的测定

标准号：GB/T 10655—1989

英文名称：Polymeric materials, cellular flexible—Determination of air flow permeability

发布日期：1989-03-31

标准类型：CF

268. 玻璃纤维增强塑料耐水性加速试验方法

标准号：GB/T 10703—1989

英文名称：Test method accelerated for resistance of glass fiber reinforced plastics to water

发布日期：1989-03-31

标准类型：CF

269. 热塑性塑料管材通用壁厚表

标准号：GB/T 10798—2001

英文名称：Table of universal wall thickness of thermoplastics pipe

发布日期：2001-10-24

实施日期：2002-05-01

标准类型：CJ

被替代标准：GB/T 10798—1989

270. 硬质泡沫塑料开孔与闭孔体积百分率试验方法

标准号：GB/T 10799—1989

英文名称：Cellular plastics—Determination of volume percentage of open and closed cells of rigid materials

发布日期：1989-03-31

标准类型：CF

271. 绝热用模塑聚苯乙烯泡沫塑料

标准号：GB/T 10801.1—2002

英文名称：Moulded polystyrene foam board for thermal insulation

发布日期：2002-03-05

实施日期：2002-09-01

标准类型：CP

272. 绝热用挤塑聚苯乙烯泡沫塑料（XPS）

标准号：GB/T 10801.2—2002

英文名称：Rigid extruded polystyrene foam board for thermal insulation (XPS)

发布日期：2002-03-05

实施日期：2002-09-01

标准类型：CP

273. 软质聚氨酯泡沫塑料

标准号：GB/T 10802—1989

英文名称：Cellular plastics—Flexible polyurethane foam

发布日期：1989-03-31

标准类型：CP

274. 食品包装用硬质聚氯乙烯薄膜

标准号：GB/T 10805—1989

英文名称：Rigid polyvinyl chloride film for packaging food

发布日期：1989-03-31

标准类型：CP

275. 软质泡沫聚合材料压陷硬度试验方法

标准号：GB/T 10807—1989

英文名称：Polymeric materials cellular flexible—Determination of hardness (indentation technique)

发布日期：1989-03-31

标准类型：CF

276. 软质泡沫塑料撕裂性能试验方法

标准号：GB/T 10808—1989

英文名称：Cellular plastics—Tear resistance test for flexible materials

发布日期：1989-03-31

标准类型：CF

277. 塑料混合机

标准号：GB/T 10902—1989

英文名称：Plastics mixer machines

发布日期：1989-03-31

标准类型：CP

278. 塑料混合机检测方法

标准号：GB/T 10903—1989

英文名称：Check method of mixer for plastics

发布日期：1989-03-31

标准类型：CF

279. 塑料绝缘和橡皮绝缘电话软线——第 1 部分：一般规定

标准号：GB/T 11016.1—1989

英文名称：Plastic or rubber insulated telephone cords—Part 1: General

发布日期：1989-03-31
标准类型：CP

280. 塑料绝缘和橡皮绝缘电话软线——第 2 部分：聚氯乙烯绝缘电话软线

标准号：GB/T 11016.2—1989
英文名称：Plastic or rubber insulated telephone cords—Part 2：Polyvinyl chloride insulated telephone cords
发布日期：1989-03-31
标准类型：CP

281. 塑料绝缘和橡皮绝缘电话软线——第 3 部分：聚丙烯绝缘电话软线

标准号：GB/T 11016.3—1989
英文名称：Plastic or rubber insulated telephone cords—Part 3：Polypropylene insulated telephone cords
发布日期：1989-03-31
标准类型：CP

282. 塑料绝缘和橡皮绝缘电话软线——第 4 部分：橡皮绝缘电话软线

标准号：GB/T 11016.4—1989
英文名称：Plastic or rubber insulated telephone cords—Part 4：Rubber insulated telephone cords
发布日期：1989-03-31
标准类型：CP

283. 额定电压 110kV 铜芯、铝芯交联聚乙烯绝缘电力电缆

标准号：GB 11017—1989
英文名称：Copper and aluminium conductor extruded XLPE insulated power cables with rated voltage 110kV
发布日期：1989-03-31
标准类型：CP

284. 低密度聚乙烯树脂

标准号：GB 11115—1989
英文名称：Low density polyethylene resin
发布日期：1989-03-31
标准类型：CZ

285. 高密度聚乙烯树脂

标准号：GB 11116—1989
英文名称：High density polyethylene resin
发布日期：1989-03-31
标准类型：CZ

286. 聚乙酸乙烯酯乳液试验方法

标准号：GB/T 11175—1989
英文名称：Testing methods for polyvinyl acetate emulsion
发布日期：1989-03-31
标准类型：CF

287. 聚氯乙烯绝缘、聚氯乙烯护套低频通信电缆电线——第 1 部分：一般试验和测量方法

标准号：GB/T 11327.1—1999
英文名称：Low-frequency telecommunication cables and wires with PVC insulation and PVC sheath. Part 1：General test and measuring methods
发布日期：1999-08-02
实施日期：2000-03-01
标准类型：CF
被替代标准：GB/T 11327.1—1989

288. 聚氯乙烯绝缘、聚氯乙烯护套低频通信电缆电线——第 2 部分：局用电缆（对线组或三线组或四线组或五线组的）

标准号：GB/T 11327.2—1999
英文名称：Low-frequency telecommunication cable and wires with PVC insulation and PVC sheath. Part 2：Cables in pairs，triples，quads and quintuples for inside installation
发布日期：1999-08-02
实施日期：2000-03-01
标准类型：CP
被替代标准：GB/T 11327.2—1989

289. 聚氯乙烯绝缘、聚氯乙烯护套低频通信电缆电线——第 3 部分：终端电缆（对线组的）

标准号：GB/T 11327.3—1999
英文名称：Low-frequency telecommunication cables and wires with PVC insulation and PVC sheath. Part 3：Terminating cables in pairs
发布日期：1999-08-02
实施日期：2000-03-01
标准类型：CP
被替代标准：GB/T 11327.3—1989

290. 塑料拉伸蠕变测定方法

标准号：GB/T 11546—1989
英文名称：Plastics—Determination of tensile creep
发布日期：1989-07-19
标准类型：CF

291. 塑料耐液体化学药品（包括水）性能测定方法

标准号：GB/T 11547—1989
英文名称：Plastics—Determination of the effects of liquid chemicals，including water
发布日期：1989-07-19
标准类型：CF

292. 硬质塑料板材耐冲击性能试验方法（落锤法）

标准号：GB/T 11548—1989

英文名称：Standard test method for impact resistance of rigid plastic sheeting by means of a tup (falling weight)

发布日期：1989-07-19

标准类型：CF

293. 聚氯乙烯树脂厂卫生防护距离标准

标准号：GB 11658—1989

英文名称：Health protection zone standard for polyvinyl chloride resin plants

发布日期：1989-07-24

标准类型：TW

294. 食品容器内壁聚四氟乙烯涂料卫生标准

标准号：GB 11678—1989

英文名称：Hygienic standard for polytetrafluorethylene used as inner coating of food containers

发布日期：1989-09-05

标准类型：CA

295. 食品容器内壁聚四氟乙烯涂料卫生标准的分析方法

标准号：GB/T 11679—1989

英文名称：Method for analysis of hygienic standard of polytetrafluorethylene coating for inner wall of food container

发布日期：1989-09-05

标准类型：CF

296. 三股聚酰胺复丝绳索

标准号：GB/T 11786—1989

英文名称：Three-Strand polyamide multifilament ropes

发布日期：1989-11-06

标准类型：CP

297. 三股聚酯复丝绳索

标准号：GB/T 11787—1989

英文名称：Three-strand polyester multifilament ropes

发布日期：1989-11-06

标准类型：CP

298. 三股聚乙烯单丝绳索

标准号：GB/T 11788—1989

英文名称：Three-strand polyethylene monofilament ropes

发布日期：1989-11-06

标准类型：CP

299. PVC 塑料窗建筑物理性能分级

标准号：GB/T 11793. 1—1989

英文名称：Graduation of building physical performances for PVC windows

发布日期：1989-11-30

标准类型：CZ

300. PVC 塑料窗力学性能、耐候性技术条件

标准号：GB/T 11793. 2—1989

英文名称：Technical requirements on mechanical and weathering properties for PVC windows

发布日期：1989-11-30

标准类型：CZ

301. PVC 塑料窗力学性能、耐候性试验方法

标准号：GB/T 11793. 3—1989

英文名称：Testing methods on mechanical and weathering properties for PVC windows

发布日期：1989-11-30

标准类型：CF

302. 聚氯乙烯卷材地板——带基材的聚氯乙烯卷材地板

标准号：GB/T 11982. 1—1989

英文名称：PVC floor sheets—PVC floor sheets with backing

发布日期：1989-12-25

标准类型：CP

303. 聚氯乙烯卷材地板——第 2 部分：有基材有背涂层聚氯乙烯卷材地板

标准号：GB/T 11982. 2—1996

英文名称：PVC floor sheets—Part 2：PVC floor sheets having base with back

发布日期：1996-11-28

实施日期：1997-07-01

标准类型：HB

304. 塑料多用途试样的制备和使用

标准号：GB/T 11997—1989

英文名称：Plastics—Preparation and use of multipurpose test specimens

发布日期：1989-12-25

标准类型：CF

305. 塑料玻璃化温度测定方法——热机械分析法

标准号：GB/T 11998—1989

英文名称：Determination of glass transition temperature of plastics—Thermomechanical analysis

发布日期：1989-12-25

标准类型：CF

306. 塑料薄膜和薄片耐撕裂性试验方法——埃莱门多夫法

标准号：GB/T 11999—1989

英文名称：Plastics-Film and sheeting—Determination of tear resistance—Elmendorf method

发布日期：1989-12-25

标准类型：CF

307. 塑料在恒定湿热条件下曝露试验方法

标准号：GB/T 12000—1989

英文名称：Plastics—Test methods of exposure to damp heat，steady state

发布日期：1989-12-25

标准类型：CF

308. 未增塑聚氯乙烯窗用模塑料——第 1 部分：命名

标准号：GB/T 12001. 1—1989

英文名称：Moulding materials for windows of unplasticized polyvinyl chloride—Part 1：Designation

发布日期：1989-12-25

标准类型：CJ

309. 未增塑聚氯乙烯窗用模塑料——第 2 部分：质量规格

标准号：GB/T 12001. 2—1989

英文名称：Moulding materials for windows of unplasticized polyvinyl chloride—Part 2：Quality specification

发布日期：1989-12-25

标准类型：CP

310. 未增塑聚氯乙烯窗用模塑料——第 3 部分：性能试验方法

标准号：GB/T 12001. 3—1989

英文名称：Moulding materials for windows of unplasticized polyvinyl chloride—Part 3：Determination of properties

发布日期：1989-12-25

标准类型：CF

311. 聚氯乙烯糊树脂中杂质粒子数测定方法

标准号：GB/T 12004. 1—1989

英文名称：Determination of impurities particles number in polyvinyl chloride paste resins

发布日期：1989-12-25

标准类型：CF

312. 塑料门窗用密封条

标准号：GB/T 12002—1989

英文名称：Sealing strips for plastic doors and windows

发布日期：1989-12-25

标准类型：CP

313. 塑料窗基本尺寸公差

标准号：GB/T 12003—1989

英文名称：Allowable tolerances for basic dimensions of plastic windows

发布日期：1989-12-25

标准类型：CJ

314. 聚氯乙烯糊树脂——糊的制备

标准号：GB/T 12004. 2—1996

英文名称：PVC paste resins—Preparation of a paste

发布日期：1996-10-25

实施日期：1997-05-01

标准类型：CF

被替代标准：GB 12004. 2—1989

315. 聚氯乙烯增塑糊表观黏度测定方法

标准号：GB/T 12004. 3—1989

英文名称：Determination for apparent viscosity of polyvinyl chloride paste

发布日期：1989-12-25

标准类型：CF

316. 聚氯乙烯增塑糊 Brookfield 黏度测定方法

标准号：GB/T 12004. 4—1989

英文名称：Polyvinyl chloride plastisols—Determination for Brookfield viscosity

发布日期：1989-12-25

标准类型：CF

317. 聚氯乙烯增塑糊刮板细度测定

标准号：GB/T 12004. 5—1992

发布日期：1992-12-12

标准类型：CF

318. 聚丙烯酰胺特性黏数测定方法

标准号：GB/T 12005. 1—1989

英文名称：Determination for limiting viscosity number of polyacrylamide

发布日期：1989-12-25

标准类型：CF

319. 聚丙烯酰胺固含量测定方法

标准号：GB/T 12005. 2—1989

英文名称：Determination for solid content of polyacrylamide

发布日期：1989-12-25

标准类型：CF

320. 聚丙烯酰胺中残留丙烯酰胺含量测定方法——溴化法

标准号：GB/T 12005. 3—1989

英文名称：Determination for residual acrylamide

of polyacrylamide—Bromating method

发布日期：1989-12-25

标准类型：CF

321. 聚丙烯酰胺中残留丙烯酰胺含量测定方法——液相色谱法

标准号：GB/T 12005. 4—1989

英文名称：Determination for residual acrylamide of polyacrylamide—Liquid chromatography

发布日期：1989-12-25

标准类型：CF

322. 聚丙烯酰胺中残留丙烯酰胺含量测定方法——气相色谱法

标准号：GB/T 12005. 5—1989

英文名称：Determination for residual acrylamide content of polyacrylamide—Gas chromatograghy

发布日期：1989-12-25

标准类型：CF

323. 部分水解聚丙烯酰胺水解度测定方法

标准号：GB/T 12005. 6—1989

英文名称：Determination for hydrolysis degree of partly hydrolysis polyacrylamide

发布日期：1989-12-25

标准类型：CF

324. 粉状聚丙烯酰胺粒度测定方法

标准号：GB/T 12005. 7—1989

英文名称：Determination for particle size of powder polyacrylamide

发布日期：1989-12-25

标准类型：CF

325. 聚丙烯酰胺分子量测定——黏度法

标准号：GB/T 12005. 10—1992

发布日期：1992-12-12

标准类型：CF

326. 聚酰胺黏数测定方法

标准号：GB/T 12006. 1—1989

英文名称：Polyamides—Determination of viscosity number

发布日期：1989-12-25

标准类型：CF

327. 聚酰胺含水量测定方法

标准号：GB/T 12006. 2—1989

英文名称：Polyamides—Determination of water content

发布日期：1989-12-25

标准类型：CF

328. 聚酰胺灰分测定方法

标准号：GB/T 12006. 3—1989

英文名称：Polyamides—Determination of ash

发布日期：1989-12-25

标准类型：CF

329. 聚酰胺均聚物——沸腾甲醇可提取物测定方法

标准号：GB/T 12006. 4—1989

英文名称：Polyamide homopolymers—Determination of matter extractable by boiling methanol

发布日期：1989-12-25

标准类型：CF

330. 聚醚多元醇命名

标准号：GB/T 12008. 1—1989

英文名称：Polyether polyols—Designation

发布日期：1989-12-25

标准类型：CJ

331. 聚醚多元醇规格

标准号：GB/T 12008. 2—1989

英文名称：Polyether polyols—Specification

发布日期：1989-12-25

标准类型：CP

332. 聚醚多元醇中羟值测定方法

标准号：GB/T 12008. 3—1989

英文名称：Palyether polyols—Determination of hydroxyl number

发布日期：1989-12-25

标准类型：CF

333. 聚醚多元醇中钠和钾测定方法

标准号：GB/T 12008. 4—1989

英文名称：Polyether polyols—Determination of sodium and potassium

发布日期：1989-12-25

标准类型：CF

334. 聚醚多元醇中水分含量测定方法

标准号：GB/T 12008. 6—1989

英文名称：Polyether polyols—Determination of water content

发布日期：1989-12-25

标准类型：CF

335. 聚醚多元醇中不饱和度的测定

标准号：GB/T 12008. 7—1992

英文名称：Polyether polyols—Determination of unsaturation

发布日期：1992-04-29

标准类型：CF

336. 聚醚多元醇的黏度测定

标准号：GB/T 12008.8—1992

英文名称：Polyether polyols—Determination of viscosity

发布日期：1992-04-29

标准类型：CF

337. 聚乙烯醇树脂命名

标准号：GB/T 12010.1—1989

英文名称：Polyvinyl alcohol resins—Designation

发布日期：1989-12-25

标准类型：CJ

338. 聚乙烯醇树脂规格

标准号：GB/T 12010.2—1989

英文名称：Polyvinyl alcohol resins—Specification

发布日期：1989-12-25

标准类型：CP

339. 聚乙烯醇树脂黏度测定方法

标准号：GB/T 12010.3—1989

英文名称：Determination for viscocity of polyvinyl alcohol resins

发布日期：1989-12-25

标准类型：CF

340. 聚乙烯醇树脂挥发分测定方法

标准号：GB/T 12010.4—1989

英文名称：Determination for volatile matter of polyvinyl alcohol resins

发布日期：1989-12-25

标准类型：CF

441. 聚乙烯醇树脂残留乙酸根（或醇解度）测定方法

标准号：GB/T 12010.5—1989

英文名称：Determination for residual acetic radical contents (or alcoholysis) of polyvinyl alcohol resins

发布日期：1989-12-25

标准类型：CF

342. 聚乙烯醇树脂乙酸钠含量测定方法

标准号：GB/T 12010.6—1989

英文名称：Determination for sodium acetate contents of polyvinyl alcohol resins

发布日期：1989-12-25

标准类型：CF

343. 聚乙烯醇树脂灰分测定方法

标准号：GB/T 12010.7—1989

英文名称：Determination for ash content of polyvinyl alcohol resins

发布日期：1989-12-25

标准类型：CF

344. 聚乙烯醇树脂 pH 值测定方法

标准号：GB/T 12010.8—1989

英文名称：Determination for pH of polyvinyl alcohol resins

发布日期：1989-12-25

标准类型：CF

345. 聚乙烯醇树脂平均聚合度测定方法

标准号：GB/T 12010.9—1989

英文名称：Determination for average polymerization degree of polyvinyl alcohol resins

发布日期：1989-12-25

标准类型：CF

346. 聚乙烯醇树脂粒度测定方法

标准号：GB/T 12010.10—1989

英文名称：Determination for particle size of polyvinyl alcohol resins

发布日期：1989-12-25

标准类型：CF

347. 聚乙烯醇树脂氢氧化钠含量测定方法

标准号：GB/T 12010.11—1989

英文名称：Determination for sodium hydroxide contents of polyvinyl alcohol resins

发布日期：1989-12-25

标准类型：CF

348. 聚乙烯醇树脂透明度测定方法

标准号：GB/T 12010.12—1989

英文名称：Determination for transparency of polyvinyl alcohol resins

发布日期：1989-12-25

标准类型：CF

349. 改性聚丙烯层压板材

标准号：GB/T 12024—1989

英文名称：Modified polypropylene laminating plates

发布日期：1989-12-29

标准类型：CP

350. 高密度聚乙烯吹塑薄膜

标准号：GB/T 12025—1989

英文名称：High density polyethylene blow film

发布日期：1989-12-29

标准类型：CP

351. 热封型双向拉伸聚丙烯薄膜

标准号：GB/T 12026—2000

英文名称：Biaxially oriented polypropylene film for heat-seal

发布日期：2000-11-21
实施日期：2001-05-01
标准类型：CP
被替代标准：GB/T 12026—1989

352. 塑料薄膜尺寸变化率试验方法
标准号：GB/T 12027—1989
英文名称：Test method for dimensional stability of plastic films
发布日期：1989-12-29
标准类型：CF

353. 粉状聚丙烯酰胺溶解速度测定方法
标准号：GB/T 12005.8—1989
英文名称：Determination for dissolving velocity of powder polyacrylamide
发布日期：1989-12-25
标准类型：CF

354. 聚丙烯酰胺命名
标准号：GB/T 12005.9—1992
英文名称：Designation of polyacrylamide
发布日期：1992-04-29
标准类型：CJ

355. 聚丙烯酰胺分子量测定——黏度法
标准号：GB/T 12005.10—1992
发布日期：1992-12-12
标准类型：CF

356. 塑料注射模技术条件
标准号：GB/T 12554—1990
英文名称：Specification of injection mould for plastics
发布日期：1990-12-12
标准类型：CP

357. 塑料注射模大型模架标准模架
标准号：GB/T 12555.1—1990
英文名称：Injection mould for plastic large-size mould bases—Standard mould bases
发布日期：1990-12-12
标准类型：CJ

358. 塑料注射模大型模架技术条件
标准号：GB/T 12555.2—1990
英文名称：Injection mould for plastic large-size mould bases—Specification
发布日期：1990-12-12
标准类型：CP

359. 塑料注射模大型模架座板
标准号：GB/T 12555.3—1990
英文名称：Injection mould for plastic large-size mould bases—Elamping plates
发布日期：1990-12-12
标准类型：CJ

360. 塑料注射模大型模架——模板
标准号：GB/T 12555.4—1990
英文名称：Injection mould for plastic large-size mould bases—Mould plates
发布日期：1990-12-12
标准类型：CJ

361. 塑料注射模大型模架——支承板
标准号：GB/T 12555.5—1990
英文名称：Injection mould for plastic large-size mould bases—Support plates
发布日期：1990-12-12
标准类型：CJ

362. 塑料注射模大型模架——推板
标准号：GB/T 12555.6—1990
英文名称：Injection mould for plastic large-size mould bases—Ejector plates
发布日期：1990-12-12
标准类型：CJ

363. 塑料注射模大型模架——垫块
标准号：GB/T 12555.7—1990
英文名称：Injection mould for plastic large-size mould bases—Spacer plates
发布日期：1990-12-12
标准类型：CJ

364. 塑料注射模大型模架——带头导柱
标准号：GB/T 12555.8—1990
英文名称：Injection mould for plastic large-size mould bases—Guide pillars with head
发布日期：1990-12-12
标准类型：CJ

365. 塑料注射模大型模架——有肩导柱
标准号：GB/T 12555.9—1990
英文名称：Injection mould for plastic large-size mould bases—Guide pillars with shoulder
发布日期：1990-12-12
标准类型：CJ

366. 塑料注射模大型模架——推板导柱
标准号：GB/T 12555.10—1990
英文名称：Injection mould for plastic large-size mould bases—Guide pins for ejector plater
发布日期：1990-12-12
标准类型：CJ

367. 塑料注射模大型模架——直导套

标准号：GB/T 12555.11—1990

英文名称：Injection mould for plastic large-size mould bases—Straight guide bushes

发布日期：1990-12-12

标准类型：CJ

368. 塑料注射模大型模架——推板导套

标准号：GB/T 12555.12—1990

英文名称：Injection mould for plastic large-size mould bases—Guide bushes with head

发布日期：1990-12-12

标准类型：CJ

369. 塑料注射模大型模架——复位杆

标准号：GB/T 12555.13—1990

英文名称：Injection mould for plastic large-size mould bases—Return pins

发布日期：1990-12-12

标准类型：CJ

370. 塑料注射模大型模架——衬套

标准号：GB/T 12555.14—1990

英文名称：Injection mould for plastic large-size mould bases—Liner bushes

发布日期：1990-12-12

标准类型：CJ

371. 塑料注射模大型模架——限位块

标准号：GB/T 12555.15—1990

英文名称：Injection mould for plastic large-size mould bases—Stop plates

发布日期：1990-12-12

标准类型：CJ

372. 塑料注射模——中小型模架

标准号：GB/T 12556.1—1990

英文名称：Injection mould for plastic—Medium size and small size mould bases

发布日期：1990-12-12

标准类型：CJ

373. 塑料注射模——中小型模架技术条件

标准号：GB/T 12556.2—1990

英文名称：Injection mould for plastic—Specifications for medium size and small size mould bases

发布日期：1990-12-12

标准类型：CP

374. 橡胶或塑料涂覆织物低温冲击试验

标准号：GB/T 12584—2001

英文名称：Rubber or plastics coated fabrics—Low-temperature impact test

发布日期：2001-08-28

实施日期：2002-05-01

标准类型：CF

被替代标准：GB/T 12584—1990

375. 橡胶或塑料涂覆织物耐屈挠破坏性能的测定——动态法

标准号：GB/T 12586—1990

英文名称：Rubber or plastics coated fabrics—Determination of resistance to damage by flexing (dynamic method)

发布日期：1990-12-18

标准类型：CF

376. 橡胶或塑料涂覆织物抗压裂性能的测定

标准号：GB/T 12587—1990

英文名称：Rubber or plastics coated fabrics—Determination of crush resistance

发布日期：1990-12-18

标准类型：CF

377. 塑料涂覆织物——聚氯乙烯涂覆层快速测融法

标准号：GB/T 12588—1990

英文名称：Plastics coated fabrics—Polyvinyl chloride coatings—Rapid method for checking fusion

发布日期：1990-12-18

标准类型：CF

378. 金属覆盖层——塑料上铜+镍+铬电镀层

标准号：GB/T 12600—1990

英文名称：Metallic coatings—Electroplated coatings of copper plus nickel plus chromium on plastics materials

发布日期：1990-12-18

标准类型：CZ

379. 塑料上电镀层——热循环试验

标准号：GB/T 12610—1990

英文名称：Electroplated coatings on plastics materials—Thermal cycling test

发布日期：1990-12-18

标准类型：CF

380. 额定电压35kV及以下铜芯、铝芯塑料绝缘电力电缆——第1部分：一般规定

标准号：GB 12706.1—1991

英文名称：Copper or aluminium conductor extruded plastic insulated power cables with rated voltages up to 35kV—Part 1: General

发布日期：1991-01-19

标准类型：CP

381. 额定电压35kV及以下铜芯、铝芯塑料绝缘电力电缆——第2部分：聚氯乙烯绝缘电力电缆

标准号：GB 12706.2—1991

英文名称：Copper or aluminium conductor extruded plastic insulated power cables with rated voltages up to 35kV—Part 2：Polyvinyl chloride insulated power cables

发布日期：1991-01-19

标准类型：CP

382. 额定电压35kV及以下铜芯、铝芯塑料绝缘电力电缆——第3部分：交联聚乙烯绝缘电力电缆

标准号：GB 12706.3—1991

英文名称：Copper or aluminium conductor extruded plastic insulated power cables with rated voltages up to 35kV—Part 3：Cross-linked polyethylene insulated power cables

发布日期：1991-01-19

标准类型：CP

383. 聚丙烯树脂

标准号：GB 12670—1990

英文名称：Polypropylene resin

发布日期：1990-12-30

标准类型：CP

384. 聚苯乙烯树脂

标准号：GB 12671—1990

英文名称：Polystyrene resin

发布日期：1990-12-30

标准类型：CP

385. 工业用苯乙烯中聚合物含量的测定——光度法

标准号：GB/T 12688.3—1990

英文名称：Styrene for industrial use—Determination of content of polymer—Photometric method

发布日期：1990-12-30

标准类型：CF

386. 工业用苯乙烯中阻聚剂（对-叔丁基邻苯二酚）含量的测定——分光光度法

标准号：GB/T 12688.8—1998

英文名称：Styrene for industrial use—Determination of content of inhibitor（*p*-tert-butylcatechol）—Spectrophotometric method

发布日期：1998-10-20

实施日期：1999-05-01

标准类型：CF

387. 额定电压35kV及以下铜芯、铝芯塑料绝缘电力电缆——第3部分：交联聚乙烯绝缘电力电缆

标准号：GB 12706.3—1991

英文名称：Copper or aluminium conductor extruded plastic insulated power cables with rated voltages up to 35kV—Part 3：Cross-linked polyethylene insulated power cables

发布日期：1991-01-19

标准类型：CP

388. 橡胶和塑料软管组合件——屈绕液压脉冲试验（半Ω试验）

标准号：GB/T 12722—1991

英文名称：Rubber and plastics hose assemblies—Flexing combined with hydraulic impulse test（Half omega test）

发布日期：1991-02-01

标准类型：CF

389. 橡胶塑料机械产品型号编制方法

标准号：GB/T 12783—2000

英文名称：Editorial nominating method for the model designation of rubber and plastics machinery

发布日期：2000-09-26

实施日期：2001-04-01

标准类型：CJ

被替代标准：GB/T 12783—1991

390. 橡胶塑料加压式捏炼机

标准号：GB/T 12784—1991

英文名称：Dispersion mixer for rubber and plastics

发布日期：1991-03-26

标准类型：CP

391. 电容器用聚丙烯薄膜

标准号：GB/T 12802—1996

英文名称：Polypropylene film for capacitors

发布日期：1996-05-20

实施日期：1997-01-01

标准类型：CP

被替代标准：GB 12802—1991

392. 硬质泡沫塑料平均泡孔尺寸试验方法

标准号：GB/T 12811—1991

英文名称：Test method for average cell size of rigid cellular plastics

发布日期：1991-04-28

标准类型：CF

393. 硬质泡沫塑料滚动磨损试验方法

标准号：GB/T 12812—1991

英文名称：Test method for tumbling friability of rigid cellular plastics

发布日期：1991-04-28

标准类型：CF

394. 高聚物多孔弹性材料凹入度法硬度试验

标准号：GB/T 12825—1991

英文名称：Polymeric materials, cellular flexible—Determination of hardness (indentation technique)

发布日期：1991-04-25

标准类型：CF

395. 橡胶和塑料撕裂强度及粘合强度多峰曲线的分析方法

标准号：GB/T 12833—1991

英文名称：Rubber and plastics—Analysis of multi-peak traces obtained in determinations of tear strength and adhesion strength

发布日期：1991-04-25

标准类型：CF

396. 滑动轴承——覆有减摩塑料层的双金属轴套

标准号：GB/T 12949—1991

英文名称：Plain bearings—Bimetallic bushes with plastic overlay

发布日期：1991-06-04

标准类型：CP

397. 聚氯乙烯防水卷材

标准号：GB 12952—1991

英文名称：Polyvinyl chloride plastic sheets for waterproofing

发布日期：1991-06-04

标准类型：CP

398. 氯化聚乙烯防水卷材

标准号：GB 12953—1991

英文名称：Chlorinated polyethylene plastic sheets for waterproofing

发布日期：1991-06-04

标准类型：CP

399. 聚乙烯（PE）管材——外径和壁厚极限偏差

标准号：GB/T 13018—1991

英文名称：Polyethylene (PE) pipes—Tolerances on outside diameters and wall thicknesses

发布日期：1991-07-03

标准类型：CJ

400. 聚丙烯（PP）管材——外径和壁厚极限偏差

标准号：GB/T 13019—1991

英文名称：Polypropylene (PP) pipes—Tolerances on outside diameters and wall thicknesses

发布日期：1991-07-03

标准类型：CJ

401. 硬聚氯乙烯（UPVC）管材——外径和壁厚极限偏差

标准号：GB/T 13020—1991

英文名称：Unplasticized polyvinyl chloride (UPVC) pipes—Tolerances on outside diameters and wall thicknesses

发布日期：1991-07-03

标准类型：CJ

402. 聚乙烯管材和管件炭黑含量的测定（热失重法）

标准号：GB/T 13021—1991

英文名称：Determination for the carbon black content of polyethylene pipes and fittings by calcination and pyrolysis

发布日期：1991-07-03

标准类型：CF

403. 拉挤玻璃纤维增强塑料杆拉伸性能试验方法

标准号：GB/T 13096.1—1991

英文名称：Test method for tensile properties of pultruded glass fiber reinforced plastic rods

发布日期：1991-07-23

标准类型：CF

404. 拉挤玻璃纤维增强塑料杆弯曲性能试验方法

标准号：GB/T 13096.2—1991

英文名称：Test method for flexural properties of pultruded glass fiber reinforced plastic rods

发布日期：1991-07-23

标准类型：CF

405. 拉挤玻璃纤维增强塑料杆面内剪切强度试验方法

标准号：GB/T 13096.3—1991

英文名称：Test method for inplane shear strength of pultruded glass fiber reinforced plastic rods

发布日期：1991-07-23

标准类型：CF

406. 拉挤玻璃纤维增强塑料杆表观水平剪切强度短梁剪切试验方法

标准号：GB/T 13096.4—1991

英文名称：Test method for apparent horizontal shear strength of pultruded glass fiber reinforced plastic rods by the short-beam method

发布日期：1991-07-23

标准类型：CF

407. 食品容器及包装材料用聚对苯二甲酸乙二醇酯成型品卫生标准

标准号：GB 13113—1991

英文名称：Hygienic standard for polyethylene

terephthalate products used as food containers and packaging materials

发布日期：1991-06-07

标准类型：CW

408. 食品容器及包装材料用聚对苯二甲酸乙二醇酯树脂卫生标准

标准号：GB 13114—1991

英文名称：Hygienic standard for polyethylene terephthalate resin used as food contailners and packaging materials

发布日期：1991-06-07

标准类型：CW

409. 食品容器及包装材料用不饱和聚酯树脂及其玻璃钢制品卫生标准

标准号：GB 13115—1991

英文名称：Hygienic standard of unsaturated polyester resin and glass fibre reinforced plastics used as food containers and packaging materials

发布日期：1991-06-07

标准类型：CW

410. 食品容器及包装材料用聚碳酸酯树脂卫生标准

标准号：GB 13116—1991

英文名称：Hygienic standard for polycarbonate resin used as food containers and packaging materials

发布日期：1991-06-07

标准类型：CW

411. 食品容器及包装材料用不饱和聚酯树脂及其玻璃钢制品卫生标准分析方法

标准号：GB/T 13117—1991

英文名称：Method for analysis of hygienic standard of unsaturated polyester resin and glass fibre reinforced plastics used as food containers and packaging materials

发布日期：1991-06-07

标准类型：CF

412. 食品容器及包装材料用聚碳酸酯树脂卫生标准的分析方法

标准号：GB/T 13118—1991

英文名称：Method for analysis of hygienic standard of polycarbonate resin used as food containers and packaging materials

发布日期：1991-06-07

标准类型：CF

413. 食品包装用发泡聚苯乙烯成型品卫生标准的分析方法

标准号：GB/T 13119—1991

英文名称：Method for analysis of hygienic standard of products of foamed polystyrene for food packaging

发布日期：1991-06-07

标准类型：CF

414. 食品容器及包装材料用聚酯树脂及其成型品中锑的测定方法

标准号：GB 13120—1996

英文名称：Method for determination of antimony in polyester resin and products for food containers and packaging materials

发布日期：1996-05-30

实施日期：1997-09-01

标准类型：CF

被替代标准：GB 13120—1991

415. 凹版塑料油墨检验方法——颜色检验

标准号：GB/T 13217.1—1991

英文名称：Test method for colour of plastics gravure printing inks

发布日期：1991-09-14

标准类型：CF

416. 凹版塑料油墨检验方法——光泽检验

标准号：GB/T 13217.2—1991

英文名称：Test method for gloss of plastics gravure printing inks

发布日期：1991-09-14

标准类型：CF

417. 凹版塑料油墨检验方法——细度检验

标准号：GB/T 13217.3—1991

英文名称：Test method for fineness of grind of plastics gravure printing inks

发布日期：1991-09-14

标准类型：CF

418. 凹版塑料油墨检验方法——黏度检验

标准号：GB/T 13217.4—1991

英文名称：Test method for viscosity of plastics gravure printing inks

发布日期：1991-09-14

标准类型：CF

419. 凹版塑料油墨检验方法——初干性检验

标准号：GB/T 13217.5—1991

英文名称：Test method for initial dryness of plastics gravure printing inks

发布日期：1991-09-14

标准类型：CF

420. 凹版塑料油墨检验方法——着色力检验

标准号：GB/T 13217.6—1991

英文名称：Test method for relative tinting

strength of plastics gravure printing inks

发布日期：1991-09-14

标准类型：CF

421. 凹版塑料油墨检验方法——附着牢度检验

标准号：GB/T 13217.7—1991

英文名称：Test method for adhesion to substrate of plastics gravure printing inks with tape

发布日期：1991-09-14

标准类型：CF

422. 凹版塑料油墨检验方法——抗粘连检验

标准号：GB/T 13217.8—1991

英文名称：Test method for blocking resistance of plastics gravure printing inks

发布日期：1991-09-14

标准类型：CF

423. 塑料闪烁体

标准号：GB/T 13376—1992

英文名称：Plastic scintillators

发布日期：1992-02-01

标准类型：CP

424. 管法兰用聚四氟乙烯包覆垫片

标准号：GB/T 13404—1992

英文名称：Polytetrafluoroethylene envelope gaskets for pipe flanges

发布日期：1992-03-28

标准类型：CP

425. 氯乙烯均聚物和共聚物树脂——水中筛析方法

标准号：GB/T 13453.1—1992

英文名称：Test method of vinyl chloride homopolymer and copolymer resins—Sieve analysis in water

发布日期：1992-04-29

标准类型：CF

426. 聚氯乙烯树脂甲醇或乙醇萃取物含量的测定方法

标准号：GB/T 13453.2—1992

英文名称：Determination for the content of methanol or ethanol extract of polyvinyl chloride resins

发布日期：1992-04-29

标准类型：CF

427. 聚氯乙烯灰分和硫酸化灰分的测定

标准号：GB/T 13453.3—1992

发布日期：1992-12-12

标准类型：CF

428. 氨基模塑料

标准号：GB 13454—1992

英文名称：Plastics—Aminoplastic moulding materials—Specification

发布日期：1992-04-29

标准类型：CP

429. 氨基模塑料挥发物测定方法

标准号：GB/T 13455—1992

英文名称：Plastics—Aminoplastic moulding materials—Determination of volatile matter

发布日期：1992-04-29

标准类型：CF

430. 聚乙烯吹塑桶

标准号：GB/T 13508—1992

英文名称：Polyethylene blown containers

发布日期：1992-06-23

标准类型：CP

431. 聚乙烯热收缩薄膜

标准号：GB/T 13519—1992

英文名称：Heat shrinkable polyethylene film

发布日期：1992-06-23

标准类型：CP

432. 硬质聚氯乙烯挤出板材

标准号：GB/T 13520—1992

英文名称：Unplasticized polyvinyl chloride extruded plates

发布日期：1992-06-23

标准类型：CP

433. 塑料拉伸冲击性能试验方法

标准号：GB/T 13525—1992

英文名称：Test method for tensile-impact property of plastics

发布日期：1992-06-23

标准类型：CF

434. 硬聚氯乙烯（UPVC）管材——二氯甲烷浸渍试验方法

标准号：GB/T 13526—1992

英文名称：Unplasticized polyvinyl chloride (UPVC) pipes—Dichloromethane test

发布日期：1992-06-23

标准类型：CF

435. 软聚氯乙烯管（流体输送用）

标准号：GB/T 13527.1—1992

英文名称：Plasticized polyvinyl chloride tubing for transport of fluids

发布日期：1992-06-23

标准类型：CP

436. 软聚氯乙烯管（电线绝缘用）

标准号：GB/T 13527.2—1992

英文名称：Plasticized polyvinyl chloride tubing for electrical insulation

发布日期：1992-06-23

标准类型：CF

437. 电气用塑料薄膜——试验方法

标准号：GB/T 13541—1992

英文名称：Test methods of plastic films for electrical purposes

发布日期：1992-07-03

标准类型：CF

438. 电器用塑料薄膜一般要求

标准号：GB/T 13542—1992

发布日期：1992-07-03

标准类型：CP

439. 橡胶塑料压延机

标准号：GB/T 13578—1992

英文名称：Rubber and plactics calender

发布日期：1992-07-17

标准类型：CP

440. 给水用聚乙烯（PE）管材

标准号：GB/T 13663—2000

英文名称：Polyethylene pipes for water supply

发布日期：2000-11-21

实施日期：2001-05-01

标准类型：CP

被替代标准：GB/T 13663—1992

441. 低压输水灌溉用薄壁硬聚氯乙烯（UPVC）管材

标准号：GB/T 13664—1992

英文名称：Thin wall unplasticized polyvinyl chloride（UPVC）pipes for low-pressure conveyance in irrigation

发布日期：1992-09-03

标准类型：CP

442. 聚乙烯吹塑农用地面覆盖薄膜

标准号：GB 13735—1992

英文名称：Polyethylene blown mulch film for agricultural uses

发布日期：1992-11-03

标准类型：CP

443. 聚丙烯酰胺

标准号：GB/T 13940—1992

发布日期：1992-12-12

标准类型：CP

444. 电子元器件塑料封装设备通用技术条件

标准号：GB/T 13947—1992

发布日期：1992-12-17

标准类型：CP

445. 电气绝缘用聚酯薄膜

标准号：GB 13950—1992

发布日期：1992-12-19

标准类型：CP

446. 半导体集成电路塑料双列封装冲制型引线框架规范

标准号：GB/T 14112—1993

英文名称：Semiconductor integrated circuits Specification for stamped leadframes of plastic DIP

发布日期：1993-01-21

实施日期：1993-08-01

标准类型：TJ

被替代标准：SEMI G9—86，REF；SEMI G10—86，REF

447. 热塑性塑料管材耐外冲击性能试验方法——时针旋转法

标准号：GB/T 14152—2001

英文名称：Thermoplastics pipes—Determination of resistance to external blows—Round-the-clock method

发布日期：2001-10-24

实施日期：2002-05-01

标准类型：CF

被替代标准：GB/T 14152—1993

448. 硬质塑料落锤冲击试验方法通则

标准号：GB/T 14153—1993

发布日期：1993-02-15

标准类型：CF

449. 塑料门垂直荷载试验方法

标准号：GB/T 14154—1993

发布日期：1993-02-15

标准类型：CF

450. 塑料门软重物体撞击试验方法

标准号：GB/T 14155—1993

发布日期：1993-02-15

标准类型：CF

451. 纤维级聚酯切片

标准号：GB/T 14189—1993

发布日期：1993-03-01

标准类型：CP

452. 纤维级聚酯切片分析方法

标准号：GB/T 14190—1993

发布日期：1993-03-01

标准类型：CF

453. 玻璃纤维增强塑料养殖船

标准号：GB/T 14205—1993

发布日期：1993-02-17

标准类型：CP

454. 玻璃纤维增强聚酯波纹板

标准号：GB/T 14206—1993

发布日期：1993-02-17

标准类型：CP

455. 塑料膜和片润湿张力试验方法

标准号：GB/T 14216—1993

发布日期：1993-03-01

标准类型：CF

456. 一次性使用塑料血袋

标准号：GB 14232—1993

发布日期：1993-03-16

标准类型：CP

457. 塑料件表面粗糙度

标准号：GB/T 14234—1993

英文名称：Surface roughness for plastic parts

发布日期：1993-03-04

实施日期：1993-12-01

标准类型：CP

458. 多聚物多孔弹性材料-加速老化试验

标准号：GB/T 14274—1993

英文名称：Polymeric materials cellular flexible-Accelerated ageing tests

发布日期：1993-03-03

实施日期：1993-12-01

标准类型：CF

459. 间距1.27mm绝缘刺破型端接式聚乙烯绝缘带状电缆

标准号：GB 14316—1993

英文名称：PVC insulated ribbon cable with a pitch of 1.27mm suitable for insulation displacement termination

发布日期：1993-04-20

实施日期：1993-12-01

460. 间距127mm绝缘刺破型端接式聚氯乙烯绝缘带状电缆

标准号：GB/T 14318—1993

英文名称：Portable neutron ambient dose equivalent ratemeters for use in radiation protection

发布日期：1993-04-20

实施日期：1993-12-01

标准类型：CP

461. 玻璃纤维增强不饱和聚酯树脂食品容器

标准号：GB/T 14354—1993

英文名称：Food containers of glass fiber-reinforced unsaturated polyester resin

发布日期：1993-04-29

实施日期：1993-12-01

标准类型：CP

462. 塑料薄膜静电测试方法——半衰期法

标准号：GB/T 14447—1993

英文名称：Test method for electrostatic properties of plastic films—Half-life method

发布日期：1993-06-14

实施日期：1993-12-01

标准类型：CF

463. 塑料负载变形试验方法

标准号：GB/T 14483—1993

英文名称：Test methods for deformation of plastics under load

发布日期：1993-06-15

实施日期：1994-05-01

标准类型：CF

464. 塑料承载强度试验方法

标准号：GB/T 14484—1993

英文名称：Test method for bearing strength of plastics

发布日期：1993-06-15

实施日期：1994-05-01

标准类型：CF

465. 工程塑料硬质塑料板及塑料件耐冲击性能试验方法（落球法）

标准号：GB/T 14485—1993

英文名称：Standard methods of testing for impact resistance of plats and pats made from engineering plastic rigid plastics by a ball (falling ball)

发布日期：1993-06-15

实施日期：1994-05-01

标准类型：CF

466. 工程塑料模塑塑料件尺寸公差

标准号：GB/T 14486—1993

英文名称：Dimensional tolerances for plastic engineering moulded plastic pats

发布日期：1993-06-15

实施日期：1994-05-01

标准类型：JC

467. 塑料在玻璃板过滤后的日光下间接曝露试验方法

标准号：GB/T 14519—1993

英文名称：Plastics—Method of exposure to indirect weathering using glass-filtered daylight

发布日期：1993-06-19

实施日期：1994-04-01

标准类型：CF

468. 气相色谱分析法测定不饱和聚酯树脂增强塑料中的残留苯乙烯单体含量

标准号：GB/T 14520—1993

英文名称：Determination of residual styrene monomer content in reinforced plastics based on unsaturated polyester resins by gas chromatography

发布日期：1993-06-19

实施日期：1994-04-01

标准类型：CF

469. 机械工业产品用塑料、涂料、橡胶材料人工气候加速试验方法

标准号：GB/T 14522—1993

英文名称：Accelerated weathering test method for plastics, coatings and rubber materials used for machinery industrial products

发布日期：1993-06-10

实施日期：1994-03-01

标准类型：CF

470. 低、中水平放射性废物固化体性能要求——塑料固体化

标准号：GB 14569.2—1993

英文名称：Characteristic requirements for solidified waste of low and intermediate level radioactive waste—Plastic solidified waste

发布日期：1993-08-06

实施日期：1994-07-01

标准类型：HB

471. 气相色谱分析法测定不饱和聚酯树脂增强塑料中的残留苯乙烯单体含量

标准号：GB/T 14520—1993

英文名称：Determination of residual styrene monomer content in reinforced plastics based on unsaturated polyester resins by gas chromatography

发布日期：1993-06-19

实施日期：1994-04-01

标准类型：CF

472. 热塑性塑料树脂产品检验规则及标志、包装、贮运规定

标准号：GB/T 14572—1993

英文名称：Rules for inspecting, marking, packing, storing and transporting of thermoplastic materials

发布日期：1993-07-21

实施日期：1994-07-01

标准类型：CJ

473. 钮扣用液体不饱和聚酯树脂

标准号：GB/T 14590—1993

英文名称：Liquid unsaturated polyester resin for button

发布日期：1993-08-26

实施日期：1994-07-01

标准类型：CP

474. 塑料压缩弹性模量的测定

标准号：GB/T 14694—1993

英文名称：Plastics—Determination of compressive elastic modulus

发布日期：1993-11-09

实施日期：1994-07-01

标准类型：CJ

475. 挠性印制电路用涂胶聚酯薄膜

标准号：GB/T 14708—1993

英文名称：Adhesive coated polyester film for flexible printed circuits

发布日期：1993-11-10

实施日期：1994-07-01

标准类型：CP

476. 挠性印制电路用涂胶聚酰亚胺薄膜

标准号：GB/T 14709—1993

英文名称：Adhesive coated polyimide film for flexible printed circuits

发布日期：1993-11-10

实施日期：1994-07-01

标准类型：CP

477. 实芯聚乙烯绝缘射频电缆

标准号：GB/T 14864—1993

发布日期：1993-12-30

标准类型：CP

478. 钢丝增强的橡胶、塑料软管及软管组合件屈挠液压脉冲试验

标准号：GB/T 14904—1994

英文名称：Rubber and plastics hose and hose assemblies-wire reinforced-hydraulic impulse test with flexing

发布日期：1994-01-02

实施日期：1994-10-01

标准类型：CF

479. 橡胶和塑料软管各层间粘合强度测定

标准号：GB/T 14905—1994

发布日期：1994-01-02

实施日期：1994-10-01
标准类型：CF

480. 谷物及其制品中脱氧雪腐镰刀菌烯醇的测定方法
标准号：GB/T 14929.5—1994
英文名称：Method for determination of deoxynivalenol in cereal and cereal products
发布日期：1994-01-24
实施日期：1994-08-01
标准类型：CF

481. 食品容器、包装材料用聚氯乙烯树脂及成型品中残留1.1-二氯乙烷的分析方法
标准号：GB/T 14943—1994
英文名称：Method for defermination of residual ethylidene dichloride in polyrinyl chloride resin and product for food container packaging material
发布日期：1994-01-24
实施日期：1994-08-01
标准类型：CF

482. 食品包装用聚氯乙烯瓶盖垫片及粒料卫生标准
标准号：GB 14944—1994
英文名称：Hygienic standard of bottle sheet and granular materials of polyvinyl chloride for food packaging
发布日期：1994-01-24
实施日期：1994-08-01
标准类型：CW

483. 电气绝缘无溶剂可聚合树脂复合物定义和一般要求
标准号：GB/T 15022—1994
英文名称：Definitions and general requirements for solventless polymerisable resinous compounds used for electrical insulation
发布日期：1994-04-12
实施日期：1994-12-01
标准类型：CJ

484. 电气绝缘无溶剂可聚合树脂复合物试验方法
标准号：GB/T 15023—1994
英文名称：Test methods for solventless polymerisable resinous compounds used for electrical insulation
发布日期：1994-04-12
实施日期：1994-12-01
标准类型：CF

485. 塑料扭转刚性试验方法
标准号：GB/T 15047—1994
英文名称：Test method for stiftness properties in forsion of plastics
发布日期：1994-04-12
实施日期：1994-12-01
标准类型：CF

486. 硬质泡沫塑料压缩蠕变试验方法
标准号：GB/T 15048—1994
英文名称：Cellular plastics, rigid—Determination of compressive creep
发布日期：1994-04-12
实施日期：1994-12-01
标准类型：CF

487. 电线电缆用黑色聚乙烯塑料
标准号：GB 15065—1994
英文名称：Black polyethylene compounds for wire and cable
发布日期：1994-03-15
实施日期：1994-12-01
标准类型：CP

488. 线型低密度聚乙烯树脂
标准号：GB/T 15182—1994
英文名称：Linear low density polyethylene resin
发布日期：1994-08-23
实施日期：1995-06-01
标准类型：CP

489. 食品容器、包装材料用偏氯乙烯-氯乙烯共聚树脂卫生标准
标准号：GB 15204—1994
英文名称：Hygienic standard of vinylidene chloride-vinyl chloride copolymer resins for food containers and packaging material
发布日期：1994-08-10
实施日期：1994-08-10
标准类型：CW

490. 食品包装用聚酯树脂及其成型品中锗的测定方法
标准号：GB/T 15205—1994
英文名称：Method for determination of germanium in polyester resin and products for food packing
发布日期：1994-08-10
实施日期：1994-08-10
标准类型：CF

491. 塑料平托盘
标准号：GB/T 15234—1994
英文名称：Plastics flat pallets
发布日期：1994-09-28
实施日期：1995-05-01

标准类型：CP

492. 食品包装用聚氯乙烯硬片、膜

标准号：GB/T 15267—1994

英文名称：Rigid polyvinyl chloride sheet and film for foodstuff packing

发布日期：1994-11-16

实施日期：1995-04-01

标准类型：CP

493. 烟草和烟草制品——聚丙烯丝束滤棒

标准号：GB/T 15270—2001

英文名称：Tobacco and tobacco products—Polypropylene fiber tow filter rod

发布日期：2001-07-20

实施日期：2001-12-01

标准类型：CP

被替代标准：GB 15270—1994

494. 电子设备用固定电容器——第 19 部分：分规范：金属化聚乙烯对苯二甲酸酯膜介质直流片式固定电容器

标准号：GB/T 15448—1995

英文名称：Fixed capacitors for use in electronic equipment. Part 19：Sectional specification：Fixed metallized polyethyleneterephthalate film dielectric chip D. C. capacitors

发布日期：1995-01-05

实施日期：1995-08-01

标准类型：CP

495. 燃气用埋地聚乙烯管材

标准号：GB 15558. 1—1995

英文名称：Buried polyethylene (PE) pipes for the supply of gaseous fuels

发布日期：1995-05-02

实施日期：1995-12-01

标准类型：CP

496. 燃气用埋地聚乙烯管件

标准号：GB 15558. 2—1995

英文名称：Buried polyethylene (PE) fittings for the supply of gaseous fuels

发布日期：1995-05-02

实施日期：1995-12-01

标准类型：CP

497. 流体输送用塑料管材液压瞬时爆破和耐压试验方法

标准号：GB/T 15560—1995

英文名称：Standard test method for short-time hydraulic failure and resistance to constant internal pressure of th plastics pipes for the transport of fluids

发布日期：1995-05-02

实施日期：1995-12-01

标准类型：CF

498. 通用型片状模塑料（SMC）

标准号：GB/T 15568—1995

英文名称：Sheet moulding compoumds (SMC) for general purposes

发布日期：1995-05-25

实施日期：1996-01-01

标准类型：CP

499. 烧碱、聚氯乙烯工业水污染物排放标准

标准号：GB 15581—1995

英文名称：Discharge standard of water pollutants for caustic alkali and polyvinyl chloride industry

发布日期：1995-06-12

实施日期：1996-07-01

标准类型：HB

被替代标准：GB 8978—88 烧碱部分

500. 热塑性塑料注射成型收缩率的测定

标准号：GB/T 15585—1995

英文名称：Determination of shrinkage for injection moulding thermoplastics

发布日期：1996-06-12

实施日期：1995-12-01

标准类型：CF

501. 糊用聚氯乙烯树脂

标准号：GB 15592—1995

英文名称：Paste polyvinyl chloride resins

发布日期：1995-06-12

实施日期：1995-12-01

标准类型：CP

502. 输血（液）器具用软聚氯乙烯塑料

标准号：GB 15593—1995

英文名称：Plasticized polyvinyl chloride (PVC) compounds for transfusion (infusion) equipment

发布日期：1995-06-12

实施日期：1995-12-01

标准类型：CP

503. 聚氯乙烯树脂热稳定性试验方法——白度法

标准号：GB/T 15595—1995

英文名称：Test methods for the thermal stability of polyvinyl chloride resin—Whiteness method

发布日期：1995-06-12

实施日期：1995-12-01

标准类型：CF

504. 塑料暴露于玻璃下日光或自然气候或人工光后颜色和性能变化的测定

标准号：GB/T 15596—1995

英文名称：Plastics—Determination of changes in colour and variations in properties after exposure to daylight under glass，natural weathering or artificial light

发布日期：1995-06-12

实施日期：1995-12-01

标准类型：CF

505. 塑料剪切强度试验方法——穿孔法

标准号：GB/T 15598—1995

英文名称：Testing methods for shear strength of plastics by punch tool

发布日期：1995-06-12

实施日期：1995-12-01

标准类型：CF

506. 导电、防静电塑料体积电阻率测试方法

标准号：GB/T 15662—1995

英文名称：Method of testing volume resistivity of conducting and antistatic plastics

发布日期：1995-08-07

实施日期：1996-04-01

标准类型：CF

507. 聚四氟乙烯波纹补偿器通用技术条件

标准号：GB/T 15700—1995

英文名称：General specification for polytetrafluoroethylene bellows compenstors

发布日期：1995-09-08

实施日期：1996-05-01

标准类型：CP

508. 导电和抗静电纤维增强塑料电阻率试验方法

标准号：GB/T 15738—1995

英文名称：Test method of resistivity for fibre-reinforced conducting and antistatic plastics

发布日期：1995-11-16

实施日期：1996-06-01

标准类型：CF

509. 灌溉支管用聚乙烯（PE）25管材——由插入式管件引起环境应力开裂敏感性的试验方法和技术要求

标准号：GB/T 15819—1995

英文名称：Test method and specifications of susceptibility for environmental stress-cracking induced by insert-type fittings in low density polyethylene（PE）25 pipes for irrigation laterals

发布日期：1995-12-08

实施日期：1996-08-01

标准类型：CP

510. 聚乙烯压力管材与管件连接的耐拉拔试验

标准号：GB/T 15820—1995

英文名称：Test of resistance to pull out of joints between polyethylene（PE）pressure pipes and fittings

发布日期：1995-12-08

实施日期：1996-08-01

标准类型：CF

511. 塑料四面引线扁平封装引线框架规范

标准号：GB/T 15876—1995

英文名称：Specification of leadframes for plastic quad flat package

发布日期：1995-12-22

实施日期：1996-08-01

标准类型：CP

512. 橡胶中聚异戊二烯含量的测定

标准号：GB/T 15904—1995

英文名称：Rubber—Determination of polyisoprene content

发布日期：1995-12-20

实施日期：1996-08-01

标准类型：CF

513. 橡胶中丁基橡胶或聚异丁烯含量的测定

标准号：GB/T 15906—1995

英文名称：Rubber—Determination of isoprene-isobutylene rubber or poly isobutylene content

发布日期：1995-12-20

实施日期：1996-08-01

标准类型：CF

514. 橡胶、塑料软管—燃烧试验方法

标准号：GB/T 15907—1995

英文名称：Rubber and plastics hoses—Method of test for flammability

发布日期：1995-12-20

实施日期：1996-08-01

标准类型：CF

515. 织物增强液压型热塑性塑料软管和软管组合件

标准号：GB/T 15908—1995

英文名称：Plastics hose and hose assemblies—Thermoplastics，textile-reinforced，hydraulic type

发布日期：1995-12-20

实施日期：1996-08-01

标准类型：CP

516. 不饱和聚酯树脂增强塑料中残留苯乙烯单体含量测定方法

标准号：GB/T 15928—1995

英文名称：Determination method of residual styrene monomer contents in reinforced plastics based on unsaturated polyester

发布日期：1995-12-20

实施日期：1996-08-01

标准类型：CF

517. 救生艇壳体玻璃纤维增强塑料层合板技术条件

标准号：GB/T 16167—1996

英文名称：Technical conditions of lifeboat glass fiber reinforced plastics laminate

发布日期：1996-01-25

实施日期：1996-10-01

标准类型：CZ

518. 车间空气中聚乙烯卫生标准

标准号：GB 16208—1996

英文名称：Health standard for polyethylene in the air of workplace

发布日期：1996-04-03

实施日期：1996-09-01

标准类型：TW

519. 车间空气中聚丙烯卫生标准

标准号：GB 16209—1996

英文名称：Health standard for polypropylene in the air of workplace

发布日期：1996-04-03

实施日期：1996-09-01

标准类型：TW

520. 塑料薄膜粘连性试验方法

标准号：GB/T 16276—1996

英文名称：Test method for blocking of plastic film

发布日期：1996-03-26

实施日期：1996-12-01

标准类型：CF

521. 塑料包装制品回收标志

标准号：GB/T 16288—1996

英文名称：Marking for plastic packing products recycling

发布日期：1996-04-10

实施日期：1996-12-01

标准类型：CQ

522. 多层印制电路用限定燃烧性的薄覆铜箔聚酰亚胺玻璃布层压板

标准号：GB/T 16317—1996

英文名称：Thin polyimide woven glass fabric copper-clad laminated sheet of defined flammability for use in the fabrication of multilayer printed boards

发布日期：1996-05-20

实施日期：1997-01-01

标准类型：CP

523. 塑料弯曲性能小试样试验方法

标准号：GB/T 16419—1996

英文名称：Plastics—Determination of flexural properties by use of small specimens

发布日期：1996-06-14

实施日期：1997-04-01

标准类型：CF

524. 塑料冲击性能小试样试验方法

标准号：GB/T 16420—1996

英文名称：Plastics—Determination of impact properties by use of small specimens

发布日期：1996-06-14

实施日期：1997-04-01

标准类型：CF

525. 塑料拉伸性能小试样试验方法

标准号：GB/T 16421—1996

英文名称：Plastics—Determination of tensile properties by use of small specimens

发布日期：1996-06-14

实施日期：1997-04-01

标准类型：CF

526. 塑料实验室光源曝露试验方法——第1部分：通则

标准号：GB/T 16422.1—1996

英文名称：Plastics—Methods of exposure to laboratory light sources. Part 1：General guidance

发布日期：1996-06-14

实施日期：1997-04-01

标准类型：CF

527. 塑料实验室光源暴露试验方法——第2部分：氙弧灯

标准号：GB/T 16422.2—1999

英文名称：Plastics—Methods of exposure to laboratory light sources. Part 2：Xenon—arc sources

发布日期：1999-09-16

实施日期：2000-06-01

标准类型：CF

被替代标准：GB/T 9344—1988

528. 塑料实验室光源暴露试验方法——第3部分：荧光紫外灯

标准号：GB/T 16422.3—1997

英文名称：Plastics—Methods of exposure to laboratory light sources. Part 3：Fluorescent UV lamps

发布日期：1997-09-09

实施日期：1998-02-01

标准类型：CF

529. 塑料实验室光源曝露试验方法——第4部分：开放式碳弧灯

标准号：GB/T 16422.4—1996

英文名称：Plastics—Methods of exposure to laboratory light sources. Part 4：Open flame carbon arc lamp

发布日期：1996-06-14

实施日期：1997-04-01

标准类型：CF

530. 电子设备用固定电容器——第19部分：空白详细规范：金属化聚乙烯对苯二甲酸酯膜介质——直流片式固定电容器：评定水平E

标准号：GB/T 16467—1996

英文名称：Fixed capacitors for use in electronic equipment. Part 19：Blank detail specification. Fixed metallized polyethylene-terephthalate film dielectric chip D. C. capacitors. Assessment level E

发布日期：1996-07-09

实施日期：1997-01-01

标准类型：CP

531. 进口废物环境保护控制标准——废塑料（试行）

标准号：GB 16487.12—1996

英文名称：Environmental protection control standard for imported scrap material—Plastic scrap as raw material

发布日期：1996-12-01

实施日期：1996-12-01

标准类型：HB

532. 塑料有引线片式载体封装引线框架规范

标准号：GB/T 16525—1996

英文名称：Specification of leadframes for plastic leaded chip carrier packages

发布日期：1996-09-09

实施日期：1997-05-01

标准类型：CP

533. 三羟基聚醚多元醇

标准号：GB/T 16576—1996

英文名称：Tri-hydroxy polyether polyols

发布日期：1996-10-25

实施日期：1997-05-01

标准类型：CP

534. 四羟基聚醚多元醇

标准号：GB/T 16577—1996

英文名称：Tetra-hydroxy polyether polyols

发布日期：1996-10-25

实施日期：1997-05-01

标准类型：CP

535. 塑料薄膜和薄片耐撕裂性能试验方法——裤形撕裂法

标准号：GB/T 16578—1996

英文名称：Plastics—Film and sheeting—Determination of tear resistance—Trouser tear method

发布日期：1996-10-25

实施日期：1997-05-01

标准类型：CF

536. 消防用不可折叠型橡胶和塑料软管——第1部分：定位应急设施用轴卷半硬性软管

标准号：GB/T 16590.1—1996

英文名称：Rubber and plastics hoses，non-collapsible，for fire-fighting service—Part 1：Semi-rigid reel hose for fixed first-aid installations

发布日期：1996-10-28

实施日期：1997-06-01

标准类型：CP

537. 试验用聚氯乙烯（PVC）糊的制备——分散器法

标准号：GB/T 16613—1996

英文名称：Preparation of polyvinyl chloride (PVC) pastes for test purposes—Vissolver method

发布日期：1996-10-25

实施日期：1997-05-01

标准类型：CF

538. 纤维增强塑料结构件失效分析一般程序

标准号：GB/T 16778—1997

英文名称：General procedure of failure analysis for fiber reinforced plastic structural products

发布日期：1997-05-06

实施日期：1997-11-01

标准类型：CF

539. 纤维增强塑料层合板——拉-拉疲劳性能试验方法

标准号：GB/T 16779—1997

英文名称：Test method for tension-tension fatigue of fiber reinforced plastic laminates

发布日期：1997-05-06

实施日期：1997-11-01

标准类型：CF

被替代标准：JC 349—83

540. 聚苯乙烯和丙烯腈-丁二烯-苯乙烯树脂中残留苯乙烯单体的测定——气相色谱法

标准号：GB/T 16867—1997

英文名称：Determination of residual styrene monomer in polystyrene and acrylonitrile-butadiene-styrene resins by gas chromatography

发布日期：1997-06-16

实施日期：1997-12-01

标准类型：CF

被替代标准：GB/T 4614—1984；GB/T 9353—1988

541. 包装用双向拉伸聚酯薄膜

标准号：GB/T 16958—1997

英文名称：Biaxially oriented polyester film for package

发布日期：1997-08-26

实施日期：1998-02-01

标准类型：CP

542. 食品包装用聚偏二氯乙烯（PVDC）片状肠衣膜

标准号：GB/T 17030—1997

英文名称：Polyvinylidene chloride（PVDC）flat-film for food-packaging

发布日期：1997-10-09

实施日期：1998-05-01

标准类型：CP

543. 热塑性塑料材料注塑试样的制备——第 1 部分：一般原理及多用途试样和长条试样的制备

标准号：GB/T 17037.1—1997

英文名称：Injection moulding of test specimens of thermoplastic materails—Part 1：General principles and moulding of multipurpose and bar test specimens

发布日期：1997-10-14

实施日期：1998-04-01

标准类型：CJ

544. 橡胶塑料拉力、压力、弯曲试验机技术要求

标准号：GB/T 17200—1997

英文名称：Requirements for tensile，flexural and compression testing machines for rubbers and plastics

发布日期：1997-12-30

实施日期：1998-07-01

标准类型：CP

545. 食品包装用苯乙烯-丙烯腈共聚物和橡胶改性的丙烯腈-丁二烯-苯乙烯树脂及其成型品中残留丙烯腈单体的测定

标准号：GB/T 17338—1998

英文名称：Determination of residual acrylonitrile monomer in styrene-acrylonitrile copolymers and rubber-modified acrylonitrile-butadiene-styrene resins and their products used for food packaging

发布日期：1998-04-20

实施日期：1999-01-01

标准类型：CW

546. 水处理剂——聚丙烯酰胺

标准号：GB 17514—1998

英文名称：Water treatment chemicals—Polyacrylamide

发布日期：1998-10-19

实施日期：1999-04-01

标准类型：CP

547. 工业丙烯酸及酯中阻聚剂的测定

标准号：GB/T 17530.5—1998

英文名称：Acrylic acid and acrylate esters for industrial use—Determination of monomethyl ether of hydroquinone

发布日期：1998-11-04

实施日期：1999-06-01

标准类型：CF

被替代标准：ZB/T G17006—87

548. 光解性塑料户外暴露试验方法

标准号：GB/T 17603—1998

英文名称：Method for outdoor exposure testing of photodegradable plastics

发布日期：1998-12-08

实施日期：1999-05-01

标准类型：CF

549. 土工合成材料——聚乙烯土工膜

标准号：GB/T 17643—1998

英文名称：Geosynthetics—Polyethylene geomembrane

发布日期：1998-12-24

实施日期：1999-03-01

标准类型：CP

550. 土工合成材料——聚氯乙烯土工膜

标准号：GB/T 17688—1999

英文名称：Geosynthetics—Polyvinyl chloride geomembrane

发布日期：1999-03-08

实施日期：1999-07-01

标准类型：CP

551. 土工合成材料——塑料土工格栅

标准号：GB/T 17689—1999

英文名称：Geosynthetics—Plastic geogrid

发布日期：1999-03-08

实施日期：1999-07-01

标准类型：CP

552. 土工合成材料——塑料扁丝编织土工布

标准号：GB/T 17690—1999

英文名称：Geosynthetics—Plastic woven film yarn geotextile

发布日期：1999-03-08

实施日期：1999-07-01

标准类型：CP

553. 射频电缆——第2部分：聚四氟乙烯（PTFE）绝缘半硬射频同轴电缆分规范

标准号：GB/T 17737.2—2000

英文名称：Radio-frequency cables. Part 2：Sectional specification for semi-rigid radio-frequency and coaxial cables with polytetrafluoroethylene (PTFE) insulation

发布日期：2000-12-11

实施日期：2001-06-01

标准类型：CJ

554. 聚乙氧基化脂肪醇

标准号：GB/T 17829—1999

英文名称：Polyethoxylated fatty alcohols

发布日期：1999-08-12

实施日期：2000-02-01

标准类型：CP

555. 聚乙氧基化非离子表面活性剂中聚乙二醇含量的测定——高效液相色谱法

标准号：GB/T 17830—1999

英文名称：Determination of polyethylene glycol in polyethoxylated nonionic surfactants by HPLC

发布日期：1999-08-12

实施日期：2000-02-01

标准类型：CF

556. 热塑性塑料管材蠕变比率的试验方法

标准号：GB/T 18042—2000

英文名称：Thermoplastics pipes—Determination of creep ratio

发布日期：2000-04-05

实施日期：2000-09-01

标准类型：CF

557. 包装容器——危险品包装用塑料桶

标准号：GB 18191—2000

英文名称：Packing containers—Plastic drum for packages of dangerous goods

发布日期：2000-09-26

实施日期：2001-03-01

标准类型：CP

558. 塑料管道系统——用外推法对热塑性塑料管材长期静液压强度的测定

标准号：GB/T 18252—2000

英文名称：Plastics piping and ducting systems—Determination of the long-term hydrostatic strength of thermoplastics materials in pipe form by extrapolation

发布日期：2000-11-21

实施日期：2001-05-01

标准类型：CF

559. 橡胶和塑料软管及软管组合件——透气性的测定

标准号：GB/T 18422—2001

英文名称：Rubber and plastics hoses and hose assemblies—Determination of permeability to gas

发布日期：2001-08-28

实施日期：2002-03-01

标准类型：CF

560. 橡胶和塑料软管及非增强软管——液体壁透性测定

标准号：GB/T 18423—2001

英文名称：Rubber and plastics hoses and tubing—Determination of transmission of liquids through hose and tubing walls

发布日期：2001-08-28

实施日期：2002-05-01

标准类型：CF

561. 橡胶和塑料软管——氙弧灯曝晒——颜色和外观变化的测定

标准号：GB/T 18424—2001

英文名称：Rubber and plastics hoses—Exposure to a xenon arc lamp—Determination of changes in colour and appearance

发布日期：2001-08-28

实施日期：2002-05-01

标准类型：CF

562. 橡胶或塑料涂覆织物——低温弯曲试验

标准号：GB/T 18426—2001

英文名称：Rubber-or plastics-coated fabrics—Low-temperature bend test

发布日期：2001-08-28

实施日期：2002-05-01

标准类型：CF

563. 热塑性塑料压力管材和管件用材料分级和命名——总体使用（设计）系数

标准号：GB/T 18475—2001

英文名称：Thermoplastics materials for pipes and fittings for pressure applications classification and designation—Overall Service（design）coefficient

发布日期：2001-10-24

实施日期：2002-05-01

标准类型：CJ

564. 包装术语——工业包装袋——热塑性塑料软质薄膜袋

标准号：GB/T 17858.2—1999

英文名称：Packaging—Sacks—Vocabulary and types—Sacks made from thermoplastic flexible film

发布日期：1999-09-07

实施日期：2000-02-01

标准类型：CJ

565. 包装容器——塑料防盗瓶盖

标准号：GB/T 17876—1999

英文名称：Packaging volume plastic pilferproof closure

发布日期：1999-09-24

实施日期：2000-02-01

标准类型：CP

566. 瓶级聚酯切片

标准号：GB/T 17931—1999

英文名称：Bottle grade polyester chip

发布日期：1999-12-24

实施日期：2000-07-01

标准类型：CP

567. 膜级聚酯切片

标准号：GB/T 17932—1999

英文名称：Film grade polyester chip

发布日期：1999-12-24

实施日期：2000-07-01

标准类型：CP

568. 沥青防水卷材用基胎—— 聚酯非织造布

标准号：GB/T 17987—2000

英文名称：Base for bitumen felts—Polyester nonwovens

发布日期：2000-03-03

实施日期：2000-07-01

569. 电雷管引爆用聚氯乙烯绝缘电线

标准号：GB 18014—1999

英文名称：PVC insulated wires for ignition of electric detonators

发布日期：1999-11-11

实施日期：2000-10-01

标准类型：CP

570. 声学 1～10MHz 频率范围内橡胶和塑料纵波声速与衰减系数的测量方法

标准号：GB/T 18022—2000

英文名称：Acoustics-Methods for measuring the longitudinal sound speed and attenuation coefficient of rubbers and plastics in the frequency range 1MHz to 10MHz

发布日期：2000-03-16

实施日期：2000-12-01

标准类型：CF

571. 斜拉桥热挤聚乙烯高强钢丝拉索技术条件

标准号：GB/T 18365—2001

英文名称：Technical conditions for hot-extruding PE protection high strength wire cable of cable-stayed bridge

发布日期：2001-05-11

实施日期：2002-01-01

标准类型：CP

572. 交联聚乙烯（PE-X）管材与管件交联度的试验方法

标准号：GB/T 18474—2001

英文名称：Pipes and fittings made of crosslinked polyethylene（PE-X）—Estimation of the degree of crosslinking by determination of the gel content

发布日期：2001-10-24

实施日期：2002-05-01

标准类型：CF

573. 流体输送用聚烯烃管材——耐裂纹扩展的测定切口管材裂纹慢速增长的试验方法（切口试验）

标准号：GB/T 18476—2001

英文名称：Polyolefin pipes for the conveyance of fluids—Determination of resistance to crack propagation—Test method for slow crack growth on notched pipes（notch test）

发布日期：2001-10-24

实施日期：2002-05-01

标准类型：CF

574. 埋地排水用硬聚氯乙烯（UPVC）双壁波纹管材

标准号：GB/T 18477—2001

英文名称：Unplasticized polyvinyl chloride（UPVC）double wall corrugated pipes for underground soil，waste and drainage

发布日期：2001-10-24

实施日期：2002-05-01

标准类型：CP

575. 室内装饰装修材料——聚氯乙烯卷材料地板中有害物质限量

标准号：GB 18586—2001

英文名称：Indoor decorating and refurbishing materials—Limit of harmful substances of polyvinyl chloride floor coverings

发布日期：2001-12-10

实施日期：2002-01-01

标准类型：CA

576. 农业灌溉设备——小型手动塑料阀

标准号：GB/T 18689—2002

英文名称：Agricultural irrigation equipment—Manually operated small plastics valves

发布日期：2002-03-10

实施日期：2002-08-01

标准类型：CP

（中国塑料加工工业协会　史立科）

重点企业介绍

河北宝硕集团

河北宝硕集团是集科、工、贸、金、农为一体，主要从事塑料制品加工和基础化工的大型综合性企业集团。集团总资产34亿元，职工万余人，2004年完成销售收入22.2亿元，实现利税1.66亿元，其中利润7816万元，国有资产的保值增值率为102.08%，主要经济指标连续七年位居全国塑料行业前茅。集团为国家520家重点企业之一，是原国家经贸委认证批准的特大型企业集团。2004年获得了2003～2004年度全国轻工业行业统计工作先进单位、河北省先进集体、河北省再就业先进企业、河北省轻工业职工思想政治工作先进单位等多项荣誉称号。

2004年，宝硕集团坚持走产业专业化的道路，大力调整产品结构。全年主要产品产量28.43万吨，其中塑料制品总产量达146 087吨，同比增加了2.6%，其中农膜产量42 387吨，管材产量31 591吨，BOPP包装膜产量28 227吨，POF热收缩膜产量2 896吨，UPVC异型材产量31 793吨，塑料门窗产量244 338米^2；化工产品全年完成产量138 240吨，其中离子膜烧碱54 759吨、PVC树脂54 588吨；糖醇产品通过调整产品结构，全年完成产量17 027吨，比去年同期增长60.7%。

2004年，集团全年进出口总额2 654万美元，其中出口创汇454万美元，同比分别增长26.4%和85%，进出口贸易涉及美国、日本、英国、印度等17个国家和地区。

目前，集团塑料制品加工能力已达50万吨以上。宝硕牌主导产品包括BOPP系列包装膜、PE系列农地膜、PVC-U、PE、PVC-C、PPR系列管材管件、PVC、POF和PE/PP系列热收缩膜、PVC异型材及门窗、离子膜烧碱、PVC树脂、木糖醇等产品，优质品率达98%以上。经过建立现代企业制度，进行产品结构调整，现宝硕集团已初步形成化学建材、软包装材料、农用塑料、基础化工四大生产基地。

“十五”期间，宝硕集团已实现主导产品生产能力50万吨以上的目标，力争到2005年，实现销售收入25亿元，实现利税4亿元，主要产品市场占有率居国内同类产品之首，新产品产值率达到80%以上，资产保值增值率达到135%。

地址： 河北省保定市高彩技术产业开发区翠园街32号科技产业园A座2F
邮编： 071051
电话： 0312-3100664
联系人： 王海燕

石家庄开发区中实检测设备有限公司

该公司致力于各种非金属材料包括化学建材检测设备的开发和生产经营。产品广泛应用于航空、航天、石油、化工、冶金、纺织、建筑、机械等领域。现主要产品有：电子拉力及万能试验机系列、热变形·维卡软化点温度测定仪系列、管材扁平·环刚度试验机系列、焊角强度测定仪系列、环境试验箱系列、熔体流动速率测定仪、各种制样设备等。产品技术先进、质量可靠、实用性强，成为建设部中国工程建设标准化协会的推荐产品，也是经过河北省技术监督局计量认证的合格计量产品。是塑料管材、型材、门窗及其他化学建材生产厂家必备的检测设备，也是大专院校、科研单位、质监部门和其他行业生产厂家理想的试验和测试设备。

地址： 石家庄市新石北路368号
邮编： 050091
传真： 0311-3805354
电话： 0311-3812634
电子邮件： zhongshi@heinfo. net
公司主页： http：//zhongshi-test. com. cn
http：//www. hbeb. com/mb/index. php?id＝zhongshi

山西省化工研究院

山西省化工研究院研制出塑料助剂最新科研成果。

1. 聚烯烃成核剂

涉及TM系列α晶型成核透明剂和TMB系列β晶型成核剂两大体系。

TW系列α晶型成核透明剂包括TM-1、TM-2、TM-3三个品种，具有改善聚丙烯、聚乙烯等半结晶树脂结晶性，促使晶粒尺寸微细化的功能，达到提高制品透明度、刚性、拉伸强度、抗蠕变性等物理力学性能的目的。广泛应用了各种聚丙烯薄膜、片材、注塑制品，亦用于LLDPE等聚乙烯薄膜的透明改性。

TMB系列β晶型成核剂包括TMB-4和TMB-5两个品种，能使聚烯烃的结晶形态有效地转化为β晶型，提高制品的冲击强度、热变形温度和透气性。主要应用于改性聚丙烯工程制品、PP 的合成纸、聚乙烯管材专用料等领域。

2. OL-AT 系列铝钛复合偶联剂

包括 OL-AT1618、OL-AT2260 两个品种。兼具铝酸酯、钛酸酯等单一金属偶联剂的应用特点，色泽浅，呈低熔点固态，便于贮存和运输。偶联效果显著，适用于滑石粉、碳酸钙、白炭黑、氢氧化铝。氢氧化镁等无机材料填充聚丙烯、PVC 等改性体系，尤其在滑石粉填充聚丙烯体系中。其改性效果达到或超过硅烷偶联剂的水平。

3. 高效受阻酚抗氧剂 KY-586

一种半受阻酚抗氧剂。抗氧效率高，耐 NO_x 着色性好，与硫醚类、亚磷酸酯类辅助抗氧剂并用显示良好的协同效果。主要适用于 HIPS、ABS、POM、热塑性聚氨酯等工程或通用塑料加工。

4. 新型 PVC 辅助热稳定剂 β-二酮系列产品

包括 T-386 和 T-224 两个品种。适用于固体钙锌、固体钡锌、稀土金属皂类等热稳定体系，具有改善初期着色性，提高热稳定效果之功效。其中，T-386 为无毒品种，可用于接触食品的制品，T-424 对稀土及复合金属皂稳定体系效果卓著。

5. 其他助剂

FZY 系列复合阻燃抑烟剂；ACR 系列加工和抗冲残性剂；RH 系列润滑剂；KY-L 液体酚类抗氧剂；KJ 系列抗静电剂。

地址：山西省太原市万柏林区义井
邮编：030021
电话：0351-6076384
传真：0351-6071741
网址：http://www.sxhyy.com
E-mail：spici@163.net

大连冰山橡塑股份有限公司

大连冰山橡塑股份有限公司（原大连橡胶塑料机械厂）始建于 1907 年，从 1955 年开始生产橡胶塑料机械，是中国橡胶塑料机械行业主导厂，机械工业大型骨干企业和出口基地企业，中国机械工业 500 强之一，中国塑料机械工业协会理事长单位，中国橡塑机械行业第一家上市公司。

该公司开发实力雄厚，设有专业的技术开发中心和计算机管理中心，产品开发全部利用 CAD、CAPP 来完成；国家塑料机械产品质量检测中心和大连塑料机械研究所也坐落在公司内，负责全行业产品检测、产品标准和进行科技信息咨询服务；公司拥有各种大型、精密和数控加工设备，技术装备精良，检测手段完备，是国内同行业中惟一的国家一级计量单位，并率先通过 ISO 9001 质量体系认证。

该公司可为汽车、石油化工、农业、水利、电线电缆、建材、包装等行业生产各种橡胶制品（轮胎、管、板和密封件等）、塑料制品（膜、板、管、型材、各类塑料造粒、人造革、土工膜等）提供高附加值的橡胶塑料生产线和大、中型设备，主要有橡胶、塑料密炼生产线，橡胶、塑料压延机生产线，塑料挤出生产线，各种开炼机、轮胎定型硫化机、各种塑料挤出机和塑料辅助加工及二次成型加工设备等近 150 多个品种，300 多个规格。

该公司拥有一支覆盖全国的专业化销售网络及维修服务中心，产品销往全国（包括香港、台湾、澳门）34 个省、市、自治区和特区，远销欧、美、亚、澳、非洲 60 多个国家。

地址：辽宁省大连市周水子广场 1 号
邮编：116033
电话：国内销售 0411-86651029　86641804
进出口部 0411-86651697
售后服务 0411-86651362
传真：0411-86641645　86641873
http：//www.dlrpm.com
E-mail：saledlrpm.com

烟台天润包装材料有限公司

烟台天润包装材料有限公司一直致力于研制和开发降解塑料项目，解决“白色污染”、造福子孙后代。

公司研究开发有光降解、淀粉基降解、完全生物降解的技术，该技术国内领先，生产规模居全国同行业前列。生产的产品广泛应用于工业、农业、林业、餐饮业及日常生活用品，主要有：可降解母料、改性母料、淀粉基降解母料、电缆料、工程塑料母料及各种色母料，可降解工业包装膜、购物袋、餐饮具、水杯杯托、包装容器、医药包装品、育苗杯及用于电子精密仪器包装的发泡片材等。

产品的主要特点主要在以下几个方面。

一是使用性：结实、耐用，物理性好。

二是降解性：在一定的条件下，产品的化学分子结构形态发生变化，并在一定时间内在自然环境中碎裂，降解成对环境无害的小碎片及粉末。

三是经济性：生产成本大幅下降，销售价格已为市场所接受。

地址：山东烟台市牟平经济开发区九发工业园

邮编：264100

电话：0535-4261037，4261032

传真：0535-4261030

上海白蝶管业科技股份有限公司

上海白蝶管业科技股份有限公司是一家从事高科技含量、高性能、环保型的新型管材、管件的生产和销售的股份制企业。

公司主要生产三型聚丙烯 PP-R 管材、管材产品；PE 燃气管材、管件；PE 给水管材、管件及 UPVC 排水管材、管件。

产品参照国家标准并采用德国工业标准 DIN8077 和 DIN8087。产品通过瑞典 Bodycote 实验室 8 760 小时长期热稳定试验。

该公司是上海市高新技术企业，中国塑料管道专业委员会副理事长单位，全国塑料制品标准化技术委员会（TC48/SC3）会员单位，冷热水用聚丙烯管道国家标准主要起草单位。

公司 1998 年获得 ISO 9002：94 质量体系认证，2001 年再次通过ISO 9001：2000质量认证。公司产品获上海市高新技术企业认定证书、中国环境标志认证证书等证书及荣誉二十几项。

地址：上海市奉贤区泰日镇西

邮编：201405

电话：021-57583331

传真：021-57586226

http：//www.chinappr.com

E-mail：shwb@chinappr.com

上海康复达机械制造有限公司

上海康复达机械制造有限公司是中国与加拿大在材料科学应用领域中合作，独树一帜的高新技术企业。该公司专业制造注射机、挤出机的新一代心脏部件——高耐磨耐腐蚀双金属溶胶机筒和双金属螺杆，以及高产量，高寿命的双金属单螺杆挤出机。公司以专业双金属特殊工艺，制造材料独特、耐磨性优异的平行双螺杆挤出机各类组合筒体及组合螺纹块，其耐用性受到业内人士广泛好评。公司的单螺杆挤出机，由于选材优良，螺杆设计独特，使机器的名义比功率、比流量大大高于行业相关标准，其极强的塑化能力以及比普通挤出机高出几倍的使用寿命更令同业刮目相看。该公司技术人员消化吸收并改造了引进的 LDPE 发泡材料生产线，提高了产量和降低了能耗。

地址：上海市普陀区真陈路 406 号

邮编：200331

电话：86-21-62544342　66954579

传真：86-21-66958395

http：//www.alpha-mach.com

E-mail：alphawu@online.sh.cn

上海长风化工厂

上海长风化工厂始建于 1960 年，是上海市化工局涂料有限公司所属骨干企业，是国内生产环烷酸、环烷酸盐、异辛酸盐和稀土催干剂较早、规模较大的厂家之一，年生产能力 8 000 吨，年销售额 7 000 万以上。从专业生产油漆涂料助剂开始，经过企业的不断发展，引进高新技术，每年都有市场需要的助剂新品种问市，相继开发生产了 PVC 液体塑料稳定剂、油墨催干剂和橡胶黏合促进剂等；本企业发展前景广阔，具备完善的质量保证体系（ISO 9001）、雄厚的技术力量、优良的生产设备工艺和先进的产品检测手段，其产品的性能达到国外同类产品的水平，其中精制高纯环烷酸被评为九五年度国家级新产品，不饱和树脂促进剂被评为上海市新产品。最近我厂又开发推出了新型无钴催化剂、环烷酸钒和异辛酸钒系列催干剂，填补了国内空白；同时与上海涂料研究所携手合作开发和经销涂料助剂、涂料检测仪器等。

产品介绍：

① 助剂。环烷酸系列；油漆催干剂；水性涂料助剂；油性涂料助剂；油墨催干剂；橡胶助剂；塑料助剂；复合材料助剂；燃油添加剂；其他盐类产品。

② 有机化工原料。苯酐；顺酐；染料医药中间体；催化剂；分子筛。

③ 仪器。检测仪器；生产设备。

地址：上海市云岭东路 971 号

邮编：200062

电话：021-52500717

传真：021-52500717（市场部）

http：//www.shcfc.com

E-mail：zhy@shcfc.com

上海舟利光电技术发展有限公司

为塑料机械成套设备制造、机电一体化自动控制技术、塑料新产品、新工艺的研究开发及老设备技术改造等项目为主导方向的科技型股份改制企业，集科研开发、塑料机械设备制造、技术咨询服务于一体。

公司技术实力雄厚，研究开发领域超前，加工手段完善，协作配套技术网络强大。拥有一支塑料工艺、机械设计制造的专家们组成的生产技术管理团队，拥有一支经验丰富的生产和技术服务队伍。

公司主导产品：

• PS系列高发泡餐具成套流水线设备，包括成型、裁断、边角料回收设备等。KT板成套设备；

• EPE高发泡成套流水线设备，增厚机、发泡布复合机；

• 多层流延、淋膜、涂塑覆膜机组。可提供高速专业化生产线或灵活多用途生产线，可适应多种原料：聚烯烃、PA、EVOH、EVA、PC粘接剂及TPU等。可根据制品技术要求配置过滤网、熔体计量泵、静态混合器、流道分配器、高精度模头，在线检测设备等。可设计生产带有单向拉伸装置的在线拉伸膜，电子膜、卫生膜、压花膜、带有织物手感膜、缠绕膜、黏结膜、保鲜膜、青储膜、文具膜等成套设备。

• 多层共挤ZL640P-3000P系列机组，可根据需要选择PP、PE、PS、PMMA、PC、ABS等多种塑料、工程塑料、高阻隔片、板材机组。可根据制品技术要求配置过滤网、熔体计量泵、静态混合器、流道分配器、高精度模头等。

• 一次成型降解餐具、塑料制杯、高速电脑吸塑成型机等成套塑料机械。

地址：上海浦东川周路4468号
邮编：201318
电话：021-68117371，68112618
传真：021-68111606
网址：www.zlsj.com
E-mail：lajxm939@sohu.com

金 海 公 司

金湖集团以人为本，以创新求发展。金湖集团凭着其多年蕴酿的独特企业文化，以及企业对全球新经济发展的热切关注，使自己在本行业中已较具规模，深受瞩目，并以磅礴的气势和非凡的商业天赋不断壮大着。

集团现拥有舟山市金海机械有限公司（金海螺）、舟山金湖化纤机械有限公司、浙江金湖塑料机械有限公司、上海金湖挤出设备有限公司、上海金湖机械有限公司等10家专业公司。在上海、浙江拥有五个生产基地，总占地面积达700多亩，员工人数千余名，其中包括各类技术人员500多名，2004年实现产值7.5亿元。

公司产品使用“金湖”、“金海螺”两大注册商标，其中“金海螺”曾荣获《中国名优出口产品》，1994年全国轻机展览会优等奖。在公司员工的不断努力下，公司先后获得“中国民营企业500强”、“上海市百强民营企业”、“浙江省百强民营科技企业”、“浙江省诚信企业”等荣誉称号。此外，公司还拥有独立的质检中心，并取得中国质量协会质量管理体系认证其质检水平具有较高的权威性公正性和可靠性。

金湖集团的主要产品有：各类塑料管道生产线；各类塑料异型材生产线；各类塑料板材、片材、流延膜生产线；各种用途的单螺杆、双螺杆挤出机；各类塑料机械用螺杆、机筒；化纤卷绕头及化纤成套生产设备；各类优质水环式真空泵，高可靠性水泵，热油泵及液压系统，热恒温系统；电工电缆机械；化工成套设备；齿轮减速箱等。产品远销日本、香港、欧共体等国家和地区，并被广东震德塑机公司二度评为“优秀供应商”。

我们的优势在于不断为用户提供优质、可靠、价格合理的新产品，帮助用户创造最大的利润和商机。

地址：浙江省舟山市定海经济开发区B区
邮编：316001
电话：0580-2681818（总机），2680268
网址：www.jinhu-china.com

海纳模具塑料厂

海纳模具塑料厂以浙大科技为依托，汇集了浙大相关领域内的众多专家和技术人才，与各同仁一起致力于我国塑料行业的成熟与发展。

本厂的主营项目为塑料挤出模具。本厂在研制、生产各类塑料挤出模具时采用先进的CAD/CAM设计、加工技术，并积极引进国外的先进经验，开发新产品。现生产的模具种类已有各种管材、各类门窗异型材，装饰材料、低发泡、片材、微滴管等。

本厂可以提供：

1. 各类管材模具包括：通信用一体栅格方管、一体方圆管；通信用 PE、PVC 梅花管（3、4、5、6、7 孔）；通信用蜂窝管（3、4、5、7 孔）；大口径 PE，PVC 给水、排水（上水、下水）管；芯层发泡管；内、外螺旋管；发泡螺旋、中空螺旋管；煤气、天然气输送管；多层复合管；PE 碳素螺旋管，硅芯管；特殊的工程管材；

2. 各种系列、各种规格的塑料门、塑料窗异型材模具；

3. 各种形状的塑料可控发泡仿木装饰型材料模具；

4. 各类通信用宽带线槽，天线罩模具；

5. 多色共挤、软硬共挤、不同材质共挤、一模多腔模具；

6. 特殊挤出类模具的设计和开发；

地址： 余姚市中国轻工模具城金型一路 133 号
邮编： 315400
电话： 0574-62639728，22655166
传真： 0574-62639707
手机： 13905848715，13705753959
联系人： 魏剑亮

宁波格兰威尔·方力实业有限公司

中德合资宁波格兰威尔·方力实业有限公司是中国著名的塑料挤出设备制造商。不断引进德国先进技术与管理文化的优势，结合方力一贯优质服务于客户及诚信经营的理念，为客户提供全套解决方案。

格兰威尔·方力公司的产品具备先进的技术、优良的品质、完善的服务，以及合理的价格。生产的单螺杆和双螺杆挤出生产线，可生产 UPVC 给水、排水和异型材，PE 给水管和燃气管，PPR 热水和采暖管，PE/PVC 双壁波纹管，以及其他特种管材等。

主要产品：

- ϕ16～800 PE/PP/PVC 管材挤出生产线
- ϕ16～160 PP-R/PP-B/PB 管材挤出生产线
- ϕ16～110 一步法化学交联 PEX 管材挤出生产线
- ϕ16～630 超高分子 UHMW-PE 管材挤出生产线
- ϕ90～500PVC/PE 双壁波纹管挤出生产线
- ϕ500～800 PE 双壁波纹管挤出生产线
- ϕ16～630 管材扩口机
- 大口径 HDPE/FR-PP 埋地缠绕管挤出生产线
- 高速硅芯管、三层共挤钢塑管及 PE 热缩管挤出生产线
- YF 系列塑料异型材、门板、多孔网络通讯管挤出生产线
- 各种造粒机组
- 各种单螺杆挤出机、双螺杆挤出机及螺杆机筒
- PE 管材的各种焊接设备

地址： 浙江省宁波市长丰工业区方力工业村
邮编： 315192
营销热线： 0574-88216866
传真： 0574-88100797

深圳市志海实业有限公司

深圳市志海实业有限公司是一家从事研究，生产，销售高分子塑胶新材料的民营高科技企业。下设塑胶材料研究中心、塑胶助剂研究中心、宝安塑胶材料厂，厂房面积 3 000 平方米，设备加工能力 5 000 吨/年。在透明 PVC 塑胶助剂、PVC 塑胶玩具料、电线电缆料、工程塑料改性、热塑性弹性体等方面具有专长产品。产品广泛应用于电子电器、电脑 IT、电线电缆、汽车建筑、玩具礼品等领域。

地址： 中国深圳宝安区福永镇白石厦东区华中路 10 号
邮编： 518103
电话： 0755-27307651
传真： 0755-27308077

浙江丰利粉碎设备有限公司

该公司是一家集科研、开发、制造于一体的现代化企业，我国粉体领域科技创新的领头羊，闻名海内外的超微粉体设备生产基地；专业生产各类超微粉碎、分级、干燥、混合、破碎等粉体工程设备属国家重点高新技术企业，拥有两个生产厂和一个省级研发中心，技术力量雄厚，开发生产出 8 大类 100 多个品种，其中数十项被认定为国家重点新产品、国家火炬项目、国家专利产品（专利号：ZL01221204.0 等）和浙江省高新技术产品及浙江名牌产品，代表着我国粉碎设备的发展水平；获得国家科技型创新基金支持；已通过 ISO 9001 质量体系认证；产品质量多次经国家法定机构抽检合格；被国家主管部门作为行业重点产品向全国推广。经国内外千余家用户使用证实：设备性能卓越、与众不同，广泛适用于化工、农

药、染料、塑料、橡胶、医药、食品、生物、饲料、非金属矿、有色金属、烟草及国防尖端科技等各个行业的不同领域，可提高产品的级次和附加值，经济效益显著。产品畅销全国，远销欧美及东南亚。

德国霍伯尔工程公司是国际著名粉体设备技术开发商，已有二十余年专业研究开发超微粉体技术的历史，拥有多项成果及丰富经验；在国际上享有较高的知名度，HOBER 技术及设备在国内外各个行业数百家用户中广泛使用，信誉卓著。

法人代表： 余绍火

总经理： 王春峰

地址： 浙江省嵊州市罗柱岙工业园区

邮编： 312400

电话/传真： 0575-3105888　3185888　3100888

http： //www. zjfengli. com 或 www. fengli. biz

E-mail： fengli@mail. sxptt. zj. cn 或 zjfengli@mail. sxptt. zj. cn

联塑机械制造有限公司

该公司是联塑集团属下的大型的挤出设备制造商。联塑集团下属两大企业为：A 为联塑科技发展有限公司；B 为联塑机械制造有限公司。联塑机械和联塑科技同属一个董事会监控，独立运营。其中两大企业拥有两千多名职工，占地面积约 8 万平方米，固定资产超亿元，公司实行现代化管理，各主管层全部实行电脑化办公，公司拥有一流的人才，一流的技术，一流的管理。联塑机械制造有限公司与德莱斯堡公司于 2001 年 1 月 1 日开始合资，并成立德莱斯堡（中国）塑料机械有限公司，使本公司的技术水平更上一层楼。

联塑科技发展有限公司专业生产 PVC 管材、管件、线槽、线管；铝塑复合管；PP-R 管材、管件；以及松泽牌、联塑牌电工产品、联塑牌高级换气扇。其中其 PVC 产品年产达 5 万吨。联塑机械从 1986 年成立，至今已有 15 年的发展历史。

地址： 广东省顺德市龙江镇

邮编： 528318

电话： 0757-23365136

传真： 0757-23389711

托普仪器有限公司

托普仪器有限公司始建于 1994 年，是一家专业的代理美国检测仪器的企业，公司所代理的仪器拥有国际试验机的先进水平，紧跟世界先进技术发展步伐。

主要产品有：

Topper（托普）专业代理美国 Computrac MAX-2000XL Plastics & Resins Moisture/Solids Analyzer 塑料树脂微量水份测定仪。

MAX－2000XL 塑料树脂微量水份测定仪。符合 ASTM D 6980—04 国际标准。

托普仪器有限公司会在不同需求的情况下，力求发展，努力把一流的机器引入国内领域。

地址： 广州市荔湾路小梅大街 33 号皇上皇大厦 A506 室

邮编： 510170

电话：（020）81266503

传真：（020）81266502

网址： www. topper-instrument. com

E-mail： topper21@china. com

广东金明塑胶设备有限公司

广东金明塑胶设备有限公司是一家集研发、设计、制造于一体的专业塑料机械供应商，通过 ISO 9001 质量管理体系认证，是国家级重点高新技术企业和广东省多层共挤塑料加工装备研发中心企业，“AAA”级银行信用企业和“A”类纳税人。企业拥有雄厚的实力，通过引进国外的先进技术和自主研发创新，目前拥有 46 项专利，并拥有包括 DMG 加工中心和 CINCINNATI 加工中心在内的各种先进加工设备 109 台（套）。公司有多项产品填补国内空白，荣获 7 项国家级新产品奖，23 项省、市科技进步奖。产品畅销全国各地，并远销加拿大、玻利维亚、澳大利亚、俄罗斯、乌克兰、伊朗、马来西亚等国家，深得客户的好评。

地址： 广东汕头潮汕路金园工业城 5A5 片区

邮编： 515064

电话： 0754-8207788　8209339　8110288　8112762

传真： 0754-8206886

网址： http：//www. stjm. com/contact. htm

电子邮件： sales@stjm. com

北京办事处

地址： 北京亚运村慧忠北里 312 号楼 906 号

邮编： 100101

电话： 010-64801790

传真： 010-64801956

电子邮件： bj-office@stjm. com

四川泰鑫实业发展有限责任公司

四川泰鑫实业发展有限责任公司是按现代企业制度建立的从事（HDPE）高密度聚乙烯新型塑料管材生产经营的大型企业。公司位于南充市经济技术开发区泰鑫工业园区内，占地91.287亩，是南充市重点扶持的高新技术产业大型企业，是国家经贸委重点支持企业，拥有自营进出口资格，2003年4月被国家建设部以建科函［2003］92号文列为中国西部化学建材基地。

公司的经营理念是“诚信为本、品质优先”。公司经营团队由高分子材料、给排水、管理等专业的高素质人员组成并由四川大学和西南财经大学知名教授担任公司顾问，具有丰富的工业企业生产经营管理实践和资本运作经验，善于追踪当今世界经济发展新思维和新技术，是具有较强战略眼光和前瞻性思维的管理团队。公司经营班子曾参与创立了天歌集团和策划实施天歌股票上市及配股，并参与完成了国家901工程之一即组建四川华塑建材公司，于1995年较早地进入了新型化学建材应用领域。公司高密度聚乙烯塑料管材项目总投资9 000万元，引进世界一流设备制造商德国巴顿菲尔公司生产的制管机组（管径范围ϕ20～630mm）、英国BETA-LaserMike250超声波在线壁厚检测系统及重力加料系统、新型螺旋波纹管制管机组（管径范围ϕ200～1 500mm）、大口径专用管件车床及检测设备等。公司设备齐全，技术先进，配套能力强，主要生产给水管、排水管、燃气管、农灌管、护套管等管材及配套管件。

公司生产的泰鑫·玛柯牌系列管材、管件获省建设厅颁发的四川省建设产品（技术）推荐证书、省卫生厅颁发的卫生许可批件，以及省产品质量监督检验所出具的质量检验合格报告。公司生产的HDPE塑料管材、管件系列产品是一种新型绿色环保建材，耐腐蚀、无毒无锈、能防止给水的二次污染，具有机械性能佳、强度高、重量轻、流体阻力小、在安装、施工中连接简捷可靠、不渗漏、密封性好等优点，广泛适用于市政给排水、建筑给排水、工业给排水、农灌输水、工业腐蚀性液体输送、仓储粒状固体物输送、惰性气体输送等。公司产品规格品种齐全，能满足客户不同需求。

公司在经营创新和提高核心竞争力方面：一是加强国际合作，与日本积水化学进行技术合作，开发新的拳头产品；二是与四川大学高分子化学工程学院联合，共同组建高分子材料应用研发检测中心；三是实施对外广揽英才、对内培养英才的人才战略。

公司经营诚实守信，注重质量，服务周到，对顾客高度负责，追求最大限度的顾客满意度。

地址：四川省南充市经济技术开发区
邮编：637000
电话：0817-2608488
传真：0817-2602777
网址：http：//www.sctxsy.com
电子邮件：sctxsy@163.net

重庆顾地

顾地始创于1979年，系广东伟雄集团下属资历最深、规模最大的支柱企业。自创业以来，顾地秉承“勇于创新、追求更高”的信念，以“推动中国以塑代钢的潮流”为己任，引领了业界一连串改革浪潮，赢得了自身的飞速发展。顾地先后在广东顺德、广东高明、重庆璧山、湖北鄂州、北京通州、建立了大型现代化生产基地，六大基地拥有标准厂房总面积达三十多万平方米，员工逾2 000人，国际先进生产线200多条，数码注塑机2 000多台。各基地年产量均超万吨，年销售额过亿元。顾地产品畅销全国31个省（市）自治区，远销中东、东南亚等国家和地区，是目前国内最具规模和影响力的塑胶建材制造商之一，顾地是业内有口皆碑的知名品牌。

重庆顾地塑胶电器有限公司是伟雄集团在中国西部建立的一个核心企业，成立于1995年。公司依托集团公司的先进技术与品牌优势，根据市场变化需求，执着于潮流产品的研制与开发，主要生产“顾地”、“得亿”牌难燃环保PVC线槽管、双壁波纹管、梅花管/蜂窝管、PVC-U环保给排水管、内螺旋降噪管、芯层发泡管、方型雨落水管、抗菌PP-R给水管、PE给水/燃气管、塑钢门窗等，年生产塑胶建材能力达万余吨，产值预计达1亿多元，在中国西部地区占据了相当的市场份额，广泛应用于诸如长城宽带、中国电信宽带网、成都电力户线、重庆农网改造、重庆渝北城区燃气管网改造工程、四川网通综合布线工程、贵州省电信工程、贵州铁通户线铺设工程、甘肃联通、甘肃天水人饮工程、新疆电信宽带网、重庆锦绣山庄、綦江新彩虹桥、重庆鹅公岩长江大桥、成都锦官新城、昆明阳光海岸、西安紫薇田园都市、贵阳电力小区、兰州科教城、乌鲁木齐国际会展中心等重点工程项目。

历经数载风雨，公司业已成为一家拥有国际先进水平生产线、模具、配方及塑钢门窗组装设备和检测仪器的现代化优秀企业，曾先后获得“重庆市优秀私营企业”、“99年消费者满意产品”、“中国质量万里行定点示范单位”、“重庆塑胶建材重点推广单位”、“重庆市2000年私营企业五十强”、“重合同、守信用企业”、“高新技术企业”、“中国塑料加工工业协会第三届理事会副理事长”等光荣称号。

展望未来，作为植根于中国西部的先行者，重庆顾地塑胶电器有限公司将沿着产业化、科技化的发展道路，坚持“以人为本，科技第一”的理念，苦练内功，规范管理，全面实施ISO 9001国际质量认证体系，在环保建材领域谋求更大发展，为中国PVC工业的发展奉献自己的一份力量，成为中国西部最具规模同时又最具品牌魅力的企业。

地址：重庆璧山青杠工贸区顾地园
邮编：400015
电话：023-41785818，41780688
传真：023-41785788

浙江华泰塑胶股份有限公司

浙江华泰塑胶股份有限公司是一家生产聚氯乙烯压延薄膜的民营企业，创建于1998年，公司注册资金3270万元，资产总额1.68亿元，现有从中国台湾引进的聚氯乙烯压延薄膜生产线三条，从日本引进的宽幅异径聚氯乙烯压延薄膜生产线一条，六色凹板彩印机一套，干式复合生产线一条。2004年生产各种聚氯乙烯压延薄膜21 165吨，比上年增长33%；完成销售收入2.1亿元，比上年增长47%；其中出口创汇1 000万美元，实现利税1 500万元，同比增长42%。

该公司坚持“以人为本、科技领先、质量第一、诚信服务”的理念，朝着协调、稳定、快速、可持续发展方向奋进。公司是中国塑料薄膜生产基地龙头企业，中国化工500强企业、浙江省三优企业、浙江省A级质量诚信企业、温州市高新技术企业、温州市信用先进企业、温州市轻工百强企业、温州市“规模型、科技型、外向型”重点骨干企业、瑞安市塑料行业功勋企业。2004年被温州市人民政府确定为今后三至五年内要重点扶植的大企业、大集团培养对象。公司通过了ISO 9001：2000国际质量体系认证，有自营进出口权，公司有较为完善的管理系统，初步建立了现代企业管理制度。公司是温州市现代企业管理示范单位之一，是温州市塑料工业协会常务副理事长、瑞安市塑料加工协会会长单位。

公司坚持走产、学、研联合的科学发展之路，公司设有研究所并与浙江大学、武汉工程大学、北京化工大学等大专院校合作，不断开发新产品。近几年公司先后研制成功环保型PVC软片、三维彩虹膜等新产品，通过了省级新产品鉴定，技术处于国内领先水平。2004年公司与北京化工大学联合开发的PVC高绝缘膜，与武汉工程大学共同开发PVC-PET复合膜，都是高技术含量和填补国内空白的新产品。公司在研发新产品的同时坚持采用先进适用技术改造提升传统产品，公司广大科技人员通过一年多努力，经过数百次试验，终于攻破纳米材料在加工中容易凝聚和难以均匀分散的二道技术难关，使纳米材料大量用于软质聚氯乙烯薄膜生产，从而大大提高了产品质量，降低了生产成本，使产品在市场上有了更强的竞争力，公司还大胆地对设备进行技术改造。采用性能先进的行星式挤出机代替聚氯乙烯压延薄膜生产线上的传统设备密炼机和双辊炼塑机，在提高塑化效率、提高产品质量的同时，大大节约了能量的消耗，每年节省电费70多万元，节省润滑油10万多元，为公司创造了可喜的效益。

公司在不断采用新技术、新材料、新设备，不断开拓新产品，改造提升传统产品的同时大力推行现代企业管理模式，利用现代化信息加强企业管理。由于公司坚持质量第一、努力推进品牌发展战略，公司“浙塑”牌PVC薄膜获得2004年温州市名牌产品称号。公司利用已取得的科研成果除积极在本市发展生产外还在江苏张家港、江西南昌建立新的生产基地。

陕西秦川机械发展股份有限公司秦川塑料机械厂

陕西秦川机械发展股份有限公司是由秦川机床集团有限公司控股的一家上市公司，简称“秦川发展”。

秦川塑料机械厂是陕西秦川机械发展股份有限公司的直属企业，该厂依靠公司近50年研制精密机床的雄厚实力，20年来开发塑料机械的丰富经验，向国内外市场提供顾客满意的产品和服务。

本厂主要生产的成套设备如下：

✧ 20～1000升中空塑料容器生产线

✧ 30～200升单（多）层汽车塑料中空燃油箱生产线

✧ 10～500升多层塑料中空容器（桶）生产线

✧ 汽车塑料中空异形（三维）管件生产线

✧ IBC吨包装化工箱、塑料中空托盘生产线

✧ 节水灌溉技术中的塑料滴灌带（管）生产线

✧ 塑料中空桌面、工具箱包、医用床板生产线

✧ 石油（天然气）钢管包覆防腐（塑料挤出机组）生产线

✧ EPS 泡沫塑料预发与成形、回收与造粒生产线

✧ 大中专院校液压教学实验台系列产品

✧ ϕ45～ϕ220 高效塑料挤出机系列产品

✧ 木塑成型制品生产线

✧ 接受顾客技术咨询与专用塑料机械设计制造

我公司在北京、上海、广州、重庆、西安等地设有分支机构，同时也负责我厂产品的销售业务。

地址：陕西省宝鸡市姜谭路 22 号

邮编：721009

电话：0917-3670885　3671034

传真：0917-3671033

Http：//www. qinchuan. com

Http：//www. qinchuansuji. com

E-mail：suliaoj@qinchuan. com

Qinchuansuji@qinchuansuji. com

人物风采

江　波

教授，现任北京化工大学学位委员会委员，机电工程学院学术、学位委员会副主任，橡胶塑料机械研究所所长，全国橡胶塑料设计中心技术委员会副主任，国家科技奖励评审委员，科技部国家级重点新产品评审专家，中国包装总公司技术咨询委员，中国机电国际招标公司国家级评标专家，国家科技部评估中心咨询专家，《橡塑技术与装备》和《塑料》杂志编审委员会副主任，《现代橡塑》资深顾问，《亚太塑料橡胶》和《塑料机械》杂志编委。1942年生，1965年毕业于北京化工大学高聚物成型加工装备专业，大学毕业后留校任教。20世纪80年代公派到日本九州大学进行高聚物加工过程的数值计算和特种挤出技术理论研究，回国后担任本学科硕士和博士生导师。90年代初开始享受国家特殊津贴。

作为项目和技术总负责人，曾主持完成了国家“八五”、“九五”、“十五”重点科技攻关项目，国家级重点产学研工程项目，航天部、兵器部以及部、省、市纵横向课题（项目）共70余项，研究领域涉及化工、轻工、石化、航空、航天、兵器、机械等多门学科。

他所主持的国家级重点产学研项目“SHL-100微型机控制同向双螺杆配混挤出造粒机组”获“八五”国家技术创新优秀项目奖；“ϕ75冷喂料排气挤出机机器连续硫化装置”获原化工部科技进步三等奖；“同向平行排气式双螺杆混炼造粒机组的开发研究”获国家石化局科技进步三等奖，并被科技部列为国家“九五”重点推广研究项目。有四项技术获得国家专利。在高等学校博士学科点专项科研基金、教育部科学研究重点项目资助下对高聚物复合共挤出成型机理、挤出机螺杆设计理论进行了系统研究。

在学术论著方面，国内外专业期刊和学术会议上发表论文、学术报告百余篇，并出版合编著作6本。

胡　平

教授，现任中国塑料加工工业协会改性塑料专业委员会常务理事、北京生物医学工程学会理事、生物材料与人工器官专业委员会主任委员，国际组织工程学会（TESI）会员。长期从事高分子专业教学工作，为本科生讲授“高分子成型加工”、“高分子物理实验”两门专业课。

① 1964年9月～1970年3月，就读于清华大学工程化学系；

② 1970年3月～1989年11月，任教于清华大学化工系；

③ 1989年11月～1991年12月，赴美国俄亥俄州立大学化工系访问研究2年；

④ 1992年至今，任教于清华大学化工系。

曾从事过高分子材料的阻燃、抗静电改性，高聚合度PVC的改性与应用，氯丁橡胶/PVC共混改性研究，超高分子量PE的改性与研究等，近9年来主要进行医用生物材料的改性与应用。1988年以后在国内、外学术期刊与国内外学术会议上发表论文80余篇，参与编著《高分子辞典》、《材料科学与工程手册》及《实用百科全书》词条的编纂。拥有国家发明专利30项（其中3项为国际专利，17项已授权），并曾多次受到奖励与表彰。2000年“超高分子量PE改性与应用”获北京市科技进步二等奖；2001年“生物材料PHBHH$_x$的合成与应用研究”获北京市科技进步一等奖；2002年“生物材料PHBHH$_x$的制备与开发”获国家科技发明二等奖；2003年“基因重组大肠杆菌和蓝藻生产可生物降解材料PHB的研究及应用开发”获教育部提名国家科技进步二等奖。

研究方向为医用高分子材料、组织工程材料与方法、超高分子量聚乙烯的改性。

张佐光

博士，教授，博士生导师。现任北京航空航天大学材料学院副院长，兼任中国复合材料学会常务理事兼副秘书长，中国航空学会树脂基复合材料专业委员会主任，中国塑料加工工业协会理事，全国纤维增强塑料标准化委员会委员，《复合材料学报》副主编，《工程塑料应用》、《新型碳材料》编委等学术职务。

研究方向：

① 先进树脂基复合材料；

② 功能复合材料与高分子材料（防弹、电磁波、摩擦、光电子、隔热等）；

③ 复合材料制造模拟技术与新工艺；

④ 特种树脂基体与胶黏剂；

⑤ 混杂复合材料与蜂窝夹层结构复合材料；

⑥ 国防“973”项目，国家“863”高技术项目，国家自然科学基金重点项目，国防预研项目，北京市自然科学基金项目等。

发表学术论文120余篇，合作编著书2部，获得部级科技进步奖6项，国家专利5项。开设课程有“聚合物基复合材料及其成型工艺”（本科生课程）、“先进复合材料科学”（硕士生课程）。

郑　德

男，1958年7月出生，教授级高工，毕业于山东石油大学高分子化工系，长期从事稀土类塑料助剂的研究、开发和产业化推广应用工作。现任广东炜林纳功能材料有限公司总经理、工程中心主任，国家863计划课题项目组长，国家火炬计划项目、建设部科技项目负责人，中国工程塑料协会塑料助剂委员会副主任委员。先后获省、部委级科技进步奖三项。近5年来，先后主持稀土类多功能稳定剂、新型改性剂、无机增韧材料等方面的研究及产业化开发工作。其中承担国家863计划课题项目“用于高分子材料的新型高效多功能稀土助剂开发”一项，国家火炬计划项目“年产1万吨PVC用WMH稀土无机刚性粒子增韧剂”、“年产1万吨PVC用WAC稀土加工改性剂”两项，重点国家火炬计划项目“PVC用新型稀土加工改性剂（WAC）”一项，国家重点新产品项目“新型无机增韧材料WMH系列改质剂”一项，建设部科技开发项目“高速挤出用PVC稀土/钙/锌复合稳定剂及其无铅化窗型材配方工艺研究开发”一项，科技型中小型企业创新基金项目“稀土化合物类β晶型成核剂及聚丙烯的高性能化”一项，省级科技项目三项。现兼任中塑协门窗异型材专委会理事、专家组副组长；中国材料网理事会副理事长。先后在各级学术刊物发表专业论文32篇，主编塑料助剂类专著一部，已申请国家发明专利7项。

詹茂盛

教授、博士生导师。男，1954年生，1975年参加工作，1982年大学毕业，1988～1996年期间留学于日本名古屋工业大学和国立山形大学，攻读高分子材料专业博士前期和博士后期课程，获工学博士学位，并任山形大学客座研究员，同时为日本富士化成工业公司研究热塑弹性体和高分子合金5年。1996年回国任教于北京航空航天大学。

研究方向：

① 高性能高分子合金（增韧、增强、耐热、加工性等）；

② 热塑性树脂基复合材料（长、短纤维增强，无机杂化）；

③ 聚合物基功能复合材料（耐热、绝缘、导电、导热等）；

④ 聚合物加工工程（管、片膜、无缝管膜、片等完整的工艺技术）；

⑤ 低成本塑料制品成型技术；

⑥ 高分子加工设备关键技术。

译著有《短纤维增强塑料手册》、《塑料设备工艺及设备》。合著有“21世纪新材料丛书”《生态环境材料》、《生态环境材料手册》。荣获省部级奖4项。开设课程有“聚合物合金化原理及聚合物基纳米复合材料”、“高分子物理”、“聚合物加工流变学”、“新型高分子材料”、“高分子材料”、“高分子材料成型工艺学”、“橡胶成型加工工艺”、“橡胶加工机械设计”等。

王晓工

教授，博士生导师。毕业于清华大学化工系高分子材料专业，获工学博士学位，1997年回国后任教于清华大学。博士论文主要研究液晶高分子的低维有序结构和分子理论。

① 1986～1994年，作为主要承担者，曾参加国家“六五”、“七五”科技重点攻关项目、1项国家自然科学基金重点项目和3项国家自然科学基金面上项目的研究工作。主要研究高强度高模量高分子新材料的制备和性能表征。

② 1985～1986年，在日本东京工业大学进修期间，主要从事聚合物分子构型的NMR分析和量子化学半经验计算等研究。

③ 1994～1997年，在美国麻州大学劳威尔分校先进材料中心做博士后工作期间，主要从事非线性光学聚合物的合成、自组装和光学性能研究的工作。

④ 1997年回国后，主要从事功能性高分子新材料，特别是光响应性高分子新材料的研究。

⑤ 近年来，负责的研究项目包括国家自然科学基金委“国家杰出青年科学研究基金”和三项面上项目、国家“863”高新技术项目以及多项国际合作项目。

研究方向为光响应性高分子、非线性光学高分子、光折变高分子、高分子水凝胶和液晶高分子等，主要涉及上述新材料的合成、自组装和性能研究等。

严　庆

博士，1964 年出生于上海市，1981 年进入中国科学技术大学，先后获学士和硕士学位，1991 年在瑞典皇家理工学院获博士学位。回国后，严庆博士长期从事高分子材料的研究、开发及产业化推广工作，已成为我国工程塑料改性及应用领域的知名学者。

工作经历：

1993 年～1996 年，任中国科学院化学研究所工程塑料国家重点实验室学术秘书、工程塑料国家工程研究中心副主任；

1996 年～1999 年，任中国科学院化学研究所副所长、工程塑料国家工程研究中心主任；

1999 年～2003 年，任中国科学院理化技术研究所副所长、海尔科化工程塑料国家工程中心有限公司总经理；

2004 年，筹建中国科学院宁波材料技术与工程研究所，任海尔科化工程塑料国家工程中心股份有限公司副董事长。

1996 年 5 月，被中央国家机关工委等单位授予“中央国家机关优秀青年”称号；1996 年 7 月，被中国科学院京区党委授予“优秀共产党员”称号；1996 年 10 月，组织参与的“聚烯烃汽车专用料”国家“八五”科技攻关项目获中国科学院科技进步一等奖；1999 年 10 月，主持的“抗菌系列家电及抗菌塑料研制应用”项目，获山东省科学技术进步一等奖；1999 年 11 月，组织领导的“工程塑料国家工程研究中心”建设项目通过国家计委和中国科学院的验收；1999 年 12 月，获中国科学院“十佳”青年科技工作者称号；2000 年 4 月，获团中央等单位颁发的第四届中国优秀青年科技创新奖；2000 年 7 月，主持领导的抗菌母料项目获国家科技进步二等奖。

郭宝华

教授，现任清华大学高分子研究所副所长，高分子实验室主任。1963 年生，分别于 1986 年和 1991 年在清华大学获得工学学士学位和硕士学位。

研究领域如下。

① 环境友好高分子材料：采用化学或生物合成能够完全生物降解的高分子材料，并研究聚合物的分子链结构、结晶度、分子运动等对其生物降解性的影响。

② 医用组织工程材料：以软骨、组织和器官损伤修复为目的，研制生物组织工程用高分子材料及组织工程用支架的制备。

③ 聚合物凝聚态的基础问题研究：对于凝聚态结构的研究，将为材料的高性能和功能化提供理论指导。

④ 聚合物体系的反应挤出、反应增容和聚合物加工工程。通过双螺杆挤出机的反应挤出增黏，制备高黏度的聚酯材料和尼龙材料；通过化学反应，在不相容的聚合物之间建立化学链接，从而达到增容目的。

⑤ 聚合物合金材料与纳米复合材料：以通用塑料的高性能化和功能化为目标，通过聚合物成型加工过程的结构调控，进行新材料制备研究。

主持的“聚对苯二甲酸丁二醇酯的熔融扩链研究”项目 2003 年获得北京市科技进步二等奖；“超高分子量聚乙烯改性研究”项目 2000 年获得北京市科技进步二等奖。

傅志权

1951 年出生于浙江省诸暨市，现任浙江枫叶集团有限公司董事长，经济师。

1970～1982 年，任湄池区建筑公司总经理。

1983～1993 年，自主创办了诸暨市皮革机械厂，任厂长。

1995 年企业开始进行了产品结构调整，成立枫叶管业有限公司，任董事长。并先后开发了夹套式铜制管接头、承插式钢衬塑管接头、铜制球阀、分水器及嵌件等五大系列产品。

1999 年，企业投资 1.8 亿元，新建了年产 2.5 万吨高密度聚乙烯管材管件项目，掀起国内塑料管材产业革命的新高潮，奠定了公司在行业中的龙头地位。

2002～2003 年，成功地开发了 ϕ1 600mm 超大口径高密度聚乙烯（PE）管材和 SDH-A-1600 型塑料管道热熔对接焊机，其中 SDH-A-1600 型塑料管道热熔对接焊机申报国家级新产品和 6 项国家专利，填补亚洲空白，开创了我国超大口径塑料管材的先河，对促进我国塑料管道行业的发展具有重大的现实意义。

2004 年一期工程投资 2.6 亿筹建（枫叶集团）

广州枫叶管业有限公司，兴建 5 万吨德国巴顿菲尔（PE）管材项目，为企业做大、做强奠定了坚实的基础。

在傅志权的带领下，浙江枫叶集团取得了一系列的荣誉。企业先后被认定为国家级重点高新技术企业，国家建设部定点的聚乙烯（PE）管材生产基地，中国塑料加工工业协会副理事长单位，纳税明星企业。“枫叶”产品被评为浙江省名牌产品，“枫叶”商标被列为浙江省著名商标。

在创办皮革机械厂时，由其负责开发的 SG70B 型自动喷枪和 ZZP 型自动制革机，分别获得 94 华东新技术、新产品展示会金奖和 95 年度国家级新产品，并获浙江省科技进步一、二等奖；其参与设计开发和试制的铝塑复合管管件荣获全国优秀科技产品和浙江省名牌产品，并获国家专利，个人获省科技明星称号；在铜管件的开发过程中，傅志权又为“承插式管接头”、“卡套式铜制管接头”两项国家行业标准的主要起草人；自主开发的高密度聚乙烯管材管件和高密度聚乙烯双壁波纹管两项目分别获得省科技进步三等奖、浙江省高新技术产品称号，项目被列入国家重点技改项目和国家级火炬计划项目。

因为傅志权同志在塑料行业的斐然业绩和杰出贡献，获得许多荣誉称号：绍兴地区 50 强大集团、大企业优秀厂长，诸暨市和绍兴市人大代表、2001～2004 年市级优秀厂长（经理），2004 年度浙江省十大科技新闻人物，中国塑料加工工业协会副理事长。

吴驰飞

男，1960 年 8 月，工学博士，高分子材料专业，教授。首先提出了高分子与小分子的杂化概念，发现了一个起源于小分子富相内分子间氢键的解离的新的松弛现象，开发了一系列同时可具有多种功能的新型阻尼橡胶；首先提出了利用配位键交联设计橡胶和具有活性自由基的小分子原位接枝炭黑的概念，初步实现了对传统橡胶两大关键技术的挑战，从而建立了高分子科学和材料一个新的研究领域。主持过日本基础研究、国家 863、国际合作等 20 多项课题，发表学术论文 50 多篇，申请日、美专利 40 多项。先后从事的专业有纺织、化工、高分子物理和高分子材料、复合材料等。目前的主要研究方向：(1) 小分子、中分子及高分子等有机物质的凝聚态物理；(2) 新型高分子低分子杂化系高性能阻尼材料的开发；(3) 有机小分子原位接枝的纳米炭黑的制备及应用；(4) 金属离子配位交联的新型橡胶的研究；(5) 基于回收 PET 瓶片的“高聚物塑性体”的制备及其塑性加工；(6) 纳米复合材料。现任华东理工大学特聘教授，博士生导师。学术团体兼职：中国材料研究学会的青年理事、化工学会橡胶专业委员会委员、日本塑料成型加工学会的编委和日本高分子学会、橡胶协会、流变学会、制振工学研究会、复合材料界面科学研究会的会员。

附　　录

附录一　塑料行业常用网址

中国塑料加工工业协会
http：//www.cppia.com.cn
中国膜工业协会
http：//www.membranes.com.cn
中国聚氨酯工业协会
http：//www.pu.org.cn/
中国模具工业协会
http：//www.cdmia.com.cn/
美国塑料协会
http：//www.socplas.org
英国塑料协会
http：//www.bpf.co.uk
德国塑料协会
http：//www.kunststoffindustrie.com
日本塑料协会
http：//www.jpif.gr.jp
法国塑料协会
http：//www.laplasturgie.fr
意大利塑胶机械制造商协会
http：//www.assocomaplast.com
加拿大塑料协会
http：//www.cpia.ca
印度塑料协会
http：//www.plastic federation.org
欧洲塑料橡胶机械制造商协会
http：//www.euromap.org
马来西亚塑料协会
http：//www.mpma.org.my
新西兰塑料协会
http：//www.plastics.org.nz

专业网站
中国塑料工业信息网
http：//www.chinaplastics.com.cn/
中国开门化工网
http：//www.chemn.com/
中国乐从塑料网
http：//www.plasb2b.com/
中塑在线
http：//www.plaschina.com.cn
勤加缘化工在线
http：//www.hgzx.com.cn/
慧聪塑料化工网
http：//www.plas.hc360.com/
华东化工网
http：//www.nbchem.com/
中国聚氨酯网
http：//www.puchina.com/
中国化工在线
http：//www.chemsina.com/
中国包装网
http：//www.pack.net.cn/
中国化工网
http：//www.chemnet.com.cn/
中国化工信息网
http：//www.cheminfo.gov.cn/
中国化工市场七日讯
http：//www.chemmarket.net.cn
中国工程塑料网
http：//www.engplast.com.cn/
中国产业经济信息网
http：//www.cinic.org.cn/
厦门塑料商务网
http：//www.xmplas.com/
塑料助剂信息网
http：//www.cepaia.com/
塑料机械杂志社
http：//www.plas-mach.com/
中国通用塑料信息网
http：//www.plastics_chem.com.cn/
中国塑料网
http：//www.chinaplastic.net/
中国塑料市场
http：//www.plasmarket.com/
中国塑料交易网
http：//www.plastics.com.cn/
中国塑料管道信息网
http：//www.china_plastic_pipe.com/index2.htm
中国塑胶信息网
http：//www.plasticschina.com/
中国塑料工业网
http：//www.plast_ind.com.cn/

中国塑料制品交易网
http：//www. chinappmarket. com/
中国塑料信息网
http：//www. plastic_info. com/
中国塑料万维网
http：//www. plastic. org. cn/
中国塑料商务网
http：//www. plasway. com/
中国塑料管材网
http：//www. china-plastic_pipe. com/
北京市塑料研究所
http：//www. slyjs. com. cn/
中国塑料机械网
http：//www. plasticmachine. com/
中国塑料装备
http：//www. plasticchina. org. cn/
中国模具城
http：//www. hymould. com/
国家橡塑模具工程研究中心
http：//www2. zzu. edu. cn/nerc/
中国模具在线
http：//www. 21mould. com/
中国模塑网
http：//www. china-mold. net/
中国轻工模具网
http：//www. pm_info. com
中国塑料模具网
http：//www. plasticmould. net
中国塑料互通网
http：//www. cnexch. com
隆众石化商务网
http：//www. pcbi. net
南海石化信息网
http：//www. petronanhai. com
中石化电子商务网站
http：//www. sinopec_ec. com

合成树脂
上海石化
http：//www. spc. com. cn
中国石化
http：//www. sinopec. com. cn
扬子石化
http：//www. ypc. com. cn
大庆石化
http：//www. dqsh. com. cn
台塑石化
http：//www. fpcc. com. tw
燕山石化
http：//www. yanshanpcgc. com. cn
茂名石化
http：//www. mpcc. com. cn
金陵石化
http：//www. jlpec. com
齐鲁石化
http：//www. qlsh. net
天津大沽化工有限责任公司
http：//www. daguchem. com
上海氯碱化工股份有限公司
http：//www. scacc. com
LG 大沽
http：//www. lgdagu. com. cn
潍坊亚星
http：//www. chinayaxing. com
锦化集团
http：//www. jinhuagroup. com
吉林化学工业股份有限公司
http：//www. jcic. com
熊牌远东化工股份有限公司
http：//www. bearlocher. com. sg
巴斯夫中国有限公司
http：//www. basf. com. cn
拜耳中国有限公司
http：//www. bayerchina. com. cn
伊士曼化学亚太有限公司
http：// www. eastman. com
大湖化工（远东）有限公司
http：//www. greatlakeschem. com
三菱工程塑料株式会社
http：//www. mep_gz. com
三井物产株式会社
http：//www. mitsui. co. jp
苏威集团
http：//www. solvay. com
帝人化成株式会社
http：//www. teijinkasei. co. jp

助剂
北京加成助剂研究所
http：//www. beijing_additives. com. cn
山东齐鲁增塑剂股份有限公司
http：//www. china_plasticizers. com

江苏靖江市化纤塑料助剂厂
http：//www. jjslzjc. com
济南泰星精细化工有限公司
http：//www. taixinghuagong. com
北京北化精细化学品有限责任公司
http：//www. bjhgch. com. cn
杭州大自然有机化工实业有限公司
http：//www. hzoranicchem. com
北京东方化工厂
http：//www. bechem. com. cn
北京花山助剂厂
http：//www. bjhuashan. com
北京化工研究院
http：//www. brici. ac. cn
廊坊市龙泉助剂有限公司
http：//www. chinalq. com
黑龙江龙新化工有限公司
http：//www. longxinchem. com
荆州市博尔德化学有限公司
http：//www. pearled. com. cn
浙江建德有机化工厂
http：//www. chinaorganicchem. com
江苏化工农药集团有限公司
http：//www. jcpgc. com
太仓塑料助剂厂有限公司
http：//www. dcpaa. com
辽阳鸿泰有机化工有限公司
http：//www. china_organics. com
沈阳化工股份有限公司
http：//www. sychem. com. cn
石家庄白龙化工股份有限公司
http：//www. bailongchem. com
苏州安利化工厂
http：//www. jhanli. com
温州龙化塑料助剂有限公司
http：//www. cnlonghua. com
温州润华化工实业公司
http：//www. run_hua. com
浙江华泰精细化工有限公司
http：//www. china_plasticizer. com
温州塑化助剂厂
http：//www. wzsuhua. com
汽巴助剂（中国）有限公司
http：//www. cibasc. com
艾科化学公司
http：//www. akcros. com

设备
共立精机（大连）有限公司
http：//www. kyoritsuseiki. co. jp
南京智诚橡塑机械有限公司
http：//www. nj_zc. com
宁波海天
http：//www. haitian. com
江苏联冠科技发展有限公司
http：//www. lianguan_js. com
无锡市江南塑料机械有限公司
http：//www. jiangnansuji. com
常熟市同大机械有限公司
http：//www. tongdamachine. com
巴顿菲尔震雄
http：//www. sms_k. com
秦川恒利塑机有限公司
http：//www. heng_li. com. cn
南京科亚
http：//www. keya_cn. com
华丰工业集团
http：//www. kingswel. com. cn
精诚模具机械有限公司
http：//www. jingcheng. com
张家港亿利机械有限公司
http：//www. yilicn. com
上海金纬机械制造有限公司
http：//www. jwell. net
大连塑料机械厂
http：//www. dlpm. com. cn
兰州兰泰塑机有限公司
http：//www. lantai. com. cn
无锡格兰机械有限公司
http：//www. china_cosmos. com
广东东华机械有限公司
http：//www. donghua_ml. com
浙江申达塑料机械有限公司
http：//www. injectionmachine. com
上海金湖机械有限公司
http：//www. jinhu_china. com
上海申威达机械有限公司
http：//www. shenweida. com
山东华冠股份有限公司
http：//www. huaguangufen. com
金川集团有限公司
http：//www. jnmc. com
南京瑞亚高聚物装备有限公司

http：//www. njruiya. com
浙江华业塑料机械有限公司
http：//www. huaye_ machinery. com
浙江舟山市汉龙塑料机械有限公司
http：//www. hanlong_ china. com
上海新星双螺杆机械有限公司
http：//www. xxscrew. com
西德尔
http：//www. sidel. com. cn
德马格公司
http：//www. demag_ ergotech. com
震雄机械有限公司
http：//www. chenhsong. com. cn
赫斯基注塑系统中国有限公司
http：//www. husky. ca
加拿大麦克罗机械工程有限公司
http：//www. macroeng. com
布鲁克纳公司
http：//www. brueckner. de
美国 NDC 红外技术公司
http：//www. ndcinfrared. com
日精 ASB 机械株式会社
http：//www. nisseiasb. co. jp
意大利欧米帕公司
http：//www. omipa. it
意大利新得多工业股份有限公司
http：//www. sandretto. it
美能达香港有限公司
http：//www. minolta. com
友宁机械制造股份公司
http：//www. unionextrusion. it
爱色丽（亚太）有限公司
http：//www. x_ rite. com

模具
海尔模具有限公司
http：//www. haier. com
黄岩兰华塑料模具厂
http：//www. hai_ jia. com
宏达模具制造有限公司
http：//www. hongdamould. com. cn

制品
北新建塑有限公司
http：//www. bnbmbp. com. cn
北京实达丰商贸有限公司
http：//www. goodplastic. com
内蒙古蒙西高薪材料股份有限公司
http：//www. mengxigroup. com
富士达塑业有限公司
http：//www. first-plastic. com
常州市勤业塑料厂
http：//www. qyplastic. com
安徽国风集团有限公司
http：//www. guofeng. com
成都科强高分子工程公司
http：//www. ke_ qiang. com
江苏索普（集团）有限公司
http：//www. sopo. com. cn
东塑集团股份有限公司
http：//www. hbcz_ dongsu. com
三友控股集团有限公司
http：//www. china_ sanyou. com
大庆华科股份有限公司科技开发分公司
http：//www. dqhk. com. cn
新疆天业股份有限公司
http：//www. xj_ tianye. com
青岛中塑经济发展有限公司
http：//www. chemright. com
珠海中富实业股份有限公司
http：//www. zhongfu. com. cn
烟台万华合成革集团
http：//www. wanhua. com. cn
工贸合营常州市塑料厂
http：//www. czpf. com
北京华盾塑料有限责任公司
http：//www. bjhuadun. com. cn
上海紫江企业集团股份有限公司
http：//www. zijiangqy. com
江苏梅兰化工股份有限公司
http：//www. chinameilan. com
杭州万里塑胶有限公司
http：//www. hzwlsj. com
华塑集团
http：//www. cgpc. com. tw
沂源瑞丰高分子材料有限公司
http：//www. ruifengchemical. com
安徽国风塑业股份有限公司
http：//www. guofeng. com
安徽天大企业（集团）公司
http：//www. tianda-group. com/
常州巨力塑料集团有限公司

http：//www. juli. com
大连爱丽思欧雅玛工贸有限公司
http：//www. iris. net. cn
佛山塑料集团股份有限公司
http：//www. foshan-plastic. com
广东榕泰实业股份有限公司
http：//www. rongtai. com. cn
宏仁集团
http：//www. gracethw. com
河北宝硕股份有限公司
http：//www. bspipe. com. cn
湖北凯乐新材料科技股份有限公司
http：//www. kailegroup. com
德赛精密部件有限公司
http：//www. hzdsp. com
江苏蝙蝠塑料集团有限公司
http：//www. bat_group. com
江苏琼花集团有限公司
http：//www. qionghua. com. cn
江苏珠花集团公司
http：//www. zhuhua. com
锦州彩练塑料集团有限责任公司
http：//www. lnclsy. com. cn
南海市南方包装有限公司
http：//www. southern_packaging. com
南京中达制膜（集团）股份有限公司
http：//www. njzdzm. com
鹏思特天津实业公司
http：//www. pemstar. com. cn
山东三塑集团有限公司
http：//www. sansugroup. com
上海大智企业发展有限公司
http：//www. dazhiqy. com
台达化工
http：//www. ttc. com. tw
武汉塑料工业集团股份有限公司
http：//www. wuhanplas. com. cn
浙江大东南塑胶集团公司
http：//www. ddn. com. cn
浙江永高塑业发展有限公司
http：//www. yonggao. com
浙江中财集团
http：//www. zhongcai. com
山东北联集团公司
http：//www. sdbl. com. cn
健力宝塑料制品有限公司
http：//www. jianlibaosl. com
温州人造革有限公司
http：//www. dtleather. com
杜邦中国集团有限公司
http：//cn. dupont. com

（全国塑料加工工业信息中心）

附录二　世界部分国家及地区塑料协会名录

美国塑料工业协会

The Society of the Plastics Industry, Inc. (SPI)

地址： 1801 K Street，NW
Suit 600K，Washington
DC 20006-1301

电话： 202 296 7218

传真： 202 293 0309

E-mail： landerso@socplas. org

网址： http：// www. plasticsindustry. org

英国塑料联盟

The British Plastics Federation (BPF)

地址： 6 Bath Place，Rivington
Street，London EC2A 3JE，
United Kingdom

电话： ＋44 20 7457 5000

传真： ＋44 20 7457 5045

E-mail： bpf@bpf. co. uk

英国塑料协会（BPF）是英国塑料集团的发起者，它代表着英国塑料机械、添加剂和原料供应的最高水平，是最专业的塑料信息提供者。

网址： http：// www. bpf. co. uk
bpf@bpf. co. uk

加拿大塑料工业协会

Canadian Plastics Industry Association (CPIA)

地址： 5925 Airport Road，Suite 500
Mississauga，Ontario L4V 1W1

电话： 905 678 7405 Ext. 283 .

传真： 905 678 0774

E-mail： Ontario@cpia. ca

网址： http：// www. plastics. ca

欧洲塑料及橡胶机械制造商欧洲委员会

European Committee of Machinery Manufactures for the Plastics and Rubber Industry (EUROMAP)

地址： C/o VDMA，FV KuG P. O.
Box 710864 D-60498 Frandfurt

电话： ＋49 69 66031833/1835

传真： ＋49 69 6603 1840

E-mail： euromap@vdma. org

网址： http：// www. euromap. org

欧洲门窗协会

Euro Windoor

地址： Bockenheimer Anlage 13
D-60322 Frankfurt/M

电话： ＋49 69 95505414

传真： ＋49 69 95505411

E-mail： degenhardt@window. de

网址： http：// www. window. de

欧洲塑料橡胶机械协会

Plastics and Rubber Machinery Association

地址： Lyoner Strasse 18,60528
Frankfurt am Main，Germany

电话： ＋49 69 66031832

传真： ＋49 69 66031840

E-mail： guk@vdma. org

网址： http：// www. kug. vdma. org

南非（阿扎尼亚）塑料联盟

Plastics Federation of South Africa

地址： 18 Gazelle Avenue，
Corporate Park，Old Pretoria
RD，Midrand Gauteng

电话： ＋27 11 314 4021/7

传真： ＋27 11 314 3764

E-mail： enquiries@plasfed. co. za

网址： http：// www. plasfed. co. za

新加坡塑胶工业总会

Singapore Plastics Industry Association (SPIA)

地址： 15-B Lorong 4，Geylang，
Singapore 399272

电话： ＋65-67435571

传真： ＋65-67433309

E-mail： spia@pacific. net. sg

网址： http：// www. spia. org. sg

印度全印塑料制造商协会

The All India Plastics Manufactures' Association

(AIPMA)

地址：AIPMA HOUSE，A-52，
ROAD No. 1，M. I. D. C.，
MAROL，ANDHERI (E)，
MUMBAI-400 093 (INDIA)

电话：+91 22 8217324/25
8352511/12

传真：+91 22 8312475

E-mail：aipma@bom2. vsnl. net. in

网址：http://www. aipma. org

印度塑料基金会

Plastindia Foundation

地址：401/B，Landmark，
Opp. Cinemagic，209A，
Suren Road，Off Andheri
Kuria Road，Andheri (East)，
Mumbai-400 093，India

电话：+91 22 26832911

传真：+91 22 26845861

E-mail：plastindia@vsnl. com

网址：http://www. plastindia. org

韩国塑料工业协同组织

Korea Plastic Industry Cooperative

地址：Korea Plastic Building
146-2，Ssangrim-Dong，Chun
g-ku，Seoul，100-400，Korea

电话：+02 22757991-4

传真：+02 22 775150 or 22757901

E-mail：Kpic01@koreaplastics. or. kr

网址：http://www. koreaplastic. org

日本塑料机械工业协会

The Japan Plastics Machine Industry Association

地址：10-18 Ginaz 2-chome
Chuo-Ku，104 Tokyo，Japan

电话：+81 3 35428575

传真：+81 3 35430619

越南塑料加工协会

Vietnam Plastic Manufacturers Association (VP-MA)

地址：92-94 Ly Tu Trong Street 1st
District，Ho Chi Minh City (Vietnam)

电话：+84 8 8229022

传真：+84 8 8229266

E-mail：vspa@hcm. vnn. vn

网址：http://www. hcm. vnn. vn

中国塑料加工工业协会

China Plastics Processing Industry Association (CPPIA)

地址：中国北京东长安街 6 号
No. 6 East Chang'an Street，
Beijing，China

电话：+86 10 65122056

传真：+86 10 65278590

E-mail：cppia@cppia. com. cn

网址：http://www. cppia. com. cn

中国香港塑胶机械协会

Hong Kong Plastic Machinery Association Limited

地址：香港九龙又一村达之路 78 号生产力大楼 5 字楼
5/F，HKPC Building，78 Tat
Chee Avenue，Yau Yat Chuen

电话：+852 2788 5552

传真：+852 2788 5543

E-mail：sec@hkpma. com

网址：http://www. hkpma. com

中国香港模具协会

Hong Kong Mould & Die Council

地址：香港九龙尖沙咀汉口道 5-15 号汉口中心 407-411 室
Room 407-411，4/F，
Hankow Centre，5-15
Hankow Road，Tsim Sha
Tsui，Kowloon

电话：+852 2732 3188

传真：+852 2721 3494

E-mail：hkmdc@fhki. org. hk

中国香港塑胶业协会

Hong Kong Plastics Industry Council

地址：香港九龙尖沙咀汉口道 5-15 号汉口中心 407-411 室
Room 407-411，4/F，
Hankow Centre，5-15
Hankow Road，Tsim Sha
Tsui，Kowloon

电话：+852 2732 3188
传真：+852 2721 3494
E-mail：hkmdc@fhki. org. hk

中国香港包装专业协会

Hong Kong Packaging Institute Limited

地址：香港九龙尖沙咀邮箱 98536 号
The P. O. Box 98536，Tsim
She Tsui Post Office，Kowloon
电话：+852 2624 9083
传真：+852 2624 9639
E-mail：hkpi@hkpi. org. hk
网址：http：// www. hkpi. org. hk

中国香港塑料袋制造业商会

Hong Kong Plastics Bags Manufacture's Association

地址：香港湾仔轩尼诗道 200 号恒生湾仔大厦 603 室
Room 603，6/F，Hang Seng
Wanchai Building，200
Hennessy Road，Wan Chai
电话：+852 2394 5912
传真：+852 2399 0152

中国台湾废弃物资源回收推广协会

地址：台北市吉林路 24 号 11 楼之 2
电话：+886 2 25616969
传真：+886 2 25232525
网址：http：// www. emperor. com. ctw

中国台湾塑料机械工业协会

Taiwan Association of Machinery Industry（TAMI）

地址：110 Hwai Ning Street，Taipei
100（Taiwan）
电话：+886 2 23494666
传真：+886 2 23813711
E-mail：tami@tami. org. tm

（陈　燕）

附录三　中国塑料加工工业协会简介

中国塑料加工工业协会（China Plastics Processing Industry Association），简称中国塑协（CPPIA），成立于1989年，是由中国塑料行业及相关行业单位根据协会章程自愿申请组成的，是经国家民政部批准的一级社团组织。其宗旨是：为行业、会员服务，维护会员合法权益，引导并促进行业的发展。中国塑协在业务上接受国务院国有资产监督管理委员会和中国轻工业联合会指导。

中国塑协是政府部门与会员单位联系的桥梁和纽带，其基本职能是：反映行业意愿、研究行业发展方向、协助编制行业发展规划和经济技术政策；协调行业内外关系、参与行业重大项目决策；组织科技成果鉴定和推广应用；组织技术交流和培训、开展技术咨询服务；参与产品质量监督和管理及标准的制定和修订工作；编辑出版行业刊物；提供国内外技术和市场信息；承担政府有关部门下达的各项任务。

中国塑协拥有2000多家会员单位，下设有农用薄膜、塑料节水器材、人造革合成革、聚氨酯制品、塑料管道、异型材及门窗制品、注塑制品、双向拉伸薄膜（BOPP、BOPET等）、复合膜制品、中空制品、编织制品、聚氯乙烯硬板制品、工程塑料、氟塑料加工、医用塑料、改性塑料等二十多个专业委员会，涵盖全国塑料行业研究、开发、加工应用等领域。主办期刊有《中国塑协通讯》、《中国塑料》、《国外塑料》、《CFC替代通讯》，编辑出版有《中国塑料工业年鉴》、《中国塑料工业名录大全》以及各种专题会议论文集等。

中国塑协贯彻执行国家的各项方针政策，积极推动与国际同行的交流与合作，促进塑料行业的技术进步和整体水平的提升。让我们携起手来，共同开创塑料行业的美好未来！

地址：北京市东长安街6号　　**邮编**：100740
电话：010-65122056，65267869，
65225256，65592882
传真：010-65278590，65225254
网址：www. cppia. com. cn
Email：cppia@cppia. com. cn

Brief Introduction of *China Plastics Processing Industry Association*

China Plastics Processing Industry Association (CPPIA) was founded in 1989. CPPIA is composed of units of plastics industry and its related industry on the basis of its regulation and voluntary application. It is registered for the first corporate body in the *Ministry of Civil Affairs of the People's Republic of China*. Its aim is to serve the industry, to serve its members, to safeguard member's interests and to lead and promote the development of the industry. CPPIA is attached to the *State-owned Assets Supervision and Administration Commission of the State Council* and the *National Light Industry Council* and its work is guided by them.

CPPIA functions as the bridge of the membership units and the government department. Its basic functions are as following:

◆ Reflecting ideas from the industry, studying the developing trends, assisting to work out the plan of developing strategy and economic and business policy

◆ Coordinating the relationship inside and outside the industry, taking part in the decisions for important projects

◆ Organizing the appraisal work of scientific and technological achievements, extending their applications

◆ Organizing technology exchanges and training and offering technological consulting service

◆ Taking part in quality management and supervision of products and instituting and emending of standard

◆ Providing technological and market information at home and abroad for its membership units

◆ Editing and publishing industrial publishes

◆ Taking over the tasks from government departments concern

There are more than 2000 membership units in CPPIA. And it has over twenty subcommittees such as

Agricultural Films, Plastics Devices for Water-saving Irrigation, Artificial and Synthetic Leather, PU Products, Plastics Pipes, Profiles for Windows and Doors, Injection Molding Products, BOPP Films, BOPET Films, Laminated Film Products, Blown Molding Products, Woven Plastics Products, Rigid Sheet of PVC, Engineering Plastics, Fluoro Plastics Processing, Medical Plastics, Modification Plastics etc. And it covers areas of study, development, processing and application in national plastics industry. It edits and publishes *CPPIA Communication*, *CHINA PLASTICS*, *WORLD PLASTICS*, *CFC Substitute Communication*, *China Plastics Industry Annual*, *China Name List Encyclopedia of Plastics Industry* and seminar paper collections etc.

CPPIA is earnestly carries out the state policies and pushes actively the exchange and cooperation between international colleagues and improves the technology development of China plastics industry and raises the whole level. Let us work together to build bright future.

Add.: No. 6 East Chang An Avenue, Beijing, China
P. C.: 100740
Tel: 0086-10-65122056, 65267869,
65225256, 65592882
Fax: 0086-10-65278590, 65225254
http: //www. cppia. com. cn
E-mail: cppia@cppia. com. cn

附录四　全国各省塑料工业总公司和省市塑料协会联系方式

序号	单位名称	地　址	邮编	联系人	职　务	电　话	传真
1	北京市塑料工业协会	北京市丰台区永外顺四条一号东楼 208 号	100011	张玉川	理事长	010-67659831	010-67612929
2	天津市塑料集团	天津市西青区梨园头津滋公路西	300381	何骏星	总经理	022-83960403	002-83961540
3	河北省塑料工业有限责任公司 河北省塑料工业协会	河北省沧州市新华西路 13 号沧州东塑集团股份有限公司办公大楼 306 室	061001	于桂亭 杨祥云	会长 秘书长	0317-2075208，2075188	0317-2024455
4	山西省塑料行业协会	太原市迎泽桥西后王街 7 号	030024	张玉英	理事长	0351-8627648	0351-6171227
5	大连市轻工行业协会塑料分会	大连市沙河口区西北路 5 号（大连塑料城二楼）	116021	刘万朴	秘书长	0411-86840222	0411-86843223
6	吉林省轻纺行业管理办公室	长春市人民大街 54 号	130051	吴星云	处长	0431-2714435	0431-8906420
7	黑龙江省塑料公司 黑龙江省塑料制品行业协会	哈尔滨市南岗大成街46 号	150008	陈申明	总经理 理事长	0451-82703827	0451-82738506
8	上海塑料行业协会	上海市长寿路 295 弄 8 号 8 楼E 室	200060	刘景芬	秘书长	021-62987503	021-62771363
9	江苏省塑料工业总公司 江苏省塑料工业协会	南京市湖南路 8 号 5 楼	210009	韦　华	总经理 理事长	025-83309425	025-83309884
10	浙江省皮革塑料有限公司	浙江省杭州市佑圣观路 74 号	310009	王锡祥	董事长	0571-87802457	0571-87807617
11	浙江省塑料工业协会	杭州市秋涛北路 176 号交运大厦 322	310020	周理水	副理事长 秘书长	0571-86985316	0571-86985315
12	温州市合成革商会	温州扶贫经济开发区 3 号	325013	孙福荣	会长	0577-86638948	0577-86636525
13	温州市塑料工业协会	温州市瓦市巷 86 号	325000	余不凡	会长	0577-88231649	0577-88226080
14	浙江省瑞安市塑料行业协会	浙江省瑞安市沿江东路长虹 1 栋 7 楼	325200	尤作虎	会长	0577-65871414	0577-65871414
15	浙江台州市塑料行业协会	浙江台州市路桥区中国日用品商城股份有限公司	318050	曾渊峰	秘书长	0576-2405047	0576-2405036
16	浙江省苍南县塑料工业协会	浙江省苍南县灵溪镇工业园区南塑大楼 307 室	325800	林增标 刘德川	会长 秘书长	0577-64838108	0577-64838108
17	浙江省平阳县塑料包装协会	浙江省平阳县昆阳镇雅河西路水塔村办公楼东 1 单元 301 室	325400	潘灯德	会长	0577-63881123	0577-63881225
18	安徽省轻工业协会	合肥市庐江路 70 号	230001	宣华荣	会长	0551-2645059	0551-2645059
19	福建省皮革塑料工业公司	福州市五一北路 31 号二轻大厦4 楼	350001	吕水伫	总经理	0591-7554854 7550517	0591-7532755
20	福建省塑料工业协会	福建省福州市五一北路 31 号二轻大厦 11 楼	350001	余卫平	秘书长	0591-7551196	0591-7554421
21	江西省塑料工业协会	江西省南昌市二七北路 252 号	330006	邹文云	总经理	0791-8623219	0791-8638740

续表

序号	单位名称	地址	邮编	联系人	职务	电话	传真
22	山东省塑料工业总公司	山东省济南市泺文路 9 号	250011	谭方峰	总经理	0531-86938454	0531-6925497
23	山东省塑料协会	济南市土屋路 29 号	250003	刘丰田	理事长	0531-82707870	0531-2977194
24	河南省塑料工业公司	郑州市红旗路 39 号	450002	赵振祥	总经理	0371-63933627	0371-3937244
25	湖北省塑料工业公司	武汉市解放大道 1305 号天湖大厦 4 楼	430022	张旭南	总经理	027-85753351	027-85753357
26	湖南省塑料行业协会	湖北长沙市远大一路东屯渡	410001	蒯建政	理事长	0731-4727678	0731-4727592
27	广东省塑料工业协会	广东省广州市东风东路 703 号 29 栋 8 楼	510080	符　岸	理事长	020-87764729	020-87765969
28	深圳市塑胶行业协会	深圳市华强北路塞格康乐大厦 825 号	518000	刘绍然 王文广	会长 秘书长	0755-83282882，83669003	0755-83220377
29	广西皮革塑料工业公司	南宁市建政路 31 号	530023	孙劲风	副总经理	0771-5627313	0771-5621325
30	重庆塑料工业公司 重庆塑料加工工业协会	重庆渝中区凤凰台 35 号	400012	唐晓耘	总经理 会长	023-63912206	023-63916764
31	四川省塑料制品工业协会	成都市福兴街 30 号省轻工大厦 1208 房	610016	张振綦	理事长	028-86755336	028-86753511
32	四川省塑料编织制造行业协会	成都市新津县五津镇古家村	611400	邓德莲	理事长	028-82555488 13808082024	028-82555488
33	贵州省第二轻工业公司	贵阳市瑞金中路 28 号	550003	张秀琴	经理	0851-5815080	0851-5822665
34	云南省塑料行业协会	云南省昆明市吴井路 61 号	650011	詹家驹	秘书长	0871-3155801	0871-3155801
35	陕西省轻纺行业管理办公室	西安市新城省政府大楼 6-057 号	710004	韩登新	副主任	029-7291296	029-7294603
36	甘肃省皮革塑料工业公司	兰州市北滨河东路 61 号	730046	仲兆光	经理	0931-8366064	0993-8366064
37	新疆塑料加工工业协会	乌鲁木齐市民主路 81 号	830002	孔德海	秘书长	0991-2825107	0991-2314303
38	苍南县塑料工业协会	浙江省温州市苍南县灵溪镇示范工业园区	325800	刘德川	秘书长	0577-64837819	0577-64838108
39	汕头市塑胶商会	广东省汕头市汕樟路 50 号北梯三楼	515041	陈欣杰	秘书长	0754-8669071	0754-8669071
40	辽宁省塑料工业公司	辽宁省沈阳市和平区重庆北街 29 号	110001	李景华	总经理	024-23835868，23409256	024-23838412
41	中国玩具协会	北京复兴门内大街 101 号	100031	石晓光	理事长	010-66053388	010-66033964
42	中国塑料机械工业协会	北京市三里河路 6 号	100823	钱耀恩	秘书长	010-6859081	010-68595853
43	中国氯碱工业协会	天津市山东路 14 号	300020	张国民	秘书长	022-27310957，27300011	022-27310957
44	中国造纸协会	北京市西城区气阜大街乙 22 号	100833	赵伟	秘书长	010-68396639	010-68396653

（中国塑料加工工业协会　刘　姝）

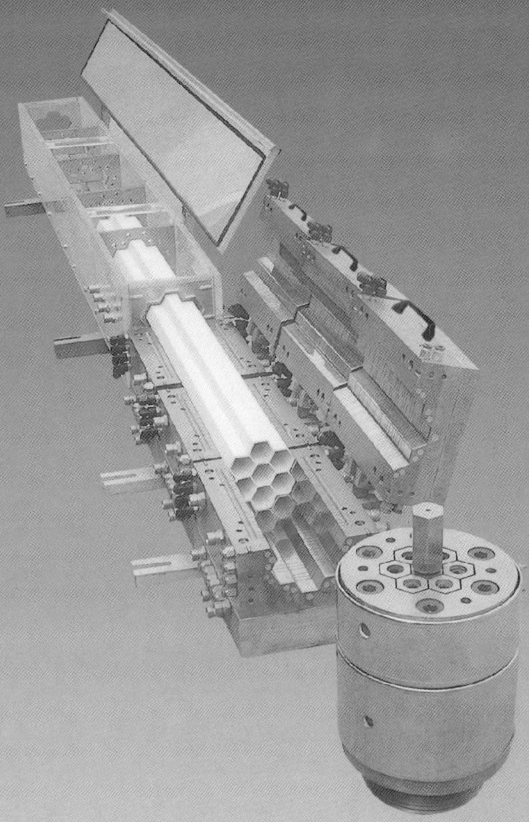

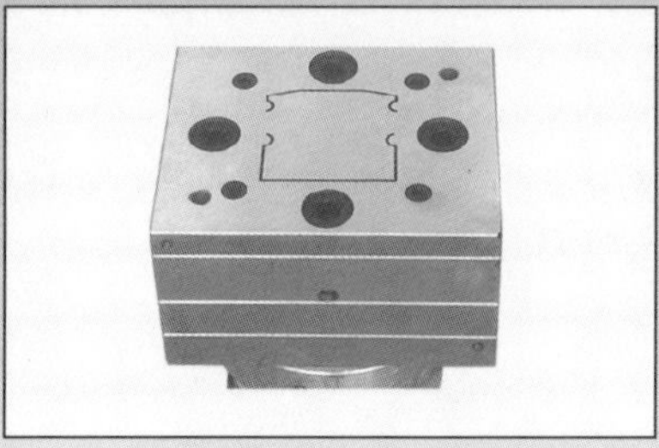

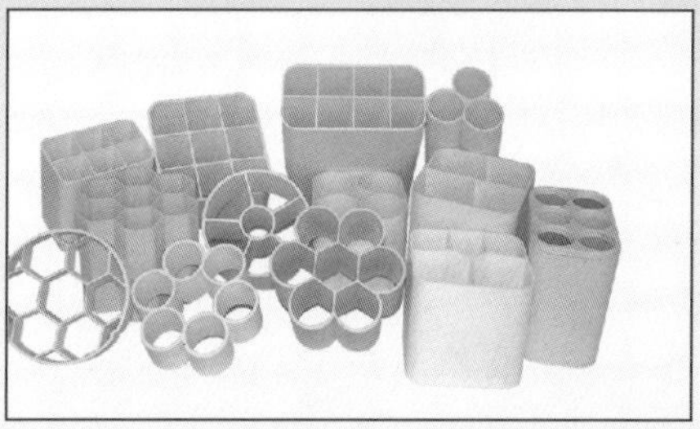

托普仪器有限公司

Leader in Moisture Analyzer

Computrac(USA)MAX2000XL Plastics & Resins Moisture/Solids Analyzer

MAX2000XL 塑料树脂微量水份测定仪（ASTM D6980—04）

特点：

- ◆Computrac 划时代的（微量）水份测定仪
- ◆Correlate to the LOD and KF methods 优于传统烘箱失重（LOD）法和卡氏（KF）滴定法
- ◆No toxic reagents 无需使用有毒化学试剂
- ◆Speed、Accuracy and Reliability 结果快速、准确和可靠
- ◆Consistency and Ease of use 坚固稳定和使用方便
- ◆MAX−2000XL Standard Test Method for Determination of Moisture in Plastics (ASTM6980−04)

Specifications 技术参数：

Sample Size 样品量：150mg−40g

Resolution 灵敏度：水份 0.001%；天平：0.0001g

Moisture/ Solids Range 水份测定范围：

0.005% ~ 100.000%

Heating Range：温度范围：25 ~ 275℃

Test Parameter Memory 测试程序贮存：250 tests

MAX2000XL Moisture Analysis of Plastics and Resins

MAX2000XL 测定塑料和树脂中的水分，符合 ASTM D6980−04 国际标准

部分测定项目（标准测定程序）：

ABS	TPO
ABS+PC	PC / ABS Blend
POM	PET / PC Blend
Acrylic	PC / PBT Blend
PA 6	Acetal
PA 6 / 6	Melamine
PBT	PA 11
PC	polyester−PBT
PEI	polyester−PET
PET	polyethylene−HDPE
PPS	polystyrene
PS	polysulfone
PVC	PUR
TPE	EVOH
TPU	

polyester
polycabonate
polyethylene
polypropylene
polyurethane

Topper Instrument Ltd. www.topper-instrument.com E-mail:topper21@china.com
Tel：020-81266502,81266503 Fax：020-81266502
地址：广州市荔湾路小梅大街 33 号皇上皇大厦 A 栋 506 室 邮编：510170

宁波方力液压包装器材有限公司

公司地址：浙江宁波市长丰工业区方力工业村
营销热线：0574-88208811 28813459
客户服务中心：0574-88216866 88206842-229
质量投诉热线 0574-88216877 88326889
传真：0574-88200002
邮编：315192
http:www.fangli.com
E-mail:fanglinb@mail.nbptt.zj.cn

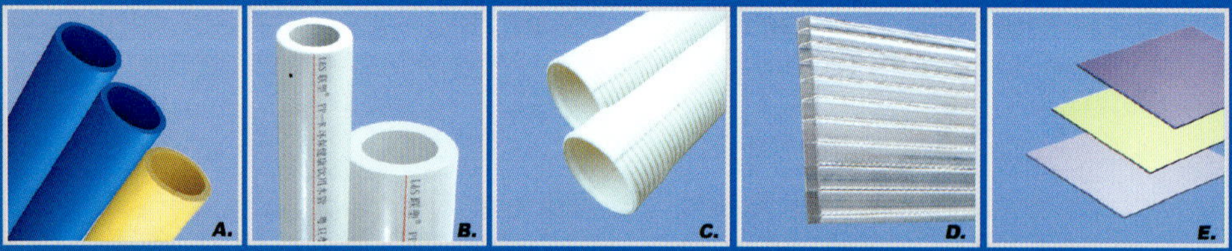
A.
B.
C.
D.
E.

新疆天业

股份有限公司

高新技术企业认定证书

企业名称：新疆石河子市绿洲节水灌溉有限公司

统一编号：0165900B0064

有效期二年　2002年3月6日至2004年3月6日

新疆维吾尔自治区科学技术厅

二〇〇二年三月六日

新疆天业股份有限公司（简称"新疆天业"），位于新疆维吾尔自治区石河子市。公司创立于1997年6月，是新疆生产建设兵团国有资产控股的首家大型综合类上市公司。公司几年来不断发展壮大，至2002年末，公司已拥有资产总额28亿元，净资产11亿元，总股本22680万元。现有员工2400余名，各类专业技术人员占30%。新疆天业已拥有7家分公司，13家控股公司和4家参股公司。拥有外贸自营进出口权，拥有国家认定的企业技术中心，拥有国家级节水农业工程技术研究中心，已被国家批准设立博士后流动工作站，并被评为新疆维吾尔自治区"重合同、守信用"企业。新疆天业主要从事农用塑料节水器材、塑料制品、化工产品、食品和农业种植，以及农副产品深加工的生产和经营。

新疆天业积极落实国家提出的"把节水灌溉做为一项革命性措施来抓"的要求，发挥天业"企业技术中心"的创新能力，不断引进、吸收国外节水灌溉技术和先进设备，自主开发符合国情的、农户用得起的"一次性可回收滴灌带"及其配套的"天业滴灌系统"。2000年推广滴灌面积15万亩，2001年50万亩，2002年已达150万亩，并形成400万亩节水器具生产能力，"十五"期间可形成600万亩节水器具的生产能力。新疆天业节水器具生产规模和技术推广应用已位居全国前列，农膜生产规模及产品质量都在全国名列前茅，其产品被评为"新疆名牌"。其中，"一次性可回收塑料滴灌带产品"被国家科技部、环保总局等五部（局）认定为国家重点新产品，"天业"牌农用地膜被农业部评为优质产品，被99中国国际农业博览会认定为名牌产品。

新疆天业是新疆最具规模的塑料制品生产企业，年生产塑料制品8万吨，其中：节水管材3万吨，农用地膜2.6万吨，给水管1.5万吨，塑料建材3000吨，燃气管3000吨，PE管2000吨，食品包装膜2000吨，排污管600吨，黄甲壳保温管600吨。

新疆天业是新疆最具规模的氯碱化工企业，拥有16万吨化工产品生产能力，其中，年产烧碱5万吨，盐酸2.5万吨，硫酸3万吨，聚氯乙烯树脂5万吨，液氯3000吨。

目前，新疆天业紧紧抓住国家"西部大开发"发展战略和兵团实施"400万亩高效节水农业示范工程"的历史机遇，开拓进取，按照把企业"做大、做强、做精、做优"的发展思路，向着高起点，规模化经营迈进。

地　　址：中国新疆石河子市迎宾大道天业工业园

网　　址：http://www.xj-tianye.com

电子信箱：master@xj-tianye.com

邮　　编：832000